Ernest Ansermet
Die Grundlagen der Musik im menschlichen Bewußtsein

SERIE PIPER
Band 388

Zu diesem Buch

Ernest Ansermet, Musiker, Mathematiker und Musikphilosoph, gehörte jahrzehntelang zur Elite der europäischen Dirigenten. Über seine internationale Bedeutung als Gründer und Leiter des Genfer »Orchestre de la Suisse Romande« hinaus war er der Typ des spirituellen, von ursprünglicher Musikalität erfüllten Künstlers und Denkers. Aus dieser doppelten Berufung entstand Ansermets grundlegendes Werk, in dem er – selbst leidenschaftlicher Vorkämpfer der neuen Musik, Freund und Förderer Strawinskys – sich mit den musikalischen Grundproblemen und mit der zeitgenössischen Musik auseinandersetzt. Ansermet stellt die Frage nach den unveränderlichen musikalischen Grundlagen, d. h. nach dem natürlichen akustischen Material der Musik – dem Ton –, und nach der Fähigkeit des Menschen, Töne wahrzunehmen, sie zu sondern und als Musik zu hören und zu verstehen. Seine Betrachtung steht von Anfang an in engem Zusammenhang mit der Frage nach der Bewußtseinsreaktion des Hörenden, nach dem musikalischen Ton- und Klangmaterial und schließlich nach dem musikalischen Urphänomen: Gibt es eine schöpferische Urzelle, eine Urbewegung in der Musik, die bis heute und in alle Zukunft weiterwirkt?

Der Verfasser kommt zu dem Schluß, daß die Bewußtseinsphänomene, die in der Musik eine Rolle spielen, dieselben sind, die am Ursprung aller Grundbestimmung des Menschen in seiner Beziehung zur Welt, zu Gott und zur menschlichen Gesellschaft stehen. Ansermet versteht die Sprache der Musik als eine Sprache des Gefühls und nicht des Denkens. Von hier geht auch seine Kritik an vielen Postulaten der zeitgenössischen Musik aus.

Als Bekenntnis und künstlerisches Vermächtnis eines bedeutenden Musikers und Musikphilosophen ist dieses Alterswerk – Summe einer lebenslangen Beschäftigung mit dem Gegenstand – ein wesentlicher, ja epochaler Beitrag zur Musik- und Geistesgeschichte der Menschheit.

Ernest Ansermet, 1883–1963. Studierte Mathematik und war zunächst als Mathematiklehrer tätig. Danach studierte er Musik bei Felix Mottl in München und Arthur Nikisch in Berlin. Seit 1918 hatte er die Leitung des damals neugegründeten »Orchestre de la Suisse Romande« in Genf inne.

In der SERIE PIPER ist erschienen: Ernest Ansermet/J.-Claude Piguet, Gespräche über Musik, 2. Auflage 1985.

Ernest Ansermet

Die Grundlagen der Musik
im menschlichen Bewußtsein

Mit 230 Notenbeispielen und 32 Diagrammen

Piper
München Zürich

Vom Autor überarbeitete und autorisierte Übersetzung
aus dem Französischen von Horst Leuchtmann
(Erster Teil und Anhang) und Erik Maschat (Zweiter Teil)
Die Originalausgabe erschien 1961 unter dem Titel
»Les fondements de la musique dans la conscience humaine«
bei Editions de la Baconnière, Neuchâtel

ISBN 3-492-00688-4
Neuausgabe 1985
3. Auflage, 4.–7. Tausend Januar 1985
(1. Auflage, 1.–4. Tausend dieser Ausgabe)
© R. Piper GmbH & Co. KG, München 1965, 1985
Umschlag: Federico Luci
Satz: Friedrich Pustet, Regensburg
Druck und Bindung: Clausen & Bosse, Leck
Printed in Germany

Vorbemerkung
zur deutschen Ausgabe

Bei der Abfassung dieses Werkes hatte ich stets auch den deutschen Leser vor Augen; denn ich glaubte besonders bei ihm ein offenes Ohr für mein Thema – die Musik – und besonderes Verständnis für den Blickwinkel, unter dem ich dieses Thema behandele, voraussetzen zu dürfen. So bedeutete mir die Initiative des Verlages R. Piper & Co., eine deutsche Ausgabe meines Werkes zu veranstalten, die Erfüllung eines sehnlichen Wunsches.

Als die Übersetzungsarbeiten begannen, hatte ich zu meinem Text schon eine gewisse Distanz gewonnen, die es mir wünschenswert erscheinen ließ, einige wichtige Änderungen vorzunehmen. Die vorliegende deutsche Ausgabe stellt somit eine gründliche Überarbeitung der französischen Erstausgabe dar. Der ursprüngliche Text wurde stellenweise konzentriert, an anderen Stellen habe ich mich bemüht, durch größere Ausführlichkeit oder nähere Erläuterungen die Lesbarkeit zu verbessern. Dabei konnten zugleich einige in der Erstausgabe enthaltene Fehler berichtigt werden.

Im Einverständnis mit dem Verleger ist auch das Vorwort abgedruckt worden, das ursprünglich meinen Untersuchungen vorangehen sollte. In der französischen Erstausgabe wurde jedoch darauf verzichtet, weil es unter dem Titel *La musique et le sens de la musique* in der ›*Revue de théologie et de philosophie*‹ (Lausanne Nr. III/1961) als selbständiger Beitrag erschienen war. Es umreißt in gebotener Kürze die historische Situation der heutigen Musik und Musikanschauung und führt den Leser in den Problemkreis ein, mit dem sich das Buch auseinandersetzt.

Die wertvolle Hilfe, die mir Herr Dr. Jean-Claude Piguet bei der Entstehung meines Werkes zuteil werden ließ, habe ich in der französischen Ausgabe gewürdigt. Für die vorliegende deutsche Ausgabe gebührt mein besonderer Dank meinen deutschen Übersetzern, Herrn Dr. Horst Leuchtmann und Herrn Erik Maschat. Sie haben ihre Aufgabe, die sehr erschwert wurde durch die Verschiedenheit der Terminologie in den beiden Sprachen und durch die neuen Begriffe, die Husserls Phänomenologie in den philosophischen Sprachgebrauch einführt, mit einer Sorgfalt und Treue in der Wiedergabe meiner Gedanken gelöst, die ich dankbar anerkenne.

Ernest Ansermet

Robert Godet und Willy Schmid
zum Angedenken

Inhalt

Kapitel IV: Das musikalische Bewußtsein

ZWEITER TEIL
DIE GESCHICHTLICHE ENTSTEHUNG DER MUSIK
AUS DER PRAKTISCHEN ERFAHRUNG

Kapitel I: Der Werdegang bis an die Schwelle unserer Zeit

Vorwort

Die abendländische Musik hat einen ans Wunderbare grenzenden Verlauf genommen, ohne daß der Mensch, der diese Geschichte bewirkt hat, sich eine klare Vorstellung von dem Erlebnis »Musik« gemacht hätte oder auch nur zu machen brauchte. Wenn wir untersuchen wollen, was die Musik ist, so müssen wir uns unter ihr ein *Erlebnis* vorstellen, *das der Mensch hat, ohne es zu reflektieren.* Tritt die Reflexion dazwischen, so stellt sie sich vor den Gegenstand des in den Tönen erschienenen Erlebnisses als jeweils diese Melodie, diese Harmonie, dieser Rhythmus, diese Form; mit anderen Worten: Die Reflexion erfaßt die Musik, wenn diese *bereits fertig* ist, und der musikalische Akt selbst, durch den eine Folge von Tönen zur *Melodie*, ein gleichzeitiges Erklingen von Tönen zur *Harmonie* und eine Anordnung von Zeitwerten zum *Rhythmus* wird, entgeht ihr: Er bleibt *unreflektiert.* So gibt sich im Erlebnis der Musik ihr Gegenstand für die Reflexion als bereits *gänzlich konstituiert*, und daher ist der Hörer geneigt zu glauben, er erfasse ihn, wie er einen natürlichen Gegenstand wahrnimmt. Er täuscht sich jedoch: Der Hörer nimmt Töne wahr, er perzipiert aber keine »Melodien«, »Harmonien« oder »Rhythmen«. Und sollte der Leser hierüber Zweifel hegen, so möchten wir ihm andere Aspekte seines Hörerlebnisses ins Gedächtnis rufen, die jede Wahrnehmungsillusion zerstreuen. Zum Beispiel: In der Natur »strebt« der sogenannte »Leitton« nicht zur Tonika, der Dominantakkord nicht zum Tonika-Akkord, der Vorhalt nicht zur Auflösung; diese »Spannung« wird nicht wahrgenommen, und dennoch vermeint sie der Hörer aus den Tönen abzulesen. Dabei stimmt es, daß der Komponist sie in den Tönen empfunden hat, ebenso wie alle Hörer, die für diese Musik empfänglich sind. Eine Musik hören heißt also, für sich das musikalische Ereignis nachvollziehen, das der Komponist in den Tönen eingefangen hat, und deshalb ist eine Musik für alle Hörer die gleiche. Wir sagen nicht, daß sie für alle den gleichen Wert besäße oder bei allen den gleichen Widerhall weckte; sie bietet aber jedem das gleiche Erlebnis, dasselbe, welches der Komponist in sein Werk hineingelegt hat.

Dieses Erlebnis ist, wie wir gesagt haben, bereits abgeschlossen, wenn in der Reflexion dessen, der es existent macht, Melodien, Harmonien und Rhythmen erscheinen. Im Vorübereilen sukzessiver und simultaner Töne erscheinen mir diese musikalischen Objekte, weil mein Bewußtsein von der *perzeptiven* Haltung zur *musikalischen* übergegangen ist, weil das *klangliche* Ereignis sich in ein *musikalisches* verwandelt hat. Das Wort *Musik*, das ich verwende, zeigt lediglich an, daß das Erlebnis, das ich gehabt habe, und die Gegenstände dieses Erlebnisses für mich einen *Sinn* angenommen haben: Nur geht dieser Sinn nicht aus einem über sich selbst klaren Bewußtsein hervor. Der Akt, durch den ich in den Tönen die Musik erfasse, fällt nicht in mein Blickfeld, weil dieser Akt meine Existenz selbst ist oder vielmehr: meine Weise, dieses Ereignis zur Existenz zu bringen. Und in diesem Augenblick habe ich nur mehr Augen für das Objekt, das ich darin suche und das ihm einen *Sinn* gibt – diese Melodie, diese Harmonie, dieser Rhythmus. Ist das Objekt erschienen, ist das Spiel aus: Der musikalische Akt ist vollendet; aber das Bewußtsein, das ihm einen *Sinn* verliehen hat, bleibt mit seinem Geheimnis im Dunkel des Nichtreflektierten. Wende ich mich in der retrospektiven Reflexion zum *Gegenstand* zurück, so finde ich kein Zeichen meines Erlebnisses mehr in ihm.

Der Sinn der artikulierten – gesprochenen oder geschriebenen – Sprache ist *explizit;* durch die Syntax objektiviert, kann er ohne jeden Zweifel jederzeit durch jedermann darin wiedergefunden werden, und zwar deshalb, weil die artikulierte Sprache aus dem Denken stammt und sich ans Denken wendet, welches *reflexiv* ist. Natürlich hat auch die musikalische Phrase eine Struktur, in welcher die Musiker ebenfalls eine Syntax erblicken. Sie enthält ihren Sinn aber nicht *explizite*, weil das, was sie objektiviert, nicht *reflektiert*, sondern nur *zur Existenz gebracht* worden ist; und um in ihr den Sinn wiederzufinden, muß man ihn von neuem zur Existenz bringen, und sei es auch nur in der Vorstellung.

Untersuchen wir also die Musik, führt sie uns auf ihren Existenzakt zurück, und so, wie ein Akt nur von seinem *Sinn* her verstanden werden kann, können wir auch die Musik nur von ihrem Sinn her erfassen. Dieser Sinn entsteht durch einen spontan sich ergebenden Bezug zwischen dem Bewußtsein und der Welt der Töne, durch eine bestimmte Weise, in der das Bewußtsein eine Verbindung schafft zwischen sich und den Tönen in ihrem Nacheinander und Miteinander. Er muß also in uns und in den Tönen eine *Grundlage* haben. Dieser allgemeine Sinn der Musik spezifiziert sich in jedem Einzelwerk und erlaubt uns, vom »Sinn« eines Werkes zu reden. Da sich dieser Sinn nur *implizite* im musikalischen Erlebnis gibt, ist er auch nur implizite in seinem Objekt vorhanden. Im Gegensatz zur häufig vertretenen Meinung aber muß er vollständig präzis und bestimmt sein, weil das Bewußtsein des Hörers nicht zögert, den Fluß der wahrgenommenen Töne in Motive, Phrasen und Perioden zu gliedern, wie ihn das Bewußtsein des Komponisten gegliedert hatte. Ein musikalisches Bewußtsein ist jedoch stets *in einer Situation:* Es gehört zu einer bestimmten Umwelt, einer bestimmten Epoche und einer bestimmten Kultur. Das ist auch der Grund dafür, daß wir – wenn sich auch *a priori* kein Widerstand dagegen erhebt, in den *Grundlagen* der Musik (der fundamentalen Verbindungsweise zwischen einem Bewußtsein und der Welt der Töne) einen allgemeinen Charakter zu entdecken – darauf gefaßt sein müssen, den Sinn der

Musik an eine bestimmte Umwelt, an eine Epoche und an eine Kultur gebunden zu sehen. Und dort ist es nicht schwer, seinen Platz zu erraten: Da er das ist, was alle unsere musikalischen Erlebnisse implizieren, ist er der Grund alles dessen, was in der Musikausübung *selbstverständlich* ist, was hinsichtlich der Musik für uns ein *Gepräge der Evidenz* trägt. Deshalb ist innerhalb einer Kultur ein Gespräch über die Musik möglich. Wir können uns mit den Menschen unserer Kultur über Melodie, Harmonie und Rhythmus verständigen, weil diese Begriffe für uns den gleichen Sinn haben, wenn wir auch über sie selbst kaum Näheres wissen. Umgekehrt implizieren alle unsere Behauptungen über die Musik und alle unsere Aufführungsweisen den Sinn, den wir von ihr haben. (Wohlgemerkt ist nicht nur dieser Sinn impliziert, denn es kommen auch noch Geschmacksfragen, Temperament, Fähigkeiten und Grenzen dazu; aber dieser Sinn liegt all unseren Anschauungen über die Musik und unserer gesamten Einstellung ihr gegenüber zugrunde.)

Daß der musikalische Akt innerhalb einer Kultur durch einen Sinn der Musik bestimmt wird, der ihr eigentümlich ist, soll keinesfalls bedeuten, daß sich die Musik in einer stabilen Zustandsart kristallisieren müßte. Gerade weil es sich um einen »Sinn« handelt, der dem Objekt, zu dem er sich in Beziehung setzt, nur die zu erfüllenden Bedingungen und nicht eine determinierte Kristallisation vorschreibt, eröffnet er der Musik unbegrenzte Perspektiven, wenn er sie auch zugleich im Bereich der *Evidenz* festhält. Das außerordentliche Aufblühen der Musik im geschichtlichen Verlauf unserer Kultur ist das beredteste Zeugnis dafür; seine organische Einheit und seine innere Logik lassen darauf schließen, daß es einem einheitlichen Musikbewußtsein zu verdanken ist, das überall und während der gesamten Geschichte der abendländischen Musik wirksam war; aber dieses Bewußtsein nimmt bei den verschiedenen europäischen Völkern verschiedene Modalitäten an, während es gleichzeitig an der geistigen Entwicklung unserer Kultur teilhat. Und diese expansive Entfaltung seiner schöpferischen Aktivität hat aus der abendländischen Musik das gemacht, was sie ist. Die in einem aktiven Bewußtsein herrschende sichere Intuition für das »Selbstverständliche« ist die beste und zweifellos auch notwendige Bedingung für die Entdeckung des »Möglichen« im Bereich der Musik.

Betrachtet man rückblickend, was sich im Verlauf dieser Ausbildung der abendländischen Musik nicht nur in der eigentlichen Schöpfertätigkeit, sondern auch in der Auswahl oder Erfindung von Realisationsmitteln (wobei die Funktion das Werkzeug schafft) bis hin zur Interpretation ereignet hat, so muß man aufs höchste verwundert sein über die Kraft und Sicherheit des musikalischen Bewußtseins, aus dem im geheimen alles entsteht und das seinerseits stets impliziert, unterirdisch, unentschleiert, sich selbst nicht klar bleibt. Ich denke nicht nur an das Genie – das plötzliche Auftauchen eines Mozart, eines Schubert, eines Chopin mit einer Tonwelt, die bereits voll ausgebildet geboren zu sein schien und nur noch ihre Zauberkünste zu entfalten brauchte; ich denke an das, was sich im Innern einer genialen Schöpfertätigkeit abgespielt hat, an den Übergang bei Monteverdi von der Polyphonie zur Harmonie, bei Beethoven von seiner *Zweiten* zu seiner *Dritten Symphonie*, bei Wagner von seinen ersten Opern zum *Tristan*, bei Debussy von seinen Anfängen durch die lange Entstehungszeit des *Pelléas* bis zu seinem persönlichen Stil. Ich denke an die großen Formen, die Bach durch seine kontrapunktischen Arbeiten entdeckte – kurz, an das Erscheinen einer Musik, die der, der sie entdeckte, selbst nie zuvor gehört hatte und die er in seiner Technik mit einer bestürzenden handwerklichen Sicherheit und Ökonomie der Mittel festhielt. Und das alles ohne ein Wort, ohne eine Erklärung, als ob sich die Menschen selbst nicht über das klarwurden, was sie taten. Natürlich hat Beethoven gesprochen, hat Wagner Theorien aufgestellt; aber sie haben nichts über das Geheimnis ihrer Werke gesagt. Bachs Unterricht für seine Kinder beschränkte sich auf ein paar Regeln, und Debussy schwieg über das Eigentliche seiner Kunst. Ein anderes Wunder ist die Zusammenarbeit dieser schöpferischen Potenzen beim Aufbau der Musik, nicht nur innerhalb einer Nation, sondern auch zwischen den Nationen, eine Verbundenheit, die anscheinend die Völker selbst nicht ahnten, bei denen sie vorhanden war. Der Rhythmus dieser kollektiven Schöpfertätigkeit erscheint vielleicht langsam im Blick unserer Zeit, in der man von der Kunst – wie von der Mode – für jedes Jahr etwas Neues erwartet. Aber diese Langsamkeit ist gerade das Zeichen eines organischen Wachstums, das nicht aus einem Wollen entsteht, sondern aus einem inneren Lebensprinzip, welches sein Gesetz in sich trägt.

Daß dieser in unserer musikalischen Aktivität wirkende Sinn unreflektiert bleibt und nicht begrifflich erfaßt wird, hindert uns nicht daran, »Vorstellungen« über die Musik zu haben; diese haben allerdings ihre Quelle nicht in ihr, wenn sie sie auch in gewisser Weise spiegeln. Sie entstehen aus unserer Reflexion *über* die Musik, d. h. über dieses in sich geschlossene Ereignis, das sich nur im eigentlich musikalischen, sinnverleihenden Akt ergibt. Sie beziehen sich daher auf das, was vom musikalischen Akt in unser seelisches Leben ausstrahlt. Es sind also jene Reflexionen *über* die Musik, die den Literaten, Dichtern und Philosophen den Stoff liefern zu den Schriften, die sie ihr widmen; diese Schriften führen uns zu unseren Erlebnissen und versuchen deren Bedeutung zu erklären. Wie unsere eigenen Reflexionen erreichen sie daher nur die Resonanz der Musik in uns und nicht den Grund dieser Resonanz; sie erläutern die Musik in ihrer Transzendenz, aber nicht in ihrem Phänomen: Wie kommt die Musik zu dieser Transzendenz? Was will mir der Ton sagen, wenn er steigt oder fällt? Wieso können diese Melodie, dieser Moll- oder Durdreiklang, dieser zwei- oder dreizeitige Rhythmus für mich einen Sinn haben? Diese Fragen, die sich im Erlebnis nicht stellen, bleiben dem Denker verschlossen.

Man könnte meinen, daß die Theorie sie wenigstens geklärt habe; aber dem ist nicht so. So aktiv und sicher sich der Sinn der Musik in seiner schöpferischen, wirkenden Tätigkeit auch bis heute erwiesen hat – ebensosehr hat er sich dem Zugriff des theoretischen Denkens entzogen. Das sollte nicht wundernehmen, denn das theoretische Denken entstammt ebenfalls der Reflexion und erstreckt sich auf das Objekt, welches das musikalische Ereignis erscheinen läßt; indem es das Objekt aber aus dem Erlebnis, das ihm einen Sinn gibt, herauslöst, verschließt es sich von vornherein vor dem, was dieser ihm vorenthält.

Die eigentliche Musiktheorie hat übrigens keineswegs den Ehrgeiz, diesen »Sinn« zu klären; sie will aus der schöpferischen Praxis allgemeine Regeln ableiten. Dadurch ist sie eine Kodifizierung des Errungenen: Sie betrachtet die Vergangenheit und nicht die Zukunft (es sei denn als Fortsetzung der Vergangenheit). Aber man täuscht sich dabei, denn aus ihren Gesetzen löst sich eine Art von Logik des Gegenstands ab, d.h. eine bestimmte *Ordnung* der Evidenzen. Man erkennt nicht, daß diese Logik des Gegenstands nichts zu tun hat mit dem Beweggrund, der das musikalische Bewußtsein leitet, ebensowenig wie die Evidenzen der erworbenen Praxis mit denen des erlebten musikalischen Sinnes. Man hofft auf eine »Theorie«, die ein für allemal alle Gesetze oder doch wenigstens Prinzipien der Praxis festlegt – was illusorisch ist, weil die Gesetze der Theorie nicht die Gesetze der Musik umfassen. Die Theorie spiegelt wohl den Sinn der Musik, aber als *Gegenstand*; sie spiegelt ihn *implizite* und in den Grenzen der besonderen Praxis, die sie kodifiziert. Die möglichen Wege aber entdecken sich nur dem wirkenden musikalischen Bewußtsein in dem ihm zugehörigen Horizont. Daß sich die musikalischen Beweggründe nicht logisch reduzieren lassen, ist die Erklärung dafür, daß sich im Verlauf der Geschichte die Theorie ständig widersprochen hat. »Die Entwicklung der Musik ist ein Paradox«, sagt Maurice Emanuel. Er urteilt aus der Sicht der Theorie und sieht nicht, daß das musikalische Bewußtsein Gründe hat, die das theoretische Denken nicht kennt. Was wir heute aus jenen Überlegungen festhalten müssen, ist die Tatsache, *daß die musikalische Schöpferkraft nicht aus der Theorie entstehen kann*, daß eine auf einer Extrapolation der Theorie sich gründende Neuerung, daß eine offenbar ihrer eigenen Logik entsprechende Erweiterung dieser Theorie (und die heutige Musik steckt voller solcher Versuche) dem musikalischen Denken keinesfalls genügen können.

Das theoretische Denken hat sich allerdings mit der Kodifizierung der Praxis nicht begnügt. Indem es über den musikalischen Gegenstand hinausschoß, wollte es die Grundlage der Musik in den Tönen suchen, die sie benutzt. Sicherlich müssen sie, wenn sie sich für uns zu Figuren gliedern sollen, bestimmten Bedingungen entsprechen, die sich letztlich aus akustischen Gesetzen ergeben. Einmal entdeckt, erklären uns diese Gesetze zwar, daß Musik möglich ist, sie erklären aber nicht ihren Sinn. Wir haben ja bereits festgestellt, daß der musikalische Akt nicht eine Perzeption ist. Folglich kann uns die Akustik nur die Existenzbedingungen der Musik anzeigen, aber nicht, was sie für uns *ist*. Ihrerseits enthüllen uns die akustischen Gesetze in den musikalischen Tönen und in den Beziehungen, welche die Musik zwischen ihnen herstellt, unter dem Aspekt ihrer Schwingungsfrequenzen ein Zahlengesetz, das sich auch im Universum der sichtbaren Dinge tätig findet. Von hier aus den Sinn der Musik in der Metaphysik zu suchen ist nur ein Schritt: Zweck der Musik wäre es dann, den Menschen in Beziehung zur kosmischen oder göttlichen Ordnung zu setzen. Selbst wenn aber die Metaphysik die letzte Erklärung der Musik liefern sollte, so ließe sie doch den Bezug des Menschen zu den Tönen, welcher die Musik erscheinen läßt, im ungewissen. Sie sagt uns, daß sich der Mensch durch die *Töne* der Musik mit dem göttlichen Wort verbindet, wie es sich im Kosmos offenbart. Was kann aber für den Menschen *die Musik* sein, z. B. die Melodie, in welcher er diese metaphysische Erfahrung zur Existenz bringt? Nachdem das theoretische Denken das Geheimnis der Musik in den Tönen gesucht hat, kam ihm der Einfall, es im Erlebnis, und zwar mit Hilfe der Psychologie, suchen zu wollen, ohne dabei jedoch aus seiner Sackgasse herauszufinden. Die Psychologie untersucht nämlich die psychischen Ereignisse, die in Wechselwirkung zu klanglichen Ereignissen (Tonhöhenunterschiede, Tonverschmelzung im Akkord, Tonfarbe usw.) oder zu musikalischen Ereignissen (Leitern, melodische und rhythmische Bewegungen usw.) stehen; mit anderen Worten, sie inventarisiert alle psychischen Fakten, die sich im Erlebnis ergeben mußten. Die Musik ist aber ein einheitlicher Sinnakt, der sich nicht aus einer Anhäufung von Fakten rekonstruieren läßt, die nur vom Ganzen her verständlich sind. Das Scheitern der *Theorie* vor dem Problem des Sinns der Musik erklärt sich daraus, daß die Musikwissenschaftler trotz der neuen Erkenntnisse der Philosophie vor der Theorie stets eine Haltung bewahrt haben, die man das *objektive Denken* nennt, die Einstellung des Gelehrten zu Fakten der Natur. Durch die Wissenschaft und durch eine alte Tradition des Rationalismus geheiligt, hat dieses Denken anscheinend seine Form jeglicher Geistestätigkeit so sehr aufgeprägt, daß man ihm nicht mehr entkommen kann, auch wenn es sich als völlig ungeeignet erwiesen hat, die menschlichen Fakten zu erklären. Indem es das Ereignis »Musik« objektiviert, verdoppelt das objektive Denken dieses Erlebnis und unterscheidet ein klangliches und ein psychisches Phänomen, die es hinterher vergeblich zu verbinden trachtet, da es den Zusammenhang schon von Anfang an verkannt hat. Ernest Wolff, ein kompetenter Fachmann, der sich ein Leben lang mit diesen Problemen beschäftigt hat, kommt in einer Untersuchung, in der er feststellt, daß eine wahre »Wissenschaft von der Musik« die sich auf sie beziehenden Einzelwissenschaften (Akustik und Psychologie) übersteigen müßte, zu folgendem desillusionierenden Schluß: »Es ist jedoch recht schwierig, den Gegenstand einer solchen Wissenschaft exakt zu bestimmen, wenn man ihn nicht auf die Geschichte zurückführen will . . ., und noch schwieriger ist es, zu sagen, *was Musik überhaupt ist.*« Diese Fragen hat sich der Mensch bis heute nicht zu stellen brauchen, weil ihm seine Beziehung zu den Tönen in der Musik stets selbstverständlich war.

Die heutige musikalische Situation ist dadurch gekennzeichnet, daß nichts mehr »selbstverständlich« ist. Wenn der berühmteste Musiker unserer Tage schreibt: »Ich halte die Musik ihrem Wesen nach für unfähig, irgend etwas auszudrücken ...; ihr Phänomen ist uns zu dem alleinigen Zweck gegeben, Ordnung zu bringen in die Dinge und vor allem zwischen Mensch und Zeit ...«; wenn das Haupt einer recht einflußreichen Schule uns versichert, daß die musikalischen Objekte, die im Klangraum erscheinen, von uns wahrgenommen werden, wie wir »ein Messer, eine Flasche oder eine Uhr wahrnehmen«, ungeachtet ihrer Lage im Raum, und daß die Abstände zwischen den Tönen reine »Quantitäten« seien; wenn die jungen Musiker im Kielwasser dieses Meisters behaupten, die Töne könnten sich ebensogut in der Gleichzeitigkeit (d. h. als Klang) wie in der Aufeinanderfolge (d. h. als Melodie) organisieren; und wenn sich schließlich die Interpreten fragen, ob sie spielen sollen, was geschrieben steht, und ob die musikalische Bewegung der Uhr gehorchen muß, dann kann man wohl sagen, daß der musikalische Akt das Gepräge der Evidenz verloren hat.

In der Musikwelt hat es immer Streitigkeiten und Kämpfe gegeben. Sie entsprangen aus Verschiedenheiten des Geschmacks oder der Neigung, theoretischer Fragen und Werturteile; aber bis heute haben sie niemals die *Evidenz* des Ereignisses berührt. Man fragte sich z. B., ob es gut oder schlecht sei, daß sich die Musik der »Darstellung von Seelenleidenschaften« widme; tat sie es aber, so bestand kein Zweifel, *daß* sie es tat. Man fragte sich, ob die begleitete Einstimmigkeit zu dieser »Darstellung« geeigneter sei als die Mehrstimmigkeit; was aber Einstimmigkeit und Mehrstimmigkeit waren, stand außer jedem Zweifel. Jede Zeit und jedes Milieu hat in der Musik einen bestimmten Aspekt erblickt, einen expressiven, repräsentativen, metaphysischen und religiösen oder magischen, und sich die musikalischen Gegenstände gegeben, die ihn jeweils ins Licht rückten. Man konnte darüber streiten, ob der in der Musik wahrgenommene Sinn voll erreicht wurde und ob seine Gegenstände ihm angemessen waren; aber der Sinn selbst und der ihn tragende Gegenstand stellten kein Problem dar. Die bloße Tatsache jedoch, daß – nach den eben zitierten Behauptungen zu urteilen (ohne untersuchen zu wollen, ob sie absurd oder vernünftig sind) – der Musiker von heute sich fragt, was die Musik für ihn ist, was er in seinem Gegenstand wahrnimmt oder was er spielt, wenn er Musik macht, zeigt an, daß in unserer Zeit der Sinn der Musik und ihrer Gegenstände nicht mehr zum Bereich der Evidenz gehört und nicht mehr spontan vom Erlebnis getragen wird. Wenn dieser Sinn zum Gegenstand der Auseinandersetzung und der individuellen Stellungnahme wird, so doch nur, weil das musikalische Bewußtsein unserer Zeit in *Unordnung* geraten ist. Wollte man untersuchen, was heute hinsichtlich der Musik an Evidenz geblieben ist, so ließe sich das Ergebnis in die Feststellung zusammenfassen: »Die Musik ist etwas, das mit Tönen gemacht wird.« Und es gibt Leute, die sie sogar mit Geräuschen machen wollen.

Wundern wir uns nicht über diese Verwirrung; sie ist die Folge einer Entwicklung der Dinge in der Musik und in der Welt, die sich im Laufe dieses Jahrhunderts überstürzt hat und durch die Umwälzungen der letzten beiden Kriege zum Höhepunkt gekommen ist. Das musikalische Erlebnis hat sich, wie wir gesehen haben, nur innerhalb einer Kultur und einer Epoche vollziehen können: in einem begrenzten Horizont (deshalb hat übrigens auch im Verlauf unserer Geschichte jede Epoche die ihr vorangehende vergessen). Unser musikalischer Horizont hat keine Grenzen mehr: er umfaßt die ganze Vergangenheit unserer Kultur und erstreckt sich über unseren Kulturkreis hinaus bis zu den exotischen und primitiven Musikkulturen. Die »Musiken«, die er uns bietet, stellen sich uns nicht mehr dar in der Sinnbeziehung, die sie für die Umwelt hatten, in der sie entstanden. Wir behalten nur mehr die musikalischen *Objekte* zurück, die für uns eine *autonome* Existenz zu haben scheinen, und unser ganzes Verhältnis zur Musik ist dadurch verändert worden. Das Objekt an sich bietet sich uns sozusagen sinnentblößt dar; wir untersuchen es, wir suchen seinen Sinn aus seiner Struktur abzulesen, wir erblicken in dieser Struktur aber nur eine bestimmte Technik der klanglichen Materie, die sie uns nun auf andere Weise erklärt: Heimlich hat sich in uns an die Stelle der Frage nach ihrem Sinn die Erklärung der Musik gesetzt.

Andererseits hat sich die Welt der abendländischen Musik innerlich beträchtlich erweitert und verändert: Die Grenzen zwischen den Nationalkulturen sind fast gänzlich gefallen, nachdem sie alle in dieselbe Art von Musik gemündet waren. Der Sprung war jäh zwischen dem alten Stand der Dinge, in dem die Musik bei gleicher Entwicklungsstufe doch für jedes Milieu eine eigene Technik aufwies (man denke an die Stilunterschiede zwischen den Tänzen von Rameau und Bach, an die verschiedenartige Behandlung des Orchesters oder der Stimmen in der italienischen und der französischen Oper), und dem neuen Stand, in dem eine bestimmte Zahl von beinahe universellen Techniken unterschiedslos allerorten und für die verschiedensten individuellen Vorhaben praktiziert wird.

Man kann in diesem neuen Zustand einen anderen Aspekt der neuen Beziehung zwischen Mensch und Musik erblicken, den wir zur Stunde sich abzeichnen sehen. Sowie der Musiker seinen Gegenstand für autonom hält und ihn sich durch die Technik erklärt, wird diese in seinen Augen selbständig; sie hat ihren Grund in sich, sie verleiht durch sich selbst dem daraus entstehenden Gegenstand das wesenhaft »Musikalische«. Die Technik, die verschiedene Formen annehmen kann, gewinnt somit einen absoluten und allgemein gültigen Wert, d.h. sie scheint sich allen möglichen musikalischen Zwecken darzubieten. Deshalb läßt sie sich auch verallgemeinern. Sichert sie aber dem daraus entstehenden Objekt seine musikalische Essenz, so kann der Sinn dieses Objektes nur mehr in der Weise gesucht werden, wie der Künstler eine Technik im Objekt angewandt hat, d.h. der Sinn liegt gänzlich im schöpferischen Wollen. Der Autonomie des Gegenstandes entspricht unausweichlich die Autonomie des musikalischen Bewußtseins. »Ich kann mit der Musik machen, was ich will«, hat uns Artur Schnabel vor einigen Jahren einmal gesagt. Das bedeutet nicht mehr sehen, daß die Technik implizite einen gewissen Sinn der musikalischen Ereignisse in sich trägt und daß dieser Sinn auf ein gewisses Bewußtsein der Musik verweist, das weder dasjenige von niemandem noch das aller Menschen sein kann: Die Sinnbeziehung zwischen dem musikalischen Bewußtsein und seinem Gegenstand ist aus den Augen verloren worden, diese Beziehung, die aus einem schöpferischen Bewußtsein eine Intelligenz machen muß und nicht bloß ein Wissen um die Technik.

So hat also die Erweiterung unseres Horizontes das musikalische Objekt für uns aus seiner Sinnbeziehung gerissen; durch die Verallgemeinerung der Techniken und die Vereinheitlichung der Welt haben wir den Zusammenhang zwischen musikalischem Bewußtsein und seinem Gegenstand aus den Augen verloren: Die beiden Bindungen der Sinnbeziehung, auf denen die *Evidenz* des musikalischen Ereignisses beruht, sind verlorengegangen. Deshalb fühlt sich das individuelle Bewußtsein verloren und macht aus der Musik ein Problem.

Und noch etwas: Die Struktur des musikalischen Gegenstandes ist so komplex geworden und entsteht aus einer solchen Anhäufung von Einzelerfahrungen, daß das Erlebnis seines Sinns in seiner Ganzheit weder bei seiner Hervorbringung noch beim Hören vollzogen werden kann. Diese Behauptung wird sicherlich überraschen, und wir müssen uns etwas näher erklären.

Bis zu Debussy – wenn wir uns an echte Schöpfernaturen halten und die Epigonen beiseite lassen –, kann man sagen, hat jeder Musiker in seinem Werk wieder mit dem Anfang der Musik beginnen müssen. Das liegt im Wesen des musikalischen Aktes (weil sein Gegenstand nicht explizite auf den Sinn verweist). Was sie machten, war genugsam in der Tradition verankert, so daß sie es auf der Ebene der spontanen Existenz erproben konnten; und auf dieser Ebene kamen sie auch zu Entdeckungen. Der Musiker von heute geht von Gegebenheiten aus, die nur zufällig in der Erfahrung erschienen sind: Klängen aus Tonballungen oder von außergewöhnlicher Struktur, polyphonen Führungen ohne harmonische Beziehung, kontrapunktischen Harmoniebewegungen usw. Diese Gegebenheiten will er systematisieren, sie führen ihn weg von den Bahnen der herkömmlichen Tonalität, d. h. in eine *terra incognita*. Von da an kann er seine schöpferische Tätigkeit nicht mehr auf der Ebene der Spontaneität erproben, es sei denn momentan. Er kann diese Elemente, deren Gebrauch nicht selbstverständlich ist, nur noch durch Rückhalt an Begriffen der Theorie, an Gewohnheiten der Technik handhaben: indem er durch theoretische Extension erworbene musikalische Verfahren auf eine Materie anwendet, die ihr Gesetz nicht in sich trägt. Mit anderen Worten: seine schöpferische Aktivität vollzieht sich unausweichlich auf der Ebene der Reflexion und wird von ihr gelenkt. Er steht also in der weiter oben beschriebenen Verirrung, in der die theoretische Schau der schöpferischen Tätigkeit *vorangeht* und sie bestimmt. Das Ergebnis ist, daß der solchem schöpferischen Verfahren entstammenden Musik die Evidenz mangelt.

Ich stehe nicht an zu behaupten, daß bei der modernen Musik in der Vielzahl der Fälle niemand das gespielte Werk *wirklich versteht* oder *verstehen kann*. Man erfaßt »Effekte«, partielle Sinnereignisse, Sinnbrocken, die sich nicht zusammenreimen und die kein Ganzes bilden. Dafür gibt es (wenn man die Wirkung der rein spekulativen Verfahren beiseite läßt, deren Tragweite durchaus gefährlich ist) zwei Gründe: Die Komplexität oder, wenn man will, die Beladenheit der Struktur ist solcher Art, daß viele dieser sinnhaltigen Elemente gar nicht »über die Rampe« kommen und vom Hörer (und wenn es der Komponist selbst ist) nicht bemerkt werden. Zum zweiten kann das Werk nicht *in seiner Ganzheit* erfaßt werden, weil es schon der Komponist selbst nicht in seiner Ganzheit erfaßt hat. Er hat es langsam, stückweise, auf dem Papier ausgearbeitet, indem er auf die formalen Dispositionen baute, die ihm die Theorie zur Herstellung eines Ganzen anriet, eines Ganzen, das zuvor in ihm selbst kein Ganzes war, wenn man von einer sehr schematischen Vorstellung absieht. Die Materie, die er handhabt, ist *viel zu schwierig*, als daß er sie anders als nur *von ganz nah* erkennen könnte, in der Einzelheit, oder *von ganz fern*, in einem Schema, aber nicht in *der* Entfernung, die es ihm ermöglichen würde, sein Werk *in seiner Ganzheit zu erfassen*, d.h. es zu beherrschen. Der Sinn eines Werkes ist aber die *Erfassung einer Ganzheit;* das ist keine Idee, sondern eine Erfahrung, die uns die Musik bis zu einer Zeit lehrte, welche uns noch recht nah ist.

Dennoch wollen wir aus diesen Feststellungen kein Werturteil ableiten. Im Augenblick handelt es sich nur darum, das Problem des Sinns der Musik zu stellen; wir haben es nicht gelöst und wissen auch noch nicht, wie es uns zum Problem des Wertes führen wird. Wir kennen auch nicht den Sinn, den wir später in der eben beschriebenen Musik werden entdecken können. Was wir feststellen können, ist nur dies, daß sie aus der »Evidenz« geraten ist und daß der Weg, den die Musiker an der Schwelle unseres Zeitalters betreten haben, in die Problematik führt.

In einer solchen Situation verliert der Urteilende den Boden unter den Füßen. Innerlich nicht mehr auf einen bestimmten Sinn der Musik gestützt und geblendet durch eine Unzahl musikalischer Fakten, in denen sich Sinn und Unsinn verwirrend mischen, ist er mit Impotenz geschlagen und rettet sich in den Pragmatismus, d.h. in seinen Augen gewinnt die Zufälligkeit der Dinge die Oberhand über ihre Wahrheit. Natürlich sieht man allerorten sehr selbstsichere Künstler; aber Selbstsicherheit ist nicht Überzeugung. Nie zuvor hat der abendländische Mensch so sehr *in der Musik* gelebt wie heute, und nie zuvor hat er so wenig gewußt, was sie ihm bedeutet. Das Musikleben ist intensiv, denn die Gewohnheiten sind erstarrt, die Interessen fixiert, die Techniken erworben, und die Notwendigkeit des Betriebs ist gebieterisch; aber ihre Wahrheit bleibt dunkel. Ein Ding ist so lange wahr, sagt William James, wie es für unser Leben günstig erscheint. Die Zwölftonmusik z.B. erschien kaum glaublich; aber man sieht, wie sie den jungen Musikern aller Länder eine konkrete Kompositionsmethode bietet, den älteren, aber noch nicht arrivierten Komponisten ein Mittel in die Hand gibt, mit einem Schlage interessant zu werden, und den Kritikern und der Öffentlichkeit Stoff zu Artikeln und Diskussionen liefert. Sie unterhält das Leben und *ist also wahr.* Welcher Narrheit sich ein junger Musiker auch verschreiben mag: beharrt er nur recht in ihr, und läßt sich vor allem eine Theorie aus ihr ableiten, so gelangt er zu Ansehen. Kurz gesagt, man glaubt heute nicht, daß es in der Musik etwas anderes geben könnte als Meinungen und Geschmacksfragen, und selbst die Werke der Musikwissenschaftler lassen durchblicken, daß sich der Sinn der Musik erst am Ende der Zeiten zeigt, als eine Art Integral alles dessen, was unter dem Gesichtspunkt der Tonkunst geschrieben worden ist.

In der Vorrede zu seiner *Théorie des émotions* zeigt Sartre, daß eine Anthropologie – im Sinne einer Disziplin, die das Wesen des Menschen und die menschliche Bedingung definieren will – »nicht aus der Psychologie hervorgehen kann, so wie sie bisher konzipiert worden ist, weil die Psychologie nur menschliche Fakten sammelt und weil es unmöglich ist, zur Essenz zu kommen, indem man Akzidentien anhäuft, ebensowenig, wie man zur Eins gelangt, wenn man Ziffern rechts von 0,9 aneinanderreiht . . .«. Dieser Psychologie stellt er eine andere entgegen, »die darauf verzichtet, den Menschen in psychologischen Fakten zu suchen, die vielmehr diese von einer apriorischen Vorstellung vom Menschen erklären will«. Gleicherweise können wir aus einem Haufen musikalischer Fakten zu keiner Erkenntnis kommen, wenn wir nicht zuvor ein bestimmtes Bewußtsein von der Musik besitzen, das sie zuerst als solche qualifiziert. Wenn die Musik sich nicht nur auf ihr bloßes Objekt reduziert oder auf bloßes Spiel, muß es ein Sein der Musik geben, dessen Sinn implizite in unseren Erlebnissen enthalten ist. Und weil dieser Sinn in unserer historischen Situation nicht mehr im Licht der Evidenz erscheint, ist der Versuch notwendig geworden, ihn zu erläutern.

Zu diesem Zweck ist dieses Buch geschrieben worden. Erreichen läßt er sich mit Hilfe der Phänomenologie. Das Genie eines Husserl hat die Phänomenologie zu einer neuen Denkmethode gemacht, und die philosophischen Arbeiten Sartres erhellen sie auf bewundernswürdige Weise. Im Grunde geht es bei der Phänomenologie darum, die Phänomene der Außenwelt und der menschlichen Innenwelt durch die sie bestimmenden, ihnen Namen und Sinn gebenden Bewußtseinsphänomene zu erklären. Sie verlangt also eine, wiederum phänomenologische, Untersuchung des menschlichen Bewußtseins und seiner verschiedenen Funktionen und Strukturen. Eine Phänomenologie der Musik hat daher zum Gegenstand die Bewußtseinsphänomene, die durch das *Erscheinen der Musik* in den Tönen bewirkt werden und die dieses Erscheinen erklären. Man hätte die Untersuchung auch bei den bereits wahrgenommenen Tönen beginnen lassen können, und so wollten wir auch zunächst vorgehen. Die Untersuchungen über den Rhythmus führten uns jedoch vor ein Phänomen, das sich auch in der bisher dunkel gebliebenen Hörwahrnehmung darbietet, und so wurden wir bewogen, die Untersuchung der Wahrnehmung doch miteinzubeziehen und deren Ergebnisse auf das anzuwenden, was uns der Rhythmus lehrte. Dabei wurde deutlich, daß die Erörterung der Frage nach der Entstehung der musikalischen Töne in der Hörwahrnehmung unmittelbar zu den gesuchten Ergebnissen führte. Das hat uns veranlaßt, den ehrgeizigen Plan einer Phänomenologie der Musik fallenzulassen – die eines Tages geschrieben werden wird, aber unendlicher Vorarbeiten bedarf – und uns auf das wenige zu beschränken, was ja in Wirklichkeit nur ein einziges Kapitel ausmacht. Dieses eine Kapitel führt uns allerdings unmittelbar zur Erhellung des musikalischen Phänomens, seiner Signifikationen und Bedingtheiten, so daß es uns tatsächlich und wesentlich an das heranbringt, worauf eine Phänomenologie der Musik abzielt. Es liefert uns objektive Urteils-»Normen« zu den Problemen, die uns die Musik – und vor allem die heutige Musik – aufgibt.

Die Musik, oder besser: das musikalische »Genie« hat, wie wir oben gesehen haben, seine gesamte Geschichte blindlings entwickelt, ohne zu wissen, was es tat. Den hellsichtigsten Musikern ist die Musik stets ein Geheimnis gewesen. Aber in jeder geschichtlichen Entwicklung kommt der Tag, wo es gebieterische Notwendigkeit wird, die Mysterien aufzuklären, und dieser Tag ist für die Musik sicherlich dann gekommen, wenn die Musiker nichts weiter von ihr zu sagen wissen, als daß Musik eben »Musik« sein müsse. Ein Geheimnis läßt sich aber nicht durchdringen, indem man ihm das Geheimnisvolle raubt; man muß es als Phänomen begreifen und verstehen wollen, warum es in seiner Erscheinung ein »Mysterium« ist und bleibt und woraus es besteht.

Es erweist sich, daß die Bewußtseinsphänomene, die bei der Musik eine Rolle spielen, dieselben sind, die am Ursprung aller Grundbestimmungen des Menschen in seiner Beziehung zur Welt, zu Gott und zur menschlichen Gesellschaft stehen; sie gehören zu einer quasi unbekannten Bewußtseinssphäre, die ebenso dringlich erforscht werden müßte. Unmöglich, eine klare Vorstellung von der Musik zu gewinnen, ohne sich eine Vorstellung vom Menschen zu machen, ohne eine ganze Philosophie und Metaphysik zu entwerfen. Wir haben uns nicht entschließen können, diese Ausstrahlungen und Weiterführungen unserer Untersuchung zu übergehen, die nach unserer Überzeugung eine unumgängliche Ergänzung darstellen. Wenn, wie wir oben sagten, die Phänomenologie eine neue Weise zu denken, d. h. zu sehen, ist, dann hängt alles von der Schau ab, die sie uns von den Dingen gibt. Um jedoch den Verlauf unserer Untersuchung nicht zu unterbrechen, haben wir alles, was eigentlich als gedankliche Fortsetzung gleichsam beiseite gesprochen sei, in Anmerkungen gestellt; sind sie länger, finden sie sich im Anhang, sonst wurden sie einfach dem Text in Kleindruck eingefügt.

Wie jeder neue Denk- und Tätigkeitsbereich hat auch die Phänomenologie eine eigene Sprache entwickelt, die bisher nur einigen wenigen Philosophen geläufig ist. Angesichts dieser Schwierigkeit haben wir uns entschieden, die phänomenologischen Begriffe ruhig zu benutzen, ohne sie von vornherein zu rechtfertigen; wir kommen später darauf zurück und erklären sie. Denn dieses Buch wendet sich an alle. Es ist nicht von einem Philosophen für Philosophen geschrieben, auch nicht von einem Wissenschaftler für Wissenschaftler; sondern von einem Musiker, der nur notgedrungen philosophische und wissenschaftliche Begriffe zu Hilfe nimmt, in der Hoffnung, dadurch ein ihn bewegendes Phänomen für alle Welt zu klären oder doch wenigstens für alle diejenigen, die sich die Mühe des Nachdenkens machen. Gerade die auditive Wahrnehmung läßt sich ohne Rückgriff auf die Mathematik nicht erforschen. Wir haben jedoch nur ein paar mathematische Grundbegriffe vorausgesetzt und hoffen so, auch für Nichtmathematiker verständlich zu bleiben.

Aus dem bisher Gesagten folgt, daß unsere Untersuchung von einer Schau der Dinge ausgeht, die dem Leser erst im Laufe der Lektüre deutlich werden wird. Deshalb lassen sich kein Kapitel und keine Anmerkung aus dem Anhang vom Ganzen des Werks abtrennen oder aus der Einordnung herauslösen.

Einleitung

Wir haben im Vorwort auf das dunkel gebliebene Wahrnehmungsphänomen angespielt; jetzt soll es der erste Gegenstand unserer Untersuchung sein. Wir wissen, daß wir bei einer Quinte das Frequenzverhältnis 3:2 hören und bei einer Quarte das Verhältnis 4:3. Hören wir nun eine Quinte und eine Quarte hintereinander, so haben wir eine Oktave wahrgenommen, nämlich das Produkt der beiden Verhältnisse: $\frac{3}{2} \times \frac{4}{3} = \frac{2}{1}$. Dem Gehörseindruck nach aber haben sich Quinte und Quarte zur Oktave addiert, wir hören die Oktave als Summe. Zur Erklärung dieses Phänomens müssen wir die Auffassung vertreten, daß wir nicht die Frequenzverhältnisse hören, sondern deren Logarithmen; das Produkt der beiden Verhältnisse erscheint als Summe ihrer Logarithmen. Dieses Summationsphänomen ist nicht anzuzweifeln, es gilt aber nur bei Tönen mit bestimmten Frequenzen. Wie soll man eine Erklärung dafür finden, daß sich die Frequenzverhältnisse im Ohr zu Logarithmen umwandeln?

Das sogenannte Weber-Fechnersche Gesetz formuliert eine logarithmische Beziehung zwischen dem *Reiz* und der *Intensität* der »Empfindung«, aber es läßt sich hier nicht anwenden; denn ein Noneninintervall $\frac{9}{4} = \left(\frac{3}{2}\right)^2$ ist als Reiz nicht das Quadrat der Quinte, und die Nonenempfindung ist nicht doppelt so intensiv wie eine Quintempfindung, sondern sie ist eine andere, die eines doppelt so großen Intervalls*. Die Physiker geben als Erfahrungstatsache zu, daß die Intervallempfindung logarithmisch ist, und sie berechnen diese Frequenzverhältnisse mit gewöhnlichen Logarithmen oder mit »Savarts«, aber das beweist nichts anderes, als daß logarithmische Verfahren unabhängig von dem in Anwendung gebrachten Logarithmensystem stets richtig bleiben. Wenn das Ohr oder das Hörvermögen nun aber Logarithmen wahrnimmt und wenn sich in ihm logarithmische Operationen (Addition und Subtraktion) vollziehen, dann müssen diese Logarithmen zu ein und demselben, dem Ohr eigentümlichen System gehören. Was sind Basis und Basislogarithmus dieses Systems? Das ist das Problem, welches die Gelehrten anscheinend nicht gesehen haben.

Dieses Problem bringt uns allerdings in unentwirrbare Schwierigkeiten. Nehmen wir an, die »logarithmische« Wahrnehmung gäbe es nur im Bereich

---

* Das Weber-Fechnersche Gesetz spielt auch beim musikalischen Hören eine Rolle, und zwar bei der *Intensität* eines Tones; denn in der Hörempfindung wirkt die Tonintensität als *Reiz*.

der musikalischen Intervalle, weil sie es sind, die auf dieses Problem aufmerksam gemacht haben. Akzeptieren wir das grundsätzlich, aber bewahren wir uns den Glauben, daß »das, was wahrgenommen wird«, genau das ist, »was sich der Wahrnehmung darbietet«. Wir können uns vorstellen, daß diese ein für allemal bestimmten Intervalle im Ohr eine Reihe von Logarithmen bilden, deren Basis in der Welt das Frequenzverhältnis a und deren Logarithmus im Ohr a ist:

Frequenzverhältnisse:	a	a^2	a^3	...
Logarithmen:	a	$2a$	$3a$	...

Die logarithmische Hypothese läuft auf die Feststellung hinaus, daß im musikalischen Erleben die in der Welt durch verschiedene Glieder einer geometrischen Folge bestimmten Intervalle so »wahrgenommen« werden, wie es die verschiedenen Glieder der arithmetischen Folge anzeigen. Das ist evident für das Grundintervall, aber wenn sich das zweite dieser Intervalle dem Ohr auf eine ungewöhnliche Weise und außerhalb der musikalischen Erfahrung darböte, müßte es als a^2 aufgefaßt werden und nicht als $2a$, ebenso wie a ursprünglich als a wahrgenommen wurde. Wie die Magie der Musik auch beschaffen sein mag, ihre Intervalle müssen zuvor vom Ohr »wahrgenommen« werden, ehe sie »musikalische« Intervalle sein können: Es ist undenkbar, daß dasselbe Intervall auf zweierlei Weise wahrgenommen werden könnte. Aber auch wenn man annimmt, daß ein einziges Intervall durch seinen Logarithmus erfaßt würde, so bleibt es doch unerklärbar, daß diese Logarithmen ein »System« bilden können, daß folglich logarithmische »Operationen« stattfinden können. Das genügt, um das ganze Problem der auditiven Wahrnehmung in Frage zu stellen; wir müssen es an seiner Wurzel, d. h. bei den klanglichen Phänomenen anpacken.

DAS KLANGLICHE PHÄNOMEN   Sobald wir das klangliche Phänomen angehen, wird sich der Leser darüber klarwerden, daß sich der Phänomenologe vom wissenschaftlichen Standpunkt befreien muß; nicht etwa, weil dieser ihm nicht nützlich wäre, sondern im Gegenteil, weil er nicht ausreicht. Im großen und ganzen ließen sich die Wege, durch welche der Mensch bisher nach Erkenntnis suchte, zu zweien zusammenfassen: Der Wissenschaftler verfolgt eine *objektive* Erkenntnis der Dinge, wogegen der Philosoph die *Begriffe* in Frage stellt, welche der Mensch von den Dingen und von sich selbst hat. Der Phänomenologe dagegen sucht in den Qualifikationen, welche die Dinge in seinen Augen haben, das zu erkennen, was von ihm selbst als Menschen stammt, und – im Bewußtsein, das er davon hat – das, was ihm von den Dingen kommt. So gibt er also das absolute, aber einseitige Erkenntnisideal auf, welches den Wissenschaftler und den Philosophen bewegt, um dem Bedürfnis nach Verstehen zu gehorchen, wobei das einzige Mittel zum Verstehen dieses ist: die Beziehungen zu erfassen, und zwar im Einzelfall die Beziehungen zwischen dem Bestimmenden und dem Bestimmten; das Phänomen des einen wird erläutert durch das des anderen und umgekehrt. Deshalb bezieht sich der Phänomenologe aufs Bewußtsein, da er ein für allemal festgestellt hat, daß unser gesamtes Wissen aus den Modalitäten oder Funktionen unseres Bewußtseins stammt, daß das Bewußtsein seine Beziehung zu etwas impliziert, dessen »Bewußtsein« es ja gerade darstellt, und daß dessen »Erscheinung« – wenn das Phänomen letztlich *per definitionem* »das ist, was erscheint« – ein Wesen voraussetzt, dem es erscheint und welches es als solches qualifiziert. Daher entspricht die phänomenologische Einstellung der Natur der Dinge und dem etymologischen Sinn, welchen der Geist der Sprache in die einzelnen Wörter gelegt hat. Sicherlich wird man eines Tages erkennen, daß das als »Erfassen eines Bezugs« verstandene »Begreifen« – das einzig mögliche Absolutum – der allein für den Menschen gangbare Weg zur Erkenntnis ist und daß er tatsächlich zur Erkenntnis führt.

DIE MUSIKALISCHEN TÖNE   »Als musikalische Klänge«, schreibt der Physiker Bouasse, »bezeichnet man beliebige periodische Schwingungen. Die Projektion dieser Schwingungsbewegung auf eine Achse«, fährt er fort, »läßt sich auch ausdrücken durch eine Sinus- und Cosinusreihe dieser Art: $x = a_1 \cdot \sin (\omega t - \alpha_1) + a_2 \cdot \sin (2\ \omega t - \alpha_2) + a_3 \cdot \sin (3\ \omega t - \alpha_3) + \ldots$« Was Bouasse hier definiert, ist im strengen Sinne nicht der Klang als wahrnehmbare Offenbarung eines materiellen Phänomens, sondern das materielle Phänomen, das ihm zugrunde liegt, das sich uns in der Entfernung durch den Klang und zugleich durch eine Luftschwingung mitteilt, welch letztere unserem Ohr die Charakteristika des materiellen Phänomens kommuniziert. Die Sinusreihe andererseits gibt strenggenommen auch nicht dem Schwingungsphänomen, der Quelle des Klangs, Ausdruck: sie ist nur algebraischer Ausdruck einer geometrisch-analytischen Darstellung, die sich der Physiker in Übereinstimmung mit Fouriers berühmter Theorie macht.

Das Schwingungsphänomen nimmt Gestalt in der Zeit an, der Physiker veranschaulicht sich das durch eine Kurve, welche die Schwingungsbewegungen eines Materiepunktes ober- und unterhalb einer den Zeitablauf darstellenden Achse vollführt (siehe die graphische Darstellung auf der folgenden Seite):

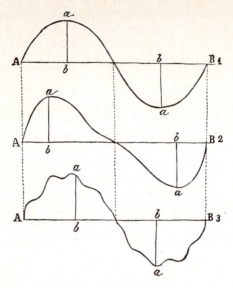

Nach Fouriers Theorem kann man diese Kurve als die Resultante (die Summation) der exakten Sinusschwingungen von bestimmten Perioden und Amplituden betrachten. Um die Formel zu verstehen, muß man sich vorstellen, daß sich die Sinuswerte nicht in der Länge, sondern in der Höhe addieren und daß sich die Kurven, welche sie darstellen, »aufeinanderschichten« (wenn man so sagen darf), um die resultierende Kurve zu bilden. Das Glück des Physikers – der Umstand, daß seine Formel für das Phänomen repräsentativ bleibt – beruht darauf, daß die Entfaltung der Schwingungsbewegung *in der Zeit* tatsächlich durch eine Luftwelle bezeichnet wird, welche sie erregt; mit dem Unterschied allerdings, daß der über der Achse sich erhebende Kurventeil durch eine luftverdichtete Zone und der unter die Achse reichende Kurventeil durch eine luftverdünnte Zone zu ersetzen sind. Durch diese Welle kündet sich uns der Klang. Das Ohr nimmt also nicht unmittelbar den von der Schwingungsbewegung erzeugten Ton wahr; es kann ihn nur durch die Luft erfassen, in welcher er sich ausbreitet. Fände die Schwingungsbewegung im Leeren statt, könnte ihr Klang nicht erfaßt werden, und zwar nicht, weil er nicht erzeugt worden wäre, sondern weil er – da nichts ihn übertragen kann – totgeboren wäre. Die Formel des Physikers trägt also der Tatsache Rechnung, daß eine »periodische Schwingungsbewegung« in dem Körper, in dem sie Gestalt annimmt, *ipso facto* von Teilschwingungen begleitet wird, welche die konsekutiven Begrenzungspunkte für die erste Sinusschwingung in der Reihe bezeichnen. In dieser Formel ist *a* die Amplitude der verschiedenen Sinusschwingungen, α deren Phase, d. h. die Verschiebung in bezug auf eine Grundschwingung, und ω ist gleich $\frac{2\pi}{P}$, wobei P die *Periode* bezeichnet, d. h. die Wellenlänge einer vollständigen Schwingungsbewegung, die in der Zeiteinheit t berechnet wird. Die Periode ist also die Umkehrung dessen, was man die Frequenz nennt, denn ein Ton mit einer Periode von $\frac{1}{440}$ sec hat eine Frequenz von 440 Schwingungen pro Sekunde. Man sieht überdies, daß die Periode der Teilschwingungen $\frac{1}{2}$, $\frac{1}{3}$, $\frac{1}{4}$ usw. der Grundschwingung ausmacht und eine Zahlenreihe bildet, die man in der Mathematik *harmonische Folge* nennt. Deshalb also nennt man die Teiltöne, welche den Grundton begleiten, auch »*harmonische Töne*«. Der resultierende Ton einer »periodischen Schwingungsbewegung« ist also im allgemeinen ein *zusammengesetzter* Klang, der trotzdem den Eindruck eines einfachen Tons, einer absoluten und unteilbaren Klangsynthese, macht. Daß er sich zusammensetzt aus einem Grundton und einer bestimmten, stets begrenzten Zahl von »harmonischen Tönen«, offenbart sich nur dem Physiker im Laboratorium oder im Lichte der Fourierschen Analyse. *Das Ohr weiß nichts davon*, und da das Hörbewußtsein zwischen den Tönen auf Frequenzverhältnissen begründete Beziehungen herstellt, folgt daraus, daß der Grund dieser Beziehungen im Hörbewußtsein liegen muß und mit diesem Phänomen nichts zu tun hat. Jedes Klangphänomen, mag es durch Schlag, Reibung, Blasen usw. entstehen, ist die wahrnehmbare Manifestation einer Schwingungsbewegung, die man *theoretisch* mit Reihen, wie sie Bouasse gibt, erfassen könnte. Man kann seine Auffassung teilen, daß man von Ton spricht – im Gegensatz zu Geräusch, obwohl sich beide nicht deutlich voneinander abgrenzen –, wenn diese Möglichkeit nicht nur theoretisch, sondern auch praktisch besteht, d. h. wenn das Phänomen für den Physiker analysierbar ist oder scheint. Die der Musik zugehörigen Töne, denen wir allein den Namen »musikalische Töne« vorbehalten, bilden im Klangbereich eine eigene und besondere Welt. Wenn man vom Rhythmischen absieht, so entstehen nach der Erfahrung jedenfalls die Signifikationen der Musik im wesentlichen aus den Bezügen, welche das Ohr zwischen den Klängen bestimmter Frequenzen schafft.

Das Phänomen ist nur möglich, wenn die den Ton erzeugende Schwingungsbewegung nur eine Sinusreihe erzeugt und wenn der Grundton (der erste Teilton) derart gebildet wird, daß weder die ihn begleitenden Obertöne noch die Intensität der Klanglichkeit die Wahrnehmung trüben oder verändern. In diesem Fall wird die Schwingung des Grundtons zur Grundschwingung, das Phänomen der »Phasen« spielt keine Rolle mehr, α ist aus der Formel eliminiert, und der Gesamtklang wird nur noch von drei Größen bestimmt: *Periode oder Frequenz der Sinusschwingung, Anzahl und Auswahl der Teilschwingungen und Amplitude der resultierenden Schwingung.* Eine nähere Untersuchung würde zeigen, daß ein solcherart erzeugter Grundton außerdem ein konstantes Verhältnis zwischen Amplitude und Länge seiner Sinusschwingung implizierte und folglich einen begrenzten Spielraum für mögliche Veränderungen seiner Amplitude, weiter auch eine begrenzte Anzahl von »harmonischen« Tönen hätte. Ein solcher Ton kann sich gelegentlich in der Natur ergeben, aber eine Folge solcher Töne mit systematischen

Beziehungen untereinander kann nur Ergebnis einer *absichtlichen* Emission mittels der Stimme oder eines geeigneten Instruments sein. Die musikalischen Töne sind also *künstlich* erzeugt, aber auf eine Weise, daß sie alle wesentlichen Merkmale *natürlicher Töne* besitzen: Auf dieser Eigenschaft beruht die immense Skala von Bedeutungen, welche die Tonkunst verwendet. Daß den Tönen von bestimmter Frequenz, und zwar nur den Tönen unseres Systems, die Qualität des »Musikalischen« beigelegt wird, findet im Verlauf unserer Untersuchung seine Berechtigung, wenn sich zeigt, daß sie tatsächlich die *conditio sine qua non* des musikalischen Erlebnisses sind.

Unsere Untersuchung hat nicht den Ton zum Gegenstand, sondern die Wahrnehmung, und deshalb nehmen wir auch nicht die Formel des Physikers zum Ausgangspunkt, weil diese nur algebraischer Ausdruck einer bestimmten Darstellungsweise ist, die der Physiker sich vom schwingenden Phänomen als Tonquelle macht und die nicht die Weise berücksichtigt, wie sich dieser Ton der Wahrnehmung darbietet. Für unser Hören qualifiziert sich der Ton durch seine *Höhe*, seine *Intensität* und seine *Klangfarbe*. Durch seine Höhe überträgt sich in unserer Wahrnehmung die Frequenz des Grundtons; durch seine Intensität oder Stärke überträgt sich die Amplitude der resultierenden Welle aller Sinusteilschwingungen, und durch die Klangfarbe überträgt sich das Vorhandensein einer bestimmten Anzahl und Auswahl von harmonischen Tönen. Halten wir fest, daß Anzahl und Auswahl der Teiltöne abhängig sind von der Materie und Form des schwingenden Körpers und von der Weise, wie der Ton gebildet wird, so daß die Klangfarbe als Funktion der Teiltöne die konkrete Kontingenz der wahrgenommenen Luftwelle wiedergibt, was die mathematische Formel nicht tut. Das Gehör trägt also dem Phänomen ebenso vollständig Rechnung wie diese Formel, aber auf seine Weise; man könnte sagen: realistischer. Das Wunder ist, daß die Luftwelle, welche den Ton im Raum trägt – sie ist doch von ganz anderer Form als das ihr zugrunde liegende Phänomen –, dem Ohr die Charakteristika dieses Phänomens übermittelt, welche die Analyse seiner inneren Struktur dem Physiker offenbart. Ein noch größeres Wunder jedoch ist dies, daß die ungeheuer schnellen Druckveränderungen, welche die Luft auf das Trommelfell ausübt, für das Gehör ausreichend sind, um in ihnen dieselben Charakteristika zu erfassen, als ob es durch die gesamten Wahrnehmungen hindurch und entfernt vom schwingenden Phänomen die Fouriersche Formel entdeckte. Zwar trennt es nicht zwischen den einzelnen Teiltönen (diese erfaßt es nur insgesamt), aber deshalb unterscheidet es doch um nichts weniger den Grundton von seinen Obertönen und eine bestimmte Obertonkonstellation von einer anderen. Dabei überträgt die Luftwelle nur die Frequenz der Grundschwingung, die anderen Frequenzen offenbaren sich durch Besonderheiten dieser Wellenstruktur, und die Amplitudenvariationen offenbaren sich durch die molekulare Masse in den Verdichtungszonen, die diese Welle in der Atmosphäre erzeugt. Wenn also das Ohr die Frequenz von der Intensität und von der Klangfarbe unterscheiden kann, dann deshalb, weil die Frequenz der Anzahl der in einer Sekunde erfaßten Wellen entspricht, die Tonstärke dem Gewicht oder der Dichte dieser Wellen, d. h. dem Stärkegrad ihres Druckes, und die Klangfarbe den Besonderheiten ihrer Struktur. So unwahrscheinlich es auch klingt: Das Ohr kann im Verlauf eines Druckes von $\frac{1}{440}$ oder $\frac{1}{1320}$ sec, der allerdings eine gewisse Zeit wiederholt werden muß, die Struktur einer Welle von der einer anderen unterscheiden.

Die besondere Bedingtheit des musikalischen Tons bewirkt also, daß seine drei Charakteristika als distinkte, voneinander unabhängige Qualitäten hervortreten: Ein *a* bleibt stets ein *a*, ungeachtet der Tonstärke und des tonerzeugenden Instruments (welch letzteres ihm lediglich eine bestimmte Klangfarbe verleiht). Indem sich das Hörbewußtsein also als notwendige und ausreichende Bestimmungen für einen Ton dessen Höhe, Stärke und Farbe setzt, sucht es in ihm nicht den Ton von irgend etwas, den Ton als Attribut, sondern den Ton als solchen, das Produkt eines klingenden Körpers in der Luft, der von jetzt an als etwas autonom Existierendes betrachtet wird: Die Wesenscharakteristika des Phänomens werden also zu Seinsqualitäten des Tones.

Daraus folgt, daß die Wahrnehmung der musikalischen Töne ein Bewußtseinsphänomen ganz anderer Art entstehen läßt, als es sich sonst in unseren auditiven Beziehungen zur Außenwelt ergibt. Solange das Hörbewußtsein im Phänomen den Ton von irgend etwas erfaßt, richtet sich seine Aufmerksamkeit gänzlich auf dieses Ding, welches es irgendwo im wirklichen Raum ansiedelt: die Stimme des Nachbarn im Hof, die Geige an der Straßenecke, die Glocke im Kirchturm. Sobald es aber bei musikalischen Tönen nur noch auf den Ton als solchen, auf den, wie wir eben gesagt haben, qualifizierten Ton, gerichtet ist, wird es zum Bewußtsein eines ausschließlich vom Ton in seiner Höhen- und Intensitätsveränderung erzeugten Raumes (die Intensität genügt schon, um darin nah und fern zu bezeichnen), eines Raumes also, in welchem nur musikalische Töne erscheinen können. Es liegt auf der Hand, daß dieser Raum kein wirklicher Raum mehr sein kann, sondern nur noch ein rein subjektiver Raum, der zum imaginären Raum wird, sobald das Hörbewußtsein ihn in die Außenwelt projiziert, aus der ihm die Töne gekommen sind. Das ist also der Raum, den man gemeinhin »Tonraum« nennt und den ein anderes Bewußtseinsphänomen zu einem musikalischen Raum umwandelt. Die Tätigkeit des Ohrs ist in beiden Fällen die gleiche, da seine Aufgabe ausschließlich in der Wahrnehmung atmosphärischer Phänomene besteht. Anders ist die Tätigkeit des Bewußtseins, welches die Tätigkeit des Ohres reflektiert: Dieses Hörbewußtsein, dem das Ohr lediglich als Werkzeug dient, ist stets Bewußtsein einer Welt, und zwar einer räumlich-zeitlichen Welt. Im ersten Fall ist es Bewußtsein einer Welt, die sich besonders durch das Klangliche offenbart – das ist die Außenwelt. Im zweiten Fall ist sein Raumbereich in der Zeit nur mehr von Tönen bewohnt, und dieser imaginäre Raum erzeugt räumliche Bilder, welche sich das Hörbewußtsein, wie wir sehen werden, von den Tönen macht.

Wir stellen jetzt fest, daß es zur Besonderheit des musikalischen Tons gehört, in seine Qualifikation eine Hierarchie oder Differenzierung einzuführen, in welcher sich die Intentionalität des Hörbewußtseins verrät, wenn es in den Tönen die Musik sucht, und aus welcher wir bereits auf den Sinn schließen können, den dies Bewußtsein der Tonfolge geben wird, wenn es zum musikalischen Bewußtsein wird. Aber greifen wir nicht vor. Tonhöhe, Intensität und Tonfarbe sind nämlich für den Augenblick für die Bestimmung des Phänomens ko-essentiell und folglich Tonqualitäten von *a priori* gleicher Bedeutung: Farbe und Stärke können ebenso bezeichnend sein für einen Ton wie für seine Höhe. Da jedoch die musikalischen Töne offensichtlich bedingt sind, Tonhöhenbezüge und folglich die Tonhöhe selbst hervorzuheben, gewinnt diese den Primat einer ontologischen Bedeutung: Der musikalische Ton als Sein individualisiert sich durch seine Höhe. Tonfarbe und Tonstärke bekommen den Rang von zufälligen Gegebenheiten des Tones, da sie mehr existentielle als ontologische Bedeutung haben: Durch die Intensität bekundet sich wahrnehmbar das Vorhandensein, und die Tonfarbe wird ihm von einer bestimmten Substantialität verliehen, die damit die wahrnehmbare Gegenwart individualisiert. Durch diesen Vorrang der Tonhöhe – d.h. der »Frequenz« – und durch den Umstand, daß die Intensitäts- und Tonfarbenveränderungen im musikalischen Ton die Wahrnehmung nicht verändern, können wir unsere Untersuchung der auditiven Wahrnehmung auf die Wahrnehmung der »Frequenzen« beschränken und Tonstärke und Tonfarbe beiseite lassen.

DIE MUSIKALISCHEN TÖNE UND DAS OHR   Wenn wir uns an die Formel des Physikers halten, drückt sich die Beziehung zweier Töne verschiedener Frequenz aus durch die Beziehung zweier Sinuswerte:

$$\frac{\sin \omega t}{\sin \omega' t} = \frac{\sin \frac{2\pi}{P} t}{\sin \frac{2\pi}{P'} t}$$

Aber selbst der Gelehrte muß als Erfahrungstatsache zugeben, daß der »Eindruck«, den das Ohr von dieser Beziehung empfängt (und das »Intervall«, das sie in bezug auf das Hörbewußtsein bezeichnet), ausschließlich Funktion der Frequenzbezüge ist – was stillschweigend bedeutet, daß der Sinus hier keine Rolle spielt und sich diese Beziehung reduziert auf:

$$\frac{\frac{2\pi}{P}}{\frac{2\pi}{P'}} = \frac{P'}{P} \text{ oder } \frac{F}{F'}$$

Aber in dieser Formel wird die Frequenz in bezug auf die Zeit der Welt berechnet, auf die Sekunde, und das Ohr hat keine Uhr: deshalb also können wir keinesfalls von dieser physikalischen Formel ausgehen. Die Frequenz muß sich nämlich dem Ohr mitteilen als eine Kundgebung des Phänomens oder des Seins des Phänomens, und wenn wir sie formulieren wollen, müssen wir sie als Funktion des Phänomens ausdrücken. Diese Tonfrequenz ist nun aber nichts anderes als ein rhythmisches Phänomen; wir müssen uns hier auf unsere Untersuchung über den Rhythmus berufen. Aus dieser haben wir gelernt, in jeder rhythmischen Struktur eine *Energie*struktur zu sehen und festzustellen, daß sich die Beziehung zwischen dem Energie-»Moment« im Rhythmus (nämlich seiner *Kadenz*) und der Dauer oder Dauerstruktur, als die es sich äußert, durch eine *logarithmische Beziehung* ausdrücken läßt. Nichts stellt sich unserem Versuch in den Weg, dieses anscheinend allgemeine Rhythmusgesetz auch auf das Phänomen anzuwenden, das uns hier beschäftigt.

Bevor ein Ton entsteht, sind die Luftmoleküle in dauernder Bewegung im Raum, angeregt von einer kinetischen Energie, welche vom Luftdruck und von der Temperatur abhängig ist. In einer gegebenen Atmosphäre, in der Luftdruck und Temperatur als konstant gelten können, muß also auch diese Bewegungsenergie eine Konstante sein, die wir mit ε bezeichnen. Im Augenblick, in dem die Schwingungsbewegung entsteht, die den Ton erzeugt, beginnen die Luftmoleküle zu wirbeln, und dieser Wirbel bestimmt die Luftwelle, von der wir weiter oben gesprochen haben. Diese Welle ist nicht der Ton, um es noch einmal zu sagen, sondern der Zustand der Luft, wenn sie einen Ton überträgt. Die Luftwellen, die unser Trommelfell in derselben Frequenz bombardieren, wie sie im klingenden Körper entstehen, sind also eine Metamorphose oder eine besondere Formung der kinetischen Energie, die den Luftmolekülen durch die Klangschwingung gegeben wird. Das Phänomen ist eine merkwürdige Illustration zum Satz von der Erhaltung der Energie, die sich aus Schwingungsenergie in Bewegungsenergie und dann in zeitliche Druckenergie umwandelt, welche die Luft auf das Trommelfell überträgt. Man sieht: Was erhalten bleibt, ist nicht die Energie, die sich stets vergeuden kann, sondern eine bestimmte Signifikation der Energie, welche sich beim Übergang von einem Körper auf den anderen in Wesen und Form verändert.

Wir wenden auf dieses Phänomen das an, was uns der Rhythmus gelehrt hat, und stellen das Postulat auf, daß eine logarithmische Beziehung zwischen der Bewegungsenergie, die sich durch die Periodizität der Luftwelle offenbart, und dieser Periodizität bestehen muß. Dies Postulat, das keine »wissenschaftlichen« Prätentionen hat – da wir ε nicht berechnen können und bis jetzt noch nicht einmal definiert haben, was eine Energie »ist« –, findet seine Berechtigung, wenn es uns erlaubt, dem Phänomen unter all seinen Aspekten Rechnung zu tragen*.

---

*Siehe Kap.1 der Anmerkung I (S. 631ff.). Diese Anmerkung soll dem Leser die logarithmische Beziehung ins Gedächtnis zurückrufen und deren Erscheinen in den konkreten Phänomenen aufzeigen. Zugleich wird in aller Kürze eine Erläuterung der mathematischen Formeln geboten, auf die wir zurückgreifen müssen.

Nehmen wir an, ein Ton d_0 würde erzeugt. Die Schwingungsperiode, die
sein Vorhandensein charakterisiert, wäre ein bestimmter log ε, wenn man mit
ε die sich in dieser Periode offenbarende kinetische Energie der Luft bezeichnet, welche folglich in Wechselbeziehung stehen müßte zur tonerzeugenden
Schwingungsenergie. Bis dahin scheint unser Postulat zur Bestimmung von d_0
wenig dienlich, da man ebensoviel von jedem sich darbietenden Ton sagen
kann. Nehmen wir jetzt aber an, es würde ein Ton doppelter Frequenz erzeugt. Die Periode hätte sich um die Hälfte vermindert, die Dauerstruktur des
neuen Tones würde in bezug auf die Periode von d_0 gemessen als 2 log ε
$=$ log ε^2, wobei der neue log ε halb so groß wäre wie der vorhergehende. Ist
die Frequenz dreimal so groß, die Periode dreimal kürzer, so wäre die Dauer-
struktur des neuen Tones in bezug zur Periode von d_1 3 log ε $=$ log ε^3 (der
neue log ε wäre ein Drittel des ersten) und so fort. Auf diese Weise können wir
eine Reihe von Tönen bilden, deren Periodizität in bezug auf diejenige von d_0
sich rational ausdrücken ließe: Die nachstehende Aufstellung, die sich auf die
ersten vier Glieder einer sich theoretisch *ad infinitum* fortsetzbaren Reihe beschränkt, verdeutlicht die Beziehung der zu den Tönen korrelativen Dauerstrukturen, wie sie sich dem wahrnehmenden Bewußtsein darbieten muß:

Bezugston	Schwingungs-energie	Bezug der Dauer-strukturen	Relativer Wert der Perioden	Ausdruck der Dauerstrukturen in Funktion der Bezugsperiode
d_0	ε	log ε	1	log ε
d_1	ε^2	2 log ε	$\frac{1}{2}$	$2\,\dfrac{\log \varepsilon}{2}\ (= \log \varepsilon)$
a_1	ε^3	3 log ε	$\frac{1}{3}$	$3\,\dfrac{\log \varepsilon}{3}\ (= \log \varepsilon)$
d_2	ε^4	4 log ε	$\frac{1}{4}$	$4\,\dfrac{\log \varepsilon}{4}\ (= \log \varepsilon)$

In den benannten Tönen erkennen wir folgende:

$$d_0 \qquad d_1 \qquad a_1 \qquad d_2$$

Stellen wir zunächst einmal fest, daß es sich hier nicht um die harmonischen
Töne von d_0 handelt; es ließe sich nicht erklären, daß eine Schwingungs-
energie ε durch Zuwachs zu ε^2, ε^3 werden sollte. Daher hat auch das musikalische Bewußtsein die Tonbeziehungen nicht bezogen auf die Beziehungen
zwischen Grundton und Obertönen, sondern auf die Beziehungen eines wirklichen Tones zu anderen wirklichen Tönen, deren Frequenz zu der seinen im

selben Verhältnis steht wie die Frequenz der harmonischen Töne eines Grundtons zu der Frequenz dieses Grundtons.

Die Töne, deren Dauerstruktur wir betrachtet haben, bilden deshalb nicht weniger, als was man kraft der diesem Terminus gegebenen Definition eine harmonische Folge von Tönen nennen kann – wir müssen uns hüten, eine harmonische Folge von Tönen mit einer Folge von harmonischen Tönen zu verwechseln.

Nach dieser ersten Betrachtung der logarithmischen Beziehung können wir jetzt untersuchen, inwieweit unser Postulat begründet ist: Die erste Oktave ist der Ton 2 der Folge; wenn die Frequenz einfach proportional zur Energie bliebe, wäre die dritte Oktave der Ton 6. Sie ist aber Ton $8 = 2^3$ (bei der zweiten Oktave ist dieses Phänomen noch mehrdeutig, weil 2×2 dasselbe ist wie 2^2; bei der dritten Oktave wird es eindeutig). Wenn die Frequenzverhältnisse Funktion der »Potenz«-Bezüge sind, dann muß die Frequenz selbst Funktion einer Potenz sein, die nur diejenige der kinetischen Energie der Luftmoleküle sein kann, der einzigen Konstanten, welche wir im Phänomen entdecken können. Daraus folgt jedoch, daß wir – wenn wir Energiebezüge setzen müssen – diese Energiebezüge in bezug auf die Exponenten von ε bezeichnen müssen und nicht durch die Differenz dieser Exponenten, so als ob der Exponent von ε genügte, um die besagte Energie zu definieren. Diese Sprachkonvention bedeutet, daß wir die Energie wie eine Potenz betrachten, notieren und sie mit ihr identifizieren. Ferner werden wir sehen, daß unser logarithmischer Bezug verallgemeinert werden kann, d.h. daß man mit seiner Hilfe ebenso dem Phänomen der harmonischen Töne gerecht werden kann als auch den Bezügen zwischen einem Ton und Tönen kleinerer Frequenz.

Die harmonischen Töne unterscheiden sich von den wirklichen Tönen nur dadurch, daß sie die Schwingungsenergie in schnellere und kürzere Wellen umsetzen. Der Grund für dieses Phänomen liegt darin, daß der Ton aus der schwingenden Erschütterung der gesamten physischen Struktur eines materiellen Körpers entsteht – einer gespannten Saite, eines Holzrohrs, einer Metallscheibe oder einer Luftsäule bei den musikalischen Tönen. Je nach der Weise, wie dieser Körper in Schwingung versetzt wird, können sich zusätzliche Teilschwingungen bilden, welche kürzere Wellen entstehen lassen als die, welche von der schwingenden Gesamtstruktur ausgehen. Wir drücken dies Phänomen aus, indem wir sagen, daß die Schwingung des gesamten Körpers, die sich durch die Periode ε offenbart, auch zwei Schwingungen von der Energie $\sqrt{\varepsilon} = \varepsilon^{\frac{1}{2}}$ ($\log \sqrt{\varepsilon} = \frac{1}{2} \log \varepsilon$) erzeugen kann, drei Schwingungen von der Energie $\sqrt[3]{\varepsilon} = \varepsilon^{\frac{1}{3}}$ ($\log \sqrt[3]{\varepsilon} = \frac{1}{3} \log \varepsilon$) usw. Das heißt, daß die Energie, welche zwei Perioden des ersten harmonischen Tones erzeugt, gleich $(\varepsilon^{\frac{1}{2}})^2 = \varepsilon$ ist; diejenige, welche drei Perioden des zweiten harmonischen Tones erzeugt, gleich $(\varepsilon^{\frac{1}{3}})^3 = \varepsilon$ ist, so daß die harmonischen Töne lediglich Metamorphosen der ausge strahlten Klangenergie sind. Der Bezug der Dauerstrukturen ließe sich also wie folgt ausdrücken:

Harmonische Töne	Schwingungsenergie	Bezug der Dauerstrukturen	Relativer Wert der Perioden	Ausdruck der Dauerstrukturen in Funktion der Bezugsperiode
d_0	ε	$\log \varepsilon$	1	$\log \varepsilon$
d_1	$(\varepsilon^{\frac{1}{2}})^2$	$2 \log \varepsilon^{\frac{1}{2}}$	$\frac{1}{2}$	$2\,\dfrac{\log \varepsilon}{2} = \log \varepsilon$
a_1	$(\varepsilon^{\frac{1}{3}})^3$	$3 \log \varepsilon^{\frac{1}{3}}$	$\frac{1}{3}$	$3\,\dfrac{\log \varepsilon}{3} = \log \varepsilon$
d_2	$(\varepsilon^{\frac{1}{4}})^4$	$4 \log \varepsilon^{\frac{1}{4}}$	$\frac{1}{4}$	$4\,\dfrac{\log \varepsilon}{4} = \log \varepsilon$

Betrachten wir nun die Beziehung zwischen Grundtönen im Sinne der kleineren Frequenz, so stehen wir vor der anderen Tatsache, daß sich dieselbe Progression der energetischen Potenz z. B. nicht nur durch eine Verdopplung der Frequenz und eine Halbierung der Periodizität kundtut, sondern sich auch durch eine Verdopplung der Periode und eine Halbierung der Frequenz ausdrücken kann. Diese andere Variation der Energie liefert uns eine neue harmonische Folge von Tönen, die der weiter oben angedeuteten Folge wirklicher Töne symmetrisch ist:

Es gibt aber keine natürlichen harmonischen Töne, welche dieser absteigenden Folge entsprächen, entgegen den Behauptungen von Riemann, d'Indy und anderen, und zwar aus dem einfachen Grund, weil die Schwingungsbewegung eines Körpers keine längeren Wellen erzeugen kann als diejenigen, die aus seiner physischen Gesamtstruktur entstehen. Diese Folge entspricht derselben Progression von Energiepotenzen wie die erstere, wir müssen sie aber zur Unterscheidung in der mathematischen Formel differenzieren, indem wir den Exponenten von ε mit einem -1 potenzieren.

Wirkliche Töne	Schwingungsenergie	Bezug der Dauerstrukturen	Relativer Wert der Perioden	Ausdruck der Dauerstrukturen in Funktion der Bezugsperiode
d_0	ε	$\log \varepsilon$	1	$\log \varepsilon$
d_{-1}	$\varepsilon^{2^{-1}}$	$2^{-1} \log \varepsilon$	2	$\frac{1}{2}(2 \log \varepsilon) = \log \varepsilon$
g_{-1}	$\varepsilon^{3^{-1}}$	$3^{-1} \log \varepsilon$	3	$\frac{1}{3}(3 \log \varepsilon) = \log \varepsilon$
d_{-2}	$\varepsilon^{4^{-1}}$	$4^{-1} \log \varepsilon$	4	$\frac{1}{4}(4 \log \varepsilon) = \log \varepsilon$

Indem wir aus der Schwingungsperiodizität eine Energiebezeichnung machen, brechen wir mit der Sprache des Physikers, für den sich die Energie durch die Schwingungsamplitude bezeichnet. Es versteht sich von selbst, daß die auf die Luft übertragene Schwingungsenergie gleichzeitig die Amplitude und Periodizität von deren Klangwelle bestimmt, so daß beide auf ihre Weise diese Energie bezeichnen. Aber die Amplitudenvariationen bedeuten für den musikalischen Ton Energievariationen nur in bezug auf eine gegebene Frequenz, und diese Frequenz hängt ja von der ausgestrahlten Energie ab. Amplitude und Frequenz sind also distinkte Manifestationen ein und derselben Energie, die die Quelle des Phänomens ist. Wenn das wahrnehmende Bewußtsein in der Höhe des Tons – der Folge der Periodizität – eine Energiebedeutung sieht, so muß man annehmen, daß es in der Schwingungsamplitude etwas anderes sieht als die Energie; und tatsächlich braucht man ja nur daran zu denken, daß sich im lauter werdenden Geräusch eines Autos sein Herannahen verkündet, um zu begreifen, daß das wahrnehmende Bewußtsein hierin eine *Gegenwartsintensität* erblickt, die zwar ebenfalls eine energetische Bedeutung hat, aber doch nur in bezug auf die Energie der Erscheinung und nicht in bezug auf die Energie des erschienenen Dinges.

Die »Gegenwartsintensität« bezeichnet also für das musikalische Bewußtsein die klangliche Intensität, die Folge der Schwingungsamplitude. So berücksichtigt auch die weiter oben gesetzte logarithmische Beziehung nur das Phänomen der Periodizität und nicht den Faktor der Amplitude. Sie ermöglicht es, die Dauerstruktur verschiedener Töne der Folge zur Periode des Bezugstons in Beziehung zu setzen, d.h. in Beziehung zu einer phänomenalen Dauer, ohne daß wir ein dem Phänomen fremdes »Maß« zu Hilfe nehmen müssen.

Halten wir fest, daß der Bezug der in unseren Tabellen aufgestellten Dauerstrukturen nur diese Proprietät des Phänomens ausdrückt, daß auf jeder Ebene der Luftschwingungen die Frequenz die Umkehrung der Periode ist: $F = \frac{1}{P}$ oder $F \times P = 1$. Diese Eigentümlichkeit, die an sich unbedeutend ist, da sie nur die bestehenden Bezüge zwischen zwei möglichen Weisen aufstellt, das Phänomen zu qualifizieren, wird in dem Augenblick bedeutend, da die Periodizität eines Tones in Beziehung zu derjenigen eines anderen gestellt wird: Sie erlaubt es dann, die Beziehung der Dauerstrukturen genau durch das zu bezeichnen, was diese voneinander unterscheidet, nämlich die simultane und umgekehrt proportionale Variation der Frequenz und der Periode.

Theoretisch könnte eine aufsteigende oder absteigende harmonische Folge den gesamten Tonbereich umfassen, wenn man als Basis dieser Folge den tiefsten bzw. höchsten möglichen Ton wählte. Aber diese äußersten Punkte, an denen das Schwingungsphänomen zum Träger eines Tones wird, bleiben unbestimmt. Wir können also voraussetzen, daß die Bestimmung der Töne für das Hörbewußtsein auf Grundlage einer doppelten harmonischen Folge – aufsteigend und absteigend – geschieht, von einem beliebigen Bezugston aus.

Wenn dem so ist, so ist die Vorstellung einer »absoluten Tonhöhe« eine Illusion, die sich aus der Berechnungsweise der Physiker erklärt. Die Höhe eines Tones setzte stets – zumindest implizite – den Bezug zu einem Bezugston voraus*. Dennoch muß *ein* Ton der Folge auf jeden Fall bestimmt werden, und zwar der Bezugston. Über diesen Punkt sagt uns die logarithmische Beziehung nichts. Die Bestimmung des Bezugstons bleibt also eine offene Frage, auf die wir eine Antwort finden müssen, wenn wir zur Untersuchung der Wahrnehmung fortschreiten. Etwas aber erscheint sicher, und zwar, daß die relationellen Beziehungen der Tonhöhe, die das Hörbewußtsein zwischen den Tönen aufstellt, nur dem Bezug dieser Töne zum Grundton einer harmonischen Folge entstammen. Die Töne, auf welche das musikalische Bewußtsein seine Tonhöhenbezüge gründet, sind z.B. die Töne 2, 3, 4 der harmonischen Folge:

1	2	3	4
d_0	d_1	a_1	d_2
ε	ε^2	ε^3	ε^4
$\log \varepsilon$	$2 \log \varepsilon$	$3 \log \varepsilon$	$4 \log \varepsilon$

so daß das Wahrnehmungsbewußtsein, indem es zwischen d_1 und a_1 und d_2 den Bezug herstellt, diese Töne implizite zu einem nicht erzeugten d_0 in Beziehung setzt. Sowie sich der erste auftretende Ton als Bezugston anbietet, wird die Schwingungsperiode von d_1 zur Norm der Dauer $\log \varepsilon$, und die drei Töne bieten sich der Wahrnehmung entsprechend der folgenden Aufstellung:

d_1	a_1	d_2
ε	$\varepsilon^{\frac{3}{2}}$	$\varepsilon^{\frac{2}{1}}$
$\log \varepsilon$	$\frac{3}{2} \log \varepsilon$	$\frac{2}{1} \log \varepsilon$

Man sieht, daß der Bezug der zwei Töne sich dem Gehör als ein Frequenzbezug darstellt, begleitet allerdings von einem variablen Parameter; und es läßt sich voraussehen, daß sich dieser Parameter auf die eine oder andere Weise in der Wahrnehmung bezeichnet.

Das Vorhergehende führt uns schließlich zu jener Feststellung, die von Anfang an unsere logarithmische Relation ausdrückte: Die Töne unserer harmo-

---

* Trotzdem spricht man immer vom absoluten Gehör. Das absolute Gehör ist aber bloß das Anzeichen für ein Hörbewußtsein, das ein Gedächtnis für Fakten besitzt, dank dem wir ein *a* oder *es* sofort erkennen können. Dieses Gedächtnis setzt eine gewisse Verfremdung des Bewußtseins voraus, wodurch es sich mehr an einen *Ton* als solchen hält als an den damit verbundenen, stets vom Kontext abhängigen *musikalischen* Sinn. Das absolute Gehör ist nicht notwendig eine musikalische Eigenschaft; die wichtigste Fähigkeit eines musikalischen Bewußtseins ist das Einbildungsvermögen, mit welchem es das Wahrnehmbare transzendiert und seine ganze Aufmerksamkeit auf die Bedeutungen richtet, die es enthält, und z.B. eine falsche Terz noch als Terz qualifiziert. Musikalisch hochbegabte Menschen besitzen allerdings meist auch ein absolutes Gehör, ohne daß ihre Höraktivität, die wesentlich relationell ist, dabei stehenbliebe.

nischen Folgen bieten sich der Wahrnehmung durch Logarithmen dar. Aber diese bilden kein System; denn was man sonst Basislogarithmus (log ε) nennen müßte, ändert sich von Glied zu Glied der Folge. Das bedeutet, daß man mit diesen Logarithmen nicht die klassischen Operationen vollführen kann (Darstellung eines Produkts oder Quotienten durch die Summe oder Differenz der Logarithmen). In Wirklichkeit erleben wir die Einsteinsche Relativität in vollem Ausmaß: Die Töne, deren phänomenale Gegebenheit wir mit mathematischen Symbolen fixieren wollen, entsprechen verschiedenen Schwingungszuständen der Luft; diese sind distinkte Phänomene mit eigener Zeitlichkeit, die der Logarithmus ausdrückt. Unsere Aufstellungen machen die Beziehung deutlich, die sich *für uns* zwischen diesen verschiedenen Strukturen der Zeitlichkeit setzen. Wenn das *musikalische* Hörbewußtsein logarithmische Operationen vollziehen soll – was, wie wir wissen, tatsächlich geschieht –, so muß es sich auf der Grundlage seiner Wahrnehmungsgegebenheiten sein Logarithmensystem selbst schaffen; das tut es auch, und zwar in Anbetracht des Sinnes, den die Tonstrukturen im musikalischen Akt annehmen.

Erster Teil

Hörbewußtsein und musikalisches Bewußtsein

Kapitel I: Das Hörbewußtsein

A. DIE HÖRTÄTIGKEIT

1. Wahrnehmung und reine Reflexion des Wahrgenommenen

Hörbewußtsein nennen wir die Tätigkeit des Bewußtseins, die einfach und ausschließlich darin besteht, den Schall wahrzunehmen. Die geistig-seelischen Vorgänge, welche der Wahrnehmungsakt auslösen kann und im allgemeinen auch auslöst, sind reflektierende Vorgänge, durch die das Bewußtsein deutet, was das bloß auditive Bewußtsein *tatsächlich* wahrgenommen hat. Angesichts dieser reflektierenden Tätigkeiten kann die Wahrnehmung als ein *präreflexiver* Vorgang angesehen werden, sie ist darum aber nicht weniger eine Bewußtseinstätigkeit, d.h. bereits ein »reflektierendes« Phänomen. Nehme ich einen Ton wahr, während ich mit anderen Dingen beschäftigt bin, kann dieser »Wahrnehmung« keine geistige oder seelische Reaktion folgen; ich kann aber diesen Ton in die Erinnerung zurückrufen, was beweist, daß es sich um eine *Bewußtseinsgegebenheit* handelt. Die auditive Gegebenheit als Bewußtseinsgegebenheit muß also eine reine, wahrnehmbare Reflexion der perzeptiven Determination sein, die im inneren Ohr bewirkt und vom Hörnerv reflektiert wird, welch letzterer sie an das Gehirn übermittelt (so wie die Luftwelle das Schwingungsphänomen dem Trommelfell übermittelt). Die Tatsache, daß eine Lähmung des Hörzentrums im Gehirn die Funktion des Ohrs außer Kraft setzt, genügt zum Beweis, daß das innere Ohr zum Bereich der Nervenenergie gehört, die bei der Hörtätigkeit wirkt, und somit zum Bewußtseinsbereich, welcher die Phänomene reflektiert und dem das Ohr nicht nur ein Fenster, sondern, wie wir sehen werden, eine *Tür* zur Welt öffnet. Die Tätigkeit des inneren Ohrs erscheint uns also wie ein erstes *Moment* des Wahrnehmungsaktes, der beim Phänomen – und nicht etwa in der Zeit – der Bewußtwerdung des »Wahrgenommenen« voraufgeht, ein immerdar *präreflexives* Moment. Bleibt es stets präreflexiv, dann nur, weil einesteils die Erregbarkeit des inneren Ohrs nicht spürbar ist (solange keine organische Krankheit vorliegt) – ein offenbarer Beweis für seine Zugehörigkeit zum Bewußtseinsbereich –, und weil andererseits seine Phänomene *unmittelbar* vom Gehirn reflektiert werden und im Licht des Bewußtseins nur als bereits reflektierte erscheinen. Der typische Prozeß des »Bewußtseins«-Phänomens, wie er weiter oben angedeutet ist, zeigt sich schon hier, mit einer Nuancierung allerdings: Die Wahrnehmung ist ein *Faktum* des Bewußtseins, durch welches es deutet, was zuvor vom Ohr *faktisch* wahrgenommen worden ist.

Was wir Hörbewußtsein nennen, ist daher reiner Existenzreflex, reflektierende Reflexion eines Reflektierten, reine sinnlich wahrnehmbare Reflexion eines körperlichen Phänomens. Damit geraten wir in die »phänomenologische« Betrachtungsweise, die aus dem Existenzbewußtsein eine Art Doppel unserer inneren körperlichen Existenz werden läßt und aus dem Bewußtsein die *Seinsweise* des menschlichen Subjekts von der ersten Beziehungnahme zur Welt mittels der Sinne und noch vor dem Auftreten des *cogito*, d. h. des Denkens*.

Diese Betrachtungsweise, die im Verlauf unserer Untersuchung durch die Evidenz der Fakten gerechtfertigt wird, bewahrt uns von vornherein davor, die Gehörtätigkeit als ein rein physiologisches Phänomen anzusehen, das man im Sinne einer Kausalität zu deuten versucht wäre, wodurch das Ohr zu einem bloßen Empfänger von Gehöreindrücken würde. Das innere Ohr ist der Sitz einer eigengesetzlichen Tätigkeit, die auf ihre Weise, »für sich« oder besser »für das Bewußtsein«, das Phänomen bestimmt, durch welches sich der Ton kundgibt; seine einzige »Passivität« besteht darin, daß es nur wahrnimmt, was sich zur Wahrnehmung darbietet, und daß es nichts anderes kann als wahrnehmen, was sich der Wahrnehmung bietet. Das bedeutet, daß wir das innere Ohr, das *Schnecke* oder *cochlea* genannte Organ, als einen Bereich der Wahrnehmungsenergie betrachten können, in dem die phänomenalen Gegebenheiten des Tons zweifellos eine neue Form annehmen.

Um uns das Phänomen der Wahrnehmung vorzustellen, gehen wir von der Vorstellung aus, daß sich das innere Ohr irgendwie mit der Schwingungsfrequenz synchronisiert, welche die Luftwelle überträgt. Seit Helmholtz sind wir der Ansicht, daß jede bestimmte Frequenz einen bestimmten Punkt der Schnecke anspricht und aktiviert, daß also eine punktuelle Beziehung zwischen einer Frequenz und ihrer Reproduktion oder Transformation in ein Nervenphänomen in einem bestimmten Bereich der Schnecke besteht. Diese Hypothese erleichtert uns zu Beginn die Formulierung des Phänomens, denn sie erlaubt uns, darauf dieselben mathematischen Formeln anzuwenden wie auf das physische Phänomen und trotzdem nicht außer acht zu lassen, daß diese Formeln jetzt einen ganz neuen Energiebereich betreffen. Wenn im Verlauf unserer Untersuchung eine neue Hypothese auftreten sollte, beeinträchtigt das nicht die Gültigkeit unserer Formeln, da wir wissen, daß bei der Übertragung eines Energiephänomens von einem Bereich in den andern seine Wesensbedeutungen beibehalten werden.

Lassen wir zunächst die Frage offen, wie sich der erste wahrgenommene Ton in der Wahrnehmung determiniert. Wir gehen von dem Grundsatz aus, wie er sich bei der Prüfung des Phänomens ergibt, daß wir nämlich einen Ton nur in bezug auf die Frequenz eines anderen Tons bestimmen können. Setzen wir also, das Hörbewußtsein habe ein bestimmtes *d* aufgefaßt und sich auf die Tonhöhe *d* »situiert«, um die folgenden Töne wahrzunehmen. Die Behauptung, das Hörbewußtsein sei in *d* situiert, bedeutet, daß es sich diese Tonhöhe nicht mehr geben muß, da es sie hat oder besser: da es sie ist, weil es tatsäch-

---

* Der Leser sei hier auf Kap. 2 der Anmerkung I verwiesen, S. 641ff., wo die Erscheinung des Bewußtseins behandelt wird.

lich zum »*d*-Bewußtsein« geworden ist. Um zum *d*-Bewußtsein zu werden, hat sich das Hörorgan vermutlich mit der Frequenz von *d* synchronisiert, deren Periode ein bestimmter log ε ist, der somit zum Maß seiner eigenen Zeitlichkeit wird. In diesem Augenblick ist das innere Ohr reine *affektive* Existenz einer bestimmten Zeitstruktur, die durch log ε bemessen ist; denn alles, was sich über das Phänomen sagen läßt, ist, daß je nach der Frequenz des Tons das Ohr unterschiedlich *affiziert* werden muß. Nur ε bezeichnet jetzt die perzeptive Energie im Punkt *d* der Schnecke, der mit *d* synchron ist, und wenn wir bei dem Grundsatz einer logarithmischen Beziehung zwischen Nervenenergie innerhalb der Schnecke und ihrer zeitlichen Struktur bleiben, so ist log ε zu einer Periode der *Wahrnehmungszeitlichkeit* geworden. Ferner muß die Wahrnehmungsenergie im Punkt *d* der Schnecke eine bestimmte *Wertbestimmung* sein, eine bestimmte besondere Determination der Nervenenergie, die in der Schnecke wirksam ist, so daß log ε in Wirklichkeit der Logarithmus einer unbekannten »Quantität« *x* ist, auf jeden Fall aber ein Logarithmus der Basis ε, was wir wie folgt schreiben: $\log_\varepsilon x$.

Nehmen wir an, dieses *d*-Bewußtsein nähme anschließend, melodisch, ein *a* wahr. Um *a* wahrzunehmen, bleibt es *d*-Bewußtsein und perzipiert den Frequenzbezug $\frac{3}{2}$. Um diese Beziehung aufzufassen, werden zwei Perioden von *d* benötigt, aber das spielt keine Rolle. Wenn wir die doppelte Periode als neues Maß der perzeptiven Zeitlichkeit setzen, so ist auch das neue Maß wieder ein Logarithmus der Basis ε, deren Zahl wir diesmal kennen, denn $\frac{3}{2}$ ist das einzig Wahrgenommene und das einzige Maß, das wir dem Energieverhältnis geben können. Wir setzen also $\log_\varepsilon \frac{3}{2}$ als qualifizierendes Maß der perzeptiven Affektivität, sobald das *d*-Bewußtsein die Oberquinte wahrgenommen hat. Aber was wahrgenommen wird, ist $\frac{3}{2}$, und dieses $\frac{3}{2}$ muß seinerseits ein Logarithmus der Wahrnehmungsenergie sein, die durch die Periode $\log_\varepsilon \frac{3}{2}$ gemessen wird, d.h. ein Vielfaches des Basislogarithmus, den wir vorerst nur mit log ε bezeichnen können, also $\frac{3}{2} \log \varepsilon$.

Zwischen diesen beiden Formeln: $\log_\varepsilon \frac{3}{2}$ und $\frac{3}{2} \log \varepsilon$, muß sich also in der Schnecke eine Identität der Bedeutung (nicht der Fakten!) herstellen, wobei die erste Formel das Maß der Wahrnehmungsenergie bei der Apperzeption der Oberquinte darstellt und die zweite das Wahrnehmungsmaß des »Wahrgenommenen«. Die Apperzeption der Oktave oder Quarte gäbe entsprechende Formeln:

$$\log_\varepsilon \frac{2}{1} = \frac{2}{1} \log \varepsilon$$
$$\log_\varepsilon \frac{4}{3} = \frac{4}{3} \log \varepsilon$$

NOEMA UND NOESIS   Das erste Glied dieser Identitätsbeziehungen hätte Husserl eine *noetische* Gegebenheit genannt, das zweite hätte er als *Noema* bezeichnet. Die Noesis ist für Husserl das »Erlebnis« des Bewußtseins bei der »Apperzeption« eines Phänomens; das Noema dagegen ist das »Bild«, das sich das

Bewußtsein vom Wahrgenommenen macht. Die Noesis ist also die präreflexive Tätigkeit, durch welche das Noema prädeterminiert wird, so daß dieses eine noetische Gegebenheit ist, die als Noema erst dann erscheint, wenn sie vom perzipierenden Bewußtsein reflektiert worden ist. Daraus folgt, daß die (melodische) Quinte im Tätigkeitsbereich des inneren Ohrs prädeterminiert werden muß, wo sie dann, als logarithmische Beziehung einer *Frequenzbeziehung*, zum »Intervall« wird. Das *Bild* dieses *Intervalls*, das sich jetzt in der Zeit entfaltet, muß vom Gehirn reflektiert werden.

Die Luftwelle ist nicht der Ton; ebensowenig sind Noesis und Noema Bestimmungen des Tons, sondern sie sind nur Bestimmungen des Ohrs und des Hörbewußtseins in bezug auf den erklingenden Ton. Durch die Noesis, d. h. die Hörtätigkeit, macht sich das Bewußtsein den Ton gegenwärtig, durch das Noema »vergegenwärtigt« es sich ihn. Das Ohr wird also im strengen Sinn nicht affiziert vom Ton, sondern es affiziert sich selbst durch eine bemessene Nervenenergie, die zwar nicht den Ton, wohl aber das physische Phänomen wahrnehmen läßt und damit den Ton, der sich dadurch ankündigt, bestimmt. Die Erregung des Ohrs durch die Luft bestimmt die Erregbarkeit des Ohrs, aber nicht die Art und Weise dieser Erregbarkeit, wodurch das Ohr zu einem autonomen Energiebereich wird.

Wie man sieht, reflektiert die cochleare Wahrnehmungsenergie getreulich die phänomenalen Energiebeziehungen – ein Anzeichen für die innere Beziehung, die sich durch die Sinne zwischen unserer Lebensenergie und der phänomenalen Energie in der Welt herstellt. Da die Energie wesensmäßig relationell ist, kann sie auch nur in ihrer relationellen Aktivität selbst erfaßt werden, z. B. in der Beziehung, die sie zwischen zwei Punkten ihres Tätigkeitsbereichs setzt. Ferner verbindet die Wahrnehmungsenergie Phänomene, die in Wirklichkeit getrennt sind; sie setzt eine innere Beziehung zwischen zwei Tönen, die in der Welt voneinander unabhängig, nur äußerlich aufeinander bezogen sind – so erklärt sich die Erscheinung des Intervalls. Die Wahrnehmung impliziert also von seiten der Bewußtseinstätigkeit einen zweifachen Transzendierungsakt: von der cochlearen zur phänomenalen Energie und vom perzeptiv Wahrgenommenen zum wahrgenommenen Ding. Durch diesen zweiten Transzendierungsakt qualifiziert das Hörbewußtsein den Ton durch das Wahrnehmungsmaß, das es sich von der Luftwelle gibt, die den Ton dem Ohr überträgt. Es macht aus dem Ton eine Ton*position* im vorgestellten Klangraum und bezeichnet ihn so als eine wahrnehmbare Seinserscheinung, d. h. als ob der Ton selbst das wahrgenommene Phänomen sei*.

Sowie der Ton wahrgenommen ist, kann das Hörbewußtsein durch einen neuen, reflexiven Akt geistiger oder seelischer Art seinerseits den Ton zu einer neuen Seinserscheinung transzendieren, nämlich dessen, was sich durch den Ton verkündet: Wind, Glocke, Mensch usw. oder Musik. Daraus folgt, daß die Musik eine Erscheinung sein muß, die durch Töne bedingt ist, deren Be-

---

* Der Leser sei hier auf Kap. 3 der Anmerkung I, S. 648 ff., verwiesen: Sein und Energie.

deutung für das Hörbewußtsein jedoch nichts zu tun hat mit dem Ton als solchem. Die neue reflexive Tätigkeit enthält eine neue Noesis (die geistige oder seelische Tätigkeit, die das Wahrgenommene qualifiziert) und ein neues Noema (das Bild, das der Ton vermittelt).

Das wahrnehmende Subjekt ist in seiner Wahrnehmung immer sich selbst und dem Wahrgenommenen gegenwärtig, was wir so ausdrücken können: Selbstbewußtsein als Bewußtsein des Wahrgenommenen oder Bewußtsein des Wahrgenommenen als Selbstbewußtsein. Aus dieser doppelten Möglichkeit entstehen zwei verschiedene Wahrnehmungsweisen, je nach der Richtung der Intentionalität. Bezieht sich seine Intentionalität auf das Noema, so ist das Hörbewußtsein einfach ein wahrnehmendes Bewußtsein (Bewußtsein des Tones oder des Wesens, das sich durch den Ton offenbart) und unreflektiertes Selbstbewußtsein. Bezieht sich seine Intentionalität auf sein inneres Erlebnis, so wird dieses Hörbewußtsein zum Affektivbewußtsein des Tones oder der den Ton bedeutenden Sache, und zwar stets als unreflektiertes Selbstbewußtsein, denn der affektive Aspekt des wahrgenommenen Dinges ist als eine Qualität dieses Dinges erlebt, und die Tatsache, daß er eine Projektion unserer eigenen Affektivität auf das Wahrgenommene ist, bleibt verborgen. Wiederum bieten sich zwei Möglichkeiten: Das Bewußtsein reflektiert seine Affiziertheit durch die Töne, was sich durch die beiden Hauptkategorien des *Angenehmen* und *Unangenehmen* ausdrückt; oder es reflektiert die Affiziertheit durch das in den Tönen sich Kundtuende. Diese letztere Affiziertheit hat mit den Tönen als solchen nichts zu tun, es handelt sich hierbei um eine psychische Gestimmtheit. Wenn sich durch den Ton ein »musikalisches Bild« verkündet, so ist es nach dem, was wir weiter oben über die Musik gesagt haben, klar, daß hier die andere Aktivität wirksam ist.

Der Leser wird sicherlich bemerkt haben, daß in den Beispielen, die wir gerade für die konkrete Aktivität des Bewußtseins angeführt haben, die eine der beiden Determinationen »unreflektiert« bleibt. Das wird immer so sein, und diese Situation klärt sich ein für allemal, wenn wir die simple Feststellung treffen, daß ein Bewußtsein nicht gleichzeitig Selbstbewußtsein und Gegenstandsbewußtsein sein kann. Es ist zwar stets gleichzeitig da für sich und für andere Dinge, aber sein reflexiver Blick oder, allgemein: seine »Intentionalität« kann sich nicht auf das Ding richten, das es beschäftigt, und gleichzeitig auf sich selbst zurückwenden. Deshalb muß eine dieser beiden konstituierenden Determinationen stets ausgeklammert bleiben, verhüllt, *unreflektiert*. Wir sagen nicht »unbewußt«, weil es für das Bewußtsein genügt, sich auf die Selbstreflexion zurückzuziehen, um zu entdecken, daß es implizite als »Selbstbewußtsein« in seiner »intentionalen« Tätigkeit gegenwärtig ist*.

* »Bewußt« nennt der Mensch natürlicherweise das, was er in reflexiver Haltung »reflektiert«, alles, was zum »thetischen« Bewußtsein gehört; »unbewußt« dagegen das, was zum »nicht-thetischen« Bewußtsein gehört. Dieses Unbewußte schränkt er auf das ein, was in der reflexiven Haltung als Selbstbewußtsein seine Gegenwart erfordert. Es ist deutlich, daß dieses »Unbewußte« »nichtreflektiertes Bewußtsein« ist.

Der Umstand, daß das Hörbewußtsein die Töne wahrnimmt, indem es sie zu einer eingenommenen Tonposition in Beziehung setzt, zeigt an, daß die Bildung eines Logarithmensystems, auf das sich alle Tonpositionen beziehen, möglich sein muß; denn ein Logarithmensystem muß einen Anfang haben. Es folgt aber daraus, daß die *conditio sine qua non* für die Wahrnehmung von Tonpositionen im musikalischen Erleben die ist, daß in einem gegebenen musikalischen Geschehen alle diese Positionen von einer anfangs eingenommenen Position als Zentrum der Hörperspektive (Tonzentrum) aus bestimmt werden müssen. Das wäre das Gesetz der *musikalischen* Hörwahrnehmung.

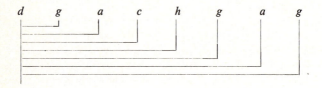

In dem Augenblick, in welchem das Hörbewußtsein diese Position setzt und einnimmt, wird es zur Existenzposition als Selbstbewußtsein oder besser: als unreflektiertes Selbstbewußtsein, da es Bewußtsein der Töne ist. Mit anderen Worten: Im Augenblick, da das sich in *d* situierende Hörbewußtsein die folgenden Tonpositionen wahrnimmt, bestimmt es nicht mehr dieses *d*, sondern es ist in diesem *d gegenwärtig* als – unreflektiertes – Selbstbewußtsein, es ist *d*-gegenwärtig oder *d*-Bewußtsein, wie wir es nennen.

Das Hörbewußtsein entgeht also nicht der Allgemeinbedingung für das Bewußtsein: ebenso wie vor dem wirklichen Raum, so auch vor dem imaginären, dem Tonraum, *Bezugspunkt* zu sein. Vor dem Tonraum kann es diesen Bezugspunkt nach eigenem Ermessen auswählen; aber unser Hörorgan, das in bezug auf die Frequenzwahrnehmung bei allen Menschen ähnlich bedingt ist, muß uns vor den Tönen von vornherein in eine »natürliche«, d.h. eng mit der Lage der menschlichen Stimme zusammenhängende Perspektive versetzen. Wenn dem so ist, muß sich das Ohr einem gewissen mittleren Tonbereich öffnen, auf den bezogen sich die Töne als *hoch* oder *tief* qualifizieren. Das Hörbewußtsein richtet sich demgemäß in eine aufsteigende oder eine absteigende Richtung aus. Betrachten wir für einen Augenblick die ungeheure Bedeutung, die dem Umstand zukommt, daß der Bezugspunkt des Hörbewußtseins im Tonraum selbst liegt. *Was Musik zu Musik werden läßt, erklärt sich von dorther.* Daraus folgt, daß mit dem Augenblick, in dem sich das Hörbewußtsein auf *d* festlegt, der Raum, in welchem die Töne entstehen, zu seinem eigenen Existenzbereich wird. Im musikalischen Erleben ist das Hörbewußtsein als nichtreflektiertes Selbstbewußtsein ein *psychisches* Bewußtsein; der Tonraum wird in einen musikalischen Raum verwandelt, in einen »Lebensraum« für das psychische Bewußtsein. Denn der Umkreis der Welt, dem sich unsere Sinne öffnen, ist der Lebensraum unseres wahrnehmenden Bewußtseins, und das Ohr ist ein Tor zur Welt.

Bei unserer Untersuchung des Tonphänomens betrachten wir den Tonraum von außen her, als Zuschauer, und die unterschiedlichen Zeitstrukturen der verschiedenen Töne sind für uns Bezugsgleichungen mit einer Unbekannten, nämlich der Periode des Bezugstons: $\log \varepsilon$. Sowie dieser Bezugston einmal feststeht, sobald sich das Hörbewußtsein in ihm situiert, ist diese Unbekannte kein Problem mehr. Das d-Bewußtsein hat d wahrgenommen, es setzt von nun an alle weiteren Frequenzen zur eigenen in Beziehung; alle Logarithmen bauen sich auf dem Wert der Wahrnehmungsenergie in dem zu d gehörigen Punkt der Schnecke auf. Wir bezeichnen die Wertbestimmung vorläufig mit ε. Wechselt das Hörbewußtsein den zentralen Bezugspunkt, der zugleich seine Existenzposition bedeutet, so kann es diesen Wechsel, der neue Hörperspektiven eröffnet, bezeichnen. Er drückt sich in einem Wechsel der Basis der Logarithmen aus, der sich stets berechnen läßt. Mit einem Wort: Das Hörbewußtsein hat die Relativität der Phänomene bezwungen und kann alle Tonpositionen, auch den Positionswechsel, zu einer Ausgangsposition in Beziehung setzen. Zwar bleibt ε für uns eine Unbekannte, aber um »handeln« zu können, braucht das Hörbewußtsein diese Unbekannte gar nicht zu kennen, weil ε die Wahrnehmungsenergie im Punkt d der Schnecke ist, also die eigene perzeptive Energie, wenn das Hörbewußtsein d-Bewußtsein ist. ε muß allerdings in der Folge einen konkreten Wert annehmen, wenn wir wissen wollen, was eine Formel wie $\frac{3}{2} \log \varepsilon$ bedeuten soll.

2. Die Basis der noetischen Logarithmen

Der inzwischen bewiesene Umstand, daß die Hörwahrnehmung logarithmisch ist, führt uns zu der Überlegung, daß die *kontinuierliche* Frequenzveränderung eines Tones ober- und unterhalb des Zentrums der Hörperspektive der Formel $y = \log_\varepsilon x$ entsprechen muß, in welcher x das Frequenzverhältnis zwischen jeder Tonposition, die das Klangkontinuum durchläuft, und dem Zentrum der Hörperspektive bedeutet und y den Höhenunterschied zwischen den einzelnen Tonpositionen und dem Mittelpunkt der Hörperspektive. Denn da der Logarithmus des Intervalls der eines Frequenz*verhältnisses* ist, d.h. also ein Quotient, muß er gleich der Differenz der beiden Logarithmen sein, die den in der Schnecke wahrgenommenen Tonhöhen entsprechen, er muß also den Höhenunterschied zwischen den beiden Tonpositionen anzeigen. Wenn wir von Tonhöhe, von »hoch« und »tief«, sprechen, benutzen wir noch eine hypothetische Ausdrucksweise, denn noch sind wir nicht sicher, ob es sich dabei um eine wirkliche Wahrnehmung handelt.

Die Formel $y = \log x$ ist die Formel der berühmten *logarithmischen Funktion*, die für die Mathematiker jede Struktur numerischer Logarithmen transzendiert. In den Augen des Mathematikers ist es eine *transzendente* Funktion, die durch eine transzendente algebraische Funktion aufgelöst werden kann: das Integral. Der Logarithmus ist ja stets eine *Größe* oder eine Summe von Größen, während die logarithmische Funktion eine Summe von unendlich kleinen Größen ist, die man »Ableitungen« der Funktion nennt. Das Integralzeichen deutet die mathematische Operation an: $\int \frac{dx}{x}$. In unserm Fall wäre die Ableitung ein *unendlich kleiner Frequenzbezug*. Wir müssen sie erwähnen; was uns jedoch im Augenblick an der logarithmischen Funktion interessiert, ist der Umstand, daß sie sich geometrisch durch eine sogenannte »logarithmische« Kurve darstellen läßt, die innerhalb der Achsen des cartesianischen Koordinatensystems durch einen bestimmten Punkt der x-Achse (nämlich unser d) nach rechts oben und nach links unten ins Unendliche geht.

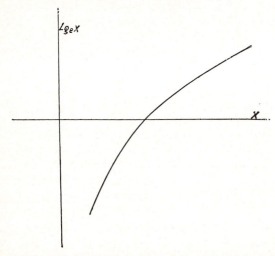

Um aufzuzeigen, wie aus einer kontinuierlichen logarithmischen Funktion eine Struktur numerischer Logarithmen entsteht, folgert der Mathematiker ungefähr so: Wenn jedem x ein y entspricht, muß jedem y ein x entsprechen; andererseits aber muß dieses x, als *Numerus* eines Logarithmus, von der Form ε^n sein (wenn ε, wie in unserem Fall, Basis der Logarithmen ist). ε muß also eine Konstante sein, und x ist nur und ausschließlich Funktion von y, wenn für jeden x-Wert $n = y$ ist. $x = \varepsilon^y$ ist also die kontinuierliche Exponentialfunktion, die der logarithmischen Funktion entgegengesetzt ist, und wenn wir nun y und x ganzzahlige Werte geben, so haben wir damit die abstrakte Gegebenheit für jede konkrete logarithmische Struktur und insbesondere diejenige, welche anscheinend die Basis unserer noetischen Logarithmen ist:

$$\ldots \quad e^{-2} \quad e^{-1} \quad 1 \quad e \quad e^2 \quad e^3 \quad \ldots$$
$$\ldots \quad -2 \quad -1 \quad 0 \quad 1 \quad 2 \quad 3 \quad \ldots$$

Hier begegnet uns also wieder dieselbe Weise, in welcher sich uns die Töne einer Obertonreihe in der Welt darboten. Aber damals betrachteten wir die Welt und nunmehr die Schnecke, und in der Schnecke können die Veränderungen der Wahrnehmungsenergie nicht allein durch Frequenzveränderungen bezeichnet werden; denn in derselben Zeit, in der sich in den Tönen eine Frequenzänderung ergibt, entsteht auch eine umgekehrt proportionale Veränderung der *Periode*.

Wenn ein Ton unverändert bleibt, so verhält sich seine Qualifikation durch die Frequenz umgekehrt zur Qualifikation durch die Periode; steigt oder fällt der Ton, so ist das Gesetz seiner Kontinuität die simultane und umgekehrt proportionale Variation der Frequenz und der Periode $F = \frac{1}{P}$ oder $F \times P = 1$. Die einzige transzendente kontinuierliche Exponentialgleichung, auf welche sich die noetischen Logarithmen beziehen lassen, ist also die Funktion mit doppelten Exponenten, die zueinander in umgekehrtem Verhältnis stehen:

$$\boxed{\varepsilon^{\, n \times \frac{1}{n}}} \qquad \begin{aligned} &\text{wobei } n = F, \\ &\qquad \tfrac{1}{n} = P \text{ ist.} \end{aligned}$$

Diese Formel definiert die Wahrnehmungsenergie in einem gegebenen Punkt der Schnecke und ebenso auch deren Veränderung von einem Punkt zum andern, und es zeigt sich, daß sie eine neuerliche Manifestation für die Erhaltung der Energie ist, deren Veränderungen hier bloß Metamorphosen der konstanten Beziehungen zwischen Frequenz und Periode sind.

Wenn man in der obenstehenden Formel n durch x und $\frac{1}{n}$ durch y darstellt, erhält man die Gleichung $xy = 1$, die sich geometrisch durch eine gleichseitige Hyperbel darstellen läßt:

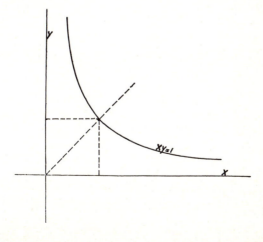

Diese Kurve ist jedoch nicht diejenige eines Klang*kontinuums*, denn ein solches allein durch die Veränderung der Tonperiodizität erzeugtes Kontinuum gibt es nicht. In seiner phänomenalen Erscheinung – als Ton einer Sirene etwa – ist es stets von einer *Intensitätsveränderung* begleitet, und weiter unten werden wir die Konsequenz dieses Umstands in der Hörperspektive sehen. Diese Kurve ist jedoch repräsentativ für die gleichzeitige Veränderung der Frequenz und der Periode, woraus sich die weiter oben dargestellte logarithmische ergibt. (Im Kapitel über den Hörbereich kommen wir bei der geometrischen Darstellung noch einmal darauf zurück.)

Wenn wir jetzt unsere Formel auf den Wert der Wahrnehmungsenergie in den den Tönen einer Obertonreihe entsprechenden cochlearen Positionen anwenden, erhalten wir folgende Reihe:

$$\ldots \quad d_{-2} \quad\quad g_{-1} \quad\quad d_{-1} \quad\quad d_0 \quad\quad d_1 \quad\quad a_1 \quad\quad d_2 \quad \ldots$$

$$\ldots \quad \frac{1}{\varepsilon^{\frac{1}{4}}} \times 4 \quad \frac{1}{\varepsilon^{\frac{1}{3}}} \times 3 \quad \frac{1}{\varepsilon^{\frac{1}{2}}} \times 2 \quad \varepsilon \quad 2 \times \frac{1}{\varepsilon^{\frac{1}{2}}} \quad 3 \times \frac{1}{\varepsilon^{\frac{1}{3}}} \quad 4 \times \frac{1}{\varepsilon^{\frac{1}{4}}}$$

Es erhellt, daß diese Reihe nicht die Basis einer logarithmischen Struktur bildet: *Es gibt also kein System noetischer Logarithmen*, und gleich werden wir sehen, auf welche Weise die noetischen Logarithmen aus dieser Reihe entstehen können. Ein anderer Aspekt des Phänomens verlangt jedoch zunächst unsere Aufmerksamkeit*.

Um uns über das Wahrnehmungsphänomen Aufschluß zu geben, mußten wir uns das Ohr in einer bereits wahrgenommenen Tonposition vorstellen. Es zeigt sich, auf welchem Umwege es die Töne wahrnimmt: Es perzipiert zunächst etwas, was nur *virtuell* im Phänomen vorhanden ist: das *Intervall* nämlich, das der noetische Logarithmus bestimmt, und durch dieses Intervall (das das Noema bedeutet) bestimmt es die Position eines neu hinzutretenden Tons. *Die Basis der noetischen Logarithmen kann also nur die Apperzeptionsenergie eines Intervalls sein.* Wie nimmt aber die Apperzeptionsenergie eines Intervalls in der Schnecke Gestalt an?

Der italienische Gelehrte Borghesan hat beobachtet, daß die unzähligen Haarzellen auf der Basilarmembran in Gruppen angeordnet sind, die er »syntonische Dreiecke« nennt, weil er annimmt, daß je eine Gruppe auf eine bestimmte Frequenz anspricht. Man gibt also die Vorstellung der Cortischen Fasern auf, die wie Klaviersaiten bei bestimmten Frequenzen mitschwingen, und stellt sich den Schneckengang wie ein elektrodynamisches Energiefeld vor. Bei der Apperzeption eines Intervalls bildet sich eine elektrische Welle zwischen zwei syntonischen Dreiecken, die wie zwei Elektrizitätserzeuger wirken oder wie Transformatoren zur Umspannung von Nervenstrom in elektrischen Strom. Wir wissen nichts Genaues über dieses Phänomen, eines aber ist sicher: »Es gibt kein Kraftfeld ohne Potentialdifferenz«, wie uns die Wissen-

---

* Siehe Kap. 4 der Anmerkung I, S. 661ff.

schaft versichert. Die verschiedenen Energiewerte in den verschiedenen Punkten der Schnecke müssen sich zweifelsohne kundtun als Potentialdifferenzen, welche die Wellenbildung bestimmen. An die Stelle der punktuellen Korrelation zwischen einem syntonischen Dreieck und einer bestimmten Frequenz würde sich die Korrelation zwischen einer Potentialdifferenz und einer Frequenzbeziehung setzen, und als Welle würde der Frequenzbezug wahrgenommen, welcher zugleich auch als »Intervall« wahrgenommen würde. Die punktuelle Korrelation gälte nichtsdestoweniger weiter, aber als Konsequenz des Wellenphänomens. Wenn das Ohr das Tonphänomen als elektrisches Phänomen wahrnimmt, so sind die »Maße« des einen nicht mehr die des andern; sie müssen aber streng korrelativ bleiben, wie es der Fall war zwischen den verschiedenen Energiebereichen, in welchen sich das Klangphänomen spiegelt. Daher werden wir es auch weiterhin durch dieselben logarithmischen Formeln ausdrücken, bis sich ihre Bedeutung klärt. Daß die auditive Wahrnehmung im Ohr eine elektrische Welle entstehen läßt, davon werden wir uns überzeugen, wenn wir endlich das bisher beiseitegeschobene Problem der Bestimmung des ersten Tons angehen.

3. Die Bestimmung des ersten wahrgenommenen Tons

Die Behauptung, das Hörbewußtsein sei in d situiert, bedeutet, daß es sich die Tonhöhe nicht mehr geben muß, da es sie hat oder besser: da es sie ist, weil es tatsächlich zum d-Bewußtsein geworden ist, wie wir weiter oben schrieben. Wie ist es aber zum d_0-Bewußtsein geworden? Die Gelehrten stellen sich diese Frage nicht, da sie die Vorstellung hegen, das Ohr erfasse absolute Tonhöhen. Das stimmt zwar, aber wie bestimmt das Ohr diese Tonhöhen, da es die Frequenzen doch nicht mit einem Meßgerät bestimmen kann? In einem kürzlich erschienenen Artikel stellt Etienne Souriau[*] fest, daß eine Tonhöhenbestimmung eine Vergleichsebene voraussetzt. Er fragt sich, wo man den Nullpunkt der Logarithmen ansetzen soll, und schreibt: »Die einzige rationale Lösung ist offenbar die, den Ausgangspunkt der Logarithmen mit der unteren Hörschwelle zusammenfallen zu lassen.« Das aber ist eben dem Ohr unmöglich, denn diese Schwelle ist keine immanente oder auch nur präzise Gegebenheit des Hörbewußtseins. Beim Hören eines Tons von bestimmter Frequenz kann ein normales Hörbewußtsein dessen »Höhe« nicht oder doch nur auf sehr relative Art bestimmen: mehr oder weniger hoch bzw. tief. Aber es nimmt ihn mit Sicherheit wahr als Ton *bestimmter Tonhöhe*, was bedeutet, daß seine fundamentale Frequenz wahrgenommen und im Ohr irgendeiner Messung, die aber sehr präzis ist, unterworfen sein muß.

Stellen wir eins fest: Wenn d_1 und d_0 zu gleicher Zeit erklingen, so fallen zwei

* *Mélanges d'histoire et d'esthétique musicales*, Band I, Paris 1955

Perioden von d_1 mit einer Periode von d_0 zusammen: Die obere harmonische Oktave d_0 d_1 hat also dieselbe *Periodizität* wie der Ton d_0. Es gibt also auf alle Fälle etwas, was in der Schnecke ein d_0 determinieren könnte, nämlich die Apperzeption der oberen harmonischen Oktave d_0 d_1. Der ungarische Gelehrte von Békésy hat die Erfahrung gemacht, daß eine reine (obertonlose) Sinuswelle im Ohr nicht nur die Apperzeption der Frequenz dieser Welle auslöst, sondern auch diejenige des ersten, zweiten und dritten Obertons, ja sogar noch weiterer Obertöne. Soviel verlangen wir nicht, uns genügt schon der erste. *Wir können also behaupten, daß sich das Hörbewußtsein bei der Wahrnehmung eines d_0 – ohne zuvor d_1 gehört zu haben – durch die Periodizität seiner kontingenten harmonischen Oktave (d_0 d_1) als d_0-Bewußtsein bestimmt.*

von Békésys Entdeckung gibt also unserem Postulat nicht nur die wissenschaftliche Stütze, sondern sie bestätigt auch die These des vorigen Abschnitts: Die Apperzeption von d_0 mußte in der Schnecke eine Welle entstehen lassen, die, von einem bestimmten syntonischen Dreieck ausgehend, eine Anzahl anderer Dreiecke berührt, welche zu den ersten Tönen der Obertonreihe korrelativ sind. Charakteristisch für das Phänomen ist, daß nur d_0 *wahrgenommen* wird. Die Welle erregt die auf das erste Dreieck folgenden Dreiecke nur mit verminderter Stärke, weil die Apperzeption von d_1, a_1 usw. nicht vom Gehirn reflektiert wird. Das soll heißen, daß die Wahrnehmungsenergie im Dreieck d_1 geringer ist als im Dreieck d_0; daß sie auch geringer ist, als sie sein müßte, wenn d_1 erklänge und perzipiert würde. Es besteht also zwischen den syntonischen Dreiecken eine Potentialdifferenz, welche die Welle entstehen läßt. Das Phänomen läuft parallel – aber auch nur parallel – zu dem Phänomen der Obertöne. Ebenso wie in einem klingenden Körper bei einem bestimmten Intensitätsgrad die Frequenz 220 auch die Frequenzen 440, 660 usw. erzeugt, aber nicht die Frequenz 110 (welche eine andere Energiepotenz an der Quelle erforderte), so erregt ein Ton beliebiger Frequenz in der Schnecke außer dem entsprechenden syntonischen Dreieck andere, den Obertönen entsprechende syntonische Dreiecke. Aber ebenso wie im Ohr die den Grundton begleitenden Obertöne von schwächerer Intensität sind als dieser – weshalb man sie auch nicht unterscheidet –, ebenso ist auch die perzeptive Intensität in den Punkten der Schnecke, welche den »Obertönen« des wahrgenommenen Tons entsprechen, zu schwach, als daß aus den komplementären Perzeptionen etwas anderes werden könnte als die unvermeidliche Kontingenz des elektrischen Stromes, der vom wahrgenommenen Ton ausgelöst wird. In einem Wort also: d_1, der »intensivste« dieser »Obertöne«, wird, da er in Wirklichkeit nicht erklungen ist, *nicht in den Rang des »Wahrgenommenen«* erhoben und bleibt eine rein physiologische Gegebenheit. Ergibt sich ein neuer Ton, wiederholt sich das gleiche Phänomen, solange das Hörbewußtsein zwischen den Tönen keinen Bezug herstellt. Damit sich in der Wahrnehmung eine Beziehung herstellt zwischen dem ersten Ton und einem neuen, muß das Hörbewußtsein d_0-*Bewußtsein bleiben;* es qualifiziert dann den neuen Ton durch seinen Frequenzbezug auf d_0, *wobei die die Apperzeption begleitenden Obertöne keine Rolle mehr spielen.* Die Außerachtlassung der kontingenten Gegebenheiten des Phänomens ist ein *Prinzip*, das die ganze Hörtätigkeit in bezug auf die für die Musik bestimmten Töne beherrscht. Es gilt für das klangliche Phänomen ebenso wie für das perzeptive. Auf die Differenztöne beim klanglichen und die Eigentöne des Ohrs beim perzeptiven Phänomen haben die Theoretiker seit Helmholtz großen Wert gelegt; aber völlig vergebens. Man muß sich darüber klarwerden, daß die Tonpositionen und überhaupt alle Gegebenheiten des Musikbewußtseins im musikalischen Akt die *Sauberkeit einer klaren Idee* haben müssen, und eine klare Idee erlaubt keinen Spielraum. Der musikalische Wahrnehmungsakt ist das Werk eines Bewußtseins, das dem klanglichen Phänomen eine präzise *Bedeutung* verleiht; alles, was diese Bedeutung verunklaren könnte, wird beiseite gelassen. Abgesehen von der die *Position* des Tones festlegenden Grundfrequenz behält das Hörbewußtsein bloß das aus dem Phänomen bei, was dessen *Tonfarbe* und *Tonstärke* qualifiziert; alles übrige ist nebensächlich, bleibt im dunkeln und wird nicht signifiziert. Die Kontingenz des Ohrphänomens spielt nur bei der Wahrnehmung des ersten Tons eine – wie wir sehen konnten: sehr beschränkte – Rolle.

Die Bedeutung, die diesen Nebenphänomenen beigemessen wird, erklärt sich aus dem alten Kausalitätsprinzip, das das gesamte wissenschaftliche Denken beherrscht und die Theoretiker dazu führt, in der Tätigkeit des Ohres einen Aufzeichnungsmechanismus zu sehen, wogegen diese bereits ein Bewußtseinsphänomen darstellt. Unglücklicherweise hat diese falsche Vorstellung in unserer Zeit sogar die Musiker beeinflussen können, die bisher von ihrer Musikalität und nicht von Theorien geleitet wurden. In seiner *Unterweisung im Tonsatz* hat Paul Hindemith versucht, sich die Wahrnehmungsgegebenheiten durch das *physikalische* Phänomen des Tones zu erklären, und besondere Mühe hat er darauf verwandt, die Grundtöne der Akkorde mit Hilfe der *Differenztöne* zu bestimmen. Dieser bewundernswürdige Musiker gab damit den herrschenden Ideen nach, nach denen das Hörbewußtsein durch das physikalische Phänomen *determiniert* sei, während das Hörbewußtsein eben die physikalischen Phänomene qualifiziert. Folglich ist die Bestimmung des Akkordgrundtones Sache des Bewußtseins, und zwar des *Musik*bewußtseins und nicht des Wahrnehmungsbewußtseins. So sind unglücklicherweise sogar die Grundlagen falsch oder doch zumindest schlecht begründet, auf denen Hindemith seine Theorie aufbaut. Und wenn die Prinzipien nicht richtig sind, sind die Folgerungen, die man aus ihnen zieht, unausweichlich willkürlich, wenn nicht irrig. Wir sagen das mit Bedauern, es mußte aber einmal gesagt werden. Hindemith ist zu sehr Urmusiker, um sich beim Komponieren durch die Willkürlichkeiten seiner Theorie in die Irre führen zu lassen. Aber er wird von ihnen beeinflußt, was bestimmte Aspekte seiner Musik erklärlich macht. Von der Bestimmung des ersten wahrgenommenen Tones an entgeht also das Hörbewußtsein nicht der Notwendigkeit, eine Frequenz nur von einer anderen her qualifizieren zu können (wie auch selbst das präreflexive Bewußtsein eine nur beziehungsetzende Tätigkeit ist). Die Apperzeption dieser Oktave hat jedoch den *Punkt* der Schnecke erregt, in dem sie wahrgenommen wird, und d_0 wird als »Wahrgenommenes« ein *positioneller Ton* im Raum, so als ob der cochleare Raum auf seine Weise die Außenwelt spiegelte oder vielmehr als ob unser Hörraum durch den Gehörgang die gesamte Außenwelt umfinge, welche das Hörbewußtsein »für sich« in der Schnecke spiegelt. Deshalb erlebt das Hörbewußtsein den äußeren Tonraum als seinen Lebensraum. Gleichzeitig damit wird die Position des Tons für das Hörbewußtsein als Selbstbewußtsein die eigene *Existenzposition*. Mit anderen Worten: Das Hörbewußtsein kann nicht zum *positionellen* Bewußtsein werden, ohne zum räumlichen Bewußtsein zu werden. Achten wir darauf, daß die erste *räumliche* Gegebenheit die cochleare Distanz d_0-d_1 ist. Das Bewußtsein des Raumes entsteht aus dem Bewußtsein des Räumlichen. Und weil sich unsere perzipierende Aktivität in unserem Körper verräumlicht, sind wir Bewußtsein des Raumes. Wenn unser inneres Ohr nicht ein dreidimensionales Apperzeptionsfeld wäre, in welchem die Ereignisse *räumliche* Formen annehmen, würden wir nicht das kennen, was wir den *Tonraum* nennen.

Die Oktavresonanz hat nur zur Bestimmung des Potentials oder der Periodizität des Stroms gedient, welcher den cochlearen Punkt d_0 erregt. Dadurch beginnt dieser Punkt gleichsam zu leuchten, er situiert sich im Schneckengang, und zwar in einer bestimmten *Höhe* relativ zum Mittelpunkt der schneckenförmigen Spirale. Dieser Mittelpunkt der cochlearen Spirale ist also nicht, wie man meinen sollte, der Gipfel des Organs, sondern seine Basis, sein Ausgangspunkt. Und obwohl die *Achse* der Schnecke nicht parallel zur Vertikale des Körpers verläuft, wohl kraft organischer Eigengesetzlichkeit, geht doch alles so vor sich, als ob sie die Höhenachse wäre, die *y*-Achse in der geometrischen Darstellung der Funktion $y = \log_\varepsilon x$. Ziehen wir daraus nicht den Schluß, daß die Töne für das Ohr nur deshalb eine Höhe haben, weil sich der Schneckengang im Raum von seinem Mittelpunkt her entwickelt; denken wir vielmehr, daß die helicoidale Entfaltung die organische Form ist, welche der Fluß der Wahrnehmungsenergie nehmen sollte, um die wachsende Frequenz der Töne spiegeln zu können, daß also die »Höhe« zur wahrnehmbaren Bedeutung der Frequenz wird.

Die Tonhöhe ist ein schlagendes Beispiel für eine *subjektive* Determination in bezug auf die Welt der Phänomene, welche dieselbe Wahrheitskraft und dieselbe Universalität besitzt wie eine *objektive* Determination. Für den gesunden Menschenverstand, für den positivistischen oder materialistischen Geist und natürlich für die Wissenschaft besitzt nur die Objektivität Gesetzeskraft. Wie oft haben wir sagen hören, die Tonhöhe sei ein konventioneller Begriff, eine Redeweise, ebenso wie wir ja auch von der »Höhe« der Temperatur sprechen. Der Vergleich trifft hier aber nicht zu, weil die Höhe bereits in der Schnecke vorkommt. Diese Höhe ist also die für jedes animalische oder menschliche Bewußtsein eigentümliche Weise, einen Ton bestimmter Frequenz wahrzunehmen: Sie ist – wie alle musikalischen Gegebenheiten für den Menschen – eine *intersubjektive* Gegebenheit.

Damit nehmen gleichzeitig auch die Zeichen + und —, die vor die Exponenten von ε gesetzt werden können und auf den ersten Blick nur Konvention oder Notbehelf der mathematischen Fachsprache zu sein scheinen, in unseren Formeln eine konkrete Bedeutung an. Das Zeichen +, das der aufsteigenden Richtung des Tons entspricht, zeigt die *existenzielle* Richtung der Wahrnehmungsenergie an, die Richtung ihrer Verzeitlichung oder ihrer Strömung; das Zeichen — zeigt die rückschreitende Richtung der perzeptiven Zeitlichkeit an, und das Hörbewußtsein kann diese rückwärts verlaufende Richtung als Bezugsrichtung annehmen, es kann in beiden Richtungen wahrnehmen. Die noetischen Logarithmen können also als Basis ε oder ε^{-1} haben. Daher erfordert die Hörwahrnehmung nicht nur die Annahme einer ersten Position, von der aus sich die Gesamtwelt aller Tonpositionen erschließt, sondern die Adoption einer nach oben oder unten gerichteten Perspektive; jeder Wahrnehmungsakt im Tonraum impliziert diesen doppelten Bezug auf einen *Standpunkt* und auf eine *Orientierung* im Raum.

B. DIE WAHRNEHMUNG DER INTERVALLE

1. Die logarithmische Bestimmung der Intervalle

Die weiter oben gesetzte Basis der noetischen Logarithmen läßt uns die verschiedenen Weisen verstehen, welche dem Hörbewußtsein zur Wahrnehmung eines Intervalles zur Verfügung stehen. Diese Basis setzt z.B. die Energiebezüge der ersten Oktave in der Cochlea auf folgende Weise:

$$\underset{\varepsilon}{d_0} \longrightarrow \underset{\varepsilon^{2 \times \frac{1}{2}}}{d_1}$$

Situiert sich jedoch das Hörbewußtsein in d_1, werden diese Bezüge zu

$$\underset{\varepsilon^{\frac{1}{2} \times 2}}{d_0} \longleftarrow \underset{\varepsilon}{d_1}$$

Man sieht, der Intervall-*Logarithmus korrespondiert* in beiden Fällen *mit dem Produkt aus Frequenzverhältnis mal Periodenverhältnis zwischen der wahrgenommenen Tonposition und der Position, von der aus sie wahrgenommen wird.*

Ein Intervall wird stets auf diese Weise wahrgenommen. Aufgrund der Möglichkeit jedoch, die das Hörbewußtsein besitzt, sich nach der Höhe oder nach der Tiefe zu orientieren, kann es die Positionsrelation des Intervalls auch im umgekehrten Sinn der Wahrnehmungsbestimmung setzen, was einen Wechsel des Vorzeichens der Produkte oder einen Vorzeichenwechsel bei der Basis der noetischen Logarithmen nach sich zieht (ε^{-1} anstelle von ε). (Wir werden später noch ausführlicher darauf zurückkommen.)

Das Intervall erscheint also als eine *Größe*, aber als eine *gerichtete* Größe – als ein Vektor –, und seine Gerichtetheit hat zwei Signifikationen: Sie hängt ab von seiner Richtung im Raum, und sie hängt ab von den zwei möglichen Beziehungen zwischen zwei Tonpositionen – von der tieferen zur höheren oder von der höheren zur tieferen.

Diese drei Bestimmungsfaktoren: *Größe*, *Positionsbezug* und *Richtung im Raum*, müssen also den Bedeutungen zugrunde liegen, die das Intervall im musikalischen Geschehnis annimmt. Treten sie alle drei auf, so hat das musikalische Bewußtsein alle Sinnmöglichkeiten seiner Wahrnehmungsgegebenheiten erschöpft.

Durch diese Determinationsweise bezieht sich jedes Intervallmaß auf ein Absolutum – $(\varepsilon^2)^{\frac{1}{2}} = \varepsilon$; $\left(\varepsilon^{\frac{3}{2}}\right)^{\frac{2}{3}} = \varepsilon$ –, ebenso wie sich unsere metrischen Messungen auf das Absolutum unseres irdischen Mittagskreises beziehen. Folglich ist das Intervall ein absolutes Wahrnehmungsmaß, das einzige absolute Maß, das dem Hörbewußtsein in seiner Bedingtheit möglich ist. Und folglich haben alle auf diese Weise bestimmten und ausschließlich mit den drei möglichen Intervallsignifikationen versehenen Intervalle in der Musik eine universale Gültigkeit, was heißen soll, daß sie für jeden beliebigen Hörer dasselbe sind wie für den Komponisten. ε bezeichnet nämlich eine Wahrnehmungsenergie, die wir in jedem Hörer als dauernd verfügbar und als sich stets gleichbleibend voraussetzen, ebenso wie wir uns ε im Tonphänomen als eine *Konstante* gegeben haben. In beiden Annahmen ist ε also ein Absolutum, das einzige Absolutum, auf das wir zurückgreifen können, wenn wir das Phänomen durch sich selbst erklären und wenn wir erklären wollen, was das Intervall als Allgemeines für das Ohr ist. Unabhängig von der Höhe des ersten Tons sehen wir in ihm eine Erscheinung von ε und in jedem neuen Ton eine andere Erscheinung von ε. In den Apperzeptionspunkten dieser Töne bewertet sich der erste Ton durch die Beziehung seiner eigenen Periodizität zu der des zweiten Tons, und der zweite Ton durch die Beziehung seiner Periodizität zu der des ersten Tons. So entstehen also in zwei cochlearen Positionen zwei *verschiedene* Bestimmungen der potentiellen Energie – wodurch sich die Bildung einer Welle im elektrodynamischen Feld der Schnecke erklären läßt. Es bleibt noch genau zu begreifen, wie unsere Exponentialfunktion mit doppelten Exponenten transzendente Basis von Logarithmen sein kann.

Nehmen wir an, in einem Phänomen, das sich durch Logarithmen bezeichnet, erschiene uns irgendeine phänomenale Gegebenheit *a* als »Numerus« eines Logarithmus. Diese Zahl können wir stets als Basis eines möglichen

Logarithmensystems betrachten und setzen also: $\log_a a = 1$. Ist a jedoch Numerus eines Logarithmus, muß es irgendein Glied der Exponentialfunktion sein, die das Gesetz des Phänomens ist; sagen wir $a = e^n$, also $e = a^{\frac{1}{n}}$. Schreiben wir den Logarithmus von a wie oben, so setzen wir in Wirklichkeit $\log_a \left(a^{\frac{1}{n}} \right)^n = 1$, wo 1 der log von a in einem System von der Basis a ist; n ist, was der log von a gewesen wäre, hätte man ihn unmittelbar aus der Exponentialfunktion gezogen, nämlich das, was man seinen »natürlichen« Logarithmus nennt; und $\frac{1}{n}$ ist der *Modul des Systems von der Basis a* in bezug auf die *natürliche* Basis der Logarithmen in dem betreffenden Phänomen. »Der *Modul* eines Logarithmensystems ist die Potenz, zu der man die Basis des Systems erheben muß, um die Basis der ›natürlichen‹ Logarithmen $\left(a^{\frac{1}{n}} = e \right)$ zu erhalten.« Dieser Modul ist also die Umkehrung des natürlichen Logarithmus von a, und *der Logarithmus einer Zahl in einem System beliebiger Basis ist gleich seinem »natürlichen« Logarithmus, multipliziert mit dem Modul des Systems.*

Zum Beispiel: 0,434 ist der Modul der gewöhnlichen Logarithmen (Basis 10), weil $10^{0,434} = 2,718 = e$ ist; und e ist die Basis der sogenannten natürlichen (Napierschen) Logarithmen, also die transzendente Basis aller logarithmischen Systeme. Folglich:

$$\log_{10} 10 = 1 \quad \text{Modul: } 0,434$$
$$\log_e 10 = \frac{1}{0,434} \text{ (Umkehrung des Moduls)}$$

Man könnte auch sagen, daß $\frac{1}{0,434}$ der Modul des Systems mit Basis e relativ zum System mit der Basis 10 ist $\left(10 = 2,718 \, \frac{1}{0,434} \right)$. Wenn man also vom ersten zum zweiten System übergeht, muß man den Logarithmus des ersten Systems ($\log_{10} 10 = 1$) mit dem Modul des zweiten Systems multiplizieren: $1 \times \frac{1}{0,434} = \frac{1}{0,434}$, das ist die allgemeine Regel für den direkten Übergang von einem System zum andern. Es wäre leicht, zu zeigen, daß man, wenn es sich um zwei »beliebige« Logarithmensysteme handelt, die sich auf ein »natürliches« oder »transzendentes« System beziehen, vom einen zum andern überwechselt, *indem man die Logarithmen des ersten Systems mit einem neuen »Modul« multipliziert, der der Quotient des Systemmoduls ist, zu dem man strebt, dividiert durch den Modul des Systems, das man verläßt;* und diese beiden Module sind zu verstehen als diejenigen, die relativ zur »natürlichen« Basis der Logarithmen beider Systeme sind.

2. Das auditive Bild der Intervalle (die »Noemata«)

Nach diesem kurzen Abstecher in die den Mathematikern wohlbekannten logarithmischen Gesetze springt die Antwort auf unsere obige Frage geradezu ins Auge: Wenn ein noetischer Logarithmus einen der Exponenten von ε

als »Numerus« hat, spielt der andere Exponent die Rolle eines »Moduls« des *möglichen* Logarithmensystems, dessen Basis die Zahl des Numerus wäre. So kann man die Oktave $\left(\frac{2}{1}\right)$ als Basis eines Systems, $\log_{\frac{2}{1}} \frac{2}{1} = 1$, betrachten, dessen Modul relativ zur Basis $\varepsilon^{n \times \frac{1}{n}}$ der noetischen Logarithmen $\frac{1}{2}$ ist. Entsprechend kann die Quinte als Basis eines Systems betrachtet werden – $\log_{\frac{3}{2}} \frac{3}{2} = 1$ –, dessen Modul $\frac{2}{3}$ ist, und die Quarte als Basis eines Systems – $\log_{\frac{4}{3}} \frac{4}{3} = 1$ –, dessen Modul $\frac{3}{4}$ ist. Daraus folgt, daß der natürliche Logarithmus der Oktave gleich 2 ist (Umkehrung des Moduls) oder besser $2 \log \varepsilon$, weil jeder Logarithmus ein Vielfaches des Basislogarithmus ist. Was ist aber in dieser Formel $\log \varepsilon$? Vor dieser Frage müssen wir uns darüber klarwerden, daß die Formel $\varepsilon^{2 \times \frac{1}{2}}$ Ausdruck des Phänomens ist, das die cochleare Energie widerspiegelt. Wie soll man aber jene cochleare Energie selbst bewerten, welche die Apperzeption dieser Energiebeziehung ermöglicht und zustande bringt? Hier müssen wir uns erinnern, daß unsere Energienotation auf Sprachkonvention beruht, daß sich z.B. in dem Ausdruck ε^2 dieses ε mit seinem Exponenten derart gleichsetzt, daß es auf dasselbe herauskommt, ob man sagt ε^2 oder »zweite Potenz« (der cochlearen Energie). Wenn dem so ist, muß sich die Energie im Punkt d_1 der Schnecke nicht nur durch das Verhältnis der Frequenz in d_1 zur Frequenz in d_0 qualifizieren, sondern obendrein durch das Verhältnis des *Maßes* der Frequenz in d_1 zum Maß der Frequenz in d_0; und dieses Maß ist $\frac{1}{2}$. Und wenn wir unserem Grundsatz treu bleiben, das Frequenzmaß als eine Energiepotenz zu betrachten, sagen wir: Die cochleare Energie in Punkt d_1 ist eine Potenz $2^{\frac{1}{2}} = \sqrt{2}$. Der log der Oktave hat also in der Cochlea in einem System der Basis $\sqrt{2}$, Modul $\frac{1}{\sqrt{2}}$ Gestalt angenommen, einem System, das relativ zur Basis ε vom Modul $\frac{1}{\sqrt{2}}$ ist, und um den »natürlichen« Logarithmus der Oktave im System der Basis $\sqrt{2}$ auszudrücken, müssen wir ihn mit dem Modul des Systems multiplizieren, was $2 \times \frac{1}{\sqrt{2}}$ ergibt. Log ε in unserem Fall wäre also $\frac{1}{\sqrt{2}}$, und bekanntlich ist $\frac{1}{\sqrt{2}} = \sin 45°$.

Dieser Gedankengang erscheint riskant; stellen wir uns aber das cochleare Phänomen einmal vor:

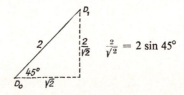

Unsere erste Beschäftigung mit dem Phänomen hatte uns vor zwei logarithmische Formeln geführt, die – wie wir glaubten – zueinander im Identitätsverhältnis stehen. Alles scheint uns zu sagen, daß das, was wir *Noesis* nannten, gleich $\sqrt{2}$ ist, und was wir als den noetischen log (die Prädetermination des Noema) bezeichneten, gleich $2 \times \frac{1}{\sqrt{2}}$ oder $\frac{2}{\sqrt{2}}$ ist. $\sqrt{2}$ ist zwar gleich $\frac{2}{\sqrt{2}}$, wenn $\frac{2}{\sqrt{2}}$ aber $2 \sin 45°$ bedeutet, so besteht zwischen diesen beiden Gegebenheiten nur eine Identität der Signifikation und nicht eine der Fakten. Alles geht so vor sich, als ob die noetische Aktivität die cochleare Welle d_0-d_1 bestimmt hätte, zugleich durch den horizontalen und vertikalen Bezug zwischen den beiden Ebenen wie auch durch den Neigungswinkel des Schneckengangs, indem der noetische Logarithmus $\sqrt{2} = \frac{2}{\sqrt{2}}$ also den Höhenunterschied zwischen den beiden cochlearen Positionen bestimme und *das Intervall in Funktion seiner Neigung signifiziere* ($2 \sin 45°$).

Jetzt möge sich der Leser ein d denken und sich dabei vorstellen, daß von diesem d aus ein Ton zur oberen Oktave aufsteige: Scheint es nicht, als ob der Ton eine geneigte Gerade im Raum beschriebe? Die Erfahrung bestätigt unsere Hypothesen, und wenn das, was das Gehirn reflektiert, das *Intervall mit seiner Neigung* ist, tragen unsere Berechnungen und unsere Darstellungsweise der noetischen Tätigkeit des Ohres diesem Phänomen durchaus Rechnung: Das Noema im Husserlschen Sinne ist tatsächlich nicht das wahrgenommene Objekt, sondern das vom Bewußtsein wahrgenommene Bild des Objektes, das es reflektierend auf das Objekt projiziert, indem es dies Bild durch das Anschauen reflektiert – ein Anschauen des Bewußtseins und nicht des Auges, das reine »Intentionalität« ist.

Ein weiterer Beweis zur Unterstützung unseres Gedankenganges ist die Tatsache, daß sich die Formel $\sqrt{2} = 2 \sin 45°$ auch als $2 = \frac{\sqrt{2}}{\sin 45°}$ interpretieren läßt, also als eine Erscheinungsform des Ohmschen Gesetzes $R = \frac{U}{I}$. Das Ohmsche Gesetz setzt die Beziehung für einen elektrischen Strom zwischen seiner Spannung U, seiner Stärke I und dem Widerstand des Leiters R. Es verdeutlicht den Umstand, daß in dieser relationellen Aktivität, die wir Energie nennen, die physische Kontingenz des Phänomens Funktion des »Widerstands« sein muß. Wenn im Sonderfall $\sqrt{2} = U$ ist, nämlich die relationelle Aktivität selbst als Kraftpotential, dann ist $\sin 45° = I$ (die mehr oder minder starke Aktualisierung) und $2 = R$ (der Widerstand des Leiters). Es versteht sich von selbst, daß U und I stets miteinander verbunden sind, daß es keine relationelle Aktivität gibt, die nicht aktualisiert wird durch eine bestimmte Intensität, die nicht ihre Stärke ist, sondern ihr wirkender Stärkegrad, und daß unser Phänomen nicht das einzige ist, bei dem sich diese Intensität durch eine Winkelbeziehung manifestiert.

Um zusammenzufassen: Wir haben gesehen, daß die Apperzeption der Frequenzen *durch ihre Beziehungen zueinander* zugleich in der biologischen Entstehung des Hörorgans Umfang und Neigung – ebenso wie auch die Krümmung (wie wir weiter unten sehen werden) – des Schneckengangs bestimmte und damit die Weise, wie wir die Intervalle und die Töne bestimmter Frequenz wahrnehmen müssen.

Wenn es sich um zwei gleichzeitig erklingende Töne handelte, nähme das Noema des Intervalls *keine Gestalt* an; folglich würde bloß der noetische Logarithmus $\sqrt{2}$ oder $\sqrt[2]{2}$ perzipiert:

$$D_1 \;\rule[0.5ex]{2cm}{0.4pt}\; \begin{array}{c} \vert\sqrt{2} \end{array}$$
$$D_0 \;\rule[0.5ex]{2cm}{0.4pt}$$

Man sieht jedoch, daß dieser noetische Logarithmus gleich 2 log ε ist. Bilden die Töne einen *Zusammenklang*, wird das Noema des Zusammenklangs (sein sichtbares Bild im Klangraum) durch den noetischen Logarithmus gemessen: Es ist der wahrnehmbar gemachte noetische Logarithmus:

$$\overset{D_1}{\underset{D_0}{\big\updownarrow}}$$

In diesem Fall müssen wir von einem *harmonischen* Intervall sprechen; beim vorhergehenden Fall, wie er in der reinen Polyphonie erscheint, hatten wir es nur mit einer als Höhenunterschied wahrgenommenen harmonischen *Beziehung* zu tun.

DIE QUINTE UND DIE QUARTE   Wir könnten versucht sein, dem log ε im noematischen Logarithmus der Quinte und der Quarte dasselbe wahrnehmbare Maß – sin 45° – zu geben wie bei der Oktave; aber das würde voraussetzen, daß sie von d aus (in dem ε als $\varepsilon^{\sqrt{2}}$ valorisiert war) unmittelbar auf der Oktavwelle wahrgenommen werden. Dessen sind wir uns aber nicht sicher. Um das cochleare Maß dieser Intervalle zu ergründen, müssen wir analog vorgehen wie bei der Oktavberechnung. Nehmen wir an, nach d_0 – Grundton einer Obertonreihe – würde ein a_0 perzipiert – Grundton einer anderen Obertonreihe – dann ein a_1 – neuerlicher Grundton einer Obertonreihe:

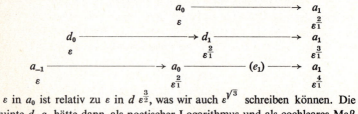

ε in a_0 ist relativ zu ε in d $\varepsilon^{\frac{3}{2}}$, was wir auch $\varepsilon^{\sqrt{3}}$ schreiben können. Die Quinte d_0-a_0 hätte dann als noetischer Logarithmus und als cochleares Maß $\sqrt{3}$, Basis der Logarithme, dessen Modul $\frac{1}{\sqrt{3}}$ ist. ($\frac{1}{\sqrt{3}}$ ist der Tangens des spitzesten Winkels [30°] eines rechtwinkligen Dreiecks mit den Seiten $\sqrt{3}$ und 1 und der Hypotenuse 2. Eine Seite im rechtwinkligen Dreieck ist gleich der anderen Seite, multipliziert mit dem Tangens des Gegenwinkels oder dem Kotangens des anliegenden Winkels.)

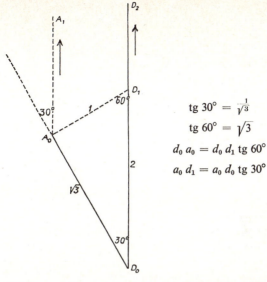

$$\operatorname{tg} 30^\circ = \tfrac{1}{\sqrt{3}}$$

$$\operatorname{tg} 60^\circ = \sqrt{3}$$

$$d_0\, a_0 = d_0\, d_1 \operatorname{tg} 60^\circ$$

$$a_0\, d_1 = a_0\, d_0 \operatorname{tg} 30^\circ$$

Diese Gleichungen führen uns vor Augen, wie im Schneckengang das Bild der zu einer beliebigen Tonposition relativen Oberquinte und zugleich das Bild der zur Oktave dieser Tonposition relativen Unterquarte in der *Zone* und auf der *Neigung* der Oktave aussehen muß.

Die Winkelbeziehung dieser Intervalle, die sich hier in der Oktavebene und als Funktion einer Tangente signifiziert, zeigt uns, wie es scheint, nicht mehr die Neigung des Intervalls an, sondern seine *seitliche Abweichung* von der Oktavwelle. Wenn dem so ist, ändert das nichts an den Noemata der Quinte und Quarte, wie wir sie weiter oben formuliert haben: $\tfrac{3}{2}$ sin 45°, $\tfrac{4}{3}$ sin 45°. Diese Formeln wären diejenigen der perzeptiven Bestimmung dieser Intervalle, wenn man sie sich, von einer beliebigen Tonposition ausgehend, *isoliert* perzipiert vorstellt. Diese perzeptiven Bestimmungen stellten also die Oberquinte und -quarte dar, wie sie unabhängig von der Oktave, aber auf demselben Neigungswinkel wahrgenommen würden, so daß ihr Abstand von der Oktave nicht ins Gewicht fiele. Wenn wir uns die Quinte und Quarte in der *Oktavperspektive* vorstellen wollen, müssen wir uns ins Gedächtnis zurückrufen, daß sie sich von deren Ebene entfernen. Diese Abweichung, die sich durch die Spiralkrümmung des Schneckengangs erklärt, muß in der Tat der Grund für die Entstehung dieser Krümmung in der biologischen Entstehung des Hörorgans gewesen sein. Ohne Zweifel ist die Oktavkette auch in der Schneckenspirale entstanden, aber Tatsache ist, daß das Intervall wie eine gradlinige Distanz wahrgenommen wird, weil zweifellos die cochleare Welle eine unmittelbare Beziehung herstellt zwischen zwei Punkten oder Ebenen der Schnecke. Die Dinge stellen sich aber so dar, als ob sich das Oktavverhältnis der Neigungslinie des Schneckengangs anpaßte, während die Intervalle, die kleiner sind als die Oktave, sich von ihr entfernen, was als Grund dafür anzusehen ist, daß die harmonische Oktave vollkommen verschmilzt, so vollkommen, daß man unter guten Bedingungen, wenn die Töne sehr homogen sind, diese Töne fast nicht in ihrer Konsonanz unterscheiden kann, was im gleichen Grade bei den anderen harmonischen Intervallen nicht der Fall ist.

Aber kehren wir zu unserem Bild von der Quinte zurück. Nehmen wir an, dieses a_0 wird Grundton einer Obertonreihe a_0-a_1-e_1 usw., so sind die Logarithmen aller auf der Grundlage dieser Reihe wahrgenommenen Intervalle, relativ zu denen der sich auf der Grundlage von d_0 aufbauenden Reihe, Logarithmen der Basis $\sqrt{3}$, Systemmodul $\frac{1}{\sqrt{3}}$. Hätte sich das Hörbewußtsein jedoch von Anfang an auf diese Tonperspektive eingestellt oder hätte es die Perspektive von d_0 aufgegeben und statt dessen diejenige von a_0 angenommen – was im musikalischen Erleben geschieht, wenn das Hörbewußtsein mit dem Erreichen der Dominante des »Tons« in diese Dominanttonart eintritt –, so wären die wahrgenommenen Intervalle wiederum von der Basis ε. Das bedeutet, daß sich ein Wechsel des Moduls vollzogen hat und daß wir wieder auf der natürlichen Basis der Logarithmen angelangt sind durch die Multiplikation des Basislogarithmus mit dem Modul:

$$\sqrt{3} \times \frac{1}{\sqrt{3}} = 1 \quad\text{——}\quad \varepsilon^{\sqrt{3}} \times \frac{1}{\sqrt{3}} = \varepsilon$$

Diese neue Tonperspektive ist aber – real wie auch relativ zu derjenigen von d_0 – von der Basis $\varepsilon^{\sqrt{3}}$, d.h. der Exponent 1 von ε ist dividiert durch den Modul $\varepsilon^{1:\frac{1}{\sqrt{3}}} = \varepsilon^{\sqrt{3}}$. Es scheint, daß die Wahrnehmungswelle $a_0 - a_1 - e_1$ usw. sich wiederum von der eingeschlagenen Linie $d_0 - a_0$ wegbewegt, im selben Winkel von 30°, diesmal jedoch in umgekehrter Richtung (vgl. die Intervallfigur). Die neue, auf der Obertonreihe von a_0 begründete Tonperspektive wäre also im Schneckengang parallel und auf jeden Fall kollateral zur Obertonreihe von d_0. *Der Übergang von einer auf der Obertonreihe begründeten Tonperspektive zu einer anderen – das, was wir eine Modulation nennen – überträgt sich also in der Schnecke durch einen automatischen Modulwechsel.*

Wir werden feststellen, daß dieser Modulwechsel des wahrnehmbaren Intervallmaßes in der Schnecke sich genau in den *perzeptiven* Determinationen dieser Intervalle spiegelt.

	d_0	a_0	d_1	e_1	a_1
$M = \frac{2}{3}$		a_0	d_1	e_1	a_1
		$(\varepsilon^{\frac{3}{2}}) = \varepsilon$	$\frac{4}{3}$	$\frac{3}{2}$	$\frac{2}{1}$
Grundperspektive:	d_0	a_0	d_1	e_1	a_1
	ε	$\frac{3}{2}$	$\frac{2}{1}$	$\frac{9}{4}$	$\frac{3}{1}$
$M = \frac{4}{3}$	a_{-1}	a_0	d_1	e_1	a_1
	$(\varepsilon^{\frac{3}{4}}) = \varepsilon$	$\frac{2}{1}$	$\frac{8}{3}$	$\frac{3}{1}$	$\frac{4}{1}$

In diese Aufstellung haben wir einige der Tonpositionen aus den Obertonreihen auf d_0, a_0 und a_1 eingetragen. Wir nehmen an, daß die Reihe auf d_0 die anfängliche Grundperspektive bestimmt. Relativ dazu setzt die von a_0 ausgehende Reihe Logarithmen vom Modul $\frac{2}{3}$ und diejenige von a_{-1} Logarithmen vom Modul $\frac{4}{3}$. Unter diese Tonpositionen, die von den bisher untersuchten Intervallen bestimmt werden, haben wir die Logarithmen gesetzt, die also ausschließlich die Größe dieser Intervalle bestimmen. Hätten wir für die Tonpositionen der Reihen a_0 und a_{-1} ε in a_0 mit $\varepsilon^{\frac{3}{2}}$ und in a_1 mit $\varepsilon^{\frac{3}{4}}$ notiert, so hätten wir in der ersten und dritten Zeile ganz andere Brüche erhalten. Wir haben jedoch die drei Reihen als autonome Tonperspektiven angesetzt, d.h. wir haben eine Modulation vorausgesetzt und $\varepsilon^{\frac{3}{2}}$ und $\varepsilon^{\frac{3}{4}}$ als ε genommen. Mittels einfacher Berechnung zeigt sich, daß die Logarithmen der ersten und dritten Zeile gleich den Logarithmen der ursprünglichen Tonperspektive sind, wenn man diese nämlich mit $\frac{2}{3}$ (für die erste Zeile) bzw. mit $\frac{4}{3}$ (für die dritte Zeile) multipliziert (z. B. $e_1 : \frac{9}{4} \times \frac{2}{3} = \frac{3}{2}; \frac{9}{4} \times \frac{4}{3} = \frac{3}{1}$). »Wenn man von einem Logarithmensystem zum andern überwechselt, muß man die Logarithmen des ersten Systems mit dem zum ersten System relativen Modul des zweiten multiplizieren.« Der Wechsel der Tonperspektive, d.h. die Tonmodulation, impliziert also im Erlebnis einen Wechsel der Logarithmenbasis, der sich durch einen *automatischen* Modulwechsel überträgt oder, wenn man so sagen darf: durch eine *logarithmische Modulation*. Die Tonpositionen werden nicht mehr durch dieselben Logarithmen wie in der ursprünglichen Tonperspektive gegeben – aber die Intervalle selbst behalten die gleichen Logarithmen: $d_1 - e_1$ ist in allen drei Perspektiven $\frac{9}{8}$. Da der Modulwechsel automatisch ist, d.h. unreflektiert, und sich in der Wahrnehmungstätigkeit vollzieht, bleibt er im musikalischen Erlebnis ein noetisches Ereignis: Das musikalische Bewußtsein »spürt«, daß es die Tonperspektive geändert hat, und in der Reflexion bezeichnet es sich, daß es eine Modulation wahrgenommen hat.

Aus dem Vorhergehenden ergibt sich bereits eine Anzahl nützlicher Folgerungen:

1. Wir sehen, daß einem in der Welt entstandenen Ton nicht *ein* syntonisches Dreieck, sondern eine ganze Kette von syntonischen Dreiecken entsprechen muß, die im Schneckengang auf derselben Höhenebene situiert sind. Zwischen den verschiedenen Höhenebenen muß also eine Potentialdifferenz bestehen, die uns erklärt, daß im Augenblick des Hörens von Tönen bestimmter Frequenz der Schneckengang zu einem *meßbaren*, relationellen Energiefeld wird, dessen Maße formuliert werden können.

2. Da sich die Intervalle, die kleiner sind als die Oktave, in der Schnecke von der Neigungslinie der Oktave weg entfalten, sind die verschiedenen Tonperspektiven, die sich von einer Wahrnehmungsposition aus eröffnen, mit ihr kollateral. Folglich kann ε *auf derselben cochlearen Höhenebene* verschiedene Werte annehmen je nach der Obertonreihe, in welche die Tonposition,

die es bezeichnet, gehört: Die Position e_1 in der Aufstellung Seite 64 wird in den drei Tonperspektiven nicht durch denselben Logarithmus signifiziert. Eine Tonposition wird also nicht nur durch das Intervall definiert, das es zutage bringt, *sondern auch durch die Tonperspektive, innerhalb derer sie erscheint.*

Eine Tonposition kann allerdings auch denselben Logarithmus in kollateralen Tonperspektiven haben:

$$
\begin{array}{ccccc}
 & & a_0 & d_1 & e_1 \\
 & & \frac{3}{2} & \frac{2}{1} & \frac{9}{4} \\[2mm]
d_0 & & a_0 & d_1 & e_1 \\
\varepsilon & & \frac{3}{2} & \frac{2}{1} & \frac{9}{4} \\[2mm]
a_{-1} & & a_0 & d_1 & e_1 \\
\frac{3}{4} & & \frac{3}{2} & \frac{2}{1} & \frac{9}{4}
\end{array}
$$

Hier haben die erste und die dritte dieser Tonperspektiven als Ausgangsposition eine von der Tonperspektive d_0 übernommene Position, und sie entstammen demselben logarithmischen System; die drei Reihen gehören zur selben »Tonalität«.

3. Die cochlearen Tonperspektiven

Diese letzte Feststellung macht uns auch begreiflich, daß *Mehrstimmigkeit* möglich ist, d.h. die Wahrnehmung von verschiedenen, gleichzeitigen, kollateralen Wellen in der Schnecke. Z.B. kann in derselben Zeit wie a_0 in der zweiten Zeile e_1 in der ersten erklingen, zugleich mit d_1 ein *fis*, mit e_1 ein *g*.

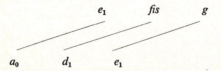

Man sieht, die *simultanen cochlearen* Positionen wären im Schneckengang nicht von gleicher Höhe, aber sie werden *in der Zeit* simultan erregt; die cochlearen melodischen Wellen

$$
\begin{array}{ccc}
e & fis & g \\
a & d & e
\end{array}
$$

sind nicht streng parallel, sondern sie sind *in der Zeit* simultan und bleiben in der Schnecke distinkt und kollateral. Da das Prinzip der auditiven Wahrnehmung verlangt, daß das Wahrnehmungsbewußtsein sich in einer Tonposition situiert, um andere Positionen wahrzunehmen, muß es sich in der Mehrstimmigkeit *eine der Stimmen* als Bezugspunkt für den Tonhorizont wählen – z.B. die Mittelstimme. Und wenn auch der melodische Verlauf »für sich« existiert, so nimmt es die Stimme oder die Stimmen darüber bzw. darunter wahr durch die *harmonischen Bezüge* zwischen der Position, die es in jedem »Dauermoment« in dieser Stimme einnimmt, und den gleichzeitigen Positionen in den anderen Stimmen. Es bilden sich also keine *harmonischen*, sondern nur *melodische* Noemata. Mit anderen Worten: Das musikalische Bewußtsein bleibt in der Mehrstimmigkeit ein *melodisches* Bewußtsein, obwohl es Positionsbeziehungen wahrzunehmen hat, welche sich als »harmonische« Intervalle darbieten. Seine Positionalität bleibt *punktuell*; d.h. es gleicht sich in der Zeit dem Verlauf einer Melodie an, es ist bei jedem Melodieschritt in der neu erschienenen Tonposition, die momentan sein Bezugspunkt für den Hörhorizont ist und folglich der Punkt, von dem aus es seinen eigenen Verlauf und zugleich den der anderen Stimmen wahrnimmt. Dieses Phänomen ist im Prinzip nur möglich, wenn alle Stimmen derselben Tonperspektive entstammen, d.h. demselben logarithmischen System, das dasjenige des melodischen Weges sein muß, dessen Verlauf sich das Hörbewußtsein anpaßt. Das ist der Fall bei den drei Perspektiven, die in der Aufstellung weiter oben skizziert sind. Das schließt jedoch unter gewissen Bedingungen die Möglichkeit nicht aus, daß polyphone Stimmen anfänglich miteinander verbunden sind und sich im weiteren Verlauf in verschiedene Tonperspektiven auseinanderfalten (Polytonalität).

Die *simultane Harmonie* ist ein cochleares Phänomen von ganz anderer Struktur als das bisher betrachtete. Sie entsteht aus dem plötzlichen, globalen Erscheinen einer Welle, welche eine *synthetische* Wahrnehmung von Wahrnehmungspositionen schafft, die zu simultanen Tönen in der Welt korrelativ sind. Der Beweis, daß es sich um eine *synthetische* Wahrnehmung handelt, liegt darin, daß sich die wahrgenommene »Harmonie« nicht verändert, wenn neue Töne desselben Namens in der Ober- oder Unteroktave zu den Tönen dazutreten, welche die Wahrnehmung motiviert haben. Ein weiterer Beweis ist, daß – wenigstens in einigen Fällen – die Ordnung der Perzeptionspositionen wechseln kann, ohne daß sich die wahrgenommene »Harmonie« ändert: z.B. *e-g-c-g* oder *g-c-e-g* anstelle von *c-g-c-e*. Das besagt, daß die simultane »Harmonie« eine Bewußtseinsgegebenheit ist, so wie man das melodische Intervall und die Tonhöhe als *innere Wahrnehmung* bezeichnen könnte, Wahrnehmung von etwas, das nicht in der Welt besteht. Denn in der Welt gibt es im Augenblick der Wahrnehmung nur einzelne Töne, die zu gleicher Zeit entstehen und mit gleicher Geschwindigkeit das Ohr erreichen. Es handelt sich also um eine *transzendente* Signifikation des Phänomens, nämlich eine Signifikation, durch welche das Hörbewußtsein die Struktur aus harmonischen Intervallen überschreitet, welche die wahrgenommenen Töne für es konstituieren, und damit *ihre Konsonanz in der Simultaneität qualifiziert*. Es versteht sich von selbst, daß jedes Zugleich simultaner Töne, gleich welcher Art auch immer, ein solches Phänomen entstehen läßt; aber nicht jegliche »Konsonanz« in der Welt besitzt notwendig diese Qualität für das Hörbewußtsein, eine »Harmonie« zu schaffen, d. h. *für es* »konsonant« zu sein. Aus dem bisher Gesagten folgt, daß die Gesetze der harmonischen Strukturen ausschließlich von den Gesetzen der auditiven Wahrnehmung abhängen. Nun wissen wir jedoch, daß die bezugsetzende Tätigkeit des Hörbewußtseins im Fall der musikalischen Töne nur möglich ist, wenn deren Intervalle zum selben logarithmischen System gehören; daß dieses logarithmische System nur auf der Obertonreihe gegründet sein kann und daß schließlich der Grundton der Obertonreihe die Wahrnehmungsposition ist, in der sich das Hörbewußtsein im Augenblick der Wahrnehmung von Intervallen situieren soll. Daraus können wir schließen, daß die harmonischen Strukturen vom selben logarithmischen System bestimmt werden müssen wie die melodischen Strukturen und daß der Grundton der Obertonreihe, auf welchem sich in jedem Einzelfall das logarithmische System gründet, in jeder Harmonie das *Zentrum der Hörperspektive*, der Bezugspunkt sein muß, in dem sich das Hörbewußtsein zur Wahrnehmung der Harmonie situiert, ganz unabhängig davon, wo sich der Grundton innerhalb der harmonischen Synthese befindet, ob oben, unten oder in der Mitte. Obgleich nun das Hörbewußtsein sich in der Tonposition situiert, die wir den »Grundton« des Klangs nennen, ist seine Positionsnahme im *auditiven Raum* dennoch von vornherein »harmonisch«, d. h. sie eröffnet ihm bereits vor jeglicher Entstehung einer melodischen Welle eine *räumliche Hörperspektive*. Um aber wahrzunehmen, muß das Hörbewußtsein *a priori*, wie wir gesehen haben, nicht nur eine perspektivische Position einnehmen, sondern auch eine *Orientierung im Raum*, nach oben oder unten. Anders ausgedrückt: Die harmonische Positionsnahme muß *a priori gerichtet* sein. Deshalb gibt das harmonische Bewußtsein der harmonischen Struktur auch zwei verschiedene Grundlagen:

Diese beiden Klänge – der Dur- und der Mollklang – haben genau denselben inneren Aufbau, nur eben in umgekehrter Richtung. Nimmt man an, daß ihr noetischer Logarithmus als Numerus das Produkt der Frequenzbeziehung zwischen jeder Tonposition und der folgenden hat oder zwischen der Anfangsposition (*unten* im ersten, *oben* im zweiten Klang) und den folgenden, so ist der Logarithmus *derselbe* für beide Klänge, mit der Ausnahme, daß der erste von der Basis ε ist und der zweite von der Basis ε^{-1} oder aber auch ε, falls der Numerus mit dem Exponenten —1 versehen ist. Diese beiden Strukturen sind auf der zweiten Oktave der Obertonreihe gegründet, welche die Quinte enthält; es schließt sich noch – in aufsteigender bzw. absteigender Richtung – die große Terz an, die innerhalb der Oktave das *direktionelle* Intervall ist, wie wir sehen werden. Der Mollklang ist auf der Positionsbeziehung der Unterquinte aufgebaut, von dort bezieht er sich auf die Obertonreihe, deren Grundton das eingeklammerte tiefe *a* ist. Ihr »Grundton«, der Ausgangspunkt der Logarithmen, ist also *a*: Nichts kennzeichnet den subjektiven Charakter des »Konsonanz«-Gefühls besser als der Umstand, daß diese beiden Klänge – von denen der eine im Resonanzphänomen ein *natürliches* Vorbild zu haben scheint, während der andere nur vom Bewußtsein seine Qualität erhält – gleicherweise »vollkommen« für das *musikalische* Bewußtsein sind, was man sich begreiflich macht, wenn man beobachtet, daß sie in der Schnecke dieselben Potentialdifferenzen zwischen vier Tonebenen entstehen lassen, welche in beiden Richtungen der cochlearen Welle wahrgenommen werden.

Wir können uns eine Vorstellung von der harmonischen Welle in der Schnecke machen, indem wir in der Aufstellung Seite 66 mittels einer Linie das a_{-1} der dritten Zeile mit dem d_0 der zweiten und mit dem a_0 der ersten Zeile verbinden; oder das a_0 der dritten Zeile mit dem e_1 der zweiten Zeile und mit einem rechts neben das e_1 zu stellenden *cis* in der ersten Zeile. Man sieht dann, daß relativ zu den melodischen Wellen, die in der Zeit Gestalt annehmen, d.h. in der Schnecke *longitudinal* sind, die harmonische Welle eine *transversale* Welle darstellt. Aber in einer Musik aus mehreren Stimmen sind beide Wellenformen gleichzeitig: Zwischen den Stimmen einer polyphonen Musik gibt es harmonische Beziehungen, die in jedem Augenblick das Gefühl einer Harmonie, d.h. die Bildung einer synthetischen transversalen Welle, entstehen lassen können. In der auf Klängen beruhenden Musik erzeugt die Folge, die Verkettung in der Dauer, automatisch melodische Linien. Der Unterschied zwischen diesen beiden Phänomenen ist der, daß im ersten die Harmonie nur vorübergehend erscheint, während sie im zweiten kontinuierlich ist. Im letzteren Fall muß die Harmonie einen *Dauerzustand* des cochlearen Feldes konstituieren, so als ob deren Wahrnehmung das Feld in ganzer Breite zwischen den Ebenen der gleichzeitig wahrgenommenen Tonpositionen a_0-e_1-a_1-*cis* aktiviert. Die Harmonie wird nicht mehr durch eine lineare Welle (diese Welle finden wir gleich wieder im Noema des *Akkords*) signifiziert, um zu einem Zustand des cochlearen Feldes zu werden.

Aus jeder der Wahrnehmungspositionen kann eine melodische Welle entstehen, solange die Harmonie *andauert*. Aber je nach dem melodischen Verlauf der Wellen, die aus den Ausgangspositionen entstehen,

wechselt die Harmonie und verzeitlicht sich, ohne daß sich ihre Verzeitlichung notwendigerweise der der melodischen Welle angleicht, da sie stets beständig bleiben kann, während sich die melodischen Wellen verzeitlichen. Die beiden Phänomene vermischen sich also nicht: Die Melodien entfalten sich auf dem bewegten *Hintergrund* der *dauernden* Harmonie, die sich in der Dauer modifizieren kann, indem ihr »Grundton« von einer Position in eine andere geht.

Diese Grundtonbewegung hat ihre eigene Zeitlichkeit. Es gibt daher zwei
Arten von Zeitlichkeit, die nebeneinander herlaufen, ohne zu verschmelzen,
und sich dennoch in den Rahmen einer einzigen transzendenten Zeitlichkeit
einpassen müssen, weil sie einander bedingen. Ferner bleibt auch die weiter
oben erwähnte Gegensätzlichkeit zwischen Transversal- und Longitudinal-
wellen bestehen. Aber jetzt ist der *Zustand* des Feldes in der Gleichzeitigkeit
in jedem Augenblick der Dauer transversal zur melodischen wie auch harmonischen Entfaltung, ebenso wie unser Körper transversal steht zu unserer Fortbewegung auf der Erde. Die Bewegung der Harmonie, signifiziert durch die Bewegung des Grundtons (logarithmischer Ausgangspunkt), führt und bindet
die melodischen Verläufe, ebenso wie unser Körper unsere Fortbewegung
leitet und Knotenpunkt unserer Bewegung ist. Das soll folgendes Beispiel erläutern:

Der zu Anfang gesetzte harmonische Zustand »dauert« vier Takte, obwohl
der Baß bereits eine melodische Bewegung nachzeichnet. Im fünften Takt gewinnt in der Oberstimme auf dem Hintergrund der wechselnden Harmonie
eine Melodie Gestalt. Die beiden vorletzten Takte zeigen, daß verschiedene,
sich überschneidende melodische Wellen sich auf dem Hintergrund der Harmonie, die bei gleichbleibendem Baß erst im letzten Takt wechselt, signifizieren können. (Die Zeitlichkeit der harmonischen Bewegung scheint als Maßeinheit die punktierte Halbe zu haben; in der melodischen Bewegung ist es
das Viertel. Gemessen am Grundtempo ist das melodische Tempo *lebhaft*.)
Jetzt verstehen wir, warum das Hörbewußtsein die doppelte Strukturiertheit
des cochlearen Phänomens getreulich spiegelt.
Die »harmonische« positionelle Relation und folglich auch die Struktur der
Harmonie signifizieren sich, wie wir gesehen haben, nur durch einen *noetischen* Logarithmus, und die Noesis ist ein reines Bewußtseins-»Erlebnis«, das
sich als Noema (also als Wahrgenommenes) nicht angekündigt hat. Ebenso

wie das Hörbewußtsein bei der reinen Melodie im Augenblick, da es die Wahrnehmungsposition einnimmt, z. B. zum *d*-Bewußtsein wird, ebenso ist bei der auf simultaner Harmonie gegründeten Musik die Wahrnehmungsposition von vornherein »harmonisch«. Sie ist zu Anfang Empfindungsvermögen für die gegebene »Harmonie« und, im weiteren Verlauf, Empfindungsvermögen für die »harmonische Bewegung«. Und als Empfindungsvermögen für Harmonie und harmonische Bewegung perzipiert sie. Was perzipiert sie? Die durch die Intervall*noemata* entstandenen Melodien. Anders ausgedrückt: Die Harmonie gibt in dieser neuen Phänomenstruktur die Materie für die Noesis, während die melodischen Bewegungen den Stoff für die Noemata liefern. Im Hörbewußtsein, das gleichzeitig Selbstbewußtsein als Bewußtsein des Wahrgenommenen ist und Bewußtsein des Wahrgenommenen als Selbstbewußtsein, vollzieht sich sozusagen eine »Zellteilung« (Sartre) zwischen diesen beiden, vom Bewußtsein untrennbaren Aspekten, die in der Erfahrung nicht signifiziert, aber darum nicht weniger erlebt wird: Das auditive Bewußtsein ist als Selbstbewußtsein »Empfindungsvermögen für die Harmonie« und für die harmonische Bewegung; und als Bewußtsein des Wahrgenommenen Empfindungsvermögen für die melodische Bewegung, die sich auf dem Hintergrund der sich bewegenden Harmonie entfaltet. Diese »Zellteilung« wurde tatsächlich bereits im *melodischen* Bewußtsein erlebt; denn in seiner Eigenschaft als *d*-Bewußtsein perzipiert es die positionellen Bezüge, welche die Intervalle für es bedeuten. Aber in der auf der Simultanharmonie gegründeten Musik nimmt diese Zellteilung phänomenale Gestalt an und wird signifiziert durch die reellen Strukturen des erklingenden Phänomens und des Bewußtseinsphänomens. Die »Harmonie« ist also nichts »Wahrgenommenes«, sondern reines noetisches Erlebnis, »Gefühltes«, ebenso wie die innere Beziehung der Tonpositionen in der reinen Melodie und die harmonische Beziehung zwischen den Stimmen in der mehrstimmigen Musik. Wohlverstanden, sie ist zunächst wahrgenommen worden, aber die Apperzeption der Struktur aus simultanen positionellen Tönen wird sofort transzendiert zur Apperzeption ihrer »Harmonie«, also zu reiner Empfindung.

Aus dem Klang kann sich auch ein *Noema* bilden, aber das ist die fühlbare Wahrnehmung des wahrgenommenen *Akkords*, das nichts mehr von Synthese an sich hat, nicht mehr direktionell, vielmehr wahrgenommene »Form« von bestimmter Struktur, ein *vertikales* Tonbild, ist*.

Eine Harmonie oder genauer: eine *wahrgenommene Homophonie* und eine *erlebte Harmonie* sind also zwei deutlich unterschiedene Bewußtseinsphänomene. Deshalb gelten die Regeln des zweiten -- z. B. das Parallelenverbot – nicht für das erste. Die wahrgenommene Homophonie – die stets erst von einer bestimmten Wahrnehmungsposition aus wahrgenommen wird – kann

---

* In unserer Terminologie bezeichnen »Synthese« und »Form« verschiedene Dinge. Unter »Synthese« verstehen wir ein Ganzes, dessen Teile bei der Apperzeption im Ganzen aufgehen; unter »Form« ein Ganzes, dessen Teile in der Apperzeption für sich bleiben.

dasselbe Gefühl einer völligen Tonverschmelzung erwecken wie die »Harmonie«. Dieses Gefühl spiegelt wider, daß Wahrnehmungspositionen in einer cochlearen Welle zu einer absoluten Simultaneität verbunden sind. Solcher Art sind z. B. die Oktav-, Terz-, Sext- und Quintparallelen und Debussys Sekundparallelen. Diese Tonbilder machen den Eindruck einer reinen melodischen Bewegung, die statt einer reinen Linearität eine gewisse Dichte hat: sie führen eine bestimmte Struktur von positionellen Beziehungen in der Gleichzeitigkeit zwischen verschiedenen cochlearen Ebenen hin und her, wobei diese Struktur konstant oder variabel sein kann. Quintparallelen sind in der tonalen Musik deshalb verboten, weil sie die Selbständigkeit der einzelnen Stimme und die harmonische Beweglichkeit gefährden. Sie lassen die Harmonie in ihrer ersten Position erstarren und beeinträchtigen die Autonomie des Basses. Die Quinte, die den Baß wie ein Schatten begleitet, macht ihn zum ewigen Grundton und läßt ihn nie Baßton eines Sext- oder Quartsextakkords werden.

Melodie, Polyphonie, Harmonie sind Strukturtypen, deren Möglichkeiten seit je im menschlichen Ohr begründet lagen, und so ist es nicht verwunderlich, daß sich Beispiele dafür in primitiver oder Volksmusik oder in der Musik der antiken Kulturen finden. Aber es ist ein Ding, wenn das musikalische Bewußtsein in einem Volk, einem Raum, einer Kultur einen bestimmten Strukturtyp annimmt und daraus einen bestimmten Musikschatz entwickelt, der sich sodann verewigt und in dem gewählten Strukturtyp stabilisiert; und ein ganz anderes Ding, wenn ein musikalisches Bewußtsein, von der reinen Melodie ausgehend, die Mehrstimmigkeit in ihrer rudimentärsten Struktur entdeckt und deren Entwicklung bis zu einer Musik treibt, die auf dem »harmonischen« Gefühl beruht und in welcher die harmonische Bewegung die melodische Entfaltung *leitet*. Das ist der höchste Grad der Entwicklung, der musikalischen Strukturen möglich ist, und nur im Abendland ist er in letzter Vollkommenheit erreicht worden. Das konnte nur geschehen dank einem aktiven, autonomen musikalischen Bewußtsein, d. h. einem Bewußtsein, das völlig frei ist und nur den allgemein menschlichen Gesetzen der Hörwahrnehmung gehorcht, deren gesamte Strukturmöglichkeiten es im Verlauf der historischen Entwicklung entdeckt und *kultiviert* hat. Das soll besagen, daß es beim Übergang von der reinen Melodie zur Mehrstimmigkeit und damit zum harmonischen Zeitalter keiner Vorbilder mehr bedurfte. Es hat nur zu Beginn Vorbilder gehabt, und zwar in Form von Melodie-Modellen aus Griechenland und dem Vorderen Orient – und auch diese Vorbilder hat es umgeformt. Die abendländische Musik eröffnet in der Musikgeschichte der Menschheit ein gänzlich neues Kapitel. Wie wir sehen werden, arbeitet das abendländische musikalische Bewußtsein mit »pythagoreischen« Intervallen. Aber Pythagoras hat diese Intervalle berechnet, von außen her durch Schlußfolgerungen bestimmt, wogegen das abendländische Musikbewußtsein nur seinen Hörgesetzen folgte, als es – ohne von Pythagoras zu wissen – diese Intervalle erkannte und sich zu eigen machte. Deshalb werden wir die Intervalle anders als Pythagoras formulieren, und diese andere Formulierung wird uns weiter führen, als es ihm innerhalb der Grenzen der reinen Melodie möglich war.

4. Die Grundintervalle

Das Problem der musikalischen Intervalle ist dem der musikalischen Töne ähnlich. Wir sagten vom ersten wahrgenommenen Ton, er habe für das Ohr eine *bestimmte* Höhe. Ohne jeden Zweifel war der erste musikalische Eindruck, den der Mensch empfing, bedingt durch eine bestimmte unmittelbar anschauliche, affektive Qualität, welche für ihn die wahrgenommenen Beziehungen zwischen Tönen *bestimmter Tonhöhe* hatten. Erst hinterher haben ihn die Physiker belehrt, daß die Töne für ihn nur deshalb eine bestimmte Tonhöhe haben, weil sie durch ihre Frequenzen charakterisiert sind. Dasselbe gilt auch für die Intervalle: Die einzigen Intervalle, die in der Musik erscheinen können, sind diejenigen, welche *unmittelbar vom Ohr qualifiziert* werden können, denn nur das Ohr spielt eine Rolle im musikalischen Erleben und nicht die Berechnung. Deshalb findet auch nur der Musiker die Intervalle; und deshalb hat eine Intervallstruktur dieselbe Bedeutung für den, der sie erdenkt, wie für jeden anderen, der sie hört. Die ersten Intervalle, die diesen Bedingungen wirklich entsprechen, sind Oktave, Quinte, Quarte und vielleicht die Naturterz $\frac{5}{4}$. Aus von Békésys Erfahrungen wissen wir, daß die Apperzeption eines reinen Tons im Ohr eine Wahrnehmungswelle auslöst, welche die cochlearen Positionen berührt, die den *ersten* Obertönen entsprechen; und so fallen diese Intervalle mit der natürlichen Struktur der cochlearen Welle zusammen und müssen folglich unmittelbar »wiedererkannt« werden, d.h. fürs Ohr qualifiziert sein.

Die aus der Obertonreihe abgeleiteten Intervalle stellen, wie wir gesehen haben, Anfangsglieder von Logarithmensystemen *verschiedener Module* dar. Sie müssen also a priori untereinander inkommensurabel sein; und tatsächlich trifft die Quartenkette nicht auf die Quintenkette, ebensowenig wie die Quintenkette die Oktavkette trifft. Um ein Intervall zu finden, das als gemeinsamer Teiler für alle anderen gelten könnte, müßte man die Reduktion bis auf ein unendlich kleines Intervall treiben – die Ableitung von x in der Funktion $y = \log x$ –, und dieses unendlich kleine Intervall könnte, selbst wenn es wahrnehmbar wäre, nicht Grundlage *rationaler* Beziehungen sein zwischen den Tonpositionen. Wenn sich aber »unten« kein gemeinsames Intervall finden läßt, so doch »oben«, und das wäre die Oktave. Die Oktavkette umfaßt nämlich die ganze Obertonreihe *vom Grundton an*. Die Wahrnehmungspositionen im Oktavabstand scheinen selbst, von der ersten Oktave an, Grundlage einer klassischen logarithmischen Struktur zu sein:

$$\begin{array}{cccc} d_0 & d_1 & d_2 & d_3 & \cdots \\[4pt] \varepsilon & \varepsilon^2 & \varepsilon^4 & \varepsilon^8 & \left(\begin{array}{l} \varepsilon' = \varepsilon^2 \\ \varepsilon = \varepsilon'^{\frac{1}{2}} \end{array}\right) \\[4pt] \varepsilon' & \varepsilon'^2 & \varepsilon'^3 \end{array}$$

Aber das ist eine Fiktion, denn wir wissen, daß der Wert von ε in der Umformung von ε in ε' derselbe bleibt, der Exponent jedoch in jeder Oktave ein anderer ist. Das hindert nicht, daß die Oktave, einmal wahrgenommen und reflektiert, im Hörfeld als *mögliches Anfangsglied* einer logarithmischen Struktur erscheint: $\frac{2}{1}$, $(\frac{2}{1})^2$ usw. Was die obige Aufstellung zeigt, ist, daß durch den Exponenten von ε in den Positionen im Oktavabstand eine logarithmische Struktur nur vom ersten Oberton an aufgebaut werden kann, und ferner, daß diese Struktur fiktiv bleiben muß. Das war uns bekannt, denn $\frac{2}{1}$ bedeutet ein heimliches Modul $\frac{1}{2}$, was nach sich zieht, daß die folgenden Oktaven – auch wenn sie durch dieselben Logarithmen bestimmt werden – nicht dieselbe Größe haben, wie wir gleich sehen werden. Dasselbe gilt für eine Struktur auf Quinten- oder Quartenbasis. Bei der Ausarbeitung dieser Strukturen können wir von der Intervallneigung absehen, denn diese Neigung offenbart sich nur im Erlebnis, im Vergleich zum Bewußtsein. Einmal aufgefaßt, ist das Intervall in sich nur eine bestimmte direktionelle Größe.

Wir dürfen also mit Recht zur Bestimmung von neuen Tonpositionen auf Oktave, Quinte oder Quarte basierende Strukturen setzen, aber wir müssen darauf gefaßt sein, daß – aufgrund des Moduls, den das Intervall durch seine präreflexive Entstehung besitzt – diese Strukturen zwar eine Kette von *Intervallen* gleichen Namens, d.h. gleicher Logarithmen, bilden; daß aber diese Intervalle nicht gleich groß sind.

5. Der Weg zu einem einzigen Logarithmensystem

Wenn im musikalischen Hören alle Intervalle zum selben Logarithmensystem gehören sollen, so kann das nur durch das Dazwischentreten einer neuen Bewußtseinstätigkeit geschehen, die sich auf die Hörtätigkeit aufpfropft, um dem von den Tönen im imaginären Klangraum durchlaufenen Weg und den Tonstrukturen im allgemeinen einen Sinn zu verleihen. Diese neue Bewußtseinstätigkeit, durch die die Musik in den Tönen erscheint, werden wir in Kapitel III untersuchen; vorerst wollen wir sie einfach »musikalisches Bewußtsein« nennen.

Der einzige Sinn, den das musikalische Bewußtsein dem Verlauf der Töne im Raum und in der Zeit geben kann, wenn es in die Hörgegebenheiten keine fremden Elemente einführen will, ist der, daß es den Weg der Töne als seinen eigenen Existenzweg perzipiert, dem es den Lauf in Raum und Zeit anpaßt, und zwar als Selbstbewußtsein, was also bedeutet: Es verinnerlicht das Phänomen. In diesem Augenblick taucht ein neuer Begriff auf: der der *Posi-*

tionalität im Verlauf des Weges. Denn wie auch immer der Weg sein mag, den wir durchlaufen sollten, unsere Positionalität definiert sich in diesem Verlauf durch das Verhältnis zwischen unserem Bezug zum Ausgangspunkt und unserem Bezug zum Zielpunkt. Da sich unsere Positionsbezüge zunächst innerhalb der Oktave bestimmen, nämlich $\frac{3}{2}$, $\frac{3}{4}$

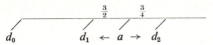

müssen wir auch innerhalb der Oktave unser Logarithmensystem suchen. Das soll nicht heißen, daß unsere Melodieverläufe nur Oktavumfang haben dürften – der Musiker brauchte dann ja bloß noch Tonleitern zu schreiben. Sondern es soll heißen, daß auf- und absteigende Oktave und ab- und aufsteigende Oktave (dasselbe Dreieck umgekehrt) den Hörbereich umschreiben, innerhalb dessen sich unsere Tonpositionen bestimmen.

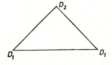

Ein melodischer Weg besteht also im Prinzip darin, daß er von einer beliebigen Tonposition ausgeht und zu ihr zurückkehrt, nachdem er eine Reihe von höher oder tiefer als der Ausgangspunkt liegenden Tonpositionen durchlaufen hat, die von vornherein auf dem Oktavweg bestimmt waren. Die erste vom Ohr unmittelbar qualifizierbare Tonposition auf dem Oktavweg ist die Quinte, deren *Positionalität* im Oktavweg bestimmt wird durch den Bezug der Oberquinte zur Unterquarte $\frac{3}{2} : \frac{3}{4}$. Um jedoch auszudrücken, daß dieses Verhältnis nicht nur das Verhältnis zwischen der Oberquinte und der Unterquarte ausdrückt, sondern sich auf die zu durchmessende Oktave bezieht, muß man schreiben: $\frac{\frac{3}{2} \cdot \frac{3}{4}}{2}$ oder $\frac{\frac{3}{2}}{\frac{3}{4}} 2^{-1}$. Wenn wir also diese Formel als Basis unserer *positionellen* Logarithmen annehmen, würden sämtliche Tonpositionen auf dem Oktavweg zum selben Logarithmensystem gehören. Um diese Positionen zu erhalten, braucht man sie nur durch das Intervall zu bestimmen, das sie von einem der Endpunkte der Oktave trennt, nämlich durch einen Intervall-Logarithmus, der einem System mit der Basis der Ober- oder Unterquinte oder einem System mit der Basis der Ober- oder Unterquarte entstammt. So wird z. B. die große Obersekund durch eine Kette von zwei Quinten minus eine Oktave $\left(\frac{3}{2}\right)^2 2^{-1}$ (d_1-a_1-e_2 weniger $e_2 e_1 = d_1 e_1$) bestimmt. Das Komplementärintervall im Oktavraum – die kleine Untersept – wird durch eine Kette von zwei absteigenden Quarten bestimmt: $\left(\frac{3}{4}\right)^2$, und die Positionalität der großen Sekunde im Oktavraum wird definiert durch den Logarithmus von $\left(\frac{3}{2}\right)^2 2^{-1} : \left(\frac{3}{4}\right)^2$, d. h. von $\left(\frac{\frac{3}{2}}{\frac{3}{4}}\right)^2 2^{-1}$. So sind alle Tonpositionen innerhalb des Oktavraums Funktion der Quint-und-Quart-Beziehung innerhalb der Oktave, und die Komplementarität der Intervalle gewinnt auf diese Weise eine musikalische Bedeutung. Überdies ist dieses Quint-Quart-Verhältnis, das zur Begründung des auf- und absteigenden Oktavwegs wird, von selbst das innere Fundament jedes Melodieverlaufs, d.h. jeglicher musikalischen »Form«.

Im nächsten Kapitel werden wir die Entfaltung unseres Logarithmensystems erleben, und weiter unten kommen wir auf das Problem der »Form« noch zurück; einstweilen jedoch wird uns klar, warum die Positionslogarithmen unser Problem gelöst haben: Indem wir den Quint-Quart-Bezug in der Oktave als Basis der musikalischen Logarithmen gesetzt haben, ist die *Inkommensurabilität der Grundintervalle untereinander* aufgehoben.

Zusammengefaßt: Das musikalische Bewußtsein hat sein Logarithmensystem nicht in der Natur vorgefunden, weil es sich im musikalischen Erleben selbst wie auch außerhalb jeder Theorie ein System von Tonpositionen schaffen mußte, die es untereinander in Beziehung setzen kann. Bedingung dieser Bezüglichkeit war, daß deren Intervalle zu ein und demselben Logarithmensystem gehören. Sogar die Grundintervalle fallen nur zufällig mit den Tönen 2, 3, 4 der Obertonreihe zusammen; denn sie entstammen der Tatsache, daß das Gesetz von der Erhaltung der Energie, ausgedrückt durch unsere Formel $\varepsilon^{n} \times \frac{1}{n}$, diese Intervalle in der Schnecke entstehen ließ. Das erklärt auch von Békésys Beobachtung, daß nämlich ein reiner Ton im Ohr eine elektrische Welle auslöst, die, von der dem wahrgenommenen Ton entsprechenden cochlearen Welle ausgehend, die Schnecke aufwärts durcheilt, in der sie unter anderen die entsprechenden cochlearen Ebenen der ersten Obertöne berührt. Die Koinzidenz zwischen dem Gesetz des Ohres und dem der Klangenergie in der Welt ist übrigens ein Indiz für das Bedürfnis der Anpassung an die Welt, die alle Bestimmungen des menschlichen Organismus lenkt. Die Einbeziehung der ersten Töne der Obertonreihe führt glücklicherweise dazu, daß der Musiker von den am deutlichsten sinnlich wahrnehmbaren Beziehungen, die sich zwischen den *natürlichen* Tönen herstellen, Gebrauch machen darf. Jenseits des vierten Tones stimmen die musikalischen Intervalle nicht mehr mit denen der Obertonreihe überein; deshalb ist unsere große Terz nicht mehr die der Physiker $\frac{5}{4} = \frac{80}{64}$, sondern sie entspricht $(\frac{3}{2})^4 \, 2^{-2} = \frac{81}{64}$. Nur eines unserer Intervalle scheint aus der Obertonreihe hervorzugehen: die große Sekunde $\frac{9}{8}$; es ist aber nicht aus dem Verhältnis zwischen Ton 8 und 9 abgeleitet, sondern aus der Formel $(\frac{3}{2})^2 \, 2^{-1}$.

Deshalb kann das musikalische Bewußtsein auch nicht etwas Beliebiges hören, sondern nur die Intervalle seines - pythagoreischen - Systems. Unter bestimmten Bedingungen kann es allerdings den Sinn eines richtigen (pythagoreischen) Intervalls auf ein falsches (nicht-pythagoreisches) übertragen, so wie man die Bedeutung des richtigen Worts aus einem falsch ausgesprochenen heraushört. Denn im musikalischen Geschehen gibt das musikalische Bewußtsein dem Wahrgenommenen einen Sinn und nicht umgekehrt. Wenn dem nicht so wäre, könnte man eine Melodie nicht wiedererkennen, wenn sie auf einem verstimmten Klavier gespielt wird.

Der Klangraum, in den uns die Musik führt, ist also ein *strukturierter* Raum, und seine Strukturen sind Tonperspektiven. Er ist nicht einem jungfräulichen Boden vergleichbar, sondern nur einem Boden, den die Hand des Menschen bereits strukturiert hat; die Hand des Menschen, der die Musik geschaffen hat. Der zweite Teil unserer Untersuchung wird zeigen, wie der Musiker seine Tonperspektiven im Laufe der Geschichte auf empirischem Wege gebildet hat. Eine Tonperspektive kann von irgendeiner Tonposition der Leiter ausgehen; sie ist eine Oktavperspektive, die in Quinte und Quarte gegliedert ist und alle Tonpositionen enthalten kann, die von dem Logarithmensystem bestimmt werden, das als Basis den Quint-Quart-Bezug in der Oktave der *Ausgangs*position hat. Das nennt man eine *Tonart* oder eine *Tonalität*. Deshalb schreibt der Musiker, ohne es zu wollen, *tonal*. Schreibt er nicht tonal, dann deswegen, weil er sich dazu zwingt oder aber weil er Tonstrukturen bildet, die das spekulative Denken und nicht das Tongefühl ihm eingegeben hat. Und wenn er nicht tonal schreibt, können die Signifikationen, die seine Musik aus ihrer Tonorganisation hat, nicht mehr vom Hörer empfunden werden, ebenso wie ein Mensch, der die Syntax unberücksichtigt läßt, nicht verstanden wird.

DIE INNERE VERBINDUNG ZUR WELT   Das Musikbewußtsein hat also *durch sich* und *für sich* eine Klangwelt geschaffen, in der es lebt und die so beschaffen ist, daß seine als objektiv wahrgenommenen Strukturen gerade die Wege oder Strukturen seiner eigenen Existenz sind. Es gibt also keine Diskrepanz zwischen den objektiven und den subjektiven Bedeutungen, die es den Strukturen verleiht. Wenn dem so ist, haben die Verläufe in der Welt dieselbe Begründung wie die, die das Musikbewußtsein selbst wählt – $\frac{\frac{3}{2}}{\frac{3}{4}} 2^{-1}$ –, und diese gemeinsame Begründung stellt eine *innere* Beziehung her zwischen unserer Existenz in der Musik und der Welt der musikalischen Töne. Weiter hat die Welt der musikalischen Töne dieselbe transzendente Grundlage wie die Welt der Töne, insoweit diese durch die Schwingungsfrequenz $\varepsilon^{n \times \frac{1}{n}}$ bestimmt werden, was besagt, daß die Welt der musikalischen Töne eine menschliche Welt ist, die sich der Mensch im klanglichen Universum gegeben hat.

Dieses Phänomen charakterisiert die Situation des Bewußtseins, wenn es in seiner Tätigkeit reine Reflexion seiner Beziehung zur Welt mittels der Sinne ist. Wir verbinden uns mit der Welt, wenn wir uns auf dem gemeinsamen Fundament unserer eigenen Existenz auf der Erde und der Anschauung bewegen, die wir uns von der Erde machen, nämlich auf der Beziehung der horizontalen Ebene, auf die wir uns als gesetzt empfinden, zur vertikalen unseres Körpers. Dies schafft eine innere Beziehung zwischen unserer Beweglichkeit auf der Erde und den Wegen, auf denen wir wandeln. Das Bewußtsein kann sich nur gemäß seinen eigenen Gesetzen eine Anschauung von der Welt bilden, und das kann es allein, indem es der Welt der Phänomene und seiner eigenen Existenz in dieser Welt ein gemeinsames Fundament gibt, das zugleich die transzendente Grundlage unserer inneren Beziehung zur Welt wird. Weiter unten werden wir die ganze Tragweite ermessen können, die diese Tatsache für uns hat.

Kapitel II: Der Hörbereich

1. Die Oktavperspektive

Damit eine Intervallfolge mit Oktavbasis einer logarithmischen Struktur entspreche, müssen wir sie wie folgt schreiben:

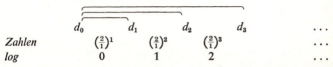

	d_0	d_1	d_2	d_3	
Zahlen	$\left(\frac{2}{1}\right)^1$	$\left(\frac{2}{1}\right)^2$	$\left(\frac{2}{1}\right)^3$		...
log	0	1	2		...

Wir sehen, die Basis des Systems (die Zahl, deren log 1 ist) ist eine *Doppel-oktave*. Damit aber die logarithmische Beziehung mit der Regel übereinstimme, müssen wir sie wie folgt setzen:

d_0	d_1	d_2	d_3	
	$\left(\frac{2}{1}\right)^0$	$\left(\frac{2}{1}\right)^1$	$\left(\frac{2}{1}\right)^2$	...
	0	1	2	...

was aus der ersten Oktave eine Prädetermination der zweiten macht und die Reihe der wahrgenommenen Oktaven mit d_1 beginnen läßt. $d_1\,d_2$ wird auf diese Weise die Basis einer neuen Logarithmenstruktur, die 1, 2, 3 Oktaven bedeutet.

Betrachten wir jetzt den Hörbereich unterhalb von d_1, das zum Mittelpunkt der Hörperspektive geworden ist:

$$d_{-1} \qquad d_1 \qquad d_2$$

$$\left(\frac{2}{1}\right)^{-2} \qquad \left(\frac{2}{1}\right)^{-1}$$

so stellen wir fest, daß durch das Fehlen des Gliedes ε° in unserer Reihe und folglich auch des Gliedes $\left(\frac{2}{1}\right)^\circ$ (das wir in der vorhergehenden Reihe nur aus kausaler Notwendigkeit eingeführt hatten) aus den beiden Oktavperspektiven zwei verschiedene Logarithmenbasen werden. Um der Perspektive nach unten die normale Abfolge der aufsteigenden Perspektive zu geben, muß man ihr als Anfangsglied die Oktave $d_1\,d_2$ in absteigender Richtung verleihen, so daß die erste Oktave dadurch zum zweiten Glied der Reihe wird und der Oktave $d_2\,d_3$ in aufsteigender Richtung entspricht. Daraus folgt, daß der Übergang vom aufsteigenden zum absteigenden Hörbereich einen *Modul*wechsel und einen Wechsel des *Wahrnehmungsmaßes* nach sich zieht.

Modulwechsel $\qquad\qquad d_1 \longrightarrow d_2$

$\qquad\qquad\qquad\qquad\quad \varepsilon \qquad\quad \left(\varepsilon^2\right)^{\frac{1}{2}}$

Oktave $d_1 d_2$: $\log_\varepsilon \frac{2}{1}$, *Modul* $\frac{2}{1}$, log nat. 2, gleich $2 \log_\varepsilon$

$$d_{-1} \xleftarrow{\hspace{1cm}} d_1$$
$$\left(\varepsilon^{\frac{1}{2}}\right)^2 \qquad \varepsilon$$

Oktave $d_1 \ d_{-1}$: $\log \frac{2}{1}$, *Modul 2*, log nat. $\frac{1}{2}$, gleich $\frac{1}{2} \log_\varepsilon$ oder $2^{-1} \log \varepsilon$ oder $-2 \log \varepsilon$, denn 2^{-1} stellt für uns eine negative Höhe dar.

WECHSEL DER WAHRNEHMUNGSMASSE Dieser Wechsel erklärt sich daraus, daß beim Übergang vom aufsteigenden Hörbereich zum absteigenden das Hörbewußtsein seine *Maßeinheit* wechselt:

	d_1		d_2
	ε		ε^2
d_{-1}		d_1	
ε		ε^2	

Wenn das Hörbewußtsein die aufsteigende Oktave wahrnimmt, perzipiert es zwei Frequenzen von d_2 auf der Basis einer Frequenz von d_1; nimmt es dagegen die absteigende Oktave wahr, perzipiert es eine Frequenz von d_{-1} auf der Basis von zwei Frequenzen von d_1 (denn es nimmt nur Beziehungen ganzer Zahlen wahr).

Mit anderen Worten: Während die *Maßeinheit* (das Frequenzmaß) in der aufsteigenden Perspektive *einer* Periode von d_1 entspricht, entspricht sie in absteigender Perspektive zwei Perioden oder einer neuen, zweimal so großen Periode. Die Maßeinheit hat sich verdoppelt, das *Maß* muß sich also um die Hälfte verkleinern. Wenn dennoch das Intervall durch denselben Logarithmus (mit geändertem Vorzeichen) signifiziert wird, müssen wir annehmen, daß das *Wahrnehmungsmaß* des Intervalls sich geändert hat, entweder in bezug auf seine *Größe* oder – für log ε – in bezug auf seine *Neigung*. Aber für das Hörbewußtsein als Selbstbewußtsein, d.h. als reine auditive Sensibilität und Affektivität, muß das wahrnehmbare Maß *doppelt zählen*, wenn sich dieses Maß nur wegen der Änderung der Maßeinheit verkleinert hat. (Wenn Wein in Doppellitern ausgeschenkt wird anstelle von Litern, so ist für den Durst ein Doppelliter soviel, wie zuvor zwei Liter waren.)

KONSEQUENZ DIESES MASSWECHSELS Die Intervallbestimmung beruht auf zwei logarithmischen Systemen: dem der aufsteigenden Quinten und dem der absteigenden Quarten. Solange die Intervalle einzeln perzipiert werden, entspricht ihr Logarithmus dem Wahrgenommenen: Eine Quinte wird in beiden Richtungen als Quinte wahrgenommen. Nehmen wir aber an, ein Hörbewußtsein situiere sich in d und wolle die Beziehung zwischen der Position seiner Oberquinte und der seiner Unterquarte oder die Beziehung zwischen seiner Oberquarte und seiner Unterquinte bestimmen. (Hier sehen wir allmählich die Unterscheidung sich abzeichnen zwischen *Intervall* und der vom Intervall gesetzten und signifizierten *positionellen* Beziehung, eine Unterscheidung, die im musikalischen Erleben grundsätzlicher Natur ist. Das Intervall ist »Wahrgenommenes«, die »positionelle Beziehung« ist »Empfundenes«, das sich zwar nicht mit dem unmittelbar wahrnehmbaren Intervallmaß vermischt, aber doch von diesem abhängt und im musikalischen Erleben in bezug auf das Hörbewußtsein als Selbstbewußtsein eine *noetische* Gegebenheit bleibt.)

Das *d*-Bewußtsein kann diese Beziehung nur aufgrund eines gemeinsamen Logarithmensystems herstellen, d.h. indem es sich das absteigende Intervall im logarithmischen System des aufsteigenden Intervalls signifiziert:

$$g_{-1} \qquad a_{-1} \qquad d_1 \qquad g_1 \qquad a_1$$

$$\left(\frac{2}{\varepsilon^3}\right)^{\frac{3}{2}} \qquad \left(\frac{3}{\varepsilon^4}\right)^{\frac{4}{3}} \qquad \varepsilon \qquad \left(\frac{4}{\varepsilon^3}\right)^{\frac{3}{4}} \qquad \left(\frac{3}{\varepsilon^2}\right)^{\frac{2}{3}}$$

Der Logarithmus der Oberquinte wird multipliziert mit einem Modul, der den Quotienten des eigenen Moduls, dividiert durch denjenigen der Unterquarte, darstellt: $\frac{2}{3} : \frac{4}{3} = \frac{1}{2}$; $\frac{3}{2} \times \frac{1}{2} = \frac{3}{4} = \left(\frac{4}{3}\right)^{-1}$ (Unterquarte). Der Logarithmus der Oberquarte wird mit einem Modul multipliziert, der den Quotienten des eigenen Moduls, dividiert durch denjenigen der Unterquinte, vorstellt: $\frac{3}{4} : \frac{3}{2} = \frac{1}{2}$; $\frac{4}{3} \times \frac{1}{2} = \frac{2}{3} = \left(\frac{3}{2}\right)^{-1}$ (Unterquinte). Das *d*-Bewußtsein steht also in derselben unmittelbar wahrnehmbaren Positionsbeziehung zu seiner Unterquarte wie zu seiner Oberquinte, zu seiner Unterquinte wie zu seiner Oberquarte, so als ob sich in beiden Fällen das *d*-Bewußtsein im Mittelpunkt der Oktave »empfände«, ganz gleich, ob man die Beziehung auch umkehrt. Halten wir im Vorbeigehen noch fest, daß diese Äquivalenz des positionellen Bezugs zwischen Quinte und Quarte in beiden Richtungen erklärt, weshalb die Bewegung eines *harmonischen Basses* (also einer noetischen Gegebenheit) zur Oberquinte oder Unterquarte dasselbe bedeutet: den Übergang zur »Position« der Dominante. Alle Bewußtseinspositionen sind im musikalischen Erleben und je nach dem logarithmischen System Funktion der Quint-Quart-Beziehung, und sie alle stehen innerhalb der Oktave in derselben Positionsbeziehung zu den beiden Endpunkten, aber in einer Größenordnung, welche in beiden Fällen der Exponent $\frac{\frac{3}{2}}{\frac{3}{4}}$ anzeigt, was besagt, daß sie nicht mehr als Mitte der Oktave »empfunden« werden.

Stellt man für die Oktave eine ähnliche Berechnung an:

$$d_{-1} \qquad d_1 \qquad d_2$$

$$\left(\frac{1}{\varepsilon^{\frac{1}{2}}}\right)^2 \qquad \varepsilon \qquad \left(\varepsilon^2\right)^{\frac{1}{2}}$$

$$\frac{1}{2} : 2 = \frac{1}{4} \qquad 2 \times \frac{1}{4} = \frac{1}{2} = 2^{-1}$$

so zeigt sich, daß das *d*-Bewußtsein zu d_2 in derselben Positionsbeziehung steht wie zu d_{-1}. Dieselbe Beobachtung ergibt sich hinsichtlich der positionellen Beziehungen zu Oberquinte – Unterquinte, Oberquarte – Unterquarte. In allen drei Fällen findet nur *ein* Modulwechsel statt; im ersten Fall resultiert der Modulwechsel aus einer Modulbeziehung – das *noetische* Ereignis ist nicht dasselbe und hat auch nicht die gleiche Signifikation; für das *d*-Bewußtsein ist die Position der Quarte, Quinte oder Oktave in *einer* Richtung vom perzeptiven Gesichtspunkt aus einfach symmetrisch zur Position der Quarte, Quinte oder Oktave in einer *anderen* Richtung. Wiederholen wir noch einmal, daß diese unmittelbar wahrnehmbaren Positionsbezüge rein noetische Gegebenheiten sind, welche die perzeptiven Intervalldeterminationen überlagern und welche nur im musikalischen Erleben eine Rolle spielen, weil hierbei das Hörbewußtsein zum Positionsbewußtsein als affektives Selbstbewußtsein wird. Diese Noesis wird also zu dem, was den Logarithmen und Noemata *Substanz* verleiht; denn ohne diese Substanz reduzierte sich das musikalische Erlebnis auf eine reine »Zahlen«-Existenz. Aber die Berechnung, die wir für die positionelle Oktavbeziehung in beiden Richtungen angestellt haben, bestätigt, was uns die für *alle* komplementären Intervalle gesetzten Positionsbeziehungen gezeigt haben: Eine beliebige Tonposition steht für das Hörbewußtsein in derselben unmittelbar wahrnehmbaren Positionsbeziehung zu einer beliebigen im Oktavabstand stehenden höheren oder tieferen Position. Damit ist das Geheimnis gelüftet, das bisher als das unreduzierbarste musikalische Axiom schlechthin galt: *die positionelle Signifikationsidentität der Töne im Oktavabstand*, diese Identität, die das abendländische Bewußtsein dazu geführt hat, diesen Tönen denselben Namen zu geben. Deshalb finden sich in jeder Oktave dieselben Töne wieder.

Entfernte Oktaven   Untersuchen wir nun, wie sich für das *d*-Bewußtsein die auf die erste Oktave folgenden Oktaven bestimmen. Damit stehen wir vor dem bisher nicht erörterten Problem *der außerhalb des Mittelpunktes der Hörperspektive* (d.h. der Wahrnehmungsposition des Bewußtseins) *wahrgenommenen Intervalle*.

Wir hatten gesagt, daß in der auf Oktaven aufgebauten Struktur

d_1	d_2	d_3	d_4
$\frac{2}{1}$	$\left(\frac{2}{1}\right)^2$	$\left(\frac{2}{1}\right)^3$	
1	2	3	*Oktaven*

$\frac{2}{1}$ durch seine präreflexive Entstehung einen heimlichen Modul $\frac{1}{2}$ besäße, der es unmöglich mache, diese Struktur nach den gewöhnlichen Regeln der Mathematik zu behandeln. Die Tücke des Problems zeigt sich deutlich: Wir können die zweite Oktave nur definieren durch den Bezug von zwei Oktaven auf eine, die dritte durch den Bezug von drei Oktaven auf zwei usw. Damit die Oktaven untereinander gleich sind, muß der Modul der ersten, $\frac{1}{2}$, auch für die anderen gelten. Er variiert jedoch ebenso wie die Frequenz und wird folglich für die zweite Oktave $\frac{1}{4}$, für die dritte $\frac{1}{8}$ usw. Mit anderen Worten: Die aufeinanderfolgenden Oktaven müssen wie folgt angesetzt werden:

$$\log_{\varepsilon_{d_2}} \frac{2}{1} \qquad \log_{\varepsilon_{d_3}} \frac{2}{1} \qquad \qquad \ldots$$

Die Veränderung des Moduls (d. h. der »Periode«) berührt nicht die Zahl der noetischen Logarithmen – deshalb werden auch alle Oktaven durch denselben Logarithmus signifiziert; aber durch den Wechsel seiner Basis: ε_{d_2}, ε_{d_3} usw., berührt sie den Logarithmus selbst, d. h. die *Höhe* der Oktave – und folglich das *Noema*, d. h. das Intervall, das daher in der Hörperspektive von einer zur anderen Oktave Größe und Neigung verändern muß. Da der Modul in jeder höheren Oktave halb so groß ist wie in der vorhergehenden, muß die *relative* Höhe der Oktave in jeder Oktave um die Hälfte abnehmen. Dasselbe Phänomen ergibt sich für alle übrigen Intervalle von einer Oktavebene zur anderen. Die Quinte z. B. hat als Basis ihres noetischen Logarithmus denselben Wert von ε wie die Oktave, in der sie steht; ihre Höhe vermindert sich von Oktave zu Oktave im selben Maß wie die der Oktave. (Ein Baum erscheint mir in seiner vollen Größe, wenn ich ihn direkt vor Augen habe. Erscheint er aber am Hang eines fernen Hügels, so reduziert sich seine Größe im selben Maß wie seine Umgebung auf gleicher Horizontlage.) Dieses Phänomen macht es dem Hörbewußtsein übrigens nicht unmöglich, von seiner Wahrnehmungsposition aus unmittelbar Töne wahrzunehmen, die sich oberhalb der Oktave befinden. Aber deren Logarithmen sind dann nicht mehr die gleichen: Das *fis* der zweiten Oktave wird vom d_1 durch eine Dezime wahrgenommen, welche dieser Tonposition nicht denselben Logarithmus zuerteilt, den sie, von d_1 wahrgenommen, als Terz von d_2 bekommen hätte. Es gibt also in unserem Hörbereich keine zwei »gleichen« Intervalle, und ebendies besagen auch die auf die Uhr bezogenen Frequenzbezüge: Sie unterscheiden sich alle durch ihre Größe oder durch ihre Neigung.

Aus dem Vorhergehenden wird uns verständlich, daß musikalische *Transposition* und daher *imitierender Stil* möglich sind, denn es folgt, daß eine gleiche *globale* Struktur durch dieselben Logarithmen wahrgenommen wird, in welcher Höhe des Hörbereichs sie auch erscheinen mag. Aber diese Logarithmen haben dann als noetische Basis den Wert von ε in der Anfangsposition der Struktur. Dennoch ist deutlich, daß die »Transposition« oder »Imitation« sich nur als solche signifiziert, wenn die Struktur sich in die Tonperspektive des Hörbewußtseins einpaßt oder wenn sie wenigstens zu ihr in einer Modulbeziehung steht. Anders ausgedrückt: Eine Tonstruktur kann beliebig transponiert werden, vorausgesetzt, daß es sich um Tonpositionen unseres Systems handelt, in die transponiert wird, und daß sich die Struktur in eine Tonperspektive einpaßt, die in Modulbeziehung zur Anfangsperspektive steht.

2. Das geometrische Bild der Hörperspektive

Jetzt können wir uns ein genaues Bild von den Grundelementen unserer Hörperspektive machen. Für den Mathematiker hängt die *logarithmische Kurve* von einer Hilfskurve ab, einer gleichseitigen Hyperbel.

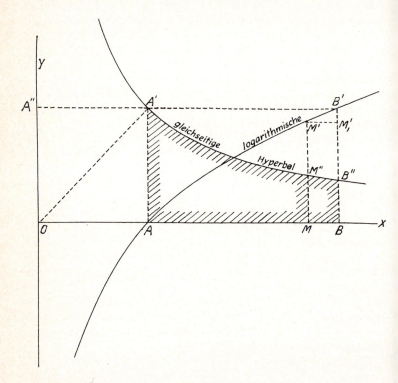

Wenn das die Mathematiker noch nicht wüßten, könnten wir sie es lehren, denn die Entstehung der Logarithmen in der Schnecke hat es uns gezeigt: Diese Kurve hat nämlich als Gleichung $x\,y = 1$, eine Gleichung, die das *gemeinsame Fundament* der musikalischen Töne und der noetischen Logarithmen bildet. Aber in der Mathematik kann die *Einheit* einen beliebigen »Wert« vorstellen: $x\,y = M$. M wird dann Modul der gleichseitigen Hyperbel genannt, weil es der Modul der logarithmischen Struktur ist, welche die logarithmische Kurve einhüllt. In unserem Fall entspricht die gleichseitige Hyperbel diesen zwei Gleichungen: der ersten insofern, als sie die Gleichung der Periodizität des Tons vorstellt: $F \times P = 1$; der zweiten insofern, als sie auf der ersten Oktave beruht, deren cochlearer Wert $\sqrt{2}$ ist, so daß $OA = \sqrt{2}$, $OA \times A\,A' = \sqrt{2} \times \sqrt{2} = 2 = M$ ist. Ist der Mittelpunkt der Hyperbel so gesetzt, dann sind die Basis unserer logarithmischen Struktur, der Basislogarithmus und die logarithmische Kurve prädeterminiert. OA setzt die Maßeinheit und A den Punkt 1 der Abszisse, deren Logarithmus 0 ist – das erste Glied der Struktur. Die logarithmische Linie wird in jeder Abszisse bestimmt durch eine Ordinate, die sich in umgekehrtem Verhältnis zu der Hyperbel verändert: Je mehr die Abszisse rechts von A zunimmt, um so mehr erhebt sich die logarithmische Ordinate, und um so kleiner wird die der Hyperbel. Dieser Teil der logarithmischen Linie steigt wie eine Parabel ins Unendliche. Links von A gilt dieselbe Umkehrung der Ordinaten; und man sieht, daß die Brüche, die kleiner sind als 1 (zwischen O und A), negative Ordinaten haben (es gibt keine Logarithmen negativer Zahlen, aber es kann Logarithmen negativer »Potenzen« geben, welche, symbolisch, Brüche darstellen, die kleiner als 1 sind). Dieser Teil der logarithmischen Linie verläuft ins Unendliche wie eine Hyperbel, was heißen soll, daß die Neigung der Kurve sich links von A nicht auf die gleiche Weise wie rechts von A ändert. Der Punkt der logarithmischen Linie der Höhe 1, das durch den Mittelpunkt der Hyperbel A′ vorbestimmte B′, gibt uns B, dessen Abszisse OB die *Basis* der numerischen Logarithmen ist, welche die logarithmische Linie einhüllt – die »Zahl«, deren Logarithmus 1 ist. Die mathematische Berechnung zeigt, daß der Logarithmus einer beliebigen Zahl OM, nämlich M M′, gleich der (in unserer Figur gestrichelten) Fläche zwischen der x-Achse, den beiden Ordinaten AA′, MM″ und dem Segment der Hyperbel A′M″ ist. Ebenso ist der Logarithmus der Basis BB′ gleich der gestrichelten Fläche ABB″A′A. Diese Gleichheit wird durch die logarithmische Berechnung in der kontinuierlichen Funktion $y = \log x$ gesetzt, wo er durch das Integral gegeben ist $y \int_{x_0}^{x_1} \dfrac{dx}{x}$. *Jetzt brauchen wir nicht mehr den Logarithmus einer Zahl, sondern den eines Zahlenverhältnisses zu berechnen*, so daß uns die Integralrechnung erspart wird – man kann an dieser Figur ebensogut Logarithmen von Zahlenverhältnissen wie von Zahlen ablesen. Wenn die Mathematiker OM sagen, so sagen sie auch, ohne daran zu denken, $\dfrac{OM}{OA}$, weil OA = 1 ist, so daß jeder Logarithmus in Wirklichkeit Logarithmus eines Verhältnisses ist.

Kommen wir jetzt zu unserer Darstellung.

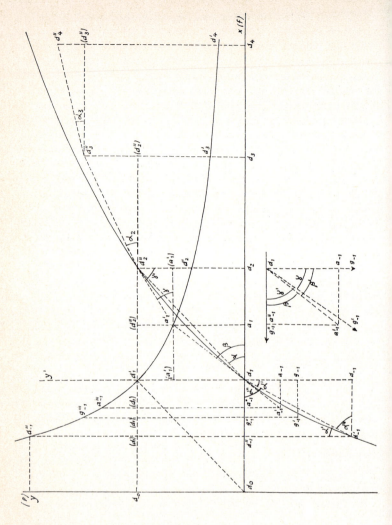

Maßeinheit ist die Oktave, deren (noetisches) cochleares Maß $\sqrt{2}$ ist. Relativ zur gleichseitigen Hyperbel stehen die Frequenzverhältnisse auf der Abszisse (*x*-Achse) und die Periodenveränderungen auf der Ordinate (*y*-Achse). Mittelpunkt der gleichseitigen Hyperbel ist in d'_1 gesetzt, die Höhe von d_1 relativ zu d_0. Je mehr die Frequenz rechts von d_1 zunimmt, um so stärker nimmt die Periode ab. Vermindert sich die Frequenz links von d_1, wächst die Periode. In diesem Licht stellt die Hyperbel die Veränderung der Periodizität der Töne in der Welt dar. Zugleich jedoch repräsentiert sie auch die Veränderungen der

Wahrnehmungsenergie in der Schnecke, wenn man als Maßeinheit $\sqrt{2}$ nimmt – in jedem Punkt der Hyperbel ist das Produkt aus Abszisse mal Ordinate gleich 2 (wir werden jedoch sofort sehen, daß diese Veränderung nur für je zwei Oktaven genau ist).

Relativ zur logarithmischen Kurve stehen die Frequenzverhältnisse auch auf der x-Achse, aber die Ordinaten stellen den Logarithmus des Frequenzverhältnisses dar (Tonhöhe relativ zur Höhe von d_1).

d_1 ist der Abszissenpunkt 1, dessen Logarithmus 0 ist, d_2 der Abszissenpunkt, dessen Logarithmus 1 ist. So ist die erste Oktave nur gesetzt worden, um die zweite vorzubestimmen, und beide Oktaven zusammen bilden den Embryo einer logarithmischen Struktur auf der Basis der Doppeloktave. Die logarithmische Kurve stellt das *Klangkontinuum* dar, das wahrgenommen würde, wenn es sich allein durch die Veränderung der Periodizität des Tons erzeugen ließe; aber man sieht, daß diese Kurve nur die Tonpositionen d_1, d'_{-1} und d''_2 berührt, weil die Logarithmenstruktur auf der Basis der Doppeloktave nicht über diese doppelte Oktave hinausgeht und nicht einmal die Zwischenpositionen enthält. Alle anderen Tonpositionen entstammen Logarithmen verschiedener Module.

Da die erste Oktave gesetzt ist, betrachten wir sie als Ausgangspunkt eines neuen Logarithmensystems, von dem aus wir die folgenden Oktaven und die vorhergehende Oktave (was darauf hinausläuft, die y-Achse nach y' zu verschieben) bestimmen. Um die Höhe von d_3 relativ zu d_2 zu bestimmen, gehen wir wie folgt vor: Das Frequenzverhältnis ist die Umkehrung des Periodenverhältnisses, das wir hier angezeigt haben durch $\frac{d_3\,d'_3}{d_2\,d'_2} = \frac{\frac{1}{3}}{\frac{1}{2}} = \frac{2}{3}$; die Höhe von d_3 ist von d_1 aus also $\frac{3}{2}$. Die Höhe der Oktave $d_2\,d_3$, also $(d''_2)d''_3$, ist, von d_1 aus gesehen, die Hälfte der Oktave $d_1\,d_2$ - $(d_2\,d''_2)$. Diese Berechnung läßt sich nicht für die Höhe von d_4 fortsetzen, weil die Verhältnisse der Höhen sich wegen des Modulwechsels, der sich bei jeder neuen Oktave einstellt, nur für je zwei Oktaven aufstellen lassen. Um dieselbe Berechnung durchzuführen, müßte man eine neue Hyperbel ziehen, deren Mittelpunkt in $D_2{''}$ läge, und es folgte, daß die Oktave $d_3\,d_4$ - $(d''_3)\,d''_4$ halb so groß wäre wie die Oktave $d_2\,d_3$ - $(d''_2)\,d''_3$, ebenso wie auch die zweite Oktave halb so groß war wie die erste. Also: $\log d_1\,d_2 = d_2\,d''_2$, $\log d_1\,d_3 = d_3\,d''_3$, $\log d_1\,d_4 = d_4\,d''_4$.

Anders ausgedrückt: Vom Mittelpunkt der Hörperspektive d_1 aus gesehen, ist die Höhe der zweiten Oktave $\log \frac{d_3\,d_1}{d_2\,d_1} = d_3\,d''_3 - d_2\,(d''_2) = (d''_2)\,d''_3$;

die Höhe der dritten Oktave: $\log \frac{d_4\,d_1}{d_3\,d_1} = d_4\,d''_4 - d_3\,d''_3 = (d''_3)\,d''_4$, was das Exposé aus dem vorhergehenden Kapitel illustriert.

Die Position a_1 liegt auf der x-Achse durch $\log d_0\,a_1 = \log \frac{3}{2}$, aber die Periode von a_1 ist $\frac{2}{3}$ derjenigen von d_1; folglich ist seine Höhe $\frac{2}{3}$ dessen, was sie gewesen wäre, nämlich 1, wenn sich die Periode nicht verändert hätte, und deshalb fällt die Höhe von a_1 in unserer Figur mit dem Punkt a_1 der Hyperbel zusammen.

Links von d_1 liegt die Position d_{-1} auf der x-Achse im Punkt $\frac{1}{2}$ (d''_{-1}), der das Verhältnis der Frequenzen zwischen d_{-1} und d_1 anzeigt; die Position g_{-1} im Punkt $\frac{2}{3}$ von d_0 aus (g''_{-1}) und die Position a_{-1} im Punkt $\frac{3}{4}$ von d_0. In diesem absteigenden Bereich überträgt sich die Umkehrung des Periodenverhältnisses durch einen Wechsel des Vorzeichens des Verhältnisses. Diese drei Tonpositionen sind also auf der entsprechenden negativen Höhe unterhalb der x-Achse wie die entsprechenden Positionen auf der Hyperbel oberhalb des Niveaus von d': $d''_{-1} d'_{-1} = (d'_1) d'''_{-1}$; $g''_{-1} g'_{-1} = (d'_1) g'''_{-1}$; $a''_{-1} a_{-1} = (d'_{-1}) a'''_{-1}$.

Untersuchen wir jetzt die Wahrnehmungsmaße dieser Gegebenheiten in den beiden kontingenten Oktaven im Mittelpunkt der Hörperspektive. Zu diesem Zweck nehmen wir als Maßeinheit $\sqrt{2}$, d. h. wir messen Intervalle und Höhen so, wie sie sich im Hörbereich der Oktave darbieten.

Aufsteigende Oktave:

$$\log d_1 d_2 = d_2 d''_2 = \sqrt{2} \text{ oder } \frac{2}{\sqrt{2}}$$
$$d_2 d''_2 = d_1 d''_2 \times \sin \alpha = 2 \times \frac{1}{\sqrt{2}}$$

Der noetische Logarithmus, der die Höhendifferenz zwischen zwei cochlearen Positionen bestimmt, hat also gleichzeitig das Intervall und seine Neigung bestimmt. Aber 2 mißt gleichzeitig die Intervallgröße und die Fläche des Quadrats $d_1 d_2 d''_2 d'_1 = \sqrt{2} \times \sqrt{2} = 2$. Hier zeichnet sich ein mathematisches Gesetz ab: Steht ein Logarithmus nicht für eine Zahl, sondern für ein Zahlenverhältnis, so tritt an die Stelle der klassischen Fläche des Logarithmus der Inhalt des Quadrats oder Rechtecks, das von der x-Achse und den beiden Ordinaten der aufeinander bezogenen Zahlen gebildet wird. Diese Fläche muß hier das Feld der in der Schnecke wirkende Energie darstellen, in der sich zu gleicher Zeit die relative Höhe der Tonposition, das Intervall und seine Neigung bestimmen. Es handelt sich also um eine noetische Gegebenheit, und die Gegenüberstellung von dieser noetischen Gegebenheit mit noematischen Gegebenheiten (Höhe, Neigung und Intervall) erlaubt uns, die vollkommene Korrelation von Noesis und Noema nachzuprüfen. Weiter läßt sich bemerken, daß die das Intervall darstellende *Sehne* der Leitstrahl der logarithmischen Kurve ist.

Das bedeutet, daß unter der Annahme, d_1 situiere sich am Ursprung des cochlearen Kanals und der Ton erzeuge durch eine kontinuierliche Erhöhung der Frequenz und Intensität ein Klangkontinuum, seine Wahrnehmungsposition in der Schnecke eine logarithmische Kurve entstehen lassen würde, deren Leitstrahl das Intervall wäre, welches diese Wahrnehmungsposition mit d_1 verbindet. Die Mathematiker lehren uns nun, daß eine in polaren Koordinaten, d. h. in Funktion des Leitstrahls, ausgedrückte logarithmische Kurve signifiziert wird durch eine *logarithmische Spirale* und daß die der logarithmischen Funktion zugrunde liegende Exponentialgleichung unter gleichen Bedingungen durch eine hyperbolische Spirale signifiziert wird. Es sieht daher so aus, als ob die cochleare Welle, in ihrer Anpassung an die Frequenz- und Intensitätsprogression des Tons, eine Spirale erzeugt hätte, die die Resultierende einer *in der Höhe* entwickelten logarithmischen Spirale und einer ebenen hyperbolischen Spirale wäre, und als ob diese Wellenform die Organstruktur bestimmt hätte. Mit anderen Worten: Wenn wir nichts über die Schnecke wüßten, könnten wir den Wissenschaftlern sagen: »Seht doch einmal nach, ob sich im Innenohr nicht ein ungefähr schneckenförmiges Organ findet.« Das ist nun nicht mehr nötig, denn sie wissen schon viel mehr darüber als wir, und überdies wäre diese Frage ja auch lächerlich, denn ihnen verdanken wir es ja, daß wir diese Formeln aufstellen konnten. Wir können aber in dieser Feststellung eine definitive Bestätigung unserer Phänomenformulierung erblicken.

Aufsteigende Quinte:

$$\log d_1\, a_1 = a_1\, a'_1$$

d.h. $$\log \frac{\sqrt{2}}{2} = \tfrac{2}{3} \text{ von } \sqrt{2} = \frac{4}{3\sqrt{2}}$$

also: $$d_1\, a'_1 = \frac{5}{3\sqrt{2}} \text{ und } \sin \beta = \tfrac{4}{5}$$

$$\frac{4}{3\sqrt{2}} = \frac{5}{3\sqrt{2}} \times \tfrac{4}{5}\ (a_1\, a'_1 = d_1\, a'_1 \cdot \sin \beta)$$

Dieses überraschende Quintenmaß erklärt sich daher, daß es das der in der Oktavperspektive wahrgenommenen Quinte ist. Denn die isoliert für sich perzipierte Quinte hätte, wie wir gesehen haben, die durch die folgende Figur angezeigten Maße:

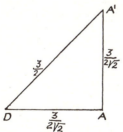

Sie wäre dann Anfangsglied eines »beliebigen« Logarithmensystems vom Modul $\frac{9}{8}$

$$\frac{3}{2\sqrt{2}} \times \frac{3}{2\sqrt{2}} = \frac{9}{8}$$

Um den »natürlichen« Logarithmus zu erhalten, muß der Logarithmus durch diesen Modul dividiert werden, und tatsächlich ergibt sich dann unser Quintmaß:

$$\frac{3}{2\sqrt{2}} : \frac{9}{8} = \frac{4}{3\sqrt{2}}$$

Die Fläche der Quinte (Rechteck $d_1 a_1 a'_1 (a'_1)$) beträgt ein Drittel der Oktavfläche:

$$\frac{\sqrt{2}}{2} \times \frac{4}{3\sqrt{2}} = \frac{2}{3}$$

Dieses Maß entstammt wiederum dem Modulwechsel zwischen dem System auf Basis der Quinte und demjenigen auf Oktavbasis:

$$\log \varepsilon \frac{2}{1} = \frac{2}{1} \qquad \text{Modul } \frac{1}{2}$$
$$\log \varepsilon \frac{3}{2} = \frac{3}{2} \qquad \text{Modul } \frac{2}{3}$$

Um den Oktavlogarithmus als Funktion des Quintlogarithmus auszudrücken, müssen wir ihn mit dem Modul multiplizieren, der den Quotienten darstellt aus Oktavmodul durch Quintmodul:

$$\frac{1}{2} : \frac{2}{3} = \frac{3}{4} \qquad \frac{2}{1} \times \frac{3}{4} = \frac{3}{2}$$

In Bezug auf die Fläche der Quinte ist die Fläche (2) der Oktave

$$2 \times \frac{3}{2} = 3 \quad (\tfrac{3}{2} \text{ ist Ausdruck der Höhenverhältnisse})$$

Im Oktavbereich ist also die Oktavfläche dreimal so groß wie die Quintfläche, die Quartfläche (Rechteck $a'_1 (a'_1) d''_2 (d''_2)$) beträgt die Hälfte der Quintfläche (wie die Höhe, wenn die Quarte auf die Quinte folgt) und ein Sechstel der Oktavfläche, nämlich $\frac{2}{6} = \frac{1}{3}$.

Das Privileg der Oktave ist es, daß 2 die einzige Zahl ist, deren Quadrat ihrer Verdopplung entspricht. Deswegen konnte uns die Oktave den Keim einer logarithmischen Struktur geben, wo die zweite Oktave gleich der ersten ist. Aber die dritte Potenz von 2 ist nicht gleich dreimal 2, und deswegen können die Höhenverhältnisse zwischen den Oktaven nur je zwei zu zwei Oktaven gesetzt werden.

DER ABSTEIGENDE HÖRBEREICH   In dieser Richtung gibt es bekanntlich zwei Wahrnehmungsweisen.

Die erste entsteht durch eine Drehung der Blickrichtung des Bewußtseins um 180° von rechts nach links. Die Abszissen sind negativ und müssen von d_2 anstatt von d_0 gerechnet werden – denn die Blickwendung nach links kommt einer Drehung der x-Achse um d_1 von 180° gleich. Die Abszissen können jedoch positiv bleiben, wenn man daraus, von d_1 aus gerechnet, Brüche kleiner als 1 macht, ebenso wie man bei gewöhnlichen Logarithmen das erste Glied links von 1 als 10^{-1} oder $\frac{1}{10}$ schreiben kann. Da die y'-Achse sich nicht verändert hat, bleiben die Ordinaten negativ. Aber in diesem Sonderfall bewirkt die Neigungsänderung (der Neigungswinkel, der jetzt unterhalb der Horizontalen gemessen wird statt wie vordem darüber) automatisch den Wechsel des Vorzeichens, so daß alle Wahrnehmungsmaße, vom Vorzeichen abgesehen, absolute Größen bleiben.

Die zweite Wahrnehmungsweise setzt einen Blickwechsel um 270° nach links voraus, eine Drehung der Achsen der Koordinaten um 270° nach links um d_1, so daß die Achse der positiven x-Werte zusammenfällt mit der Achse der negativen y-Werte; die Abszissen werden auf der Achse $d_1 \, d_{-1}$ gerechnet. Die Ordinaten sind $a_{-1} \, a'_{-1}$, $g_{-1} \, g'_{-1}$, $d_{-1} \, d'_{-1}$. Abszissen und Ordinaten sind positiv, der Neigungswinkel wird zum Winkel zwischen Intervall und y'-Achse, der neuen x-Achse. Die Töne steigen mit zunehmenden Höhen nach unten, und in umgekehrter Richtung steigen sie aus der Tiefe hinauf. Das heißt, daß das Hörbewußtsein als *existentielle Richtung* die rückläufige Richtung der perzeptiven Zeitlichkeit hat und daß die Logarithmen zur noetischen Basis ε^{-1} haben.

In Wirklichkeit schaut das Hörbewußtsein stets vor sich, bald nach oben, bald nach unten, und deshalb muß man, um sich ein genaues Bild des Phänomens zu machen, die negative y-Achse über die positive x-Achse klappen, was dem Teil der Logarithmischen unterhalb der Horizontalen dieses Aussehen gäbe:

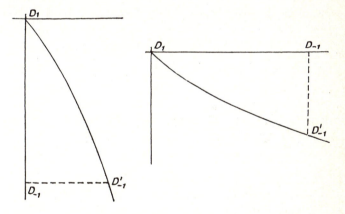

Man sieht, die logarithmische Kurve kann je nach der Weise, wie sie nach oben oder nach unten gerichtet ist, konvex oder konkav sein. Wir haben aber bereits (in der Anmerkung I, S. 640) festgestellt, daß im Fall einer kontinuierlichen Melodie das psychische Erlebnis Resultat einer kontinuierlichen Dauer ist und die Melodie dadurch die Weise einer Folge von logarithmischen Bögen annimmt, die bald konkav, bald konvex sein können. Die genaue Bestimmung dieser melodischen Wellenbewegung läßt sich erst erreichen, wenn unsere Logarithmensysteme ermittelt worden sind, und dann nur durch eine tiefschürfende Analyse der melodischen Struktur. Es ist viel einfacher, dies empirisch zu konstatieren, aber es dürfte nicht unnütz sein, sich darüber klarzuwerden, daß diese Bestimmung keine Illusion ist. Im großen und ganzen und unter Vorbehalt einer genaueren Untersuchung des Phänomens könnte man sich das Erlebnisbild der Melodie des *Fauns* etwa so vorstellen:

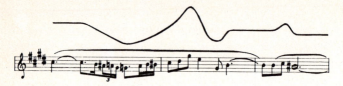

Erste Wahrnehmungsweise (Basis ε):

Absteigende Oktave: $\log d_1\,d''_{-1} = d''_{-1}\,d'_{-1}$; $d_1\,d''_{-1} = \frac{\sqrt{2}}{2} = \frac{1}{\sqrt{2}}$;

$\quad\quad d''_{-1}\,d'_{-1} = \sqrt{2}$; $d_1\,d'_{-1} = \sqrt{\frac{5}{2}}$; $\sin \alpha''$ oder $\cos \alpha' = \sqrt{2} : \sqrt{\frac{5}{2}} = \frac{2}{\sqrt{5}}$

$\quad\quad\quad d''_{-1}\,d'_{-1} = d_1\,d'_{-1} \sin \alpha'$ oder $\cos \alpha'$; $\sqrt{2} = \sqrt{\frac{5}{2}} = \frac{2}{\sqrt{5}}$

Die Neigung der Oktave hat sich verändert, und dieser Neigungswinkel unterhalb der *x*-Achse oder in negativer Richtung der *y*-Achse verleiht dem Sinus oder Cosinus das *minus*-Vorzeichen, so daß die Neigung aus Höhe und Intervall negative Gegebenheiten macht, wobei das Intervall selbst – abgesehen vom Vorzeichen – eine absolute Größe bleibt.

Das geometrische Bild der absteigenden Quarte und Quinte ist in der kleinen Figur Seite 86 etwas vergrößert worden, damit man die Winkel deutlicher unterscheiden kann.

Absteigende Quarte: $\quad\quad \log d_1\,a''_{-1} = a''_{-1}\,a'_{-1}$

$\quad\quad d_1\,a''_{-1} = \frac{\sqrt{2}}{4} = \frac{1}{2\sqrt{2}}$; $a''_{-1}\,a'_{-1} = \frac{\sqrt{2}}{3}$; $d_1\,a'_{-1} = \frac{5}{6\sqrt{2}}$

$\quad\quad\quad\quad \sin \beta$ oder $\cos \beta' = \frac{4}{5}$

$\quad\quad a''_{-1}\,a'_{-1} = d_1\,a'_{-1} \times \sin \beta$ oder $\cos \beta'$

Die Neigung dieser Quarte ist im absteigenden Hörbereich die gleiche wie die der Quinte im aufsteigenden Hörbereich, und beide Intervalle passen sich in den unmittelbaren Oktavweg ein.

Absteigende Quinte: $\quad\quad \log d_1\,g''_{-1} = g''_{-1}\,g'_{-1}$

$\quad\quad d_{-1}\,g''_{-1} = \frac{\sqrt{2}}{3}$; $g''_{-1}\,g'_{-1} = \frac{\sqrt{2}}{2} = \frac{1}{\sqrt{2}}$; $d_1\,g'_{-1} = \frac{\sqrt{13}}{3\sqrt{2}}$

$\quad\quad\quad\quad \sin \gamma'$ oder $\cos \gamma = \frac{3}{\sqrt{13}}$

$\quad\quad g''_{-1}\,g'_{-1} = d_1\,g'_{-1} \sin \gamma'$ oder $\cos \gamma$

Die Neigung der ersten aufsteigenden Quarte wäre die gleiche wie die der absteigenden Quinte, und beide Intervalle passen sich in die unmittelbare Linie einer Oktave ein.

Zweite Wahrnehmungsweise (Basis ε^{-1}):

Absteigende Oktave:
$$\log d_1\, d_{-1} = d_{-1}\, d'_{-1}$$

$$d_1\, d_{-1} = \sqrt{2}; \; d_{-1}\, d'_{-1} = \frac{\sqrt{2}}{2} = \frac{1}{\sqrt{2}}; \; d_1\, d'_{-1} = \sqrt{\tfrac{5}{2}}$$

$$\sin \alpha \text{ oder } \cos \alpha'' = \frac{1}{\sqrt{5}}$$

$$d_1\, d'_{-1} = d_1\, d'_{-1} \times \sin \alpha' \text{ oder } \cos \alpha''$$

Beide Neigungsmaße sind hier *positiv*, da die absteigende Richtung vom Hörbewußtsein als Orientierung in der zweiten Wahrnehmungsweise übernommen worden ist. Daraus folgt, daß die Wahrnehmungsgegebenheiten des Hörbewußtseins eine gewisse Mehrdeutigkeit haben, und wir werden sehen, wie das musikalische Hörbewußtsein damit fertigwird.

Absteigende Quarte:
$$\log d_1\, a_{-1} = a_{-1}\, a'_{-1}$$

$$d_1\, a_{-1} = \frac{\sqrt{2}}{3}; \; a_{-1}\, a'_{-1} = \frac{\sqrt{2}}{4}; \; d_1\, a'_{-1} = \frac{5}{6\sqrt{2}}$$

$$\sin \beta' \text{ oder } \cos \beta = \frac{3}{5}$$

$$a_{-1}\, a'_{-1} = d_1\, a'_{-1} \times \sin \beta' \text{ oder } \cos \beta$$

Absteigende Quinte:
$$\log d_1\, g_{-1} = g_{-1}\, g'_{-1}$$

$$d_1\, g_{-1} = \frac{\sqrt{2}}{2}; \; g_{-1}\, g'_{-1} = \frac{\sqrt{2}}{3}; \; d_1\, g'_{-1} = \frac{\sqrt{13}}{3\sqrt{2}}$$

$$\sin \gamma \text{ oder } \cos \gamma' = \frac{2}{\sqrt{13}}$$

$$g_{-1}\, g'_{-1} = d_1\, g'_{-1} \times \sin \gamma \text{ oder } \cos \gamma'$$

Die logarithmischen Flächen sind bei beiden Wahrnehmungsweisen gleich und stehen untereinander im selben Verhältnis wie in der aufsteigenden Oktave. Jede ist halb so groß wie die des aufsteigenden Intervalls, aber bekanntlich zählen für das d-Hörbewußtsein die Wahrnehmungsmaße im absteigenden Hörbereich »doppelt«, was uns die Gleichwertigkeit erklärt, die die Positionsbezüge in beiden Richtungen für es haben.

Die Figur von Seite 86 zeigt uns, daß es eine innere Quintperspektive gibt, in deren Licht die Quinte in der aufsteigenden Oktave – auch wenn sie auf der Abszisse der Mittelpunkt der Oktave ist – doppelt so groß ist wie die Quarte. Aber das *Intervall* der aufsteigenden Quinte $\left(\frac{5}{3\sqrt{2}}\right)$ ist nicht doppelt so groß wie das Intervall der auf sie folgenden Quarte $\left(\frac{\sqrt{13}}{3\sqrt{2}}\right)$ Das kommt daher, daß die Wahrnehmung einer Intervallfolge eine *Zickzacklinie* ist. Wir haben aber vorausgesetzt, daß die Tonpositionen von vornherein auf der direkten Linie der Oktave bestimmt seien, und in bezug auf Quinte und Quarte können wir das sehen, wenn wir aus unserer Figur die beiden folgenden Figuren extrahieren (zur Vereinfachung hatten wir Seite 86 die aufsteigende Quarte nicht eingezeichnet, man sieht aber, daß sie genau den Abmessungen der Quarte $a_1 \, d_2$ entspricht):

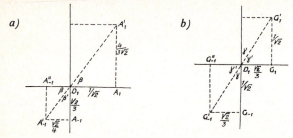

Figur *a* zeigt das Hörbewußtsein in d_1, auf $\frac{1}{3}$ der »Steigung«, nicht des »Weges«, wenn man es als aufsteigende Oktavbahn beurteilt; es ist auf $\frac{2}{3}$ des Abstiegs. Setzt es aber in dieser Position seine positionelle Beziehung zu beiden Endpunkten der Oktave, so sind durch den *doppelten* Modulwechsel, der sich (von einem Hörbereich zum anderen und von der Quarte zur Quinte, oder umgekehrt) vollzieht, beide Strecken gleich groß. Der doppelte Modulwechsel vollzieht sich in der Noesis (in der präreflexiven Wahrnehmungstätigkeit), und deshalb erscheint diese Gleichwertigkeit der Positionsbeziehungen nicht äußerlich; nichts verrät sie dem Blick oder dem Ohr.

Figur *b* zeigt, daß die Fläche der Unterquinte gleich groß ist wie die der Oberquarte, aber wiederum zählt sie doppelt, wie auch die Höhe von d_1 über g_{-1} doppelt zählt. Daher ist das Hörbewußtsein in d_1 auf $\frac{2}{3}$ der »Steigung« und auf $\frac{1}{3}$ des Abstiegs. Und wenn sich das *d*-Bewußtsein beim Innehalten in der gleichen positionellen Beziehung zu beiden Oktavendpunkten »empfindet«, so deshalb, weil der Modulwechsel zwischen Quinte und Quarte sich in umgekehrter Richtung wie beim erstenmal vollzieht, so daß die positionelle Beziehung dieselbe ist wie in der Umkehrung von Figur *a*.

WAHRNEHMUNG EINER INTERVALLFOLGE   Nehmen wir an, das *d*-Bewußtsein perzipiere hintereinander eine aufsteigende Quinte und eine aufsteigende Quarte (Figur *c*):

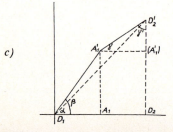

Das heißt, es perzipiert $\log_1 d_1 a_1 + \log a_1 d_2$. Eine Summe von Logarithmen ist gleich dem Logarithmus des Produkts der Zahlen, und da uns hier die Zahlen aus denen diese Logarithmen entstanden sind, bekannt sind: $\frac{3}{2}, \frac{4}{3}$; und $\frac{3}{2} \times \frac{4}{3} = \frac{2}{1}$, können wir unsere Summe gleichsetzen mit $\log d_1 d_2$. Wir wissen jetzt aber, daß der Intervall-Logarithmus sich dem Hörbewußtsein kundtut, indem er das Intervall in Funktion seiner Neigung signifiziert; und was sich aus seiner Anschauung ergibt, ist eben diese Figur und nicht eine reine, einfache Summe von Größen. Es perzipiert also in Wirklichkeit:

$$d_1 a'_1 \sin \beta + a'_1 d'_2 \sin \gamma = d_1 d'_2 \sin \alpha$$

was exakt der cochlearen Gegebenheit entspricht:

$$\frac{5}{3\sqrt{2}} \times \frac{4}{5} + \frac{\sqrt{13}}{3\sqrt{2}} \times \frac{2}{\sqrt{13}} = \frac{2}{\sqrt{2}} = 2 \sin 45°$$

Das Hörbewußtsein erfaßt also nicht – wie das die Erfahrung allzu summarisch meinen ließe – eine *Summe* von *Logarithmen*, d. h. also von »Höhen«, sondern vielmehr eine *ganzheitliche Intervallstruktur*, deren Gesamtbetrag durch das resultierende Intervall gegeben ist. Nur die *Höhen addieren* sich, und in diesem Licht stimmt die alte Regel, sie gibt aber nicht den richtigen Aufschluß über das Phänomen. Unsere neue Regel lautet daher:

Die Wahrnehmung zweier oder mehrerer in einer Richtung aufeinander folgender Intervalle signifiziert sich durch die Summe der Intervalle, indem jedes Intervall mit dem Sinus seines Neigungswinkels multipliziert wird; und die ganzheitliche Wahrnehmung dieser sukzessiven Intervallstruktur bekundet sich dem Hörbewußtsein durch das resultierende Intervall, das ebenfalls mit dem Sinus seines Neigungswinkels multipliziert ist.

Diese Regel berücksichtigt ganz genau das Ereignis, dem das Hörbewußtsein durch Anschauung und Ohr gegenwärtig war, als dieses eine Folge melodischer Intervalle wahrnahm, und das, was es in seiner Eigenschaft als Hörbewußtsein von sich bei der ganzheitlichen Apperzeption dieses Ereignisses erlebt hat. Es muß deshalb einleuchten, daß die Formel $\log \left(\frac{3}{2} \times \frac{4}{3}\right) = \log \frac{2}{1}$ die Formel des Phänomens *in der Welt* ist, die Formel, welche die Physiker untersuchen; sie ist aber weder die Formel des cochlearen Phänomens noch die des Hörbewußtseins im musikalischen Geschehen.

Nehmen wir nun an, das Hörbewußtsein perzipiere sukzessiv eine aufsteigende Oktave und eine absteigende Quarte (Figur *d*, S. 96). Wieder haben wir eine Summe von Logarithmen: $\log d_1 d_2 + \log d_2 a_1$, aber der zweite Logarithmus bekundet sich in der Wahrnehmung durch ein absteigendes Intervall, das nach der eben untersuchten ersten Weise wahrgenommen wird; sein Logarithmus ist negativ: $\log d'_2 a''_1 = - a''_1 a'_1$. Die Gesamtoperation ist also: $d_1 d'_2 \sin \alpha - d'_2 a'_1 \sin \gamma$ (oder $\cos \gamma'$) $= a_1 a'_1 \sin \alpha$, gleich $\left(2 \times \frac{1}{\sqrt{2}}\right) - \left(\frac{\sqrt{13}}{3\sqrt{2}} \times \frac{2}{\sqrt{13}}\right) = \frac{4}{3\sqrt{2}}$.

Man sieht leicht, daß $\frac{4}{3\sqrt{2}}$ (Höhe der Quinte) gleich ist mit der Höhe von a relativ zu $d_1 : a_1 a'_1$; aber wir wissen, daß diese Höhe nur der Intervall-Loga-

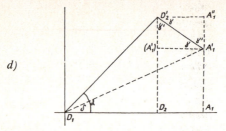

d)

rithmus ist und daß sie in Wirklichkeit das Intervall als Funktion seiner Neigung perzipieren läßt, $\frac{5}{3\sqrt{2}} \times \frac{4}{5}$, also $\frac{5}{3\sqrt{2}} \sin \beta$ oder $d_1 a'_1 \sin \beta$ (Figur c). Dennoch signifiziert diese Höhe das verlängerte Intervall $d_1 a'_1$ (Figur d) in Funktion der Neigung δ. Die Berechnung ergibt daher: $d_1 a'_1 = \frac{\sqrt{9\,7}}{3\sqrt{2}}$; $\sin \delta = \frac{4}{\sqrt{9\,7}}$ und $a_1 a'_1 = d_1 a'_1 . \sin \delta$ überträgt sich durch $\frac{4}{3\sqrt{2}} = \frac{\sqrt{9\,7}}{3\sqrt{2}} \times \frac{4}{\sqrt{9\,7}}$.

Es zeigt sich, daß – soweit sich auch das Verhältnis zwischen Anfangs- und Endposition in der Zeit erstrecken mag – das *resultierende* Intervall stets in Funktion seiner Neigung das unmittelbare Intervall zwischen Anfangs- und Endposition innerhalb der Oktave signifiziert. Mit anderen Worten: Die Perzeption des Verhältnisses zwischen zwei Tonpositionen ändert sich nicht, wenn dieses Verhältnis nicht unmittelbar entsteht, sondern nur mittelbar als Ergebnis einer Reihe von Tonpositionen, die durch dasselbe Logarithmensystem bestimmt werden.

Wenn die cochleare Welle eine elektrische Welle ist, so ändert die Zeit, die sie zu ihrer Entstehung benötigt, nicht die *Positionsbezüge*, welche sie wahrnehmbar macht. Auch eine Folge von Intervallen verschiedener Richtung wird als Summe der Intervalle (nicht der Höhen!) aufgefaßt, aber die aufsteigenden Intervalle werden mit dem Sinus ihres Neigungswinkels multipliziert, die absteigenden Intervalle dagegen mit dem Sinus des Winkels, den sie in absteigender Richtung mit der Horizontalen (der x-Achse) bilden oder mit dem Cosinus des Winkels, den sie mit der Vertikalen in absteigender Richtung bilden, und diese Neigung gibt dem Intervall das Vorzeichen minus. Diese Summe positiver oder negativer Intervalle verkündet sich dem Hörbewußtsein durch das *resultierende* Intervall, das ebenfalls mit dem Sinus oder Cosinus seines Neigungswinkels multipliziert wird, ob es nun aufsteigend oder absteigend ist. Natürlich ist das resultierende Intervall absteigend, wenn der Ton mehr absteigt als aufsteigt, und selbstverständlich bleibt die Operation die gleiche, ob das erste Intervall auf- oder absteigt und unabhängig von der Zahl sukzessiver Intervalle. Diese Regel ist also allgemeingültig, denn das Intervall ist stets eine positive Größe; und ein eventuelles minus-Vorzeichen entsteht nur aus seiner Neigung. Während also der melodische Weg durch die Summe der Intervalle bestimmt wird, addieren sich die Tonhöhen nur in derselben Raumrichtung, so daß die Endposition als Höhe durch die Differenz zwischen den positiven und den negativen Höhen bestimmt ist. Wenn der Ton zu seinem Ausgangspunkt zurückkehrt, ist die Differenz gleich null: Das *resultierende Intervall* ist dann der *Einklang*.

Ehe wir weitergehen, wollen wir einen kleinen Versuch anstellen. Im letzten Beispiel ließ sich das resultierende Intervall auf zwei Weisen wahrnehmen: $\log_\varepsilon \left(\frac{4}{3}\right)^{-1}$ oder $\log_{\varepsilon^{-1}} \frac{4}{3}$. Setzen wir jetzt den Fall, wir nähmen die Quarte nach der zweiten Weise als $\log_{\varepsilon^{-1}} \frac{4}{3}$. Ihr Logarithmus signifizierte sich nicht mehr durch $a''_1 \, a'_1$, sondern durch $(a'_1) \, a'_1$, und dieser Logarithmus würde das Intervall nicht mehr als Funktion von $\sin \gamma$ oder $\cos \gamma'$ signifizieren, sondern von $\sin \gamma'$ oder $\cos \gamma \left(\frac{3}{\sqrt{13}}\right)$. Wir hätten also: $\frac{2}{\sqrt{2}} + \left(\frac{\sqrt{13}}{3\sqrt{2}} \times \frac{3}{\sqrt{13}}\right) = \frac{3}{\sqrt{2}}$.

Vom rein perzeptiven Standpunkt aus ist das Resultat exakt. $\frac{3}{\sqrt{2}}$ wäre der Logarithmus des um eine Oktave herunterprojizierten Tons 3 der Obertonreihe d_1, d.h. auf a_1. Wenn aber $\frac{3}{\sqrt{2}}$ die Tonposition a_1 bestimmt, so bestimmt es nicht wie $\frac{4}{3\sqrt{2}}$ das Intervall der Quinte *als Funktion seiner Neigung, d.h. die Verbindung, die sich für das Hörbewußtsein zwischen der ersten und der letzten Position herstellt und die das Hörbewußtsein diese Struktur als ein Ganzes erfassen läßt.*

Warum hat uns aber diese letzte Berechnung nicht zum Ergebnis der ersten geführt? Weil wir jedem Intervall ein Maß gegeben haben, welches es *an sich* hat oder haben kann, und nicht dasjenige, das ihm von einem gemeinsamen Logarithmensystem zukommt, das alle Intervalle zusammenhält und aus ihrer Gesamtstruktur ein Ganzes, eine »Form«, werden läßt; wir haben sie nicht in *dieselbe cochleare Welle* gebunden. Denn das Intervall *an sich* ist doppeldeutig. Losgelöst vom Logarithmensystem, welches nicht nur das Fundament der Tonstrukturen, sondern ihrer Verbindung und der musikalischen »Form« ist, kann man die absteigende Quarte auf zwei Weisen wahrnehmen; die Wahrnehmung bestimmt nur die Tonposition, die Endpunkt unseres melodischen Weges ist. Wenn das Hörbewußtsein jedes Intervall an sich perzipiert, so erfaßt es in einer melodischen Struktur nur eine Intervall*folge* und keine ganzheitliche Intervallstruktur; und die Endposition ist bloß ein *Ankunftspunkt*: Sie ist in der Existenz des Bewußtseins nicht mehr mit der Ausgangsposition verbunden. Das ist das Abenteuer, in das die »Atonalität« die Musik führt, und das ist die Gattung derjenigen Phänomene, die die Musik unausweichlich hervorbringen muß, wenn sie von den tonalen Gesetzen abweicht. *Die Irrtümer dieser Doktrin berühren die eigentliche Wurzel des musikalischen Geschehens, den Hörakt; und daß das unmöglich ist, beweist die Tatsache, daß diese Doktrin das Gesetz der Hörwahrnehmung verkennt, wie wir weiter unten werden feststellen können.*

DIE DARLEGUNG DER POSITIONSVERHÄLTNISSE DURCH DIE INTERVALL-LOGA-
RITHMEN   Das eben behandelte Beispiel zeigte den Nachteil der Tatsache,
daß das Hörbewußtsein die Intervalle sowohl auf der noetischen Basis ε als
auch auf der Basis ε^{-1} wahrnehmen kann, und zugleich auch die Notwendigkeit, daß alle musikalischen Intervalle von der Basis ε sein sollten, der natürlichen Richtung der Zeitlichkeit der Wahrnehmungsenergie. Die zweite Wahrnehmungsweise im absteigenden Hörbereich erlaubt nun, andere positionelle
Beziehungen wahrzunehmen als die nach der ersten Wahrnehmungsweise in
aufsteigender und absteigender Richtung festgesetzten. Für die Oktave wird
das noch beweiskräftiger zutage treten, da alle Wahrnehmungsmaße in den
vier Positionsbeziehungen, die die Oktave setzen kann, gleich bleiben, wogegen diese Wahrnehmungsmaße sich für die anderen Intervalle entsprechend
ihrer Richtung im Raum ändern.

Aufsteigende Oktave nach oben	Absteigende Oktave von oben	Absteigende Oktave nach unten	Wiederauf- steigende Oktave von unten

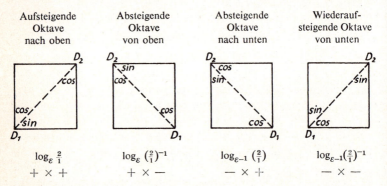

$$\log_{\varepsilon}\tfrac{2}{1} \qquad \log_{\varepsilon}\left(\tfrac{2}{1}\right)^{-1} \qquad \log_{\varepsilon^{-1}}\left(\tfrac{2}{1}\right) \qquad \log_{\varepsilon^{-1}}\left(\tfrac{2}{1}\right)^{-1}$$

$$+\times+ \qquad\qquad +\times- \qquad\qquad -\times+ \qquad\qquad -\times-$$

Diese Figuren zeigen, daß ein bestimmtes Intervall je nach der Wahrnehmungsweise vier verschiedene Bestimmungen erhalten kann, die von seiner
Richtung im Raum, welche durch den Sinus oder Cosinus der Winkel angezeigt werden, und von dem Positionsverhältnis abhängen, die das Intervall
signifiziert. Das Intervall wird zwar stets signifiziert durch das Frequenzverhältnis zwischen der *wahrgenommenen Tonposition* und der *Tonposition, von
der aus es wahrgenommen wird*. Da aber das musikalische Bewußtsein in eine
bereits konstituierte Klangwelt eintreten soll, kann das Intervall *im Ursprung*
und als Positionsverhältnis erlebt worden sein durch eine dieser beiden möglichen Beziehungen zwischen zwei Tonpositionen. Das hindert das Hörbewußtsein keinesfalls daran, das Intervall durch das Frequenzverhältnis zwischen der wahrgenommenen und der wahrnehmenden Position zu erfassen;
es behält darum nicht weniger die Signifikation, die es in der Entstehung der
musikalischen Töne angenommen hat, denn diese hat ein für allemal dem Intervall in den musikalischen Strukturen einen Sinn gegeben. Das soll besagen,
daß im Verlauf dieser Genesis das musikalische Bewußtsein seine Töne in der
Höhe bzw. in der Tiefe entdecken mußte und daß es vorkommt, daß es in der

Höhe eine Tonposition anvisiert, die in der Tiefe bereits entdeckt war, und umgekehrt. Sobald daher die musikalischen Töne entdeckt sind, enthüllt das Intervall dem musikalischen Bewußtsein die Positionsbeziehung, aus der der wahrgenommene Ton und damit das Intervall entstanden sind.

Die folgenden vier Wahrnehmungsweisen beleuchten jetzt die vier möglichen positionellen Relationen:

1. Kategorie: von der wahrgenommenen zur wahrnehmenden Position in aufsteigender Richtung.
2. Kategorie: von der wahrnehmenden zur wahrgenommenen Position in absteigender Richtung.
3. Kategorie: von der wahrgenommenen zur wahrnehmenden Position in absteigender Richtung (denn $\log_{\varepsilon^{-1}} \frac{2}{1}$ ist gleich $\log_{\varepsilon} \frac{1}{2}$).
4. Kategorie: von der wahrnehmenden zur wahrgenommenen Position in aufsteigender Richtung (denn $(\frac{2}{1})^{-1}$ ist gleich $\frac{1}{2}$).

Wenn das musikalische Bewußtsein die Welt der musikalischen Töne allein auf den Logarithmen der Basis ε aufbaut, verliert es die letzten beiden Intervallkategorien. Es hat nur ein Mittel, diesem Nachteil abzuhelfen, indem es den Intervallen in der ursprünglichen Bestimmung, in der Genese der musikalischen Töne, eine andere perzeptive logarithmische *Basis* für die absteigende Richtung als für die aufsteigende Richtung gibt und indem es für beide Fälle als Basislogarithmus einen Logarithmus der Basis ε nimmt. Nimmt es als Basis seiner Logarithmen für die *aufsteigende* Richtung $(\frac{3}{2})$, so liefert ihm das als Basis für die zweite Kategorie der positionellen Bezüge die absteigende Quinte $(\frac{3}{2})^{-1}$; und nimmt es als Basis für die absteigende Richtung die *absteigende* Quarte $\log_{\varepsilon}(\frac{4}{3})^{-1}$, was gleich $\log_{\varepsilon^{-1}}\frac{4}{3}$ ist – und das wäre die Basis für die dritte Kategorie der positionellen Bezüge –, so lieferte ihm die *aufsteigende Quarte* $\log_{\varepsilon}(\frac{4}{3}) = \log_{\varepsilon^{-1}}(\frac{4}{3})^{-1}$ die Basis für die vierte Kategorie.

Dieses doppelte Logarithmensystem auf Basis der (aufsteigenden und absteigenden) Quinte und auf Basis der (absteigenden und aufsteigenden) Quarte würde also alle möglichen Positionsbeziehungen umfassen; und da ja eine Beziehung besteht zwischen Quinte und Quarte innerhalb der Oktave, könnten diese beiden Logarithmensysteme ein einziges System entstehen lassen, das den gesamten Hörbereich des musikalischen Bewußtseins einschlösse. Folglich erscheinen im Hörbereich des musikalischen Bewußtseins nur die Intervalle, denen es einen Sinn verleihen kann durch ihre Größe, ihre Richtung im Klangraum und ihre positionelle Beziehung, die sie signifizieren – alles Dinge, die mit ihrem Logarithmus selbst wahrgenommen werden. Die Anzahl der Signifikationen schließt genau die Zahl der wahrzunehmenden Intervalle ein, so daß jedes Intervall für das Hörbewußtsein eine eindeutige (d.h. allen Intervallen *des gleichen Namens* zugehörige) Signifikation besitzt, die ausschließlich von dem im musikalischen Hörakt wirkenden Bewußtsein abhängt und die wir außerdem nur dann erkennen, wenn wir endgültig den Sinn enthüllt sehen werden, den es den Positionsbezügen verleiht.

Es muß angemerkt werden, daß die zusammengekoppelten Gegebenheiten *der Richtung* des Intervalls im Raum und der *Positionsbeziehung*, durch die es wahrnehmbar wird, zur Bestimmung des Intervalls als *Vektor* ausreichen, so daß die Sinus- und Cosinuswerte nicht mehr ins Gewicht fallen. Die Neigung des Intervalls ist, wie wir bereits festgestellt haben, etwas, was »gesehen« und »wahrgenommen« wird. Die Größe, die räumliche Richtung und der Positionsbezug werden wahrgenommen und empfunden. Die Sinus- und Cosinuswerte treten, wie die obigen Berechnungen erweisen, in den »Produkten« auf, welche die Noesis in der relationellen Tätigkeit des reflexiven Hörbewußtseins bildet. Während also im Hörbereich das Tonbild erscheint, gibt das musikalische Bewußtsein durch das, was es »empfindet«, dem, was es durch das Ohr wahrgenommen hat und was in sein Blickfeld fällt, einen Sinn. Da (ebenso wie die Intervallgröße und -neigung durch ihre präreflexive Entstehung) die Signifikation der Positionsbezüge durch unsere logarithmischen Systeme vorbestimmt ist, ist der vom musikalischen Bewußtsein verliehene Sinn nicht mehr *wahrzunehmen*, sondern, nachdem das Intervall wahrgenommen ist, zu *erkennen*. Und wenn man fragen sollte, wie man dies Erkennen lernt, so heißt die Antwort: Genauso, wie man seine Muttersprache kennenlernt – indem man sie hört.

3. Die Wirkung der Hörperspektive und die Rolle der Klanglichkeit

Die reduzierende Wirkung der Hörperspektive ist uns deshalb gänzlich unbekannt, weil wir die positionellen und räumlichen Strukturen *durch die Töne* wahrnehmen, und diese den Tönen verschiedener Höhe eigentümliche Klanglichkeit erklärt die augenscheinliche Gleichheit derselben Intervalle in verschiedenen Oktavlagen. Die Klanglichkeit der positionellen Töne, d.h. ihre »Gegenwartsintensität«, hängt bekanntlich ab von der »Amplitude« der dem Ohr übertragenen Luftwelle. Im wirklichen Raum qualifiziert diese Gegenwartsintensität den Ton als »laut« oder »leise« – *objektive* Qualifizierung – oder als »nah« oder »fern« – *subjektive* Qualifizierung; denn der Ton kann diese Qualifikation nur vom Bewußtsein erhalten, das Raumbewußtsein ist. Der musikalische Akt ist gänzlich subjektiv und ist nicht so sehr auf die Töne als solche, sondern vielmehr auf die raumzeitlichen Bilder gerichtet, die sie erscheinen lassen; deshalb müssen auch die Intensitätssignifikationen wie alle anderen einen subjektiven Charakter annehmen. *Forte* und *Piano* bezeichnen daher vor allem »nah« und »fern« (das ist auch im allgemeinen der Sinn der *Gegensätzlichkeit* von *Forte* und *Piano* in der Wiener Klassik); die Intensität des Tons als solche, vom *Piano* zum *Forte*, kommt jedesmal zu ihrem Recht, wenn sie Starkes oder Sanftes, Kraftvolles oder Schwaches eines durch die Musik *objektivierten* Dinges signifizieren soll: ein »Thema«, die Stimme einer Person, den Komtur oder Melisande, den Wind, den Sturm . . .

Die Klanglichkeit ist tatsächlich die einzige Lichtquelle in diesem subjektiven Raum, den der musikalische Klangraum darstellt, und wenn das Hörbewußtsein auf das musikalische Bild ein Licht wirft, so stammt dieses Licht vom Ohr und nicht vom Auge. Als Ohr, könnte man sagen, erfaßt das Hörbewußtsein die Töne als stark oder schwach, als Gesichtssinn und Bewußtsein des *Tonraums* erfaßt es sie als mehr oder minder hell, als näher oder entfernter. Diese Helligkeit des Klanglichen ist es, welche den hohen Tönen und ihren signifizierenden Tonbildern ihre Klarheit verleiht und die tiefen Töne und die inneren Strukturen der Harmonie im Schatten beläßt.

Als Textur oder Substrat der musikalischen Bilder ist die Klanglichkeit jedoch eine Signifikation dieser selben phänomenalen Energie ε, die sich durch die Periodizität signifiziert. Nun erwartet man von keinem Instrument und keiner Stimme, daß sie sämtliche Töne des Tonraums hervorbringen können, wenn sie nicht wie Klavier oder Orgel viele Saiten bzw. Pfeifen besitzen. Die »Klanglichkeit« der »musikalischen« Töne ist also eng mit der Frequenz verbunden. Wie die Frequenz hängt sie von der *potentiellen Energie der Schallquelle* ab, es wirkt, als ob die Musikinstrumente so bedingt seien, als lösten sie sich in der Tonerzeugung ab, um den Tonstrukturen in allen Höhenlagen die *gleiche Gegenwartsintensität für das Ohr* zu sichern. Wenn dem so ist, so gleicht diese Gegenwartsintensität die Reduktion der Wahrnehmungsmaße, die sich aus der Hörperspektive ergibt, wieder aus.

Nehmen wir als Beispiel die menschliche Stimme. Jede Stimme bringt natürlicherweise Töne einer bestimmten Höhenlage hervor, die man als ihre »Lage«, ihre »Tessitura« oder ihr »Register« bezeichnet: Sopran, Alt, Tenor, Baß. Diese Stimmlagen werden nicht so sehr durch ihre obere und untere Begrenzung charakterisiert als vielmehr durch ihre mittlere Region, und man darf annehmen, daß ein Sänger, der für einen Ton in seiner Mittellage eine bestimmte Intensität braucht, diese *Intensität vergrößern* muß, wenn er die tiefen oder hohen Töne seiner Stimmlage hervorbringen will, was unserer Notation der Klangenergie entspricht:

tief	mittel	hoch
$(\varepsilon^{-1})^2$	ε	ε^2

Wenn das stimmt, so sind die Intensitätsveränderungen der Hervorbringungsenergie ein und derselben Schallquelle synonym für die Frequenzveränderungen, sie sind das Agens in der *Tonhervorbringung*. Ein hohes *a* des Tenors verlangt eine höhere Hervorbringungsenergie als das darunter liegende *d*; wenn dessenungeachtet dieses hohe *a* für das Ohr die gleiche Intensität besitzt wie das *d*, so deshalb, weil der Ton *a* so hervorgebracht worden ist, daß seine Schallwelle die gleiche Amplitude aufweist wie die Welle von *d*. Das hohe *a* des Tenors klingt aber für das Ohr stets *intensiver* als das *a* des Soprans von derselben absoluten Tonhöhe, weil es beim Tenor in einem höheren Energiebereich liegt als beim Sopran (deshalb heben sich im gemischten Chor *bei gleicher Tonhöhe* und Dynamik die Tenorstimmen auch immer von den Sopranstimmen ab). Dieser Intensitätsunterschied erklärt sich aus bestimmten Obertönen, die durch die Intensität der Hervorbringungsenergie des *a* im Stimmbereich des Tenors entstehen, wogegen das gleiche *a* im Stimmbereich des Soprans nicht die gleiche Energieintensität erfordert und folglich auch nicht dieselben Obertöne enthält. Die beiden Töne können von gleicher Amplitude sein, d.h. in physikalischer Hinsicht von gleicher Intensität, und dennoch haben sie *für das Ohr* nicht dieselbe Intensität, weil die Obertöne im *a* des Tenors diesem Ton eine andere Tonfarbe verleihen als dem *a* des Soprans. Das eigentliche Phänomen ist dieser *Tonfarben*unterschied, der jedoch für einen Intensitätsunterschied genommen wird. Es handelt sich nämlich tatsächlich um einen Unterschied des Stimmregisters, der sich als solcher in der Schnecke zu spiegeln scheint.

Stellen wir nach diesen Ausführungen fest, daß der Physiker, wenn er von Amplitude spricht, sich darunter die Schallwelle als Kurve vorstellt – wir haben dafür schon Beispiele gegeben (siehe S. 27 f.) –, bei der die Amplitude die maximal erreichte Höhe der Kurvenschwingung nach beiden Seiten der Mittelachse ist. In der Luftwelle aber, die den Ton dem Ohr überträgt, offenbart sich die Amplitude nicht auf die gleiche Weise, und die Tonintensität offenbart sich im hohen Tonbereich anders als im tiefen. Hier gibt es ebenfalls eine Amplitude, wie die folgende Figur zeigt, aber sie ist die Gesamthöhe der Welle.

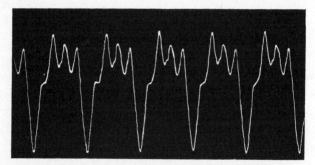

Luftwelle eines bestimmten *gis* auf dem Saxophon
(entnommen aus: Sir James Jeans, Science and Music)

Bei den hohen Tönen hängt die Amplitude dieser Welle von dem Umstand ab, daß die Bewegung der Luftmoleküle, welche die Welle entstehen läßt, wegen der Kürze der Periode (Distanz zwischen den unteren Punkten) sich nur in dieser Richtung ausbilden kann. Bei den tiefen Tönen offenbart sich die Intensität durch die schwingende Luftmasse, die die Größe der Periode impliziert. Der tiefe Ton muß mit einer gewissen Intensität hervorgebracht werden, damit diese Luftmasse in Schwingung gerät und der Ton vernehmbar wird. Die fühlbare Wirkung ist nicht dieselbe; im ersten Fall hängt sie von der Höhe der Welle ab, im zweiten dagegen von deren Masse und Gewicht. Deshalb erscheinen uns die hohen Töne hell und die tiefen Töne dunkel. Aber die Tatsache, daß die tiefen Töne nur hörbar sind, wenn sie mit einer gewissen Intensität hervorgebracht werden, erklärt, daß sie dieselbe Gegenwartsintensität haben können wie die hohen Töne. Bei hohen und tiefen Tönen kann die Wellenamplitude sich ändern, ohne daß sich die Periode ändert, was eine Intensitätsänderung auf gleicher Tonhöhe möglich macht. Die Vergrößerung der schwingenden Masse kommt daher, daß sich Teiltöne mit dem Grundton vermischen, die die Zacken der Welle hervorbringen. Vom Aufbau der Luftwelle hängen also zwei spürbare Wirkungen ab: Durch ihre Amplitude oder ihre Masse bestimmt sie den Eindruck der Intensität, durch die fühlbare Qualität dieser Struktur bestimmt sie diesen fühlbaren Eindruck, den man die *Tonfarbe* nennt.

Die Veränderungen der Intensität und der Tonfarbe entstammen also der Veränderung dieses ε, das als Exponenten das Produkt aus Frequenz mal Periode hat. Das Vorkommen von Teiltönen, die den Grundton begleiten, versieht dieses ε mit einem Unterexponenten, der aus der Summe der Brüche besteht, die kleiner sind als eins: $\frac{1}{2} + \frac{1}{3} + \frac{1}{4} \ldots$ (hier kommt das Weber-Fechnersche Gesetz zur Anwendung). Tritt diese Summe in der Schallwelle zu deutlich hervor, bewirkt sie das, was die Tontechniker als Verzerrung der Welle bezeichnen, und damit ist die Wahrnehmung der Frequenz vereitelt. Wir haben von vornherein darauf Bedacht genommen, daß bei den musikalischen Tönen diese Obertöne nur beschränkt vorhanden sein dürfen. Es genügt das Vorkommen des Faktors $\frac{1}{3}$ oder sein Fehlen, um ein instrumentales Timbre zu charakterisieren. Während jedoch die Intensität, die von der Amplitude abhängt, welche die Obertöne der Schallwelle verleihen, eine Intensität der Wahrnehmung ist, ist die Klangfarbe eine unmittelbar wahrnehmbare Eindrucksqualität, die von der Körperlichkeit der Schallwelle abhängt. Die fühlbaren Attribute der Körperlichkeit sind wesentlich taktil, und so sind es auch taktile Qualitäten, die das Ohr mittels der Klangfarbe dem Ton verleiht. Während der Ton der menschlichen Stimme ein reines Hauchen ist – *aria* –, qualifiziert das instrumentale Timbre den Ton als hart, fließend, herb, rauh, seidig usw. Da das Hörbewußtsein (bei der Wahrnehmung räumlicher Strukturen) auch visuell ist, kann man doch von Klangfarben sprechen, denn durch die Farbe und das Licht, die die Dinge reflektieren, empfinden wir die Textur der Materie.

Um zusammenzufassen: Durch die Intensität der klanglichen Hervorbringung und durch die Klangfarben, die das Vorhandensein von den Grundton begleitenden Obertönen implizieren, werden die Wirkungen der Hörperspektive in der klanglichen Verwirklichung des musikalischen Bildes korrigiert. Denn im musikalischen Erleben perzipiert das Ohr nur *Klangfarben*, selbst wenn es reine Töne wahrnimmt. *Konkrete Musik* ist also dies: das durch die Klangfarbe von Instrumenten oder der Stimme unmittelbar wahrnehmbar,

d. h. konkret gemachte *musikalische* Bild. Dieses Bild besteht also keineswegs aus Tönen: Es besteht aus räumlichen Strukturen, die das Hörbewußtsein Tongruppen verleiht, die durch die Intensität und die Klangfarbe, welche dieses selbe Hörbewußtsein den Tönen beilegt, unmittelbar wahrnehmbar gemacht worden sind, alles Dinge also, die es auf die Töne projiziert. Die Musik ist somit ganz und gar, mit Timbre und Intensität, eine Bewußtseinsgegebenheit. Man sieht, wieviel Unsinn heute geredet wird, wenn man im Gefolge von Pierre Schaeffer von *konkreter* Musik *(musique concrète)* spricht: Man sucht das Konkrete in der Welt.

Wie kommt es aber, daß das Hörbewußtsein die verschiedenen *Klangregister* der Klangenergie als solche wahrnehmen kann? Wir müssen annehmen, daß die Entfaltung der Wahrnehmungsenergie in der Schnecke, korrelativ zur Wahrnehmung der Frequenzen, zugleich auch eine Intensitätsfortschreitung von der Tiefe zur Höhe anzeigt, so daß die Frequenzverhältnisse wie beim Klangphänomen mit den Intensitätsverhältnissen synonym wären. Man hat in der Schnecke die Oktavzonen bestimmen können, und man hat festgestellt, daß sie sich fortschreitend von der Tiefe zur Höhe vergrößern – was den Gegebenheiten der Hörperspektive widerspricht. Das soll aber besagen, daß die cochlearen Intervallmaße keine »metrischen« Maße sind und daß sie Potentialverhältnisse anzeigen. Wenn dem so ist, müssen dieselben Intensitätsverhältnisse wenigstens im Bereich der musikalischen Hörbarkeit, wie er von unseren Instrumenten festgelegt ist, in der Höhe vergrößert, in der Tiefe verengt wahrgenommen werden können. Ferner haben wir gesehen, daß die Positionsbezüge nur alle zwei Oktaven auf ein gleiches logarithmisches System bezogen werden können, so als ob die Doppeloktave ein »Register« der Wahrnehmungsenergie darstellte. Es herrscht also eine gewisse Entsprechung zwischen den Registern der Wahrnehmungsenergie und denen der Klangenergie. Die Dinge scheinen so zu liegen, als reihten sich die cochlearen Wellen, die einem Tenorgesang entsprechen, und diejenigen, die einem Soprangesang entsprechen, in Logarithmenstrukturen ein, die am Ausgangspunkt in der Schnecke ungefähr eine Oktave auseinander liegen (der Tenor eine Oktave tiefer als der Sopran), was den Intensitätsunterschied erklärte, den das Hörbewußtsein zwischen Tenor und Sopran für dieselbe Tonhöhe anzeigt*.

---

* Die Kunst des Instrumentierens beruht vor allem auf dem Gefühl für die richtigen Klangregister, auf dem Vermögen (das einer konkreten Kraft der Klangvorstellung entstammt), jede Tonstruktur dem Instrument anzuvertrauen, das ihr in seiner Höhenlage im Register und in seinem Register überhaupt ihren richtigen *Klangwert* geben kann, d. h. die Gegenwartsintensität, die man ihr in der Gesamtstruktur geben will. Eine der Hauptaufgaben des Dirigenten besteht darin – wenn er ein Werk »interpretieren« und nicht bloß spielen will –, in der Wiedergabe diesen richtigen Klangwert zu realisieren; denn das ist eine Arbeit, die die Musiker von sich aus nicht leisten können. Ein *Forte* ist fast nie und nirgends einfach ein *Forte*, noch ist ein *Piano* einfach ein *Piano*. Diese »Anweisungen« deuten den Farbwert an, der so zu realisieren ist, daß jede Stimme die Intensität erhält, die ihr durch ihre Funktion oder Signifikation innerhalb der gesamten Tonperspektive zukommt. Was man den »richtigen Ausdruck« nennt, ist im Grunde nichts anderes oder basiert doch zumindest darauf.

Es ist sehr schwierig, das, was wir in diesem Kapitel gesagt haben, mit den Theorien der Physiker und Physiologen in Einklang zu bringen, weil die Standpunkte und Probleme verschiedene sind. Das Untersuchungsobjekt der Wissenschaftler ist die Reaktion des Ohres auf Töne im allgemeinen, auf Töne bestimmter Frequenzen (reine Töne) im besonderen. Ihre erste Sorge ist daher die Bestimmung der Hörschwelle in bezug auf die Frequenz und Intensität. Mit Hilfe des Weber-Fechnerschen Gesetzes, das die logarithmische Beziehung setzt zwischen der Intensität der Gehörsempfindung und der Intensität des »Reizes«, und mit Hilfe von Laboratoriumsexperimenten konnten sie eine *Kurve* der Hörempfindlichkeit in bezug zu Frequenz und Intensität aufstellen. Was sie Wahrnehmungsenergie nennen, ist also die angenommene Energie, welche im Hörnervensystem das Hören von Tönen von gemessener Frequenz und Intensität auslöst. Das Ohr aber, das wir untersuchen, unterliegt nur dem Hören von Tönen, die es selbst auswählt, die von ausgewählten Instrumenten erzeugt sind, wobei als Kriterium der Auswahl die Befriedigung der Anforderungen des musikalischen Bewußtseins gilt. Mit anderen Worten: Für dieses Ohr sind die Probleme der Wissenschaftler längst gelöst. Es hat aus dem Klangbereich der Töne bestimmter Frequenz nur den Sektor beibehalten, innerhalb dessen es die Frequenzbezüge wahrnehmen kann, ohne durch Intensitäts- und Klangfarbenveränderungen behindert zu sein; und es hat nur die Töne zugelassen, in denen Intensität und Klangfarbe dem Erscheinen der Frequenz untergeordnet sind. Deshalb gerät der Bereich der musikalischen Töne gar nicht bis an die Hörgrenzen, weder in bezug auf die Frequenz noch in bezug auf die Intensität. Seine Grenzen sind in jeder Hinsicht nicht von außen, sondern von innen bestimmt, nämlich durch die Grenzen des *beziehungsetzenden Vermögens* des *Hörbewußtseins* bei Tönen bestimmter Frequenzen. Das musikalische Ohr ist nicht der Außenwelt unterworfen, es dient nur dem musikalischen Bewußtsein in dessen Eigenschaft als Hörbewußtsein. Wäre das Hörbewußtsein Sklave des Ohrs, so wäre der Mittelpunkt der Hörperspektive im hohen *f* der Flöte (dreigestrichene Oktave) situiert, der Wahrnehmungsposition mit der maximalen Tonempfindlichkeit (die nach den Berechnungen der Wissenschaftler die geringste Energie zur Wahrnehmung erfordert). Aber der Mensch kennt den Ton zunächst von seiner Stimme her. Nicht ohne Grund wird der Kammerton auf *a'* fixiert, und vergessen wir nicht, daß der Mittelpunkt der Männerstimme die tiefe Oktave dieses *a* ist. Es nimmt also nicht wunder, daß die Unteroktave des Stimmtons, dessen Zentrum unser d_1 ist, ungefähr die mittlere Zone unseres »musikalischen« Hörbereichs darstellt. Diese Oktave haben Männer- und Frauenstimmen gemeinsam, sie erweitern sie nur um eine Oktave nach unten bzw. oben. Der instrumentale Bereich erstreckt sich um etwas über drei Oktaven nach oben (von *a'* aus gerechnet) und etwas über drei Oktaven (von *a'* aus) nach unten. Der Umfang des klanglichen Energieregisters variiert je nach dem Instrument, aber vom Ohr her gesehen kann er ungefähr auf zwei Oktaven oder mehr geschätzt werden. Die Streichinstrumente haben ebenso viele Register wie Saiten. Die Klarinette, die diesen Umfang überschreitet, hat zwei Register wie Knaben im Stimmbruch. Die verschiedenen instrumentalen Register überschneiden sich übrigens teilweise, ebenso wie die vokalen Stimmlagen. In der Zone zwischen dem *a* des Violoncellos und der fünften Oktave ist nach den Wissenschaftlern die Hörempfindlichkeit am größten, und hier entfaltet sich auch die Melodie, hier sind die größten Farben- und Abstufungsverschiedenheiten möglich. Es ist sehr bezeichnend, daß die überhohen und übertiefen Töne nur wenige Intensitätsveränderungen erlauben.

Wenn uns also die Wissenschaftler sagen, daß die zur Tonwahrnehmung nötige Energie in der Zone zwischen *a* und dem dreigestrichenen *f* oder *a* am geringsten ist, sogar bis zur fünfgestrichenen Oktave hinauf, so müssen wir einsehen, daß dies die Zone ist, in der die Wahrnehmungsenergie *am verfügbarsten* ist, in der folglich die Wahrnehmungsenergie die Frequenzbezüge und die Intensitäts- und Klangfarbenänderungen auf gleicher Tonhöhe am besten perzipieren läßt. Deshalb ist diese Zone auch vorzüglich die melodische Zone.

Die Musik ist also nicht aus Tönen oder Instrumenten entstanden, sondern aus dem musikalischen Bewußtsein, das sie in den Tönen und Instrumenten entdeckt hat und das dem Musiker zugleich sein Tonsystem, die Wahl der Instrumente und deren Zusammenstellungen zu Klangfarbenfamilien diktiert hat. Unsere Klangfarben sind ebenso an unser Tonsystem gebunden, wie die französischen, englischen oder deutschen Vokabeln an die Struktur der Sprache gebunden sind. Deshalb verändert man sie auch nicht oder kaum und findet auch keine neuen mehr. Das einzige neue Instrument, das seit der Klassik dazugetreten ist, ist das Saxophon, und auch das taucht wegen der allzu fühlbar hervortretenden Eigentümlichkeit seiner Klangfarbe nur gelegentlich auf. Die sinnliche und phallische Eigenart dieser Klangfarbe drängt das Saxophon in die Unterhaltungsmusik: Im Jazz dringt der Klang des Tenorsaxophons mühelos durch die Synkopen, wie der Phallus durch die Spasmen beim Koitus und auch mit derselben Körperlichkeit. Natürlich kann dieses Timbre auch eine andere Bedeutung annehmen: bei der Instrumentierung der *Bilder einer Ausstellung* gibt Ravel dem Saxophon im »Alten Schloß« eine Grabesstimme, in der *Arlésienne* dagegen macht Bizet es zum Ausdruck der Versuchung, der erotischen Verführung, und sicherlich hat er das Saxophon gewählt wegen der *faszinierenden* Eigenheit seiner Klangfarbe. Diese Farbe ist jedenfalls zu auffällig, um sich in unsere Klangfarbenfamilie einordnen zu können oder sich auf einen Klangwert reduzieren zu lassen, der mit anderen im klassischen Orchesterklang verschmelzen könnte*.

---

* Es braucht wohl kaum eigens hervorgehoben zu werden, daß alles bisher Gesagte von vornherein die gegenwärtigen Versuche mit elektronischer Musik verurteilt. Was die *Natürlichkeit* unserer musikalischen Töne ausmacht – auch wenn sie künstlich hervorgebracht werden –, ist die Tatsache, daß in ihnen Höhe, Intensität und Klangfarbe aus derselben Wurzel stammen: der potentiellen Energie der Schallquelle, so daß diese Eigentümlichkeiten des Tons miteinander organisch verbunden sind und ebenso auch ihre Signifikatio-

4. Die Konstitution der musikalischen Tonwelt: Das pythagoreische System und dessen Verwirklichung durch das temperierte System

Das Hörbewußtsein schafft die Welt der musikalischen Töne, wie wir weiter oben gesehen haben, durch zwei Logarithmensysteme: Eines hat die auf- und absteigende Quinte zur Basis, das andere die ab- und aufsteigende Quarte.

Der aufgezeigten Intervallbestimmung liegt folgende Operation zugrunde, welche die nachstehenden Figuren erläutern:

Diese theoretische Bestimmung hat bekanntlich in der Antike ihren praktischen Ursprung in der griechischen Lyra-Stimmung:

In dieser Form ist das auf Quinte und Quarte basierende System von Pythagoras sanktioniert worden. Die daraus entstehende *heptatonische* Struktur der Oktave, die bei den Griechen mehr in den Instrumenten als in der Musik zutage tritt (welche andere Leiterteilungen pflegte) und die bei Pythagoras durch den Verstand gerechtfertigt wird, wurde vom abendländischen musikalischen

nen im musikalischen Hören. Weiter haben auch die Qualifikationen unserer musikalischen Klangfarben dasselbe Fundament wie unsere Tonstrukturen: die cochleare Wahrnehmungsenergie, so daß also auch eine organische Verbindung besteht zwischen den Tonbildern und den wahrnehmbaren Bildern, die uns unsere musikalischen Klangfarben davon geben. Man könnte sagen, daß in der vokalen oder instrumentalen Symphonie das musikalische Bild durch die Töne durchscheint wie die Seele durch den Körper. In der elektronischen Musik dagegen werden Höhe, Intensität und Klangfarbe getrennt und willkürlich bestimmt: Es besteht kein organisches Band zwischen ihren Signifikationen und auch kein Fundament für die Tonstrukturen außer der Laune des Ingenieurs und seinen Formeln, die nichts aussagen. Deshalb können diese Tonstrukturen auch keine mitteilbaren Signifikationen haben. So wertvoll der elektrische Ton auch ist für die elektrische Wiedergabe musikalischer Töne durch Rundfunk, Schallplatte oder Band, so wenig entsprechen die durch elektrische Verfahren synthetisch erzeugten Töne den Bedingungen für musikalische Töne. Für die Musik gibt es also von den heutigen Versuchen auf diesem Gebiet nichts zu erwarten außer der Reproduktion von Energieregistern unserer instrumentalen Möglichkeiten, was zur Zeit unnütz ist, denn eine richtige, von einem Menschen gespielte Geige wird stets mehr aussagen können als eine elektronische Geige.

Bewußtsein *erkannt* und spontan übernommen; Beweis dafür ist, daß die gesamte abendländische Musik, im melodischen Zeitalter und dann auch im Zeitalter der Mehrstimmigkeit, auf ihr beruht und daß die historische Entwicklung dieser Musik sich durch eine Verallgemeinerung des pythagoreischen Systems ergeben hat, welche den beziehungsetzenden Bereich bis zu den äußersten Grenzen erweiterte, bis zum Zirkel oder vielmehr zur *Spirale* aufsteigender Quinten bzw. absteigender Quarten. So erscheint uns heute dieses System als dasjenige, welches das musikalische Bewußtsein finden mußte, wenn es seine Tonwelt nach den Gesetzen der Hörwahrnehmung konstituieren wollte.

Es muß auch angemerkt werden, daß das abendländische Bewußtsein nirgends einem System gehorcht hat, sondern daß wir heute – und erst heute – entdecken, daß das System, welches es von der Melodie zur Harmonie geführt hat, pythagoreisch war. Die abendländischen Musiker waren sich dessen so wenig bewußt, daß diejenigen unter ihnen, die sich – hinterher – mit diesem Problem beschäftigten, in unserem Tonsystem nur eine Art von Synchresis von zwei oder drei Systemen sahen, einen Kompromiß, der vom Ohr allerlei Konzessionen verlangte.

DIE HEPTATONISCHE LEITER   Die siebentönige Leiter entsteht aus dem Tonbereich durch einen beiderseits von der Wahrnehmungsposition *d* erfolgenden dreifachen Quint- oder Quartschritt; der Grund dieser Begrenzung des Systems wird uns weiter unten deutlich werden:

Man erhält auf diese Weise die folgenden Intervalle:

a) *Intervalle*	*Aufsteigend*	*Absteigend*
Quinte	$\log_{\varepsilon}\left(\frac{3}{2}\right)$	$\log_{\varepsilon}\left(\frac{3}{2}\right)^{-1}$
Große Sekunde	$\log_{\varepsilon}\left(\frac{3}{2}\right)^2 2^{-1}$	$\log_{\varepsilon}\left(\frac{3}{2}\right)^{-2} 2^1$
Große Sexte	$\log_{\varepsilon}\left(\frac{3}{2}\right)^3 2^{-1}$	$\log_{\varepsilon}\left(\frac{3}{2}\right)^{-3} 2^1$
Große Terz	$\log_{\varepsilon}\left(\frac{3}{2}\right)^4 2^{-2}$	$\log_{\varepsilon}\left(\frac{3}{2}\right)^{-4} 2^2$
Große Septime	$\log_{\varepsilon}\left(\frac{3}{2}\right)^5 2^{-2}$	$\log_{\varepsilon}\left(\frac{3}{2}\right)^{-5} 2^2$
Übermäßige Quarte	$\log_{\varepsilon}\left(\frac{3}{2}\right)^6 2^{-3}$	$\log_{\varepsilon}\left(\frac{3}{2}\right)^{-6} 2^3$

b) *Intervalle*	*Absteigend*	*Aufsteigend*
Quarte	$\log_\varepsilon \left(\frac{4}{3}\right)^{-1}$	$\log \left(\frac{4}{3}\right)^1$
Kleine Septime	$\log_\varepsilon \left(\frac{4}{3}\right)^{-2}$	$\log \left(\frac{4}{3}\right)^2$
Kleine Terz	$\log_\varepsilon \left(\frac{4}{3}\right)^{-3} 2^1$	$\log \left(\frac{4}{3}\right)^3 2^{-1}$
Kleine Sext	$\log_\varepsilon \left(\frac{4}{3}\right)^{-4} 2^1$	$\log \left(\frac{4}{3}\right)^4 2^{-1}$
Kleine Sekunde	$\log_\varepsilon \left(\frac{4}{3}\right)^{-5} 2^2$	$\log \left(\frac{4}{3}\right)^5 2^{-2}$
Verminderte Quinte	$\log_\varepsilon \left(\frac{4}{3}\right)^{-6} 2^2$	$\log \left(\frac{i}{3}\right)^6 2^{-2}$

Man ersieht leicht, daß jedes beliebige Verhältnis zwischen diesen Zahlen genau das Verhältnis des resultierenden Intervalls ergibt. Z. B. ist das Verhältnis der aufsteigenden Quinte $\frac{3}{2}$ zur aufsteigenden übermäßigen Quarte $\left(\frac{3}{2}\right)^6 \times 2^{-3}$ gleich $\left(\frac{4}{3}\right)^5 \times 2^{-2}$, also gleich der kleinen aufsteigenden Sekunde. Obwohl also diese vier Reihen vier Logarithmensysteme bilden, die (zu je zwei) wie die beiden Flügel eines Systems sind, sind sie zusammen ein und dasselbe System, dessen latente Basis die Oktave ist. Denn ihre »Basen« sind aus der Oktave gezogen: Die Quinte wäre nicht $\frac{3}{2}$ und die Quarte nicht $\frac{4}{3}$, wenn beide Intervalle nicht als gleichsam pränatale Grundlage die erste Oktave der Obertonreihe hätten. Eine Beziehung zwischen den Intervallen der ersten Aufstellung *a* und denen der Aufstellung *b* läßt sich auch nur deshalb herstellen, weil die beiden Basen der Logarithmen in der Oktave zueinander in Beziehung stehen: $\frac{3}{2} : \left(\frac{4}{3}\right)^{-1} = 2$ oder $\frac{\frac{3}{2}}{\frac{4}{3}} = 2$. Daraus folgt, daß jeder beliebige Logarithmus der Basis $\frac{3}{2}$ umgewandelt werden kann in einen Logarithmus der Basis $\frac{4}{3}$. Man soll sich jedoch hüten, solche Operationen anzustellen, weil der *Sinn*, den die Intervalle im musikalischen Erleben annehmen, wie wir weiter oben gesehen haben, der *Entstehung* der musikalischen Töne in der Welt entstammt: Ein Intervall, das in einer der vier Kategorien *entstanden* ist, hat also nicht denselben »Sinn«, gehört nicht zur selben »Kategorie« wie ein Intervall aus einer der anderen Kategorien.

Das System *positioneller* Logarithmen, das wir im zweiten Kapitel sich abzeichnen sahen, beruht auf der Hypothese, daß das »musikalische« Bewußtsein aus dem von den Tönen gezeichneten Weg seinen eigenen Existenzweg mache. Wenn dem so ist, muß die »Positionalität« im Verlauf dieses Wegs nicht nur ein räumliches Maß, sondern zugleich auch ein zeitliches Maß haben. Das einzige jedoch, was ein autonomes Zeitmaß schaffen könnte, ist eine Kadenz, denn sie setzt automatisch ein zeitliches Maß durch einen Bezug der Zeitdauerwerte: Dieser Bezug, diese Kadenz, verleiht dem melodischen Weg automatisch diese kinetische Eigenschaft, die man sein Tempo* nennt.

---

* Diese doppelte – räumliche und zeitliche – Bestimmung des Intervalls ist das einzige Phänomen, das in der schöpferischen Tätigkeit des musikalischen Bewußtseins stets un-

Daher bewegt sich jedes Intervall, das vom Ausgangspunkt eines melodischen Weges durchlaufen wird, im musikalischen Geschehen in einer *Spannung der Zeitlichkeit*, in einer existenziellen Spannung des musikalischen Bewußtseins als Selbstbewußtsein, und unabhängig vom *Tempo* des Verlaufs handelt es sich um eine Spannung zwischen zwei Existenzpositionen, zwischen einer »Vergangenheit gewordenen Gegenwart« (der Ausgangsposition) und einer »Zukunft«, die jeweils die einzelnen im Wegverlauf durchlaufenen Positionen darstellen. Daher nimmt der positionelle Logarithmus auch einen konkreten Sinn an: Er zeigt die positionelle Spannung an, die übrigens zwischen zwei beliebigen Tonpositionen gesetzt werden kann, d.h. er zeigt die von vornherein auf dem Oktavweg bestimmte Spannung von der Ausgangsposition an wie auch diejenige desselben Positionsbezugs (z.B. einer Terz), der innerhalb irgendeines melodischen Verlaufs entstanden ist.

Wir können jetzt das System der Positionslogarithmen aufstellen, welches das musikalische Bewußtsein in seinen Melodieverläufen anwendet. Für den Augenblick haben wir es auf die siebenstufige Tonleiter beschränkt, die keine erhöhten oder erniedrigten Stufen kennt, und wir haben es aus der *f*-Leiter entwickelt, weil diese alle Intervalle enthält, die in einer heptatonischen Leiter vorkommen können. Wie wir uns erinnern, setzt dieser Positionslogarithmus das Verhältnis von einer beliebigen Tonposition zu den beiden Endpunkten der Oktave. Die Basis des Systems in aufsteigender Richtung wird gesetzt durch die Positionalität der Quinte in der Oktave $\left(\dfrac{\frac{3}{2}}{\frac{3}{4}} \right)$. In der absteigenden Richtung wird sie gesetzt durch die Positionalität der Quarte in der Oktave $\left(\dfrac{\frac{4}{3}}{\frac{2}{3}} \right)^{-1}$; man sieht, daß diese beiden Basen zueinander die Umkehrung bilden (2 und 2^{-1}), ebenso wie in den normalen Logarithmen die Reihen der Zehnerpotenzen nach links von 1 auf der Basis $\frac{1}{10} = 10^{-1}$ fortgesetzt werden können. Es folgt daraus, daß die Gesamtheit der Positionslogarithmen ein einziges Logarithmensystem bildet, dessen Basis die Oktave ist. Das Glied 1, dessen Logarithmus 0 ist und das in den normalen Logarithmen als 10^0 geschrieben werden kann, wird also durch die Oktave gesetzt, die wir in aufsteigender Richtung $\left(\dfrac{\frac{3}{2}}{\frac{3}{4}} \right)^0 2^{+1}$, in absteigender Richtung $\left(\dfrac{\frac{4}{3}}{\frac{2}{3}} \right)^0 2^{-1}$ schreiben. Das Anfangsglied spielt hier die Rolle der Oktave, die in unserer Hörperspektive die

reflektiert bleibt und auch niemals reflektiert werden kann, weil es sich um zwei Phänomene von verschiedener Herkunft und Natur handelt, deren Angleichung nur spontan sein kann; was bedeutet, daß ein bestimmter melodischer Umriß im Augenblick seiner Erschaffung gleichzeitig seiner räumlichen und seiner zeitlichen Struktur entkleidet werden muß und daß diese beiden Strukturen nicht aus einer distinkten Ausarbeitung und aus unabhängigen Meßweisen hervorgehen können. Das Verfahren gewisser moderner Komponisten (Messiaen, Boris Blacher und andere), die rhythmische und tonale Struktur getrennt voneinander zu behandeln, sie einzeln verschiedenen Gesetzen zu unterwerfen, beweist also die gänzliche Künstlichkeit ihrer Strukturen und die Unechtheit ihrer Musik.

Vorbestimmung der ersten *wahrgenommenen* Oktave erlaubte. Die anderen Positionslogarithmen erhält man durch das Verhältnis des Intervalls, das die Tonposition zum Komplementärintervall bestimmt (absteigend, wenn das erste aufsteigt, aufsteigend, wenn das erste absteigt), wobei die Intervalle aus unseren Aufstellungen *a* und *b* genommen sind. Zum Beispiel für die große aufsteigende Terz:

$$\left(\tfrac{3}{2}\right)^4 2^{-2} : \left(\tfrac{4}{3}\right)^{-4} 2^1 = \left(\frac{\tfrac{3}{2}}{\tfrac{3}{4}}\right)^4 2^{-3}$$

Da unsere Absicht ist, die Positionslogarithmen zu setzen, wie sie im musikalischen Erlebnis erlebt werden, in dem sie Positionsspannungen bezeichnen, muß der Logarithmus von 2 gleich 0 sein; denn wenn das musikalische Bewußtsein *a priori* aus der Oktave seinen Existenzweg macht, löst sich mit der Erreichung der Oktave seine Spannung auf. Folglich zählt in der Formulierung des Logarithmus der Faktor 2 nicht mehr; der Logarithmus der gesetzten Zahl ist die Summe von zwei Logarithmen, von denen der zweite 0 ist. Mit einem Wort: Die innerhalb der Oktave gesetzte Positionsbeziehung qualifiziert allein den Größengrad der Positionsspannung.

Die Positionslogarithmen im musikalischen Erleben
Aufsteigende Leiter

Geometrischer Quotient:
$$\left(\frac{\tfrac{3}{2}}{\tfrac{3}{4}}\right) 2^{-1}$$

	Oktave	Quinte	Große Sekunde	Große Sexte	Große Terz	Große Septime	Übermäßige Quarte
log von:	$\left(\frac{\tfrac{3}{2}}{\tfrac{3}{4}}\right)^0 2^{+1}$	$\left(\frac{\tfrac{3}{2}}{\tfrac{3}{4}}\right) 2^0$	$\left(\frac{\tfrac{3}{2}}{\tfrac{3}{4}}\right)^2 2^{-1}$	$\left(\frac{\tfrac{3}{2}}{\tfrac{3}{4}}\right)^3 2^{-2}$	$\left(\frac{\tfrac{3}{2}}{\tfrac{3}{4}}\right)^4 2^{-3}$	$\left(\frac{\tfrac{3}{2}}{\tfrac{3}{4}}\right)^5 2^{-4}$	$\left(\frac{\tfrac{3}{2}}{\tfrac{3}{4}}\right)^6 2^{-5}$

log der Positionsspannung:

0	1	2	3	4	5	6

Absteigende Leiter

Geometrischer Quotient:
$$\left(\frac{\tfrac{4}{3}}{\tfrac{2}{3}}\right)^{-1} 2^{+1}$$

	Oktave	Quarte	Kleine Septime	Kleine Terz	Kleine Sexte	Kleine Sekunde	Verminderte Quinte
log von:	$\left(\frac{\tfrac{4}{3}}{\tfrac{2}{3}}\right)^0 2^{-1}$	$\left(\frac{\tfrac{4}{3}}{\tfrac{2}{3}}\right)^{-1} 2^0$	$\left(\frac{\tfrac{4}{3}}{\tfrac{2}{3}}\right)^{-2} 2^{+1}$	$\left(\frac{\tfrac{4}{3}}{\tfrac{2}{3}}\right)^{-3} 2^{+2}$	$\left(\frac{\tfrac{4}{3}}{\tfrac{2}{3}}\right)^{-4} 2^{+3}$	$\left(\frac{\tfrac{4}{3}}{\tfrac{2}{3}}\right)^{-5} 2^{+4}$	$\left(\frac{\tfrac{4}{3}}{\tfrac{2}{3}}\right)^{-6} 2^{+5}$

log der Positionsspannung:

0	−1	−2	−3	−4	−5	−6

An diese beiden Leitern schließen sich an: eine absteigende Leiter als Umkehrung der ersten (geometrischer Quotient $\left(\dfrac{\frac{3}{2}}{\frac{3}{4}}\right)^{-1} 2^{+1}$), die einen Wechsel des Vorzeichens der Logarithmen nach sich zieht; und eine aufsteigende Leiter (geometrischer Quotient $\left(\dfrac{\frac{4}{3}}{\frac{2}{3}}\right) 2^{-1}$), die gleicherweise einen Vorzeichenwechsel der Logarithmen bedingt.

Vom rein perzeptiven Standpunkt aus hat dieses System die Basis 1, da diese Basis die Oktave und der Wahrnehmungslogarithmus der Oktave 1 ist (die Oktave ist unsere Maßeinheit). Die Bedingungen, die wir zu Anfang dessen gesetzt hatten, was das Logarithmensystem im musikalischen Erleben sein sollte, sind also verwirklicht. Wir haben Vorsorge getroffen, daß dieses System so beschaffen ist, daß seine *Basis* durch dieselbe Zahl gegeben ist wie der *Basislogarithmus.* Nach der klassischen Definition der logarithmischen Kurve, die verlangt, daß die Basis die Zahl sei, deren Logarithmus 1 ist, ist das einzige System, das dieser Bedingung entspricht, dasjenige auf der Basis 1. Wir haben auch darauf geachtet, daß das Intervall durch denselben Logarithmus wahrgenommen wird, ob es nun *für sich* oder *innerhalb der Reihe* perzipiert wird. Das ist der Fall, wenn das *Positionsverhältnis* im Oktavweg denselben Logarithmus hat wie das Intervall, durch das es bestimmt wird. Auf diese Weise sind die Intervalle wieder zu dem geworden, was sie für das musikalische Bewußtsein sind: autonome und individuelle Intervalle, die zu ein und demselben Logarithmensystem gehören.

Etwas anderes sollte uns wundernehmen: Die Zahlen, welche den Intervallwert als Positionsverhältnis anzeigen, bedeuten »Größenstufen« der existenziellen Spannung des in der Musik wirksamen Bewußtseins. Wir sind durch die rein perzeptiven Maße zu *qualitativen* Maßen gekommen; wir sind von einer Welt in die andere geraten: Wir nähern uns dem Ziel.

TON UND HALBTON   Unser Logarithmensystem hat innerhalb der Oktave zwei neue Basislogarithmen erscheinen lassen: die *große Sekunde:* den *Ganzton,* und die *kleine Sekunde:* den *diatonischen Halbton;* wird so genannt, weil er eine Beziehung schafft zwischen zwei Tonpositionen verschiedenen Namens und weil er die Hälfte eines Ganztons zu sein scheint. Dieser Halbton ist das pythagoreische *Limma.* Alle Intervalle innerhalb der Oktave sind Vielfache des Ganztons oder des Tons und Halbtons. Die Differenz zwischen dem aufsteigenden Ganzton und dem aufsteigenden diatonischen Halbton ist der *chromatische Halbton:*

$$\left(\tfrac{3}{2}\right)^{+2} 2^{-1} : \left(\tfrac{4}{3}\right)^{5} 2^{-2} = \frac{3^2 \cdot 3^5 \cdot 2^8}{2^3 \cdot 2^{10}} = \left(\tfrac{3}{2}\right)^{7} 2^{-4}$$

Wir erhielten diese Zahl aus dem Produkt von sieben Quinten im aufsteigenden Quintenzirkel, das – um den Positionsbezug *f–fis* in eine Oktave zu verlegen – um vier Oktaven heruntertransponiert werden mußte. Chromatischer Halbton und diatonischer Halbton sind also innerhalb des Ganztons komplementäre Intervalle, und wir werden gleich sehen, daß sie den Ganzton im selben Verhältnis teilen wie Quinte und Quarte die Oktave.

Um uns das Positionsverhältnis der beiden Halbtöne innerhalb des Ganztons zu verdeutlichen, nehmen wir an, das Hörbewußtsein sei in *fis* auf dem Ganzton *f-g* situiert. Sein Positionsverhältnis zu *f* ist der aufsteigende chromatische Halbton $\left(\frac{3}{2}\right)^7 2^{-4}$; sein Verhältnis zu *g* ist der absteigende diatonische Halbton $\left(\frac{4}{3}\right)^{-5} 2^{+2}$. Der Modul der Logarithmen, deren Basis der chromatische Halbton wäre, ist $\left(\frac{3}{2}\right)^{-7} 2^{+4}$ (denn die Zahl darüber ist ein Exponent von ε). Der Modul der Logarithmen, deren Basis der absteigende diatonische Halbton wäre, ist $\left(\frac{4}{3}\right)^5 2^{-2}$. Im Augenblick, in dem das *fis*-Bewußtsein ein Verhältnis herstellt zwischen seinem Positionsverhältnis zu *g* und seinem Positionsverhältnis zu *f*, signifiziert es sich *f-fis* im logarithmischen System der Basis $\left(\frac{4}{3}\right)^{-5} 2^2 \times \left(\frac{3}{2}\right)^7 2^{-4}$, wird also multipliziert mit dem Modul, welcher den Quotienten darstellt aus dem des chromatischen Halbtons, dividiert durch den des diatonischen Halbtons:

$$M = \left(\tfrac{3}{2}\right)^{-7} 2^4 : \left(\tfrac{4}{3}\right)^5 2^{-2} = \left(\tfrac{3}{2}\right)^{-2} 2^{+1}$$

folglich:
$$\left(\tfrac{3}{2}\right)^7 2^{-4} \times \left(\tfrac{3}{2}\right)^{-2} 2^{+1} = \left(\tfrac{4}{3}\right)^{-5} 2^{+2}$$

umgekehrt:
$$\left(\tfrac{4}{3}\right)^{-5} 2^2 \times \left(\tfrac{3}{2}\right)^2 2^{-1} = \left(\tfrac{3}{2}\right)^{+7} 2^{-4}$$

Jeder dieser beiden Halbtöne ist also dem anderen gleich, wenn er im System des anderen ausgedrückt wird. Das besagt, daß das *fis*-Bewußtsein im selben Positionsverhältnis steht zu *f* wie zu *g*, wie das auch der Fall ist beim *d*-Bewußtsein relativ zu den Oktavendpunkten g_{-1} und g_1 in Figur *b*.

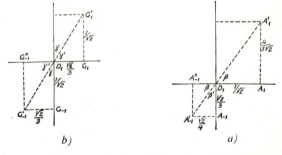

b)   *a)*

Da das durch den chromatischen Halbton gesetzte Positionsverhältnis durch den aufsteigenden Quintenzirkel geschaffen wird, ist der Ganzton *f-g*, von *f* aus gesehen, ein *aufsteigender* Ganzton. Bezieht man sich auf die obenstehende Figur *b*, so wird das Bild dieses *Ganztons* und seiner Tonpositionen genau wiedergegeben durch das der Oktave g_{-1}-g_1. Von g_{-1} aus gesehen ist diese Oktave ebenfalls eine aufsteigende Oktave. Wäre *fis* ein *ges*, wäre das *ges*-Bewußtsein wiederum in demselben Positionsverhältnis zum *f* wie zum *g*, diesmal jedoch auf die Weise, wie das *d*-Bewußtsein zu den beiden *a* in der Oktave a_{-1}-a_1 (Figur *a*) stand. Die Wahrnehmungsposition des Hörbewußtseins hat sich nicht verändert, aber es befindet sich jetzt auf einem anderen Ton oder vielmehr: *auf demselben Ton, der in eine andere Tonperspektive versetzt ist*, d.h. auf einer anderen logarithmischen Basis steht. Der diatonische Halbton entsteht auf der Basis $\left(\frac{4}{3}\right)^{-1}$, d.h. im absteigenden Hörbereich, und so ist das Hörbewußtsein, in *ges*, auf einem *absteigenden* Ton. Die Oktave a'_1-a'_{-1} ist ebenfalls eine absteigende Oktave. Während jedoch die beiden Oktaven nicht dieselben sind, bleibt der Ganzton *f-g* derselbe und verändert sich nicht; aber die Koordinatenachsen nehmen eine *andere Neigung* an, wenn man von *fis* nach *ges* wechselt, und die cochlearen Maße sind für den aufsteigenden Ganzton nicht mehr dieselben wie für den absteigenden und für die beiden Halbtöne.

Man kann daher für den chromatischen Weg des Ganztons das wiederholen, was für den Oktavweg über Quinte und Quarte gesagt worden ist, wenn man anmerkt, daß dieser Weg ebenso wie der andere eine gebrochene Linie darstellt.

Urteilen wir jedoch hier nach den Positionsverhältnissen, wie sie unsere Figuren zeigen: Wenn das Hörbewußtsein den Ganzton *f-fis-g* (Figur *b*) durchläuft, ist es in *fis* auf zwei Dritteln seines Aufstiegs (durch den Wechsel des Maßes zwischen einem Hörbereich und dem anderen); es ist aber auf einem Drittel des absteigenden Weges. Geht es den Weg *f-ges-g* (Figur *a*), ist es in *ges* auf einem Drittel des Aufstiegs und zwei Drittel des Abstieges (wie das für das *d*-Bewußtsein in der Oktave a_{-1}-a_1 der Fall war, wo die Quarte, die Basis der Logarithmen, hier ihr genaues Maß im Verhältnis zur Quinte hatte). In beiden Fällen, in *fis* wie in *ges*, ist es in demselben Positionsverhältnis zu den beiden Endpunkten des Ganztons, obwohl diese Positionsverhältnisse nicht durch dieselben Intervalle gegeben sind.

DIE ENHARMONIK   Es kann sich folglich in *fis* oder *ges* eine enharmonische Verwechslung ereignen, die allerdings nur durch einen *Wechsel der Tonperspektive motiviert werden kann, in der der Ton erscheint*. Diese Änderung der Tonperspektive zieht einen Wechsel des Moduls nach sich, der an die Stelle der logarithmischen Gegebenheiten des ersten Halbtons die des zweiten setzt und umgekehrt. Die folgende Aufstellung zeigt die vier innerhalb der Struktur des Ganztons möglichen *enharmonischen* Verwechslungen:

$$
\begin{array}{llll}
 & f\ fis\ g & \left(\frac{3}{2}\right)^7\ 2^{-4} \times \left(\frac{4}{3}\right)^5\ 2^{-2} & \left.\begin{array}{l}\\ \\\end{array}\right\} = \left(\frac{3}{2}\right)^2\ 2^{-1} \\
\text{enharmonisch} & f\ ges\ g & \left(\frac{4}{3}\right)^5\ 2^{-2} \times \left(\frac{3}{2}\right)^7\ 2^{-4} &
\end{array}
$$

$$
\begin{array}{llll}
 & f\ ges\ g & \left(\frac{4}{3}\right)^5\ 2^{-2} \times \left(\frac{3}{2}\right)^7\ 2^{-4} & \left.\begin{array}{l}\\ \\\end{array}\right\} = \left(\frac{3}{2}\right)^2\ 2^{-1} \\
\text{enharmonisch} & f\ fis\ g & \left(\frac{3}{2}\right)^7\ 2^{-4} \times \left(\frac{4}{3}\right)^5\ 2^{-2} &
\end{array}
$$

$$g \; \textit{fis} \; f \quad \left(\tfrac{4}{3}\right)^{-5} 2^2 \times \left(\tfrac{3}{2}\right)^{-7} 2^4$$

enharmonisch $\quad g \; \textit{ges} \; f \quad \left(\tfrac{3}{2}\right)^{-7} 2^4 \times \left(\tfrac{4}{3}\right)^{-5} 2^2 \quad \Big\} = \left(\tfrac{3}{2}\right)^{-2} 2^{+1}$

$$g \; \textit{ges} \; f \quad \left(\tfrac{3}{2}\right)^{-7} 2^4 \times \left(\tfrac{4}{3}\right)^{-5} 2^2$$

enharmonisch $\quad g \; \textit{fis} \; f \quad \left(\tfrac{4}{3}\right)^{-5} 2^2 \times \left(\tfrac{3}{2}\right)^{-7} 2^4 \quad \Big\} = \left(\tfrac{3}{2}\right)^{-2} 2^{+1}$

Der Wechsel der Tonperspektive während eines Melodieverlaufs konnte im Abendland im melodischen und polyphonen Zeitalter fast nur von der Grund- zu einer Nachbarperspektive stattfinden. In der heptatonischen *d*-Leiter treten *b* und *fis* an die Stelle von *h* und *f*. Erst mit Anbruch des *harmonischen* Zeitalters läßt sich dieser Wechsel verallgemeinern, denn von da an entstammt er dem »harmonischen« Bewußtsein, welches die Bestimmungen der melodischen Struktur unterlagert. In diesem Augenblick nimmt, wie wir gesehen haben, die melodische Welle auf dem Hintergrund einer sich bewegenden Harmonie Gestalt an; das musikalische Bewußtsein signifiziert sich die Tonperspektive durch die *harmonische* Bewegung, und die Melodie fügt sich derselben Tonperspektive ein. Erst von da an läßt sich die »Modulation« verallgemeinern, die Bahn ist frei für die *Chromatik* und *Enharmonik*, d. h. es findet nicht nur eine Verlegung des diatonischen Halbtons in der melodischen Struktur statt, ein einfaches An-die-Stelle-Treten von *b* für *h* und *fis* für *f*, sondern die beiden Halbtöne können im Ganzton einander folgen, was in der reinen Melodie nie vorkam. Überdies kann ein *b* plötzlich zu einem *ais* werden. Wenn das geschieht, so hat die die Melodie unterlagernde Harmonie die Tonperspektive geändert, was einen automatischen Modulwechsel nach sich gezogen hat, der sich sogleich in der melodischen Struktur äußert. Mit andern Worten: Wenn das *d*-Bewußtsein die Oktave ändert (und z. B. von der *d*-Oktave in die *f*-Oktave übergeht), wechselt es die Tonperspektive; wenn aber das melodische *b*-Bewußtsein sich plötzlich als *ais*-Bewußtsein empfindet, *so hat die die Melodie unterlagernde Harmonie die Tonperspektive gewechselt*, sie hat eine enharmonische Modulation vollzogen, und die Modulation übersetzt sich im Hörbewußtsein durch die Umformung vom *b*-Gefühl zum *ais*-Gefühl. Der *Ton* hat sich nicht geändert, wohl aber der »perzeptive Standpunkt«, der derjenige des Grundtons der Harmonie ist.

Die *Enharmonik* ist also nicht, wie man bisher geglaubt hat, eine Änderung der Wahrnehmung, eine Konzession des Ohres, sondern sie ist eine Änderung der Hör- und Tonperspektive, die sich in der Schnecke als automatischer Wechsel des Moduls der perzeptiven logarithmischen Gegebenheiten überträgt, d. h. durch einen Wechsel des Maßsystems der cochlearen Welle. Um es zu wiederholen: Dieses System kennen wir nicht, es scheint aber wohl unseren Formeln zu entsprechen.

Untersuchen wir jetzt, wie sich in bezug auf den Ganzton das Verhältnis der beiden Halbtöne signifiziert. Setzen wir zu diesem Zweck das Verhältnis der beiden Halbtöne zum Ganzton ebenso, wie wir das Verhältnis der Quinte zur Quarte relativ zur Oktave gesetzt haben:

$$\frac{\left(\frac{3}{2}\right)^7 2^{-4} \times \left(\frac{4}{3}\right)^5 2^{-2}}{\left(\frac{3}{2}\right)^2 2^{-1}} = 1$$

Diese Formel läßt sich wie folgt umwandeln:

$$\frac{\left(\frac{3}{2}\right)^2 2^{-1} \times \left(\frac{3}{2} \times \frac{4}{3}\right)^5 \times 2^{-5}}{\left(\frac{3}{2}\right)^2 2^{-1}} = \left[\frac{\frac{3}{2} \times \frac{4}{3}}{2}\right]^5 = 1$$

Das Verhältnis der beiden aufsteigenden Halbtöne (chromatisch und diatonisch) im Ganzton *entspricht dem von Quinte zur Quarte in der Oktave*, in einer Oktave allerdings, deren Positionsspannung von einem um das Fünffache höheren Größengrad ist als diejenige der Oktave, die die Basis unserer Logarithmen ist.

Setzen wir das Positionsverhältnis der großen Sekunde durch diese Formel $\left(\frac{3}{2} \times \frac{4}{3}\right)$, die dem Verhältnis einer aufsteigenden Quinte zu einer absteigenden Quarte entspricht: $\frac{3}{2} : \left(\frac{4}{3}\right)^{-1}$:

so zeigt sich die *enharmonische* Gleichheit von sechs Ganztönen und einer Oktave; allerdings einer Oktave, deren Positionsspannung in der Schnecke sechsmal so groß ist wie die der harmonischen Oktave:

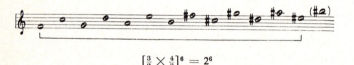

$$\left[\frac{3}{2} \times \frac{4}{3}\right]^6 = 2^6$$

Das will besagen, daß sich – von *f* aus wahrgenommen – *eis* automatisch in *f* umwandelt durch die cochleare Spannung, die diese Intervallfolge auslöst. Die Doppeloktave, der ursprüngliche Ausgangspunkt unserer Logarithmen, würde also auf die Spannung 12 erhöht, die enharmonisch 12 Ganztönen entspricht, und diese Struktur von 12 Ganztönen enthielte das Verhältnis von 7 zu 5 Ganztönen, d. h. das Verhältnis der beiden Halbtöne im Ganzton:

$$\left(\frac{3}{2}\right)^7 2^{-4} \times \left(\frac{4}{3}\right)^5 2^{-2} = \frac{\left(\frac{3}{2}\right)^7 \times \left(\frac{4}{3}\right)^5}{2^6}$$

aber in einem Ganzton, dessen Positionsspannung die sechsfache Wurzel einer Oktave von der Spannung 2^6 wäre. Signifizierte man die enharmonische Gleichheit der beiden Halbtöne durch einen enharmonischen Halbton, d. h. durch einen wechselhaften, schillernden Halbton, der je nach der Tonperspektive, in die er gestellt wird, bald einen chromatischen, bald einen diatonischen Halbton vorstellte, so würde das Verhältnis 7 zu 5 innerhalb der Oktave, die enharmonisch gleich 6 Ganztönen oder 12 enharmonischen Halbtönen ist, durch das Verhältnis von Quinte zur Quarte signifiziert; denn die Quinte enthält 7 abwechselnd chromatische und diatonische Halbtöne und die Quarte 5 ebensolche Halbtöne. Dieses bedeutungsvolle Verhältnis 7 : 5 findet sich auch in dem wieder, was die Grenze des bezugsetzenden Vermögens des Hörbewußtseins in seinem Tonbereich zu sein scheint:

Oktaven:	f_0	f_1	f_2	f_3	f_4		f_5		f_6		f_7
aufsteigende											
Quinten:	fc	g d	a e	h		fis	cis	gis	dis	ais	eis
		*(fes	ces*		*ges*		*des as*		*es*	*b*	*f)*

Diese Grenze hat zugleich auch die der musikalischen Töne festgelegt; wenn der Bereich der musikalischen Töne in der Praxis auch noch etwas größer ist, so muß man doch zugeben, daß das Hörbewußtsein im musikalischen Erleben niemals eine unmittelbare Beziehung zwischen diesen Grenzen zu setzen braucht. Dieser Tonbereich setzt die enharmonische Gleichheit von 12 Quinten und 7 Oktaven, und er setzt sie eben durch dies Verhältnis von *7 zu 5 Quinten*, nämlich durch das Verhältnis des durch den chromatischen Halbton *f-fis* signifizierten Positionsverhältnisses zu dem durch den diatonischen Halbton *fis-eis* signifizierten Positionsverhältnis, und dieses Verhältnis ist die *Grundlage* der enharmonischen Beziehung. Das Verhältnis 7 : 5 spiegelt seine *wirkliche* Struktur in diesem Tonbereich, wenn man aus dem Flügel rechts von *fis* eine Kette absteigender Quarten macht. Betrachtet man diesen Bereich in absteigender Richtung, indem man *eis* als *f* bezeichnet, erhielte man bis zum *fis* durch ♭ ausgedrückte Positionen, und die Enharmonik ergäbe sich genau am Drehpunkt des Verhältnisses $\frac{5}{7}$, in dem *ges* zum *fis* wird. Führte man die ♭-Positionen weiter fort, ergäbe sich die Enharmonik am Drehpunkt des Verhältnisses $\frac{7}{5}$, wo *fes* zum *e* wird; das tiefe *f* nimmt die Position ein, die ohne Enharmonik durch *geses* bezeichnet worden wäre. Man darf daher nicht glauben, der Quintenzirkel sei unendlich: Die Energie hört stets mit einem geschlossenen Kreislauf auf, das ist ihr Gesetz in der Natur und in uns, in unserem Körper ebenso wie in unserer Bewußtseinstätigkeit; denn die wirkende Bezüglichkeit hat in ihrer physischen Kontingenz stets ein bezugschaffendes Vermögen und damit eine *begrenzte* Zeugungskraft. Aber innerhalb dieses geschlossenen Kreises ist die bezugsetzende Tätigkeit *in der Dauer* ohne Grenzen, solange ihre physische Kontingenz dauert. »Äußerlich begrenzt, innerlich unbegrenzt«, sagt Goethe vom Menschen als »menschlicher Person«. Das Bewußtsein ist in diesem Licht eine Spiegelung der universalen Energie.

Der gleiche Tonbereich kann auch betrachtet werden als eine Struktur von 12 absteigenden Quarten, die 5 Oktaven bilden, und sie setzt die enharmonische Gleichheit von 12 absteigenden Quarten zu 5 absteigenden Oktaven durch das Verhältnis von 7 zu 5 Quarten.

Die den Makrokosmos – die Welt der Phänomene – regierenden Gesetze regieren auch den Mikrokosmos – die Oktave oder die Doppeloktave, unseren »Wohnsitz« – und auch den anderen Mikrokosmos, den Ganzton, die *Zelle* unserer Tonstrukturen, die Synthese aus zwei verschiedenen Halbtönen, eines positiven und eines negativen. Wenn wir sie in der Welt antreffen, dann deshalb, weil sie dort sind und wir sie dort entdecken können; daß wir sie dort aber entdecken können, liegt daran, daß sie in ihrem Schema, wenn nicht in ihren Einzelheiten mit den Halbtönen unserer bezugsetzenden Tätigkeit zusammenfallen, die wir auf die Welt projizieren, um uns die Phänomene zu signifizieren. In unserem Fall ist das deutlich, weil das musikalische Bewußtsein die Welt der musikalischen Töne durch seine eigenen Gesetze geschaffen hat, aber mit unserer Anschauung der wirklichen Welt ist es nicht anders: Der Mensch kann sich eine Anschauung von der Welt nur gemäß seiner eigenen bezugsetzenden Gesetze machen, die somit zum gemeinsamen Fundament des Bildes werden, das er von der Welt hat und das er sich von der Welt macht.

Die Dinge stellen sich so dar, als ob 5 der erreichte Grenzwert unserer »von innen« bestimmten, bezugsetzenden Tätigkeit wäre (es ist nicht ohne Grund, daß wir 5 Finger und ein dezimales Zahlensystem haben), und 7 scheint der erreichte Grenzwert unserer im »Außen« sich entfaltenden bezugsetzenden Tätigkeit zu sein (vgl. die 7

Positionen der heptatonischen Leiter und die 7 Tage der Woche). Das Überschreiten dieser Grenze ginge also von neuen Strukturen aus, die auf diesen Zahlen oder deren Verhältnissen gegründet sein müßten. Man wird bemerken, daß die Spannung 6 (übermäßige Quarte) in der inneren Struktur unserer diatonischen Leiter nicht vorkommt, deren maximales Spannungsintervall 5 ist; ebenso ist der chromatische Halbton nicht ursprünglich, sondern ergibt sich aus dem Verhältnis des diatonischen Halbtons zum Ganzton. 5 und 7 sind ferner wesentlich *räumliche* Gegebenheiten oder *äußerliche* Erscheinungen innerer Verhältnisse; deshalb finden sie sich in spontanen rhythmischen Kadenzen: So hat auch die Herztätigkeit einen fünfzeitigen Rhythmus, der sich aus der Verbindung einer vierzeitigen und einer dreizeitigen Kadenz ergibt. Die Strukturen der Zeitlichkeit, die den Ursprung der räumlichen Strukturen darstellen, sind wesentlich begründet auf den Verhältnissen 3:1, 3:2; wobei 2:1 das Verhältnis bleibt, durch das eine beliebige Einheit bestimmt wird. (Deshalb ist unsere Zeitmessung duodezimal, ebenso wie auch unsere Winkelmessung durch die Rotation eines Leitstrahls um einen Mittelpunkt.)

DIE GRENZE DES SYSTEMS DER POSITIONSLOGARITHMEN   Das Auftreten der simultanen Harmonie im Abendland hat in den Tonstrukturen einige neue Intervalle zutage treten lassen, die zeigen, daß dieses Phänomen das bezugsetzende Vermögen des Hörbewußtseins *verdoppelt* hat. Wie auch die ersten melodischen Intervalle entstammen die neuen Intervalle der Struktur aufsteigender Quinten und in umgekehrter Richtung der Struktur absteigender Quinten. Die Komplementärintervalle gehen aus der Struktur absteigender Quarten hervor, die »umgekehrten« Komplementärintervalle aus der Struktur aufsteigender Quarten. Die Tonpositionen in der Melodie endlich entstammen dem Verhältnis von Intervall zu seinem Komplementärintervall.

Intervalle	*Logarithmen*	*Tonpositionen in der Oktave*	
Aufsteigender chromatischer Halbton	$\left(\frac{3}{2}\right)^7 2^{-4}$	$\left(\dfrac{\frac{3}{2}}{\frac{3}{4}}\right)^7 2^{-6}$	ein aufsteigender chromat. Halbton
Komplementär: absteigende verminderte Oktave	$\left(\frac{4}{3}\right)^{-7} 2^{+2}$		
Aufsteigende übermäßige Quinte	$\left(\frac{3}{2}\right)^8 2^{-4}$	$\left(\dfrac{\frac{3}{2}}{\frac{3}{4}}\right)^8 2^{-7}$	aufsteigende übermäßige Quinte
Komplementär: absteigende verminderte Quarte	$\left(\frac{4}{3}\right)^{-8} 2^{+3}$		

Intervalle	*Logarithmen*		*Tonpositionen in der Oktave*	
Aufsteigende übermäßige Sekunde	$(\frac{3}{2})^9$ 2^{-5}		$\left(\dfrac{\frac{3}{2}}{\frac{3}{4}}\right)^9$ 2^{-8}	aufsteigende übermäßige Sekunde
Komplementär: absteigende verminderte Septime	$(\frac{4}{3})^{-9}$ 2^{+3}			
Aufsteigende übermäßige Sexte	$(\frac{3}{2})^{10}$ 2^{-5}		$\left(\dfrac{\frac{3}{2}}{\frac{3}{4}}\right)^{10}$ 2^{-9}	aufsteigende übermäßige Sexte
Komplementär: absteigende verminderte Terz	$(\frac{4}{3})^{-10}$ 2^{+4}			
Aufsteigende übermäßige Terz (wie *f-ais*)	$(\frac{3}{2})^{11}$ 2^{-6}	enharm. = aufst. Quarte	$\left(\dfrac{\frac{3}{2}}{\frac{4}{3}}\right)^{11}$ 2^{-10}	(existiert nicht)
Absteigende verminderte Sexte (wie *ais-f*)	$(\frac{4}{3})^{-11}$ 2^{+4}	enharm. = abst. Quinte		
Aufsteigende übermäßige Septime	$(\frac{3}{2})^{12}$ 2^{-7}	enharm. = Oktave	$\left(\dfrac{\frac{3}{2}}{\frac{3}{4}}\right)^{12}$ 2^{-11}	(existiert nicht)
Absteigende verminderte Sekunde	$(\frac{4}{3})^{-12}$ 2^{+5}	enharm. = Einklang		

Man sieht, daß der Exponent von 2, der in der vorstehenden Aufstellung (Seite 108 f.) für die aufsteigenden Intervalle für je zwei Intervalle derselbe blieb, nach der übermäßigen Quarte plötzlich von —3 zu —4 geht. Es besteht ein Bruch, der weder im Komplementärintervall noch in der Bestimmung der Tonposition vorkommt. Man kann ihn erklären durch die Beobachtung der Veränderung des Exponenten des Faktors 2 in der ersten Intervallaufstellung (Seite 108 f.) und in der obigen. In der ersten Aufstellung (*a* und *b*) ist auf jeder Potenzstufe des Grundintervalls – $\frac{3}{2}$ oder $(\frac{4}{3})^{-1}$ – das Produkt aus Faktor 2 des aufsteigenden Intervalls mal Faktor 2 des Komplementärintervalls abwechselnd 2^0, 2^{-1}, 2^0, 2^{-1} usw. In der obigen Aufstellung ist dies Produkt wechselweise 2^{-2}, 2^{-1}, 2^{-2}, 2^{-1} usw. bis zum letzten Intervall, bei dem wiederum zweimal 2^{-2} hintereinander kommt. Zwischen diesen beiden Aufstellungen haben wir das *Energieniveau* gewechselt; vom Energieverhältnis $\frac{2^0}{2}$ sind wir zum Verhältnis $\frac{2}{2^{\frac{1}{2}}}$ übergegangen, und nach dem vorletzten Intervall wechseln wir wiederum.

Der Bruch zeigt sich in der Aufstellung des Tonbereichs: Er ergibt sich auf der Schwelle zur fünften Oktave f^4; die Oktave f^3 - f^4 enthält nur eine Quintposition, was die Bestimmung des *h*, das entfernter als alle anderen Positionen von den umgebenden *f*'s steht, bereits »kritisch« macht. Derselbe Bruch auf der Schwelle zur siebten Oktave, und, von da an, derselbe Niveauwechsel und dieselbe »kritische« Bestimmung von *f-ais*.

Es ist klar, daß das, was den Übergang von der Wahrnehmung der Intervalle der ersten Aufstellung zu der der Intervalle der zweiten Aufstellung ermöglicht, die Einführung der simultanen Harmonie ist, welche die melodische Struktur unterlagert; denn die simultane Harmonie ist eben ein Oktavbereich, eine *bereits bestehende* Oktavspannung, wenn die melodische Welle Gestalt annimmt, so daß die melodische Welle sich auf die Spannung des harmonischen Oktavbereichs aufmoduliert, ähnlich wie die Welle, die im Telefondraht eine Meldung übertrug, sich früher auf den im Draht fließenden Strom aufmodulierte.

Mit der Einführung der Simultanharmonie war die Bahn frei für die übermäßige Quarte, die verminderte Quinte, den chromatischen Halbton und andere »übermäßige« oder »verminderte« Intervalle; das musikalische Bewußtsein überschritt den Bereich der reinen »kleinen« oder »großen« Intervalle. Nachdem die Erfahrung gemacht war, wurden diese Intervalle zu einer für immer beibehaltenen Errungenschaft. Deshalb trifft man sie von da an auch in der reinen Melodie, d.h. einer Melodie ohne harmonische Begleitung (vgl. die Englischhorn-Stelle im *Tristan*, die in Anmerkung gegebenen Beispiele von Bartók und Frank Martin). Wenn man sich im Hochsprung übt, benutzt man zuerst ein Sprungbrett und eine Leine, die von einer anfänglichen Höhe an immer höher gespannt wird. Ist man einmal geübt, braucht man weder Sprungbrett noch Leine, man kann dieselben oder doch fast dieselben Sprünge auch ohne diese Hilfsmittel machen. Man hat einen *Habitus* gewonnen. Nachdem einmal die simultane Harmonie erlebt worden war, ein Erlebnis, das zunächst nur eine Weise war, sich darüber klarzuwerden, daß das melodische Bewußtsein auf der harmonischen Empfindung beruht, war das musikalische Bewußtsein des Abendlandes *für immer* zu einem *harmonischen* Bewußtsein geworden, auch wenn es gelegentlich zur reinen Polyphonie (Bach) oder zur reinen Melodie zurückkehren sollte.

DIE GLEICHSCHWEBENDE STIMMUNG   Es ist jetzt deutlich, daß das Ton-system, welches der bezugsetzenden Tätigkeit des Hörbewußtseins, wie es uns erschien, am besten entspricht, das System der *temperierten Töne* ist. Denn *durch die Töne* perzipiert das Hörbewußtsein die *Positionsverhältnisse*, und wenn derselbe Halbton bald als diatonischer, bald als chromatischer Halbton wahrzunehmen sein muß, so kann nur der temperierte Halbton beiden Signi-fikationen gerecht werden: die Hälfte eines Ganztons – der übrigens die menschliche Wahrheit des Halbtons ist, wie es die menschliche (noetische) Wahrheit der Quinte ist, die Hälfte der Oktave zu sein. Das hindert das Hör-bewußtsein nicht daran, durch den temperierten Halbton je nach der Ton-perspektive, in der er steht, entweder einen chromatischen oder einen diatoni-schen Halbton wahrzunehmen. Und das hindert auch den Musizierenden – Sänger oder Geiger – nicht, wenn er es kann, spontan pythagoreische Inter-valle hervorzubringen und das *ais* höher zu nehmen als das *b*, was den Zuhörer nicht stört. Die Holzbläser können mit Hilfe ihrer Musikalität und durch eine leichte Änderung in der Tonerzeugung den Ton unmerklich höher oder tiefer nehmen. Die Blechbläser machen das durch einen Ventilwechsel oder durch die Wahl eines anderen Grundtons der Luftsäule. In all diesen Fällen ist also die Höhe des Tons und damit die Größe der melodischen Intervalle nicht automatisch durch die Mechanik des Instruments festgelegt; beides hängt in einem gewissen, sehr feinen Maß vom Musizierenden selbst ab. Wenn man deshalb eine pythagoreische Terz hört, nimmt man sie als das wahr, was sie ist. Und ebenso perzipiert man eine temperierte Terz auf dem Klavier als solche. Hört man jedoch eine *Folge* temperierter Intervalle, die den pytha-goreischen Logarithmen exakt korrelative *numerische Logarithmen* haben – wir werden sie gleich aufstellen –, so perzipiert das Hörbewußtsein, das pytha-goreisch ist, durch sie hindurch eine Folge von *pythagoreischen* Intervallen. Nehmen wir an, wir hören ein Konzert für Klavier und Orchester; es kann dann sein, daß das durch ein pythagoreisches Intervall entstandene *gis* der Geige (der Geiger gehorcht seinem Ohr) etwas höher klingt als das *gis* des Klaviers, das dem *as* angeglichen ist; aber diese unmerkliche Differenz ver-schmilzt mit dem *Klangfarben*unterschied und kann sich – wie wir das bei der Behandlung der Klangfarbe festgestellt haben – durch eine Intensitätsdifferenz übertragen. Es genügt also, daß bei gleicher Tonhöhe die Tonstärke des Kla-viers nur wenig stärker ist als die der Geige, damit das *as* des Klaviers dem Ohr wie das *gis* der Geige klingt, und wenn der Streichkörper des Orchesters »wärmer« klingt als das Klavier, so erscheint dies wiederum lauter, weil »här-ter«. Das beseitigt natürlich in der Praxis keinesfalls die Notwendigkeit, die Instrumente so sorgfältig wie nur möglich zu stimmen; sind sie jedoch einmal gestimmt, so liegt es an den Spielern, alle anderen Töne außer dem Stimmton so hervorzubringen, daß sie im Dunstkreis von Klangfarbe und Intensität richtig klingen.

Das ganze Geheimnis der auditiven Umwandlung von *temperierten* in pythagoreische Intervalle liegt also darin, daß im musikalischen Erleben das Hörbewußtsein eine *bezugsetzende Tätigkeit* ist, so daß es keine absoluten Gegebenheiten wahrnimmt, sondern nur *aufeinander bezogene* Gegebenheiten. Es genügte also, daß die Logarithmenreihen der temperierten Intervalle mit den Logarithmenreihen der pythagoreischen Intervalle exakt korrelativ seien, damit sich das Hörbewußtsein die Gegebenheiten der einen durch die der anderen signifizieren kann.

Die Grenzen des Differenzierungsvermögens   Die Differenz zwischen chromatischem und pythagoreischem Halbton ist der Logarithmus des Verhältnisses der beiden Halbtöne zueinander: $\log (\frac{3}{2})^7 \, 2^{-4} : (\frac{4}{3})^5 \, 2^{-2} = \log (\frac{3}{2})^{12} \, 2^{-7}$. Das so definierte Intervall ist das pythagoreische *Komma*. Dieses unendlich kleine Intervall, das man als Ableitung $\frac{dx}{x}$ von x in der Funktion $y = \log x$ betrachten könnte, ist der *Grenzwert des Differenzierungsvermögens* des Hörbewußtseins innerhalb seines Logarithmensystems. Dieser Grenzwert läßt sich wie folgt definieren: Das Hörbewußtsein kann die Größe und die Neigung eines *Kommas* im musikalischen Erlebnis nicht wahrnehmen – das *Komma* läßt sich nicht isolieren –, sondern es differenziert es im musikalischen Hörakt durch zwei Intervalle, die sich um ein *Komma* unterscheiden, z.B. *d-fis* und *d-ges*. Zwar erscheinen diese beiden Intervalle nicht in derselben Intervallfolge, sie können jedoch mit kurzem Abstand hintereinander vorkommen, und sie können sich gegenseitig substituieren, wenn die zum *fis* führende Harmonie unter diesem *fis* plötzlich enharmonisch wechselt. Gleichzeitig erklingen sie nur, wenn z.B. das erste Intervall gesungen und das zweite auf dem Klavier gespielt wird. Dann verschmelzen sie allerdings für das Hörbewußtsein, *weil sie sich in dieselbe Logarithmenreihe einordnen*, die aus einer Tonperspektive hervorgeht, die das eine oder das andere Intervall enthält, und zwar verschmelzen sie so sehr, daß der Tonhöhenunterschied zwischen *fis* und *ges*, *der an sich unmerklich ist*, um so imperzeptibler wird, je mehr sich mit dieser Differenz im Dunstkreis der Klanglichkeit ein Unterschied der Klangfarbe und der zur Klangfarbe relativen Intensität vermischt.

Wegen dieses *Kommas* sind diatonischer und chromatischer Halbton für das Gehör untereinander inkommensurabel, und das Vorhandensein dieses *Kommas* ist der Stein des Anstoßes gewesen für alle Theoretiker, der Einwand, den sie gegen das System der temperierten Töne erhoben haben, das ihm nicht Rechnung trägt.

Indem es nun den chromatischen Halbton als Verhältnis des diatonischen Halbtons zum Ganzton setzt, hat das musikalische Bewußtsein die Inkommensurabilität der beiden Halbtöne ausgeschaltet, ähnlich wie es die Inkommensurabilität von Quinte und Quarte durch den Bezug auf die Oktave ausgeschaltet hat. Damit hat es das *Komma* eingeklammert und *aus den perzeptiven Gegebenheiten eliminiert*, obwohl es darin enthalten ist: Das Komma $(\frac{3}{2})^{12} \, 2^{-7}$

ist doch nichts anderes als der *Modul* der enharmonischen Modulation zwischen den beiden Halbtönen, wenn man sie beide *in aufsteigender Richtung* nimmt: $(\frac{3}{2})^7$ 2^{-4}, $(\frac{4}{3})^5$ 2^{-2}. Daher ist es sehr wohl in den Bestimmungen des musikalischen Ohrs *vorhanden*, wenn dieses eingreifen muß, nämlich in der Enharmonik; es bleibt jedoch in der cochlearen Noesis verborgen. In der Welt der Bezüglichkeiten entsteht und vergeht nichts, sondern es wandelt sich alles.

DER IRRTUM DER THEORETIKER   Alles was die Theoretiker über das temperierte System gesagt haben, von Fabre d'Olivet über Helmholtz (»eine unvollkommene Musik . . ., die das Ohr von Kindheit an systematisch verdirbt«) bis zu unserer Zeit (Alain Daniélou: »Die gleichschwebende Temperatur ist musikalisch eine Absurdität«), ist also falsch. Der Irrtum aller Theoretiker besteht darin, an das musikalische Phänomen mit einem *deterministischen* Vorurteil heranzugehen, indem sie auf Bewußtseinsphänomene Prinzipien der *Kausalität* anwenden. Sie glauben alle – wie die meisten Menschen auch –, das musikalische Hören würde von den Tönen bestimmt. Das stimmt zwar; sie vergessen aber oder übersehen, daß das Ohr die Tonhöhen durch Logarithmen wahrnimmt und daß das musikalische Bewußtsein selbst die *Töne* ausgewählt hat, die es sich zur Wahrnehmung gibt, ebenso wie auch das Logarithmensystem, auf das diese sich beziehen und durch das sie übrigens in ihrer Entstehung bestimmt worden sind, so daß es richtig wahrnimmt, weil es nur das perzipiert, was es sich zuvor zur Wahrnehmung gegeben hat und was ihm sein Logarithmensystem von vornherein wahrzunehmen erlaubt.

Der Irrtum der Theoretiker ist also ein zweifacher. Einerseits schließen sie aus der Vorstellung, das musikalische Hören sei von den Tönen bestimmt, daß das abendländische Ohr durch die Wahrnehmung temperierter Intervalle verdorben oder vergröbert worden sei. Andererseits sehen sie nicht, daß das temperierte System für das abendländische Musikbewußtsein bloß ein Mittel war, sich die Enharmonik zu signifizieren, das es aber nicht hinderte – da das Ohr pythagoreisch ist –, durch die temperierten Töne die pythagoreischen Intervalle wahrzunehmen. Zu ihrer Entlastung muß gesagt werden, daß die Musik Werk eines intuitiven Genies ist und daß die musikalische Schöpfung *stets* der Theorie *vorauseilt*. Im Orient, wo sich die Musik stabilisiert und verewigt, kann die Theorie sagen, was sie will; sie läuft nicht Gefahr, durch das Auftreten neuer Strukturen Lügen gestraft zu werden. Im Abendland aber, wo dieses Genie eine Geschichte geschaffen hat, ist die Theorie ohnmächtig geblieben und hat nur dem Genie hinterherlaufen können, stets von neuem überrascht und in andauernder Bedrängnis und Bemühung, sich vor den Metamorphosen des Genies über das Geschehene Rechenschaft zu geben, ohne es doch in Wirklichkeit zu verstehen.

DAS TEMPERIERTE SYSTEM   Um uns zu vergegenwärtigen, wie die Intervalle im temperierten System wahrgenommen werden, nehmen wir als Basis die Oktave, die in unserer geometrischen Figur durch log 1 = 1 dargestellt war. Wenn die Zahl des perzeptiven Logarithmus durch 1 dargestellt ist, müssen wir die Zahl des Logarithmus eines Halbtons durch $1^{\frac{1}{12}}$ ($= \sqrt[12]{1}$) darstellen. Die Intervallfolge, in Halbtönen gerechnet, böte sich also wie folgt dar:

$$\left(1^{\frac{1}{12}}\right)^1 \qquad \left(1^{\frac{1}{12}}\right)^2 \qquad \left(1^{\frac{1}{12}}\right)^3 \qquad \ldots \qquad \left(1^{\frac{1}{12}}\right)^{12}$$

$$1 \qquad\qquad 2 \qquad\qquad 3 \qquad \ldots \quad 12$$

Die Aufstellung der *Intervalle* im System der temperierten *Töne* und im System der durch die pythagoreischen Intervalle bestimmten *Tonpositionen* wäre also:

Intervalle	Logarithmus des temperierten Systems		Logarithmus des pythagoreischen Systems
Kleine Sekunde	1	enharmonisch	5
Große Sekunde	2	—	2
Kleine Terz	3	—	3
Große Terz	4	—	4
Quarte	5	enharmonisch	1
Übermäßige Quarte	6	—	6
Quinte	7	enharmonisch	1
Kleine Sexte	8	komplementär	4
Große Sexte	9	komplementär	3
Kleine Septime	10	komplementär	2
Große Septime	11	enharmonisch	5
Oktave	12	enharmonisch	1
Chromatischer Halbton	1	enharmonisch	7
⎰ Übermäßige Quinte	8	—	8
⎱ Verminderte Quarte	4	komplementär	8
⎰ Übermäßige Sekunde	3	komplementär	9
⎱ Verminderte Septime	9	—	9
⎰ Übermäßige Sexte	10	—	10
⎱ Verminderte Terz	2	komplementär	10

Da die pythagoreischen Logarithmen auf der Komplementarität der Intervalle innerhalb der Oktave beruhen, haben alle komplementären Intervalle im absoluten Wert denselben Logarithmus. Im temperierten System machen die Komplementärintervalle immer zusammen 12 Halbtöne aus. In Wirklichkeit jedoch werden die Logarithmen des temperierten Systems gar nicht im musikalischen Erleben wahrgenommen, weil das musikalische Bewußtsein pythagoreisch ist. Die Tatsache, daß sie die Wahrnehmung der pythagoreischen Logarithmen im musikalischen Erleben nicht verhindern, genügt, um die *tempe-rierten Töne* in der Musik zuzulassen. Ein Blick auf unsere Aufstellung zeigt, daß das der Fall ist: Z.B. läßt der temperierte Logarithmus 8 entweder eine *übermäßige Quinte* oder eine *kleine Sexte* »passieren«; da aber im musikalischen Erleben das musikalische Bewußtsein und nicht das Hörbewußtsein dem *Wahrgenommenen einen Sinn verleiht*, so ist es auch dieses musikalische Bewußtsein, das in diesem besonderen Fall durch das betreffende Intervall, wenn es durch temperierte Töne bestimmt wird, entweder ein Positionsverhältnis von der Spannung 4 (kleine Sexte) oder von der Spannung 8 (übermäßige Quinte) erlebt. Wenn das so ist, dann deshalb, weil das einzelne Intervall in einer Tonperspektive stets effektiv als kleine Sexte oder übermäßige Quinte erscheint.

Die gleichschwebende »Temperatur« ist, wie wir gesehen haben, erst nach Anbruch des harmonischen Zeitalters erforderlich geworden, im Augenblick, als das musikalische Bewußtsein an die Stelle rein melodischer und modaler Tonperspektiven auf gleichzeitiger Harmonie beruhende Tonperspektiven setzte. Deshalb hatte Zarlino, der noch vor dieser Zeit lebte, eine Leiter ausgedacht, die eine vom logarithmischen Standpunkt unmögliche Synchresis aus natürlichen und pythagoreischen Intervallen darstellt. Vor Zarlino besaß die abendländische Musik kein exaktes Tonsystem, aus dem guten Grund, weil die ihrem Ohr gehorchenden Sänger spontan die Töne der pythagoreischen heptatonischen Tonleiter bilden mußten. Und nachdem die Musiker mit unfehlbarer Sicherheit zur Verwendung der »Harmonie« übergegangen waren, die den Weg für die Modulation freimachte, mußten die Instrumente folgen. Bach brauchte ein »wohltemperiertes« Klavier, um der Oktave mit *denselben Tönen* den Sinn einer Tonperspektive von *Fis*-dur oder von *Ges*-dur geben zu können. Wie man sieht, ist bereits für Bach das temperierte System mehr die Vision eines Tonsystems, das ohne sein Wissen den Gesetzen der (pythagoreischen) Hörwahrnehmung gehorcht, als ein wirkliches und notwendiges System *musikalischer Töne;* denn was er in sich suchte, war ein System von aufeinander bezogenen *Tonpositionen* und nicht von Tönen. Diesem System mußten allerdings auch die Töne genügen. Es gilt ja auch tatsächlich nur für Instrumente mit *festen* Tönen, und es kann durch die pythagoreischen Intervalle durchschimmern wie diese durch die temperierten Intervalle. Es ist schließlich das *durchsichtigste* Tonsystem für ein Hörbewußtsein, das sich *in den Tönen* die enharmonischen Beziehungen signifizieren will.

Das bisher Gesagte führt endlich zu drei Bemerkungen:

a) Es kann nicht darum gehen, in unser Tonsystem Drittel- und Vierteltöne einzuführen, weil der äußerste Grenzwert des bezugsetzenden Vermögens des Hörbewußtseins der chromatische Halbton und sein Stellvertreter, der enharmonische Halbton, sind.

b) Es kann nicht darum gehen, zwecks Vereinfachung der Notenschrift den Unterschied zwischen erhöhten und erniedrigten Tonstufen abzuschaffen, was sogar gute Musiker warm empfohlen haben. Das wäre schlimmer als die Einführung der phonetischen Orthographie in der Sprache, denn die Sprache entstammt ja letztlich dem Gesprochenen, wogegen die Musik dem Hörbewußtsein entstammt; und es ist wichtig, daß die Notenschrift berücksichtigt, was das Hörbewußtsein wahrnimmt.

c) Endlich sieht man, wo der Grundirrtum der Dodekaphonisten liegt: Sie haben das temperierte System *ernst* genommen und die *Töne* mit den »Tonpositionen« oder, wenn man will, mit den *Noten* verwechselt – wie sie ja auch sagen, daß ihre »Reihe« aus zwölf als temperiert vorausgesetzten *Tönen* besteht. Aus diesem Irrtum sind alle übrigen entstanden, und dieser Irrtum ist so grundlegend, daß es zum Schwierigsten gehört, ihnen angesichts ihrer zu einem *System* versammelten und aufgebauten Irrtümer klarzumachen, daß sie irren.

Ehe wir das nächste Kapitel beginnen, wäre eine Untersuchung der reflexiven Strukturen des Bewußtseins erforderlich. Da sie uns jedoch etwas vom Faden unserer Abhandlung abbringt, widmen wir ihr eine Anmerkung, die man im Augenblick beiseite lassen kann*, deren Lektüre jedoch die folgenden Kapitel sehr verdeutlichen würde und die für die *Phänomenologie Gottes* unerläßlich ist.

---

* Vgl. Anmerkung III, S. 772. Der Grund, weshalb diese Anmerkung im Anhang steht, ist folgender: Wenn man zur phänomenologischen Untersuchung einer besonderen Tätigkeit des Bewußtseins schreitet, wird die Phänomenologie des Bewußtseins als bekannt vorausgesetzt. Da sie das in Wirklichkeit kaum ist, muß sich der Leser damit beschäftigen, damit er der Entwicklung unserer Untersuchung des affektiven Bewußtseins folgen kann; die Einfügung dieser Abhandlung würde jedoch den Lauf der Darstellung unterbrechen. Deshalb haben wir sie in den Anhang gestellt.

Kapitel III: Die Erscheinung der Musik in den Tönen

A. DER MUSIKALISCHE EINBILDUNGSAKT

1. Der Übergang zum musikalischen Bild

Jetzt besitzen wir alle Elemente, die uns das Bewußtseinsphänomen begreiflich machen können, welches im Fall der Melodie das Hörbild zum musikalischen Bild umwandelt. Und was wir nun über dieses Phänomen oder über diese Umwandlung aussagen können, bleibt gültig für alle musikalischen Strukturen, denn das Einbildungsphänomen bleibt für jedes beliebige cochleare Phänomen dasselbe – sei es nun ein melodisches, ein polyphones oder ein harmonisches Phänomen.

Wie wir schon aufgezeigt haben, erklärt sich das Phänomen daraus, daß in einem rein melodischen Verlauf jede Tonposition für das Hörbewußtsein eine Position seiner eigenen Existenz wird; d. h. das Bewußtsein macht aus dem von den Tönen, die als *räumliche Tonpositionen* wahrgenommen werden, vorgezeichneten Verlauf seinen eigenen Existenzweg. In diesem Augenblick verdoppelt sich das Bewußtseinsphänomen:

	log der Intervalle
Wahrgenommener Tonweg	*d e a g h a*
Existenzweg	*d e a g h a*
	Positionslogarithmen

Während sich für das Hörbewußtsein die Intervalle aneinanderfügen und der Gesamtverlauf sich durch das resultierende Intervall des durchmessenen Weges (Intervall *d-a*) signifiziert, besteht für dasselbe Hörbewußtsein als Selbstbewußtsein dieser Verlauf aus Übergängen von einer Tonposition zur anderen, wobei diese Positionen erlebt werden durch die *positionellen* Logarithmen, deren System wir erläutert haben; aus Übergängen also eines zur Vergangenheit werdenden Gegenwärtigen zu einem immer wieder Zukünftigen, bis endlich das zukünftige *a* als *erwartetes* Ziel dieses Weges erreicht ist. Denn man darf nicht vergessen, daß dieser melodische Verlauf nicht vom Himmel gefallen ist und daß er, bevor er sich dem Gehör eines Hörbewußtseins darbieten konnte, von einem schöpferischen Bewußtsein erzeugt werden mußte, welches ihn als Weg seiner eigenen Existenz erlebt hat, so daß für dieses schöpferische Bewußtsein der Verlauf (1. Zeile) das Ergebnis eines Fortschreitens (2. Zeile) ist, das von Anfang an auf dieses *a* gerichtet war. »Die Flüsse«, sagt

Pascal, »sind Wege, die selbst gehen, und sie tragen uns, *wohin wir wollen*.«
Ebenso ist unsere existenzielle Zeitlichkeitsstruktur beschaffen: Sie trägt uns
immer, im Verlauf eines existenziellen Vorsatzes, zu einer von vornherein
gemeinten Zukunft in der Welt, und deshalb besteht sie aus existenziellen
Spannungen zwischen einer gegenwärtigen Position, die wir verlassen, und
einer zukünftigen Position, die zugleich Selbstposition in der Welt und in der
Zeit der Welt ist. Und deshalb ist die Struktur unserer existenziellen Zeitlichkeit eine dynamische Zeitlichkeitsstruktur, die sich äußerlich (logarithmisch)
durch eine statische Struktur aus Dauereinheiten offenbart.

Diese Bewußtseinsverdopplung, durch welche sich beim Hörer der wahrgenommene Tonweg in einen eigenen Existenzweg umwandelt und durch
welche im schöpferischen Künstler aus dem Fortschreiten durch die Tonpositionen ein Tonweg entsteht, diese Verdopplung tritt in der Musik von
harmonischer Struktur noch deutlicher hervor, weil die harmonische Bewegung, welche die melodische Entwicklung lenkt, zum erlebten Existenzweg des
Selbstbewußtseins (Noesis) wird. Dieses Phänomen setzt jedoch voraus, daß
ein anderes Organ unserer Bewußtseinsstruktur als das rein auditive Bewußtsein eingreift, und das kann nur das psychische Selbstbewußtsein sein, das in
diesem Augenblick zur reinen Reflexion seiner Hörtätigkeit wird und so der
gehörten Tonfolge einen Sinn verleiht. Denn das psychische Selbstbewußtsein
ist reine Existenz der inneren Zeitlichkeit und der affektiven Spannungen dieser
Zeitlichkeit. Deshalb ist der vom Komponisten geschaffene Tonweg eine durch
Tonpositionen abgesteckte existenzielle Zeitstruktur und zugleich eine *kadenzielle* Struktur von Dauereinheiten. In der Anmerkung I, S. 635, sehen wir,
daß die Zeit in uns in *Kadenzen* entsteht und daß diese Kadenzen Energie-
logarithmen sind, Logarithmen einer kinetischen Energie, die sich äußerlich
offenbart durch statische Dauereinheiten, deren elementare Gegebenheiten
vom Wert 2 oder 3 sind, je nachdem, ob sie von einer zurückgelassenen Gegenwart zu einer Zukunft *unmittelbar* oder durch einen gewissen *Halt* übergehen:

$$\frac{V\ Z}{e^2} \qquad\qquad \frac{V\ G\ Z}{e^3}$$

$$2 \log \varepsilon \qquad\qquad 3 \log \varepsilon$$

log ε ist die Dauereinheit, durch die jeweils die Zeitlichkeit der kinetischen
Energie gemessen wird; also log $\varepsilon = 1$.

Diese elementaren Gegebenheiten werden in der musikalischen Notation
so dargestellt:

Aber der Übergang von einer Gegenwart zu einer Zukunft *in der Welt* transzendiert die innere Existenz von Dauereinheiten und kann entweder eine

Gruppe dieser Dauereinheiten umfassen oder diese Dauereinheiten unterteilen. Da sich unsere psychische Existenz auf der Grundlage unseres Atemrhythmus entfaltet und unsere motorische Existenz stets kadenziell ist, nimmt das Fortschreiten der Töne wiederum Gestalt an in Zweier- und Dreierkadenzen dieser elementaren Dauereinheiten, welche in der musikalischen Notation durch »Takte« dargestellt werden:

So gewinnt also unser Tonfortschreiten auf dem Hintergrund dieser Struktur von Dauereinheiten Gestalt und entfaltet sich frei in Form einer kadenziell gegliederten Struktur.

Das Dazwischentreten des psychischen Selbstbewußtseins hat also die Aufeinanderfolge von Tönen *in die Bewegung eines Tones* durch seine räumlichen und zeitlichen Positionen umgewandelt. Bedingung dieses Phänomens ist die *Einheitlichkeit* des Tons im Verlauf einer kontinuierlichen Intervallstruktur. Wenn der Ton innerhalb einer bestimmten Intervallstruktur nicht homogen wäre, könnte die Aufeinanderfolge von Tönen nicht als *Tonbewegung* empfunden werden. Nur die Kontinuität des Tones zwischen zwei Positionen, die das Intervall bilden, macht es durch den Logarithmus wahrnehmbar; d.h. das Intervall, das eigentlich nur reine Distanz – eine bloß virtuelle Linie – ist, wird durch die Kontinuität des Tons zwischen zwei Positionen *sinnlich* wahrnehmbar. Das *melodische Bild* tritt dann in Erscheinung. Wenn dieses Bild trotzdem bloß das statische Bild der Intervallstruktur wäre, böte es eine Zickzacklinie. Weil es jedoch innerlich erlebt wird in der Kontinuität unserer Dauer, erscheint es in jeder rhythmischen Grundeinheit oder in jeder rhythmisch zusammengehörigen Phrase als eine Wellenlinie, die aus konvexen oder konkaven logarithmischen Bögen besteht, welche die Zickzacklinie der Intervalle und die Diskontinuität der Tonpositionen transzendiert.

Das melodische Bild besitzt also die Doppelwertigkeit, daß es erscheinen kann als *statisches* Bild mit der Konsistenz eines Dinges und als eine in Raum und Zeit vollzogene Bewegung eines Tones mit dem Wesen einer Existenzstruktur. Unter dem ersten Aspekt ist die Musik *Bild*, dem das musikalische Bewußtsein als psychisches Bewußtsein einen affektiven Sinn verleiht; und unter dem zweiten Aspekt ist sie der *von den Tönen gespiegelte Weg* unserer eigenen Existenz und dadurch Sprache einer allgemeinen menschlichen Affektivität, weil die Existenz, die sie spiegelt, aus affektiven Spannungen besteht. Die »Zeit«, in welcher sich das melodische Bild entfaltet, ist beim statischen Bild sowohl wie bei der melodischen Bewegung eine statische Zeit (wie die

Stunden auf einem Stundenplan), welche die Entfaltung des Bildes in der
Dauer mißt, wie sie auch die Zeit der melodischen Bewegung mißt; und diese
statische Zeit, die man »musikalische Zeit« nennt, ist nichts anderes als die
Projektion unseres melodischen Fortschreitens in den Klangraum der *motorischen*, dynamischen, energetischen Zeit. Dadurch prägt sie unserem melodischen Fortschreiten jene kinetische Qualität auf, die wir sein *Tempo* nennen,
das durch die rhythmisch gegliederte Wiederholung von elementaren zwei-
oder dreiteiligen rhythmischen Kadenzen bestimmt wird, welche den Ablauf erzeugen.

So verlassen wir also beim Erscheinen der Melodie die Zeit der Welt und
treten ein in eine Welt mit eigener Zeit, einer Zeit, die bei jedem musikalischen
Erlebnis ihr Maß ändert. Die Melodie läßt uns von einem (bereits subjektiven)
Klangraum zu einem (unserem Existenzhorizont analogen) raum-zeitlichen
Horizont übergehen, der ebenso subjektiv und imaginär ist wie der sogenannte
Klangraum. Unser Hörbewußtsein ist tatsächlich in diesem Augenblick von
der *realisierenden* Haltung (welche aus dem wahrgenommenen Phänomen eine
Aufeinanderfolge von Tönen *in der Zeit der Welt* machen würde) übergegangen zu einer *einbildenden* Haltung (welche aus der Aufeinanderfolge von Tönen
einen in unserer inneren Zeit erlebten und in die Welt projizierten Existenzweg
macht). Wie gesagt, es hat diesen Übergang aber nur vollziehen können, weil
sich auf die Hörtätigkeit eine affektive Tätigkeit gleichsam aufgepfropft hat,
um dem Hörphänomen einen Sinn zu geben, ohne dabei jedoch aufzuhören,
reine Reflexion seiner Hörtätigkeit zu sein, die es transzendiert, um *in der
Transzendenz des wahrgenommenen Hörbilds* das *melodische* Bild oder, allgemeiner, ungeachtet der Strukturen, das *musikalische* Bild zu erblicken. Das
psychische Bewußtsein ist von jetzt an das *Subjekt* des Phänomens; es übernimmt die einbildende Tätigkeit, es macht den *Blick* des Bewußtseins (nicht
dessen Ohr!) einbildend, und das Phänomen wird dadurch gänzlich *verinnerlicht*. Die Musik ist ein innerliches, rein psychisches Phänomen, das in den
Tönen bestimmter Frequenz und in dem Umstand, daß sie als räumliche Tonpositionen wahrgenommen werden, das Mittel findet, sich zu signifizieren;
der Hörer empfindet nur dann, was der Komponist in ihr signifiziert, wenn
sich in ihm, in seinem Hören, der Einbildungsakt reproduziert, welcher beim
Komponisten den melodischen Weg erzeugt hat.

Das zu Beginn dieses Kapitels gegebene musikalische Beispiel ist jetzt verdeutlicht worden. Die als »wahrgenommener Tonweg« bezeichnete Linie (deren
Abbild im Pentagramm Seite 94 gezeichnet ist) ist die der geistigen oder zerebralen Wahrnehmungstätigkeit, welche reine Reflexion der Tätigkeit des Ohrs
ist. Die als »Existenzweg« bezeichnete Linie ist die unserer psychischen
Existenz, unserer Struktur existenzieller Zeitlichkeit (Vergangenheit – Zukunft)
im Durchlaufen des Tonweges. Aber die beiden Strukturen sind in unserem
Körper zu einer verschmolzen, sie sind einfach die zwei Weisen, auf welche
diese eine Struktur, die des zerebral Wahrgenommenen, als Bewußtseins-

ereignis erlebt wird. Auf die erste Weise strahlt sie in den geistigen Raum, in dem sich das musikalische Bild objektiviert; auf die zweite Weise strahlt sie in den seelischen Raum, wo sie das affektive *Fortschreiten* und unsere Empfindungstätigkeit auslöst. Von Noema und Noesis des Hörens, die beide präreflexiv sind, sind wir übergegangen zur psychischen Reflexion des *reflektierten* Noema, die durch den Einbildungsakt an die Stelle des realen Noema ein vorgestelltes Noema setzt, das mit allen Signifikationen versehen ist, die ihm die psychische Tätigkeit als neue Noesis verleiht. Alles, was von der geistigen Seite herkommt, ist noematisch, orientiert uns *nach dem Außen* und gibt dem Phänomen seine Gestalt. Alles, was von der seelischen Seite herkommt, ist noetisch, entsteht *in uns* und verleiht dem Hörerlebnis einen Sinn, den die erlebte Empfindung auf das Phänomen überträgt. Deshalb verdoppelt sich im musikalischen Erlebnis unsere psychische Existenz in eine innere Existenz und eine äußere Existenz, welch letztere nichts anderes ist als die Ausdehnung unseres seelischen Raumes in den imaginären Klangraum, so daß beide zu einem werden. Alles, was wir draußen sehen und zu sehen glauben, was uns von den vor uns entstehenden Tönen zugebracht und durch das Ohr vermittelt wird, bringen wir in uns zur Existenz, und unsere innere Existenz – diese doppelte geistig-seelische Existenz – läßt im Klangphänomen die »Musik« erscheinen.

DAS ERSTE MUSIKALISCHE BILD Die Phänomenumwandlung vollzieht sich jedoch nicht beim Erscheinen des ersten Tons, wenn dieser auch – so er *musikalischer Art* ist – bereits eine musikalische Verheißung bedeutet. Damit Musik erscheine, muß zumindest ein sinnhaltiges musikalisches »Element« erscheinen, was nach unseren bisherigen Untersuchungen bedeutet: die Adäquatheit einer gewissen Tonbewegung und einer rhythmischen Kadenz:

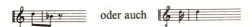

Zwei Töne genügen als Keim einer rhythmischen Kadenz, aber mindestens zwei Intervalle sind nötig, um ein erstes musikalisches Element erscheinen zu lassen, weil sie *ipso facto* die Struktur *Vergangenheit – Gegenwart – Zukunft* und eine rhythmische Kadenz konstituieren:

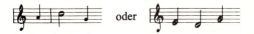

Zwei Intervalle bilden jedoch nur den *Keim* eines Vorstellungsaktes, denn offensichtlich reicht eine einzige rhythmische Kadenz nicht aus, um die kadenzielle Modalität oder das *Tempo* zu determinieren. Hört man z.B. bloß *e-d-g*, kann man unmöglich mit Bestimmtheit sagen, ob der kadenzielle

Modus zwei- oder dreizeitig ist. Noch weniger läßt sich das bei nur zwei Tönen feststellen, die den Übergang von einer Vergangenheit werdenden Gegenwart zu einer Zukunft durch eine nicht signifizierte Gegenwart bilden, die das »Gelenk« gleichsam einer noch nicht determinierten rhythmischen Kadenz darstellt. Wir entnehmen diesem Beispiel zumindest, daß bei jeder melodischen Struktur im allgemeinen das »Gelenk« der Kadenz den Übergang von einer Vergangenheit gewordenen Gegenwart zu einer Zukunft anzeigt. Um die kadenzielle Modalität zu bestimmen, muß die Kadenz wiederholt werden, denn aus dieser Wiederholung ergibt sich von selbst das *Tempo*.

Die kleinste musikalische »Form«, das Bildelement, das »Molekül« oder die musikalische »Zelle«, ist also die *Adäquatheit einer bestimmten melodischen Tonbewegung mit einer rhythmischen Kadenzstruktur, die zur Bestimmung von kadenzieller Modalität und Tempo ausreichend sein muß.* Wenn wir melodische Tonbewegung sagen, verstehen wir darunter, daß sich diese Bewegung in eindeutiger Weise einer Tonperspektive einfügt; das soll heißen: einer Reihe von Logarithmen des gleichen Systems auf *Oktav*basis. Die Tonstruktur braucht nur einige Tonpositionen zu umfassen und nicht einmal Tonika, Quarte oder Quinte der Reihe. Sie kann also eine noch unbestimmte Tonperspektive eröffnen; es genügt, daß die Logarithmen ihrer Intervalle einem logarithmischen System entnommen sind, das auf der Oktave basiert, damit der melodische Weg auf eindeutige Weise eine *Tonperspektive* eröffne, deren Grundoktave, d.h. die Tonika, sich erst später präzisiert. Wenn dem so ist, dann genügt die kadenzielle Modalität des melodischen Wegs, um aus diesem das entstehen zu lassen, was wir eine *Tonkadenz* nennen, die für das Bewußtsein eine Kadenz *existenzieller Zeitlichkeit* ist: Vergangenheit – Gegenwart – Zukunft; und diese Struktur reicht aus, um dem melodischen Weg seine kinetische Qualität zu geben. Einer solchen raum-zeitlichen Struktur sollte man eigentlich den Terminus »Motiv« vorbehalten; denn da sie die erste Struktur ist, die das musikalische Bewußtsein in einer bestimmten raum-zeitlichen Kadenz und in einem bestimmten Tempo führt, »wohin es will«, zu einer Position, in der es verharrt, ist sie das erste Element, das dem melodischen Weg einen *Sinn* verleiht und dadurch den *Einbildungsakt motiviert.*

Das Motiv   So ist also das erste Motiv der *Fünften Symphonie*

Motiv in dem Sinn, als es uns von einem dreimal erklingenden *g* zu einem *es* führt und eine Kadenz setzt. Es erfordert aber die Wiederholung, und sei es mit anderen Tönen, um die kadenzielle Modalität festzulegen, die beim ersten Erscheinen noch mehrdeutig bleibt: *es* könnte *zwei-* oder *dreizeitig* sein, und es ist Aufgabe des Interpreten, bei der Wiederholung des Motivs spürbar werden zu lassen, daß es sich um eine Zweizeitigkeit handelt. (In diesem besonderen Fall genügt es, das *es* so lange auszuhalten, bis jedes Taktgefühl verschwindet; denn dann empfindet man die auf die Fermate folgende Pause, die beim erstenmal als Pause wirkt, als Achtelpause, und die drei folgenden Achtel bestätigen die Zweizeitigkeit des ersten Motivs.) Andererseits präzisiert sich der tonale Sinn erst bei der Wiederholung des Motivs, so daß beide zusammen eins werden und durch ihre kadenzielle Ähnlichkeit das *Motiv* des Stückes bilden. Vom tonalen Standpunkt aus gesehen, sind nämlich diese beiden Motive zusammen eine bestimmte Weise, die erste absteigende Quarte der *c*-moll-Leiter, und zwar von *g* aus, zu durchmessen. Dieses Motiv genügt also, das Gefühl für diese Tonperspektive zu erwecken.

Wie qualifiziert sich aber das *Tempo* für das musikalische Bewußtsein? Ist doch das Hörbewußtsein nicht mit einem Metronom ausgerüstet. Es muß also spontan, durch sich und für sich, das Tempo qualifizieren, so wie es dem melodischen Weg spontan einen Sinn beilegte. Dieses Phänomen wird ermöglicht durch den Unterschied zwischen Noema und Noesis, den Umstand, daß das musikalische Bewußtsein als unreflektiertes Selbstbewußtsein eine innere Existenz und in seiner Eigenschaft als melodisches Bewußtsein vor der Melodie eine äußere Existenz in der Welt besitzt. Seine existenzielle Kadenz ist nicht notwendig dieselbe wie die melodische Kadenz. Weil das erste Sinnelement das »Motiv« ist und das »Motiv« im allgemeinen eine Überstruktur aus Elementarkadenzen darstellt, können zwei verschiedene Fälle eintreten: Entweder umfaßt die existenzielle Kadenz das ganze Motiv, ist also länger als die melodische Kadenz, oder aber die existenzielle Kadenz ist kürzer als die melodische Kadenz und das existenzielle Tempo schneller als das melodische Tempo. Diese beiden Tempi können zusammenfallen, sie können aber auch differieren. Und dieses Verhältnis zwischen melodischem und existenziellem Tempo bestimmt das *Tempo giusto*, d.h. die absolute kinetische Qualifikation des melodischen Tempos, als Verhältnis zweier absoluter Zeitmaße. Als absolutes Maß des melodischen Tempos ist das *Tempo giusto* nichtsdestoweniger ein relatives Tempo, da es relativ schnell oder langsam sein kann. Wozu aber ist es relativ, wenn nicht zum existenziellen Tempo, das in unserer seelischen Aktivität unser Puls bedingt, der zwischen 60 und 80 Schlägen pro Minute schwankt? Es gibt also keine absolute Norm für unsere seelische Kadenz, aber sie bewegt sich in sehr viel engeren Grenzen als die melodische Kadenz. Nehmen wir also einmal an, daß in einer gegebenen Melodie unsere existenzielle Kadenz dazu neige, schnell zu sein; wenn das *Tempo giusto* schnell ist, wird es um so schneller sein; *Allegro vivace* oder *Presto* oder *Prestissimo*; wenn das *Tempo giusto* langsam ist, wird es etwas lebhafter sein als ein richtiggehendes langsames Tempo: *Andante con moto* (wie der langsame Satz in Schuberts *C-dur-Symphonie*) oder *Andante molto mosso* (wie in der *Szene am Bach* in Beethovens *Sechster Symphonie*). Nehmen wir an, unsere existenzielle Kadenz neige dazu, langsam zu sein. Wenn das *Tempo giusto* langsam ist, wird es um so langsamer sein: *Adagio molto* (wie der langsame Satz der *Neunten*); ist das *Tempo giusto* lebhaft, wird es ruhiger sein als ein gewöhnliches *Allegro: Allegro non troppo* (wie so oft bei Brahms).

Wir wollen damit nicht sagen, daß die leichten Änderungen, die in unserer seelischen Kadenz möglich sind, alleinige Determinanten der Nuancierung des Tempos sind. Das Verhältnis des melodischen Tempos zum existenziellen Tempo kann unendlich abgestuft sein, aber dieses Verhältnis zieht von selbst eine Nuancierung der existenziellen Kadenz nach sich, und aus dieser Koppelung der beiden Kadenzen entstehen die Tempoabstufungen, da das *am wenigsten veränderliche* (weil am stärksten bedingte) Element die existenzielle Kadenz ist. Im Zeitalter der reinen Melodie, im gregorianischen Choral z.B., fallen beide Tempi gewöhnlich zusammen – abgesehen von Vokalisen –, und ihre Unterscheidung ergibt sich erst im Zeitalter der harmonischen Musik, in welcher die existenzielle Kadenz zugleich diejenige der harmonischen Bewegung ist, die die melodische Entfaltung gleichsam unterspannt. Deswegen ist das Phänomen des Tempos, wenn man es im harmonischen Zeitalter betrachtet, leichter verständlich als in einem früheren Stadium, obwohl es dort dasselbe ist. Auch hat man das Tempo erst im harmonischen Zeitalter mit den klassischen italienischen Ausdrücken bezeichnet, weil der melodische Rhythmus wegen der Differenzierung in Melodie und Harmonie im Vergleich zu früher freier war. Bis damals verstand sich das Tempo von selbst: Es war impliziert durch den Ausdrucksgehalt der Melodie und durch Funktion oder Gattung der Musik. Im allgemeinen beschränkte es sich auf die Kategorien *langsam* und *schnell* und war von vornherein im *Tanz* fixiert durch die körperliche Kadenz, welcher der Tanz melodischen Ausdruck verlieh.

Kehren wir aber zum Motiv der *Fünften Symphonie* zurück:

Das musikalische Bewußtsein ist beim ganzen ersten Motiv (Auftakt – Abtakt) gegenwärtig und tritt ein in einer zweizeitigen Kadenz aus Halben. Das Motiv ist aus einer Gegenwart aufgetaucht, die Vergangenheit wird, um im zweiten Takt eine Zukunft zu erreichen, die sich sogleich bestätigt und als »Gegenwart« erweitert, und zwar derart, daß es uns in der Dauer in der Schwebe hält; aber aus dieser Gegenwart und auf der zweiten, erwarteten Zeit der existenziellen Kadenz taucht wiederum das Motiv auf, diesmal in seiner Tonbewegung verändert. Das zweitemal füllt der liegenbleibende Ton eine ganze Kadenz und schließt dabei bereits die erste Zeit einer neuen, zweitaktigen Kadenz ein, aus der das Motiv neuerlich auftaucht, um seine melodische Entfaltung fortzusetzen, wodurch die beiden ersten Motive innerlich *aneinandergebunden* werden und zugleich aus den drei Achteln (und diesmal ohne jede Mehrdeutigkeit) ein *Auftakt* entsteht.

Es ist verblüffend, zu sehen, wie Beethoven diese kadenzielle Struktur so genau empfunden hat, daß er den Takt mit *d* verdoppelt hat, was überflüssig scheinen könnte. Die beiden Motive zusammen zeichnen, wie wir gesehen haben, den Weg *g-f-es-d*, die erste Quarte der absteigenden c-moll-Leiter von *g* aus, also die existenzielle *Moll*richtung. Es ist öfters behauptet worden, dieser Anfang sei tonal mehrdeutig und könne auch an *Es*-dur denken lassen. Von außen her gesehen, ist er das vielleicht, aber er ist es nicht innerlich, in einem vom tonalen Sinn belebten Bewußtsein. Die melodische Kadenz ist doppelt so schnell wie die existenzielle; die melodische Bewegung gehört also zur Kategorie des *Schnellen*, und da die existenzielle Kadenz relativ lebhaft ist, erklärt sich der Ausdruck *Allegro con brio*.

Nun weitere Beispiele:

Dieses Motiv aus der *Pastoralsymphonie* zeigt, »wohin es will«, erst nach Erreichen des *g* an. Das Hörbewußtsein ist also in seiner Ganzheit innerhalb der Grenzen einer einzigen Dauerstasis gegenwärtig, d.h. innerhalb einer einzigen existenziellen Kadenz. Das Motiv taucht auf aus einer Gegenwart, die Vergangenheit wird, um uns zu einer Zukunft zu führen, die, sobald sie Gegenwart geworden ist, uns zu einer neuen Zukunft führt, die sich nun als die vorzeitige Zukunft der angestrebten Zukunft erweist. Der Auftakt hat lediglich das Erscheinen des *c* vorbereitet, um durch *g-c* das *f* zu erreichen und um uns von dort zum *g* zu leiten; wie der harmonische Baß anzeigt, war es der melodische Vorsatz, uns von der Tonikaperspektive zur Dominantperspektive zu bringen, aber das hätte man auch ohne den Baß gespürt. Wenn wir recht sehen, ist der Auftakt ein aufsteigender konkaver logarithmischer Bogen, dem im zweiten Takt ein absteigender konvexer logarithmischer Bogen folgt, der zwischen *c* und *f* unterbrochen wird, und dem wiederum ein konvexer auf- und absteigender logarithmischer Bogen in den beiden letzten Takten folgt. Die melodische Kadenz ist doppelt so schnell wie die existenzielle Kadenz, aber letztere ist ruhiger als im vorhergehenden Satz: *Allegro ma non troppo*.

Ein Beispiel für einen langsamen Satz (Adagio aus der *Vierten Symphonie von Beethoven*):

Die Melodie über dem harmonischen Baß führt uns von einer lange ausgedehnten Gegenwart zu einer Zukunft (verdeutlicht durch den Wechsel der harmonischen Perspektive), die sich wiederum als vorzeitige Zukunft der angestrebten Zukunft erweist, welche sich auf der Dominante des Ausgangstones etabliert. Die existenzielle Kadenz (die nur durch eine Begleitungsformel angedeutet wird) ist bloß kontemplativ, aber die melodische Kadenz ist *dreimal langsamer* als diese: *Adagio*.

Schließlich ein rein melodisches Beispiel:

Die ersten vier Takte bilden nur ein Motiv, denn die Fortsetzung der beiden ersten Takte hat einen so deutlich aufschiebenden Charakter, daß sie nach der

zweiten ruft. Diese beiden Tonfolgen bilden zusammen zwei Stasen der Zeitlichkeit des musikalischen Bewußtseins, d.h. zwei Kadenzen, zweimal den
Übergang von einer Gegenwart zu einer Zukunft. Die auf den Doppelstrich
folgende Melodie ist bloß eine Variante der ersten, und das erste Motiv kehrt
wieder. Die Melodie schließt in sich selbst, weil sie uns den vollständigen Kreislauf *f* (*f*) *c f* machen läßt, den der Oktavvorsatz setzt. Die existenzielle Kadenz
ist ziemlich ruhig, aber die melodische Kadenz ist doppelt so schnell: Wir
brauchen also nicht unsere Uhr beim Hören dieser Melodie zu Hilfe zu nehmen, um sie als lebhafter oder als heiter zu qualifizieren.

SCHLUSSFOLGERUNG   Die melodische Kadenz ist also entweder eine Unter-
oder eine Überstruktur der existenziellen Kadenz. Betrachten wir diejenige, die
Unterstruktur der anderen ist, so ist sie entweder eine zwei- oder dreizeitige
Elementarkadenz oder aber eine Überstruktur aus zweizeitigen, dreizeitigen
oder gemischten Kadenzen. Aber in einer Überstruktur aus Elementarkadenzen, die einen »Takt« bilden können, finden sich – was die Mischung aus Zwei-
und Dreizeitigkeit angeht – *dieselben Grenzwerte* des bezugsetzenden Vermögens des Bewußtseins wie in den Tonstrukturen: 5 und 7; wenn jedoch 4 als
Grundkadenz zugelassen wird (wie ja auch die große Terz 4 in den Rang einer
Konsonanz erhoben wurde), so daß 5 gleich 3 + 2 oder 2 + 3 oder 1 + 4
sein kann (wie die fünf Finger der Hand), ist 6 gleich 2 × 3, 8 gleich 4 × 2
oder 3 + 3 + 2 usw.

Kadenzielle Modalität und *Tempo* spielen also in der zeitlichen Ordnung
dieselbe Rolle wie die Tonperspektive (das Logarithmensystem) in der räumlichen Ordnung, und das schöpferische musikalische Bewußtsein sieht sich
daher auf rhythmischem Gebiet ebenso wie in all seinen Situationen *durch ein
doppeltes Gesetz bedingt:* Zu Beginn muß es sich eine bestimmte Kadenzmodalität und ein Tempo wählen; in dieser ersten Wahl ist es jedoch frei. Im
weiteren Verlauf kann es die Kadenzmodalität ändern; es besteht allerdings
zwischen der Ausgangsperiode und der neuen Periode nur dann eine organische, d.h. eine innere Verbindung, wenn zwischen beiden eine *kadenzielle*
Beziehung herrscht, wie z.B. ♩♩ = ♩♩♩, oder ♩ = ♩ zwischen einer
zweizeitigen Periode (♩ ♩) und einer dreizeitigen (♩ ♩ ♩); denn zwischen diesen
beiden Kadenzen besteht eine innere Verbindung durch die Gleichheit ihrer
Zeiteinheiten. Dieser Übergang überträgt sich durch einen automatischen
*Modul*wechsel in den Logarithmen der Zeitwerte: Er entspricht wie die
vorige einer *Tempo*modulation. Das Bewußtsein kann auch das *Tempo* ändern, aber wiederum nur unter der Bedingung, daß eine kadenzielle Beziehung
zwischen beiden Tempi herrscht; so hat das *Presto* des Finale aus Beethovens *Fünfter Symphonie* eine um das Doppelte schnellere existenzielle und
melodische Kadenz als das vorhergehende *Allegro*. Endlich kann das Bewußtsein in freier Weise das Tempo ändern, wenn sich diese Freiheit durch eine

*Sinn*beziehung zwischen der vorhergehenden und der neuen Periode rechtfertigt. Im ersten Satz von Debussys *La Mer* ist der Einsatz der Celli in seiner Kadenz organisch mit dem vorhergehenden $\frac{6}{8}$-Takt verbunden; wenn aber die Celli drei Takte später ihr Motiv wiederaufnehmen, setzen sie in einem gänzlich neuen Tempo ein. Dieser Wechsel rechtfertigt sich durch den neuen Sinn, den die neue musikalische Periode im Vergleich zur vorhergehenden innerhalb des ganzen Stückes annimmt. Wenn dagegen Strawinsky in seinem *Capriccio* von $\frac{3}{4}$ (mit der Achtelnote als Zeiteinheit der existenziellen Kadenz ♩♪) in $\frac{12}{16}$, d.h. $4 \times \frac{3}{16}$ übergeht, indem er ♩ = ♩ setzt, so fehlt diese organische Verbindung: Zwischen der vorhergehenden und der neuen Periode ist das Tempo unterbrochen; denn das Sechzehntel ist in der früheren Kadenz nicht Zeiteinheit, sondern nur Unterteilung, und die dreizeitige Kadenz, die auf diesem Sechzehntel aufgebaut wird, gehört nicht zu den vorher signifizierten Grundzeitwerten. *Dem Blick des Betrachters* sind diese beiden Kadenzen ♪♪♪♪ und ♪♪♪ innerlich durch das gleiche Sechzehntel verbunden, aber für das in der Musik wirkende Gefühl besteht keinerlei innere Verbindung, die sich doch nur herstellen läßt zwischen zwei Kadenzen oder zwischen den Zeiteinheiten der ersten (hier dem Achtel) und der zweiten Kadenz. Bei der Aufführung muß man hier im Kopf *zählen*, denn diese Verbindung ist eine *metrische*, d.h. mechanische, und nicht kadenzielle.

Entweder ist unsere Tempobestimmung frei, wie im Falle des Debussyschen Beispiels, wo sie der musikalischen Sinnotwendigkeit oder aber ihrem eigenen Gesetz gehorcht, das die Bewegungskontinuität mittels *kadenzieller* Beziehungen herstellen will; aber unser Tempogefühl weigert sich, von außen her *mechanisch* bestimmt zu werden. Die Tempobestimmung durch den »kleinsten Zeitwert« macht, wie wir gesehen haben, aus dem musikalischen Tempo eine »Geschwindigkeit«. Strawinskys Musik ist kadenziell, aber die Verbindungen *zwischen den Perioden* sind bei ihm oft bloß metrisch. In ihrer Gesamtstruktur ist seine Musik wesentlich monometrisch, weil er glaubt, die musikalische Zeit sei im wesentlichen metrisch. Das behauptet er jedenfalls, aber seine Musik widerspricht dem, wenn man sie unter dem Blickwinkel der Substanz und nicht unter dem der »Form« betrachtet, die bei ihm gewöhnlich nur innerhalb der einzelnen, isoliert betrachteten Episoden »organisch« ist.

Unsere Dauerexistenz unterspannt die melodische Entfaltung während ihres Verlaufs; die Pausen, Einschnitte und Fermaten gehören zum Tempo und gliedern sich ihm ein. Die Freiheit des schöpferischen Bewußtseins offenbart sich hier in der Freiheit des *Rhythmus*, d.h. der relativ zur Kadenzvorzeichnung *inneren* Strukturierung der Kadenz, wie auch in der Freiheit des Tempos, was die Möglichkeit gewisser Temposchwankungen innerhalb eines gleichbleibenden Grundtempos erklärt: *Rallentando, Accelerando, Rubato*. Hier vor allem bedarf es des Interpreten, denn nicht alles wird oder kann auch nur schriftlich aufgezeichnet werden. Der schöpferische Akt des Musikers entsteht ja aus einem klaren Bewußtsein der Musik, aber eines nicht reflektierten Selbstbewußtseins, so daß ein großer Teil der Strukturbesonderheiten, welche den Sinn einer besonderen Musik – und auch der Musik überhaupt – impliziert, unreflektiert bleibt und entweder der Notation entgeht oder aber vom Komponisten für selbstverständlich erachtet wird. Alles hängt hier vom Charakter der Musik ab und von dem Sinn, den der Interpret der Tempokontinuität beilegt, ihrer kinetischen Qualität, dem Stil und der Form des jeweiligen Stückes. Aber das alles wird nicht deutlich aufgezeichnet, und der Interpret hat nichts vor Augen als ein Schema *statischer* Strukturen aus Tönen und Rhythmen, und überdies sind »Stil« und »Form« transzendente Gegebenheiten der Gesamtstruktur. Wenn der *Rhythmus* Signifikationsvorrang hat, muß er streng eingehalten werden, jede Bewegungsänderung muß im Sinn seiner Kadenzierung und Kontinuität begründet sein. Hat die Tonstruktur Vorrang, geht jede Bewegungsveränderung aus dem affektiven Sinn des musikalischen Motivs oder der Phrase hervor. Folglich gehorcht ein rhythmisches *Rallentando* oder *Accelerando* anderen Gesetzen als ein affektives *Rallentando* oder *Accelerando*. Im ersten Fall sind beide Vorgänge unmittelbar sinnlich wahrnehmbar und bemessen, sie bleiben Funktion des kadenziellen Gleichgewichts und der kinetischen Bewegungsqualität. Im zweiten Fall geschehen beide Vorgänge gewöhnlich unmerklich, weil sie sich so sehr mit dem Sinn der musikalischen Phrase oder Periode verquicken; sie dürfen das Gefühl für die Tempokontinuität nicht antasten, solange es sich jedenfalls nicht um eine *intentionelle* Signifikation eines bestimmten affektiven Sinns der melodischen Phrase durch Verlangsamung, Beschleunigung oder *Rubato* handelt. In diesem letzteren Fall ist die Tempoveränderung gewöhnlich vom Komponisten vorgeschrieben worden, er kann sie aber auch für selbstverständlich gehalten haben.

Aus all diesen Überlegungen geht deutlich hervor, daß das musikalische Tempo nicht *metronomisch* ist, wenn es auch gemessen wird. Dadurch, daß das Tempo kadenziell ist und durch das Verhältnis zweier Kadenzen bestimmt wird, deren zweite keine genaue quantitative Norm besitzt, ist diese Bestimmung qualitativ und relativ; sie qualifiziert eine bestimmte Modalität und eine bestimmte Qualität der Fortschreitung. Die musikalische Kadenz ist ihrem Wesen nach seelischer Art, sie ist Ausdruck einer lebendigen Kadenz, sosehr sie auch durch die ästhetischen Forderungen der Musik stilisiert sein mag.

Der verstorbene rumänische Musikhistoriker und Volksmusikforscher Constantin Brailoiu schreibt in seiner *Le Rythme aksak* betitelten Veröffentlichung über den in der Volksmusik des Balkans und der Türkei häufigen Fünfer- und Siebener-Rhythmus (Paris 1952): »Von allen Elementen der Musik hat keines so viele Kontroversen erregt oder zu so vielen Spekulationen Vorwand geboten wie der Rhythmus. Seine Definition reicht von der Metaphysik bis zur strengsten Technizität, ohne daß sich daraus bis heute eine kohärente Theorie entwickelt hätte . . .

So ungenau seine Vorstellung über den Rhythmus auch ist, der Abendländer hält sie dennoch meist für die einzig denkbare und meint, daß alle ihm ungewohnten, außerhalb der europäischen Kunstmusik anzutreffenden rhythmischen Kombinationen sich notwendig auf die eine oder andere Art auf sie zurückführen lassen müssen . . .

Das abendländische Rhythmussystem hat als konstituierendes Element eine Zeit*einheit* oder eine unveränderliche *Zählzeit*, aus der Elementargruppen, sogenannte ›Takte‹, aufgebaut und unaufhörlich wiederholt werden . . . Da wir zu gleicher Zeit stets nur eine Zeiteinheit benutzen, ist unser Rhythmus also *monochron*, und da wir immer nur identische Vielfache dieser Einheit aneinanderreihen, ist sie *monometrisch*. Obwohl er mit den Prinzipien seiner eigenen Rhythmik nur unzureichend vertraut ist, kann sich der Abendländer andere Prinzipien nicht vorstellen, die eine andere Rhythmik beherrschen, die nicht unerwartete Anwendungen von Schulrezepten entstehen lassen, sondern definierbare Gesamtheiten aus Verfahren oder ›Systemen‹, die schon ihrem Wesen nach anders sind als das System, welches das westliche Europa anwendet.

Der *aksak* unterscheidet sich vom klassischen Rhythmus durch gewisse Besonderheiten, ist ihm in anderen aber auch wieder ähnlich. Er unterscheidet sich durch seine grundlegende Unregelmäßigkeit, deren Hauptgrund im ständigen Gebrauch zweier Zeiteinheiten liegt – einer kurzen und einer langen – anstatt einer einzigen . . . Notierten wir den kurzen Wert als Achtel, würde der lange einem punktierten Achtel entsprechen. Der *aksak* ist also ein regelrechter *bichroner* Rhythmus.«

Diesen bichronen, im Falle des *aksak* tänzerischen Rhythmus hatte Brailoiu auch im Volkslied Rumäniens und anderer Teile Europas entdeckt – den *giusto syllabique bichrone*.

Was ist aber der bichrone Rhythmus anderes als die aus einer Reihung von zwei- und dreizeitigen Elementarkadenzen ♪ ♩, ♩ ♪ ♪ usw. bestehende Überstruktur? Er ist allerdings eine unveränderliche, verewigte Überstruktur, eine endgültige ethische Wahl. Fügt man nun dieser Feststellung an, daß Brailoiu in der *kindlichen Rhythmik*, d. h. in den doch spontan von Kindern geschaffenen Kinderliedern und Kindertänzen aller Länder und Zeiten, einen *kadenziellen* Rhythmus entdecken konnte, so dürfen wir wohl mit Berechtigung sagen, daß Brailoius Entdeckung unsere Untersuchungen bestätigt.

Merkwürdigerweise glaubte Brailoiu, der doch zuerst Musiker und dann erst Wissenschaftler war und der sich aus Protest gegen die Wendung, welche die abendländische Musik – die »gelehrsame Musik« – genommen hatte, mit Volksmusik beschäftigte, im »bichronen« Rhythmus ein *anderes* rhythmisches System zu sehen als das, welches die abendländische Musik beherrscht. Das erklärt sich daraus, daß er als Musikwissenschaftler, der er geworden war – und die Musikwissenschaft ist eine *Beobachtungswissenschaft* –, nach den Fakten urteilte und in bezug auf die abendländische Musik nach dem Anschein der Fakten und der auf diesem Anschein aufgebauten Theorien.

Es stimmt zwar, daß im Abendland die Musik so *aussieht*, als sei sie auf dem *Metrum* begründet – den Grund dafür haben die Wissenschaftler übrigens niemals klar erkannt –, aber der im Abendland in den »Musikern«, den Komponisten und den ausübenden Musikern, wirkende rhythmische Sinn war bis zu unserer Zeit stets *kadenziell*. Wir mußten bis zum ersten Viertel des 20. Jahrhunderts gelangen, um zu erleben, daß die Musiker plötzlich die Theorie *ernst nehmen*, daß sie nach der »Theo-

rie« arbeiten und spekulieren und jetzt vermeinen, man mache Rhythmen aus »Zählzeiten«, das »Tempo« beruhe auf den »kleinsten Zeitwerten«, daß sie überhaupt
»Tempo« mit »Geschwindigkeit« verwechseln.

Der geschichtliche Übergang vom »kadenziellen« zum »metrischen« Rhythmusgefühl, vom »Qualitativen« zum »Quantitativen«, hat sich in unserer Zeit auf allen
Gebieten der Musik offenbart und macht z.B. den ganzen Unterschied aus zwischen
dem, was der Jazz ursprünglich war, und dem, was aus ihm geworden ist.

Derselbe Verfall des rhythmischen Gefühls zeigt sich heute in der Interpretation
der großen Meisterwerke der Musik. Da deren Rhythmus und Tempo wesenhaft
kadenziell sind, muß die Geste des Dirigenten dem Spiel der Musiker einen kadenziellen Verlauf aufprägen, und zu diesem Zweck muß er nicht »Zählzeiten« schlagen,
sondern Kadenzen, d.h. zu einer einheitlichen Geste verbundene Zeitwerte (was
Toscanini am Ende seiner Laufbahn durch eine Art Kreisbewegung andeutete). Dies
ist nach meinem Dafürhalten überhaupt das Prinzip der Dirigiertechnik. Dem könnte
man noch ein zweites Prinzip anfügen: Die Geste für eine Zeitdauer muß entsprechend
der zwei- oder dreizeitigen Substruktur differenziert sein, so daß das Schlagen einer
Zählzeit bereits die Unterstruktur der Zählzeit fühlen läßt. Sobald im Schlag des Dirigenten jede Zählzeit eines Taktes auf Kosten der Bewegung, welche die Zählzeiten
zur Kadenz verbindet, *präzisiert* wird, gerät man von der »bewegenden« Zählzeit zur
»statischen«. Der Dirigent, der die Zählzeiten schlägt, auch wenn sein Schlag den
Takt nachzeichnet, hat ebensowenig wie der Musiker, der die Zeiten »zählt«, begriffen, was eigentlich »Tempo« ist.

2. Der verborgene Sinn des musikalischen Einbildungsaktes

Wir haben uns bei der rhythmischen Struktur des melodischen Verlaufs etwas
aufgehalten, um darzulegen, daß auch sie gänzlich »von innen« bestimmt wird
und daß sie das ist, was die zeitliche Struktur des Melodieweges sein müßte,
wenn dieser vom musikalischen Bewußtsein als sein eigener Existenzweg in
der Zeit erlebt würde. Als rein affektive Weltgegenwart verläuft die Zeit in der
Welt für uns schnell oder langsam; innerhalb desselben Existenzaktes scheinen uns manche Viertelstunden schneller zu vergehen als andere, und wenn
wir in der Welt tätig sind, nimmt unsere zeitliche Spannung auf ein zu erreichendes Ziel hin affektiv Gestalt an auf der Grundlage unserer Atemkadenz.
Damit aber die räumliche Struktur des Melodieweges das getreue Abbild unserer existenziellen Zeitlichkeit G-Z sei, muß sie intakt bleiben. Die Ton-
G-Z
G-Z
struktur des Melodieweges ist ein absolut realistisches Abbild unserer existenziellen Zeitlichkeit, während die rhythmische Struktur des Melodieweges –
um deren kadenzielle Formung reflektieren zu können – ihrer Kadenz ein
exaktes Maß geben muß, das sie in unserem täglichen Dasein nicht hat oder
das unbemerkt bleibt. Dadurch bekommt die melodische Klangstruktur als
Dauerstruktur eine Stilisierung, die sie als reine Tonstruktur oder als räumliche Struktur nicht besitzt. Diese Stilisierung war notwendig, um unserem
melodischen Fortschreiten ein Zeitmaß zu geben.

Da die kadenzielle Struktur des melodischen Weges eine getreue Spiegelung der existenziellen Zeitlichkeit des psychischen Bewußtseins ist, so entspringt die Wahl der Tonstruktur, der Kadenz und des Tempos aus einer freien Entscheidung des Musikbewußtseins des Komponisten, aus einer Selbstdetermination im Melodieweg, in dessen Kadenzierung und Tempo: sie ist also eine *ethische* Wahl. Die ethische Seinsweise des Komponisten äußert sich im *Wie* seiner musikalischen Strukturen, also durch deren *ästhetischen* Aspekt, wogegen das *Was* dieser Strukturen das *affektive Erlebnis* widerspiegelt. Der musikalische Einbildungsakt ist daher ein Ausdrucksakt des Menschen in seiner Eigenschaft als ethisches Wesen, und man kann sagen, die Musik ist ein *ästhetischer Ausdruck der menschlichen Ethik*. Sie ist also im eigentlichen Sinn nicht Ausdruck eines *Gefühls*, sondern Ausdruck des *Menschen* als affektiven Wesens, in der Weise, daß sich dieser Ausdruck *durch die Signifikationen der Gefühlstätigkeit* vollzieht.

Wir sagten Ausdruck. Wohlverstanden besteht hier kein Unterschied zwischen Ausgedrücktem und Ausdruck, und im melodischen Abbild stellt sich das musikalische Bewußtsein selbst, ohne *Medium*, im Spiegel der musikalischen Töne bloß. Ermöglicht wird dieses Phänomen durch die Transparenz des Tons, der dem Blick des Bewußtseins nur sein reines Abbild zurückgibt. In dem *Prélude*, das Debussy nachher mit *Des pas sur la neige . . .* betitelte, ist die melodische Bewegung das durch den Rhythmus stilisierte Abbild einer Existenz, die ihren Weg sucht (Debussy wurde sich erst durch Nachdenken über den Sinn seiner Musik klar).

Ästhetischer Ausdruck: Im Anhang dieses Buches (Anmerkung III, S. 776) wird ausgeführt, daß jede ethische Determination des Menschen ihr Gegenstück in einer ästhetischen Determination hat und daß die Ästhetik nur die äußere Manifestation der Ethik ist. Die ethischen Modalitäten exteriorisieren sich in den Tonstrukturen, und das melodische Abbild ist also ein ästhetisches Abbild unseres Existenzweges; und dadurch ist es Ausdruck, nämlich Verkündigung eines Innen durch ein Außen – *Gestalt*.

Der Sinn jedoch des musikalischen Einbildungsaktes, den wir sich enthüllen sehen, ist ein *verborgener*, denn das ethische Selbstbewußtsein ist, wie wir gesehen haben, reine Affektivität, und seine Selbstdeterminationen signifizieren sich durch affektive Determinationen, die ebensosehr Modalitäten unseres Existenzgefühls sind. Deshalb macht uns der musikalische Einbildungsakt als *Erlebnis* auch nur mit einem Gefühlsereignis bekannt; und die ethischen Signifikationen der Musik sind transzendente Signifikationen des erlebten Ereignisses, die wir nur in der Analyse entziffern können, die aber nichtsdestoweniger dem Erlebnis seine ganze *Sinntiefe* und seine *Unergründbarkeit* verliehen haben.

DIE MELODIE ALS SYNTAKTISCHE STRUKTUR AFFEKTIVER BILDER Betrachten wir das doch etwas genauer. Jedes durchlaufene Intervall ist für das musikalische Bewußtsein eine Positionsspannung mit einer zu unseren Intervall-Logarithmen korrelativen affektiven Bedeutung. Das melodische Abbild gewinnt Gestalt jedoch erst *beim Erscheinen des Motivs.* Ein Melodieweg besteht also nicht eigentlich aus einer Intervallfolge, sondern aus der Aufeinanderfolge von *Motiven* in der Kontinuität des Tempos, und jedes Motiv ist ein zur Logarithmensumme der durchlaufenen Intervalle korrelatives affektives Erlebnis. Jedes dieser »Erlebnisse« gibt dem Motivverlauf und damit dem Motiv selbst als melodischem Abbild eine affektive Bedeutung. Jeder Melodieweg bietet sich also dar als das, was Husserl eine *syntaktische Struktur affektiver Bilder* genannt hätte, d. h. sie sind gleichsam verknüpft durch unsere Spannung der Zeitlichkeit, welche den Verlauf ihrer Abfolge unterspannt. Mit anderen Worten: Dem Einbildungsbewußtsein erscheint der gesamte Melodieweg wie eine *dialektische Abfolge affektiver Bilder,* denen unsere in der Kadenz und im Tempo erlebte affektive Spannung einen Sinn gibt. Man sieht, durch welche »Erlebnisdichte« sich die transzendenten Bedeutungen des Melodiewegs *offenbaren,* die nicht »geschaut«, sondern »empfunden« sind. Ihre Transzendenz ist zweistufig: Durch das erlebte *Gefühl* signifiziert sich eine gewisse affektive (existenzielle) Modalität, die zugleich auch eine *ethische* (ontologische) Modalität ist. Aus diesem Grund können die bedeutungsreichsten Musikwerke auch Gegenstand unausschöpflicher Erlebnisse sein: Man kann sie nie ausschöpfen, ihren Sinn nie ganz durchdringen, die verschiedenen Signifikationen nie alle erkennen. Deshalb sind sie immer »aktuell«; und zwar nicht durch ihren ästhetischen Wert, der Dauer verdient, sondern durch die Unerschöpflichkeit ihres Ausdrucksgehalts. Auch wegen der Transzendenz ihrer Bedeutungen ist Musik, wie Beethoven gesagt hat, »eine höhere Offenbarung als alle Philosophie«; denn was sie uns vom Menschen offenbart, ist dessen verborgenes Wesen; und durch die individuellen affektiven und die individuellen und kollektiven ethischen Modalitäten offenbart sie uns überdies die allgemein menschlichen, möglichen Modalitäten und die *Konstanten* seiner Ethik. (Später werden wir sehen, in welchem Maße wir uns ein klares Bewußtsein dieser transzendenten Signifikationen des musikalischen Erlebens machen können.)

DIE ETHISCHE BEDEUTUNG Es folgt, daß der *Wert* der Musik als menschliches Erlebnis von ethischer und nicht von ästhetischer Art ist: Er hängt ab von ihrer menschlichen Bedeutung und ihrem Gehalt an menschlicher Bedeutung. Das gilt um so mehr, als wegen der Identität von Ausgedrücktem und Ausdruck im musikalischen Einbildungsakt die Musik als Ausdruck nicht nur wahr ist, sondern *nicht lügen kann.* Aber ihre Wahrheit ist das, was sie vom Menschen *ohne dessen Wissen* offenbart, und nicht notwendig die Wahrheit

der Gefühle, die sie auszudrücken scheint; diese können vorgetäuscht sein.
In diesem Falle ist der musikalische Ausdruck nichts als *ästhetische* Vorspiege-
lung. Aber ihre Wahrheitskraft ist so groß, daß man es beim genauen Zuhören
merkt: Die Musik *verrät* den Musiker. Deshalb verlegen wir ihren Wert in
ihre ethische Bedeutung.

Nehmen wir einmal an, ein Ungläubiger schriebe eine *Messe*. Seine Musik
würde das Äußerliche der Messe signifizieren, aber seine Themen und sein
Glaube, aus dem die Themen entstammen, würden einen konventionellen oder
unpersönlichen Ausdruck wiedergeben, so daß uns irgend etwas in dieser *Messe*
fehlen würde. Es muß ein wahrer Glaube dahinterstehen und nicht nur das
Verlangen, eine Messe zu schreiben. In einer *Messe* von Vittoria glühen die
Persönlichkeit des Komponisten und die Echtheit seines Glaubens. Mit anderen Worten: Die Echtheit des musikalischen Ausdrucks impliziert den Einsatz des Musikers als affektiven Wesens in seinem Ausdrucksakt, so daß uns
seine Musik obendrein noch bestimmte Seiten seiner ethischen Seinsweise
spüren läßt. Wenn ein Musiker aus seiner Musik ein simples Spiel mit Tönen
macht – auch wenn es »musikalische« Töne sind und sogar expressive »Absichten« bestehen –, wenn er sich in klugen Kombinationen melodischer und
rhythmischer Strukturen gefällt, die den Gesetzen der Kadenz- und Tonstrukturen aus dem Wege gehen, so hätte diese Musik zwar immer noch das
Aussehen von Musik, sie entbehrte aber jeglicher »transzendenter« Bedeutung
und jedes menschlichen Wertes, sie ließe nur noch den Scharfsinn des Musikers
spürbar werden; seine expressiven Absichten träten aus den melodischen
Linien wie Trümmer an die Wasseroberfläche, ohne innere Verbindung und
ohne Halt im Fluß der Töne.

Stellen wir noch fest, daß die Musik, weil die musikalische Struktur kadenziell ist und ein Tempo hat, dem affektiven *Gestus* und dem *Tanz*, dem körperlichen Verhalten, also dem, was man eine die rhythmische Struktur ausdeu-
tende seelische Geste nennen könnte, eine *ethische Bedeutung* verleiht, wie sie
auch der affektiven Signifikation der Tonstruktur eine verleiht, so daß sie den
gesamten Bereich der menschlichen Aspekte umfaßt, durch die sich die affektiven und ethischen Modalitäten des Menschen offenbaren. Folglich kann die
Musik als Ausdrucksakt ihre Grundsignifikationen der Tonstruktur und der
rhythmischen Struktur entnehmen. Die Tonstruktur ist dabei von größerer
Bedeutung, denn sie allein kann der Musik eine »Form« geben. Die rhythmische Struktur kann nur eine kadenzielle Modalität und ein Tempo beitragen, sie kann aber nicht von sich aus dem melodischen Weg eine *Form* zuwei-
sen; sie führt lediglich eine *Ordnung* ein. Sie ist tatsächlich bloß die existenzielle Struktur, wogegen die Tonstruktur die ontologische Struktur konstituiert. Von daher ergeben sich zwei mögliche Wesensunterscheidungen der
Musik: »Gesang« und »Tanz«. Bei ersterem liefert die rhythmische Struktur
dem melodischen Weg das notwendige Gerüst der Zeitlichkeit; beim zweiten
liefert die Tonstruktur dem Rhythmus die nötige räumliche Struktur. Natür-

lich ist der signifikative Wert der Musik um so höher, je mehr sich beide Strukturen wetteifernd um die Signifikation bemühen.

Aber verstehen wir uns recht: Wenn ich in der *jota aragonese* den leichtesten und unschuldigsten Tanz der Welt erkenne, in einem *Largo* des 17. Jahrhunderts den wahren Ausdruck des Edlen, in einem Konzert aus dem Ende des 18. Jahrhunderts den Ausdruck der Eleganz und einer verfeinerten Gesellschaft und im *Credo* der *h-moll-Messe* – auch ohne Worte – Kraft und Gewißheit des Glaubens, so nicht aus dokumentarischem Interesse; nicht weil ich mich besonders für die Menschen aus Aragon oder für die Menschen des 17. und 18. Jahrhunderts oder für Bachs Persönlichkeit interessiere, sondern deshalb, weil ich in diesen Musikstücken affektive oder ethische Modalitäten erkenne, die jedem Beliebigen, auch mir, zugehören könnten, *weil ich deren Bedeutung erkenne*, so daß mich die Musik zur besseren Selbsterkenntnis führt und auch zur besseren Erkenntnis der Möglichkeiten des Menschen und seiner möglichen ethischen und affektiven Einstellung.

3. Die Motivierung des musikalischen Einbildungsaktes

Wir haben etwas übertrieben, als wir das melodische *Motiv* als Beweggrund des Einbildungsaktes ansahen. Das musikalische Bewußtsein könnte dem Motiv keinen einbildenden *Sinn* geben, wenn es nicht bereits fingierendes Bewußtsein wäre; das Erscheinen des Motivs ist der Augenblick, wo sich seine bereits einbildende Haltung durch Sinngewinnung signifiziert. Tatsächlich ist es bereits mit dem Erscheinen des ersten musikalischen Elements – der Übereinstimmung zwischen einer Intervallstruktur und einer rhythmischen Kadenz – von der rein wahrnehmenden zur einbildenden Einstellung übergegangen, sonst hätte es nicht sehen können, wie sich der Ton in der Zeit von einer raumzeitlichen Tonposition zur anderen »bewegt«. Aber diese fingierende Haltung findet erst im Erscheinen des Motivs ihre erste Seinsfülle. Warum? Nicht nur, weil das in sich geschlossene »Motiv« dem erschienenen Bild seine erste Sinnfülle gegeben hat, sondern auch deswegen, weil in diesem melodischen Weg, sei er auch noch so kurz, ein Bild »Gestalt« angenommen hat, in dem vollkommene Identität besteht zwischen Form und Substanz, und weil ferner diese Gestalt für das musikalische Bewußtsein keine andere Realität hat als die, Reflex des erlebten Gefühls zu sein, so daß dieses Gefühl nichts anderes ist, als *was es ist* – reiner Verlauf des Weges: Seine Gefühlsessenz ist nur eins mit seiner Existenz, und in dieser vollkommenen Koinzidenz von seiner Essenz und seiner Existenz findet es seine Seinsfülle; oder: Es ist ein in sich *vollkommenes* Gefühl.

DIE SCHÖNHEIT   Dieses Ereignis definiert die in uns und in der Welt gleichzeitige Erscheinung der *Schönheit*. Die Philosophie kennt verschiedene Weisen, das Phänomen zu kommentieren. Wir begnügen uns mit der Feststellung, daß die Erscheinung der vollkommenen Identität von Form und Materie in einem beliebigen Existenten, z.B. einem Apfel, das ist, was man den Wert nennt. Denn dieser Wert verleiht dem Existenten seine Seinsfülle: Dieser Apfel ist nichts anderes als ein Apfel, und in seiner Eigenschaft als Apfel hat er seine Seinsfülle durch die in ihm enthaltene vollkommene Identität von Form und Stoff. Der »Wert« ist also für uns ein *Absolutes* und eine *Norm*, und umgekehrt setzen unsere Normen *Werte* und absolute Werte: Die »Wahrheit« ist eine ethische Norm und erscheint uns jedesmal als »Wert«, wenn etwas konkret Existentes mit seiner Wahrheit koinzidiert; dann ist es, was es ist. So ist die *Schönheit* der *Wert*, der die völlige Koinzidenz der melodischen Gestalt mit dem in ihrem Verlauf erlebten Gefühl herstellt. Daher ist die wahre Motivierung des musikalischen Einbildungsaktes die *Emotion*, welche die Erscheinung des *Schönen* in der Existenz des Musikbewußtseins als seelischen Bewußtseins hervorruft. Das Ereignis »Schönheit« entsteht zwar bei der ersten rhythmischen Kadenz, aber erst mit dem Erscheinen des ersten Motivs wird es sinnvoll.

DAS ENTZÜCKEN   In unserem täglichen Leben läßt sich unser ethisches Sein nicht isolieren; es ist stets in Bewegung von einem Zustand zu einem anderen, eine Sorge, eine Hoffnung, ein Gedanke oder ein Wollen. Und weiter ist es niemals gänzlich und ausschließlich das, was es sein möchte, weil es unaufhörlich weitergeht und sich vor immer neuen Situationen wiederfindet. Dagegen findet sich das affektive Selbstbewußtsein in jedem Motiv vor einer vollkommenen und absoluten Selbstbestimmtheit. Dieser plötzliche Übergang von der wirklichen zu einer imaginären raum-zeitlichen Welt, in welcher das beim Melodieverlauf erlebte Gefühl so sehr mit sich selbst übereinstimmt, läßt es im Entzücken versinken. Das Entzücken ist nämlich der affektive Zustand, den man vor der *Schönheit* oder bei der Empfindung des »Vollkommenen« erlebt. Und jetzt verstehen wir besser, daß uns die Untersuchung des Phänomens dazu geführt hat, diesen »Wert« – die Schönheit – jeglichem melodischen Bild zuzuerkennen. Gleichzeitig begreifen wir aber auch, daß dieses »Entzücken« vor dem musikalischen Bild unsere affektive Aktivität angeregt und dadurch den Einbildungsakt motiviert hat.

In seiner *Esquisse d'une théorie des émotions* zeigt Sartre, daß die Emotion ein seelischer Schock ist, der durch eine plötzliche und magische Verwandlung unseres Welthorizonts vor unseren Augen ausgelöst wird. Im Gebirge finde ich mich plötzlich auf einem schmalen Pfade eingeklemmt zwischen einer senkrecht aufsteigenden, unzugänglichen Felswand und einem unendlichen Abgrund. Vom Abgrund fasziniert, erfaßt mich der Schwindel, ich will mich der Anziehungskraft des Abgrundes widersetzen und verliere überdies das Gefühl, fest auf meinen Füßen zu stehen. So bleibe ich unbeweglich stehen, wie gelähmt, ohne vorwärts- oder rückwärtsgehen zu können. Dieser Schwindel entsteht nach Sartre dadurch, daß an die Stelle der vollen, gesicherten Welt, des gewohnten Horizontes das Leere getreten ist, und dessen Erscheinen läßt mich in der Unbeweglichkeit *erstarren*. Das *emotional bewegte* Bewußtsein ist ein in der Dauer *erstarrtes* Bewußtsein; Sartre fügt an: »erstarrt in dem Sinn, in dem man auch von Gelees oder Crèmes als erstarrt spricht«. Das »magische« *agens* bei der Verwandlung meines Existenzhorizontes ist hier »das Leere«, das an die Stelle des Seins das Nichts gesetzt hat. Im musikalischen Einbildungsakt ist dieses magische Agens der *musikalische Ton*, denn er bewirkt die Verwandlung des wirklichen Raums in Klangraum und des Klangraums in Einbildungsraum, in dem die Aufeinanderfolge von Tönen sich in die Bewegung eines Tones in Raum und Zeit verwandelt, mit allen Metamorphosen, die das in meiner Anschauung und in meinem inneren Zustand nach sich zieht.

Es gibt im übrigen kein einziges Gefühl, das nicht durch eine kleine oder große Emotion motiviert würde, denn unsere Gefühle entstehen alle stets durch das Erscheinen eines »Wertes« in einem wahrgenommenen Ding: Der *Schönheit*, des *Reizes*, des *Sex appeal* bei der Liebe, oder des *Jammers* und des *Leidens* bei Frömmigkeit und Mitleid. Die Anziehungskraft der Dinge wird gewöhnlich stets durch einen »Appetit« motiviert, welcher den Dingen einen »Wert« gibt. Die »Emotion« ist also nicht das »Gefühl«, das es hervorruft, sondern gleichsam die »Kupplung«, die das Gefühl »einschaltet« und festhält. Folglich sind es also strenggenommen gar nicht die in der Musik erlebten Gefühle, die uns bewegen, weil sie ja nur durch Bilder angedeutet werden; hingegen bewegen uns diese Gefühle, weil sie *in der Emotion des Schönen* erlebt sind.

Da die Emotion des musikalisch Schönen in uns Entzücken erweckt, sind alle Gefühlssignifikationen der Musik entzückend. Deshalb empfinden wir auch ebensoviel Entzücken beim *Trauermarsch* von Chopin wie bei der *Eroica* oder bei der *Marche joyeuse* von Chabrier, bei trauriger wie bei heiterer Musik. Das »Entzücken« ist also die einzige wirkliche affektive Determination, die uns die Musik erleben läßt, aber es ist kein »Gefühl«; es ist vielmehr ein *Zustand*, ein innerer Zustand, der das affektive, das Existenz*klima* schafft, in welchem alle möglichen Modalitäten des menschlichen Gefühls erlebt werden können. Es bleibt aber nichtsdestoweniger dabei, daß diese Gefühlssignifikationen wirklich im musikalischen Erlebnis erlebt werden durch unsere inneren Zeitlichkeitsspannungen, die sich den musikalischen Strukturen anpassen. Die Emotion des Schönen verquickt sich dann mit dem musikalischen Gefühl, das es irgendwie zur Emotion erhöht, und es ist wesentlich diese Emotion, die ein an sich bestimmtes und »vollkommenes« Gefühl erleben läßt. Deshalb braucht es uns auch nicht seinen Namen zu verraten, um uns zu bewegen; es bewegt uns, gleich welcher Art es auch sei. Anstatt daß es seinen Namen sagt (sich zu erkennen gibt), wird es uns zugleich durch das melodische Bild signifiziert, und unsere Emotion nimmt Gestalt an, indem wir im melodischen Bild die völlige Signifikation dessen erkennen, was wir empfinden, d. h. was wir vor der Musik *sind*, nämlich ein rein musikalisches Gefühl, das tatsächlich in uns in Rhythmus und Tempo erlebt wird. Denn das Gefühl ist stets ein Anruf an irgend etwas; und das zu finden, was man ruft (sei es auch nur das reine Abbild des Angerufenen), bewegt uns um so mehr, als es für das Gefühl, das sich nicht selbst kennt, ein *einzigartiges* Ereignis ist, sich im Existieren zu erkennen, als ob es einen Doppelgänger erkenne; und das tut es im musikalischen Akt.

Die menschliche Tragweite der Musik   Das *musikalische* Bewußtsein erstarrt in der Emotion des Schönen, und jetzt begreifen wir, weshalb es in seiner Eigenschaft als Bewußtsein des melodischen Bildes Bewußtsein der Dauer ist und den gesamten Verlauf eines Musikstücks transzendiert. Und wir begreifen auch, was dieses selbe musikalische Bewußtsein in seiner Eigenschaft als affektives Selbstbewußtsein in der Dauer und in der Emotion *festhält*: indem es sich nämlich dem Tempo angleicht, *gleicht es sich der Kontinuität* an, welche den Ablauf der Musik unterspannt, solange sie dauert. Die Emotion des Schönen ist jedoch eine »feine« Emotion in dem Sinne, daß sie nicht eigentlich körperlicher Art ist, wie z. B. der Schwindel, der einen lähmt, oder der Schreck, der einen fliehen macht. Ein Nichts kann sie vernichten. Dennoch ist es wahr, daß diese Emotion – solange sie dauert – uns unsere Sorgen und Nöte vergessen läßt, die Welt, die uns umgibt, und die Zeit dieser Welt. Sie hebt unser Denken auf und fesselt uns in einer imaginären Welt, an die uns innerlich die Musik bindet. Dieser Zustand des Entzückens überträgt sich also durch eine *körperliche Euphorie* – Zeichen unseres seelischen Wohlbefindens –, und er überträgt sich andererseits durch das *Vergnügen an den Tönen*.

Da der Ton das magische Agens ist, das das Erscheinen des Schönen bewirkt, hängt die Magie der Musik stets am Ton und nicht an den Tonstrukturen, die nichts Magisches an sich haben. Diese magische Kraft kann sich für den Zuhörer vom Ton selbst auf den übertragen, der Töne erzeugt, auf den Ausführenden, und von daher kommt die magische Scheinallüre des Virtuosen und heutzutage des Dirigenten. Wegen dieser Magie des musikalischen Tones hat der Mensch in der Musik zunächst ein magisches Phänomen erblickt, hat der Primitive der Musik eine magische Kraft beigemessen und an ihr teilgehabt. Da aber der musikalische Ton das magische Agens ist, das die Schönheit unmittelbar *wahrnehmbar* werden und das uns die Musik als entzückend erscheinen läßt, macht er *immer Vergnügen* und braucht nicht *in sich schön* zu sein, um zu gefallen. (Diejenigen, die in der Musik das Vergnügen suchen, werden mehr von ihren *unmittelbar sinnlich wahrnehmbaren* als von ihren rein »affektiven« Deutungen angezogen, denn erstere treten *durch den Ton* in Erscheinung.)

Die Musik ist daher immer schön oder aber verfehlt. Sie ist immer schön, wie die Mathematik immer wahr ist. Deshalb ist die Schönheit in der Musik kein *Wertkriterium*, sondern ihre *conditio sine qua non*, die sie in den Rang der Schönen Künste erhebt. Diese *conditio sine qua non* ist allerdings nur ihre existenzielle Bedingung, nicht ihre ontologische – diese ist, Ausdruck zu sein. Und durch diese letzte Bedingung ist sie auch nicht der Signifikation *guter* Gefühle »geweiht«, sondern kann alles zur Geltung bringen, was zum Bereich des Affektiven gehört. So kann sie jedem Nichts und allen Gemeinplätzen einen »Wert« verleihen, wie das Sancho-Pansa-Motiv aus *Don Quichotte* von Richard Strauss beweist:

Als ästhetischer Ausdruck der menschlichen Ethik hat sie dagegen auch ihre Schönheitsnormen, aber diese sind nicht *moralischer* Art: es sind *ethische* Normen, was umfassender und sogar »erbaulicher« ist, vor allem *Sein, Freiheit, Wahrheit* und *Liebe*. Die Musik hat also keine moralische Bedeutung, wie manche gerne möchten; sie hat nur eine informierende, oder wenn man so will: offenbarende Bedeutung. Als Ausdruck der menschlichen Ethik ist sie trotz ihrer Hermetik oder vielleicht gerade deswegen die aufklärendste Erfahrung, die der Mensch über sich selbst und über seine Gattung aus seiner eigenen Natur gezogen hat.

Es kann dabei entschiedenermaßen weder eine *reine* Ästhetik noch eine *reine* Musik geben. Im Bereich der authentischen Musik gibt es nur eine *autonome* und eine *nichtautonome* Musik, d. h. Musik, die von außen bestimmt wird, die Dienerin ist von Poesie, Tanz, Schauspiel oder eines (programmatischen) Vorwurfs. Natürlich kann sich die Musik mit Dichtkunst, Tanz, Drama oder einem Vorwurf verbinden, ohne dabei ihre *Autonomie* aufzugeben, indem sie ihre Gesetze, Strukturen und Formen aus sich selbst bezieht. In diesem Fall gibt sie dem Vorwurf einen musikalischen Sinn, wie z. B. in der besten französischen Musik, die ja gemeinhin Musik mit konkretem Vorwurf ist. Die aus diesen Überlegungen entstehende musikalische Ästhetik gibt den Signifikations*primat* in der musikalischen Form *nicht der Form, sondern der Substanz*. Reine Ästhetik sieht ihn in der Form; sie übersieht zwar nicht die Substanz, aber in den Augen des Ästheten ist die Substanz gleichgültig, solange Form- und Substanzsignifikation identisch sind. Ebensogut könnte man sagen, die Form könnte *leer* sein, weil ja ihre Substanz als solche nicht zählt und nur in bezug auf die Form Bedeutung hat, die sie annimmt, so daß sie folglich in sich unbedeutend sein könnte.

Wir haben den Einbildungsakt behandelt, ohne das Bewußtseinsphänomen zu beschreiben, das ihn *möglich* macht. Sartre hat es auf psychologischer Ebene in *L'Imagi-*

naire untersucht. Der Einbildungsakt wird dadurch möglich, daß die Wahrnehmungstätigkeit präreflexiv ist und nur durch eine rein geistige oder seelische Reflexion signifiziert wird, die für das *menschliche Bewußtsein* die *Wahrheit* des Phänomens sagt.
Die Tatsache aber, daß diese Wahrheit sich nur als durch das *reflexive* Bewußtsein – in
unserem Falle durch das psychische Bewußtsein – reflektiert signifiziert, läßt der
Einbildungskraft Spielraum: Ich höre die Haustür ins Schloß fallen und denke, jemand muß eingetreten sein – aber nein! Ein Luftzug hat sie zugeschlagen. Ist der
Irrtum möglich, dann auch die Einbildungskraft, die demselben Phänomen entstammt wie der Irrtum, nämlich der Determinationsfreiheit des reflexiven Bewußtseins
auf Grund seiner Autonomie. Der Einbildungsakt in der Reflexivtätigkeit des Bewußtseins besteht also darin, in dem wahrgenommenen Phänomen ein transzendie-
rendes Bild zu sehen, dessen Wesens*strukturen* mit denen des »Wahrgenommenen«
koinzidieren. Betrachtet man das Wahrgenommene für sich, findet man nichts darin,
was das Wesen des Bildes ausmacht, außer einer zu der des Bildes *analogen Struktur*:
Es *ist* in sich das *analogon* des Bildes, wie Sartre sagt. Hätte man das auf die Musik
angewandt, so hätte man ihr Geheimnis nicht so lange in den Tönen gesucht. Bei der
Malerei ist das *analogon des Bildes* die bemalte Leinwand. Beim poetischen Bild wird
der Dichter durch die Vision zum poetischen Bild veranlaßt: der »Halbmond«, den
Ruth (bei Victor Hugo) in Gestalt einer »goldenen Sichel« sieht. Bei der Musik ist
das *analogon* die »in Rhythmus und Tempo wahrgenommene Tonstruktur«, d.h. das
erklingende Werk.

Das *konkrete* musikalische Bild dagegen, das – wie die »goldene Sichel« – auch für
das Bewußtsein ein konkretes Bild ist, ist *die in den Tönen erscheinende Melodie*, die
die Aufeinanderfolge der Töne transzendiert. Der musikalische Einbildungsakt besteht also in der Freiheit des affektiven Bewußtseins, eine Tonfolge zu seinem
Existenzweg zu machen und so dieser Tonfolge einen Sinn zu geben.

Wenn das *analogon* des musikalischen Bewußtseins die in Rhythmus und Tempo
erklingenden Töne sind, was ist dann der geschriebene Notentext?

Er ist eine »Ausführungsvorschrift« zu der durch einen Ausführenden vorzuneh-
menden Verwirklichung des *analogon*, und der Ausführende muß das *analogon*
so verwirklichen, daß er das im Text implizierte musikalische Bild zur Erscheinung
bringt. Aber diese »Vorschrift«, die der Text formuliert, läßt sich nicht mit dem Re-
zept für den Apotheker vergleichen, das alle Medikamente in ihren Mischungsver-
hältnissen angibt; auch nicht mit dem Bauplan des Brückenkonstrukteurs, in dem
alle Maße und Materialien vorgeschrieben sind. Denn der musikalischen Vorschrift
fehlt das *Wesentliche*, das, was dieses *statische Schema* in einen durch eine innere
Dynamik und ein *qualifiziertes* Tempo belebten melodischen Fluß verwandelt. Deshalb verlangt der Text nach einem *Interpreten*, nicht nur nach einem bloßen *Ausführenden*, wie Strawinsky wünscht. In einem bestimmten Abschnitt der Geschichte und
in bestimmten Situationen ist der Komponist sein eigener Interpret. Sobald er aber
seine Musik schriftlich überliefert, erfordert sie einen Interpreten. Strenggenommen
schafft der Interpret »die Musik«, die im Text enthalten ist, er läßt sie aus den Tönen
entstehen; aber er schafft eine Musik, die er nicht selbst erdacht hat, er ist nur *nach-
schaffender Künstler*, der eine Musik nach einem Text schafft, welcher eine bereits
vorgestellte Musik schematisiert.

Der Komponist ist übrigens strenggenommen nicht »Schöpfer«, denn er schafft
seine Sprache nicht. Er benutzt eine bereits erworbene Sprache, um ein neues Werk
zu erzeugen: Er ist, wie der Interpret, ein Erzeuger. Er schafft sein Werk, um sich oder
etwas zu signifizieren, während der Interpret die lebendige Musik schafft, um in den
Tönen erscheinen zu lassen, was der Komponist signifizieren wollte. Der Einbildungsakt des Komponisten enthält aber, wie wir weiter oben angemerkt haben, einen guten
Teil *Unreflektiertes*, nicht explizit Signifiziertes, das für den Komponisten selbstver-

ständlich ist und von dem er sich keine klare Vorstellung zu machen braucht. Der Interpret hingegen bedarf dieser klaren Vorstellung, wenn er die Musik des Komponisten verwirklichen will. Um ein Beispiel zu geben: Der Interpret muß sich eine klare Vorstellung oder zumindest ein richtiges Gefühl vom *Stil* des Komponisten machen, der im Notentext nicht deutlich aufgezeichnet ist und dessen sich der Komponist nur so weniger bewußt ist, als er selbst der Stil ist. Deshalb ist die Einbildungskraft nach unserer Ansicht die erste vom Interpreten zu fordernde Eigenschaft; eine Einbildungskraft allerdings, die sich, um schöpferisch – und zwar schöpferisch *im Dienste eines Auftrags* – zu sein, ganz und gar der Aufgabe widmen muß, *im Text* die Musik zu erraten, die der Komponist erträumt hat und die er als Interpret durch die klingende Ausführung, die alle möglichen Probleme aufwirft, zur Erscheinung bringen muß. Und auf Grund dieser Aufgabe ist es keineswegs sicher, ob der Komponist allein in der Lage ist, eine vollkommene Interpretation seines Werkes zu geben, solange er nicht wenigstens in der Lage ist, das betreffende musikalische Instrument mit der Meisterschaft der besten Interpreten zu meistern. Denn es ist nicht sicher, ob der Komponist diese dem Interpreten eigentümliche Fähigkeit besitzt, *in den Tönen* das musikalische Bild erscheinen zu lassen mit allem, was es an vom Komponisten nicht Aufgezeichnetem und Nichtreflektiertem enthält. Dagegen erfreut sich der Komponist als Interpret seiner eigenen Musik mit Sicherheit oder doch großer Wahrscheinlichkeit beim Publikum eines Vertrauens und einer magischen Gloriole, die der Interpret von vornherein nicht besitzt, was allerdings nicht heißen will, daß seine Interpretation deswegen die bestmögliche wäre.

Diese Zeilen sind nicht geschrieben – wenn das angefügt werden muß –, um den Interpreten auf einen Sockel zu heben, sondern um die Interpreten, die dies lesen, auf die außerordentlichen Anforderungen ihrer Funktion aufmerksam zu machen, über welche in unseren Tagen soviel Unsinn geschrieben worden ist.

4. Der melodische Vorsatz als schöpferisches Prinzip der »geschlossenen Form« und der verborgene Sinn der tonalen Form

Die Finalität des musikalischen Einbildungsakts – des Ausdrucksakts – haben wir herausgestellt, aber wir haben bisher nichts gesehen, was dem *einzelnen* musikalischen Akt ein *Ziel* und zugleich seinem Weg und Verlauf einen *Endpunkt* setzt. Es gibt keinen Grund, daß dieser Verlauf plötzlich anhält und seinen Weg beendet, wenn das musikalische Bewußtsein nicht schon von Anfang an einen bestimmten zu erfüllenden Vorsatz in sich trüge.

Dieser Vorsatz muß eine der beiden möglichen Modalitäten der *Finalität* des Einbildungsakts sein: Akt des Ausdrucks seiner selbst durch sich oder Ausdruck »von etwas« durch sich und für sich; und er muß sich noch differenzieren, je nach der Natur oder nach dem Aspekt des ausgedrückten Dinges und je nach dem Aussehen, das er dem melodischen Weg gibt: »Bild« oder Existenzweg. Welcher Art aber auch dieser Ausdrucksvorsatz sein mag, er muß dem musikalischen Bewußtsein einen in sich *geschlossenen* melodischen Weg eingeben; und die vollkommene Identität von »Sein« und »Existieren«, die uns ein Motiv oder eine musikalische Phrase zu erkennen gibt, muß sich auf die Ganzheit eines Musikstücks erstrecken, um daraus eine in sich ge-

schlossene »Form« zu machen. Der Einbildungsakt, wie wir ihn sich entwickeln sahen, öffnet tatsächlich nur einen *Existenzweg*, der sich nie vollenden
könnte, wenn nicht eine ergänzende *Intention*, ein gewisser Werkvorsatz seine
Dauer in dem Augenblick begrenzte, in dem der Ausdrucksakt als solcher
vollendet ist. (Deshalb ist die *Improvisation*, die sich in der Zeit keine Grenze
setzt, *bereits* Musik – Beethovens Zeitgenossen versichern uns, daß seine Im-
provisationen ebenso ergreifend gewesen sein sollen wie seine vollendeten
Werke.)

DIE »GESCHLOSSENE FORM«   Dieser Werkvorsatz, der nicht mehr ein einfacher Vorsatz ist, in der Schönheit der Musik zu existieren, kann nur ein
*Seins*vorsatz sein, d.h. ein musikalischer Vorsatz, der die Seinsfülle dem in
sich geschlossenen Existenzakt verleiht, welcher uns das musikalische *Werk*
erleben läßt, und zugleich auch dem melodischen Weg selbst, aus dem er eine
geschlossene *Form* macht. Es ist dieselbe Seinsfülle, die uns schon ein »Motiv«
oder eine musikalische »Phrase« deutlich machte, nur mit dem Unterschied,
daß ein »Motiv« oder eine »Phrase« nach einer Fortsetzung oder wenigstens
nach einer veränderten oder unveränderten Wiederholung verlangt, wogegen
der Seinsvorsatz dem musikalischen Existenzakt den Sinn eines vollendeten
Akts geben muß, der von nun an in sich selbst ruht. Nun ist jeder in sich geschlossene Existenzakt in der Vollendung seines Sinns der Übergang einer *Gegenwart*, die zur Vergangenheit wird, zu einer *Zukunft* durch eine Reihe signi-
fizierter Gegenwarten hindurch. Der Seinsvorsatz muß also dem melodischen
Gesamtweg eine *grundlegend zwei- oder dreizeitige* Überstruktur V–G–Z aufprägen, je nach dem Ausmaß des Zwischenteils zwischen der ersten und der
letzten Periode (denn V wie auch Z bedeuten zumindest ein *Motiv*, wenn nicht
sogar eine Motivreihe, und G kann auch eine zwischen die beiden anderen ein-
geschobene Phrase oder Periode bedeuten). Als Überstruktur erscheint die
Form daher auf der zweiten Stufe der *Transzendenz in der Dauer* der Tonstruktur, über die Verkettung der Motive zu Phrasen und der Phrasen zu Perioden
hinweg; ist sie von einem bestimmten Ausmaß, teilt sie das Werk in Teile, die
in einer kontinuierlichen melodischen Bewegung verbunden sind, und macht
aus dem melodischen Gesamtverlauf *ein Ganzes von einheitlichem Sinn*. Wenn
sie weiter durch unsere Zeitlichkeitsstruktur von grundlegend zwei- oder dreizeitiger Natur ist, kann sie auch Überstruktur einer zwei- oder dreizeitigen
Struktur sein, zum Beispiel *a-b-c-a-b* (Beispiele dafür werden wir später
sehen). Andererseits wissen wir ja, daß die Wahl des Logarithmensystems
durch das Hörbewußtsein irgendwie die *tonale* Grundlage der Form prädeterminiert und dadurch *bedingt* hat, und daß diese Form im Prinzip darin besteht,
von einer beliebigen Tonposition ausgehend, durch eine Reihe von Tonpositionen, die alle durch die Funktion des Quint-Quart-Verhältnisses in der Oktave
qualifiziert sind, zu ihr zurückzukehren. Die Tonstruktur T – D – T ist also

die erste Grundlage der musikalischen *Form*, und diese setzt *ipso facto* die Struktur V – G – Z, aber als die Grundlage, die sich das im Einbildungsakt begriffene psychische Selbstbewußtsein durch sich und für sich von der musikalischen Form gibt. Das soll heißen, daß die *formale Überstruktur*, die auf der zweiten Stufe der *Transzendenz-in-der-Dauer* des melodischen Gesamtverlaufs erscheint, ein *inneres* Fundament im musikalischen Bewußtsein als psychischem Selbstbewußtsein hat und daß seine äußere Erscheinung in der Transzendenz des melodischen Weges nur die *statische* Form des musikalischen Werks ist, die *innen* durch die auf der Struktur T – D – T beruhende Tonbewegung und durch die zum psychischen Selbstbewußtsein korrelative Dynamik der Zeitlichkeit entsteht.

Die heutigen Musiker betrachten die musikalische »Form« meist nur als eine *statische* Struktur, ein Formschema, einen Rahmen, den es zu füllen gilt. Der äußere Anschein gibt ihnen recht, denn das Formschema einer Sonate oder eines Rondos läßt sich ebensogut von außen (dann entsteht es aus der Ordnung und Proportion der Teile) wie von innen erklären, in welch letzterem Fall es aus der inneren tonalen Dynamik resultiert, die den Gesamtverlauf erzeugt und ihrerseits aus der Verkettung tonaler Kadenzen entsteht. Das heißt aber die tonale Grundlage der Form aus den Augen verlieren. Solange man die Form von außen betrachtet, kann sie im voraus konzipiert sein; hat man aber begriffen, daß sie von innen entsteht, so wird deutlich, daß sie aus dem im Ausdrucksakt befindlichen Selbstbewußtsein hervorgeht, das in jedem musikalischen Werk und je nach dem musikalischen Entwurf *dessen Form schafft*. Für Strawinsky ist die musikalische Form eine Schwester der architektonischen Form. »Goethe verstand das wohl«, schreibt er, »wenn er sagt, die Architektur sei eine erstarrte Musik.« Aber Goethe hätte sich wohl gehütet, diesen Satz umzukehren und zu behaupten, Musik sei eine in der Zeit erstarrte tönende Architektur. Und wenn Strawinsky behauptet, die Musik setze uns durch ihre formale Einheit mit dem Nächsten und mit dem höchsten Wesen in Kommunikation – und unter diesem *höchsten Wesen* versteht er Gott –, so vergißt er, daß Gott das Wort ist und daß dieses Wort nicht erstarrt ist.

Der Umstand, daß die Grundlage der Form aus dem psychischen und – vergessen wir das nicht! – unreflektierten Selbstbewußtsein im Einbildungsakt entstammt, erklärt, daß erst im *harmonischen* Zeitalter der Musik das musikalische Bewußtsein sich die Autonomie der Form signifizieren konnte und erst dann die *autonomen* musikalischen Formen erscheinen konnten; denn in den harmonischen Strukturen unterscheidet sich das harmonische vom melodischen Bewußtsein. Das soll nicht heißen, daß in der reinen Melodie und in der Vokalpolyphonie vor dem harmonischen Zeitalter die tonale Form nicht durch dasselbe Gesetz geherrscht habe; aber in der reinen Melodie wird der melodische Verlauf durch den Formvorsatz unmittelbar erzeugt – melodisches Bewußtsein und Selbstbewußtsein gehen zusammen oder vielmehr: koinzidieren; und in der Vokalpolyphonie bedingen der Text und die Notwendigkeiten der Stimmführung das Ausmaß der Form, so daß sich das musikalische Bewußtsein auf den Text stützt, um die Form auf der *nichtspezifizierten* Grundlage der Struktur T – D – T zu schaffen. Darüber hinaus – wir werden noch darauf zurückkommen – nehmen die reine Melodie im ersten Zeitalter der abendländischen Musik wie auch die reine Mehrstimmigkeit in einer einzigen Tonperspektive Form an, wohingegen das harmonische Bewußtsein *moduliert*; und zwar in der Weise, daß in der Struktur T–D–T D eine neue *Tonika* darstellt, die der Dominanttonart, und daß diese neue Struktur T–T$_d$–T innerlich wie äußerlich zu einer echten *transzendierenden* Struktur wird: Sie transzendiert die durch *Modulation* verketteten Tonperspektiven auf der zweiten Stufe der Transzendenz des melodischen Verlaufs.

DER VERBORGENE SINN DER TONALEN FORM   Es bleibt uns noch, den *Sinn* dieser tonalen Grundlage der Form für das psychische Einbildungsbewußtsein zu entziffern, das sich durch sich selbst im musikalischen Einbildungsakt die Grundlage seines *Seinsvorsatzes* signifiziert. Denn diese aus dem psychischen Selbstbewußtsein entstammende Grundlage muß eine außermusikalische Signifikation haben, und wenn die Musik Ausdruck der menschlichen Ethik ist, muß diese Grundlage der Modus sein, unter welchem sich das psychische Bewußtsein in seiner Eigenschaft als *ethisches Bewußtsein* im musikalischen Ausdrucksakt seinen *fundamentalen Seinsvorsatz* signifiziert.

Kehren wir noch einmal zum schematischen Oktavvorsatz zurück:

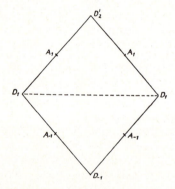

Bei dem Bemühen, den verborgenen Sinn des Oktavvorsatzes zu entdecken, kommt uns eine geniale Idee Sartres zu Hilfe. Er zeigt, daß auf Grund der *Kontinuität* unserer Dauer, die eine *innere* Beziehung schafft zwischen unseren zeitlichen Positionen, und auf Grund der kadenziellen Struktur unserer existenziellen Zeitlichkeit das Bewußtsein *nicht momentan* ist. Es *ist* in der Gegenwart *zugleich* seine Vergangenheit *unter dem Modus des »war«* und *zugleich* auch seine Zukunft *unter dem Modus des »werden«*. In der Gegenwart trägt es diese beiden Existenzdimensionen mit sich. Seine *Gegenwart* signifiziert sich nur als »gegenwärtig vor . . .«, d.h. es signifiziert sich nur durch ein

Ereignis in der Welt, dem das Bewußtsein *gegenwärtig* ist. Deshalb ist seine *signifizierte* Gegenwart stets ein gewisses Anhalten der Dauer, und deshalb klafft zwischen diesen immer ein gewisses *Zeitintervall*. Andererseits kann es als *Dauer*bewußtsein – das das psychische Bewußtsein im Einbildungsakt ist, wie wir gesehen haben – seine Zeitlichkeitsstruktur in beiden Richtungen überblicken: in Richtung seiner *existenziellen* Ausgerichtetheit, das ist seine Richtung auf die Zukunft, und im rückwärtsgerichteten Sinn, das ist die Richtung der *Reflexion* über sich selbst in seine Vergangenheit. Aus diesem Grund erstreckt sich die gesetzte aufsteigende Oktave sogleich auch über die absteigende Oktave, ein Weg, der auch in umgekehrter Richtung vor sich gehen kann. Dieser Oktavkreislauf ist unser *immanenter* Hörbereich, da die Doppeloktave die Basis der auf der Oktave begründeten Logarithmenstruktur ist und da sich die in der Oktave bestimmten Tonpositionen außerhalb der Oktave wiederholen. Wir können also die oben stehende Figur als einen Raum betrachten, der für das musikalische Bewußtsein eine unmittelbare Existenzzone in der Dauer signifiziert, und die folgenden melodischen Oktaven als die folgenden Existenzzonen in der Zukunft.

Da die aufsteigende Oktave die existenzielle Richtung der Wahrnehmungszeitlichkeit ist, besteht kein Zweifel, daß sich das musikalische Bewußtsein durch die *aufsteigende* Richtung seine Beziehung zu seinen zeitlichen Positionen *in der Zukunft* signifiziert und daß es sich, in *absteigender* Richtung, die Beziehungen zu seiner *Vergangenheit* signifiziert. Es signifiziert letztere jedoch, indem es in der äußeren Zeit *voranschreitet*; denn tatsächlich tragen wir, indem wir in die Zukunft eintreten, unsere vergangene Erfahrung, unsere in der Vergangenheit erworbenen Bestimmungen in uns. Folglich signifizieren seine Bewegungen in aufsteigender Richtung *extravertierte* Bewegungen und in entgegengesetzter Richtung *introvertierte*. Und folglich erregen in aufsteigender Richtung in der Welt *zu entdeckende* Tonpositionen *aktive* Positionsspannungen, wie auch die in entgegengesetzter Richtung *zu entdeckenden aktiv* sind, wogegen die bereits erworbenen und bloß in jeder Richtung *wieder*zuerkennenden Positionen *passive* Positionsspannungen ergeben. Jetzt haben wir also alle Elemente, mit denen wir die Positions-Logarithmen und die Intervall-Logarithmen (die sich decken) qualifizieren können, und diese Qualifikationen werden uns die *psychische Signifikation der Positionsspannungen im melodischen Verlauf* anzeigen. Wir werden weiter unten eine Tabelle darüber aufstellen.

Die innere Beziehung, welche das Bewußtsein in jeder seiner zeitlichen Positionen mit einer Zukunft verbindet, die es *unter dem Modus des »werden«* ist, und mit einer Vergangenheit, die es *unter dem Modus des »war«* ist, diese Beziehung, die jeder seiner Dauerstasen, d. h. seiner Existenz in den kleinen Dimensionen, seine Seinskonsistenz gibt, gibt auch dem Oktavverlauf und seiner Existenz in den großen Dimensionen eine Seinskonsistenz; aber unter einer neuen Form, welche dem Oktavverlauf eine transzendente Signifikation verleiht.

Wie definiert sich für ein Bewußtsein die Zukunft, die es *unter dem Modus des »werden«* ist, wenn nicht als eine Position in der Welt und in seiner Zukunft, die es noch nicht kennt, zu der es aber von da an dank seiner erworbenen Position in *innerer* Beziehung steht, so daß es sie nur noch in der Welt zu entdecken braucht, um sich dorthin zu begeben? Für das d-Bewußtsein erfüllt a diese Bedingung so sehr, daß a_1 die erste Tonposition ist, welche das d_1-Bewußtsein in seiner Eigenschaft als Hörbewußtsein entdeckt hat. Es erfüllt sie so gut, daß das d_1-Bewußtsein aus seiner Positionsbeziehung zu a_1 die Grundlage seiner Positionsbeziehungen in aufsteigender Richtung, die zur Richtung seiner Zukunft geworden ist, gemacht hat. Ein analoger Schluß läßt uns a_{-1} als *Vergangenheit* der Position des d_1-Bewußtseins *unter dem Modus des »war«* bezeichnen, denn a_{-1} ist gleichermaßen die erste Position, die das d_1-Bewußtsein in seiner Eigenschaft als Hörbewußtsein in absteigender Richtung entdeckt hat.

Damit aber ein Existenzstrom in unserer existenziellen Zeitlichkeitsstruktur fließen kann, müssen sich zwei Zeitlichkeitsstasen miteinander verzahnen:

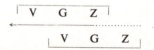

Das d_1-Bewußtsein bewegt sich nur zu a_1, um in der Zukunft zu *sein* und in einer noch zu erreichenden Zukunft (zu der die übersprungene Quinte bloß Sprungbrett war) die *Seinsfülle* zu finden. Diese zu erreichende Zukunft definiert sich also als eine Position in der Welt, in der es sich *in sich* durch einen Existenzakt wiedertrifft, in welchem es eine vollkommene Vollendung seiner selbst findet. Hier wirkt die *für das Hörbewußtsein bestehende Identität der Tonpositionen im Oktavabstand*. In a_1 angelangt, gibt sich das d_1-Bewußtsein d_2 als neue Selbstposition in der Zukunft – ein neues d oder eine neue Existenzposition in seiner Eigenschaft als d-Bewußtsein, wodurch es sich mittels eines Reflexionsaktes, der in sich selbst seinen Existenzakt abschließt, in d_1 wiederfindet, einem d_1 allerdings, das *zu einem Endpunkt eines in sich geschlossenen Existenzaktes* gekommen war, in welchem das d_1-Bewußtsein als Selbstbewußtsein die vollkommene Vollendung seiner selbst gefunden hat: Diese *Oktave* ist daher für das musikalische Bewußtsein die Aufgabe, die es sich zur Erfüllung setzt. Sowie es an seinem Zielpunkt angekommen ist, ist sein Seinsvorsatz erfüllt.

Der Oktavweg, wie er sich in der Welt darbietet – d-a-d –, ist daher dasjenige, worauf das musikalische Bewußtsein seinen Seinsvorsatz *gründet*; damit gibt es durch sich und für sich dem Oktavvorsatz einen Sinn. Um sich jedoch diesen verliehenen Sinn zu *signifizieren*, muß es ihn in der Introversion wiederholen, es muß ihn für sich durch einen Existenzakt reflektieren, durch den es sich in sich *(d_1)* wiederfindet und durch den sein Seinsvorsatz identifiziert und als erfüllt und in sich geschlossen gesetzt wird.

Deshalb braucht in der Praxis ein melodischer Verlauf nicht durch die obere Oktave seines Ausgangspunktes zu gehen, um den Seinsvorsatz zu signifizieren. Es genügt, daß das Bewußtsein sich von der Ausgangsposition durch die Zukunft, die es sein muß (a_1), zu einer neuen Selbstposition *in der Zukunft* (d'_1) bewegt, um sich in sich selbst weiter in der Zukunft wiederzutreffen (d''_1), wobei die »Wiederholung« des Verlaufs d'_1-d''_1 das ist, wodurch sich das Bewußtsein für sich durch die Identifizierung seinen Seinsvorsatz signifiziert:

$$d_1 - a - d'_1 - d''_1$$

Des weiteren braucht sich der Melodieverlauf nicht nur des ansteigenden Hörbereichs zu bedienen, er kann auch den absteigenden benutzen, unter der Voraussetzung allerdings, daß er als Positionen diejenigen nimmt, welche die aufsteigende Oktave in ihrem Logarithmensystem setzt. Durch dieses Auf und Ab vollzieht der Melodieverlauf automatisch den Reflexionsakt, den die Doppeloktave schematisiert, denn letzten Endes werden sich Auf- und Absteigen ausgleichen.

Achten wir jetzt auf die Signifikationsabstufungen, welche diese Grundstruktur nötig macht:

1. Identität von *Sein* und *Existieren* während eines *beliebigen* Melodieverlaufs genügt für das musikalische Bewußtsein in seiner Eigenschaft als psychisches Selbstbewußtsein, um die Seinsfülle, das Entzücken und die Schönheit kennenzulernen; sie genügt aber nicht, um den noch unentzifferten Seinsvorsatz, den es in sich trägt, zu setzen.

2. Diese Seinsfülle wird zu der eines vollendeten *Seinsvorsatzes* erst durch das Durchschreiten der durch die Quinte gegliederten Oktave, denn das *d*-Bewußtsein kann in seinem immanenten Existenzbereich nur diese Oktave durchmessen; es kann im Existieren nicht mehr oder weniger »sein«; jenseits der Oktave beginnt es wieder von neuem.

3. Allerdings gibt sich dieser Seinsvorsatz für das musikalische Bewußtsein nur dann als »vollendet«, wenn es ihn retrospektiv in seinem Ausdrucksakt wiederholt, um ihn sich selbst durch die Identifizierung zu signifizieren. Diesen zweiten Moment des Existenzaktes signifiziert das Oktavschema durch die reflektierte Oktave, und durch ihn schließt sich dieser Akt in sich selbst. In der Praxis jedoch besteht dieses zweite Moment darin, den bereits existierenden Melodieverlauf in einem neuen Licht zu wiederholen. Das musikalische Bewußtsein gehorcht hier einem konstanten Gesetz seiner Determinationstätigkeit, das verlangt, daß es sich ein Faktum nur dadurch signifizieren kann, daß es das Faktum für sich wiederholt und es sich signifiziert durch eine Identitätsbeziehung zwischen existierendem Faktum und demselben reflektierten Faktum.

4. Dieser so in sich geschlossene Existenzakt enthüllt also seine ethische Signi-

fikation: *Er erweist sich als in sich selbst begründet.* Das während des Melodieverlaufs *erlebte* Gefühl ist ein Ding, aber ein anderes ist das Erleben dieses Existenzaktes. Dieser *Existenzakt* hat seine Begründung im Bewußtsein selbst, und der Oktavweg ist nur die in der Welt gefundene Struktur, durch die es sich ihn signifiziert.

So ist der Seinsvorsatz, den das musikalische Bewußtsein in seiner Eigenschaft als ethisches Selbstbewußtsein in sich trägt, der, *in sich* und *für sich* eine Existenz zu sein, die als Existenz keine andere Begründung hat als sich selbst. Das ähnelt stark der Existenz Gottes, und wenn dem so ist, dann wäre der Mensch als ethisches Wesen das Wesen, das danach strebte, Gott zu sein. Sartre behauptet das, aber das ist ein großer Irrtum.

Gleich zu Beginn definiert er Gott durch die Formulierung *ens causa sui*, d.h. also als das Wesen, das die Ursache seiner selbst ist. Der Begriff *causa* ist hier jedoch fehl am Platz. Wenn man Gott mit Hilfe der Begriffe des *Seins* und der *Existenz* – im Sinne der Verzeitlichung der Dauer – zu definieren sucht und wenn man aus Gott das ungeschaffene Wesen macht, in dem Sein, Existenz und Essenz zusammenfallen, so ist die *causa* des Phänomens die innere Bezüglichkeit zwischen Existenz und Sein; und diese innere Bezüglichkeit ist nicht die Ursache, sondern das Wesen des Phänomens selbst. Das Phänomen eines Existenten, in dem das Sein durch eine innere Bezüglichkeit gesetzt ist, *umgeht* die Idee der *Ursache* und läßt als notwendigen und ausreichenden Grund des Phänomens eine Grundlage erscheinen; diese Grundlage ist die innere *Bezüglichkeit*, welche die *Identität* zwischen der Existenz des Existenten und dem Sein setzt, das es erscheinen läßt. Als ungeschaffenes Wesen hat Gott also keine Ursache, sondern wenn Gott *ist*, ist sein Sein sich selbst die eigene Begründung, wogegen es sich beim Menschen bloß um eine begrenzte *Existenz* handelt. Ferner kann das Bild, das wir gesehen haben – wenn es tatsächlich essentiell das normative Bild des Seins für das Bewußtsein anzeigt –, nicht das sein, das es sich für sich in bezug auf seine Existenzbedingungen gibt. Denn die Bewußtseinsakte sind untereinander verbunden, und ihr Existenzweg *enthält stets eine Spur der Vergangenheit.* Selbst wenn man die Bewußtseinsexistenz bei ihrer Entstehung nähme, sie würde ihren Seinsvorsatz auf ein bereits bestehendes Sein, Träger einer pränatalen Determination, stützen. Deshalb ist der selbstherrliche Wille verwerflich; nicht auf Grund irgendeiner Moral, sondern weil es dem Menschen nicht gegeben ist, seine Person *ex nihilo* zu schaffen. Er kann also nicht ein Gott sein, und auch die Tatsache, daß sich manche Menschen wie Götter gebärden, ändert nichts daran.

Wir erhalten also das Bild des *Seins*vorsatzes des ethischen Selbstbewußtseins, wie es das musikalische Bewußtsein sich signifiziert, nur, indem wir in den Oktavweg einführen, was aus seiner pränatalen Determination stammt:

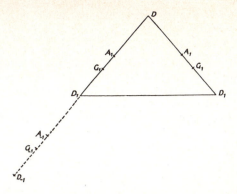

Wenn a_1 die Zukunft ist, die d_1 sein mußte, so muß d_1 die Zukunft gewesen sein, die ein gewisses tiefes g werden mußte, so daß das d_1-Bewußtsein, das mit sich und als seine zwei zeitlichen Dimensionen a_1 und a_{-1} trug, in einem anderen Determinationsmodus seiner selbst auch als zwei zeitliche Dimensionen seine durch die Vergangenheit gegebenen Determinationen g_1 und g_{-1} mit sich trägt.

Die Oktavstruktur, die gesetzt wurde und die die Verankerung des ganzen Existenzaktes und jeglicher *individuellen* Existenz in der Vergangenheit beleuchtet

$$g_{-1} \; - \; d \; - \; g \; - \; a \; - \; d$$

kann also nicht ein Bild der Struktur Gottes sein, denn Gott hat keine Vergangenheit. Der Seinsvorsatz des Menschen als ethischen Wesens, den uns das musikalische Bewußtsein enthüllt, ist also nicht, Gott zu *sein*, sondern durch sein Existieren und auf der Grundlage seiner pränatalen Gegebenheit ein Sein zu erreichen, das in dem Sinn gottähnlich ist, als dieses Sein im Menschen begründet ist: Das ist die wahre Definition des ethischen Wesens, und das macht aus einem menschlichen »Individuum« eine »Person«.

Gottähnlich sein zu wollen ist ganz etwas anderes, als Gott sein zu wollen; es ist sogar dessen Gegenteil, weil der Mensch dadurch für alles verantwortlich wird, was er aus sich macht, wogegen er – wenn er Gott sein will – wie Gott niemandem Rechenschaft schuldet. »Gott hat den Menschen so geschaffen«, sagt Clément Marot in einem seiner Psalmen, »daß er alles sein kann außer Gott.«

Wenn dem aber so ist, so wohnt das Gottesgefühl seit Zeitbeginn im Menschen, und zwar – beachten wir das wohl – als ungenanntes Gefühl, als reine Seinsnorm, aber auch als reine *Selbststütze* bei den Determinationen seiner selbst durch sich, vor jedem formulierten Glauben, vor jeder Offenbarung und Benennung. Und nur weil wir heute eine gewisse Gottesvorstellung besitzen,

haben wir seinen Namen vor diesem Phänomen deutlich ausgesprochen, was
wir sonst als Phänomenologe und nach der Regel uns hätten versagen müssen.
Unsere Aufgabe als Phänomenologe besteht in der präzisen Fragestellung:
Was ist Gott für den Menschen, daß diese erlebte Struktur für ihn ein Wesens-
analogon Gottes sei? Daher wollen wir für einen Augenblick die Musik beiseite lassen und auf die Gefahr, frevelhaft zu erscheinen, eine Phänomenologie
Gottes versuchen. Das tiefste, einzige und eigentliche Thema der Welt- und
Menschheitsgeschichte, dem alle anderen untergeordnet sind, ist der Konflikt
zwischen Glaube und Unglaube, hat Goethe gesagt. Da dieses Thema heute
mehr denn je von entscheidender Bedeutung ist, weil man behauptet, Gott sei
tot, ist es wichtig, den gordischen Knoten einmal zu lösen, anstatt ihn ewig
durch freie Parteinahme für Glaube oder Unglaube zu durchschlagen. Wenn
wir dieses Thema mit Hilfe der Phänomenologie angehen, folgen wir übrigens
nur den Spuren Anselms von Canterbury, des Vaters des ontologischen Got-
tesbeweises, der nach Julian Marias* zwei Denkarten unterschied: Die eine
denkt *das vom Ding Ausgesagte* und die andere *das Ding selbst*. Unter dem
ersten Modus kann man Gott leugnen, sagt der heilige Anselm, unter dem
zweiten nicht; denn das Ding gibt dem »Ausgesagten« einen *Sinn*, so daß das
Ausgesagte zu verleugnen »unsinnig« und »töricht« ist.

B. DIE PHÄNOMENOLOGIE GOTTES

1. Das Fundament

»Das erste Phänomen des In-der-Welt-Seins«, schreibt Sartre, »ist die ursprüngliche Beziehung zwischen der Gesamtheit des *An-sich* und meiner eigenen aufgesplitterten Gesamtheit« (was heißen soll: zwischen der ganzheitlichen Erscheinung der Welt in meinem Existenzhorizont und meiner eigenen
in die Zeitlichkeit aufgesplitterten Dauerexistenz). Wie wir gesehen haben,
erhalten wir tatsächlich aus unserer inneren Beziehung zur Welt mittels der
Sinne die apodiktischen Gegebenheiten, auf denen unsere fundamentalen
Vorstellungen beruhen: Raum, Zeit, Sein, Gott oder das Absolute. Was Sartre
aber nicht erwähnt oder unausgesprochen läßt, ist, daß diese erste Welterfah-
rung eine kontemplative ist, in der das Bewußtsein keinesfalls eine aufgesplit-
terte Gesamtheit darstellt, sondern eine auf der Struktur V – G – Z gegründete *Dauer*existenz, und daß ferner das resultierende Weltbild ein *Noema* ist,
nämlich ein Bild, das sich das Bewußtsein *durch sich* gemacht hat und das es
sich *für sich* gibt, so daß es ihm seine eigenen Strukturen verleiht. Es hat also,
mit einem Wort, die Räumlichkeit der Welt mit seinen zeitlichen Strukturen

* San Anselmo y el Insensato, Madrid 1944

konstituiert. Ferner wird das wahrgenommene *Noema* erst als reflektiertes signifiziert, so daß uns das unmittelbare Zeugnis – und das ist zugleich auch das einzig unmittelbare, das wir haben – für die ursprüngliche Beziehung, von der Sartre spricht, vom psychischen Selbstbewußtsein in seiner Eigenschaft als reine Reflexion seiner Wahrnehmungtätigkeit gegeben wird. Und dieses seelische Bewußtsein ist reine affektive Gegenwart vor dem Bild, das es sich von der Welt macht, und reine Existenz der Dauer in innerer, sinnlicher Beziehung zur Welt, die in sein Blickfeld fällt. Die Beziehung Vergangenheit – Gegenwart – Zukunft (wie wir sie sich in der Oktave bilden sahen, vgl. das vorige Kapitel), die die Grundlage seiner Dauerexistenz *bei beliebiger Ausdehnung* ist, wird somit zur Grundlage des Bildes, das es sich von der Welt gibt.

Wenn sich das An-sich nach Sartre totalisiert, d.h. wenn die Welt des *Mannigfaltigen*, auf die unser Blick fällt, als ein *Ganzes* und in einem ganzheitlichen Bild erfaßt werden kann, so deshalb, weil die Dauer dieser Anschauung in unserer psychischen Existenz als Grundlage eine Struktur V – G – Z hat, welche aus dem Erlebnis eine *Dauer* und aus dem Wahrgenommenen ein *Ganzes* macht, nach Art eines melodisch-harmonischen Motivs (Synthese des simultan Wahrgenommenen, ganzheitliche Erfassung des verzeitlichten Wahrgenommenen) – Baum, Haus, Wald, Landschaft. Die Struktur V – G – Z bliebe also allein einfach die Grundlage unserer psychischen Existenz vor der Welt, wenn sich nicht zugleich ein weiteres Phänomen ergäbe.

Das *präreflexive* Wahrnehmungsbewußtsein ist Raumbewußtsein; hinsichtlich des Hörbewußtseins haben wir das gesehen. Mit noch größerer Berechtigung muß das auch für das visuelle Bewußtsein gelten, da das Auge, ebenso wie das innere Ohr, ein *räumlicher* Bereich der Wahrnehmungsenergie ist. Das will besagen, daß der Raum, *welcher die Welt der Phänomene umfängt*, im Bewußtsein gegenwärtig ist, und zwar aus dem einfachen Grunde, weil unsere Sinnesorgane ihn widerspiegeln, *ohne ihn setzen zu müssen;* er ist unabhängig von jedem Wahrgenommenen und geht sozusagen jedem Wahrgenommenen voraus. Jedes Wahrgenommene ist *a priori* in Raum und Dauer situiert, und um es zu qualifizieren, setzt das reflexive Bewußtsein es zu Raum und Zeit, welche die Welt umfangen, in Beziehung. Für das reflexive Wahrnehmungsbewußtsein ist jedes räumliche Phänomen eine Erscheinung im *Raum* und jedes zeitliche Phänomen ein *Ereignis in der Dauer.* Der Raum, in welchem sich das Wahrgenommene befindet, ist also *a priori* nicht phänomenal, sondern er phänomenalisiert sich hinsichtlich des Bewußtseins, *weil er dauert und weil seine Dauer die Zeitlichkeitsstruktur des Bewußtseins widerspiegelt.* Deshalb wird die Grundlage unserer Zeitlichkeitsstruktur *ipso facto* für das psychische Selbstbewußtsein zur Grundlage des Phänomens *in der Welt.* Der Horizont des psychischen Selbstbewußtseins ist also gewissermaßen der Bereich einer zweistufigen Transzendenz: die Welt der Phänomene, die sich *in der Zeit* darbietet und auf der das wahrgenommene Bild beruht; und

der Raum, der die wahrnehmbare Welt umfängt, sie transzendiert und in dem
das Bewußtsein seine Dauerstruktur spiegelt, die sich zugleich dem Noema
auferlegt und ihm einen *affektiven* Sinn verleiht (denn das psychische Selbstbewußtsein ist affektive Spannung in der Dauer). Hinsichtlich dieses (affektiven und nicht mehr perzeptiven) Bewußtseins gibt es folglich in seinem Welthorizont *nirgendwo ein Nichts*, und deshalb situiert es das *gemeinsame Fundament* der Welt und seiner eigenen Existenz in der Welt – ohne es darin wahrgenommen zu haben – in den unerforschlichen Raum, der die wahrgenommene Welt umfängt.

Dieses gemeinsame *Fundament* hat der Mensch ohne jeden Zweifel Gott genannt, und wenn dem so ist, so macht das beschriebene Erlebnis aus Gott
nicht den Schöpfer der Welt und konnte es auch gar nicht machen; der Schöpfergott ist eine erst später im reflexiven Denken entstandene »Idee«. Diese
Grundlage, deren Struktur wir weiter unten näher untersuchen wollen, ist
übrigens nicht eigentlich das Fundament der phänomenalen Welt, sondern
das, was in unserem psychischen Bewußtsein als Grundlage unseres Weltbildes erlebt wird. Die Grundlage »in der Welt« der phänomenalen Welt
konnte für den Menschen keine andere sein als das Korrelativ der Grundlage
seines Weltbildes: Jedes Faktum des Bewußtseins in seiner Eigenschaft als
Selbstbewußtsein hat nämlich ein korrelatives Faktum im Bewußtsein in seiner Eigenschaft als Dingbewußtsein; dieses Phänomen ist durch Definition
des Bewußtseins bereits impliziert.

Ferner wird diese »Grundlage« nicht eigens durch das psychische Bewußtsein gesetzt; sie ist nur *impliziert* durch das Phänomen als dasjenige, was die
vollkommene Übereinstimmung bedingt zwischen dem Bild, das sich das Bewußtsein *durch sich* von der Welt gibt, und dem Bild, das es sich *für sich* gibt:
die vollkommene Übereinstimmung zwischen dem affektiven Sinn, den es
ihm verleiht, und dem dabei erlebten Gefühl.

Gott wird also vom psychischen Bewußtsein nicht »objektiviert«, sondern er
wohnt, wenn er wirklich in uns durch die Grundlage unserer Dauerstruktur
signifiziert wird, in unserer psychischen Existenz, wie die Vernunft in unserer
geistigen Existenz wohnt; seine Gegenwart ist ein nichtreflektiertes Erlebnis,
das jedoch affektiv in der kontemplativen Erfahrung, von der wir sprechen,
erlebt wird.

Haben aber unser Dasein in der Welt und die Welt, aus der es auftaucht,
wirklich eine gemeinsame Grundlage? Anders ausgedrückt: Macht sich das
psychische Bewußtsein nicht vielleicht nur etwas vor? Diese Frage stellen
heißt auf die Feststellung zurückkommen, daß das Bewußtsein sich die Welt
nur in Funktion seiner eigenen Strukturen und seiner eigenen beziehungsetzenden Tätigkeit signifizieren kann. Folglich signifiziert es sich die Dinge
nicht immer so, wie sie sind, aber das Wunder dabei ist, daß es dennoch stets
(jedenfalls in der reinen Reflexion) *in der Wahrheit* existiert. Es qualifiziert
z. B. die Töne durch die Höhe, und wir wissen, daß die Töne weder hoch noch

tief sind, und dennoch entspricht das, was es sich durch die Höhe signifiziert, genau dem Phänomen, durch welches sich der Ton verkündet. Die Wahrheit für den Menschen ist immer nur eine menschliche Wahrheit. Und an diesem Beispiel wird der »Trick« des Bewußtseins, wenn man einmal so sagen darf, deutlich: Seine Wahrheit ist nicht immer die Wahrheit des Dinges, aber doch stets eine Wesenswahrheit, eine ontologische Wahrheit.

DAS »AUSSEN« UND DAS »INNEN«   Wir wissen heute, daß der die Welt der Phänomene umgebende Raum nicht leer ist, daß er ein physikalisches, wenn auch nicht materielles Medium ist, weil er den Strahlungen beim Durchdringen einen *Widerstand* leistet, der sich in der Begrenzung ihrer Geschwindigkeit verrät. Das alles scheint anzuzeigen – wir verweisen im Anhang darauf –, daß dieser »Äther« ein Energiebereich ist, in dem die atomare Materie ihren Ursprung genommen hat, die ihrerseits die Milchstraßensysteme und die Sternenwelt entstehen ließ. Sicherlich werden wir nie erfahren, auf welche Weise die Atome und Moleküle im Äther Gestalt gewonnen haben; was wir aber über die möglichen Energieumwandlungen wissen, läßt diese Selbstwerdung der phänomenalen Welt plausibler erscheinen als alle anderen Hypothesen. Da die atomare Materie in der Sonne im Zustand steter Verschmelzung begriffen ist und die Gemeinsamkeit der ursprünglich materiellen Herkunft zwischen organischer und anorganischer Materie außer Zweifel steht, muß auch zwischen beiden eine gewisse Gemeinsamkeit der *chemischen* Zusammensetzung bestehen. Von dorther stellt sich in der Entwicklung der lebenden Organismen jedoch ein Problem: Alle diese Organismen bestehen nur unter der Bedingung, daß eine Möglichkeit der Übereinstimmung vorhanden ist *zwischen ihrer inneren und ihrer äußeren Bedingtheit, und diese Übereinstimmung ist nur möglich, wenn beiden Bedingtheiten eine Grundlage gemeinsam ist.* Dieses Problem stellt sich auf allen Existenzebenen dieser Organismen: auf der Ebene ihres Lebensunterhalts – wo die gemeinsame Grundlage der inneren und äußeren Bedingtheit konstituiert wird durch eine bestimmte Quantität gewisser Stoffe, die der Organismus von außen aufnehmen und assimilieren muß – und endlich auf der Ebene der einzelnen Lebensfunktionen, der Motorik z. B. oder der Sensorik.

Wir haben weiter oben kurz den Bezug der Vertikalen auf eine horizontale Ebene als »gemeinsame Grundlage« der *inneren* Bedingtheit unserer Fortbewegung durch unser körperliches Gleichgewicht und für seine äußere Bedingtheit durch die Gestaltung der Erdoberfläche gestreift. Nehmen wir an, ein Mensch erklettert eine Felswand; der Stein, auf den er seinen Fuß setzt, gibt nach; der Mensch stürzt ins Leere und verunglückt tödlich: Die »Grundlage« seines Stehens auf der Erde hat ihn im Stich gelassen, »Gott« hat ihn verlassen. Sicherlich fiele es niemandem ein, Gott für seinen Tod verantwortlich zu machen; wenn ihm aber seine Angehörigen beim Aufbruch gesagt hätten:

»Gott sei mit dir!«, so hätten sie jedenfalls einen sinnvollen Wunsch vorgebracht und auf die einfachste Weise geäußert.

Guter Gesundheit sein heißt, seinen Körper nicht spüren, und das besagt
genau, daß eine vollkommene Übereinstimmung zwischen der inneren und
äußeren Bedingtheit des Körpers besteht. Wenn ein Mensch jedoch durch
einen Lungen- oder Herzfehler oder durch Sauerstoffmangel am Aufenthalts-
ort schlecht atmet, droht ihm eine der Grundlagen seiner Übereinstimmung
mit der Welt – eine bestimmte Menge Sauerstoff in einem bestimmten Rhythmus ein- und auszuatmen – verlorenzugehen, und im äußersten Fall, wenn
tatsächlich Luft fehlt oder die Lungen nicht mehr arbeiten, stirbt er. Wiederum ließe sich sagen, Gott habe ihn verlassen, und wenn dieser Ausgang am
Ende einer Krankheit steht, werden die Freunde des Verstorbenen, wenn sie
fromm sind, zuvor den Wunsch formuliert haben: »Gott möge ihn beschüt-
zen!«

Es ist jetzt deutlich, daß auf den Existenzebenen, die wir eben berührt haben, also auf den Ebenen der *körperlichen* Existenz, kein Gott von außen eingreift; die gemeinsame Grundlage der inneren und äußeren Bedingtheit ist
eine einfache Tatsache: die Wirkung eines Elementes oder einer chemischen,
physikalischen oder mechanischen Beziehung. Die Gottesidee entsteht erst
aus dem Phänomen, das wir untersucht haben. Aber warum?

ENTSTEHUNG DER GOTTESIDEE   Die Gottesidee entsteht wohlgemerkt zunächst einmal erst auf der Ebene unserer Existenz als Bewußtsein; dann aber
auch, weil die Grundlage des Phänomens – die nicht mehr die gemeinsame
Grundlage unserer äußeren und inneren *Bedingtheit* ist, sondern diejenige
unserer psychischen Existenz in der Welt und unserer seelischen Weltdetermination – ein *Bewußtseinserlebnis* ist wie Raum und Dauer (und nicht mehr
ein physiologisches Faktum); und weil stets der Augenblick kommt, in dem
die Bewußtseinserlebnisse, auch die nichtreflektierten, reflektiert und *benannt*
werden. Wenn jedoch das, was als Gott bezeichnet wird, als »gemeinsame«
Grundlage die *Grundlage* unserer psychischen Existenz in unserem Körper
ist, so kann Gott natürlich keine *Person* sein. Als »Grundlage« ist er ein »Abstraktum«, von dem das psychische Bewußtsein eine »konkrete« Erfahrung
hat; denn die Grundlage eines Phänomens ist *im* Phänomen und kann nur
durch Abstraktion an sich geschaut werden. Es gibt also gar kein Gottesproblem mehr, oder, wenn man will: Gott brauchte heute nicht mehr Gegenstand eines Problems zu sein. Aber das Gotteserlebnis – d. h. das Erlebnis der
doppelten (inneren und äußeren) Grundlage unserer seelischen Determinationen, ob Gott nun genannt wird oder nicht – behält seine ganze Bedeutung:
Von ihm hängt das Apodiktische der reinen Reflexion ab, d. h. die Evidenz
und Gewißheit unserer seelischen Gegebenheiten. Es ist auch die Grundlage
unserer ethischen Bedingtheit und unseres ethischen Verhältnisses zur Welt.

DAS SEIN   Stellen wir jetzt fest, daß die Grundlage unserer Zeitlichkeitsstruktur in ihrer Eigenschaft als gemeinsame Grundlage unserer seelischen
Existenz und unserer seelischen Weltdeterminationen das setzt, wodurch das
seelische Eigenbewußtsein sich die Grundlage des *Seins* signifiziert; denn das
Sein entdeckt es nur in der Welt, und nur durch das Existieren in der Welt
wird es selbst zum *Sein*. Die Grundlage unserer Zeitlichkeitsstruktur schafft
nun eine bezugsetzende Dynamik, die in einer beliebigen physikalischen Kontingenz ein *Energie*phänomen ist. Unsere seelische Existenz ist der Reflex unserer Lebensenergie, und die Zeitlichkeitsdynamik, die ihren Verlauf erzeugt,
wird in uns als eine seelische Energie empfunden: Das Sein in der Welt und in
uns sind also phänomenale Energiemanifestationen, und wenn das seelische
Bewußtsein das gemeinsame Fundament der Welt und unserer eigenen Existenz in die Transzendenz der Welt, in die die raum-zeitliche Welt umfangende Raum-Dauer verlegt, so projiziert es damit nur einen Reflex seiner
eigenen Energie, ebenso wie es auf die raum-zeitliche Welt das Bild projiziert,
das es sich selbst davon gibt; *es glaubt aber darin die Energie wahrzunehmen,*
die der Welt und der Grundlage des Seins in der Welt zugrunde liegt. Nun,
diese Energie ist da, wenn wir der Anschauung Glauben schenken, die wir
uns von der Welt gemacht haben und die wir gemäß unserem heutigen Wissen-
schaftsstande im Anhang darlegen. Diese Energie ist allerdings von ganz anderer Art als unsere seelische Energie, und zwischen beiden besteht keine unmittelbare Beziehung und auch keine Gemeinsamkeit der *phänomenalen*
Grundlage; *es besteht jedoch eine Wesensgemeinsamkeit: die tätige Relationali-*
tät, die Grundlage jeglicher phänomenalen Energie ist.

Es ist daher eine Wesenswahrheit, die es dem seelischen Bewußtsein erlaubt, sich durch die Grundlage seiner existenziellen Zeitlichkeit (V – G – Z)
und die Grundlage der Welt und seiner eigenen Existenz das Fundament des
Seins in der Welt, nämlich Gott, zu signifizieren. Was also unsere seelische
Adäquatheit zur Welt tatsächlich ermöglicht, ist die essentielle Gemeinsamkeit
zwischen seelischer Existenz und phänomenaler Welt: Beide sind sie Manifestationen phänomenaler Energie, allerdings völlig verschiedenartiger Energie-
arten. Es ließe sich zwischen beiden keine Beziehung herstellen, wenn nicht alle
phänomenalen Energien Relationalitätsphänomene wären und wenn nicht, wie
wir sehen werden, die Relationalität, d.h. die Bezüglichkeit an sich eine
Grundlage hätte.

2. Die Relationalität und ihre transzendentale Grundlage

Eine konkrete Erfahrung des ersten Phänomens, von dem Sartre spricht, ist
die Betrachtung der Naturschönheit, und die Schönheit einer Landschaft erscheint erst dann, wenn man sie als Ganzes, in dem Form und Materie eins
sind, und in einer affektiven Einstellung erfaßt, die reine Reflexion des »Wahrgenommenen« ist.

»Ich praktiziere die Religion nicht nach den geheiligten Riten«, schrieb Debussy einmal zur Verteidigung des geistlichen Charakters seines *Saint Sébastien* gegen die Angriffe der Kirche, »ich habe mir aus der geheimnisvollen Natur eine Religion gemacht...; in meiner schwachen, aber aufrichtigen Seele spiegelt sich die Natur in all ihrer Unermeßlichkeit. Um mich her strecken die Bäume ihre Äste zum Himmel, die Blumen überströmen die Wiesen mit ihrem Duft, die Erde ist mit einem Teppich aus zarten Pflänzchen bedeckt . . ., und meine Hände falten sich unbewußt zur Gebärde der Anbetung . . . Die erhabene und ergreifende Schönheit zu empfinden, zu deren Genuß die Natur ihre vergänglichen Gäste einlädt – das nenne ich beten.«

Wir haben in einem früheren Kapitel gesehen, daß die Emotion vor dem Schönen durch die vollkommene Adäquatheit von Gefühl und Gefühlsobjekt und durch die Seinsfülle in beiden ausgelöst wird. Die Emotion, welche Debussy vor der Natur empfindet, hat ihre Grundlage in ihm selbst; weil es sich jedoch um ein Phänomen des Bewußtseins handelt (welches in diesem in der Transzendenz seines Objektes auf das abzielt, was für es die Grundlage ist), sucht Debussy in der Welt die Grundlage seiner eigenen affektiven Fülle; er sucht das *Sein*, das die Grundlage dieser Seinsvielfalt wäre, und nach diesem unsichtbar Gegenwärtigen strecken sich seine Hände in einer spontanen Gebärde aus, die die vollkommene Übereinstimmung zwischen seinem eigenen Sein und dem Sein der Welt zum Ausdruck bringt.

Das musikalische Erlebnis des Vorsatzes, »gottähnlich zu sein«, ist nicht nur die völlige Widerspiegelung der Erfahrungen, die wir behandelt haben, sondern ein Akt, durch den sich das musikalische Bewußtsein in der *imaginären* Welt der musikalischen Töne das signifiziert, was Sartre mit Recht das erste Phänomen des In-der-Welt-Seins nennt. Daraus folgt eine Schematisierung des Phänomens, die dessen Strukturen nur um so deutlicher ins Licht rückt.

Dieses Erlebnis ist zweistufig, je nachdem, ob der musikalische Bereich rein melodisch oder harmonisch ist. Wie in dem von Sartre zitierten Beispiel schafft das musikalische Bewußtsein seine räumliche Welt mit zeitlichen Strukturen: Die Musik ist daher ein die seelische Bedingtheit des Menschen offenbarendes Erlebnis.

DIE ERSTE STUFE DER TRANSZENDENZ   Die erste Feststellung, die wir zu treffen haben, ist die, daß unser Welthorizont zwar stets *begrenzt* ist, dennoch aber für das Wahrnehmungsbewußtsein dieselbe Grundlage hat wie die ganze Welt, was besagen soll, daß beide, unser Welthorizont und die gesamte Welt, ihre Grundlage in der sie umfangenden Raum-Dauer haben. Der rein melodische Horizont jedoch ist eine *Profilansicht* der Tonwelt, welche als Profil eine melodische Spirale hat, die in unserer Figur auf einen Kreis projiziert ist und die wir rechtsdrehend entweder als aufsteigende, aus Quinten bestehende oder als absteigende, aus Quarten bestehende Spirale verstehen können. Dennoch ist der *immanente* Horizont des musikalischen Bewußtseins, wie wir wissen, eine Doppeloktave, z. B. *f-c-f*, in aufsteigender wie auch absteigender Richtung. Dieser Horizont hat dieselbe transzendente Grundlage wie die unbestimmte Spirale, von der sie ein Ausschnitt ist: $\varepsilon^n \times \frac{1}{n}$, aber für das musikalische Bewußtsein hat die Oktave als Grundlage die Struktur T – D – T,

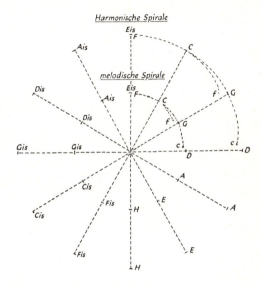

die für es als Selbstbewußtsein eine existierende Struktur V – G – Z ist, als die ganzheitliche Verzeitlichung eines einheitlichen und in sich geschlossenen Existenzaktes. Daher gibt sich jede Melodie, die im Blickfeld des im Mittelpunkt seines Welthorizontes befindlichen Bewußtseins entsteht (das *f*-Bewußtsein ist, wenn es in f gegenwärtig ist), als Ganzes, als *Gestalt*, weil sie in den Bedingungen des musikalischen Erlebnisses als *Grundlage in der Welt* die Struktur T–D–T hat – die Projektion der Struktur V–G–Z in den transzendenten Tonraum –, und diese letzte Struktur ist für das musikalische Bewußtsein Grundlage seines melodischen Aktes.

DIE ZWEITE STUFE DER TRANSZENDENZ Der Übergang vom melodischen Horizont zum harmonischen bedeutet den Wechsel von einer linearen räumlichen Welt zu einer räumlichen Welt, die in einer dreidimensionalen Raum-Dauer situiert ist, welche auch die »Tiefe« der Dauer wahrnehmbar macht. Die durch die Harmonie gebildete Tonwelt hat also eine dritte Dimension wie die phänomenale Welt. Sie wird in den Raum übertragen durch eine der weiter oben besprochenen analogen Spiralen, die beschrieben wird durch die Bewegung des harmonischen Grundtons, der die Grundlage der harmonischen Strukturen bildet. In Wirklichkeit werden zwar nur die melodischen Strukturen wahrgenommen, die sich *in der Zeit* darbieten; die Harmonik als solche, die harmonische Bewegung und die des Grundtons sind ein noetisches Erlebnis, das *in uns in der Dauer* Gestalt annimmt. Das heißt, daß sich im Bewußtsein eine Differenzierung zwischen seiner Aktivität als Bewußtsein des Wahrgenommenen (das sich in der Tonwelt verzeitlicht) und seiner Existenz als Selbstbewußtsein (das sich selbst in der Dauer verzeitlicht) ergibt; auf Grund deren projiziert das Selbstbewußtsein den Tonweg des harmonischen Grundtons – also seines *noetischen* Erlebnisses – in die Raum-Dauer, die die Tonwelt transzendiert. Auf diese Weise hat eine melodisch-harmonische Bewegung in der Tonperspektive von *f* für das musikalische Bewußtsein als Selbstbewußtsein, als die Welt transzendierende Grundlage, die Oktave *f-c-f* oder T – D – T, die wir auf der zweiten Stufe unserer transzendierenden Anschauung in die Fläche der harmonischen Spirale eingetragen haben. Um es zu wiederholen: Diese Struktur ist *in der Welt nicht sichtbar* als Noema; sie ist ein inneres Erlebnis, das in die Transzendenz des In-der-Welt-Erlebten projiziert ist, um ihm einen Sinn zu geben und aus ihm ein Ganzes zu machen.

Nehmen wir jedoch jetzt an, das Erlebnis sei ein in sich geschlossenes, *modulierendes* symphonisches Musikstück. Alles bisher Beschriebene tritt ein, dazu aber noch etwas *weiteres*: Die Grundtöne *bleiben nicht nur innerhalb einer wirklichen Oktave*, sondern führen das Selbstbewußtsein von der Tonperspektive *f* (die auf *f-c-f* begründet ist) zur Tonperspektive *c* (auf *c-g-c* begründet; hier ist *c* nicht mehr Dominante, sondern Tonika!), dann wieder zurück zur *f*-Perspektive (das wäre der einfachste Fall), wobei die Glieder dieses Tonwegs – also der Form – eine Art *Autonomie* erlangen. Es folgt, daß durch diese Modulationen hindurch und in der Transzendenz des Grundtonverlaufs das Selbstbewußtsein als Grundlage V – G – Z seiner Dauerexistenz die Struktur T – D – T existieren läßt, *aber losgelöst von der Oktave, die ihre existenzielle Kontingenz ist, d.h. als eine durch sich und für sich existierende Struktur, die nur sich selbst als Grundlage hat*. Diese Struktur bleibt *an sich* trotzdem Grundlage der Tonstrukturen und wird für das musikalische Bewußtsein als Selbstbewußtsein die Grundlage V – G – Z seiner Existenz in den Tonperspektiven; anders ausgedrückt: Diese Struktur ist das, was das musikalische Bewußtsein als Selbstbewußtsein, als gemeinsame Grundlage seiner eigenen Existenz und des musikalischen Bildes erlebt – also das, was der Mensch in der realen Welt Gott genannt hat. In den beiden vorigen Erlebnissen wurde der Vorsatz, »gottähnlich zu sein«, *in facto* vollzogen; bei diesem letzten Erlebnis ist er *signifiziert*, und zwar durch die Grundlage der *Form*, die eine Signifikation in sich hat, gewissermaßen unabhängig von der musikalischen Substanz. Das will besagen, daß unter der Bedingung, daß die musikalische Substanz eine gewisse Seinskonsistenz hat, dieses »Sein« von der »Form« die Eigenschaft der Gottähnlichkeit bekommt, also: Grundlage seiner selbst zu sein.

EINE TRINITARISCHE STRUKTUR   Kann man aber in dieser Struktur:

$$
\left\{
\begin{array}{c}
f - c - f \\
T - D - T \\
V - G - Z
\end{array}
\right.
$$

ein *analogon* des Gott*seins* erkennen, wie es die Menschen konzipiert haben? Man erkennt darin sogleich ein dreieiniges Wesen, wie den Trimurti der Hindus oder den Jahwe der Juden – »Der war, ist und sein wird« –, aber die christliche Trinitätslehre erklärt dieses Phänomen am deutlichsten.

Die Beziehung V – G – Z oder T – D – T als reine, *abstrakte* bezügliche Struktur, die in der konkreten Bewußtseinsexistenz die Grundlage des *Seins* in der Welt und in uns ist, ist das, was das Dogma von der Dreieinigkeit als den Vater, den Schöpfer, das Wort oder den Logos bezeichnet. (Es ist das, was Aristoteles den »reinen Akt«, den »unbewegten Beweger« nennt.)

Wird diese selbe Struktur phänomenalisiert – und das kann sie nur in der Welt –, also z. B.: *f-c-f* in ihrer Eigenschaft als T – D – T und V – G – Z für das Bewußtsein, so ist sie das, was das Trinitätsdogma als den *Sohn* bezeichnet, der in sich das Substanz gewordene Wort, den Logos, trägt.

Und die *Bezüglichkeit* schließlich als solche, die sich im Phänomen aktualisiert, ist das, was das Dogma von der Dreieinigkeit den Heiligen Geist nennt oder, insofern sie Energie ist, den Paraklet, d. h. den »Herbeigerufenen«.

Diese christliche Anschauung von der Trinität unterscheidet sich grundlegend von früheren trinitarischen Anschauungen, als sie das Sein Gottes nicht auf die drei *Momente* des Phänomens gründet (»Der war, ist und sein wird«), sondern auf die drei Elemente, die es bilden: die als Grundlage des bezüglichen *Seins* gesetzte *Beziehung*, die durch das *Phänomen* geoffenbarte Beziehung, die sie in der Welt schafft, und endlich die *Bezüglichkeit im Akt*, die also in einer entsprechenden physikalischen Kontingenz das Phänomen Wirklichkeit werden läßt oder, wenn man will: die Bezüglichkeit, insoweit sie weder die Dinge, die sie in Beziehung setzt, noch deren physische Kontingenz ist. (Auf diese Weise definieren wir den Heiligen Geist so, wie wir den menschlichen Geist definiert haben, nämlich als das Bewußtsein, insoweit *es nicht* sein Körper ist.)

Wohlgemerkt: Auf den »im Himmel« wohnenden Gott wandten die Väter des Trinitätsdogmas diese Anschauung von der Dreieinigkeit an; da Jesus es aber nicht verkündet hatte, konnten sie es nur aus ihrem eigenen Gotteserlebnis ableiten, d. h. aus der weiter oben beschriebenen Erfahrung, und Jesu Lehren mußten in ihnen eigens diese seelische Aktivität wecken, damit sie eine derartig realistische Anschauung davon gewinnen konnten.

ZURÜCK ZUR KADENZ   Wir werden das Phänomen endgültig begreifen,
wenn wir auf das zurückgehen, was wir bereits vom Bewußtsein wissen, und
uns besonders daran erinnern, daß die *Zeit in uns durch Kadenzen entsteht* –
Systole – Diastole, Einatmen – Ausatmen, Anspannung – Entspannung. Das
heißt, die erste Gegebenheit des psychischen Selbstbewußtseins ist die innere
Struktur einer Kadenz, und wenn wir weiter oben von »Beziehung« sprachen,
so müssen wir darunter einen Bezug verstehen, der durch die innere Beziehung
der zwei Momente einer Kadenz entsteht, das ganzheitliche Erfassen des so
hergestellten inneren Bezugs und der im Äußeren gesetzten Beziehung:

$$\frac{G - V}{G - Z} = V\ Z.$$

In der Tat ist die Kadenz eine Beziehung zwischen zwei Energiemomenten,
die sich irgendwie im Gleichgewicht halten müssen, um ständig ein bestimmtes Niveau der Lebensenergie – oder ihrer Reflexion: die seelische Energie –
aufrechtzuerhalten oder herzustellen. Wir sagen daher, daß die Determinationen des seelischen Selbstbewußtseins aus dem hervorgehen, was wir die
dynamische Identitätsbeziehung nennen: $1 = \frac{1}{1}$, im Gegensatz zur *statischen*
Identitätsbeziehung: $1 = 1$. (Zu diesen Benennungen werden wir gleich nähere
Erläuterungen geben.) Offenbart sich ein Phänomen durch die Kadenzierung,
so besteht kein Grund dafür, daß die Kadenzierung nicht kontinuierlich sei,
insofern die *Bedingtheit* des Phänomens gewahrt bleibt und die Kadenzierung
durch neue innere Bezüge andauert, die innerhalb einer Dauer zwischen den
Kadenzen oder Kadenzstrukturen erscheinen. Anders ausgedrückt, die auf
einem Bezug – insofern dieser die von einem *inneren* ihn konstituierenden
Bezug gesetzte Einheit identifiziert – aufgebaute Identitätsbeziehung ist der
Ursprung der dynamischen Relationalität, d.h. der *neue Beziehungen* schaffenden Relationalität, wogegen die auf der Tautologie $1 = 1$ beruhende Identitätsbeziehung bei der gesetzten Beziehung (und bei ihren möglichen Metamorphosen, die ebenso statische Relationen sind) haltmacht. Die Einheiten unserer Formeln zeigen beliebige als Absoluta genommene Größen an, müssen
jedoch der gesetzten Bedingung genügen, wie in der Formel $\frac{2}{1} = \frac{\frac{3}{2}}{\frac{3}{4}}$. Um den
einfachsten Fall zu wählen, nehmen wir an, daß die zwei Momente der Kadenz
ebenso wie die sukzessiven Kadenzen gleichwertig seien. Um den Bezug von
zwei Kadenzen auf eine auszudrücken, müßten wir schreiben: $\frac{1}{1} = \frac{\left(\frac{1}{1}\right)^2}{\left(\frac{1}{1}\right)}$; von
drei Kadenzen auf zwei: $\frac{1}{1} = \frac{\left(\frac{1}{1}\right)^3}{\left(\frac{1}{1}\right)^2}$.

Die auf einem inneren Bezug begründete bezugsetzende Tätigkeit schafft
also eine geometrische Reihe, die sich durch eine arithmetische Reihe von
Dauern ausdrückt; und die geometrische Reihe, die die Basis einer Logarithmenstruktur darstellt, ist der mathematische Ausdruck eines durch die *innere*

Relationalität geschaffenen Phänomens. Folglich ist die Existenz der Zeitlichkeit des psychischen Bewußtseins als Selbstbewußtsein eine auf dem *inneren* Bezug einer Grundkadenz beruhende Struktur relationeller Dynamik, und folglich signifiziert sich diese Zeitlichkeitsstruktur durch eine statische Dauerstruktur in äußeren Bezügen, ebenso wie man eine als Basis einer Logarithmenstruktur dienende geometrische Reihe als durch die arithmetische Reihe der Logarithmen signifiziert betrachten kann. So ausgedehnt auch ein Existenzakt sein mag, er wird durch den Prozeß eines kadenziellen Unterbaus erzeugt und kann ganzheitlich erfaßt werden als durch den inneren Bezug einer einzigen Kadenz erschaffen, die durch eine statische Dauerstruktur signifiziert wird, welche äußere Beziehungen aufstellt zwischen den drei »Momenten« des Phänomens V – G – Z. Die Existenz des psychischen Selbstbewußtseins als reine Reflexion der »wahrgenommenen« Welt läßt eine gleiche Struktur und eine gleiche logarithmische Beziehung entstehen, da sie sich verzeitlicht; auf diese Weise sehen wir, wie sich unsere pythagoreischen Logarithmen in das logarithmische Gitter der musikalischen Zeit einfügen. Allein die auf inneren Bezügen beruhende relationelle Dynamik ist das Werk des psychischen Bewußtseins in seiner Eigenschaft als *Selbst*bewußtsein, in seiner noetischen Aktivität, und die statische Struktur der Logarithmen ist es, die ins Blickfeld dieses selben Bewußtseins in seiner Eigenschaft als *Gegenstandsbewußtsein* (das Noema) fällt. Deshalb ist also das Noema ein *statisches* Bild der Welt, in dem sich in äußeren Bezügen die wahrgenommenen Dinge darbieten, die im Bewußtseinserlebnis in inneren Bezügen stehen. Aber Gegenstandsbewußtsein und Selbstbewußtsein sind in der reinen Reflexion nur eins; das erste ist nur der Blick, der auf das in der Welt Wahrgenommene die Signifikationen überträgt, die ihm das zweite liefert; ebenso kehrt sich die logarithmische Beziehung, die in der psychischen Existenz von inneren Bezügen und Zahlen zu Logarithmen, vom noetisch Erlebten zum Noema schreitet, durch seine Reflexion in der Welt um, wie die folgende Aufstellung zeigt:

Grundlage des Seins in der Welt		Grundlage der logarithmischen Beziehung
transphänomenales Sein der Welt	↑	geometrische Struktur
phänomenale Welt		arithmetische Struktur
statische Struktur		
psychische Selbstexistenz (relationelle Dynamik)	↓	geometrische Struktur
Gemeinsame Grundlage in uns von unserer psychischen Existenz und dem Sein in der Welt		Grundlage der logarithmischen Beziehung

(Noema — links; logarithmische Beziehung — Mitte)

Damit ist unser Verhältnis zu Gott erhellt.

INNERLICHKEIT UND ÄUSSERLICHKEIT   Während für das Bewußtsein die Dinge in der Welt in äußerer Beziehung zueinander stehen, sind sie für das psychische Selbstbewußtsein in einem inneren Bezug. Vor allem aber: Indem das seelische Bewußtsein in den statischen Strukturen seines Weltbildes die von ihm selbst hineinprojizierten inneren Beziehungen erblickt, transzendiert es die phänomenale Welt auf das transphänomenale Sein der Welt zu, dem es seine eigene Seinsweise verleiht – die innere Bezüglichkeit –, so daß dieses Phänomen den *Monismus des Seins in der Welt* (Energie) und den *Dualismus des Seins für das Bewußtsein* setzt (denn das Bewußtsein, das zugleich in sich und in der Welt gegenwärtig ist, läßt sich selbst als Innerlichkeit *in der Zerstreuung* existieren, vor der Welt aber als zerstreute Äußerlichkeit). Der zweite Transzendenzakt des psychischen Bewußtseins ist es allerdings, die *Grundlage* all seiner Selbstdetermination und all seiner Weltdetermination als die *gemeinsame* Grundlage im transzendierenden Raum seines eigenen Seins und des Seins der Welt zu »empfinden«. Deshalb verlieh der Mensch auch in den Zeiten, als er sich Gott als ein Ding vorstellte, diesem Ding eine Seele, und deshalb stellte er sich, als in ihm das seelische Selbstbewußtsein wach wurde, Gott als »Person« vor.

Die logarithmische Beziehung, durch die sich die Beziehung zwischen den Determinationen des Selbstbewußtseins und denen des Weltbewußtseins leicht begreifen läßt, tritt wohl fast nur im musikalischen Erleben auf, weil die Gegebenheiten des Phänomens in der musikalischen Tonwelt numerischer und rationaler Art sind. Sind die Gegebenheiten des Phänomens in der Welt wahrgenommene Bilder, Objekte oder Ereignisse, beruht die determinierende Tätigkeit des Selbstbewußtseins zwar ebenfalls auf der »dynamischen Identitätsrelation«, aber die Glieder der Formel sind nicht mehr numerisch, und an die Stelle der logarithmischen Bezüglichkeit tritt eine dialektische Bezüglichkeit. Jede Dialektik ist die ganzheitliche Erfassung einer *inneren* Beziehung zwischen zwei Gliedern durch ein drittes hindurch, welches gewissermaßen den Stützpunkt der relationellen Tätigkeit darstellt, wie die Gegenwart zwischen der Vergangenheit und der Zukunft. Dieses dritte Glied wird in der Dialektik, welche die Sprache darstellt, durch das *Verb* signifiziert. Jede Dialektik ist eine Tätigkeit der relationellen Dynamik, die auf der dynamischen Identitätsbeziehung beruht (ein *analogon* zu unserer Zeitlichkeitskadenz) und sich durch eine *statische* dialektische Struktur signifiziert; und weil das Selbstbewußtsein im Denken dialektisch ist, kann es sich dialektische Beziehungen, d.h. innere Beziehungen zwischen Ereignissen, die in der Welt in äußerlicher Beziehung stehen, signifizieren.

DAS ERLEBNIS DES FUNDAMENTS   Kehren wir aber zu unserem Thema zurück. Niemals würden wir das Erlebnis des »Fundaments«, d.h. das »Gotteserlebnis«, erfahren, wenn unser Leben ein kontinuierlicher Zeitlichkeitsverlauf in der Welt wäre. Wir erleben es, weil es eine Abfolge begrenzter Akte ist, von denen einige in sich geschlossen sind. Denn das *Sein* schafft die Einheit einer Vielheit oder eines Ganzen, so daß sich die Seinsgrundlage nur in der globalen Erfassung einer Vielheit oder eines Ganzen, das eine Seinseinheit manifestiert, signifizieren kann, und diese Erfassung kann nur ganzheitlich sein, wenn die Vielheit oder das Ganze umgrenzt sind. Das permanente Fundament unserer seelischen Existenz signifiziert sich also als solches nur dann, wenn es zum Fundament eines *in sich geschlossenen Existenzaktes* wird; denn dann – und nur dann – kann man sagen, daß es sich phänomenalisiert. Folglich verschaffen uns jeder in sich geschlossene Existenzakt, an dem das seelische Eigenbewußtsein beteiligt ist, jedes Unternehmen und jedes Vorhaben selbst auf lange Sicht die Erfahrung des Fundaments; alle sind irgendwie in Gott begründet. Das von uns definierte Fundament ist jedoch nur die abstrakte Struktur der konkreten Grundlagen einer unendlichen Vielzahl von möglichen Akten und nur die zeitliche Grundlage dieser Akte. Man könnte daher unser transzendentes Fundament als etwas »Abstraktes« betrachten, wie wir schon angemerkt haben, aber dieses »Abstraktum« ist nichtsdestoweniger eine konkrete Bewußtseinsstruktur; und in diesem Licht ist sie die Grundlage aller konkreten Grundlagen, die Grundlage der *Grundlage*, so wie wir von »Grundlage« sprechen, wie wir unserem Handeln, den Dingen und Ereignissen einen »Grund« zuerkennen, mit einem Wort: Sie ist dieser *Grund des Grundes*, den Heidegger sucht. Das einzig spezifische Gotteserlebnis ist also jenes, in dem diese Grundlage der Grundlage die *einzige konkrete Grundlage des Phänomens* ist, und das geschieht im Beispiel der Kontemplation Debussys und des musikalischen Seinsvorsatzes, in dem das seelische Selbstbewußtsein, reine affektive Gegenwart in seinem Welthorizont, nichts anderes ist als die reine Reflexion seiner sensoriellen Urbeziehung zur Welt. Die »Grundlage« seiner Zeitlichkeitsstruktur, die in ihm seine *Dauer* schafft, wird dann zur Grundlage der *Dauer* des Phänomens *in der Welt;* diese Grundlage ist in der Welt nicht *sichtbar:* Die innere Form des musikalischen Kunstwerks ist nicht spürbar, wohl aber innerlich erlebbar. Sie spiegelt sich in der Transzendenz der wahrnehmbaren Formen wider, um diese miteinander in Verbindung zu setzen und ihnen einen Sinn zu geben. Das im Phänomen wirkende Bewußtsein erlebt daher, unreflektiert, die dreieinige Gotteserfahrung: Es erfährt für sich die *Grundlage,* das *Phänomen,* das es in ihm und in der Welt schafft, sowie die *Transzendenz,* welche das Ganze in der Dauer bindet und das Innen zum Außen in Verbindung setzt, zur Existenz, es erfährt also einen Akt des *Geistes* (im besonderen Fall. der psychischen Affektivität, die Geist ist). Solcherart ist das echte Gotteserlebnis beschaffen, dessen dreieinige Essenz bewirkt, daß die Gegenwart Gottes – Gottes in seiner Eigenschaft als Gottvater – immer nur implizite und transzendierend erfahren wird als diejenige der »Grundlage« im Phänomen.

ÜBEREINSTIMMUNG MIT DER WELT   Die gemeinsame Grundlage der Welt und unserer Existenz, also Gott, hat *zugleich* die Struktur einer *Eigenexistenz* und die statische Struktur eines *Dinges in der Welt:*

$$\text{Eigenexistenz} \quad = \quad V - G - Z$$
$$\text{Existenz in der Welt} \quad = \quad d - a - d$$

Aber diese beiden Strukturen (Eigenverlauf und Verlauf in der Welt) bleiben getrennt und finden gewissermaßen ihre Grundlage ineinander. Das besagt, daß das psychische Selbstbewußtsein in der Welt sein und sich darin gott-ähnlich machen kann *nur durch seine Adäquatheit mit der Welt* und mit dem Sein in der Welt. Was die körperliche Existenz anlangt, so ist die Möglichkeit ihrer Übereinstimmung mit der Welt von Geburt an vorhanden; der Mensch braucht sie nur zu erkennen und zu erfahren. Anders aber bei der seelischen Existenz: *Hier ist die Möglichkeit einer Übereinstimmung mit der Welt erst zu entdecken.* Sie muß sogar vom Menschen selbst erst beschlossen werden – absoluter Anfang, haben wir gesagt –, und allein das seelische Bewußtsein selbst kann sie durch seine Affektivität in der inneren Beziehung zur Welt mittels der Sensorik entdecken. Indem es dasselbe Fundament seiner Existenz in der Welt und in seiner Eigenexistenz gibt, signifiziert es sich also in Wirklichkeit die eigene Bedingung seiner Übereinstimmung mit der Welt. Indem es daher tat-sächlich und nur durch seine Affektivität – Seinsfülle, Vergnügen – postuliert, daß seine Übereinstimmung mit der Welt eine Grundlage *in der Welt* hat und daß diese Grundlage zugleich die Grundlage des *Seins* in der Welt und die-jenige seiner eigenen Existenz ist, übt es implizite einen freien Glaubensakt. Indem es diese Grundlage als seine eigene grundlegende Zeitlichkeitsstruktur empfindet, setzt es tatsächlich, daß seine (seelische) Übereinstimmung mit der Welt seine Grundlage in ihm selbst hat; und es signifiziert sich nur die gemein-same Grundlage aller seiner in sich selbst geschlossenen Existenzakte, die ab-strakte Grundlage aller ihrer konkreten Grundlagen, so daß es noch die *kon-kreten* Grundlagen seiner seelischen Übereinstimmung mit der Welt zu ent-decken hat. Aber diese Grundlage der Grundlagen, die abstrakte Grundlage, deckt eine tiefe metaphysische Wahrheit, nämlich daß die Seele ein Wider-schein ist – der letzte Widerschein in der Kette der Phänomene –, ein Wider-schein der Energie, welche im Äther die phänomenale Welt erzeugt hat und dauernd erzeugt. Und wenn das seelische Bewußtsein diese Filiation erle-ben kann, dann deshalb, weil jede phänomenale Energie als letzte Grundlage die dynamische Identitätsbeziehung $1 = \frac{1}{1}$ hat.

Daher kann, wie wir oben gesagt haben, die Realität des Phänomens »Gott« als menschliches Erlebnis nicht weiter in Frage gestellt werden, denn wir kön-nen uns heute eine deutliche Vorstellung von diesem Phänomen machen. Aber vor der steigenden Flut des heutigen Atheismus bleibt ein Problem bestehen: Läßt sich diese Gegenwart aus dem menschlichen Herzen ausrotten, ohne daß der Mensch Schaden nimmt? Kann der Mensch, ohne Schaden zu nehmen, das Gotteserlebnis verlieren oder aus seiner seelischen Existenz tilgen? Das wollen wir im folgenden untersuchen.

3. Das Gotteserlebnis

Im menschlichen Herzen also verkündet sich die Gegenwart Gottes in der Welt. Die Dreieinigkeit, die wir weiter oben beschrieben haben, ist ein gänzlich in der seelischen Existenz erlebtes Phänomen, welches das reflexive Bewußtsein rückschauend in die Transzendenz projiziert, wie es auch die Zeitlichkeit in die Dauer und die Räumlichkeit in den Raum projiziert. Deshalb ist der Mensch auch stets *Theist* – Polytheist, Pantheist, Monotheist –, ja sogar noch als *Atheist*. Aber im letzten Fall erkennt er Gott nicht mehr und macht so aus sich einen Gott, wenn er nicht, wie die Freimaurer, einen erfindet oder ihn in der Welt sucht, was wir weiter unten untersuchen wollen. Die Tatsache jedoch, daß der Mensch als »Existierender« in sich, in seinem Herzen, die *immanente* Gegenwart dieses Seinsgrundes trägt, den er Gott nennt, ist nicht nur etwas, das er sich in bevorzugten Erfahrungen signifiziert, sondern eine permanente, unleugbare Tatsache, eine konstituierende Struktur seines Seinsbewußtseins, die seiner Existenz die Tiefendimension verleiht.

Das Christentum   Nun, der Mensch ist eine Geschichte, und wir haben gesehen, daß die Geschichte des Menschen als Gattung die fortschreitende Entdeckung seiner inneren Bewußtseinsstrukturen und ihrer Anwendung ist. Wir betrachten Christus als Drehpunkt der Geschichte, weil er der erste und einzige war, der den Menschen die Wahrheit ihrer Gotteserfahrung offenbarte und sie vom *transzendenten* Gott, den sie sich bisher offenbart hatten, zum *immanenten* Gott führte, der sich in ihren Herzen verkündet. Und er blieb in der Wahrheit des Phänomens, indem er den immanenten Gott zur Verkündigung eines *transzendenten* Gottes im Menschenherzen machte, eines reinen Reflexes der psychischen Affektivität im Himmel, und als solcher zugleich Geist und Liebe. Dadurch erweckte Christus im Menschen diese Unterstruktur des Bewußtseinsorganismus, den das psychische Selbstbewußtsein darstellt, zur Aktivität und Autonomie, die von nun an von der *passiven* Beziehung zur transzendenten Welt, deren Gegenwart sie sich bis dahin unterworfen hatte, zu einer *aktiven* übergehen konnte. Diese seelische Autonomie des Menschen, die auf dem Erfahrungswege dem menschlichen Herzen offenbart wurde, eröffnete das dritte Zeitalter der Geschichte.

Unter der Wirkung der griechischen Erfahrung hatte der Mensch des dritten Zeitalters neben der Eigengesetzlichkeit seiner psychischen Aktivität zugleich auch die Eigengesetzlichkeit seiner reflexiven Geistestätigkeit erworben, und

sein Denken konnte nun zwar nicht die Wirklichkeit seiner seelischen Erfahrung in Zweifel ziehen, die eine bleibende Errungenschaft war, wohl aber die
ideative, geistige Bedeutung, die er ihr gab.

DER ATHEISMUS   Da Gott nur »im Herzen« sinnlich wahrnehmbar ist,
mußte der rein Intellektuelle, der cartesianische Rationalist nach Descartes, der
nur seine Wissenschaft zu Rate ziehende Wissenschaftler unausweichlich dem
Atheismus verfallen. Ebenso war es unausbleiblich, daß der *Materialismus* in
all seinen Spielarten, wie auch der Marxismus, der seine Fortsetzung ist, den
Atheismus verkündeten; denn diese Lehren postulieren die Bestimmtheit des
Menschen *von außen* und führen ihn zurück in eine passive Beziehung zur
transzendenten Welt. Allerdings erkennen die marxistischen Denker einen
Bereich im Menschen an, der nicht ihrer Ideologie unterliegt. Dieser Bereich
läßt sich leicht umschreiben: Es ist der Bereich des Bewußtseins, der Gegenstand dieses Buches ist, die menschliche Psyche. Und diese werden sie nie in
ihre Gewalt bekommen, da sie sie von vornherein ausgeschaltet haben. Deshalb ist auch die Menschenwelt, die sie uns vorschlagen, *wenn sie nur auf
ihrer Doktrin beruhen soll*, eine unmenschliche. Als ausschließliches und un-
mittelbares Zeugnis der Seele ist die Musik die *Probe* auf die Unzulänglichkeit
des Marxismus und zugleich dessen Niederlage; ihre Entstehung und geschichtliche Entwicklung – d. h. ihre Strukturen und ihre Finalität und nicht
etwa ihre äußere Erscheinung – lassen sich unmöglich im Lichte des historischen Materialismus und des Marxismus erfassen – und das erklärt die ideologische Sackgasse, in der sich die sowjetischen Komponisten befanden.

DIE EXISTENZ GOTTES   Der transzendente Gott bleibt dem Menschen unsichtbar, er »glänzt durch Abwesenheit«, wie Ortega y Gasset sagt, und so
kann der Mensch die Gotteserfahrung auch nur durch den in seinem Herzen
sich verkündenden immanenten Gott machen. Deshalb stellt ihn das Gefühl,
das der Mensch von Gottes »Gegenwart« hat, vor die Frage nicht nach Seinem
Sein, sondern nach Seiner Existenz – Seiner realen Existenz »im Himmel«
wohlgemerkt; und deshalb ist die Frage ein Problem des *Glaubens*. Es ist aber
eine schlecht gestellte Frage wegen der Doppeldeutigkeit des Wortes »existieren«, wie das eine kleine logische Übung zeigt:
a) Ein Traum existiert nur für den, der träumt, und für *niemanden sonst*.
b) Ein Ton hat nur »Höhe«, und eine Melodie existiert nur für den, der hört;
   hören kann sie aber *jeder beliebige*.
c) Der Eiffelturm existiert für jeden beliebigen, aber dieser »beliebige« muß
   ein *Jemand* sein.
   Die ersten beiden Aussagen sind *subjektive* Existenzialurteile (das gemeinte
Objekt existiert nur für eine Subjektivität). Die dritte ist ein *objektives* Existen-

zialurteil (da das Objekt für jeden beliebigen existieren kann, hat es eine Existenz an sich, unabhängig von jeder Subjektivität). Das erste Urteil ist jedoch rein individuell, wogegen das zweite allgemeine Gültigkeit besitzt; es ist subjektiv, gilt aber für jede menschliche Subjektivität. Das zweite und dritte Urteil haben dieselbe Allgemeingültigkeit und also die gleiche Wahrheitskraft. Bei *b* nimmt die subjektive Bestimmung des Objekts durch die Allgemeingültigkeit einen allgemeinen Wert an. Bei *c* gewinnt die objektive Bestimmung nur Realität, wenn sie von einer Subjektivität angenommen wird – und diese Identität von objektiver und subjektiver Bestimmung eines Dinges ist die menschliche Wahrheit*.

Stellen wir jedoch fest, daß das objektive Existenzialurteil eine phänomenale Wahrheit aufstellt, die das Sein des Phänomens im dunkel läßt, wogegen das subjektive Urteil eine ontologische Wahrheit setzt, die das Phänomen als solches im dunkel läßt: Die »Höhe« qualifiziert den Ton als *Sein*, aber diese Qualifikation verweist auf kein Phänomen in der Welt, auf keine Höhe, die wirklich in der Welt der klingenden Schwingungen existiert.

Die Gegenwart Gottes in der Welt ist Objekt eines Urteils analog dem Urteil *b*, mit Ausnahme dessen, daß das hier gemeinte Ding nicht aus einer Wahrnehmung hervorgeht, sondern aus einem rein affektiven Erlebnis, der reinen Seinsempfindung; und zwar deshalb, weil das Sein der »Grundlage«, welche für das psychische Bewußtsein die Grundlage des Seins in der Welt ist, reine Seinsempfindung ist und weil es für das Bewußtsein das *Sein* in der Welt *gibt* und nicht bloß Existierendes, Phänomene. Die Gotteserfahrung setzt also ein ontologisches Urteil hinsichtlich des *Seins* Gottes, läßt jedoch das »Phänomen« als solches im dunkel und mit noch größerem Recht dasjenige Phänomen in der Welt, das korrelativ wäre zum Bewußtseinsphänomen, nämlich den »transzendenten Gott«, als Sein und nicht als phänomenal Existierendes gesetzt. *Man kann also hinsichtlich Gottes die Existenzfrage* – nach der phänomenalen Existenz im Himmel – *nicht stellen*, ebensowenig wie man sie in bezug auf den Ton oder das Licht stellen könnte, wenn beide nicht fühlbar wären. Diese Frage ist unlösbar, da der transzendente Gott nichts anderes ist als die Transzendenz einer affektiven Ausstrahlung des psychischen Selbst-

---

* Husserl bezeichnet mit *Intersubjektivität* die allgemeine Mitteilbarkeit allgemein menschlicher und nicht bloß individueller Bewußtseinsgegebenheiten. Dieser Ausdruck ist aber mehrdeutig, er soll jedoch die grundsätzliche Individualität aller menschlichen Subjektivität nicht in Abrede stellen. Vergißt man das, gerät man in die Utopie wie Teilhard de Chardin, der glaubte, es würde der Tag kommen, da man das *schöpferische* Bewußtsein vieler zusammenkoppeln könne, ähnlich wie man elektrische Batterien hintereinanderschaltet, um auf diese Weise ein schöpferisches Potential zu erzeugen, das kräftiger sei als das einer schöpferischen Individualität. Selbstredend kann ein schöpferisches Genie nur *individuell* sein. Der Prozeß der kollektiven geistigen Produktion ist etwas anderes als ein Zusammenschluß natürlicher Kräfte. Er besteht darin, daß innerhalb einer Gemeinschaft alle zusammen auf ein Ziel hinarbeiten, indem jeder in der Geschichte aufnimmt, was der andere gemacht hat, es vollendet, entwickelt oder in eine andere Richtung treibt: So ist die Musik entstanden, auch die Volksmusik.

bewußtseins. Deshalb kann lediglich die »Ähnlichkeit« Gottes zum Objekt einer phänomenalen Existenz werden. Hat man übrigens schon jemals gehört, daß die Heiden und die Urvölker die Existenzfrage hinsichtlich ihrer Götter gestellt hätten? Weiter berührt diese Existenzfrage ein anderes Bewußtsein als dasjenige, das den Sitz der Gotteserfahrung darstellt; und dieses andere Bewußtsein würde mit dem *Glauben* oder *Unglauben* darauf antworten. Da die Existenzfrage gar keine Antwort erhalten kann, beweisen Glauben und Unglauben nichts: Der Glaube kann naiv, trügerisch oder unwahrhaftig sein; der Unglaube, der auf eine bereits konkretisierte Gottesdarstellung abzielt, beeinträchtigt in keiner Weise das, was in der psychischen Existenz vor sich geht. Beurteilen wir doch die Funktion Gottes im menschlichen Leben nicht nach Glauben oder Unglauben der Menschen, sondern nach den *Zeichen Seiner Gegenwart in der Existenz des Menschen als seelischen Wesens*.

DIE UNIVERSALITÄT DER GOTTESERFAHRUNG   Betrachtet man das Gottesproblem unter diesem Blickwinkel, so bemerkt man, daß alles, aber auch alles im menschlichen Leben von ihm abhängig ist. Das ist evident, da das, was wir Gotteserfahrung nennen, nichts anderes ist, als was wir zuvor das Erlebnis der »Grundlage« nannten. Da diese Erfahrung der Grundlage ein Faktum des *seelischen Selbstbewußtseins* ist, das sich der Mensch jedoch in der Sekundärreflexion als religiöse oder Gotteserfahrung signifiziert, verbindet sich in dieser letzteren alles, was der Mensch aus der »Grundlagen«-Erfahrung besitzt und was wir jetzt kurz beleuchten wollen. In dem Augenblick, in dem das seelische Selbstbewußtsein seine bezugsetzende Tätigkeit auf seiner Zeitlichkeitskadenz begründet und diese Zeitlichkeitskadenz die Bedeutung »Vergangenheit-Gegenwart-Zukunft« annimmt, hat sich die seelische Affektivität die *Nichtumkehrbarkeit* ihrer existenziellen Zeitlichkeit signifiziert und ihr damit einen Sinn gegeben: zur Zukunft zu werden. Der *Sinn* ist in der Bewußtseinsexistenz erschienen, und die Sinnbestimmung wird *ipso facto* die allgemeine Determinationsweise des Bewußtseins, dessen erster Akt in seiner Beziehung zur Welt die *Sinngebung* ist. Von dorther erklärt sich die Zweipoligkeit der fundamentalen Bewußtseinsbestimmungen: Sinn – Unsinn, ja – nein, wahr – falsch, und so weiter.

In seiner Eigenschaft als *affektives Dingbewußtsein* verzeitlicht sich das seelische Bewußtsein in der Welt; seine Existenz ist ein Fließen, ein dauernder Ablauf der Zeitlichkeit in der Zeit der Welt. Daher nimmt die seelische Existenz eine *Seinskonsistenz* nur insoweit an, als sich das seelische Bewußtsein nicht auf seiner indifferenzierten Verzeitlichung, sondern auf seiner *Dauer* begründet, deren Grundlage die Struktur V-G-Z ist. Seine *Dauer* ist für das seelische Bewußtsein der *Boden* seines *Seins*, wie die feste Erde, auf der wir uns bewegen, den Boden abgibt für unser körperliches Sein. Und weil die Struktur V-G-Z als Stasis unserer Dauer – *wenn sie eine ganze Unterstruktur von Dauern transzendiert* – mit dem Fließen unserer Zeitlichkeit heterogen ist, kann sie in unserer seelischen Existenz als eine transzendente Gegenwart empfunden werden, der das reflexive Denken einen Namen gibt.

In Anmerkung III (S. 772) haben wir gesehen, daß der Mensch ein ethisches Wesen ist, und in seinem ethischen Bewußtsein haben wir den ontologischen Aspekt des psychischen Bewußtseins erkannt, dessen existenzieller Aspekt das affektive Bewußtsein ist. Als ethisches Wesen nimmt er also Seinskonsistenz an, und als ethisches Wesen ist er (wie das Evangelium sagt) dem *Bilde Gottes* ähnlich, weil er keine andere Grundlage hat als sich selbst. Aber kein transzendenter Gott hat bestimmt, daß es so sein soll; kein transzendenter Gott braucht dieses Phänomen zu konzipieren und dem ethischen Bewußtsein die Autonomie zu geben. Diese Autonomie ist einfach die Manifestation einer affektiven Selbstdetermination vor der Welt. Nicht der Mensch ist also nach dem Ebenbilde Gottes geschaffen, sondern der Mensch trachtet vielmehr danach, sich Gott – den transzendenten Gott – nach seinem Bilde vorzustellen. Und der Gott, der sich im Herzen des Menschen kundtut und den Christus zu offenbaren gekommen ist, kann nichts anderes sein als die seelische Grundlage unserer ethischen Seinsweise. Wenn diese ethische Seinsweise eine Seinskonsistenz annimmt, wird sie somit *unser einziger unbedingter Halt* – das, was wir von Gott erwarten –, weil sie weder von unserer Intelligenz, von unserer Muskelkraft oder von unserer Gesundheit noch von den Umständen abhängt. Aber unsere ethische Seinsweise ist eine nichtreflektierte Selbstdetermination, und als innerer Halt unserer psychischen Übereinstimmung mit der Welt verweist sie auf einen korrelativen Halt in der Welt, d.h. vom immanenten Gott zum transzendenten, ebenso wie das im musikalischen Erleben erlebte Gefühl auf die melodischen Strukturen verweist, wo es doch in Wirklichkeit unser eigenes, auf diese Strukturen projiziertes Gefühl ist. Und man möge nicht meinen, wir hätten, wenn wir vom ethischen Bewußtsein sprechen, nach Belieben ein nur in der Theorie bestehendes Bewußtsein erfunden. Wir besitzen den Beweis, daß es sich differenzieren und seine Determinationsautonomie innerhalb des Bewußtseinsorganismus kundtun kann, da es, durch Christus geweckt, den Menschen des dritten Zeitalters und seine Kultur erschuf und da es sich durch jenes wunderbare Zeugnis seiner selbst und seiner Eigengesetzlichkeit – die abendländische Musik – unmittelbar signifiziert hat.

FOLGERUNGEN   Indem wir den Blick fest auf den wahren Gehalt der Gotteserfahrung gerichtet halten, können wir die Untersuchung der aus ihr sich ergebenden Folgerungen wiederaufnehmen.

Weil das ethische Sein des Menschen bereits nach dem Ebenbilde Gottes ist, kann er sich vornehmen, im Handeln »gottähnlich« werden zu wollen. Und weil seine anfängliche ethische Modalität bereits eine *Seins*weise ist, die aus einer Selbstdetermination *durch sich* hervorgeht, d.h. eine *autonome* Seinsweise, kann sich der Mensch vornehmen, so zu existieren, daß seine ganzheitliche Existenz – die durch einen in sich geschlossenen Existenzakt erschaffen ist – ebenfalls aus einer Selbstdetermination durch sich hervorgeht und daß das durch diese Existenz geschaffene und *Person* genannte *Wesen* als ethisches Wesen ein autonomes ist, das nur in sich seine Begründung findet. Dieses Wesen transzendiert die ganzheitliche Eigenexistenz, und am Ziel dieser Existenz trägt der Mensch es in sich, da er in sich seine Vergangenheit trägt. Die ethische Selbstdetermination hat also einen doppelten Aspekt: einen *statischen* und einen *dynamischen*. Unter ihrem *statischen* Aspekt setzt sie eine bestimmte Seinsweise voraus; und unter ihrem dynamischen Aspekt einen bestimmten Seinsvorsatz im Existieren. Unter diesen beiden Aspekten hat sie dieselbe Grundlage, die Seinsgrundlage, die zugleich eine statische und eine dynamische Zeitlichkeitsstruktur ist. Die Grundlage des Seinsvorsatzes ist es, die Dauer der Grundlage der Eigenexistenz in der kleinsten Dauerdimension in große Dimensionen auszudehnen.

Mit dem Vorsatz der »Gottähnlichkeit« ist auch das Finalitätsgesetz in Erscheinung getreten, welches der menschlichen Existenz einen Sinn gibt und den Menschen als Individuum und als Gattung zur *Geschichte* werden läßt. Aber wegen der Ausbildung des Bewußtseins, die Zeit in Anspruch nimmt, wegen einer gewissen Trägheit in der Anpassung an die Welt und wegen des *Widerstands* der Umstände offenbart sich dieses Finalitätsgesetz erst mit der Zeit und in größeren Zeiträumen, sowohl in der Einzelexistenz (Kindheit, Jugend, Reife) als auch in der Gattungsexistenz (erstes, zweites, drittes Zeitalter). Denn unsere Existenz in der Welt wird auch von außen, durch unseren »Umstand«, wie Ortega y Gasset es nennt, bedingt. Diese äußere Bedingtheit der Geschichte spielt die Rolle einer »Determinanten« und scheint die individuelle wie die kollektive Geschichte einem *Kausal*gesetz zu unterwerfen. Der ethische Vorsatz des Menschen spielt dagegen die Rolle einer »Motivanten«, und diese als Trägerin des Seinsvorsatzes des Menschen lenkt die Geschichte durch ihre von außen bedingte Kausaldetermination. Die individuelle und kollektive menschliche Geschichte hat daher zwei Gesichter: Von außen gesehen, nach den *Tatsachen*, unterliegt sie dem Gesetz der *Kausalität;* innerlich jedoch, nach dem *Sinn der Tatsachen*, wird sie von einem Finalitätsgesetz gelenkt. Deshalb entdecken die Historiker, welche die Geschichte durch Tatsachen erklären wollen, auch immer nur *Ursachen*. Soweit die Marxisten bessere Analytiker sind als die Historiker der alten Schule, sehen sie sehr wohl, daß die Geschichte der Menschheit zu einer *Finalität* tendiert und daß es einen Sinn in der Geschichte gibt. Sie verlegen aber diese Finalität in die materiellen – wirtschaftlichen und sozialen – Bedingungen des Menschen und machen so aus dem Finalitätsgesetz ein *Kausal*gesetz, einen Determinismus. Nimmt man ein Kausalgesetz an, so läßt sich mit Sicherheit voraussagen, wie sich die in der Welt enthaltene Finalität verwirklichen wird; wogegen man auf dem Standpunkt, daß die ethische Finalität des Menschen im Verlauf der Geschichte den

Vorrang einnimmt vor seinen äußeren, materiellen, sozialen und wirtschaftlichen Bedingungen, annehmen muß, daß sich der Mensch die äußeren Bedingungen, unter denen er seinen Seinsvorsatz zwar nicht im Absoluten, aber doch in der seinen menschlichen Bedingungen eigenen Relativität verwirklichen kann, selbst schafft. *Zu diesem Problem gibt es zahlreiche Lösungsmöglichkeiten.* Hätten die Marxisten recht, so hätte die Menschheit eigentlich erst unter marxistischem Regime das Glück kennengelernt. Daß das – wenigstens für den westlichen Menschen oder denjenigen, der keinerlei besondere Vorrechte genießt – nicht so ist, liegt auf der Hand; der Aufstand in Ungarn ist ein Beweis dafür. Ebenso offensichtlich dagegen ist es, daß der Mensch unter bestimmten, gar nicht so schwer zu präzisierenden Bedingungen noch unter jedem Regime die Möglichkeit gefunden hat, glücklich zu sein.

Was wir die Gotteserfahrung genannt haben, d. h. die Erfahrung der seelischen Grundlage unserer inneren Beziehung zur Welt mittels der Sinne, ist, wie diese Termini andeuten und wie wir gesehen haben, die Erfahrung unserer seelischen Übereinstimmung mit der Welt. Sie muß uns also *ipso facto* die *Normen* dieser Übereinstimmung geben, die zugleich auch diejenigen unserer ethischen Beziehung zur Welt und die *konkreten* Grundlagen unserer ethischen Existenz in der Welt sind. Die erste dieser Normen resultiert aus der vollkommenen Übereinstimmung des Bildes, das sich das Bewußtsein von der Welt *durch sich* (als Gegenstandsbewußtsein) macht, mit dem Bild, welches es sich (als *Selbstbewußtsein*) *für sich* gibt. Wie wir bereits festgestellt haben, findet das Bewußtsein in dieser Übereinstimmung seine Wahrheit und das, was für es die Wahrheit der Dinge ist: In ihr existiert es im *Wahren*. Was diese notwendige Übereinstimmung möglich macht, ist die Grundlage des *Rechten*. Der affektive Zustand, in welchen diese Übereinstimmung das seelische Selbstbewußtsein versetzt, ist das *Gute*; die Seinsfülle, die es darin finden kann, ist das *Schöne*. Daher braucht das seelische Selbstbewußtsein seine Gebote nicht vom transzendenten Gott zu empfangen, um sie zu kennen: Es findet sie *impliziert* durch die psychischen Bedingungen der reinen Reflexion seiner sensoriellen Beziehung zur Welt in deren Eigenschaft als Normen seiner seelischen Übereinstimmung mit der Welt. Diese Normen aber, da sie die Seinsqualitäten sind, welche die seelische Existenz und das wahrgenommene Bild der Welt von ihrem gemeinsamen Fundament beziehen, werden als von Gott kommend, als seine Gebote, erlebt. Dabei sind sie nichts anderes als die psychischen Erlebnisse der reinen Reflexion, als Erlebnisse unserer Übereinstimmung mit der Welt werden sie jedoch normativ. Einerseits werden sie zu ethischen Normen des psychischen Selbstbewußtseins unter dem doppelten, dem statischen und dynamischen Aspekt der ethischen Determination: *Seins*weise und *Verhaltens*weise; andererseits werden sie zu *Wert*normen der Seinserscheinungen in der Welt – d. h. das Bewußtsein bewertet die phänomenalen Erscheinungen des Seins in der Welt, indem es sie auf einen absoluten Wert bezieht, der seinen eigenen Normen entspricht.

4. Das ethische Leben

Wie wir bereits gesagt haben, sind die Normen, bis sie vom ideativen Bewußtsein »benannt« werden, reine affektive Erlebnisse: Das Wahre, das Rechte und das Gute verkünden sich im Herzen des Menschen durch das *Gefühl* des Wahren, Rechten und Guten.

DAS GEFÜHL   Halten wir noch einmal fest, daß man das Gefühl nicht mit seinem Objekt verwechseln darf. Das Gefühl als solches ist diese latente Affektivität innerhalb unseres seelischen Bereiches, die Bezüge, Beziehungen und Zustände empfinden läßt. Nun, in der Erfahrung, von der wir sprechen, ist die seelische Affektivität ein Seins*anruf*, weil das Bewußtsein das Sein in der Welt vorfindet, das Bedürfnis der Übereinstimmung mit dem wahrgenommenen Sein und – wie wir bereits gesagt haben – das Verlangen nach Einheit, d. h. *Liebe*. Diese Liebe ist nicht Liebe zu etwas, eine Liebe, die eine individualisierte Form angenommen hätte und durch ihren Gegenstand bestimmt würde; sie ist eine grundlegende affektive Modalität, die zur ethischen wird, weil sie eine *Seins*weise des affektiven Selbstbewußtseins ist, motiviert durch das Bedürfnis nach Übereinstimmung mit der Welt, und eine Selbstbestimmung durch sich selbst vor der Welt. Vor der Welt also ist das psychische Selbstbewußtsein wesentlich *Liebe* als affektive apriorische Einstellung und als ethische Modalität. Deshalb konnte Christus sagen: »Liebe deinen Nächsten wie dich selbst.« Er verlangt nicht vom Menschen, alle Welt zu lieben, sondern er verlangt – indem er dem Wort »Liebe« einen *neuen, ontologischen Sinn* verleiht und sie, losgelöst vom Fleischlichen, zur Grundlage der affektiven Beziehungen macht –, daß der Mensch seine grundsätzliche affektive Einstellung einem anderen zuwendet, in dem er seinen Nächsten, seinesgleichen, erkennt, d. h. daß er den gemeinsamen Seinsgrund zwischen sich und ihm erkennt. Christi ethische Normen sind also, wie man sieht, dieselben, wie sie sich im Herzen des Menschen kundtun als Bedingungen seiner Übereinstimmung mit der Welt und seines Verlangens, in der Welt in Übereinstimmung mit dem Sein der Welt zu leben. Die christliche Ethik ist deshalb nicht eine Ethik neben anderen, die für einen Raum und eine Zeit gelten; sie ist vielmehr die Offenbarung der menschlichen ethischen Bedingung, wodurch die ethischen Lehren Christi eine *allgemeingültige, ahistorische Verbindlichkeit* erhalten.

DAS MORALISCHE GESETZ   Aber die Erfahrung, welche die ethische Bedingung beleuchtet, gibt keinen Aufschluß über die existenzielle Situation des Menschen, sondern nur über seine ontologische Situation, über seine Seinsbeziehungen zur Welt. In seiner existenziellen Situation tritt sein gesamter Bewußtseinsorganismus ins Spiel, und der Mensch ist *a priori* in der Sekundärreflexion; er wird bedingt durch körperliche Gelüste und durch seine praktischen, wirtschaftlichen und gesellschaftlichen Beziehungen zu seiner Umwelt. Hier wird alles anders. Es handelt sich dann nicht mehr um Übereinstimmung mit der Welt: Die Welt erscheint entfernt, fremd oder gar feindlich; der Mensch ist eine Bedrohung für den Menschen; dem Wahren setzt sich das Falsche entgegen, dem Rechten das Unrecht, dem Guten das Böse. Unterdessen macht das psychische Selbstbewußtsein, nichtreflektierte Unterstruktur des *reflexiven Denkens*, sein Vorhandensein innerhalb des Bewußtseinsorganismus bemerkbar als in uns seiendes Vorhandensein eines Gesetzes der effektiven Determinationen unseres Verhaltens und unseres Handelns. Ethisches Gesetz, Gesetz der Selbstdetermination durch sich selbst: Seinsweise, Seinsvorsatz und normatives Gesetz unseres Verhaltens und unserer Urteile. In seinem freien Verhalten hat der Mensch die Freiheit, auf diese innere Stimme zu hören oder nicht, ihre ethischen Normen, die sich in ihm, in der Sekundärreflexion, als *Ideale* verkünden, zu beachten oder nicht. Auf dieser reflexiven Ebene, auf welcher sich die Selbstdetermination durch sich selbst, also die ethische Determination, *moralisch* nennt, weil sie *freiwillig* ist, hat der Mensch keine andere Führung als sein psychisches Bewußtsein, dessen Normen er durch eine reflexive Rückwendung auf sich selbst entdeckt. Es gibt kein moralisches »Gesetz« außer der unmittelbaren Konsequenz aus der ethischen »Natur« des Menschen: daß der Mensch für sich selbst verantwortlich ist. Einem der echtesten Christen, die ich kennengelernt habe, beichtete eines Tages ein junger Mann, daß er in Versuchung sei, Selbstmord zu begehen. »Nun gut«, antwortete er, »worauf warten Sie? Tun Sie es doch, wenn Sie es wagen!« Es gibt kein moralisches Gesetz, es kann aber moralische Subjekte geben, und ein moralisches Subjekt ist, wer in seinem willentlichen Verhalten sich seiner ethischen Normen und *alles dessen, was diese implizieren*, bewußt bleibt: der Achtung vor der Freiheit des anderen, vor seinem Gut, seinem Leben und so weiter. Den Wegen Gottes folgen wäre also, in allen Dingen ohne Unterlaß nach den ethischen Normen und allem, was ihnen inbegriffen ist, zu handeln. Aber gerade dieses Inbegriffene ist so vielfältig und komplex, daß es unmöglich ist, immer zugleich allen Normen in all ihren Ausstrahlungen und der ganzen Tragweite einer Handlung gerecht zu werden, und daß man praktisch niemals sicher sein kann, ob ein Verhalten richtig ist. »Richtet nicht«, sagt Christus, und der mit sich selbst zufriedene Mensch, der Pharisäer, befindet sich im Irrtum. Der Mensch ist unabänderlich Sünder, und weiter unten werden wir sehen, worin das Jüngste Gericht über das, was er aus sich gemacht hat, bestehen wird.

DIE SÜNDE   Der Mensch ist, kurz gesagt, Sünder, weil sich seine existenzielle Situation nicht auf seine ontologische zurückführen läßt, d.h. auf seine rein psychische Situation, in welcher die reine Ethik begründet ist. Seine existenzielle Situation führt nämlich zwei Elemente ein: das Fleisch mit seinen Ansprüchen und die menschliche Umwelt, die zusammen die seelische Perspektive verändern.

Aber der Mensch wird nicht als Sünder geboren und ist auch nicht, wie man sieht, Sünder auf Grund einer Ursünde des ersten Menschen. In der ethischen Bedingung des Menschen findet sich keine Spur von Erbsünde. Die einzige Erbsünde des Menschen ist die, als Mensch geboren zu sein, was sich aus aufmerksamer Lektüre der Bibel ergibt. Adam und Eva wurden aus dem Paradies vertrieben, als sie der Versuchung erlegen waren – sie haben ja nicht den Ort gewechselt, sondern ihr Wohnplatz hat sein Aussehen verwandelt: Aus dem ursprünglichen Paradies ist der menschliche Horizont geworden, weil Adam das erste Lebewesen war, das den Liebesakt *wissend* vollzog, durch eine Willenshandlung, deren Verantwortlichkeit er zurückschauend vor Abel hat empfinden müssen. Übrigens hat Gott die Schlange und den Ackerboden verflucht, nicht aber *Adam und Eva und auch nicht den Liebesakt als solchen;* sie haben das Paradies auch nicht verloren, weil sie von der Frucht des Baums der Erkenntnis gegessen hatten, sondern, wie die Bibel schreibt, sie wurden aus dem Paradies vertrieben, damit der *Baum des Lebens in ihrem menschlichen Horizont ihren Blicken entzogen sei* durch die »Cherubim mit dem bloßen, hauenden Schwert«.

Das Paradies ist der beschränkte Horizont der Tiere und der kleinen Kinder, in dem sie sich gänzlich glücklich fühlen, wenn sie satt sind. Hätte das Auftreten des »menschlichen Bewußtseins« (der Sekundärreflexion) im animalischen Organismus nicht als Gegenstück eine magische Verwandlung dieses Horizonts bewirkt, in dem jetzt der Hintergrund und die *Zukunft* erscheinen, so hätte sich der Mensch für einen Gott gehalten und wäre sich des Todes nie bewußt geworden, der ihn lehren sollte, daß er nicht Herr des Lebens ist. Mit anderen Worten: Adam wurde sich bei der Menschwerdung bewußt, daß er nicht Gott war, daß im *Hintergrund* seines Lebens der Tod stand. Und die Quelle des Lebens, die das Tier in der Welt sucht, bleibt ihm tatsächlich durch das blendende Licht der Sonne verborgen. Denn als Mensch befand sich Adam im Besitz einer vierten Dimension, der *Transzendenz*, die bei ihm den Platz einnehmen sollte, den der *Instinkt* bei den Tieren hat – der bereits eine Transzendenz darstellt, aber eine nicht bewußte Transzendenz. Und sein Vermögen zum Transzendieren verleitete den Menschen dennoch dazu, die Quelle des Lebens im transzendenten Gott zu suchen und im transzendenten Raum.

DIE GOTTESVORSTELLUNG   Das Gotteserlebnis – die Erfahrung der Grundlage – geschieht oft, ohne daß es dabei zur Gottesvorstellung kommt. Ein konkretes oder abstraktes Gottesbild taucht in der Welt mit dem Erscheinen eines *Wesens* oder eines *Wertes* auf, das bzw. den der Mensch vergöttert. Der Gott des Kindes ist sein Vater oder seine Mutter, der Großvater oder die ältere Schwester. Der transzendente Gott des praktischen Menschen ist im allgemeinen das Ding, dem er sich widmet, und sein immanenter Gott die Leidenschaft für seinen Beruf. Der transzendente Gott Fausts war das Ewig-Weibliche, sein immanenter Gott die Lebensgier. Der transzendente Gott Don Juans war die Frau und sein immanenter Gott die »erotische Sinnlichkeit«, wie Kierkegaard sie nennt. Der transzendente Gott des Gelehrten ist seine Wissenschaft, der des Künstlers seine Kunst; und ihr immanenter Gott ist die Leidenschaft für das Wahre bzw. für das Schöne.

DAS GEBET   Es ist jedoch ein beständiges Bedürfnis des Menschen, sich Bewußtseinsfakten zu signifizieren, und zwar gerade diejenigen, welche in seiner natürlichen Einstellung unreflektiert bleiben – so die seelische Aktivität durch die Musik und eine gewisse rationale Tätigkeit durch die Mathematik. *Der spezifische Signifikationsakt der inneren und äußeren Grundlage seiner Existenz oder seines Existenzaktes in der Welt* (denn nur um seine Existenz handelt es sich) *ist das Gebet.* Unsere ethischen Determinationen haben einen statischen und einen dynamischen Aspekt, und so gibt es auch zwei verschiedene Bewußtseinshaltungen beim Gebet, eine *statische* und eine *dynamische.* Die erste haben wir bei Debussy sich spontan vor der Schönheit der Natur entwickeln sehen. Die zweite ergibt sich beim Menschen vor einem determinierten Akt, in dem er sich seelisch binden will, und beide Gebetsarten können stumm sein. Solcherart war früher das Gebet vor der Schlacht und das Gebet vor der Jagd. Und solche Augenblicke der Sammlung und Selbstbesinnung hat noch heute der Sportler vor dem Wettkampf, der Musiker vor dem Konzert, der Mensch überhaupt vor einem entscheidenden Existenzakt. Dieses Gebet, ob stumm oder laut, ist stets ein Augenblick der Sammlung, der Selbstbesinnung – der *Andacht*, wie man im Deutschen sagt –, in welchem der Mensch in einer ganzheitlichen Vorschau auf das zu Leistende seine Energien anspannt und die tatkräftige Unterstützung seiner selbst im Innern und Äußern und zugleich auch die tatkräftige Unterstützung der Welt beschwört, eine Unterstützung, die ihm in der Welt nur vom Jenseits oder vom Darüber kommen kann, da er unmittelbar in der Welt nur auf den Widerstand der Dinge stößt. Ob er nun Seinen Namen nennt oder nicht – er ruft die Hilfe Gottes an.

Das Gebet, von dem wir sprechen, spielt eine analoge Rolle wie der emotionale Schock vor dem »Schönen«, den wir beim Erklingen der Musik empfinden, wie der Appetitantrieb beim Essen: Es leitet das Gefühl ein, welches unsere Tätigkeit in der Dauer erhält.

Der mystische Akt ist etwas ganz anderes als das *Gebet:* Er ist keine Invokation, sondern eine Evokation Gottes, der unausweichlich fruchtlose Versuch einer Schau des transzendenten Gottes, um den sich der Mystiker im völligen Vergessen seiner eigenen, in das Schweigen und die Nacht getauchten

Existenz bemüht. Da er durch dieses Vergessen seiner eigenen Existenz den immanenten Gott von selbst ausklammert, bleibt folglich die mystische Versenkung ein rein individueller, anderen nicht mitteilbarer Akt ohne ethische Bedeutung. Christus, den Zeugen Gottes, charakterisiert gerade, daß er kein Mystiker war. Bleiben wird, was manche Mystiker, zum Beispiel Meister Eckart, uns über das Gotteserlebnis an wertvollen Aussagen überliefert haben, so besonders die, daß Gott nur insofern in uns existiert, als wir ihn in uns existieren lassen, und daß er nur insofern gut oder böse ist, als wir ihn in uns gut oder böse werden lassen.

DIE GEBUNDENE EXISTENZ ODER DIE RELIGION   Jetzt kommen wir endlich zum bedeutsamsten Aspekt des untersuchten psychischen Phänomens.

Indem sie zur Grundlage eines ganzheitlichen, beliebig langen Existenzaktes wird, macht die Grundlage unserer Zeitlichkeitsstruktur aus unserer seelischen Existenz eine *innerlich gebundene* Existenz. Dieses Phänomen aber, das nur in der reinen Reflexion eines Existenzaktes *in der Welt* stattfindet, impliziert eine andere in der Welt befindliche raum-zeitliche Existenzstruktur, *die gleicherweise innerlich gebunden ist:* den Abdruck unseres Aktes auf der Erde oder in der Raum-Dauer oder auf den Dingen oder unter den Menschen. Die doppelte, innere und äußere Existenzstruktur wird schematisch durch unsere Doppeloktave signifiziert, als innerlich *zurückgelegter* melodischer *Weg* in der Welt:

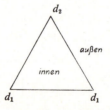

Da diese beiden Strukturen dieselbe Grundlage haben, bindet diese sie innerlich aneinander, und dadurch bindet sie unsere innere Existenz an unsere Existenz in der Welt und bindet die zweite wieder zurück an die erste. Oder aber sie bindet unsere Existenz in der Welt an unsere innere Existenz und bindet diese wieder zurück an die erste. Dieses Band, welches unsere innere Existenz und unsere Existenz in der Welt miteinander verbindet und dadurch unsere innere Existenz an das, was die *Noemata* in unseren Augen signifizieren, wird rechtens ein *religiöses* Band genannt, weil es im Innern verbindet, was im Äußern unverbunden ist. Die ethische Selbstdetermination, mit einem Wort: die *Ethik* als Seinsweise des seelischen Selbst, bindet also unsere Existenz nicht nur innerlich; sie schafft ein religiöses Band zwischen dem seelischen Selbstbewußtsein und den Lebewesen und Dingen in der Welt und transzendental mit dem transphänomenalen Sein der Welt. Sie bewirkt in uns ein affektives Erlebnis, das Gefühl einer religiösen Verbindung mit der Welt. Was dem Wort »religiös« seine besondere Färbung gibt, ist, daß das Band, das es signifiziert, transzendent, metaphysisch ist und daß es als Grundlage diese gemeinsame Grundlage unserer Existenz und des Seins in der Welt hat, die der Mensch Gott nennt.

DER GLAUBE   In dieser Situation existiert, wie wir wissen, das psychische Selbstbewußtsein im Wahren. Alle seine affektiven Erlebnisse, alles, was es sich signifiziert und was in der Welt in seinen Gesichtskreis fällt, ist ihm im Licht der Evidenz mit einem Gepräge der unzweifelhaften Wirklichkeit gegeben. Daher ist es als affektives Bewußtsein von sich und von den Dingen *Glaube*, und wir müssen hier vom Glauben sagen, was wir weiter oben von der Liebe gesagt haben.

1. Dieser Glaube ist eine affektive *Eigen*modalität und eine *Seins*modalität, eine *ethische* Modalität, welche zur Seinsweise des ethischen Selbstbewußtseins als solchen wird. Dieses Bewußtsein ist in der beschriebenen Situation Glaubensbewußtsein. (»Den Glauben haben« ist eine *reflexive* Gegebenheit der Sekundärreflexion, die den ursprünglichen Glauben als psychische Gegebenheit objektiviert.) Bei Beethoven haben die langsamen Sätze meistens religiöses Gepräge; nicht der affektive Gehalt der Stücke verleiht ihnen diesen Charakter, sondern der Umstand, daß das ethische Selbstbewußtsein (das sich durch die Musik signifiziert) sich dann als Glaubensbewußtsein signifiziert. Was den affektiven Gehalt angeht, so drückt das *Adagio* der *Vierten Symphonie* zweifelsohne eine Naturbetrachtung und das der *Neunten* eine Selbstbesinnung aus. Am Ende der *Pastoralsymphonie* (Schluß des *Hirtengesangs*) steht eine Stelle (fünfter Takt), die mir genau Dürers berühmte Zeichnung *Betende Hände* zu bedeuten scheint:

Und woraus hätte Debussy – den man für einen Heiden hielt – das Bild des Kreuzes ableiten sollen, mit welchem er das *Martyre de Saint Sébastien* beginnt, wenn nicht aus dem »schwachen, aber aufrichtigen« Glauben, wie er sagt, der seine Seele ausmachte?

entschiedene Bestätigung der „Grundlage" *

2. Dieser ethische Glaube ist *Glaube*, bevor er sich auf ein bestimmtes Objekt festlegt; aber weil er eben *a priori* Glaube ist, kann er zum Glauben an die Wissenschaft, die künftige Gesellschaft und an wer weiß was werden – oder auch zum Glauben an Gott. Wenn man von einem gläubigen Menschen spricht, fragt man nicht danach, woran er glaubt. Und an ihrem Verhalten unterscheidet man sehr wohl einen gläubigen und einen ungläubigen Menschen. Das Verhalten des Gläubigen beruht deutlich auf der Gewißheit einer Gewißheit, auf dem unbedingten Gefühl, daß es eine Gewißheit gibt.

So erscheint Gott nicht zu Anfang, und der Mensch ist nicht sofort religiös, weil er an Gott glaubt. Sondern weil er ein ethisches Wesen ist, steht er in religiöser Bindung zur Welt. Und weil er in religiöser Bindung zur Welt steht, ist er in seinem Wesen gläubig. Und durch diese Gläubigkeit kann er an seine Grundlage glauben, d.h. an Gott. Die Religion entsteht aus der Ethik, der Glaube aus der religiösen Bindung zur Welt, und der Glaube richtet sich auf Gott, weil Gott als Schöpfer dieser gemeinsamen Grundlage zwischen unserer Existenz und der Welt die Grundlage unserer religiösen Bindung an die Welt ist. Denn ursprünglich ist Gott weder Gegenstand des Glaubens noch dessen Grundlage, weil der Glaube gänzlich frei ist: Er ist vielmehr dessen Folge. Deshalb kann ein Mensch gläubig sein und aus seinem Glauben handeln, ohne zu ahnen, daß er ein Mensch Gottes ist (so z.B. Bartók, der sich als Atheisten bezeichnete). Aber Glauben haben heißt implizite Gott setzen, denn es bedeutet seine Determinationen als gegründet setzen; und sind sie begründet, dann deshalb, weil es eine Grundlage von allem gibt, und eines Tages muß man dieser Grundlage einen Namen geben. Ferner heißt Gott im Sinne von Grundlage setzen, Glauben haben; denn es wäre unmöglich, eine Grundlage von allem anzunehmen, ohne selbst Glauben zu haben. Es kommt also nur auf den Glauben an, ungeachtet der Vorstellung, die man sich von Gott macht.

DAS ETHISCHE BEWUSSTSEIN   Was wir eben sehen konnten, zeigt klar die Bedeutung dieses ethischen Selbstbewußtseins, das der ontologische Aspekt des psychischen Bewußtseins ist und eine vor dem *cogito* liegende autonome Eigenstruktur besitzt. Diese ethische Eigenstruktur, diese *Gesetzes*struktur, wie wir sie nannten, ist eine Spiegelung des Logos Gottes, der selbst dessen Reflex in

* »Grundlage« ist hier im tonalen Sinne gebraucht, d. Ü.

der Transzendenz ist; diese Struktur ist eigentlich das *Rückgrat* unseres seelischen Seins, das Rückgrat eines seelischen Wesens, in dessen Umkreis sich noch andere Phänomene ergeben: Gefühle, Willensäußerungen, Gedanken. Dieses Rückgrat macht aus dem Menschen als psychischem Wesen ein Wirbeltier, wie er es als körperliches Wesen ist. Es versteht sich von selbst, daß es erst dann seine Rolle spielen kann, wenn es zur *Autonomie* geweckt und *aktiv* geworden ist. Solange es nicht autonom und aktiv geworden ist, wird die seelische Affektivität von außen bestimmt. Es unterliegt dem reflektierten Wahrgenommenen ebenso, wie es seiner durch seine Beziehung zur Welt motivierten Strukturierung unterliegt. In der Situation dieses *passiven* Bewußtseins hat der psychische Organismus eine Struktur analog der körperlichen Struktur eines Insekts: Die *Sekundärreflexion* (das reflexive Denken), die alle unsere Bewußtseinstätigkeiten umgreift, *bindet* die sukzessiven Momente der psychischen Aktivität *von außen*. Oder, wenn man will, die Tätigkeit *in der Welt* bindet von außen die sukzessiven »Momente« der *inneren* Tätigkeit, weil diese in ihrer Passivität vom Außen abhängig ist. So wie es ein passives und ein aktives ethisches Bewußtsein geben kann, so gibt es auch einen *passiven* (nur empfangenen, inaktiven) und einen *aktiven* Glauben.

Der Mensch ist ein Kulturprodukt, wie wir gesehen haben, und von seiner (wohlgemerkt: von ihm und durch ihn geschaffenen) Kultur hängt es ab, ob sein Glaube aktiv oder passiv ist; denn in uns erwachen nur die *kultivierten* Bewußtseinsfunktionen zur Aktivität. Andererseits ist unser seelischer Bezug zur *phänomenalen* Welt auch wieder *passiv*, sogar abwechselnd aktiv und passiv; denn da unsere seelische Existenz kadenziell ist, muß wegen des energetischen Gleichgewichts das eine Glied der Kadenz passiv sein, wenn das andere aktiv ist.

Die zwei Stufen der Transzendenz   Was unsere fundamentale seelische Einstellung zur Welt qualifiziert, ist also nicht ihr Bezug zu unserem *immanenten* Existenzhorizont, sondern zu dem, was wir als die zweite Stufe oder Zone der Transzendenz bezeichnet haben, d.h. zu der *transzendenten* Grundlage unserer Existenz und der Existenz in der Welt im Universum. Der Glaube ist immer transzendental; deshalb ist er Glaube und nicht ein Dafürhalten: Er ist thetisches Bewußtsein seines Existenzhorizontes in seiner Eigenschaft als nichtthetisches Bewußtsein seiner transzendenten Grundlage. Er stützt sich also – ohne es zu wissen – auf die transzendente Grundlage, um sein Objekt zu setzen, weil diese transzendente Grundlage die Grundlage unserer religiösen Bindung zur Welt ist. In diesem Licht ist der Glaube ein Bewußtsein wie jedes andere, wie ein perzeptives Bewußtsein, das sich auf den transzendenten Raum stützt, um sein Objekt zu bestimmen; dieses implizite Sichstützen auf eine transzendente Grundlage findet sich in allen Glaubensäußerungen wieder. Einstein, der an die Wissenschaft glaubte, war so über-

zeugt davon, daß dieser Glaube eine Grundlage impliziere, daß er zeit seines
Lebens nach dem *Gesetz* forschte, in das er von vornherein seinen Glauben
gesetzt hatte und das sich als das Entstehungsgesetz (d.h. die Grundlage) des
Kosmos erwies. Wenn man auch Gott aus seinem Wortschatz streichen kann,
so kann man dennoch nicht seine virtuelle Gegenwart in unserem Existenzhorizont auslöschen. Gott ausschalten zu wollen ist ein Akt geistiger Kurzsichtigkeit, eine Trübung der Intelligenz, denn es bedeutet: nicht mehr über
das hinausschauen, was in unser Auge fällt, es bedeutet: über die Erde hinaus
nicht mehr den Himmel zu sehen.

AKTIVITÄT UND PASSIVITÄT   So ist die *fundamentale* Haltung des seelischen
Bewußtseins auf seiner Beziehung zu seiner *transzendentalen* Grundlage in
der Welt, zum transzendenten Gott, begründet, und diese Einstellung, ob
sie nun aktiv oder passiv ist, bedingt den Glauben. In allen Stadien der Geschichte und seines eigenen Lebens kann der Mensch in aktiver oder passiver
Beziehung zur transzendenten Grundlage seiner seelischen Determinationen
in der Welt stehen; wir haben aber gesehen, daß der Mensch im ersten und
zweiten Zeitalter der Geschichte (und wegen seiner Zugehörigkeit zu einem
gegebenen menschlichen Milieu) zur Transzendenz in einer *passiven* Beziehung stand. Ursprünglich war ihm also ein *passiver* Glaube zu eigen. Der
aktive Glaube als fundamentale Bewußtseinseinstellung stand ihm als Möglichkeit seit Christi Lehren offen, und der geschichtliche Übergang von der fundamental passiven zur fundamental aktiven Seinsweise – als neue ethische
Modalität – bezeichnet die Morgenröte des dritten Zeitalters der Geschichte,
der abendländischen Kultur.
  Im zweiten Zeitalter war es einem einzelnen möglich, seinen Glauben *aktiv*
werden zu lassen (weil der Mensch diese Möglichkeit dauernd hat); dieser
aktive Glaube bildete seine *Person* und hob sie aus dem Kollektiv heraus. Das
waren Menschen wie Konfuzius, Lao-Tse, Buddha, Zoroaster, die jüdischen
Propheten, Moses und Sokrates. Aber als diese großen ethischen oder religiösen Persönlichkeiten nur von einem transzendenten Gott sprachen, wie
die jüdischen Propheten und Mohammed, oder nur einen Weg zu Gott oder
eine Ethik zu lehren vermochten, wie Lao-Tse und Buddha, eine bloße Ethik,
wie Sokrates, oder eine Sittenlehre, wie Konfuzius und Moses, da zeigte sich,
daß sie den immanenten Gott nicht kannten. Die Lehrer der Ethik hatten
wohl eine unmittelbare Erkenntnis Gottes, sie kannten diese Ethik aber
nur durch ihre Gesetze. Die intuitive Erkenntnis Gottes, seiner Gesetze
oder eines Weges zu ihm war bei ihnen allen eine persönliche Erfahrung
wie die mystische Schau, von der wir sprachen. Ihre Umgebung konnte also
diese Lehren nur passiv aufnehmen, sofern sie sie nicht selbst zu praktizieren
vermochte, in welchem Falle sie Zeugnis ablegte für einen *aktiven* Glauben in
einer passiven Beziehung zum Gesetz. Christus dagegen *zeigte* – er war der

erste, der es den Menschen vor Augen führte –, daß ihr Verhalten und ihre Gedanken – alle ihre ethischen Determinationen – aus dem Herzen kommen, daß sich in ihren Herzen das Gesetz Gottes verkündet, was zugleich die Autonomie des ethischen Bewußtseins und des affektiven Selbstbewußtseins, beider Identität, den beiden innewohnenden Geist Gottes und damit die innere Beziehung des Menschen zum transzendenten Gott deutlich werden ließ. Bis dahin hatte der Mensch in *äußerlicher, passiver* Beziehung zum transzendenten Gott gestanden – er *gehorchte* Gott, wenn er einen Gott hatte. Sokrates lehrte die Ethik vom Verstand her, Christus vom Herzen her. Damit wies Christus mit dem Finger auf die Grundlage der menschlichen Ethik. Indem er aber offenbarte, daß die menschliche Ethik als Grundlage das Gesetz Gottes hat, so wie es Moses verkündet hatte, offenbarte er seinen Zeugen die immanente Gegenwart Gottes in ihren Herzen und brachte Gott aus der Transzendenz der Welt in die Immanenz des Bewußtseins, aber als »Verkündigung« eines transzendenten Gottes im Herzen des Menschen.

»Lehren« und »Zeigen« sind zweierlei Dinge, man kann einen »Seinsvorsatz« und eine »Seinsweise« des Menschen nur »zeigen«, wenn man sie inkarniert, und zwar bis zum Tode. In dieser Hinsicht hat Christus nur zwei Vorläufer gehabt: Buddha und Sokrates. Buddha war eine Inkarnation der *passiven* Seinsweise, die er bis zum Absoluten trieb; er lebte im Lebensverzicht, er starb, weil er auf das Leben verzichtete, er ließ sich sterben. Sokrates war die Inkarnation der Weisheit, aber einer von der Vernunft geleiteten Weisheit: Er wurde zum Tode verurteilt, weil die Griechen in der Freiheit des Denkens die Zerstörung der Staatsordnung fürchteten. Und Sokrates' höchste Weisheit war es, das Todesurteil zu akzeptieren. Christus war die Inkarnation des menschlichen Seinsvorsatzes: gottähnlich zu sein. Sein ganzes Leben ist die in sich geschlossene Vollendung eines einzigen Vorsatzes: durch sein Tun und durch seine Worte das Gesetz Gottes – aber des im Herzen der Menschen immanenten Gottes – zu offenbaren. Durch beides verweist er auf das Gesetz und die Normen der menschlichen Ethik. Daher wäre er auch nur eines natürlichen, körperlichen Todes gestorben, wenn nicht die Menschen ihn aus Furcht vor den Anforderungen des *immanenten Gottes* getötet hätten. Sein Sterben war die *aktive* Annahme des Todes, weil er darin die *Vollendung* seines Lebens sah, das äußerste Zeugnis der *Lossagung von sich*, der er gelebt hatte. Und so offenbarte er den Menschen den *Sinn* des Todes.

»Lehren« führt zu Vorschriften und Regeln, und alle Religionen bis Christus haben Regeln gegeben, die man passiv befolgen kann. »Zeigen« läßt Gesetze und Normen deutlich werden; *Christus gibt keine Regeln.* Er verweist auf ein Gesetz und seine Normen – das ethische Gesetz, das vom Menschen fordert, sich durch sich selbst zu entscheiden –, indem er seinen Zeugen vor Augen führt, daß sie es durch sich selbst, durch ihr Handeln erfüllen müssen, und sie so von der passiven zur aktiven Haltung in der Erfüllung dieses Gesetzes führt. Hinsichtlich des religiösen Formalismus hat Christus nur eins getan: Er lehrte seine Jünger den spezifisch religiösen Bewußtseinsakt – das Gebet, und er lehrte sie, allein, für sich, zu beten.

Zwischen der auf Passivität gegründeten Seinsweise und der auf Aktivität beruhenden besteht eine völlige Unvereinbarkeit; denn die aus ihnen hervorgehenden Anschauungen vom Menschen und von der Welt sind untereinander nicht in Einklang zu bringen. Von dorther kommt die Unmöglichkeit einer unmittelbaren Verständigung, eines echten Gesprächs zwischen dem abendländischen Menschen – soweit er Christ im Sinne Christi geblieben ist – und dem östlichen Menschen – soweit dieser, wie etwa Gandhi und Nehru, nicht christianisiert worden ist –; sie sehen die Dinge nicht in gleicher Weise und verstehen unter demselben Wort nicht das gleiche Ding. Ihr Gespräch wäre ein Dialog zwischen Tauben.

AKTIVER UND PASSIVER GLAUBE   Aber lassen wir dieses heikle Thema und begnügen wir uns damit, den Unterschied zwischen einer auf einem passiven und einer auf einem aktiven Glauben beruhenden Aktivität herauszuarbeiten.

In der Passivität wird der Mensch in seinem Handeln wohl durch seinen Glauben gestützt, er handelt aber nicht *durch seinen Glauben*. Sein Handeln wird bestimmt durch die innere oder äußere Notwendigkeit. Da der träge Glaube ihm keine Regeln *für das Handeln* gibt, sucht er sie *draußen*, in der äußerlichen Bedingtheit seines Handelns; er muß sich also Regeln geben. So bleibt er in seinem Handeln, was er ist, und kann handelnd sein Haben, Können und Wissen vergrößern, ohne daß seine Aktivität sein *Sein* oder seine *Seinsweise* beeinflußt (vom Altern abgesehen). Dieses Bild bieten uns die orientalischen Kulturen bis heute.

Vom aktiven Glauben belebt, kann der Mensch dagegen *durch seinen Glauben handeln*, sein Handeln wird hier von innen bestimmt und ist Folge eines autonomen Selbstbewußtseins, das seine Regeln im Handeln selbst schafft, die dadurch erst im vollendeten Akt äußerlich sichtbar werden. Der Mensch schafft sich im Existieren, er macht aus sich etwas anderes, als er zuvor war, er »wird ein anderer« und verändert bei dieser Verwandlung die Dinge um sich. Deshalb geht in einer vom aktiven Glauben beseelten Gemeinschaft jede Generation vom Stand der Dinge aus, den die vorige Generation geschaffen hat, und kann ihrerseits eine neue Lage schaffen. Die Dinge ändern sich, weil sich der Mensch ändert: So äußert sich das Gesetz der Finalität, das der »Seinsvorsatz« des Menschen signifiziert, der das *innere* Gesetz der Geschichte ist. Durch diesen Prozeß ist der Mensch vom ersten zum zweiten Zeitalter der Geschichte geschritten. Aber der Mensch des zweiten Zeitalters war ein Mensch aus dem ersten Zeitalter, der sich in neuen Existenzbedingungen vorfand, und durch diese neuen Bedingungen konnte sich die historische Veränderung vollziehen. Ebenso hat sich durch neue Bedingungen der Wechsel vom zweiten zum dritten Zeitalter vollziehen können. Den Menschen des dritten Zeitalters

stand eine doppelte Erfahrung von früher zur Seite: die griechische und die
christliche. Da das christliche Erlebnis aber den Menschen zum aktiven Glauben geführt hatte, konnte sich das schöpferische Vermögen im dritten Zeitalter innerhalb einer gleichen menschlichen Gemeinschaft ohne Anstoß von
außen offenbaren. Der Mensch selbst änderte seine Existenzbedingungen und
veränderte die Welt. Christi Erscheinen hat bekanntlich im Orient und bei den
in einer *statischen* Ethik bereits erstarrten Völkern nichts verändert. Christi
Lehren, wie sie von den Aposteln verbreitet wurden, haben letztlich nur in
Rom und Byzanz Gestalt annehmen können, um von dort aus nach Europa
und nach Eurasien, wie man es nennen könnte, auszustrahlen.

Die Christenheit des Orients hat aus der Lehre Christi keine *Ethik* gezogen,
sondern eine *Religion*, indem sie die Entstehung des religiösen Gefühls, das
Christus bei den Menschen zu pflegen sich bemühte, umkehrte und dieses religiöse Gefühl auf den transzendenten, von Christus »offenbarten« Gott gründete, was den immanenten Gott wieder einschläferte und aus dem christlichen
Glauben einen *statischen Glauben* machte. Dieser *statische* Glaube kann glü-
hend sein und das Herz des Menschen entzünden, er ist aber nicht schöpferisch
in dem Sinne, daß er das Sein des Menschen berührte oder verwandelte; er
wohnt in ihm wie ein erhebendes oder quälendes Gefühl. Von hier aus ließen
sich Eigentümlichkeiten des von der Kirche verbreiteten sogenannten »ortho-
doxen« religiösen Gefühls deuten, z.B. die ganze russische Psychologie. Ein
solcher Glaube kann nur eine Moral diktieren, die zusammenstürzt, sobald
der Glaube in Zweifel gezogen wird. »Wenn es keinen Gott gibt, ist alles erlaubt«, läßt Dostojewski eine seiner Gestalten sagen. Denn wenn der Glaube
nicht in der Ethik begründet ist, kann er seinen Halt nur außen finden; er ist
also um so dogmatischer, je mehr er dieses Haltes bedarf. Und umgekehrt:
Wenn das ethische Selbstbewußtsein seinem Wesen nach nicht Glaube ist, der
ihm eine konkrete Konsistenz gibt, ist er wie nicht vorhanden. Der Glaube
ist nur noch ein *Haben*: Zwischen den Augenblicken, in denen dieser Glaube
sich auf ein bestimmtes konkretes Objekt fixiert, das er vergöttlicht, fühlt das
ethische Subjekt in sich eine Leere – deshalb die eigenartige psychische Resonanz des russischen *nitschewo* – und gerät übergangslos von der Exaltation, in
die es die Dinge versetzen, in die Verzweiflung, in die es die Leere stürzt. Sich
selbst überlassen, lebt es in einer Art Panik, die es durch Bekreuzigung zu
bannen sucht.

Durch dieses Ausstrahlen der christlichen Lehre in das Abendland hat sich
die Möglichkeit eines *historischen* schöpferischen Glaubenshandelns deutlich
gezeigt. Es war ein aktiver Glaube, der die ersten Christen beseelte: die
Christen der Katakomben und der frühen Kultstätten, die spontan und ohne
schriftliche Fixierung die christliche Psalmodie hervorbrachten – so wie
auch die Volksmusik spontan entsteht. Der christliche Glaube war von
da an für lange Zeit der einzige *gemeinsame Nenner* für die verschiedenen
Völker des sich bildenden Europa – und auch jetzt noch ist er ihr *größter*

gemeinsamer Nenner. Zwar tendierte die Lehre der Kirche, sowie sie einmal ausgebildet war, dazu, *aus dem christlichen Glauben einen statischen Glauben* zu machen – man braucht sich nur die Zeit zu vergegenwärtigen, die die Kirche brauchte, um sich vom heliozentrischen System überzeugen zu lassen. Aber diese statische, konservative und reaktionäre Einstellung hat doch den Glauben nicht hindern können, *in den Individuen* aktiv und schöpferisch zu werden: Die *Reformation* ist ein Beweis dafür. Von da an besteht kein Zweifel mehr: Es ist der aktive, auf der christlichen Lehre basierende Glaube, der die abendländische Kultur geschaffen hat; er hat die Musik bei ihrem Übergang vom Osten zum Abendland verwandelt und die historische Entwicklung ihrer Strukturen bewirkt; er hat *in ihrer Geschichte* unsere Künste, Wissenschaften und Techniken entstehen lassen, ebenso wie unsere Philosophie und die in sukzessiver Wandlung verlaufende Entwicklung unserer politischen Formen: vom Chaos zum Lehnswesen, vom Lehnswesen zum Königtum, vom Königtum zur Demokratie. Wir wollen damit sagen, daß unsere Geschichte in allen ihren Aspekten nicht von der Intelligenz allein, sondern von Intelligenz und Intuition, d.h. durch das menschliche Genie, *das vom Glauben befruchtet ist*, geschaffen worden ist. Sicherlich wäre die historische Expansion nicht so schnell verlaufen, wenn der christlichen ethischen Kultur nicht eine geistige Kultur griechischen Ursprungs zur Seite gestanden hätte; aber das schöpferische Element im Menschen ist stets psychischer Natur. Es gibt kein *schöpferisches* Handeln, das nicht im Glauben wurzelt. Die einzige Tätigkeit, die nicht des Glaubens bedarf, ist die rein mechanische Produktion oder die bloße körperliche Übung – und selbst da noch!

Das tragische aber ist dies: Wenn man die abendländische Geschichte untersucht, bemerkt man, daß die einzigen Strömungen in ihr, in denen die christliche Ethik sich wirklich manifestiert, *die uneigennützigen Tätigkeiten* sind, nämlich die Künste, die Wissenschaften, die Philosophie und, so muß man noch anfügen: der blinde Verlauf der Geschichte. Insbesondere die abendländische Musik ist Ausdruck der christlichen Ethik: Sie legt das unwiderlegbarste Zeugnis dafür ab, daß die christliche Ethik allem Anschein zum Trotz die abendländische Gesellschaft noch beherrscht. Ihr Zeugnis wiegt so schwer, daß man sagen kann, die schöpferische Tätigkeit (die des Genies) erstarre – wie wir noch sehen werden – in dem Augenblick, da man im Abendland behauptet, Gott sei tot. Sie lebte dann nur noch fort in einigen Musikern, in deren Herzen Gott, zumindest der Gott der Musik, offensichtlich noch nicht gestorben wäre.

DIE UNEIGENNÜTZIGKEIT UND DAS INTERESSE AN DER WELT   Was ist geschehen? Das schöpferische Tun der christlichen Ethik hat sich in den – wie wir sie nennen – uneigennützigen Tätigkeiten manifestiert, weil sich der Mensch in ihnen *per definitionem* in einer völligen Selbstlosigkeit einsetzt und sich der

Pflege der *Werte* widmet: dem Schönen, dem Wahren usw. Es offenbart sich auch in der Entwicklung gesellschaftlicher Formen, die zu den abendländischen Demokratien führt, weil diese Entwicklung das menschliche Finalitätsgesetz spiegelt: den historischen Sieg seiner persönlichen Autonomie. Zur gleichen Zeit gewinnt aber eine andere Bewegung Gestalt, die Geschichte macht und die ihrerseits auf den Bedürfnissen und Trieben des Menschen beruht, auf dem Hunger, dem Streben nach materieller Sicherheit, nach Geld, Gewinn, Macht, Freuden und Vergnügen jeder Art. Die Wissenschaft und überhaupt die der Erweiterung des menschlichen Wissens gewidmeten uneigennützigen Denkbemühungen haben im Abendland so außerordentlich *nützliche* Ergebnisse erzielen können, daß sie die Existenzbedingungen des Menschen verändert haben. Dank der Acker- und Bodenschätze, der Reichtümer aus Kolonien, Industrien, Technik und der Weltbeherrschung hat das Abendland seinen Bewohnern oder doch einer Schicht seiner Bewohner, der herrschenden Bürgerklasse, die besten Existenzbedingungen sichern können, die der Mensch je auf Erden gehabt hat. Und jetzt kommt der entscheidende Punkt: *Je mehr Nutzen der Mensch aus seiner »eigennützigen« Aktivität in der Welt zieht – d.h. aus einer ihm greifbare Erfolge zeitigenden Tätigkeit –, um so mehr ist er versucht, seine Existenz und seine Geschichte auf seine äußerliche Aktivität zu gründen.* Und um so stärker löst er sich infolgedessen aus seiner ethischen Bedingtheit – und von Gott. Die einzige Möglichkeit, dieser *äußerlichen* Bedingtheit – zunächst also seiner wirtschaftlichen Bedingtheit – zu entkommen, besteht darin, *daß der Mensch seinem Seinsvorsatz den konkreten Inhalt einer Berufung gibt, in welcher er eine so starke Befriedigung findet, daß er den Gewinnen in der Welt gleichgültig oder doch vergleichsweise gleichgültig gegenübersteht* – was voraussetzt, daß diese Berufung ihm zumindest den Lebensunterhalt oder, sagen wir, einen gewissen Lebensstandard sichert.

Kommen wir jedoch auf unsere Feststellung zurück: Der in der Welt gefundene »Profit« kettet den Menschen an die Welt und bringt ihn durch eine Art teuflischer Dialektik dazu, mehr und mehr von *außen* bestimmt zu werden und in eine zunehmend *passive Beziehung* zur Grundlage seiner Existenz in der pragmatischen Welt zu geraten. Solange wir den Menschen als reines psychisches Selbstbewußtsein betrachten, tritt diese *Abhängigkeit* von der Welt nicht in Erscheinung: Seine Selbstdeterminationen waren Selbstdeterminationen *durch sich selbst* vor der Welt; ob aktiv oder passiv, sie hingen doch stets bloß vom Bewußtsein selbst als seelischer Affektivität ab. Erst wenn wir den Menschen als Wesen aus Fleisch und Blut betrachten, den konkreten Menschen in seiner natürlichen reflexiven Haltung (der Sekundärreflexion) und in seiner praktischen (oder pragmatischen) Situation in der Welt, entdecken wir, daß seine Existenz und Geschichte eine *innere* ethische Grundlage haben, durch welche er nur von sich abhängig ist, und eine *äußere* Grundlage, die ihn gänzlich von der Welt abhängig macht. Man könnte versucht sein, diese äußere Grundlage als seine *wirtschaftliche* Grundlage zu definieren,

müßte aber dann diesem Adjektiv eine sehr weite Bedeutung beimessen. Denn
seine äußere Bedingtheit umgreift nicht nur alles, was seine Nahrungs- und
Lebensbedürfnisse sichert, sondern auch das, was ihm eine gewisse materielle
und vitale Sicherheit verschafft, dazu eine gewisse Macht und Befriedigung
seiner vielfältigen Triebe und seines Hangs zum Vergnügen. Die Gesamtheit
dieser äußerlichen Bedingtheit gründet sein *Interesse* an der Welt. Wir können
also sagen, daß unsere Existenz und unsere Geschichte als *äußere* Grundlage
unser *Interesse* an der Welt haben. Ein nicht mehr an der Welt interessierter
Mensch steht vor dem Selbstmord.

Inneres und äußeres Gesetz   Nach dem Vorhergehenden wird deutlich,
daß die abendländische Geschichte in ihren großen Zügen (bis zur allerjüng-
sten Zeit) auf der christlichen Ethik begründet war; denn diese bietet als einzige eine Erklärung für den grundsätzlichen Unterschied zwischen der abendländischen und der antiken Kultur. Das soll heißen, daß in der doppelten Be-
gründetheit der Geschichte die innere Grundlage, im ganzen gesehen, den Vorrang hatte vor der äußeren. Die abendländische Kultur offenbart sich in der
Welt durch einen Stil *sui generis*, der nur die äußerliche Manifestation der
abendländischen ethischen Modalität sein kann: Wenn die christliche Ethik
die offenbarte menschliche Ethik ist, so entsteht die *Einheit* und *Mannigfaltigkeit* der Äußerungen der abendländischen Kultur in der Welt aus der Universalität der menschlichen ethischen Bedingungen und der Mannigfaltigkeit
ihrer ethischen oder nationalen Modalitäten. Je größer aber die materielle
Sicherheit des abendländischen Menschen durch die Siege seiner Kultur wurde,
um so stärker fühlte er sich als von außen bedingt: Ist er mächtig und reich, so
hängt seine Seinsweise von dieser Macht und diesem Reichtum ab. Ist er arm
und materiell ungesichert, so empfindet er seine äußere Bedingtheit als *conditio
sine qua non* seiner Existenz. Beinahe unausweichlich mußte also der Augenblick in der Geschichte kommen, wo der abendländische Mensch seinem Interesse an der Welt – dem ökonomischen Faktor und seinen Trieben – den Vorrang einräumte vor seiner ethischen Grundlage. (Aus dem gleichen Grund
stellten sich schließlich bei allen abendländischen Völkern die Lebensprobleme
in derselben Weise.)

Drei Fakten haben zu dieser historischen Entwicklung – von der Entstehung der Geschichte von innen zur Entstehung der Geschichte von außen –
beigetragen:

1. Die Aktivität des Menschen in der Welt vollzieht sich mit Hilfe von Instrumenten, Werkzeugen, Techniken – Dingen also, die relationelle Tätigkeiten in Gang setzen. Wir wissen, daß Relationalität Relationalität erzeugt:
Die Erfindung eines Werkzeugs führt zur Erfindung eines vollkommeneren
oder komplizierteren Geräts, eine erworbene Technik trägt den Keim ihrer
möglichen Entwicklung in sich selbst. In den Instrumenten und Techniken

besteht also eine Art Potential an historischer Entwicklung, der der Mensch kaum widerstehen kann, und sie bewirkt, daß er, sobald er seine Existenz auf seiner äußeren, praktischen Bedingtheit gegründet hat, ein *gelenkter* Mensch wird, der nicht nur durch seine Technik, sondern durch die natürliche geschichtliche Entwicklung seiner Technik am Gängelband geführt wird. Ein *gelenkter* Mensch steht aber als ethisches Wesen in passiver Beziehung zur transzendenten Welt.

2. Diese historische Entfaltung der potentiell in den »Techniken« enthaltenen Relationalität, die man den »Fortschritt« genannt hat, ist im Abendland eben deshalb eingetreten, weil die abendländische Ethik die *Geschichte* geschaffen hat. Die historische Selbstschöpfung konnte sich in eine Kreation des *Machens* übertragen, und diese fand in der Möglichkeit der progressiven Entfaltung der Technik das Mittel, sich zu manifestieren. Indem er aber im »Machen« seinen Seinsvorsatz objektivierte, wurde der Mensch zum Sklaven dieses »Machens«; und indem er das Machen mit der Technik des Machens und mit dem technischen Fortschritt gleichsetzte, wurde er zum Sklaven der Technik und des technischen Fortschritts.

Dieser Vorgang hat sich in der antiken Kultur nicht abgespielt, weil der Seinsvorsatz des Menschen im zweiten Zeitalter der Geschichte ein *statischer* war. In *passiver* Beziehung zur Transzendenz stehend, gründete der Mensch seinen Seinsvorsatz auf eine *statische* Gegebenheit des Seins. Sowie die Werkzeuge und Techniken einmal erworben waren und sich bewährt hatten, waren sie auch *mit seinem Seinsvorsatz verbunden*, bekamen eine Art heiliges Gepräge und blieben unvergänglich wie seine Seinsweise selbst. Erst von den Griechen an begann die die Welt transzendierende *Dauer* die Bewegung der Zeit zu spiegeln, nämlich unter dem Aspekt der Periodizität, des Rades der Zeit. Bei den Juden taucht die Dynamik der Zeit auf, die Zeit als Schöpferin der Geschichte, einer Geschichte allerdings, der sie sich unterwerfen mußten, die Gott nur zum Vorteil der Juden bestimmte. Und Christus hat den Menschen empfinden lassen, daß er, indem er sich verzeitlicht, *geschichtlich* wird, sich zur Menschwerdung entschließt, daß er also das *Subjekt* der Geschichte ist. Das von Christus erweckte ethische Selbstbewußtsein hat also die Geschichte geschaffen, es schuf eine Geschichte, die, von innen entstehend, in der Welt Gestalt annahm und deren schöpferisches *agens* – das menschliche Bewußtsein als erfindendes Genie – unter anderen Mitteln eines fand, sich in der möglichen historischen Entwicklung der Techniken zu signifizieren. Es versteht sich von selbst, daß auch die antiken Kulturen Manifestationen einer historischen Schöpfung in der Welt gekannt haben, aber einer Schöpfung, die zur Stabilität des *Seins* neigte; wogegen die abendländische Kultur eine *kontinuierliche* Schöpfung ist und sein wird, und das Finalitätsgesetz, welches die Geschichtswerdung bewirkt, niemals zu einem stabilen Zustand führen wird und ständig vor einem neuen Stand der Dinge wieder beginnen muß.

3. Aber die christliche Kirche als Christi Vermittlerin im Abendland hat

auf dem Alten und dem Neuen Testament eine ganze Mythologie aufgebaut, d.h. also auf einer jüdischen Schau der Welt und des christlichen Ereignisses. Daraus folgt, daß die Lehre der Kirche etwas ganz anderes ist als die sich aus der Phänomenologie Gottes ergebende. Der Gott der Kirche ist nicht der immanente Gott im Herzen der Menschen, sondern der »transzendente« Gott – also eigentlich ein transzendentes Bewußtseinserlebnis, das jedoch als phänomenologisches Wesen »imaginär«, als »Person« ein Mythos ist. Die Kirche kehrt also vom Gott des christlichen Erlebnisses zurück zum Gott der Juden, was den Menschen in die Abhängigkeit von Gott, d.h. in eine *passive* Beziehung zu Ihm zurückversetzt und dadurch *ipso facto* in eine *passive* Beziehung zum immanenten Gott, also zur inneren Grundlage seiner seelischen Existenz. Ebenfalls in passive Beziehung zu seinen ethischen Normen, die sich als von Gott herrührend verkündigen und denen er sich unter Androhung der Höllenstrafen unterwerfen muß. Diese Umkehrung der menschlichen ethischen Bedingung, von der natürlichen, aus der Selbstdetermination durch sich selbst zu einer von Gott gewollten Bedingung, entsteht dadurch, daß die Kirche das Gotteserlebnis nach der Tradition des zweiten Zeitalters auf die Ebene der Sekundärreflexion verlegt, wogegen das ursprüngliche Gotteserlebnis oder die ethische Grundlage des Menschen ein Erlebnis der reinen Reflexion und ein rein seelisches Erlebnis war. Christ sein heißt für die Kirche nicht, seelisch durch die christliche Offenbarung, die erlebnismäßige Offenbarung der menschlichen Ethik und ihrer Normen, geformt zu sein; sondern vielmehr: verstandesmäßig geformt zu sein von dem, was die Kirche über Christus lehrt, und sich dieser Lehre anzupassen – zu glauben, wie die Kirche glaubt.

Die christliche Unterweisung hat also eine doppelte Wirkung: Einerseits mußte die Kommunikation des Evangeliums den wahren Sinn von Christi Worten und Taten durchscheinen lassen, was den Menschen auf verschiedene Weise die Autonomie seiner seelischen Aktivität empfinden und ihn so von einer passiven ethischen Einstellung zu einer aktiven, schöpferischen und ethischen Haltung fortschreiten ließ. Diese innere Umwandlung des Menschen steht jedermann offen, sie stand im Abendland – übrigens auch anderswo, siehe Gandhi – vielen offen, und besonders den einfachsten – siehe Maria im *Wozzeck* –, aber auch den »besten«, d.h. den stärksten und auf ihr Innenleben am meisten bedachten ethischen Menschen. Und da es die »Besten« sind, die Geschichte machen, weil sie die anderen mitreißen, ist dieses Erlebnis, das wir als inneres christliches Erlebnis bezeichnen, lange Zeit das Ferment der abendländischen Geschichte gewesen.

Andererseits bestimmt sich unsere Geschichte auf der Ebene des thetischen Selbstbewußtseins, des reflektierten *cogito*, der Sekundärreflexion; und auf dieser Ebene wird der Mensch durch die christliche Kirche unterwiesen. Auf dieser Ebene sind es die materiellen Bedürfnisse und die Triebe des Menschen, welche seine Geschichte erzeugen, solange jedenfalls seine ethischen *Bedürfnisse* den Sieg über seine Triebe davontragen; aber nur die Helden und Heiligen sind bereit, aus Gehorsam zu einer ethischen Norm zu sterben. Auf dieser selben Ebene unterwirft die Kirche auch den Christen ihrem Moralgesetz, aber in Hinblick auf das ewige und nicht auf das irdische Leben; denn die Unterwerfung unter die ethischen Normen, die völlige Selbstlosigkeit, der Verzicht auf die Güter dieser Welt verheißen nicht unbedingt das Glück auf Erden. Indem die Kirche das ganze Gewicht der Lehren Christi auf seinen Tod und seine Auferstehung verlegt und sie als Verheißung des *zukünftigen* Lebens für diejenigen deutet, die Christi Gesetz halten, verlegt sie die ganze Finalität der menschlichen Geschichte in das Jenseits von Leben und Tod und überläßt dadurch unser Leben in dieser Welt seinen materiellen Zwecken – ansonsten aber segnet sie die Siege und liebt den Reichtum und die Reichen, soweit sie augenscheinlich ihrem Moralgesetz gehorchen. Sie segnet die Reichen wegen des Guten, das sie auf Erden wirken können, und tröstet die Armen mit der Verheißung einer künftigen Vergeltung in einer anderen Welt. Das Tun der Kirche bei der Entstehung der Geschichte ist also umgekehrt wie das Handeln Christi, der den Verzicht auf die Güter dieser Welt und die Selbstlosigkeit pries. Und das Reich Gottes, das er als im Herzen der Menschen verkündigt predigte, war ein *hier auf Erden* anzustrebender Zustand, und wenn dieses Ziel auch unerreichbar sein sollte. Die Kirche setzte dieses Gottesreich außerhalb der Geschichte und überließ so das Reich dieser Welt, d. h. das Menschengeschlecht und seine Geschichte, seiner materiellen Bedingtheit; und es war so gut wie unausweichlich, daß das kirchliche Christentum die abendländische Geschichte von ihrer Grundlage in der menschlichen Ethik umschlagen ließ in ihre Grundlage in der Welt – in das *Interesse*.

DIE DOPPELTE BEDINGTHEIT DES ABENDLÄNDISCHEN MENSCHEN   Durch seine intellektuelle und durch seine seelische Kultur ist der abendländische Mensch regelrecht *gespalten*: Entweder gründet er seine Selbstbestimmungen auf seine Lebensnotwendigkeiten, seine Triebe und Interessen oder aber er gründet sie auf seine sittlichen Normen, die keine anderen sind als seine reflektierten ethischen Normen. Wir haben weiter oben gesehen, daß er zu seiner äußeren und inneren Bedingtheit in passiver Beziehung steht: Er unterwirft sich seinen Lebensnotwendigkeiten ebenso, wie er sich seinem sittlichen Gesetz unterwirft. Er steht also im praktischen Leben zu seinen transzendenten Grundlagen in derselben passiven Beziehung wie der Mensch des zweiten Zeitalters. Durch seine Zerrissenheit, die Spaltung zwischen äußerer und innerer Bedingtheit, ist er aber ethisch *viel schwächer als dieser*. Denn der Mensch des zweiten Zeitalters war ein *ganzer*, ein ungeteilter Mensch, seine – kollektive – ethische Selbstbestimmung bedingte auch zugleich seine Sitten und Gebräuche, seine Weise, zu sein, zu handeln, zu denken; sie bestimmte seine Zugehörigkeit zu einem Menschenschlag, einer Rasse und Religion. Seine Religion gab ihm Regeln für das Verhalten in der Welt und war gleichzeitig auch sein seelischer

Halt, wogegen die christliche Erfahrung eine rein seelische Unterweisung ist, die tatsächlich das reflexive Denken nicht einbezieht. Die ganze Bedeutung der Ethik liegt aber gerade darin, den Menschen *in seiner Ganzheit* zu bedingen, denn die Ethik ist der einzige seiner Aspekte, unter dem der Mensch *ist, was er ist;* unter allen anderen Aspekten ist er, nach Sartre, das Wesen, das dauernd nicht ist, was es ist, und ist, was es nicht ist, so daß sein Sein ständig in Frage gestellt ist. Die Ethik, die aus der menschlichen Existenz eine *gebundene* macht, läßt ihn daher zu dem werden, *was er ist:* Eigentlich bloß eine gewisse *Seinsweise*, ist sie eine Weise des Seins, das der Mensch ist. Die relative ethische Schwäche des Menschen des dritten Zeitalters rührt her aus seiner inneren Zerrissenheit und macht ihn dem Menschen des zweiten Zeitalters unterlegen. Seine Überlegenheit hinsichtlich seines Daseins in der Welt beruht auf der Überlegenheit seiner materiellen Mittel, aber ebensowenig wie die Muskelkraft, die dem Körper entstammt, kann diese *der Welt entliehene* Macht derjenigen Kraft überlegen sein, welche das seelische Ich aus *sich selbst* schöpft, dieser dem menschlichen Ich eigentümlichen Kraft, der einzigen unbedingten Kraft des Menschen, der Kraft seiner Seele. Der an »Waffen« Überlegene – seien diese Waffen nun Macht, Geld oder Intelligenz – kann den Schwächeren töten oder auslöschen; er kann ihn jedoch nicht beherrschen oder unterwerfen – außer dem Anschein nach –, wenn dieser über die ethische Kraft verfügt: Die einzige menschliche Überlegenheit ist ethischer Natur.

Aus dem Gesagten wird deutlich, daß der Mensch in dieser Hinsicht nicht gegen den Strom der Geschichte schwimmen kann: Als Mensch des dritten Zeitalters kann er nicht zu den Bedingungen des zweiten Zeitalters zurückkehren – zur Passivität –, ohne *unterhalb* der ethischen Bedingung des Menschen des zweiten Zeitalters zu geraten; denn dieser findet seine Kraft in der Passivität, welche seine geschichtliche ethische Bedingung ist, während der Mensch des dritten Zeitalters, der die Freiheit der Bestimmung gewonnen hat, gewissermaßen zur aktiven Haltung verurteilt ist unter der Strafandrohung, unterhalb der ethischen Bedingung zu geraten, die ihm die Geschichte eröffnet hat, so daß er ohnmächtig wäre, das zu sein, was er sein möchte.

Der Mensch des dritten Zeitalters kann noch ein *ganzer* Mensch sein als Bauer, Handwerker oder überhaupt als Mensch mit einer inneren *Berufung*, vorausgesetzt, daß ihm seine Tätigkeit das zum Leben Erforderliche einbringt. Dann verbindet sich seine ethische mit seiner praktischen Bestimmung und sichert seinen Lebensunterhalt als die natürliche Frucht seines Tuns. Der kritische Punkt aber, in welchem die ethische Selbstbestimmung nicht länger den *ganzen* Menschen bedingt, kommt jedenfalls in dem Augenblick, wo die äußere Bedingtheit des Menschen *durch das Geld, das Kapital* von einer kollektiven Güterverteilungsorganisation abhängig wird. Da das zu setzende Verhältnis zwischen der Arbeit eines Menschen oder dem Produkt seiner Arbeit und seiner Geldentlohnung *unausweichlich nur willkürlich* sein kann und stets von anderen abhängig ist, sieht der Mensch seine wirtschaftliche Existenz seiner freien Selbstbestimmung durch sich selbst entgleiten. Er ist genötigt, sich auf der Grundlage seiner Interessen in der Welt eine Tätigkeit in der Welt zu verschaffen, mit dem Ziel, seine Bedürfnisse und Ansprüche zu befriedigen. Man sieht sofort, wodurch sich die Grundlage seiner ethischen Bestimmung auch auf seine praktische Existenz in der Welt ausdehnen ließe: wenn die wirtschaftlichen Beziehungen zwischen den Menschen nämlich anstelle auf persönlichen Interessen und persönlichem Egoismus auf den Normen der christlichen Ethik begründet wären, d. h. einfach auf den ethischen Normen der Menschen. Die wirtschaftliche Existenz des Menschen hätte dann dieselbe Grundlage wie seine seelische Existenz, es bestünde eine *Übereinstimmung* zwischen pragmatischer und seelischer Existenz wie zu jener Zeit, da das Selbstbewußtsein noch grundsätzlich passiv war. (So ist im musikalischen Erlebnis die Grundlage der seelischen Existenz die Grundlage der Tonbeziehungen und der musikalischen Existenz.) Diese Ausweitung der christlichen Ethik auf das Wirtschaftsleben würde eine neue Epoche der Geschichte eröffnen, aber bis dahin sind die wirtschaftlichen Beziehungen – wenn auch nicht immer zwischen Privatpersonen, so doch jedenfalls zwischen Unternehmen, Gruppen, Klassen, Wirtschaftslagen und Staaten – ganz offensichtlich auf das Interesse gegründet.

Eine *reflektierte* und *willentliche* ethische Selbstbestimmung (die ursprüngliche ethische Bestimmung war im Gegensatz dazu nichtreflektiert und spontan) vollzieht sich beim Menschen auf der Ebene der Sekundärreflexion angesichts der Notwendigkeit, seine Lebensbedürfnisse zu sichern. Sie unterscheidet sich von der ursprünglichen Bestimmung noch darin, daß sie nicht mehr gänzlich auf der Ethik in dem Sinne gegründet ist, wie wir ihn diesem Begriff gegeben haben, weil diese Bestimmung aus einer passiven Hinnahme unseres passiven Verhältnisses zu unserer Bedingtheit in der Welt entspringt und folglich einer Selbstbestimmung *durch etwas anderes als das Ich:* nämlich die *wirtschaftliche Forderung der sozialen Welt.* In der Sekundärreflexion verrät der seelische Innenraum sein Vorhandensein nur noch durch Gefühle, die man *hat,* die man aber nicht mehr *ist.* Der Mensch ist nicht mehr wie in der weiter oben beschriebenen Erfahrung eine reine, von seinem Körper losgelöste seelische Aktivität, die vor der Welt durch sich und für sich Gestalt annimmt; sondern er ist ein Strom von Gefühlen, die ausgelöst werden durch Dinge, die der Mensch begehrt, durch eine im Grunde an der Welt interessierte Tätigkeit. Seine ethische Modalität ist überschritten, erstickt in einem Ereignis, in dem sie im Licht von etwas anderem eingreift, und die Normen ihrer interessierten Aktivität sind nicht mehr innere Normen; sie verkünden sich in der Welt, und in der Welt, draußen, verkündet sich, was sein »Interesse« bedingt.

Die auf dem »Interesse« an der Welt gegründete Aktivität führt unausweichlich zu Interessenkonflikten; auf der Ebene der »Interessen« ist der Mensch für den Mitmenschen ein Wolf, wie man zu Recht sagt. In dieser

Perspektive kann es Beziehungen zwischen den Menschen auf der Grundlage der ethischen Normen und der Nächstenliebe nur insoweit geben, als ihre Interessen gemeinsame sind. Jesus sagt: »Liebet eure Feinde.« Und er sagt: »Ich bin nicht gekommen, um den Frieden zu bringen, sondern das Schwert.« Im Lichte unserer Ausführungen klärt sich dieser Widerspruch. Jesus nennt »Feinde« alle die, mit denen wir im Interessenkonflikt stehen, und er gibt als eine Forderung der Ethik (d. h. dessen, was die Menschen bei der gemeinsamen Ausbeutung und Nutznießung der Welt miteinander verbindet) das Gesetz der Liebe, nämlich des Absehens von sich selbst (von seinem eigenen Interesse) in den auf dem Wahren, Rechten und Guten begründeten gegenseitigen Beziehungen. Das ist es gerade, was wir meinten, als wir von der Ausweitung der christlichen ethischen Normen auf die wirtschaftlichen Beziehungen sprachen. Jesus aber verdammt denjenigen und kennt kein Mitleid mit jenem, der sich diesem ethischen Gesetz entzieht, der zwei Herren dient, Gott und dem Mammon. Insoweit also die auf dem *Interesse* begründeten individuellen und kollektiven menschlichen Beziehungen im Abendland nicht den ethischen Normen unterworfen sind, ist die abendländische Kultur nicht oder noch nicht christlich: Sie hat noch nicht die geschichtliche Stufe erreicht, zu der die christliche Kultur führen muß.

Weiter oben haben wir festgestellt: Je mehr die abendländische Kultur die materiellen Lebensbedingungen verbessert, um so mehr ist der Mensch versucht, seine Existenz auf seine äußere Bedingtheit zu gründen. Und entsprechend: Je stärker die Bevölkerung wächst, um so größer wird die Konkurrenz und damit die Notwendigkeit, sein »Interesse« zu verteidigen. Je höher der Lebensstandard steigt, und mit ihm Qualität, Zahl und Vielfalt der angebotenen Dinge, um so stärker wächst unser Verlangen nach der Welt, unser Interesse an ihr. In dieser Bestimmung des Menschen von außen her spielen zwei Phänomene eine bedeutende Rolle:

1. Das durch den technischen Fortschritt möglich gemachte Übermaß an angebotenen Dingen – Apparaten aller Art, Autos, Radios, Fernsehempfängern – verlockt den Menschen in seiner Begehrlichkeit dazu, seine *Lebensbedürfnisse* zu überschreiten, die ursprünglich doch sein Interesse an der Welt motivierten.

2. Das Bewußtsein ist stets transzendent und bezieht sein Objekt auf ein Absolutum. Zwei Gestalten verkörpern dieses Verlangen nach dem Absoluten in der *interessierten* Beziehung des Menschen zur Welt: Don Juan und Faust. Das Verlangen nach dem Besitz einer Frau bringt Don Juan dazu, alle Frauen besitzen zu wollen, weil sein Verlangen auf das Weibliche schlechthin zielt. Das Verlangen nach dem Besitz aller irdischen Güter verleitet Faust dazu, dem Teufel seine Seele zu verkaufen, d. h. seinem Wollen jeden Zügel abzustreifen: Das Ewig-Weibliche zieht uns hinan . . . (Das ewige Bedürfnis nach unserer Seins-»Ergänzung« [dem Weiblichen] zieht uns an, zieht uns in die Welt.)

ETHIK UND ÄSTHETIK   So treibt alles den Menschen, in der Welt nicht nur das Notwendige, sondern das Überflüssige, den Luxus und das Absolute zu suchen. Wir haben schon gesehen, daß jede ethische Modalität sich äußerlich durch eine ästhetische Modalität kundtut: Die Ästhetik ist, so haben wir gesagt, eine äußere Manifestation der Ethik. Gleicherweise offenbaren sich die Selbstdeterminationen durch sich selbst, welche die Interessen und Antriebe des Menschen in der Welt bestimmen, durch eine bestimmte Wahl und einen bestimmten Geschmack – eine bestimmte, sinnlich erfaßbare Eigenschaft und Struktur der Dinge; und eine bestimmte Wahl und Struktur seiner Aktivität und seines Verhaltens sind der *ästhetische* Aspekt seiner ethischen Determinationen. Nur die letzten sind reflektiert und willentlich, wogegen die Determinationen, die aus der seelischen Selbstbestimmung stammen, unreflektiert und spontan sind. Folglich hat der ästhetische Aspekt der letzteren das Gepräge des *Notwendigen*, das dem ästhetischen der rein *willentlichen* Determination grundsätzlich fehlt.

Diese *Notwendigkeit* der Ästhetik, wenn sie Äußerung der ethischen Selbstbestimmung ist, nennt man *Stil*. Der Stil ist eine transzendente Signifikation des ästhetischen Aspekts der Dinge, durch welche diese Dinge zum Zeugnis einer bestimmten menschlichen Seinsweise werden, welche den Dingen ein *menschliches* Gepräge verleiht. Ist dagegen die Ästhetik nur Äußerung eines freien Wollens, so ist der ästhetische Aspekt der Dinge nicht notwendig ein *Stil*, denn dieses freie Wollen kann willkürlich und aus freien Stücken sein. Es hat noch einen ästhetischen Aspekt in dem Sinn, daß eine vollkommene Übereinstimmung bestehen kann zwischen Außen und Innen, so daß das Außen gänzlich bedeutungshaltig und somit das Ganze notwendig wird. Diese Notwendigkeit ist jedoch nicht Zeugnis einer Seinsweise des Menschen, sondern nur seines Vermögens, zu tun und zu handeln, also seiner Technik im »Herstellen«. Natürlich sind Tun und Handeln Zeugnis des Menschen, der »handelt« und »tut«; entstehen sie aber aus freiem Wollen, aus Wollen ohne inneres Gesetz, können sie unmenschlich sein, denn das eigentlich Menschliche kommt vom Herzen, d.h. von der ethischen Modalität des Menschen.

Wie alles praktische Tun des Menschen auf der Ebene des Wollens Gestalt annimmt, so rührt der ästhetische Aspekt der Dinge, im Leben überhaupt wie auch in den eigentlichen ästhetischen Tätigkeiten, aus zwei Quellen her: Er ist äußere Erscheinung entweder der ethischen Modalität des Menschen oder aber eines freien Willens, einer absoluten, nicht notwendig menschlichen Aktivität und folglich einer selbstherrlichen Aktivität. Wir wollen nicht die Ethik über alles stellen und die freien oder überflüssigen Akte verurteilen, zu denen doch auch unsere Vergnügen zählen; denn das Vergnügen – der Sport und das Spiel z.B. – entspricht ebenfalls einem »Bedürfnis«, wenn auch nicht innerer *Notwendigkeit*. Aber selbst im Vergnügen müssen wir unterscheiden zwischen dem, was Spielbedürfnis ist, und dem, was von außen, vom Interesse bestimmt wird: Schach ist ein Ding und Bakkarat ein anderes. In den eigentlich ästhetischen Betätigungen führt uns diese zweite Kategorie in die *reine Ästhetik*, wie wir sie nennen, die Ästhetik ohne ethische Grundlage, in welcher die Ästhetik als solche gänzlich von außen bedingt ist: Um den ästhetischen Sinn zu befriedigen, muß ein Objekt nur diesen oder jenen Bedingungen entsprechen.

Der »von innen« herrührende ästhetische Sinn, der Umstand, daß die Dinge einen ästhetischen Aspekt haben, entspricht ebenfalls einem »Bedürfnis« des Menschen; dieser ästhetische Aspekt entspricht einer »Notwendigkeit« aber nur insofern, als er die äußere Erscheinung der Seinsweise des Menschen ist. Mit anderen Worten: Die reine Ästhetik ist nur so weit Zeugnis des Menschen, als der Mensch als ethisches Wesen dem ästhetischen Akt innerlich verpflichtet ist, sofern dieser irgendwie Ausdruck des Menschen ist – des Menschen als eines historischen, zu einem bestimmten menschlichen Milieu gehörigen Wesens, so daß der ästhetische Akt den Einzelnen oder die menschliche Gemeinschaft zum Ausdruck bringt.

Durch diese doppelte Quelle der Ästhetik entstehen in der Geschichte verschiedene Entwicklungsgesetze.

Der Appetit verlangt nach immer neuer Nahrung, und der ästhetische Appetit, der auf das sinnlich Erfaßbare gerichtet ist, verlangt nach ständiger Erneuerung dieses »unmittelbar sinnlich Wahrnehmbaren«, d.h. der Strukturen des ästhetischen Objekts. In der auf der Ethik gegründeten Ästhetik entsteht die Vielfalt der ästhetischen Aspekte aus der Vielfalt der individuellen oder kollektiven ethischen Modalitäten, der Individualität oder besser: aus der Persönlichkeit des Künstlers. Da die individuelle Modalität stets eine individuelle Modalität der kollektiven ist, äußert sich die ethisch gegründete Ästhetik durch einen gewissen, für ein bestimmtes historisches Milieu typischen *Stil*; und die Einzelwerke entstehen aus der Anwendung dieses Milieustiles. Da sich ferner die auf der Ethik gegründete geschichtliche Produktion in den großen Zeiträumen der Geschichte manifestiert, schreitet die Entwicklung des Stils in Epochen fort und verläuft langsam. Die Ethik ist ein Element der Dauer, der Kontinuität und Sparsamkeit, denn der ethischen Typen sind nicht viele.

Im Gegensatz dazu verlangt die »reine Ästhetik«, also die auf dem reinen ästhetischen Wollen gegründete ästhetische Aktivität, eine ständige Erneuerung des »unmittelbar sinnlich Wahrnehmbaren«, d.h. der Strukturen, des benutzten Materials und der angewendeten Techniken. Die Taktik der reinen Ästhetik ist, militärisch ausgedrückt, die »Strategie der verbrannten Erde«: Man beutet alles aus und verbrennt alles hinter sich, und der ästhetische Aspekt der Dinge wechselt von Jahr zu Jahr und von einem Tag auf den anderen. Da aber trotz allem nur ausgenutzt werden kann, was zu einem gegebenen Zeitpunkt verfügbar, er- oder gefunden ist, besteht dennoch in dieser geschichtlichen Strömung eine gewisse Ästhetik eines Zeitalters oder vielmehr eines Augenblicks; denn sie hält nicht an, sie ist lediglich eine gewisse Weise des Herstellens, die Anwendung einer bestimmten Technik und eines bestimmten

Materials, mit anderen Worten eine *Mode*, die sich mit der Schnelligkeit der Kleidermode ändert. Vor dreißig Jahren kam ein junger Mann zu mir und sagte: »Wissen Sie, ich will jetzt meine Technik total ändern und ›auf modern machen‹ – so wie man seinen Haarschnitt ändert.« Da diese Ästhetik die ethische Modalität des Menschen nicht einbezieht, nimmt sie einen universalen Charakter an, der nicht von nationalen Eigenarten abhängig ist; und da sie andererseits vom Einzelwollen ausgeht, offenbart sie sich gleichzeitig in sehr individuellen Werken: Es besteht eine gewisse Einheit in der Universalität und zugleich eine ausgeprägte Individualität in der Faktur der einzelnen Werke.

Man braucht sich deshalb nicht zu wundern, daß sich parallel zu der Wendung, welche die abendländische Kultur durch ihren Übergang von den inneren Grundlagen zu denen in der Welt nahm, eine ähnliche Entwicklung auf ästhetischem Gebiet vollzogen hat. Bis zur Schwelle unseres Zeitalters offenbarte sich die abendländische Kultur in der Architektur, in Werken aller Kunstgattungen, in Sitten und Gebräuchen, denen man immer einen gewissen Stil zuerkennen konnte, weil sie die Seinsweise des Menschen in einem bestimmten Milieu zu einem bestimmten Zeitalter ausdrückten. Heute aber, wo der freie Wille eine Rolle spielt, gilt das nicht mehr. Ein Franzose oder Italiener hört zwar nicht auf, Franzose oder Italiener zu sein, die Musik aber, die sie schreiben, kann sehr wohl nicht mehr französisch oder italienisch sein; das soll besagen, diese Musik hat aufgehört, Ausdruck der ethischen Modalität des Menschen zu sein. Das Sein des Musikers ist gespalten, sein Wollen gehorcht äußeren Gesetzen.

Musikstrukturen z. B. auf einer Zwölftonreihe aufbauen zu wollen entspricht offensichtlich keinerlei *Notwendigkeit* des musikalischen Bewußtseins als solchen; folglich ist die Zwölftonmusik eine Technik und kein Stil, und die dodekaphonischen Werke werden, selbst wenn sie dem Anschein nach Stil haben, doch nie mehr als Manifestationen einer Technik sein. Und auch wenn man den persönlichen Gebrauch, den ein Musiker von der Zwölftontechnik macht, für Stil hält, so wird sein Werk trotzdem kein authentisches Zeugnis seiner selbst sein, sondern lediglich seines Scharfsinns. Die Behauptung, die Zwölftonmusik sei das Zeugnis unserer Zeit, ist also falsch, sofern man mit »unserer Zeit« den heutigen Menschen meint; sie ist vielmehr bloß Ausdruck des Wollens einer Gruppe von Musikern, Musik nach einer völlig willkürlichen, gewollten Technik ohne jede ethische, d. h. menschliche Verankerung zu machen. Denn die zwölf Töne finden sie nur in der *Welt*!

5. Der gespaltene Mensch

Der Gegensatz zwischen seelischer Existenz und praktischer Existenz in der Welt, wie sie uns soeben klargeworden ist, zwischen der ethischen Modalität des Menschen und seiner wirtschaftlichen Modalität, ist der Ursprung des Prozesses zwischen Sein und Haben in der menschlichen Existenz. In seiner seelischen Übereinstimmung mit der Welt steht der Mensch, so haben wir gesehen, in innerer Beziehung zu seinem Objekt; er identifiziert sich aber nicht mit ihm: Er steht nur vor ihm und bestimmt sich, von ihm auszugehen – z. B. das *d*-Bewußtsein. Aber der Mensch aus Fleisch und Blut, der in sich die Unzulänglichkeit des Seins empfindet, neigt dazu, sein Sein in der Welt zu suchen, indem er sich in seiner praktischen Aktivität und dem, was sie ihm verschafft, zerrüttet. Es fällt ihm leichter, durch das zu existieren, *was er hat*, als aus sich selbst eine Seinskonsistenz zu schöpfen, die er nur in seinem seelischen Wesen finden könnte, wenn dieses nicht träge wäre. Deshalb hat er eine unwiderstehliche Neigung, sein Sein auf seine wirtschaftliche Bedingtheit zu gründen, die natürlich eine *conditio sine qua non* seiner Existenz darstellt. Man muß also trennen zwischen dem leiblichen Menschen mit seinen fleischlichen, wirtschaftlichen und lebensnotwendigen Antrieben, in denen hauptsächlich das *wirtschaftliche* Wesen des Menschen zu sehen ist, und seinem seelischen Sein, das bedingt wird durch die primäre Relation zur Welt, von der wir in diesem Kapitel ausgegangen sind und die aus ihm ein *ethisches* Wesen macht. Das Problem des »gespaltenen« Menschen, das erst durch die Entwicklung der abendländischen Kultur zu einem Problem geworden ist, liegt also darin, zu erkennen, ob das *wirtschaftliche* Wesen des Menschen sein *ethisches* Wesen ersticken wird oder aber ob sein ethisches Wesen und seine ethischen Normen seine wirtschaftliche Aktivität solcherart bedingen, daß sein wirtschaftliches Wesen nur noch Ausdruck seines ethischen Wesens im praktischen Leben sein wird. Diese Alternative wird uns gleich noch etwas deutlicher werden.

DER GRUND FÜR DIE SPALTUNG   Man muß sich über diese Spaltung des Einzelnen wundern, da doch das reflexive Bewußtsein als Selbstbewußtsein *Moral*bewußtsein ist und die Normen der Moral nichts anderes darstellen als die reflektierten ethischen Normen. Wir wissen jedoch, daß die Sekundärreflexion unwahrhaftig ist. Dieses sittliche Bewußtsein ist Komplice des an der Welt »interessierten« Bewußtseins, und folglich sind für es das »Wahre«, »Rechte« und »Gute« das, was im Licht seiner Interessen wahr, gerecht und gut erscheint, solange der Mensch jedenfalls nicht diese gedankliche Rückwendung auf sich selbst übt, die ihn in den Zustand der reinen Reflexion vor der Welt zurückversetzt. Weiterhin ist die wirtschaftliche Bedingtheit des Menschen so gebieterisch – da seine praktische Existenz von seiner wirtschaftlichen Anpassung an die Welt abhängt –, daß es nicht wundernimmt, wenn im entscheidenden Augenblick der Wille dem Interesse gehorcht, und sei es auf Kosten der Moral.

Wir begreifen jetzt, daß sich bei näherer Untersuchung der Äußerungen der abendländischen Kultur herausstellt, daß das durch das innerliche christliche

Erlebnis im Menschen geweckte ethische Bewußtsein sich im großen und ganzen nur in seinen »desinteressierten« Tätigkeiten gezeitigt hat, die auf andere Werte als das Lebens- und Wirtschaftsinteresse gerichtet waren, wie wir gesagt haben: im blinden Gang der Geschichte. Was besagen soll, daß bis in unsere Zeit die Ethik in den großen Zeiträumen der Geschichte und in der gesellschaftlichen Entwicklung den Sieg über die Wirtschaftlichkeit davongetragen hat. Das läuft auf die Feststellung hinaus, daß das christliche Erlebnis besonders auf *profanem* Gebiet Früchte getragen habe. Grob gesprochen, ist es mehr der abendländische Mensch, der von der christlichen Ethik durchdrungen ist, als die Kirche. Die innere christliche Unterweisung hat sich in der Kirche durch den Übertritt eines Teils der Christenheit zur Reformation – besonders zur calvinistischen – bemerkbar gemacht, der Reformation, die ja im wesentlichen ein Erwachen des ethischen Bewußtseins innerhalb des religiösen Bewußtseins gewesen ist, das sich durch den Primat des ethischen Selbstbewußtseins vor dem dogmatischen Bewußtsein ausdrückt. Sie ist aber sehr rasch stehengeblieben und hat nicht zu einer reformierten Gesellschaft geführt, in der das pragmatische Leben auf der christlichen Ethik gegründet ist. Calvins Kritik an der Christlichkeit der Kirche wurde nicht fortgesetzt, mit dem Ergebnis, daß der protestantische *Puritanismus* vielen Protestanten ein *gutes* Gewissen verschafft hat, wie es die zur Beichte genötigten Katholiken nicht im gleichen Maße haben können. Die statische Haltung der Kirche steht im unbedingten Widerspruch zur Dynamik, mit welcher die christliche Erleuchtung die abendländische Kultur durchdrungen hatte. Deshalb müssen wir in der Geschichte die offenkundigen Zeugnisse für die christliche Ethik suchen.

Der Beweis dafür, daß das abendländische Bewußtsein als ethisches Bewußtsein ein christianisiertes Bewußtsein ist, liegt gerade darin, daß wenigstens in seinem uneigennützigen Tun der abendländische Mensch schöpferisch und geschichtlich schöpferisch war. Das ethische Eigenbewußtsein schlummerte im Herzen des Menschen: Die christliche Unterweisung hat es geweckt und damit aus seiner Abhängigkeit von der Welt befreit, so daß es befreit aus der Passivität in die Aktivität fortschreiten konnte.

Unmittelbarstes Zeugnis für dieses Ereignis ist die abendländische Musik. Da sie Ausdruck der menschlichen Ethik ist, hat es den Anschein, als ob das abendländische Bewußtsein im musikalischen Akt die Möglichkeit gefunden hätte, seine ethische Bedingtheit *ohne Rücksicht auf seine wirtschaftliche Bedingtheit zu signifizieren* (weshalb sich die Musik auch ganz und gar der marxistischen Ideologie entzieht). Im musikalischen Erlebnis erfährt der abendländische Mensch die Erfüllung seines letzten Strebens als seelisches Wesen: die restlose psychische Übereinstimmung mit der Welt – mit einer eingebildeten Welt allerdings –, die er in seiner pragmatischen Existenz nicht erleben kann, weil er hier stets von seiner Umgebung abhängig ist. Daß jedoch im praktischen Tun des Menschen zunehmend sein Interesse an der Welt und durch den

heutigen Vorrang der Wirtschaft im modernen Leben seine wirtschaftliche
Bedingtheit zur Grundlage geworden ist, ist ein sicheres Zeichen dafür, daß
im Abendland, wenn nicht bei allen, so doch bei den meisten, im praktischen
Handeln Gott tot ist (wie man es formuliert hat). Und zwar nicht der Gott
der Kirche, sondern der immanente, durch Christus geoffenbarte Gott und
somit der transzendente Gott der seelischen Erfahrung. Das durch die christliche Unterweisung zur Aktivität erweckte ethische Selbstbewußtsein ist tot,
außer Betrieb gesetzt durch die Hinwendung der seelischen Affektivität auf
die wahrnehmbare Welt, durch die Entfesselung der Lebenstriebe, durch
die ungeheuerliche (d.h. fast ausschließliche) Entwicklung des Intellek-
tes, durch die Zerrüttung des Bewußtseins in der Sekundärreflexion und
den gesetzlosen Willen: Es ist tot wie ein gelähmtes Bein, wie eine Körperfunk-
tion, die nicht mehr geübt wird. Und wenn es tot ist, muß auch das musikalische Bewußtsein *dieser Zeit* (bei einigen einzelnen ausgenommen) aufgehört
haben, schöpferisch zu sein, was wir gleich feststellen werden. In dieser Bewußtseinssituation kann der einzelne wohlgemerkt durchaus noch eine groß-
zügige oder uneigennützige Geste machen, wenn sein Interesse nicht auf dem
Spiel steht; denn in Wirklichkeit stirbt das ethische Selbstbewußtsein nicht:
Es schlummert nur, solange nicht etwas in der Welt die psychische Affektivität
anruft, ohne den Menschen zu bedrohen. Dann jedoch tritt es spontan in
Aktion wie beim Hauptmann von Kapharnaum oder der Samariterin, die ja
auch nicht Christen waren. Sie haben sich aber beide als Christen verhalten
können, weil die christliche Ethik nichts anderes ist als die menschliche
Ethik.

Auch in einer auf dem *Interesse* gegründeten Existenz kann es also Uneigennützigkeit geben, und die menschlichen Beziehungen können auf der Ethik
begründet sein, solange das Interesse nicht dazwischentritt. Sie können sogar
auf der Ethik beruhen, wenn das Interesse auf den Plan tritt, solange der
Mensch oder die Menschen ihre Interessen ihren sittlichen Normen unterord-
nen. In einer Gemeinschaft jedoch, in welcher durch den Zwang der Dinge
alle individuellen Existenzen und Beziehungen auf dem Interesse gegründet
sind (ohne daß sich die Beteiligten darüber klar sind), wird die Ethik unumgänglich in Frage gestellt. (Das Phänomen einer auf dem Interesse gegründeten Gemeinschaft ist besonders ausgeprägt in Nordamerika, weil die meisten
Menschen ja dorthin ausgewandert sind, um »ihr Glück zu machen«, was das
ganze amerikanische Leben auf den »Profit« ausgerichtet hat. In Europa ist
eine solche Gemeinschaft die »bürgerliche« Gesellschaft, denn diese begnügt
sich nicht damit, für den Lebensunterhalt zu arbeiten; sie will eine »besitzende« Klasse sein, sie hat sich ein sicheres wirtschaftliches Fundament
erworben, mit dessen Hilfe sie die Nichtbesitzenden beherrschen kann. Die
Handlungsfreiheit des Bourgeois beruht auf seiner wirtschaftlichen Lage; die
Handlungsfreiheit der Nichtbesitzenden einzig und allein auf ihrer ethischen
Kraft.)

Es kann in einer solchen Gemeinschaft Beziehungen geben, die auf dem gemeinsamen Interesse oder auf Gleichgültigkeit beruhen, bei denen das Interesse keine Rolle spielt; sobald aber Konkurrenz oder Interessenskonflikte auftauchen, wird die Ethik ausgeklammert. Dann wird zwischen Einzelnen und zwischen Gemeinschaften bis aufs Messer gekämpft, bis zum Mord oder zur Vernichtung des Gegners. Ohne es zu merken, ist die Gemeinschaft von der menschlichen zur tierischen Ethik abgesunken. Die Ablehnung oder Aufgabe der ethischen Determinationsfreiheit, die den Menschen zum Menschen macht und die er im dritten Zeitalter der Geschichte erworben hatte, läßt ihn von der menschlichen zur tierischen Entwicklungsstufe zurückfallen. Natürlich konnte das auch Menschen im zweiten oder ersten Zeitalter geschehen, aber wozu haben wir die christliche Religion? Wenn der Mensch des dritten Zeitalters in diese Lage gerät, ist das Christentum, auf das er sich beruft, bloß ein neues Pharisäertum, das ihm die Gemeinheit seines wirtschaftlichen Seins verschleiern soll.

Das ist allerdings bloß ein Aspekt. Nirgendwo im Abendland, weder in Europa noch in Amerika, ist der Mensch auf sein wirtschaftliches Wesen reduziert. Das Spiel ist noch nicht aus – lediglich die Vermehrung der Güter, welche die abendländische Kultur anbietet, treibt sie auf eine gänzlich materialistische Zivilisation zu.

Wenn aber Gott tot ist und die menschliche Ethik nicht mehr der Motor der Geschichte, so ist das Ende des dritten Zeitalters gekommen. Die Geschichte stagniert und tritt auf der Stelle, der Mensch kann sich in seiner Freizeit dem Überflüssigen, dem Tun nach Gutdünken, der reinen Ästhetik hingeben. Hier erhebt sich die Frage, ob der Mensch sich auf sein wirtschaftliches Sein reduzieren läßt, oder jedenfalls, ob er ein wesentlich wirtschaftliches Wesen ist.

DAS WIRTSCHAFTLICHE WESEN   Eine auf dem wirtschaftlichen Sein beruhende Gesellschaft führt unausweichlich zum marxistischen Kommunismus, denn die wirtschaftliche Autonomie kann nicht bloß einigen wenigen vorbehalten bleiben, wenn es die Bestimmung des Menschen ist, aus sich ein autonomes Wesen zu machen. Vom ethischen Gesichtspunkt aus kommt es übrigens beinahe auf das gleiche hinaus, ob das wirtschaftliche Fundament der Gemeinschaft, das Kapital, vom Staat oder von den Industriellen verwaltet wird. In beiden Fällen ist der Massenmensch seiner wirtschaftlichen Bedingtheit unterworfen, und die wirtschaftliche Bedingtheit an sich kann nur Grundlage einer tierischen Existenz sein. Das Tier ist in der Welt nur unbeschäftigt, wenn es schläft. Es führt ein Leben ohne Transzendenz, von der Nachkommenschaft abgesehen; sein Leben läuft ab und ist dann vorbei. Eine ausschließlich auf dem Wirtschaftlichen beruhende Existenz bestünde für den Menschen aus Arbeit, Freizeit und Schlaf. Da sie nicht *durch sich* determiniert ist, ohne *ethi-*

schen Halt, sucht die Freizeit ihre Erfüllung *in der Welt*, denn die fundamentale Passivität erhält den Menschen in der Passivität, und im Leeren, das die Freizeit läßt, siedeln sich Alkohol, Betäubungsmittel, Erotik, Psychosen und Verbrechen an. Ein solches Leben ist auch in einem neuen Sinne ohne Transzendenz: Durch seine Arbeit kann der Mensch Besitz und Geschicklichkeit mehren, aber mangels einer Besinnung auf sich selbst, einer inneren Arbeit an sich, die ethischer Natur wäre (d. h. nicht von der Welt abhängig), verändert er sich nicht; er ist am Ende seines Lebens zwar gewitzter, aber doch der gleiche, der er zu Beginn seines Lebenslaufes war. In seiner Persönlichkeit und seiner Weltschau besteht nicht jener Unterschied, wie er spürbar ist zwischen dem Beethoven der ersten und der dritten Periode oder zwischen dem Goethe des *Werther* und dem Goethe des *Faust, II. Teil.*

Für den Menschen besteht zwischen Staats- und Privatkapitalismus nur der Unterschied: Wird das Kapital von Privatleuten verwaltet, kann sich ein Privatmann ihnen stets entziehen; ist dagegen der Staat das Kapital und das Kapital der Staat, so ist der Einzelne dem Staat unterworfen. Chruschtschow wollte die Überlegenheit des Marxismus unter Beweis stellen, indem er beabsichtigte, die sowjetische Bevölkerung zum gleichen oder höheren Lebensstandard wie in Amerika zu führen. Aber diese Annehmlichkeit würde doch in nichts die ethische Bedingung des Sowjetbürgers ändern, der nach wie vor dem Staat unterworfen bleibt. Eine Regierungsform, unter der ein Handwerker oder Bauer sich nicht auf eigene Rechnung betätigen darf, unter der ein Arbeiter nicht auf eigene Gefahr seinen Lebensunterhalt suchen darf, ist kein Regime der Freiheit; denn die menschliche Freiheit besteht eben in dieser freien Selbstbestimmung.

Das Problem der Gesellschaft läßt sich definitiv wie folgt schematisieren: Eine menschliche Gesellschaft hat ein *wirtschaftliches* Fundament in der Welt und ein inneres Fundament, das *ethische* Fundament des Menschen.

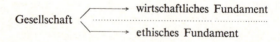

Ist diese Gemeinschaft auf ihre wirtschaftliche Bedingtheit gegründet, wird sie dadurch zu einer zusammenhanglosen Gesamtheit, einer von außen organisierten Masse, deren Einzelwesen zueinander in äußerlicher Beziehung stehen. Ist sie auf die ethische Bedingtheit des Menschen gegründet, wird sie durch die gemeinsame Grundlage der Einzelexistenzen zu einem innerlich verbundenen Ganzen, einer Gesellschaft nicht von Genossen, sondern von Brüdern oder wenigstens »Nächsten«. Ganz von selbst werden dann die wirtschaftlichen Beziehungen auf der Ethik begründet, und auf wirtschaftlicher Ebene bildet die Gemeinschaft ein gegliedertes Ganzes.

Die kommunistische Gesellschaft kann eine innere Einheit nur dann erreichen, wenn ihre Bürger endlich als Ideal die Hingabe der Person an die Gemeinschaft üben und aus der von außen auferlegten Bedingung eine innerlich akzeptierte machen. Wahrscheinlich vollzieht sich dieser Prozeß zur Zeit in Rußland; wenn dem so ist, verfolgt der Kommunismus dasselbe Ziel wie die auf der Ethik gegründete Gesellschaft. Dennoch ist eine totalitäre, auf der Masse und einem materialistischen Menschenbild beruhende Gesellschaft etwas anderes als eine auf der Ethik und der individuellen Autonomie beruhende Gemeinschaft; die erste kann nur durch eine grundlegende innere Umkehr zur zweiten werden.

Die Kommunisten haben das Pferd von hinten aufgezäumt, wie es stets geschieht, wenn man auf Umsturz und Gewalt zurückgreift. Die menschliche Geschichte entsteht langsam und durch *Mutationen*, die sich spontan unter dem Einfluß gewisser Erlebnisse bei Einzelmenschen ergeben.

DIE ETHISCHE GESELLSCHAFTLICHKEIT   Man sieht aber, daß der abendländische Mensch noch nicht am Ziel seiner Geschichte angelangt ist. Die Autonomie seiner ethischen Determination hatte er schon seit den ersten Jahrhunderten des christlichen Zeitalters gewonnen, doch erst mit Anbruch der Renaissance war er sich dieser Autonomie voll bewußt geworden. Von der Renaissance an hat er diese Autonomie auf allen Gebieten erprobt. Aber noch trennte ihn ein Schritt von der gänzlichen Erfassung seiner ethischen Situation auf wirtschaftlicher Ebene: Er mußte sich noch klar darüber werden, daß er als autonomes Wesen die Reichtümer der Welt mit anderen autonomen Wesen teilte, so daß er nichts nehmen konnte, ohne sich etwas anzueignen, auf das ein anderer die Hand legen könnte. Seine wirtschaftliche Autonomie ist also Funktion der wirtschaftlichen Reichtümer der Gemeinschaft, und folglich muß auch der Gewinn, den er aus diesen Reichtümern zieht, gleicherweise der Gemeinschaft zugute kommen. Das heißt, seine wirtschaftliche Aktivität muß einen *sozialen* Wert haben, so daß das, worin er sein Wohl in der Welt findet – z.B. ein bestimmtes Gewerbe, eine bestimmte Aufgabe – zum allgemeinen Wohl beitragen muß. Mit einem Wort, er mußte sich seiner *Gesellschaftlichkeit* bewußt werden, also seiner Zugehörigkeit zu einer Gemeinschaft, die gemeinsam von den Reichtümern der Erde lebt.

Das Problem ist weitläufig und kompliziert, man kann es aber an seiner Wurzel packen.

Wie wir gesehen haben, ist das moralische Bewußtsein unwahrhaftig. Nehmen wir an, ein Mensch habe eine gesicherte wirtschaftliche Grundlage erworben. Er ist Besitzender und ruft zur Teilnahme an seiner Tätigkeit andere Menschen auf, die ihre wirtschaftliche Grundlage noch nicht erworben haben. In den Verhandlungen zwischen ihm und ihnen besteht keine *Gleichheit der Bedingungen;* denn bis zu einem bestimmten Grade hängt er nicht von ihnen ab, wogegen sie von ihm abhängig sind. Es wäre aber nicht recht, daß diese

Ungleichheit der Situation in ihren wirtschaftlichen Beziehungen eine Rolle spielte, wenn diese auf der Ethik gegründet sein sollen*.

Auf moralischer Ebene wird jedoch der fragliche Einzelne nicht zögern, seine erworbene Situation als ein Recht zu betrachten, und hierin eben liegt seine unbewußte Unwahrhaftigkeit; denn hinsichtlich seiner wirtschaftlichen Beziehungen zu denen, die er beschäftigt, ist sie kein Recht, sondern ein Glücksfall. Wir müssen also von der moralischen Ebene wieder auf die ethische kommen und die reflexive Rückwendung auf uns selbst üben, die Christus lehrte, der seine Zeugen unaufhörlich von der Moral zur Ethik verwies, von unmittelbaren Bewußtseinsgegebenheiten zu den verborgenen Realitäten, von der Sekundärreflexion zur reinen Reflexion. Diese Infragestellung der erworbenen Rechte erstreckt sich auf den Besitz und die Dauerhaftigkeit des Besitzes; denn der Besitz ist die Immobilisierung von Gütern, die dem Allgemeinwohl dienen sollten, zugunsten eines Einzelnen. Besitz rechtfertigt sich nur insofern, als er mittelbar oder unmittelbar zum Allgemeinwohl beiträgt. (Er kann es z.B. ermöglichen, daß der Besitzende eine für die Gemeinschaft nützliche Tätigkeit ausübt.) Besitz ist nicht Diebstahl, wie Proudhon sagt, aber er könnte nicht als eine *durch nichts bedingte* Besitzung betrachtet werden, wenn der Mensch sich darüber klarwürde, daß er nicht nur für sich lebt, sondern für die anderen, weil auch er nur durch die anderen lebt.

Die Bewußtwerdung seiner »Gesellschaftlichkeit« wäre die *Rettung* für den Bourgeois; sie rettete ihn vor seinem heiligen Egoismus hinsichtlich der Ethik, d.h. hinsichtlich Gottes. Am Ende unserer Untersuchung werden wir sehen, was in unserer Zeit diese dem natürlichen Egoismus des Menschen so entgegengesetzte Bewußtwerdung motivieren könnte. Für den Augenblick wollen wir uns damit begnügen, aufzuzeigen, daß sie eine neue Epoche der Geschichte bedeuten würde. Denn das ethische *Ich* ist ursprünglich sozial, weil es die Seinsweise eines bestimmten individualisierten menschlichen Milieus ist. Diese Modalität bleibt aber auf wirtschaftlicher Ebene unreflektiert, solange der Mensch sie sich nicht signifiziert hat.

DIE SIGNIFIZIERTE ETHISCHE GESELLSCHAFTLICHKEIT   Kehren wir zum besseren Verständnis des Folgenden zu unserem Ausgangspunkt zurück. Seit Beginn des christlichen Zeitalters hatte das ethische Bewußtsein seine Autonomie erlangt. Es war eine Autonomie *de facto*, die sich auf verschiedene Weisen äußerte, z.B. durch das Entstehen der abendländischen Musik. Sie hat sich jedoch erst beim Anbruch der Renaissance *signifiziert*. Und woran zeigt sich das? Daran, daß das Bewußtsein seine unmittelbaren objektiven Gegebenhei-

---

* Die Ungleichheit der wirtschaftlichen Situation im von uns gemeinten Sinn, daß nämlich nicht der eine mehr hat als der andere, sondern daß der eine dem anderen *a priori* überlegen ist und ihn dadurch ausnützen kann, ist der Ursprung dessen, was Marx den Klassenkampf nennt.

ten transzendiert, um sich durch ein Phänomen zu offenbaren, *das nur aus der Autonomie der Subjektivität und seiner Determinationsfreiheit entstehen konnte.* Wenn Kopernikus und Galilei verkünden, die Erde kreise um die Sonne, wo doch vor unseren Augen die Sonne um die Erde kreist, wird es klar, daß das Selbstbewußtsein seine Autonomie unter Beweis stellt und nicht länger Sklave seiner Sinne ist. Der Anbruch des harmonischen Zeitalters, der Perspektive in der Malerei, die Erfindung der Logarithmen, das *cogito* des Descartes, die Reformation, die Entstehung der Demokratie sind ebensolche Manifestationen desselben Phänomens.

Damit sich die ethische Eigengesellschaftlichkeit *signifizieren* konnte, mußte sie sich durch ein Phänomen kundtun, in dem das Selbstbewußtsein seine objektiven Gegebenheiten transzendiert. Diese Signifikation ist tatsächlich von Christus vollendet worden, als er den Mitmenschen nicht als anderen oder Fremden bezeichnete (als der er auf reflexiver Ebene erscheint), sondern als unseren »Nächsten«, den wir wie uns selbst lieben sollen. Im sozialen Leben hat der abendländische Mensch diese christliche Unterweisung jedoch bisher nur insofern offenkundig werden lassen, als sie bloß das individuelle Verhalten auf affektiver Ebene bestimmt und nicht die Beziehungen zwischen den Menschen auf wirtschaftlicher Ebene. Vor diesem schwierigen letzten Schritt tritt heute die abendländische Geschichte auf der Stelle; und erst wenn in den wirtschaftlichen Beziehungen der Menschen untereinander die Ethik den Sieg davonträgt über die pragmatische Anschauung und über den Primat des Interesses, wird die Geschichte ihren Verlauf wieder fortsetzen und der Mensch in den dritten Abschnitt des dritten Zeitalters eintreten, in die Bahn zum Reich Gottes, das sich im Herzen des Menschen verkündet.

DIE BOTSCHAFT CHRISTI ERNEUT HÖREN   Es genügt nicht, im dritten Zeitalter der Geschichte, im kulturellen Umkreis des dritten Zeitalters geboren zu sein, um *ipso facto* auch ein Mensch dieses dritten Zeitalters zu sein. War der Mensch des ersten Zeitalters ein Produkt der *Natur*, so ist der Mensch des dritten Zeitalters, wie wir gesehen haben, ein Produkt der *Kultur*, hervorgegangen aus dem menschlichen Bewußtsein, wie es sich im Laufe der vorangegangenen Zeitalter entwickelt hat. (Christus selbst war jüdisches Bewußtsein, aber von der jüdischen Seinsweise entfremdetes, durch die Intuition der menschlichen Ethik erleuchtetes Bewußtsein.) Was aber den Menschen des dritten Zeitalters, in seiner Eigenschaft als ethisches Wesen, geschaffen hat, ist die christliche Unterweisung. Der heute geborene Mensch ist also nur dann ein Mensch des dritten Zeitalters, wenn er seinerseits von Kindesbeinen an, von dem Alter an, in dem sich die ethische Seinsweise des Menschen ausbildet, diese christliche Unterweisung empfängt, die, wie Christus sagt, aus einem Verständnis des Evangeliums besteht. Es handelt sich jedoch eben um ein »Verstehen« und nicht um die passive Hinnahme einer Dogmatik.

Jesus war ein Mensch des zweiten Zeitalters, der sich an Menschen des zweiten Zeitalters wandte. Er konnte deshalb auch in seiner offenbarenden Intuition der menschlichen Ethik nur auf die Anschauung zurückgreifen, die zu seiner Zeit und in seiner Umwelt herrschte. Nur von den Gegebenheiten eines *statischen* Glaubens ausgehend, konnte er die Dynamik des Glaubens lehren, welcher der *Sauerteig* des Menschen sei und »Berge versetzen« könne. Nur vom transzendenten Gott der Juden ausgehend, konnte er den immanenten Gott lehren. Im Gegensatz aber zu den Propheten, die ihre Offenbarungen vom Himmel empfingen, lehrte er die Menschen, daß sich Gottes Gesetz in ihren Herzen verkünde. Ehe die moderne Welt Gott in Frage stellte, konnte daher ein neues Verständnis des Evangeliums nur von einer Bewußtwerdung dessen ausgehen, was dieser immanente Gott im Herzen des Menschen ist, und die Erklärung des Gotteserlebnisses konnte nur mittels der Phänomenologie geschehen. Die Phänomenologie hat uns im Herzen des Menschen nur einen Widerschein der universellen Energie entdecken lassen und im transzendenten Gott einen in den Himmel projizierten Reflex dieses Widerscheins zu erkennen gegeben. Aber diese phänomenologische Schau beeinträchtigt in nichts die Worte Christi, der dasselbe sagte, wenn auch in anderer Sprache. Die ursprüngliche christliche Anschauung hatte die Idole abgeschafft, alle Bilder Gottes außer dem von Gott als Vater. Die phänomenologische Anschauung schafft das Übernatürliche ab, den Aberglauben und das Irrationale. Die Abschaffung des Irrationalen und dessen Rationalisierung war die historische Aufgabe des Menschen im dritten Zeitalter der Geschichte. Der primitive Mensch war und ist noch in magischer Beziehung zur Welt, er ist magisches Bewußtsein der Dinge. Im zweiten Zeitalter der Geschichte hat der Mensch eine irrationale Empfindung Gottes; im dritten Zeitalter ist der Mensch in der Lage – dank seinem Erbe an griechischer Erfahrung und christlichem Erleben –, sich die Autonomie seines reflexiven Bewußtseins, d. h. seines Denkens, und die Autonomie seines affektiven Bewußtseins zu signifizieren. So wird er ein *rationales* Wesen, ohne deswegen aufzuhören, in seiner Eigenschaft als Bewußtsein, ein religiöses Wesen zu sein, ob er sich nun dessen bewußt ist oder nicht.

Bis heute jedoch hat man den »Verstand« bloß dem reflexiven Bewußtsein, dem Denken, zugeschrieben, die Affektivät machte man zum Irrationalen; indem sie uns aber im affektiven Selbstbewußtsein den primären Verstand des Menschen erkennen läßt, der – wie die Musik aufzeigt – denselben allgemeinen und allgemeingültigen Gesetzen aller bezugsetzenden Tätigkeit des Bewußtseins gehorcht, erlaubt uns die Phänomenologie, dieses Irrationale zu rationalisieren. Der Mensch konnte jetzt die Gottesvorstellung rationalisieren.

So stürzte zwar die Mythologie Gottes in sich zusammen; erhalten aber blieb das seelische Gotteserlebnis: Gott war nicht, was man glaubte. Es geht also nicht darum, Gottes Namen aus unserem Wortschatz zu streichen, sondern – wie Anselm von Canterbury sagt – zu wissen, was man unter diesem Wort verstehen will.

Ortega y Gasset schied die Ideen des Menschen in zwei Kategorien: die, *die er ist*, und die, *die er hat*. Die Ideen, »die er ist«, sind seine apriorischen Ideen, seine Axiome und grundsätzlichen Glaubenssätze. Sie sind in all seinen Gedanken *vorausgesetzt*, und zwischen den Menschen kann es nur dort echte Kommunikation geben, wo diese Grundvoraussetzungen dieselben sind. Diese Ideen – der Raum, die Zeit, das Sein, Gott und so weiter – sind daher *Konstanten* in der menschlichen Ideation. Aber der Mensch ist eine Geschichte, und die Ideen, *die er ist*, werden mit ihm geschichtlich. Die Idee entschwindet nicht aus dem Horizont, sondern sie erhellt sich innerlich im selben Maße, wie sich das menschliche Bewußtsein erhellt. So mußte es also unausweichlich auch mit der Gottesvorstellung im Verlaufe der Geschichte geschehen.

Diese Aufklärung der Gottesvorstellung raubt Gott nichts, wie man sich überzeugen konnte, von seinen *Seins*modalitäten. Unter dem Aspekt der »Grundlage« unserer psychischen Existenz und aller unserer psychischen Determinationen ist er in uns allgegenwärtig wie das Tongesetz im Bewußtsein des Musikers; in ihm findet der Mensch einen bedingungslosen Halt, der nicht von physischer Stärke, Intelligenz oder *Geld* abhängig ist und es ihm so ermöglicht, dem Leben unter allen Umständen zu begegnen.

Dann und wann muß ich bei Orchesterproben auf der peinlich genauen Ausführung von bestimmten komplizierten instrumentalen Kombinationen bestehen, die zwischen Innenstimmen versteckt sind, niemandem auffallen und auch bei schlechter Ausführung unbemerkt bleiben würden. Die Musiker betrachten mich ironisch, und ich weiß, was sie denken. »Sie haben schon recht«, sage ich dann, »aber Gott sieht es.« Und wen sonst sollte man beschwören? Die Musiker täuschen sich nicht, sie wissen sehr wohl, daß ich auf diese Forderung des Unbedingten anspiele, das in ihnen wie in mir ist.

Die christliche Erziehung Es macht die Stärke der christlichen Mythologie aus, daß sie dem Menschen eine totale Anschauung gibt, von der Entstehung der Welt, dem Menschengeschlecht in der Welt und vom Sinn seines Daseins. Aber gerade eine solche Weltanschauung fehlt dem heutigen abendländischen Menschen so dringend – seit Gott tot ist, könnte man anfügen. In diesem Punkt läßt uns die Wissenschaft im Stich, und der Gott der Philosophen ist keine große Hilfe für den Menschen. Niemals zuvor ist der Mensch bei seiner Tätigkeit »in der Welt« so fleißig und so fruchtbar gewesen wie heute; und niemals zuvor war er unsicherer über den Sinn seines Daseins. Er weiß beinahe alles über die Welt, was wir wissen können, als ethisches Wesen aber ist er in der größten Verwirrung. Unsere Untersuchung hat auf diese wesentlichen Fragen, die sich der Mensch stellt, Antwort gegeben und wird noch weiter antworten. Sie hat uns eine Anschauung vermittelt, die zwar summarisch ist, aber mit den Gegebenheiten der Wissenschaft, des Universums und des Sinnes unseres Daseins im Einklang steht. So frevelhaft und ärgerniserregend für die Kirche auch die Phänomenologie ist und die Vorstellung, die sie uns von Gott gibt, so ist nichtsdestoweniger die *Weltanschauung*, zu der sie uns führt, die einzige, welche die wissenschaftliche Anschauung und das religiöse Erlebnis miteinander aussöhnt, die deshalb allen Menschen unserer Zeit gemeinsam sein könnte und die dem alten Streit zwischen Glauben und Unglauben ein Ende zu bereiten vermöchte.

Nur lassen sich Kinder nicht ohne weiteres in die phänomenologische Gottesvorstellung einführen. Sie müssen ihre christliche Erziehung durch das Evangelium erhalten. Es muß also möglich sein, sie mit der Bibel vertraut zu machen, indem man die Fakten in ihren historischen Rahmen setzt und es vermeidet, ihnen eine Betrachtungsweise einzuimpfen, gegen die sie sich später zur Wehr setzen. Man muß das Schwergewicht auf die *ethische* Bedeutung der Taten und Worte Christi legen. Das ist die äußerst schwierige Aufgabe für Mütter und Erzieher ganz junger Menschen. Die seelische Affektivität muß gepflegt werden, so wie man die intellektuelle oder die körperliche Aktivität pflegt. Ethik läßt sich aber nicht lernen: Man empfindet und spürt sie nur im affektiven Leben selbst. Unter dem Druck der wirtschaftlichen Notwendigkeiten ist die Schule heute hauptsächlich auf das *Wissen* ausgerichtet. Wenn aber der Mensch gänzlich auf seinem ethischen Wesen beruht, müßte die ethische Bildung der Kinder und jungen Menschen die vordringlichste Sorge der Erzieher sein.

Wir sprechen nicht vom »Charakter«; denn das ethische Selbstbewußtsein darf nicht mit Charakter verwechselt werden, wie wir weiter oben gesagt haben. »Charakter« ist die energetische Modalität einer ethischen Seinsweise und das »Temperament« seine Vitalmodalität. Man kann einen Charakter oder ein Temperament nicht beherrschen, wohl aber das beste daraus zu machen versuchen. Wir sprechen auch nicht von Moral; denn Ethik kommt von innen und Moral von außen.

Der erste Platz gebührt also der ethischen Bildung, die sich bei jeder Gelegenheit vornehmen ließe. Im Jünglingsalter, wenn ein gewisses Wissen erworben ist, kann sich bereits eine Weltanschauung formen, die nicht illusorisch ist, d.h., die mit den Lehren der Phänomenologie übereinstimmt. Das neue Verständnis der christlichen Lehren, das sich aus unserer Untersuchung ergibt, ändert dennoch von Grund auf zwei Dinge in ihrer herkömmlichen Interpretation:

a) *Das Gebet ist nicht ein Anruf an den transzendenten Gott, sondern an den immanenten Gott, der im Herzen der Menschen wohnt* (und über diesen Punkt wie auch über Punkt *b* darf man das Kind nicht täuschen). Das Gebet ist eigentlich eine Rückbesinnung und ein Anrufen unserer seelischen Kraft vor einem Ereignis in der Welt, das wir zu bestehen oder zu erleiden haben, und wir erwarten eine Antwort von der Welt. Es ist falsch zu sagen, Gott antworte nicht. Es ist vielmehr so, wie es die Volksweisheit formuliert: Auch das schönste Mädchen kann nur geben, was es hat. Die Welt antwortet in unseren

Handlungen, gemäß dem, was wir von uns gegeben haben, und gemäß den jeweiligen materiellen Gegebenheiten und ihrer Bedingtheit.

Nehmen wir an, es handele sich um die Infragestellung unseres Daseins in der Welt. Diese Bewußtseinssituation setzt eine Anspannung aller unserer Verfügbarkeiten vor unserem Welthorizont voraus, und auf diese *Selbstöffnung* zur Welt antwortet die Welt tatsächlich mit einer Überfülle von Möglichkeiten, *unter der Bedingung, daß wir von uns aus unbedingt verfügbar sind.* Es stimmt also nicht, daß wir in unseren normalen Daseinsbedingungen – solange wir nicht gefangen oder gelähmt sind – in die Verlassenheit geworfen sind, wie Heidegger behauptet.

Diese Antwort der Welt auf unser Offensein ihr gegenüber haben die Theologen *Gnade* genannt, und es ist sicherlich eine Gnade des transzendenten Gottes, daß die aus der ursprünglichen Energie entstandene Welt uns eine Wohnstätte gibt und in ihr Nahrung, Freuden, Tätigkeit und Gefährten, die der Nächstenliebe, Großmut und Güte fähig sind. Aber die Gnade des immanenten Gottes ist die *aktive* Gnade, diese innere Kraft, auf die wir stets rechnen können, die uns Gut von Böse unterscheiden läßt, uns unseren Seinsvorsatz eingibt und eine Art Vorherbestimmung unserer moralischen Person bildet, wie Calvin dachte, da unsere Hilfsmittel und unsere seelische Seinsweise teilweise prädeterminiert sind. Folglich ist einer unserer ersten und zugleich auch schwierigsten Akte der, *zu akzeptieren, was wir sind:* Das nennt man *Demut.*

Es ist auch nichts anderes als Gnade, was man beim schöpferischen Musiker die *Inspiration,* den *Einfall,* nennt: diese plötzliche Erscheinung einer fertigen Melodie oder eines melodischen Motivs in seiner Einbildungskraft, die ihm die Idee des Werkes gibt. Wenn nämlich unsere Bewußtseinsexistenz und die Welt nicht diese gemeinsame Grundlage hätten, die wir Gott nennen, könnte die Tonstruktur sich nicht zur Signifizierung unserer existenziellen Struktur darbieten; und die Einbildungskraft des Musikers könnte sich nicht ein Bild vergegenwärtigen, das sogleich seine Antwort in der Welt fände. Wohlgemerkt kann jedermann einen melodischen Gedanken haben; die Schwierigkeit liegt darin, wie Valéry einmal in bezug auf den zweiten Vers sagte, daß diese Melodie sich fortsetzt. Hier tritt der Seinsvorsatz dazu. Indem der Mensch sein Dasein von der Welt empfängt, empfängt er überdies – und zwar von dem Gott, den wir jetzt kennen – seinen Seinsvorsatz. Wir werden gleich sehen können, daß eine einfache melodische *Idee* einem Musiker tatsächlich die *Grundidee* eines *Werkes,* eines musikalischen Vorsatzes, eingeben kann.

b) Die umwälzendste Änderung aber, die die Phänomenologie der Kirchenlehre antut, ist die, daß der *Tod* des Körpers die *Auslöschung* des Bewußtseins nach sich zieht, das soll heißen: den Tod des Subjekts. Nach seinem Tod ist der Mensch nie wieder *sich selbst gegenwärtig,* nicht einmal als verklärter Körper. Denn wenn das Bewußtsein ein Energiebereich ist, der im Körper die

Lebensenergie reflektiert, so funktioniert er in dem Augenblick nicht mehr, in dem das Herz zu schlagen aufhört. Dieses Ende des Menschen hat für das ethische Subjekt genau den Sinn, den Christus seinem Ende gegeben hat. Er hat seinen Tod *angenommen*, sagten wir, weil er in ihm die *Erfüllung* seines Lebens sah. Der letzte *ethische* Akt des Menschen ist also die Akzeptierung seines Todes als eines endgültigen Todes.

Wenn übrigens sein Seinsvorsatz darin besteht, zu existieren, um im Existieren gottähnlich zu werden, so impliziert dieser Vorsatz seine Endlichkeit; denn dieser Vorsatz ist nicht, ewig zu sein, wie der transzendente Gott ewig ist, sondern aus sich, in seinem begrenzten Leben, das dem Menschen gegeben ist, ein gottähnliches Wesen zu machen, das keine andere Grundlage hat als sich selbst. Daher impliziert der Seinsvorsatz des Menschen die Endlichkeit der »menschlichen Person«, eine bestimmte Beschränkung seiner historischen Ausdehnung. Und der erste Akt christlicher Demut, der darin besteht, »das Sein anzunehmen, das wir sind«, schließt die Hinnahme des Sterblichseins ein. Das wäre alles, und es wäre das Ende der Hoffnung, wenn der Mensch eine reine Monade wäre, ein heiliger Egoismus. Aber der Mensch ist nur ein aktives Subjekt des Menschengeschlechts, ein Glied in der Kette seiner Geschichte. Und selbst wenn er keine *Nachkommen* hinterläßt, so bleibt doch alles, was er als Person war, alles, was er *getan*, *geschaffen* oder *geklärt* hat, nach ihm in der Welt der Menschen, nicht nur als »reine« Erinnerung, sondern als vitales *agens*, zum Guten wie zum Bösen. Es bleiben also als anonyme *Präsenz seiner selbst* in Gestalt seiner Nachkommen die *Ideen*, die er zutage gefördert hat, und alles, was in seiner Aktivität *dauerhaft* war.

Über einen verstorbenen Freund schreibt Rilke: »Als er starb, war er ausgeteilt . . .« Während seines Lebens sich austeilend, ist das *Ich* nach dem Tode ausgeteilt. Es bleibt aber bestehen durch die Spuren, die es in der Geschichte hinterläßt. In ihnen kann es wie ein »verklärter« Widerschein seiner selbst erscheinen, in ihnen *ist* es noch, während es nicht mehr leidet und Frieden gefunden hat.

DAS MENSCHLICHE DASEIN ALS PURGATORIUM   Die Phänomenologie führt unausweichlich zu einer Existenzphilosophie, die von uns unternommene Phänomenologie führt uns jedoch zu einem Existenzialismus, den man als *transzendental* und *metaphysisch* betrachten könnte. Er läßt nämlich deutlich werden, daß der *Sinn* des menschlichen Daseins in seiner Transzendenz liegt, einer Transzendenz, die sich durch die Akte des Menschen in der Welt während der vorübergehenden Dauer seines Lebens signifiziert und sich fortsetzt in Spuren, die er nach seinem Tode in der menschlichen Geschichte hinterläßt.

Die von den Juden überkommene Anschauung, welche sich die Christenheit vom menschlichen Schicksal zu eigen machte, war eine *eschatologische*, die dem Menschen eine »letzte Bestimmung« zuwies, ein Überleben des Menschen als verklärter Körper oder »Seele«, die nach seinem Tode weiterbesteht und einem Letzten Gericht unterworfen wird. Die Phänomenologie ändert im Wesen nichts an dieser Anschauung; in der Schicksalsanschauung des Menschen aber setzt sie anstelle einer Lehre der *Bestimmung* die Lehre der *Finalität*, welche zwar das Schicksal des Menschen auf sein In-der-Welt-Sein zu beschränken scheint, in Wirklichkeit aber durch die *Transzendenz* seiner Existenz sein *Dasein* in der Welt, ob anonym oder nicht, über seinen Tod hinaus ausweitet: »Unsere Taten folgen uns nach.« Wie die Transzendenz der menschlichen Existenz sich in der Welt offenbart, so kommt das Letzte Gericht nicht *nach dem Tode*, sondern tatsächlich und konkret *im Laufe des Lebens*, in der Existenz des Individuums, in der Transzendenz seiner Existenz um ihn und in der menschlichen Geschichte nach seinem Tode. Es vollzieht sich von selbst, ohne Richter und *Deus ex machina*, durch eine Art Wunder, das nicht unerwähnt bleiben soll: Weil unsere ethischen Normen diejenigen unserer affektiven Übereinstimmung mit der Welt sind, so ist, was *gut* oder *böse* für ein seelisches Einzelwesen ist, zugleich auch *gut* oder *böse* für ein anderes Einzelwesen, zu dem das erste in affektiver Beziehung steht. Eine ausgeführte gute Tat ist für den anderen eine empfangene gute Tat, und eine dem anderen zugefügte böse Tat ist für den anderen eine erlittene böse Tat.

Deshalb ist unser gemeinsames Leben ein *Purgatorium*, für uns und für die anderen, denn wir bezahlen für unsere Fehler, sofort oder erst später, und die anderen leiden unter uns oder genießen und empfangen von uns Gutes; aber sie leiden auch unter ihren eigenen Fehlern.

Dieses Purgatorium kann zur Hölle werden, und wir erkennen, was für den Menschen nach seinen ethischen Normen die Hölle ist: das unaufhörliche *Unterworfensein* und *Sichunterwerfen* – wie es die Sieben Todsünden anzeigen: Unmäßigkeit, Neid usw. Das Leben ist insofern eine Hölle, als der Mensch Gefangener seiner selbst oder der anderen ist. Es wäre ein Paradies, wenn er existieren könnte, ohne für sich selbst verantwortlich zu sein, d. h. im Zustand der *Unschuld*, den nur das Kind kennt, bevor es seiner selbst bewußt wird. Wie sich die Transzendenz unseres Daseins über unser Leben hinaus erstreckt in denen, die uns nachfolgen, so ist ihr gutes oder schlechtes Urteil über uns die letzte *Instanz* des Letzten Gerichts; dieses Urteil ist aber auch das »letzte« Gericht über unser Leben *im Leben derer, die nach uns kommen*. Der Mensch *ist nicht* eine unnütze Leidenschaft, wie Sartre behauptet, und hier stoßen wir wieder auf die Forderung nach einer praktischen, auf der Ethik begründeten Aktivität, die wir weiter oben schon andeuteten: Diese Tätigkeit muß einen gesellschaftlichen Wert haben und zum Wohl der Gemeinschaft in der Gegenwart und in der Zukunft beitragen.*

---

* Angesichts des neuen Verständnisses der christlichen Eschatologie schlägt uns der Marxismus eine andere Eschatologie vor, die die Lehre von den *Zwecken* wieder an den Tag zieht, und zwar gibt sie dem Menschengeschlecht als Ziel die *Zukunftsgesellschaft*, das Engelssche Paradies. Die Marxisten schrecken nicht davor zurück, die Menschen der Hölle

ZURÜCK ZUR MUSIK   Diese lange Abschweifung stand – wenn es auch nicht
so scheinen möchte – in unmittelbarem Zusammenhang mit unserem Thema;
denn das ethische Gesetz des musikalischen Bewußtseins ist sein Tongesetz.
Nach dem Kriege gewährte mir Jean-Paul Sartre ein Gespräch, in dessen Verlauf ich ihm meine Gründe darlegte, die mich zur Ansicht führen, daß das
musikalische Bewußtsein anscheinend mit schöpferischer Impotenz geschlagen ist. »Gott ist tot«, war seine Antwort. Und der niederländische Musiker
Rudolf Mengelberg schickte mir eine Untersuchung, in welcher er feststellt,
daß die zeitgenössische Musik, was Stil und Form anbelangt, nicht mehr
schöpferisch sei. Als glühender Katholik kommt er nach langen geschichtlichen Erörterungen zu dem Schluß, daß die zeitgenössische Musik erst dann
wieder zum Schöpferischen in Form und Stil fähig sei, wenn das Abendland
zum christlichen Glauben zurückgefunden habe.

Es muß sich aber nicht um eine Gläubigkeit handeln, sondern um einen
Glauben, dessen Grundlage in uns ruht. Bei der Musik ist die Grundlage aller
Grundlagen der Tonstrukturen die Struktur T – D – T, die Grundlage des
Systems der musikalischen Logarithmen, die Grundlage des Tongesetzes, die
Grundlage der Form und die *gemeinsame* Grundlage der Welt der musikali-
schen Töne und unseres Daseins in dieser Welt. Das Tongesetz ist also die
Grundlage der schöpferischen Tätigkeit des Musikers, und diese die *nichtreflek-
tierte* Ausübung seines Tongefühls, d.h. der Empfindung, die er von diesem
Tongesetz hat und die er, ohne es zu wissen, in sich trägt; denn dieses Tonge-
fühl diktiert ihm die Art und Weise seiner Tonstrukturen. Der Verlust des
Tongesetzes und seiner Grundlage entspricht daher dem, was für uns im Leben
der Tod Gottes wäre, im Innern wie im Äußern.

auszuliefern, damit die zukünftige Gesellschaft komme. Das ist einer der Gründe, weshalb
ich nicht Marxist sein kann: Ich kann mich nicht damit einverstanden erklären, daß man
Unschuldige leiden läßt und die Menschen auf unbestimmte Zeit einer Hölle aussetzt in
der deutlich trügerischen Hoffnung auf eine zukünftige Gesellschaft, welche das Paradies
sein soll. Derselbe Einwand hat mich von Anfang an von den Schönbergianern ferngehal-
ten, die den Marxisten wie Brüder ähnlich sind. Eines Tages zeigte ich Webern einmal das
Werk eines jungen Komponisten, dessen Musik nicht atonal war. Er schaute es sich gründ-
lich an und sagte dann in seinem netten Wiener Akzent: »Ja ja, es ist sehr gut . . . *aber es
ist keine Zukunftsmusik* . . .« In dieser Vorstellung von einer Musik, die nicht in Hinblick
auf die gegenwärtige, sondern für eine problematische zukünftige Menschheit geschrieben
ist, kann man, wie beim Marxismus, eine jüdische Vorstellung erkennen, die alte mosaische
Vision von einem verheißenen Land.

Kapitel IV: Das musikalische Bewußtsein

A. AUFBAU UND BEDEUTUNG DER MUSIKALISCHEN STRUKTUREN

1. Die psychische Bedeutung der Positionsbeziehungen

Der durch die auf- und absteigende oder ab- und aufsteigende Oktave schematisierte melodische Seinsvorsatz hat den beiden räumlichen Richtungen und den Grundintervallen einen Sinn verliehen:

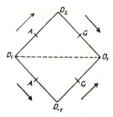

Dadurch erhalten auch die Intervalle einen Sinn, welche aus den Logarithmenreihen auf der Ober- oder Unterquinte bzw. Unter- oder Oberquarte entstehen.

DIE VIER ARTEN VON POSITIONSBEZIEHUNGEN   Alle auf der Oberquinte beruhenden Intervalle haben *aktive extravertierte* (genauer: in der Extraversion aktive) *Positionsspannungen*, deren Spannungsgrad innerhalb der Oktave sich durch den pythagoreischen Logarithmus ausdrückt, der die eingenommene Tonposition als Intervallton bestimmt.

Unter gleichen Bedingungen haben alle auf der Unterquinte beruhenden Intervalle *passive introvertierte* (genauer: in der Introversion passive) *Positionsspannungen*.

Alle auf der Unterquarte beruhenden Intervalle haben – stets unter gleichen Bedingungen – *aktive introvertierte*, alle auf der Oberquarte beruhenden Intervalle *passive extravertierte Positionsspannungen*. In diesen vier Kategorien von Positionsspannungen lassen sich die in Kapitel I erörterten vier Wahrnehmungsweisen der Positionsbeziehungen zwischen zwei Tonpositionen erkennen.

Das soll heißen, daß das musikalische Bewußtsein, dem die Tonposition der Oberquinte als Zukunft erscheint, die es in seinem immanenten Existenzhorizont in der Welt zu sein hat, sich diese Oberquinte als eine aktive extravertierte

Positionsspannung signifiziert, und zwar aktiv in dem Sinne, als es sich durch eine aktive Selbstentscheidung zu dieser Zukunft hin bewegt.

Folglich erscheint ihm in seinem immanenten Existenzhorizont die Unterquinte als seine unmittelbare *Vergangenheit*, und es signifiziert sich diese Unterquinte als eine passive introvertierte Positionsspannung; passiv in der Introversion, in der reflexiven Rückwendung auf sich selbst, und auch deshalb, weil es diese Vergangenheit, die es bereits gewesen ist, nur noch »wiedererkennen« kann.

Die Tonpositionen der Unterquarte, welche ihm als die Zukunft erscheint, die es bei der Erforschung seiner Vergangenheit zu sein hat (weil es in der Introversion eine mögliche zukünftige Selbstbestimmung entdeckt), signifiziert es sich als eine in der *Introversion aktive* Positionsspannung, und die Oberquarte wiederum als einfaches »Wiedererkennen« *in der Extraversion* dieser Selbstdetermination, nämlich als eine – relativ zu einer bereits in der Vergangenheit geleisteten und in die Zukunft signifizierten Selbstbestimmung – passive Positionsspannung.

Diese vier Intervalle bezeichnen die grundlegenden Positionsbeziehungen innerhalb der Oktave und zugleich auch die *Maßeinheit* der Positionsspannungen innerhalb der Oktave, die Spannung *eins*, die der Positionslogarithmus als Intervall-Logarithmus anzeigt. Die anderen Positionsbeziehungen haben als Funktionen dieser Grundbeziehungen die gleiche psychische Bedeutung – AE, PI, AI, PE. Da sie aber im Quart-, Quint- und Oktavverlauf ebensosehr Aufenthalt, Verzögerung, Widerstand sind, sind ihre Positionsspannungen auch um einen Grad höher, ein Grad, der von den Positionslogarithmen (s. S. 124) ausgedrückt wird. Wir können also die psychische Bedeutung der Intervalle in Beziehungen der Positionsspannungen zum Ausdruck bringen:

	Intervalle	Positionsbeziehung und -spannung
	aufsteig., absteig. Oktave	0
	aufsteig. Quinte	*AE*
	absteig. Quinte	*PI*
	absteig. Quarte	*AI*
	aufsteig. Quarte	*PE*
		1
	aufsteig. gr. Sekunde	*AE*
	absteig. gr. Sekunde	*PI*
	absteig. kl. Septime	*AI*
	aufsteig. kl. Septime	*PE*
		2

	Intervalle	Positionsbeziehung und -spannung

	aufsteig. kl. Terz	*PE*
	absteig. kl. Terz	*AI*
	absteig. gr. Sexte	*PI*
	aufsteig. gr. Sexte	*AE*

} 3

	aufsteig. gr. Terz	*AE*
	absteig. gr. Terz	*PI*
	absteig. kl. Sexte	*AI*
	aufsteig. kl. Sexte	*PE*

} 4

	aufsteig. kl. Sekunde	*PE*
	absteig. kl. Sekunde	*AI*
	absteig. gr. Septime	*PI*
	aufsteig. gr. Septime	*AE*

} 5

	aufsteig. übermäß. Quarte	*AE*
	absteig. übermäß. Quarte	*PI*
	absteig. vermind. Quinte	*AI*
	aufsteig. vermind. Quinte	*PE*

} 6

	aufsteig. chromat. Halbton	*AE*
	absteig. chromat. Halbton	*PI*
	absteig. vermind. Oktave	*AI*
	aufsteig. vermind. Oktave	*PE*

} 7

	aufsteig. übermäß. Quinte	*AE*
	absteig. übermäß. Quinte	*PI*
	absteig. vermind. Quarte	*AI*
	aufsteig. vermind. Quarte	*PE*

} 8

	Intervalle	Positionsbeziehung und -spannung	
	aufsteig. übermäß. Sekunde	*AE*	
	absteig. übermäß. Sekunde	*PI*	9
	absteig. vermind. Septime	*AI*	
	aufsteig. vermind. Septime	*PE*	
	aufsteig. übermäß. Sexte	*AE*	
	absteig. übermäß. Sexte	*PI*	10
	absteig. vermind. Terz	*AI*	
	aufsteig. vermind. Terz	*PE*	

Als erstes fällt auf, daß die Intervallqualifikationen zunächst nur für den Oktavverlauf aufgestellt waren. Das bedeutet, daß diese Intervallspannungen nur unter der Bedingung allgemeingültig sind, daß das Intervall in einer – gleich welcher – tonalen Perspektive steht.

In der obigen Aufstellung haben wir keine Plus- und Minuszeichen gesetzt, weil diese, wie wir sehen werden, nur in einer Folge von Intervallen einen Sinn haben. Denn grundsätzlich sind alle Positionsspannungen »positiv«, alles, was erlebt ist, *zählt*. In einer Intervallfolge summieren sich jedoch die Spannungen der gleichen ontologischen Art (»aktiv« oder »passiv«):

während sich Spannungen verschiedener Arten subtrahieren:

Wie man sieht, qualifiziert die Größenordnung einer Spannung wesentlich ihre ontologische Bedeutung – A oder P –, und deshalb schreiben wir die Spannungszahl auch unter den ersten Buchstaben. Der zweite Buchstabe zeigt die existenzielle Richtung an.

BEISPIELE Einige Beispiele genügen zur Erläuterung dieser Regeln:

Aktive Spannungen: $1 + 5 + 5 + 5 = 16$
Passive Spannungen: $5 + 3 + 2 \quad = 10$
Differenz: 6
Resultierende Spannung: A_6E

Aktive Spannungen: $1 + 8 = 9$
Passive Spannungen: $5 + 5 = 10$
Differenz: 1
Resultierende Spannung: P_1I

Aktive Spannungen: $1 + 5 = 6$
Passive Spannungen: $2 + 3 = 5$
Differenz: 1
Resultierende Spannung: A_1I

Aktive Spannung: 2
Passive Spannungen: $1 + 2 + 2 = 5$
Differenz: 3
Resultierende Spannung: P_3E

WAHRNEHMUNG EINER INTERVALLFOLGE   *In einer Intervallfolge summieren sich alle Spannungen von gleicher ontologischer Art. Die resultierende Spannung hat als Spannungsgröße die Differenz beider Summen. Sie ist von der Art, welche im Melodieverlauf die höchste Spannung aufweist, und ihre existenzielle Richtung entspricht jener des wahrgenommenen Verlaufs.*

Man darf nämlich nicht vergessen, daß sich das Hörbewußtsein selbst bei der Wahrnehmung einer Intervallfolge durch die *Resultante* ein Bild vom durchlaufenen Melodieverlauf macht. Diese Resultante ist also ein »Wahrgenommenes«, das sich den Teilwahrnehmungen anschließt und dem das musikalische Bewußtsein seinerseits einen Sinn gibt. Daher sind die affektiven Signifikationen, welche das musikalische Bewußtsein den Tonstrukturen verleiht, genau korrelativ zu den auditiven Gegebenheiten, und das *ganze Wahrgenommene* wird signifiziert. Diese affektiven Signifikationen sind jedoch etwas anderes als die auditiven Gegebenheiten; sie sind eine *noetische* Gegebenheit, welche das musikalische Bewußtsein in seiner Eigenschaft als affektives Selbstbewußtsein durch seinen Einbildungsakt auf das Wahrgenommene projiziert, um ihm einen Sinn zu geben. Das musikalische Bewußtsein transzendiert also das Hörbewußtsein, aber nur, um seinen Gegebenheiten einen Sinn zu geben.

DAS MUSIKALISCHE EMPFINDEN UND UNSERE EMPFINDUNGEN IN DER WIRKLICHEN WELT   Jetzt wird deutlich, weshalb wir so sehr darauf bestanden, eine Unterscheidung zu treffen zwischen der Empfindung und dem, was sie bedeutet. Die Musik ist Empfindung, es ist aber nicht ihre Aufgabe, Gefühle auszudrücken – es sei denn durch die musikalische Empfindung (die aus durch Positionsspannungen signifizierten affektiven Spannungen entsteht) jenes affektive Selbstbewußtsein auszudrücken, das als psychisches Bewußtsein das ethische Bewußtsein des Menschen ist. Die Musik ist also durchaus Ausdruck des Menschen als ethischen Wesens.

Die musikalische Empfindung ist aus dem gleichen Stoff gemacht wie unsere täglichen Empfindungen: Die phänomenologische Analyse offenbart uns zugleich, woraus die musikalische Empfindung besteht und woraus im allgemeinen unsere Empfindungen überhaupt bestehen. Allerdings entstehen unsere Empfindungen aus einer affektiven Selbstdetermination vor einem bereits in der Welt *vorgefundenen* Objekt, wogegen die musikalische Empfindung ihr Objekt erst *schafft*. Das affektive Selbstbewußtsein gibt den Dingen in der wirklichen Welt einen affektiven Sinn; im musikalischen Einbildungsakt signifiziert es sich durch musikalische Bilder, und diese musikalischen Bilder sind durch dieselben elementaren Spannungen konstituiert, die unsere Gefühle in der wirklichen Welt konstituieren. Die zeitlichen Positionsspannungen im Verlauf der Intervalle bilden das musikalische Bild, so wie die chemische Zusammensetzung der Körper deren physische Struktur bildet.

Das erste *Sinn*element für das musikalische Bewußtsein ist das *Motiv*, und da die musikalische Sprache aus melodischen Motiven besteht, bildet der affektive Gehalt der *Motive* den Stoff des musikalischen Erlebnisses:

Konstituiert wird das affektive Erlebnis durch die Bedeutung, die das musikalische Bewußtsein erst dem ersten und dann dem zweiten Motiv gibt. Folglich zählt die aufsteigende große Sekunde *es-f* nicht; sie wird zwar genauso wahrgenommen und ermöglicht dem musikalischen Bewußtsein, die beiden Motive miteinander zu verbinden. Deren Verbindung führt zur Wahrnehmung der Linie *g-es-d*, die geradewegs auf *c* zielt, den Baß der folgenden Entwicklung. »So pocht das Schicksal an die Pforte«, hat Beethoven *hinterher* über diesen erschütternden Anfang gesagt, der ihm, wie vom Himmel gefallen, gekommen war (er sagt nicht: »Das Schicksal pocht . . .«, sondern: »So pocht das Schicksal . . .«). Man kann über diese Interpretation hinweggehen, wie es heute Mode ist, wir müssen aber erkennen, daß sie dem Tatbestand genau entspricht. Der ungestüme Rhythmus des ersten Motivs macht das Erlebnis zu einem Schock, zum Schock einer introvertierten und passiven Affektivspannung vom Spannungsgrad 4, also eines hohen Grades, zugleich aber einer Positionsbeziehung, die uns in Richtung auf die Vergangenheit lenkt, in eine passive Existenz, die von außen, vom *Fatum*, bestimmt wird. Und deshalb ist diese Spannung 4 so bezeichnend, weil sie die *direktionelle* Bestimmung von *Moll* ist. Das zweite Motiv, ebenfalls noch in der Introversion, ist eine *aktive* Wiederholung des ersten Motivs vom Spannungsgrad 3. Da jedoch die erlebte Positionsbeziehung in der melodischen Struktur der absteigenden Mollquinte enthalten ist, so ist dieses affektive Erlebnis eine Art stillschweigende (aktive) Hinnahme der empfangenen existenziellen Determination. So führt uns dieser Beginn auf die lapidarste Weise, die sich denken läßt, in das Drama einer von außen bestimmten Existenz ein. Und das *Finale* dieser Symphonie bedeutet genau den Sieg der aktiven über die passive Selbstdetermination, die Bewältigung des »Schicksals«.

Ein weiteres Beispiel:

Der wunderbare Schwung dieser Melodie ist ein typisches Beispiel dafür, daß die Teilspannungen von der Gesamtlinie her bestimmt werden, d.h. von der affektiven, zu signifizierenden Bewegung, vom Ziel aus, von der Sache her, die verkündet werden soll. Die ganze Phrase ist deutlich nur eine lyrische Erweiterung der Melodiebewegung *g-a-h-c.* Diese *enfants de la Patrie,* wie der Text der *Marseillaise* beginnt, erwarteten den *jour de gloire,* der, wie sie erkennen, *gekommen ist:* passiv-extravertierte Bewegung vom Spannungsgrad 1. Die hohe Positionsspannung am Phrasenende P_5E löst die Ankunft der Bewegung aus. Aber ebendiese unmittelbare Bewegung von *g* zu *c* wäre nichts, wenn das signifizierte Ereignis nicht durch alle die motivierten Teilspannungen erweitert und bereichert wäre, welche die Erlebnissubstanz ausmachen. Der erste melodische Schwung *(g-c-d-g)* bestimmt den melodischen Seinsvorsatz und gibt der Melodie bereits ihre »Grundlage«, aber die Durtonart – und Dur ist, wie wir weiter unten sehen werden, aktiv-extravertiert – signifiziert sich nur durch die Introversionsbewegung *g-e-c.* Daher schließt das erste »Motiv«, nachdem *c* ein zweitesmal erreicht worden ist – zum *c* wollte auch das erste *g* führen.

Aber der Schwung *g-c-d-g* läßt die Signifikationsdoppeldeutigkeit der Oktave erkennen, die einerseits der Rahmen der Positionsbeziehungen ist und zum anderen ein Intervall wie alle anderen. Als Begrenzung des Melodievorsatzes ist sie von der Spannung 0, weil die Spannung *am Ziel* des vorgenommenen Verlaufs der Entspannung weicht. Wenn aber die Oktave eine *innerhalb eines Melodieverlaufs* signifizierte Positionsbeziehung ist, so ist sie alles andere als vom Spannungsgrad 0. So z.B. in diesem Mozartthema, das den säbelschwingenden, kriegerischen Mut des Don Giovanni oder des Komturs beschwört:

Die Positionsbeziehung der Oberoktave ist hier die extravertierte aktive Bewegung, mit welcher das affektive Subjekt sich zu einer neuen Eigenexistenz aufschwingt, ihre Positionsspannung ist ein *sursum corda,* eine Grenzspannung, dieselbe, die der *Marseillaise* ihren unwiderstehlichen Schwung aufprägt, und dieselbe, wenn auch in reicherer Erweiterung, die dem Finale der *Fünften Symphonie* das *Triumphale* verleiht. In diesem Zusammenhang bedeutet die Oktave die Schwelle zum zweiten Oktavbereich, in dem die Logarithmen von der Basis ε zur Basis $ε^2$ übergehen. Sie hat also die Spannung 1 der zweiten Größenordnung, die höher ist als die Spannung 1 der Quinte oder Quarte.

Die Positionsspannungen bilden daher einen Melodieverlauf durch die dialektische Aneinanderreihung von affektiven Bildern – den »Motiven« –, die *von innen* zusammengehalten und gelenkt wird. Der Übergang von einem Motiv zum anderen wird zwar als einfache Verbindung innerlich erlebt, *zählt* musikalisch aber *nicht.*

In diesem Beispiel überschneiden sich die beiden letzten Motive: Das vorletzte antizipiert den Anfang des letzten, und das letzte stützt sich auf die vom
vorletzten bereits erreichte Position. Wenn auch die positionellen Teilspannungen im allgemeinen beim Erscheinen des Gesamtmotivs und der aus dem Verlauf resultierenden Positionsbeziehung verschwinden, können sie doch in der
Melodiebildung derart hervortreten, daß sie oft den Sinn einer Phrase allein
auszudrücken vermögen, wie z. B. in *Pelléas et Mélisande:*

(Einverständnis damit, auf einen anderen Tag zu verschieben . . .)

(sanfte, aber *dringliche* Aufforderung . . .)

(aktiver Schwung der Frage vor der schmerzlichen Entscheidung)

(aktive Ent- schlossenheit)	(spontane, einfache Unterwerfung unter die Umstände)

(aktive Ein- stellung im Warten)	(verinnerlichte Resignation im Warten)

(Man sieht, wie unrecht es ist, den Musikern die Wortwiederholungen zum Vorwurf zu machen; denn durch dieses Mittel können sie dem Wort beim zweitenmal eine andere Ausdrucksnuance geben als beim erstenmal.)

2. *Die psychische Bedeutung der Grundlage der Positionsbeziehungen*

Die vier Formen der Grundlage der Positionsbeziehungen:

$$\left(\frac{\frac{3}{2}}{\frac{3}{4}}\right) \cdot 2^{-1} \qquad \left(\frac{\frac{3}{2}}{\frac{3}{4}}\right)^{-1} \cdot 2^{+1} \qquad \left(\frac{\frac{4}{3}}{\frac{2}{3}}\right)^{-1} \cdot 2^{+1} \qquad \left(\frac{\frac{4}{3}}{\frac{2}{3}}\right)^{+1} \cdot 2^{-1}$$

welche die den melodischen Horizont umfassenden vier Oktaven bestimmen, setzen die allgemeine Bedingtheit der einzelnen Melodieverläufe.

Nehmen wir an, das musikalische Bewußtsein (in seiner Eigenschaft als Selbstbewußtsein) situiere sich im Kammerton *a*, die Doppeloktave (nach oben und unten) bilde seinen *immanenten* Existenzhorizont. Setzen wir um der Klarheit willen noch die Tonpositionen ein, welche die fundamentalen beiden Zukunften und Vergangenheiten des *A*-Bewußtseins bedeuten:

passive Zukunft   aktive Zukunft

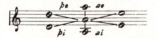

passive Vergangenheit   aktive Vergangenheit

Was wir zuvor die »passive Zukunft« genannt haben, erscheint hier in seiner wahren Gestalt als in die Extraversion, d. h. in das Zukünftige, in die Welt projizierte »Vergangenheit«. Was wir »aktive Vergangenheit« nannten, gewinnt gleichermaßen seine wahre Gestalt als in der Introversion entdeckte mögliche Zukunft. Die einfache Zukunft und die einfache Vergangenheit werden jeweils durch die zwei Tonpositionen der Quinte signifiziert.

Diese in der Introversion entdeckte mögliche Zukunft ist eine mögliche Selbstdetermination (wenn ich mich an die Stelle des *a*-Bewußtseins setze), die ich in der Welt und in der Zukunft zu verwirklichen habe: Das ist meine *Sorge*. Folglich ist die extravertierte Zukunft im unmittelbaren mein *Ziel*. (Wenn ich in mir musikalische Neigungen verspüre, muß ich sie erst noch in der Welt und in der Zukunft zur Anwendung bringen; und umgekehrt kann ich nicht Musiker werden, wenn ich nicht die notwendigen Voraussetzungen mitbringe, die diesen Beruf zu meiner möglichen Zukunft machen können.)

DAS TONBILD DER ETHISCHEN BEDINGUNG DES MENSCHEN Unser Tonbild
signifiziert daher genau die ethische Bedingung des Menschen:

Passiv	Aktiv	
Bürde	*Ziel*	Extraversion

Stützpunkt	*Sorge*	Introversion

Das Bild führt uns das *Kreuz* vor Augen, das der Mensch als ethisches
Wesen auf seinem Daseinsweg zeitlebens zu tragen hat. Er kann diese Bedingtheit nur überwinden durch den *Vorsatz, autonom zu sein*, der sich in der doppelten Oktave abzeichnet, und durch diese Überwindung geht sie ihm nicht
verloren: Er *transzendiert* sie, denn die Oktave beruht auf dieser Bedingtheit*.

Unsere Figur wird so zum Bild der ontologischen Bedingung des Menschen:
Wir könnten *Ecce homo* darunterschreiben. Wir könnten sogar das physische
Abbild des Menschen darin sehen, der, sich auf das linke Bein stützend, sein
rechtes Bein nach vorn wirft und diese Bewegung mit einer Gebärde des rech-
ten Arms begleitet, die auf sein Ziel hinweist, während er unter dem linken
Arm seine Bürde trägt.

Das Bild kann sich aber auch vereinfachen; die Pole vertauschen sich wie
die Figuren einer Quadrille. Nehmen wir an, ich beschränke meine Existenz
darauf, »Sohn meines Vaters zu sein«. Ich bestimmte als Ausgangspunkt diesen Stützpunkt in der Vergangenheit, der meine »Sorge« wird, und mein Ziel
reduziert sich darauf, in der Welt und in der Zukunft der würdige Sohn meines
Vaters zu sein. Die ganze rechte Seite der Figur verschwindet. Bliebe ich hier
stehen, führte ich eine bloß *vegetative* Existenz, das Dasein eines Funktionärs,
der sich streng auf seine Funktion beschränkt, oder eines Reichen, der nur von
seinem Reichtum lebt. Es wird deutlich, daß der Mensch sich mit dieser passiven Selbstbestimmung nicht zufriedengeben kann: Die Freiheit zur Selbstbestimmung wird ihm zur *Bürde*. Andererseits kann sich die *Sorge* zu einem
(wirtschaftlichen oder ähnlichen) Trieb reduzieren: Das Ziel wird dann die
Befriedigung dieses Triebes, und die ganze linke Seite der Figur geht verloren.
In dieser Bedingtheit führt der Mensch ein *animalisches* Leben, von Beute zu
Beute, von Trieb zu Trieb; er ist von seiner Vergangenheit abgeschnitten und
jeglichen Gefühls für Verantwortung (seiner »Bürde«) beraubt: Das ist die

---

* Das Problem, der Oktave einen Sinn zu geben, entgeht den meisten Musikwissen-
schaftlern, z.B. auch Jacques Handschin in seinem musikpsychologischen Werk *Der Ton-
charakter* (Zürich 1948). Solange man die Tonstrukturen nur auf Quinte und Quarte aufbaut, bleibt die Oktave unberücksichtigt; man weiß nicht, woher sie kommt, warum sie
den Bereich der Tonbeziehungen begrenzt und welche Rolle sie überhaupt in der Musik
spielt.

Herrschaft des unbedingten Wollens. (Marañon sagt ungefähr, Don Juan habe nicht genügend Sein gehabt, um zu »sein«. Unnötig, dem noch anzufügen, daß das unbedingte Wollen zum Scheitern verurteilt ist: Hochmut kommt vor dem Fall. Stets kommt der Tag, an dem der Mensch, wenn er nicht vor die Verantwortung gestellt wird, seiner Triebe verlustig geht oder der Fähigkeit, sie zu befriedigen.) Der Mensch ist also nur dann gänzlich Mensch, wenn er die ethische Bedingtheit auf sich nimmt, die unsere Figur veranschaulicht.

Ziehen wir jetzt noch um die obere Note *a''* den Halbkreis des Großbuchstabens P, und es ergibt sich das Christusmonogramm. Wir brauchen bloß anzufügen, daß die griechischen Tonleitern (konjunkte und disjunkte Tetrachorde innerhalb einer Oktave) auf der Struktur der abwärtsgehenden Oktave beruhen, wie sie sich auf der linken Seite unserer Figur darstellt, und daß die Grundtonleiter des christlichen Psalmengesangs, der als erster das abendländische Musikbewußtsein zum Ausdruck bringt, die vollkommene Beziehungsgleichheit herstellt zwischen dem Selbstbewußtsein und seinen vier Zeitpolen, und wir begreifen, daß wir aus der abendländischen Musik die Tochter der christlichen Ethik und aus dieser die Offenbarung der menschlichen Ethik gemacht haben.

3. Aufbau der Tonleiter

Aus der gesetzten Grundlage der Tonstrukturen gehen alle *Oktav*strukturen hervor. Jetzt wollen wir untersuchen, weshalb der Tonhorizont des rein melodischen Bewußtseins vom heptatonischen Horizont begrenzt wird – solange es jedenfalls *von innen* bestimmt wird und nicht *von außen;* denn wird es von außen bestimmt, kann es die Oktave nach Belieben einteilen. Nehmen wir als Ausgangsposition *d*, das in unserem heutigen System den Mittelpunkt der natürlichen, weder erhöhten noch erniedrigten Tonpositionen einnimmt:

Aufsteigende Quinten: *f - c - g - d - a - e - h*
                              └⎯⎯⎯⎯⎯⎯⎯┘

DIE DREITÖNIGE STRUKTUR   Die Grundlage der Oktavstruktur ist der Dreischritt Tonika-Quarte-Quinte (*d-g-a*), und deshalb erscheint dieser Dreischritt von selbst als die *Grundlage der Melodik*. Da er, wie wir wissen, aus Tonpositionen besteht, die in der Welt durch eine Struktur aus zwei Quinten, einer aufsteigenden und einer absteigenden, bestimmt wird, entstammt er ebenso dem weiter oben besprochenen Tonbild. Der einfachste Melodieverlauf, der bereits Seinskonsistenz hätte, besteht daher aus den *drei* Tonpositionen des Grunddreischritts. Beispiele dafür finden wir in Kinderliedformeln, wie man sie jetzt noch auf den Straßen hören kann und die, zweifellos keltischen Ursprungs, im Abendland seit undenklichen Zeiten verbreitet sind.

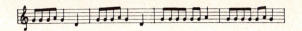

Der Tonhorizont hat augenscheinlich nur dann einen Mittelpunkt, d.h. seinen Zenith, wenn die Zahl der Tonpositionen ungerade ist. (Das ist an der Grenze des Horizonts nicht mehr der Fall, weil er hier zur Kreislinie wird und so die letzte und die erste Position zusammenfallen; wir wissen aber, daß dieser Grenzfall erst im harmonischen Zeitalter der Geschichte erreicht wird.) Der Tonhorizont kann sich folglich auf den *pentatonischen* Horizont erstrekken:

$$c - g - d - a - e$$

DIE PENTATONISCHE STRUKTUR   Man sieht, daß das musikalische Bewußtsein vor diesem Tonhorizont und jenseits seines immanenten Zeitlichkeitshorizontes *(g-d-a)* eine Zukunft *(e)* und eine Vergangenheit *(c)* besitzt; folglich ist der pentatonische Horizont der engste, aus dem eine Oktavstruktur entstehen kann, die mehr als die bloße Grundlage des Oktavweges enthält.

Es sind drei pentatonische Strukturen möglich, wenn man als einschränkende Bedingung setzt, daß sie den fundamentalen Dreischritt enthalten müssen:

Das Selbstbewußtsein im Mittelpunkt des Tonhorizonts beherrscht seinen Zeitlichkeitshorizont, denn es hat in der Höhe wie in der Tiefe eine Struktur V – G – Z. Während jedoch ein unmittelbarer Bezug von *g* zu *a*, *c* zu *d* und *d* zu *e* besteht, fehlt dieser zwischen *c* und *e;* in der Oktave geht der Bezug von *c* zu *e* über *d*. Weiterhin hat *e* keine Zukunft und *c* keine Vergangenheit, was in der Oktave die *Lücke* einer kleinen Terz vor *c* und nach *e* erklärt. Dennoch ist die Struktur einer pentatonischen Leiter diejenige einer *gebundenen* Existenz, denn sie entstammt zwei konjunkten Zeitlichkeitsstrukturen, die allerdings einfach aufeinanderfolgen und durch den zentralen Dreischritt verbunden sind. Folglich ist die pentatonische Oktavstruktur die Struktur einer gelenkten Existenz – ihre Richtung wird durch die aufsteigenden Sekunden (A_2E) und durch die in den Leitern II und III enthaltene große aufsteigende Terz (A_4E) signifiziert. Es ist aber eine Existenz ohne *Ziel:* Die Oktave gibt den Rahmen und wird zum Zyklus, der sich von Oktave zu Oktave wiederholt, sie wird nicht als *Ziel* signifiziert, das erreicht werden soll; denn weder die aufsteigende Sekunde noch die kleine Terz (P_3E) haben diese Funktion. Die auf- und absteigende Sekunde ist durchaus richtunggebend, sie setzt die gemeinte Position aber nicht als *Ziel* eines Weges, sondern einfach als eine beliebige Durchgangsposition. Denn da die Grundlagen des Melodieverlaufs Quarte, Quinte und Oktave sind, kann nur deren innere Struktur die Richtung des Verlaufs signifizieren. Die Positionsbeziehung der großen auf- oder absteigenden Sekunde ist im melodischen Verlauf der *Elementar*schritt, der aber intentionell *indifferent* ist, weil er nur einfach die Bewegung auslöst, ohne ein Ziel zu kennen. In bezug auf die Richtung ist die große Terz bezeichnender, weil sie die Entschiedenheit des Bewußtseins bedeutet, den Weg in der von der ersten Sekunde festgelegten *Richtung* fortzusetzen. Zu Beginn einer Quinte oder Oktave genügt es allerdings, die Richtung der Quinte oder Oktave zu setzen; damit die Oktave aber als Ziel des Verlaufs signifiziert wird, muß ein Intervall am Ende stehen, das die Oktavposition als gemeintes oder erwartetes Ziel des Verlaufs bestimmt. Da die pentatonische Struktur die einer gelenkten Existenz ist, allerdings einer Existenz, die sich bloß von einer Vergangenheit zu einer Zukunft durch eine Gegenwart bewegt, so ist ihre Struktur die einer *vegetativen* Existenz, wie wir weiter oben gesagt haben. Die Pentatonik bleibt jedoch eine wesentliche Unterschicht fast aller rein melodischen Verläufe, denn die freie Selbstentscheidung durch sich selbst gewinnt Gestalt auf dem Hintergrund unserer vegetativen Existenz.

Man möge sich nicht wundern, daß wir auf dem Horizont aufsteigender Quinten (der auch herabtransponiert sein kann) oder absteigender Quarten (der auch hinauftransponiert sein kann) einen Zeitlichkeitshorizont aufbauen. Aber sobald das musikalische Bewußtsein seinen Melodieweg zu dem seiner existenziellen Zeitlichkeit macht, macht es auch aus seinem Welthorizont einen Zeitlichkeitshorizont (ähnlich unserem Himmelshorizont, an dem die Zeitlichkeit durch den Sonnenstand signifiziert wird). Folglich sind die Strukturen von Positionsbeziehungen ebensoviel wie *Wortflexionen*, und deshalb ist die Musik auch eine »Wort«-Sprache. Für das Einbildungsbewußtsein ist sie in ihrer Tonstruktur eine Wortsprache und wird – sobald die Tonpositionen einmal zu »Motiven« gruppiert sind – eine *Dialektik* musikalischer Bilder, deren innere Dynamik das »Tonwort« ist.

DIE HEPTATONISCHE STRUKTUR   Die pentatonische Struktur bleibt gewissermaßen unzulänglich, was die Signifikation des Melodieverlaufs angeht (wenn er irgendwo hinführen soll), und dieser Grund hat wohl auch die Erweiterung des Tonhorizonts von der Pentatonik zur Heptatonik bewirkt:

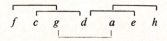

Auch diese Struktur ist die einer *gebundenen* Zeitlichkeitsexistenz, aber die beiden äußeren Dreischritte sind nicht unmittelbar miteinander verknüpft; grundsätzlich kann das Selbstbewußtsein in seinem Existenzweg eine direkte Beziehung weder zwischen *f* und *e* oder *f* und *h* herstellen noch zwischen *h* und *c* oder *f*. *f* hat keine Vergangenheit und *h* keine Zukunft. *h* kann daher auch nicht als Vergangenheit von *f* gesetzt werden oder *f* als Zukunft von *h*, ohne daß *d*, *g* oder *a* dazwischengeschaltet werden. In der vor diesem Horizont liegenden Oktave entsteht ein Bezug zwischen *f* und *h* nur durch *g* und *a*, was eine Bewegung der Spannung 6 (Tritonus) ergibt, die – wie wir weiter oben gesehen haben – das bezugsetzende Vermögen des Bewußtseins überschreitet. Das bedeutet, daß das musikalische Bewußtsein nicht von sich aus und *unmittelbar* die Spannung A_6E (übermäßige Quarte) setzt, daß es sie aber *mittelbar* schaffen kann:

Bartók, *Konzert für Orchester*

Es kann sie sich signifizieren, wenn es sie in der Welt vorfindet, wie das bei den Griechen der Fall war; sie erscheint aber nicht in der christlichen Psalmodie, die vokal und spontan entstanden ist. Wenn bereits die beiden Extreme des heptatonischen Horizonts das bezugsetzende Vermögen des Bewußtseins überschreiten hinsichtlich der inneren Beziehungen (also derer, die ihren Ursprung in ihm selbst haben), so versteht es sich von selbst, daß dieser Horizont die *Grenze* eines rein melodischen Tonhorizonts bedeutet.

In der aus dem heptatonischen Horizont entstehenden Struktur der aufsteigenden Oktave folgt *f* auf *e* und *c* auf *h*. Nach unseren Ausführungen weiter oben ist diese Beziehung der aufsteigenden kleinen Sekunde (ebenso wie die der absteigenden kleinen Sekunde) eine *gewaltsame* Beziehung, weil das musikalische Bewußtsein zwischen *c* und *h* und *f* und *e* in seinem Tonhorizont keine unmittelbare Beziehung herstellen kann. Es füllt jedoch diese Lücke, welche die kleine Terz in die pentatonische Leiter gebracht hat. Die Chinesen, welche die pentatonische Leiter für sich entdeckt haben und deren älteste Gesänge – wie der Opfergesang an Konfuzius – rein pentatonisch sind, waren sich recht bald klar über die Unzulänglichkeit dieser Leiter und haben auf anderem Weg als die Griechen die heptatonische Leiter gefunden. Aber ihre Intervalle und Tonpositionen sind rein akustische, berechnete Gegebenheiten. Da die auf der aufsteigenden Quinte aufgebaute pentatonische Struktur bei den Chinesen ein rationales System darstellte, entstammt der in die Leiter neu eingeführte Halbton einer neuen Oktavteilung; er gehörte also nicht zum gleichen System wie die Intervalle der pentatonischen Leiter und wirkte unter ihnen wie ein irrationales Intervall, das unter dem Namen *Piën* aus Gründen der Notwendigkeit eingeführt worden war. Dieser *Piën* war, kurz gesagt, eine

Vorwegnahme unseres chromatischen Halbtons, denn die Chinesen begründeten ihre Berechnungen auf der aufsteigenden Quinte. In der rationalen Entstehung der Tonbeziehungen, wie wir sie aufgestellt haben, entsteht der diatonische Halbton dagegen in der Introversion durch die Bezogenheit von fünf absteigenden Quarten: A_5I. Auf ähnliche Weise konnten ihn die Griechen auf ihrer Lyra finden:

So entgingen sie dem Irrationalen dessen, was sie das chromatische und enharmonische Tongeschlecht nannten, und rationalisierten den *Piën*. Solcherart rationalisiert, gelangte die kleine Sekunde in das System innerer Beziehungen, welches das musikalische Bewußtsein zwischen den Tonpositionen schaffte, so daß sich dieses im Abendland autonom gewordene Bewußtsein die kleine Sekunde spontan signifizieren konnte. Dennoch blieb sie eine *gewaltsame* Beziehung; denn da sie in der Introversion entdeckt war, war sie in der Extraversion eine passive, d. h. erlittene Spannung, die überdies bis an die *Grenze* (5) der im Bereich der reinen Melodie möglichen Positionsspannungen ging. Wir werden sofort die richtunggebende Funktion sehen, welche der hohe Spannungsgrad der Positionsbeziehung der kleinen Sekunde verleiht. Da die Oktave mit einer Quarte beginnt und endet, entdecken wir auch deren Rolle innerhalb der Quarte.

DIE KLEINE SEKUNDE   Unser Übergang von einer Position zu einer anderen in der Welt (der für uns zugleich auch der Übergang von einer zeitlichen Position zu einer anderen ist) kann einen dreifach verschiedenen Sinn haben: Entweder ich verlasse Genf, um nach Paris zu fahren; oder ich gehe nach Paris, um Genf zu verlassen; oder aber ich signifiziere durch diese Reise schlechthin meine Absicht, mich von Genf nach Paris zu begeben (was sofort eine andere Finalität impliziert, die diese Reise übersteigt).

Die drei möglichen Quartstrukturen innerhalb der heptatonischen Oktave haben genau diese drei möglichen Signifikationen eines Weges:

1. Die große Terz bestimmt den Weg sofort durch die Wiederholung des Sekundschritts in gleicher Richtung, als ob sie auf eine in der Extraversion zu erreichende Position abzielte. Die passive Spannung der Größenordnung 5 setzt das *f* als erwarteten Endpunkt des Verlaufs. Einerseits war sie durch

ihren hohen Spannungsgrad der Widerstand, der überwunden werden mußte, um zum Ziel zu gelangen, und bestimmt so *f* als das gemeinte Ziel. Andererseits bestimmt sie den Gesamtverlauf als eine Positionsbeziehung der Spannung 1, welche die Norm, die erste Grundlage der melodischen Verläufe, darstellt.

Der Halbton innerhalb der Quarte bedeutet die passive Determination, sich dem im Aufsteigen genommenen Schwung hinzugeben. Seine hohe Spannung

ist ein großer Widerstand, der in der Eventualität eines möglichen Anhaltens oder einer Rückkehr überwunden werden mußte. Der folgende Sekundschritt schließt den Verlauf, dessen Quarte die Norm darstellt.

Der Halbton zu Beginn der Quarte setzt den Verlauf der Quarte wie eine passive Determination, die Quarte in der Extraversion anzufügen. Er bietet Widerstand im Augenblick, da man zum Ortswechsel entschieden ist, so, als

ob man ungern aufbräche oder, allgemeiner ausgedrückt: als ob die in der Introversion gefaßten Determinationen sich automatisch in der Extraversion zu signifizieren hätten.

2. Der absteigende Halbton spielt in der absteigenden Quarte dieselbe Rolle, nur daß er eine *aktive* Positionsspannung hat. Am Ende des Verlaufs signifiziert er die Quarte als eine *gemeinte* Position und bezeichnet sie ausdrücklich als Endpunkt eines Weges, der hier aufhören kann.

Innerhalb der Quarte signifiziert er einfach den gefaßten Entschluß, in der Introversion zu verlaufen, in der sich die *Quarte* gewissermaßen automatisch offenbart.

Zu Beginn der Quarte bezeichnet er den gefaßten Entschluß, sich zur Vergangenheit zu wenden, ohne zuvor das Ziel zu bezeichnen, das sich hier als
die Quarte herausstellt.

4. Aufbau der Oktavleitern

Wir wußten bereits, daß die existenzielle Richtung des *aktiven* Bewußtseins
(d.h. eines Bewußtseins, dessen Grunddisposition die *aktive* Bezogenheit zur
Welttranszendenz ist) die Extraversion ist und daß die existenzielle Richtung
des *passiven*, des fundamental passiven, d.h. von der Vergangenheit bestimmten Bewußtseins die *Introversion* ist; denn selbst seine aktiven Selbstdeterminationen vollziehen sich in der Introversion. Nach diesen Einsichten können
wir jetzt den verschiedenen Strukturen der heptatonischen Oktave einen Sinn
geben.

Erste Leiter:

Die auf- und absteigende Oktave ist der Existenzweg eines *fundamental aktiven* Bewußtseins. Alle ihre Positionsspannungen sind *von der Ausgangsposition an aktiv* – mit Ausnahme ihrer Spannung zur Quarte, welche die Projektion in die Extraversion ihres aktiven Stützpunktes in der Vergangenheit (Unterquarte) darstellt. Und gleicherweise sind alle ihre introvertierten Positionsspannungen aktiv – mit Ausnahme der der Quinte und der Oktave als bereits
in der Vergangenheit erworbener Stützpunkte. Das ist das *Dur*geschlecht der
abendländischen Musik.

Zweite Leiter:

Diese auf- und absteigende Oktave ist der Existenzweg eines Bewußtseins,
das sich *a priori* weder als fundamental aktiv noch als fundamental passiv
signifiziert, sondern durch diesen Existenzweg seine *vollkommene Selbstver-*

fügbarkeit in bezug zu seinen vier Existenzpolen bedeutet. Denn als *d*-Bewußt-
sein steht es in derselben Beziehung (durch die innere Intervallstruktur signifiziert) zu seiner Unterquarte oder -quinte wie zu seiner Oberquarte oder
-quinte und zu seiner Unteroktave wie zu seiner Oberoktave – da die Oktavstruktur in der Introversion und in der Extraversion genau die gleiche bleibt.
Das soll besagen, daß dieses Bewußtsein gänzlich autonom und nicht seiner Bedingtheit in der Welt unterworfen ist. Durch diese Doppeloktave
signifiziert es sich nämlich die ethische Bedingung des Menschen in der Welt
und dessen Seinsvorsatz, »gottähnlich zu sein«, und zugleich seine völlige
Unabhängigkeit von der Welt (denn es hat sich der Kontingenz des materiellen Lebens entzogen).

Dritte Leiter:

Dieser Existenzweg ist offensichtlich der eines fundamental *passiven* Bewußtseins, denn es signifiziert sich durch den *Halbton* die Stützpunkte seines
Weges in der *Introversion*, so daß man eigentlich so notieren müßte:

In dieser Gestalt erscheint diese Oktave als das griechische *dorische* Tongeschlecht, dem die Griechen das Ethos des Männlichen, der inneren Kraft, zu-
erkannten, das wir heute dem Durgeschlecht beilegen. Diese selbe Leiter
wurde aber im Abendland zur Grundlage des harmonischen Mollgeschlechts.
Da das abendländische Bewußtsein sich durch »Moll« die passive Modalität
eines fundamental *aktiven* Bewußtseins signifiziert, macht es aus dem melodischen Moll ein *plagales* Tongeschlecht, das in der Extraversion einen Anschein
von Dur bekommt:

Auf diese Weise hat das harmonische Moll als Grundkadenz die der *Dominante*, wie Dur, denn in die »authentische« Oktave verlegt, hat die Moll-Leiter
im Aufsteigen *e* als Dominante, und die Dominantharmonie ist Dur:

Die Dominante in der Introversion ist jedoch *d*, so daß die Grundkadenz eines fundamental *absteigenden* Oktavwegs *a-d-a* ist, wogegen sie bei einem fundamental aufsteigenden Oktavweg *a-e-a* ist. Wenn daher ein musikalisches Bewußtsein in Moll in der Extraversion seine *Passivität* signifizieren will, muß es *a-d-a* als Grundkadenz seines Oktavwegs wählen. Diese Wahl der subdominantischen Kadenz als Grundkadenz (selbst in Dur), der Oberquarte und Unterquinte als fundamentale melodische Stützpunkte charakterisiert die russische Musik innerhalb der abendländischen Musikkultur, wie die beiden folgenden Beispiele anzeigen:

Einleitung zu Boris Godunow (Mussorgski)

Horizont von c

(moderne Alteration)

Vierte Leiter:

Noch deutlicher als der Durweg ist dieser Verlauf, nämlich der eines fundamental *aktiven* Bewußtseins, denn *alle* Positionsspannungen sind von Anfang an aktiv (natürlich mit Ausnahme der absteigenden Oktave); aber das Bewußtsein, dessen Existenzweg er darstellt, hat keine *Vergangenheit*; dieses seine Vergangenheit ignorierende oder negierende Bewußtsein, das sich in der Oktave durch eine *willkürliche* Selbstbestimmung zur »Gottähnlichkeit« macht, ist Luzifer in seiner menschlichen Gestalt, nämlich Mephistopheles. Man sieht, wie unerhört zutreffend es war, wenn die mittelalterlichen Musiker den *Tritonus*, den Stützpunkt der *Zukunft (c)*, welchen sich dieses *f*-Bewußtsein gibt, um zum hohen *f* zu gelangen, als *Diabolus in musica* bezeichneten. Da die Positionsbeziehung der übermäßigen Quarte das bezugsetzende Vermögen des melodischen Bewußtseins überschreitet, ist die Leiter in dieser Gestalt im Abendland während des melodischen Zeitalters nicht in Gebrauch gewesen.

In den um das *f* gebildeten Melodiewegen wird das *h* gewöhnlich erniedrigt (wir werden weiter unten Beispiele dafür anführen). Das *b* macht aber aus dieser Oktave eine Duroktave, die im harmonischen Zeitalter zur subdominantischen Tonart der *c*-Tonart wird.

Fünfte Leiter:

Diese Oktavstruktur ist eine Mischform aus der *c*-Leiter und der *d*-Leiter. Sie bekäme die Bedeutung einer fundamentalen Bewußtseinsmodalität, wenn man das *f* erhöhte und sie dadurch zur Dominanttonart von *c* machte. Daher rechnet man auch im harmonischen Zeitalter die aufeinanderfolgenden dominantischen – und andererseits subdominantischen – Tonarten von *c* aus.

Sechste Leiter:

Die Oktave auf *a* haben wir gleich in der Richtung notiert, die ihre erste absteigende Quarte anzeigt. Auch diese Leiter ist eine Mischform, und zwar aus der *e*- und der *d*-Leiter. In dieser Gestalt wird sie, wie wir weiter oben gesehen haben, der melodische Modus der harmonischen Molltonalität, wenn man *f* und *g* im Absteigen erhöht. So wie sie ist, ist sie die *plagale* Form der *d*-Leiter.

Siebte Leiter:

Auch hier notieren wir die *h*-Oktave gleich in der Richtung, wie sie ihre erste Quinte und die Oktave anzeigt. Die Oktavstruktur ist, kurz gesagt, die *plagale* Form der *e*-Leiter. Hatte das *f*-Bewußtsein keine Vergangenheit, so hat das *h*-Bewußtsein (im Unterschied zum *e*-Bewußtsein) weder eine aktive Vergangenheit noch eine *aktive* Zukunft. Sie wird daher gänzlich von ihrer *Vergangenheit* bestimmt, und alle Positionsspannungen (mit Ausnahme der aufsteigenden Oktave) sind *passiv*; mit dem *diabolus in musica* haben wir hier nichts zu schaffen, weswegen sich früher dieser Name auch auf den *Tritonus* beschränkte und nicht auf die verminderte Quinte:

Die *h*-Tonleiter ist nichtsdestoweniger eine unregelmäßige Leiter. Die
Lehre von den Kirchentonarten macht aus ihr allerdings den vierten (plagalen)
Kirchenton und gibt ihr die »Dominante« *a*. Wir zeigen aber an einem Beispiel, daß man eine Melodie im sogenannten vierten Ton auch anders analysieren kann:

Kyrie im IV. Kirchenton (nach Besseler in Handbuch der Musikwissenschaft,
Band: Mittelalter und Renaissance)

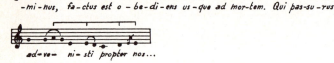

Zu Anfang steht der Dreischritt *d-g-a* (Grundlage der *d*-Leiter); der erste
Abschnitt gliedert sich in *d-a-e*, der zweite und dritte bleiben im unmittelbaren
Horizont von *e*. Im dritten und vierten Abschnitt nimmt die Melodie einen
durch die zwei konjunkten Dreischritte *g-a-d* und *a-e-d* (in der Form von
a-d-e) gegliederten Verlauf, und der letzte Abschnitt bestätigt die Wendung
des Verlaufs nach *e (g-a-g-e-d-e)*, was aus dem Gesamtverlauf die Bewegung
von *d* zu *e* (A_2E) macht, der *h* nicht berührt. Man kann die Melodie also –
ohne vom vierten Ton zu sprechen – als eine freie, nur auf dem melodischen
Dreischritt gestützte Bewegung innerhalb einer *d*-Leiter betrachten.

B. DIE FREIEN MELODIEWEGE

1. Der christliche Psalmengesang

Man darf nicht vergessen, daß der christliche Psalmengesang der Lehre von
den Kirchentonarten zeitlich vorausgeht, die nur ein Versuch war, die Melodien nach Art der griechischen Musiktheorie zu katalogisieren, also eine
Weise, die bestehenden Gesänge zu ordnen, ohne jedoch eine Erklärung für
ihren Aufbau liefern zu wollen. Die *Modalität* solcherart definierter Melodien
bleibt zuweilen mehrdeutig.

DIE DREI GRUND-TONLEITERN   Die Untersuchung der Oktavstrukturen hat nur drei grundlegende Modi des eine menschliche ethische Modalität charakterisierenden Existenzweges ergeben: die *d*-Leiter, die »Dur«-Leiter und die »Moll«-Leiter.

Die *d*-Leiter ist, wie wir feststellen konnten, der Existenzweg eines hinsichtlich seiner Zeitlichkeitspole vollkommen über sich selbst verfügenden Bewußtseins, dessen Seinsvorsatz allerdings bloß statisch ist und nirgendshin führt – es sei denn in die Zukunft in der Welt. Die Doppeloktave, durch die es sich die »Gottähnlichkeit« signifiziert, ist eine statische Zeitlichkeitsstruktur in dem Sinn, als es die Zukunft (Quarte, Quinte oder Oktave) nicht als ein *zu erreichendes Ziel*, sondern bloß als Endpunkt einer Existenzdauer setzt. Weil das Bild, durch das es sich Gottes Seinsweise signifiziert, nur *statisch* ist, ist es selbst ein statisches Bewußtsein, d.h. es führt im Ablauf seiner Dauer das Dasein eines statischen Bewußtseins. Da andererseits der Weg seiner Eigenexistenz verflochten ist mit dem Weg seiner Existenz in der Welt auf der gemeinsamen Grundlage seiner Existenz und der Welt, in der es existiert, ist es, im Grunde genommen, ein *religiöses* Bewußtsein und – in seiner Eigenschaft als statisches Bewußtsein – ein *kontemplatives* Bewußtsein vor dem inneren Ablauf der Dauer in der Welt und im Ablauf seiner eigenen Dauer.

Die Dur- und Molloktaven dagegen sind die Existenzwege eines *dynamischen* Bewußtseins in der Extraversion bzw. in der Introversion. Die Zeitlichkeitsdynamik ist die geheime Triebkraft jeglicher Existenz, aber in der Dur- und Moll-Leiter wird sie *signifiziert* durch die innere Struktur der Quarten, wodurch die Quarte zu einem *Zielpunkt* wird. Diese inneren Quartstrukturen sind es, durch welche sich das Bewußtsein seine Zeitlichkeitsdynamik im melodischen Verlauf signifiziert. Nun haben wir ja bereits angedeutet, daß das Musikbewußtsein sich diese Zeitlichkeitsdynamik – die ja tatsächlich durch die innere Struktur der melodischen Quarte signifiziert wird – erst mit dem Anbruch des harmonischen Zeitalters *für sich* signifizieren konnte, weil erst die simultane Harmonie es ermöglicht, die Oktavbewegung unmittelbar als das Erreichen eines Ziels aufzufassen:

(Der diatonische Halbton ergibt sich von allein in der tonalen Struktur und macht den letzten Klang zum Endpunkt einer Bewegung.)

DER VORRANG DER D-LEITER IM MELODISCHEN ZEITALTER   Folglich stehen wir nicht an zu sagen, daß die gesamte abendländische Musik bis zum Anbruch des harmonischen Zeitalters *auf der d-Leiter und auf der durch sie impli-*

zierten Bewußtseinsmodalität gegründet ist. Der Umstand, daß der Halbton
in der *d*-Leiter enthalten ist, macht uns darauf aufmerksam, daß die reine Melodie Dur oder Moll sein kann – wir werden gleich sehen, woran man das erkennt –, allerdings in der allgemeinen Bedingtheit einer statischen Bewußtseinsmodalität. Ferner ist es selbstverständlich, daß mit dem Anbruch des
harmonischen Zeitalters das Dur immer stärker in den Vordergrund tritt,
denn eine Bewußtseinsmodalität signifiziert sich immer erst dann, wenn sie
tatsächlich erworben ist. Die Griechen hatten auch eine Grundleiter, die große
a-Leiter aus zwei absteigenden Oktaven, welche alle ihre modalen Leitern ent-
hielt. Aber die griechischen Musiker bestimmten sich von außen her; und in
der Blütezeit, im Stadium ihrer Kunstmusik, als sie die aus der Volksmusik
aller Gegenden stammenden Melodiemodalitäten benutzten, wurde ihre melodische Erfindungskraft durch den gewählten oder den in ihrem Umkreis
geltenden Modus gelenkt. Dagegen bestimmt sich das autonome Bewußtsein
von innen her und gibt sich keine Regeln (wie wir in einem früheren Kapitel
dargelegt haben); es kennt also keinen »Modus«, sondern verfolgt frei seinen
Existenzweg auf der Grundlage des Dreischritts *d-g-a, e-a-h, g-c-d* usw., der
sein geheimes, nichtreflektiertes Gesetz ist.

Die Beziehung der gregorianischen Gesänge zur *d*-Leiter zeigt sich darin,
daß sie ungeachtet ihres Anfangs- und Endtons niemals mit dem unteren oder
oberen Halbton schließen, der für die Dur-Leiter (auf *c*) bzw. für die Moll-
Leiter (auf *e*, Halbtonschritt von oben) kennzeichnend ist. Der schöpferische
Prozeß des musikalischen Bewußtseins besteht nunmehr darin, seine melodischen Wege nach den verschiedenen Quart-Quint-Dreischritten zu gliedern,
die in der *d*-Leiter enthalten sind und die die *Grundlage* des *Melodischen* ausmachen, wobei sich diese Dreischritte auf verschiedene Weise darbieten können *(d-g-a, a-g-d, g-a-d, a-d-g; e-a-h, g-c-d, a-d-e-* und *c-f-g* und ihre entsprechenden Varianten).

In unseren Beispielen kann der Leser einen diatonischen Gang der Melodie
entdecken (wie wir ihn am Beispiel der ersten Phrase der Marseillaise aufzeigten), der den sich auf die Dreischritte stützenden Verlauf lenkt. Durch diese
stete Bezugnahme auf die fundamentalen Dreischritte lassen sich die gregorianischen Gesänge in Abschnitte trennen, die für sich allein bestehen können,
ähnlich wie man einen Regenwurm in Teile zerschneiden kann, die für sich
allein lebensfähig sind. Das *Sein* ist überall und braucht nicht auf die Vollendung der Form zu warten, um sich in seiner Erfülltheit darzubieten, wie
das bei den harmonischen tonalen Formen der Fall ist. Deshalb sind unsere
Beispiele meist nur Bruchstücke gregorianischer Gesänge.

Erstes Beispiel:

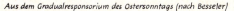

In diesem Beispiel ist der Grunddreischritt *g-a-d*, der über *g-f-c* erreicht wird. Die Melodie gliedert sich sodann hintereinander in die Dreischritte *g-a-d*, *a-d-e*, *a-h-e*, *g-c-d*, *d-a-g*, *c-g-f*, um dann zum Grunddreischritt zurückzukehren, dessen Mitte hier *a* ist.

Im ersten Inzisum ist *h* erniedrigt, um den Tritonus im Dreischritt *f-g-c* zu umgehen und um diesem Abschnitt eine der ethischen Modalität der *d*-Leiter entsprechende Struktur zu geben: Er ist tatsächlich eine Transposition von *e-d-f-e-d-e-c-e-g*, *g-e-d-e-d-e-e*. Durch diese Erniedrigung des *h* hat der erste Abschnitt einen Anschein von Dur bekommen, und die Transposition beweist, daß *c* tatsächlich der untere Ton ist.

Zweites Beispiel:

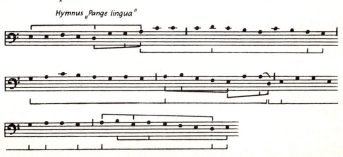

Dieser Melodieverlauf stützt sich auf den Dreischritt *d-g-a*, der mit seiner Umkehrung *a-e-d* zusammengekoppelt ist. Das Musikbewußtsein allerdings wählt *e* und schließt auch auf diesem Ton. Der Verlauf ließe sich für den *e*-Modus festlegen, wenn der Dreischritt *e-a-h* vorherrschend wäre, der sich hier aber erst am Schluß bestätigt. Diese Möglichkeit, daß der Schluß einer Melodie nicht zum Grunddreischritt paßt, läßt dann die »Differenzen« entstehen, wie sie im gregorianischen Sprachgebrauch genannt werden.

Drittes Beispiel:

Hier wird der Verlauf im ersten Abschnitt vom Dreischritt *f-g-c* bestimmt, der Sänger schließt jedoch auf *d*, um den Anschluß an die folgende Phrase zu gewinnen. Diese ist auf dem Dreischritt *d-c-a* aufgebaut, der Sänger schließt aber mit *f* ab, entweder, um überhaupt zu enden, oder aber, um an einen Melodieverlauf anzuknüpfen, dessen Anfangsposition *f* ist. Mit einem Wort also: Das im christlichen Psalmengesang tätige rein melodische Bewußtsein moduliert nicht, denn es benutzt für seine Melodiewege lediglich die inneren Strukturen der *d*-Leiter; innerlich jedoch moduliert es, indem es einen Dreischritt mit dem nächsten verknüpft.

Die einzige Regel, die sich die kirchlichen Sänger anscheinend gegeben haben, zeigen Merkverse an, hier die Formel für den ersten Kirchenton.

Viertes Beispiel:

Sie gibt die Melodieformel: 1. Bewegung von einer Position zu einer anderen; 2. Bewegung um eine gewonnene Position im ersten Abschnitt; veränderte Wiederholung der ersten Bewegung, die zur Ausgangsposition zurückführt: *a-b-a*.

Wie wir jedoch weiter oben sehen konnten, steht es dem melodischen Bewußtsein frei, in bezug auf die Rückkehr zur Ausgangsposition dieser Regel zu folgen oder nicht. In dieser Hinsicht zeigen die bisherigen Beispiele zweierlei: Die abschließende »Differenz« ist tatsächlich eine »Modulation«, die den Melodieverlauf in eine andere Richtung lenkt oder ihn in der Schwebe hält. Dagegen kann der Melodieverlauf auf einer anderen Tonposition als der des Grunddreischritts *beginnen*, ohne daß dessen Gültigkeit, seine vollkommene Ausgewogenheit und sein in sich geschlossener Existenzcharakter beeinträchtigt würden (vgl. z. B. das *Dies irae* weiter unten).

Fünftes Beispiel:

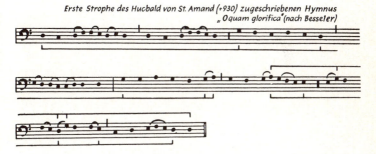

Dieses Beispiel zeigt den weiten Atem, in dem eine Melodie ausschwingen kann, ehe sie die Pole ihres Verlaufs zu erkennen gibt. (Das *a* des Dreischritts *d-g-a* erscheint erst im dritten Inzisum!)

Sechstes Beispiel:

Obwohl dieses Beispiel nur einen Teil aus Wipos Sequenz wiedergibt, stellt sich doch das vollkommene Muster eines in sich geschlossenen Existenzweges in der Vollendung seines Seinsvorsatzes dar. Mit dem dritten Inzisum wäre er formal in sich geschlossen, das vierte ist ein Anhang, ein Überschäumen des melodischen Schwungs, der sich wie eine Welle übers Ufer wirft: Das ist der Sinn dessen, was man *Koda* oder eine *Stretta* nennt.

Siebtes Beispiel:

Nun das Beispiel eines Gesanges, der nicht mit der Tonika des Dreischrittes beginnt, hier motiviert durch den schmerzlichen Abstieg zum Tode. Die schöne Melodie könnte mit dem fünften Incisum enden. Vom sechsten Incisum an bildet sie eine neue Phrase, die den Weg von *f* nach *d* (P_3I) wiederholt und zu einem Ganzen formt.

Achtes Beispiel:

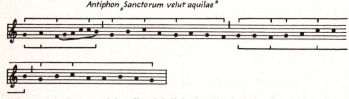

Diese Melodie umspielt offensichtlich den Dreischritt *f-g-c.* Sie zeigt, auf welchen Umwegen das melodische Bewußtsein – in der ethischen Modalität der *d*-Leiter – die unmittelbare Beziehung *f-h* umgeht, wenn es *f* als Stützpunkt seines Verlaufs wählt. Hier erreicht es *f* von *g* aus, und innerhalb des *g*-Horizonts entfaltet sich die Melodie. Wir sehen aber, daß im dritten Inzisum (*g-g-f* anstatt *g-a-f*) die Absicht, den verbotenen Schritt in die Gewalt zu bekommen, deutlich wird: Es geht darum, diese »willentliche« Zukunft auf eine organische Zukunft zu beziehen, die für *f* das *c* ist.

Neuntes Beispiel:

Jetzt kommen wir zu den Melodien, in welchen der harmonische Durdreischritt besonders deutlich zutage tritt. Wir sehen, durch welchen feinen Übergang vom Dreischritt *c-f-g* zum Dreischritt *c-d-g* das melodische Bewußtsein seinen Weg zu *d* führt und doch in der ethischen Modalität der *d*-Leiter bleibt (deren Dreischritt übrigens im Verlauf der Melodiebewegung erscheint). Weiter unten werden wir diesen Gesang im Fauxbourdon-Satz von Guillaume Dufay sehen.

Zehntes Beispiel:

Anfang der Marienantiphon „Alma redemptoris mater" von Hermann dem Lahmen (†1054)

Al – – – – – ma red-em-pto-ris ma – ter, quae per-vi-
-a cae-li Por – ta ma – – nes et stel – la ma – ris, suc-
-cu-re ca-den – ti, Sur-ge-re qui cu – rat, po-pu-lo...

Das *h* ist erniedrigt, um die verminderte Quinte im ersten und den Tritonus im zweiten Inzisum zu vermeiden, was heißen soll, daß wir hier tatsächlich einen Melodieweg vor uns haben, der aus der nach *f* transponierten heptatonischen *c*-Leiter stammt. Die gregorianischen Gesänge mit Dur-Charakter entstammen deshalb nicht der Dur-Leiter, weil sie stets mit einem großen Sekundschritt (aufwärts oder abwärts) oder mit einer kleinen Terz schließen, gelegentlich auch mit dem Halbton von oben, während das harmonische »Moll« mit dem aufsteigenden Halbton schließt. Mit anderen Worten: Diese Gesänge können eigentlich nur ein Moll-Gepräge haben, niemals jedoch ein Dur-Gepräge, solange keine chromatischen Alterationen vorkommen. Das sich auf den aufsteigenden harmonischen Dreischritt stützende Bewußtsein, das sich durch eine solche Melodie signifiziert, ist wohl ein aktives, aber ein in der kontemplativen Einstellung aktives Bewußtsein, welches noch nicht seine existenzielle Dynamik in der Musik signifiziert – dabei aber bereits den großen Oktavsprung leistet.

Das außerordentlich Bedeutsame und Prägnante der gregorianischen Gesänge, das man sich mit Hilfe unserer seelischen Intervallsignifikationen verdeutlichen kann, erklärt sich daraus, daß die Positionsspannungen bei der Apperzeption des »Motivs« nicht ausgelöscht werden. Im Gegenteil, sie sind es, die diese formen, und sie werden im Melodieverlauf sukzessiv erlebt. Des weiteren ist der Rhythmus nicht differenziert (er sollte es jedenfalls besser nicht sein), und die rhythmische Struktur reduziert sich auf eine rein *kadenzielle* Struktur, so daß nichts den unmittelbaren Ausdruck der Intervalle verändert. Daher ist in diesen Strukturen alles wesentlich und für die affektive

Bedeutung des Verlaufs notwendig. Diese »Prägnanz« des Intervallausdrucks findet sich im harmonischen Zeitalter erst wieder, wenn sich das harmonische Bewußtsein durch eine rein melodische Struktur signifiziert wie z.B. in den Bachschen Suiten für Violine oder Violoncello allein. Der gregorianische Choral ist eine echte *seelische* Ausdruckskunst, so wie die griechische Statue Ausdruck des menschlichen Körpers ist, weil sie die Seele durchscheinen läßt. Was an den griechischen Statuen so besonders ergreift, ist der den Körper bedeckende Faltenwurf, der durchsichtig zu sein scheint und die Körperformen sehen läßt. Der plastische Ausdruck der Intervallstrukturen im Choral bestimmt von sich aus den ethischen Aspekt des Werkes. Mit anderen Worten: Der Ausdruck schafft die Form.

Die historische Heraufkunft von Dur und Moll wird in der melodischen Polyphonie in dem Augenblick deutlich, da die Tonpositionen der *d*-Leiter bei der Penultima erhöht oder erniedrigt werden, um den auf- oder absteigenden Halbtonschluß zu ermöglichen. Wie wir aber bereits gesagt haben, gibt das abendländische Musikbewußtsein die ethische Modalität der *d*-Leiter erst mit Anbruch des harmonischen Zeitalters auf, und dieses Bewußtseinsphänomen müssen wir jetzt untersuchen.

2. Die Mehrstimmigkeit

Das abendländische Musikbewußtsein hat das harmonische Zeitalter erst nach mehreren Jahrhunderten der Erfahrung mit der melodischen Mehrstimmigkeit (circa 10. bis 17. Jahrhundert) erreicht. Wie wir gesehen haben, wird die Mehrstimmigkeit dadurch möglich, daß mehrere melodische Wellen gleichzeitig in der Schnecke verlaufen können. Da das Musikbewußtsein in seiner Eigenschaft als Selbstbewußtsein stets in der Tonstruktur engagiert ist, wird seine eigene Tonposition zum Mittelpunkt der Hörperspektive. Es muß sich deshalb bei der Mehrstimmigkeit prinzipiell dem Lauf einer Stimme anpassen und von dorther die anderen Stimmen perzipieren. Das heißt, daß das Musikbewußtsein als Selbstbewußtsein in seiner reflexiven Tätigkeit sich vom Bewußtsein des Wahrgenommenen unterscheidet, ohne sich von diesem zu trennen (das noetische Bewußtsein unterscheidet sich vom Bewußtsein der Noemata). Mit anderen Worten: Das Musikbewußtsein hat sich von seinem Tonhorizont distanziert, genauer: Es hat sich diesen bestehenden Abstand signifiziert. Es distanziert sich von seinem *in der Welt transzendenten* Tonhorizont und nicht von seinem *melodischen* Horizont, der sein eigener Existenzweg war. Es hat sich nunmehr in seinem eigenen (melodischen) Existenzweg von einem melodischen Horizont distanziert, der ihm in der Extraversion – d.h. in der Höhe in der Welt – oder in der Introversion – d.h. *in der Tiefe* – erscheinen kann. Es transzendiert diesen melodischen Horizont zum transzendentalen Tonhorizont, der ihm die Grundlagen der melodischen Struktur liefert. Deshalb kann es den melodischen Verläufen (die in sein Blickfeld fallen oder die es, wenn es schöpferisch ist, in der Welt entwirft) nur dann einen Sinn verleihen, wenn es sie auf denselben transzendenten Tonhorizont beziehen kann, welcher der heptatonische bleibt. Im Verlauf einer Melodiebewegung kann eine Tonposition erhöht oder erniedrigt werden, was, wie wir gesehen haben, auf eine *Ton*transposition hinausläuft.

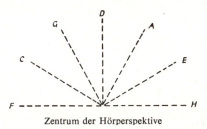

Zentrum der Hörperspektive

Wir dürfen auch nicht vergessen, daß das Musikbewußtsein dieses Zeitraums ein *kontemplatives* ist. Vermutlich folgte in den Anfängen der Mehrstimmigkeit jede Stimme eines *Organums* ihrem Existenzweg; gelenkt durch das Gefühl für ihre harmonische Bezogenheit auf die andere Stimme schuf die freie Stimme ihren eigenen Weg, wogegen die Hauptstimme einem bereits erworbenen Weg folgte oder ihn (vgl. das zweite Beispiel) sogar ebenfalls spontan gestaltete.

Sobald der Musiker seine mehrstimmige Komposition schriftlich fixierte, war sie das Bild, das er sich von einem Gesang machte, der aus einer gegebenen Stimme und einem mindestens in einer Stimme gesungenen Text bestand:

Beginn eines dreistimmigen Conductus aus dem Notre-Dame-Kreis (nach J. Handschin)

So war der Musiker schlechthin gegenwärtig in diesem Bild: Er klammerte sich nicht länger an seinen melodischen Weg. Die Melodiewege, die er auf dem Papier entwarf, waren Wege, die er durch sich und für sich signifizierte. Im Anfang war *ein* Weg *vorgegeben*, nach und nach aber wurden sie *alle* spontan geschaffen. Die ganze melodische Mehrstimmigkeit ist ein ungeheures lyrisches Aufblühen. Durch das polyphone Bild signifiziert sich der Musiker eine singende Gemeinschaft, die sich selbst wiederum als Chor signifiziert. Oder aber er signifizierte seine eigene Lyrik, wie es Machaut, Dufay und deren Kreis in ihren *Balladen*, *Virelais* und *Rondeaux*, wie es auch die italienischen und englischen Madrigalisten taten. Er war aber *in der Musik* gegenwärtig in seiner Eigenschaft als Selbstbewußtsein, *durch sein Logarithmensystem:* Hierin liegt die Wurzel alles Geschehens.

Durch den Umstand, daß das Musikbewußtsein als Selbstbewußtsein sich in einer Ausgangstonposition situiert oder wenigstens in einer Position, die durch eine Tonbewegung zu Beginn gesetzt ist und zur *Tonika* der Tonstruktur wird, und dadurch, daß diese anfängliche Position – der Mittelpunkt der Hörperspektive – zum Ausgangspunkt seines Logarithmensystems wird, so daß es sich von dieser Position aus durch die Intervalle die nächsten Positionen signifiziert: Durch diese Fakten wird diese Anfangsposition von selbst eine Art *Orgelpunkt*, insofern das musikalische Bewußtsein als Selbstbewußtsein – z.B. als *d*-Bewußtsein – in einer Position verharrt, um die folgenden Tonpositionen wahrzunehmen. Der Bordunton des Dudelsacks, der vokale oder instrumentale liegenbleibende Ton, signifizieren bloß auf konkrete Weise diese Permanenz des Selbstbewußtseins in einer bestimmten Tonposition im Verlauf einer melodischen Entwicklung. Und der Orgelpunkt steht am Anfang der *gleichzeitigen Harmonie*, d.h. der Verwendung von harmonischen Beziehungen in der Gleichzeitigkeit.

Die Bewußtseinsposition kann sich, wie in den letzten drei Beispielen, in der Unterstimme situieren, und man sieht sogleich, daß sie ein »beweglicher« Orgelpunkt ist, der sich aber innerhalb seines immanenten melodischen Horizonts bewegt, d.h. in der Oktavleiter, deren erste Bewußtseinsposition die Anfangsposition ist. Da es sich selbst nach seinem Melodieweg orientiert, bezieht das Selbstbewußtsein die gleichzeitig erklingenden Positionen auf seine eigene Positionalität im Verlauf der Polyphonie. Das letzte Beispiel zeigt, daß diese Positionsbeziehungen in der Gleichzeitigkeit auf denen der Quarte, Quinte und Oktave beruhen. Man sieht auch, daß die Autonomie der Stimmen vertikale Klänge entstehen läßt, die sich außerhalb des Zusammenhangs nicht erklären ließen.

Das Selbstbewußtsein kann sich auch im *Tenor* (der seinen Namen aus dieser Bezugsfunktion herleitet) situieren, ein *Kontratenor* tritt dazu, dessen melodische Linie den Tenor nach oben und unten überschneidet und der sich alsbald in eine höhere Stimmgattung (Alt) und eine tiefere (Baß) differenziert. Der Tenor tritt deutlich im folgenden Beispiel zutage, einer isorhythmischen Motette von Philipp de Vitry:

Vorspiel und 1. Periode einer isorhythmischen Motette von Philipp de Vitry (um 1320) (nach Besseler)

Es handelt sich um einen vorgegebenen, dem gregorianischen Choral entnommenen *Cantus firmus* (er könnte beispielsweise aber auch der Volksmusik
entnommen sein). Der Name Isorhythmik erklärt sich aus dem besonderen
Verfahren, das Vitry hier anwendet: Der der Komposition zugrunde liegende
Cantus firmus wird in Perioden (sogenannte *Taleae*) gegliedert, die untereinander rhythmisch gleichartig sind. Das folgende Beispiel zeigt die rhythmische
Struktur einer solchen *Talea*, in welche Hermanns Antiphon *Alma redemptoris
mater* eingeteilt ist:

Abgesehen vom »Harmonischen« sind hier die melodischen Stimmen völlig
unabhängig von dieser *Talea*, die nur ein rhythmischer und harmonischer Anhaltspunkt ist. Mittels dieses Verfahrens bestimmt der Musiker die statische
Form seines Werkes. Es hat wegen seiner Künstlichkeit, die im Augenblick für
die Erfahrung und zur Erringung einer freien melodischen Stimmführung notwendig war, die Zeit und den Umkreis Philipps de Vitry nicht überdauert.
Von da an wurde bei Machaut, Dufay und ihrem Kreis die »Form« durch die
Dialektik der wortgezeugten »Motive« bestimmt.

Der vom Bewußtsein gemeinte Leitweg kann sich endlich auch auf die einzelnen Stimmen einer mehrstimmigen Komposition verteilen, von einer
Stimme zur andern, wie das Beispiel von Ockeghem auf der folgenden Seite
zeigt:

Johannes Ockeghem, Anfang eines vierstimmigen „Salve regina" mit Choral figuration
im Baß. Die Töne der Antiphon sind mit * bezeichnet (nach Besseler)

Dieses Werk Ockeghems basiert auf dem – ebenfalls von Hermanus Con-
tractus stammenden – *Salve regina*. Man sieht jedoch, wie frei diese Vorlage
behandelt und die melodische Erfindung gehandhabt wird. Im Bassus wird
das »Salve regina« melodisch umspielt, es muß aber beachtet werden, daß der
Bassus zwar die melodische Entwicklung lenkt, aber nicht eigentlich den harmonischen Gang, der aus der Bewegung der Stimmen resultiert. In der vokalen Mehrstimmigkeit hängt die tonale Bewegung sozusagen in der Luft: Die

Schwerkraft macht sich nicht bemerkbar, und Ockeghems Polyphonie ist das erste Beispiel eines kontinuierlichen melodischen Fließens, einer »unendlichen Melodie«, die viel später, bei Richard Wagner, zur Voraussetzung des »Musikdramas« werden sollte.

Bekanntlich ergab sich aber die »Harmonie« als Bewußtseinsphänomen erst dann, als die Terzen in die harmonische Oktavstruktur eingebaut wurden. Bis dahin erschienen Terzen gewissermaßen zufällig als Durchgangstöne oder als Stimmführungsereignis zwischen Parallelstimmen. Der englische Fauxbourdon hat stark zu dieser Entwicklung beigetragen, wenn er auch nicht den Anstoß dazu gegeben hat. Die englischen Sänger begleiteten – spontan, wie es scheint – einen Tenor in der Unterquarte und Untersexte und bildeten so mit diesem Klänge von folgendem Aufbau:

Diese Praxis beeinflußte von Anfang an die englische Musik, wie das folgende Beispiel zeigt:

Anfang einer englischen Motette auf St. Edmund (wahrscheinlich um 1300) (nach Besseler)

Noch zu unserer Zeit, bei Elgar z. B., findet man ständig Terzparallelen zwischen Baß- und Oberstimme. In diesem Beispiel entspricht die Entwicklung der Stimmen dem Bedürfnis und Verlangen nach Wohlklang in der Gleichzeitigkeit deutlich stärker als dem nach Autonomie und Freiheit der Stimmbewegung – und dieses Streben nach Wohlklang weckt den »harmonischen« Sinn. Die Werke Dunstables, der auf seine Weise dieser Tradition folgt, waren auf dem Festland bekannt, und auch Dufay wendet gelegentlich den Fauxbourdon an:

Guillaume Dufay, Vesperhymnus vor dem 1. Adventssonntag „conditor al me siderum",
im Fauxbourdonsatz (vgl. 9. Bsp.) (nach Besseler)

Neu an dieser Praxis war, daß der Tenor jetzt grundsätzlich vom Komponisten erfunden wird (was allerdings schon bei Machaut vorkommt). Vorgegeben ist im Beispiel Dufays die Oberstimme, die frei rhythmisiert wird und zu der die Unterstimmen erfunden sind. Aber die Unterstimme wird zum Baß (wenn auch nicht zum »Fundamentalbaß«), eine oft fiktive Stützstimme der gleichzeitigen Harmonie, und die *Cantilena* fixiert sich in der Oberstimme, in der Extraversion. Die frühen italienischen Madrigalisten (14. Jahrhundert), denen die französische *ars nova* wohlbekannt war und die aus der Volkstradition den Geschmack am »Melodischen« beibehielten, schreiben als erste Bassus-Stimmen, die wie regelrechte harmonische Bässe aussehen:

Maestro Piero, Ritornell einer Caccia (nach Besseler)

Perch' e – ra sola, in – – fra me di – co e ri – do,

Perch' e – ra sola, in – – fra me di – co e

"Ec-co la pioggia, il bos-co, E – ne-a

ri – do "Ec-co la pioggia, il bos-co

e Di – – – – – – – – -do!"

E – ne-a e Di – – – – – – – -do!"

Der Bassus führt hier zum Ziel und gliedert seinen Weg in den Dreischritt *d-g-a, d-e-d*. Die Erhöhungszeichen vor den Penultimae sollen die Bewegung mit dem diatonischen Halbton abschließen und unterstreichen die harmonische Absicht.

Die Mehrstimmigkeit des 16. Jahrhunderts (Josquin, Lasso) wirkt gänzlich wie eine »harmonische« Polyphonie, die auf der Bewegung der Baßstimme beruht. Schon moduliert die Harmonie, und schon erscheint die melodische Chromatik. In einem Madrigal von Luca Marenzio schreitet die Melodiestimme zu Beginn eine chromatische Leiter aufwärts und abwärts:

Man kann sich eine Vorstellung von dieser extremen Situation des melodischen Zeitalters anhand des folgenden Ausschnitts aus einem Madrigal von Gesualdo da Venosa machen:

Die Führung der Stimmen richtet sich nach den zwischen ihnen herrschenden harmonischen Beziehungen oder nach den Klängen, in die sie münden. Die melodisch-harmonische Bewegung richtet sich nach der Unterstimme, der introvertierten, d. h. interiorisierten Stimme, und diese Bewegung ist in ständiger Modulation begriffen: Sie leitet die Gesamtbewegung bis zu dem Punkt, wo sie signifiziert hat, was zu signifizieren war. Dieser Punkt ist durch die harmonische Anfangsposition nicht vorbestimmt; das zitierte Madrigal schließt auf einem G-dur-Klang. Anders ausgedrückt: Die Baßbewegung signifiziert nicht den »Seinsvorsatz« – es sei denn von Abschnitt zu Abschnitt. Der Verlauf dieser sukzessiven harmonischen Kadenzen entspricht dem der miteinander verknüpften Dreischritte im gregorianischen Choral.

Das Werk ist ein lyrischer Ausbruch und besteht aus einem Gewebe exteriorisierter innerer Stimmen, die miteinander in der Gleichzeitigkeit durch ihre harmonischen Beziehungen verflochten sind. Es ist ein Existenzweg mit Seinskonsistenz, weil es sich von Abschnitt zu Abschnitt auf dominantische, subdominantische oder noch andere harmonische Kadenzen stützt, die uns die Harmonielehre später noch erläutern wird. Denn noch stehen wir nicht in der harmonischen Tonalität, die die simultane Harmonik bestimmen wird und die es dem Musikbewußtsein dann erlaubt, durch die Gesamt-»Form« eines Werkes seinen Seinsvorsatz zu signifizieren und somit *autonome musikalische Formen zu schaffen:* Das zitierte Madrigal ist ein autonomes Ganzes, weil der Vorsatz, den Ausdrucksgehalt des Textes musikalisch zu signifizieren, mit dem Text in sich abgeschlossen ist – es ist der Text oder genauer: der Textgehalt, der die Form bestimmt.

Für die »Harmonie« als Bewußtseinsphänomen bedarf es zweier Voraussetzungen:

1. daß sich das harmonische Bewußtsein eine *Grundlage* gibt, d. h. daß sich das Musikbewußtsein eine bestimmte Tonstruktur *in der Gleichzeitigkeit* als Grundlage des »Harmonischen« signifiziert. (Das haben wir bereits festgestellt, und diese Grundlage ist uns bereits bekannt: Jetzt geht es nur darum, die historische Entstehung des Ereignisses zu klären.)

2. daß das Musikbewußtsein sich seinen »Seinsvorsatz« – das melodische Fortschreiten von einer Ausgangsposition zu dieser selben in der Zukunft gemeinten Position über die Quarte und Quinte – auf der Grundlage der harmonischen Kadenz signifiziert, die dem melodischen Dreischritt T-S-D-T eine neue und vollkommene Konsistenz verleiht.

3. Die harmonischen Strukturen

Das bedeutsam Neue in der harmonischen Positionsnahme ist, wie wir sagten, ihre richtunggebende Eigenschaft. Als Zeitlichkeitsposition des musikalischen Bewußtseins war sie bloß *punktuell* wie in der reinen Melodie, sie war ungerichtet. Im Klangraum mußte sich das Musikbewußtsein seine Richtung, seine perspektivische Positionsnahme durch die auf- und absteigende melodische Leiter signifizieren. Es handelt sich jetzt darum, daß es sich von Anfang an seine Richtung durch eine adäquate Struktur der Grundharmonie signifiziert. Der Vorsatz des *Musikalischen* beruht aber auf der Quint-Quart-Beziehung innerhalb der Oktave – die Einfügung der Quarte *in die Quinte* ist bloß im »melodischen« Vorsatz notwendig. Wie wir bereits festgestellt haben, wird die Richtung der Oktave durch die steigende oder fallende *große* Terz bestimmt.

Daraus folgt:

1. Die Tonleiter, auf welche sich das harmonische Bewußtsein bezieht, ist die (auf- und absteigende) *c*-Leiter oder die (ab- und aufsteigende) *e*-Leiter. Das Bewußtsein wechselt das *Tongeschlecht*, behält jedoch als Grundlage seines Melodieweges die *heptatonische* Leiter bei.

2. Die Grundlage des *Harmonischen* ist in der Extraversion:

In der Introversion:

Es kommt übrigens auf dasselbe hinaus, wenn man dem Mollklang als Grundlage diese Struktur gibt:

denn durch diese signifiziert er sich von seinem Stützpunkt aus in der *Extraversion*.

DUR UND MOLL   Die Durstruktur fügt sich natürlich in die cochleare Welle ein, die (nach von Békésy) durch die Apperzeption ihres Grundtons ausgelöst wird. Die ursprüngliche Mollstruktur ist zur selben, *im rückläufigen Sinne wahrgenommenen Welle* korrelativ. Daher löst der Anbruch des harmonischen Zeitalters die Erscheinung der harmonischen *Synthese* aus, die sich an die Stelle der einfachen Wahrnehmung von Tonbeziehungen in der Gleichzeitigkeit setzt. Und im cochlearen Phänomen sind die melodischen Strukturen Wellen, die *auf dem Hintergrund* der Harmonie und ihrer *Zustandsänderungen* Gestalt annehmen.

Die obigen Strukturen sind aber nur dann Signifikationen des in der Musik als Selbstbewußtsein wirkenden Bewußtseins, wenn dieses sich darin in der Verbindung der Harmonien engagiert und als Selbstbewußtsein den Melodieweg der *Grundtöne* der Klänge verfolgt, anders ausgedrückt: indem es die ausschließlich kontemplative Einstellung aufgibt, in der es zwar bereits seinen Seinsvorsatz signifizieren konnte, nicht jedoch seine *existenzielle Dynamik* in der Vollendung seines eigenen Seinsvorsatzes. Denn die Harmoniebewegungen führen das Bewußtsein nicht bloß von einer Zeitlichkeitsposition zu einer anderen, sondern von einem *harmonischen Zustand*, d. h. von einem *affektiven Zustand*, zu einem anderen, selbst wenn es sich um harmonische Zustände derselben Art handelt. Der Harmoniewechsel signifiziert sich daher durch die Bewegung des Grundtones – sie ist schlechthin ein *Positions*wechsel. Wir müssen hier nochmals auf die eben gemachte Feststellung verweisen, nämlich, daß es für die Bedeutung der Harmoniebewegung gleich ist, ob der Grundton sich zur Oberquinte oder zur Unterquarte, zur Obersekunde oder zur Unterseptime bewegt.

Der Dur- und Mollklang beschreibt tatsächlich bloß die beiden möglichen *existenziellen* Modalitäten (Extraversion – Introversion) der harmonischen Positionalität. Die Fortschreitung von einem harmonischen Zustand zu einem anderen signifiziert also entweder das Beharren in derselben existenziellen Einstellung (E oder I) oder aber eine Veränderung dieser Einstellung: eine Extraversion (Übergang von einem Moll- zu einem Durklang) oder eine Introversion (Übergang von einem Dur- zu einem Mollklang). Die Bewegung des Grundtons dagegen zeigt die ontologische Bedeutung – A oder P – des Übergangs von einer Position zu einer anderen an. Aufsteigende Quinte und absteigende Quarte sind beide *aktive* Positionsbeziehungen, und im allgemeinen haben die komplementären, entgegengesetzten Intervalle dieselbe ontologische Bedeutung. Folglich kann die Grundtonbewegung, wenn sie von einer Melodiestimme signifiziert wird, unterschiedslos um ein Intervall nach oben schreiten oder um das Komplementärintervall nach unten fallen.

AUFSTELLUNG I

Harmonische Kadenzen:

Extraversionskadenz: Introversionskadenz:

Einfache Bewegungen:

Vollständige tonale Kadenzen:

a) eines in der Extraversion aktiven Bewußtseins

b) eines in der Extraversion passiven Bewußtseins (passive Modalität eines extravertierten Bewußtseins)

c) eines in der Introversion aktiven Bewußtseins (aktive Modalität eines introvertierten Bewußtseins)

d) eines in der Introversion passiven Bewußtseins (passive Modalität eines introvertierten Bewußtseins)

e) tonale Kadenz eines grundsätzlich passiven und introvertierten Bewußtseins

Jede zu ihrer Ausgangsposition zurückkehrende harmonische Bewegung bildet eine vollständige Kadenz – denn die zweite Bewegung ist das Komplement zur ersten: passiv, wenn die erste aktiv, und aktiv, wenn die erste passiv war – und stellt das kadenzielle Gleichgewicht wieder her. Deshalb bestimmt auch die erste Bewegung einer einfachen dominantischen, subdominantischen oder anderen Kadenz die Gattung A oder P. In der tonalen Kadenz jedoch, durch die sich der Seinsvorsatz signifiziert, bestimmt die Schlußkadenz die Gattung, genauer: der vorletzte Schritt, so wie der Terzschritt in der Quarte. Läßt man in den Kadenzen der Aufstellung I die Tonika als Mittelglied aus, so entspricht die Kadenz *a* der aufsteigenden Dur-Leiter, die Kadenz *b* der absteigenden Dur-Leiter (die plagale Form der Dur-Leiter), die Kadenz *c* der aufsteigenden und die Kadenz *e* der absteigenden (plagalen) Moll-Leiter. Aber das abendländische Musikbewußtsein ist grundsätzlich *aktiv*, es verwendet deshalb in seiner passiven Modalität lieber die Kadenz *d* als die Kadenz *e*. Strenggenommen kann das harmonische Bewußtsein dauernd in der extravertierten Einstellung verharren, da die passive harmonische Bewegung tatsächlich eine Introversionsbewegung signifiziert. Ein ausgezeichnetes Beispiel dafür bietet der erste Satz der *Pastoralsymphonie*, der außer einem Mollakkord im Durchgang nur Durakkorde enthält, was den Eindruck des Heiteren, Ausgewogenen und Ruhigen erklärt, den dieses Werk ausstrahlt. Dagegen kann es nicht ständig in der *introvertierten* Einstellung bleiben, denn das Selbstbewußtsein ist von Natur zur Welt offen: Die düsteren Choräle Bachs enthalten Durakkorde. (Hier berühren wir die Grenzen, die die Ethik der Ästhetik setzt.) Die Ersetzung der Dursubdominante durch die Mollsubdominante in der Kadenz *b* ist eine Weise, die Passivität der subdominantischen Kadenz zu signifizieren oder hervorzuheben. Der den Schlußschritt wiederholende Durschluß in der Kadenz *d* ist seinerseits eine Weise, die »aktive« Harmoniebewegung als eine extravertierte Bewegung zu signifizieren. Bezeichnenderweise bevorzugen die russischen Komponisten die Kadenzen vom Typ *b* und *d*.

DIE LOGARITHMISCHE BEDEUTUNG DER HARMONIE   Um uns über die Gemütszustände klarzuwerden, die die Akkorde auslösen, müssen wir zu den Wahrnehmungslogarithmen zurückkehren, deren Ziffer übrigens durch den pythagoreischen Logarithmus angezeigt wird. Denn im inneren Ohr nimmt die Harmonie Gestalt an, deren Gesamtstruktur mittels des Gehirns von der Psyche reflektiert wird. Jeder von der Oktave umgrenzte Klang bedeutet einen Harmoniezustand von der Spannung 0, d. h. einen *stabilen* Gleichgewichtszustand; denn alle diese inneren, komplementären Spannungen halten einander gegenseitig im Gleichgewicht. Alle anderen Klänge bedeuten verschiedene, stabile oder labile, in der Dauer stabilisierte affektive Spannungszustände (E oder I).

AUFSTELLUNG II

Die einzigen vollkommen stabilen Harmoniezustände sind die reinen Dur- und Molldreiklänge. Sie liefern uns die Norm für die harmonischen Spannungen, die Spannung 1. Der Mollakkord hat für das Ohr dieselbe Spannung wie der Durakkord. Erst das Musikbewußtsein, das der aufsteigenden Richtung den Sinn der Extraversion und der absteigenden Richtung den der Intro-

version beigelegt hat, macht aus dem Mollklang die Extraversion (die Signifikation in der Welt) einer introvertierten Spannung vom Grade 1. Mit anderen
Worten: Es ist das Musikbewußtsein, das – durch seine Weise, die Tonpositionen zu gliedern – den Klängen einen Sinn verleiht, indem es die Ziffer des
Logarithmus beibehält und dem Vorzeichen + den Sinn der Extraversion,
dem Vorzeichen — den der Introversion gibt. Die innere harmonische Spannung
im Akkord hat als Resultante die harmonische Spannung des den Akkord ein-
schließenden Intervalls. Es handelt sich also um eine Synthese, die sich im inneren Ohr vollzieht, in der die inneren Spannungen – wenn sie auch *erlebt*
werden – gewissermaßen vor dem resultierenden Intervall zurücktreten. (Deshalb bleibt der Klang als solcher ein noetisches Erlebnis, während die einzelnen *Noemata* die Melodiestimmen sind.) Das Erscheinen dieser »Resultanten«
zeigt zudem, daß diese (reflektierten) Klänge aus der Aktivierung von in der
Tiefe und Höhe extremen Positionen eines begrenzten cochlearen Energie-
bereiches stammen, deren Spannung sich durch den Potentialunterschied zwischen dem unteren und dem oberen Niveau ergibt. Dieser Unterschied ist
positiv oder negativ, je nachdem, wie das Musikbewußtsein nach seiner Weise,
die Tonpositionen zu gliedern (d. h. nach seinem eigenen Logarithmensystem),
die Tonbeziehungen herstellt zwischen tief und hoch oder umgekehrt, nämlich
dem Nervenstrom des inneren Ohrs zuwiderlaufend. Und diese Richtung wird
bereits im inneren Ohr qualifiziert. Ferner erklärt uns dieser Gegensatz zwischen tief und hoch, daß für das im Grundton des Klanges situierte Musikbewußtsein (und die Klänge haben den Grundton nicht immer als Baßton) die
Melodiestimme, welche die höchsten Positionen beschreibt, als eine *extravertierte* Stimme wahrgenommen wird, und die Linie, die der Baß zeichnet, als
eine *introvertierte* Melodiestimme (ein Noema), durch die sich das Musikbewußtsein »für sich« den tonalen Harmonieweg signifiziert und durch die auch
das harmonische Empfinden, das es diesen Baßweg entlangführt, der melodischen Entfaltung einen Sinn verleiht. Zusammengefaßt: Die Positionsspannungen werden in der Gleichzeitigkeit wie in der Aufeinanderfolge von derselben Regel bestimmt. Der Unterschied zwischen der Summe der positiven
Spannungen und der Summe der negativen ergibt die resultierende Spannung
zwischen dem Baßton eines Klanges und dem obersten Ton. Ist die positive
Summe größer, so ist die Differenz der Index für eine extravertierte Spannung;
überwiegt die negative Spannung, so bedeutet die (absolute) Differenz eine
introvertierte Spannung.

Der Klang reduziert sich aber nicht auf diese Resultante, sondern man
muß stets auch seinen Gehalt berücksichtigen, der ein noetisches Erlebnis
bleibt. Was die dreitönigen Dur- und Mollakkorde angeht, so haben die
beiden inneren Spannungen in beiden Fällen als Differenz + 1, aber der Baßton ist hier »Grundton«. Die Orientierung des harmonischen Zustandes wird
bestimmt von der *ersten* der beiden Spannungen, ebenso wie in einer dominantischen oder subdominantischen Kadenz die erste Bewegung den *aktiven* oder

passiven Charakter der kadenziellen Bewegung bestimmt – deshalb wird der Durdreiklang zum harmonischen Zustand E_1 und der Molldreiklang zum harmonischen Zustand I_1.

DIE HAUPTAKKORDE   Wie man sieht, haben die Umkehrungen des Grundakkords (Sext- und Quartsextakkord) und ihre verschiedenen Lagen je ihre eigene Spannung, und wenn auch die resultierende Spannung die gleiche ist, so sind doch die inneren Spannungen, nämlich das noetische Erlebnis, je nach der inneren Akkordstruktur verschieden. (In einer der Lagen des Quartsextakkords erkennt man eine Umkehrung des Grundakkords.)

Die Umkehrungen des Grundakkords sind – für das Musikbewußtsein wohlgemerkt – labile harmonische Zustände, und zwar aus dem einfachen Grunde, weil sie nicht auf ihrem Grundton ruhen. Deshalb erscheinen sie auch fast nur als Durchgangsakkorde. In diesem Licht neigt der Quartsextakkord zum Dominantakkord, dessen Grundton sein Baßton ist; und deshalb ersetzt man gewöhnlich in den vollständigen Kadenzen den in unserer Aufstellung I eingeklammerten wiederholten Tonikaklang durch den Quartsextakkord. In unseren harmonischen Analysen werden wir den Quartsextakkord in diesem Fall als eine Vorbereitung zur Dominante betrachten und seinen Baßton als Grundton des dominantischen Akkordes.

Die Sept- und Nonakkorde und ihre Umkehrungen und die Undezim- und Tredezimakkorde sowie alle sonst noch in unserem Tonsystem möglichen Klänge aus Terzschichtungen sind durch ihren hohen Spannungsgrad nicht nur labile, sondern auch mehrdeutige harmonische Zustände. Denn zumindest in ihrer Grundstellung enthalten sie zu gleicher Zeit Dur- und Mollakkorde, d. h. Spannungen in entgegengesetzter Richtung. Daher erfordern sie in der traditionellen Harmonielehre eine »Auflösung«, die bloß momentan zu sein und uns nur von einem mehrdeutigen oder labilen Zustand in einen oder mehrere andere zu führen braucht, ehe sich die Spannung in einem Dreiklang endgültig löst. Hier müssen wir aber daran erinnern, daß man unterscheiden muß zwischen einer tonalen harmonischen Stimmführung und den *Bildern* von Akkord- und Klangfortschreitungen, die Noemata sind und anderen Gesetzen gehorchen.

Halten wir noch fest, daß in der Dur-Tonperspektive nur die Akkorde der Tonika, Subdominante und Dominante *Dur* sind, alle anderen dagegen (mit Ausnahme des Akkords auf der siebten Stufe) *Moll*. Dadurch haben sie eine funktionelle Rolle inne: Der Akkord auf der zweiten Stufe ist die Parallele der Subdominante, der auf der dritten Stufe die Parallele der Dominante, der auf der sechsten Stufe die Parallele der Tonika, so daß in einer tonalen Harmoniebewegung alle Akkorde sich irgendwie auf die drei Hauptakkorde beziehen. So kann sich z. B. in einem Grundtonverlauf anstelle von *c-f-g* die Bewegung *c-d-g* setzen wie bei der reinen Melodie. Der Terzquintakkord auf der siebten

Stufe ist kein vollkommener Dreiklang, weil seine Quinte »vermindert« ist, und deshalb fügt man ihm meist als Baßton die Dominante zu, was ihn zum Dominantseptakkord, dem verbreitetsten aller Septakkorde, vervollständigt. Der Septakkord auf der siebten Stufe enthält jedoch einen Mollakkord, und in diesem Licht bildet er einen Klang, der sich als Ausschnitt aus dem Dominantnonakkord auf die Dominante bezieht.

In der Moll-Tonperspektive können die subdominantischen und dominantischen Akkorde Dur sein (in der aufsteigenden Leiter) oder Moll (in der absteigenden Leiter). Wie im Durgeschlecht spielen die Nebenakkorde eine funktionelle Rolle, aber die zweite und die siebte Stufe bilden durch die verminderte Quinte keine vollkommenen Dreiklänge. Deshalb wird die zweite Stufe (*h* in der *a*-Leiter) gern erniedrigt, wodurch der *neapolitanische Sextakkord* entsteht. Auf der siebten Stufe enthält selbst der Septakkord keinen Dur- oder Molldreiklang, er ist aber Ausschnitt aus dem Nonakkord der Dominante, und in diesem Licht kann er eine dominantische Funktion ausüben. Dieser Akkord und seine Umkehrungen haben in der klassischen Musik eine große Rolle gespielt, weil sie die höchsten inneren Spannungen bedeuteten, die zu dieser Zeit möglich waren. Man sieht sogleich, daß die grundsätzliche Labilität dieser Akkorde darin ihre Erklärung findet, daß sie »übermäßige« oder »verminderte« Intervalle enthalten: Hier beginnt die *Dissonanz*. Ein *Tritonus* in einer harmonischen Struktur genügt, um die Stabilität ins Wanken zu bringen. Die in der reinen Melodie unerträglich hohe Spannung dieser Intervalle läßt sich hier ertragen, weil sie sofort durch die Fortschreitung in einen anderen Klang »aufgelöst« werden kann. Der »dissonante« Charakter der polytonalen Klänge beruht auf demselben Phänomen – dem Vorhandensein von »übermäßigen« oder »verminderten« Intervallen im harmonischen Aufbau – wie im bereits zitierten Klang aus dem *Sacre*:

Dennoch waren, wie wir sehen konnten, unter bestimmten Bedingungen, deren Grundsätze wir aufstellen konnten, polytonale Klänge möglich.

D<small>IE MODULIERENDE</small> H<small>ARMONIE</small>   So kommen wir zum wesentlichen Merkmal des harmonischen Bewußtseins: Es *moduliert*. Wir haben schon gesagt, daß es (bei Monteverdi) bereits moduliert, bevor es sich über seine Dur- und Moll-Tonperspektiven im klaren war. Das melodische Bewußtsein war *transponierend;* das war seine Weise zu modulieren. Aber dieses Vermögen war sehr beschränkt. Es bestand darin, in einem Melodieverlauf durch die Erniedrigung des *h* oder die Erhöhung des *f* (in der *d*-Leiter) einen Ausschnitt aus einer heptatonischen Leiter zu entlehnen, deren Anfangsposition um eine Quinte höher oder tiefer liegt als die eigene. Denn die heptatonischen Leitern haben untereinander einen im Klangraum parallelen Aufbau, der einen unmittelbaren Übergang von einer zur anderen für das melodische Bewußtsein unmöglich macht. Eine Ausnahme bilden nur die Leitern, deren Anfangsposition seine beiden Quinten oder, wenn man will: seine Quarte und seine Quinte haben. Da das harmonische Bewußtsein durch seine grundlegende Positionsnahme aber *gerichtet* ist, kann es uns von einer Tonperspektive zu einer anderen *führen* und so eine *modulierende* Perspektive zu einer *tonalen* machen, d.h. zu einem nach seinen Gesetzen organisierten Ganzen. Das ist derselbe Grund, aus dem alle seine Tonleitern dieselbe Struktur haben und aus dem es daher *a priori* auch bloß zwei Modalitäten kennt, *Dur* und *Moll*. Dieses Vermögen eröffnet ihm aber seinen ganzen tonalen Horizont:

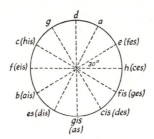

Nehmen wir an, wir treten in die Tonperspektive von *c* ein. Das sich im Mittelpunkt des Tonhorizonts situierende Selbstbewußtsein ist *c*-Bewußtsein, aber sein *immanenter* Existenzhorizont umfaßt die beiden zwischen *f* und *g* liegenden Kreissektoren, wobei *g* die Zukunft, die es zu sein hat, signifiziert und *f* seinen Stützpunkt in der Vergangenheit. Zwischen diesen Grenzen fügen sich die absteigende Quarte und die aufsteigende Quarte ein. Die aufsteigende Oktave aber greift über auf den Horizontsektor *g-d*, und die absteigende Oktave auf den Sektor *f-b*. Solange das Bewußtsein in der Tonperspektive von *c* bleibt, bedeutet *g* die Dominante der Tonart und *f* deren Subdominante. Wenn es sich jedoch durch eine entsprechende harmonische Bewegung *g* als neue Tonika signifiziert, *moduliert* es, und dasselbe *g* wird nun zur Tonika der Dominant*tonart*, deren Tonhorizont den Kreisausschnitt *g-d-a* umfaßt. Dazu bedarf es nur einer Blickwendung um 30° nach rechts. Damit ist jedoch das im Kreismittelpunkt befindliche Selbstbewußtsein zum *g*-Bewußtsein geworden, d.h. es ist auf der senkrecht zur Kreisebene stehenden Achse, die der Schnekkenachse entspricht, in die Höhe gestiegen.

Im geometrischen Bild unserer Hörperspektive mußte, wie wir sehen konnten, die horizontale Achse des *d*-Bewußtseins eine Drehung nach oben machen, um mit der *a*-Oktave zur Deckung zu kommen. Es vollzieht diese Drehung, und um sich in der Höhe von *a* zu situieren, erhebt sich die ganze Bewußtseinsebene auf eine bestimmte Höhe in der Schnecke. In der Ordnung der harmonischen Tonarten ergeben sich Beziehungen von Quinte zu Quinte, entweder auf Grundlage der Ober- oder aber der Unterquinte. Es ist also nicht mehr die Rede von einem Quartenhorizont. Ferner konnten wir sehen, daß sich die Modulation zur Oberquinte in der Schnecke durch einen selbsttätigen Modulwechsel signifiziert, d.h. durch die Multiplikation aller vorherigen Logarithmen mit tg 30° = $\frac{1}{\sqrt{3}}$. Die Modulation zur Subdominante signifiziert sich daher durch die entsprechende Operation, d.h. durch die Multiplikation der Logarithmen mit cotg 30° = $\sqrt{3}$. Bei der Untersuchung dieses Phänomens hatten wir *a* links von *d* gesetzt, jetzt setzen wir es rechts davon, und zwar aus leicht verständlichen Gründen: Wenn man mit dem Zirkel einen Kreis ziehen will, beginnt man links und dreht den Zirkel nach rechts; in dieser Richtung muß die Schnecke entstanden sein. Das rechts von *d* befindliche *a* ist nichts anderes als die Oktave seiner Unterquarte, und dadurch ergibt sich die Beziehung zwischen *d* und seiner Oberquinte.

Das affektive Ereignis, das wir bei der Modulation zur Dominante empfinden, ist wesentlich eine Erhöhung des Energieniveaus. Begleitet wird es von einer Drehung der vertikalen Ebene, in der die Tonhöhen stehen, aber dieses Phänomen ist nicht sinnlich wahrnehmbar oder zumindest nicht affektiv erlebbar, weil es sich in der Schnecke vollzieht. Selbsttätig setzt sich auf dieser Ebene, welche die unseres Blickes und unserer existenziellen Zeitlichkeit ist, die *g*-Perspektive anstelle der *c*-Perspektive, genauso, wie unser Welthorizont vom Morgenlicht zum Mittagslicht schreitet, wenn wir vom Morgen zum Mittag übergehen. Nur die Sonne steht in einer anderen Richtung, und sinnlich wahrnehmbar ist bloß die Beleuchtungsveränderung, solange man jedenfalls keinen Blick auf die Sonne wirft, was den Grund für diesen Wechsel erklären würde. Bei der Modulation zur Subdominante empfinden wir ein umgekehrtes Ereignis: Das Energieniveau senkt sich. Wenn in einem Militärmarsch das *Trio* in der Subdominante erscheint, empfinden wir ein Nachlassen der affektiven Energie, was dem ruhigen Gesang des Trios seine ganze Bedeutung verleiht. Im spanischen *Paso doble* steht das Trio in Dur, und auch dieses Dur wirkt als Entspannung, weil uns die Extraversion von der Introversion erlöst. So fügt die Modulation zur harmonischen Bewegung – signifiziert durch die Bewegung der Akkordgrundtöne – eine neue Bedeutungsordnung, die wir in Richtung der Dominante mit *existenzieller Extraversion*, in Richtung der Subdominante mit *existenzieller Introversion* bezeichnen wollen. Bei der Modulation verläßt das Musikbewußtsein tatsächlich seinen immanenten Existenzhorizont in Richtung auf die *Zukunft* oder auf die *Vergangenheit.* Diese Signifikation der tonalen Modulation durch existenzielle Extraversion oder Introversion tritt zur ontologischen Signifikation (A und P) der Grundtonbewegung und weist denselben Spannungsindex auf; denn die Fortschreitung von der Tonika *c* zur Tonika *e* ist eine aktive Bewegung der existenziellen Extraversion vom Spannungsgrad 4. (Es besteht derselbe Bezug zwischen der *Tonposition c* und der *Tonposition e* innerhalb der Tonperspektive wie zwischen der *Tonika c* und der *Tonika e* im kreisförmigen Tonhorizont.) Die so signifizierte Positionsspannung muß allerdings ins *Quadrat* erhoben werden, denn die beiden gleichen Indices sind »Exponenten« der seelischen Energie, die sich miteinander multiplizieren.

Auf jeden Fall stellen die existenzielle Extraversion und Introversion affektive Spannungen einer anderen Größenordnung dar als die einfache Grundtonbewegung innerhalb einer gegebenen Tonperspektive. Die Fortschreitung zur Dominanttonart hin ist etwas anderes als die Fortschreitung zur Dominante eines Tons hin – deshalb kann man auch unmittelbar zur Dominante eines Tons schreiten, während man zur Dominanttonart nur mit Hilfe mindestens eines Zwischentonschritts gelangen kann, der uns in die neue Tonperspektive einführt.

DAS ETHOS DER TONARTEN   Das *Ethos* der Tonarten ist daher eine *erlebte* Realität, aber nur für das in der Musik wirkende Bewußtsein und nicht etwa für den Physiker oder Musikologen, der dessen Begründung in den Tönen selbst sucht. In dem weiter oben gezeichneten Tonhorizont ist die harmonische Perspektive von *c* sozusagen die Morgenröte unseres täglichen Horizontes, und die *d*-Perspektive steht im Zenith – was uns die Bedeutsamkeit dieser Tonart in der klassischen Musik erklären könnte. Für das c-Bewußtsein sind alle Tonperspektiven in dominantischer Richtung in der Zukunft situierte Existenzzonen, d.h. hellere, klarere Existenzzonen, die je nachdem einen höheren oder leichteren Vitaltonus aufweisen, und überdies auch mögliche Existenzzonen, die sich unmittelbar entschleiern können. Umgekehrt sind alle Tonperspektiven in subdominantischer Richtung in der *Vergangenheit* situiert; für sich genommen, sind sie »Erworbenes«, das aus dem Schatten tritt. Die Modulation in ihrem Bereich führt uns in dunklere Zonen, zu einem entspannten oder ruhigeren Vitaltonus. Diese ethischen Bedeutungen der Tonarten ergeben sich übrigens stets ungeachtet der Ausgangs-Tonperspektive; sie sind zu dieser immer *relativ*, aber die Ausgangsperspektive hat selbst eine affektive Modalität und dadurch ein eigenes ethisches Klima und einen eigenen Vitaltonus, die aus der Beziehung zur *c*-Perspektive stammen. Die *Eroica* ist eine Geschichte, die aus der Vergangenheit auftaucht, d.h. aus dem *Erworbenen;*

sie in E-dur zu spielen würde den Charakter des Werkes entstellen*. Die *Siebente Symphonie* dagegen versetzt uns von Anfang an in eine lichte Existenzzone, die relativ zur normalen *c*-Perspektive als eine *zukünftige* erscheint, so als ob diese nicht unmittelbar aus dem Erworbenen entstammte: eine Traumexistenz. In diesem Werk ist der Übergang zum *Allegretto* eine existenzielle Introversion in der *c*-Perspektive, zu der *a*-moll die Parallele darstellt. Das Scherzo in *d* ist eine existenzielle Introversion in der subdominantischen Tonart. Bei Mozart öffnet uns die *Jupiter-Symphonie* die *C*-dur-Perspektive, den Uranfang schlechthin, die *Es-dur*- und *g-moll*-Symphonien führen uns in freundlichere bzw. düstere Existenzzonen, die aus dem Erworbenen auftauchen. Die *Prager Symphonie* dagegen und die *Haffner-S*ymphonie öffnen sich zum vollen Licht von *D*-dur, das uns die *c-Perspektive* gänzlich vergessen läßt. Treibt man den Dominantenkreis über *a* und *e* hinaus, so überträgt sich die zunehmende Helligkeit durch ein eigenartiges Gefühl des Heiteren, so als ob wir über unseren gewohnten Existenztonus erhoben würden. (Bekanntlich lehnte das Conservatoire Debussys erste Rompreis-Arbeit, den deutlich von Botticelli inspirierten *Printemps*, unter dem Vorwand ab, seine Tonart, *Fis*-dur, ginge über die tragbaren Normen hinaus.)

Ein Blick auf unseren Tonhorizont belehrt uns, daß der Tonartenkreis von *c* aus in der dominantischen wie in der subdominantischen Richtung *heptatonisch* wie die Oktavleiter ist: von *c* zu *fis*, von *c* zu *ges*. *Cis* und *ces* verwechseln sich gewöhnlich in *des* und *h*, wenn es sich um grundlegende Tonperspektiven handelt. Über *his* in der dominantischen Richtung und *fes* in der subdominantischen kommen wir zu Tonpositionen mit doppelten Vorzeichen, die nur in »Überleitungen« vorkommen und wegen der Enharmonik niemals Ausgangspunkt einer Tonperspektive werden. Außerdem sieht man, daß nur die sieben Positionen unseres täglichen Horizonts eine dreifache Positionsbedeutung haben können: *aisis*, *h*, *ces*; *geses*, *f*, *eis*; in all diesem erkennen wir die gewohnten Grenzen des bezugsetzenden Vermögens des Musikbewußtseins.

BEISPIELE   Das harmonische Bewußtsein ist von Natur aus so sehr modulierend, daß wir aus der Klassik kaum eine Arie kennen, die den »Seinsvorsatz« des Selbstbewußtseins ohne Modulation vollendet; z. B. hier die Arie des Cherubin aus der *Hochzeit des Figaro* von Mozart:

---

* Deshalb sollten sich die Interpreten zusammentun, um das *a'* auf der heute erreichten Höhe von 440 Schwingungen pro Sekunde zu erhalten. Die Musiker haben eine unbezwingliche Neigung, den Ton höherzutreiben, weil durch die sinnliche Schärfung der Melodie der Klanglichkeit geschmeichelt wird. Das einzige Gegenmittel wäre, nach einem elektrisch erzeugten, kontrollierbaren Kammerton zu stimmen, der leise und ohne Obertöne erzeugt würde. Die Musiker sollten überhaupt *leise* stimmen; denn im *Piano* ist die Aufmerksamkeit gespannter als im *Forte*, in dem leicht Intonationsdifferenzen unbemerkt unterlaufen können.

Erstes Beispiel:

Vom Standpunkt der *melodischen* Dialektik aus besteht die Melodie aus einem viertaktigen Schwung, der bis zur großen Oberterz (A_4E) reicht und auf der Sekundposition (A_2E) zur Ruhe kommt. Dieser Schwung wird in den beiden ähnlichen, je zweitaktigen Motiven wiederaufgenommen, die chromatisch bis zur (diesmal: kleinen) Oberterz führen (P_3E), wobei das Motiv das erstemal eine Endung hat; das ist der Mittelteil in der dreiteiligen Form *a-b-a*. Dann folgt eine neue viertaktige Phrase, die in der kadenziellen Struktur mit der ersten identisch ist, aber umgekehrt verläuft: von *f* zu *b* oder genauer: *f-d-c-b-a-b*.

So wie sie ist, genügt diese Musik völlig sich selbst, aber die Grundtonbewegung signifiziert ihren Sinn und gliedert ihre Form: T-D; T, D und Schlußkadenz (aktiv in der Extraversion): T-(S)-D-T. Die Bewegung des Basses haben wir mit Anmerkungen versehen, denn durch sie signifiziert sich das Musikbewußtsein in der Introversion seinen melodisch-harmonischen Weg, und von hier aus bestimmen sich die harmonischen Zustände (deren Resultanten wir angegeben haben). Man sieht, daß das Musikbewußtsein den einfachen Grundtonschritt a_1 »für sich« durch eine Positionsspannung A_5I signifiziert: Cherubin ist innerlich stärker erregt, als seine Worte und sein Gesang ahnen lassen – die Musik offenbart die innere Wahrheit. Außerdem lassen die folgenden chromatischen Bewegungen – die nicht Modulationen sind, sondern einfache Übergangspositionen, die in derselben Tonperspektive bleiben – auch die höheren affektiven Spannungen erscheinen (vor Liszt und Wagner taucht hier zum erstenmal, schüchtern, der Ausdruck des »Sehnens« auf). Aber das wunderbare ist, daß in der harmonischen Bewegung die Subdominante fehlt; sie wird durch den Sextakkord der zweiten Stufe ersetzt, was heißen soll, daß nicht auf die Vergangenheit Bezug genommen wird. Was der noch zwitterhafte Cherubin (eine Hosenrolle!) der Gräfin und ihrer Umgebung gegenüber in aller Unschuld zum Ausdruck bringt, ist das Erwachen der Liebe in ihm, und diese Liebe erregt ihn deshalb so stark, weil sie ohne Vergangenheit ist.

Zweites Beispiel (Zauberflöte):

Hier haben wir es mit einer zweiteiligen Liedform zu tun, d.h. der melodische Weg kehrt nicht zur Anfangsphrase zurück; denn die aufeinanderfolgenden Motive erschöpfen ihre Ausdrucksintentionalität durch die unmittelbare (veränderte oder unveränderte) Wiederholung. Die harmonische Bewegung, welche die Grundtöne anzeigen, gibt allein dem Melodieverlauf seinen Sinn:

$$\begin{cases} a \text{ (4 Takte)} & a' \text{ (4 Takte mit chromatischer Veränderung)} \\ \text{T-D} & \text{T Modulation zur Dominanttonart} \end{cases}$$

$$\begin{cases} b \text{ (2 Takte)} & b \text{ (2 Takte)} & c \text{ (4 Takte)} & c' \text{ (4 Takte)} \\ \text{T-D} & \text{T-D} & \text{T (S)} & \text{D-T (variierte Wiederholung)} \end{cases}$$

(Die Modulation zur Dominante identifiziert sich durch die Orchesterwiederholung.) Wiederum ersetzt die Schlußkadenz die Subdominante durch den Septakkord der zweiten Stufe (in völliger Übereinstimmung mit dem Text). Die Notation im $^2/_4$-Takt darf uns nicht über den breiten, feierlichen Ausdruck dieser Musik hinwegtäuschen. Der Charakter von *E*-dur kann ernst sein, er bleibt aber trotzdem leuchtend; Sarastro singt von der Pflicht des Menschen, seinen gefallenen Bruder zu lieben, und die existenzielle Extraversion zur Dominanttonart, zu diesem helleren Licht als dem, das seine Existenz umfängt, unterstreicht ebendiese implizierte transzendente Erscheinung der Liebe und der Pflicht. Danach – der H-Akkord wird durch das *a* im Baß als Dominante von E gedeutet – kehrt der Gesang in die Ausgangs-Tonperspektive zurück zu einer Betrachtung über die Wohltaten der Liebe, die in der zweiten Strophe mit der Feststellung schließt, daß des Namens Mensch unwürdig sei, wen nicht die Liebe zu seinem Mitmenschen beseele.

Drittes Beispiel (Beethoven, Siebente Symphonie):

Dieses Beispiel führt uns zu einer eingehenden Untersuchung der einfachsten Klangstrukturen. Der affektive Zustand von der Spannung null bedeutet nicht eine innere Leere, sondern, wie wir gesagt haben, einen Zustand der Ausgewogenheit, der vollkommenen inneren Stabilität.

Die leere Oktave bedeutet eine Offenheit zur Welt ohne jede bestimmte Orientierung (E oder I), der Quintoktavklang, wenn die Quinte mit dem unteren Ton gebildet wird, eine extravertierte Einstellung, und wenn sie zum oberen Oktavton gebildet wird, eine introvertierte. Oktavterzklang (mit oder ohne Quinte) ist bei großer Terz eine *extravertierte* Positionsnahme, bei kleiner Terz eine *introvertierte*. Die Quartsext- und Terzsextakkorde im Oktavraum bedeuten introvertierte Positionsnahmen, weil der Grundton des Akkords nicht im Baß liegt, d.h. weil die cochleare Welle gegenläufig zu ihrem Verlauf qualifiziert wird. Diese verschiedenen introvertierten Tonanordnungen unterscheiden sich durch ihren inneren Gehalt, und bekanntlich haben je nach der Stimmverteilung in einem Klang Gehalt und Resultante der Harmonie jeweils eine besondere Bedeutung.

Der symphonische Satz, den wir als Beispiel zitiert haben, ist seinem Wesen nach ein *Choral*: Die extravertierte Melodiestimme ist nur das äußere Zutagetreten der umfassenden harmonischen Bewegung. Deshalb ändert sie sich nur, wenn die Harmonie eine neue Tonposition verlangt: eine kleine Terz aufwärts, eine große Terz aufwärts, wieder eine kleine Terz und schließlich eine Quart nach oben. Eingeleitet wird dieser choralartige Satz durch einen *Forte*-Akkord in *a*-moll, der wie ein Bild in einem beschlagenden Spiegel verweht und verklingt. So ist auch die folgende Bewegung im wesentlichen die eines auf sich selbst gerichteten introvertierten Bewußtseins: Die äußere Welt hat sich verhüllt. Der Eingangsakkord hat die kadenzielle Dauer festgelegt, die sich nun in der zweitaktigen rhythmischen Kadenz eines »Daktylus« und eines »Spondäus« verzeitlicht. Dieser durchgängige Rhythmus verleiht der Bewegung das Gepräge eines gespensterhaften Zuges, einer Folge von Gemütszuständen, die im Schatten der Innerlichkeit Gestalt annehmen: daher das Vorherrschen von introvertierten Zuständen und passiven Kadenzen: Dieser Tonweg ist der einer *erduldeten* Existenz.

Die zweiteilige Form verdeckt eine zugrunde liegende dreiteilige Anlage: Der erste harmonische Abschnitt umfaßt acht Takte, die Takte neun bis zwölf bilden für sich einen Mittelteil, und die letzten vier Takte nehmen das kadenzielle und tonale Schema der ersten vier Takte wieder auf und schließen das Ganze ab.

Die erste Phrase (acht Takte) führt uns von der *a*-moll-Perspektive zur *C*-dur-Perspektive (existenzielle Extraversion) durch eine doppelte Modulation: Von *a*-moll zur Subdominante von *g* als Quartsextakkord, *g* wird als Dominante zu *c* aufgefaßt und führt zu *c* als Tonika (existenzielle Extraversion von der *a*-moll-Perspektive zur *G*-dur-Perspektive [E_2] und existenzielle Introversion von *G*-dur zu *C*-dur). Wir müssen den Übergang von Moll zum parallelen Dur als eine existenzielle Extraversion von der Spannung 1 betrachten (in der Größenordnung der Tonartenbeziehungen), ebenso wie das Fortschreiten zur Dominanttonart; ersteres ist aber der Übergang von der Introversion zur Extraversion, und letztere eine aktive Bewegung *in die Extraversion* oder *in die Introversion*, wenn es sich um den Übergang von einer Molltonart zu ihrer Molldominante handelt.

Neuerlich stellen wir fest, daß die Baßbewegung dem objektiven Grundtonverlauf eine subjektive Bedeutung gibt: Ohne von der ersten Dominantkadenz (A_1) zu reden, die sich das Selbstbewußtsein als eine introvertierte aktive Bewegung von der Spannung 5 signifiziert, wird die existenzielle Extraversion in die *G*-dur-Perspektive durch den Baß als eine passive introvertierte Bewegung von der Spannung 2 signifiziert; nur ungern sozusagen schreitet dieses Selbstbewußtsein zur Extraversion; es muß sich die Notwendigkeit eingestehen, sich nach außen, in der Extraversion, zu signifizieren und sich ihr unterwerfen. Die zweite Phrase von acht Takten führt uns zurück von der *C*-dur- zur *a*-moll-Perspektive (existenzielle Introversion). Die Kadenzen der Takte neun bis zehn und elf bis zwölf modulieren nicht, sondern sind einfache Durchgangsalterationen in der harmonischen Fortschreitung von *C*-dur zu *a*-moll, in welcher die zweite Melodiestimme chromatisch von *e* nach *c* absteigt. Auffällig ist noch der durch das Fehlen der Terz leere Klang im dritten Takt.

Die affektiven Zustände dieses ersten Teils sind größtenteils leer, weil sie im Oktavraum Gestalt annehmen oder weil sich durch den Mollakkord der Innenraum äußerlich signifiziert, der so lange leer ist, als sich nichts ereignet. Diese Leere wird bei der Wiederholung von den dazutretenden Violoncelli ausgefüllt. Sie bereichern den affektiven Gehalt dieser harmonischen Bewegung durch Septimen, die sie im dritten, siebten und vorletzten Takt zu den leeren Oktaven spielen, durch bestimmte Tonpositionen, die sie erklingen lassen, und durch Vorhalte. Ihre Stimme ist eine exteriorisierte Innenstimme, denn relativ zur Melodiestimme ist sie introvertiert.

Dieser Ausschnitt ist beispielhaft für ein Selbstbewußtsein, das sich in der Exteriorität und zugleich durch zwei extravertierte Stimmen signifiziert, was dem Denken unmöglich wäre. Zu diesem Zweck mußten sich allerdings die beiden Stimmen in dieselbe harmonische Bewegung einpassen, deren Ausdruck sie auf verschiedene Weise darstellen. Wenn zu diesen zwei signifizierenden Stimmen noch eine dritte hinzutritt wie in einer Stelle im *Meistersinger*-Vorspiel, so ist die der Höhe nach dritte Stimme ganz einfach die *Baßstimme*. Wir können daraus den Schluß ziehen, daß grundsätzlich das Vergegenwärtigungsvermögen des affektiven Bewußtseins nicht mehr als drei verschiedene Melodiebewegungen gleichzeitig erfassen kann (so auch die zitierten drei Terzlinien in *Le Sacre du Printemps*).

Auszug aus dem 1. Satz der 4. Symphonie von J. Brahms

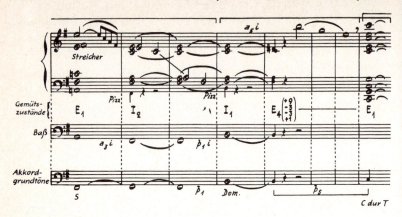

Dieses Beispiel verdeutlicht, wie von einem bestimmten Augenblick der symphonischen Dialektik an die Musik uns durch eine Folge modulierender harmonischer Bewegung und verschiedener Gemütszustände zur tonalen Ausgangsposition des Stückes zurückführen kann, während die Melodiestimme fast unverändert dieselbe melodische Bewegung wiederholt.

Hier wird zunächst eine viertaktige Phrase aufgestellt, deren erste drei Takte das Motiv wiederholen. Der vierte Takt, der aus einer existenziellen Extraversion von der Spannung 3 hervorgeht, bringt die hohe innere Spannung des dritten Taktes zu einer Art Lösung, das melodische Motiv läßt die Wiederkehr des Hauptthemas *(b-g-es-c)* ahnen. Dieselbe melodisch-harmonische Bewegung signifiziert sich wiederholend in einer anderen Tonperspektive. Von jetzt an haben wir die Bedeutung der Grundtonbewegung eingeklammert, die uns von einer Phrase zur anderen leitet; denn diese Bewegungen bleiben noetische Erlebnisse und »zählen« nicht für die affektiven Erlebnisse, die sich auf den Inhalt der jeweiligen Phrase beschränken. Dagegen zählen diese Erlebnisse in bezug auf die Bewegung des Basses, denn er verbindet die aufeinanderfolgenden Phrasen. Auf die beiden ersten Phrasen *(a)* folgen zwei Takte, die das Anfangsmotiv und seine Antwort in ein »Motiv« zusammenfassen *(b)*; dieses Motiv und seine Antwort wiederholen sich dreimal in verschiedenen Tonperspektiven; bei der vierten Wiederholung wird die Antwort erweitert und führt zu einem Undezimenakkord, dann zu einem Dominantnonakkord, der vor dem plötzlichen, aber erwarteten Erklingen des absteigenden Molldreiklangs in der Schwebe bleibt: Wiederum tritt das »Thema« des Stückes ein, dem der noch überraschendere *C*-dur-Akkord folgt. Am Ende der letzten viertaktigen Periode, d. h. nachdem das melodische Motiv in der Schwebe geblieben ist, muß nach unserer Auffassung eine Zäsur stehen, die von Brahms zwar nicht notiert, aber doch wohl gemeint ist und die dem *C*-dur-Akkord eine Art Autonomie gibt, die das Unerwartete seines Erklingens unterstreicht. Es scheint, als wolle sich das Musikbewußtsein ein letztes Mal den vollkommenen Zustand der Extraversion in einer zu *e* parallelen Tonperspektive signifizieren, ehe es sich in die Rückkehr zur Introversion ergibt, aus der es übrigens siegreich hervorgeht.

Wir bemerken noch die *wachsende* Spannung der Gemütszustände vom ersten bis zum vierten Takt, in welchem die Antwort auf das anfängliche Motiv eine Entspannung herbeiführt. (Die dritte Wiederholung des Anfangsmotivs wird durch die introvertierte Stimme, den Baß, signifiziert.) Dagegen motiviert in den Kadenzen *b* die Antwort auf den ersten Takt einen hochgespannten Gemütszustand; diese Antwort wird zum Zielpunkt des Selbstbewußtseins. Die Spannung läßt mit dem Erreichen der *e*-moll-Perspektive mehr und mehr nach: Terzquartsextakkord (E_3, wenn man die melodische Position unberücksichtigt läßt), Quintsextakkord (E_3), Septakkord (I_2), Undezimakkord (I_1); es folgt ein kurzes Anziehen der Spannung auf dem Nonakkord, wenn das Thema eintritt, und dann die Entspannung auf dem *C*-dur-Akkord. Diesen *C*-dur-Akkord kann man als Durparallele – in der Introversion – von *e*-moll auffassen: Subdominante der Durparallele *(g)* in der Extraversion.

An diesem Beispiel zeigt sich, daß ein Dominantseptakkord genügt, um – ohne Anspielung auf die Tonika – eine Tonikaperspektive zu signifizieren. Folglich besteht jede tonale Bewegung aus einer Folge von Dominanten, wie die Bewegung der Akkordgrundtöne deutlich macht, die wir aus dem Zusammenhang gelöst haben. Der Zielpunkt dieses Tonweges war die Tonperspektive von *e*-moll, ihr Erreichen war durch die vollständige Kadenz S-D-T zu signifizieren, wobei die T durch das melodische Themabruchstück signifiziert wird, das uns zunächst zur falschen Tonika *c* geführt hatte. Der ganze erste Satz der *Vierten Symphonie* von Brahms verwendet die Bewußtseinstätigkeit in der Introversion, und man könnte sagen, wenn Tschaikowsky das Pathos des Mollgeschlechts in seiner *Pathétique* in großartiger Weise zum Ausdruck bringt, so Brahms in seiner *Vierten* dessen *Ethos*. Der Beweis für diese Behauptung würde uns hier jedoch zu weit führen.

Fünftes Beispiel:

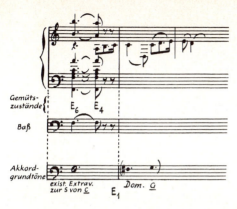

Das vorstehende Beispiel beweist, wie wichtig es ist, sich bei der harmonischen Analyse nicht mit der Resultante der Klänge oder der melodischen Linien zu bescheiden, sondern auf deren inneren Gehalt zu achten. Der erste *Tristan*akkord hat eine ganze Epoche umgeworfen und wirkt auch heute noch umwerfend. Seine außerordentliche Ausdrucksintensität erklärt sich eben aus der inneren Struktur des Klanges, der durch die große Terz, die zum Tritonus tritt, eine der höchsten affektiven Spannungen erzeugt, die möglich sind. Die harmonische Bewegung ergibt sich aus der Bewegung der beiden melodischen Motive, die sich überschneiden. Das erste ist eine extravertierte Innenstimme mit dem Sinn einer intensiven Erwartung, die zurücksinkt – sie durchläuft den Molldreiklang *a-f-d* (P_1E). Chromatisch fällt sie herab und verharrt lange Zeit auf *dis*, das eine harmonische Bedeutung erlangt. Zur gleichen Zeit signifiziert sich darüber das, was in diesem besonderen Fall die innere Erwartung, nämlich den typischen musikalischen Ausdruck des *Sehnens* motiviert. Was dieses Motiv nämlich auszeichnet, ist dies, daß das *gis* ein unterer Vorhalt zu *a* ist, wie *ais* zu *h*. Anders ausgedrückt: Das Sehnen besteht darin, auf eine Existenzposition abzuzielen, die oberhalb unserer gegenwärtigen Position ist, in der Welt und in der Zukunft, und deshalb wird es musikalisch durch eine aufsteigende melodische Bewegung signifiziert, hier: *gis-h* (P_3E). Diese Bewegung besteht aus einer dreifachen extravertierten affektiven Spannung P_5E A_7E-P_5E, deren rhythmische Struktur die Entfaltung in der Dauer anzeigt. Wäre die mittlere Spannung nicht vom Größengrad 7, so wäre die Gefühlsbewegung passiv und schwach, aber das *a* wird hinausgezögert, und diese Verzögerung bedeutet eine extreme Spannung in der Dauer des Gemütszustandes, welche die Harmonie signifiziert. Die extravertierte aktive Spannung vollzieht sich sozusagen im »Gelenk« der Kadenz, und in diesem Augenblick wird der Sinn der melodischen Bewegung deutlich, er ist kurz vor seinem Ziel und braucht sich nur noch durch eine passive Bewegung von der Spannung 5 dorthin tragen zu lassen: Nicht ohne Widerstand weicht er der Anziehung des *h*. Gleichzeitig ergibt sich eine Entspannung im affektiven Zustand durch die existenzielle introvertierte Bewegung, die uns von der Perspektive der Dominante von *E*-dur (die Quinte ist alteriert, der Akkord wird erst am Ende des Taktes deutlich) zur Perspektive der Dominante von *a*-moll führt *(moll,* weil

wir vom Beginn an in diese Tonmodalität eingeführt worden sind). Blieben
wir in einer unveränderten Tonperspektive, so wäre die Bewegung der Akkordgrundtöne *h-e* eine einfache passive Bewegung von der Spannung 1;
aber wir stehen in einer modulierenden Perspektive, und diese Spannung 1 ist
von der zweiten Größenordnung; sie vollzieht sich in der Transzendenz der
»harmonischen« Tonarten. Sie ist also eine tiefe Entspannung – das affektive
Bewußtsein, als *Dingbewußtsein*, hört auf zu begehren, und damit löst sich
seine affektive Spannung. Als *Selbstbewußtsein* gibt es *gern* nach, was der introvertierte Weg des Basses *f-e* (A_5I) signifiziert: der Existenzweg des Selbstbewußtseins. Schauen wir etwas näher hin: Drei melodische Stimmen zeichnen
sich ab – das Höchstmaß, wie wir sehen konnten, für das bezugsetzende Vermögen des Bewußtseins in der Gleichzeitigkeit; die vierte Stimme *(h-gis)* ist
in sich nicht bedeutsam. Sie ist zwar keine Füllstimme, aber sie ergibt sich gewissermaßen von selbst daraus, daß der Klang erst vierstimmig vollständig ist
(er ist auch in der Labilität erst mit vier Stimmen stabil). Die erste bedeutsame
Stimme, in den Celli, ist eine exteriorisierte Innenstimme; denn im Vergleich
zur extravertierten Stimme bekundet sie sich in der Introversion und paßt sich
in die Perspektive der Subdominante von *a-moll a-f-d* ein (Resultante: P_1E).
In ihrem Verlauf bleibt sie auf *dis* liegen, d.h. auf dem höchsten Spannungs-
punkt (A_6E), und diese hohe melodische Spannung bewirkt den affektiven
Zustand, den der Klang bezeichnet, und löst zugleich die extravertierte
Stimme aus, in der wir den Ausdruck des Sehnens erkennen. Deshalb ist die
erste Melodiestimme, in der sich das Sehnen ausdrückt, eine *passive* Bewegung von der Spannung 3: Sie wird von dem inneren Trieb eingegeben, den
der erste melodische Ansatz signifiziert. Weil aber dieser erste melodische Ansatz in der Perspektive der Subdominante von *a-moll* steht, ist die erste Position des Basses *f* und nicht *fis*. Und nicht zufällig setzt die extravertierte melodische Stimme auf *gis* ein. *Gis* ist die »passive Zukunft« der Existenzposition
dis. Zur gleichen Zeit erklingt *h*, das aus *dis* das »Gelenk« einer extravertierten
Haltung macht und auch *h* selbst zum Anhaltspunkt des Klanges, nämlich
zum Grundton des Klanges. Die Psyche wird buchstäblich in vier Teile zerrissen zwischen ihrer Extraversion und ihrer Introversion, zwischen ihrer
Spannung zur Welt und ihrem Verlangen, sich auf sich selbst zurückzuwenden.
Sie steht gewissermaßen in Widerspruch zu sich selbst, denn sie sucht außerhalb ihrer selbst und in der Zukunft die Erlösung von dieser inneren Spannung, und andererseits sucht sie eine Entspannung dieser inneren Spannung
durch die Rückwendung auf sich selbst. Deshalb strebt das *f* zum *e*, erreicht
es aber erst, als sich sein eigenes Streben zur Welt und zur Zukunft in der
Extraversion objektiviert und sein Ziel in *ais-h* gefunden hat. Dieser Augenblick löst die zugleich rhythmische, harmonische und melodische Kadenz aus.
Indem es sich das »Begehren« signifiziert und sein Begehren außerhalb seiner
selbst in der Welt objektiviert, hat das affektive Selbstbewußtsein die Entspannung seiner affektiven Spannungen gefunden, die in ihm seine inneren Triebe

auslösten. Moral (wenn man so sagen darf): Die menschliche Psyche befreit sich von ihren inneren Spannungen, indem sie ihnen einen Ausweg verschafft in Form des Verlangens, ein Objekt und eine Existenzposition *in der Welt* und *in der Zukunft* zu erreichen, das zugleich ihren affektiven Zustand entspannt; der aktiven Spannung in der Extraversion entspricht eine Entspannung in der Introversion. Dieses befreiende Streben nennt man Begehren. Natürlich lehrt uns dieser musikalische Ausdruck eines menschlichen Ereignisses nichts Neues über die menschliche Bedingtheit, er läutert sie aber und läßt uns überdies feststellen, daß der musikalische Ausdrucksakt in uns die Entspannung bewirkt, indem er uns dieses psychische Ereignis deutlich macht. Mit anderen Worten: Der Ausdrucksakt erleichtert, und das ist zweifellos die Daseinsberechtigung der Musik: Sie lindert das Verlangen des Menschen, sich außerhalb seiner selbst in der Welt, und sei es auch nur in der imaginären Welt der Musik, seine affektive Tätigkeit zu signifizieren.

Die erste Kadenz hat uns in einem labilen Gemütszustand zurückgelassen (Septakkord), was heißen soll, daß der Ausdrucksakt noch nicht zum Ziel gelangt ist. Das geschieht eigentlich erst am Schluß des Musikdramas – mit der endgültigen Lösung. Inzwischen aber nimmt das Musikbewußtsein seinen ersten Ausdrucksakt wieder auf, um ihn zu identifizieren, aber in einer neuen Tonperspektive, die uns von der (introvertierten) Tonperspektive von *a*-moll zur (extravertierten) Tonperspektive von *C*-dur führt. Die Kadenz bleibt dieselbe, sie vollzieht sich aber in einer neuen Bewußtseinssituation, die dieses Wiederaufnehmen nicht zu einer wörtlichen Wiederholung macht. Bereits die erste melodische Stimme beginnt mit einer aktiven extravertierten Bewegung (Spannung 3), während sie das erstemal mit einer passiven extravertierten Bewegung (Spannung 4) begonnen hatte; ihr Verlauf kommt auf einer verminderten Quinte zum Abschluß (P_6E). Zunächst hatte sie in der Perspektive der Dominante von *a*-moll angefangen, zu der uns die Kadenz gebracht hatte; ihr Anhalten auf der auffälligen Position *fis* führt zu einem neuen Klang, welcher einen weniger kritischen Gemütszustand bezeichnet als das erstemal. Das *as* im Baß muß zuerst als *gis* empfunden werden, man befindet sich dann in einem einfachen Septakkord. In dem Augenblick wird es zum *as*, da das *h* der extravertierten Stimme zum *c* schreitet – wir stehen jetzt im (alterierten) Klang der zweiten Stufe von *C*-dur, von dort geht es durch eine der ersten entsprechenden Kadenz zur Dominante.

Die dritte Wiederholung desselben Ausdrucksaktes löst, wie wir wissen, die Aktivierung seiner affektiven Gegebenheiten aus. Diese sind gesetzt und sodann identifiziert worden, und jetzt wirken sie fortzeugend. Durch die Verbreiterung der Positionsdauer und die Synkopen des zweiten Taktes gewinnt die innere Melodiestimme an Nachdruck und Intensität. Wie beim erstenmal verzögert sie sich auf der zur Ausgangsposition übermäßigen Quarte und ergibt dadurch einen Klang, der noch mehrdeutiger wirkt als die ersten Male. Diese Mehrdeutigkeit verschwindet erst, wenn die extravertierte Stimme *e* erreicht

und *f* sich zu *e* zurückwendet, was zu einem übermäßigen Quintklang führt
(hohe innere Spannung), der in den Dominantseptklang von *E*-dur mündet.
Diese letzte Entspannung leitet uns in den (zu den vorhergehenden Tonperspektiven vergleichsweise) lichten Umkreis von *E*-dur. Der Ausdrucksakt des
Begehrens ist endgültig abgeschlossen, und die extravertierte Stimme durchläuft jetzt eine große Terz (A_4E). Diese letzte Kadenz (die aktive und deutliche Bewußtwerdung des Begehrens) identifiziert sich wie ein Echoreflex in
den Bläsern. Der anfängliche Halbton wird zweimal wiederholt, das Crescendo
unterstreicht seine Bedeutung. Bei der dritten Wiederholung löst er einen Gemütszustand aus, der den Dominantnonklang von *a* bedeutet, d.h. einen dich-
teren und vergleichsweise weniger dissonanten affektiven Zustand als zuvor.
Damit könnte der Ausdrucksakt vollendet sein, wenn die Dominante zur Tonika führte. Aber das Thema ist viel zu bedeutungsschwer, um hier haltzu-
machen: Der Klang schreitet fort zur Subdominante von *c* – existenzielle Extraversion der anfänglichen Perspektive von *a*-moll zu der von *C*-dur, d.h.
Öffnung zur Zukunft hin. Im Augenblick, wo die Subdominante erreicht ist,
schreitet die extravertierte Stimme zum Terzvorhalt *(h)*, was eine extrem hohe
Spannung zwischen ihrer Introversionsposition *(f)* und ihrer Extraversionsposition *(h)* erzeugt – A_6E. Die Entspannung geschieht auf der zweiten Takt-
zeit, zugleich aber nimmt die Innenstimme der Celli ihren Verlauf wieder auf
mit der Wiederholung des Sehnsuchts-Motivs in neuer Gestalt und in der Perspektive der Dominante von *G*-dur (das *f* des Basses ist zum *fis* fortgeschritten), d.h. in Richtung der existenziellen Extraversion: Diese neue Melodiestimme führt uns von Modulation zu Modulation und läßt dem Fluß der
Libido freien Lauf; der in diesen ersten Takten ansetzende Ausdrucksakt ist im
vollen Gange.

Wir haben nicht alles gesagt, sonst hätten wir noch *alle* in den Ton- und
Rhythmusstrukturen enthaltenen seelischen Bedeutungen beobachten und
deren Rolle in den Formen wie Motiv, Phrase usw. entziffern müssen. Wir
haben aber wohl genügend gesagt, um die tonale Logik dieses Ausschnitts zu
beleuchten und um zu zeigen, bis zu welchem Grad an Realismus der musikalische Ausdruck gediehen ist, seitdem die Musik sich durch die harmonische
Tonbewegung die Modulation unserer Gemütszustände signifizieren kann, in
denen unsere Gefühlszustände Gestalt annehmen. Man sieht jedoch, welche
Komplexe an signifizierten affektiven Spannungen und affektiven Bewegungen
ein augenscheinlich so elementares Gefühlsereignis umfaßt wie das Sehnen.
Der Leser möge einen Augenblick bei dem Gedanken verweilen, daß Wagner
diese Musik schrieb, ohne die geringste Vorstellung von den psychischen Bedeutungen zu haben, die in ihren Strukturen enthalten sind. Er brauchte sie
nicht zu kennen, weil er diese Melodien und Klänge mit einem Schlag fand.
Er hat sie nicht Intervall für Intervall geschaffen, was nicht heißen soll, daß
er nicht über manche Note nachgedacht habe; er hat aber erst mit der endgültigen ganzen Form aufgehört, weil er beim Spielen auf dem Klavier oder

beim Hören in der Phantasie das ganze affektive Ereignis empfand, das der Musik einen Sinn gibt und das wir zu rekonstruieren versuchten, indem wir von Struktureinzelheiten ausgingen, deren psychische Bedeutung uns bekannt ist. In der Musik besteht die »Form« *vor* ihren Teilen, was heißen soll, daß sie gewissermaßen durch das prädestiniert wird, was das Musikbewußtsein sie bedeuten lassen will; sie läßt sich aber unmöglich definieren, ehe die zu ihr sich zusammenschließenden Teile sie deutlich werden lassen. Das wiederum bedeutet, daß die Teile vom Formganzen abhängen, von der zu beleuchtenden transzendenten Bedeutung. Das ist in den kleinen wie in den großen Dimensionen so, von der kleinen harmonischen Kadenz und den in ihr verknüpften Melodien, dem Motiv, der Phrase, der Periode, bis zur Form des Ganzen, die einen vollendeten, in sich geschlossenen Ausdrucksakt umfaßt. Das ist das Gesetz der Musik, weil es das Gesetz der Bewußtseinstätigkeit ist, deren jede »Determination« die Erfassung eines Transzendenten impliziert, oder wenn man will: deren jede besondere Determination sich auf ein Transzendentes bezieht.

Wenden wir uns nun einem ganz anderen Bereich der Musik zu:

Sechstes Beispiel (Rameau):

exist. Extrav. zur Durparallele

Dieses *Air* umfaßt eine Periode von acht Takten, die bei der Wiederholung anders schließt (zweiteilige Form). Die ersten vier Takte führen von der Perspektive *fis*-moll zur Perspektive *A*-dur (existenzielle Extraversion). Eine einfache zweistimmige Passage führt zur Dominante von *fis*-moll (ohne Terz) zurück. Bei der Wiederholung schließt die Periode in der *fis*-moll-Perspektive, allerdings auf der leeren Oktave. Aus diesen einfachen und kaum modulierenden harmonischen Strukturen müssen wir den Schluß ziehen, daß der Bedeutungsprimat hier in der Melodie liegt, die sich nicht nur durch ihre Linie und ihren melodischen Reichtum auszeichnet, sondern auch durch die Vielfalt der kadenziellen Struktur:

Die Bewegung der Grundtöne hat in sich kaum Bedeutung. Sie soll nur, ähnlich der *dynamis* bei den Griechen, dem melodischen Ablauf einen Sinn geben, allerdings mit dem Signifikationsvermögen, das die gleichzeitige Harmonie der tonalen Dynamik verleiht. Wenn überdies bei Brahms und Wagner die harmonischen Bewegungen Tonalitätskadenzen waren, sind sie hier bloß einfache Quint- und Quartkadenzen (einmal auch nur ein kleiner Terzschritt), die in einer festgelegten Tonperspektive entstehen. Das Musikbewußtsein verwendet nicht nur Dominante und Subdominante, sondern die (manchmal alterierten) Klänge der verschiedenen Stufen der Tonleiter. Besonders fällt die Ausdrucksintensität auf, welche die zugrunde liegende Harmonie (übermäßige Quinte zu *a* – unterer Vorhalt zu *fis*) dem melodischen *gis* verleiht, und die daraus entstehende hohe klangliche Spannung, die sich gleich darauf wieder löst. Der Signifikationsprimat, den die Franzosen der Melodie zuerkennen, beläßt den Nebenstufen der Tonleiter und den Akkordumkehrungen ihre Autonomie und reduziert die Tonbewegung nicht so stark wie in der deutschen Musik auf die Funktionen der Tonika, Dominante und Subdominante.

Schließlich eine ebenfalls melodische Musik, aber von ganz anderer Art als das vorhergehende Beispiel:

Siebtes Beispiel:

Antar-Fragment von Rimski-Korssakow

exist. Extraversion von fis, der Parallele von A-dur, zu E-dur.

Hier genügt die Melodie sich selbst – sie muß die erste Gegebenheit gewesen sein, der Rimski-Korssakow Klänge *unterlegt hat*. Diese Harmonik hätte auch anders sein können, sie ist nicht notwendig in der Melodie enthalten. Das ist deshalb so, weil die Melodie nicht von den harmonischen Bewegungen erzeugt worden ist, wie das in den Beispielen von Beethoven und Wagner der Fall war. Die einzige *dynamis*, welche die Harmonie hätte erzeugen können, wenn sie die bloße Harmonisierung der Melodie wäre, könnte nur diejenige sein, die die Melodie durch die ihrem Verlauf zugrunde liegenden harmonischen Beziehungen in sich selbst enthält. Diese *dynamis* hier ist aber mehrdeutig: Die Melodie stützt sich auf den absteigenden Durdreiklang *e-cis-a-e*, die plagale Form der Durleiter, und zugleich auf den absteigenden Mollakkord *cis-a-fis*, zu dem *e* die Septime bildet. Diese Mehrdeutigkeit hat Rimski-Korssakow durch die Harmonisierung signifiziert, und deshalb wissen wir beim Hören niemals, ob wir in *A*-dur sind oder in *fis*-moll. Der erste *A*-Klang hat *cis* im Baß und brauchte zur Bestätigung der Durtonart einen Dominantseptakkord. Es erklingt aber als Dominante bloß der Septakkord der zweiten Stufe und der der siebten Stufe in der ersten Umkehrung. Zur Bestätigung der Molltonart bedürfte es einer *Dur*dominante, wir haben aber nur die Molldominante als Quartsextakkord. Wir bleiben also in der Introversion.

Stellen wir noch fest, daß die Melodie bei der Wiederholung auch auf *f* hätte schließen können. Das folgende Motiv würde dann in der Oberquarte stehen und führte uns zum *eis* und zur Durdominante von *fis*-moll. Aber nein, es scheint uns in die *cis*-moll-Perspektive zu bringen und entwickelt sich über einem Orgelpunkt *fis*. Rimski-Korssakow benutzt die Durdominante lediglich zur Modulation, und um uns von der anfänglichen Tonperspektive zu der von *E* zu führen. Bei der Wiederholung in der Altlage (Horn) bleibt der Baß liegen – der berühmte »russische« Orgelpunkt –, und gleich darauf erscheint oben eine neue, springende, vom Schlagzeug gestützte Melodie, deren Hauptmelodie im Baß sein könnte, denn beide Melodien sind durch die sich auf dem Orgelpunkt *e* ergebenden Klänge ineinander verflochten. Wir sind bereits in einer Musik der Bilder und in der bei Gelegenheit des *Sacre du Printemps* beschriebenen Bewußtseinssituation: Das Selbstbewußtsein betrachtet in der statischen – durch das Beharren auf dem tiefen *e* signifizierten – Einstellung zwei melodische Bewegungen und eine harmonische Bewegung, die diesen einen Sinn gibt. Es ist gänzlich nach außen gewandt, aktiv und extravertiert in seiner Tätigkeit in der Welt, und existiert im Entzücken an den musikalischen Bildern, die es verfolgt. Wenn es wieder zu sich kommt, ist es, so wie es die erste Melodie signifiziert, grundlegend introvertiert, auch in Dur, und die Introversion ist die existenzielle Richtung eines passiven Bewußtseins.

An den vorigen Beispielen konnten wir verschiedene Bereiche der abendländischen Musik kennenlernen, den deutschen und den französischen. Der Ausschnitt aus Rimski-Korssakow öffnet uns eine andere Welt, die auf ihre

Weise die vom Abendland geschaffenen Musikstrukturen verwendet. Wenn das harmonische Bewußtsein als Urgrund der Melodie und der Harmonie das ethische Bewußtsein des Menschen ist, dann kann diese Ethik im besondern Fall schwach erscheinen, denn die Introversion und die Passivität in der Introversion sind hier ihre beherrschenden Modalitäten. Sie ist aber um so stärker, als das Selbstbewußtsein in ihr die Grundlagen seiner fruchtbaren Tätigkeit findet. Das Ethos, das den ganzen Adel des Menschen ausmacht, besteht nicht im Streben nach Adel oder Heldentum, sondern darin, eine in der Kindheit erworbene ethische Modalität für sich und durch sich zu determinieren oder auch bloß zu übernehmen, in der der Mensch die Grundlage seiner Tätigkeit findet und auf die er stets zurückkommt. Die einfache Tatsache, in sich »Unveränderliches« zu tragen, das nur von ihm selbst abhängt, macht den Menschen zu einem »Jemand« und verleiht ihm Würde. In diesem Licht sind alle ethischen Modalitäten gleichwertig, und alle können sie, wenn sie fest eingewurzelt sind, ein *Ethos* schaffen. Wenn man dieses *Ethos* als Wert fassen will, muß man die besonderen ethischen Modalitäten übersteigen und ins Auge fassen, was der ideale Seinsvorsatz des Menschen vorschreibt, nämlich die absolute Autonomie, die Seinsgrundlage durch sich selbst, was eine grundsätzlich aktive und extravertierte Einstellung bedeutet, d. h. sich *in die Zukunft* und damit in die Welt durch eine *aktive* Selbstbestimmung zu versetzen. Wie man sieht, handelt es sich um eine historische Absicht, die nur in der Geschichte zu verwirklichen ist und die deshalb – obwohl sie für sich von jedem Einzelleben durchgeführt werden kann – dennoch eine Aufgabe des Menschen als Gattung in seiner historischen Entwicklung ist, und dadurch erklärt sich die Wahl der Passivität als eine historische Stufe.

Kehren wir zum Vater der tonalen Harmonie zurück und sehen wir, mit welchem Ausdruckspotential der Wechsel des Gemütszustands und die Bewegung der melodischen Stimme das *fis* in der *Dritten Suite* von Bach beladen und wie uns der Übergang von der Introversion zu einer hochgespannten Extraversion dabei begreifen läßt, daß der Schöpfer dieser Melodie hier den zweiten Takt erwartet, um endlich sagen zu können, was er zu sagen hat.

Sehen wir auch, daß in diesem Beispiel der Melodieton die aufschlußreichste Tonposition der Harmonie ist: Terz, Quinte, dann wieder Terz, Tonika (als Sextakkord), Terz und Tonika des dominantischen Sekundakkords.

Achtes Beispiel:

4. Die rhythmischen Strukturen

Die musikalische Bedeutung der rhythmischen Strukturen bleibt noch zu untersuchen. Da der musikalische Rhythmus auf der Kadenz aufgebaut ist, verraten uns die Kadenzstrukturen das Geheimnis seiner Bedeutungen.

DIE BEIDEN RHYTHMISCHEN GRUNDKADENZEN   Ebenso, wie es nur zwei tonale Grundkadenzen gibt – die dominantische und die subdominantische –, gibt es auch nur zwei rhythmische Grundkadenzen: die zweizeitige und die dreizeitige. Da unsere existenzielle Kadenz im musikalischen Akt der Modus ist, unter dem sich das Musikbewußtsein in diesem Einbildungsakt unsere Atemkadenz signifiziert, besteht unsere einzige Möglichkeit, den Sinn dieser Grundkadenzen zu erfassen, darin, daß wir uns erinnern, daß in unserem Tun in der Welt – beim Gehen oder bei jeder beliebigen Arbeit – unsere Atmung regelmäßig ist und in einer zweizeitigen Kadenz verläuft, während sie in der Ruhe oder im Schlaf in dreizeitiger Kadenz verläuft: ♩ ♩. Beim Ruhen oder Schlafen lösen wir uns gewissermaßen von der Welt, wir leben für uns; und auf diese Weise wird für uns die dreizeitige Kadenz zur Kadenz unserer introvertierten Einstellung, die zweizeitige dagegen zur Kadenz unserer extravertierten Haltung.

Ein wichtiger Umstand verlangt allerdings Beachtung: Die erste Atmungsbewegung ist ein Einatmen, eine abziehende Bewegung der Thoraxmuskeln, ähnlich wie die erste Bewegungsgeste ein Aufheben, das Wegführen des Beines von der normalen Mittellinie des Körpers ist. Wir aspirieren und heben den Fuß aber nur, um die verbrauchte Luft aus den Lungen auszuatmen bzw. um den Fuß wieder auf die Erde zu stellen: Die erste Bewegung muß erduldet werden, damit die zweite ausgeführt werden kann. Die ursprüngliche Form der Kadenz sieht also in beiden Fällen so aus:

Vergessen wir auch nicht, daß eine Kadenz niemals allein steht und daß es stets mindestens zweier Kadenzen bedarf, um ein Tempo festzulegen. Ebenso wie bei den tonalen Kadenzen die erste Bewegung die Kadenz qualifiziert, halten wir die obige Kadenzformel (die mit einem Auftakt beginnt) für *passiv*, und zwar in dem Sinn, wie sie durch unsere körperliche – oder wenn man will: biologische – Bedingtheit bestimmt wird, so daß wir daher ihrer Struktur *unterworfen sind:* Das wäre die aktive Form. Dagegen kann das Musikbewußtsein sofort die aus dieser ursprünglichen Form sich ergebende Kadenz: aufnehmen, die dann zur aktiven Form der musikalischen Kadenz wird. So signifiziert sich die Kadenz in der *fortgesetzten* Aktivität.

Es nimmt vielleicht wunder, daß sich in den rhythmischen Kadenzen dieselben Bedeutungen ergeben wie in den tonalen; es handelt sich jedoch um zwei verschiedene Energien: Durch die tonale Dynamik signifiziert sich musikalisch die psychische Energie, und durch die rhythmische Dynamik signifiziert sich – nicht nur in der Musik, sondern auch im Leben – die *Lebens*energie, die der psychischen Energie zugrunde liegt. Diese Kadenzbedeutungen treten zu den tonalen Bedeutungen hinzu als eine Bedeutungsordnung, die sich auf die vitale Einstellung in der seelischen Aktivität bezieht, welche die Musik signifiziert.

Die erste Zeit einer Kadenz – der Abtakt, die Ausatmung, der *ictus* – wird auch *starke Zählzeit* genannt. Das heißt durchaus nicht, daß sie *betont* werden muß; denn sie ist ein noetisches Erlebnis durch die einfache Tatsache, daß beim wirklichen oder eingebildeten Hören der Melodie unsere psychische Existenz mit der Anpassung an die Verzeitlichung der Töne spontan eine Kadenzstruktur übernommen hat, die der Komponist empfand, als er sich die Melodie vergegenwärtigte. Die kadenzielle Erfassung der Melodie hebt die erste Zählzeit hervor, ohne daß diese eigens betont werden müßte, und deshalb erfassen wir das Schema eines Melodieverlaufs, indem wir die ersten Zählzeiten seiner Takte zueinander in Beziehung setzen (solange jedenfalls keine Vorhalte oder Vorschläge die Struktur komplizieren).

DER AKZENT   Der rhythmische Akzent hat eine andere Aufgabe: Durch die Betonung soll er die (von der Kadenz her) wichtigsten Zählzeiten hervorheben. So zum Beispiel die zweite Zählzeit im Dreivierteltakt der Mazurka. Da die erste Zählzeit eines Taktes stets die Position der energetischen Extraversion innehat (Ausatmen beim Gesang oder Auftreten beim Tanz), bedeutet die zweite Zählzeit der Mazurka den Schwung: Der Tänzer springt bei der Mazurka und legt alle Betonung dieser Bewegung in dieses Springen; beim Walzer dagegen bleibt der Tänzer auf der Erde und setzt den Akzent auf die erste Zählzeit. Ebenso atmet der Sänger in der Pause nach der ersten Zählzeit, auf welcher sein Motiv endet. Gleichzeitig betont der rhythmische Akzent auch die Tonposition. Er spielt also die Rolle des Tonakzents bei den Wörtern. *Es gibt keinen metrischen Akzent*, aus dem einfachen Grunde, weil der musikalische Rhythmus nicht vom »Metrum« bestimmt wird, sondern von der Kadenz.

Zum rhythmischen Akzent tritt der *Audsrucksakzent*, der die wichtigste Tonposition eines Motivs oder einer musikalischen Phrase betont. Er hängt daher von der Tonstruktur und nicht von der rhythmischen Struktur ab. Dieser Akzent entspricht also dem prosodischen Akzent in der Sprache. Er wird meist nicht bezeichnet; der Interpret versteht ihn durch die Intuition, die er vom Sinn der Phrase besitzt.

Weiterhin gibt es noch den *pathetischen Ausdrucksakzent*, der gewöhnlich durch ein *Sforzando* bezeichnet wird. Er verstärkt den tonischen oder prosodischen Akzent oder betont eine besondere, meist dissonante Tonposition.

Um die Parallele zwischen Musik und Sprache noch weiterzuführen, könnten wir noch anfügen, daß der erste Ton eines Motivs wie ein *Vokal* intoniert werden kann (so z. B. das erste *a* im *Tristan*), selbst wenn er auf der starken Zählzeit steht, oder wie ein *Konsonant* (*t* oder *d*); und wenn das auch nicht in der Partitur vorgeschrieben wird, so ist es doch für das »Verstehen« der Musik wichtiger, als man meinen sollte. Auch kann das *Motiv*, das in einer Überstruktur aus Elementarkadenzen Gestalt annimmt (da ja – ausgenommen einzelne Akkorde – eine Kadenz niemals für sich allein steht), auf der starken Zählzeit der letzten Kadenz schließen oder auf die folgende Leere übergreifen:

Im ersten Fall hat es eine männliche Endung durch den Tonakzent, der auf *f* ruht. Im zweiten Fall endet es weiblich, der Tonakzent ruht auf *e*. Die weibliche Endung wird stets durch ein kurzes Motiv bezeichnet, das sich dem vorhergehenden Motiv anschließt. Die Benennungen beziehen sich auf die ethischen Bedeutungen des Männlichen und Weiblichen, die wir in der Anmerkung erwähnt haben: Die erste Zählzeit des Taktes ist die extravertierte Position der kadenziellen Energie und bezeichnet infolgedessen den Augenblick, von dem an diese Energie sich auf sich selbst zurückwendet, sich entspannt, in die Periode der Introversion übergeht. Die Motive mit männlicher Endung schließen auf der Extraversionsposition; die Motive mit weiblicher Endung erreichen ihr Ziel auf der Periode der energetischen Introversion.

DER TAKT Weil die »Takte« fast stets aus Überstrukturen von Elementar-kadenzen bestehen, sind sie ganzzahlige Produkte dieser Kadenzen, auf die sich die eben erläuterten Signifikationen beziehen. So entsteht der Zweivierteltakt, in dem das Viertel die Überstruktur einer zweizeitigen Elementarkadenz bildet; ebenso der Dreiviertel- und der Viervierteltakt (eine Überstruktur aus halben Noten kann dem Viervierteltakt eingefügt werden, der dann der dritten Zählzeit einen im Vergleich zur ersten Zählzeit geringeren Kadenzwert gibt); weiter auch der Sechsachtel-, Neunachtel- und Zwölfachteltakt, in denen das punktierte Viertel Überstruktur einer dreizeitigen Elementarkadenz ist. Fünf-achtel oder Siebenachtel-, Fünfviertel- oder Siebenvierteltakte sind ursprüng-lich zwei- oder dreizeitige Kadenzen mit *ungleich großen* Zählzeiten. Dennoch kann der Fünfachteltakt eine Dauereinheit konstituieren. In diesem Fall glie-dert sich die Kadenz in Taktgruppen, oder sie läßt sich als 1 + 4 rhythmisieren und bildet so wiederum eine Dauereinheit. Der vierzeitige Rhythmus ist sei-nem Wesen nach von kadenzieller Stabilität. Das Höchstmaß an Stabilität, so könnte man sagen, hat der Zwölfachtel- oder Zwölfvierteltakt – die Kadenz des *Siciliano* – wegen der Dreizeitigkeit der Zählzeit. Die Verbindung von Dreizeitigkeit und Zweizeitigkeit im Sechsachtel- und Sechsvierteltakt be-zeichnet daher die subjektive Introversion in der extravertierten Einstellung (zweizeitig) vor der Welt, und die vierzeitige Struktur, wenn sie die *Selbst-*stabilität signifiziert, eine introvertierte Einstellung, die sich in der Welt exte-riorisiert; so z. B. das erste Thema in den *Meistersingern*.

DIE SYNKOPE Solange die rhythmischen Strukturen die Kadenzen nur ein-zeln nebeneinanderstellen:

sind diese nur Ausprägungen des kadenziellen Rhythmus. Aber gerade darin besteht das Wunder des Rhythmus, daß er jeder Tonposition den genauen Zeitwert zumißt, der seiner positionellen Tonbedeutung im unmittelbaren Zu-sammenhang und im Gesamtverlauf der Melodie zukommt:

Es springt ins Auge, daß die rhythmische Struktur und die Tonstruktur gleichzeitig Gestalt angenommen haben – die psychische Energie gewinnt Gestalt *in* der Vitalenergie –, und nichts kann das organische Gepräge der musikalischen Strukturen besser zeigen als diese Koessenz beider Strukturen. Die Rolle der Dissonanz spielt hier die Synkope, denn sie steht im Wider-spruch zur Kadenz; sie ist eine Weise des Melodiebewußtseins, sich dem Zugriff der Kadenz zu entziehen. Und da sie sich im Rahmen der Kadenz ergibt, ist sie natürlicherweise mehr oder weniger akzentuiert – je nachdem, ob die Musik wesenhaft motorisch (Tanz) oder expressiv (Gesang) ist. Es wäre z. B. völlig verfehlt, die Synkope im zweiten Thema der *Symphonie* von C. Franck zu betonen, wie man das bei einem rhythmisch geprägten Motiv tut. Im Dreierrhythmus ist die Struktur ♩ ♩ bereits eine Synkopierung der Kadenz, deren Grundform ♩ ♩ ist. Die einzig wirkliche Synkopierung der dreizeitigen Kadenz (denn ♪ ♩ ♪ ♩ ist eine Synkopierung der zweizeitigen *Unterstruktur*) ist doch das Umschlagen des Dreivierteltaktes in den Sechsachteltakt, wie das für die spanische Musik so typisch ist*:

NUTZANWENDUNG AUF BEISPIELE   Wir haben nur die grundsätzlichen Kadenzstrukturen berühren können. Eine phänomenologische Untersuchung der Bedeutungen, die sie den Tonstrukturen geben, bleibt noch zu leisten; wir können aber ein paar Beispiele schon vorwegnehmen:

1. Die Innenstimme im *Tristan*vorspiel hat eine passive Kadenz mit weiblicher Endung, wogegen die extravertierte Stimme eine aktive energische Kadenz mit männlicher Endung aufweist (der kurze Vorhalt *ais* läßt den aufsteigenden Halbton zu einem einzigen Abtakt werden), was den tonalen Sinn der beiden Motive auf einzigartige Weise vervollständigt.

2. Die Arie des Cherubin wie auch die des Sarastro haben extravertierte energische aktive Kadenzen, bei Cherubin (mit einer Ausnahme) mit männlicher Endung und mit variablen Endungen bei Sarastro.

3. Das Allegretto von Beethoven entfaltet sich ganz und gar auf einer aktiven energischen Kadenz mit männlicher Endung (die zweite Zählzeit des zweiten Taktes und ähnliche Stellen fungieren bloß als »Bindeglieder«), wodurch sich der energische Charakter dieses düsteren Satzes erklärt.

4. Das Brahmssche Beispiel besteht gänzlich aus aktiven Kadenzen, nur beim Eintritt des Themas, das aus der Aktivität befreit, erscheint eine passive Kadenz.

Verweilen wir einen Augenblick bei einem Beispiel, der *Träumerei* von Schumann, in dem die rhythmischen Kadenzen den Sinn des Stückes besonders deutlich offenbaren:

---

* Ich halte es übrigens für falsch, hier den Sechsachteltakt zweizeitig zu schlagen, denn mir fällt auf, daß dabei die für den spanischen Tanz so charakteristische metrische Strenge beeinträchtigt wird. Wenn man auf dem Standpunkt steht, daß der Sechsachteltakt eine Synkopierung des Dreivierteltaktes ist, so muß man gerade deswegen in den meisten Fällen einen Dreiertakt schlagen, um das *Tempo giusto* zu wahren und dadurch die Musiker zu zwingen, von sich aus die synkopierte Betonung der zweiten Zählzeit im zweiten (6/8) Takt auszuführen.

Charakteristisch für das Stück (mit passiver Kadenz in Dur!) ist zunächst einmal der lange Zeitwert des ersten f und der Umstand, daß das erste Motiv auf einer Synkope im zweiten Takt anhält. Der Träumende schweift umher, sein Traum entzieht sich dem Zwang der Kadenz. Das dritte und vierte Motiv stehen auf der zweiten bzw. dritten Zählzeit des Taktes. Erst bei der Wiederholung der Phrase (Ende des vierten Taktes) rückt es mit einem Schwung auf eine starke Zählzeit, steht dann aber wieder auf dem dritten Taktteil. Dieses Umherschweifen auf der rhythmischen Kadenzformel bleibt bis zum Schluß, in einem Melodieverlauf, der außer der Anfangsphrase nichts wiederholt. Die melodische Dialektik erfordert die Verwendung von *Imitationen*, um den notwendigen Identitätsbeziehungen Rechnung zu tragen, aber auf dem Höhepunkt des Hauptmotivs ergeben sich – mit Ausnahme der beiden Mittelphrasen – jeweils andersartige affektive Spannungszustände. Wenn der Hörer den Titel des Stückes nicht kennen sollte – er fände ihn von selbst*.

SCHLUSSFOLGERUNG   Diese wenigen Beispiele haben bereits genügt, um eine Vorstellung von dem außerordentlichen Bedeutungsreichtum der Musik und der Vielfalt affektiver und ethischer Modalitäten zu vermitteln, die sie auszudrücken vermag durch stets gleiche Mittel, die aber Mittel einer universellen Sprache sind. Da die Musik ein Einbildungsakt ist, haben ihre Strukturen nur Bewußtseinssignifikationen und nichts anderes. Sie muß also Gegenstand einer erschöpfenden Analyse sein können. Diese Analyse wird natürlich niemals etwas anderes sein können als eine Übersetzung des »Gehalts« der Musik in eine andere Sprache als die ihre; die Übersetzung jedoch ist – im Fall der phänomenologischen Analyse – das einzige, das durch Worte das erlebte Phänomen auszudrücken imstande ist. Diese Worte sind – da sie dem Phänomen exakt adäquat sind, wie man sich versichern kann – ihre Übersetzung oder, wenn man will: ihre unmittelbare und authentische Interpretation. Die Tonstrukturen werden jedoch immer nur im Hinblick auf einen *besonderen* musikalischen Vorsatz zur Anwendung gebracht, in dem das einbildende Musikbewußtsein seinen Seinsvorsatz signifiziert. Anhand dieser verschiedenen musikalischen Vorsätze, deren konkrete Typen wir untersuchen wollen, werden sich endgültig die Anwendung der Strukturen und ihre Analyse klären.

* Auf die Feststellung des reaktionär gesinnten Komponisten Hans Pfitzner, daß es ein dilettantisches Unterfangen sei, dieses Meisterwerk erklären zu wollen, schrieb Alban Berg in den *Musikblättern des Anbruch* eine scharfe Entgegnung (zitiert in Willi Reichs Berg-Biographie, Wien 1937). Bergs Analyse macht die Eigenschaften der Tonstrukturen und den Bedeutungsreichtum deutlich, den sie durch die Verwendung der freien, stets abgewandelten Imitation erhalten; die Verwendung der tonalen Funktion jedoch, die im Schönberg-Kreis als Zeitgewohnheit galt, welche man aufgeben konnte, scheint er für nebensächlich zu erachten. Er verliert dadurch aber das Wesentliche aus den Augen, was die »Imitationen« und der Tonstruktur überhaupt gerade einen Sinn verleiht. Denn wieso kann das f des zweiten Taktes etwas anderes aussagen als das f im ersten Takt, wenn nicht deshalb, weil das Hörbewußtsein es auf den subdominantischen Klang setzt, wogegen es sich das erstemal auf dem Tonikaklang situiert? Bergs Analyse erklärt tatsächlich gar nichts außer Struktur-»Fakten«, weil sie unberücksichtigt läßt, was diesen Fakten einen Sinn gibt.

C. DIE VERSCHIEDENEN MUSIKALISCHEN VORSÄTZE

1. Die Entstehung der Form

Der schematische Oktavvorsatz hat uns die Basis der tonalen Form geliefert und damit zugleich die Grundlage aller musikalischen *Form:* T-D-T. Machten wir hier halt, so lernten wir die Bedingungen der »Form« nur unter dem Blickwinkel der *dynamis* kennen, der inneren Dynamik, welche jeder Form zugrunde liegt. Das Einbildungsbewußtsein, das das melodische Bild erschafft, kennt nur *Motive* und erzeugt seinen Melodieweg durch eine dialektische Verknüpfung von Motiven. Durch die *Dialektik der Motive* entsteht also die *Melodie* und damit die äußere Form des Stückes. Bei der Untersuchung von Tonstrukturen, die wir weiter oben vorgenommen haben (Anmerkung II), ließen einige Beispiele von *thematischem Stil* – wir kommen auf diesen Begriff noch zu sprechen – die grundsätzlichen Gesetze dieser Dialektik deutlich werden, die bereits in der *kontinuierlichen* Melodie wirkt. Grundlegend beruht sie auf dem Identitätsprinzip, und dieses Prinzip zielt ab auf die *kadenzielle* Struktur des »Motivs«. Es genügt, daß das Musikbewußtsein als Selbstbewußtsein eine rhythmische und melodische *Kadenz*struktur erlebt, um als thetisches Bewußtsein der melodischen Bewegung zwischen ihr und einer analogen Struktur eine Identitätsbeziehung und eine dialektische Beziehung zwischen deren melodischen Strukturen herstellen zu können; aus diesem Grunde bilden die Rhythmen des Morse-Alphabetes und die bloßen rhythmischen Kadenzen bereits eine Sprache, nur daß diese eben noch keinen Tonsinn und damit keinen Inhalt hat.

DIE ENTSTEHUNG DER MOTIVDIALEKTIK   Die kadenzielle Identitätsbeziehung kann das zweite Motiv in seiner Eigenschaft als Kadenzstruktur als effektiv »identisch« zum ersten Motiv oder als von diesem verschieden bestimmen. Im ersten Fall kann die *Ton*struktur andersartig sein, im zweiten ist sie es zwangsläufig. In beiden Fällen kann das zweite Motiv, je nach seinem Umriß, den Sinn einer Antwort auf das erste Motiv annehmen oder aber den einer Antithese dazu – solange gilt, daß jede Aussage und jede Thesis tatsächlich eine Frage bildet, die nach einer Antwort verlangt. Wenn dem so ist, dann bilden die beiden Motive bereits ein Ganzes, der melodische Verlauf kann hier aufhören. Oder der Tonverlauf des zweiten Motivs kann als einfache Fortspinnung des ersten Motivs erscheinen, die einen Abschluß erfordert. Das dritte Motiv *beginnt* dann die Vollendung der dialektischen Bewegung und kann sie auch selbst herbeiführen, wenn es nicht wiederum eine (stets auf der kadenziellen Identitätsbeziehung beruhende) Verknüpfung von zwei oder drei Motiven nach sich zieht, in welchem Falle die gesamte Dialektik eine dreizeitige

formale Überstruktur zur Erscheinung bringt, die als *Unterstruktur* eine drei-
oder vierteilige oder noch weiter unterteilte Struktur aufweist.

So würde eine erste dialektische Bewegung Gestalt annehmen, die sich unendlich fortsetzen könnte; denn der melodische Vorsatz gibt *a priori* bloß
einen *Existenzweg*, der ohne Ende sein könnte (wie in der Improvisation) und
der auch unendlich wäre, träte jetzt nicht der Seinsvorsatz dazwischen, der ein
begrenzter, beschränkter ist, durch das Schema T-D-T signifiziert wird und
dadurch die Rückkehr zur anfänglichen Tonperspektive, die Rückkehr zu
sich, vorschreibt. Diese Rückkehr zu sich zieht fast zwangsläufig, wenn auch
nicht unausweichlich, für das melodische Bewußtsein die Rückkehr zur ersten
Gegebenheit nach sich, zur anfänglichen Melodie: Es genügt allerdings auch
die bloße Anspielung, solange nur die anfängliche Tonperspektive wiederaufgenommen wird und melodisch ein abschließender Sinn erscheint, d.h. eine
endgültige Antwort auf die erste melodische Gegebenheit. Darüber hinaus
geht ein dialektischer Signifikationsakt stets um eine einfache oder komplexe
melodische Gegebenheit, auf deren weiteren Verlauf immer wieder angespielt
werden muß.

Die weiter oben zitierten gregorianischen Melodien entstehen zwar sämtlich
aus der dialektischen Motivverknüpfung, ihre Struktur ist jedoch – abgesehen
von der bald zwei-, bald dreizeitigen Kadenz – undifferenziert. Die formbildende Kraft liegt hier ausschließlich in der Tonbewegung. In den Gesängen
der Troubadours und Trouvères dagegen finden sich die ersten Beispiele einer
melodischen Dialektik, die auf der durch die rhythmische Struktur der Motive
ermöglichten Identitätsbeziehung beruht. Dieser Unterschied zwischen dem
gregorianischen Choral und den ersten weltlichen Gesängen ist übrigens die
erste Erscheinung einer Differenzierung des musikalischen Vorsatzes, die wir
bei der Untersuchung der harmonischen Formen besser begreifen werden. Im
gregorianischen Choral sind Melodiebewußtsein und das sich ihm anpassende
Selbstbewußtsein nur eins, nämlich das psychische Selbstbewußtsein, das sich
unmittelbar durch den Gesang signifiziert, so daß seine Gesänge keine
anderen Kadenzen haben als seine existenziellen Kadenzen. Wie wir sehen
werden, transzendiert im Gesang der Troubadours die melodische Kadenz
die existenzielle Kadenz, was heißen soll, daß sich das melodische Gefühl auf
dem Hintergrund der existenziellen Kadenz entwickelt, daß sich die melodische Kadenz von der existenziellen Kadenz differenziert und daß das Selbstbewußtsein in seinem musikalischen Ausdrucksakt sich durch ein Gefühl *von
etwas* signifiziert, von etwas, das auf seine Weise der poetische Vers ausdrückt. Zum erstenmal offenbart sich hier das *Lyrische*.

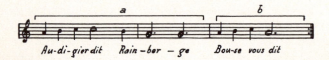

Au-di-gier dit Rain-ber-ge   Bou-se vous dit

Dieses Lied aus dem *Jeu de Robin et de Marion* von Adam de la Halle (13.
Jahrhundert) besteht aus zwei melodischen Kadenzen, einer zweitaktigen
und einer eintaktigen; beide beruhen auf einer zweizeitigen Kadenz mit dreizeitiger existenzieller Unterstruktur. Die zweizeitige Kadenz (eintaktig) bestimmt das gemeinsame *Tempo* der existenziellen und der melodischen Kadenz. Das zweite Motiv ist die Wiederholung des ersten und hört mit der
Rückführung der Tonbewegung zur Ausgangsposition plötzlich auf, so daß
es den Sinn einer »Antwort« zum ersten Motiv annimmt. Das sagt auch
der Text. Denn was sagt uns dieser Audigier, genannt Rainberge? »Bouse«
(sagt er uns), und dieser Ausdruck (wörtlich »Kuhmist«) vertrat zu jener Zeit
das noch nicht geläufige Götzsche Kraftwort. Der Sänger »trotzte der Schick-
lichkeit«, indem er solche Sachen musikalisch ausdrückte. Die beiden Motive
zusammen sind bereits eine in sich geschlossene Melodie, die sich zur Identifizierung durch das Musikbewußtsein wiederholen muß; der Sänger wiederholt sie tatsächlich auch, sooft er dazu passende Worte findet.

Das ist eine geschlossene »Form«; dennoch berührt der Melodieverlauf
nicht die Dominante. Er enthält sie jedoch essenziell durch das, was die *Seins*-
grundlage für ein sich verzeitlichendes Selbstbewußtsein ausmacht: das Fortschreiten von einer Selbstbestimmung *(a)* zu einer neuen Selbstbestimmung
(letztes *a*), in der es sich wiederfindet, durch eine Zukunft *(g)* hindurch. Darüber hinaus sind die Beziehung *a-g* und die Beziehung *a-c* Funktionen der
Quinte, so daß die Dominante impliziert im Verlauf gegenwärtig ist.

Ein anderes Lied aus demselben Spiel weist eine ähnlich gebaute Melodie
auf, hier allerdings mit kadenzieller Strukturidentität zwischen den beiden
ersten Motiven; das zweite Motiv wirkt durch seine Tonstruktur wie eine
erste Antwort auf das erste Motiv:

Der erste melodische Schwung setzt sich in einer sechstaktigen Phrase
fort (b), gebildet aus einer viertaktigen Phrase und einem zweitaktigen
Motiv. Es folgt die zweimalige Wiederholung der leicht abgeänderten ersten
Phrase – die kleine kadenzielle Änderung am Schluß genügt, den Eindruck

des Variierten zu bewirken. Diese zweite Periode vervollständigt sich mit der in der Endung leicht abgewandelten Wiederholung der zweiten Phrase. Das ganze Stück schließt mit einer Wiederholung *(da capo)* der ersten Periode, um zu den anfänglichen Textworten zurückzukehren, die durch alle Strophen des Liedes hindurch dieselben bleiben. Wir haben es hier also mit einer *dreiteiligen Form* zu tun:

$$A \qquad\qquad B \qquad\qquad A$$
$$a\ b \qquad\qquad a'\ a'\ b' \qquad\qquad a\ b$$

An diesem Beispiel können wir sehen, daß – vom Tonalen her gesehen – die zweiteilige Form die einfache Rückkehr zur Ausgangsposition oder -perspektive darstellt. Die dreiteilige Form dagegen ist eine *signifizierte* Rückkehr zur Ausgangsgegebenheit. Die dauernde Wiederholung der Phrase A mit demselben Text gibt ihr die Bedeutung eines *Refrains*, und diese dreiteilige Struktur ist die Keimzelle der *Rondo*form.

Gehen wir von diesen Beispielen über zu den Gesängen der Troubadours und Trouvères, so können wir beobachten, wie die melodische Dialektik in einem durchgehenden Atem vielfältige und größere zwei- und dreiteilige Formen schafft:

In diesem bewundernswürdigen Lied von Bernart de Ventadorn *(Can vei la laudeta mover)* entwirft die Dialektik des Melodiebewußtseins in einem Zuge vier aufeinanderfolgende Phrasen von identischer Kadenzstruktur, deren Tonverlauf jedoch wie ein Fortspinnen der ersten Bewegung wirkt. Diese vier Phrasen, die uns von *d* nach *g* führen, von *g* nach *a* (über *c*), von *c* über *d* nach *g-f* und von *f* nach *e-d* (über *c*) bilden ein Ganzes, weil sie zur Ausgangsposition zurückführen; und diese vierteilige Formstruktur stabilisiert die gesamte melodische Bewegung in der Dauer. Die Dominante *a* wurde bisher nur im Durchgang berührt; deshalb ist sie auch die Anfangsposition der zweiten Periode, die uns nach vier Phrasen von derselben Kadenzstruktur wie die vorigen zur Ausgangsposition zurückführt. Die dialektische Bewegung hat daher eine zweiteilige Form A B entstehen lassen, die aber eine dreiteilige Struktur überlagert, denn die Phrase *g* ist wie eine Wiederholung der Phrase *b*, die uns vom vorhergehenden *f* zu *e* und dann zu *d* führt.

Ein anderes Lied von Bernart de Ventadorn wird uns den Unterschied zeigen zwischen einer dreiteiligen und einer mit einer Koda versehenen zweiteiligen Form:

Deutlich bildet die Struktur A A B B eine in sich geschlossene Melodie, die zweite Phrase von B *(d)* nimmt A wieder auf und führt uns in bezeichnenderer Weise als Phrase *b* von *c* zu *f*. Die Phrase *e* ist daher ein Anhängsel, eine Koda, die nur einmal gesungen wird, nachdem auf jede Periode je zwei Couplets gesungen worden sind.

An das erste, eineinhalbtaktige Motiv schließt sich ein Motiv an, das den so bezeichnenden Auftakt-Abtakt, mit dem das erste schließt, wiederaufnimmt; dann ein weiteres Motiv, von derselben Kadenzstruktur, dem eine Pause folgt, die von der Kadenzstruktur her notwendig ist und die Wiederholung zum Zwecke der Identifizierung dieser ersten Phrase erlaubt. Bei der Wiederholung steht anstelle der Pause der Beginn eines neuen Motivs, das die vorhergehende Kadenzstruktur wiederholt (eineinhalb Takte) und nach *e* führt. Von *e* aus beginnt ein neues Auftakt-Abtakt-Motiv, das wiederholt und auf zweieinhalb Takte erweitert wird. Hier schiebt sich plötzlich von *c* aus ein Zwischensatz ein, der zum Anfangsmotiv von B überleitet, dem sogleich ein eineinhalbtaktiges Motiv folgt, das zu *e* führt. Zwei je zweitaktige Motive (ihre Taktdauer ergibt sich aus der eineinhalbtaktigen Struktur) führen uns wiederum von *c* zum Abschluß, der – allerdings in der Richtung zum Grundton hin – die Endung der ersten Phrase wiederholt, die zur Dominante geführt hatte.

Dieses *Reis glorios* von Guiraut de Bornelh scheint dreiteilig zu sein, denn der zweite Teil von B, der auf der dritten Sequenz beginnt, ist eine kadenzielle Wiederholung der ersten Phrase, welche die Melodie durch eine viertaktige Phrase abschließt, die wie die erste wiederholt, aber wegen der Endung bei der Wiederholung variiert ist. Man kann in dieser Struktur aber auch die von den Minnesängern adoptierte Form A A B erblicken, die Hans Sachs in den *Meistersingern* dem Walther ans Herz legt: *Zwei Stollen und ein Abgesang*, wobei der Abgesang hier (von *c* an) sehr entwickelt wäre.

Wir wollen diese Melodie nicht verlassen, ohne auf die außerordentliche Erfindung und Freiheit der Erfindung, die sie bezeugt, aufmerksam gemacht zu haben. Mit einem einzigen Schwung führt sie zur Quinte, kreist um sie, bleibt auf ihr liegen und bezeichnet sie so als den Zielpunkt der Melodiebewegung. Nach dieser ersten Phrase, die auf dem Dreischritt *d-g-a* gegliedert ist, tritt sie ein in den Umkreis des Dreischritts *a-e-d*, schreitet aber fort bis zum *c*, das als neuer Ausgangspunkt wiederaufgenommen wird. *Nolens volens* tritt sie jetzt in den Umkreis des Dreischritts *c-f-g*, ohne daß das erschaffende Bewußtsein *a* und *e* aus den Augen ließe, mit deren Hilfe es zum Abschluß zu seiner Ausgangsperspektive zurückkehren kann: *g-a-g-d-e-f-e-d*.

Wir haben diese Beispiele nach der rhythmischen Interpretation der heutigen Musikhistoriker Besseler, Gérold und Reese notiert. Prof. Handschin hielt diese Interpretation für zweifelhaft, und es spricht viel dafür, daß die Troubadours und Trouvères ihre Lieder frei kadenzierten. Nach Handschin jedoch geschah das höchstwahrscheinlich in einer der beiden Modalitäten der dreizeitigen Kadenz: ♩♩ oder ♩♪. Weiter haben sich die Musikhistoriker gefragt, ob nicht die Kunst der Troubadours aus den »Sequenzen« der geistlichen Musik entstanden sei. Diese Fragestellung erscheint uns verfehlt; denn wenn die erste Kultur des abendländischen Musikbewußtseins wirklich der Kirchengesang gewesen ist, so eröffnet die Kunst der Troubadours einen neuen Bereich, den *weltlichen Bereich*, in dem ihre ersten Äußerungen übrigens noch religiöses Gepräge aufwiesen: die Hingabe des Dichter-Musikers an seine Herrin. Stehen wir jedoch auf dem Standpunkt, daß die christliche Unterweisung das im musikalischen Einbildungsakt tätige psychische Selbstbewußtsein zur Autonomie geweckt hat, so muß dieses Bewußtsein christlich, d.h. autonom und aktiv auch im weltlichen Bereich bleiben; auch dort mußte seine

Autonomie Früchte tragen. Beim Übergang vom gregorianischen Choral zum weltlichen Lied wechselte der Musiker im allgemeinen von Prosa zum Vers, und der Kern des Problems liegt darin, daß sowohl die poetische als die melodische Dialektik eine *gemeinsame* Wurzel haben: die zwei- oder dreizeitige Kadenz. Allerdings ist der poetische Rhythmus, wenn er kadenziell ist, nicht streng gemessen (der Anhaltspunkt der Kadenz kann durch den *Akzent* einfach hervorgehoben werden), wogegen der musikalische Rhythmus, wie wir gesehen haben, die Kadenz *stilisiert*, indem er ihr eine metrische Mensur verleiht, die zwischen den syllabischen Dauern *quantitative* Unterschiede und so anstelle des Akzents die *Quantität*, das Gewicht, setzt oder ihn durch die Quantität hervorhebt. Aber gerade hier werden wir die Konsequenz der vom Musikbewußtsein erworbenen Autonomie sehen.

VORRANG UND BEIBEHALTUNG DER DREIZEITIGEN KADENZ   Die Troubadours und Trouvères schufen Text und Musik gleichzeitig, wie das in der Folklore überhaupt der Fall ist: Kadenz des Verses und Kadenz der Melodie entstehen zusammen, die letztere gibt der ersten eine musikalische Gestalt. Diese dichterisch-musikalische Form beruht stets auf den zwei- oder dreizeitigen Grundkadenzen, die Kunst der Troubadours und vorher schon die Mehrstimmigkeit des Notre-Dame-Kreises führen ein neues Prinzip ein: das Fortspinnen einer selben, zunächst dreizeitigen kadenziellen Struktur.

Wir haben weiter oben auf die Untersuchungen von Constantin Brailoiu über die Volksmusik verwiesen, die er für von einem rhythmischen System beherrscht hält, das er den *giusto syllabique bichrone* nennt. »Ich habe diese Benennung aus vielen ähnlichen, in Frage kommenden nur *faute de mieux* gewählt«, schreibt er. *Giusto* ist hier in dem heute geläufigen Sinn von regelmäßiger, gleichmäßiger Bewegung verstanden – im Gegensatz zu *rubato*. *Syllabique* und *bichrone* sollen bedeuten, daß wir es mit rhythmischen Wirkungen zu tun haben, die aus der Verwendung von zwei verschiedenen Silbenqualitäten entstehen, welche eine so innige Verschmelzung der Elemente des Gesangs – Musik und Wort – bewirken, daß hier der Rhythmus im Metrum entsteht und sich durch das Metrum erklärt... Die unterscheidenden Merkmale des *giusto syllabique bichrone* sind:

»1. Die ausschließliche Verwendung von zwei variablen Dauern mit dem Verhältnis 1:2 oder 2:1.

2. Die freie Abwechslung von Elementargruppen, die aus zwei oder drei dieser Dauern gebildet sind.«

Dieser letzte Punkt besagt: Die freie Abwechslung von zwei- oder dreizeitigen Grundkadenzen, die auf dem kleinen oder dem großen Wert beruhen: ♩♪ pyrrhisch; ♪♩ jambisch; ♩♪ trochäisch; ♩♩ spondäisch; ♪♪♪ tribrachisch; ♪♩♪ anapästisch; ♪♪♩ amphibrachisch; ♩♪♪ daktylisch; ♩♩♪, ♩♪♩, ♪♩♩, ♩♩♩ päonische Typen.

Daher ist im *giusto cantando* die Grundkadenz, auf der die melodische Phrase Gestalt annimmt, nicht konstant. Um es zu wiederholen: Es handelt sich hier um dasselbe rhythmische System wie im gregorianischen Choral, mit einer allerdings viel größeren Vielfalt und betonteren rhythmischen Ausprägung. Die musikalische De-

klamation des Verses verleiht den Silben und Wörtern eine bestimmte Ausdrucks-
qualität, und zwar durch die relative Betonung der tontragenden Silbe in jeder
Grundkadenz oder durch die Differenzierung der Silbendauern:

Beachtenswert ist, daß in diesen Beispielen dieselbe Silbe oder dasselbe Wort nicht
immer dieselbe Kadenzstruktur oder kadenzielle Betonung hat, wodurch der Aus-
druckssinn, den der Sänger dem Vers geben wollte, hervorgehoben wird*.

Daß ein und dieselbe (dreizeitige) Grundkadenz in den Liedern der Troubadours ständig vorhanden ist, können wir schlechthin als Zeichen dafür werten,
daß das affektive Selbstbewußtsein zur Autonomie gelangt ist und sich vom
Melodiebewußtsein differenziert (wenn auch nicht losgelöst) hat. Eben weil
der Troubadourgesang das Werk eines sich durch den gesungenen Vers signifizierenden Selbstbewußtseins und eines Bewußtseins ist, das *thetisches* Bewußtsein des gesungenen Verses und *unreflektiertes* Selbstbewußtsein ist, nimmt das
Selbstbewußtsein eine *permanente* elementare Kadenzstruktur an, um sich die
freie Kadenzierung des gesungenen Verses signifizieren zu können. Man sieht
in Beispiel Seite 306 deutlich, wie sich die Motivdialektik zwischen der zwei-

zeitigen Kadenzstruktur des ersten und zweiten Elementarmotivs bildet, wobei die Kadenzstruktur des zweiten Motivs durch den Auftakt ins erste übergreift und es so wie eine Fortsetzung des ersten Motivs erscheint, mit dem es
ein Ganzes, eine Phrase, bildet. Die kadenziellen Identitätsbeziehungen vollziehen sich jetzt von Phrase zu Phrase, jede Phrase tut sich kund als eine Fortspinnung der aufsteigenden melodischen Bewegung, bis zum *c*, mit dem der
Abstieg beginnt. Die Periode *c–d* signifiziert sich so als eine Antwort oder

---

* Wir kommen hier dem sogenannten *Sprechgesang* sehr nahe, der gerade darin besteht,
daß die Intonation von Silbe zu Silbe verändert wird, aber nicht mit Hilfe von bestimmten
»Tonhöhen«, sondern nur durch Veränderung der Betonung und der Dauer.
    Der Sprechgesang war die Vortragsart der alten Barden, er erhält sich heute noch bei
Ausrufern, Marktschreiern und Zeitungsverkäufern: Zweifellos ist aus ihm der Vers entstanden. Schönberg griff ihn in seinem *Pierrot lunaire* wieder auf.

Antithese zur Periode *a-b*. Ferner betont die dritte Wiederholung der vierzeitigen Phrase den Augenblick, in welchem die eigentliche Dialektik in die *Aktivität* übergeht, denn hier beginnt die »Antwort«, und die vierzeitige Überstruktur der Phrasen setzt die Stabilität des auf *a* begonnenen Melodieweges (Periode A).

Man könnte versucht sein, den ersten Vers dieses Beispieles wie folgt zu betonen: Can *vei* la *lau*-de-*ta* mo-*ver*. Durch die dreizeitige Grundkadenz kann das Selbstbewußtsein aber seiner unmittelbaren Gegebenheit entgehen – den Silben, dem Wort, dem Artikel und der Verbergänzung –, um die gesamte Phrase zu transzendieren, indem es ihr – wenn sie nach Besselers Vorschlag deklamiert würde – die folgende Betonung gibt:

in der der erste Takt *Auftakt* ist und das zweite Motiv einen Auftakt und eine männliche Endung hat. Wir dürfen nicht vergessen, daß die erste Zählzeit eines Taktes nicht notwendig eine *starke* Zeit sein muß – hier ist sie es jedenfalls nicht wegen der Transzendenz der Phrase –, und wenn die Silbe *lau-* einen leichten tonischen Akzent erhält, so fällt der prosodische Akzent hier auf die letzte Silbe.

Im *giusto cantando* waren Melodiebewußtsein und Selbstbewußtsein nur eins, und die existenzielle musikalische Kadenz war von der rhythmischen Kadenz eingegeben, die das Bewußtsein der Phrase ihren aufeinanderfolgenden Gliedern geben wollte, in welchen es *unmittelbar gegenwärtig* war. Daher ändert sich die existenzielle Kadenz von einem Augenblick zum andern. Indem es aber dem gesungenen Vers eine Kadenz gab, die anders war als seine existenzielle Kadenz, benutzte das musikalische Selbstbewußtsein sein Vermögen zur *Transzendenz in der Dauer*, das dem menschlichen Selbstbewußtsein eigentümlich und Zeichen seiner Autonomie ist. Denn das tierische Bewußtsein kennt bloß die Transzendenz im Raum, die Transzendenz zum Entfernen in der unmittelbaren Dauer. Dieses Vermögen zur *Transzendenz in der Dauer* besaß das im *giusto cantando* wirkende Bewußtsein tatsächlich, weil es auf den Sinn der Phrase abzielte; es hatte sich dieses Vermögen jedoch noch nicht durch seine – zu seiner eigenen existenziellen Kadenz relativen – Freiheit zur Kadenzierung in der Dauer signifiziert. Aus dieser Freiheit mußte unter anderem auch das Kadenzverhältnis 3 : 1 ♩. ♩ entstehen, das in unserer Musik so häufig ist und im *giusto cantando* gänzlich fehlt.

DER ANBRUCH DES HARMONISCHEN ZEITALTERS   Der Anbruch des harmonischen Zeitalters hat in nichts den *Prozeß* der melodischen Dialektik verändert, er hat jedoch die Situation und (durch eine *signifizierte* Differenzierung seiner Aktivität als Melodiebewußtsein und seiner Aktivität als harmonisches Bewußtsein) sogar die innere Struktur des Musikbewußtseins beträchtlich verwandelt.

Zunächst einmal gestattet die Verwendung des polyphonen Stiles dem Musikbewußtsein, seinen dialektischen Bereich auszudehnen und kontinuierliche Melodiewege von einer Strukturfreiheit in der Kontinuität zu schaffen, wie sie dem rein melodischen Stil nicht erreichbar war. Als Beleg hierfür diese Melodie von Bach, die in der *Ouvertüre* der *h-moll-Suite* als Einleitung dient:

Dom. von H

Auf der Grundlage einer zweizeitigen existenziellen Kadenz – 𝄽𝄾 – erzeugt das Musikbewußtsein ein melodisches Motiv von vierzeitiger Viertelkadenz, das uns sofort zum zweiten Takt bringt. In diesem Augenblick aber nimmt die introvertierte Stimme (der Baß) für sich das Motiv wieder auf und wiederholt es weiterhin auf verschiedenen Tonpositionen im vierten, sechsten und achten Takt. Dadurch bestimmt sie eine harmonische Bewegung, die vom anfänglichen Tonhorizont (*h*-moll) zum Tonhorizont von *D*-dur (Paralleltonart) führt. Hier entwickelt sich also in der Baßstimme eine auf der Identitätsbeziehung gegründete melodische Dialektik. Durch den sich daraus ergebenden harmonischen Übergang kann das Musikbewußtsein seinen Melodieweg aus seinem Anfangsschwung heraus *frei* fortsetzen. Dieser Melodieweg besteht zunächst aus vier Takten, es folgt dann ein zweitaktiges Motiv, das in einer neuen harmonischen Perspektive wiederholt wird (Identitätsbeziehung) und in die Reprise des (variierten) Anfangsmotivs mündet, die uns durch einen neuerlichen viertaktigen Schwung zum Tonhorizont von *D*-dur führt, zu dem der Baß hinleitet. So war im harmonischen Zeitalter der in der Mehrstimmigkeit verwendete imitierende Stil das erste Mittel zur Emanzipation der Melodie, die erste Weise, durch die sich die musikalische Sprache von der dauernden Verwendung des eine strenge Periodizität erfordernden Identitätsprinzips befreien konnte. Danach konnte jedoch das harmonische Bewußtsein seinerseits seinen Tonweg schaffen, ohne stets auf den imitierenden Stil zurückgreifen zu müssen, und das geschieht hier eben in der Phrase B unseres Beispiels, wo der Baß vom Tonhorizont *D-dur* durch *A-dur*, *e-moll* und *D-dur* zur Dominante der Ausgangsposition zurückführt. Dank der zugrunde liegenden harmonischen Bewegung gewinnt die Melodie eine Freiheit des tonalen und rhythmischen Verlaufs, wie sie sie vorher nicht gekannt hat. In unserem Beispiel läuft sie in einem fast ununterbrochenen Schwung von zwanzig langen Takten vom Beginn dieser Einleitung bis zum Ende. Weil die Einleitung in der Dominante der Anfangstonart schließt, kann das folgende *Allegro* auf natürliche Weise zur Ausgangstonart zurückkehren und dann eine neue, langsame Periode beginnen lassen, die – ein Gegenstück zur ersten Periode – eine allmählich immer stärker werdende Ähnlichkeit gewinnt zur Phrase B, wenn sie auch sehr variiert ist (sie ist von dreizeitiger Kadenz). Mit wiederum einem einzigen Schwung führt sie unter Verwendung des imitierenden Stils von *h*-moll zu *h*-moll zurück. Diese Ouvertüre läßt also eine dreiteilige tonale Form entstehen, die man wie folgt schematisieren kann:

Langsam	*Schnell*	*Langsam*
T-D	D-T	T-T

Während uns das erste Glied dieser Form in die Extraversion führt (parallele Durtonart und Dominantperspektive), bewegt sich das dritte mehr in der Introversion (Subdominante), um dann mit einer dominantischen Kadenz zur Perspektive der Grundtonart zurückzuführen.

ZUSAMMENFASSUNG   Anhand dieses letzten Beispiels können wir die Bedingtheit der *Form* zusammenfassen, wie sie alle unsere Beispiele aufzeigten. Die Form entsteht zugleich äußerlich durch die Dialektik der Motive und innerlich durch die tonale Bewegung, die ihr zugrunde liegt. Sie ist die vollkommene Adäquatheit zwischen einer melodischen Dialektik – die auf den Identitätsbeziehungen beruht, welche sich zwischen den Kadenzstrukturen der zur Melodie verknüpften »Motive« herstellen lassen – und einer tonalen Bewegung, die auf den Kadenzen der Dominante, Subdominante und zu diesen Funktionen parallelen Stufen beruht. Diese beiden Strukturen haben in ihrem ganzheitlichen Weg denselben Sinn, aber die tonale Bewegung ist es, die diesem Weg einen Sinn verleiht.

D IE AUTONOME F ORM IM HARMONISCHEN Z EITALTER   Jetzt können wir verstehen, daß mit Anbruch des harmonischen Zeitalters das abendländische
Musikbewußtsein *autonome* Formen schaffen konnte, d.h. daß es bei der Erschaffung der Form mittels der melodischen Dialektik nicht mehr der Stütze
eines Textes bedurfte. Wagner hat (wie wir in einer Anmerkung erwähnt
haben) dieses Vermögen der Musik unter dem Vorwand bestritten, daß ihr der
»moralische Wille« fehle. Das Musikbewußtsein ist zwar tatsächlich kein »moralisches«, wohl aber ein »ethisches« Bewußtsein. Und seine ethische Bestimmung, d.h. seine freie affektive Selbstbestimmung durch sich selbst, ist ein
»Wille«, der, auch wenn er unreflektiert bleibt, um nichts weniger ein Wollen
und ein Können ist. Dieser Wille ist bereits in der kleinen Melodielinie am
Werk; im harmonischen Stil erleben wir aber, wie er sich von der eigentlichen
melodischen Aktivität differenziert und sich für sich selbst *signifiziert*.

Durch den Umstand, daß sich in der Harmonie das Selbstbewußtsein radikal vom Melodiebewußtsein absetzt (ohne sich jedoch von ihm abzutrennen)
– indem sich das erste in den Grundtönen der Klänge situiert und deren Verlauf verfolgt, wogegen das zweite den oder die melodischen Wege verfolgt
und somit zur Trägerin der eigentlichen dialektischen Aktivität wird –, wird
die *tonale Bewegung*, da sie ja die des Selbstbewußtseins ist, entschieden zum
gestaltenden *agens* der *Form*. Außerdem werden, weil das harmonische Bewußtsein die Fähigkeit besitzt, zu modulieren und *in der Dauer* seine modulierende Bewegung zu transzendieren, die Tonpositionen Tonika, Dominante
und Subdominante (bzw. deren parallele Positionen) im Schema T-S-D-T zu
ebenso vielen »Grundtönen«, die den Weg zu verschiedenen melodischen Wegen in ihren eigenen Tonperspektiven öffnen. So wird das grundlegende Formschema für das Selbstbewußtsein, das dieses verfolgt, ein *distinktes* Erlebnis
der affektiven Erlebnisse, welche die Substanz des melodisch-harmonischen
Erlebnisses bilden; es wird zu einem Erlebnis von *transzendentaler* Ordnung,
das sich an die Teilergebnisse anschließt, welche die verschiedenen Formglieder entstehen lassen, und das über das ganze unmittelbar affektive Erlebnis
ausstrahlt, um ihm einen zweiten Grad von signifikativer Transzendenz zu
verleihen und ihm für diese zweite Stufe eine *Grundlage* zu geben.

Haben wir übrigens nicht gesehen, daß die existenzielle Extraversion oder
Introversion, durch welche sich der Übergang von einer Tonperspektive zu
einer anderen überträgt, eine affektive Spannung *von einer anderen Größenordnung* war als die sich innerhalb einer gleichbleibenden Tonperspektive voll-
ziehende Extraversions- oder Introversionsbewegung? Und daß dieser Übergang im auditiven Phänomen einen Wechsel des Logarithmusmoduls nach
sich zog und sich psychisch durch eine Veränderung des Energieniveaus signifizierte? Als Unterstruktur der Gesamtform in der Selbstexistenz erscheint das
grundlegende Formschema im Blickfeld des Melodiebewußtseins und auf der
zweiten Transzendenzstufe des Erlebnisses als das, was dem ganzen Melodieweg einen *Sinn* verleiht und was diesem Sinn eine *Grundlage* gibt. Dieser *Sinn*

ist uns bereits bekannt: Es ist der Gottähnlichkeits-Vorsatz, und diese Aussage entschleiert die Grundlage des Seins des fundamentalen Seinsvorsatzes des Menschen als *ethischen Wesens:* die Seinsweise Gottes, des Wesens, das keinerlei andere Grundlage hat außer sich selbst. Beim Menschen ist dieses Sein allerdings Gegenstand eines Wollens, das auf eine begrenzte und in sich geschlossene Existenz abzielt, eine bereits erworbene und in der Welt bedingte Existenz.

Solange wir bei den rein melodischen Strukturen waren, war die Form die *conditio sine qua non* der Einheit des Ganzen und des Sinnes des gesamten Melodieverlaufs; sie war von selbst durch die Dialektik der Motive entstanden. Mit Anbruch des harmonischen Zeitalters wurde die Form zu einem ergänzenden Erlebnis, durch das sich das Musikbewußtsein das signifizierte, was stets der melodische Vorsatz signifiziert hatte; sie wird damit zu einer *intentionierten* Form, die als solche ihre eigene Bedeutung hat. Jetzt differenzieren sich der fundamentale Melodie*vorsatz* und mit ihm der musikalische Ausdrucksakt, und die verschiedenen Aspekte, die er annehmen kann, signifizieren sich durch entsprechende Formstrukturen. Denn die verschiedenen Formstrukturen, die man in der reinen Melodie feststellen kann, im Leich, Virelai, Rondeau und in der Ballade z.B., entstehen ebenso aus dem Text wie aus der Musik. Da die Form von jetzt an durch die Bewegung der harmonischen Grundtöne entsteht, hängt ihre Bestimmung nur noch vom Musikbewußtsein als solchem ab: Sie ist endgültig zu einer rein musikalischen Form geworden.

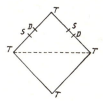

Das schematische Bild des melodischen Vorsatzes ist gleichzeitig das eines in sich geschlossenen *Existenzaktes*, das eines Existenzweges (ein statisches Bild, das die Konsistenz eines *Dinges* hat) und in beiden Fällen das Bild eines geschichtlichen Werdens.

Unter diesen drei Aspekten ist also der Melodievorsatz ein Seinsvorsatz, im ersten Fall jedoch zielt er auf das Sein des *Existenten*, nämlich des Musikbewußtseins in seiner Eigenschaft als Selbstbewußtsein; das Sein des Selbstbewußtseins oder vielmehr dessen Seinsweise ist eine bestimmte *ethische Modalität*. Unter dem ersten Aspekt ist daher der Melodievorsatz reiner Ausdrucksvorsatz des ethischen Selbstbewußtseins.

Im zweiten Fall zielt der Seinsvorsatz auf das Sein des zur Existenz Gebrachten, nämlich des melodischen Bildes, das *Gegenstand* des Musikbewußtseins in seiner Eigenschaft als affektives Selbstbewußtsein ist: Das ist ein *lyrischer* Vorsatz, in dem Sinn, daß das musikalische Selbstbewußtsein – das stets ein ethisches Bewußtsein ist – sich darin durch seine affektive Modalität und durch den *Gegenstand* seines Gefühls hindurch ausdrückt.

Im dritten Fall zielt der Seinsvorsatz auf das Sein des »Existenten« oder »Zur Existenz Gebrachten« in dessen Eigenschaft als geschichtlich gewordenes Sein. Das ist ein *epischer* Vorsatz. Diese drei Aspekte des melodischen Seinsvorsatzes werden zum Ausgangspunkt der Differenzierung der Formstrukturen.

Bevor wir dieses Thema angehen, wollen wir noch einmal daran erinnern, daß die tonale harmonische Bewegung zwar die Form schafft, aber nur, um der melodischen Dialektik einen Sinn zu geben und um aus der Dialektik der Motive, Phrasen und Perioden die äußere Signifikation eines in sich geschlossenen dialektischen Aktes zu machen, so daß die Form durch die melodische Dialektik bedingt bleibt. Deshalb tritt die Form auch nicht stets im einfachen Schema T-D-T zutage. Ihr erstes Glied kann bereits einen Übergang zur Dominante enthalten, und durch die äußere Gesamtstruktur offenbart sich endgültig die Form. Die Grundstruktur einer dialektischen Bewegung nun ist These – Antithese (oder Antwort auf die These) – und Wiedereintritt der These, die durch die vorhergehende dialektische Bewegung erhellt ist und einen abschließenden Charakter gewonnen hat. Die Antithese oder Antwort auf die These kann aber schon im ersten Formglied stehen, und in diesem Fall kommt die transzendentale Formstruktur zu folgender Gliederung: Aufstellung, Erörterung dieser Aufstellung und Wiedereintritt der Aufstellung mit Schlußcharakter (oder Erscheinen einer auf die Aufstellung bezogenen Gegebenheit, die das Ganze abschließt). Daher ist die transzendente Form meist dreiteilig. Sie ist zweiteilig, wenn die Antithese oder die Erörterung der Aufstellung unmittelbar in ein abschließendes Wiedereintreten der Aufstellung mündet – so im *Menuett*. Die Erörterung der Aufstellung kann aber auch eine neue These entstehen lassen, ein neues Motiv – das geschieht im ersten *Allegro* der *Eroica* wie auch in den Doppel- und Tripelfugen –, und dieses neue Motiv ist dann nur eine Bereicherung der Aufstellung. Es kann auch in die dreiteilige Struktur »Zwischensätze« einfügen, die die melodische Dialektik bereichern, ohne die dreiteilige Grundstruktur anzutasten. Schließlich kann sich einer Gesamtstruktur ein Anhängsel, ein Zusatz, eine Koda anschließen, die den *Abschluß* der dialektischen Bewegung erhellt – man kann hier an die Koda des ersten Satzes der *Neunten Symphonie* denken. Die Erweiterung der Form geschieht im allgemeinen nicht durch die Vermehrung ihrer Teile, sondern durch deren Vergrößerung.

2. Die drei Grundvorsätze und die beiden wesentlichen Modalitäten der Musik

Jetzt können wir die verschiedenen Formstrukturen untersuchen, die aus den weiter oben besprochenen drei Grundvorsätzen entstehen.

ERSTER VORSATZ: DAS DRAMATISCHE (FUGEN- UND SONATENFORM) Als Signifikation eines in sich geschlossenen *Existenzaktes* hat der melodische Vorsatz zunächst die Form der *Fuge* angenommen. Die Fuge stellt zuerst ein »Motiv«, das ihr »Thema« wird, und die Antwort darauf auf. Sie setzt also den Dux (Führer) und den Comes (Gefährten). Diese erste Gegebenheit, die ein Ganzes bildet, identifiziert sich durch ihre Wiederholung in den anderen (bei Bach: zwei, drei, vier oder fünf) Stimmen der polyphonen Komposition. Der Wiedereintritt des Themas in der fünften Stimme (nach ihrer Aufeinanderfolge, nicht nach der Stimmlage gezählt) bedeutet dialektisch sein Aktivwerden; deshalb zieht es diesmal auch nicht den Comes in einer sechsten Stimme nach sich, sondern mündet unmittelbar in ein neues Fugenzwischenspiel. Die Notwendigkeit, den Hörer in eine bestimmte Tonperspektive einzuführen, erfordert eine *tonale* Beantwortung des Themas, was heißen soll, daß der Comes nicht in der Tonalität der Dominante auftritt, sondern im Horizont der *Dominante des Tons:*

Folglich wird eine Quinte im Dux durch eine Quarte im Comes beantwortet, oder es werden andere Intervalle abgeändert. Ahmt der Comes den Dux notengetreu in der Quinte nach, so entsteht die sogenannte *reale* Beantwortung, die uns dann wieder in die anfängliche Tonperspektive zurückführen muß.

Der Themakopf (des Dux) ist das eigentliche »Thema« der Fuge, das, was der Fuge ihre Bedeutung gibt als *Flucht* des Themas vor sich selbst, das sich unaufhörlich, unverändert oder doch nur leicht abgewandelt, stets in einer neuen Situation wiederfindet. Dieser Themakopf setzt eine Seinsmodalität, die eine affektive oder psychische und dadurch ethische Modalität ist:

Diese erste Gegebenheit macht die ganze Substanz des »Themas« aus, d. h. des im Ausdrucksakt in der Fuge wirkenden *Selbst*. Die thematische Aufstellung der Fuge führt zur Wiederholung in neuer Beleuchtung und zu immer neuen Wiederholungen. Diese Wiederholungen haben den Sinn, das »Thema« stets neu zu beleuchten, und erfordern deshalb nicht unbedingt die Begleitung durch den Comes. Dagegen kann das Thema in der »Umkehrung« erscheinen, in der »Vergrößerung« oder »Verkleinerung«; ferner können im weiteren Verlauf ein oder zwei Gegenthemen auftauchen (Doppel- oder Tripelfuge), die wiederum Gegenstand einer Exposition werden. Auf diese Weise entsteht die Fugenform in der Kontinuität der Mehrstimmigkeit durch eine Verknüpfung sukzessiver Durchführungen, die aber die Zahl 6 nicht überschreiten, die äußerste Grenze für das bezugsetzende Vermögen des melodischen Bewußtseins. Überdies bildeten diese Durchführungen nach ihrem Inhalt Gruppen, von denen eine als Antwort zur vorigen erscheinen kann oder eine zweite und dritte als variierte Wiederholung der ersten. Die ausgezeichneten Analysen, die der Wiener Professor Ludwig Czaczkes vom *Wohltemperierten Klavier* gemacht hat, weisen nach, daß alle diese Fugen eine transzendent zwei- oder dreiteilige Form haben, innerhalb deren die Teile wohlproportioniert sind, und zwar nicht in arithmetischen, aber auch nicht in zufälligen Verhältnissen nebeneinander stehen. Hier einige Beispiele:

Fuge in fis-moll: $19\frac{1}{2} : 20\frac{1}{2}$ Takte

40 Takte

Fuge in F-dur: $17 : 19 : 10 : 26$ Takte

36   36

72 Takte

Fuge in G-dur: $19 : 18 : 13 : 18\frac{1}{2} : 17\frac{1}{2}$ Takte

37   49

86 Takte

Fuge in es-moll: $18\frac{1}{2} : 10\frac{1}{2} : 14\frac{1}{2} : 7\frac{1}{2} : 9\frac{1}{2} : 26\frac{1}{2}$ Takte

29   22   36

87 Takte

Jede Bachsche Fuge verwendet auf ihre Weise die Möglichkeiten des Kontrapunkts und des imitierenden Stils, und jede hat in der allgemeinen Bedingtheit einer transzendenten zwei- oder dreiteiligen Struktur ihre individuelle

Form. Die Rückkehr zur Tonart und der Übergang zur Dominanttonart vollziehen sich stets innerhalb jedes einzelnen Fugenteils, aber in ihrem Verlauf kann jeder neue Stimmeinsatz eine Tonperspektive eröffnen, die auf den als Tonika aufgefaßten verschiedenen Stufen (mit Ausnahme der siebten Stufe) der Ausgangstonart beruht. Und das scheint die tonale Einheit der Fuge zu bedingen, denn jede dieser Stufen hat, wie wir gesehen haben, eine tonale Funktion. Zum Beispiel in Dur der Mollklang auf der zweiten Stufe: Parallele der Subdominante; der Durklang auf der zweiten Stufe: Dominante der Dominante, die die Dominante vertreten kann; Mollklang auf der dritten Stufe: Dominantparallele; Mollklang auf der sechsten Stufe: Tonikaparallele. Wegen dieser ständigen Modulation braucht die Gesamtform das Schema T-D-T nicht hervorzukehren, um den Gottähnlichkeitsvorsatz zu signifizieren: Die innere tonale Dynamik vollendet ihn, könnte man sagen, in jedem Formteil, und die dialektische Verknüpfung der Teile reicht aus, um der Fuge eine vollendete statische Form zu geben.

Daher drückt die Fuge das Statische des Seins aus, und die Beharrlichkeit und ständige Wiederkehr eines bestimmtes »Zuges« der menschlichen affektiven Modalität, in diesem besonderen Fall durch das Fugenthema signifiziert, machen die Einheit einer individuellen Existenz aus. Die Fuge ist ein Fortdauern der »statischen« Form der Vokalpolyphonie im harmonischen Zeitalter, aber unter ihrer statischen Form liegt die dynamische *harmonische* Bewegung, die von Durchführung zu Durchführung die tonale Kadenz in den verschiedenen Formen wiederholt und den Hörer bis zum Schluß in Atem hält.

Das harmonische Bewußtsein signifiziert sich die Seins*dynamik* durch die *Sonatenform*, d.h. die Form des ersten Allegro-Satzes einer Sonate oder Symphonie, und zwar durch die Zweithemigkeit der Exposition. Dieser große Schritt konnte nur getan werden dank der Errungenschaft des symphonischen Stils, der von den (italienischen) Formen der Instrumental*sonate* und des *Concerto* ausgeht und im *galanten Stil* gepflegt wird.

Zwischen erstem und zweitem Sonatenthema besteht im Grunde dieselbe Beziehung wie zwischen Fugenthema und *tonaler* Antwort: eine Beziehung der *Komplementarität* wie zwischen Männlichem und Weiblichem, zwischen dem Aktiven (in dem der Rhythmus überwiegt) und dem Passiven (wo das Gesangliche den Vorrang hat), zwischen dem Energischen und dem Affektiven. Nur die Gegensätzlichkeit zwischen Dux und Comes wird hier gänzlich durch eine völlige Differenzierung zwischen erstem Thema und seiner Antwort signifiziert.

Zu diesem Zweck werden beide Themen ganz durchgeführt, und die Verbindung zwischen ihnen wird signifiziert durch die *tonale* harmonische Bewegung, die von jetzt an die Gesamtform erzeugt. Mit anderen Worten: Die melodische Dialektik wird der inneren tonalen Dynamik untergeordnet, so daß letztere die Intervalle nicht nur zu Motiven (oder Motive zu Phrasen) zu verbinden hat, sondern zu langen Perioden, die an Ausmaß alles übertreffen können, was vordem eine Melodie war. Die innere tonale Bewegung läßt uns so von einer Periode zur anderen durch melodische Überleitungen fortschreiten, die deren Verbindungen signifizieren. Das zweite Thema erscheint im Prinzip in der Dominanttonart, die im Tonartenzirkel die *Zukunft* bleibt, die das Selbst zu sein hat – wodurch sich deutlich zeigt, daß das zweite Thema eine mit dem ersten Thema (*a priori* oder vom Beginn des Stückes an) verbundene, durch das erste Thema gesetzte Selbstsignifikation ist.

Man darf deshalb die Zweithemigkeit nicht mit der bloßen Verknüpfung zweier Themen innerhalb eines symphonischen Satzes verwechseln. Die Zweithemigkeit impliziert eine innere, komplementäre Beziehung zwischen den beiden Themen und überdies eine harmonische Überleitung, die das zweite Thema als aus dem ersten entstanden erscheinen läßt (man denke z. B. an das plötzliche Auftreten des zweiten Themas in Beethovens *Siebenter Symphonie**).

Daher bringt die Zweithemigkeit in die Gegebenheit des Werkes die *Widersprüchlichkeit*, die innerlich durch den Übergang zur Dominanttonart und die Bestätigung des Musikbewußtseins in einem neuen Tonhorizont signifiziert wird. Die tonale harmonische Bewegung wird so von selbst zum *Hebelarm* für die Form, zu ihrem formschaffenden *agens*. Wir können hier nicht näher auf die Strukturen und Tonperspektiven eingehen, welche die Dominante oder die Tonperspektive eines »dritten Themas« ersetzen können: das Koda-Thema, das gewöhnlich das zweite Thema in dessen Tonart beschließt.

Wir müssen aber feststellen, daß es in einem *autonomen* Musikwerk, das also nur auf Mittel der musikalischen Sprache zurückgreift und nicht von außen durch einen Text oder einen Vorwurf bestimmt wird, die Beziehung Tonika-Dominante ist, die für das Musikbewußtsein immer am deutlichsten den Gegensatz bezeichnet und bezeichnen wird zwischen einer »Gegenwart« und der »Zukunft«, die es in sich trägt, d. h. zwischen seiner bestimmten Seinsmodalität und einer anderen Modalität seines eigenen Seins, durch die das Selbstbewußtsein sich selbst entgeht und sich doch gleichzeitig in Konflikt mit sich selbst findet. Die Exposition der Sonate führt uns also von der Aus-

---

* Dieses »natürliche« Erscheinen des zweiten Themas fehlt bei vielen Nachahmern der symphonischen Form, so z. B. bei d'Indy. In seiner *Zweiten* wie auch seiner *Ersten Symphonie* ist das zweite Thema an das erste sozusagen durch einen dialektischen »Faden«, durch eine »Brücke«, angebunden:

Auf dieser Wellenbewegung in Terzen erscheint das zweite Thema, das auf diese Weise *künstlich* an die vorhergehende Periode durch das kleine dialektische Stück der vorausgehenden Takte gebunden ist. Diese Stelle ist ein Zeichen dafür, daß die Franzosen nicht für die »Symphonie« geboren waren; denn sie müssen *konstruieren*, wogegen das ganze Geheimnis des symphonischen Stils in der Kunst des Übergangs, der harmonischen (und deshalb inneren) Überleitung von einer Periode zur anderen liegt.

gangs-Tonperspektive zur Dominantperspektive, wo sie die neue Tonart bestätigt und bekräftigt, um uns dann zum zweiten Akt des dialektischen Verfahrens zu bringen. Damit dieser zweite Akt als dialektische Fortsetzung der Exposition wirkt, muß er die »Gegebenheiten« wiederaufnehmen, und jetzt »thematisiert« er sie, so daß folglich diese besondere »thematische« Dialektik Gestalt gewinnt, die im symphonischen Stil von der inneren tonalen Bewegung getragen wird. (Deshalb kann dasselbe Motiv wiederholte Male erscheinen, indem die harmonische Bewegung es jedesmal anders beleuchtet. Das »Motiv« wird dadurch zum *Thema*, daß es nicht um seiner selbst willen erscheint, sondern um eine auf es bezogene und durch es signifizierte innere dialektische Tätigkeit zu illustrieren.)

Dieser zweite Akt der formbildenden Aktivität, die man die »thematische Arbeit« nennt, besteht also nicht einfach in der »Auszierung« des Gegebenen oder in dessen Analyse (was die Arbeit des Denkens wäre); wenn man es recht betrachtet, so handelt es sich hier um eine Wiederholung der thematischen Gegebenheit, aber *von seiner Kontingenz* gereinigt, auf das Wesentliche zurückgeführt (wie es die Fuge mit dem Thema*kopf* praktiziert). Es ist also das, was Husserl eine »eidetische Reduktion« nennen würde, die das Ausdruckspotential der Themen hervorheben will. Daher steht auch das erste Thema die meiste Zeit im Vordergrund, da es Zielpunkt und eigentliches Grund-»Thema« des dramatischen Aktes ist. (Das in unserem Beispiel aus der Symphonie von Johannes Brahms durchgeführte »Motiv« ist ein »Auszug« aus dem ersten Thema.) Diese »thematische Arbeit« ist also ein neuer Übergang, der uns aus der Dominantperspektive zur Ausgangstonart zurückführt, aber ebenso, wie man im Oktavraum von der Quintposition zur Oktave der ersten Position schreitet. Das soll heißen, daß er uns zu einer *neuen Existenz des Ausgangs-Tonhorizonts* leitet, die nun im vollen Licht erstrahlt, das die thematische Arbeit auf das oder die Themen oder auf die ganze Exposition geworfen hat. Zu diesem Zweck benutzt er den Weg über die *Subdominanten*, wodurch die Rückkehr zur Ausgangstonart wie das Fortschreiten zu einer neuen Dominante, also zu einer neuen Zukunft, erscheint. Diese neue Zukunft ist die Erscheinung der beiden Themen *auf derselben tonartlichen Ebene*, d.h. ihr *Einvernehmen in der Komplementarität*. Dadurch erhält dieser dritte Akt des dialektischen Verfahrens Abschlußcharakter und eine eigene Bedeutung. Das Ganze schließt meistens mit einer *Koda* ab, die, wie wir gesehen haben, ein zusätzliches Licht auf die Exposition werfen kann.

Unsere Ausführungen offenbaren das wahre Gesicht des Seinsvorsatzes, wie wir ihn genannt hatten, der stets ein Vorsatz ist, »gottähnlich zu sein«. Es ist ein *dramatischer* Vorsatz, denn die Seinsweise des menschlichen Selbst ist eine komplexe Gegebenheit voller Widersprüche; und es geht darum, so könnte man sagen, diese Widersprüche zu »harmonisieren«, was geschieht, indem man sich durch diese Selbstprüfung »existent« macht, wodurch in der Einzelexistenz in der Zeit die Seinskonsistenz einer »Person« erscheint. Die

Flucht des Selbst vor sich selbst in der Fuge ist ein anderer Aspekt dieser »*Selbst*dramatik«, aber die Fuge signifiziert die Lösung durch die Fortdauer einer gewissen subjektiven Modalität, wogegen die Sonatenform durch ihre Zweithemigkeit einen anderen Aspekt dieser Selbstdramatik setzt, deren Lösung sie durch das Einvernehmen der »Gegensätze« signifiziert.

DER ZWEITE VORSATZ: DAS LYRISCHE (SUBJEKTIVE UND OBJEKTIVE LYRIK)
A priori impliziert der lyrische Vorsatz keine andere formale Anlage als die zwei- oder dreiteiligen Strukturen der tonalen Bewegung. Der lyrische Akt ist jedoch kein unmittelbarer Ausdrucksakt des affektiven Selbstbewußtseins, sondern dessen Ausdruck *durch sein Objekt* oder, wenn man so will: durch das, was das Gefühl signifiziert.

Die Unterscheidung, die wir hier treffen, zwischen dem gregorianischen Choral und dem Troubadourgesang, läßt sich mit Händen greifen. Das im gregorianischen Choral wirkende Bewußtsein *ist* Glaube, es besingt seinen Glauben und signifiziert ihn sich dadurch. Das im Troubadourgesang wirkende Bewußtsein ist auch Glaube und zudem noch Liebe, aber es besingt den *Gegenstand* seines Glaubens oder seiner Liebe: die Lerche, die ruhmreichen Könige, Marion (als Robin) und Robin (als Marion). Von dorther besteht ein Formunterschied: jeder gregorianische Gesang ist *a priori* ohne Ende, er könnte tatsächlich unendlich weitergehen; man kann einen Teil daraus nehmen, der in sich vollkommene Seinserfülltheit besitzt. Der gregorianische Choral ist daher ein Epos des Glaubens. Der Troubadourgesang dagegen hat eine in sich geschlossene Form, weil er eben gerade ein durch seinen Gegenstand bestimmtes und folglich umschriebenes Gefühl signifiziert.

Das harmonische Zeitalter hat es jedoch dem Musikbewußtsein möglich gemacht, seinen Seinsvorsatz durch eine *geschlossene* Form zu signifizieren, und der *lyrische* Vorsatz zeigt sich hier vor allem in Stilbesonderheiten. Er gibt den Bedeutungsvorrang der *Melodie*, und folglich beruht die harmonische Bewegung weniger grundsätzlich auf den Beziehungen Tonika–Dominante oder Tonika–Subdominante (den Säulen des Seins) und läßt den anderen Stufen der Tonart freieren Spielraum. Und deshalb ist die *Baß*führung auch bedeutender als die Bewegung der Klanggrundtöne; denn durch die Bewegung des *Basses* – der introvertierten Stimme – signifiziert sich das Bewußtsein *für sich* die melodische Bewegung. Während es jedoch die Absicht des Bewußtseins ist, die Seinserfülltheit seines Objekts, der Melodie, zu signifizieren, muß die harmonische Bewegung den Verlauf Tonika–Dominante–Tonika durchmessen und signifizieren, wodurch wiederum die zwei- oder dreiteilige Form entsteht. Der lyrische Vorsatz entgeht also prinzipiell dem *thematischen Stil* der Fuge und Sonate und folglich dem, was wir den thematischen Stil überhaupt nennen, da ja das »Subjekt« des Stückes nicht mehr das Selbstbewußtsein ist, sondern dessen *Gegenstand*: die Melodie. Diese Melodie läßt sich folglich nicht auf einen Themakopf oder eine Zelle reduzieren; man muß sie im ganzen nehmen und kann sie nicht in Einzelheiten zerlegen wie beim thematischen Stil. Sie hat ein ganz anderes Gepräge, eine betonte Individualität und Autonomie als ein Fugen- oder Sonatenthema. Vom Formalen her gesehen, kann der lyrische Vorsatz also nur eine einzige Melodie benutzen, die aber nichtsdestoweniger einer Antwort bedarf, welche zur Melodie zurückführt, damit die Identitätsbeziehung hergestellt werden kann. Daher die zweiteilige Form *a-(b a')*, in der die Antwort nur zur Melodie zurückführt (wie im Menuett zum Beispiel), oder die dreiteilige Form *a-b-a'*, wenn der Mittelteil eine gewisse Entwicklung und Autonomie erhält wie in der vollständigen Arie des Cherubin. (Das von uns weiter oben zitierte Beispiel ist nicht vollständig, da der modulierende Teil fehlt, der zur Melodie zurückführt, um diese zu identifizieren.)

Der lyrische Vorsatz kann auch nach der Hauptmelodie eine andere Melodie einführen, mittels deren sich das lyrische Bewußtsein seinen Übergang zur Dominanttonart oder einer anderen stellvertretenden Tonart signifiziert, d.h. also seinen Übergang zu und seine Einrichtung in einer *Zukunft*. Zwischen diesen beiden Melodien besteht dann jedoch nicht mehr die Art von Komplementarität, wie sie zwischen erstem und zweitem Thema der Sonatenform herrscht; die zweite Melodie bedeutet bloß eine *andere Seite* des vorherrschenden Gefühls, einen komplementären Aspekt, dessen Komplementarität aber nicht mehr das Gepräge des unumgänglich Notwendigen aufweist wie bei der Sonatenform, sondern einen anderen Inhalt besitzt: *c* setzt dialektisch die Exposition und allgemein die Hauptmelodie fort:

$$a\ b\ ||\quad c\quad ||\ a\ b\ ||\ \text{Koda}$$
$$\text{T D}\qquad\quad \text{T T}$$

Ferner kann man zwischen *subjektiver* und *objektiver* Lyrik unterscheiden, wie wir gesagt haben. Die subjektive Lyrik arbeitet zu ihrer Signifikation mit den im menschlichen Herzen verborgenen Gefühlsmodalitäten: Liebe, Zorn, Trauer, Freude usw. Das ist bereits Lyrik, denn diese Gefühlsmodalitäten sind stets durch einen Aspekt der Welt oder der Zukunft, d.h. durch einen »Gegenstand«, motiviert, selbst wenn dieser Gegenstand als solcher nicht signifiziert wird. Diese Lyrik offenbart sich im Lied oder in der Romanze und in der Oper, in der die Personen durch den Gesang die sie belebenden Gefühlsmodalitäten signifizieren. Die Lyrik wird objektiv, wenn sie dem Musikbewußtsein durch seine eigene affektive Tätigkeit eine *in der Welt beobachtete* Seinsmodalität signifiziert: den Sturm, den Mondschein, fließendes Wasser, den Frühling, die »Wolken«, den »Faun«, das »Meer« usw. Es versteht sich von selbst, daß diese Unterscheidung des lyrischen Vorsatzes in zwei Kategorien aus einer Differenzierung entspringt, die sich, von einer zunächst undifferenzierten Lyrik ausgehend, in der Geschichte vollzogen hat. Im einzelnen wie im allgemeinen trennt sie aber das deutsche Lied von der französischen *mé-*

lodie und das Lied bei Schubert vom Lied bei Schumann und Brahms; und sie trennt Moskau von St. Petersburg, d. h. den Tschaikowski der Symphonien und Opern von der *Gruppe der Fünf (Antar, Scheherazade,* die *Steppenskizze aus Mittelasien* usw.).

DRITTER VORSATZ: DAS EPISCHE (VARIATIONSFORM)   Jede Existenz, die sich verzeitlicht und, wie es das musikalische Selbstbewußtsein tut, sich ihren Übergang zu einer Zukunft und von dieser Zukunft zu einer anderen und wieder anderen signifiziert, ist eine geschichtliche Existenz; unter diesem Blickwinkel hat jede musikalische Form episches Gepräge. Um jedoch offenbar zu werden, muß dieser jeder Existenz und jedem musikalischen Weg innewohnende epische Charakter sich zugleich in der Form wie durch den Inhalt signifizieren; die formale Anlage darf sich nicht auf zwei- oder dreiteilige Formen beschränken, die wir untersucht haben, sondern sie muß aus einer Abfolge von melodischen Bewegungen bestehen, aus musikalischen »Momenten«, die in sich eine vollständige Seinskonsistenz besitzen und in tonaler Beziehung zueinander stehen. Oder innerhalb einer erweiterten dreiteiligen Form schieben sich Zwischensätze ein.

Und auch hier läßt sich zwischen *subjektiver* und *objektiver* Epik unterscheiden, wobei die erste die *Selbst*existenz, letztere Ereignisse in der Welt betrifft.

Die sogenannte Variationsform verwendet beide Vorsätze: Brahms' *Variationen über ein Thema von Haydn* gehören in die erste Kategorie, Elgars *Enigma Variations* – in denen jede Variation einen bestimmten »Charakter« musikalisch ausdrückt, den der Komponist in der Welt beobachtet hat – in die zweite.

Die »Variation« kommt, wie wir sehen konnten, überall vor bei der Dialektik der Motive; sie bewirkt diese Dialektik, und die Variations*form* ist nichts anderes als die konsequente Anwendung des Variationsprinzips auf die transzendente Struktur des in sich geschlossenen Musikwerks. Sie läßt wieder den thematischen Stil hervortreten, allerdings einen auf die das »Thema« des Werkes bildende, gesamte Melodie angewandten thematischen Stil. Jedes Variationswerk hat *epischen* Charakter, weil es Episoden aneinanderreiht, die sich stets auf dasselbe Thema beziehen und doch jeweils ein eigenes Gepräge aufweisen. Diese Form kann aus einer Reihe einzelner Stücke bestehen – so z. B. Beethovens *33 Veränderungen über einen Walzer von Diabelli* – oder aus einem durchgehenden Satz – dem Finale der *Eroica* oder dem *Adagio* der *Neunten Symphonie*. In beiden Fällen liegt unter der Gesamtform eine tonale Bewegung, die uns von der Ausgangs-Tonperspektive über verschiedene andere Tonperspektiven zum Wiedereintritt der Grundtonart zurückführt.

Die alte *Tanzsuite* und die *Suite* überhaupt gehören ebenfalls zum epischen Vorsatz, der auch noch die *Passacaglia* entstehen ließ und die *Chaconne,* das *Choralvorspiel,* den *figurierten Choral* und das *Rondo.*

Zur Zeit der Instrumentalsonate war das *Rondo* der Typus einer dreiteiligen Form (der Form des ersten Sonatensatzes) mit einem eingeschobenen Zwischensatz. Hier als Beispiel der Schlußsatz des *Violinkonzerts* von Beethoven:

$$a \quad b \quad a \parallel c \quad c \parallel a \quad b \,(\text{Kadenz}) \quad a \parallel \text{Koda}$$
$$\underbrace{\text{T}\,\text{D}\,\text{T}} \qquad \qquad \text{T}\quad\text{T} \qquad \text{T}$$

(Der Mittelteil steht in *g*-moll, der Mollsubdominante der Grundtonart *D*-dur.) Wie man sieht, ist die »thematische Arbeit«, die den Mittelteil des ersten Sonatensatzes ausmacht, verschwunden, der thematische Stil wird hier nur noch bei den Überleitungen von einer Melodie zur anderen angewandt. Ferner vollzieht die erste Exposition bereits den Weg T-D-T (durch Klammer hervorgehoben), so daß sie bereits ein Ganzes bildete, wenn sie sich nicht sogleich zur Mittelepisode öffnen würde, die einen ganz anderen Charakter aufweist als a und b und gerade die »epische« Varietät einer Existenz betont. Die häufige Wiederkehr von A wirkt wie ein »Refrain«, der zu den Eigentümlichkeiten des alten Vokalrondeaus gehört. Die *melodische* Eigenart der Formelemente gibt dem *Rondo* einen lyrischen Charakter, durch die *Form*struktur ist es jedoch *episch*.

DIE ANWENDUNG DER DREI VORSÄTZE IN DER ZYKLISCHEN FORM   Die drei musikalischen Vorsätze – der dramatische, der lyrische und der epische – vermischen sich unaufhörlich im Verlauf eines Werkes von symphonischem Stil (das zweite Thema des ersten Sonatensatzes ist gewöhnlich von lyrischer Haltung); sie können sich aber auch differenzieren und dadurch *Form* und *Stil* eines Stückes oder Werkes bestimmen. Diese Differenzierung gibt den drei oder vier Sätzen einer Sonate oder Symphonie einen Sinn und läßt sie zum totalen Ausdrucksakt einer bestimmten Seinsmodalität werden.

Der erste Satz verwendet diese Seinsmodalität in der *Handlung*, in einer von der zweithemigen Gegebenheit bestimmten Handlung und in dem »dynamischen« Seinsvorsatz als solchem. Der *langsame* Satz ist ein Ausdrucksakt desselben Selbstbewußtseins, das im ersten Satz wirkte, aber hier in *kontemplativer* (deshalb kann er auch, besonders bei Beethoven, religiöses Gepräge haben) und meistens in *lyrischer* Einstellung. Das *Scherzo*, und früher das Menuett, ist der Augenblick der *Aktivität* schlechthin, der Aktivität um ihrer selbst willen, wie sie sich im Spiel äußert; deshalb wird hier der Bedeutungsvorrang dem *Rhythmus*, dem Motorischen, gegeben. Im *Scherzo* der *Eroica* wird zuerst nur die Bewegung gegeben; die Melodie entsteht aus dem Rhythmus und das Lyrische aus dem motorischen Schwung. Ebenso ist es in Honeggers *Pacific 231*. Das *Finale* kann schließlich die gleiche formale Anlage haben wie der erste Satz, ist aber von gänzlich anderem Charakter (keine oder nur wenig »thematische Arbeit«). Dadurch gewinnt er das Aussehen, wenn nicht

die Form des *Rondos* – oder er hat *Variations*form. Er stellt also eine Signifikation der Selbstexistenz unter ihrem epischen Aspekt dar, das Leben verläuft in seinem schnellen Lauf und seinen verschiedenen Wechselfällen.

So sind die vier Sätze der Sonate oder Symphonie Gegenstand einer einzigen Selbstexistenz, die sie unter ihren vier Grundaspekten signifizieren: *Hand-*
lung als Gestalterin und Knotung seiner Widersprüche, Schauplatz der Handlung; *Kontemplation* oder *Andacht*, Zuflucht ins Gefühl als solches und in
die Lyrik; *Aktivität* ohne ontologisches Ziel außer der eigenen Seinskonsistenz
oder *Spiel*; das *Epische* endlich, in dem sich eine ganze Existenz zusammenfassen läßt – wir werden später sehen können, was den vier Sätzen der Symphonie, deren jeder seine eigenen melodischen Gegebenheiten aufweist, eine gewisse Substanzeinheit verleiht; denn um diese zu haben, genügt es nicht, daß
sie untereinander durch die tonartliche Beziehung in Verbindung stehen.

DIE ZWEI WESENSMODALITÄTEN DER MUSIK   Eine weitere Differenzierung
des musikalischen Vorsatzes ergibt sich aus dem Doppelwesen des musikalischen Bildes – seines tonalen und seines motorischen Wesens: »Tanz« und
»Gesang« oder »Melodie«. Auch hier müssen wir feststellen, daß beide Wesenheiten stets nebeneinander existieren und daß sie in der Musik des harmonischen Zeitalters beide zum Ausdrucksakt beitragen – »Prägnanz« und Differenzierung des Rhythmus ist gerade ein bezeichnender Zug des anbrechen-
den harmonischen Zeitalters, also von der »Barock« genannten Epoche an.

DIE DARSTELLENDE MODALITÄT   Der Tanz ist eine musikalische Darstellung
der Gebärde und zusammengefaßt ein melodisches Bild des getanzten Tanzes.
Als Darstellung der körperlichen Bewegtheit gibt er den Bedeutungsvorrang
dem Rhythmus – daher auch die Beharrlichkeit einer gleichbleibenden Kadenz, daher aber auch die Möglichkeit, je nach den Bedingungen einer fort-
dauernden Bewegung die Kadenz zu variieren (wie im *Danse de l'Elue* aus dem
Sacre du Printemps). Als melodisches Abbild der Gebärde ist der Tanz aber
Melodie, so daß diese tatsächlich ein *lyrisches* Abbild des Tanzes und überhaupt der beweglichen Aktivität ist – das, was im *Scherzo* der *Symphonie*
vor sich geht. Folglich kann die Musik, die dem Rhythmus den Signifikationsprimat zuweist, die »bildliche«, »darstellende« Musik, die Fugen-
oder Sonatenform, nicht verwenden. Sie kann wohl den fugierenden Stil,
auch die Zweithemigkeit *(Scherzo* der *Neunten)* benutzen, aber nicht die Fu-
gen- oder Sonatenform, die wesentlich an den Akt des Selbstausdrucks gebunden ist. Sie hat daher meist eine einfache zwei- oder dreiteilige formale
Anlage, kann allerdings auch weiter gespannte Formen aus dem Bereich des
lyrischen oder epischen Vorsatzes entlehnen. Das erste und das letzte Bild in
Petruschka sind epische musikalische Bilder vom Jahrmarkt zur Karnevals-
zeit in St. Petersburg; de Fallas *Dreispitz* ist ein episch-dramatisches Bild aus

dem spanischen Leben, *Daphnis und Cloe* von Ravel ein lyrisches und episches Bild der Abenteuer der beiden Figuren in ihrem Rahmen.

Der Signifikationsprimat des Rhythmus äußert sich aber nicht nur im musikalischen Bild des körperlichen Rhythmus, sondern auch im Ausdruck des Gefühls, in der subjektiven Lyrik. In der Oper des Barock strebten die Musiker nach der *Darstellung der Seelenleidenschaften*, und nie ist genügend beachtet worden, daß es in dieser Darstellung das rhythmische und motorische Element war, das der melodischen Struktur ihren spezifischen Ausdruck gibt, was sie zur »Gebärde der Seele« macht.

So entsteht bei Monteverdi, was man den *stile rappresentativo* genannt hat, den man nicht mit dem »Rezitativ« verwechseln darf, das eine Grenzform ist, in dem das musikalische Element gänzlich der Wortdeklamation untergeordnet wird. Im *stile rappresentativo* wahrt die Melodie ihre Rechte, und wenn er sozusagen eine »Melodik ohne Melodie« zeichnet, das heißt einen Tonweg, der nicht wie eine kontinuierliche Melodie wirkt, dann deshalb, weil die Melodie stets im Begriff der Gestaltung ist, um dem musikalischen Ausdruck des Wortes gerecht zu werden. Um diesen musikalischen Ausdruck bemühen sich Ton- und Rhythmusstruktur gleichermaßen, wie wir an unseren Beispielen aus *Pelléas* sehen konnten. Unnötig anzufügen, daß dieser Stil erst auf der Kontinuität der harmonischen Bewegung Gestalt annehmen konnte und bei Debussy auf der Kontinuität des symphonischen Stils. In Wagners Musikdrama hat der Gesang – mit Ausnahme der Stellen mit unendlicher Melodie – einen mehr rezitativischen Charakter, oder er paßt sich auf den lyrischen Höhepunkten der Führung einer der symphonischen Stimmen an. Mit anderen Worten: Bei Debussy besitzt der Gesang eine Autonomie, wie sie bei Wagner nicht hat.

André Pirro hat auf die Rolle des Rhythmus in den Motiven der Bachschen Kantaten aufmerksam gemacht und auf das Signifikationsvermögen, das der Rhythmus im musikalischen Ausdruck des Textes und des einzelnen Wortes hat. Die Art von Ausdrucksrealismus, die die Bachschen Motive aus ihrer rhythmischen und auch aus ihrer Tonstruktur erhalten und durch den sie zu *musikalischen Bildern* der durch das Wort ausgedrückten Sache werden – ruhen, laufen, (das Kreuz) tragen, jubeln, seufzen, lachen usw. –, verleiht diesen Motiven einen darstellenden Charakter.

DER VORRANG DER AUSDRUCKSMODALITÄT   Man darf sich aber keiner Täuschung hingeben: In seiner rhythmischen wie auch seiner Tonstruktur ist das musikalische Bild reine, unmittelbare, durch die Töne gespiegelte Signifikation einer affektiven Spannung, einer Gemütsbewegung, wie man sagt. Sobald man ein Ding durch ein Wort ausdrückt, das in die Umgangssprache eindringt, wird es repräsentativ für das Ding, das es zunächst »ausgedrückt« hat; es wird zum *Zeichen*. Das musikalische Bild ist kein Zeichen, weil es in jeder Er-

fahrung der *unmittelbare* Ausdruck eines affektiven Erlebnisses ist, ohne daß
irgendein »Begriff« dazwischentritt. Es ist deshalb noch viel weniger ein *Symbol* oder eine *Allegorie.* Man könnte meinen, daß es im Wagnerschen *Leitmotiv* zum Zeichen wird, aber man hätte dann außer acht gelassen, daß sich
bei jeder Wiederkehr des Leitmotivs seine psychische Genese wiederholt.
Eben weil sich dieselben affektiven oder motorischen Spannungen bei allen
Musikern durch dieselben Ton- und Rhythmusstrukturen signifizieren, hat
man in der Musik eine symbolische Sprache sehen wollen. Die Strukturen erhalten dadurch einen symbolischen Aspekt, daß sie stets dieselben psychischen
Bedeutungen wiedererwecken. Symbole sind sie aber nur für das Auge des
Beobachters, d.h. für die rückwärtsschauende Reflexion, und nicht für das im
Erlebnis engagierte schöpferische oder aufnehmende Musikbewußtsein.

Das musikalische Bild ist eigentlich *repräsentativ* oder *Bild des Dinges* nur
dann, wenn seine rhythmische Struktur Bild eines körperlichen Rhythmus ist,
weil es dann die durch das Einbildungsbewußtsein gegebene Signifikation
eines *gesehenen* – und folglich »empfundenen« oder vom Ohr »gehörten«
Rhythmus ist. Die Klavierarpeggien in *Petruschka* sind durch ihren eigenartigen, jähen, gestoßenen Rhythmus eben das Bild der Gesten der Gliederpuppe,
die ihr aus der Seele kommen. Die Rhythmen des Passacaglia-Motivs, über
dem sich Honeggers *Pacific 231* entwickelt, sind eben das Bild der vom Ohr
wahrgenommenen Bewegung der Lokomotive, und aus dieser Sicht ist diese
Musik »deskriptiv«. Die melodische Dialektik dieser Passacaglia *transzendiert*
jedoch das Deskriptive des Rhythmus und bringt den *Rausch der Geschwindigkeit* zur Geltung. Als ich das Werk einmal in Amerika dirigierte, schrieb ein
Kritiker: »Was die Wiedergabe einer fahrenden Lokomotive angeht, so macht
Hollywood das besser.« Der Ärmste war nur für »Fakten« empfänglich, sein
Transzendierungsvermögen war offensichtlich so beschränkt, daß ihm das
Lyrische des Stückes entgangen war.

3. Stil und »Idee« eines Werkes

Wir konnten nicht die »Form« behandeln, ohne vom »Stil« zu sprechen, was
heißen will, daß beide eng miteinander verbunden sind. So konnte die Fugenform nur im imitierenden mehrstimmigen Stil erscheinen und die Sonatenform
im harmonischen und symphonischen Stil. Diese Verbindung überrascht uns
nicht, wenn wir bedenken, daß in jedem Werk Form und Stil zwei simultane,
wenn auch distinkte Signifikationen ein und desselben ethischen Bewußtseins
oder psychischen Selbstbewußtseins sind. Das menschliche *Ethos* – also die
Selbstbestimmung durch sich selbst – offenbart sich einerseits durch eine bestimmte Verhaltensweise im Dasein und im Handeln, andererseits durch die
Modalitäten des Handelns und die beabsichtigten Zwecke; denn letztere bestimmen das Handeln, aber nicht die Handlungsweise. Im musikalischen Aus-

drucksakt signifiziert sich die Verhaltensweise durch den *statischen* Aspekt der Ton- und Rhythmusstruktur, und diesen statischen Aspekt nennen wir *Stil*. Handlung und Zweck signifizieren sich durch die harmonische *Dynamik*, welche den Strukturen zugrunde liegt, durch die *Form*, die sie schafft, und durch das kadenzielle *Tempo*.

DIE BEDINGTHEIT DER FORMALEN FREIHEIT   Unter diesem Doppelaspekt – *Statik* und *Dynamik* der Existenzstruktur – offenbart sich die Freiheit der Selbstbestimmung, die bekanntlich einer doppelten Bedingtheit unterworfen ist: einem *äußeren* Gesetz, das sie in der Welt findet, und einem *inneren*, das sie sich selbst gibt. Und wenn wir von Freiheit reden, so meinen wir damit, daß sich das ethische Selbstbewußtsein weder dem einen noch dem andern völlig unterwirft. Hat sich das musikalische Selbstbewußtsein (durch eine innere, freie Entscheidung) in der Tonperspektive c engagiert, kann es mit derselben Bewegungsfreiheit durch tonartfremde, einer anderen Tonperspektive entlehnte Positionen schreiten, es kann in eine andere und wieder andere Tonperspektive übergehen: Wohin es sich aber auch immer wenden mag, stets befindet es sich in einer Tonperspektive, weil es im musikalischen Klangraum nur von den Logarithmenstrukturen geschaffene Tonperspektiven gibt. Mit anderen Worten: Das Musikbewußtsein *bezieht sich* stets auf die *Tonalität*, die ihr inneres und äußeres ethisches Gesetz ist. Die Entfaltung der Freiheit in der Tonalität wäre schrankenlos, hätte das musikalische Selbstbewußtsein sich nicht einen »Seinsvorsatz« aufgegeben, der der fundamentale Seinsvorsatz des Menschen ist, und ein für allemal die musikalische *Form* auf die Struktur T-D-T gegründet und damit zugleich dem melodischen Verlauf eine bestimmte *tonale Einheit* und der *Form* eine *zwei-* oder *dreiteilige* Grundstruktur gegeben hat. Daraus folgt, daß die formale Freiheit zwar recht eingeschränkt ist, sich aber dennoch bemerkbar machen kann; denn das musikalische Selbstbewußtsein kann auf sehr viele Weisen seinen Tonweg vollenden: Es moduliert, es kann andere Tonperspektiven als Stellvertreter benutzen, es kann eine Form schaffen, die aus den zwei- oder dreiteiligen Strukturen eine Überstruktur bildet. Seine Freiheit hat einen sogar noch größeren Ausdruckbereich im Stil, der rein melodisch oder von verschiedener melodischer Modalität sein kann oder polyphon, homophon oder symphonisch. In dieser allgemeinen Bedingtheit liegt die einzige Beschränkung seiner Freiheit in der Grenze seines bezugsetzenden Vermögens, wofür wir bereits einige Beispiele kennenlernten. Die Form ist also gewissermaßen vom fundamentalen Seinsvorsatz prädeterminiert, und ihre einzelnen Strukturen sind abhängig vom gewählten Stil sowie von den verschiedenen musikalischen Vorsätzen, die aus dem fundamentalen Vorsatz entspringen: So bildet sich die Form innerhalb des Stils, und wir können für einen Augenblick diesem Strukturaspekt unsere Aufmerksamkeit widmen.

Die doppelte Bedeutung des Wortes »Stil«   Die verschiedenen Stilmodalitäten sind individuelle Schöpfungen. Einmal geschaffen und wiederholt, wird der Stil als Strukturtyp zu einer kollektiven Errungenschaft (ebenso wie bestimmte formale Schöpfungen zu »Form«-Typen und damit Allgemeingut werden). Daraus folgt, daß jedes musikalische Werk nur insoweit Zeugnis des Menschen und Ausdrucksakt des Urhebers ist, als sein Stil und seine Form individuelles Gepräge tragen: Jedes Werk schafft seine eigene Form. Hier klärt sich uns die Mehrdeutigkeit des Wortes *Stil*: In *objektiver* Bedeutung bezeichnet es einen bestimmten *Typus* der Tonstruktur, der Allgemeinbesitz ist; in *subjektiver* Bedeutung bezeichnet es die individuelle Handhabung eines erworbenen Stils, in der sich die Persönlichkeit des Urhebers spiegelt, und zwar durch ihre Determinationsfreiheit.

Hier stoßen wir wieder auf das, was wir in den Anmerkungen über die Selbstbestimmung durch sich selbst vor der Welt gesagt haben. Da diese Determination frei und die Freiheit das Gesetz des Menschen als ethischen Wesens ist, muß sich seine Freiheit durch ein *Gesetz* signifizieren. Dieses Gesetz offenbart sich durch *Stil* und *Form*. Man könnte sagen: In der schöpferischen Tätigkeit sind Stil und Form das Zusammentreffen der Freiheit mit einem Gesetz, das diese nach außen offenbart. Im Hörerlebnis aber besteht ein wesentlicher Unterschied zwischen der Weise, wie sich die Freiheit der »Form« und die Freiheit des »Stils« darbieten. *Die Form läßt sich objektivieren*, beschreiben, analysieren, der Hörer erlebt sie durch die Gliederung des Tonweges. Die Freiheit des Stils dagegen kann man – abgesehen von einigen allgemeinen Zügen – nicht objektivieren, weil sie sich mit den Wegen, die sie nachzeichnet, verquickt, so daß man nie weiß, ob eine bestimmte melodische, rhythmische oder harmonische Form aus der Freiheit oder aus der äußeren, tonalen oder kadenziellen Bedingtheit entspringt. Mit anderen Worten: Die Freiheit des Stils als *Gesetz* ist nicht formulierbar (erinnern wir uns hier an den im Anhang durchgeführten Vergleich mit dem Problem der *drei Körper*!). Nur im Erlebnis läßt es sich empfinden, und der Beweis dafür, daß es empfunden wird, liegt darin, daß der Hörer den Stil eines Komponisten von dem eines anderen Komponisten trotz der *objektiven* Ähnlichkeit beider voneinander unterscheidet und daß er den Stil eines Komponisten auch in dessen verschiedenen, noch so unterschiedlichen Werken erkennt.

So ist es, weil wir uns hinsichtlich des musikalischen Stils im Bereich des sinnlich Wahrnehmbaren befinden, und das sinnlich Wahrnehmbare wird nur durch die ihm eigentümliche Dialektik signifiziert. Das Gesetz des Stils offenbart sich also durch diese Dialektik des »sinnlich Wahrnehmbaren«. Sein hauptsächliches Signifikationsmittel ist, wie wir sehen konnten, die Wiederholung desselben (Identitätsprinzip): Ein Ding ist empfunden worden, und wenn es neuerlich empfunden wird (dabei kann seine Gestalt leicht verändert sein), so erkennt man es wieder und identifiziert es so, man macht eine Bewußtseinsgegebenheit daraus. Dem sinnlich Wahrnehmbaren ist es jedoch eigentümlich, daß es ein *Was* durch ein *Wie* signifiziert: Eine aktive extravertierte Spannung vom Grade 2 signifiziert sich durch eine *ansteigende Sekunde;* das ist das »Wie« des Klangbilds – seine Gerichtetheit und Größe, die beim Hören empfunden wird; wogegen das signifizierte »Was« – A_2E – affektiv wahrgenommen wird. Deshalb ist die Musik im Grunde ein *ästhetischer* Ausdruck der menschlichen Ethik, weil der ästhetische Sinn auf das »Wie« der sinnlich wahrnehmbaren Dinge abzielt. Wenn aber die Freiheit des Stils nur beim Hören empfunden werden kann, so bedeutet das, daß beim sinnlich Wahrnehmbaren *alles zählt*, was signifiziert ist und was nicht, Fülle und Leere, Vorhandenes und Nichtvorhandenes, so daß der Hörer dank des Stils die Bewegungen einer Freiheit erfassen kann, die durch das statische Bild ihre Freiheit signifiziert: was sie tut und was sie nicht tut und wie sie sich verhält. Zu dieser Kommunikation tritt die der Tondynamik, die nicht mehr »sinnlich wahrnehmbare«, sondern »affektive« Dynamik ist und die sich wiederum im sinnlich Wahrnehmbaren durch ein »Wie« signifiziert: die tonale und rhythmische Kadenz in ihren verschiedenen Arten. Einmal geschaffen, läßt die Gesamtform schließlich den Hörer das »Warum« dieser affektiven Dynamik und dieses Existenzaktes empfinden: sich zu Gottähnlichkeit in der Existenz zu bringen.

Durch Stil und Form also überträgt sich, was der Komponist dem Hörer übermittelt, denn dadurch entschleiert er sich in seiner Eigenschaft als ethisches Wesen. Aber die Signifikationen des Stils und der Gesamtform sind als Signifikationen einer Freiheit der Selbstbestimmung und eines Seinsvorsatzes transzendente Signifikationen des erlebten Ereignisses, da sie ja nicht explizit in den Strukturen enthalten sind und sich durch das affektive Erlebnis ergeben. Das Erlebnis hat also eine doppelte Signifikationstranszendenz, denn das unmittelbar Erlebte ist reines Ton- und Rhythmusgefühl. Seine unmittelbare Transzendenz oder Transzendenz der ersten Stufe besteht aus *allgemein menschlichen* psychischen Signifikationen, die in den musikalischen Strukturen vorhanden sind und die eben die Substanz des Erlebten ausmachen. Das erlebte *musikalische* Gefühl wird unmittelbar zu den enthaltenen *psychischen* Signifikationen transzendiert. Seine zweite Stufe der Transzendenz besteht aus Signifikationen des Stils und der Form, die Signifikationen des affektiven Bewußtseins in seiner Eigenschaft als ethisches Selbstbewußtsein sind. Diese verleihen sodann dem musikalischen Existenzakt eine augenscheinlich unerklärliche *Aura*, die jedoch unbezweifelbar empfunden wird, wenn der Ausdrucksakt diese Transzendierungsstufe erreicht – eine Atmosphäre der Freiheit, die den Hörer von sich selbst befreit und ihm das Gefühl gibt, durch die Musik in eine andere Welt entrückt zu sein, eine Welt der absoluten Werte und der Schönheit.

Betrachten wir jetzt den musikalischen Ausdrucksakt in seiner *Faktizität,* wo er in konkreten, besonderen Tonstrukturen Gestalt annimmt. Das bisher ignorierte oder wenigstens ungeklärte Faktum, daß die Tonstrukturen deter-

minierte psychische Signifikationen enthalten, hat eine merkwürdige Konsequenz: Jede beliebige, aus *unseren* musikalischen Tönen bestehende melodische oder harmonische Struktur hat stets den *Anschein* von Musik. Was wir
gerade gesehen haben, zeigt, daß nur dann Musik entsteht, wenn diese Tonstruktur in ihrer tonalen und kadenziellen Bedingtheit und in ihrer horizontalen und vertikalen Entfaltung eine melodische Dialektik mit eigenen Gesetzen erscheinen läßt, die aus der Musik eine deutliche Sprache macht.
Außerdem haben wir gesehen, daß das menschliche Interesse an dieser Sprache
aus der Transzendenz ihrer Signifikationen herrührt und daß diese Transzendenz zweistufig ist. Anders ausgedrückt: Es genügt nicht, daß sich die Phrasen
nach einer klaren Dialektik und in einer beliebigen modulierenden Tonbewegung verknüpfen, damit der Seinsvorsatz sich vollende, damit die Form ihre
Sinnerfülltheit bekomme und die zweite Stufe der Transzendenz erreicht werde,
es müssen noch andere Bedingungen erfüllt werden, so besonders, daß die
Tonbewegung uns zur Ausgangs-Tonperspektive zurückführt – oder daß jedenfalls die Transzendenz der Gesamtform dem Hörer zugänglich wird. Wie
das Beispiel aus *Tristan* zeigt, kann durch die Komplexität der harmonischen
Strukturen jede Phrase oder Periode eine solche – nicht immer klare – Fülle
von affektiven Signifikationen annehmen, daß sie anscheinend sich selbst genügt und das musikalische Ereignis aus einer Summe von Momenten besteht,
die sich für den Hörer nicht zu einem Ganzen zusammenschließen, wodurch
die Transzendierung des Gesamtverlaufs vereitelt und dem Erlebnis seine
Sinneinheit entzogen wird. Man kann viele Beispiele dafür in der heutigen
Musik finden.

DIE »IDEE« DES WERKES   Da die Musik Sprache ist, geht der Musiker – ob
er sich dessen bewußt ist oder nicht – seinen Ausdrucksakt in der Sprache an,
er lebt in dieser Sprache, was besagen soll, daß er die Musik unmittelbar angeht und – vielleicht ohne es zu wissen – in der in bezug auf die Töne, aus
denen sie besteht, einbildenden Einstellung. Daher kann sein Ausdrucksakt –
der nicht ohne Motivierung vor sich geht – nur durch eine Gegebenheit der
Sprache ausgelöst werden, nämlich durch eine *musikalische geistige Gegebenheit* und folglich durch die ideative Gegebenheit, die verbegrifflicht werden
kann, aber nicht werden muß, um den Geist des Komponisten zu beschäftigen
und den Einbildungsakt auszulösen. Eine solche ideative Gegebenheit kann
dem Musiker das liefern, was wir die *Idee* des Werkes nennen. Das kann ein
melodisches Bild sein, ein Motiv, ein Intervall, das melodische Bild eines signi-
fikativen Rhythmus usw., und gerade weil das kleinste musikalische Element
eine determinierte affektive Signifikation besitzt, weckt es die Affektivität des
Musikers. Damit diese »Idee« Frucht tragen kann, muß im Herzen des Musikers diese verborgene, aber verfügbare affektive Aktivität dazutreten, von
der wir gesprochen haben, und die Idee muß wirken können, d.h. sie muß

eine für ihre Entwicklung günstige affektive Disposition vorfinden. Daher motiviert das »affektive Dingbewußtsein« die Aktivität des »affektiven Selbstbewußtseins«, und diese beiden untrennbaren Seiten des Musikbewußtseins gehen einträchtig nebeneinander her im Einbildungsakt. Die »Idee« des Werkes kann also nur eine erste, anregende Idee sein, sie wirkt aber wie ein Vitamin in dem Sinne, daß sie assoziativ andere Ideen weckt, die zu Grundideen werden können, während die ursprüngliche »Idee« in den verschiedenen Sätzen eines Werkes (z. B. einer Symphonie) fortwirkt und so dessen Einheit sichert. Die tonale Einheit der alten Suite hat zweifellos keine andere Existenzberechtigung: Die erste melodische Idee stand in, sagen wir: *h*-moll und weckte dadurch die affektive Modalität und das Ethos dieser Tonart, und so verbleiben die anderen Sätze der Suite ebenfalls in *h*-moll. Die alte Suite hatte aber nur eine *tonale* Einheit. Die Einheit, die einem einsätzigen oder auch zyklischen Werk eine Idee geben kann, wenn sie zur Grundidee wird, entsteht aus der affektiven oder ethischen Signifikation ihrer musikalischen Gegebenheit.

So könnte es höchstwahrscheinlich sein, daß es die affektive Bedeutung des *aufsteigenden Halbtons* war (der am Schluß oder auch im Verlauf einer Tonbewegung so bezeichnend ist), die Beethoven seine *Erste Symphonie* eingab: Der Halbton aufwärts wird von Anfang an durch die dominantische Kadenz gesetzt und findet sich überall, auch in den übrigen drei Sätzen, wieder.

Das erste Thema der *Achten Symphonie* wird durch einen melodischen Umriß charakterisiert:

der uns nach einem kleinen Umweg am Schluß auf die ursprüngliche Position zurückführt. Durch diesen Umweg signifiziert sich eine gewisse Ungezwungenheit und Verfügbarkeit, eine Verschwendung in der Bewegung, die dem melodischen Schwung von Anfang an das Gepräge der guten Laune, der Munterkeit, einer bei Beethoven seltenen Heiterkeit gibt. Daß diese affektive Gegebenheit die ganze Symphonie inspiriert, scheint uns dadurch bewiesen, daß sie in der Koda der Exposition in dieser Gestalt wieder auftaucht:

dann im *Allegretto scherzando* so:

und im *Finale* in dieser Form:

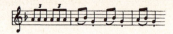

Nicht umsonst wird der langsame Satz in dieser Symphonie durch ein *Tempo di menuetto* ersetzt; denn das *Allegretto scherzando* dient als *Scherzo*, und das *Tempo di menuetto* ist der Augenblick der Entspannung und des Träumens (im Trio jedenfalls).

Die letzten drei Symphonien Mozarts scheinen uns vom *Ethos* ihrer Tonarten inspiriert zu sein: *g*-moll, *Es*-dur und *C*-dur, d.h. durch die von der Tonart selbst motivierte *affektive* Modalität. Das gibt den Symphonien, jedenfalls den ersten beiden, einen lyrischen Charakter, den man später in den Symphonien von Mendelssohn, Schumann und in der *Vierten Symphonie* von Brahms wiedertrifft. Mit Ausnahme vielleicht ebendieser *Vierten Symphonie* von Brahms gibt es nichts so »mollartiges« wie die *g*-moll-Symphonie von Mozart. Man würde sich nicht wundern, wenn die dieser Tonart eigene affektive Modalität Mozart veranlaßt hätte, das *Andante* in *Es*-dur zu schreiben, der Subdominante der zu *g*-moll parallelen Tonart: Um dem introvertierten Klima des ersten Satzes zu entgehen und um sich zu entspannen, geht Mozart in die Extraversion über, aber mittels einer existenziell introvertierten Bewegung. Rätselhaft aber, verwirrend und unergründbar ist es, im plötzlichen Beginn des ersten *Allegro* ohne jede Einleitung die ganze Vitalität, Ironie und Leichtigkeit Mozarts sich in der düsteren und melancholischen Atmosphäre von *g*-moll signifizieren zu spüren. Wie dem auch sei, die Tonart, die ihn zu diesem Werk inspiriert hat, erweist sich im ersten Thema:

wo nach dem klagenden fallenden Halbton auf der Dominantposition (Extraversionsposition des harmonischen Mollklangs) der melodische Verlauf die absteigende (introvertierte) Leiter von *g*-moll erscheinen läßt: *b-a-g-f-es-d-c-(b)* – und auch noch im Oktavraum der Terz, dem »Gelenk« der Introversion! Wieso aber springt Mozart nach der anfänglichen sanften (aber aktiven: $A_5I!$) Klage durch diese leichte Sext (P_4E) zum *b*, anstatt die Bewegung weiter fortzusetzen? Wie kann er in dem quasi tragischen Klima so behende sein? In diesem Zusammentreffen von Vitalität und Melancholie ist ein verborgener Konflikt, der bereits ein Thema darstellt. Hier ist natürlich nichts berechnet, ebensowenig wie im weiteren Verlauf der Symphonie. Vom »Moll« gequält und doch voller Lebensglut, hat Wolfgang Amadeus den transzendenten Raum, in dem die Musik erscheint, ganz geöffnet, die Gnade dieser unvergleichlichen Melodie empfangen (die übrigens nicht von der Begleitung zu trennen ist). Oder aber, wenn er erst diese melodische Idee gehabt haben sollte, so hat sie ihn in das Ethos von *g*-moll gestürzt, das im *Menuett* und im *Finale* so deutlich signifiziert wird.

Die drei *Images* für Orchester von Claude Debussy gehen von melodischen Bildern aus, die ihn in bestimmte affektive Klimata geführt haben – in *Gigues* ist es Schottland mit dem Kontrast zwischen der melodischen Oboenweise und dem fröhlichen Rhythmus der *Gigue*; in *Iberia* sind es die Melismen und Rhythmen Spaniens; in *Rondes de Printemps* die Ile-de-France mit dem Lied »Nous n'irons plus au bois«.

Petruschka wird gänzlich von Akkordeonklängen eingehüllt, die sich unaufhörlich erneuern und offensichtlich die ganze Entwicklung des Werkes motivieren, in das auf natürliche Weise die (zuvor konzipierte) Petruschka-Szene und die verschiedenen von der szenischen Handlung bedingten Episoden eingebaut worden sind, so daß dieses Ballett, das augenscheinlich aus einer Reihe von Stücken besteht, ein einheitliches und autonomes musikalisches Werk darstellt, das auch ohne die Bühnenhandlung für den Kenner seinen ganzen Sinn behält.

Wenn die »Idee des Werkes« gefunden ist, folgt das übrige unter der Bedingung, daß diese Intuition für die Möglichkeiten der Musik dazutritt, die man Genie nennt. Das Handwerkliche spielt eine Rolle, aber das Genie, das dem musikalischen Ausdrucksakt die Bahn öffnet, kann es bis zu einem gewissen Grad ersetzen. Mussorgski, der über keine großen handwerklichen Kenntnisse verfügte, hat unsterbliche Meisterwerke hinterlassen. Das Genie schafft sich sein Handwerk selbst – z. B. Bach oder Haydn –, und die Mehrzahl der großen Komponisten hat Musik geschrieben, in der bereits das Genie durchscheint, ehe sie das Handwerkliche kultiviert hatten*.

---

* In einem Abschnitt der Geschichte, in dem das musikalische Bild die Kompliziertheit unserer polyphon-harmonischen Strukturen hat, ist das Handwerkliche unerläßlich. Was ist aber das Handwerk? Es ist die Selbstkultur in der Praxis einer bestimmten Tätigkeit und die Pflege der Instrumente und Mittel, die verwendet werden. Man kann kein Werk im symphonischen Stil »erdenken«, ehe man sich in der Verbindung von Klängen und der Koordination gleichzeitiger Stimmen geübt hat, d. h. ohne Übung in Harmonielehre und Kontrapunkt. Aber diese Übungen haben zum Ziel, daß man sie beim Komponieren vergißt. Wenn dem so ist, so unterstützt das Handwerkliche die Tätigkeit der schöpferischen Phantasie, ohne daß diese sich darauf zu berufen brauchte, außer in kritischen Augenblicken, wo der Musiker eine reflexive Haltung einnimmt und sich fragt, was er im Begriff ist zu tun. Die Beherrschung des Handwerklichen verleiht dem Musiker aber nicht *ipso facto* eine schöpferische Fähigkeit: Diese hängt von anderen Faktoren ab. Wenn die Übungen in der Harmonielehre bereits einen gewissen Sinn für Musik voraussetzen, so ist der reine Kontrapunkt dagegen ein Kombinationsspiel, das jedermann zugänglich ist. Die Vorstellung, die bloße Anwendung des erlernten Handwerks genüge, ein sinnhaltiges Werk zu schreiben, ist eine große Täuschung. Es ist vielmehr die intuitive Schau der Möglichkeiten der Musik, d. h. die *Gabe* und nicht das »Wissen«, die komponieren läßt. Damit die Musik sinnhaltig sei, muß die Musik außerdem »etwas« ausdrücken und signifizieren, dessen Sprache oder Bild die Musik ist, das aber *an sich* etwas anderes ist als die Musik und das aus dem Komponisten als *Menschen* stammt.

Die »Idee des Werkes« zieht *ipso facto* bis zu einem gewissen Grade den musikalischen Vorsatz nach sich: Es fiele keinem guten Musiker ein, aus einer melodischen Gegebenheit, die sich für die thematische Arbeit nicht eignet, eine Sonatenform aufbauen zu wollen. Die »Idee« des Werkes diktiert natürlich nicht mit Unfehlbarkeit den musikalischen Vorsatz, aber der Musiker lebt innerhalb eines Kulturkreises, in dem sich verschiedene musikalische Vorsätze bewährt haben: und seine »Idee« lenkt ihn mehr oder weniger unmittelbar zu einem davon. Er kann auch neue erfinden – so schuf Wagner das »Musikdrama«. Diese Schöpfung entstand aus einer »Idee« und einer *musikalischen* »Idee«, denn im Musikdrama wird der symphonische Stil dem Ausdruck der dramatischen Handlung dienstbar gemacht. Unbefriedigt von der Oper und im Zweifel über die *autonomen* Möglichkeiten der Musik, aber mit dem sicheren Gespür dafür, daß die symphonische Dialektik den Weg zur »unendlichen Melodie« öffnen würde, hatte Wagner die Vision einer von der dramatischen Handlung motivierten und vom gesungenen Wort erläuterten möglichen Entwicklung dieser Dialektik. Die »Idee« des Werks orientiert so den Musiker zu einem bestehenden musikalischen Vorsatz, und dieser wiederum gibt ihm seine stilistischen und formalen Möglichkeiten an die Hand. Da die Wege des Genies ebenso geheimnisvoll sind wie die Gottes, kann man die »Idee«, die den Keim bildete, nicht immer im fertigen Werk entdecken; man kann aber, wenn man einem sinnhaltigen Werk gegenübersteht, sicher sein, daß es den Eindruck eines in sich geschlossenen Ganzen macht, daß seine *Einheit* aus einer zugrunde liegenden »Idee« stammt, die neue »Ideen« entstehen ließ, die zu ihr in Verbindung stehen und im weiteren Verlauf einer hochentwickelten oder sehr variierten Formstruktur auftauchen.

4. Die Originalität

Werk-»Idee«, musikalischer Vorsatz, Stil und Form fassen zusammen, was von einem musikalischen Werk verlangt werden muß, damit die Hörer es auch als persönlichen Ausdrucksakt empfinden können. Wie unsere Beispiele zeigten, werden die *ästhetischen* Forderungen hinsichtlich der Form, der Ordnung und Proportion der Teile, *von selbst* durch die Logik der melodischen Dialektik wie auch durch die Bedingung des einbildenden Aktes erfüllt, der – ebenfalls automatisch – das Musikbewußtsein im Schönen und Absoluten existieren läßt. Das ästhetische Bedürfnis stellt aber noch eine weitere Forderung auf, die wir behandeln müssen: Es verlangt den *Reiz des sinnlich Wahrnehmbaren* und eine *Frische des Eindrucks;* sonst erregt das musikalische Bild nicht den Appetit, fesselt nicht das Hörbewußtsein und kann es nicht in seinem Bann halten.

Die Individualität der Motive   Das erste, das dieser Forderung genügt,
ist die *Individualität des Motivs*, d.h. daß ein Motiv durch seine Rhythmus-
und Tonstruktur noch nicht ausgebeutete Signifikationen enthält. Obwohl
alle Motive dieselben psychischen Bedeutungen beinhalten, so wirken sie
doch innerhalb einer »Form«, deren Strukturmöglichkeiten unerschöpflich
sind, und es bedarf eines Nichts, daß sie »neuartig« erscheinen. Hundertmal
haben wir gehört, daß ein Ton mit seinem Nebenton abwechselt, leiterartig
zur Dominante aufsteigt und mit einigen Verzierungen wieder zurücksinkt.
Wenn aber diese Melodie erscheint:

Mozart, *Figaros Hochzeit, Ouvertüre*

steht man vor etwas völlig Neuem, weil hier das bekannte Schema auf durchaus eigene Weise ausgeführt wird. Das »noch nicht Dagewesene« verleiht dem
Eindruck seine Frische.

Man wird jetzt fragen, wie es dann kommt, daß man dieselbe Melodie und
dieselben Werke hundert- und aber hundertmal hören kann, ohne ihrer müde
zu werden und ohne daß die Frische des Eindrucks verblaßt. Das kommt daher, daß die musikalische Emotion nicht nur aus dieser Frische des Eindrucks
herrührt, sondern aus der Signifikationstranszendenz des Erlebnisses; und das
Erlebnis der Transzendenz, d.h. der Tiefe und Unergründbarkeit, die uns im
musikalischen Akt zur Schönheit öffnen, ist unerschöpflich. Daraus folgt jedoch, daß allein die Transzendenz des musikalischen Ausdrucksaktes, signifiziert durch *Stil* und *Form*, dem Werk Dauerhaftigkeit und Ewigkeit sichert,
unter der Bedingung, daß die melodische Dialektik auf *Motiven* mit individuellem Gepräge beruht.

Der »Einfall«   Dieses Verlangen nach Frische und Neuartigkeit beschränkt
sich nicht auf die Individualität des Motivs, sondern erstreckt sich auch auf
die ganze musikalische Dialektik; und dadurch wird aus dem übernommenen
Stil ein Individualstil. So können ganz einfache und wenig individualisierte
Motive die Aufmerksamkeit fesseln, wenn sie eine unerwartete Dialektik entstehen lassen. Das Thema der *Eroica*, das wir weiter oben zitiert haben, würde
sich auf eine einfache Akkordbrechung reduzieren lassen – eine elementare
musikalische Gegebenheit von sehr »allgemeinem« Charakter, die in jeder
Musik vorkommt – wenn es nicht plötzlich auf *cis* haltmachte und wenn nicht
in dem Augenblick in der Höhe die Geigen einsetzten. In diesen Einfällen
wohnt die *Erfindungsgabe*, und sie bringt das hervor, was wir die musikalischen

Ereignisse nennen. Die überraschende Modulation im *Scherzo* von Schuberts großer *C-dur-Symphonie* bei der dritten Wiederholung des Motivs ist ein frappierendes musikalisches Ereignis:

Die Erfindungsgabe zu solchen »Ereignissen« ist also eine *conditio sine qua non* der musikalischen Schöpfertätigkeit. Diese »Ereignisse« haben wohlverstanden stets eine »musikalische«, d. h. »affektive« genaue Bedeutung; zudem aber müssen sie zur dialektischen Bewegung beitragen, sie müssen also dem vorhergehenden Erlebnis etwas Neues anfügen, indem sie den Existenzweg zu einem neuen Werden öffnen. Nur unter dieser Bedingung haben sie das Gepräge des *Notwendigen*, und indem sie der dialektischen Bewegung einen *Sinn* geben, erhalten sie selbst einen hinsichtlich des musikalischen Vorsatzes. So beleuchtet diese Schubertsche Modulation nicht nur das Motiv bei der dritten Wiederholung auf ganz neue Weise, sondern sie scheint zugleich den dialektischen Sinn zu offenbaren, denn sie führt zur Ausgangs-Tonperspektive zurück und läßt das außerhalb dieser Tonperspektive erschienene Motiv zu einem notwendigen Abschnitt oder einer wesentlichen Episode des Ausdrucksakts werden. Da das Interesse am Erlebnis in der Transzendenz seiner Signifikationen beruht (und in einer Transzendenz, die sich in zwei Richtungen auswirkt, im immanenten Horizont der *Gegenwart*, dem *räumlichen* Horizont, *und in der Dauer*, die ihn übersteigt), ist die Erfindung also den Notwendigkeiten des Ausdrucksaktes untergeordnet.

Aus der Erfindungsgabe die Triebfeder der musikalischen Schöpferkraft machen zu wollen ist eine teuflische Versuchung, denn die Forderung der Erfindung ist *an sich* ohne Gesetz und Ziel und wäre es auch im schöpferischen Akt, wenn nicht die Forderung des Ausdrucks – eine »ethische« Forderung – in jede Situation des schöpferischen Bewußtseins ein Ziel und eine strenge Bedingtheit setzte.

Das Beispiel der leichten Musik Diese Betrachtungen ermöglichen es uns, jetzt die Daseinsberechtigung und die Natur der sogenannten »leichten« Musik zu verstehen.

In dem berühmten *Tea for two* aus einer Operette von Vincent Youmans finden wir den ganzen bekannten dialektischen Prozeß wieder: Wiederkehr des ersten Motivs aus Gründen der Identifizierung, Wiederholung der Kadenz mit leichter Veränderung der Tonstruktur; dritte Wiederholung derselben Kadenzstruktur in der anfänglichen Tonstruktur, die in vier Takten zum Abschluß der Phrase führt. Wiederholung – zum Zweck der Identifizierung – unter leichter rhythmischer Veränderung »desselben« in neuer Beleuchtung: hier die anfängliche Phrase in der Perspektive von *C*-dur (*C*-dur steht hier an-

stelle der Dominante, hat aber eine ganz andere Signifikation, weil es keine
»*notwendige Zukunft*« anzeigt); Rückkehr zur Ausgangsphrase in ihrer Tonperspektive, Weiterführung durch einen wiederholten Quartabstieg und die
harmonische Kadenz S-D-T zum letzten Eintritt des ersten Motivs, zur endgültigen Rückkehr zu sich selbst.

Diese melodische Dialektik und diese harmonische Bewegung erzeugen
eine vollkommene Form in einer vollkommenen Stileinheit. Dieser Stil ist
aber einer ganzen Gattung von leichter Musik *gemeinsam*, und die Persönlichkeit des Komponisten offenbart sich hier bloß in der Erfindung des Anfangsmotivs – der Grundidee des Werkes – und durch das Vermögen, das er
an den Tag legt, aus diesem Motiv eine in sich geschlossene dialektische Bewegung zu schaffen, was einfach beweist, daß er ein guter Musiker mit melodischer Erfindungsgabe ist. Was die »Form« betrifft, so schafft sie natürlich
die melodische Dialektik durch die regelmäßige Periodizität ihrer Phrasen
und Perioden, sie ist aber ohne jede Individualität, was die formale Gesamtanlage angeht, sie ist substanzarm.

Diese Armut ergibt sich daraus, daß

1. dasselbe affektive Erlebnis unaufhörlich wiederholt wird, mit gering-
fügigen Veränderungen. Es kommen zwar zweimal Wechsel der Tonperspektive vor, es sind doch aber »Ereignis«-Änderungen, die keinerlei *Progression*
nach sich ziehen, da die Modulationen nicht durch Überleitungen signifiziert
werden und nur ihren jähen, ungeschichtlichen Übergang von einer Perspektive
zur anderen signifizieren.

2. die dialektische Bewegung ins Nichts oder doch in die Nichtigkeit mündet: Nichts ist geschaffen, außer daß man »im Selben« existiert (vier Überlei-
tungstakte abgerechnet) und sich zum Schluß so wiederfindet, wie man am Anfang war: Der letzte Zweck der dialektischen Bewegung kommt ungefähr auf
die berühmte Feststellung heraus: Monsieur de la Palice ist tot, und zwei
Minuten vorher war er noch am Leben.

Aber dieses erste Motiv ist ein Wunder oder doch wenigstens ein »Einfall«.
Es muß eine geprägte Individualität haben, wie hätte es sonst die Menge
begeistert und selbst einen Strawinsky dazu gebracht, im *Apollon Musagète*
in der *Variation de Terpsichore* darauf anzuspielen. Es wird dadurch charakterisiert, daß es im Septimhorizont des Grundakkords steht und bleibt. Diese
zum Klanggrundton gewahrte *Distanz* gibt der Melodie eine gewisse *Autonomie*, die ihre *sinnlich wahrnehmbare* Eigenschaft hervorhebt. Sie liegt sozusagen ganz an der Oberfläche, und das wiederholte Hin- und Herwiegen, die
pendelnde Bewegung, ist wie eine Liebkosung oder Schmeichelei auf dem
Hintergrund einer bald aktiven, bald passiven harmonischen Kadenz. Halten
wir noch fest, daß dieses melodische Schaukeln nicht den Sinn einer bald
gegebenen (A_3I), bald empfangenen (P_2I) Liebkosung annähme – Tea for
TWO!; die Liebkosung tendiert stets zur Introversion –, wenn nicht darunter
eine affektive, von der harmonischen Kadenz signifizierte Bewegung läge.

Hier sehen wir, daß es die Prägnanz des sinnlich Wahrnehmbaren ist (die aus der melodischen Eigenart, aber auch aus der instrumentalen Klangfarbe entstehen kann), die der Musik einen *sinnlichen* Charakter geben kann, wenn das *sinnlich wahrnehmbare Bild im Hin und Her der harmonischen Bewegung »gefangen« bleibt,* wenn nämlich das sinnlich Wahrnehmbare auf einem affektiven *Fluß* beruht, das dann – aber nur dann – den Charakter der Libido annimmt. Wir müssen anmerken, daß der Baß hier tatsächlich die Grundtöne der Klänge enthält, was der melodischen Bewegung, trotz ihres Abstandes zum Grundton, eine veräußerlichte, an der Oberfläche liegende Signifikation der inneren, von der harmonischen Kadenz ausgelösten affektiven Bewegung gibt. Und dieser Baß verläuft nur in subdominantischen und dominantischen Kadenzschritten – die »allgemeinste« und gewöhnlichste, die am wenigsten differenzierte und automatischste kadenzielle Gegebenheit der affektiven Bewegungen, könnte man sagen. Überdies gefällt sich das affektive Bewußtsein darin, bleibt ihr aber fremd, und dieses Fremdbleiben zu einer bestehenden affektiven Bewegung (und allgemein das *Kleben* an einem erlebten Gefühl) läßt das Stück *sentimental* werden, in dem Sinn, daß es das erlebte Gefühl selbst objektiviert und zu einem »Gegenstand« des affektiven Erlebnisses macht, das sich sodann in die *Sentimentalität* verkehrt. Die Sentimentalität besteht also darin, seinen Gefühlsgegenstand zu genießen, sein eigenes Gefühl zu lieben, in der Illusion, dessen Gegenstand zu lieben. Das ist auch eine ethische Modalität, die allerdings den Normen der ethischen Freiheit zuwiderläuft, deren Grundsatz die Selbstlosigkeit ist.

Die Musik ist sinnlich und sentimental zugleich, aber in diesem besonderen Stück überwiegt die Sinnlichkeit; denn durch die Prägnanz des sinnlich Wahrnehmbaren und der kadenziellen Motorik, welche die affektive Bewegung trägt, ist sie nur die natürliche Kontingenz des Erlebnisses. Die Wahl der Sinnlichkeit ist auch eine ethische Wahl, nämlich die der Laszivität, die leicht in die Schlaffheit führt. Alles an dieser musikalischen Bewegung ist schlaff: die Unfähigkeit, sich von sich selbst zu lösen, die Selbsthingabe an die automatischen Kadenzen, diese Weise, durch die fallenden Quarten schließlich zu sich zurückzukehren. Dennoch sind wir beim Hören dieses Stückes im Genuß »erstarrt«, wie ihn das musikalische Gefühl und die Erscheinung des sinnlich wahrnehmbaren Bildes stets auslösen; mit anderen Worten: in den Wonnen der Wollust und der Erschlaffung, so als ob uns diese Seinsweisen wohlvertraut wären – sofern uns nicht eine spontane Abneigung gegen die Sinnlichkeit und Sentimentalität dieses Werkes von vornherein abschreckt.

Die leichte Musik bietet viele Beispiele für einen reicheren affektiven und auch gänzlich anderen ethischen Gehalt, als dieses Stück aufweist. In den Strauß-Walzern erneuert sich die Erfindung immer wieder bis zum Schluß; sie läßt ganze Reihen von Walzern entstehen, die alle ein individuelles Gepräge tragen und in denen sich ein melodischer Atem von beträchtlicher Reichweite verrät. Überdies verfallen die Straußschen Walzer, wenn sie Gefühle aufkommen lassen (aber Gefühle ganz anderer Art), kaum in die Sentimentalität, denn das Gefühl bleibt hier *aktiv*, und es fehlt die Sinnlichkeit. Der herrschende *Eros* ist stark vergeistigt, und die Straußsche Melodik wahrt den Charakter des Gesanglichen.

Es gibt also Wertstufen in der leichten Musik wie in der ernsten. Dennoch verwendet Strauß nur einen erworbenen Stil in seinen Walzern und in den Formen, die er schafft. Seine Persönlichkeit signifiziert sich nur in der Ordnung der Invention und der musikalischen Ereignisse, seine Musik bleibt leichte Musik. Man wird sich darüber klar, wenn man an Chopins Walzer denkt, deren affektive Substanz und deren Stil viel bedeutungshaltiger und persönlicher sind. Und zudem hat Chopin auch nicht nur Walzer oder Polkas und Galopps geschrieben; und wenn man in seinen Werken eine Signifikation der polnischen ethischen Modalität sehen will, so muß man sagen, daß sich in seiner Persönlichkeit und in seiner ethischen Modalität das Polnische im besten Sinne ausgedrückt hat.

Was die Musik vor der stets gefährlich nahen Sentimentalität und Sinnlichkeit bewahrt, ist, daß das Selbstbewußtsein in seinem Ausdrucksakt sein affektives Erlebnis transzendieren kann, um durch den Stil und durch die Form seine ethische Modalität zu signifizieren, indem es so seinem Ausdrucksakt einen höheren Grad an Transzendenz verleiht.

DIE KRAFT DER TRANSZENDENZ   Die »ernste« Musik entgeht keinesfalls der Sentimentalität und Sinnlichkeit, die den meisten Menschen, wenn nicht allen, innewohnen, sie transzendiert sie jedoch durch einen überwindenden Seinsvorsatz. Ein gutes Beispiel für sentimentale Musik bietet der Anfang des langsamen Satzes der *Vierten Symphonie* von Mahler; aber ebendiese Sentimentalität, so genüßlich sie auch ausgekostet wird, löst ein Drama aus, das uns in der Entfaltung der Form zu ihrer Überwindung führt. Unleugbar gibt es Sinnlichkeit in der *Tristan*-Musik, und es wäre aufschlußreich, von diesem Blickpunkt aus einmal die letzte Szene zu untersuchen, um in ihr die Sublimierung der erotischen Liebe sich signifizieren zu sehen.

Sicherlich hat sich die Transzendenz des musikalischen Ausdrucksaktes erst gänzlich in den komplizierten Strukturen der Polyphonie und Harmonie signifizieren können (Strukturen aus Strukturen in der Immanenz der Gegenwart) und durch die Erweiterung und erworbene Autonomie der harmonischen Formen (Strukturen aus Strukturen in der Dauer). Die Kompliziertheit und Erweiterung der Formen öffnet tatsächlich einen viel größeren Spielraum an Möglichkeiten zur *Differenzierung* gewöhnlicher Strukturen, wodurch sich die Individualität des Stils offenbaren kann. Diese Transzendenz kann sich jedoch auch in einfachen Strukturen – in der reinen Melodie – und in den »kleinen« Formen signifizieren, denn sie hängt nicht von den Strukturen ab, sondern vom musikalischen Selbstbewußtsein.

Mit anderen Worten: Diese Transzendenz der musikalischen Signifikationen wird nicht *bedingt* durch die Kompliziertheit der Strukturen, durch die Vermehrung der musikalischen Ereignisse und die Erweiterung der Form, sondern ausschließlich durch die ethische Persönlichkeit des Musikers. Die »großen« Formen werden durch den Gehalt des musikalischen Ausdrucksaktes motiviert, der ihre Erweiterung durch seine Natur – die »Flucht« des Selbst vor sich selbst in der Fuge – oder seine Kompliziertheit – die Zwei- oder Dreithemigkeit in Fuge, Sonate oder Rondo – fordert. Die *Träumerei* von Schumann z.B. hat eine einfache Struktur und eine sehr verdichtete Form, und doch signifiziert sie einen *Seins*vorsatz und trägt das Siegel einer Persönlichkeit. Nur hat Schumanns Bewußtsein sich darauf beschränkt, hier einen sehr spezifischen Aspekt seiner ethischen Modalität auszudrücken – die Träumerei –, so daß ihm ein einziges Thema genügte, um das Wesen der Träumerei zu signifizieren, die Seinskonsistenz gewinnt und sich in sich selbst schließt.

DER WERT DER LEICHTEN MUSIK   Zusammengefaßt also: Die Transzendenz der musikalischen Signifikationen auf zweiter Stufe, die aus einem persönlichen musikalischen Vorsatz und einem persönlichen Stil hervorgeht, liegt außerhalb der Reichweite der leichten Musik, da sie auf dem Einfall von musikalischen »Motiven« und überhaupt von musikalischen »Ereignissen« beruht, die zudem in einem erworbenen, allgemeinen Stil verwendet werden und in einer einfachen formalen Anlage, die automatisch durch die melodische Dialektik und die Grundkadenzen entsteht. Darauf beschränkt, die Strukturmöglichkeiten eines gegebenen Stils und die aus den Grundkadenzen sich ergebenden affektiven Bewegungen zu pflegen – was ein gewisses Raffinement nicht ausschließt, wie wir am Schluß unseres Beispiels sehen konnten –, widmet sie sich der bloßen Signifikation von höchst allgemeinen affektiven Modalitäten und verfällt deshalb leicht der Sentimentalität. Tritt die kadenzielle Motorik dazu, besonders die zweizeitige, synkopierte, wird diese Sentimentalität zur Sinnlichkeit.

Dadurch ist sie im Wesen eine Unterhaltungsmusik; denn das Vergnügen, das das musikalische Gefühl und das Erscheinen des melodischen Bildes uns gewähren, reichen aus, um das Hören dieser Musik zur angenehmen Unterhaltung zu machen. Aber das Vergnügen ist ein allgemein menschliches Bedürfnis, und diesem Bedürfnis trägt sie Rechnung. Darüber hinaus ist sie nicht weniger als die »ernste« Musik ein echter Ausdruck des Menschen, und dadurch erhält sie den Wert eines menschlichen Zeugnisses. Endlich aber verfällt sie, wie wir gesagt haben, nicht ausschließlich der Sentimentalität und Sinnlichkeit und kann eine recht große Vielfalt an differenzierten affektiven Signifikationen erreichen; es ist deshalb ausgesprochen interessant, ihren Gehalt zu analysieren.

Da sie durch ihre Natur auf ein Ausdrucksgebiet, auf einen Stil und auf Formen beschränkt ist, die leicht faßbar sind, wendet sie sich an die Masse, und so erklärt sich ihr *populärer* Charakter. Daher tritt sie in unserer Zeit an die Stelle der Volksmusik.

VON DER »LEICHTEN« ZUR »ERNSTEN« MUSIK   Mit aller Deutlichkeit ergibt sich aus den vorhergehenden Erörterungen, daß zwischen der leichten Musik und der (wie wir sie bisher genannt haben) abendländischen Musik (zu der die leichte nur ein Nebenprodukt ist, da sie aus ihr entstanden ist, während die Volksmusik autochton ist) ein Sprung und ein unmittelbarer Übergang besteht; und ebenso zwischen dem schöpferischen Vermögen für die eine und für die andere. Der Sprung ist nicht der zwischen Handwerker und Künstler: Der Handwerker zeigt sich im *Tun*, der Künstler in der Qualität des Ausdrucks, so daß beide in der Musik (sowie deren Mittel brauchbar sind) wirken. Und obwohl die leichte Musik in die Hände reiner Handwerker fallen kann, läßt sie doch dem Genie die Möglichkeit, sich plötzlich in der melodischen Erfindung zu offenbaren (ohne von Johann Strauß zu reden, zeigt sich z.B. in den Werken des spanischen Komponisten Padilla *[La violettera]* unbestreitbar Genie). Aber dieses Genie ist, so könnte man sagen, rein melodisch in dem Sinn, als es strenggenommen nicht die Persönlichkeit des Musikers engagiert, sondern nur seine melodische Ausdruckskraft, die eine ästhetische Gabe ist.

Um sich darüber klarzuwerden, daß zwischen den beiden Musikarten, die wir meinen, nicht nur ein gradueller, sondern ein Wesensunterschied im Ausdruck besteht, müssen wir auf die Unterscheidung zurückkommen, zu der uns die Bewußtseinsphänomene stets genötigt haben: Man muß im Gehalt der Musik das *faktische* Ethos vom *signifizierten* Ethos unterscheiden. Da der Mensch von Natur aus ein ethisches Wesen ist, läßt jede menschliche Existenz ein *Ethos* unter seiner doppelten Modalität, der statischen und der dynamischen, durchscheinen. Im musikalischen Werk kann dieses Ethos aber *in facto* offenbar werden, wie in *Tea for two*, oder es kann »signifiziert« werden. Das kann es aber nur, wenn im Ausdrucksakt nicht bloß das musikalische Talent des Komponisten wirksam wird (und sei es auch genial), sondern auch seine *Persönlichkeit*, die sich nur in der Persönlichkeit des Stils, der Originalität der Form und ihrer ihr eigentümlichen affektiven Modalitäten manifestieren kann, die in musikalisches Gefühl *übersetzt* worden sind.

In seiner schöpferischen Tätigkeit lebt der Komponist im musikalischen Gefühl und in nichts anderem. Was ist aber das musikalische Gefühl? Wir haben es gesehen: schematisiertes menschliches Gefühl. Es besteht aus denselben affektiven Elementarspannungen wie unsere alltäglichen Gefühle; unsere in der wirklichen Welt erlebten Gefühle ließen sich aber nicht so umschreiben und messen, wie man einen musikalischen Gefühlsschwung fassen und messen kann, weil in der wirklichen Welt unsere affektiven Elementarspannungen nicht isolierbar sind und sich zu unentwirrbaren Knäueln verflechten. Im Augenblick also, wo der Musiker ins musikalische Gefühl eintritt, löst er sich von sich selbst, d. h. von seiner leiblichen Person, von den momentanen Regungen von Haß und Liebe, ja selbst von der Modalität seines Lebens. Dieser Punkt ist von größter Wichtigkeit. Er löst sich also, mit einem Wort, aus seiner *pragmatischen Situation* und tritt ein in eine Sphäre der *affektiven Geistigkeit* und in eine Welt der absoluten Werte, ohne dabei von dem menschlichen Gehalt der ihm innewohnenden Affektivität zu verlieren – Motorik, Sensibilität, Geschlechtlichkeit; denn nur in dieser Affektivität kann er sich übersteigen, sich über sich selbst erheben, um in eine imaginäre Welt der Musik und in das *musikalische* Gefühl einzutreten. Daß man im musikalischen Gefühl das wahre Wesen seiner affektiven Tätigkeit wiederfindet, ist daher nicht überraschend. Wie kommt es aber, daß man hier seine ethischen Modalitäten wiederantrifft, die er im pragmatischen Leben besaß, wo er doch hier von sich selbst losgelöst ist und strenggenommen nicht seine Gefühle, sondern bloß geträumte, in der Einbildungskraft erlebte Gefühle signifiziert? Offen gestanden, ist das auch alles, was man von ihm als »Person« dort wiederfindet; und zwar nur deshalb, weil sich die ethische Modalität zunächst durch ein »Wie« offenbart (wie man ist, wie man sich verhält) und weil sich das musikalische Gefühl ebenfalls durch ein »Wie« ausdrückt. Da es das gleiche affektive Selbstbewußtsein ist, das sich in der Musik signifiziert und das sich im Leben durch ein bestimmtes Verhalten äußert, trifft man dasselbe stilisierte »Wie« in den statischen Strukturen der Musik als Gesamtstrukturen – mehr oder weniger erweiterten »Formen« – wieder, wie es sich in den Sitten manifestiert. Und hierdurch, durch die ethische Modalität und nicht durch das erlebte Gefühl als solches – die gängige Münze jeder Existenz –, drückt die Musik den Menschen aus. Übrigens bleibt dieses *Ethos* eine transzendente Signifikation des affektiven musikalischen Erlebnisses und signifiziert sich, im Satz, nur durch die Freiheit, oder wenn man so will: durch die Individualität des Stils. Das einzige »Was«, durch welches sich das musikalische Ethos äußern kann, ist der Seinsvorsatz, gottähnlich zu sein, der noch eine Art »Wie« besäße, wenn er nicht besagen würde, daß der Mensch sich vorsetzt, aus sich eine »Person« zu machen, die außer Gott keine andere Grundlage hat als sich selbst. Ist der Mensch von einem solchen Vorsatz beseelt, so ist er jemand, auch wenn er ihn nicht zu Ende bringt. Ist er nicht davon beseelt, so ist er nur ein leeres Existentes, das seine Jahre vertut wie die kleinen Existenzialisten, die Sartre zu folgen vermeinen. Oder er verbraucht und verliert sich im »Tun«. Deshalb signifiziert der generische Vorsatz des Tonwegs nur die Persönlichkeit des Komponisten, wenn er sich in jedem Werk neu schafft, indem er seinem Tonweg und seiner Form eine individuelle Struktur gibt.

Was ist aber im Grunde dieses Ethos des Menschen, wenn wir den Seinsvorsatz beiseite lassen? Es ist eine bestimmte Weise des In-der-Welt-Seins und, hinsichtlich des musikalischen Ausdrucks, der *affektiven* Beziehung zur Welt, zur Natur, zu den Menschen, Lebewesen und Dingen in der Welt. Diese Weise entstammt einer bestimmten Anschauung von der Welt, den Menschen und Lebewesen in der Welt oder führt ihn zu ihr. Diese Schau ist es also, die den musikalischen Ausdrucksakt unterhält; denn wer sonst könnte das tun, da sich das Gefühl stets auf ein transzendentes Objekt bezieht und die Musik dieses Gefühl bloß signifiziert? Sie kann ihn allerdings nicht unterhalten, wenn er nicht in seiner Person wohnt; und auf diese Weise engagiert der Musiker seine Person in seinem Ausdrucksakt; damit gleichzeitig aber engagiert er seine Weise des In-der-Welt-Seins, die seine ethische Modalität darstellt. Der affektive Gehalt des Werks und der Werke des Musikers hängt also ab von der Modalität, Intensität und Fülle seiner affektiven Aktivität, in seiner Beziehung zur Welt und zu den Menschen. Und trotzdem ist er, wie wir gesagt haben, in diesem schöpferischen Akt von sich selbst losgelöst. Aber die affektive Motivierung seines Einbildungsaktes hat in ihm eine aktive affektive Tätigkeit geweckt, die zuweilen auch in der wirklichen Welt erfahren werden kann, die sich jetzt aber im Lichte einer düsteren oder heiteren Schönheit darbietet, sich entwickelt und Seinserfülltheit gewinnt in ihrer eigenen, der ethischen Modalität des Musikers entsprechenden Logik, etwas, das – abgesehen von höchst seltenen Fällen – in der wirklichen Welt nicht vorkommt. Auf diese Weise bedingt das affektive Leben des Musikers als Menschen den affektiven Gehalt seines Werkes und signifiziert sich, verwandelt, in der Transzendenz des Erlebnisses, so daß sein Werk eine ganze Welt beinhaltet, eine Weise des In-der-Welt-Seins und eine Weltschau. Ausmaß und innerer Gehalt dieser Schau machen den Wert des Werks als menschlichen Zeugnisses aus.

Selbstverständlich verwendet ein solcher Ausdrucksakt nicht nur das eigentliche musikalische Genie, d.h. das Genie der Sprache. Er beruht auch auf dieser anderen Form des menschlichen Genies: der *Seinsintuition.* Denn die Schau, die der Musiker vom Menschen hat, von der Natur oder den Dingen in der Welt, geht auf das *Sein* in den Erscheinungen zurück. Und diese Seinsanschauung entdeckt dem mit dem Genie der Sprache begabten Musiker seinen musikalischen Ausdruck, ob es sich nun um eine Seinsmodalität handelt, die in einer bestehenden affektiven Bewegung empfunden, in der Welt beobachtet oder in der Einbildungskraft erlebt ist. Das Genie des großen Musikers senkt seine Wurzeln in die Tiefen der menschlichen Seele, in den Anruf zu sein und den Anruf ans Sein.

Gehen wir von hier aus zur leichten Musik zurück, so wird uns klar, daß sie sich einer ganzen Transzendenzzone begeben hat: Sie hat die Ethik beiseite gelassen. Der Musiker beschränkt sich hier darauf, in ihr seine affektive Aktivität zu signifizieren, indem er seine rein musikalische Gabe und seine melodische, harmonische oder rhythmische Erfindungsgabe in bewährten Formen entfaltet; er gibt sich dem Vergnügen am Dasein in einer bereits bestehenden musikalischen Welt hin, in der er neue musikalische Wege zeichnet, wobei die

Bedingung des Tonwegs seinem Existenzakt die Seinserfülltheit verleiht. Es besteht immer eine gewisse Gefahr, daß der Musiker seinen Ehrgeiz in diesem Punkt aufgibt, auch in den großen Formen der Musik. Tut er das, so besitzt er ohne jeden Zweifel nicht die Persönlichkeit und das Genie, von dem wir weiter oben gesprochen haben.

»Kunstmusik« oder »ernste« Musik und »Unterhaltungsmusik« oder »leichte« Musik sind verschwommene Begriffe. Wir müssen erkennen, daß die ernste Musik nichts anderes ist als der musikalische Ausdruck des Abendlandes *als Kulturwelt*. Und ebendieses: die Kultur zu spiegeln, hat die Musik in den großen antiken Kulturen getan. Diese Musik läßt natürlich auch einer anderen Musik noch Platz und Wert, der »Unterhaltungsmusik«, die nicht demselben menschlichen Streben entspricht, so wie ja auch die »Literatur« dem Kriminalroman Platz läßt.

SCHLUSSFOLGERUNG: DAS GEGEBENE UND DAS GESCHAFFENE   Wir können uns jetzt über die Situation des Künstlers vor dem zu schaffenden Werk und über die Situation des Hörers vor dem gehörten Werk klarwerden.

Der Musiker hat seine Tonstrukturen eigentlich nicht geschaffen: Sie sind ihm *gegeben*, und auch wenn er nicht von einem bereits bestehenden Stil ausgeht, sind sie doch bedingt durch das System der Logarithmen, die allein ihnen einen Sinn geben können, wie auch durch die Modalitäten des kadenziellen Rhythmus der menschlichen Motorik. Er signifiziert sich also nur durch seine musikalischen Vorsätze und im Vollenden seiner musikalischen Vorsätze durch den Stil und die Form. Wohlverstanden stammt schließlich der gesamte affektive Inhalt des Werks von ihm. Durch die Bedingung des Einbildungsaktes ist er im schöpferischen Akt in der Situation der reinen Reflexion und folglich in innerer Beziehung zum musikalischen Bild, so daß er als nichtreflektiertes Selbstbewußtsein in seinem Ausdrucksakt engagiert ist. Deshalb ist dieser, was er auch signifiziert, ein Akt des Ausdrucks seiner selbst. Er ist es, wie wir wissen, in der reinen Melodie durch den Bau des melodischen Verlaufs (den Stil) und in der harmonischen Musik durch die vom Verlauf der Akkordgrundtöne geregelte harmonische Tonbewegung und die daraus entstehenden Melodien.

Der Hörer ist beim Einbildungsakt, den er für sich wiederholen muß, in derselben Situation wie der schöpferische Musiker, nur daß er sich durch sich und für sich signifiziert, was der Musiker durch das musikalische Bild signifiziert und für sich signifiziert hat. Er kann sich deshalb nicht darauf beschränken, das musikalische Bild passiv aufzunehmen und bloß Zuschauer zu bleiben. Wenn er alle Signifikationen des Musikers erfassen will, muß er sich als affektives Selbstbewußtsein im musikalischen Einbildungsakt engagieren, und auch in seiner fundamentalen Bedingung, die eine aktive Gegenwart und eine Teilnahme in der Dauer an seiner Gesamtentfaltung ist. Nur unter dieser Be-

dingung kann er sein affektives Erlebnis zu seinen transzendenten Signifikationen transzendieren, wodurch ihm das musikalische Erlebnis etwas anderes
ist als ein einfaches Gefühlsereignis – nämlich eine Art geistiger Erleuchtung.
Eine solche Erfahrung verlangt vom Hörer, daß er als affektives Selbstbewußtsein ein kultiviertes Bewußtsein sei; aber diese Kultur kann er durch die Musik selbst und ihr wiederholtes Erlebnis erreichen. Dadurch kann die Musik
eben eine Offenbarung des Menschen für den Menschen werden, allerdings
eine wortlose; und auch hierin ist die Ausübung der Musik ein Mittel der
Kultur, eine »Humanität« in dem Sinne, in dem man das von den Sprachen
und Kulturen sagt.

Jetzt wissen wir ungefähr, was an Wissen über die Musik aus dem Musikbewußtsein abzuleiten ist. Es bleibt noch zu untersuchen, wie die Musik in der
Praxis erschienen ist, d.h. in der nicht mehr theoretischen, sondern pragmatischen Situation des Musikbewußtseins. Denn als nichtreflektiertes Selbstbewußtsein hat es seine Geschichte blind und ohne zu wissen, was es tat, geschaffen – abgesehen von der Schau dessen, was es *geschaffen hatte,* und diese
Schau gab dem Musiker keinerlei Aufschluß über den »geheimen« Grund der
»Fakten«. Unser Wissen über diese Ursache muß es uns daher erlauben, aus
der Sicht ihrer historischen Perspektive eine Diagnose für die Situation der
heutigen Musik zu stellen.

Zweiter Teil

Die geschichtliche Entstehung der Musik aus der praktischen Erfahrung

Kapitel I: Der Werdegang bis an die Schwelle unserer Zeit

1. Das erste und das zweite Zeitalter der Musik

Die Entstehung der Musik ist kein Problem mehr, wenn man sich über die Natur dieses Phänomens und die *ganz bestimmten* Bedeutungen, die es für den Menschen besitzt, Rechenschaft abgelegt hat. Der Mensch ist das Lebewesen, das sich alle Phänomene – die inneren wie die äußeren – deutet und das ständige Bedürfnis fühlt, sie sich zu deuten; sobald er daher einmal die Beobachtung gemacht hatte, daß ein bestimmtes Heben der Stimme, daß die *Bewegung* der Stimme, für ihn etwas bedeutet oder daß ferner die Geräusche und die durch sie erzeugten Schallbewegungen etwas bedeuten, war er bereits auf dem Wege zur Musik. Aber die Musik im eigentlichen Sinn konnte erst mit dem zufälligen Auftreten von Tönen mit *bestimmter Tonhöhe* entstehen.

Sobald der Mensch – zunächst ohne präzise Absicht – mit seiner Stimme Töne unterschiedlicher Höhe hervorbrachte, fand er sich in einen bestimmten Gemütszustand versetzt und erfuhr in der Bewegung der Töne den Klangreflex einer bestimmten Bewegung seines eigenen Gefühls.

Ein chilenischer Musiker hat bei den Indianern der Chiloë-Inseln Schallplattenaufnahmen gemacht. Man hört eine Stimme, übrigens eine recht rauhe Stimme, die sich schrittweise – mehr oder minder präzis – von einer bestimmten Tonhöhe zu einer anderen erhebt, zur Ausgangsstellung zurückkehrt, wieder wie suchend aufsteigt, etwa die Quinte erreicht, dann die kleine Septime und dann verstummt. Die in diesem Sang entfaltete affektive Spannung ist beim Hören der Platte klar erkennbar und dürfte für den Singenden der Beweggrund zum Weitersingen gewesen sein. Als der Mensch im Spiel Holzstäbe verschiedener Länge gegeneinanderschlug oder eine gespannte Schnur an wechselnden Punkten ihrer Länge abklemmte und anriß oder in verschieden lange, ausgehöhlte Stücke Schilfrohr blies und empfand, wie sich in der Aufeinanderfolge der so hervorgebrachten Intervalle ein bestimmtes, in ihm schlummerndes Gefühl widerspiegelte, entdeckte er alsbald die Magie der Töne. Damit war auch sein *Teilhaben* an der Magie der Töne verwirklicht. »Im Anfang« war somit nicht »der Rhythmus«, wie Hans von Bülow gesagt hat, und man wird dieses Schlagwort zum alten Eisen werfen müssen. »Im Anfang« waren vielmehr *Töne mit bestimmter Tonhöhe* und die durch *Aufeinanderfolge von Tönen hervorgerufenen Intervallfolgen.* Der Rhythmus ist kraft der bloßen Tatsache in Erscheinung getreten, daß sich die Aufeinanderfolge der Intervalle nur in der Zeit abspielen konnte und daß der affektive Sinn dieses Erlebnisses ein um so »bestimmterer« war, als die melodische Bewegung in der Zeit gemessen wurde. Dann aber kam das *Tempo* hinzu, das von der Kadenz des Rhythmus abhängig ist; und das Tempo gewann eine ebenso wichtige affektive Bedeutung wie die Veränderungen der Tonhöhe, ja es wurde für die affektive Bedeutung, den Gefühlswert der Intervalle, sogar ausschlaggebend; denn die gleiche Intervallfolge erhält in einem anderen Tempo (gleichwie in einem anderen Rhythmus) eine ganz andere Bedeutung. So sind Rhythmus und Tempo seither zur Hauptsache des Phänomens geworden – und das war es ohne Zweifel, was Bülow sagen wollte.

DER URSPRÜNGLICH MAGISCHE CHARAKTER DER MUSIK   So mußte die Musik überall dort ihren Anfang nehmen, wo der Mensch auf der Erde erschienen ist, und zwar – unabhängig voneinander – in jedem einzelnen Stamme; und sie konnte ihren Anfang nehmen, sei es durch den Gesang oder ein Instrument oder durch beides, sei es durch Singen oder Tanzen oder beides – allenthalben jedoch wurde sie ursprünglich als *magisches* Phänomen erlebt*.

Wir können somit ein erstes historisches Zeitalter der Musik erkennen, das mit dem ersten historischen Zeitalter des Menschen zusammenfällt, wo dieser zur Welt, zu den Lebewesen und den Dingen in der Welt noch in magischer Beziehung steht und sich uns »im Naturzustand« zeigt, einem Naturzustand allerdings, in welchem er bereits – wenn auch ohne es zu wissen – ein ethisches Wesen ist; denn er gibt – durch sich und für sich – der Bewegung des nach Höhe und Zeitwert gemessenen Tones einen affektiven Sinn. Aber er empfindet seine ethische und affektive Einstellung zur Tonbewegung als magische Wirkung des Tones selbst.

Die Musik des ersten Zeitalters – oder besser gesagt: die tonalen und rhythmischen Strukturen, die dazumal aufgetreten sind – ist also eine spontane Hervorbringung des musikalischen Bewußtseins des Menschen kraft seiner ihm durch die Gesetze des Hörens und seines Suchens nach Sinnbezügen vorgegebenen Naturanlage. Es folgt daraus, daß ihm der Zugang zu allen Ton-

---

* Das Pariser »Musée de l'Homme« besitzt Steinplatten, die in Vietnam gefunden wurden und auf die neusteinzeitliche Periode Kleinasiens zurückzugehen scheinen. Sie erklingen in verschiedenen, offenbar aufeinander abgestimmten Tonhöhen, und zwar: *f, g, b,* zwei verschiedene *es*-Töne, sodann *f* und *g* in der Oktave der ersten beiden Töne, und schließlich zwei zweifelhafte Töne (A. Schaeffner, *Le lithophone de Ndut Lieng Krak,* in: *Revue de musicologie* [1951] Nr. 97–98). Die Musikhistoriker stellen alle Überlegungen stets als Männer der Wissenschaft und strenge »Deterministen« an und glauben daher, der Mensch habe die Intervalle nur finden können, indem er sie maß. Unsere Untersuchung aber will zeigen, daß das Hörbewußtsein die Intervalle von selbst – wie man sagt: »nach dem Gehör« – bestimmt, so daß die Abstimmung dieser Steinplatten ohne weiteres *vor* irgendeinem Maßsystem entstanden und völlig spontan erfunden worden sein mag. Da es sich um 5–12 kg schwere Platten handelt, deren Tonhöhenverhältnisse weder Funktionen ihrer Abmessungen noch ihrer Gewichte sind, gibt es nur eine Möglichkeit: Sie wurden behauen und empirisch so bearbeitet, daß sie die Intervalle hervorbrachten, die der Steinmetz hören wollte.

strukturen offensteht, die im inneren Ohr Gestalt annehmen können: zur Melodie, zur Polyphonie, zur Harmonie – zu solchen mindestens, die dem System der für das Ohr »natürlichen« Logarithmen entsprechen; aber das musikalische Bewußtsein ist auf der Suche nach seinen Bahnen und nach den musikalischen Tönen, die seine melodischen Wege und seine Harmonien bilden, und es entdeckt auf diese Weise die ihm gemäßen Strukturen und Formen, ehe es noch ein Ton*system* oder Ton*leitern* entdeckt hat; tastend sucht es die Töne, die seine melodischen Wege abstecken und Zusammenklänge bilden sollen. Nur das musikalische Bewußtsein des Abendlandes beginnt mit der *reinen Melodie*, weil es mit der Musik auf der Grundlage der ihm aus dem Orient zugekommenen Melodien von vorne anfängt – dergestalt, daß es schrittweise, aber spontan auch die Mehrstimmigkeit und die Harmonie entdeckt, ohne sich erst Vorbilder schaffen zu müssen. Es braucht die musikalischen Töne nicht mehr zu suchen: Sie fallen ihm zugleich mit den Strukturen zu, die sie bilden; aber es wird inmitten dieser Strukturen neue entdecken können. Die abendländische Musik ist also eigentlich ein Wiederaufgreifen der spontanen Hervorbringung der *primitiven* Musik auf der Ebene einer neuen Struktur des Bewußtseins, eines Bewußtseins, das sich von der ursprünglichen Magie gelöst hat und sich ihr zwar hingeben kann, jedoch ohne fürderhin von ihr abhängig zu sein.

AUF DER SUCHE NACH DEM WEG ZUR TONALITÄT   Besonders bezeichnend für die Musik des ersten Zeitalters ist, daß das musikalische Bewußtsein auf der Suche nach den musikalischen Tönen oder vielmehr den Intervallen bereits die Quarte, die Quinte und die Oktave entdeckt, jedoch jede für sich – wie dreierlei verschiedene Zielpunkte im melodischen Verlauf, deren einer dann bei den einzelnen Stämmen oder in bestimmten Gebieten zum fundamentalen Zielpunkt wird. In seiner »Geschichte der Mehrstimmigkeit« zeigt Marius Schneider an Beispielen, daß die Wahl der Quarte oder der Quinte als Grundintervall charakteristisch ist für das, was er die »Kulturkreise« nennt. Durch die Wahl der Quinte entstand die pentatonische Leiter, durch die der Quarte die tetrachordische, die sich die Griechen zu eigen machten und in der der diatonische Halbton – Ursprung der heptatonischen Leiter – auftrat. In die pentatonische Leiter fügt sich – stellvertretend für den diatonischen Halbton – der »Piën« ein. Was aber noch frappierender ist: Der Ganzton (die große Sekunde) tritt spontan auf, und zwar nahezu überall identisch – ein Beweis, daß das dem Hörbewußtsein gemäße logarithmische System im Begriff ist, Form anzunehmen. Die Fortschreitung zur absteigenden Quarte über den Ganzton läßt die kleine Terz in Erscheinung treten, die Aufeinanderfolge zweier Ganztöne die große Terz, die auf dem Weg zur Quarte auch spontan auftreten kann – so etwa in dem von den Samoa-Inseln herrüh-

renden Beispiel*, das gleichzeitig eine primitive Form der Mehrstimmigkeit
(einen Wechselgesang zweier Tänzergruppen) erkennen läßt; darüber hinaus
gibt diese Struktur eine Vorahnung von »Dur«:

ZWEI WEGE ZUR TONALITÄT   Zwei klar unterscheidbare Bewußtseinsmodalitäten treten durch die Art, den tonalen Weg zu suchen und sodann zu bauen,
in Erscheinung:

1. Entweder versucht das musikalische Bewußtsein, den Weg zur Quarte
oder Quinte durch Zwischenstufen zu formen, was zur Voraussetzung hat,
daß es sich von innen her zur Quarte oder Quinte hingezogen fühlt; und wenn
dem so ist, findet es auch mit Sicherheit die (große oder kleine) Sekunde und
die (große oder kleine) Terz. So geschieht es auch in diesem Gesang aus Bali,
der nur der Anfang einer langen Weise ist. Sie endet auf der unteren Oktave
des anfänglichen *e*, umfaßt mehr als zwei Oktaven und gibt sich durchweg so
frei wie in diesem ersten Anlauf:

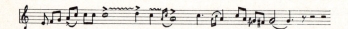

2. Oder das musikalische Bewußtsein sucht sich seinen Weg Schritt für
Schritt – selbstverständlich zu einem Ziel; aber zu einem Ziel, das objektiv an-
gesteuert wird und von außen her gegeben ist, so daß die Zwischenstufen lediglich Etappen zu diesem Ziele darstellen. Dieser Vorgang tendiert zu einer
Egalisierung der Etappen und macht jedenfalls aus dem Intervall einen bloßen
Abstand, nicht eine innere Positionsbeziehung. Auch tritt er in jener Morgenröte
der Musik hauptsächlich dann auf, wenn sich das Bewußtsein *von vornherein*

* Phonogramm – aufgenommen von W. Solf, zitiert von R. Lachmann nach der Notation von M. Kolnisky (R. Lachmann, Die Musik der außereuropäischen Natur- und Kul-
turvölker, Handbuch der Musikwissenschaft, hrsg. von E. Bücken, Potsdam o. J.).

die Oktave zum Ziel setzt; denn mangels irgendeiner vorgegebenen Zwischenstufe kann die Oktave beliebig geteilt werden. Der Vorgang hat ferner zur Voraussetzung, daß die Intervalle vom Instrument her bestimmt werden; denn auf dem Instrument treten sie als bloße Abstände auf und sind von außen her vorbestimmt, um so mehr, als die Stimme die Oktave entweder mit einem einzigen Sprung erreicht oder über Quarte oder Quinte oder – am häufigsten – gar nicht und daher ohne Quarte und Quinte nicht auskommen kann. Da sich andererseits die Stimme ihren Weg tastend und über die inneren Positionsbeziehungen sucht (denn die Stimme wird ja von innen geführt), ist ihr Intervallgefühl zunächst schwankend, weil der Ganzton (die große Sekunde) von leicht variabler Größe sein kann. Auch die »Terz« ist nicht ganz sicher, da sie groß oder klein oder eins von beiden nur annähernd sein kann. Das Gefühl, von dem die Stimme getragen wird, kann sie zum Forcieren eines Intervallcharakters, z.B. durch Vergrößerung der großen Terz oder Verkleinerung der kleinen Terz verleiten (wie das bei den amerikanischen Negern im *Blues* zu beobachten ist; diese mögliche Labilität der Intervalle steht am Anfang des *Hot*); die Teilung des Ganztons endlich ist noch weniger sicher und bietet daher ein weites Versuchsfeld.

Dieser zweitgenannte Vorgang ist es, der sich in der gesamten orientalischen Musik manifestiert; denn sie hat ihren Ursprung in der vom *Instrument* hergeleiteten Bestimmung der Intervalle. (Die abendländische Musik hat ihren Ursprung im Vokalen, und die Instrumente streben zur Nachahmung der Gesangsstimme.) Die chinesische, auf der Quinte aufgebaute Leiter ist aufsteigend, und die Chinesen haben in der pentatonischen Leiter, auf die sie sich beschränken, ein oder zwei »Piën« eingeführt, die instrumental berechnet und gemessen sind. Die Japaner bedienen sich einer absteigenden pentatonischen Leiter zweifellos vokaler Herkunft mit Halbton – *e-c-h-a-f-e* –, aber auch einer pentatonischen *Ganztonleiter*, die eine ganze Oktave ausfüllt und für älter gehalten wird als die erste. Sie ist wahrscheinlich instrumentalen Ursprungs (denn man braucht auf einem Instrument lediglich fünfmal den nächst höheren Ganzton anzuspielen, um durch enharmonische Verwechslung die Oktave zu erhalten). Einer gleichfalls pentatonischen, aber von der chinesischen und japanischen verschiedenen Leiter bedienen sich die javanischen Musiker beim *Pelog*. Auch der balinesische *Slendro* basiert auf einer pentatonischen, aus gleich großen Ganztönen aufgebauten Skala. Man kann in diesen Tonleitern eine Art »Temperierung« der chinesischen Pentatonik sehen, wie sie die dortigen Musiker praktizieren könnten. Wenn aber der *Slendro* ohne Instrumente ausgeführt wird, so hat Handschin festgestellt, neigt die Stimme instinktiv dazu, zur normalen Pentatonik zurückzukehren, ja sogar diatonisch zu werden, da sie zuweilen Halbtöne einführt.

Aus dem gleichen Vorgang ist die eigenartige siamesische Leiter entstanden, die eine Oktave in sieben gleiche Intervalle teilt, wobei jede Stufe der Leiter einen Intervallwert von annähernd $\frac{6}{7}$ eines Ganztons hat. Aber Carl Stumpf, der berühmte Musikpsychologe, hat geäußert, daß ein autonomes musikalisches Bewußtsein (und das siamesische Bewußtsein ist unbewußt »autonom«, wenn es seiner eigenen Musik lauscht) den siamesischen »Ganzton« auch als Ganzton »hört« und das Intervall zweier siamesischer Ganztöne als Terz – als kleine, wenn dieses Intervall durch einen Sprung, als große, wenn es über zwei aufeinanderfolgende Tonschritte erreicht wird. Es ist daher wahrscheinlich, daß das siamesische Bewußtsein seine Töne nicht als »abstandgleich« empfindet, der zweiten Tonstufe nicht die gleiche Bedeutung beimißt wie der ersten und aus dem Intervall zweier Ganztöne nicht zweimal einen Ganzton macht. Mit anderen Worten: Das siamesische Bewußtsein erfaßt keine Ton*abstände*, sondern Positionsbeziehungen; und es bezieht nicht eine Tonstufe auf die vorangegangene, sondern auf die Anfangsstufe des melodischen Weges: es »hört«, wie wir hören. Ein Musikwissenschaftler hat bemerkt, daß *Abstandsgleichheit* von Tonstufen »den psycho-physiologischen Erfordernissen unserer Natur« zuwiderläuft, und die Kenner der arabischen Musik lehren uns, daß die arabische Melodik niemals hintereinander zwei Intervalle bringt, die kleiner als ein Halbton wären, und nur selten zwei Halbtöne nacheinander.

Man wird in den soeben beschriebenen Tonleitern das Prinzip der »Temperierung« (das Prinzip der »Tonabstände«) und auch das der Dodekaphonie erkannt haben; denn auch diese ist an das temperierte System gebunden. Nur ist die temperierte Skala hier von ihrem Endpunkt aus bestimmt, während der Endpunkt der »Reihe« Schönbergs bloß das zufällige »Aufgehen« der Reihe und das Ergebnis einer Summe von Intervallen ist. Das heißt, es ist zweifelhaft, ob ein Hörbewußtsein die Reihe erfassen kann, wie Schönberg glaubt: nämlich als eine Folge von Tonstufen, »die sich jeweils nur aufeinander beziehen«.

Andrerseits wird man bemerkt haben, daß die »Temperierung« der vokalen siamesischen oder javanischen Melodie im Gegensatz zur modernen »Temperierung« steht: Die erste gibt den arithmetischen Abmessungen der Intervalle einen harmonischen Sinn, letztere verleiht den pythagoreischen harmonischen Intervallen ein arithmetisches Maß. Es ist das der Wettstreit zwischen dem vokalen und dem instrumentalen Element, wobei das vokale von innen her bestimmt ist und die instrumentalen Gegebenheiten von außen kommen. Im Orient ist es anscheinend die Stimme, die das arithmetische instrumentale Maß durch ein »natürlicheres« Maß temperiert; im Abendland ist es das Instrument, das die »natürlichen« pythagoreischen Maße durch arithmetische temperiert: Das Verhältnis zwischen Stimme und Instrument hat sich umgekehrt.

Schließlich wird man in der Gegensätzlichkeit der beiden Bewußtseinsformen, von denen hier die Rede ist, zugleich den Gegensatz erkennen, der sich später im Satzbau der romanischen und dem der germanischen Sprachen zeigen wird: »Je veux aller *à Paris*«, sagt der Franzose, »ich will nach Paris *gehen*«, der Deutsche. In dem französischen Satz *trägt* das Zeitwort die gesamte Aussage, während das Ziel der bezeichneten Handlung den Schlußakzent des Satzes bildet (wie der Halbton *in der Mitte* einer aufsteigenden Quarte: *d-e-f-g*). In dem deutschen Satz umfaßt das Zeitwort ganz die auszu-drückende Handlung; der Satz enthält in seinem Kern das Ziel der Handlung, und das Satzende zeigt den *Sinn dieser Handlung* an (wie der Halbton *am Ende* einer aufsteigenden Quarte: *c-d-e-f*). Dies besagt, daß das französische Bewußtsein das *Ziel* seines Tuns in der Welt, das, was es zu tun, zu sein und zu haben vorhat, *signifiziert* und daß der deutsche Satz äußerer *Ausdruck* der Handlung selbst ist, die das Bewußtsein zur Ausführung bringt. Wenn nun das musikalische Bewußtsein sich seinen musikalischen Weg im Hinblick auf die zu erreichende Quarte formt, zeigt die Quarte den Sinn dieser Bewegung an; wenn hingegen das musikalische Bewußtsein seinen Daseinsakt durch eine Intervallfolge kundgibt, ohne daß der melodische Weg seinen Endpunkt vor-weg erkennen läßt, zeigt die Oktave, Quarte oder Quinte oder ganz allgemein die jeweilige Endstufe das angesteuerte Ziel an. Dies ist der Grund, warum die französische Melodie die Zwischenstufen der Tonleiter und ihre modale Hal-tung hervorkehrt: Sie ist Ausdruck des *Werdens*; die deutsche Melodie dage-gen kehrt die fundamentalen Tonstufen und ihren harmonischen Sinn hervor: Sie ist Ausdruck des *Aktes*, der das Werden umfaßt. Wir werden diesen Unter-schied in Eigenart und Haltung zwischen dem französischen und dem germa-nischen Bewußtsein anläßlich der Untersuchung der abendländischen Musik noch besser verstehen lernen.

DIE INDISCHE MUSIK Die indische Musik (ursprünglich die Musik der Hindu) gründet sich auf eine Tonleiter aus zweiundzwanzig Intervallen (wenn man die Oktave mitrechnet: dreiundzwanzig), deren Tonstufen (»Laute« sa-gen die Inder) *Shruti* genannt werden. Aber die Inder wenden diese Leiter nie in ihrer Gänze an, sondern entnehmen ihr vielmehr Auswahlskalen, die je-weils aus neun im Rahmen einer Oktave angeordneten *Shruti* bestehen. Ihre Melodien sind auf Modi oder *Rāga* bezogen, die fünf bis neun *Shruti* ent-halten. Die Auswahlskalen enthalten alle die Quarte und Quinte sowie die übrigen Tonstufen unseres Systems, diese jedoch unter dem Aspekt des *Shruti*, dessen Beschaffenheit wir anhand der Angaben von Alain Daniélou näher untersuchen wollen*.

L q ½ C L C ½ C L C ½ C ½ C L C ½ C L C ½ C L

L = Limma   C = Komma   ½ = Halbton

* Dieser berühmte Forscher hat in seiner neuen Abhandlung *Traité de Musicologie comparée* (Ed. Hermann, Paris 1959) die aufschlußreichste Analyse der indischen Musik geliefert, die uns bekannt ist; er hat sich aber von dieser Musik so sehr gefangennehmen lassen, daß er sich die orientalischen Vorstellungen von der Musik im allgemeinen zu eigen macht, was sein Urteil über unsere Musik in peinlicher Weise getrübt hat.

Dieses *Limma* ist das pythagoreische Limma – unser diatonischer Halbton –, aber das *Komma* ist nicht das pythagoreische, sondern das *Diësis*-Komma $\frac{81}{80}$, das für uns die logarithmische Differenz zwischen unserer großen Terz $\frac{81}{64}$ und der großen Naturterz (der Terz der Physiker: $\frac{5}{4} = \frac{80}{64}$) bedeuten würde und das die Inder durch die Differenz zwischen ihrem großen Ganzton (der großen Sekunde) und ihrem kleinen Ganzton finden (*großer* Ganzton: $\frac{9}{8} = \frac{81}{72}$, *kleiner* Ganzton: $\frac{10}{9} = \frac{80}{72}$; der pythagoreische Ganzton ist dem *großen* Ganzton gleich, wird aber auf anderem Wege gefunden). Der *Halbton* der Leiter der *Shruti* ist der *kleine* Halbton, der seinerseits das Komplement des Halbtons $\frac{16}{15}$ der natürlichen diatonischen Leiter (wiederum jener der Physiker) im kleinen Ganzton darstellt: $\frac{10}{9}$, also: $\frac{10}{9} : \frac{16}{15} = \frac{25}{24}$. Somit sind diese *Shruti* alles eher als gleich, und um es ganz klarzumachen, ist der Hinweis erforderlich, daß die Inder unter *Shruti* die Tonstufe und nicht das Intervall verstehen, d. h. sie qualifizieren den Ton durch die Stelle, die er innerhalb der *Leiter* einnimmt, die ihrerseits von dem jeweils vorausgehenden Intervall abhängig ist; somit sind die »Modi« und die Melodien durch die Wahl und die Anordnung der *Shruti* qualifiziert. Man wird ferner, wenn man die erforderlichen Berechnungen anstellt, bemerken, daß man vom runden *f* zum runden *g* keinen Ganzton erhält, wenn man die Zwischenintervalle addiert; die durch letztere bestimmten *Shruti* sind *mögliche* Tonstufen, die für die Bildung der freien Melodie herangezogen werden können oder nicht, und da die Quinte unverändert bleiben muß, wird das alterierte *g* nicht angewandt (weshalb es auch nur zweiundzwanzig *Shruti* in der Oktave gibt).

Die viereckige Note bezeichnet eine der natürlichen Obertonreihe entnommene, aber um ein Komma erniedrigte Tonstufe; die rautenförmige Note bezeichnet die gleiche, aber um ein Komma erhöhte Stufe; die Wahl dieser Alterierungen wurde in der Leiter dergestalt vorgenommen, daß die *natürliche* diatonische Leiter unschwer erkennbar bleibt: *c-d*, großer Ganzton, $\frac{9}{8}$; *d-e*, kleiner Ganzton, $\frac{10}{9}$; *c-e*, natürliche Terz, $\frac{5}{4}$; *c-f*, Quarte (wobei dem *f* die Stellung einer Wechsellage zukommt), Quinte (unveränderlich) usw. – Die Halbtöne sind verschiedenartig: Es gibt den kleinen Halbton vom runden *f* zum runden *fis* (unseren chromatischen Halbton); ferner das pythagoreische Limma und noch ein anderes: $\frac{135}{128}$ von *des* nach *d*, von *fis* nach *g* und *b* nach *h*, das durch die Differenz gefunden wurde, die zwischen einem harmonischen *a* (dem fünften Ton der Obertonreihe auf *f*) und dem *as* besteht, das die vierte absteigende Quinte von *f* bildet.

Wir befinden uns also – trotz der scheinbaren Gleichheit der heptatonischen Struktur und der absoluten Gleichheit des *Fundamentes* der Struktur – in einer gänzlich anderen Welt als der unseren. Man erkennt das auch alsbald an der Ausdrucksweise: Das letztgenannte Limma bezeichnet Daniélou als harmonisch – im Gegensatz zum pythagoreischen Limma; nun ist es aber gerade das pythagoreische Limma – der diatonische Halbton –, das für uns harmonisch ist, und jenes indische »harmonische« Limma wäre für uns eine irrationale

Größe, die sich dem Verstand unseres Systems entzieht und die unserem harmonischen System fremd ist. Daniélou nennt also harmonisch, was die Inder der natürlichen Obertonreihe entnommen haben und was auch in der Tat sehr wohl harmonisch ist – aber *für die Physiker;* er nennt auch die durch eine Reihe natürlicher Quinten determinierten Stufen harmonisch, während wir nur solche Tonverhältnisse als harmonisch bezeichnen, die aus einer auf der Quinte basierenden, durch das Bewußtsein vorgebildeten logarithmischen Struktur entstanden sind. Kurzum, die Inder haben ihre Harmonie *in der Natur* gesucht, während sich das abendländische musikalische Bewußtsein eine harmonische Tonwelt gebaut hat, die allein auf den Tönen 2, 3, 4 der physikalischen harmonischen Reihe beruht und durch die unsere Musik auch die Harmonien der Natur zu klingender Bedeutung bringen kann.

Das musikalische Erleben der Inder beruht somit ausschließlich auf unendlich differenzierten Tongeschlechtern und Nuancen, Gefühlsspannungen ohne festes Gerüst, ja gewissermaßen ohne Rückgrat; denn die Grundkadenz bietet sich nicht an und macht sich kaum bemerkbar. Der melodische Weg ist ein rein existenzieller Weg, der seine Form vom gesungenen Text herleitet und dessen affektive Bedeutung beleuchtet. In der rhythmischen Ordnung gehen übrigens die Inder gleichfalls vom kleinsten Wert aus, ganz so wie in der tonalen Ordnung. Ihre Zeiteinheit ist der Lidschlag: *Kāla* oder *Mātra;* da aber der Lidschlag nicht meßbar ist, nehmen sie eine Zeiteinheit an, die sie auf *fünf* Lidschläge schätzen und die etwa mit der Zeit übereinstimmt, in der man fünf kurze Silben aussprechen kann. Diese Zeitspanne setzt das Durchschnittsmaß der Bewegung, worauf bezogen sich das Tempo einer Melodie als *lebhaft* oder *langsam* – und dementsprechend als eine der möglichen Nuancen von lebhaft oder langsam qualifiziert. Jedenfalls kennen die Inder bereits die Autonomie des Rhythmus und sind nicht Sklaven des poetischen Metrums.

Aber diese Musik bliebe ohne Transzendenz – die Transzendenz zweiten Grades –, wenn nicht die *Shruti,* also die Töne als solche, und die melodischen oder harmonischen Strukturen dieser Shruti in den Augen der Inder transzendente Bedeutung hätten. Und hier müssen wir ein umfangreiches Zitat aus der Einführung einschalten, die Daniélou seinem Buch vorangestellt hat:

»Durch eine Art Intuition oder innere Schau, die die Sprache nur mitteilen und vielleicht die Musik erklären kann, mag es geschehen, daß der Mensch bestimmte Aspekte der Gesetze begreifen kann, die über der Harmonie der Dinge walten. Der Begriff des ›Logos‹, Ausdruck des ewigen Gesetzes, das über dem Universum waltet, kommt von daher. Und diese Vorstellung vom Logos ist es auch, auf der die Stabilität des Instruments beruht, das wir Bewußtsein nennen, sowie die Unveränderlichkeit der Zusammenhänge der Zahlen und Töne, der Wurzeln und Formen der Sprache und endlich der Vorrang des Tones unter den sensitiv erfahrbaren Phänomenen. Der Ton ist der einfachste Schwingungszustand, den wir aufnehmen können, und die Schwingung wird im indischen System als Eigenschaft eines Grundelements angesehen: des Äthers, den wir in dem uns umgebenden Raum sinnenhaft erkennen können und von dem alle übrigen Elemente nur vergängliche Abwandlungen sind.

Nach Kshemarāja beginnt der *Bindu* (der Punkt, der die Grenze bildet zwischen dem Nicht-Geoffenbarten und dem Geoffenbarten, dem Nicht-Räumlichen und dem Räumlichen und der also mit dem Prinzip des Gedachten Tons – *son-idée* – übereinstimmt) kraft seines Strebens, den in ihm als Intention oder unformulierter Gedanke schlummernden Möglichkeiten eine erkennbare Existenz zu verleihen, von selbst zu schwingen (in der Raum-Zeit Gestalt anzunehmen), indem er sich in eine Urschwingung von der Art eines Tones verwandelt. Er bringt das All hervor, das von ihm nicht unterscheidbar ist, indem er der Vorstellung, die er davon hat, Form und wörtlichen Ausdruck verleiht. So bricht das All aus dem Logos hervor. Dieser transzendente Logos ist nichts anderes als eine Schwingung des Denkens (eine Materialisation), die den Abspaltungsprozeß, der das Leben ist, entstehen läßt. Dieser Logos, dessen Natur die Schwingung ist, stellt die wesentliche Beschaffenheit von allem, was ist, dar.

Die reinen, immateriellen Töne, aus denen die tiefgründige Natur der Dinge gebildet wird und die Kabir ihre ›unhörbare Musik‹ nennt, können durch subtilere Instrumente als unsere Ohren wahrgenommen werden . . . Haben wir ihre Beziehungen einmal erkannt, wird es uns möglich, Töne zu realisieren, die den Lebewesen und Gegenständen entsprechen, aber einer uns gemäßen Wahrnehmungsordnung zugehören. Diese Töne können ein Abbild jener subtileren Töne geben, das diesen so weit nahekommt, daß in unserem Geist die Formen, denen sie entsprechen, wachgerufen oder daß sogar die Formen und Gegenstände, die aus ihnen gebildet sind, zur Erscheinung gebracht werden. Auf dem Glauben an diese Möglichkeit beruhen nicht nur die rituellen und magischen Worte, sondern auch die ganze Musik . . .

Wenn die beschwörende Kraft des Tons – hierin dem Schöpfungsakt selbst verwandt – nicht nur infolge der materiellen Wirkung einer körperlichen Schwingung wirksam wird, sondern aufgrund des Vorhandenseins subtiler Beziehungen zwischen verschiedenen, für die Natur der Dinge ausschlaggebenden Schwingungsordnungen, erscheint eine rein psychologische Erklärung der Musik unzulänglich. Das den Ton aufnehmende Ohr ist nur ein registrierendes Instrument, ein zweitrangiger Faktor innerhalb des Phänomens der musikalischen Beschwörung, und wenn dieser Beschwörung nur ein ephemeres Dasein zukommt, so nur wegen der Unvollkommenheit der Tonbeziehungen . . .

Wahrscheinlich ist es auf den unmittelbaren Einfluß bestimmter Zahlenelemente auf unser Empfindungsvermögen zurückzuführen, daß die Wechselwirkung gewisser, durch ganz klar umrissene Beziehungen miteinander verbundener Töne eine Veränderung in den Nervenreizen unseres Körpers, in unserem geistigen Klima, unserem Lebensrhythmus verursachen kann. Die

Inder glauben, daß musikalische Töne auf Tiere, Pflanzen, ja selbst auf die Materie, die wir für leblos halten, einwirken können. Sorgfältig ausgewählte Intervalle sind nicht nur in Indien, sondern auch im Iran und in der arabischen Welt für die Behandlung von Krankheiten nutzbar gemacht worden.

Die Musik wurde von gewissen alten Völkern als eine Anwendungsweise der kosmischen Algebra angesehen, deren Kenntnis zwar den Eingeweihten vorbehalten blieb, die aber dennoch das Volk unbewußt beeinflußte, so daß die Musik zu einem machtvollen Instrument der moralischen Erziehung wurde, wie schon Konfuzius lange vor Plato festgestellt hat.

Da die Musik wahrnehmbarer Ausdruck der ›Gedachten Zahl‹ *(nombre-idée)* ist, ist sie zugleich Ausdruck der Beziehungen, die zwischen der menschlichen und der kosmischen Ordnung bestehen ... Wenn die Harmonie der Töne die Lebewesen in den Zustand der Harmonie versetzen kann, vermag auch ihr Mißtönen Unordnung und Verwirrung zu schaffen.

Wie der Yo-ki sagt: Wenn der *Kong* (die Tonika) verstimmt ist, herrscht Regellosigkeit – der Prinz ist hochfahrend. Wenn der *Chang* (das *d*) verstimmt ist, sind die Beamten verderbt. Wenn der *Kyo* (das *e*) verstimmt ist, herrscht Wehklagen – denn die Dienste am Volk sind kaum zu bewältigen. Wenn der *Yu* (das *a*) verstimmt ist, ist Gefahr im Verzuge – die Geldquellen sind erschöpft. Wenn alle fünf Stufen verstimmt sind, gerät Chaos in die Reihen; man nennt das Übermut, und wenn es an dem ist, steht der Untergang des Reiches in weniger als einem Tag bevor ... In einer Periode der Unordnung verderben die Riten, und die Musik wird ausschweifend. Dann fehlt es den traurigen Tönen an Würde und den fröhlichen an Beschaulichkeit. Wenn der Geist des Widerstandes sich bemerkbar macht, blüht die lasterhafte Musik. Wenn aber der Geist der Fügsamkeit wirksam wird, entsteht harmonische Musik ... Sobald also die Musik ihre Wirkung tut, sind die fünf Pflichten der Gesellschaft frei von jeglicher Trübung, Augen und Ohren sind klar, das Blut und die Lebensgeister sind im Lot, die Sitten erneuert, die Gebräuche gebessert – das Reich ist im Frieden.«

Weiterhin erfahren wir von Daniélou, daß in der musikalischen Symbolik der Inder »die 1 als die Zahl erscheint, die den durch den Grundton repräsentierten Platz einnimmt (den mathematischen Punkt ohne Ausdehnung, den *Bindu*); 2 ist die *Zahl des Raumes*, charakterisiert durch die Oktave, die zugleich Umfang und Begrenzung der möglichen Differenzierungen bestimmt; 3 ist die *Zahl der Zeit*, Quelle der durch die *Quinte* und deren unendliche Zyklen gekennzeichneten Differenzierung; und 5 ist die *Zahl der Wahrnehmung und der Harmonie*, charakterisiert durch die große Terz $= \frac{5}{4}$ und die kleine Terz $= \frac{5}{6}$. Die 7 ist die übersinnliche Zahl, die Zahl der unsichtbaren Welten, der Götter und Dämonen. 11 ist die *Zahl des Todes*, aber zugleich des *Ursprungs des Lebens*.« Aber so wie die Intervalle, die im Zähler 7 oder 11 haben, nicht nach dem Gehör gestimmt und gespielt werden können, finden sie normalerweise auch keine Anwendung in den musikalischen Systemen.

22 (2×11) ist daher die der musikalischen Existenz zugemessene Ausdehnung, wobei jedoch diese Zahl eine *begrenzte Auswahl* möglicher Wege anbietet.

Die indische Musik hält uns also noch im Bereich der Magie fest, wenn auch nicht in einer primitiv verstandenen Magie, so doch in einer der inneren Beziehungen zwischen dem Menschen und kosmischen Zahlen; aber diese Musik transzendiert die Magie in Richtung einer metaphysischen Schau des Universums. Diese Musik und diese Schau, die ein gemeinsames Fundament des Menschen und des Universums voraussetzen, gehören zusammen und sind voneinander nicht zu trennen: Die Inder haben ihre Musik kraft ihrer Vorstellung von der Welt so gemacht, wie sie ist.

Die *iranische* und die *arabische* Musik sind auf der gleichen Leiter aufgebaut wie die indische, haben aber nur *siebzehn Intervalle* beibehalten; und diese beiden Musiken sind im Lauf der Geschichte getrennte Wege gegangen.

DIE GRIECHISCHE MUSIK   Die griechische Musik ist im wesentlichen auf die absteigende Quarte gegründet und verbindet im Rahmen einer Oktave zwei Quarten durch je einen Zwischenton, der innerhalb der Oktave die Quinte darstellt. Das Problem für den Musiker war somit, die Zwischenstufen der Quarte zu finden, von der er grundsätzlich erwartete, daß sie ein *Tetrachord* sei, d.h. zwei Zwischenstufen enthalten müsse. Wenn er mit einem Ganzton begann und diesem einen weiteren folgen ließ, ergab sich vor der Quarte ganz automatisch der diatonische Halbton. Begann er aber mit einer großen oder kleinen Terz, mußte er den verkleinerten Zwischenraum mit einem Halbton oder einem Ganzton ausfüllen. Die pentatonische Leiter wird dem Aulosspieler Olympos zugeschrieben. (*Aulos* war die mit Grifflöchern versehene Flöte der Antike.)

Aus dieser Sachlage sind die Tongeschlechter entstanden, die man das *enharmonische* und das *chromatische* nennt:

Enharmonisches
Tongeschlecht

Da die große Terz als unzerlegbarer Doppelton *(ditonos)* und der Schritt *c-h* als Halbton gedacht war, wurde das zweite *c* durch Erniedrigung des *c* um einen theoretischen *Viertelton* hervorgebracht, den die Auleten durch teilweises Abdecken eines der Löcher in ihrer Flöte hervorbringen und den der Sänger und der Kitharöde nachahmen konnten. Dann hatte aber die Oktave eine supponierte Einteilung in 24 gleichgroße Diësen (Vierteltöne, von denen je 8 einer jeden der großen Terzen zugeteilt waren, je 2 jedem der Halbtöne und 4 den Zwischentönen).

Im Falle der kleinen Terz

Chromatisches
Tongeschlecht

verließ der Musiker die diatonische Ordnung und führte zwei ungleiche Halbtöne in den Ganzton ein: den ersten mit 3 Diësen (drei Vierteltönen), den zweiten mit einer Diësis zur Wahrung des enharmonischen Tongeschlechts. Diese Unterteilung der Oktave in 24 Diësen ist gewiß nie tatsächlich verwirklicht worden; sie wurde nur im Augenblick des Durchgangs durch jenen verkleinerten Zwischenraum angenommen, den die große oder kleine Terz innerhalb der Quarte offen ließ: das *Pyknon*. Machte der Musiker wirklich drei Viertel- und einen Vierteltonschritt im chromatischen Tongeschlecht oder – ohne es zu wissen – vielleicht einen chromatischen Halbtonschritt (der bekanntlich größer ist als ein diatonischer Halbton) und einen diatonischen Halbtonschritt *cis-c-h*? Wir wissen nichts darüber. Tatsache ist, daß diese Unterteilung antiharmonisch ist – sowohl im Sinne der Inder wie in unserem. Im übrigen konnte bei den Griechen weder die große Terz 8 Diësen noch die kleine Terz deren 6 umfassen, wenn die griechische Lyra nach Quarte und Quinte gestimmt war; und wir können hieraus schließen, daß der Viertelton bei ihnen eine nach dem Gehör und empirisch vorgenommene Alterierung des Tonweges, jedoch darum nicht minder das Charakteristikum eines »Tongeschlechtes« war – des chromatischen oder des enharmonischen – und, sobald er in einer dem heptatonischen Tongeschlecht entstammenden Melodie auftrat, *Nuancen* in diese einführte. Der in Delphi aufgefundene *Hymnus an Delios* macht in einem Mitteilteil von der Chromatik Gebrauch.

DAS ZWEITE ZEITALTER Wir konnten nicht über das erste Zeitalter der Musik sprechen, ohne dadurch an die Schwelle des zweiten zu gelangen, da dieses die unmittelbare Folge von jenem ist. Es zeichnet sich ab, sobald sich die zu »Berufsmusikern« gewordenen Musikliebhaber oder nachdenkliche Geister – wie Gelehrte und Philosophen – nach dem »Warum« und »Wie« der aus dem spontanen schöpferischen Akt hervorgehenden Musik zu fragen beginnen und versuchen, ein System der Töne und der Tonstrukturen festzulegen und zugleich eine Deutung dieser Systeme zu finden, eine Deutung, die nur aus einer bestimmten Vorstellung von den Beziehungen des Menschen zu den Tönen und letztlich den Beziehungen des Menschen zur Außenwelt schlechthin gewonnen werden konnte. Das Ereignis tritt naturgemäß in dem Augenblick ein, da die bereits geschaffene Musik eine gewisse Fülle und Mannigfaltigkeit bietet und aus verschiedenartigen Quellen herrührt, da also der Beobachter ein

weiteres Beobachtungsfeld vor sich hat als das einer einheitlichen Gruppe –
etwa eines Stammes – und da somit, auf dem Hintergrund spontan entstan-
dener Kulturen, eine Zivilisation Gestalt anzunehmen beginnt, in deren Schoß
sich – wenn auch noch nicht in Worten, so doch tatsächlich – eine Weltschau
manifestiert, die die Grundlage aller Ideen ist. Denn solange der Musiker
einer menschlichen Gruppe angehört, der die Musik eine spontane Hervorbringung bedeutet, kann sich sogar der nachdenkliche unter ihnen nicht vorstellen, daß es noch eine andere Musik als die für ihn problemlose seiner nächsten Umwelt geben kann, und die Magie der Töne genügt ihm zur Erklärung
des »Warum«.

Die gelehrsame Musik   Der Stufe geistigen Unterrichtetseins, die erreicht
ist, wenn gesammelte Erfahrungen in Frage gestellt werden, und die das Charakteristikum des zweiten Zeitalters der Menschheitsgeschichte bildet, haben
die Ethnologen den Namen »Hochkultur« gegeben – im Gegensatz zu den
ursprünglichen Kulturen der Völker im Naturzustand. Und wir werden *gelehrsame* Musik nennen, was unter diesen Voraussetzungen aus einem System
von Tönen und Tonstrukturen entsteht, die *bewußt erarbeitet* sind und *bestimmten, der Musik und ihren Strukturen zugeschriebenen* Bedeutungen entsprechen. Sie kommt in der Tat aus einer *Gelehrsamkeit*, einem Wissen – nicht
allein einem Wissen um die Töne und die anzuwendenden Tonstrukturen, sondern auch einem Wissen um deren Bedeutungen; kurzum, sie kommt aus einer
Theorie und einer *Ideologie*.

Nicht alle großen antiken Kulturen indessen haben eine »gelehrsame« Musik gehabt. Der Ausdruck ist nur gerechtfertigt, wenn ein bestimmtes Tonsystem außerhalb des rein musikalischen Erlebens festgelegt worden ist; und
in diesem Falle sind das Tonsystem und die aus ihm erwachsenden Tonstrukturen stets durch Bedeutungen gerechtfertigt, die ihnen zugeschrieben werden,
sowie durch solche, die einem bestimmten transzendenten, metaphysischen,
symbolischen oder religiösen Sinn anhaften, wie er der Musik als solcher zugeschrieben wird. Dieser Fall ist, genauer gesagt, nur in China, Indien und
Griechenland eingetreten. Diese »gelehrsamen« Musiken stammen ohne Zweifel aus bereits im ersten Zeitalter der Geschichte geschaffenen Tonstrukturen;
denn die spontane Erfindung kann sowohl instrumentaler wie vokaler Art gewesen sein; und es ist die Anwendung des Instrumentes, die das Problem des
Tonsystems stellt. Aber im ersten Zeitalter bestimmt der Instrumentalist seine
Töne nach dem Instinkt – mag es sich um Länge und Unterteilung einer gespannten Saite handeln, um die Abmessungen, die den Saiten einer Kithara
oder Harfe gegeben werden sollen, oder um den Abstand zwischen den Lö-
chern einer Flöte, die verschiedenen Längen der Schilfrohre einer Panflöte, die
Größenverhältnisse oder das Material eines Gongs oder der Stäbe eines Xylo-
phons. Deshalb hat z. B. die von den peruanischen Indianern spontan auf der

Flöte, die sie *Kena* nennen, erfundene pentatonische Leiter nicht die mensurale Genauigkeit und auch nicht den ideologischen Überbau der chinesischen, die rechnerisch entstanden ist. Was die »gelehrsame« Musik kennzeichnet, ist somit nicht ihre *Notation*, sondern die Tatsache, daß der Theoretiker die Gegebenheiten der spontanen Schöpfung systematisiert, sie ein für allemal rechnerisch festlegt und seinen Berechnungen oder Regeln eine Begründung unterlegt, die zugleich auch der Musik eine Bedeutung verleiht. In China und Indien wird die Musik zwar nicht mit Noten aufgezeichnet, doch sind Töne und Modi mit Namen versehen; die Griechen hingegen bezeichnen die Intervalle durch Buchstaben, und nur im Okzident wurde dann die Musik in Noten aufgeschrieben – zunächst mittels der Neumen, später durch die einzelnen Tonstufen und die Zeitwerte, die auf dem Fünfliniensystem eingetragen wurden. (Das soll allerdings nicht heißen, daß die abendländische Musik eine »gelehrsame« Musik in dem von uns gemeinten Sinne des Ausdrucks sei.) Was die reine Vokalmusik anbelangt, gehorcht sie schicksalhaft den Gesetzen des hörenden Bewußtseins und befindet sich daher ganz »natürlich« auf dem Wege zu deren Entdeckung; auch hat sie Quarte und Quinte sehr früh zum Vorschein gebracht.

In den anderen antiken Kulturen beschränken sich die Theoretiker darauf, die Errungenschaften der spontanen Musikschöpfung des ersten Zeitalters hinzunehmen; sie halten die Tonstrukturen, das Maß der Intervalle, die gebräuchlichen Modi und Rhythmen fest, und es ist gewiß eine ganz andere Angelegenheit, überkommene Fertigkeiten und Methoden, die sich eingebürgert haben, gleichsam zu inventarisieren oder aber ein System aufzustellen, nach welchem sich die Musik fürderhin richten soll. Andererseits schreiben sie den Tönen und den von diesen gebildeten Strukturen keine transzendenten Bedeutungen zu und begnügen sich mit der Feststellung ihrer Wirkungen auf den Menschen, die sie auf den göttlichen Ursprung der Musik zurückführen. Anders ausgedrückt: Der Sinn, den sie der Musik unterlegen, geht nicht aus einer metaphysischen Weltschau, sondern aus dem religiösen Empfinden des Menschen hervor. Für alle diese Theoretiker ist die Musik eine irdisch-menschliche Angelegenheit, die kraft ihres göttlichen Ursprungs das Herz des Menschen zu läutern vermag; aber infolge ihrer Eigenschaft als affektives Ereignis kann sie in ihm auch andere als religiöse Empfindungen wachrufen, insbesondere erotische Empfindungen. Aus diesem Grunde wurde sie mit dem Aufkommen des Islam beschuldigt, die Sitten zu verweichlichen und die Seelen von Gott abzulenken – was ihre Aufspaltung in *religiöse* und *profane* Musik zur Folge hatte.

Die Musik des alten Ägypten ist uns nur durch die Instrumente bekannt, die es uns hinterlassen hat und die uns als die Urformen der im arabischen Afrika und in Kleinasien gebräuchlichen Instrumente erscheinen. So kann man einen historischen Leitweg annehmen, der von Ägypten nach Kleinasien und Nordafrika, in den Maghreb und bis zu den Mauren Spaniens verläuft, wobei jedoch die *Tonstrukturen* iranischer und arabischer Herkunft von gleicher Art sind wie die der Inder. Zu diesen Strukturen gesellen sich andere vokalen Ursprungs, deren Quelle wahrscheinlich bei den *Nomadenstäm-men* zu suchen ist (die sich nicht mit Musikinstrumenten belasten) und aus denen mutmaßlich die hebräische Psalmodie hervorgegangen ist.

Aber ein weiterer historischer Leitweg ist von den gelehrsamen Musiken von China nach Indien und Griechenland gebahnt worden, ohne daß die Annahme am Platze wäre, daß zwischen diesen musikalischen Welten echte Verwandtschaften bestehen. Der Südosten und Japan verharrten im Stadium des ersten Zeitalters, dessen musikalische Strukturen unverändert kodifiziert und stabilisiert wurden, sobald aus den Sitten eine Kultur mit eigenen Zügen zur Entfaltung gelangte. Indien hat der chinesischen Pentatonik den Rücken gekehrt, und seine *Shruti*-Struktur läßt eine heptatonische Struktur durchscheinen, die die Griechen ganz von selbst – allerdings auf pythagoreische Art – entdeckt haben. (Die letztere Struktur wird dem Abendland das Substrat seiner Tonstrukturen liefern; hier ist die Stelle, wo sich die tiefgreifende Wende der Bewußtseinshaltung zwischen Orient und Okzident ereignet.)

Während die Strukturen der gelehrsamen Musik der Antike durch Kalkül und Theorie bestimmt sind, bleibt doch die Musik selber Gegenstand spontaner individueller Schöpfung; aber die Bedeutungen, die das musikalische Bewußtsein dem melodischen Weg, den sie beschreitet, zuordnen mag, sind dort bereits vorgezeichnet, da sie ein für allemal von der Theorie festgelegt sind; und das musikalische Bewußtsein wählt seinen melodischen Weg gemäß den Bedeutungen, die es auf ihm *findet*, und nicht nach denen, die sie ihm *gibt*. Mit anderen Worten: Das individuelle musikalische Bewußtsein geht nicht auf die Suche nach einem melodischen Weg, dessen Bedeutungen – die es empfindet und die sein Vorgehen motivieren – im musikalischen Bewußtsein selbst ihren Ursprung haben wie im ersten Zeitalter der Geschichte; *es gibt sich der Musik hin*, um in ihr bestimmte affektive Bedeutungen zu finden, deren musikalische Formulierung es im voraus kennt. Und welche sind diese Bedeutungen?

Der Inder nennt gewisse typische Tonstrukturen, die in verschiedenen Modi angewandt werden, *Jāta* – und den Ausdruck dieser Strukturen, der von der Konstellation der *Shruti* des so gebildeten »Motivs« abhängt, *Sava*. Ein solches *Jāta* gibt das Gefühl des Wunderbaren, des Heroischen, Ungestümen; ein anderes das des Komischen, der Zärtlichkeit, der Fröhlichkeit, der Furcht oder des Mitleids; ein anderes wieder wirkt erotisch und wird lächerlich, wenn einer der Töne verändert wird . . . Nun gibt aber die Musik nur »musikalische« Empfindungen zu erkennen, und die Namen, die der Inder dem musikalischen Erlebnis zuordnet, sind die der »determinierten« Empfindungen, die er diesem oder jenem musikalischen Empfinden *assoziiert*. Ohne Zweifel sind diese *affektiven Assoziationen* im musikalischen Erlebnis selbst empfunden worden; da sie aber von außen her bestimmt sind, bleiben sie der Umwelt und deren Sprache verhaftete Bedeutungen. Dies ist auch der Grund, weshalb wir von der indischen Musik nichts verstehen. Wir können sie nicht verstehen, weil sich die gleichen *Shruti*-Strukturen ständig wiederholen; sie erscheint uns eintönig und langweilig; denn die *Shruti* verschleiern das klare Hervortreten der Grundintervalle, und somit klingt uns diese Musik, wie aus lauter nicht erfaßbaren Nuancen gemacht, die man nur nach langer Erfahrung zu unterscheiden lernt; das entscheidende aber ist wohl die Tatsache, daß sie vorwiegend aus Intervallen zusammengesetzt ist, die für uns *irrationalen* Charakter haben und daher außerhalb der Umwelt, die sie sich zu eigen gemacht hat, nicht mitteilsam sind.

Andererseits entgeht uns die Transzendenz dieser affektiven Bedeutungen gänzlich – aus dem einfachen Grund, weil sie *willkürlich* ist; denn sie wurde den Tönen außerhalb des eigentlichen musikalischen Erlebens durch das spekulative Denken beigegeben. Für die Inder ist *Gott* überall in ihrer Musik gegenwärtig, weil jedes *Shruti* eine »Chiffre« Gottes ist; für die Inder also ist Gott *verstreut.* Es war nötig, daß das musikalische Bewußtsein zur Autonomie gelange, damit es sich nicht mehr die »Verstreuung« Gottes in der Natur, sondern die *Seinsweise* Gottes, wie sie sich im Herzen des Menschen ankündigt, deuten könne. Es sollte auch zur Autonomie gelangen, damit die Bedeutungen der Tonstrukturen Bedeutungen des *Bewußtseins* und nicht der *Töne* würden. Es ist richtig, daß diese Bedeutungen aufs neue und ein für allemal kraft des logarithmischen Systems, das sich das autonome musikalische Bewußtsein gibt, in den Intervallen ihre Ausprägung finden werden; ebensogut aber gibt sich das autonome musikalische Bewußtsein durch »Motive« kund, die nicht vorbestimmt und insofern Erscheinungsformen eines *persönlichen Stils* sind – weshalb auch die *ethischen Bedeutungen* der abendländischen Musik nicht in den Tonstrukturen als solchen, sondern im *Stil* liegen.

Es ist diese anhand der indischen Musik dargestellte Sachlage, die jene von Grund auf *passive* Haltung des Bewußtseins des zweiten Zeitalters verursacht hat und die durch dessen Verhältnis zur Musik gekennzeichnet wird. Die nicht gelehrsamen Musiken des zweiten Zeitalters behalten noch etwas von der Ursprünglichkeit des ersten Zeitalters bei, doch bleibt das schöpferische Bewußtsein bei ihnen noch an typische und kollektive Strukturen gebunden und wird – mit Ausnahme der rein vokalen Musik – von außen her bestimmt, so daß sie zu ihren transzendenten Gegebenheiten und beispielsweise zur religiösen Bedeutung der Musik in passivem Verhältnis verharrt. Zudem entzieht sich der zweite Grad der Transzendenz, der sich im persönlichen Stil und in der Form bekundet, noch der Gestaltungskraft: Die Form wird automatisch durch die melodische Dialektik hervorgebracht, und die Musik hat lediglich affektive Bedeutung, obgleich ihr die Denker göttlichen Ursprung und moralische, wo nicht gar physische Wirkungen zuschreiben.

BRUCH DER MAGISCHEN BANDE   Die Musik als konkretes Ereignis ist stets ein individuelles Werk und folglich persönlicher Ausdruck des Menschen; im ersten Zeitalter jedoch ist sie Ausdruck einer individuellen Seinsweise, die zu-

gleich allen Individuen des Stammes oder der Gruppierung, der er angehört,
zu eigen ist, weil sie aus der magischen Beziehung des Individuums zur kosmischen und menschlichen Welt und zum eigenen Dasein hervorgegangen ist –
einer magischen Beziehung, die in jeder menschlichen Gruppierung eine bestimmte Form annimmt. Durch die Musik glaubt der Primitive den Erdboden
bezaubern zu können, damit er Früchte trage, oder die Tiere, die er jagt oder
zähmt; er glaubt Krankheit und Dämonen austreiben zu können, das *Totem*,
das er im Tanz verkörpert, zu beschwören, den Feind herauszufordern; durch
die Musik kann die Mutter das Kind einschläfern, und der Sänger läßt durch
seinen Gesang Gefühle in sich erstehen, die keine andere Ursache haben als
die Musik selbst. In diesem historischen Stadium ist also die ethische Seinsweise, die sich durch die Musik kundgibt, zugleich und ohne Unterschied eine
psychische und *vitale* Seinsweise, darüber hinaus auch eine *kollektive*, weshalb
in einem und demselben Stamm alle an der Musik teilnehmen.

Diese Sachlage bleibt auch im zweiten Zeitalter bestehen; doch infolge der
Tatsache, daß es die Kodifizierung der Tonstrukturen durch ein reflexives Bewußtsein gebracht hat, das sich als Selbstbewußtsein von seinem Bezugs*objekt*
unterscheidet, wird das magische Band zerrissen, wenngleich dieses seine Wirkung im musikalischen Erlebnis beibehält. Zerrissen ist das magische Band
somit nur in der Sicht des reflexiven Bewußtseins, und dieses, das nicht nur
ein Denken an die Musik, sondern ein Denken ist, das eine bestimmte Weltschau in sich trägt, verleiht zugleich den Tonstrukturen und der Musik
schlechthin eine *transzendente* Bedeutung im Sinne jener Weltschau, die tatsächlich nicht mehr magischer Art ist.

In den südasiatischen Musiken und den indianischen Kulturen Mittelamerikas und Perus, wo die Reflexion nur die tonalen und rhythmischen
Strukturen und deren sensitive und affektive Wirkungen beeinflußt hat, gab
sie der Musik eine *vitale* und *psychische* Bedeutung, die jeder Musik eines
Kollektivs anhaftet und deren ethische Seinsweise ohne individuelle Unterscheidung widerspiegelt. Diese vitale Bedeutung bleibt übrigens der Musik
überall dort zu eigen, wo der Rhythmus vordringliche Bedeutung hat – so im
allgemeinen im *Tanz*. Dort, wo der Mensch religiös und die Religion nicht
heidnisch ist – wie in Persien, Mesopotamien und bei den Arabern nach dem
Auftreten des Islam –, hat sie der Musik eine religiös-transzendente Bedeutung
verliehen, und die Unterscheidung, die sie zwischen religiöser und profaner
Musik macht, ist ohne Zweifel eine Folge der in Persien aufgekommenen Unterscheidung zwischen dem Geist des Guten und dem Geist des Bösen.

In den *gelehrsamen* Musiken jedoch nimmt die Reflexion einen minder all-
gemeinen und betonter individuellen Charakter an; sie beschränkt sich nicht
darauf, die Strukturen zu kodifizieren und der Musik sowie den verschiedenen
Arten der Musik einen globalen Sinn zu geben: Sie gibt den Tönen und den
Strukturen, die sie bilden, eine ganz präzise Bedeutung. Die Musik in ihrer
Gesamtheit ist also Ausdruck der ethischen Seinsweise der Umwelt, und die

schöpferische Persönlichkeit des Musikers, die sich der Unterweisung durch die Theorie unterordnet, hat keine andere Funktion, als durch ihre individuelle Seinsweise Zeugnis abzulegen von der ethischen Seinsweise der Allgemeinheit.

DIE ENTSTEHUNG DER TRANSZENDENTEN BEDEUTUNGEN   Wie die von Daniélou zitierten Texte gezeigt haben, gab das chinesische Denken der Musik eine im wesentlichen *sittliche* Bedeutung, das indische Denken verlieh den Tönen und ihren Strukturen *metaphysische*, dem musikalischen Erleben *affektive* Bedeutung, und durch das griechische Denken wurde den modalen Strukturen – obgleich die Griechen ihre Musik ursprünglich auf Götter, nämlich Apollo und Dionysos, zurückgeführt hatten – eine *ethische* Bedeutung beigemessen. In allen drei Fällen werden diese Bedeutungen gleichsam als den Tönen oder tonalen und rhythmischen Strukturen innewohnende Kräfte betrachtet, denen sich das Bewußtsein *anpaßt* – sowohl dasjenige, das die Melodie erfindet und sich sodann der ethischen Seinsweise des gewählten Modus *ausliefert*, wie das Hörbewußtsein, das jenem *ausgeliefert ist* –, und nicht als eine ethische Bedeutung, die das musikalische Bewußtsein in die Tonstrukturen *hineinprojiziert*, um ihnen einen Sinn zu geben wie im Abendland. Obgleich also jedes einzelne Beispiel aus der antiken Musik von einer kollektiven ethischen Seinsweise Zeugnis ablegt und alle ihre Seinsweisen im Grunde *passiv* sind, lassen die Musikwerke des Abendlandes die allgemeine ethische Seinsweise des Westens, die im Grunde aktiv ist, und die ethischen Seinsweisen seiner verschiedenen Kulturbereiche *durchblicken* durch eine *persönliche* ethische Seinsweise, die sie folglich *offenbart*, die also nicht vorbestimmt, sondern von der schöpferischen Persönlichkeit angenommen und übernommen ist. Es folgt daraus, daß sich die Italiener, die Franzosen, die Deutschen, die Engländer usw. durch ihre Musik selbst offenbaren, *was sie sind*.

AKTUALITÄT DES ERSTEN ZEITALTERS   Wir kennen die Musik des ersten Zeitalters nur durch das, was von ihr bei den noch im »Naturzustand« verharrenden Völkern übriggeblieben ist, bei den Völkern also, die eine in der Vergangenheit spontan geschaffene Musik pflegen und das nicht kodifizierte System ihrer Töne und Strukturen *aus der Überlieferung* übernommen haben. Dieser Sachlage begegnet man in allen Stadien der Geschichte überall dort, wo Musik spontan aus dem Bereich der Sitten und Lebensgewohnheiten entsteht. Im Abendland erwächst auf diese Weise inmitten des Volkes – während dessen Geschichte die Musik aus seiner Kultur hervorgehen läßt – die sogenannte *Folklore*, die nicht mit der *leichten* Musik, einem Nebenprodukt der Musikkultur, verwechselt werden darf. Aber diese »Volksmusik« braucht keine Töne mehr zu »erfinden« und geht von im Okzident bereits selbstverständlich gewordenen Tonstrukturen aus; so sind z.B. die *Spirituals*, der

Blues und der *Jazz*, die Folklore der amerikanischen Neger, gegen Ende des
19. Jahrhunderts von den Gesängen, die die Verbreiter des Christentums gelehrt hatten, und von den harmonischen Wendungen jener Zeit ausgegangen.

So bilden die Musiken der Antike in sich abgeschlossene Welten, zwischen
denen die Unterschiede in den strukturellen Eigenheiten unübersteigbare
Wände aufrichten und, historisch gesehen, Sackgassen bilden; denn da sie an
die in einem bestimmten Augenblick der Geschichte entstandenen Tonstrukturen und ethischen Seinsweisen gebunden sind, entwickeln sie sich nicht mehr
weiter, wenn erst ein gewisses Repertoire gebildet ist; und ihre Strukturen
sind sodann – so wie die ethischen Seinsweisen, von denen sie zeugen – nicht
mehr wandlungsfähig.

SCHLUSSFOLGERUNG   Die primitive Musik ist von unerhörter Fülle, wenn
man sie in ihrer Gesamtheit betrachtet, und zeigt eine verwirrende Freiheit
– sei es in den Tonstrukturen, sei es in der melodischen Dialektik, so beispielsweise in den Sekundenparallelen der Gesänge, wie sie auf den Admirali-
täts-Inseln üblich sind, oder in der Fülle ekstatischer Melodien bei den
Nomaden.

Aber durch die gelehrsamen Musiken zeichnet sich der historische Leitweg
ab, den die abendländische Musik nehmen und verfolgen wird. Im Bereich der
tonalen Strukturen läßt der Übergang von der chinesischen Pentatonik zur
indischen Heptatonik und weiter zur griechischen Heptatonik die Grundpfeiler der Harmonien und die Grundlage der pythagoreischen Logarithmen erkennen; alle diese Strukturen sind durch die instrumentale Hervorbringung
der Töne »in der Welt« gefunden worden. Andererseits zielt die Läuterung der
primitiven Tonstrukturen – mit ihrer Vermischung instrumentaler und vokaler
Elemente sowie ihrer Überladenheit mit Heterophonien, unterschiedlichsten
Harmonien und zahlreichen Schlagwerkeffekten – auf die *reine Melodie* hin.
Vielleicht war die griechische Melodie durch Klänge gegliedert; aber diese
Klänge brachten keine harmonische Bewegung hervor, und die Theorie hatte
nur auf die melodische Bewegung ein Auge. Geht man der griechischen Melodie weiter nach, wird man feststellen, daß es genügen mußte, ihre heptatonische, auf den Beziehungen der Quarte und Quinte innerhalb der Oktave
aufgebauten Tonstrukturen zu *interiorisieren*, damit der große Sprung vom
zweiten zum dritten Zeitalter, vom Orient zum Okzident, von der antiken zur
christlichen Ära, möglich wurde, was zur Voraussetzung hatte, daß das seelische
Bewußtsein des Menschen zur Autonomie erwachte und von einer fundamental
passiven Haltung zu einer fundamental aktiven überging. Zugleich sehen wir
das reflexive Bewußtsein von einer moralischen Schau der Dinge (im Hinblick
auf eine praktische Moral) hinüberwechseln zu einer metaphysischen und religiösen Weltschau und – in Griechenland – zu einer ethischen Anschauung
vom Menschen. Aber die ethische Bestimmung des Menschen (die ihm im

antiken Griechenland von außen her zugebracht wurde) mußte eine *aus eigener Kraft* errungene *Selbst*bestimmung des Menschen werden, damit die abendländische Musik zum Vorschein kommen konnte; und das menschliche Bewußtsein konnte sodann in der Reflexion den umgekehrten Weg gehen: vom Ethischen zum Religiösen und Metaphysischen, zum *Transzendenten*, und andererseits – doch außerhalb der musikalischen Sphäre – von der Ethik zur Moral.

BEISPIELE   Wir haben festgestellt, daß das abendländische musikalische Bewußtsein in der christlichen Psalmodie unter anderem konkrete melodische Gegebenheiten griechischer und nahöstlicher Herkunft umgebildet hat. Diese Gegebenheiten wurden nicht der »gelehrsamen« Musik entnommen, sondern aus Melodien hergeholt, die ohne Zweifel spontaner Erfindung entstammten. Als »gelehrsam« kann man bei den Griechen die enharmonischen und chromatischen Tongeschlechter bezeichnen, die künstlich sind, während das diatonische Tongeschlecht mit den natürlichen Gesetzen des Hörbewußtseins übereinstimmt. Wir haben ein Beispiel gelehrsamer Musik in den »Delphischen Hymnen«, in denen sich stellenweise die Tongeschlechter mischen; aber hier sehen wir ein in Tralles (Kleinasien) aufgefundenes Lied, das als Epitaph auf dem Grab eines gewissen Seikilos erscheint. (Der Text mahnt – nach Handschin – den Vorübergehenden, die Kürze des Lebens nicht über Gebühr zu beklagen.) – Die modale Linie ist heptatonisch und steht im phrygischen Tongeschlecht. Sie hat nichts »Gelehrsames« an sich und läßt auf volkstümlichen Ursprung schließen:

Und nun folgt, was in der christlichen Psalmodie daraus wird (wir zitieren nach der Notierung von Handschin, jedoch in den Oktavraum *d'-d''* transponiert, um den Vergleich mit der – von Gevaert aufgezeichneten – christlichen Antiphon zu erleichtern):

Andererseits konnte Idelsohn die Verwandtschaft zwischen bestimmten Beispielen der jüdischen und der christlichen Psalmodie nachweisen; so scheint die folgende Melodie der babylonischen Juden Ursprung unseres Beispiels auf Seite 371 zu sein, und ein Vergleich der beiden Melodien wird eine Vorstellung von der Metamorphose der Strukturen vermitteln können:

Auch syrische und koptische Quellen christlicher Psalmodien sind entdeckt worden.

2. Das dritte Zeitalter

DIE ÄRA DER MELODIE UND DER POLYPHONIE   Die *Chance* der abendländischen Musik liegt in den drei folgenden Umständen begründet: 1. Ihre erste Gegebenheit war die rein melodische und vokale Tonstruktur, die der einfachste und (in einer ersten Schematisierung) zugleich vollkommenste melodische Weg ist, das dem Hörbewußtsein angemessene logarithmische System an den Tag zu bringen; ferner hat sie diesem Weg im Hinblick auf ihren ersten musikalischen Vorsatz eine rein kadenzielle Struktur gegeben – ohne alle rhythmische Differenzierung, so daß der Rhythmus als solcher erst noch entstehen mußte; und schließlich wurden die Instrumente im Hinblick auf die Musik entworfen und nicht als deren Ursprung behandelt. Anders ausgedrückt: Die Musik sollte nicht von Tonmaßen ausgehen, sondern von einem heptatonischen System von *Tonpositionen*, und auf dieser Grundlage sollte das musikalische Bewußtsein die strukturellen Möglichkeiten entdecken lernen, die sich aus seinem logarithmischen System ergeben.

2. Ihre erste Schöpfung, die christliche Psalmodie, sollte im Okzident, wo sie durch die Kirche in allen in Bildung begriffenen Nationen Verbreitung fand, zum Fundament einer neuen Musik werden, die demnach zu einem inneren Bindeglied der verschiedenen abendländischen Nationen wird und – kraft der universellen Gültigkeit ihrer Sprache – einer *universellen* Musik den Weg bereitet.

3. Die neue Struktur, die sich das menschliche Bewußtsein im Okzident erworben hat und die das Erscheinen der abendländischen Musik in der Geschichte kennzeichnet, nämlich die Autonomie des seelischen Selbstbewußtseins im Schoße des Bewußtseinsorganismus, trifft genau das *Organ* des musikalischen Schöpfungsaktes – und dies ist auch der Grund, warum die Musik von allen abendländischen Künsten in besonders spezifischer Weise abend-

ländisch ist, ganz so wie auch die aus ihr erwachsene Kultur eine zwar allen zugängliche, jedoch spezifisch abendländische ist.

Indem wir so die ersten Gegebenheiten der abendländischen Musik aufstellen, lassen wir die *Hymnen* und *Psalmen* des heiligen Ambrosius beiseite; denn es war der gregorianische Choral, der die Grundlage für das Entstehen der Mehrstimmigkeit gebildet hat. Wir können daher den ambrosianischen Choral als Seitenlinie des christlichen Gesangs betrachten, die in diesen das Prinzip der *Hymnodie* – als Gegensatz zum kontinuierlichen *Melos* der Psalmodie – eingeführt hat. Die gregorianische Psalmodie setzt Prosa in Musik und ist ein *responsorialer* Gesang – das Alternieren eines Solisten mit einem Chor; der ambrosianische Psalm ist ein *antiphonischer* Gesang – das Alternieren zweier Halbchöre. Die ambrosianischen Hymnen und Psalmen vertonen Verse und sind geschlossene, durch einen regelmäßigen Dreier-Rhythmus mensurierte *Melodien*. Der regelmäßige Rhythmus wird in der dreistimmigen Polyphonie der Schule von Notre-Dame in Paris und im Troubadour-Gesang wiedererstehen.

Andererseits haben manche Musikwissenschaftler angenommen, die Musik habe im Abendland außer dem Kirchengesang noch andere Quellen gefunden, und zwar in den vorchristlichen Volksliedern. Abgesehen von Kinderliedern und gewissen volkstümlichen Motiven, die für die Kunstmusik nicht assimilierbar sind, könnte man diesen Einfluß in den auf einer Aneinanderreihung von *Terzen* aufgebauten Liedern entdecken:

Wie man aus diesen Beispielen ersehen kann, stammen diese besonderen Strukturen aus Randgebieten oder bestimmten Provinzen der abendländischen Kultur; das Volkslied wird später im Zuge der Ausbreitung der abendländischen Musik eine Rolle spielen, und zwar sobald sie sich »nationalisiert«, wobei es sich allerdings auch in ihre Grundstrukturen integrieren wird. (Noch heute hat der Engländer Benjamin Britten eine Vorliebe für melodische Aneinanderreihungen von *Terzen*.)

DIE ÄUSSERE UND INNERE MOTIVIERUNG DER GESCHICHTE   Wir können die Geschichte der abendländischen Musik nicht Schritt für Schritt verfolgen; unsere einzige Absicht ist, in großen Zügen zu zeigen, wie sie »von innen« und auf dem Wege der Erfahrung im Hinblick auf die Notwendigkeiten des Ausdrucks und die verschiedenen »Projekte« des musikalischen Bewußtseins hervorgebracht worden ist. Denn obgleich diese Geschichte keine »Ursachen« kennt (diese lebenslänglichen Plagegeister der Musikwissenschaftler!), hat sie doch ihre *Zielstrebigkeit* – durch den musikalischen Einbildungsakt der psychischen Aktivität des Menschen in seiner unmittelbaren sinnenhaften Beziehung zur Welt Ausdruck zu verleihen – und, mangels einer Ursache, eine doppelte *Bedingtheit:* eine innere – das logarithmische und das kadenzielle rhythmische System des Hörbewußtseins – und eine äußere – das Individuum in seiner von außen her kommenden Determiniertheit (Franzose oder Deutscher, tief religiös oder Mann von Welt – und von dieser oder jener Welt, je nach dem historischen Milieu und den Begleitumständen, die auf die Musik einwirken). Diese doppelte Bedingtheit ist für den Tatbestand der musikalischen Strukturen, für das, was die Phänomenologen ihre *Faktizität* nennen, ausschlaggebend – Antiphon, höfisches Air, Tanz, Gebrauchs- oder funktionelle, zweckgebundene Musik oder freie, um ihrer selbst willen gepflegte Musik. Die Gegebenheiten des geschichtlichen Werdens der Musik sind somit klar aufgestellt, und es bleibt die Aufgabe, uns die *Motivierung* der Entwicklung der Strukturen und ihrer fortschreitenden Differenzierung klarzumachen, d. h. letzten Endes die Motivierung der Geschichte: Warum sind nicht alle *möglichen* Strukturen der Musik, die uns das Repertoire der abendländischen Musik kennen gelehrt hat, auf einmal aufgetreten, und warum hat ihr Entstehen Geschichte gemacht?

MOTIVIERUNG DER STRUKTUREN UND IHRER DIFFERENZIERUNG   Die frühchristliche Psalmodie ist eine spontane anonyme Schöpfung aus der Zeit der Katakomben und der Urkirche. Sie wurde von der im 6. Jahrhundert von Papst Gregor I. gegründeten *Schola Cantorum* gepflegt – daher »gregorianischer Gesang« – und mehrmals umgestaltet. Der Ausdruck »anonym« will hier besagen, daß man – ähnlich wie bei der Folklore – den Autor nicht kennt und daß die endgültig aufgezeichnete Melodie möglicherweise bereits eine individuelle Schöpfung darstellt, die von anderen Individualitäten aufgegriffen und umgewandelt worden ist. Neue melodische Schöpfungen treten in der Folge hinzu, nachdem der heilige Franz von Assisi das religiöse Empfinden wieder zum Aufleben gebracht hatte: *Dies irae, Stabat mater, Pange lingua* usw. Sie alle sind nicht mehr anonym. Andererseits erfährt der gregorianische Gesang zu St. Gallen und in anderen Klöstern eine Bereicherung an neuen Melodien – *Sequenzen* und *Tropen* genannt. Sie waren auf eigens für diesen Zweck verfaßte Texte geschrieben und wurden entweder in den liturgischen

Gesang eingeschoben oder im Anschluß daran gesungen – sei es in Form von Melismen (Tropen), sei es von syllabischen Melodien (Sequenzen). Diese schöpferische Bewegung setzt sich bis ins 14. Jahrhundert fort, worauf die christliche Psalmodie in der römischen Kirche unverändert bleibt und – mit Rücksicht auf ihre besondere Metrik und zur Unterscheidung von der mensurierten, regelmäßigen Kadenz des profanen Gesangs und der Mehrstimmigkeit die Bezeichnung *Cantus planus* erhält. Inzwischen ist eine neue melodische Schöpfung bei den *Troubadours* (im Süden Frankreichs *langue d'oc*), den *Trouvères* (im Norden Frankreichs *langue d'oïl*) und bei den *Minnesängern*, den Ahnherrn der »Meistersinger«, in Deutschland aufgetaucht. Eine ähnliche musikalische Lyrik entwickelt sich in England, wovon unser Beispiel auf S. 373 eine Vorstellung vermitteln kann. Der Reim und das rhythmische Verhältnis eines Verses zum vorhergehenden sind in der Versdichtung im selben Jahrhundert aufgetreten wie die mensurierte Kadenz – wie um das Ende einer poetischen Kadenz anzuzeigen.

Die Motivation dieser reinen Melodie oder Einstimmigkeit bestand bekanntlich darin, daß das vom musikalischen Bewußtsein spontan angewandte logarithmische System der Melodie den Sinn eines Weges der Existenz des Selbstbewußtseins gab und aus dem schöpferischen Akt einen Ausdrucksakt des affektiven menschlichen Bewußtseins machte.

Gegen Ende des 9. Jahrhunderts beginnt im Stift Saint-Amand bei Tournai das *Organum* (vgl. das Beispiel auf S. 251): Der gegebene *Cantus* liegt in der Oberstimme, und die improvisierte Organalstimme ist darauf angelegt, seine Bewegung im Abstand einer *Unterquarte* nachzuzeichnen. Eine andere Abart des *Organum* ist durch ein Beispiel bekannt geworden, das in einem berühmten Werk jener Epoche, der *Musica enchiriadis*, zitiert wird:

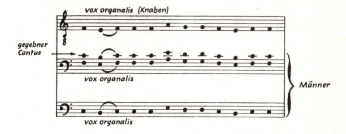

Die improvisierte Stimme liegt in der unteren Quinte des gegebenen *Cantus*, die Knabenstimmen verdoppeln sie in der oberen Oktave, und die Männerstimmen verdoppeln den gegebenen *Cantus* in der tiefen Oktave; es sei denn, daß einfach die Knaben die beiden Oberstimmen singen und dadurch die Männerstimmen auf »natürlichem« Wege (infolge ihrer Stimmlage) verdoppeln. In diesem Falle liegt die Organalstimme der Männer in der oberen Quarte des in der Unterstimme gegebenen *Cantus*. Wie dem auch sei, das *Or-*

ganum führt den Gesang zu zwei, drei und vier Stimmen ein und scheint auf den *absteigenden* harmonischen Grundintervallen, der Quarte oder Quinte (Introversion), zu beruhen. Ferner begründet das auf der Quinte aufgebaute *Organum* den absoluten Parallelismus der Stimmen, während das auf der Quarte aufgebaute die Quarte erst schrittweise erreicht, wobei sich gegen die auf dem Anfangston liegenbleibende Stimme die harmonischen Intervalle der *Sekunde* und der *Terz* ergeben.

Am Anfang des 12. Jahrhunderts kommt im Kloster Saint-Martial in Limoges (Haute-Vienne) eine neue Art der Diaphonie auf, die *Duplum* genannt wird, weil sich über dem gegebenen, in langen Notenwerten schreitenden *Cantus* eine freie Melodie als Oberstimme entfaltet, die einen eigenen Text haben kann (unser Beispiel auf S. 251 vermittelt eine Vorstellung davon). Auf diese Weise werden Oberquinte und Oberquarte angewandt (Extraversion); andererseits wird der »ausgezierte« Kontrapunkt von der Beziehung »Note gegen Note« befreit. Die Noten der Unterstimme sind Haltenoten, die das Prinzip der harmonischen Verhältnisse erkennen lassen: von der Unter- zur Oberstimme auf der Grundlage der Quint-Quart-Verwandtschaft innerhalb der Oktave.

Ebenfalls am Anfang des 12. Jahrhunderts taucht unter Leonin an Notre-Dame zu Paris der freie Kontrapunkt mit drei Stimmen und einem auf der Dreizeitigkeit beruhenden Rhythmus auf (S. 252). Die harmonischen Verhältnisse verlaufen von der Unterstimme zur Oberstimme, wie wir bereits deutlich gemacht haben; die Unterstimme ist ein gegebener oder erfundener *Cantus*, über dem – aufeinander abgestimmt – ein *Duplum* und ein *Triplum* schweben. Leonins Nachfolger Perotin vervollkommnet diesen Stil noch weiter, ohne Zweifel unter dem Einfluß des *Duplum* von Saint-Martial: Sein Kontrapunkt ist stärker ausgeziert als der Leonins, und er arbeitet die drei kontrapunktischen Stimmen über dem Fundament eines *Cantus firmus* aus, der in extrem langen Werten gesetzt und durch lange Pausen unterbrochen ist – so in seinem großangelegten Werk *Sederunt principes*. Dieser *Cantus firmus* ist der Tenor, der fürderhin – und für lange Zeit – die Stützstimme der harmonischen Bestimmungen in der Mehrstimmigkeit sein wird: der melodische Weg des Selbstbewußtseins. Dieser Tenor konnte – wie zu Anfang – die unterste Stimme oder auch eine Mittelstimme sein, die sich die Möglichkeit nutzbar machte, die harmonischen Beziehungen von der Oberstimme zur Unterstimme zu entfalten, und sich sodann durch einen tiefen Kontratenor verstärken ließ. Solange jedoch der Choral einem in der hohen Lage durch Knabenstimmen erweiterten Männerchor zugedacht ist, erscheinen Kontratenor und Tenor in der gleichen Stimmlage und kreuzen sich häufig. Ferner entwickelt sich der Tenor, der zunächst ein gegebener *Cantus* ist, sehr bald zu einer freien, d.h. erfundenen Stimme, so daß die gesamte Mehrstimmigkeit sodann als spontane Schöpfung anzusehen ist. Bei Ockeghem schließlich wird der *Cantus firmus* in der Polyphonie zerlegt und zwischen den Stimmen aufgeteilt wie später das

Thema in der Fuge. So wird die Mehrstimmigkeit in allen ihren Teilen zu einem autonomen Fließen, und die Anzahl ihrer Stimmen ist nicht mehr durch die Ordnung *Triplum-Duplum*-Tenor-Kontratenor bedingt; sie erreicht bei Ockeghem nach oben *fünf* Stimmen und kann noch größer sein, jedoch durch Stimmkreuzung; denn innerhalb der gleichen Höhenlage können sich zahlreiche Stimmen bewegen, die miteinander alternieren, einander kreuzen und jede für sich ihren eigenen Weg verfolgen. So geschieht es in dem bekannten sechsstimmigen *Sumer-Kanon*, der um 1240 im Kloster von Reading entstanden ist, sowie in dem berühmten sechsunddreißigstimmigen Kanon von Ockeghem. Der *Kanon* ist offensichtlich eine spontane Schöpfung des musikalischen Bewußtseins; denn er ist das einfachste Mittel, die *Identitätsrelation* in der polyphonen Dialektik zu setzen – die Wiederholung dessen, was eine erste Chorgruppe gesungen hat, durch eine *unisono* oder chorisch singende zweite Vokalgruppe. Im Sumer-Kanon wird ein einfaches, zunächst zweitaktiges Motiv von den vier Oberstimmen unendlich imitiert. Da aber die erste Stimme, wenn die zweite und die anderen Stimmen ihr Motiv übernehmen, weitersingen muß, erweitert sie das Anfangsmotiv, worauf die anderen, sukzessiv einsetzenden Stimmen auch diese Motivfortsetzung nachahmen. So entstehen kanonische Melodien, wie ja auch das Thema des allbekannten Kanons *Frère Jacques*. Der Stimmtausch im Kanon, also der Umstand, daß eine motivführende Stimme über einer zweiten (kontrapunktischen) liegt, dann aber unter dieser den Kontrapunkt führt, wenn die andere Stimme das Motiv der

ersten aufgreift, ist die Keimzelle dessen, was man den doppelten Kontrapunkt nennt, d.h. das stilistische Verfahren, die harmonischen Beziehungen zwischen zwei Stimmen dergestalt anzulegen, daß sie sowohl von der Unterstimme zur Oberstimme wie umgekehrt bestehen können. Gleichermaßen ist die kanonische Imitation die Keimzelle des imitatorischen Stils; die Unterscheidung zwischen Tenor und Kontratenor ist das Vorbild der Unterscheidung, die wir im harmonischen Stil zwischen der Linie der *Akkordgrundtöne* und derjenigen der *Baßtöne* machen, und die fünf echten Stimmen in der Ockeghemschen Polyphonie setzen die Grenze dessen, was die Zahl der echten Stimmen in der Bachschen Polyphonie und in der Streichergruppe sein wird – d.h. im Fundament der Symphonie, sobald die Linie der Kontrabässe sich von derjenigen der Violoncelli scheidet. Zu guter Letzt hat die Notwendigkeit, die Bewegung der kontrapunktischen Stimmen der Schule von Notre-Dame in ein und derselben rhythmischen Kadenz zu koordinieren, ohne ihr freies Spiel zu beeinträchtigen, die *kadenzielle* Grundlage des Rhythmus an den Tag gebracht. Die Tatsache, daß der Grundzeitwert die punktierte Halbe ist, zeigt

hinlänglich, daß der Rhythmus nicht auf dem *kleinsten Zeitwert* basiert, d. h.
nicht auf dem Metrum, sondern auf einem Wert, der bereits den Überbau
über einer elementaren Kadenz darstellt; und wenn in dem besonderen Falle
diese Kadenz *dreizeitig* ist, so zeigt sich hierin, daß diese die normale Kadenz
des affektiven Bewußtseins in der Introversion ist. Durch ihre doppelte kadenzielle Struktur gibt die Polyphonie dem musikalischen Bewußtsein die Möglichkeit, das vollständige Wesen des autonomen psychischen Rhythmus – sein
Innen und sein Außen – in seiner ganzen strukturellen Bedeutung zu zeigen.
Die gesamte Entstehung der Mehrstimmigkeit ereignet sich in Frankreich in
der Epoche der Gotik: Der Kontrapunkt blüht in der Musik zur gleichen
Zeit wie der gotische Stil in den Kathedralen.

DIE MEHRSTIMMIGKEIT   So wird die Mehrstimmigkeit bereits mit ihren ersten
Schritten zur Wegbereiterin der Kunst des Kontrapunkts und der gesamten
künftigen Musik; denn der Kontrapunkt Note gegen Note setzt den Keim
der Harmonie und der Homophonie, der ausgezierte Kontrapunkt verhilft
der freien Melodie zu einer Wiedergeburt unter neuen Voraussetzungen (Hervorhebung der »Singstimme« und der »Melodie«), und der strenge Kontrapunkt eröffnet gleichsam den königlichen Weg der Musik, die doch ihrem
Wesen nach ein Ereignis in der Dauer ist. Die Polyphonie konnte bekanntlich
deshalb entstehen, weil das innere Ohr fähig ist, gleichzeitig parallele melodische Wellen aufzunehmen, die das Hörbewußtsein umsetzen kann; daß
aber ein Bewußtseinsphänomen möglich ist, genügt nicht, um es durch den
Menschen vorsätzlich auslösbar zu machen: Es ist auch nötig, daß die Aus-
lösung durch eine gewisse Befriedigung, die der Mensch in diesem Phänomen
findet, motiviert wird. In unserem Falle also müßte sein melodisches Erleben
darin eine Bereicherung finden. Dies wird alsbald verständlich, wenn wir uns
an frühere Ergebnisse unserer Untersuchung erinnern: Im *Organum* und in
den vertikalen harmonischen Beziehungen findet das psychische Selbstbewußtsein eine affektive Gegebenheit, die gehaltvoller ist als die reine Horizontalität
der Melodie; und in der Polyphonie im allgemeinen findet sie eine ordnende
Kraft, um die Vielfalt und Kompliziertheit ihrer affektiven Spannungen in
ihren Beziehungen zur Umwelt auszudrücken. Durch diese ordnende Kraft
vergeistigt sie ihre affektive Aktivität; und das gesamte erste Zeitalter der
abendländischen Musik nach ihrer rein melodischen Tragzeit – vom 10. bis
zum Anbruch des 17. Jahrhunderts also – ist die fortschreitende Durchfor-
schung der strukturellen Möglichkeiten einer wesentlich geistigen Musik,
deren Einheitlichkeit übrigens mit jener übereinstimmt, die der gesamten
abendländischen Kultur der damaligen Epoche durch den religiösen Stempel
aufgeprägt wird. Tatsächlich war das musikalische Schaffen des Abendlandes
niemals so einheitlich wie im Lauf jener Jahrhunderte, in denen jede Manifestation des Genies alsbald eine universelle Auswirkung hatte – universell zu-

mindest innerhalb des in sich abgeschlossenen Universums des Okzidents –, in denen es – von einem bestimmten Zeitpunkt an – kaum einen großen Musiker gab, der nicht den Weg über Italien genommen hätte und unter denen man schließlich einen Orlando di Lasso aus Mons im Hennegau finden wird, der zugleich in Werken italienischer, französischer und deutscher Eigenart und Textierung Hervorragendes leistet. Nichtsdestoweniger konnte sich das musikalische Bewußtsein seine affektive Aktivität nicht in Fleisch und Blut, d. h. in ihrer *ganzen Wahrheit*, vergegenwärtigen, ehe die harmonische *Synthese* hergestellt und einerseits der melodische Weg durch die Bewegung der *Harmonie* hervorgebracht war und ehe die letztere nicht über einer kadenziellen rhythmischen Struktur *motorischen* Charakters Gestalt annehmen konnte; alles Dinge, die sich in den vorhergehenden Jahrhunderten vorbereiten. Denn dies war es im Grunde, worauf das musikalische Bewußtsein seit seinem Eintritt in die Mehrstimmigkeit hingearbeitet hatte: die *Wahrhaftigkeit* seines Ausdrucksaktes. Die *Erlangung* dieses Vollbesitzes an Ausdrucksgehalt – Melodie, Harmonie, rhythmische Motorik – setzt den Markstein, an dem ein neues Zeitalter, die zweite Etappe in der Geschichte der abendländischen Musik, den Anfang nimmt.

MOTIVIERUNG DER HISTORISCHEN ENTWICKLUNG DER STRUKTUREN   Das Vorhergegangene hat genügt, um die Folgerichtigkeit der Geschichte darzutun: In der spontanen musikalischen Schöpfung kultiviert der Mensch zunächst die musikalische Struktur oder die Strukturen und den mit seiner Entstehung erworbenen Stil, und erst nach einer langdauernden Pflege ein und desselben Stils gelingt es ihm, neue strukturelle Möglichkeiten zu finden und auf ihnen einen neuen Stil oder neue Stile aufzubauen. Das 9. und 10. Jahrhundert mußte abgewartet werden, bis es zur Mehrstimmigkeit kommen konnte, und auch das 17. Jahrhundert blieb abzuwarten, bis sich die auf der simultanen Harmonie aufgebauten Strukturen abzuzeichnen begannen; sodann noch eineinhalb Jahrhunderte, bis sie sich ordneten, noch ein Jahrhundert, bis die »Chromatik« erreicht war, und annähernd ein weiteres halbes Jahrhundert, bis ein Musiker – Debussy – in seinem persönlichen Schaffen von der durch die modale, harmonische und rhythmische Beschaffenheit seiner Strukturen erwiesenen völligen Freiheit Zeugnis ablegte, die das abendländische musikalische Bewußtsein gewonnen hatte. Und dies noch: In Saint-Amand entstand das *Organum*, in Saint-Martial das *Duplum* und in Notre-Dame zu Paris der drei- und vierstimmige *Kontrapunkt*. Anders ausgedrückt: Der Mensch hat stets einen begrenzten Horizont und im Verlauf seines kurzen Lebens ein begrenztes Betätigungsfeld. Trotzdem kann er in diesem kurzen Leben über die ihm zur Pflege überkommenen Strukturen hinauswachsen und neue erfinden, die seine Nachfahren ihrerseits kultivieren können. So macht die Musik *über Generationen* hinweg ihre Geschichte, die innerhalb eines Menschenlebens im günstigsten Falle nur eine beschränkte geschichtliche *Entwicklung*, wenngleich zuweilen eine *entscheidende* Entwicklung sein kann; und dann geschieht es, daß sich das allgegenwärtige Genie als solches zu erkennen gibt. Hinzu kommt, daß der Mensch aus der Perspektive seiner Umwelt nur solche Strukturbeschaffenheiten erkennen kann, die mit seiner persönlichen Beschaffenheit – sie ist ihrerseits eine Manifestation der Umweltbeschaffenheit – übereinstimmen; andere Strukturen sind nur *anderwärts* erkennbar – bei einem anderen Menschenschlag. Wenn die Mönche von Saint-Amand die Polyphonie im Zeichen des *Organum* entdeckt und jene von Saint-Martial die gleiche Entdeckung im Zeichen der melodischen Blüte in der Oberstimme des gegebenen Cantus gemacht haben, muß man annehmen, daß erstere nicht dem gleichen Menschenschlag angehört haben können wie letztere, daß jene vielleicht südlicher, diese nördlicher Herkunft gewesen sein mochten oder daß sie einfach nicht gleichartigen Bedürfnissen entsprachen. Und wenn Leonin und Perotin den *Kontrapunkt* ins Leben gerufen haben, muß man annehmen, daß die geistige Tätigkeit in der Musikausübung bei ihnen eine größere Rolle gespielt hat als bei den Mönchen, die nur ihrem Instinkt, ihrem Gefühlsimpuls, gehorcht haben. Die Musik macht also Geschichte, weil ihre strukturellen Möglichkeiten nur durch ein Zusammenwirken menschlicher Seinsweisen und verschiedener Umwelten, wie sie sich in der Zeit und über verschiedene *Gebiete* gleicher Kultur verteilen, zu entdecken sind.

Wir waren beim Kontrapunkt von Notre-Dame: Auf der Grundlage dieser Struktur nehmen zwei neue musikalische Gebilde Gestalt an: der *Conductus* und die *Motette*. Der *Conductus* ist *funktionelle* Musik mit der Bestimmung, den Priester auf dem Wege zum Altar zu begleiten. Die *Motette* ist eine freie Komposition; sie wechselt auch sehr bald aus dem religiösen in den weltlichen Bereich über. Sie ist also ein rein musikalischer Ausdrucksakt ohne eigentlich praktische Funktion. Ihre melodische Dialektik stützt sich auf die Wortfolge des gewählten Textes, doch kommt dem »Wort« als solchem eine so geringfügige Bedeutung zu, daß die einzelnen Stimmen einer Motette ganz verschiedene Texte singen können, so daß man sich beim Anhören an die Musik hält und nicht an den Text, der nur schwer oder gar nicht verständlich ist.

(Hier sei bemerkt, daß es ein Gesetz gibt, das in allen wichtigen Phasen der abendländischen Geschichte zu beobachten ist: Die Musik beginnt in der religiösen Sphäre, weil das »Religiöse« das Fundament von allem anderen ist; sodann geht sie in die weltliche Sphäre über, wo sie zunächst eine Funktion hat; erst hierauf wird sie um ihrer selbst willen – als Ausdrucksakt – gepflegt.)

Das große Problem der mehrstimmigen Gebilde war das der *Form;* denn wenn in der reinen Melodie die Form durch die melodische Dialektik in einer determinierten Tonperspektive entsteht, wodurch wird sie in der Kombination von melodischen Stimmen determiniert sein? Dieses Problem ist – wie wir gesehen haben – zunächst gelöst worden, indem in das polyphone Gewebe gleichsam ein Rückgrat eingeführt wurde: ein im Tenor liegender *Cantus*, der

Cantus firmus, der zugleich den Umfang des mehrstimmigen Stückes und die Tonperspektive fixiert, in der es sich entfaltet.

Philippe de Vitry (1291–1361), aus der Champagne gebürtig, Dichter und Musiker, Bischof von Meaux, ein von Petrarca gefeierter universalistischer Geist, wollte der freien melodischen Schöpfung mehr Raum geben und löste das Problem durch die Idee der isorhythmischen Motette: der gegebene, in verschiedene *Talea* aufgeteilte *Cantus* setzte nur noch Richtpunkte auf dem Wege der Melodiestimmen, die von da an ihren tonalen Weg selbst hervorzubringen hatten; dies brachte häufige Veränderungen in den modalen Ablauf, insbesondere die Alteration der vorletzten Note, um ihr Leittoncharakter zu geben (z. B. *cis-d*). Diese Alterationen (sie waren, wie man sieht, nichts anderes als das Eindringen des *harmonischen* Gefühls in die *modale* Musik) bildeten das Merkmal des Stils der *musica ficta* oder *falsa*, eine Bezeichnung, der Vitry entgegenhielt: *Non falsa ma vera e necessaria*. Aber Vitry sang auf lateinisch: und in der Zwischenzeit hatte der lyrische Trouvère-Gesang die polyphone Struktur angenommen und ihr eine neue Ernte an Lais, Virelais, Rondeaux und Balladen eingebracht. Gleichzeitig hatte er zwei stilistische Möglichkeiten entstehen lassen – die eine aus der »Imitation«: die *Chasse* (vgl. Beispiel auf S. 254), die andere aus der rhythmischen Dialektik, den *Hoquetus*, in welchem die Verlagerung der Betonung auf den »unbetonten Taktteil« und die *Synkope* wirksam werden.

Vitrys Ideen wurden besonders von Guillaume de Machaut weiterentwickelt. Gleich Vitry aus der Champagne stammend und beinahe sein Zeitgenosse, schrieb dieser Dichter-Musiker und Schwager Karls des Schönen in seiner Muttersprache ein- und mehrstimmige Lais, Virelais, Rondeaux und Balladen; seine Polyphonie war auf einem vom Text her inspirierten *Cantus* aufgebaut, um den herum sich – in tiefer und hoher Lage – die kontrapunktischen Stimmen entfalteten. Er konnte auf diese Weise die Musik von der Künstlichkeit der Isorhythmik befreien, dabei die Tonalterationen Vitrys beibehalten und zugleich dennoch die Wirkung der *musica falsa* abschwächen, indem er Schlußwendungen wie die folgende einführte:

die für lange Zeit die *Formel* für die Schlußkadenz bildeten (die gleiche Formel findet sich zur selben Zeit in Italien bei *Landini* wieder – daher die Bezeichnung *Landinische Sexte*, die ihr die Musikhistoriker gegeben haben). Sein Leitsatz, den man gewissen Ästheten von heute ins Gedächtnis zurückrufen sollte, war: *Qui de sentiment ne fait – Son dit et son chant contrefait* (Wer vom Gefühl nichts hält – sein Aussag' und Lied vergällt). Nachdem er zahlreiche Jahre am Hofe Johanns von Böhmen verbracht hatte – übrigens einer der glanzvollsten Gestalten des Rittertums im 14. Jahrhundert –, kam er nach Reims zurück, schrieb eine (berühmt gebliebene) Messe anläßlich der Salbung Karls des Weisen und fiel in der Schlacht von Crécy.

Die schöpferische Tätigkeit Machauts war darauf gerichtet, über dem *Cantus* des Tenors die Melodie der Oberstimme, die *Kantilene*, hervorzuheben, und die Kantilene wird dann auch von Machauts Nachfolgern besonders gepflegt; so scheint sie bei vielen von ihnen das Vorgegebene gewesen zu sein, nach dem die Stimmen des Tenors und des Kontratenors komponiert sind, um ihr die entsprechende harmonische »Verbrämung« zu verschaffen, und so war es auch bei Gilles Binchois, dem Hofmusiker Philipps des Guten von Burgund. Der Tenor trägt den erfundenen Cantus, und der Kontratenor ergänzt die Harmonie. Die der Kantilene gewidmete Sorgfalt verleiht ihr eine einfachere und klarere tonale und rhythmische Plastik als bei Machaut (die verwendete rhythmische Kadenz ist $\frac{3}{4}$ im Wechsel mit $\frac{6}{8}$, und diese Struktur bleibt bis Ockeghem unverändert bestehen).

Zur gleichen Zeit tritt in Florenz – im Kreis um Boccaccio – eine ohne Zweifel vom französischen Lyrismus beeinflußte schöpferische Bewegung hervor. Aber sie äußert sich zunächst in zweistimmigen *Madrigalen*, deren Stil sich vom französischen durch vollkommene Konsonanz der Stimmen und deren häufige wechselweise Imitation wesentlich unterscheidet. Sobald eine dritte Stimme eingeführt wird, ist diese ein Tenor, der die Funktion des »Basses« übernimmt und auch Baßcharakter hat, während die beiden Oberstimmen imitierend geführt werden, wie das Fragment von Maestro Piero in unserem Beispiel auf Seite 259 zeigt. Diese Schaffensströmung währte jedoch nicht lange, und das *Madrigal* sollte in Florenz zur Zeit Petrarcas eine Wiedergeburt erleben. Aber seit Beginn des 14. Jahrhunderts ist in volkstümlichen religiösen Gesängen in italienischer Sprache, den *Laudi*, die von der franziskanischen Bewegung inspiriert sind, eine neue Hauptströmung fühlbar. Diese *Laudi* sind vorerst einstimmig, werden aber später zu drei und vier Stimmen harmonisiert. Das folgende Beispiel, der Anfang einer solchen *Laude*, zeigt diese volkstümliche Schöpfung in einer Endphase, wo bereits – nicht durch »harmonische Fortschreitung« herbeigeführt, sondern ganz einfach wie zufällig »gefunden« – die Grundkadenzen deutlich werden:

A – ve pa – his an – ge – lo – rum

Ferner hat die schöpferische Bewegung im Norden Frankreichs eine gewisse lyrische Blüte in Spanien, England, Deutschland und den skandinavischen Ländern angeregt; und allenthalben wurde diese lyrische Tendenz durch die Verwendung der jeweiligen Landessprache anstelle des Lateinischen befruchtet.

Auf der anderen Seite tritt in Frankreich, Italien und den umliegenden Ländern der *Tanz* in Erscheinung und übernimmt dabei Melodien aus Vokalwerken. Musikinstrumente sind auf verschiedenen Wegen – besonders infolge der Kreuzzüge – aus Asien und Afrika nach Europa gekommen, erfuhren hier jedoch eine Umformung, die den Anforderungen der abendländischen Musik angepaßt war. Sie sind zunächst in den Händen der Gaukler und Spielleute und gehen sodann in den Dienst der Kunstmusik über. Ein typischer Zug der abendländischen Musikalität ist ihre Einstellung zu den gestrichenen Saiteninstrumenten, zur *Violine* und der Familie der Violinen. Die Bevorzugung des *Streichinstruments* und die lange Suche nach dem rechten Bogen zeigen, daß man im allgemeinen von einem Instrument »Gesang« erwartete, und die endgültige Bildung der Streichergruppe ist in dem Augenblick erfolgt, da die Instrumentalmusik bereit sein mußte, die Stelle der Vokalmusik zu übernehmen.

So zeugt die »italienische« Musik seit Anbeginn ihrer schöpferischen Aktivität von einem harmonischen Empfinden, das sich nicht nur in der Entstehung der Melodie oder den Verbindungen gleichzeitig erklingender Töne – also in der Horizontalen einerseits, in der Vertikalen andererseits – erweist, sondern in der horizontalen Koordinierung jener Elemente, die sich in der *Vertikalen* in Aufeinanderfolge präsentieren, und in der vertikalen Koordinierung der Elemente, die in verschiedenen Ebenen der Horizontalen vorgestellt werden. Anders ausgedrückt: Das italienische musikalische Bewußtsein stellt die Dinge schon im ersten Anlauf so hin, wie sie sich im harmonischen Zeitalter entwickeln sollten: Sobald es der Diaphonie eine dritte Stimme hinzufügt, macht es aus dieser Stimme keinen Tenor, sondern einen *Baß*. Es hat schon im ersten Ansturm jene synthetische Haltung erreicht, die das musikalische Bewußtsein des übrigen Abendlandes erst nach langen Erfahrungen erreichen sollte, in deren Verlauf seine Aufmerksamkeit zeitweilig auf die horizontale Verbindung vertikaler Synthesen, zeitweilig wiederum auf die vertikale Verbindung von Bündeln horizontaler Stimmen gerichtet war. Die Polyphonie der Vitry, Machaut und auch noch Dufays tendierte zu einer (vertikalen) Bindung autonomer horizontaler Stimmen um den Tenor herum oder an ihm entlang, während das harmonische Empfinden der Italiener sie an der Wurzel bindet – wie Zweige mit dem Ast verbunden sind. Allerdings kann das noch nicht durchgebildete – man könnte sagen, noch im primitiven Zustand verharrende – harmonische Empfinden das polyphone Ganze vorerst *nur in kleinen Dimensionen* erfassen, und es verbindet die einzelnen polyphonen Phasen erst einmal Punkt für Punkt, während seine Pflege im Lauf der Geschichte es dahin bringen wird, ein Ganzes von großer Dimension entstehen zu lassen: eine »Form«.

Diese Grundveranlagung prädestinierte Italien, am Ende des 16. Jahrhunderts Brennpunkt der harmonischen Ära zu sein – allerdings mit Hilfe anderer Völker: der Niederländer und der Engländer, welch letztere den *Fauxbourdon* beigesteuert haben; und Italien konnte damals bereits Grundelemente der ersten harmonischen Strukturen liefern: den *Basso continuo*, den Stil der *Sonata a tre* – zwei Melodiestimmen und ein Baß – und das Prinzip der polyphonen Dialektik, die *Imitation* (Identitätsrelation).

Das geschichtliche Werden der abendländischen Musik setzt sich somit zunächst in Frankreich fort – von der Ile-de-France über die Champagne nach Burgund, wo am Hofe Philipps des Guten und Karls des Kühnen zugleich die Instrumental- und die Volksmusik gepflegt und wo die Instrumente häufig zur Unterstützung der Singstimmen herangezogen werden. (Es handelt sich hier hauptsächlich um Blasinstrumente, während die Streich- und die Zupfinstrumente – Lauten usw. – sowie die Saiteninstrumente mit Klaviatur anderwärts einer Pflege der intimen Musik Raum geben; die Orgel ist überall dort Trägerin einer besonderen Musikpflege, von wo der Stil der großen Instrumentalwerke seinen Ausgang nehmen sollte.)

Die führende Persönlichkeit in diesem musikalischen Zentrum des 15. Jahrhunderts ist Guillaume Dufay, zu Anfang des Jahrhunderts im Hennegau geboren. Er verbrachte viele Jahre seines Lebens in Italien, später in Paris und kehrte 1450 nach Cambrai zurück, wo er bis zu seinem Tod verblieb. Dank diesen Reisen und den durch die Verbreitung geschriebener Musik möglich gewordenen Kontakten blieb Dufay nicht allein mit seinen Bemühungen, den Einfluß des englischen *Fauxbourdon* (der volkstümlichen Ursprungs, aber von einer ganzen Generation von Polyphonikern gepflegt worden war, deren bedeutendster, Dunstable, 1453 starb) bei den Musikern in Burgund und in der Toskana sowie denjenigen des italienischen Madrigals auf die burgundischen Musiker zu fördern. Die ersten Jahrhunderte der französischen polyphonen Kunst hatten die Grundstrukturen dessen hervorgebracht, was man als *Lied*stil (Lais, Rondeaux, Balladen usw.) und *Motetten*stil bezeichnen kann. Ersterer ließ die *Kantilene* hervortreten, letzterer neigte zur Gleichwertigkeit der Stimmen. Die *Messe* entstand aus der Anwendung des Motettenstils bei der Vertonung des *Ordinariums* der Messe. Dufays Schaffen seinerseits gipfelt in einer Art Synthese beider Stile – sogar in der Messe. Zu Beginn der burgundischen Ära bildet sich die Kantilene über den Stimmenkreuzungen von Tenor und Kontratenor, und einige Takte aus einem Rondeau* von Gilles Binchois sollen den Unterschied zeigen, der zwischen dem französischen und dem italienischen – durch das Fragment von Maestro Piero (siehe Beispiel S. 259) illustrierten – Stil besteht:

---

* Wir entnehmen dieses Beispiel abermals H. Besseler *(Mittelalter und Renaissance)* und benützen die Gelegenheit, zum Ausdruck zu bringen, daß wir zuvörderst diesem ausgezeichneten Werk die Unterrichtung verdanken, die es uns ermöglicht hat, diesen flüchtigen Abriß des polyphonen Zeitalters zu geben.

(nach Besseler, a.a.O.)

Dufay neigt dazu, aus dem Kontratenor einen Baß zu machen, wobei dieser Baß unter einem altartigen Kontratenor sowie einem *Dessus* oder *Superius*, der Kantilene, liegt. Oder aber er gibt sich einen *Tenor* und ordnet seine Polyphonie über einem Kontratenor im Baß, der von jenem Tenor inspiriert ist, sowie über zwei Kantilene-Stimmen – Alt und Sopran – an und fixiert auf diese Weise die künftige Grundstruktur der Polyphonie. Sein Schüler Johannes Regis schrieb eine fünfstimmige Motette, in der ein in großen Notenwerten gegebener Tenor inmitten einer vierstimmigen Polyphonie erscheint. Gegen Ende seines Lebens pflegt Dufay einen strengen dreistimmigen Stil – Kontratenor (»Baß«), Tenor und Cantus – und erreicht darin jene Stilsynthese, von der wir bereits gesprochen haben: Das verhältnismäßig rasche Tempo des lyrischen Stils hat sich verlangsamt, die Melodie, die im Gleichschritt mit den Begleitstimmen einhergeht, hat sich entspannt, und die Polyphonie wird zu einem ruhigen Fluß gleich bedeutsamer Stimmen. So ist Dufay zum Wegbereiter für Ockeghem und die Niederländische Schule geworden.

Ockeghem (1420–1495) ist in der Umgebung von Antwerpen geboren und verbringt sein Leben zunächst an der Kapelle von Charles de Bourbon in Moulins, sodann in den Diensten der Könige von Frankreich an der Kathedrale von Tours. Da er in flämischer Sprache nicht singen kann, singt er lateinisch; seine schöpferische Tätigkeit teilt sich klar in Werke weltlichen Charakters, in denen er den Spuren Dufays folgt, und in religiöse Werke, die sich fast ausschließlich auf Messen beschränken. Er wird nicht müde, das Thema der Messe immer wieder aufzugreifen, gewiß nicht um ihres Wortgehaltes, sondern um ihres Sinngehaltes willen – ganz so, wie die Meister der Symphonie diese zu wiederholten Malen und immer wieder auf neue Art um ihrer »Idee« willen aufgriffen. Ockeghems Messen sind vier- oder fünfstimmig und auf einem gegebenen, entweder religiösen – z.B. gregorianischen – oder profanen Cantus aufgebaut. Die Einführung weltlicher Elemente in die religiöse Musik kennzeichnet lediglich deren Humanität. Das Stoffliche des Religiösen ist stets weltlich, da es menschlich ist. Dieser gegebene Cantus ist hier allerdings kein Tenor mehr und bestimmt daher auch nicht mehr die Form. Unter die einzelnen Stimmen aufgeteilt, integriert er sich bruchstückweise in ihnen, wie das Beispiel auf S. 259 gezeigt hat; die Folge ist, daß die Periodizität der Stimmen, die über einer biegsamen, freien Rhythmik Gestalt gewinnen, eine fortlaufende Linie beschreibt und die Gesamtheit der Stimmen ein Spiel einander überrollender Wellen bildet, woraus sich nur selten eine die Verselbständigung eines Motivs ermöglichende »Imitation« herausschält. Aber diese Stimmen stehen untereinander in harmonischen Beziehungen; sie sind in der Harmonie, die sie fühlbar werden lassen, dergestalt verbunden, daß zwar jede von ihnen frei ihren Weg beschreibt, keine aber autonom ist, wobei doch alle gleichermaßen bedeutsam bleiben. Obwohl sie einander überrollen, stehen sie gegenseitig in dialektischer Beziehung; jede erscheint wie eine Antwort auf die vorhergegangene; und diese polyphone Dialektik bringt die Form hervor. So kommt es, daß – auch ohne Kennzeichnung der tonalen Bewegung durch einen Baß (der Baß ist ja hier eine Stimme wie die anderen) – die durch die Gleichzeitigkeit der Stimmen hervorgerufenen Harmonien in ihrer Aufeinanderfolge durch alle Phasen bis zum Schluß den polyphonen Ablauf nicht minder fest zusammenhalten. Die musikalische Sprache scheint, wie man sieht, die deutsche und die lateinische Syntax zu verbinden – ein Zeichen ihrer Universalität; denn *melodisch* strebt sie einem Ende, einem »Ziel«, entgegen, und die *harmonische Bewegung*, die sich im Untergrund abspielt, verleiht dem Werden einen Sinn. Deshalb kann sie auch abwechselnd einmal die eine, einmal die andere anwenden. Sie ist bei Ockeghem wesentlich deutsch: Das »Ziel«, der *Cantus firmus*, erscheint im Fluß der melodischen Dialektik aufgelöst. Aber aus dem gleichen Grunde – ihrer Doppelnatur wegen – steht sie auch allen offen und vermag die Menschen miteinander zu verbinden.

Es versteht sich von selbst, daß diese Mehrstimmigkeit die reine Vokalität voraussetzt. Am Burgundischen Hofe konnten Tenor oder Kontratenor von einer Posaune ausgeführt werden. Man glaubt auch, daß die Motette und das Lied alten Stils mit Kopfstimme gesungen wurden, wodurch der Gesang eine instrumentale Farbe erhielt. Die Polyphonie Ockeghems dagegen greift auf die *natürliche* Stimme zurück und erweitert den Bereich der Singstimme nach unten; sie verlangt – im ganzen gesehen – klangliche Homogenität, wie man sie später im Streichquartett und im organischen Ensemble des Wagner-Orchesters wiederfinden wird.

Ockeghems Stil wird von Obrecht aus Utrecht (1440–1505), Tinctoris aus Nivelles (1435–1511), Agricola (1446–1506), der deutscher Herkunft war (Ackermann), aber in Italien wirkte, und Gaspard van Weerbecke aus Oudenaarde fortgesetzt. Sodann tritt Josquin des Prez in Erscheinung (1450 bis 1521), der vermutlich aus Condé im Hennegau stammt. Man weiß wenig von ihm. Im Jahre 1474 ist seine Anwesenheit in Mailand bezeugt, später in Ferrara und Rom, in Paris unter Ludwig XII. und schließlich im Domkapitel von Condé, wo er seine Tage beschloß. Sein Stil ist eine Synthese des niederländischen Stils mit dem harmonischen Empfinden italienischer Art, doch im Zeichen der Hervorkehrung einer ausgeprägten *formalen Plastizität*, d. h. eines neuen ästhetischen Anspruchs. Das harmonische Empfinden verlangt in der

Tat nach klaren Kadenzen und folglich nach einem deutlich markierten Periodenbau; es verlangt auch nach dem Hervortreten einer führenden Melodie, die sein äußerer Ausdruck ist. Bei Josquin also, der *Messen*, aber insbesondere *Motetten* und auch *Chansons* geschrieben hat, ist der *Cantus firmus* zwar unter die einzelnen Stimmen aufgeteilt, aber durch aufeinanderfolgende »Phrasen«, von Stimme zu Stimme imitierend, stets deutlich erkennbar gegeben. Anstelle des Ockeghemschen dreizeitigen Rhythmus verwendet er mit Vorliebe einen zweizeitigen, eine Hauptstimme hebt sich von den Nebenstimmen ab, eine zweistimmige Polyphonie im Register der Frauenstimmen alterniert häufig mit ihrer Imitation im Register der Männerstimmen, oder eine polyphone Periode folgt auf eine homophone, wobei sich die Stimmen akkordisch gruppieren und die Oberstimme die Hauptmelodie führt. Somit verbleiben wir weiterhin ganz deutlich in der Polyphonie, und die Führungsstimme wechselt von einer Stimmlage in die andere wie später in der Symphonie; aber von einer Stimmlage zur anderen zeichnet sich auch eine melodische Kontinuität ab, die von der harmonischen Bewegung, wie sie durch die Beziehungen der Stimmen untereinander bedingt ist, eingefaßt wird.

Absoluta cantilena nannte man diese Musik. Josquins Stil löst somit das Problem der Koordination des Horizontalen mit dem Vertikalen, des melodischen und polyphonen Anspruchs mit dem harmonischen, indem er beiden Teilen gleichen Anteil gewährt; und von da aus eröffnet er der gesamten künftigen Musik ein weites Feld reichster Ausbeute. Andererseits hat dieser Stil das »Wort« wieder ins Licht gerückt und mit ihm den *Text*, den der Musiker in Musik setzt. Solange er lateinisch und liturgisch ist, ist nicht er es, der die Form erzeugt: Er wird vielmehr von der Musik getragen; aber in der profanen Musik, wo es sich um einen dichterischen Text handelt, der eine Geschichte erzählt oder ein Werden beschreibt, erzeugt das Bedürfnis, musikalisch auszudrücken, *was der Text aussagt*, eine melodische Dialektik, die ihrerseits die Form erzeugt.

Mit Josquin sind wir in das 16. Jahrhundert eingetreten, und im 16. Jahrhundert ist es nicht mehr möglich, die Geschichte zu schematisieren, indem man sie auf eine bestimmte Schaffensweise hin konzentriert, so zahlreich und mannigfaltig sind die Persönlichkeiten, die Schulen und Gattungen; man kann jedoch nichtsdestoweniger die schöpferische Strömung hervorheben, die den Lauf der Geschichte bestimmen wird.

Man kann dieses Jahrhundert zunächst ein niederländisches nennen. Der niederländische Stil ist überallhin vorgedrungen (ausgenommen vielleicht England): nach Deutschland, Böhmen, Ungarn, Polen, in die skandinavischen Länder, nach Spanien und – versteht sich – auch Frankreich und Italien. Es sind niederländische Musiker – Josquin ist unter ihnen –, die als erste französische *Chansons* schreiben; ihnen folgt allerdings eine brillante echt französische Generation der Sermisy, Jannequin, Claude le Jeune in der Epoche von Marot und Ronsard. Ebenfalls niederländische Musiker schreiben die ersten Beispiele eines neuen *Madrigal*stils, der unter der Ägide Petrarcas in Florenz aufzublühen begann; dieser Stil wird im zweiten Teil des Jahrhunderts durch italienische Musiker fortgesetzt werden – insbesondere durch Luca Marenzio und Gesualdo, Fürst von Venosa, die die Chromatik pflegten. Die bedeutendsten Musiker des ersten Teils des Jahrhunderts sterben alle zwischen 1550 und 1560, und die Niederländische Schule endet mit Orlando di Lasso (1532–1594) aus Mons im Hennegau. Zuvor hat noch ein anderer, in Venedig ansässiger Niederländer, Adrian Willaert, achtstimmige *Psalmen* geschrieben, die für zwei Gegenchöre angelegt und homophon gehalten waren. Dieser Stil war für die Werke der beiden Gabrieli bestimmend.

Orlando di Lasso hat auf dem Gebiet der Strukturen nichts erfunden, zeigt jedoch in allen Stilen seiner Epoche eine überlegene Meisterschaft, die es ihm ermöglicht, im motettischen Stil in allen Gattungen zu schreiben: in der religiösen, der lyrischen, der deskriptiven sowie in allen »nationalen« Gattungen, wie der italienischen, deutschen und französischen. Sein Schaffen ist von einer Mannigfaltigkeit und Universalität, die nie wieder erreicht worden sind; denn die Musik von Bach und Beethoven, die auf die gleiche Universalität Anspruch erheben kann, ist immerhin eminent deutsch. Dieser grundlegende Unterschied ist der Markstein einer Zeitenwende – des Übergangs von der geistigen Schau, die die Faktizität des Menschen transzendiert, zur individuellen Schau, die zwar Funktion des Individuums ist, jedoch die Individualität als solche zu transzendieren vermag.

Mit Orlando di Lasso endet die polyphone Ära, und die Zukunft bereitet sich anderwärts vor – nämlich in einem Zweig der Polyphonie, dem italienischen Madrigal wie in den gesellschaftlich oder volkstümlich ausgerichteten Instrumental- und Vokalwerken, die – im Zusammenhang mit der Durchbildung und Pflege der Instrumente – während der zweiten Hälfte des Jahrhunderts in Italien überreichlich entstehen. Die letzte Zufluchtstätte der Polyphonie, die geistliche Musik, hat in Palestrina (1525–1594) den Musiker gefunden, der ihren Stil in Übereinstimmung mit den dogmatischen Bestrebungen der Gegenreformation kanonisiert hat. Unter dem Einfluß griechischer Ideen verkündete der Kreis des Grafen Bardi 1580 die Rückkehr zur *Einstimmigkeit* – es war eine begleitete Einstimmigkeit – und zur »Idee« der Oper. Die Monodie historischen Ursprungs jedoch sollte tatsächlich aus dem Madrigal hervorgehen und die *wirkliche* Oper 1607 in Mantua in Gestalt des *Orfeo* von Monteverdi in Erscheinung treten.

Monteverdi hat zwölf Bände Madrigale geschrieben; und da er gern Instrumente verwendete, schrieb er unter anderen auch einstimmige Madrigale, die er von einem Baß als Fundament für eine Akkordfolge begleiten ließ. Da diese Neuerung einen Kritiker zur Abfassung einer Streitschrift über *L'Imperfezione della moderna musica* provoziert hatte, entgegnete Monteverdi 1606 mit seinem fünften Buch Madrigale, für das er den Titel wählte: *Seconda prattica overo perfezione della musica moderna.* Damit war das Prinzip einer Musik aufgestellt, die auf der Bewegung eines Harmoniebasses aufbaute und aus einer tonalen Harmoniefolge die *Harmonisierung* der Melodie entstehen ließ. Die simultane Harmonie hatte die Polyphonie aufgelöst und alsbald wieder zusammengefaßt, indem die polyphone und melodische Bewegung fortan vom Baß geführt wurde.

Aber die harmonische Ära hat zwei Quellen: Die zweite ist die *Homophonie* der venezianischen Schule (die Stimmen stehen akkordisch Note gegen Note). Aus dieser venezianischen Schule ist Heinrich Schütz hervorgegangen. Er sollte der tonalen Harmonie, deren affektive Substanz dem protestantischen Choral Nahrung bot, in Deutschland den Weg bereiten. Der protestantische Choral der lutherischen Kirche war anfangs ein einfacher Gesang profanen Ursprungs, der von den Gläubigen *unisono* gesungen wurde. An die Stelle des katholischen Kultes, in welchem der gregorianische Gesang Vorsängern anvertraut war und die Gläubigen ihre Anteilnahme am Gottesdienst lediglich durch Rezitationen und Responsorien kundgaben, ließ die protestantische Kirche eine Kultform treten, die den Gesang den Gläubigen übertrug: Die Demokratie war bereits angebrochen, wie Michelet sagt. Aber der protestantische Choral sollte seine endgültige Form erst durch seine Harmonisierung erhalten, und diese ist Bach zu verdanken, dessen Vorläufer den Choral im Geiste der früheren Polyphonie behandelt hatten.

Man mag es anerkennen wollen oder nicht – die harmonische Ära hat ihre Ursache im gleichen Erwachen des Selbstbewußtseins, das auch die Reformation ausgelöst hat: Es ist das Erwachen des Selbstbewußtseins zur *Freiheit der Selbstbestimmung;* denn die Verlagerung des Schwerpunkts von der polyphonen Struktur auf den Harmoniebaß ist genau gleichbedeutend mit seiner Verankerung im Zentrum der Hörperspektive dort, wo das musikalische Bewußtsein als *Selbst*bewußtsein angesiedelt ist. Daraus folgt, daß die klassische Musik der harmonischen Ära mit dem Geist der Reformation und der Renaissance getränkt ist, und deshalb ist es auch fast unmöglich, aus den Werken der großen Meister zu erkennen, ob diese Protestanten oder Katholiken waren, die religiösen Werke ausgenommen. Und selbst da noch! Eine Messe von Haydn oder Schubert hat mit einer Messe von Palestrina nichts gemein. Alles, was man beim Anhören ihrer Musik sagen kann, ist, daß sie alle religiös waren. Der harmonisierte protestantische Choral stellt somit den Typus der harmonischen Struktur in der gesamten profanen Musik der neuen Ära heraus; als »Choral« ist er der Inbegriff des Ausdrucks des reformierten religiösen Bewußtseins und – eben weil er vierstimmig ist – der Gemeinschaft zwischen Männern und Frauen im vereinigenden Gesang.

DIE BAROCKZEIT   Die beiden Quellen der harmonischen Ära, die wir wohl deutlich erkennen können, stellen zunächst nur Wesen und Material des neuen Stils dar; die *harmonische Tonalität* hat noch nicht Gestalt angenommen. Das wird noch etwa eineinhalb Jahrhunderte der Erfahrungen bedürfen. Ein guter Kenner der »Barock« genannten Epoche, Manfred Bukofzer*, teilt sie in drei Perioden ein:

1580–1630: vortonale Periode – Entstehen der instrumentalen Formen und Gattungen und Differenzierung zwischen Vokal- und Instrumentalmusik.

1630–1680: Pflege des *Bel canto* in Italien, der Kantate und der Oper – Wiederaufgreifen des Kontrapunkts in der Instrumentalmusik; rudimentäres Auftreten von Dur und Moll in der Harmonie.

1680–1730: Begründung der harmonischen Tonalität, Pflege einer auf der Simultanharmonie und der harmonischen Tonfortschreitung beruhenden Polyphonie, Auftreten der auf den Harmoniefortschreitungen beruhenden »Formen«, Differenzierung der innerhalb der Einheit der abendländischen Musik auftretenden nationalen Gattungen.

Diese letztgenannten Entwicklungen verkörpern sich in einer außergewöhnlichen Generation von Zeitgenossen: Alessandro Scarlatti (1659) und sein Sohn Domenico (1685), Rameau (1683), Bach (1685), Händel (1685). Einheit der abendländischen Musik – das heißt: Einheit der Sprache; tatsächlich beruht die gesamte Musik des Kontinents auf den harmonischen und melodischen Tongeschlechtern Dur und Moll (die Händel nach England gebracht hat) sowie auf den gleichen Kadenz-Strukturen. Was diesen Strukturen künftig einen motorischen Charakter verleiht, den sie in der Polyphonie nicht immer hatten, ist die Tatsache, daß sich der Baß als harmonische Hauptstimme an die Grundkadenz bindet; sie hat selbst motorischen Charakter – im langsamen wie im lebhaften Tempo – und überträgt ihren motorischen Impuls auf die gesamte Tonbewegung eines Stückes.

In der eben erwähnten Musikergeneration nimmt Bach eine zentrale Stellung ein; denn im Augenblick und in der Umwelt, wo die Scarlatti im Musikleben auftreten, lag die tonale Harmonie bereits in der Luft – die italienische Volksmusik war seit langem »tonal«; die Scarlatti praktizierten sie daher ganz spontan und entwickelten ihre Wege im Zuge ihres Schaffens. Das gleiche gilt für Rameau: An seiner Wiege waren italienische Lieder gesungen worden (er lebte sogar eine Zeitlang in Italien); und die französische Lautenmusik – etwa 1600 entstanden – sowie die zeitgenössischen Stücke für Cembalo waren tonal. Aber Rameau war cartesianischen Geistes und wollte sich vernunftgemäß erklären können, was er tat; deshalb machte er sich – nachdem er bereits zahlreiche Werke geschrieben hatte – eine Musiktheorie zurecht, die er 1722 unter dem Titel *Traité de l'Harmonie réduite à ses principes naturels* veröffentlichte. Diese »natürlichen Prinzipien« hatte er sich aus der Erfahrung

---

* *Music of the Baroque Era*, London 1947. Diese Arbeit ist ohne Zweifel eine grundlegende Studie des »Barock«; aber ich kann nicht begreifen, daß man darauf beharrt, die historischen Etappen der Musik mit Namen zu bezeichnen, die aus der Malerei oder Architektur entlehnt sind; denn obgleich die Geschichte unserer Künste Berührungspunkte aufweist, ist ihr Verlauf infolge der bestehenden Wesensunterschiede zwischen der Musik und den darstellenden Künsten doch keineswegs streng parallel.

geholt, und erst später glaubte er ihre Erklärung in den akustischen Theorien von Joseph Sauveur zu finden. Als ihm jemand vorhielt, er habe in seinem ersten Werk nichts weiter dargelegt, als was ihn sein Meister gelehrt hatte, entgegnete er: »Aber es ist doch sehr weit von da bis zum Fundamentalbaß – und keiner kann sich rühmen, mir von dem etwas erzählt zu haben.«

Händel war der Sinn für die tonale Harmonie ohne Zweifel aus seinem Milieu und seinem musikalischen Empfinden zugewachsen, wenn man nach Mattheson urteilen will, der gesagt hat, Händel habe sich seit Beginn seiner Hamburger Studien als vollendeter Harmoniker gezeigt. Bach jedoch, dessen Ausbildung eine handwerkliche war, hat es fertiggebracht, einzig durch die Praxis des fugierten Stils (er hatte mit eigener Hand sämtliche Orgelfugen Frescobaldis abgeschrieben, die nicht »tonal« waren), die tonale Fuge zu entdecken und sie und die Wege der Dur- und Molltonalitäten mit ihrem Modulationsbereich an den Tag zu bringen. Seine Werke umfassen ein viel weiteres und differenzierteres Schaffensfeld von viel größerem Bedeutungsreichtum und einer ganz anderen entwicklungsgeschichtlichen Tragweite als die der anderen; und da die ganze künftige deutsche Musik auf Bach zurückgeht, sollte fortan das deutsche Musikgenie über die abendländische Welt herrschen (wie das niederländische und anschließend das italienische in der Renaissance) bis etwa zum Krieg von 1914. Im Laufe des 19. Jahrhunderts tritt allerdings die russische Musik in Erscheinung, die auf den Strukturen der Musik des Okzidents aufgebaut ist, und nach dem Krieg von 1870 – unter dem Schicksalsschlag der Niederlage – kommt es in Frankreich zu einer poetischen und musikalischen Erneuerung, die zu Debussy hinführt und die sich an die Spitze der Entwicklung zu setzen scheint. Zu Beginn des 20. Jahrhunderts sollten alle strukturellen Möglichkeiten und alle musikalischen Vorwürfe, die sich aus den durch unsere Studie dargestellten Grundlagen ergeben haben, in praktischer Anwendung sein: Das musikalische Bewußtsein wird den ganzen Bereich der tonalen Perspektiven beherrschen, sich der Chromatik und Enharmonik bedienen, wird sich der Polytonalität erschlossen haben, und in der Anwendung der Strukturen wird Debussy von einer vollkommenen Freiheit auf *modalem, tonalem, rhythmischem und formalem Gebiet* (denn jedes seiner Werke schafft sich seine eigene Form) Zeugnis ablegen. Auf dieses letzte Resultat war das historische musikalische Bewußtsein gerichtet: der Ausdrucksakt durch die musikalische Sprache, in welchem diese ihre vollständige Freiheit der Selbstbestimmung entfalten konnte – wohlverstanden innerhalb der Gegebenheiten dieser Sprache, damit der Ausdrucksakt auch verständlich werde. Denn ihre tiefste »Wahrheit« ist eben ihre Freiheit. Das geschichtliche Werden der Musik im Hinblick auf ihre Strukturen wäre somit abgeschlossen – eine Tatsache, der früher oder später keine Sprache entgehen kann. Es kommt immer ein Moment, in dem die Strukturen der Sprachen sich endgültig gefestigt haben; es können nur noch neue Wörter hinzukommen (die an den Strukturen nichts ändern), und nichts weiter kann sich zeigen als neue Anwendungswei-

sen, die man *Stile* nennt und die nichts anderes sind als besondere Abarten
der erworbenen Strukturen. Somit wird es um 1914 – nach der Einführung der
Polytonalität und der freien Rhythmik, zweier Dinge, die in den Möglichkeiten
des Phänomens mit enthalten waren – keine neuen Strukturen mehr zu erfinden geben, doch steht es den Musikern frei, sich im Stil, einem persönlichen Stil, zu manifestieren, so daß die Geschichte der *Musik* heute nicht notwendigerweise am Ende sein müßte.

GRUNDZÜGE DER ZWEITEN MOTIVIERUNG   Wir haben versucht, die Etappen
des Werdens unserer musikalischen Sprache so weit zu skizzieren, daß sich
einige Grundzüge ihrer geschichtlichen Entwicklung abheben mögen.

Wir haben gesehen, daß diese Entwicklung *sprungweise* erfolgt und daß in
den Ruhezeiten die einmal gewonnenen strukturellen Gegebenheiten im Sinne
persönlicher Schöpfungen ausgebeutet werden. In diesen Zeiten können die
strukturellen Gegebenheiten auch neuen musikalischen Vorhaben Raum geben: Die religiöse Motette gibt den Anstoß für die profane Motette; diese
macht bei den Trouvères eine Wendung zum Lyrischen und erneuert das *Lied* –
sie können sich also auf neue Spielarten auswirken; die Polyphonie von
Machaut gewinnt bei Gilles Binchois, dann bei Dufay neue Plastizität und
bereitet endlich die Polyphonie Ockeghems vor – oder aber die strukturellen
Gegebenheiten bleiben unverändert bestehen und geben Anlaß zu persönlichen
Werken, die dem gleichen Anliegen dienen. Diese augenscheinlich stagnierenden Zwischenzeiten sind für die Kontinuität der Entwicklung notwendig, und
ein neuer Sprung nach vorn kann nur nach Aneignung langer Erfahrungen
erfolgen.

Diese Sprünge der Entwicklung werden meist durch das Wirksamwerden
eines neuen schöpferischen Milieus oder einer neuen Generation ausgelöst,
oder auch durch den Impuls einer neuen, aus einem bislang nicht schöpferischen oder stagnierenden Raum kommenden, fremden schöpferischen Kraft;
jedenfalls sind sie stets mit dem Einbruch einer großen schöpferischen Persönlichkeit verbunden: Machaut, Ockeghem, Josquin, Monteverdi, Bach, in
Frankreich Rameau usw. Nachdem der Ausgangspunkt der Mehrstimmigkeit
einmal erreicht ist, schreitet die Entwicklung nicht im Sinne wachsender Kompliziertheit oder Quantität vorwärts, sondern strebt eher neuen Synthesen zu:
Die Polyphonie bei Dufay ist einfacher als jene bei Machaut, weil sie von einer
neuen Synthese des »Harmonischen« und des »Melodischen« ausgeht; aus
dem gleichen Grunde ist die harmonische Struktur klarer bloßgelegt als die
polyphone, und als dann *l'Après-midi d'un Faune* erscheint, will es scheinen,
als wären die Wolkenschleier, die sich zuweilen um die Symphonie zusammen-
gebraut hatten, zerrissen, um ein neues Licht auf sie fallen zu lassen.

Es gibt also in der Gesamtgeschichte fruchtbare und anscheinend tote Perioden, was noch fühlbarer wird, wenn man die Geschichte der einzelnen Län-

der und Gebiete verfolgt, wo es auch einmal zu einem völligen Stillstand kommen kann: so in England zwischen Dunstable und der Reformation sowie nach Purcell; in Frankreich nach den Chansonkomponisten des 16. Jahrhunderts; in Italien im 15., in Deutschland zwischen den Meistersingern und Schütz. Während dieser Perioden ist die Musik nicht tot – aber sie tritt auf der Stelle.

Die Wendepunkte in der Musikgeschichte fallen in der Regel mit Ereignissen von allgemeiner Bedeutung zusammen: In Italien folgt zunächst das lyrische *Madrigal* (Boccaccio, Petrarca, Dante); die Geburt der *Oper* und das Entstehen der Monodie folgen auf die Wiederentdeckung der griechischen Literatur; Bachs Schaffen auf den Pietismus, der sich in Deutschland der neuen lutherischen Glaubenslehre widersetzte; Beethovens Werk auf das aus der Französischen Revolution hervorgegangene Streben nach einer demokratischen Ordnung und auf die Erklärung der Menschenrechte. In diesem Zusammenhang muß bemerkt werden, daß die religiöse Musik im Abendland nicht von der Kirche, sondern von den Christen stammt; und es hat jedesmal eine Erneuerung der religiösen Musik gegeben, wenn es eine Erneuerung des Glaubens bei den Menschen gegeben hat – z. B. in der Gegenreformation, die sich nicht etwa nur in den strengen Werken Palestrinas manifestiert, sondern auch in den feurigen Werken Vittorias und der venezianischen Schule.

Wir haben bereits darauf hingewiesen, daß der große Wendepunkt in der Musikgeschichte, der Übergang nämlich von der polyphonen zur harmonischen Ära, im Zusammenhang mit der kopernikanischen Wendung der Weltschau steht (Unterscheidung des auf ein Objekt gerichteten Bewußtseins und des Selbstbewußtseins in der Bewußtseinsexistenz in der reinen Reflexion) und folglich auch mit der Entstehung des Individualismus, der das Ferment der Demokratie ist.

Im Augenblick schließlich, da die schöpferische Tätigkeit reif ist, den Sprung in eine neue Etappe der Geschichte zu tun, oder im Augenblick, in dem eine neue schöpferische Bewegung entsteht, sieht man in einer kurzen Zeitspanne eine ganze Plejade großer schöpferischer Persönlichkeiten auftauchen; denn die geistigen Kräfte, die diesen Schaffensaufschwung hervorrufen, berühren alle Musiker ein und desselben Milieus – den Burgundischen Hof, Niederländer und Franzosen der Renaissance, englische Musiker zur Zeit der Königin Elisabeth und Shakespeares, die Italiener Ende des 16. und Anfang des 17. Jahrhunderts; desgleichen die außergewöhnliche Konstellation, die unmittelbar auf Haydn folgt: Mozart, Beethoven, Schubert. Es besteht nicht notwendig Verwandtschaft zwischen ihnen – wohl aber Zeitgenossenschaft.

In diesem ganzen Geschichtsverlauf findet man übrigens wohl nur eine – übrigens bald überwundene und aus der historischen Situation erklärliche – schöpferische Verhaltensweise, die man »gelehrsam« nennen könnte: die Einführung des isorhythmischen Tenors in der Motette des Philippe de Vitry. Die regelmäßige »Imitation« – in der »Vergrößerung« oder in der »Verkleinerung«

– sowie der Kanon waren spontane, von der Identitätsrelation ausgelöste Impulse. Die Imitation »in der Umkehrung« ist schon künstlicher; aber wenn es sich um ein Motiv handelt, ist sie natürlich und entsteht aus der Umkehrung der Intervalle: Die »Antwort« auf die aufsteigende Quarte ist die absteigende. Überdies ist sie nur selten eine »wörtliche« Imitation; denn sie gehorcht tonalen Gesetzen – wie die direkte Imitation des *Dux* durch den *Comes* in der tonalen Fuge. So ist Beethovens berühmtes »Muß es sein? – Es muß sein«:

eine Imitation *in der Umkehrung*, jedoch keine »wörtliche«. Was die »krebsgängige« Imitation anbelangt, muß man sie als völlig künstlich bezeichnen, und es genügt, die psychischen Bedeutungen der Intervalle in einem Motiv und dann in seiner Imitation »im Krebs« zu beziffern, um sich Rechenschaft darüber ablegen zu können, daß ihre affektiven Erlebniswerte keiner wie immer gearteten Identitätsrelation Raum geben können, es sei denn hinsichtlich der »Resultante« der beiden melodischen Wege; und für das affektive Bewußtsein zählt das nicht. Bei den Meistern wird die krebsgängige Imitation nur am Anfang einer neuen Periode oder eines neuen Stückes angewendet und kann innerhalb sehr kurzer Abläufe sogar spontan sein. Wenn ein Musiker mit der Verarbeitung eines Themas beschäftigt ist, kann er sein Thema am Anfang eines neuen Abschnitts seiner Musik neu durchdenken und die krebsgängige Imitation des Themas als Motiv des neuen Abschnitts benützen; aber aus unserem Gedankengang geht hervor, daß die *verallgemeinerte* und als *Grundlage* struktureller Verarbeitungen benützte Imitation keinerlei musikalische Ausdrucksweise hervorbringen kann, wenn sie nicht den tonalen Beziehungen unterworfen wird.

Um sich die Frage des spontanen Schaffens und des »gelehrsamen« (künstlichen und gewollten) Schaffens, welch letzteres mit schicksalhafter Sicherheit zu einer *nichtauthentischen* Musik führt, klarzumachen, genügt es, sich in die Lage des Komponisten zu versetzen. Der musikalische Einbildungsakt ist – wie wir gesehen haben – eine Handlung des musikalischen Bewußtseins, also eines nichtreflexiven Selbstbewußtseins. Es versteht sich von selbst, daß der Komponist nicht in der Areflexion verharren kann: Im Laufe der Ausarbeitung verläßt er den Zustand der reinen Reflexion ständig, in den ihn der Imaginationsakt verschließt, und wechselt in die Sekundärreflexion über, wo er darangeht, nachzudenken, was er gemacht hat und was er weiter machen will. Oder aber er kann im gegebenen Augenblick mit seiner Arbeit unzufrieden sein und wieder von neuem beginnen, oder er kann sich die Frage vorlegen, wie er fortfahren soll; er kann sogar einen »Kunstgriff« entdecken, der es ihm ermöglicht, einen zweifelhaften Schritt dennoch zu wagen oder das Folgende in eine Ordnung zu bringen; aber im Augenblick, da er in den Bereich des Imaginationsakts zurückkehrt, kehrt er zugleich zur reinen Reflexion zurück, wo sein schöpferisches Tun ausschließlich seiner *Intuition* der musikalischen Wege und seiner schöpferischen Einbildung gehorcht; andernfalls ist sein schöpferischer Akt kein Akt des Ausdrucks seines affektiven und musikalischen Bewußtseins: Er geht nicht von seinem musikalischen Empfinden aus und manifestiert daher lediglich seinen Willen zu schreiben.

MOTIVIERUNG DER DIFFERENZIERUNG DER STRUKTUREN IN DER GESCHICHTE Unser kurzer Rückblick auf die Geschichte scheint diesen neuen Abschnitt überflüssig zu machen, da es ausreichend sein könnte, dargelegt zu haben, daß die Differenzierung der Strukturen auf den Wandel des Milieus und der Zeit zurückzuführen ist. Aber der Wandel des Milieus hat in der harmonischen Ära eine ganz andere Rolle gespielt als in der polyphonen.

Die harmonisch strukturierte Musik drückt die psychische Aktivität in der Tat wahrheitsgetreuer aus als die reine Mehrstimmigkeit, so daß sie die verschiedenen ethischen Seinsweisen der Nationen, die sich in Europa zu formieren begannen, besser darzustellen geeignet war, als es die Mehrstimmigkeit vermocht hätte.

Die *Nation* ist keine *Rasse*; sie kann aus einer Mischung von Rassen hervorgehen, stellt aber eine höhere Ebene sozialer Ordnung dar und beruht auf anderen Voraussetzungen als die rassische Ordnung. Auf diesem höheren Niveau macht sich die Rasse, wenn überhaupt, durch die nationale Seinsweise bemerkbar, und zwar dergestalt, daß es rassisch verwandte Nationen geben kann und solche, die sich durch ethische Seinsweisen rassisch unterschiedlichen Ursprungs gegensätzlich verhalten. Aber die *Nation* ist ein kulturelles Milieu, dessen Einheit in der Aneignung einer bestimmten ethischen Seinsweise sehr allgemeinen Charakters liegt. Diese Seinsweise äußert sich in Sprache, Verhalten, Sitten und Gebräuchen und – auf dem Gebiet der Kunst – im *Stil*. Die Musik der harmonischen Ära differenziert sich also in verschiedenen *gleichzeitigen* nationalen Strömungen, während im Entstehen des polyphonen Stils sich das Tun der verschiedenen kulturellen Milieus sukzessive ausgewirkt und sodann in der Geschichte *vereinigt* hat. Der letztere Prozeß wird sich so leicht nicht erschöpfen, sondern im Wirkungsbereich *paralleler* nationaler Strömungen Form gewinnen. Diese Differenzierung des Ausdrucksakts des Menschen in einer Sprache von universeller Gültigkeit war unvermeidlich, weil es keinen internationalen und noch viel weniger einen universellen Menschen gibt.

ZWISCHENBEMERKUNG ÜBER DIE ETHISCHE SEINSWEISE Hier wären wir nun wieder beim Menschen in seiner Eigenschaft als *ethisches* Wesen angelangt und müssen eine umfangreiche Zwischenbemerkung einschalten, um uns diesen Begriff in dem Augenblick nochmals etwas näher anzusehen, da sich die ethischen Bestimmungen des Menschen nicht mehr in den Strukturen und deren Einzelheiten, sondern im Stil einer Nation kundgeben.

Die ethische Seinsweise des Menschen ist, wie wir gesehen haben, eine nichtreflexive Entscheidung, die in seinem psychischen Bewußtsein und in der reinen Reflexion seiner inneren Beziehung zur Umwelt sinnenhaft wirksam wird. Ihre Grundlage ist folglich eine *globale Weltschau* und *eine bestimmte gefühls- und verstandesmäßige Einstellung zur Welt.* Das psychische Bewußtsein ist sowohl *mental* wie *affektiv* veranlagt, und wir nennen seine *affektive* Aktivität in einschränkendem Sinne psychisch, während seine geistige Tätigkeit sich auf jene Dinge richtet, durch die es sich die Welt und zugleich die eigene Affektivität angesichts der Welt deuten kann. Aber in der natürlichen Einstellung des Menschen wird diese Aktivität in die reine Reflexion gleichsam eingehüllt und transzendiert durch eine Aktivität in der Sekundärreflexion – man nennt sie in der Alltagssprache *verstandesmäßig* –, die ein *Bedeutungs*denken ist, während die geistige Tätigkeit in der reinen Reflexion noch ein bloßes *Tatsachen*denken, wenn auch ein *Handlungs*denken war. (Mein Blick fällt auf eine Zigarettendose, und ich sehe darin – ohne zu zählen – auf den ersten Blick sechs Zigaretten: Dies ist die geistige Tätigkeit, die der Sekundärreflexion und dem Bedeutungsdenken vorausgeht und bemerkt, *daß es sechs sind.*) Die geistige Tätigkeit der reinen Reflexion ist also der Sitz einer *extravertierten* Beziehung zur Umwelt, während die eigentlich psychische oder *affektive* Tätigkeit Sitz einer *introvertierten* Beziehung ist; und die Entscheidung für die eine oder die andere dieser Beziehungsarten als Grundlage der Selbstbestimmung läßt bereits zwei sehr allgemeine Typen der ethischen Seinsweisen erkennen. Aber stellen wir uns einmal vor, was diese Selbstbestimmung sein kann. Sie ist zunächst nichts anderes als die Entscheidung für die eine oder die andere Beziehungsart; das *Wesen* des Menschen ist aus *Beziehungen* zusammengesetzt, und diese Beziehungen sind es, die seinem bewußten Dasein eine *Substanz* verleihen – man hat das aus dem Gehalt der musikalischen Existenz deutlich erkennen können; und es gibt nichts »Existentes« auf der Welt, wovon man nicht das gleiche behaupten könnte. Immerhin kann diese erste Entscheidung veränderlich sein, und je nach den Situationen, in denen er sich befindet, mag der Mensch sich einmal für diese, einmal für jene Beziehungsart entscheiden. Wenn es dabei bliebe, wäre er ein Wesen ohne Kompaß, und er braucht einen Kompaß, weil er eine Grundlage für seine *Sinn*bestimmungen braucht (denn sonst hätte ja nichts für ihn einen *Sinn*). Er wird daher – ohne Verzicht auf die Möglichkeit, sich einmal für die Extraversion, einmal für die Introversion zu entscheiden – zwischen der einen und der anderen Richtung, der einen und der anderen Beziehungsart als *Bezugssystem* wählen, und unter diesem Aspekt kann man sagen, daß die Alternative »Extraversion oder Introversion« für eine kollektive ethische Seinsweise charakteristisch sein kann; denn dieses Bezugssystem macht die Einheit der Standpunkte innerhalb eines Milieus aus und ermöglicht es den Individuen dieses Milieus, sich bei aller persönlichen Verschiedenheit miteinander zu vertragen. Diese Struktur der Beziehungen im Bewußtseinsorganismus ist somit einer übersättigten Salzlösung vergleichbar, die sich bei der geringsten Erschütterung kristallisieren kann. Es handelt sich hier, wohlverstanden, um eine *mögliche* Kristallisation; denn tatsächlich kommt sie nie zustande. Im Augenblick, in welchem die Wahl des Bezugssystems getroffen wird, »gerinnt« eine bestimmte relationelle Struktur, und die relationelle Aktivität bezieht sich auf diese Struktur. Von hier ausgehend, vollzieht sich im geschichtlichen Werden die Unterscheidung zwischen der passiven und der aktiven Haltung sowie die innere Differenzierung der Struktur des Bewußtseins:

Beim Primitiven bildet diese Struktur des Bewußtseins noch einen rohen Block – sie ist noch nicht differenziert. Der Primitive steht in *magischer* Beziehung zur Welt, weil sein extravertiertes Dasein sich auf seine affektive Beziehung zur Welt (die stets die *erst*gegebene ist) gründet und weil die affektive Beziehung immer magischen Charakter hat und das Mentale sowie der Intellekt infolge jener blockartigen, undifferenzierten Form des Bewußtseinsorganismus nichts anderes tun, als diese magische Beziehung zu reflektieren.

Im zweiten Zeitalter der Menschheitsgeschichte hat sich der Intellekt selbständig gemacht; seine Aktivität ist nicht mehr in den psychischen Block gebannt. Er gibt fortan den Dingen einen Sinn auf der Grundlage der Gegebenheiten der reinen Reflexion; und das kann er auf zweierlei Weise tun: Entweder er reflektiert auf seine Weise die Gegebenheiten des affektiven Bewußtseins, oder er reflektiert die mentalen Gegebenheiten. Bei den Chinesen sind diese beiden Möglichkeiten in Lao-Tse und Konfuzius verkörpert. Der Standpunkt des letzteren führt ins praktische Leben; denn er vermittelt eine transzendente (moralische) Anschauung vom Alltag und vom sozialen Leben, während Lao-Tse den Blick zum Himmel und auf die Bahn richtet, die in die Transzendenz führt. Bei den Indern und Persern gründet sich der Intellekt zweifellos auf psychische Gegebenheiten, weil er die Welt in Richtung auf die Erscheinungen des Seins und der Gottheit im Weltall transzendiert. Bei den Griechen ist der Intellekt auf *mentale* Gegebenheiten der reinen Reflexion gegründet – die Ideen; und bei den Juden beruht die Weltschau auf der *gedanklichen Reflexion* ihres *reflektierten* psychischen Wesens.

Was jedoch alle diese ethischen Seinsweisen charakterisiert, ist die Tatsache, daß das Bewußtsein durch die einmal getroffene erste Entscheidung festgelegt wird; der Mensch tut nichts anderes mehr, als sich den Auswirkungen und Folgen dieser grundsätzlichen Entscheidung zu »unterziehen«, und es ist dies die Haltung, die wir die *fundamental passive* nennen.

Für das abendländische Bewußtsein nun ist charakteristisch, daß die ethische Entscheidung des Menschen kraft der bei den Griechen durch das mentale Bewußtsein, bei den Christen durch das affektive Selbstbewußtsein erlangten Autonomie aus der Abhängigkeit von der Sekundärreflexion *befreit* wurde und daß das Denken die Früchte der nicht reflektierten ethischen Grundentscheidungen ernten darf. Diese können auf Extraversion oder Introversion, auf dem Mentalen oder dem Psychischen beruhen, da das Bewußtsein durch seine erste Einstellung nicht festgelegt bleibt. Die ethische Seinsweise in der Sekundärreflexion kann von der mentalen Aktivität oder der affektiven Aktivität reiner Reflexion ausgehen: Obgleich stets aneinander gebunden, da sie die beiden Seiten ein und desselben Bewußtseins sind, hat ihre Autonomie sie von der fundamental passiven Haltung *befreit*, in die sie allerdings jederzeit zurückfallen können. So bleibt die erste Entscheidung immer *in der Schwebe*, ohne sich zu kristallisieren. Aber die Notwendigkeit eines *Bezugsystems* zwingt aufs neue zu einer Grundentscheidung, die nur die Extraversion oder die Introversion, ein Betonen des Mentalen oder des Psychischen, sein kann. Bemerken wir noch, daß die aus dieser Grundentscheidung resultierende ethische Seinsweise lediglich die *Voraussetzungen* dafür schafft, wie der Mensch die Dinge sieht, von ihnen spricht und wie er handelt; diese Grundentscheidung belastet ihn nicht: es steht ihm frei, sie zu ändern; aber selbst wenn er sie ändert, so ändert sich doch sein Bezugssystem nicht und die auf dem Mentalen beruhende Seinsweise im Psychischen bleibt auf der Extraversion gegründet, während die auf dem Psychischen beruhende Seinsweise im Mentalen auf der Introversion gegründet bleibt. Von daher stammt z.B. der Unterschied zwischen dem Begriff der »Form« beim Franzosen und dem Begriff der »Gestalt« beim Deutschen. Die *Form* bezieht sich auf die Formgebung des ins Auge gefaßten Gegenstandes, die *Gestalt* auf den Gegenstand selbst, so wie er geformt ist: *Gehen* ist ein Zustand – »*aller*« ist ein objektivierter Akt.

Da sich die Menschen auf der Ebene der Sekundärreflexion zu verständigen trachten, ist es klar, daß es *a priori* keinen Ausgleich zwischen diesen beiden polar entgegengesetzten Seinsweisen geben kann. Darum kann es zu einem »Einverständnis« nur auf der Ebene der »Verständigung« kommen, die ein reflexives Zurückweichen auf die verstandesmäßigen Gegebenheiten darstellt mit der Möglichkeit, deren *Sinn* freizulegen.

DIE FRANZÖSISCHE SEINSWEISE   Wenn wir nun wieder zur Musik der harmonischen Ära zurückkehren, werden wir feststellen, daß die ethischen Seinsweisen, die jeweils in der französischen und der deutschen Musik zum Vorschein kommen, zugleich die beiden Grundtypen der ethischen Seinsweise des

Menschen schlechthin darstellen: den extravertierten und den introvertierten Typus.

Der Franzose ist Augenmensch und daher ursprünglich eher Zeichner und Maler, Bildhauer und Architekt als Musiker; wenn er sich aber – ganz abgesehen von der spontanen volksmusikalischen Schöpfung, die es überall gibt – auf dem Gebiet der Kunstmusik aufgerufen fühlt (und hier ist sie ihm von der Kirche und später aus Italien nähergekommen), wird er nach den Gesetzen seines eigentlichen Genies zum Schöpfer. Deshalb war er in der abendländischen Musik auch der hauptsächliche Erfinder von Melodien und Ausdrucksformen in den kleinen und zusammengesetzten Formen. Der Gesang tritt beim Franzosen erst in Erscheinung, als das Psychische in ihm erwacht und er aufhört, sein Augenmerk nach außen zu richten. Diese Grundveranlagung läßt seine Neigung zum Lyrischen und Deskriptiven verständlich erscheinen sowie seine Vorliebe für das *Empfindsame* und die empfindsame *Form*, seinen Sinn für die instrumentale Farbe und ihre Mischungen im Orchester, seine Abneigung gegen die *Thematik* und seine von Grund auf »ästhetische« Einstellung zur Musik. Wir haben bereits auf die Analogie zwischen der Syntax der französischen Sprache und der Art und Weise, wie das musikalische Bewußtsein des Franzosen die »Form« hervorbringt, hingewiesen. Seine extravertierte Einstellung macht auch die Vorliebe und den Sinn des Franzosen für die Periodizität, die Symmetrie, verständlich (sofortiges Wiederholen eines Motivs anstatt Weitergehen auf dem durch das Motiv eingeschlagenen melodischen Weg) sowie seinen Hang zur Vierschrötigkeit – siehe Saint-Saëns – kurzum: die Erarbeitung der Form durch aufeinanderfolgende Phrasen, was die Verfolgung eines fernen Zieles durchaus nicht ausschließt.

Es genügt, sich ein zusammengesetztes deutsches Wort vorzunehmen, um sich den strukturellen Unterschied, der aus dem Gegensatz der extravertierten und der introvertierten Einstellung resultiert, klarzumachen:

$\longleftarrow$

Schreibtisch

table à écrire

$\longrightarrow$

Und wir zitieren in der Fußnote – als Kuriosum – einen Satz von einem Zeitgenossen Bachs, der offensichtlich ein Gegner des Pietismus war und dessen langer Atem einer Phrase von Bach alle Ehre antun würde – denn seine Syntax ist nur aus dem Schwung des Wortschwalls, der sie wie in einem Zuge hervorbringt, zu erklären*.

---

* »Nachdem ich nun dieses vernommen und gemerket, wie es ein Anfang sein sollte zur Zerstörung der guten Erbauung, so Zeithero ohne einzigen öffentlichen Widerspruch bei uns geführet worden, da er (Eilmar) die Treibung der Gottseligkeit unter dem Namen der Pietisterei, wie schon andere heimlich gethan haben, öffentlich hat versuchet verdächtig zu machen, so habe kraft meines Amtes als Superintendent meine Pflicht erachtet, daß ich dieses mit Stilleschweigen nicht dürfte vorbeigehenlassen, sondern weil ich hörte, daß etliche gottlose Leute sich damit trugen, kitzelten und wieder mir gloriierten, nun wäre mir

DIE GERMANISCHE SEINSWEISE   Die introvertierte Einstellung des Deutschen,
die darin besteht, aus dem Außen eine Bedeutung des Innen zu machen (während sich beim Franzosen das Innen seine Bedeutung im Außen gibt, was trotz
der scheinbaren Identität dieser beiden Akte eine Sinnumkehrung beinhaltet:
von außen nach innen beim Deutschen – von innen nach außen beim Franzosen), hat ihn dazu vorbestimmt, seine ethische Seinsweise erst vollgültig kundgeben zu können, nachdem er sich die harmonische Struktur zu eigen gemacht
hatte; und hierin erneuerte er die ursprüngliche Haltung des musikalischen
Bewußtseins und dessen Ausdruck im *Gesang*. Deshalb ist der deutsche Beitrag, der in der Epoche der reinen Melodie so reich gewesen war, im Laufe der
polyphonen Ära spärlich. Das germanische Element war ja damals durch den
Niederländer Ockeghem vertreten. Durch seine Veranlagung für den Gesang
dem italienischen Bewußtsein verwandt, fand das germanische Bewußtsein in
der harmonischen Struktur (die durch die Italiener der Renaissance fertig vorbereitet war) den Tätigkeitsbereich, der einer Ausdehnung seines melodischen
Atems (wie man sie bei Herimanus beobachten kann) angemessen war. Das
germanische Bewußtsein war auch dazu prädestiniert, aus der linearen
Polyphonie eine »harmonische« Polyphonie zu machen (aus der der symphonische Stil hervorgehen sollte) und die »großen Formen« hervorzubringen sowie den »kleinen Formen« – dem *Lied* z.B. – eine organische Qualität und eine Innerlichkeit zu verleihen, die sie anderwärts nicht im gleichen Maße besitzen. Da es von innen her bestimmt ist, war es schließlich
prädestiniert, aus der melodischen Dialektik eine *thematische* zu machen oder
diese doch zumindest zu pflegen und ihren Wirkungsbereich zu erweitern. Das
gesamte germanische Musikschaffen setzt somit eine intensive, rein psychische
oder vitale Aktivität des Empfindens voraus, die – wie wir gesehen haben – stets
von einem gefühlsmäßig oder geistig bedingten, die Allgemeinheit in Atem
haltenden Trachten getrieben wird. Obgleich nun das germanische musikalische Bewußtsein die Musikgeschichte etwa von der Mitte des 18. Jahrhunderts an bis Wagner und Brahms geführt hat, tat es das trotz einer gewissen
Armut an melodischer Erfindung – und überhaupt an Erfindung –, da gerade
infolge seiner introvertierten Seinsweise die Harmonie und der Gesang seine
ureigensten Gebiete sind. Die bloße Tatsache, daß das germanische Be-

---

das Maul geboten, ich würde sie nun müssen unangetastet lassen, habe deswegen am
Sonntag, da ich die Predigt zu St. Marien hatte und von der Erleuchtung Luc 18 redete,
nicht zwar eine formale Widerlegung angestellt, indem ich ganz keiner Person gedachte,
auch keine Personalia tractierte, doch meine Lehrsätze so eingerichtet, daß das Gegenteil
aus Gottes Wort behauptet worden.«
Der französische Satz kann zuweilen genauso lang sein – so z.B. bei Saint-Simon oder
Bossuet –, und er verläuft auch in aufeinanderfolgenden Beifügungen; aber das Verbum
ergießt in jeder einzelnen Periode seinen Inhalt, und der jeweilige Periodenschluß zeigt an,
wohin wir geführt werden sollten, während der deutsche Satz den Sinn, den er auszusagen
hat, zurückbehält und von Periode zu Periode mit sich fortschleppt, bis er seinen Abschluß
wie ein Endziel des gesamten Wortaufmarsches hinstellt: »das *Gegenteil* behauptet worden«.

wußtsein in den melodischen Tonstrukturen das Mittel zum Selbstausdruck im Außen sucht, hat zur Folge, daß es in den natürlichen Gegebenheiten der auditiven Logarithmik, die von den Italienern (wie Corelli, Vivaldi) bereits gepflegt worden waren, ohne Schwierigkeit die Elemente seiner Musik findet: Quinte, Quarte, Akkordbrechung oder elementare Motive, die so viele Fugen- und Symphoniethemen entstehen lassen. Diese Elementarstrukturen genügen seiner thematischen Dialektik, weil sie die thematische Arbeit begünstigen. Aber die Gewalt oder der Schwung des in seine Musik einströmenden Empfindens verleiht dem germanischen musikalischen Bewußtsein ein Transzendierungsvermögen, das im Abendland ohnegleichen ist und es befähigt, das unendliche *Melos* der Symphonie und den weitausschwingenden, wunderbaren *Gesang* der *langsamen Sätze* hervorzubringen. Es ist sehr bezeichnend, daß der germanischen Musik alle ihre formalen Elemente aus Italien, Frankreich und England zugekommen sind: die Polyphonie, die Harmonie, der fugierte Stil, die Sonatenform, der konzertante Stil, der Chaconne- oder Passacagliabaß, die Variation, die Tanzformen. Das germanische Genie haucht diesen formalen Strukturen, die durch die Gegebenheiten der tonalen Strukturen konkretisiert werden, schöpferischen Atem ein – einzig kraft seines Transzendierungsvermögens, das ihm von innen her, vom Psychischen, zugewachsen ist*.

DIE ITALIENISCHE SEINSWEISE   Es ist schwer, die ethische Seinsweise des Italieners zu definieren, aus dem einfachen Grunde, weil sie nur im Volk klar definiert zum Ausdruck kommt. Obgleich es bedeutende und entscheidende schöpferische Bewegungen auf kultureller Ebene und im Rahmen einer Elite gegeben hat, waren sie doch zur Zeit der Renaissance zersplittert, widersprüchlich und von nur flüchtiger Dauer. Was das Aufkommen der harmonischen Ära und die Madrigalbewegung vorbereitet hat, war die Musik volkstümlichen Charakters: *Laude, Villanella, Frottola, Canzona da sonar, Balletto, Passamezzo, Saltarello, Canzonetta.* Der Urgrund der italienischen Musikalität ist die noch undifferenzierte Modalität des ursprünglichen, primitiven musikalischen Bewußtseins, das sich im Gesang oder im Tanz kundgibt; denn außerhalb der Betrachtung und Einkehr ist es ein *inkarniertes*, von *Motorik* belebtes psychisches Bewußtsein. Das italienische musikalische Bewußtsein war eine unerschöpfliche Quelle des »Gesanges«; aber es ist nicht der transzendentale Gesang des Deutschen, sondern vielmehr der unmittelbare, spontane Gesang der musikalischen Psyche; es hat nicht erst die komplexen Strukturen der harmonischen Polyphonie und der Symphonie, die der Ausdruck eines transzendentalen Bewußtseins sind, abgewartet, um sein Genie zu manifestieren, ja es kann sein, daß ihm diese Strukturen einfach nicht entsprechen;

* Folglich ist Strawinskys Vergleich zwischen Bellini und Beethoven absurd.

denn das beste aus der italienischen Musik hat eine ganz andere Architektur. Diese Modalität des Bewußtseins hat nach der Renaissance den Weg ihrer kulturellen Fortentwicklung in der Oper gefunden; und man kann sagen, daß die italienische Musik, vom ausgehenden 17. Jahrhundert angefangen, ganz und gar Oper war bis zum Ende des 19. Jahrhunderts, als sich der musikalische Horizont Italiens infolge des Einflusses der deutschen Symphonik und der musikalischen Erneuerung in Frankreich erweiterte.

DIE ENGLISCHE SEINSWEISE   Bei der Beobachtung der ethischen Seinsweise der Engländer bleibt auf allen Gebieten kaum etwas anderes haften, was man als Grundlage ihres Bezugssystems bezeichnen könnte, als daß sie *für Tatsachen empfänglich* sind. Diesen »Tatsachen« können sie eine objektive oder eine subjektive Bedeutung beimessen, aber sie gehen doch immer von irgendeiner *Tatsache selbst*, nicht von ihrer transzendenten Bedeutung aus. Dies ist auch der Grund, warum die englische Kritik die Zwölftonmusik günstig aufgenommen hat: Sie hat neue Tatsachen mit sich gebracht, und die Engländer haben nicht allzuviel nach den möglichen Grundlagen dieser Tatsachen gefragt. In der englischen Syntax sind die Hilfszeitwörter »sein« und »haben« einem fundamentalen Hilfszeitwort – *to do* – untergeordnet, das »tun« und »handeln« bedeutet. *Tatsächlich* ist das Verbum bereits Handlung, noch ehe diese Handlung die geringste Qualifikation erfährt.

Die englische Musik hat ihren eigenen Stil, der stets einen gewissen insularen Charakter beibehalten hat, d.h. sie hat nie jenen allgemein menschlichen Charakter gehabt, den die Musik italienischer, französischer oder germanischer Herkunft in ihren größten Werken erreicht. Sie bleibt der »Faktizität« des Engländers verhaftet – sogar zu Shakespeares Zeiten, in denen in England eine glanzvolle Schaffensrichtung wirksam wurde. Im übrigen tritt die englische Musik nur intermittierend auf, woraus hervorgeht, daß das Bedürfnis nach musikalischem Ausdruck – wohlgemerkt: nicht musikalischer »Emotion« – nicht ständig in diesem auf die Tatsachen hin orientierten Bewußtsein verankert ist und nur bei bestimmten starken, vereinzelten Persönlichkeiten erwacht – oder aber anläßlich des Aufgerütteltwerdens des kollektiven psychischen Bewußtseins durch ein alle berührendes Ereignis wie die Reformation, die Gegenreformation oder die Renaissance. Diese Orientierung auf die Tatsachen hin macht den Engländer auch besonders begierig nach *musikalischen* Tatsachen – der moderne Engländer hat ein ausgeprägtes Verlangen nach Musik – und aufgeschlossen gegenüber fremden Musiken, vorausgesetzt, daß sie ihn durch Tatsachen, und zwar durch evidente Tatsachen, frappieren, die in sich selbst und ganz offensichtlich einen *Sinn* haben – *obvious*. Zum Beispiel Tschaikowsky. Dieser Sinn für das Tatsächliche als solches war die Quelle eines Überflusses an *leichter* und *funktioneller* Musik, worin die Erfindung der Tatsachen die entscheidende Rolle spielt; und das Aufspüren von Tatsachen war es auch auf kultureller Ebene, wodurch die englische Musik ihren Beitrag zur abendländischen Musik geleistet hat: der Fauxbourdon, Formeln des Fundamentalbasses für die Passacaglia und die Chaconne z. B. – auch sie wurden von Italien geliefert, jedoch mit Vorzug in England gepflegt –, Tanzformen (Gigue, Hornpipe) und Sammlungen von Tanzsätzen wie der Suite, Variation (John Bull), Nocturne (John Field) und das unvermeidliche Zubehör der »Notturns«: das Pedal des Klaviers.

Die Feststellung dieser allgemeinen Züge will nicht sagen, die englische Musik sei nicht fähig, Trägerin tiefer menschlicher Bedeutungen zu sein – denken wir nur an Dowland oder Purcell, ohne von der Gegenwart zu sprechen –, doch handelt es sich hier um Musiker außerhalb des allgemeinen Rahmens, deren Persönlichkeiten über die nationale Seinsweise hinausragen.

Die ethische Seinsweise, die wir hier summarisch beschrieben haben, läßt erkennen, daß der Engländer im allgemeinen auf der Ebene der Sekundärreflexion determiniert ist: Der Sinn, den er den »Tatsachen« beimißt, gründet ohne Zweifel in der reinen Reflexion, d.h. in der psychischen Aktivität, wobei diese jedoch für ihn unterschiedslos mental und affektiv bleibt; und die Dinge gehen so, als ob er – um sich angesichts der »Tatsachen« freier und klarer zu fühlen – diese ganze innere Welt in sich *zurückstauen* wollte, auf die Gefahr hin, daß sie sich ganz plötzlich, unwillkürlich und vulkanartig bemerkbar macht. Bertrand Russell preist eine auf der Vernunft und der logischen Analyse beruhende Philosophie an, steht jedoch ratlos vor den affektiven Phänomenen und einer Moral, die sich auf anderes als die logische Vernunft zu gründen scheint. Er umreißt den Standpunkt der Philosophen, zu denen er gehört, wie folgt: »Sie geben offen zu, daß der menschliche Intellekt unfähig ist, auf zahlreiche Fragen von tiefer Bedeutung für die Menschheit schlüssige Antworten zu geben; aber sie weigern sich zu glauben, daß es ›höhere‹ Erkenntniswege [zu ergänzen: als die logische Analyse] gebe, über die wir Wahrheiten erkennen könnten, die der Wissenschaft und dem Verstand verborgen bleiben.« Es gibt keinen »höheren« Erkenntnisweg, würden wir erwidern, doch es gibt einen »anderen«: das Studium des präreflexiven psychischen Bewußtseins.

DIE VIER HAUPTSÄCHLICHEN EUROPÄISCHEN SEINSWEISEN   Diese grundlegenden ethischen Seinsweisen – und die vier, auf die wir hingewiesen haben – erfassen die vier möglichen Typen: das *aufgeklärte* Bewußtsein (und das sind sie alle seit dem Erwachen der Sekundärreflexion im zweiten Zeitalter), das jedoch als *Fundament* die *undifferenzierte* Struktur (d.h. das Gleichgewicht zwischen Extraversion und Introversion) des *primitiven* Bewußtseins beibehält, bei den Italienern; das *differenzierte* Bewußtsein bei den Franzosen und Deutschen; und das *praktisch-rationelle* Bewußtsein, das angesichts der »Phä-

nomene« und Tatsachen in der Sekundärreflexion wirksam wird, bei den Eng-
ländern. Die grundlegenden ethischen Seinsweisen prädeterminieren auf diese
Weise den der Aktivität des Bewußtseins gemäßen Wirkungsbereich, zugleich
aber auch seine Grenzen – und seine Idiosynkrasien. Man spricht so gern
vom »Genie« der Völker, doch hat man sich bisher nur wenig mit der Dummheit, der Verblendung, dem Unvermögen und den Gefahren befaßt, die die
fatale Kehrseite ihres Bezugssystems und ihrer ethischen Seinsweise kennzeichnen.

Die *doppelte Autonomie* des reflexiven Bewußtseins und des psychischen Bewußtseins im weiteren Sinn, die in der natürlichen Einstellung (Sekundärreflexion) nicht-reflexiv und als Fundament der Gegebenheiten der Sekundärreflexion präreflexiv ist, hat aus dem abendländischen Menschen einen *gespaltenen* Menschen gemacht (was er im zweiten Zeitalter nicht war, weil seine Sekundärreflexion dazumal nichts anderes als der Reflex seiner präreflexiven
Gegebenheiten gewesen ist). Aus dieser Spaltung resultiert seine Blindheit
gegenüber sich selbst und seinen Grenzen sowie – als Folge davon – sein
Nichtverstehen »der anderen«. (Der Mensch des zweiten Zeitalters war nicht
minder blind, litt aber nicht darunter, weil er sich ein für allemal areflexiv ausgerichtet hatte und überdies in einem eng abgeschlossenen Kreis lebte.) Beim
Franzosen war die Betonung des *Mentalen* das Motiv für seine besondere
Pflege des Verstandes, die durch den Cartesianismus hervorragend gekennzeichnet ist; seine Sprache ist die der Klarheit und der Vernunft, und da das
Mentale unter anderem auch ein Reflex des Psychischen ist, kann er Psychologe und Moralist sein. Aber die ausschließliche Pflege des Verstandes läßt das
Herz brachliegen; die affektive Aktivität ist nicht tot, aber sie schlummert
oder bleibt im Schatten; und sie fällt dem praktizierten reflexiven Denken in
den Rücken und läßt es vom Wege abweichen. Das Gegengewicht zu seiner
verstandesmäßigen Einstellung findet der Franzose in seiner Pflege der Sensibilität; denn da er nach außen hin orientiert und angesichts dieses Außen mit
all seiner Intelligenz und Affektivität gewappnet ist, hat er den Sinn für alles
»Sensible« und für die transzendenten Bedeutungen des Sensiblen – daher
auch seine Eignung für die Künste und sein ästhetischer Sinn für die Dinge.
Aber in seiner rein geistigen Tätigkeit bewegt er sich im *Abstrakten;* und ganz
so, wie er *im Abstrakten Konkretes sieht*, widerfährt es ihm auch, das eine für
das andere zu halten und auf das Abstrakte zu spekulieren, indem er glaubt,
damit die Probleme lösen zu können, die das Konkrete ihm stellt. Oder aber
er wendet sich – um aus dem Abstrakten herauszufinden – dem Konkreten zu
und verfällt sodann in den Positivismus oder in den Materialismus. So
schwankt er zwischen diesen beiden Richtungen des Denkens, zwischen denen
er keine Verbindung findet, hin und her. Die große Gefahr für den Franzosen
jedoch liegt in seinem unverbesserlichen Rationalismus und in seiner Fähigkeit zur Abstraktion, denen man zwar so manche Erleuchtung verdankt, die
ihn aber auch blind machen für die Realität der Dinge und alles, was nicht

nach seiner Art, zu sehen, ist – es sei denn, es gelingt ihm jene Rückwendung zu sich selbst angesichts des ihn herausfordernden Gegenstandes; dann wird er – und dazu ist er immer fähig – in der Verständigung den Knoten durchhauen. Es hat lange gedauert, bis Brahms und Wagner in Frankreich anerkannt wurden, und man hat dort viel Unsinn über Beethoven geredet.

Die introvertierte Grundeinstellung des Deutschen ist die Ursache einer viel radikaleren Spaltung des menschlichen Wesens als die extravertierte Einstellung des Franzosen, weil die praktischen Bestimmungen des Lebens in der Extraversion zu verwirklichen sind. Daher kommt es auch, daß der Deutsche, solange er im Bereich der reinen Reflexion, die auf seinem psychischen Selbstbewußtsein gründet, tätig ist, sich im Stande der Wahrheit gegenüber den Dingen befindet und das Volk der »Denker und Dichter« repräsentiert; er ist dann Philosoph und Idealist und behält diese Seinsweise auch im praktischen Leben bei. Deshalb ist er auch eher Dichter-Musiker und reiner Musiker als Zeichner oder Maler. Seine Qualitäten als Zeichner oder Maler sowie auch als Mann der Wissenschaft (und diese Qualitäten sind, wie man weiß, groß) bezieht er aus seiner Einstellung zur Natur, die unvoreingenommen und daher vollkommen objektiv, jedoch nicht »intellektuell« ist, und das bedeutet, daß sie der *Intuition* entspringt. Der deutsche Idealismus verwandelt sich in *Materialismus*, sobald der Mann der Wissenschaft oder der Philosoph von der *Introversion* abgeht, sich der Welt zuwendet und darin nur noch Tatsachen findet. Wenn sich nun der Ursprung seiner Selbstbestimmungen in der Welt ansiedelt und seine *materiellen Interessen* berührt, verfällt der Deutsche in die *Realpolitik*, die einer egozentrischen Politik als Tarnung dienen soll und die Politik des Zynismus ist – *Not kennt kein Gebot*. In diesem Augenblick ist er von seiner Psyche, die die Quelle seiner Musik, seiner Religion und seines Idealismus ist, völlig abgeschnitten, und wenn er Gott anruft, meint er einen »deutschen Gott«. Diese Einstellung zeigt sich im Leben durch das *Streben*, und läßt den Deutschen nach *Tüchtigkeit* sowie – im Bereich des Denkens – nach *Gründlichkeit* trachten. Dem Außen zugewandt und getrieben von seiner Begehrlichkeit nach den Dingen, die nicht geringer ist als der affektive Fluß, der seine Musik trägt, und nach wie vor introvertiert, kann er seine Begehrlichkeit auf zweierlei Weise umsetzen – je nachdem, ob er seinem Idealismus oder jener Begehrlichkeit gehorcht: in *Heroismus* (Siegfried, Brünhilde) oder in *Neid* und *Vergeltungssucht* (Mime, Alberich, Hagen und das Volk der Nibelungen). Hier ist zu bemerken, daß die auf dem Psychismus beruhende introvertierte Einstellung diejenige des primitiven Menschen und des Tieres, des wilden Tieres, ist. In der Natur des Deutschen ist etwas Primitives, das von seiner Kultur überwunden wird, wenn er kultiviert ist, aber wieder auftreten kann und einerseits seiner Musik einen reichen *Humus* und seinem musikalischen Instinkt eine einzigartige Kraft verleihen, sich aber andererseits, wenn er durch Begehrlichkeit oder eine falsche Ideologie verblendet ist (oder ganz einfach Befehlen gehorcht) in einer unglaublichen Brutalität und Grausam-

keit äußern kann, wie man in zweiten Weltkrieg gesehen hat. Wenn er sich –
durch den Zwang der Umstände oder aus freien Stücken (die Verlockung des
Goldes bei den Nibelungen) – in *passiver* Beziehung zur Welt befindet, neigt
seine introvertierte Haltung zur Servilität und äußert sich in jenem Mangel an
»Zivilcourage«, den ihm schon Nietzsche vorgeworfen hat. In seiner Beziehung zum Nächsten fühlt er sich entweder überlegen und zeigt das dann auch
durch *dünkelhafte Überheblichkeit* gegenüber dem Schwächeren, oder er
dünkt sich schwächer und zeigt dies durch *Unterwürfigkeit* gegenüber dem
Stärkeren. Selbstverständlich kann man diesen Zügen auch anderwärts begegnen, da ja der abendländische Mensch die Freiheit zur Selbstbestimmung erlangt hat; alles was wir sagen wollten, ist lediglich, daß der Deutsche im Hinblick auf diese Eigenschaften besonders gefährdet ist infolge seiner von Grund
auf introvertierten Einstellung und einer sein Wesen bestimmenden nicht-
reflexiven Psyche.

Man muß sich tatsächlich immer sehr wohl vergegenwärtigen, daß die »nationalen
Seinsweisen« ganz allgemein »menschliche Seinsweisen« sind, die man überall antreffen kann. Aber zur Grundlage eines nationalen Bezugssystems gemacht, werden
sie im kulturellen Bereich der Nation zu einer allen gemeinen Seinsweise. Dazu ist
allerdings zu sagen, daß Elitepersönlichkeiten, d.h. *auserwählte* Menschen, die „sich
selber auserwählt" haben, indem sie sich der allgemeinen Mentalität entfremdeten,
jener nationalen Seinsweise entwachsen können. Aber das schwerwiegende an den
nationalen Seinsweisen ist, daß das allgemeine Verhalten und auch die Verschrobenheiten, die zu ihm beitragen, in den Handlungen der Nation als solcher wirksam
werden können. So haben sich auch die vorhin erwähnten germanischen Allüren
und Verschrobenheiten bei den Deutschen in ihrem Anspruch auf einen *Lebensraum*
geäußert, der ihnen nicht gehörte, in ihrer Ambition, eine *Herrenrasse* zu sein, und
in ihrer Entschlossenheit, die Juden auszurotten, um in ihnen ein Element beiseite
zu schaffen, das sich ihrem Anspruch auf Vorherrschaft widersetzte. Sogar die Idee
Hegels, im preußischen Staat die Erfüllung der Geschichte zu sehen, kennzeichnet
seine von Grund auf introvertierte Einstellung. Es erübrigt sich, zu sagen, daß ein
Kant, ein Goethe, ein Schiller, ein Jean Paul dieser Beschränktheit nicht erliegen –
nicht weil sie etwa nicht deutsch und introvertiert gewesen wären, sondern weil sie
über den deutschen Horizont in die Weite eines allgemein menschlichen Horizonts
hinauswuchsen.

Der Franzose kann kraft seiner extravertierten Einstellung freier über sich selbst
verfügen als der Deutsche. Wenn ein Franzose seine Überlegenheit durch *Arroganz*
gegenüber einem Schwächeren beweisen will, wird es ihm dieser tüchtig heimzahlen.
Der Wunsch nach Reichtum äußert sich beim Franzosen weniger durch Unterwürfigkeit gegenüber den Besitzenden als durch das Bestreben, den eigenen Besitz zu mehren
und zu erhalten, was sich in einer Gewinnsucht bemerkbar macht, die beim Bauern
wie beim Bürger den Eindruck von Geiz hervorrufen kann. Anders ausgedrückt:
Der Franzose ist individualistischer als der Deutsche, weil ihn seine extravertierte
Einstellung innerlich freier sein läßt; und unter diesen Umständen war es gleichsam
schicksalhaft, daß eines Tages der Wille der Nation durch die Mehrheit des Volkes
und nicht mehr durch einen einzigen Mann kundgegeben werden sollte.

Auf musikalischem Gebiet hat sich der Deutsche infolge seiner Grundeinstellung der Ausdrucksmusik verschrieben, und zwar einer Musik sehr *subjek-*

tiven Ausdrucks. Vor den objektiven Lyrismen Debussys blieb er blind, desgleichen auch meist vor der *bildhaften* Musik*.

Es ist typisch, daß die russische Musik – und vor allem die der *Fünf* –, die zwischen 1890 und 1910 in Frankreich einen so großen Einfluß ausgeübt hat, an den deutschen Komponisten spurlos vorübergegangen ist. Sie können aus ihrer Grundeinstellung eben nicht herausfinden, weil sie auf der nicht-reflexiven *Psyche* beruht; und diese Beschränkung, an der nicht etwa sie allein leiden, die aber gerade bei ihnen erstaunlich erscheint, die doch das Monopol des Sinnes für die Musik innezuhaben schienen – diese Beschränkung hat ihrer Führungsrolle in einem bestimmten Moment ein Ende gesetzt.

Der Unterschied zwischen der französischen und der englischen Seinsweise, die sich beide auf die Sekundärreflexion stützen, liegt darin, daß die französische – im gleichen Maße, wie sie sich nicht im Abstrakten verliert – die Verbindung zu ihrem psychischen Fundament hält, das lediglich im Schatten bleibt; wogegen die englische es zurückstaut, was zu einem unkontrollierbaren Zurückschlagen der Flamme führen kann. Deshalb spielen Psychologen und Psychiater eine so große Rolle bei den Angelsachsen – und ganz besonders bei denen, die in einer Umwelt leben, in der wie bei den Nordamerikanern das materielle und praktische Interesse alles beherrscht.

Indem sich der Engländer grundsätzlich nach den Tatsachen hin orientiert, neigt er dazu, ihnen einen konventionellen Sinn zu geben, der fürder die Riten des sozialen Lebens beherrscht. So ist es dann recht fatal, wenn der Moment kommt, in welchem dieser Sinn in Frage gestellt wird, und das ist es, was sich in den *zornigen jungen Männern* abspielt, die massenweise gegen die bestehende Ordnung angehen. Die ihnen eigene explosive Psyche äußert sich im Zorn gegen alles, aber in einem Zorn, der nichts zur Lösung bringt, weil er sich keine Ursache zu geben vermag und lediglich den Stand der Dinge geißelt, an dem er sich wie an einer Mauer stößt. Außerhalb des affektiven Bereichs lenkt den Engländer seine Grundeinstellung auf das »Praktische«, sofern er sich nicht dem Logizismus und dem reinen Rationalismus hingibt; und seine Orientierung auf das »Praktische« hin, hinter der sich eine Einstellung materieller »Interessiertheit« verbirgt, mündet in dem von William James formulierten *Behaviourismus* und *Pragmatismus:* Eine Idee ist so lange wahr, wie sie unserem Leben zu nützen scheint. Und das ist ja auch tatsächlich die Wahrheit, solange man auf der Ebene der Sekundärreflexion verharrt. Die Grundeinstellung des Engländers macht ihn somit blind für die präreflexiven Fundamente unserer Existenz; er stellt nur ihre Wirkungen fest und drückt sich mittels *statements* oder – vorsichtshalber – *understatements* aus.

* Im Berliner Kreis um Busoni stellte man Ravel über Debussy; und in der Tat ist der wahre Wert der Musik von Debussy schwerer zu erfassen als bei Ravel, in dessen Musik die Psyche weniger stark engagiert ist. Ich für mein Teil glaube, daß die Deutschen Debussy erst recht verstehen werden, wenn sie aufhören, in ihm lediglich einen »Impressionisten« zu sehen. Ravels Musik ist in einem kleineren Garten gewachsen, hat aber dort die köstlichsten Blüten getrieben, und *Daphnis* ist ein architektonisches Meisterwerk.

DIE JÜDISCHE SEINSWEISE　　Eine der soeben beschriebenen nahestehende, wenn auch aus ganz anderen Grundlagen hervorgegangene Seinsweise ist die der jüdischen Nation. Wir sind es uns schuldig, sie trotz der Empfindlichkeit der Juden in diesem Punkt zu untersuchen, da doch die Angehörigen dieser Nation eine so große Rolle in unserem Musikleben spielen. Die Juden sind keine Rasse, sondern eine in der Welt verstreut lebende Nation, so daß also die hier von uns bloßgelegten Züge nicht der Rasse, sondern der Nation zugehören, die vom Gesetz Moses' regiert wird, sowie der Kultur, die hieraus hervorgegangen und bei den verstreut lebenden Juden lebendig ist, und zwar unabhängig von ihrer religiösen Einstellung. Wenn derartige Züge nicht ohne ihr Wissen vorhanden wären, würden sie einander nicht als Juden erkennen.

Der Engländer ist, so könnte man sagen, ein »unbetontes Ich« – ein *cogito* –, das sich selbst nicht eingesteht, daß es ein »Selbst« ist – ein *ego* –, d.h. ein reflexives psychisches Bewußtsein. Der Franzose ist ein *cogito*, das als *cogito* spricht, und zuweilen ein *ego*, das auch als solches spricht. Der Jude ist ein Selbst – ein *ego* – und spricht so, als ob er ein *cogito*, ein unbetontes Ich, wäre. Aus dieser Verwirrung oder Zwiespältigkeit entsteht eine zwiefache Deformation des Denkens. Das jüdische Denken ist ursprünglich ein *subjektives* Denken, das nach *Konkretem* sucht; da aber seine Gegebenheiten (wie die allen Denkens) Abstraktionen sind, die es für das gesuchte »Konkrete« hält, *konkretisiert*, *versachlicht* es das Abstrakte. Hier handelt es sich nicht wie beim Franzosen (der, historisch gesehen, nach dem Juden kommt) nur um ein mögliches Durcheinanderbringen von Abstraktem und Konkretem, sondern um eine primäre Konfusion, eine direkte Konkretisierung des Abstrakten, die – wie wir gleich sehen werden – zur Folge hat, daß umgekehrt konkrete Gegebenheiten des Lebens, Erfahrungstatsachen, abstrakt betrachtet, d.h. aus allen konkreten oder materiellen Zusammenhängen herausgelöst werden. Der Jude war Monotheist und hat sich von Gott, der im menschlichen Denken eine abstrakte Idee ist, ein konkretes Bild gemacht: Jehova, Gott des Zorns und des Erbarmens, der über den Wolken thront; und das *Gesetz*, das Gott Moses verkündete, hat der Jude als *konkretes* Gebot aufgefaßt und daraus konkrete Regeln hinsichtlich Beschneidung, Ernährung, Sitten und Gebräuchen abgeleitet. Umgekehrt wiederum erörtern und diskutieren die Rabbiner das Mosaische Gesetz, die Thora, auf *abstrakter* Ebene, wenn sie sich mit den *moralischen* Folgerungen dieses Gesetzeswerkes beschäftigen, und fordern daher ohne Rücksicht auf die bei der Anwendung auf das praktische Leben berührten Zusammenhänge die strenge, wörtliche Einhaltung dieser Lehren. Hierin erkennt man deutlich die Bewußtseinsstruktur des zweiten Zeitalters, da die Autonomie der Psyche noch nicht erreicht war und die Selbstbestimmung angesichts der Umwelt noch auf der Ebene der Sekundärreflexion – dem bloßen Reflex der psychischen Gegebenheiten –, d.h. auf der Ebene des Daseins im Konkreten (nicht in der inneren, affektiven Bindung an das Konkrete) und des praktischen Lebens, vollzogen wurde.

Die Behauptung, daß diese ethische Seinsweise ein Grundzug des ewigen Juden sei, mag Verwunderung auslösen; aber man wird sie bei Spinoza wiederfinden, und wenn Marx das Proletariat und den Mehrwert konkretisiert und Produktionsverhältnisse und wirtschaftliche Praxis zur Grundlage der ethischen Entscheidungen des Menschen macht, ist dies auch keine andere Einstellung. »Es gibt für uns nur ein konkretes Abstraktes«, sagt der Marx-Jünger Henri Lefebvre. Die Libido ist ein weiteres Beispiel für dieses Konkret-Abstrakte, das Freud erfunden hat und dessen konkrete Spuren er in den Träumen zu finden glaubt – Nadelkissen, Loch usw. Die »verallgemeinerte Relativität« Einsteins ist eine *abstrakte*, aus dem Studium der Phänomene gewonnene Idee, aus der er die *konkrete* Realität des Universums der Phänomene macht.

Man merkt sogleich, wo bei dieser Art, die Dinge zu sehen, der Fehler steckt: Es fehlt der Sinn für das Transzendente. Gott ist nur für das reflexive Denken eine abstrakte Idee. Für das psychische Selbstbewußtsein ist er ein transzendentes *Wesen;* und folglich ist er nicht an sich ein konkretes, mit räumlicher Ausdehnung begabtes Wesen, sondern – für den Menschen – eine *konkrete* Gegebenheit des psychischen Bewußtseins wie das musikalische Bild – oder, noch genauer, er ist der Gegenstand eines konkreten Bewußtseinserlebnisses.

Die geschilderte Zwiespältigkeit des Denkens hat dem Juden das Talent für das Manipulieren der Geldangelegenheiten gegeben. Denn das Geld bedeutet für ihn eine abstrakte Gegebenheit – zum »Spekulieren« geeignet, wie »Ideen« es sind. Er vergißt dabei die für den Menschen mit dem Geld verbundenen Realitäten, den Schweiß, die Mühsal der Arbeit, und sieht nur noch eine Realität: die »Geldverhältnisse«, die – aus ihrem Zusammenhang gelöst – die Möglichkeit bieten, aus Geld noch einmal Geld zu machen. So hat es für ihn, wie man sagt, keinen Geruch.

Es gibt also zwei Arten Juden: Die eine, die wie Marx das Geld konkretisiert, und die andere, die wie der Bankier ein »Abstraktum« daraus macht. Will es nun der Zufall, daß diese zweierlei Arten in ein und demselben Menschen wirksam werden, ist der Konflikt, mit dem sich der jüdische Denker herumschlägt, fertig: der Konflikt zwischen einem Idealismus und einem Materialismus, die nie zusammenfinden können, weil eine *innere* Beziehung zwischen beiden nicht hergestellt wird. Arthur Schnabel hat einmal gesagt: »Ich mache mit dem musikalischen Material, was ich will.« Er behandelte es in seinen Kompositionen auch nach dieser Vorstellung, wobei er sich wohl bewußt war, daß man nach einer bestimmten Art damit umzugehen habe, die durch »materielle« Gesetze (oder doch scheinbar materielle) bedingt ist; aber er sah keine andere als eine äußere Beziehung zwischen seinem künstlerischen Vorhaben und der vorgegebenen tonalen Struktur – zwischen dem Ausdrucksergebnis und dem Ausdrucksmittel. Hier tritt jene »Autonomie des Willens« zutage, die H. St. Chamberlain den Juden vorgeworfen und – in einem groben

Irrtum befangen – für einen unzerstörbaren, im Blut der jüdischen Rasse liegenden Wesenszug gehalten hat, eine Autonomie des Willens, die ihnen wirklich gestattet, alles und jedes zu unternehmen, wenn es nur einträglich ist, ja sich in Franzosen, Deutsche oder Engländer zu verwandeln, ohne doch aufzuhören, Jude zu sein. Diese Fähigkeit hat sie daher auch die ärgsten Prüfungen überdauern lassen. In diesem Licht gesehen, ist der Jude das *ethische* Wesen schlechthin, wie Keyserling dargetan hat, der seine ethische Kraft mit der des Bandwurms vergleicht; und in ebendiesem Lichte gesehen, könnte das jüdische Ethos uns als Vorbild dienen, uns Abendländern, deren Ethik so unstet-schillernd ist. Jedenfalls ist das Charakteristikum des Juden nicht, wie allgemein behauptet wird, seine Vorliebe für das Geld, die man allenthalben antrifft und die sich überall in verschiedenen Stärkegraden äußert – möglicherweise sogar im Stärkegrad »null« –, sondern sein Talent, aus dem Geld Nutzen zu ziehen. Der Ursprung dieses Talents ist die *Fähigkeit zur Abstraktion*, die auf der anderen Seite, wenn sie mit einem höheren Verständnis für die Phänomene einhergeht, Denker wie Einstein und so viele Wissenschaftler, Juristen und Intellektuelle hervorgebracht hat.

Dieser Zwiespalt zwischen »abstrakt« und »konkret« hat also bei Abendländern und Juden verschiedene Wurzeln und äußert sich auch unterschiedlich, mündet aber im praktischen Leben und auf finanzieller Ebene in die gleichen Tatbestände. Deshalb gibt es auch andere als jüdische Banken, und die christlichen Bankiers verstehen sich mit den jüdischen so gut wie Spitzbuben auf dem Jahrmarkt, wobei sie immerhin aus *Konkurrenzgründen* sowie viel mehr noch wegen der Unterschiede in ihrer ethischen Seinsweise Distanz halten.

Der Zwiespalt »abstrakt-konkret« ist ferner im Sprachgebrauch unvermeidlich, der doch dazu da ist, das Konkrete durch *concepts* auszudrücken. Das mag in der allgemein geläufigen Redeweise, im unpersönlichen Sprachgebrauch, in der unverbindlichen Ausdrucksweise des »man« noch angehen, wird aber gefährlich, wenn es gilt, sich in einer persönlichen Stellungnahme festzulegen. Die einzige Möglichkeit, aus der Zwiespältigkeit herauszufinden, ist dann jene Rückwendung in der Reflexion, die wir als »Verständigung« bezeichnet haben und die zu einer Rückkehr zum Konkreten führt und zur Unterscheidung zwischen dem Konkreten und der transzendenten Bedeutung, die ihm verliehen wurde, d. h. dem Abstrakten. So bezeichnen wir mit dem Wort »Musik« verallgemeinernd das Klangerlebnis und das Gefühlserlebnis, das dieser *concept*, dieser Begriff, umfaßt. Alle Verwirrungen, die in der Diskussion über den Gegenstand der Musik entstehen, rühren von der Doppeldeutigkeit des Begriffes her und folglich von der Gefahr des Abstrakten. Um in der Zwiespältigkeit des Abstrakt-Konkreten zu bleiben: Es ist unmöglich, zu sagen, ob das Wort »Musik« das Klangerlebnis oder das Gefühlserlebnis bedeutet. Einzig die reflexive Rückwendung zum erlebten Ereignis konnte zur Entdeckung des Konkreten unter dem Abstrakten führen und im Konkreten zeigen, welches der beiden Erlebnisse dem anderen seinen Namen gegeben und den *Sinn* des Phänomens getragen hat.

Diese Verwirrung hat begonnen, als die Kirche die Verkündigung der Botschaft Christi übernahm. Indem sie Gott objektivierte und zugleich Christus zum Sohne Gottes machte – was so lange richtig ist, wie man diese Ausdrücke als ein unvermeidliches Mittel betrachtet, das Transzendente durch *Symbole* zu bezeichnen, was aber falsch wird, sobald man das Symbol wörtlich nimmt –, betrat sie den Weg der Konkretisierung spiritueller Gegebenheiten und des Transzendenten und verfiel in die Verwechslung von *Ethik* und *Sittengesetz*. So entstand im Abendland das, was ein Antisemit eine »Verjudung« des Denkens nennen würde, aber nicht auf den Einfluß der Juden zurückzuführen ist, sondern ganz einfach auf die Unpersönlichkeit des Sprachgebrauchs und das Juden und Christen in einen Topf warf. Es ist aber zugleich auch ein Rückfall in das zweite Zeitalter und die passive Haltung angesichts des Transzendenten. Die Auswirkungen auf die zeitgenössische Musik werden wir noch sehen.

Was wir soeben dargelegt haben, hilft uns begreifen, daß das geschichtliche Werden der abendländischen Musik *ohne die Juden* möglich gewesen wäre, obgleich sie tatsächlich daran mitgewirkt haben. Aber man denke einmal Salomon Rossi (1587–1628), Meyerbeer, Mendelssohn, Offenbach, Mahler weg – um nur die angesehensten Musiker jüdischer Herkunft zu nennen –, und man wird finden, daß sich nichts Entscheidendes geändert hätte, da nach diesen Männern (von denen mindestens drei offensichtlich Genie besaßen) nichts da war, was nicht auch ohne sie hätte geschaffen werden können. Alle haben sich den Stil ihrer Umwelt zu eigen gemacht, alle haben in ihren Schöpfungen einen persönlichen Stil hervorgebracht – Mendelssohn, der im protestantischen Geist erzogen war, hat alle Charakteristika eines echt deutschen Musikers –, doch kann man von keinem von ihnen sagen, er hätte einen Wendepunkt in der Musikgeschichte herbeigeführt oder wäre im Bereich des *Stils* oder der *Form* schöpferisch gewesen. Was zum großen schöpferischen Musiker von musikgeschichtlicher Tragweite gehört, ist das Vermögen, im musikalischen Einbildungsakt (dem Akt des Ausdrucks) die eigene affektive Seinsweise zu transzendieren und eine für die allgemein menschliche Seinsweise gültige Ausdrucksform zu finden; und diese Transzendierung, diese Befreiung vom Selbst, bekundet sich in der Mannigfaltigkeit des Schaffens, in der Weite des Ausdrucksbereichs. Nur die großen Persönlichkeiten können dieses Hinauswachsen über sich selbst ausdrücken; denn ihre Größe liegt ja gerade darin, daß sie ihre Urveranlagung (ihre individuelle »Faktizität«) hinter sich gelassen haben, so daß diese Transzendenz der Persönlichkeit mit der persönlichen Eigenart des Stils zum Einklang kommt, wie z. B. bei Schumann, Chopin, Debussy, deren Ausdrucksbereich äußerst mannigfaltig und deren Stil von markant persönlicher Eigenart ist. Diese Transzendenz des Stils, die eine Transzendenz zweiten Grades ist, scheint außer Reich-

weite der jüdischen Komponisten zu sein, weil sich der Jude nicht von sich
selbst loslösen kann – es sei denn im Abstrakten –, und die Musik ist nichts
Abstraktes. Seine Seele ist an den Leib gefesselt – sonst hörte er auf, Jude zu
sein. Seine affektive Aktivität ist frei und vielfältig; aber sie ist nicht frei
gegenüber dem Selbst und der eigenen besonderen Seinsweise. Meyerbeer ist
Theatermann und ist es ausschließlich. Er hat in seiner Musik den Sinn für das
Theater und für dramatische Wirkungen gezeigt, und allein in ihnen liegen
seine Neuerungen. Mendelssohn ist zu sehr christianisiert, als daß man an
ihm die Charakteristika seiner ursprünglichen Nationalität feststellen könnte,
und dennoch bringt sein Stil auf dem Gebiet des musikalischen *Ausdrucks*
keinen so bedeutenden Zuwachs wie etwa Schumann; auch bewegt er sich fast
unentwegt in der gleichen sanft-elegischen Gefühlshaltung. Zur Abwechslung
entlehnt er (in zwei Symphonien) diejenige der Italiener bzw. Schotten. Mahler drückt sich einerseits durch Rückgriff auf volkstümliche Melodien, Vogelstimmen, Fanfaren und orchestrale Entladungen aus – also durch »Fakten«! –,
andererseits durch die Breite seiner symphonischen Formen; und weil er in
Wahrheit über keinen persönlichen Stil verfügt, sondern lediglich über eine
persönliche Manier, eine im allgemeinen unpersönliche melodische Ausdrucksweise zu organisieren (was sehr wohl einer persönlichen Art des *Empfindens*
entspricht), manifestiert er seine Persönlichkeit durch die Breite der Form,
d. h. er weicht in die *Beredsamkeit* aus. Durch die Breite der Form findet somit sein innerer »Dämon« Ausdruck, wie Jean Matter sagt, aber auch sein ver-
zweifelter Appell an den Menschen, seine Sehnsucht nach Glück, dem Frieden
der Fluren und der Nacht, nach dem Paradies der Unschuld – lauter Dinge,
»die er nicht ist«, die er aber in der Transzendenz erschaut. Häufig führen uns
Mahlers Symphonien über zerklüftete, gegenläufige Pfade ohne sichtbaren
Ausweg einem ungewissen Ziel entgegen – da plötzlich läßt sich, durch Fanfaren vom Himmel (dem musikalischen Himmel) angekündigt, eine prophe-
tische Stimme hören, die dem Umherirren ein Ende setzt. Diese Musik ist
keine jüdische Musik, sie ist Musik von Mahler; aber sie drückt in gängiger
Sprache eine Art, Jude zu sein, aus. Noch offenkundiger, weil weniger transzendiert, bekundet sich das Jüdische in der Musik von Ernest Bloch, die auf
dem Pathos beruht und die Klagemauer heraufbeschwört, sich prophetisch
von ihr loslöst, um sich dann aber in den Wolken zu verlieren. Bloch, der
über eine gewaltige und unerschöpfliche Ausdruckskraft gebot, hatte niemals
jenen unfehlbaren Sinn für die Form: die Fähigkeit, in einem Minimum
an Zeitaufwand alles zu sagen, durch die sich die großen Musiker auszeichnen.

Mahlers »Verfassung« ist gewissermaßen typisch für diejenige aller Komponisten seit Beginn des 19. Jahrhunderts; d. h. sobald eine musikalische Sprache
fertig ausgebildet ist, kann man nicht anders als sich des nun einmal erworbenen Mediums bedienen. Aber das Problem der jüdischen Musik im Hinblick auf ihre universelle Tragweite ist, ob aus Israel eine Musik hervorgehen

wird, die zwar in der jüdischen Seinsweise wurzelt, diese aber (wie bei Mahler mit dem Hintergrund der abendländischen Sprache) transzendiert, d.h. stilistisch und formal schöpferisch wird. Es handelt sich also für den israelischen Komponisten darum, die jüdischen Melismen (vorausgesetzt, daß sie in ihm ihre eigenständige Ausdrucksweise zurückgewonnen haben und nicht nur ein pittoreskes Element bilden) in die Kontinuität eines seine eigene Form ausbildenden Stils einzuweben. Und dieses Problem ist im Grunde das jüdische Problem schlechthin; denn es kann keine abendländische Gemeinschaft geben, ehe sich die Juden des Okzidents zusammen mit den Christen aller Bekenntnisse und den »Atheisten« eine allen gemeinsame Anschauung von der Welt und vom Menschen zu eigen machen können. Dieses Problem können wir jedoch erst in unseren Schlußfolgerungen noch einmal berühren.

Wenngleich sich die fundamental jüdische Seinsweise bisher nicht als geschichtsbildend erwiesen und mehr *am Rande* der Geschichte schöpferisch geworden ist, war sie doch auf dem Gebiet der Wiedergabe und Interpretation sehr fruchtbar; denn hier befindet sich der jüdische Musiker im *Konkreten* und kann darin seine ganze Vitalität, sein *Pathos* und seinen Sinn für das Transzendente in Stil und Form, die sodann »Gegebenheiten« sind, entfalten. Aus dem gleichen Grund haben die Juden im Musikleben des vergangenen Jahrhunderts als Musikhörer und Mäzene eine große Rolle gespielt, weil ihr passives Verhältnis zur Transzendenz und ihre Aktivität innerhalb einer passiven Gesamthaltung aus ihnen die »empfänglichsten« Zuhörer machen.

DIE SEINSWEISEN IN DER HARMONISCHEN ÄRA   Wir können uns jetzt wieder der geschichtlichen Entwicklung zuwenden. Die nationalen ethischen Seinsweisen, deren Charakteristik wir in ihrem jeweiligen Stützpunkt oder in ihrer grundlegenden Orientierung kennengelernt haben, bedingen – sogar bis in die Politik hinein – das ganze Dasein der Nationen. Der Gegensatz, der zwischen Frankreich und Deutschland »von Natur aus«, und zwar im Ethischen, vorhanden ist, mußte infolge ihrer Nachbarschaft einen permanenten Zustand des Mißverstehens schaffen; und es ist klar, daß es ein Europa und – aus diesem historischen Brennpunkt sich entwickelnd – eine abendländische Welt als möglichen Ausgangspunkt einer künftigen menschlichen Gesellschaft nur auf der Grundlage einer die unterschiedlichen ethischen Seinsweisen überwindenden Ethik geben kann. Der politische Standpunkt, den die Angelsachsen auf pragmatischer Ebene einnehmen, macht sie geneigt zu glauben, daß alle Probleme durch Geld zu lösen seien und daß letztlich alles – die Treue und das Glück der Völker eingeschlossen – käuflich erworben werden könne. Während die Anziehungskraft des Goldes bei den Deutschen einen Minderwertigkeitskomplex zur Folge hat, löst sein Besitz bei den Angelsachsen einen Überwertigkeitskomplex aus, den man zum Verständnis so mancher positiver wie negativer Züge ihrer Außenpolitik heranziehen könnte.

Da die Musik ein Akt des Ausdrucks des ethischen Selbstbewußtseins ist, stützt sich der schöpferische Musiker in seiner schöpferischen Tätigkeit auf die Introversion, d.h. auf den Sinn, den er den tonalen Strukturen »von innen her« gibt – ganz gleich, wie seine persönliche ethische Seinsweise beschaffen sein mag. Aber beim Musiker wirkt sich diese introvertierte Aktivität verschieden aus: beim Franzosen auf die ihm eigene extravertierte Einstellung, indem sie das Innere mit dem Äußeren in Beziehung setzt; beim Deutschen auf die ihm eigene introvertierte Einstellung, indem sie das Äußere mit dem Inneren in Beziehung setzt. Der Deutsche drückt sich aus – der Franzose drückt (etwas) aus. Man kann sich von diesem Gegensatz durch das Bild einer zu ihren Koordinatenachsen in Beziehung gesetzte Parabel eine klare Vorstellung machen:

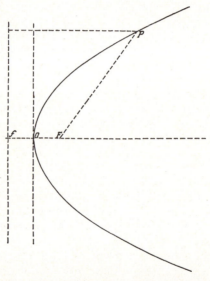

Um eine Parabel zu konstruieren, hat man auf der *x*-Achse eines cartesianischen Koordinatensystems einen Punkt *F* als *Brennpunkt* der Kurve zu fixieren. Durch den Punkt *f*, der symmetrisch zu *F*, links vom Zentrum der Koordinaten, zu denken ist, verläuft eine als *Leitlinie* der Kurve bezeichnete Vertikale. Tatsächlich ermöglicht die Gleichung der Parabel die Bestimmung der Höhe *y* von jedem ihrer Punkte als Funktion ihrer Abszisse *x* und einem *Parameter*, der sich als die Länge *f-F*, den Abstand zwischen Brennpunkt und Leitlinie, herausstellt. Aufgrund dieser Gleichung ist jeder Punkt der Parabel vom Brennpunkt gleich weit entfernt wie von der Leitlinie, d.h. gleich weit entfernt im Horizont von F wie im Horizont von f, wenn sich f auf die Leitlinie zu bewegt. Die Parabel ist somit gleichbedeutend mit einer Ellipse, deren einer Brennpunkt sich ins Unendliche entfernt hätte; deshalb muß man ihr, wenn man sie definieren will, einen neuen, äußeren, im Endlichen gelegenen Brennpunkt geben, durch den die Leitlinie verläuft. Die Kurve ist also die gleiche, wenn sie vom inneren Brennpunkt F, wie wenn sie vom äußeren Brennpunkt f determiniert wird, weil sie denselben Parameter für das in F verankerte Bewußtsein wie für das in f verankerte Bewußtsein hat.

Kraft der jeweiligen Grundhaltung (introvertiert beim Deutschen, extravertiert beim Franzosen) wäre der Standort des musikalischen Bewußtseins im Anhören einer musikalischen Linie beim Deutschen F, beim Franzosen f. – Aber es zeigt sich, daß der Radiusvektor, von dem die innere Kurve ausgeht, ebensogut als das Verhältnis von P zu F wie als dasjenige von F zu P aufgefaßt werden kann; und die Entfernung der Leitlinie von der Kurve kann, wenn diese von dem sich auf der Leitlinie bewegenden f ausgeht, ebensogut als das Verhältnis der Leitlinie zur Kurve wie umgekehrt aufgefaßt werden. Somit ist die Möglichkeit gegeben, daß in manchen Fällen der (im Grunde extravertierte) Franzose eine introvertierte, der Deutsche aber (trotz seiner introvertierten Grundhaltung) eine extravertierte Haltung einnehmen kann, ohne daß sich an der Tatsache etwas ändert, wonach im ersteren Fall von außen, im zweiten von innen gesehen wird. So ließe sich mit einem Schlag die Unterschiedlichkeit innerhalb der deutschen Musik (Bach–Händel, Brahms–Bruckner), diejenige innerhalb der französischen Musik (Debussy–Ravel) und zugleich die Grundverschiedenheit der Musikalität dieser beiden Rassen erklären*.

Der Italiener kann die eine wie die andere Haltung einnehmen, weil seine nationale Seinsweise, wie wir gesehen haben, »undifferenziert« bleibt; d.h. seine Ausrichtung kann von innen wie von außen bestimmt sein: die Dinge spielen sich so ab, als wäre die italienische Psyche nicht im Brennpunkt einer Parabel, sondern im Mittelpunkt eines Kreises verankert, wodurch das Vorhandensein zweier Brennpunkte aufgehoben wird. Die italienische ethische

---

* Wenn man sich nach dem möglichen Ursprung dieser beiden Bezugssysteme im Falle der Franzosen und der Deutschen fragt, könnte man ihn in der Landschaft finden. Der Franzose hat einen klar verlaufenden Horizont – die Küsten des Mittelmeers, des Atlantik und des Ärmelkanals; und wenn er sich im Herzen Frankreichs befindet, bewegt er sich zumeist in der Ebene mit ihrem besonders klaren, milden Licht; sein Blickfeld wird durch einen Vorhang von Bäumen oder eine Hügelkette begrenzt, oder es hat Verbindung mit einem Flußlauf. Deutschland grenzt im Norden ans Meer; aber diese Grenzlinie gilt nur für seine nördlichen Gebiete und insbesondere für Preußen, das Deutschland seine politische und militärische Organisation gegeben hat. *Frisia non cantat*, hieß es im Mittelalter. Die deutsche Kultur hat ja auch tatsächlich in den südlichen oder, genauer gesagt, alemannischen Fürstentümern Thüringen, Sachsen und Schwaben Gestalt angenommen – und diese Fürstentümer haben sich aus sich selbst, durch Rückgriff auf die eigenen Möglichkeiten, eine Kultur gegeben. Hinzu kommt, daß das Klima rauh und der Boden karg sind, was auch den Einzelmenschen zur Selbstbesinnung und Selbstbeschränkung veranlaßt und ihn dazu gewöhnt, sich alles abzuringen. Wenn man über dem Süden Deutschlands aus dem Flugzeug blickt, sieht man, daß die Städte meist inmitten von Hügeln eingeschlossen liegen. Wie von einem Zentrum aus führen die Wege wer weiß wohin; denn sie führen über die Hügelrücken hinweg. Der einzige Sinn, den man ihnen beimessen kann, ist der Sinn der *Wanderung*, die man vom Ausgangspunkt unternimmt: Er ist von innen bestimmt.

Seinsweise ist anscheinend undifferenziert geblieben, weil bislang die einzige innerlich einigende Kraft der italienischen Nation die Kirche war. Die weltliche Zentralgewalt konnte sich dort niemals ohne Anerkennung der Kirche als der höchsten Autorität durchsetzen; und in seiner religiösen Einstellung ist das italienische Volk im Dämmer des Mittelalters und des Aberglaubens stehengeblieben, d. h. in der magischen oder zumindest passiven Beziehung zu den *Zeichen* des Göttlichen. Die Freiheit der Selbstbestimmung hat sich also beim Italiener lediglich auf der Ebene der Sekundärreflexion, des Wollens und der Intellektualität bekunden können. Es ist dies eine persönliche Angelegenheit – und der Intellektuelle bleibt Katholik oder wird Freidenker, Atheist, Anarchist oder Kommunist. Auf der psychischen Ebene bleibt der Italiener, was der Mensch schlechthin ursprünglich auf der psychischen Ebene ist, nämlich introvertiert. Deshalb ist seine Musik vor allem *Gesang*, aber er ist christianisiert und kann daher – ganz nach individuellem Gutdünken – die aktive oder passive Beziehung zur Transzendenz und – als Bezugssystem – die Extraversion oder die Introversion wählen. Daher kommt seine schöpferische Begabung auf dem Gebiet der Musik und der ihm mögliche unmittelbare Übergang von der melodischen – also extravertierten – Haltung zur harmonischen – also introvertierten – Haltung (Beziehung Melodie-Baßführung). Immerhin scheint seine Entscheidungsfreiheit auf psychischem Gebiet, die sich in seinem Transzendierungsvermögen äußert, nicht so weit zu gehen, daß er auch die affektive Seinsweise des Italieners transzendieren könnte. Nach seiner Musik zu urteilen, bleibt der Italiener stets *italianissime*, wie man in den Tagen des Faschismus zu sagen pflegte, sei er kraft seiner lebhaften Intelligenz und natürlichen Liebenswürdigkeit allem Fremden auch noch so aufgeschlossen. (Wagners Einfluß auf Verdi war nur ein ganz oberflächlicher und konnte nicht verhindern, daß *Falstaff italianissime* ausgefallen ist!) Das heißt, daß ihm beim musikschöpferischen Akt die Transzendenz zweiten Grades – die schöpferische Kraft für die »großen« Formen und den symphonischen Stil – fehlt, und daher findet man außer Giuseppe Martucci auch kaum einen Italiener, der sich an Symphonien herangewagt hätte. Die *Symphonien* Malipieros sind eigentlich nur symphonische *Ricercari*. Aus dem Gesichtswinkel der abendländischen Musikgeschichte betrachtet, beschränkt sich das italienische Musikschaffen somit auf die Gegebenheiten des italienischen Stils und die »kleinen« Formen oder zusammengesetzte Formen, wobei die »kleinen« Formen automatisch aus der melodischen, polyphonen oder harmonischen Dialektik hervorgehen und die zusammengesetzten Formen Formaggregate eines und desselben Vorwurfs sind. So erschafft Domenico Scarlatti die Embryonalstruktur der zweithemigen Sonate, Giuseppe Battista Sammartini die Elementarform der Symphonie, Corelli, Vivaldi und andere die Formtypen des konzertanten Stils. Diese schöpferische Veranlagung sollte den Italienern das Tor zur Oper weit auftun und sie auf dem symphonischen Gebiet – wenn auch reichlich spät – zur *gegenständlichen* Musik lyrischer Charakters *(Impressioni dal vero,* Malipiero; *Concerto del Estate,* Pizzetti) oder pittoresken Stils (Respighi) hinführen.

Der englische Musiker kann sich wie der italienische sowohl auf die Extraversion als auch auf die Introversion stützen, da seine ethische Seinsweise *a priori* undifferenziert ist; denn er hält sie aus seinem auf die Tatsachen gerichteten Blickfeld heraus. Gerade diese Orientierung in Richtung der Tatsachen und deren praktische Auswertung erzeugt aber in ihm die Neigung zur *funktionellen* Musik (Hymnen, höfische Airs, Gesellschaftsmusik und Bühnenmusik). Dieser praktische und gesellschaftliche Charakter nimmt der englischen Musik den spekulativen, abstrakten Aspekt der deutschen Polyphonie und verleiht ihren weltlichen Formen einen Anstrich des Unterhaltenden, der lange Zeit verhindert hat, daß man die englische Musikalität auf dem Festland *ernst genommen* hätte. Andererseits läßt der Dämpfer, den der Engländer seiner Psyche aufsetzt, es uns verständlich erscheinen, daß er als letzter zur harmonischen Tonalität gefunden, daß er sie von anderen erlernt hat und daß man nach Purcell (d. h. nach der Errichtung des Commonwealth und der Restauration der Stuarts) abwarten mußte, bis ihm die Beherrschung der Meere, die Eroberung von Kolonien und die Errichtung des Empire sein Nationalgefühl zum Bewußtsein gebracht und damit die Entstehung einer eigentlich »englischen« Musik – unter Königin Victoria – vorbereitet hatten. Diese englische Musik ist allerdings zunächst nicht mehr als ein der symphonischen Struktur deutschen Stils aufgepfropftes Reis der britischen affektiven Seinsweisen. Elgar ist eine Art englischer Brahms. Die Musik eines Delius, Vaughan Williams oder William Walton ist schon eher spezifisch englisch; aber sie ist es mehr durch das in ihr ausgedrückte Gefühl sowie die in ihr bekundeten melodischen und rhythmischen Modalitäten als durch die Originalität ihrer Strukturen. Wir finden hier die im Zusammenhang mit Mahler beschriebene Situation wieder, in der die »Faktizität« des Musikers ihn über sein Transzendierungsvermögen hinausführt; und im vorliegenden Falle ist diese Faktizität in den Einzelheiten der Strukturen so deutlich erkennbar, daß sie ein Hindernis für die Verbreitung dieser Musik über das angelsächsische Milieu hinaus zu bilden scheint. Die gleiche Eigenschaft, die in der englischen Musikwelt, die glücklich ist, endlich einer »englischen« Musik zu begegnen, zugunsten dieser Musik spricht, wird alsbald zu einem Handicap, wenn es gilt, sie den Musikhörern auf dem Kontinent nahezubringen. Es ist daher typisch für die Orientierung des englischen Urteils in Richtung auf die Fakten, daß in dem Augenblick, als Britten in seinem Schaffen nicht nur von einer »englischen« Gemütsart Zeugnis ablegt, sondern auch von einem streng persönlichen Stil, der auf jegliche Anleihe bei der zeitgenössischen Stilschablone verzichten kann – die Persönlichkeit wächst ja stets über die Faktizität des Individuums hinaus –, daß in diesem Augenblick ein großer Teil der englischen öffentlichen Meinung in ihm nicht das Genie erkannt hat, auf das sie eigentlich wartete, und nicht den würdigen Nachfolger eines Dowland oder Purcell. Britten ist

in der Tat weniger ein spezifisch englischer als ein geborener Musiker, der
seine Werke völlig spontan entstehen läßt, ohne sich auf erworbene Fertigkeiten stützen zu müssen, obgleich er – wie jedermann – über Fertigkeiten
verfügt; und in seinem besonderen Falle sind diese erworbenen Fertigkeiten
sehr beträchtlich.

Alle diese Tatsachen führen uns zu dem Problem des »Wertes« eines Musikwerks, doch können wir dieses Problem erst behandeln, sobald wir die schöpferische Periode, die vom Beginn der harmonischen Ära bis in unsere Gegenwart reicht, überblicken können.

3. Die zweite Etappe des dritten Zeitalters: Die harmonische Ära

In der »Barock« genannten Epoche liegt das Schaffenszentrum für all das,
worauf die abendländische Musik der harmonischen Ära aufgebaut ist, in
Italien. Hinsichtlich des Stils und der Formen der Instrumentalmusik haben
wir bereits auf diesen Umstand hingewiesen. Auf vokalem Gebiet differenziert
sich der »repräsentative Stil« des einstimmigen Madrigals und der Oper bei
Monteverdi bereits in dessen *Arioso*- und *Rezitativ*-Passagen, die von seinen
Nachfolgern nachgeahmt werden und schließlich zum Grenzfall des *Recitativo
secco* werden, einer bloßen melodischen Nachahmung des gesprochenen Wortes in raschem Tempo. Das *Arioso* ist ein sich gleichsam im eigenen Fluß
selbst fortzeugender Gesang, in welchem der Komponist – wie Louis Laloy
es ausdrückt – eine »Melodie ohne Melodie«, d.h. ohne abgeschlossene Melodie, vorzeichnet. Aus dem *Arioso* entsteht die *Arie* (s. die Opern von Ca-
valli) – ein periodischer, in sich geschlossener Gesang. Er entwickelt sich auf
der Grundlage der harmonischen Grundkadenzen, die ihrerseits den Weg zur
Entdeckung der tonalen Harmonieführung, d.h. der harmonischen Tonalität
zeigen. Die *Arie* läßt die Kunst des *Belcanto* entstehen, und dieser enthüllt die
verschiedenen Möglichkeiten des Kunstgesanges: die *Esclamazione* – ein
plötzliches Innehalten der Stimme auf einem Ton; den *Gruppo*, Stammvater
des Trillers; die *Gorgia* – ein vokales Ornament; das *Portamento* – das Ver-
schleifen eines Tones in einen höher oder tiefer gelegenen; die *Passagen* –
Skalensegmente, die zum Ausfüllen von Intervallen eingefügt werden. Schon
Monteverdi hat in seinen Madrigalen das *Tempo rubato* angewandt, um bestimmte Momente des musikalischen und dichterischen Empfindens besser
ausdrücken zu können. Der Instrumentalstil macht sich diese Errungenschaften der Gesangskunst alsbald zu eigen, und der Musiker wird dadurch in die
Lage versetzt, mit instrumentalen Mitteln und somit in einem viel weiteren
Feld von Möglichkeiten das auszudrücken, was bislang dem Gesang vorbehalten war. Die Vokalmusik des 17. Jahrhunderts ist einmal auf einem *Basso
ostinato* – einer sich beharrlich wiederholenden Baßfigur –, einmal auf einem
Basso seguente – einem nicht bezifferten fortschreitenden – Baß aufgebaut, einer

schematischen Baßstimme, deren Akkorde der Ausführende finden mußte, und schließlich auf dem bezifferten *Basso continuo,* der die Unterscheidung zwischen *Grundton* und *Baßton* der Harmonie mit sich brachte: Der Weg zur Bachschen *Baßführung* war frei. Außer der Oper hatte die Gesangskultur die *Kammerkantate* für eine oder zwei Stimmen mit Instrumentalbegleitung sowie das *Oratorium* hervorgebracht. In der ersten Hälfte des 18. Jahrhunderts zeichnen sich die Wege der *harmonischen Tonalität* bereits klar ab: Sie wurden von Alessandro Scarlatti beschritten, der die Früchte einer ganzen Generation neapolitanischer, venezianischer und römischer Komponisten ernten konnte und ebenso viele Kantaten wie Opern schrieb (die Scheidung in *Opera seria* und *Opera buffa* geht auf jene Zeit zurück); und gleichzeitig wurde diese harmonische Tonalität von Bach im *Wohltemperierten Klavier* illustriert sowie von Rameau schriftlich formuliert und selbst benützt.

Hinfort widmet sich Italien der Oper, und Frankreich folgt – unter dem Einfluß von Lully – diesem Beispiel, doch auf eigenen Wegen: Ballettoper, Große Oper, *Opéra comique,* Operette. Während jedoch in Italien vom Beginn des 19. Jahrhunderts an die autonome Musik zu versiegen droht, ist sie in Frankreich Gegenstand einer stetigen Pflege, die sich der Laute, des Cembalo, später des Klaviers, der Streich- und der sonstigen Instrumente des Orchesters bedient. Alsbald tritt mit Gossec die Symphonie in Erscheinung. Er kommt vom Norden und hat sich ihr auf dem Umweg über die *Triosonate* zugewandt – möglicherweise durch das Beispiel von Stamitz ermutigt. Man sagt, Gossec habe auf der Violine komponiert, indem er so zuerst die Melodie fand und sie dann in den einzelnen Instrumenten harmonisierte. Ähnlich war es bei Berlioz, der sich der Gitarre bediente und dessen Harmonien eher aus Akkordfolgen als aus der Bewegung des Basses entstehen. Die französischen Instrumentalstücke sind Stücke mit einem *Sujet,* doch ist es bei den besten die Musik, die das Sujet erklärt, und nicht umgekehrt. »Ich hatte stets ein Sujet im Sinn, als ich diese Stücke schrieb«, sagt Couperin, »die Titel entsprechen den Vorstellungen, die ich hatte..., die Stücke, die sie tragen, sind Porträts, die man unter meinen Fingern zuweilen recht ähnlich fand..., die Mehrzahl der Titel gebühren daher weit mehr den liebenswürdigen Originalen, die ich darstellen wollte, als den Kopien, die ich von ihnen gemacht habe.« So ruft die Musik beim französischen Musiker stets ein »Sujet« hervor, das man sich aber auch wegdenken kann, ohne daß die »Kopie« ihre eigene Existenzberechtigung verlöre.

Aber für d'Alembert hat die Musik ohne Sujet keinerlei Sinn; Symphonien sagen Herz und Sinn nicht das geringste; man müßte ihnen einen Vortrag vorausschicken, der die ihnen zugrundeliegenden Ideen und die Absichten des Komponisten klarlegt; die ideale Symphonie wäre demnach die Programmsymphonie. Musiker und Musikliebhaber stimmen also in ihrer extravertierten Einstellung überein. Zur Zeit, als Bach *Inventionen, Präludien* und *Fugen* schrieb, komponierte Couperin le Grand die *Folies françaises,* die *Dominos* und die *Barricades mystérieuses;* die heutigen französischen Komponisten sollten sich dieser Stücke erinnern, um ihren Geschmack an ihnen zu orientieren. Andererseits hatte sich – während in Italien die Volksmusik in der Entwicklung der Harmonie der Kunstmusik vorangegangen war und ihren weiteren Weg an deren Rande fortgesetzt hatte – in Frankreich das Harmoniegefühl allmählich aus der Kunstmusik entfaltet; im Verlauf des 19. Jahrhunderts jedoch gewann dort die *Salonmusik* Gestalt, ein Nebenprodukt der Kunstmusik von etwas gepflegterem Stil als die leichte Musik. Ihr widmeten sich einige kleinere Meister wie Benjamin Godard und Chaminade. Einige der großen Meister haben in dieser Sphäre begonnen oder doch zumindest auch dieses Genre gepflegt und darin brilliert. Die ersten veröffentlichten Stücke von Debussy sind Salonmusik, doch ist der echte Debussy in ihnen bereits gegenwärtig. In etwas grober Vereinfachung könnte man sagen, daß sich der französische Musiker aus der kleinen zur großen Musik aufschwingt und der deutsche zuweilen aus der großen Musik in die »kleine« ausweicht – wie etwa Schubert, Mozart und Beethoven in ihren Walzern und Ländlern –, ohne dabei etwas von ihrem Stil einzubüßen.

Nach Bach geht, wie man weiß, die Instrumentalmusik in Deutschland unter dem Einfluß der italienischen Instrumentalmusik und der höfischen Atmosphäre unvermittelt zum symphonischen Stil über, den die Komponisten anfänglich zu einem *galanten* und später – mit Philipp Emanuel Bach und Haydn – zu einem *strengen* Stil ausgestalten. Bereits zu Beginn dieser Periode findet man die beiden möglichen Einstellungen des deutschen Musikers – Introversion und Extraversion – in Bach bzw. in Händel verkörpert, und diese beiden möglichen Ausprägungen des immer *in der Introversion* verankerten musikalischen Bewußtseins machen die Verschiedenheit ihrer musikalischen Vorhaben und musikalischen Stile erklärlich: Händel ist Freskenmaler, Bach reiner Musiker. Die gleichen Unterschiede erklären die Gegensätzlichkeit zwischen Beethoven und Weber. Haydn ist extravertiert. Er hätte andernfalls die formalen und stilistischen Regeln der Symphonie nicht so gut festlegen können. Mozart ist es auch und ebenso Schubert; aber Mozart ist ein subjektiver Lyriker. Er ist es sogar noch in seinen Symphonien. Schuberts Lyrik hingegen ist objektiv, und seine letzten Symphonien haben *epischen* Charakter, wodurch sie sich von den Symphonien Beethovens radikal unterscheiden. Man darf aber nicht vergessen, daß alle diese Unterschiede bei den deutschen Musikern doch stets aus einer gemeinsamen introvertierten Grundhaltung hervorgehen. Beethoven ist vorwiegend vom fundamentalen Vorsatz des musikalischen Bewußtseins – dem Akt des Selbstausdrucks – erfüllt. Durch den inneren Reichtum seiner Persönlichkeit gelangt er auf die höchste Stufe der Transzendenz, die überhaupt erreichbar erscheint; er erobert den weitesten Ausdrucksbereich und bewegt sich einmal in der Introversion, einmal in der Extraversion.

Die Symphonie wahrt bei Mendelssohn und Schumann lyrischen Charakter. Ersterer ist eher extravertiert, letzterer – so könnte man sagen – in Gestalt des *Eusebius* introvertiert, in der des *Florestan* extravertiert und eine reichere Natur als Mendelssohn. Bei Brahms kehrt die Symphonie wieder zum fundamentalen Vorsatz des Selbstausdrucks zurück – jedoch mit einer Neigung zum Lyrischen, und Brahms ist durchaus nicht, was man ihm nachgesagt hat – ein »Akademiker« und Nachahmer Beethovens: Vielmehr ist er dessen Fortsetzer; denn er wendet in seiner Thematik andere Grundintervalle an als Beethoven – nämlich Terz und Sexte – sowie andere harmonische Kadenzen. Auch hat er einen gänzlich anderen melodischen Stil von sehr persönlicher Eigenart.

Während Wagner »die Symphonie in das Drama einbettet« und auf dem durch die Oper gebahnten Weg zum *Musikdrama* fortschreitet – ein bezeichnender Übergang von der Extraversion in die fundamentale Introversion –, findet die Symphonie in Bruckner und Mahler ihre Fortsetzer. Bruckner ist Österreicher, glühender Katholik und gänzlich erfüllt vom Wagnerschen »Lyrismus«; seine Symphonien sind österreichisch-bäuerliche Seelenepik, katholisch und mystisch (daher ihr Mangel an formalem Zusammenhalt), so daß sie durch den großen schöpferischen Strom abendländischer Musik ein wenig an den Rand gedrängt würden, wenn nicht die Brucknersche Glaubenskraft und Ursprünglichkeit seinen Werken universellen Wert verliehen hätten. Was Mahler anbelangt, von dem wir bereits gesprochen haben, kann man wohl sagen, daß seine Symphonien im Grunde symphonische Dichtungen sind, die sich Stil und Form der Symphonie zu eigen gemacht haben. Das Schaffen dieser beiden Musiker scheint am Ende der deutschen Symphonik zu stehen; denn die auf einer entschiedenen Tonalität und dem fundamentalen Vorsatz des Selbstausdrucks beruhende Musik hat fast alle Entwicklungsmöglichkeiten ausgeschöpft: Eine wuchernde Chromatik droht die auf der Diatonik aufgebaute harmonische Tonalität aufzulösen.

Inzwischen hatte Liszt – ein Ungar deutschen Ursprungs und französischer Kultur – die *Symphonische Dichtung* geschaffen und zwei Symphonien mit literarischem Vorwurf geschrieben: die *Faust*- und die *Dante*-Symphonie. In seinem objektiven Lyrismus findet er den melodischen Akkord der übermäßigen Quinte, die Ganztonskala, praktiziert die harmonische Terzverwandtschaft und führt in den symphonischen Stil gregorianische Themen ein, d.h. die *modale* Melodie, die er entsprechend harmonisiert. In Liszts Augen bringt die Symphonische Dichtung der Instrumentalmusik »die Lösung ihres Problems«, indem sie jedem Musikwerk als *Grundidee* den dichterischen Gehalt eines musikalisch auszudrückenden Vorwurfs oder einer Persönlichkeit beigibt. Nach der üppigen symphonischen Produktion des ersten Viertels des 19. Jahrhunderts sah man sich also bereits gegen die Jahrhundertmitte vor das Problem des Wertes und der Rechtfertigung der autonomen Instrumentalmusik gestellt. Es schien, daß die Musik, indem sie sich selbständig machte, den Lebensnerv verlor, der früher der dichterische Vorwurf war. Sie konnte sehr wohl fortfahren, sich in ehedem festgelegten Formen zu bewegen, doch war ihr kein schöpferisches und gestalterisches Prinzip eingeboren: »Der sittliche Wille fehlt ihr«, sagte Wagner.

Die Lisztsche Lösung bestand darin, daß er eine vom »Sujet« inspirierte musikalische »Idee« voranstellte; die gesamte formale Entwicklung ging sodann aus der vom Sujet oder Programm inspirierten Aktivität des musikalischen Empfindens hervor, wobei die Sphäre der reinen Musikalität nicht verlassen wurde. Aber der *Musiker* war zum *Tondichter* – zum Dichter in Tönen – geworden; im schöpferischen Akt verschmelzen die Aktivität des Denkens und die des Fühlens zu ein und derselben Sache. Es ist dies nichts wesentlich anderes als das bisherige Zusammenwirken des Gedanklichen und des Psychischen; aber es handelt sich um einen entscheidenden Schritt.

Indem Liszt diesen Schritt tat, eröffnete er der ganzen künftigen Musik neue Wege, und zwar in zweierlei Hinsicht: durch seine »Idee« und durch seine Musik selbst. Durch seine Idee öffnete er der objektiven Lyrik und Epik den Weg zur bildhaften Musik und befreite die symphonische Kunst vom Joch der klassischen deutschen Musik. Durch seine Musik hat er die Möglichkeit gezeigt, wie ein einsätziges Musikwerk einem neuen Prinzip organischer (zyklischer) Einheit folgen konnte. Es mußte sodann auch möglich sein, mehrsätzige Werke von der organischen Einheit einer Symphonie zu schaffen, ohne sie in das formale Schema der Symphonie hineinzuzwängen. Die Grundlage für die Einheit des Gesamtwerkes bildete der dichterische Vorwurf: Liszt hat in einigen durchkomponierten Werken von der Länge und zugleich Dichte einer ganzen Symphonie *(Ce qu'on entend sur la montagne* und *Die Ideale)* Vorbilder für diese Möglichkeiten geliefert; in seinen beiden Klavierkonzerten und der Klaviersonate gibt er das Beispiel zyklischer Werke, die auf einem musikalischen Grundgedanken aufgebaut sind. (Die Symphonien Schumanns waren bereits so konzipiert, und wir haben in einem früheren Kapitel gezeigt, wie bei Beethoven ein musikalischer Grundgedanke die Einheit der Symphonie erzeugen konnte.) In der *Faust-Symphonie* hatte Liszt vom Sujet her die Eingebung dreier Charakterbilder: Faust, Gretchen, Mephistopheles, das Ganze gekrönt vom *Chorus mysticus* aus Goethes Faust. Was die organische Einheit dieser Werke ausmacht, deren Programm lediglich den formalen Ablauf bestimmt, ist die musikalische Grundidee, die allenthalben wieder auftaucht, und zwar nicht als Grund*thema*, sondern als Grund*motiv*: Die Musik ist von der *Thematik* befreit. Kierkegaard hat gesagt, die Musik sei unfähig, »Historizität (Geschichtlichkeit) in der Dauer auszudrücken«: In der Tat werden Faust, Gretchen und Mephisto gemeinsam zu geschichtlichen Gestalten, und die Musik macht sie nacheinander dazu; aber die Einheit des Vorwurfs, der in der Gegensätzlichkeit der drei Charaktere beruht, verbindet die drei Werkteile in der Dauer und stellt so die drei im Leben verbundenen Personen perspektivisch dar. Denn in einem durchkomponierten Werk ist die Musik nicht *Historie*, sondern *Historialisierung*. Die Oper und zuweilen auch die Symphonische Dichtung *(Tasso: Lamento e Trionfo)* überwinden dieses Handicap durch die Aufeinanderfolge ihrer Szenen bzw. Teile.

Berlioz war Liszt mit der sujetgebundenen Symphonie zuvorgekommen; aber bei Berlioz geht das Programm der Musik vor und diktiert deren Ablauf, während bei Liszt das durch ein »Sujet« inspirierte musikalische Bewußtsein die Form erzeugt: Literarisches Programm und melodische Sprache entfalten sich gemeinsam, wobei ersteres durch die musikalische Entwicklung erläutert wird. Auch ist die musikalische Grundidee bei Berlioz stärker *konkretisiert* – sie wird zur *idée fixe*; bei Liszt bleibt sie Motiv, von dem das musikalische Bewußtsein, nicht aber das Denken behext wird, das daher fähig ist, sich völlig zu verwandeln, ein ganz anderes Gesicht zu bekommen, wie das zunächst bei Liszt zu beobachten war, später aber in Debussys *Pelléas* noch deutlicher wird. Als das eine Person oder eine Macht symbolisierende Motiv wird diese musikalische Grundidee zum *Leitmotiv* des Wagnerschen Musikdramas; aber Wagner bedient sich seiner wiederum thematisch, und erst Debussy, der die wahre *musikalische* Natur des Leitmotivs wiedergefunden hat, sollte das Musikdrama vom Thematismus befreien.

Durch die Verwendung *modaler* Melodien und tonal nicht klar zentrierter *Motive* in seinem symphonischen Stil sowie durch seine Pflege der Chromatik hat Liszt schließlich den Weg zur modalen Freiheit (zur Befreiung vom melodischen »Dur« und »Moll«) und damit zu den Russen gebahnt, deren Melodien *modalen* Charakter haben, wie wir am Beispiel *Antar* gesehen haben. Er bahnt auch der tonalen Freiheit den Weg, die den Fesseln der Grundkadenzen bei der Erzeugung der »Form« sowie der systematisierten Chromatik des *Tristan* ausweichen kann. Denn die Chromatik war ja – wie der Name sagt – bislang nichts anderes als eine Farbgebung, eine Nuancierung der Diatonik, und wird erst im Tristan im Zuge der Gesamtentwicklung der beiden Hauptmotive zu einer Art Grundpfeiler der melodischen Struktur; sie erhält auf diese Weise eine Art Beständigkeit, und man wird beobachten können, wie Skrjabin und Szymanowski auf diesem Wege fortfahren.

Mit einem Wort: Liszt ist der Ursprung der modernen Musik.

RUSSLAND   Zu Anfang des 19. Jahrhunderts hat die abendländische symphonische Kunst Rußland erreicht. Ihre Wegbereiter waren italienische oder französische Opern- und Ballettkomponisten, die als Gäste am Zarenhofe weilten. Glinka ist der Initiator einer russischen Nationalmusik, die alsbald auch in Petersburg von Dargomyschsky und der Gruppe der *Fünf* – unter Führung von Balakirew – gepflegt wird, während in Moskau eine etwas weniger nationalistische, jedoch nicht minder nationale Bewegung entsteht, zu der Anton und Nikolaus Rubinstein, später auch Tschaikowsky den Anstoß geben. Glinkas Bestrebungen waren Kirchenmusiker vorangegangen, die einen russischen Kirchengesang byzantinischer Herkunft eingeführt, sowie einige russische Komponisten, die nach italienischem Vorbild Opern geschrieben und durch russische Melodien bereichert hatten (denn die russische Folklore ist eine der reichhaltigsten der Welt); übrigens war die abendländische Musik bereits seit langem in die Kreise des russischen Bürgertums eingesickert, und in manchen Gegenden war eine spontane Vokalpolyphonie längst zur Tradition geworden: So bildet die russische Musik – wenngleich seit Glinka (der Schüler von Dehn in Berlin war) als aufgepfropftes Reis am Baume der abendländischen Musik – eine eigenständige Welt.

Wer in Rußland gereist ist, weiß, daß Sankt Petersburg, das jetzt Leningrad heißt, und Moskau so gegensätzlich sind wie Tag und Nacht; auch läßt die Schule Balakirews, die in der Instrumentalmusik einen objektiven und repräsentativen Lyrismus, das epische Genre, die bildhafte Musik pflegt und aus russischen Volksliedern und orientalischen Melismen *melodische Bilder* macht, durch dies alles eine extravertierte Haltung erkennen, während Tschaikowsky in seinen Symphonien und – die Ballette ausgenommen – in allen seinen Werken eine introvertierte Einstellung zeigt, die für das, was man Romantik nennt, charakteristisch ist. Was daher die Einheit der russischen Musik ausmacht, ist die *von Grund auf* passive Haltung des musikalischen Selbstbewußtseins, die auch der russischen Religiosität eigentümlich und wohl auch die Ursache ist, daß in Rußland das zweite Zeitalter inmitten des dritten der westlichen Welt andauert. (Denn Rußland ist eine Brücke zwischen Europa und Asien und bildet in sich eine eurasische Welt; der Übergang zum Kommunismus hat daran nichts geändert: Anstatt Gott und seinem Stellvertreter auf Erden, dem Zaren, unterwirft man sich jetzt eben dem Staat in der Person eines seiner Exponenten.) Just diese Bewußtseinsweise ist es, die der russischen Musik ihren Wert innerhalb der abendländischen Kultur verleiht; denn es ist nicht zu übersehen, daß ihre Integration in die abendländische Musik deren Ausdrucksbereich erweitert und ihr die Möglichkeit eröffnet hat, alle denkbaren fundamentalen Seinsweisen des menschlichen Bewußtseins auf der Ebene des autonomen Selbstbewußtseins (einer Ebene, die das Altertum noch nicht erreicht hatte) zu umfassen.

Die *Symphonie pathétique* von Tschaikowsky ist eine der großen Symphonien des abendländischen Repertoires, weil sie auf symphonischem Gebiet ein vollkommener – und zwar der einzig vollkommene – Ausdruck des von Grund auf passiven Bewußtseins ist. Tschaikowsky hat also auf den deutschen Entwurf der Symphonie zurückgegriffen, um damit eine gänzlich andersgeartete ethische Seinsweise auszudrücken, die auf dem *Pathos* beruht. (Bei Beethoven findet sich viel Pathos, doch wird es bei ihm stets überwunden; bei Tschaikowsky wird es in den Finalsätzen der *Vierten* und *Fünften Symphonie* nur durch deren Vitalität – und die Vitalität ist keine psychische »Erlösung« – überwunden.)

Der einzige von diesen Russen, der mit der Musik *von vorn angefangen* hat – was stets ein Kennzeichen des Genies ist – war Mussorgsky; und aus dieser seiner schöpferischen Einstellung sind Werke hervorgegangen, die in der Tat Geniestreiche sind. Was Mussorgsky zu Papier bringt, enthält wirklich, was er sagen will; aber seine Handschrift weicht von den gewohnten Strukturen und Verbindungen ab. Der Komponist ist sich seiner selbst nur in einfachen Formen und Gruppierungen solcher einfachen Formen sicher, und vor allem dann, wenn er durch eine dichterische Textvorlage oder ein dramatisches Textbuch geführt wird. Seine Technik ist im großen und ganzen seiner schöpferischen Fähigkeit nicht völlig gleichwertig, weil sie erfinden muß und nicht entlehnen will. Sein Schaffen ist denn auch kraft der »Echtheit« des Ausdrucks eine Offenbarung der russischen Seele. (Dargomyschsky hatte in der Gesangslyrik dieser »Echtheit« des Ausdrucks den Weg bereitet.)

»Noch niemand hat das Beste in uns mit innigeren und tiefer empfundenen Tönen angesprochen«, schrieb Debussy nach dem Anhören Mussorgsyscher Lieder; »noch nie hat sich eine raffiniertere Empfindsamkeit mit so einfachen Mitteln ausgedrückt . . .; das erinnert an die Kunst eines neugierigen Wilden, der – von seiner Gemütsbewegung geleitet – die Musik schrittweise entdeckt...« Wollte man uns fragen, worin die höhere und, wenn man so will, erbaulichere Bedeutung der Musik Mussorgskys gegenüber derjenigen Tschaikowskys liegt, müßten wir sagen, daß sie das *Ethos* der russischen Seele, genauer das Ethos der von Grund auf passiven Seele *unter allen ihren Aspekten* ausdrückt; und wenn Mussorgsky die Seele des Menschen, die kindliche Seele und die der Menge, zu deuten vermag, ist er zugleich – wie in den *Bildern einer Ausstellung* – imstande, die Seele der dargestellten Dinge zu deuten. Indem sie das russische Ethos offenbart, ist der Musik Mussorgskys eine universelle und unvergängliche Wirkung sicher, weil das Ethos den Urgrund des Menschen erkennen läßt und zeigt, was in ihm an allgemein menschlicher Substanz steckt, während das Pathos gerade dasjenige ist, was seine »Faktizität« bloßlegt – und nicht ein jeder mag dieses Pathos gut leiden. In der naturgegebenen reflexiven Einstellung (d.h. noch vor jeglicher Rückwendung zu sich selbst) kennt sich der Mensch nur im Spiegel der anderen; was er aber in den anderen sucht, um sich in ihnen zu »erkennen«, ist just nicht ihre Faktizität, sondern eine gewisse Vollkommenheit des Seins, eine ethische Perfektion, in der er eine *normative* menschliche Seinsweise erkennt, d.h. ein »Modell«, das er sich zum Beispiel nimmt, dem er folgen kann. Was wir beim Franzosen, beim Deutschen oder Engländer anziehend finden, ist eine bestimmte Art von *Vollkommenheit* des Franzosen, Deutschen oder Engländers, weil sie dem unablässigen menschlichen Streben nach *Normen* entspricht. So ist auch eine universelle Kommunikation zwischen den Menschen nur auf der Ebene der *Normen* möglich und nicht auf der ihrer *Faktizität*, die uns allesamt hemmt; die zwar für den einzelnen anziehend sein mag, jedoch auf ephemere Art anziehend, und die zuletzt jeder echten Kommunikation hinderlich wird, weil sie undurchsichtig ist. Nun ist aber das *Pathos* ein Bestandteil dieser Faktizität, und zwar als jener Teil unserer affektiven Aktivität und unserer Gemütszustände, der von unserer Erdgebundenheit herrührt; es ist »vergegenständlichtes« Gefühl, und man könnte fast sagen, vergegenständlichtes *Ethos*. Und deshalb sind das Pathos und mit ihm die *Sentimentalität* – nicht aber das »Gefühl« – die vergänglichsten Bereiche der Musik.

Diese erste Generation russischer Komponisten ist interessant zu beobachten, weil sie die Lage des Musikers zeigt, der sich aufgerufen fühlt, Neuland urbar zu machen, anstatt bereits vorgetriebenen Kanälen zu folgen. Alle sind Amateure mit anderen Berufen und fühlen sich wie von einem inneren Dämon zur Musikausübung hingetrieben. Am besten vorbereitet ist Tschaikowsky; denn sein Lehrmeister ist Rubinstein, der in seinem musikalischen Schaffen seine ethische Seinsweise des russischen Juden bereits ausgedrückt hat, und zwar im deutschen Stil seiner Epoche. Dieser Meister paßte in besonderer Weise zur pathetischen Persönlichkeit Tschaikowskys und richtete ihn auf den Ausdruck des Pathos aus; aber das sehr feine, aristokratische Naturell Tschaikowskys, das ihn Mozart so lieben ließ, rettete ihn von diesem Einfluß und erklärt uns die ästhetische Vollkommenheit, die formale Klassizität und den hohen Geschmack seiner Musik. Dingen, die offenbar ohne Geschmack sind, Geschmack zu verleihen – das ist der Gipfel der Kunst.

Mussorgsky ist allen Studien am meisten abhold. Er studiert zwar ein wenig, eignet sich aber nur das an, was ihm paßt, und wirft sich auf die Ausbildung seines eigenen Stils und die Schauer des *Ausdrucks*, wobei er sich durch Alkoholgenuß – der übrigens nicht so übermäßig gewesen ist, wie man behauptet hat – zu beschwingen sucht; denn es genügt ja nicht, etwas zu empfinden und zu erfassen – man muß ausdrücken, was man empfindet, und *finden*, was es ausdrücken kann.

Borodin, großer Chemiker und Katzenfreund, bleibt von ihnen allen am meisten Amateur; seine Musik ist auch die ursprünglichste im Gesamtschaffen der *Fünf*. Dieser als Persönlichkeit so liebenswerte Mensch, der sich voller Bescheidenheit bei Liszt Rat und Beistand erbittet, findet trotz seiner geringen musikalischen Bildung doch die Möglichkeit, Werke von untadeliger Haltung, durchaus persönlichem Stil und lyrischem Duktus zu schreiben, denen seine Freunde zuweilen in technischer Hinsicht den letzten Schliff geben müssen.

Der einzige von ihnen, der, so kann man wohl sagen, zum fachgerechten Techniker geworden ist, war Rimsky-Korssakow – eine sehr große Persönlichkeit, die bei aller Unterordnung unter die technischen Voraussetzungen nie aufgehört hat, sich selbst zu erneuern, und die aus der Technik nie etwas anderes als ein Mittel des Ausdrucks gemacht hat. Das für ihn Charakteristische, das, was ihn von den erwähnten Komponisten unterscheidet, ist, daß er nicht sich selbst ausdrückt, sondern seine Visionen von Scheherazade, Antar oder den Abenteuern des Sadko oder des Zaren Saltan. Als er eine Professur annimmt, fühlt er sich verpflichtet, Regeln zu formulieren und einer Stilpraxis den Grund zu legen, aus der hinfort nur ein unpersönlicher Stil hervorgehen konnte. Im Geist seiner Schüler macht er aus dem Stil eine konkrete Gegebenheit. Daraus entsteht einerseits eine schöpferische Strömung akademischer Prägung, deren glänzendster Vertreter Glasunow ist (Akademismus ist die Anpassung an einen übernommenen Stil, was eigene Phantasie durchaus nicht ausschließt), andererseits eine schöpferische Strömung *formalistischer* Art, die ihre eigentliche Ausprägung in Strawinsky gefunden hat, so verschiedenartig auch die ersten explosiven Manifestationen seiner Jugendjahre gewesen sein mögen.

Während Anatol Ljadow – den Spuren Rimskys folgend – das Pittoreske und spezifisch Russische in der Schule der *Fünf* vertritt, bringt Rachmaninow ein wenig moskowitisches Pathos hinein; Prokofjew jedoch entzieht sich jeglichem Akademismus und wird, ausgestattet mit einer ungewöhnlichen melodischen Veranlagung, zum *enfant terrible* der russischen Musik bis zu jenem Tage, da er sich selbst unter die Direktiven einer Musik zwingt, die den Massen zugänglich sein will und der Individualität einen Hemmschuh anlegt.

DIE MUSIK IN ANDEREN LÄNDERN   Während die russische Musik Gestalt annahm, erreichte die symphonische Kunst der Deutschen die Tschechoslowakei, wo Smetana und Dvořák und später Janáček auf ihre Weise *nationale* Musik machten, und Skandinavien, wo sich der *nationale* Charakter besonders bei Grieg bemerkbar macht. Die Originalität des Stils bei Grieg hat einen Zuwachs gebracht: den freien Gebrauch der Sept- und Nonakkorde, der nicht ohne Einfluß auf die Entwicklung geblieben ist.

In Finnland schafft Sibelius – unter dem Einfluß der Klassiker und des frühen Tschaikowsky – ein beachtliches Œuvre, vor allem sieben Symphonien von sehr persönlichem Stil und nationalem Charakter. Uns scheint für ihn bezeichnend zu sein, daß er gegen Ende des 19. und während der ganzen ersten Hälfte des 20. Jahrhunderts eine Musik schreibt, die keinerlei Spuren der auf Wagner, Debussy und die nachwagnerische Bewegung zurückgehenden Entwicklung der Tonstrukturen zeigt; sie schließt vielmehr unmittelbar an die Linie Beethoven–Brahms an, wobei jedoch die tonalen und formalen Strukturen auf eine völlig neuartige Weise behandelt werden, die man bei keinem anderen Komponisten der Epoche antrifft. Diese Musik, die beim skandinavischen Publikum ein sehr starkes Echo findet, hat auch bei den Angelsachsen durch mehrere Jahre beträchtlichen Erfolg gehabt und tut dort bei einigen Musikern nach wie vor ihre Wirkung, während sie – von einigen Nebenwerken abgesehen – auf dem Kontinent so gut wie ignoriert wurde. Sie verdient weder jene besondere Hervorhebung noch diese Geringschätzung. Die Aufnahme, die die Angelsachsen Sibelius bereitet haben, läßt sich durch die Tatsache erklären, daß weder die Strömung um Debussy noch die Ästhetik Strawinskys den Angelsachsen wesensgemäß ist. Auf der Suche nach einer neuen Richtung glaubten sie diese daher in den Symphonien und Symphonischen Dichtungen von Sibelius gefunden zu haben, in denen sie eine Fortsetzung des Klassizismus sahen. Die Entwicklung der Dinge hat diese Hoffnung nicht bestätigt. Und was die Reaktion des kontinentalen Publikums anbelangt, erklärt sie sich aus der »Faktizität« dieser Musik, in welcher sich eine affektive Seinsweise und ein Gefühlsklima manifestieren, die ihm reichlich fremd sind. Trotzdem steht außer Zweifel, daß diese Musik zu unserem Kulturbereich gehört und es verdiente, bekannter zu sein.

Noch zuvor hatte Chopin – von lothringischer Herkunft, jedoch glühender polnischer Patriot – sein Genie in einem Schaffen ausgedrückt, das man zwar polnisch nennen mag, das jedoch – wie alle genialen Werke – von universeller Bedeutung ist.

Wir haben somit eine Epoche erreicht, in der man den Wert der Musik in ihrem *nationalen* Charakter finden zu müssen glaubte. Die *Nationalität* eines Komponisten war zum Beweis seiner Authentizität erhoben worden; das in der Renaissance erweckte Individualitätsbewußtsein des Menschen hatte sich auf die Nation erweitert, und nie zuvor war Europa auf kulturellem Gebiet so zerstückelt wie seit dem Erwachen des Nationalbewußtseins. Dieser Stand der Dinge dauerte bis 1914 an und machte sich nach dem ersten Weltkrieg sogar noch stärker bemerkbar. Trotz vereinzelter Stimmen wie jener Ortega y Gassets im *Aufstand der Massen* hat es des zweiten Weltkriegs bedurft, damit man einsehen lernte, daß diese Nationen notwendigerweise eine Gemeinschaft bilden sollten, während sie durch den Eisernen Vorhang aufs neue auseinandergerissen sind. Nun waren aber die verschiedenen Strömungen der abendländischen Musik seit der Renaissance nur im Innern national, und wenn der Nationalcharakter sich auch äußerlich, d.h. dem Anschein nach, bemerkbar machte, war er doch *von innen her* bestimmt, während der neue Nationalismus zu einer Anmaßung des Nationalcharakters *im Äußerlichen* neigte; und dieser Gegensatz zwischen jenen beiden Äußerungsformen ist es, an dem sich die Werke von universeller und jene von nur regionaler Bedeutung scheiden. Das soll nicht heißen, daß nicht auch diese anziehend sein können, doch rührt ihre Anziehungskraft – gleich jener des Exotischen – von ihrer Faktizität her; und diese Anziehungskraft ist, wie wir gesehen haben, ephemer, wenn sie nicht durch irgendeine transzendente Bedeutung überhöht wird, wie das bei den besten Musikern nationalen Charakters der Fall ist.

Gerade diese Verinnerlichung der nationalen Seinsweise hat man bei einigen der besten Musiker unserer Epoche wiedergefunden, wie zum Beispiel bei Bartók, Martinu und Malipiero. Bei keinem dieser drei Komponisten tritt der Nationalcharakter äußerlich in Erscheinung; wir wollen damit sagen, daß sie keine volkstümlichen Melodien verwenden: Der Nationalcharakter liegt im Kern der Strukturen oder des Stils.

Bei Bartók zeigt er sich vorwiegend in der Wahl der Quarte als Grundintervall sowie in der Bevorzugung gewisser Chromatismen wie im Akkord *c-dis-e-g*; bei Martinu in der ständigen Synkopierung des Sechsvierteltakts z.B. und im Charakter der Melodie; bei Malipiero im Stil selbst sowie in einer besonderen – entweder träumerisch-unbestimmten, ziellosen oder aber im Gegenteil bestimmten, vitalen, eigenwilligen und doch wieder ziellosen Gefühlshaltung –, also jedenfalls einer wesentlich »existenziellen« Haltung.

Nach Wagner, Brahms und Bruckner und zur Zeit Mahlers waren die beiden größten deutschen Komponisten Richard Strauss und Max Reger.

Strauss verfolgte den Weg, den Liszt eingeschlagen hatte, in der Symphonischen Dichtung, die er im allgemeinen in einer erweiterten symphonischen Form (Rondo, Variationen, Sonatenform) behandelt. Er schafft eine Synthese der Symphonischen Dichtung mit den Formen der Symphonie unter Weiterführung der Thematik. In der Oper treibt er die expressive Funktion des Orchesters noch weiter voran als Wagner und pflegt das Musikdrama in einem realistischeren Sinne als dieser; das heißt, daß in den Strauss-Opern die Aufmerksamkeit mehr vom *Detail* angezogen wird und daß in diesem Opernschaffen die Gegenwart großer menschlicher Themen weniger fühlbar wird als bei Wagner.

Reger ist bestrebt, sich der »Romantik« zu entziehen und zum Klassizismus zurückzufinden, indem er auf einen polyphonen Stil zurückgreift, in welchem die Tonalität durch Anwendung der Chromatik immer diffuser und gequälter wird. Das Orchester hat sich bei Strauss wie bei Mahler zu beträchtlichen Ausmaßen erweitert. Die Formen sind von Elephantiasis bedroht, und das ganze Gebäude der tonalen Strukturen ist in Gefahr zu bersten. In dieser Richtung zeigt sich keinerlei Ausweg; das Ende der deutschen Musikherrschaft über den Okzident auf dem schöpferischen Sektor ist nahe; denn andere, frischere schöpferische Kräfte haben sich anderwärts bemerkbar gemacht*.

Wir haben bereits erwähnt, daß die Niederlage von 1870 ein reaktives Erwachen der geistigen Kräfte in Frankreich ausgelöst hat, das sich vor allem durch den Symbolismus in der Dichtung und durch eine musikalische Erneuerung bekundet hat, die Paris zeitweilig – bis etwa 1914 – zur Heimstatt des musikalischen Schaffens *in seiner historischen Entwicklung* gemacht hat. Zu Anfang des 20. Jahrhunderts jedenfalls überlassen Berlin und Wien, die bis dahin die Zentren des Musiklebens waren, Paris die Führung. Auch nach 1918 ist Paris noch ein Zentrum, doch sind es nicht mehr Franzosen, die in Führung sind, sondern Strawinsky und Picasso. Nach dem zweiten Weltkrieg gibt es keine Zentren mehr, sondern nur noch Märkte. Ein neues Zentrum und ein neuer Markt taucht auf: New York. In Nordamerika beginnt in der Tat eine »Nationalmusik« Gestalt anzunehmen, zu der neben den Einheimischen

---

* Hier erscheint es mir angebracht, einen Ausspruch von Richard Strauss zu zitieren, den mir Furtwängler berichtet hat, der davon sehr beeindruckt war.

Nach Kriegsende kam Strauss zu einer Kur nach Baden bei Zürich. Furtwängler, der seit einiger Zeit in der Suisse romande wohnte, stattete ihm einen Besuch ab und gab seiner Verwunderung Ausdruck, ihn in einem Zustand heiterer Gefaßtheit anzutreffen: »Ich habe seit langem gewußt«, so etwa sagte Strauss, »daß dieses Regime Deutschland die Vernichtung bringen würde; aber Deutschland hatte auf Erden die Aufgabe, den Menschen die Musik zu offenbaren – und nach Wagner war diese Aufgabe erfüllt.« – »Wieso denn!« rief Furtwängler aus, »und Sie?« – »Oh, ich – ich bin nur ein Epigone«, erwiderte darauf Strauss.

amerikanisierte Musiker jeglicher Herkunft beitragen. Amerika ist ja keine
Nation, sondern ein Konglomerat von Menschen, in dem sich alle erdenklichen ethischen Seinsweisen mischen. Die einzige allen gemeinsame ethische
Seinsweise scheint der Pragmatismus zu sein, doch könnte man Amerika aufgrund seines Pragmatismus des Tatsächlichen allein nicht gerecht werden,
weil die amerikanische Welt auch von anderen moralischen Kräften belebt
wird, wenngleich diese bisher nicht so weit gekommen sind, die Herrschaft des
Geldes zu überwinden. Während sich dieses Amerika auf politischer Ebene
wie eine Nation gebärden soll, gibt die amerikanische Musik auf kulturellem
Gebiet ein Problem auf, das wir hier nicht zu lösen versuchen wollen, weil es
theoretisch mit jenem der modernen Musik schlechthin verquickt ist.

DIE MUSIKALISCHE ERNEUERUNG IN FRANKREICH   Die musikalische Erneuerung in Frankreich rührt von der Tatsache her, daß die französischen Musiker
nach 1870 der deutschen Musik Eingang gewährt haben, die sie zwar durch
Haydn, Mozart und Beethoven kannten, die jedoch – von Berlioz abgesehen –
nur einen oberflächlichen Einfluß auf sie ausgeübt hatte und die sie nun durch
die Werke von Wagner und Schumann tiefergehend berühren sollte, weil diese
beiden Komponisten – gleich den Franzosen – Lyriker waren.

Wir sind hier Zeugen eines natürlichen Phänomens der Entwicklung der
musikalischen Sprache. Haben wir nicht festgestellt, daß der Deutsche *sich
ausdrückt* und der Franzose (etwas) *ausdrückt*? Und eben das ist es, was sich
bei der Entstehung der musikalischen Sprache abspielt: Sie ist zunächst Selbstausdruck, um sodann gegenständlicher Ausdruck zu werden. Es war nötig,
daß die Musik lange Zeit hindurch die Erfahrung der Sprache als Selbstausdruck machte; hernach aber konnte sie nicht mehr in diesem Stadium verharren. Sie mußte, um ihre Ziele erreichen zu können, bestrebt sein, zu dinglichem
Ausdruck zu gelangen, und es erscheint in gewissem Sinne schicksalhaft, daß
in diesem Augenblick ihre geschichtliche Entwicklung vom musikalischen Bewußtsein her wiederaufgenommen wird, dessen Grundeigenschaft darin besteht, die Dinge zu deuten, und zwar durch die von Grund auf »lyrische« und
objektive Art des Lyrismus. Das soll selbstverständlich nicht heißen, daß die
Erfahrung des Selbstausdrucks zum Stillstand kommen werde; sie wird sich
vielmehr besonders schön weiterentwickeln können, indem sie die neuen Ausdrucksmöglichkeiten nützt, die sich ihr durch die Erfahrung der Objektivierung eröffnen; und überdies ist ja der Lyrismus nichts anderes als ein indirek-
ter Weg des Selbstausdrucks.

Das Musikleben Frankreichs in jener Epoche ist so reichhaltig, daß wir es
nicht im einzelnen untersuchen können; wir wollen uns auf das Wesentliche
beschränken. Mögen die Herren des Jockey-Clubs 1861 den *Tannhäuser*
ausgepfiffen haben – Wagner hat deshalb nicht weniger glühende Bewunderer
in Frankreich zurückgelassen. Saint-Saëns, Duparc und Chabrier sind gemein-

sam zur Première der *Walküre* gepilgert – der erste, um diese Musik für immer abzulehnen, die beiden anderen, um begeistert von ihrer Reise zurückzukehren. Zahlreiche Franzosen, unter ihnen auch Debussy, fuhren nach Bayreuth, und auf der Reise nach Rom soll Debussy eigens den Umweg über Wien gemacht haben, um dort Brahms kennenzulernen!

Die *Société des Concerts spirituels* hatte 1843 unter Habeneck ausgezeichnete Aufführungen der Symphonien von Beethoven veranstaltet; einer der Söhne des Marschall Ney hatte eine Gesellschaft gegründet, die sich der Pflege der Vokalwerke des 16. und 17. Jahrhunderts widmete; Niedermeyer gründete 1853 eine Schule für geistliche und klassische Musik, an der Saint-Saëns unterrichtete, der von Reber und Gounod ausgebildet war. Aus dieser Schule gingen unter anderen Fauré und Messager hervor; und schließlich ist seit 1872 César Franck Professor für Orgel am Conservatoire, und seine Klasse, in der man sich nicht nur mit der Orgel beschäftigt, wird alsbald zum Treffpunkt des Komponistennachwuchses.

Es gibt somit drei vorbereitende Wege zur schöpferischen Musikausübung:

1. Das Conservatoire (abgesehen von Franck), wo Komposition etwa in der im Zusammenhang mit Rimsky beschriebenen Weise unterrichtet wird: Es macht daraus im Hinblick auf die Rom-Kantate und die Komposition von Opern eine Technik, ein Handwerk; das wäre gut und schön, hindert aber die jungen Musiker daran, Technik und Stil zu unterscheiden. Die besten Lehrmeister unterrichten in einem akademischen Stil, dessen glänzendster Repräsentant der unmittelbar von Franck beeinflußte Paul Dukas ist. Seine Werke tragen den Stempel einer starken Persönlichkeit und sind nur deshalb so wenig zahlreich, weil seine extreme Redlichkeit dazu führte, daß er alles vernichtete, was ihn nicht voll befriedigen konnte.

2. Die Schule Niedermeyer, die Organisten ausbildete und ihren Schülern eine strenge kontrapunktische Disziplin im Stil des *harmonischen* Kontrapunkts vermittelte. Der Stolz dieser Schule ist der aus ihr hervorgegangene Gabriel Fauré, und es sind insbesondere die kontrapunktisch gehaltenen Werke, in denen man ihn uneingeschränkt bewundern kann. Er spielt in Frankreich die stets notwendige Rolle des Musikers, der die Tradition fortsetzt: in seinem besonderen Fall die kontrapunktisch-harmonische Tradition, die die Melodie hervorhebt – und es ist eine französische, *offene* Tradition, die nicht im Formelhaften festgefahren ist. Es ist die gleiche Tradition, der Ravel folgte, nachdem er sich bei den Nordrussen, bei Chabrier *und bei Satie* sowie in den Anfangswerken von Debussy geholt hatte, was dort zu holen war.

3. Die Francksche Schule, die von seinen unmittelbaren und mittelbaren Schülern aufgebaut wurde. Dieser Wallone hatte es besser als irgend sonst jemand verstanden, die symphonische Kunst der Deutschen von Beethoven bis Liszt und Wagner zu assimilieren; aber er konnte dieser Richtung Werke abgewinnen, die eine *kontinuierliche melodische Linie* weit wirksamer erkennen lassen als die deutsche Symphonie. So war seine Musik also im Stil franzö-

sisch; und die Synthese der Stile, aus der sie hervorgegangen war und in der
man die Modulationskunst Liszts und Wagners, die Chromatik und die
Praxis des melodischen *Grundgedankens* verkörpert findet, hob seine Schüler
schon im ersten Anlauf auf eine wesentlich höhere entwicklungsgeschichtliche
Stufe als die der deutschen akademischen Lehrmethode jener Zeit. Anders als
seine Kollegen am Conservatoire verwandte Franck seine ganze Kraft auf das
Studium der symphonischen Formen und der Kammermusik, ohne dabei die
großen Chorwerke zu vernachlässigen; er unterrichtete kein Handwerk, sondern Kunst, und zwar Ausdruckskunst. Dazu kam, daß seine Haltung angesichts der Musik einen »sittlichen« Aspekt hatte, der sich von der gewohnten
französischen Haltung auf eigenartige Weise unterschied. Wir können hierüber nicht besser berichten als durch ein Zitat aus einem Aufsatz Debussys:
»Man hat viel vom Genie César Francks geredet, ohne jemals auszusprechen,
was an ihm einzigartig ist, nämlich seine naive Ursprünglichkeit. Dieser un-
glückliche, verkannte Mensch hatte eine Kinderseele von so unausrottbarer
Güte, daß er, ohne jemals Bitterkeit zu empfinden, die Schlechtigkeit der
Leute und die Widersprüchlichkeit der Ereignisse mitansehen konnte . . . Nie
denkt er schlecht vom Gegner, und nie hegt er Mißtrauen gegen ihn. Keine
Spur von jener bei Wagner so offenkundigen Berechnung, durch die dieser das
Interesse des Publikums, wenn es durch allzu beharrliche Transzendenz er-
müdet ist, aufs neue erregt, indem er irgendeine sentimentale oder orchestrale
Pirouette schlägt. Bei César Franck finden wir eine stetige Hingabe an die
Musik, und so mag man sie hinnehmen oder beiseite lassen; keine Macht der
Welt konnte ihn dazu bringen, eine Periode, die ihm richtig und notwendig
schien, zu unterbrechen; und sei sie noch so lang – man muß hindurch. Das
ist sehr wohl der Beweis einer selbstlosen Verträumtheit, die sich jeglichen
Schluchzer versagt, dessen Wahrhaftigkeit und Echtheit sie nicht zuvor empfunden hat . . . Was Franck aus dem Leben entlehnt, gibt er der Kunst mit
einer Selbstbescheidung zurück, die an Anonymität grenzt. Wenn Wagner
aus dem Leben schöpft, wirft er sich zu dessen Beherrscher auf, tritt es mit
Füßen und übertönt mit dem Ruf ›Wagner!‹ noch die lautesten Ruhmesfan-
faren . . . Man tut recht, wenn man inmitten allzu drängender Geschäfte auch
einmal der großen Musiker gedenkt und vor allem zu ihrem Gedächtnis auf-
ruft. Ich habe den Karfreitag zum Anlaß genommen, einem ihrer Größten Ehre
zu erweisen, weil ich dachte, daß diese Ehrung *der Idee des Opfers* entspricht,
die die Größe des Menschen in der Heiligung dieses Tages in uns wachruft.«
(Die Hervorhebung stammt von mir.) Wer hätte diese letzten Worte gerade
von Debussy erwartet? Diese Zeilen enthalten zutreffende Äußerungen über
Franck, aber ebenso viele Bemerkungen, die über Debussy Aufschluß geben
und uns seine eigene Einstellung zur Musik offenbaren.

Wie es nur natürlich ist, war das, was die Aufmerksamkeit der Franzosen
bei Wagner fesselte, seine »Faktizität«; und hieraus erwuchs eine Zeitlang eine
Krise heftigen Wagnerianertums. Nach 1890 jedoch erhält die französische

Eigenart wieder die Oberhand, und unter den Jüngern Francks beginnt die Suche nach einer »französischen« Symphonie und Kammermusik. Allerdings ist die Symphonie, die im wesentlichen eine introvertierte Grundhaltung voraussetzt, nicht eigentlich Sache des französischen Musikers; und man kann wohl sagen, daß die Symphonien der Franck-Schüler ins Französische *übersetzte* deutsche Symphonien sind: übersetzt, weil nicht mehr die Bewegung des Grundtons auf dynamischem Wege die Form erzeugt; vielmehr überläßt die (durch den Baß gekennzeichnete) tonale Bewegung der melodischen Dialektik die Führung und Zusammenfassung im Rahmen der vorweg konzipierten Form. Der einzige unter diesen Symphonikern, der das Beispiel einer echt französischen Symphonie gegeben hat, war Albéric Magnard, dessen *Symphonien Nr. 3* und *4* nicht vergessen werden sollten; die Polyphonie ist darin auf ihre einfachste Ausdrucksform reduziert, und die Melodie ist unumschränkte Herrscherin.

Der letzte in der Reihe dieser Symphoniker, Albert Roussel, trachtet die Symphonie zu erneuern, indem er die Polytonalität in ihr anwendet und Perioden ausschließlicher *Ostinato*-Motorik mit rein lyrischen Perioden abwechseln läßt. Die Polytonalität jedoch kann von der symphonischen *Form* nicht assimiliert werden, da diese doch auf *klar bestimmten* harmonischen Tonalitätsbeziehungen aufgebaut ist; und was die *Ostinato*-Motorik anbelangt, so kann man nur sagen, daß sie dem Wesen der Symphonie, in der motorische und expressive Elemente *wetteifern*, völlig zuwiderläuft; und die Konzentration des Rousselschen Stils auf die Melodie reduziert die Rolle der Baßführung in einem Grade, der sie zur Unmerklichkeit und damit zur Bedeutungslosigkeit verurteilt. Roussels Werke haben darum nicht minder persönlichen Charakter, der unsere Aufmerksamkeit erheischt, und die vorstehenden Bemerkungen können nur auf summarische Weise die Faktizität dieses Schaffens kennzeichnen.

Honeggers Symphonien haben mit der Franckschen Tradition nichts mehr gemein. Dieser Komponist ist eine eigenartige Mischung von deutschem Naturell und französischer Kultur. Wenn er in seinen Symphonien die Polytonalität anwendet, tut er es auf dem Wege der Polyphonie, und seine symphonischen Werke, in denen die Form im allgemeinen aus einer Aneinanderreihung von Dominantklängen über einer chromatischen Baßbewegung entsteht, sind rein lyrische oder dramatische Werke in symphonischer Gestalt.

Bald nach Francks Tod gründet d'Indy die *Schola Cantorum*, um in deren Rahmen die Unterweisungsmethoden seines Meisters fortzuführen und durch das Studium der alten Polyphonie zu erweitern. Aber er erteilt dort einen dogmatischen Unterricht, der zu einer Objektivierung des Stils neigt, und er zwingt seinen Schülern Stilregeln auf. Die Bewegungsfreiheit, die diese Regeln der schöpferischen Freiheit ließen, mag kleiner oder größer gewesen sein, es konnte nur eine akademische Kunst dabei herauskommen, die sich im eigenen Kreise drehen mußte, ohne ein Tor in die Zukunft zu öffnen.

CLAUDE DEBUSSY   Debussys Musik ist aus keiner dieser Schulen hervorgegangen, sondern einzig und allein aus dem freien Schöpfertum ihres Urhebers. Es versteht sich allerdings von selbst, daß er die Wege, die er gehen mußte, nur durch die lange Erfahrung eines durch den ständigen Kontakt mit der Musik erworbenen Stils entdecken konnte. Was behält Debussy von seinen Studien am Conservatoire, wo er – neben den »Pflichtfächern« – die Kurse bei Franck besuchte? Die Beherrschung der Satztechnik und – das ist das wesentliche – die praktische Kenntnis der ganzen Musikliteratur, die er auf dem Klavier spielen gelernt hatte; denn er hatte zu schreiben begonnen, noch ehe er Komposition *studiert* hatte. Was ihn am meisten gefesselt hatte, war Wagner – vor allem *Tristan* und *Parsifal*, teilweise auch die *Meistersinger*; ferner Chopin, Schumann, Liszt. Er haßte drei Dinge: 1. sich irgendwelchen Regeln unterwerfen zu müssen; 2. die Effekte, das Zurschautragen des Ausdrucks (nicht den echten Ausdruck, den er sogar in das Spiel Bachscker Inventionen und Fugen hineinlegte), das Aufdrängen und die Vergröberung des Auszudrückenden, d. h. das Überladen mit »Faktizität«; 3. die musikalische Rhetorik, die »Durchführung«, den *Thematismus* – was dazu führte, daß er von Beethoven nicht gut sprach; denn es ist sehr schwer, die Stile, in denen die Thematik etwas *bedeutet*, von jenen zu unterscheiden, die sie zur bloßen Rhetorik werden lassen. Das bedeutet nicht mehr und nicht weniger, als daß er sich vor einer *tabula rasa* befand; denn die gesamte französische Musik seiner Zeit schien bestimmten handwerklichen Regeln unterworfen zu sein und – auf dem Gebiet der Symphonie – dem Thematismus zu huldigen.

So beginnt er denn auch – die »Pflichtarbeiten« für den »Rompreis« ausgenommen – mit Salonmusik. »Meine Musik hat kein anderes Ziel, als an Menschen und Dingen teilzuhaben«, sagte er einmal zu Godet, seinem intimsten Freund. Aber man höre einmal aufmerksam etwa die *Petite Suite* oder die *Tarantelle styrienne* (ein reichlich fantastischer Titel, der in der endgültigen Ausgabe in *Danse* umgewandelt wurde), und man wird feststellen, wie weit das alles von bloßer Salonmusik entfernt ist. Wer wollte die melodische Eigenart des *Menuetts* aus der *Petite Suite* klassifizieren? Aus der »Tonalität« ist sie nicht erklärbar; denn die Melodie gehört eher zur *a*- als zur *g*-Tonleiter. In den *Proses lyriques* und den *Poèmes* nach Baudelaire findet sich noch »wagnerische« Faktizität, jedoch nicht in den *Ariettes oubliées*. Im übrigen wird man bei Debussy immer wagnerische Klänge finden; aber sie sind bei ihm stets jeglichen thematischen Zusammenhangs entkleidet, so in der Szene aus dem *Martyre de Saint Sébastien*, in der der Heilige die Passion Christi nacherlebt:

Andererseits liegt Massenet in der Luft, und man wird die Erotik Debussys in der Rückspiegelung zu Massenet wiederfinden; aber noch in den melodischen Wendungen Debussys, die besonders eindringlich an Massenet erinnern, wird man diese erotische Eigenart geläutert und – wenn die Bezeichnung »vergeistigt« auch zu hoch gegriffen wäre – von einer Zurückhaltung und Keuschheit geadelt finden, die Massenet nicht kennt.

Das Streichquartett war von Grieg und Borodin auf eine andere, melodischere Weise als nach den klassischen Regeln behandelt worden: Den gleichen Weg beschreitet Debussy in seinem Werk dieser Gattung, das jedoch viel stärker ist als jene seiner Vorläufer und das kraft der angewandten Methode dem traditionellen Thematismus entgeht.

Aber die stilprägende Phase im Schaffen von Debussy war in den Jahren 1890 und 1902 die Arbeit an Werken mit höherer Zielsetzung als jener der ersten Klavierstücke und Lieder. Er hatte geplant, eine dreisätzige *Phantasie* für Klavier und Orchester zu schreiben, doch schon nach der ersten Orchesterprobe läßt er die Stimmen wieder einsammeln, weil er findet, er habe im Finale übermäßigen Gebrauch von der »Variation« gemacht – »ein einfaches Mittel, um aus wenig viel zu machen«, wie er sagte. Er hat eine ganze Oper – *Rodrigue et Chimène* nach einem Textbuch von Catulle Mendès – beinahe fertiggestellt, die ihm die Unterstützung dieses einflußreichen Kritikers und den Zugang zum Theater eingetragen hätte; aber er ist mit allem, was der Text ihm abverlangt, mehr und mehr unzufrieden und überantwortet das fast vollendete Werk nach einem heftigen Auftritt mit dem Librettisten der Vergessenheit. »Alles in dieser Oper«, so sagte er später einmal, »war gegen mich, und ich muß befürchten, daß ich in diesem Werk mehrfach mich selbst besiegt habe.« Man kann dieses Ereignis als die entscheidende Prüfung in Debussys Laufbahn ansehen: Er wußte hinfort, *was er nicht machen wollte*, und brauchte nur noch – kraft der eigenen musikalischen Lebenserfahrung – zu suchen, was er machen mußte.

Sodann stieß er auf den *Pelléas* von Maeterlinck. Über zahllose Versuche, beschriebene und wieder zerrissene Seiten und durch zeitweiliges Verleugnen des eigenen Wesens hat er dieses Werk vollendet: das nicht nur durch den weiten Bogen seines Atems machtvollste Zeugnis seines Stils, sondern zugleich die erste umfassende Erscheinungsform der *Welt* – zumindest der menschlichen Welt, die er in sich trug. Wie diese Welt beschaffen war, hat er *grosso modo* in einer Äußerung zu Godet ausgedrückt, die etwas prägnanter ist als die weiter oben zitierte: »Meine Musik ist dazu da, sich mit den *Seelen und Dingen guten Willens* zu verbinden.«

Zu dieser Vorstellung gehören auch *l'Après-midi d'un Faune* (1892–94) und die *Nocturnes* für Orchester (1898), die er als Nebenwerk (vor *Pelléas*) zwischendurch geschrieben hat. Von Mallarmés Gedicht fasziniert, hatte er zunächst ein *Prélude, interlude et paraphrase finale* geschrieben, das als Umrahmung für eine in Brüssel geplante Rezitation des Gedichts dienen sollte; und aus dieser Arbeit hat er das bekannte, in einem Stück konzipierte Werk gemacht, das ein Wunder an Form und Stil ist, ohne von der poetischen Substanz zu sprechen, die Mallarmé selbst bewundernd hervorgehoben hat. Er sagte: »Diese Musik *verlängert* die emotionelle Wirkung meines Gedichts.«

Wenn man sich nach dem Geheimnis dieses Wunders fragt, wird man es nicht nur in der melodischen und harmonischen Erfindung und der Freiheit des Rhythmus, sondern noch weit mehr in der Tonführung finden, die ihre Bedeutung durch die Bewegung des Basses erhält und durch jene der Grundtöne der tonalen Bereiche ausgelöst wird – eine Bewegung, die zugleich die *Form* des Werkes erzeugt. Die Harmonieführung ist nicht bloß das, was die Entfaltung des musikalischen Ablaufs *vorschreibt*, sondern was die Form dieser Musik erzeugt und *fundiert*. Es ist etwas völlig anderes, ob sich das schöpferische Bewußtsein im vorhinein an ein zu beobachtendes formales Schema bindet oder ob es auf seiner symphonischen Wanderung in freier Entscheidung dem *Baß* einen Weg bahnt, der eine in sich geschlossene tonale Bewegung erzeugt und eine wohlproportionierte statische Form zutage treten läßt; denn auf diese Weise bekundet das schöpferische Bewußtsein seine Freizügigkeit in der Entwicklung der Form: Es entzieht sich dem Klischee. Wenn man in den Werken von Debussy dennoch auf zwei- und dreiteilige oder sonstige Formtypen stößt, so deshalb, weil sie gewisse Grundvoraussetzungen der formalen Dialektik und der tonalen Form bilden; aber diese »Formen« haben bei ihm eine *Individualität*, die die schulgerechten Formen nicht besitzen, ja sie können sogar einen völlig anderen Sinn erhalten, wie beispielsweise *La Mer* beweist. Die Freizügigkeit in der Formentwicklung ist bereits beim Orchestereinsatz in *D*-dur nach dem Flötensolo im *Après-midi d'un Faune* offenkundig, noch deutlicher aber in den *Nocturnes* und *La Mer*.

Der erste Satz des letztgenannten Werkes ist das erste bedeutende Beispiel eines symphonischen Satzes, der nicht in sich selbst rückläufig ist, auf eine Reprise und jegliche Thematik verzichtet sowie ausschließlich auf *Motiven* aufgebaut ist, wobei er dennoch allen Reichtum an Substanz, formale Vollkommenheit, transzendente Bedeutung und den offenkundigen Sinn des *Allegro* einer klassischen Symphonie besitzt und deshalb auch keine »Programm«-Musik darstellt.

Debussys Musik gewinnt somit auf der Grundlage der folgenden Bewußtseinsstruktur Gestalt:

Melodisch-polyphoner Verlauf	Melodisches Bewußtsein (extravertiert)
Grundton	Nichtreflexives Selbstbewußtsein (in Führung)
Baß	Introvertierte Deutung des symphonischen Ablaufs

Diese Struktur ist, wie wir gesehen haben, die Struktur des harmonischen Bewußtseins (der Grundton lagert sich auf eine oder die andere Stimme der Polyphonie und fällt am Anfang und Ende des Stückes mit dem Baß zusammen, so daß sich der innermusikalische Ablauf tatsächlich in der Bewegung des Basses kundgibt). Nachdem sich Debussy diese Erfahrung (im Sinne der Psychologen bestimmt nicht »bewußt«) zu eigen gemacht hatte, kam alles übrige ganz von selbst hinzu; denn diese Einstellung des Bewußtseins läßt dem melodischen, harmonischen und rhythmischen Geschehen *in seinen tonalen und kadenziellen Voraussetzungen* volle Freiheit. Tatsächlich gibt es bei Debussy stets eine Bezogenheit auf ein tonales Zentrum *(tonalité fondamentale)*, aber man befindet sich kaum je in diesem Zentrum. So kann man den tonalen Weg jenes ersten Satzes wie folgt schematisieren:

Einleitung	*1. Episode*	*2. Episode*	*Überleitung* (Mittag)	*Apotheose*
h-moll *(a, as)*	$\boxed{des}$ *(ges, ces)*	*b*	*(es) as*	*(ges)* $\boxed{des}$
		(Dominante *des*)		

So präsentieren sich die meisten dieser Grundtöne entweder als jene eines Sept- oder Non-Akkords der jeweiligen Dominante oder auf der Grundlage eines Basses, der nicht auch Grundton ist. In der Überleitung zum Finale z. B.

führt die melodische Linie über die tonartfremden Töne *d* und *e*. Die Melodie
hat also bei Debussy (von ihren tonalen Voraussetzungen her) volle Freiheit;
sie mischt Chromatik und Pentatonik sowie antike Tongeschlechter mit Dur
und Moll. Der Rhythmus ist in seinen kadenziellen Voraussetzungen nicht
minder freizügig (wie wir an dem Beispiel der *Rondes de Printemps* gesehen
haben) und die kadenziellen Voraussetzungen ihrerseits nicht minder innerhalb der organischen Einheit des Tempos (so besteht z. B. eine organische
Verbindung zwischen dem $\frac{6}{8}$ der ersten und dem $\frac{4}{4}$ der zweiten Episode).

DER WERT DES DEBUSSYSCHEN SCHAFFENS   Nach ihrem ganzen Charakter
gehört die Musik Debussys somit in die große Linie des französischen Lyrismus; denn in der Epoche der Polyphonie bildete der Tenor – wie hier der
Grundton – das Herzstück der Polyphonie, und man kann Debussy im gegenwärtigen Zeitpunkt als der geschichtlichen Entwicklungskette Perotin-
Machaut–Claude le Jeune und Jannequin–Couperin und Rameau zugehö-
rig betrachten*.

Vor allem aber qualifiziert sich Debussys Schaffen durch die Grundlage
seiner Strukturen und seine organische Beschaffenheit als Glied in der klassischen Entwicklungskette, an deren Anfang Bach steht, den er auf franzö-
sischem Boden in dem Augenblick fortsetzt, in dem sich das deutsche Musikschaffen in einer entwicklungsgeschichtlich kritischen Situation befindet.
Denn wenn Debussy das Gefühl für die *Baßführung* ohne Zweifel durch das
Hören Wagnerscher Musik erworben hat, scheint er es doch wohl durch das
Studium Bachs kultiviert zu haben: Jedesmal, wenn er Bach hörte, war er tief
beeindruckt, und er ließ sich von dem Pianisten Walter Rummel Bach-Cho-
räle vorspielen, aus deren Wiedergabe am Klavier dieser Pianist eine Art
Spezialität gemacht hatte. Was Debussys Musik von der deutschen unterscheidet, ist die Bedeutung, die bei ihm der Baßlinie zukommt; denn diese tritt
beinahe ausnahmslos an die Stelle der Akkordgrundlinie (womit wir sagen
wollen, daß die Baßtöne nur sehr selten auch Grundtöne sind) – eine typische
Eigenheit des Lyrismus. Die Folge ist, daß das musikalische Bewußtsein seiner
Grundvoraussetzung durch die Kadenzen der Dominante und Subdominante
weniger unterworfen ist. Es kann seine Seinsanlage anders bekunden als durch
das Schema T-D-T, wie der erste Satz in *La Mer* zeigt, dessen Entwicklung
durch den fast ausschließlichen Gebrauch von Sept- und Nonklängen und
durch die Doppeldeutigkeit der Baßtöne dieser Akkorde erleichtert wird.
Dazu kommt, daß Debussy an die Stelle der im allgemeinen introvertierten

* Als eine meiner größten Befriedigungen als Interpret habe ich es empfunden, als nach
einem Konzert in Berlin, in dessen Rahmen ich *Sederunt principes* von Perotin (in der ausgezeichneten Bearbeitung von Rudolf v. Ficker) und *Le Martyre de Saint Sébastien* dirigierte, ein Kritiker seine Besprechung mit dem Titel »Ruhmestaten der französischen Musik« überschrieb und die gesamte Presse erklärte, sie habe zwischen dem ersten und dem
letzten der großen französischen Musiker eine Verwandtschaft festgestellt.

Haltung der deutschen Musiker seine extravertierte treten läßt; aber es handelt sich bei ihm ja eigentlich um eine nur extravertiert bekundete, im Grunde aber introvertierte Haltung; und er ist der einzige französische Musiker, der diesen entscheidenden Schritt getan hat, indem er in seinem Innern die extravertierte Haltung, welche die Grundhaltung des Franzosen ist, mit der introvertierten, also der natürlichen Haltung jedes Musikers, in ein vollkommenes Gleichgewicht brachte. Man nehme diese feinen Unterscheidungen nicht für reine Spekulation: Sie sind die zwangsläufige Folge des Umhergaukelns des psychischen Bewußtseins – das als Bewußtsein *von etwas* stets auch Selbstbewußtsein ist oder umgekehrt – in der reinen Reflexion auf der Suche nach einem festen Ankerplatz. Und weil Debussy diese Stellung eingenommen hat, hat er einen eigenen Stil.

Der eigentliche Wert, den der Sieg über sich selbst Debussy verleiht und der aus ihm den Musiker der *Freiheit* macht – aber der *bedingten* Freiheit, d. h. der menschlichen Freiheit, die ein ethisches Fundament besitzt –, ist kaum verstanden worden. Man hat sich in der Faktizität seiner Musik festgefahren: in den übermäßigen Quinten, der Ganztonleiter, den Nonakkordfolgen, den Sekundparallelen, ohne gewahrzuwerden, daß alle diese Strukturen stets von einem harmonischen Baß geführt wurden. Man hat sich vor allem in den *Zeichen* seiner Freizügigkeit festgefahren, die jeglichem formalen Gesetz Hohn zu sprechen schienen. Wenn es aber auf dieser Welt eine Musik gibt, die nicht amorph ist und die von ihren Interpreten verlangt, daß sie ihre Architektur und melodische Linie ins rechte Licht rücken, ist es die seine; nur ist seine Form nicht mit dem Messer vorgeschnitten, nicht mit dem Meißel eingegraben. Und das ärgerlichste ist, daß zwar nicht der Zauber, aber gerade dieser »Wert« der Musik von Debussy, die den nachkommenden Musikern das Feld der Freiheit erobert und ihnen die Wege dahin gezeigt hat, in Frankreich – trotz der Begeisterung seiner Anhänger – kaum verstanden wurde. Debussy war noch nicht tot, als Cocteau vergiftete Pfeile gegen sein Schaffen richtete und den jungen Musikern Erik Satie als Vorbild empfahl.

ERIK SATIE   Um sich über den Wert der Musik von Satie Rechenschaft abzulegen, muß man ihre Strukturen studieren und die gesamte zeitgenössische Literatur, die ihn als Genie darstellte, vergessen. So betrachtet, wird er eher als *falsches Genie* erscheinen; denn ihm fehlt, wie wir gleich sehen werden, die eigentliche Genialität des Musikers: die *in der Transzendenz der Dauer* schöpferische Genialität. Genialisch ist Satie durch und durch; und dieses Genialische erweist sich in seiner Diktion wie in seinem Musikschaffen. Aber in der Diktion bekundet es sich in »Aussprüchen«, die immer aufschlußreich, kaustisch, geistreich, oft boshaft und stets von kurzer Tragweite sind: »Jeden Morgen um sechs kommt mein Diener, um meine Temperatur zu *nehmen* und mir eine andere zu *geben*« (*Mémoires d'un amnésique* = Erinnerungen eines

Vergeßlichen). In der Musik zeigt sich dieses Genialische in der *Erfindung* des »Motivs« mit seiner ganzen melodischen, harmonischen und rhythmischen Struktur; hat er aber das Motiv einmal erfunden, wiederholt er es oft unaufhörlich oder führt es nach den *automatischen* Gesetzen der melodischen Dialektik durch, bis ein »anderes« Motiv auftaucht. Es ist der gleiche Vorgang, der sich bei Saint-Saëns in dessen Abhängigkeit von der Periodizität äußert, wie man im *Allegro* seiner *Dritten Symphonie,* dessen Anfang wir hier skizzieren, sehen kann:

Diese Abhängigkeit von der *Periodizität* verurteilt die Musik von Saint-Saëns zu einer vierschrötigen Schwerfälligkeit und damit Hinfälligkeit: Die schöpferische Freiheit verflüchtigt sich in der Faktizität der zeitlichen Struktur, die kadenziell und periodisch ist. Nur sieht Saint-Saëns weiter als Satie und bringt letzten Endes Formen hervor, die sich halten, ja sogar große Formen, die seine Musik trotz allem noch retten können; Satie dagegen bringt nur kurze melodische Aufschwünge zuwege und Häufungen melodischer Phrasen . . . Und weiter: Seine Perioden lassen oft einen Mangel an Ebenmaß erkennen, den man als Originalität oder Ungeschicklichkeit zu werten gewohnt ist, die jedoch eher daher kommen, daß er immer nur sieht, was er gerade unmittelbar vor Augen hat, und nur bruchstückweise komponiert.

Wir stoßen hier auf ein Phänomen, das ein kurzes Verweilen gerechtfertigt erscheinen läßt und das man den Geburtsfehler des französischen Musikers nennen könnte; denn es entspringt *seiner von Grund auf extravertierten Einstellung.* Wenn einem dieser Fehler nicht allenthalben in die Augen springt, so einzig deshalb, weil der Berufsmusiker dank seinem handwerklichen Können in der Lage ist, dem Übel zu entrinnen oder doch darüber hinwegzutäuschen. Infolge der von Grund auf extravertierten Einstellung des französischen Musikers wirkt sich seine Transzendierungsfähigkeit eher in der Immanenz seiner Aufgeschlossenheit gegenüber der Musik (seines musikalischen Erlebens) als in der Dauer aus, die ihn ja in sein *Inneres* zurückführen würde. Deshalb ist er auch imstande, »Motive« von einem derartigen expressiven Reichtum zu bilden, daß sie sich selbst genügen. Ein Beispiel: Die ersten beiden Takte des Liedes *L'ombre des arbres* von Debussy. Aber was anfangen mit einem *Motiv,* das nicht nur an und für sich zutiefst bedeutsam ist, sondern mehr noch alles enthält, was ausgesagt werden soll? Mit anderen Worten: Was soll ein Komponist mit einem Motiv, das *a priori* keinerlei Weiterführung verlangt, auch nicht, wenn es verhältnismäßig einfach ist, wie z. B. dieses:

Man kann es nur wiederholen, damit es sich einprägt, was zwangsläufig zur Periodizität verleitet, zu jener Schwerfälligkeit und Redseligkeit, die Saint-Saëns eigen ist. Was einzig zu einer fruchtbaren musikalischen Gestaltung führen kann, ist die transzendierende Aktivität in der Dauer, durch die eine andere *Bedeutung* als die der Gegebenheit des Augenblicks erschaut (erschlossen) werden kann, so im vorliegenden Fall diejenige einer *Existenz*, die aus der Bewegung dieser Barkarole Gestalt gewinnt. Das ist es, was sich im *Après-midi d'un Faune* nach der Wiederholung des ersten Taktes ereignet. Zum besseren Verständnis dieses Phänomens denke man an eine andere Manifestation des extravertierten Bewußtseins: die französische Malerei.

Der *Impressionismus* ist der über den *Naturalismus* führende Übergang von einer durch ein *Thema* inspirierten Malerei – z. B. *Le Radeau de Méduse* (Géricault), *Medea* (Delacroix) – zu einer vom malerischen *Motiv* selbst, durch dessen existentielle Umstände inspirierten bildnerischen Kunst. Wir wollen diesen Gedanken etwas näher ausführen: Vor dem *Floß der Medusa* entsteht das Nacherleben des dargestellten Ereignisses aus drei übereinandergeschichteten Bedeutungszonen, die einander in der *Immanenz* des Anblicks transzendieren: die *bemalte Leinwand*, das *Abgebildete* (d. h. das Meer, das Floß und die auf ihm befindlichen Menschen) sowie der symbolische oder mythische *Sinn* (im Beispiel der *Medea*) des Bildes: die unglücklichen Schiffbrüchigen inmitten der Meeresfluten auf diesem unzulänglichen Wassergefährt. Vor den *Seerosen* von Claude Monet wird gleichfalls diese dreifache Schichtung von Bedeutungszonen in Erscheinung treten, deren dritte jedoch durch das *Seiende* (die Seerosen auf dem Wasser) hindurch die Seins*weise* dieses Seienden anvisiert: das Ruhevolle dieses vom Wasser Getragenseins, die Vielzahl und die Mannigfaltigkeit in der Vielzahl sowie endlich der große Friede, den das Ruhevolle dieser Seerosen über die ganze Landschaft verbreitet. Hier bedarf es keiner Themen, Symbole oder Mythen mehr, auf daß die Malerei eine transzendente Bedeutung in sich selber finde. Das *Motiv* hat – durch einen primären Akt der Transzendenz – die Seinsdichte eines *Themas* angenommen.

Cézanne aber ist noch einen Schritt weiter gegangen als die Impressionisten: Er hat – ohne ausdrücklichen Hinweis – seinen Bildern eine *einheitliche Grundlage* gegeben, eine Grundlage, die sich in der Einheit der Bedeutung des

Bildes kundgibt. Diese Einheit gründet sich auf eine *innere* Beziehung, die zwischen den einzelnen Elementen eines Bildes erkennbar wird. Auf einem seiner häufig reproduzierten Bilder sieht man im Vordergrund einen öden Weiher, in dem sich von hinten her ein kahlästiger Baum spiegelt, daneben, zur Rechten skizzenhaft angedeutet, ein weiterer kahler Baum, dahinter und links dürre Erde, wirres Gesträuch und zwei verlassene Häuser. Während der Baum die Mittelachse des Gemäldes bildet, ist der Rest asymmetrisch. Die Einheit des Bildes kommt von dem Sich-selbst-überlassen-Sein und der Armseligkeit der dargestellten Gegenstände – den einzigen Merkmalen, die sie zu einer Einheit werden lassen. Und diese Einheit erwächst »von innen« und läßt ein harmonisches Ganzes entstehen. Um zu dieser inneren Einheit zu gelangen, mußte Cézanne durch den Impressionismus hindurch und mußte über ihn hinauswachsen; denn er mußte *jedes Motiv auf dessen elementare Struktur reduzieren*, um ihm eine essentielle Bedeutung geben zu können; und durch einen zweiten Akt der Transzendenz mußten diese im Raum versprengten Elemente innerlich verbunden werden. Dieser zweite Akt der Transzendenz, der im Bild nur implizite erkennbar wird, bekundet sich in der Musik durch den Baß der Harmonie, weil sich in der Musik, die Selbstausdruck ist, das *Selbst* in den Strukturen ausprägt, während die Malerei Ausdruck der Gegenstände durch und für sich selbst ist, das *Selbst* in der Malerei daher im Äußerlichen verharrt und das, was es beabsichtigt, nur in der transzendenten Bedeutung des Bildes in Erscheinung treten läßt. Es kommt hinzu, daß sich dieser zweite Akt der Transzendenz in der Malerei in der Immanenz des Anblicks und im Raum auswirkt, während dies in der Musik *in der Dauer* geschieht. Bei Debussy finden sich ohne Zweifel impressionistische Elemente; aber das für ihn charakteristische ist, daß er seinen Impressionismus durch die Einheit transzendiert, die er der Entfaltung der melodischen Gedanken von innen her verleiht und die diese verschiedenen Gedanken in der Einheit einer globalen Form und Bedeutung verbindet. Debussy ist geradenwegs von der Romantik zu einem neuen, demjenigen Cézannes analogen Klassizismus übergegangen. Gleich diesem kann er von sich sagen:»Ich arbeite mit dem Motiv«, und gleich ihm wächst er über den Impressionismus durch seine Fähigkeit zur Transzendenz hinaus. Es ist so wahr, daß man auf Debussy beinahe Wort für Wort anwenden könnte, was Elie Faure von Cézanne gesagt hat:

»Als er wieder nach Aix kam [lies: als Debussy seine Reife erlangt hatte], war er allein . . . Rings um ihn Mißgunst, Dummheit, Vorurteile, völliges Unverständnis für das, was er war, was er wollte, für seine quälende Sensibilität, die ihn zur Flucht in das eigene Innere trieb, ihn die bekannten Gesichter meiden, die obligatorischen Gespräche und Besuche fliehen ließ, die Dreiviertel des Lebensinhalts in der Provinz [lies: in Paris] bilden. Der Eindruck des Unvollendeten beim Anschauen der Malereien Cézannes [lies: der *Esquisses*, *Estampes* und *Images* bei Debussy] gibt denen, die sich nicht in ihn hineindenken können, das falsche Bild eines abgebrauchten Naturells, das sich darauf beschränkt, sich über die Welt Notizen zu machen, die zwar wesentlich sein mochten, aber doch im Oberflächlichen, Summarischen, wie es einem im Vorbeigehen zufliegt, steckenblieben. In Wahrheit ist eine jede von ihnen das Ergebnis einer ungeheuren Arbeit und einer Schritt für Schritt und mühevoll errungenen Vergeistigung der einzigen sinnenhaften Elemente, aus denen sie hervorgegangen sind . . . Was er auch malte, er wußte sehr wohl, daß er seiner Form das mächtigste Volumen geben konnte, indem er stets von prächtigen Stoffen mit einem sonderbar düsteren Glanz ausging, wie er ihn allen Gesichten des Lebens ohne Unterschied abgewann, und die großen zusammenfassenden Linien, zwischen denen er sie erschaute, nie aus dem Auge verlor . . . ›Wenn die Farbe ihren Reichtum hat‹, sagte er, ›ist die Form in ihrer Fülle.‹« (Lies: Wenn bei Debussy die Substanz den ganzen Gehalt seiner Motivation in der Zeit ausgedrückt hat, ist die Form in ihrer Fülle.)

Cézanne wurde von den jungen Malern seiner Zeit nicht besser verstanden als Debussy von den jungen Musikern. Er pflegte zu sagen, daß alle Formen der Natur sich auf den Kegel, den Zylinder oder die Kugel zurückführen lassen, so, wie man sagen könnte, daß sich alle melodischen Strukturen auf Quinte, Quarte oder Oktave zurückführen lassen. Die Kubisten haben diese Worte buchstäblich genommen und die Gegenstände ihrer Bilder auf geometrische Formen reduziert: Indem sie dies taten, gründeten sie die Einheit ihrer Bilder auf *äußerliche* Beziehungen zwischen den Formen, und so verlor die Malerei die *innere* Einheit, die den Wert der Bilder Cézannes ausmachte. Der einzige Musiker aus der auf Debussy folgenden Generation, in dessen Schaffen man seine *organische Einheit* und *formale Freizügigkeit* wiederfinden wird, ist Manuel de Falla; nur wirkt sich dessen Freizügigkeit in engeren Grenzen und im gleichsam exklusiven Ausdruck seiner Hispanität aus. Ravel wandelt auf der Linie Saint-Saëns–Fauré, läßt aber einen sehr persönlichen Stil erkennen, in dem sich vorwiegend Einflüsse von Rimsky-Korssakow und Borodin bemerkbar machen. Die Ähnlichkeit seiner Musik mit der von Debussy ist nur eine scheinbare; die Ravelschen Harmonien wären sicher nicht das, was sie sind, wenn Debussy nicht gewesen wäre, doch hat Ravel sie auf seine Art wiederentdeckt und in einem ganz anderen Geist behandelt. Der einzige Russe, der einen merklichen Einfluß auf die melodisch-harmonischen Strukturen Debussys ausgeübt hat, ist Mussorgsky. Debussy hat in ihm die *Freiheit* und die Frische des Ausdrucks gefunden.

ZURÜCK ZU SATIE   Noch einmal zurück zu Satie. Auch für ihn hat die Musik, die er schreibt, transzendente Bedeutung, die sich – im ersten Grad der Transzendenz verharrend – in seinen Titeln niederschlägt. Aber seine Titel beziehen sich entweder auf die Faktizität seiner Strukturen – *Préludes flasques, Españana* –, oder sie sind völlig willkürlich gewählt: *Prélude à la Porte héroïque du Ciel* (das »Prélude« ist da – aber ob er es geschafft hat, die »Porte héroïque du Ciel« vollgültig zu versinnbildlichen, erscheint zweifelhaft; denn das wäre nur durch eine transzendente Form möglich gewesen, die wiederum die Grenzen des Stückes gesprengt hätte). Der zweite Grad der Transzendenz im eigentlichen Sinn ist somit bei Satie nicht ausgedrückt – es sei denn durch die häufig salbungsvolle Art oder auch durch eine gewisse karge Zurückhaltung in seiner Musik. Um zu begreifen, woher diese Art der Transzendenz bei Satie kommt, muß man seine persönliche Haltung beobachten: Er fühlt sich von einer »göttlichen Gegenwart« erfüllt – nicht eigentlich von der Gegenwart Gottes, sondern derjenigen »Jesu des Wegweisers«, und er nimmt vor ihr – wie auch im Leben – stets die Haltung des »Armen« ein. Anders ausgedrückt: Er ist in der Transzendenz in *magischer* Beziehung zu seiner Musik, weil die transzendenten Deutungen, die er ihr beimißt, in ihr nicht kenntlich gemacht werden; das wäre nur in einer *transzendenten Form* möglich: Nun handelt es sich aber hier nur um eine rohe Form, um jene, die die melodische Dialektik durch das Wirksamwerden des bloßen Einfalls hervorbringt. Und dennoch kleben seine transzendenten Bedeutungen an der Musik – das Salbungsvolle und die Armut z. B. sind in ihr vorhanden –, weil die magische Beziehung nie ganz willkürlich ist und weil das, was »magisch« ist, nicht die »Beziehung«, sondern die von dieser angenommene Bedeutung ist, wenn sie gänzlich irrational und bar jeglicher erkennbaren Grundlage bleibt. Der *Kopf arbeitet* dann und gibt der Beziehung zu den Dingen und diesen selbst eine magische Bedeutung: *Porte héroïque du Ciel, Gnossiennes, Fils des Étoiles.*

Satie, ein Sohn des dritten Zeitalters, führt uns somit in das erste Zeitalter der Geschichte zurück. Auch damals war es bereits der *Kopf* des Primitiven, der in seiner magischen Beziehung zur Umwelt arbeitete; aber Kopf, Affektivität und Vitalität waren eins. Im dritten Zeitalter ist diese Haltung das Indiz für eine radikale Spaltung von Kopf und Herz: Das musikalische Bewußtsein bringt elementare Strukturen hervor, doch der Musiker arbeitet nicht einmal mehr mit dem Kopf, sondern nur noch »mit dem Hut«, wie man es nennt, und gibt seinen Strukturen »ehrlich« eine transzendente Bedeutung, die aber nicht anders als durch eine Aktivität der Transzendenz in der Dauer kundgetan werden kann, wie sie sich eben bei Satie gerade *nicht* oder kaum manifestiert, und die daher nur *willkürlich, mystisch* oder *magisch* sein kann.

Diese Haltung ist die Folge der Lehre einer Kirche, die den Gläubigen im zweiten Zeitalter der Geschichte zu einem passiven und irrationalen Verhältnis zu Gott zurückgeführt hat – ahnungslos, daß er so zum ersten Zeitalter und zur magischen Beziehung, zu Erscheinungen und Zeichen, zurückkehren muß. Wenn der Gläubige sich von der Kirche entfernt, weil er den »Glauben« verloren hat, bleibt ihm nichts anderes übrig als jene Grundhaltung, die nicht der Atheismus, sondern das Heidentum ist. Satie war kein Mann der Kirche, hatte jedoch gegenüber den göttlichen Zeichen eine mystische Haltung bewahrt. Er glaubte zunächst, sein rechtes Milieu in der Sekte vom Rosenkreuz gefunden zu haben; nachdem er sich aber mit dem Sâr Péladan überworfen hatte, blieb er *allein* und machte sich zum Begründer einer imaginären Kirche – der »Metropolitankirche von der Kunst Jesu des Wegweisers« –, für deren Oberpriester er sich hielt und die er mit Tausenden von Millionen ebenso imaginärer Würdenträger bevölkerte. Am Ende seines Lebens, im Krankenhaus, in dem er starb, reichte man ihm – wie es scheint, mit seiner Zustimmung – die letzte Ölung; und das genügte, um in den Augen der katholischen Intellektuellen seiner Zeit einen Heiligen aus ihm zu machen, die seither in seiner Musik Dinge zu erkennen glaubten, die nicht in ihr enthalten sind. »In der zeitgenössischen Produktion ist mir nichts bekannt, was so ehrlich *klassisch* wäre wie die Musik von Satie«, schrieb einmal Jacques Maritain. Und Cocteau zitierend, fügte er noch hinzu: »Keine Hexenkünste, keine Wiederholungen, zweideutigen Liebkosungen, Fieberschauer oder Miasmen. Niemals wühlt Satie im Sumpf. Es ist kindliche Poesie, zusammengebaut von einem Meister der Technik.« Man muß sich fragen, wo Cocteau in der Musik von Debussy, die rein und klar ist wie der helle Tag, »Hexenkünste, zweideutige Liebkosungen oder Miasmen« findet und wo er ihn »im Sumpfe wühlen« sieht. Sicherlich kann man einen klassischen Aspekt in Saties Musik finden – aber nur nach dem äußeren Anschein. Und was den »Meister der Technik« anbelangt – das wollen wir den Fachgelehrten überlassen. Nur muß man es »auf den ersten Blick fühlen«, sagt Auric. Wenn man es »auf den ersten Blick gefühlt« hat, dann, in der Tat, ist man auserwählt, man befindet sich im Schoß der Kirche. Wenn nicht, ist man verworfen und aus der Kirche ausgestoßen.

Die ethische Seinsweise Saties – und zwar die in der Malerei und in der Dichtkunst – ist ohne Zweifel der Ursprung des *Surrealismus*. Ein surrealistisches Bild gruppiert gegensätzliche und phantastische Gegenstände, zwischen denen es auf dem Bild nur äußerliche Beziehungen gibt; die innere Einheit der Bilder Cézannes ist zerstört, ausgenommen vielleicht in den architektonischen Linien – Beziehungen einer Horizontalen zu einer Vertikalen oder Diagonalen, von einem Punkt zum andern, von einer Kurve zur andern –, d.h. in der »Faktizität« des Bildes. Aber die innere Beziehung kann nur von außen her gesehen werden und ist gänzlich irrational – was hat jener Baum oder das Pferd in dem Salon von Chirico zu suchen? –, sie ist eben gänzlich »surrealistisch«, außerhalb des »Wesens« der Dinge, von esoterischer, mystischer oder magischer Art, soweit sie nicht ganz einfach »willkürlich« ist. Nun ist aber dieser Irrationalismus unhaltbar, weil der Mensch des dritten Zeitalters ein rationales Wesen ist; auch kommt man auf diesem Wege noch dahin, sich nicht mehr um den eigentlichen Sinn der Dinge zu kümmern. »Wann wird man sich die Gewohnheit abgewöhnen, alles erklären zu wollen«, schrieb Picabia auf das Titelblatt der *Relâche*, eines »aus dem Augenblick zu gestaltenden« (»instantaneïstischen«) Balletts, zu dem Satie die Musik geschrieben hatte. (»Aus dem Augenblick geboren«, »instantaneïstisch«, heißt, daß man jegliche *Syntax* verabscheut.) Von hier bis zum »Unsinn« als Fundament der Ästhetik ist nur noch ein Schritt.

Satie ist kein Kubist. Vielmehr ist es Strawinsky, bei dem sich der Geist des Kubismus manifestiert. Die Aufsplitterung der Einheit des *Tempos* durch Einführung ungleicher Kadenzen und durch die ständige Unterbrechung der kadenziellen Kontinuität – wie in der *Marche Royale* der »Geschichte vom Soldaten« – sowie Einführung der Polytonalität in Gestalt divergierender und gleichzeitig auftretender Tonperspektiven – d. h. die *absichtsvolle* Verzerrung fundamentaler Strukturen in der Musik – entsprechen der kubistischen Sehweise in der Malerei.

Das erste Zeitalter des Menschen aber ist die Kindheit; und ein ganzes Leben lang in diesem ersten Zeitalter verharren heißt ein Leben lang im Zustand der Unreife steckenbleiben. »Als ich jung war«, schreibt Satie, »hat man mir gesagt: Warte nur, wenn du erst fünfzig bist, dann wirst du schon sehen . . . – Nun, ich bin längst fünfzig, und ich habe gar nichts gesehen.« Dennoch muß man, wenn man über die Kindheit und die Unschuld der Kindheit etwas aussagen will, erwachsen sein; denn die Kindheit drückt *sich* aus, nicht etwas *über* die Kindheit. Wenn Mussorgsky die kindliche Seele so gut auszudrücken verstand, war das gerade dem Umstand zu danken, daß er kein Kind mehr war, aber in seinem Innern eine kindliche Unschuld bewahrt hatte, die er transzendieren und in der Transzendenz seiner Musik bekunden konnte. Da nun aber Satie – trotz allem – kein Kind mehr ist und seine kindische Unreife nicht transzendieren kann, »spielt« er, wenn er in dem Klavierlied *Daphénéo* kindliche Unschuld ausdrücken will, Kind und verfällt in Albernheit, die einer der Aspekte der Faktizität der Kindheit ist: »Sag mir, Daphénéo, was ist das für ein Baum, dessen Früchte weinende Vögel sind? – Dieser Baum, Chrysaline, ist ein Vogelbaum – ah! die Vogelbäume machen Vögel wie die Nußbäume Nüsse . . .« – Die Melodie ist vorwiegend ebenso albern wie der Text. Denn Unschuld ist eine ethische Seinsweise, und um Unschuld ausdrücken zu können, muß eine Fähigkeit zur Transzendenz wirksam werden, die jenseits der Reichweite Saties ist. Ohne diese Fähigkeit kann man über die Aspekte der Faktizität des Kindlichen nicht hinausgelangen.

Diese von Grund auf puerile Unreife in Saties ethischer Seinsweise – denn die ethische Seinsweise ist das Unreife an ihm; sein Verstand ist im Gegenteil voller Bosheit – erklärt die Bewunderung, die Ravel für ihn empfand, die aber Satie keineswegs erwiderte. Ravel hat tatsächlich sein Leben lang etwas im Grunde Unreifes beibehalten, was zuweilen auch in seinen Werken in Erscheinung tritt. Ravel aber war im Besitz jener Fähigkeit zur Transzendenz, die Satie fehlte; auch vermochte er die Unschuld auszudrücken, ohne in Albernheit zu verfallen. Das hat er in *Ma Mère l'Oye* und *l'Enfant et les Sortilèges* bewiesen. (Es ist typisch, daß das Liebesleben dieser beiden Männer gänzlich unbekannt geblieben ist: Anscheinend hat es überhaupt nicht existiert. Auch hat Satie keine persönliche Handschrift; er befleißigt sich vielmehr einer angelernten Kalligraphie, die er allerdings auf seine besondere Art anwendet.)

Im großen und ganzen bedient sich Satie in seiner Musik der Strukturen der *leichten* Musik, deren transzendente Bedeutungskraft begrenzt und bei der die Erfindungsgabe so gut wie allein im Spiel ist. So sind auch seine wohl bestgelungenen Stücke die *Valses chantées*, die er für die Diva Paulette Darty geschrieben hat. Immerhin gelingt es ihm auch zuweilen, Stücke zu schreiben, die zu echter Transzendenz der Bedeutung gelangen, wenn sie kurz sind – wie die *Gymnopédies;* sobald er aber diesen Ehrgeiz auch auf Werke übertragen wollte, die einen längeren Atem erfordert hätten, verfiel er in eine »Ausstattungsmusik«, d.h. in eine Musik rein dekorativen Charakters. Der Orchesterpart des *Socrate* ist musikalisches Dekor, eine Art *Bett* für den rezitativ-ariosen, in jenem bereits beschriebenen periodischen, monotonen Stil vorgetragenen Text Platos. Und das will bei einem Werk, das sich rein musikalisch gibt, immerhin etwas heißen, wenn die einzige transzendente Bedeutung, die es *in der Dauer* erkennen läßt, vom Text her kommt und nicht von der Musik. Was übrigens Satie in Platos Text inspiriert hat, war nicht, *was* darin ausgesagt, sondern *wie* es gesagt ist, also die *Faktizität* der Rede.

Wenn wir nun Saties Musik im schöpferischen Strom der abendländischen Musik neu einordnen wollen, macht sich ein Bruch bemerkbar, der anzeigt, daß diese Musik aus der ihr eigentlich angemessenen Transzendenzebene in die der leichten Musik abgleitet. Und so wird man verstehen, daß die Freundschaft, die Debussy für Satie empfand und die sich aus dem Ursprünglichen und Authentischen, das in letzterem war, erklären läßt, eine heikle Angelegenheit war. Sie standen einander nicht Aug' in Auge gegenüber wie ein Reicher und ein Armer; sie lebten geistig auf völlig verschiedenen Ebenen, und das mußte zur Uneinigkeit führen. Es gibt somit nichts Absurderes, als aus Satie den Vorläufer Debussys machen zu wollen. Die Unterstellung, Satie habe schon vor Debussy Folgen von Nonenakkorden geschrieben, ist ohne jede Bedeutung; der Künstler nimmt sein Material stets aus dem Leben oder von den andern. Ausschlaggebend ist allein, was er daraus macht.

Wenn aber Satie auch nicht Vorläufer Debussys sein konnte, wurde er doch – von Jean Cocteaus Gnaden – ein Vorläufer der Jungen, und er trieb sie auf die einzige Bahn, auf die er sie zu treiben vermochte: auf die der leichten Musik, aber einer *gelehrsamen* leichten Musik, gelehrsam durch das *gewollte* Raffinement der Strukturen – die »Schule der falschen Noten« nannte man das. Debussy hatte diese Entwicklung vorausgesehen: »Qui trop tôt veut faire le coq, trop tôt finit par *viens poupoule*«, hatte er nach seinem ersten Zusammentreffen mit dem Dichter bei Djagilew gesagt. Der Weg, den die neue Musik eingeschlagen hatte, erfüllte ihn mit Sorge: »Unsere Epoche zeichnet sich durch die Eigentümlichkeit aus, daß man den Spuren von Leuten folgt, die selbst noch nicht gehen können.« . . . »Diese bizarren, vielleicht auch amüsanten Klänge, die nichts als ein *Gesellschaftsspiel* sind. . . .« Man muß sich fragen, in wessen Arme sich die Musik wohl stürzen könnte. Die junge russische Schule streckt uns ihre entgegen. Nach meiner Ansicht sind sie so wenig russisch geworden wie möglich. Strawinsky selbst neigt in gefährlicher Weise zu Schönberg hin.« Diese wenigen Kostproben von Debussys Denken geben wir nur, um zu zeigen, welche Vorgefühle die neue Musik bei ihm auslöste; der weitere Verlauf wird erweisen, daß sie im wesentlichen nicht unbegründet waren.

DER ÄSTHETIZISMUS   Der Weg, den Saties Jünger genommen haben, läßt uns die Schwierigkeiten verstehen, denen sie sich gegenübersahen, wenn sie ihn verlassen wollten; denn wir haben ja gesehen, daß es keine *direkte* Verbindung zwischen der leichten und der transzendenten Musik gibt; und Tatsache ist, daß der auf dem Gebiet der transzendenten Musik markanteste Musiker der jungen Generation ein Ausländer war, nämlich Honegger. Für die neue Richtung charakteristisch war die *rein ästhetische* Einstellung zur Musik, und das war die Einstellung sowohl Cocteaus als auch Strawinskys. Aber was sich hinter dieser Einstellung verbarg (und was zugleich die Ursache war, warum sich die jungen Musiker nach 1918 immer mehr von Debussy entfernten), das war das Fehlen eines *ethischen Fundaments* in ihrer ästhetischen Haltung, ein Mangel übrigens, der mit einer *rein* ästhetischen Haltung zwangsläufig verbunden ist. In der *belle époque* an der Wende des 19. zum 20. Jahrhundert war man bereits ungläubig, blieb aber immerhin noch »Theist«, d.h. man freute sich zwar des Lebens, ohne sich viel um Gott zu kümmern, aber in den letzten Dingen zählte man doch noch auf ihn – und deshalb war es auch die *belle époque*: Gott war nirgends im Weg. Das schadet übrigens der Gläubigkeit wenig, solange der Mensch ein inneres Bedürfnis nach Gott empfindet, jenes Fundament aller Fundamente. Nietzsche hatte verkündet, Gott sei tot – aber das war eine philosophische Idee geblieben. Nach 1918 und den Prüfungen des Krieges riß das Bedürfnis, sich frei zu fühlen, alles andere mit sich fort. Wenn dann Sartre aufs neue proklamiert, daß Gott tot ist, stellt er damit lediglich fest, daß sich alles um ihn her so abspielt, als ob Gott tot wäre. Die Gläubigen sind entweder durch Erziehung und Gewohnheit gläubig; das sind dann die Sonn- und Feiertagsgläubigen; oder sie sind es aus freier Willensentscheidung. Es kam die Epoche der Konvertiten. Eine große Zahl Intellektueller konvertierte entweder von einem in Quarantäne befindlichen zu einem ausgesprochen militanten Katholizismus, oder aber vom Protestantismus oder Judaismus zum Katholizismus, und zwischen dem Verhalten dieser Konvertiten im täglichen Leben und ihrer religiösen Einstellung klafft oft ein derartiger Widerspruch, daß Claudel einmal sagte: »Wenn wir noch die Kommunion in beiderlei Gestalt hätten, würden manche von ihnen den Wein mit dem Strohhalm trinken.« In meiner Umgebung habe ich niemals feststellen können, daß eine »Konversion« sich auch in einer »Neugeburt« ausgewirkt hätte. Der Konvertit hat sich in seiner Redeweise und seinen Gewohnheiten, nicht aber in seinen Beziehungen zum Nächsten geändert. Hingegen zeigt er eine Selbstsicherheit, die ihm zuvor nicht eigen war, weil er offensichtlich in dem tranzendenten Gott der Kirche einen Halt gefunden hat, den er in sich selber nicht oder nicht mehr hatte.

Wir haben eine ausreichende Zahl von »Fällen« gesehen, um uns nun dem Problem des Wertes zuwenden zu können.

4. Das Wertproblem

Wenn wir die Frage nach dem »Wert« eines Musikwerks im Einzelfalle *vorurteilsfrei* stellen wollen, müssen wir sie zunächst allgemein, und zwar folgendermaßen stellen: Worin besteht das Wertproblem in der Musik im allgemeinen?

DAS KRITERIUM DER FAKTUR   Der Ausdruck »Wert« bedeutet etwas »Transzendentes«; es ist daher klar, daß man den Wert eines Werkes nicht in seinen *Strukturen* als solchen entdecken kann. Und dennoch war dies die Schlußfolgerung, zu der ein vor einigen Jahren in Rom versammelter Kongreß »Für die Freiheit der Kultur« gelangt ist. Dieser Kongreß räumte ein, daß ein Werk, wenn es »gut gemacht« sei, auch der Prüfung würdig wäre. Gewiß – das ist eine *conditio sine qua non* und eine erste Annäherung (obgleich wir im Falle Mussorgsky gesehen haben, daß sie nicht immer ein *sicheres* Kriterium sein muß).

Wie aber den Wert in den »gut gemachten« Werken erkennen? Da die musikalische Schöpfung im Hinblick auf einen menschlichen Ausdrucksakt unternommen wird und – wie wir gesehen haben – ein geschichtliches Unterfangen ist, hat sie auch als etwas, das zur Geschichte beiträgt, einen zumindest dokumentarischen »Wert«. Und ein musikalisches Werk trägt zur Geschichte bei, wenn es ein Akt *authentischen* Ausdrucks des Menschen ist. Das Wort »Ausdrucksakt« umfaßt hier alle Möglichkeiten, nämlich die des Selbstausdrucks, die des Ausdrucks von Dingen durch sich und für sich, den unmittelbaren, sei es lyrischen, sei es epischen Ausdruck des *Seins* usw. Und der Ausdrucksakt ist dann *authentisch*, wenn er aus der *Wahrheit* des Selbst hervorgeht, die im musikalischen Ausdrucksakt eine bestimmte *ethische* Seinsweise ist, welche sich durch bestimmte fundamentale *affektive* Seinsweisen im Spiegel des *musikalischen Empfindens* zu erkennen gibt. Letzteres setzt den vollen persönlichen Einsatz des Komponisten in seinem Ausdrucksakt als psychisches Selbstbewußtsein im Zustand spontaner Affektivität voraus (wir wollen damit sagen: einer aktiven, nicht einer *reflektierten* Affektivität, welch letztere Gegenstand der Psychologie ist).

Von diesem Aspekt her wird das rein ästhetische Kriterium ausgeschaltet; und im übrigen hat uns das Studium des musikalischen Einbildungsakts ge-

lehrt, daß *Musik immer schön ist.* Wir mußten allerdings ergänzen: es sei
denn, man hätte sie »verfehlt«; und tatsächlich muß man zu dem zuvor Erwähnten noch hinzufügen, daß der Ausdrucksakt nur Gültigkeit besitzt,
wenn er einen *erkennbaren* Sinn hat, d.h. wenn er durch Mitteilung über das
Hörerlebnis für jedermann einen *Sinn* hat, der keinerlei Probleme aufgibt
und der nicht erst analysiert werden muß, um in der lebendigen Erfahrung
aufgefaßt werden zu können. Die Voraussetzung für die Erkennbarkeit eines
Sinns kennen wir: Die Strukturen der musikalischen Darstellung müssen den
auf dem pythagoreischen System aufgebauten tonalen Voraussetzungen sowie
denen des musikalischen Vorwurfs (der die »Form« bestimmt), ferner den
Regeln der musikalischen Dialektik (der Grammatik und Syntax) und schließlich der kadenziellen Beschaffenheit der rhythmischen Strukturen und der
organischen Einheit des *Tempos* entsprechen. Das wäre sodann tatsächlich
das einzig mögliche Kriterium der »gut gemachten Musik«, wenn sie einen erkennbaren und allgemein gültigen Sinn haben soll; und man sieht sogleich,
daß ein solches Kriterium bereits einschränkend und darüber hinaus unzulänglich ist.

DAS KRITERIUM DER »NEUHEIT«   Andererseits trägt ein musikalisches Werk
in dem Ausmaß zur Geschichte bei, als es zur Erarbeitung von Strukturen
beiträgt und folglich neue strukturelle *Möglichkeiten* hervortreten läßt, d.h.
in dem Ausmaß, als es *Neuerungen* mit sich bringt. Das kann auf zweierlei
Weise geschehen: entweder durch Neuerungen im Rahmen übernommener
Strukturen – wie z.B. durch die verschiedenen Gesichter, die Mozart, Beethoven, Schubert usw. der Symphonie gegeben haben, wobei die Neuerung jeweils
das Zeichen eines persönlichen Stils ist und sich auf die Erfindung stützt; oder
es werden neue Arten von Strukturen zutage gefördert – wie z.B. bei Perotin,
Machaut, Dufay, Ockeghem, Josquin, Domenico Scarlatti, Monteverdi, Liszt
usw. – Im ersten Falle trägt die Neuerung zur *Bereicherung* der Geschichte bei,
in letzterem zum *Gang* der Geschichte in Richtung auf ihre Ziele. Es gibt aber
auch Fälle, in denen Neuerungen im Bereich der Strukturen sich in Sackgassen
verlieren; es kommt sodann zu keinem Fortschritt, zu keiner Fortsetzung.
Diese erfolgt auf ganz anderen Wegen: So ist zum Beispiel Gesualdo ein Neuerer in den Strukturen des italienischen Madrigals gewesen; aber nicht Gesualdo hat die Entwicklung vorangebracht, sondern Monteverdi – und Gesualdos Chromatik hat zu derjenigen eines Liszt oder eines Wagner überhaupt
nichts beigetragen, sie haben sie vielmehr ganz selbständig entdeckt, während
die Symphoniker es gar nicht nötig hatten, die Symphonie zu entdecken, weil
Haydn deren strukturelle Fundamente gelegt hatte. Wenn sich das italienische
Madrigal nicht über Gesualdo hinaus entwickelt hat, so deshalb, weil seine
Chromatik bereits an der äußersten Grenze des relationellen Vermögens des
polyphonen Bewußtseins angelangt war.

Andererseits ist eine Neuerung im Bereich der Strukturen nicht immer entscheidend; um ihren Wert voll wirksam werden zu lassen, muß ein anderer sie vorantreiben. So haben z. B. Sammartini und Stamitz sowie Philipp Emanuel Bach die Form der Symphonie in ihren Ansätzen geschaffen, doch war es Haydn, der ihre Strukturen vollendet, und Beethoven, der ihren ganzen Ausdrucksgehalt ins rechte Licht gerückt hat.

Schließlich bietet die Neuerung an sich noch keine Gewähr für einen höheren Wert, so kann das Madrigal bei Marenzio als Gipfel des vokalen italienischen Madrigals betrachtet werden, weil es ausgewogener ist als dasjenige Gesualdos, der den Gebrauch der Chromatik zuweilen übertreibt und sich darin verliert: Seine Werke haben nicht die gleiche Kontinuität wie jene Marenzios. Und wenn angenommen werden kann, daß Liszt die Chromatik im symphonischen Stil eingeführt hat, war es doch Wagner, der sie im *Tristan* zu einem Höchstmaß an Ausdruckskraft emporgetragen hat.

So ist die Neuerung im Bereich der Strukturen und des Stils zwar eine *conditio sine qua non* für die Bereicherung und den Gang der Geschichte – ebenso wie die Erfindung eine *conditio sine qua non* der individuellen Schöpfung ist –, jedoch keineswegs ein Kriterium des Wertes, nicht mehr als die Erfindung in der individuellen Schöpfung. Die abendländische Musik ist im Verlauf der Geschichte wie ein Baum gewachsen, der seine Äste nach rechts und nach links ausbreitet; und *a priori* ist in den Ästen genauso viel an Werten enthalten wie im Stamm und dessen Verlängerung: Der Baum ist ein Ganzes; aber in seinen Verästelungen sind die Werte verschieden verteilt.

DAS KRITERIUM DES AUSDRUCKS   Der höchste Wert tritt somit im Gesamtwerk eines Musikers in Erscheinung, dem es gegeben war, eine bestimmte ethische Seinsweise in ihrem größten Reichtum auszudrücken, wobei diese Seinsweise in seiner Persönlichkeit verkörpert ist. Denn es gibt große Komponisten, wie Schubert, Schumann, Chopin, deren Schaffen nur eine Seite oder nur einen begrenzten Teilbereich dieser oder jener ganz bestimmten ethischen Seinsweise des Menschen widerspiegelt; es gibt aber auch einige wenige, deren Gesamtwerk die Summe oder Synthese aller erdenklichen Bekundungen einer fundamentalen ethischen Seinsweise bildet, wie das bei Bach, Mozart und Beethoven der Fall ist. Wenn wir hier nicht auch Liszt erwähnen, so deshalb, weil er vor allem ein großer *Initiator* war und weil seine schöpferische Tätigkeit in ihrer ganzen Bedeutung eigentlich erst aus den entwicklungsgeschichtlichen Nachwirkungen erkennbar wird. Man kann Debussy unter die großen Musiker der Geschichte einreihen (obgleich sein Schaffen einen weitaus begrenzteren und individuelleren Ausdrucksbereich hat als jenes der soeben zitierten drei Großen), weil er die französische Musikalität zu ihrem bisher größten Ausdruck geführt hat, wie das Verdi für die italienische Musikalität zu danken ist. Man sieht jedenfalls, daß der höchste Wert jenen Komponisten zukommt, die eine Nachfolge in der Geschichte hatten. Hier erneut besonders auf Bach hinzuweisen erübrigt sich; aber auch Mozarts Stil übt noch auf viele Musiker, die nach ihm kamen, bis herauf zu Debussy, seinen Zauber aus; von Beethoven geht die ganze symphonische Linie aus – und Wagner; von Verdi seine Nachfolger auf dem Gebiet der Oper; und wenn Debussy kaum einen unmittelbaren Nachfolger, ausgenommen de Falla, hinterlassen hat, ist das nicht seine Schuld.

Bei genauerer Betrachtung wird man erkennen, daß uns das Schaffen der Komponisten, deren Werken ein Wert der Synthese eignet, uns eine bestimmte *Weltsicht* vermittelt: Das Schaffen Bachs ist kraft seiner polyphonen Struktur die Sicht einer menschlichen Gesellschaft des Geistes, in welcher die Bande zwischen den Einzelwesen geistiger und darüber hinaus auch affektiver Art sind; Beethovens Gesamtwerk ist aufgrund seiner überwiegend symphonischen Struktur die Schau einer von der Französischen Revolution aufgewühlten christlichen Welt – Freiheit, Gleichheit, Brüderlichkeit –, also einer auf den *affektiven* Beziehungen beruhenden Welt. Wenn uns Mozarts Opern die Sicht in eine auf der erotischen Sinnlichkeit beruhenden Welt eröffnen – wir übernehmen hier eine von Kierkegaard stammende Bezeichnung –, handelt es sich um eine vollkommen vergeistigte erotische Sinnlichkeit, und die *Zauberflöte* geht bereits viel weiter und berührt die Sphäre des Mystischen. Jedenfalls enthält das Opernschaffen Mozarts durchaus nicht nur erotische Sinnlichkeit, und sein Gesamtwerk scheint uns vor allem und im wesentlichen die Freiheit auszudrücken – die Freiheit im Sinne eines *freien Sichaufschließens gegenüber der Menschenwelt und der Transzendenz in dieser Welt* –, denn es gibt einen religiösen Mozart; und deshalb ist seine Welt eine Welt der Gnade. Sie ist auf geistiger und – soweit Affektivität sich auf Liebe gründet – affektiver Ebene die Antwort, die die Welt jenen Wesen gibt, die sich frei vor ihr aufschließen wie das Kind – das Kind, das Mozart war.

Bei Debussy mischen sich Seelen und Sachen, und seine Musik umfaßt eine pantheistische Weltsicht im Zeichen des Ästhetischen – d.h. eine griechische Sicht; am Grunde des »Meers« von Debussy kündigt sich ein Gott an. Es gibt keinen »lateinischen« Debussy. Wagners Werk beschwört ebenfalls eine »Welt«, in der menschliche Seinsweisen durch das Prisma des Mythos, der Legende oder der Geschichte sichtbar werden, und in Mussorgskys Schaffen ist das ganze Rußland synthetisch ausgedrückt.

Man muß sich fragen, wie es möglich ist, daß das Genie im Rahmen eines begrenzten Schaffens die Synthese der vielfältigen Aspekte einer menschlichen Seinsweise zustande bringt. Wie konnte es z.B. geschehen, daß Beethoven in nur neun Symphonien – wir sprechen nicht von seinen Quartetten, Sonaten, seiner Oper, seiner *Missa* – offensichtlich alles ausgesagt hat, was er *durch die Symphonie* auszusagen hatte? Das war sicher nur möglich, weil die verschiedenen affektiven Seinsweisen, die in ihnen in Erscheinung treten und eine jede von ihnen charakterisieren, ausreichten, um ohne Wiederholungen die verschiedenen Aspekte, die Beethoven vom menschlichen Dasein erhalten hatte, zusammenzufassen. Der Gang der Dinge läßt vermuten, dem Genie sei gerade die Lebensdauer zugemessen, die es benötigt, um das Wesentliche auszusagen, was es zu sagen hat. Das hieße, daß das Genie so lange lebt, wie seine innere Aktivität noch etwas Bedeutendes äußern will und durch ebendieses Vorhaben die Lebenskraft in ihm aufrechterhält. Wir wissen wohl, daß das nicht immer der Fall war und daß die Krankheit des Leibes oftmals das Wachstum des Genies behindert hat. Aber es sind diejenigen, die wir die »Großen« nennen, bei denen das Ungewöhnliche Ereignis werden konnte oder – anders ausgedrückt – denen diese Gnade zuteil geworden ist. Mozarts Schaffensernte ist so geartet, daß es müßig wäre, zu fragen, was er noch hätte schaffen können, wenn er länger gelebt hätte. Was kann man noch Notwendiges sagen, wenn man das Wesentliche gesagt hat?

DER WERT ALS KONKRETER AUSDRUCK DES MENSCHEN Ein anderer Gesichtspunkt im Hinblick auf den musikalischen Ausdrucksakt wird uns neue Aufklärungen zur Frage der Wertordnung bringen. Einer der Aspekte des geschichtlichen Werdens der abendländischen Musik ist ihr Hang zu einem zunehmend *realistischen* Ausdruck der menschlichen Psyche. Die reine Polyphonie ist ein geistiger Ausdruck der psychischen Affektivität, weil sie deren *Struktur reiner Zeitlichkeit* in jeder einzelnen der in der Gemeinschaft des Gesanges verbundenen Stimmen der Polyphonie bekundet; aber diese Struktur ist von ihrer fleischlichen Abhängigkeit *abstrahiert*. Durch Integration der simultanen Harmonie im polyphonen Gewebe drückt die Musik die affektive Aktivität des Menschen *realistischer* aus als durch die reine Polyphonie, weil die harmonische Struktur und die vom Fundamentalbaß gelenkte harmonische Bewegung die *konkrete Wirklichkeit* der affektiven Aktivität bedeuten, da sich diese Wirklichkeit in der Zeit verzeitlicht. Auch integriert sie darin zugleich die Motorik, die vom Körper her bedingt ist, so daß sie in der Lage ist, die affektive Aktivität in ihrer Abhängigkeit vom Körper zu zeigen, indem sie sie ihrerseits vergeistigt – wobei die Motorik auch durch ihre Struktur reiner Zeitlichkeit Ausdruck findet. Im Laufe der harmonischen Ära widmet sich die Musik dem Gefühlsausdruck, und der Gefühlsausdruck dieser Zeit ist so realistisch, daß er bis in die Darstellung *differenzierter* Gefühle reicht, ja sogar bis zur Kennzeichnung der *Individualität* und der *Nationalität* des Komponisten.

Aber wodurch lassen sich Individualität und Nationalität musikalisch ausdrücken? Durch eine bestimmte ethische Seinsweise, welche die auf ihr *Wesentliches* reduzierte *Daseins*weise des Musikers ist.

Die musikalische Sprache unterscheidet sich von der literarischen dadurch, daß sie das *Wesen* der Dinge ausdrückt, das die literarische Sprache durch Abstraktion, Metaphern oder Symbole andeutet; das ist es übrigens auch, was die Musik auf der geistigen Ebene rechtfertigt: Sie kann Dinge aussagen, die weder die Literatur noch die bildenden Künste aussagen können; aber ihr Aussagevermögen beschränkt sich auf das Hörerlebnis; sie ist – gleich dem gesprochenen Wort – tönende Sprache, nicht geschriebene, und deshalb kann uns das Lesen einer Partitur das Hörerlebnis nicht ersetzen. Mit dieser Ausnahme sind die beiden Sprachen parallel: Polyphonie und Symphonie sind die Prosa, in der die Sprache transparent ist, die musikalische Lyrik ist Poesie, in der das Wort selbst als *Bild* wirkt.

Das *Wesen* im philosophischen Sinn ist das *objektivierte*, d.h. *konkretisierte Dasein* der Dinge; und da es nicht objektivierbar sein kann, ehe es *konstituiert* ist, ist es dieses Dasein oder besser diese Daseinsweise im Aspekt der Vergangenheit: *Wesen ist, was gewesen ist* (Hegel). Es folgt daraus, daß die Musik, indem sie das Wesen der Dinge (das bei allen Vertretern einer Spezies stets ein und dasselbe ist) darstellt, durch das *Besondere* das *Allgemeine* und durch das Individuum die Gesamtheit, die Nationalität, und durch all das den *Menschen* in einer besonderen Seinsweise darstellt.

In ihrer ganzen Geschichte trachtet die Musik danach, den Menschen auszudrücken, und da es kein Individuum gibt, das den Menschen »im allgemeinen« repräsentieren könnte, gelangt sie zu den Wesenheiten des Menschen nur durch einzelne Persönlichkeiten. Somit haftet der höchste *Wert* jenen Werken an, in denen sich der Ausdruck des Menschen in seiner weitesten *Verallgemeinerung* verkörpert; und das allen Menschen Gemeinsamste, d.h. Allgemeinste, ist *sein Vorsatz, nach dem Ebenbild Gottes zu sein*. Andererseits kann diese Zielsetzung, die tatsächlich die fundamentale Zielsetzung der Musik ist, einen adäquaten Ausdruck nur in den allgemeinsten Strukturen der harmonischen Musik und durch das Hervortreten ihrer Grundstruktur finden, nämlich der Kadenz T-D-T, die die Grundlage der ganzen abendländischen Musik ist und die in der *tonalen* harmonischen Musik zur *transzendenten* Grundlage der »Form« wird, während die Zielsetzung, nach dem Ebenbilde Gottes zu sein, ihren allgemeingültigen Ausdruck in der *Sonate* und der *Symphonie* gefunden hat – neben der *Fuge* den abstraktesten unter den musikalischen Formen. Nur drückt die *Fuge*, wie wir gesehen haben, den allgemeinsten Aspekt der *existenziellen* Beschaffenheit des Menschen aus, während die *Symphonie* (und die ihr nahestehenden Gattungen in der Kammermusik) vorwiegend die Zielsetzung des menschlichen *Daseins* ausdrückt, die seine existenzielle Beschaffenheit transzendiert. Diese Zielsetzung des Daseins findet in der Struktur T-D-T allgemeineren Ausdruck als z.B. in der (weiter oben erwähnten) Tonstruktur, aus der der erste Satz von Debussys *La Mer* entsteht: Hier betrachtet der Komponist das Sein des Meeres unter dem besonderen Aspekt seines eigenen Lebens »vom Morgengrauen bis zum Mittag«.

DER WERT DER MUSIKALISCHEN GATTUNGEN   Die im allgemeinsten Sinne menschliche Musik, der infolgedessen auch der höchste Wert zukommt, ist somit die *klassische Symphonie* und die zu ihr in Wechselbeziehung stehenden Gattungen. Hieraus wäre zu folgern, daß Beethoven der größte Musiker aller Zeiten war, sofern man Beethoven mit seinem Werk gleichsetzt. Nun ist aber Beethovens Gesamtwerk – wie das aller »Großen« – erfüllt und genährt mit Dingen, die nicht von Beethoven sind, sondern die er von Haydn, von Bach und überhaupt aus der fernsten Vergangenheit der Musik hat, sowie auch aus seiner durch Lektüre erworbenen Bildung und durch die Aufgeschlossenheit gegenüber der großen freiheitlichen Bewegung, durch die seine Epoche ihren mächtigen Auftrieb erhalten hat. Die »Großen« waren also jeweils die »größten« *Dolmetscher* dessen, was die Allgemeinheit ihrer Zeit, ihrer Umwelt oder aber zu allen Zeiten und allerorts bewegt hat. Das eigentlich Große, der Träger der »Werte«, ist somit das *Schaffen* und nicht unbedingt der schaffende Mensch, der in seinem Tun nur durch das *Genie* groß sein kann. Und was das Genie anbelangt – das haben alle, deren Wirken auf das Transzendente gerichtet ist, gleich nötig, um an ihr Ziel zu gelangen. So betrachtet, stehen sie alle auf gleicher Ebene.

Mit einem Wort – der Mensch ist niemals ein Gott, und kein »Großer« hat sich je für einen Gott gehalten. Die Größe des *Menschen* zeichnet sich in seinem Leben ab, d.h. außerhalb des künstlerischen Bereichs. Beethoven trug übrigens alle Züge des Menschen in dessen allgemeinstem und vollkommenstem Sinne: Vitalität, Religiosität – obwohl er nicht im kirchlichen Sinne »gläubig« war –, Treue, Herzenswärme, Leidenschaftlichkeit, sexuelle Not, Liebe zur Natur, Freude am Essen, Zusammengehörigkeitsgefühl mit anderen Menschen, Geistigkeit und das Streben nach einem Ideal.

Der Vergleich, den man hinsichtlich des *Wertes* zwischen der klassischen Symphonie und dem, was auf sie gefolgt ist, anstellen könnte, wäre dem zwischen Tragödie, Drama und Roman geläufigen Vergleich ähnlich oder demjenigen zwischen den »großen« und den »kleinen« Formen, also zwischen Drama und Roman, den Dichtungen mit langem Atem, einerseits und dem einfachen Gedicht und dem Prosastück andererseits.

Mit dem Auftreten der Chromatik, der Symphonischen Dichtung, der nationalen Ausprägungen, des Lyrismus und der tonalen und modalen Freizügigkeit zieht die Musik in den Bereich des »Besonderen« ein. Wie wird sie auf dieser Entwicklungsstufe zur *Allgemeingültigkeit* des Ausdrucks gelangen? Ein Wort von Debussy mag uns helfen, es zu begreifen: »Wieviel muß man erst finden und dann wieder weglassen, um bis zum nackten Fleisch der Gemütsbewegung vorzudringen...«, schrieb er einmal an Godet. Dieses »nackte Fleisch der Gemütsbewegung«, das man in jedem Takt des *Pelléas* fühlt, offenbart uns tatsächlich deren *Wahrheit*, und durch diese ihre *Wahrheit* rührt eine Gemütsbewegung die gesamte Menschheit an. So läßt uns diese Musik wiederum die Allgemeinheit erreichen, und das unter einem nicht mehr *ontologischen*, sondern *existenziellen* Aspekt.

WAHRHEIT DES AUSDRUCKS UND WAHRHEIT DES GEFÜHLS   Die *Wahrheit des Ausdrucks* in der musikalischen Sprache ist also stets diejenige einer bestimmten *allgemeinen* affektiven Seinsweise, da die musikalische Sprache das *Wesen* des Gefühls ausdrückt. Wenn die Worte eines Liedes oder der Titel eines Stücks den Sinn des musikalischen Gefühlserlebnisses deuten, hat dieses doch auch an sich nicht minder einen Sinn, der aus dem musikalischen *Abbild* – wie immer es auch beschaffen sei – ein allgemeines Charakterbild macht, das in verschieden betitelten Stücken ins Spiel gebracht werden kann; denn der Titel weist nur auf den Sinn *des betreffenden Stückes* hin.

Aber die *Wahrheit des Gefühls* an sich ist eine *existenzielle* Wahrheit, und diese hat eine weniger tiefe, weniger transzendente Resonanz als die *ontologische* Wahrheit, wenn sie den Menschen angeht. Hieraus erwächst z. B. die besondere Resonanz der geistlichen Musik sowie jener Musik, deren *transzendente* Form auf dem Schema T-D-T aufgebaut ist, wenn die eine wie die andere die erforderliche Substanz besitzen, die Substanz, die der Form erst ihre Bedeutungsfülle gibt.

DAS FUNDAMENT DER WERTE   So setzt die Geschichte selbst die Stufen der Werteskala. Der Gang der Dinge verläuft so, als ob die Musik in jedem Stadium der Geschichte eine strukturelle Eigenart erreichte, die dem Musiker diktiert, was er zu tun hat, und ihm gleichzeitig gestattet, es zu tun; es ist – anders ausgedrückt – so, als ob er eine *Mission* zu erfüllen hätte: Deshalb machen die Nachkommenden auch immer etwas anderes als die Vorgänger. Wenn man andererseits einen gewissen Parallelismus zwischen den Ausdruckskünsten feststellen kann, muß man daraus schließen, daß sie einem gemeinsamen Trachten der Epoche oder des Milieus entsprechen, welches seinen Ursprung außerhalb des künstlerischen Bereichs hat. Und trotzdem ist der Ausdrucksakt des Musikers nicht-reflexiv, und damit sein Auftrag erfüllbar werde, müssen Menschen auf gleicher Höhe um ihn sein, Menschen, die gleich ihm Genie haben; denn es gilt ja, Neues zu schaffen.

Wohlverstanden: Diese »Werte« sind transzendent und als solche in der Faktizität des Werkes nicht verzeichnet, es sind Wert-»Adern«, die der Hörer erkennen muß und die er nur erkennen kann, wenn er der Musik – aus einer Haltung absoluter, freier Unvoreingenommenheit – gänzlich aufgeschlossen ist. Überdies kann eine »Objektivierung« dieser »Werte«, eine »Benotung« der Arbeiten der Musiker wie in der Schule, nicht in Frage kommen – das hieße ja aus etwas »Transzendentem« eine meßbare Sache machen; denn diese Werte haben unzählige Facetten und sind nur für eine *Subjektivität* existent – im besonderen Falle für die des Zuhörers: Das Spiel von Angebot und Nachfrage mischt sich wie in alles, so auch in den Bereich der Werte.

Hier stößt man zwangsläufig auf den Fehler, den Sartre begeht, wenn er sagt: »Der Mensch ist das fundamentlose Fundament der Werte.« Das Fundament der Werte liegt in der psychischen Beziehung des Menschen zur Welt. Es beruht daher auf der »Beziehung« und nicht auf dem Menschen an sich. Aber der Mensch als »Individuum« ist das Fundament seiner Wert*wahl*, der Wahl jener Werte, auf die er sich stützt; und in diesem Zusammenhang kann man nicht sagen, diese »Wahl« sei »fundamentlos«, weil sie sich auf *Normen* stützt, die der Mensch nicht gewählt hat, sondern die ihm durch seine Daseinsbedingungen in der Welt vorgeschrieben sind. Mögen im Falle der Musik die Werte auch noch so hoch anzusetzen sein, man kann ihrer infolge der Faktizität der Musik müde werden, oder aber man mag nicht in der Verfassung sein, sie in sich aufzunehmen; schließlich aber kann es sein, daß man von einem gerade erst entdeckten »Wert« dermaßen fasziniert ist, daß man darüber andere Werte zu verkennen geneigt wird. Die Musikwelt von heute bietet Beispiele solch einer Beschränktheit der Auffassung, die häufig geradezu komisch sind.

Je mehr Reichtum und Strahlkraft in der Transzendenz ein Wert besitzt, desto mehr verlangt er nach Wiederholungen des Hörerlebnisses, bis er voll erkannt werden kann. Überdies vermittelt im allgemeinen jede Interpretation nur einen bestimmten Standpunkt hinsichtlich des »Wertes«, nämlich den des Interpreten; ja selbst der Zuhörer – und mag er noch so aufgeschlossen sein – bildet einen *Standpunkt* in bezug auf den Wert. Man wird dem Interpreten eine weitgehend wahrheitsgetreue Erfassung eines Werkes nachrühmen, wenn er Mittel und Wege findet, die jeweiligen affektiven Bedeutungen in ihrer ganzen Fülle ins rechte Licht zu stellen, ohne daß sie dem Verständnis der Kontinuität des Vortrags, der organischen Einheit eines lebendigen, nicht eines mechanischen Tempos (es sei denn, die jeweilige Musik bedeute etwas Mechanisches!) und der Struktur der Form hinderlich wäre. Das ist, was man eine »klassische« Interpretation nennen könnte, weil sie das vollkommene Gleichgewicht zwischen Form und Substanz verwirklicht. Sie hat den Nachteil, daß sie nicht auf der Faktizität der Musik »herumreitet«, die gerade dasjenige ist, wovon sich der durchschnittliche Hörer am stärksten angezogen fühlt.

Unter diesen Umständen hat man den Sinn der großen Werke niemals erschöpft, niemals ganz ausgeschöpft, und man kann nie aufhören, sie wieder und wieder vorzunehmen. Doch allen Werken, deren Wert den Voraussetzungen entspricht, die wir betrachtet haben, ist eine lange Dauer gewiß; denn obgleich die verschiedenen Qualifikationen des »Wertes« eine gewisse Werthierarchie entstehen lassen, ist der Wert dennoch etwas »Absolutes«.

ERKENNEN DER WERTE Die Musik hat am Wegrand der Geschichte verschiedenwertige Werke aufgestapelt. Man mag sie aufheben oder liegen lassen – immerhin kann der Mensch stets auf sie zurückgreifen, solange er für Musik etwas übrig hat. Picasso hat einmal zu mir gesagt: »Die Museen darf man nicht verbrennen – sie sind der Misthaufen der Geschichte!« (Es war zur Zeit, da die Futuristen alle Museen anzünden wollten.) Nein, Museen sind keine Misthaufen, sondern Lagerhäuser. Man muß sich nur darauf verstehen, die Werte herauszufinden und insbesondere noch lebensvolle Werte von dokumentarischen zu unterscheiden, welch letztere das Entstehen eines Stils oder das Suchen nach ihm kennzeichnen oder allzu spezielle Werte darstellen, um von allgemeinem Interesse sein zu können. Sie sind – geschichtlich gesehen – tote Werte.

Das Urteil des Zuhörers ist stets subjektiv und kann nur insoweit Objektivität erreichen, als es sich auf den »Wert« bezieht, d. h. darauf, was die Musik als *menschliches Zeugnis* ist. Da der »Wert« ausschließlich in den transzendenten Bedeutungen der Musik in Erscheinung tritt, die im Hörerlebnis und im Nacherleben des Hörererlebnisses empfunden werden, ist das, was man sich im Zusammenhang mit der Musik aneignen muß, das *Gefühl für den Wert;* und das ist es auch, was man musikalische *Kultur* nennen soll. Werte mögen noch so relativ sein – unsere Studie wird uns zumindest gelehrt haben, *Wert* von *Unwert* zu unterscheiden.

Man wird jetzt auch erkennen, was wir unter *gelehrsamer* Musik verstehen: Es ist Musik, die nicht aus dem Nichtreflexiven und nicht aus den Urgründen des Menschen kommt und ihre Quelle im *Willen, etwas zu machen,* hat; sie verliert so die *Authentizität,* die unerläßliche Vorbedingung für den *Wert* eines Ausdrucksaktes. Diese Musik ist nur durch den reflexiven Einsatz des *Handwerks* möglich; sie macht aus dem musikalischen Schöpfungsakt die Arbeit eines Handwerkers oder Technikers und wird nicht säumen, eine Ingenieurarbeit daraus zu machen, weil die Musiker darangehen werden, mit dem bloßen *Schall* anstatt mit *Tönen* in der *Tonalität* zu arbeiten.

Man mag sich darüber wundern, daß wir in großen Zügen das Wertproblem erläutern konnten, ohne im Einzelfalle die Strukturen zu *analysieren.* Das kommt daher, daß die Strukturen an sich nichts besagen: Wer den Wert in den Strukturen sucht, ist einem Menschen vergleichbar, der sich über einen fremdsprachigen Text Rechenschaft geben will, indem er dessen Grammatik und Syntax untersucht, ohne den Sinn der Worte zu kennen. Die Studie über das musikalische Bewußtsein hat uns gelehrt, die Bedeutung der Worte im musikalischen Sinn zu verstehen; und von dorther sowie durch die transzendenten Bedeutungen der Musik konnten wir das Wertproblem angehen. Eine Analyse der Strukturen mit Hilfe der nun erworbenen Kenntnis ihrer Bedeutungen ist nur von Nutzen, um sich darüber klarzuwerden, was die Substanz und den Wert einer Musik ausmacht, die man schön gefunden, oder was an einer Musik suspekt ist, die man problematisch gefunden hat.

UNTERWEGS ZUR ZEITGENÖSSISCHEN MUSIK   Die zeitgenössische Bewegung, die wir nach Debussy in Frankreich in ihren Ansätzen gesehen haben, veranlaßte die Musiker, sich auf die Suche nach neuen Strukturen zu machen.

Die einen, der Überfülle an Gefühl in der unmittelbar vorhergegangenen Musik überdrüssig, wollten das Heil in einer Musik suchen, in der das Gefühl gar nicht erst wirksam werden sollte. Sie kehrten Beethoven den Rücken und glaubten ihr Vorbild in Bach finden zu können. Das war ein törichtes Beginnen, da Musik – und in erster Linie die Musik Bachs – nichts als Gefühl ist. Die andern, des *Realismus* überdrüssig – und das ist ihre einzige Rechtfertigung –, wollten das Heil in einer Musik suchen, die der tonalen Gesetze entraten könnte; denn in der tonalen modernen Musik müßten sie allenthalben auf Realismus stoßen. Nun verliert aber die Musik ohne die tonalen Gesetze ihren *erkennbaren* Sinn; sie kann also in ihren Augen nur noch einen esoterischen Sinn haben. Indem sie entsprechend handeln, glauben sie, im Sinne der geschichtlichen Notwendigkeit vorzugehen, da doch der Sinn der abendländischen Geschichte nicht ins Dunkel führt. Wenn es auch wahr ist, daß sie in eine recht dunkle Epoche der Menschheitsgeschichte geraten sind, wäre es doch ihre Sendung gewesen, nach dem Licht zu streben: »Wir bekennen uns zu dem Geschlecht, das aus dem Dunkeln ins Helle strebt«, sagt Goethe.

Kapitel II: Die zeitgenössische Musik

1. Die geschichtliche Situation

Der Schlüssel zur gegenwärtigen Situation findet sich im Zusammentreffen dreier Umstände, die geeignet waren, die Beziehung des Musikers zur Musik von Grund auf zu verändern:

1. Wir haben gesehen, daß zu Anfang des 20. Jahrhunderts alle strukturellen Möglichkeiten der musikalischen Sprache erschlossen waren. Die geschichtliche Ära, in der die schöpferische Tätigkeit im Hervorbringen von Werken von Etappe zu Etappe neue Möglichkeiten oder neue Gesetze der musikalischen Sprachstruktur entdeckte, war seit langem abgeschlossen. Alle Möglichkeiten oder, wenn man so will, alle Mittel des musikalischen Ausdrucks – die Enharmonik, die Polytonalität, die Polyrhythmik, die kadenzielle Mannigfaltigkeit z.B. – waren zwar noch nicht systematisch ausgeschöpft, aber sie waren erschlossen. Der Beitrag des Musikers zur Geschichte konnte sich somit nur noch in neuen musikalischen Vorhaben und durch die persönliche Note seines Stils im Rahmen der sprachlichen Voraussetzungen zeigen.

2. Solange sich der Musiker vom geschichtlichen Strom seiner nationalen Musik tragen ließ, wurde er sich dieses Zustandes gar nicht oder doch kaum bewußt; er schrieb im Stil seiner Umgebung und seiner Zeit, und die Neuerungen, die er beisteuern mochte, kamen ihm ganz selbstverständlich vor. Die harmonischen Kühnheiten im *Tristan* erschienen Wagner und seiner Umgebung ganz natürlich; er empfand daher keinerlei Bedürfnis, sie analysierend zu rechtfertigen – ebensowenig wie Debussy je daran gedacht hätte, die seinigen durch eine Theorie zu rechtfertigen.

Aber ein neuer Umstand sollte dieser schönen Unbekümmertheit alsbald ein Ende setzen: die geschichtliche Erkenntnis. Seit der romantischen Epoche hatten sich die Musiker angeschickt, in der Vergangenheit zu forschen – insbesondere in der vorklassischen Periode sowie in der Ära der Polyphonie und der reinen Melodie; und die musikwissenschaftlichen Forschungen hatten sich auf die gelehrsame Musik des zweiten Zeitalters, auf die Musik der Primitiven und die Volksmusik, ausgedehnt. So ließ die Geschichtswissenschaft den Musiker in dem Augenblick, da er sich fragen mußte, was er mit der tonalen Musik noch anfangen könne, deutlich erkennen, daß die harmonische Tonalität nur während einer verhältnismäßig kurzen Zeit geherrscht hatte, daß die Musik zuvor *modal* orientiert war und überdies andere Intervalle als die unsrigen angewandt hatte, kurzum – die Geschichtswissenschaft *relati-*

vierte, was in den Augen des Musikers bislang *absolute* Gegebenheiten waren; und indem sie den Horizont des musikalischen Denkens erweiterte, stellte sie die *Notwendigkeit* der bisherigen Ordnung der Dinge in Frage. Bis dahin war der Musiker gleichsam im historischen Ablauf der Geschichte mitgegangen und hatte von innen her seinen Beitrag zur Weiterentwicklung geleistet; plötzlich aber sah er ihn von außen und mußte erkennen, daß alles, was bisher selbstverständlich gewesen war, nunmehr fragwürdig wurde. Mit einem Wort: Die Geschichte entdeckte dem Musiker seine geschichtliche Situation, ließ sie jedoch in einem falschen Licht erscheinen: Anstatt daß ihm die Geschichte als *geschichtliches Werden* eines einzigartigen Ausdrucksmittels und einer nach und nach durch zahllose Völker und Generationenfolgen von innen gewachsenen Sprache erschienen wäre, sah er sie nun als *geschichtlichen Endzustand* einer Reihe aufeinanderfolgender Etappen, die ihm nun gleichberechtigt und gleichwertig erschienen, ihn seiner Tradition entrissen und in die Lage versetzten, sich entweder rückwärts zu wenden – zu den Vorklassikern, zu Bach, zur reinen Polyphonie oder gar zur Musik der Antike – oder aber ganz von vorn und ohne Rücksicht auf die Vergangenheit neu zu beginnen.

3. Diese Infragestellung der tonalen Strukturen wäre ungefährlich gewesen, wenn der Musiker eine klare Vorstellung von den Voraussetzugen gehabt hätte, die der Musik einen *Sinn* geben und aus ihr eine »Sprache«, ein Ausdrucksmittel, machen. Denn obgleich er mit dieser Sprache auf den Wegen der Tonalität ohne Schwierigkeit, und ohne eine Problematik ihres *Sinnes* zu sehen, umzugehen verstand, d.h. obgleich er ihre *Syntax* instinktmäßig beherrschte, wußte er doch nichts von ihrer *Etymologie*: Er war gänzlich ahnungslos, welche Funktionen in der musikalischen Sinngebung den einzelnen Elementen dieser Sprache zukamen: d.h. den Intervallen, der aufsteigenden oder absteigenden Bewegung, dem Primat der Oktave, Quinte und Quarte, der Unterscheidung von »Konsonanzen« und »Dissonanzen«. Er wußte nicht einmal, warum er Tönen in Oktaventfernung den gleichen Namen gab; er mochte glauben, die Rhythmen seien aus einer beliebigen Anhäufung »mensurierter« Dauern zusammengesetzt, »musikalische« Intervalle könnten aus beliebigen Frequenzbeziehungen entstehen – ja noch mehr: Er konnte annehmen, daß irgendwelche Klänge von unbestimmter Tonhöhe, jedoch unterschiedlicher Klangfarbe und -intensität schon Musik machen könnten. Mit einem Wort: Er wußte nichts von den *Wurzeln* und *Grundlagen* der musikalischen Sprache und konnte somit auch in Zweifel ziehen, daß die Musik überhaupt eine Sprache, ein Ausdrucksakt, sei, ja er konnte so weit kommen, daß er in ihr nichts weiter sah als ein Spiel mit Klängen, die einfach bestimmten Maßeinheiten unterworfen sind. Seine Unwissenheit ging so weit, daß er sich in diesem Zusammenhang gar keine Fragen stellte. Hätte er sich welche gestellt, wäre er alsbald darauf gekommen, daß ihm weder die Physik noch die Physiologie des Ohres und des Gehirns, noch die Psychologie, noch das psycho-physiologische Zusammenspiel hätten Antwort geben können. Wir kön-

nen die Antwort nun vermitteln: Da der musikalische Akt Handlung eines
affektiven Selbstbewußtseins in der reinen Reflexion der Hörtätigkeit ist, gibt
es nur eine Wissenschaft, die fähig wäre, auf diese Fragen zu antworten: Die
Husserlsche Phänomenologie des Bewußtseins, angewandt auf den musikalischen Einbildungsakt. Nun war die Phänomenologie von Husserl zwar – wie
durch ein Wunder – bereits im Entstehen begriffen, aber sie hatte sich im
Reich der Philosophen das Bürgerrecht noch nicht errungen – erst recht nicht
bei den Psychologen und den Männern der Wissenschaft. Anders als die Physiker, die angesichts der Entdeckungen Einsteins, Niels Bohrs, Plancks usw.
ihre Betrachtungsweise und ihre Sprache alsbald geändert haben, beharren
die Philosophen – mit wenigen Ausnahmen – auf ihren Denkmethoden und
scheinen noch nicht erkannt zu haben, daß die Phänomenologie Husserls geeignet wäre, alle ihre Probleme zu lösen, ja daß sie überhaupt die einzige
Disziplin ist, die sie vor dem Debakel erretten könnte, das Karl Jaspers das
Scheitern des philosophischen Denkens genannt hat. Somit wäre der historische Auftrag der Gegenwart an die Philosophen, die Probleme des Menschen
im Lichte dieser neuen Phänomenologie neu aufzurollen*.

Infolge der drei Umstände, die wir soeben dargelegt haben, befand sich der
Musiker unserer Zeit in der paradoxen Lage, die Technik einer Kunst zu beherrschen, ohne sich des Sinnes ihrer Strukturen, die er anwandte, bewußt zu
sein. Auf den Zustand der *Unschuld*, in dem sich der Musiker früherer Zeiten
befunden hatte, wo sich alles von selbst verstand und er handeln konnte, ohne

---

* Wir wollen nur ganz nebenbei auf das Zusammentreffen hinweisen, daß in dem Augenblick, in welchem sich das Bedürfnis nach einer Phänomenologie des Bewußtseins auf allen
Gebieten der Anthropologie fühlbar macht, Husserls Genie die Wege zu ihr aufspürt,
ähnlich wie das menschliche Genie im allgemeinen immer dann neue Energiequellen entdeckt, wenn die alten den Bedürfnissen der Menschheit nicht mehr zu genügen drohen. In
der Natur ist offensichtlich alles vorhanden, was der Mensch braucht, doch ist es seinem
Genie vorbehalten, die Quellen zu finden und zu erschließen; und hierin konnte man bislang die wunderbare Tatsache feststellen, daß das Genie stets zur rechten Zeit den menschlichen Bedürfnissen entsprochen hat (den vernünftigen Bedürfnissen allerdings und nicht
den unvernünftigen, wie etwa dem Wunsch, von Krankheit, Alter und Tod befreit zu werden oder allwissend zu sein). Was das Bedürfnis nach Begreifen anbelangt, erklärt Ortega,
der Mensch sei »konstitutionell ein etymologisches Lebewesen«. Die Wörter, so sagt er,
haben nicht deshalb ihre Etymologie, weil sie Wörter, sondern weil sie »Bräuche« sind;
und es sei die Etymologie, der wir die Enthüllung der »geschichtlichen Ursache« der
Bräuche oder der gebräuchlichen Dinge verdanken. Hieraus folgt, daß die Geschichte
eine ungeheure Etymologie darstellt, das »grandiose System der Etymologien«, so nennt
sie Ortega, der folglich in der Phänomenologie von Husserl – als dem Versuch einer Rekon-
struktion der Entstehung der Phänomene im menschlichen Bewußtsein – die höchste
Form der Etymologie sieht. Als ich das letztemal mit Ortega zusammentraf, sprach ich
ihm von der Arbeit, die ich mir vorgenommen hatte. Er ermutigte mich in meinem Vorhaben, warnte mich auch vor den damit verbundenen Schwierigkeiten und fügte hinzu:
»Daß die Phänomenologie der Musik noch nicht vorliegt, ist ein philosophischer *Skandal!*« Er selbst war in der Musik zu wenig bewandert, um diese Arbeit leisten zu können,
und er hatte, wie wir später noch sehen werden, phänomenologische Studien auf anderen
Gebieten im Kopf. Die vorliegende Arbeit kommt also wohl zu spät, um die jungen Musiker vor den Fallen zu warnen, die ihre geschichtliche Situation ihnen stellen könnte –
aber nicht zu spät, so hoffen wir, um die falschen Vorstellungen, von denen die heutige
Musikwelt voll ist, richtigzustellen.

zu wissen, warum, und einzig geleitet von einem aus der Sprache selbst gewonnenen Sinn, folgte ein Zustand von *Pseudowissen*, in dem nicht nur alles in Frage gestellt, sondern der offenkundige Sinn der Dinge jeglicher Grundlage beraubt war – wo selbst der Begriff von einem *Fundament* und einem *Sinn*, die den Elementen, mit denen der Musiker operiert, kraft ihrer historischen Entstehung anhaften, ihm gänzlich fremd war, weil er diesen Elementen keinen anderen als einen technischen Sinn zu geben verstand. Wenn wir an dieser Stelle daran erinnern, daß die tonale Grundlage des Sinnes der musikalischen Strukturen im musikalischen Erleben die gleiche Rolle spielt wie Gott in der menschlichen Existenz, werden wir zwangsläufig zu der Feststellung kommen, daß Gott – der Gott, der über die Musik herrscht – in der Musikgeschichte annähernd zur gleichen Zeit gestorben ist wie in der allgemeinen Menschheitsgeschichte des Abendlandes. An der Schwelle unserer Epoche ist der abendländische Mensch als psychisches Wesen (und mit ihm die Geschichte des Abendlandes, soweit sie vom menschlichen Bewußtsein abhängig ist) in einen Tunnel eingefahren – denn für den Menschen heißt es, sich in einen Tunnel und vollends in die Nacht verlieren, wenn er das Bewußtsein von den Grundlagen des Sinnes der Dinge und seiner eigenen Existenz verloren hat.

ZWEI VERÄNDERUNGEN BEI ANBRUCH DES 20. JAHRHUNDERTS Man kann darüber streiten, ob sich die geschichtliche Situation, die wir soeben gekennzeichnet haben, beinahe urplötzlich zu einem präzisen historischen Zeitpunkt ergeben hat, den wir, grob gesprochen, immerhin in der unmittelbar auf den ersten Weltkrieg folgenden Zeit sehen möchten. Diese Unsicherheit ist die Folge eines bestimmten Bewußtseinsvorgangs, den Eugenio d'Ors durch ein einfaches Beispiel illustriert hat: Solange man eine Fremdsprache lernt, schreibt er, *kann* man sie noch nicht; aber es ist eine Erfahrungstatsache, daß man eines Morgens beim Aufwachen feststellen wird, *daß man sie kann.* Man kommt plötzlich dahinter, daß man sich in der Sprache – zumindest in den Grenzen der Alltagssprache und eines bestimmten Wortschatzes – *spontan* ausdrücken kann, ohne nach Worten, ihren Verbindungen und ihrer Syntax suchen zu müssen; man wird sie dann auch in der gleichen Weise verstehen können, ohne zu »übersetzen«, ja man wird sogar ab und zu in der neu erlernten Sprache *träumen.* Dieses Phänomen ist auf eine Pflege unserer Sprachbegabung zurückzuführen, die ausreicht, um unsere Fähigkeit zur Transzendenz in der Dauer wirksam werden zu lassen. Diese Fähigkeit versetzt uns in die Lage, ein *sinnerfülltes Wortganzes* aufzunehmen bzw. auszusprechen, ohne dieses Ganze Wort für Wort bilden zu müssen.

In seiner Selbstausbildung und historischen Weiterentwicklung bewegt sich das Bewußtsein *sprungweise* vorwärts; es wird – sei es durch einen inneren Reifezustand, sei es durch äußere Umstände – in eine Situation geführt, in die es sich allmählich durch die Erfahrung einfügt und die ihm in einem gegebenen

Moment zu einer neuen *Daseinsbedingung* wird. Dieses Gesetz waltet über der historischen Weiterentwicklung des Bewußtseins in seinen kleinen wie in seinen großen Dimensionen, im kollektiven wie im individuellen Dasein. Die an der Schwelle unserer Zeit entstandene musikalische Situation mußte somit die Beschaffenheit der schöpferischen Aktivität beeinflussen und hat vor allem zwei Veränderungen mit sich gebracht – die eine bezieht sich auf die *melodische Erfindung*, die andere auf die Einstellung des Komponisten in der Bewerkstelligung des musikalischen Vorhabens.

DIE GABE DER MELODIE   Die Musik ist eine Sprache, die man lernen kann wie jede andere, und ihre Sprache ist melodisch. Sie setzt also voraus, daß der Musiker gewillt ist, die *Gabe der Melodie* kompositorisch anzuwenden, die ihrerseits die Gabe der *Harmonie* einschließt, da die Melodie aus den ihr innewohnenden harmonischen Beziehungen hervorgeht. Wenn es zutrifft, daß eine Melodie auf verschiedene Arten harmonisiert werden kann, gehört doch zu jeder Melodie nicht minder die ihr entsprechende Harmonie, die in ihr einbegriffen ist und durch eine bestimmte Akkordfolge verwirklicht wird. Unsere Studie hat uns gelehrt, daß das musikalische Bewußtsein in seinem Einbildungsakt die Melodie nicht durch eine Aneinanderreihung von Intervallen, sondern durch eine dialektische Verkettung von *Motiven* bildet. Die *Gabe der Melodie* besteht somit in der Fähigkeit – und es ist dies die Fähigkeit der Transzendenz in der Dauer –, *spontan* eine ganze Melodie, eine melodische »*Phrase*« zu erfinden, *ohne den Vorgang ihrer strukturellen Entstehung durchlaufen*, ihre dialektische Ausformung aus *einem* einfachen *Motiv* vorbedacht zu haben; denn die Erfindung eines solchen Motivs ist jedermann möglich: Jeder beliebige Handwerker, der seiner Arbeit nachgeht, kann ein Motiv pfeifen oder trällern, es ausschmücken und abwandeln (oder ehedem jedenfalls konnte er das – heutzutage kann ja niemand mehr pfeifen). Aber »irgend jemand« erfindet keine ganze Melodie mit Fleisch und Blut, mit sinnvollem Körperbau und eigenständiger Physiognomie. Dem Menschen ist die Musikbegabung infolge der einfachen Tatsache angeboren, daß sein Ohr pythagoreisch-tonal angelegt ist und er die musikalische Sprache »von Natur aus« versteht; deshalb kann er Musik *hören* und Musik *machen* (im Sinne der Wiedergabe), wenn nicht ein Bedürfnis nach Ausdruck, das nicht mehr eigentlich musikalisch ist, aber in der musikalischen Sprache das Mittel zur Verwirklichung findet, ihn dazu drängt, Musik zu *erschaffen*.

Unter diesen Voraussetzungen ist es nur natürlich, daß die Ära der *tonalen Harmonik* und die der *reinen Melodie* die Manifestation der *Melodiebegabung* besonders begünstigt haben; denn im Verlauf der *polyphonen* Epoche war die Selbständigkeit der Melodiestimmen durch deren Unterordnung unter die zwischen den einzelnen Stimmen herzustellenden harmonischen Beziehungen so stark belastet, daß die melodische Freizügigkeit teilweise eingeschränkt war;

in der Epoche der tonalen Harmonik hingegen konnten – in dem Ausmaß, in dem der Musiker seine *mit den zugehörigen Harmonien versehenen* Melodien spontan entwarf – melodisches Bewußtsein und harmonisches Bewußtsein gleichberechtigt wirksam werden, indem die Freizügigkeit des einen die des andern wechselweise befruchtete, wobei allerdings die melodische Erfindung ungebundener war als die harmonische, welch letztere den Gegebenheiten der tonalen Kadenz unterworfen war. Nichts konnte also für die Persönlichkeit des Komponisten bezeichnender sein als seine harmonischen Melodien, die seine Handschrift verrieten. Was daher die Qualität dieser Melodien ausmacht, die man in der klassischen und romantischen Musik in Hülle und Fülle findet, ist ihr *individueller* Charakter, dieses Zeichen der Freizügigkeit des im musikalischen Ausdrucksakt wirksamen Bewußtseins und der Persönlichkeit des Musikers. Dieser individuelle Charakter der Melodie, der sich bereits in den ersten Anfängen einer melodischen Linie bemerkbar macht, ist folglich in gewissem Sinne unabhängig vom Wert der *Werke* an sich; und deshalb vermag die *Melodiebegabung*, die zwar eine *conditio sine qua non* des musikalischen Ausdrucksaktes ist, nur dann wirklich »große« Werke hervorzubringen, wenn sie von einer psychischen Aktivität unterstützt wird, die vom *Menschen* herrührt und nicht nur vom Musiker als solchem, wenngleich auch diese psychische Aktivität ihren unmittelbaren Ausdruck in der musikalischen Sprache findet.

Nach Abschluß des historischen Ausbildungsprozesses der musikalischen »Sprache« ist die musikalische Erfindung notgedrungen stärker eingeschränkt, und zwar auf Grund der einfachen Tatsache, daß sich die Melodiebegabung in den Grenzen einer bereits fertigen musikalischen Sprache betätigt: Der Komponist ist gewissermaßen dazu verurteilt, »Musik über Musik« zu schreiben, d. h. man wird in seinen Melodien fast immer melodische Wendungen wiederfinden, die man schon einmal irgendwo gehört hat. Die Freizügigkeit der Erfindung kann sich immerhin durch neuartige Synthesen typischer Strukturen erweisen – daher das Gemisch von Diatonik, Chromatik und Pentatonik in den Melodien von Debussy. Die große Hilfe für den zeitgenössischen Komponisten bei seiner spontanen melodischen Erfindung ist also die *harmonische* Führung der Melodie, und in diesem Punkt sind die möglichen Beziehungen der *Melodie* und der *Harmonie* unerschöpflich. Der in unseren Tagen häufige Eindruck, die Quelle der Melodie sei versiegt, wie Honegger gegen Ende seines Lebens äußerte, und die möglichen Kombinationen der acht bzw. zwölf Töne der Tonskala seien erschöpft, entspringt somit einem allzu großen Pessimismus. Das scheint auf dem Gebiet des Chansons und der leichten Musik – wegen der einfachen Tonstrukturen, auf die sie sich beschränken – zuzutreffen. Es träfe auch auf die Kunstmusik zu, wenn der Musiker seine Melodien nur aus einzelnen Tönen zusammenbaute; aber er baut sie mit Tonstrukturen, und das, was auf diesem Gebiet zählt, ist die Originalität des Stils, die von der Persönlichkeit des Musikers abhängt so wie auch diejenige des »musikalischen

Vorhabens«, der »Werkidee«, die einen Mangel an Individualität des melodischen Bildes bis zu einem gewissen Grad aufwiegen kann. Aber in einem organischen Musikwerk hält sich alles die Waage; und wenn ein dem musikalischen
Ausdruck gemäßes Thema die Einbildungskraft des Musikers entfacht, wird
es in ihm auch melodische Einfälle wachrufen, die infolge der einfachen Tatsache, daß sie spontan erfunden und daher unmittelbarer Ausdruck seines
eigenen einbildenden Bewußtseins sind, individuellen Charakter besitzen werden.

Eine andere Folge der neuen Lage, in der sich der zeitgenössische Musiker
befand, mußte ihn von der spontanen melodischen Erfindung wegführen, da
sie sie gewissermaßen überflüssig machte – die leichte Musik ausgenommen,
wo sie ja das A und O bedeutet. Der zeitgenössische Komponist komponiert tatsächlich *über* Musik; er widmet sich der schöpferischen Tätigkeit in
der Regel erst nach Erlernung der musikalischen Sprache, da die Strukturen
der modernen Musik zu kompliziert sind, als daß ihm die bloße melodisch-
harmonische Begabung gestattete, sie ohne vorherige Studien zu handhaben.
Er hat also gelernt, was er eigentlich gar nicht hätte lernen müssen – nämlich
die melodische Dialektik, die Harmonieführung und die Ausarbeitung der
Form. Er hätte das alles gar nicht lernen müssen, weil die *tonale* Führung –
die melodische wie die harmonische – spontan vom Ohr diktiert wird, die melodische Dialektik unmittelbar aus der relationellen Aktivität des imaginieren-
den Bewußtseins hervorgeht und die »Form« automatisch durch die melodisch-harmonische Dialektik erschaffen wird. Hingegen waren seine Studien
selbstverständlich notwendig, um ihm die erforderliche *Übung* in der Anwendung der natürlichen Mittel der musikalischen Sprache zu vermitteln, d.h.
sie waren notwendig im Sinne einer *Pflege* seiner musikalischen Gaben, damit
er diese in der eigentlich schöpferischen Tätigkeit wirksam einsetzen könne.

Infolge der Tatsache jedoch, daß seine Studien ihn in den Besitz der Tech-
nik der Sprache gebracht haben, wird der Musiker verleitet zu glauben, es
genüge künftig, diese Technik arbeiten zu lassen, vielleicht eine neue Anwendungsweise dieser Technik zu erfinden, d.h. mit den Möglichkeiten dieser
Technik zu spekulieren, um eine »schöpferische Tat« vollbringen zu können.
Mit einem Wort: Er hat es nicht mehr nötig, spontan und von innen heraus
Melodien zu erfinden. Er kann sie »machen«, indem er ganz einfach von einem
Motiv ausgeht und dieses nach der natürlichen oder angelernten Dialektik des
musikalischen Denkens zu entwickeln trachtet. Insbesondere seine Beherrschung des *Kontrapunkts* – des einzigen Gegenstands des Studiums, der sich
nicht automatisch aus den Gesetzen des Ohrs oder der relationellen Aktivität
des melodischen oder des harmonischen Bewußtseins ergibt und den man daher wirklich *lernen* oder doch üben muß – macht ihn glauben, es genüge hinfort, Kontrapunkt zu machen, wenn er Musik machen will.

ZUFLUCHT BEI DER TECHNIK   Sobald der Musiker diese Studien hinter sich gebracht hat, ist es ihm zur Gewohnheit geworden, die Musik *von außen* zu betrachten; das *Motiv* oder die *Melodie*, die ihm spontan eingefallen ist, schreibt er auf das Notenpapier und legt sich die Frage vor: Was mache ich mit diesem Einfall?

Anders ausgedrückt: Er entfaltet seine schöpferische Tätigkeit auf der Ebene der *Sekundärreflexion* und im Lichte des theoretischen Denkens. Nun ist aber der »authentische« schöpferische Akt, wie wir wissen, eine Aktivität der *reinen Reflexion*, in die das einbildende Bewußtsein als affektives Bewußtsein des musikalischen Bildes und *nicht-reflexives* Selbstbewußtsein eingeht. Gibt der Musiker jedoch seine reflexive Haltung zugunsten einer nicht-reflexiven auf oder findet er, durch eine Rückwendung zu sich selbst, in den musikalischen Strukturen den Sinn wieder, den sie in der reinen Reflexion haben – d. h. ihren inneren musikalischen Sinn, nicht ihre theoretische Definition –, dann hat er sich der Voraussetzungen begeben, die den von ihm erarbeiteten Tonstrukturen ihren *erkennbaren Sinn* verleihen und dem Ausdrucksakt (der für den Musiker nicht einmal mehr ein solcher, sondern nur noch »Musikmachen« ist) seine *Authentizität* sichern.

Wir sehen hier, wie sich nun das, was wir zuvor über die spontane Erfindung einer *Melodie* gesagt haben, auf die Ausarbeitung eines Musikwerks als Ganzes ausdehnt. Der schöpferische Akt – gleich welcher Art – ist nur dann ein authentischer Ausdrucksakt, wenn er Schritt für Schritt und insgesamt aus einem inneren Antrieb hervorgeht und wenn alles »Überlegte« von einem »Unüberlegten«, das ihm sein Gesetz aufzwingt, befehligt wird, ihm seinen Weg vorschreibt und den *Sinn* dessen, was *richtig*, was *möglich*, was *ausreichend* und was *notwendig* ist, ganz naturgemäß in sich trägt. Außerhalb dieser Voraussetzungen geht die »Überlegung« – d. h. das musikalische »Denken«, das Denken in Strukturen – mit verbundenen Augen vor sich und wird in allem unsicher werden.

Die spontane melodische Erfindung – das, was die Deutschen »Einfall« nennen – ist eine plötzliche, wie vom Himmel gefallene Eingebung. Einst sagte man »Inspiration«. Diese Inspiration erstreckt sich somit von der eigentlichen melodischen Schöpfung auf die des ganzen Werkes; aber sie fällt nicht vom Himmel; sie ist vielmehr das, was das nicht-reflexive, aber tätige affektive Selbstbewußtsein, das sich in der musikalischen Sprache bekundet, dem musikalischen »Denken« in der reflexiven Haltung »einhaucht«; und die so hervorgebrachte Musik trägt den eindeutigen Stempel dessen, was die Deutschen »entstanden« – im Gegensatz zu »gemacht« – nennen.

Alles Vorhergehende geht also davon aus, daß eine reflexive Haltung des Musikers in seiner schöpferischen Tätigkeit die Möglichkeit eines authentischen und sinnerfüllten Ausdrucksaktes zwar nicht ausschließt, aber problematisch erscheinen läßt. Denn entweder tut ein Musiker, der *über die Technik* musiziert, nichts weiter, als diese Technik in Tätigkeit zu setzen, und beschränkt

sich somit darauf, »die Musik sprechen zu lassen«, oder aber er verliert sich ins
Abenteuer, wenn er die Fundamente dieser Technik aus dem Auge verliert.

ENTGEGNUNG AUF EINEN EINWAND   Man kann uns hier entgegenhalten, daß
sich der Musiker vor dem zu schaffenden Werk immer in der Haltung der Sekundärreflexion befunden habe und befinde, die ja die natürliche Haltung des
Menschen sei. Früher aber gab er diese Haltung im Augenblick der Ausführung des Werkes auf, während sie heute kraft seiner historischen Situation zur
Grundhaltung des Komponisten geworden ist, in der er – wir wiederholen es –
nicht notwendigerweise fehl am Platz wäre, von der er sich aber nur durch
einen zusätzlichen Energieaufwand losreißen kann.

Zum Beweis folgende Tatsachen: Es gibt kein gemeinsames Maß zwischen
dem, was Bach, Haydn, Beethoven, Mozart, Schubert und all die andern bis
Debussy von ihren Lehrmeistern gelernt und was sie daraus gemacht haben:
Diese Männer hätten die großen autonomen Formen nicht *erschaffen*, nicht
die Chromatik in die Diatonik eingeführt, nicht die *modale* Freiheit in der
Dur-Moll-Tonalität erreicht und nicht die Polytonalität innerhalb der determinierten Tonalität gewagt, wenn sich ihr *Genie* nicht auf mehr als die Technik hätte stützen können. Anders ausgedrückt: Ihre schöpferische Aktivität
hatte *eine andere Quelle* als die Technik. Im Gegensatz hierzu rechtfertigen
alle zeitgenössischen Komponisten – ausgenommen einige wenige, die man
an den Fingern abzählen kann – alles, was sie tun, durch die Technik; sie sind
ehrlich davon überzeugt, daß Logik und Kohärenz einer Technik *Garanten*
für den Wert ihrer Musik seien: Es ist dies das Kriterium der »gut gemachten
Musik«, auf das wir schon hingewiesen haben. Es hat ohne Zweifel auch früher Komponisten gegeben, die sich darauf beschränkten, die Technik ihrer
Epoche anzuwenden; aber sie sind prompt in der Versenkung verschwunden,
und die Geschichte hat sie vergessen: Heutzutage sind es gerade die Werke,
in denen sich technische Versuche manifestieren, die die Aufmerksamkeit der
»Kenner« erregen und von diesen in den Himmel gehoben werden. Das bedeutet, daß man die Musik vom *ästhetischen* Standpunkt aus betrachtet, weil
das Ästhetische, wie wir gesehen haben, die äußerliche Bekundung der ethischen Seinsweisen des Menschen ist; und die durch die Technik bedingten
Tonstrukturen sind genau der ästhetische Aspekt der musikalischen Sprache.

»Kenner« und »Musiker« stehen somit auf dem gleichen Standpunkt. Im
Zusammenhang mit dem Übergang von einer grundlegend introvertierten
Haltung (die im musikalischen Einbildungsakt diejenige der »reinen Reflexion«
und des »Gefühls« ist) zu einer grundlegend extravertierten Haltung (der Sekundärreflexion und des »reflexiven« Denkens) haben die Musiker der Musik gegenüber unbestreitbar eine Stellung bezogen, die rein ästhetisch genannt
werden muß und einer willkürlichen, blinden Sucht, etwas zu »machen«,
freien Lauf läßt. Sie beurteilen sie von außen und nach dem rein Tatsächlichen,

so daß ihnen die »expressive« Eigenschaft der Musik als willkürliche »Beigabe« erscheint, als ein Verdienst ihrer Strukturen und der Geschicklichkeit des Musikers; die Transzendenz der den Tonstrukturen und der »Form« innewohnenden Bedeutung entgeht ihnen völlig – eine Quinte ist für sie eine Quinte und sonst nichts, und eine Sonatenform wird auf ein rein formales Schema reduziert. Die Musik – und nicht nur ihre, sondern auch die der Vergangenheit – ist in ihren Augen zu einer *rationalen* Kunst geworden, die aus einem technischen Wissen um die musikalische Sprache und aus der Erfindung innerhalb ihrer Ausdrucksmittel hervorgeht.

Unter diesen Umständen ist es möglich, Musik zu schreiben, ohne die Gabe der Melodie, ja selbst ohne schöpferisches Talent zu besitzen, d. h. ohne jene Bereitschaft des wahren schöpferischen Musikers, sich von einer latenten affektiven Aktivität beflügeln zu lassen, die stets gleichsam auf dem Sprung ist, beim geringsten Anlaß wirksam wird und die – begünstigt durch die Melodiebegabung – das ihr adäquate Ausdrucksmittel in der Musik findet. Bei einem Musiker jedoch, der mit einer derartigen affektiven Veranlagung ausgestattet ist, erschafft sich der musikalische Ausdrucksakt selbst seine Technik, die sodann die angeeigneten Techniken spontan überrundet und sogar ohne vorher angeeignete Technik Gestalt annimmt. Deshalb haben auch so viele große Musiker Musik gemacht, ohne etwas gelernt zu haben; deshalb auch konnte die Musik bei den primitiven Völkern entstehen, bevor noch irgendein Tonsystem entdeckt worden wäre; und deshalb ist z. B. das Wunder des Stils bei Debussy erklärlich. Ein solches Wunder ist jederzeit möglich.

Aber eine rein ästhetische Haltung gegenüber der Musik muß für die Beurteilung schwerwiegende Folgen haben, und hier ist der Ort, an einen in Anmerkung vorgebrachten Gedanken zu erinnern: »Nichts ist einem von innen bestimmten Weg so ähnlich wie ein von außen bestimmter Weg.« In einem musikalischen Schaffen, in dem sich Authentisches mit Nicht-Authentischem mischt, ohne daß man das eine vom andern unterscheiden könnte, läuft man Gefahr, als »Ausdruck« eines Musikers zu nehmen, was lediglich das Produkt einer ingeniösen Technik ist, oder zu glauben, man habe religiöse Werke vor sich, obgleich es sich nur um religiöse Konfektion handelt, oder »Symphonien« für Symphonien zu halten, die nur den Namen mit echten Werken dieser Gattung gemeinsam haben: Solange die zeitgenössische Produktion nicht mit den Gegebenheiten der musikalischen Phänomenologie konfrontiert wird, ist jede »Beurteilung« unmöglich; man kann nur *Meinungen* formulieren. Aus dieser Situation endgültig herauszukommen ist der Zweck dieser Untersuchung.

DIE ZWEITE GESCHICHTLICHE ETAPPE DER ABENDLÄNDISCHEN MUSIK   Man kann die zweite geschichtliche Etappe der abendländischen Musik mit der Generation Strauss–Reger–Mahler–Debussy–Puccini, den Russen bis Glasunow und Skrjabin und den Musikern anderer Nationen der gleichen Epoche

abgrenzen. Von dieser Generation an wurde tatsächlich alles in Frage gestellt – die affektive und expressive Essenz der Musik und ihr tonales Gesetz, die Grundlage aller ihrer Bedeutungen. (Die Strukturen des Rhythmus
wurden erst später in Frage gestellt, als Folge der »metrischen« Konzeption,
die Strawinsky vom Rhythmus hatte.) Die vorgenannten Musiker waren noch
in ihren nationalen Traditionen verankert, und die Nationalität sollte noch
nicht oder doch noch nicht sogleich aufhören, eine Rolle zu spielen; aber vor
dem Hintergrund der nationalen Kulturen wurden die musikalischen Probleme
auf *internationaler* Ebene in Frage gestellt. Zum Beweis mögen die Gründung
der IGNM, der Internationalen Gesellschaft für Neue Musik, sowie die Bezeichnung der neuen Musik selbst – *zeitgenössische* Musik – dienen. Wenn
man von zeitgenössischer Musik spricht, stopft man alles in einen Sack, und
die nationalen Unterschiede verschwinden vor dem Charakter der Epoche;
man verliert den Menschen, der dahintersteckt, aus dem Auge und sieht in
ihm nur noch den Handwerker oder Künstler – ein ästhetischer Standpunkt –,
und der Tatbestand ist, daß das Publikum pauschal »für oder gegen« die zeitgenössische Musik ist, ohne daß es versuchen wollte, »Wertunterschiede« zu
erkennen, woraus klar hervorzugehen scheint, daß sie einen *Bruch* mit der vorhergegangenen Musik fühlbar werden läßt.

Ravel und de Falla, beide 1875 geboren, setzen die frühere Epoche fort;
aber in ihrer schöpferischen Tätigkeit, die in den Anfang unseres Jahrhunderts
fällt, schreiben sie bereits Musik über Musik, was sie nicht hindert, Melodiebegabung und einen persönlichen Stil zu zeigen. Gleichwohl läßt die Tatsache,
in einem Stil eine Werkidee zu finden, den ganzen Unterschied erkennen, der
zwischen der Musik von Albeniz oder Granados und der von de Falla, zwischen Debussys *Ibéria* und Ravels *Rhapsodie espagnole* besteht.

Albeniz und Granados sind Romantiker, deren Musik einen stark ausgeprägten nationalen Charakter hat; sie inaugurieren gewissermaßen eine nationale Musik in der Sprache der Zeit. Falla will seine Hispanität in einem
neuen, auf dem französischen Lyrismus fußenden Klassizismus ausdrücken:
Er bahnt der spanischen Musik den Weg zur Universalität. Mit anderen Worten: Was den Wert seiner Musik ausmacht, ist weniger ihr spanischer Charakter als die Qualität seines Stils und seine ästhetische Perfektion.

Debussys *Ibéria* ist von einem bestimmten, nämlich dem für Spanien eigentümlichen Daseinsklima inspiriert; Ravel hingegen macht spanische Melismen
selbst zum Vorwurf seines Werkes, was nicht hindert, daß seine *Rhapsodie*
eine dichterische Beschwörung Spaniens ist – jedoch eben Spaniens in ein-
echränkendem Sinne, während *Ibéria* eine Bedeutungstranszendenz von viel
allgemeinerer Reichweite aufweist: *Par les rues et par les chemins – Les par-
fums de la nuit – Le matin d'un jour de fête.*

Schönberg ist 1874 geboren und geht sehr bald vom tonalen Wege ab; aber
sein Einfluß macht sich auf internationaler Ebene erst seit dem ersten und
noch stärker seit dem zweiten Weltkrieg bemerkbar. Die Infragestellung der

fundamentalen Gegebenheiten der Musik hat sich in der während des Jahrzehnts zwischen 1880 und 1890 geborenen und an der Schwelle des ersten Weltkriegs zur Reife gelangten Generation ereignet – bei Bartók, Kodály, Strawinsky, Pizzetti, Casella, Malipiero, um nur die bekanntesten zu zitieren. Bartók hat das Problem gelöst, indem er den Wegen der Tonalität, innerhalb welcher er gleichwohl Neues schaffen konnte, die Treue hielt und fortfuhr, aus der Musik einen Ausdrucksakt und ein Ausdrucksmittel von persönlichem und zugleich nationalem Charakter zu machen. Hierdurch hat er ohne Zweifel die Geschichte fortgesetzt, und sein Beitrag ist von einem noch nicht voll erkannten »Wert«. Die Italiener haben vor allem danach getrachtet, die italienische Musik zu erneuern, indem sie die Pfade der Oper mieden und den symphonischen Stil und die Formen der autonomen Musik kultivierten, doch sind sie außerhalb Italiens nicht zu Einfluß gelangt. Was man die zeitgenössische Bewegung nennt, ist von Strawinsky und von Schönberg ausgegangen.

2. Strawinsky

Strawinskys Musik hat die musikalische Welt buchstäblich durcheinandergebracht. Zunächst weil seine Gesellenstücke Meisterstücke waren: der *Feuervogel*, *Petruschka*, *Le Sacre du Printemps*, geschrieben innerhalb weniger Jahre, als er noch kaum dreißig war. Sodann, weil sie an keine andere Musik erinnerte, weil sie neue Klänge, neue musikalische Impressionen und Emotionen bisher ungekannter Art mit sich brachte. Unsere erste Aufgabe ist daher der Versuch, zu zeigen, was an der musikalischen Persönlichkeit Strawinskys ungewöhnlich ist; denn der so ungewöhnliche Charakter seiner Musik muß wohl in seiner Persönlichkeit liegen. Zu diesem Zweck nehmen wir ein Kapitel aus Sartres *l'Etre et le Néant (Das Sein und das Nichts)* zu Hilfe, das der Autor »Von der Qualität als Offenbarerin des Seins« betitelt.

Es handelt sich hier nicht um das Sein des Menschen, das Sartre das »Fürsich« nennt, sondern um das »An-sich«, um die Seinsweise der Dinge; und es handelt sich um jene Transzendierungsfähigkeit des Bewußtseins, über das »Wahrgenommene« hinaus und kraft der *Fühlbarkeit* des Wahrgenommenen eine bestimmte *Seins*weise zu erfassen, die sodann einen *menschlichen Sinn* annimmt. »Die *materiellen* Bedeutungen, der menschliche Sinn der Schneekristalle, des Körnigen, des Zusammengedrückten, des Fettigen usw.«, sagt Sartre, »sind ebenso *wirklich* wie die Welt, und Auf-die-Welt-Kommen heißt in das Milieu dieser Bedeutungen eintreten.«

»Nehmen wir z.B. einmal jene besondere Qualität, die man das *Klebrige* nennt. Ohne Zweifel bedeutet sie für den europäischen Erwachsenen eine Menge *menschlicher* und *moralischer* Charakteristika, die sich leicht auf Seinsbeziehungen reduzieren. Ein Händedruck kann klebrig sein, ein Lächeln, ein Gedanke, ein Gefühl können klebrig sein.« Nun aber könnten menschliche Verhaltensweisen nicht als »klebrig« gekennzeichnet werden, und diese Kennzeichnung könnte nicht eine allgemeingültige, bestimmte Seinsweise umschreiben, wenn nicht das in der Umwelt und in den klebrigen Stoffen aufgetretene *Klebrige* an sich diese in den Augen des Menschen ontologische Bedeutung trüge, eine Bedeutung übrigens, für die der Mensch empfänglich sein mag oder nicht: Er wäre es nicht, wenn er sich ganz einfach an die *Tatsachen* hielte. »Denn die Klebrigkeit – streng für sich und isoliert betrachtet – kann uns abträglich erscheinen (weil klebrige Substanzen an Händen und Kleidungsstücken kleben und Flecken verursachen), aber nicht *abstoßend*.« Es handelt sich somit um eine *transzendente* Bedeutung des Wahrgenommenen, die eine bestimmte Seinsweise anzeigt, die nicht der Wahrnehmung als solcher, aber der intuitiven, in der reinen Reflexion des Wahrgenommenen wirksam werdenden Aktivität zugänglich ist und nicht aus dem Wahrgenommenen als solchem, sondern aus der *erfühlbaren Qualität* des Wahrgenommenen hervorgeht, die eine *affektive* Qualität ist.

Es ist dies, was Sartre den *metaphysischen Gehalt jeder intuitiven Offenbarung des Seins* nennt. Bei der Erfassung dieser ontologischen Bedeutungen spielt die Individualität des Betrachters keinerlei Rolle außer in der Entscheidung, ob er seine intuitive Aktivität und seine Transzendierungsfähigkeit wirksam werden läßt oder nicht; der Betrachter ist nichts weiter als das gewissermaßen anonyme Dabeisein des Menschen, das den Dingen erst einen Sinn gibt und mangels dessen die Dinge in der Welt bar jeglicher Bedeutung wären. Denn man muß deutlich festhalten, daß es sich hier nicht um ein Projizieren affektiver menschlicher Bedeutungen auf das Ding handelt, sondern um eine Seinsqualität, die auf der Beschaffenheit des Dings selbst beruht und etwa einheitlich glatt, körnig, gleichmäßig, ungleichmäßig, flüssig, fest ist oder das Gelb, das Blau oder Rot im Sonnenlicht reflektiert usw. – und das die menschliche Sensibilität lediglich aufnimmt, während die affektive Sinngebung durch die reflexive Aktivität der Psyche hinzugefügt wird –, ganz so, wie diese reflexive Aktivität im musikalischen Einbildungsakt den tonalen und rhythmischen Strukturen sowie den Klangfarben einen affektiven Sinn verleiht. Das gleiche gilt für allgemein menschliche Gegebenheiten im Zusammenhang mit diesem Phänomen. Nur ist es im musikalischen Einbildungsakt so, daß das Bewußtsein den Intervallen und Rhythmen einen menschlichen Sinn überträgt, während hier – wie auch im Falle der vokalen und instrumentalen *Klangfarben* – das intuitive Bewußtsein in der *erfühlbaren Qualität des Wahrgenommenen* eine bestimmte *Seinsqualität* entdeckt, die ihm bereits als solche einen menschlichen Sinn zu besitzen scheint. Denn Sein ist Sein, und die gleichen Seinsqualitäten können sowohl auf die Dinge wie auf den Menschen zutreffen.

Nun – diese *erfühlende Intuition des Seins* ist der Ursprung der musikalischen Berufung Strawinskys, und zwar laut seinem eigenen Bekenntnis, wie wir gleich sehen werden. Sie findet in seiner schöpferischen Aktivität auf zweierlei Weise Anwendung: im Hinblick auf die in ihrer Umwelt handelnde Person –

im Verhalten Petruschkas, des Mohren, der Ballerina, der Ammen und der Kutscher, in den Riten des *Sacre*, im Joker des *Jeu de Cartes*, im *Renard* und seinen Kumpanen usw. – sowie im Hinblick auf die musikalischen Bilder, die er sich vorstellt oder auf die er stößt, so daß zwischen dem Sinn, den er seiner Musik geben will, und der erfühlbaren und expressiven Qualität seiner musikalischen Bilder eine vollkommene wechselseitige Ergänzung entsteht. Wenn seine Musik keinen konkreten Vorwurf hat, faßt er dennoch in den musikalischen Bildern, die er sich vorstellt, die gleichen erfühlbaren, eine bestimmte Seinsweise offenbarenden Qualitäten ins Auge, wie wenn er ein konkretes Sujet hätte; das bedeutet, daß er seine *erfühlende Intuition des Seins* auf das musikalische Bild als solches anwendet. Somit ist es seine *Intuition* der transzendenten Bedeutung der *erfühlbaren* musikalischen Bilder – seien es solche, die er in der Umwelt wahrnimmt, oder solche, die er sich beim Komponieren vorstellt –, auf der sein Genie zunächst beruht. Deshalb begeht er auch keine Plagiate, wenn er im *Jeu de Cartes* auf das Hauptmotiv der Ouvertüre zum *Barbier von Sevilla*, in *Petruschka* auf das Lied *Elle avait une jambe en bois* oder in der *Zirkuspolka* auf einen Marsch von Schubert anspielt; vielmehr bereitet er diesen Motiven ein neues Schicksal, überträgt ihnen eine Bedeutungstranszendenz und enthüllt auf diese Weise eine zwar darin vorgeprägte Seinsweise, die er aber neu erfindet und beleuchtet, indem er sie aus ihrem bisherigen Zusammenhang herauslöst und in einen neuen hineinstellt.

Strawinskys musikalische Berufung   In seinen Lebenserinnerungen erzählt er von einem seiner »ersten Klangeindrücke« wie folgt:

»Es war auf dem Lande, wo meine Eltern die Sommer mit den Kindern verbrachten . . . Ein riesenhafter Bauer sitzt auf einem Baumstumpf. Ein durchdringender Geruch von Harz und frisch geschnittenem Holz umschmeichelt die Nüstern. Der Bauer ist mit einem kurzen roten Hemd bekleidet. Seine rötlich behaarten Beine sind nackt, an den Füßen hat er Sandalen aus Bast. Auf seinem Kopf kräftiges Haar, dicht und rot wie sein Bart, kein weißes Haar – und doch ein Greis. Er war stumm, aber er konnte sehr heftig mit der Zunge schnalzen, und wir Kinder hatten Angst vor ihm. Ich auch. Aber die Neugier gewann die Oberhand. Wir näherten uns ihm, und dann . . . begann er zu singen. Dieser Singsang bestand aus zwei Silben, den einzigen, die er aussprechen konnte. Sie waren ohne jeden Sinn; aber er ließ sie mit unglaublicher Behendigkeit in sehr lebhafter Bewegung miteinander abwechseln. Er begleitete dieses Gluckern auf folgende Weise: Er preßte die rechte Handfläche unter die linke Achsel und versetzte sodann den linken Arm, indem er ihn gegen die rechte Hand preßte, in rasche Bewegung. So erzeugte er unter seinem Hemd eine Folge recht verdächtiger Töne, aber streng im Takt, und euphemistisch hätte man sagen können, sie erinnerten an ›Ammenschmätze‹. Das machte mir einen tollen Spaß, und zu Hause ging ich sogleich daran, diese Musik mit viel Eifer nachzuahmen ...

Eine andere Erinnerung, die oft in mir auftaucht, ist der Gesang der Frauen des Nachbardorfes. Von der Feldarbeit heimkehrend, sangen sie – es waren sehr viele – einstimmig ein Lied. Noch heute entsinne ich mich dieses Motivs und der Art, wie sie es sangen. Und wenn ich es zu Hause wiederholte und ihre Art zu singen nachzuahmen versuchte, machte man mir Komplimente wegen meines untrüglichen Gehörs ... Sonderbar – dieser einfache Sachverhalt hat für mich besondere Bedeutung gewonnen; denn von jener Zeit an bin ich mir meiner selbst als Musiker bewußt geworden.«

Somit ist es in der Tat die Intuition der Bedeutung erfühlbarer Bilder, der Bilder, die ihm in der Umwelt begegneten und zufällig musikalische Bilder waren, welche Strawinsky zur Musik hingeführt hat. Er wäre weder von der Art Musik, die der greise Bauer machte, noch vom Gesang der Frauen des Nachbardorfs fasziniert gewesen, hätte er nicht in beiden die Äußerung einer bestimmten Seinsweise wahrgenommen, die dem Wahrgenommenen an sich einen transzendenten Sinn verlieh und im Sein des Greises und im Sein der von der Arbeit heimkehrenden Landfrauen ihre Entsprechung fand. Denn die transzendente Bedeutung des Erfühlbaren erstreckt sich weit über das rein Musikalische hinaus; und in dem Schaustück, das der Greis geboten, trug alles zu dieser Bedeutung bei: seine Gestalt, die Landschaft, der Harzgeruch, der Baumstumpf, der ihm als Sitz diente – das alles machte ihn zu einer Art Naturprodukt. Genauso war auch die Art, wie die Frauen sangen, für Strawinsky ein wesentlicher Bestandteil des eigentlichen Liedes. Nur wurde ihm die Bedeutung dessen, was er sah, erst durch das Lied der Frauen und die Musik, die der Greis mit seinem Körper hervorbrachte, deutlich. Unter den verschiedenen Bedeutungsaspekten des Erfühlbaren war es die *Klangkomponente*, die sein Herz berührte, vorausgesetzt, daß sie Bildkraft besaß; und er wurde von ihr berührt, weil er im *erfühlbaren Bild*, das sowohl körperliche Geste und Rhythmus als auch Gesang war, den unmittelbaren Ausdruck des Lebens erkannte. So mußte auch, wenn er seinerseits Musik machte, diese Musik durch ihre Vitalität wirken und der Rhythmus in ihr eine führende Rolle spielen. Und wenn seine Musik durch ihre Vitalität wirkt, so deshalb, weil er die seine in sie hineinlegt: Seine Rhythmen sind nicht künstlich erzeugt, er empfindet sie vielmehr im eigenen Körper, soweit er sie nicht mit seinem Körper sucht.

Daß der Anreiz, den die erfühlbaren Klangbilder auf ihn ausübten, aus ihrem *Ausdrucksgehalt* hervorging, kam ihm gar nicht in den Sinn. Sie waren für ihn ganz einfach *sinnerfüllt*, und er brauchte sich die Frage nach der *Bedeutung dieses Sinnes* gar nicht erst vorzulegen, um sie gleichzeitig mit der Wahrnehmung des Bildes unbewußt zu erfassen. Als er sich die Frage nach der Ausdrucksfähigkeit der Musik vorlegte, war daher die Antwort negativ: »Ausdruck gehört nicht zur Musik ..., die Musik ist unfähig, irgend etwas auszudrücken.« Er war daher geneigt, in der Musik eine »Kundgebung« irgendeiner Seinsweise zu sehen, und übersah dabei, daß eine »Kundgebung« stets eine bestimmte Art des »Ausdrückens« ist.

DIE AUSDRUCKSKRAFT DES BILDES   Also ist es – was immer er auch dazu sagen mag – seine affektive Intuition der *Ausdruckskraft* des erfühlbaren musikalischen Bildes, erfühlbar geworden durch die Klangfarbe und die aus dem Rhythmus erwachsende Formgebung, was ihn zu einem Musiker gemacht hat. Aber diese Gabe sollte aus ihm einen Musiker machen, der gänzlich anders war als die andern; denn im musikalischen Einbildungsakt ist – wie wir gesehen haben – der »Ausdruck« in der Struktur der *Tonpositionen* vorgeprägt, die *durch die Töne hindurch* in Erscheinung treten und die die Töne lediglich erfühlbar werden lassen.

Andererseits ist diese besondere Gabe Strawinskys das einzige, was uns die Tatsache, daß er Komponist geworden ist, erklärlich macht; denn:

1. Er hat die *Gabe* der Melodie im Sinne unserer weiter oben gegebenen Definition offensichtlich nicht, folglich auch nicht die mit jener verbundene harmonische Begabung. Aber dank seinem Sinn für die Ausdruckskraft des melodischen Bildes hat er doch auch den *Sinn* für die Melodie sowie für die Harmonie und die harmonische Bewegung; dieser Sinn läßt sich durch Musikhören erwerben, und zugleich mit ihm erwirbt man den Sinn für die melodische und harmonische Dialektik, d.h. die dialektische Verkettung von Motiven. Und dieser Sinn entwickelt sich bei ihm während des Studiums, bei dem er das Glück hatte, von Rimsky-Korssakow geführt zu werden. Seine Melodien sind in Wahrheit entweder Nachahmungen von Volksliedern, oder sie entstehen aus einem Motiv, das er sich selbst gibt oder das er anderswo entlehnt und nach den natürlichen Gesetzen der melodischen Dialektik entwickelt, so z.B. die wunderbare Gesangsstelle des Fagotts, mit der *Le Sacre du Printemps* beginnt: Die Klangfarbe des Fagotts in seinem äußersten Höhenregister ist für die zu kennzeichnende Sache – die äußerste Anspannung einer imaginären menschlichen Stimme – ebenso kennzeichnend wie die Melodie selbst. Ist das erste Motiv *(a)* einmal gefunden – und es ist wahrlich ein »Fund«–, geht alles weitere wie von selbst aus ihm hervor; übrigens ist dieser Beginn, der wie ein Volkslied klingt, noch nicht das, was man eine »Melodie« nennt:

Seine offenkundig spontanste »Melodie«, die *Berceuse* aus dem *Feuervogel*, ist aus den beiden Terzen und dem aus ihnen hervorgehenden absteigenden chromatischen Motiv erarbeitet, und diese beiden Komponenten bilden die *Gegebenheiten*, auf denen er das Werk fast ganz aufgebaut hat – wahrlich ein Meisterstück. Weil jedoch melodischer und harmonischer Sinn für ihn zwei klar unterschiedene Erfahrungen sind, betrachtet er auch die Melodie als eine, die Harmonie als eine andere Sache; auch ist seine Harmonie fast niemals die natürliche Harmonie der Melodie: Sie ist eine Harmonie, die er ihr zuweist, oder aber ein harmonischer Hintergrund, auf dem er sie sich entfalten läßt.

2. Er komponiert am Klavier. Als er seinem Lehrmeister gestand, daß er zum Komponieren des Klaviers bedürfe, antwortete Rimsky: »Die einen komponieren am Klavier, die andern ohne. Nun! Sie werden eben am Klavier komponieren!« – Die Frage ist so einfach nicht; denn alles hängt davon ab, zu wissen, ob einer *ohne Zuhilfenahme des Klaviers* überhaupt nicht komponieren kann, was ein Anzeichen für die Abhängigkeit von einer Beeinflussung von außen her ist. Unsere Schilderung des schöpferischen Akts geht von der spontanen Schöpfung des musikalischen Bildes in der Einbildungskraft des Komponisten aus. Nach Berichten der Schüler Bachs konnte dieser nicht begreifen, wie man anders als im Geiste komponieren könne, auf die Gefahr hin, dann auf dem Klavier auch spielen zu müssen, was die mentale Aktivität den Fingern zu spielen diktierte; erst diese zweifache Fähigkeit macht die Improvisation, diesen Prüfstein des schöpferischen Talents, möglich. Schülern, die diese Fähigkeit nicht besaßen, riet Bach, das Komponieren aufzugeben. Was Strawinsky von seiner Abhängigkeit vom Klavier befreit, ist ebendiese Intuition einer transzendenten Bedeutung des erfühlbaren Bildes, die ihm zuweilen solch einen »Fund« eingibt wie das soeben zitierte Fagottmotiv. Dies bedeutet jedoch, daß er stets von einer *Gegebenheit*, die er am Klavier findet und die sodann *irgendeine* Gegebenheit sein kann, ausgehen muß; so auch die beiden verbundenen Terzen, auf denen er fast den ganzen *Feuervogel* aufgebaut hat. Auf diese Weise konnte er auch praktizieren, was er früher die *Ästhetik der tabula rasa* nannte. Diese *tabula rasa* ist nicht sein musikalischer Horizont, in den er ja, um anfangen zu können, etwas hineinstellen muß; es ist seine innerliche Aktivität. Er möchte komponieren, ohne von einem Ausdrucksbedürfnis beseelt zu sein, das ihm von einem im musikalischen »Ausdruck« ein Ventil suchenden »Gefühl« gekommen wäre, und lediglich zu seiner Befriedigung und seinem Wohlbefinden, ohne erst auf die »Inspiration« warten zu müssen. Auch setzt er sich regelmäßig, tagtäglich an den Schreibtisch, um zu komponieren – ganz unabhängig von seiner inneren oder äußeren Disposition, und wir haben ihn wahrlich unter den schlimmsten Begleitumständen komponieren sehen. Man kann sich von diesen Praktiken eine Vorstellung machen, wenn man z. B. den *Pas d'Action d'Apollon Musagète* untersucht. Dieses Stück ist aus der einfachen Akkordzerlegung entstanden, über der die Melodie Gestalt gewinnt:

Aber wenn eine Melodie über diesen zerlegten Akkorden entstanden ist, hat das zur Voraussetzung, daß sein melodischer Sinn, seine Intuition der melodischen Ausdrucksfähigkeit in Tätigkeit getreten sind; und das wiederum setzt voraus, daß eine andere Idee ins Spiel gekommen ist, nämlich die, einen *Pas d'Action* zu schreiben, und zwar den der Musen, die Apollo verführen wollen, und dadurch wird – man sage, was man will – die schöpferische Einbildungskraft »inspiriert«: *L'appétit vient en mangeant . . .*

Ein anderes, das auf seine Intuition der Ausdrucksfähigkeit des Erfühlbaren zurückzuführen ist, kann man in der Tatsache erblicken, daß das melodische oder harmonische Bild, das Strawinsky auf dem Klavier sucht (denn die Melodie des *Pas d'Action* ist zweifellos auf dem Klavier gefunden worden), für ihn alsbald ein erfühlbares, mit einer Klangfarbe ausgestattetes klingendes Bild wird, wobei die Klangfarbe die Ausdrucksfähigkeit des Bildes *aktualisiert*. Anders als viele Musiker, die ihre musikalischen Bilder aus dem Abstrakten empfangen und sodann die entsprechenden Klangfarben erfinden müssen, hat Strawinsky die Gabe, seine musikalischen Bilder in ihrer Klangbezogenheit zu ersinnen, was der Klangfarbe in seiner Musik eine Bedeutungstranszendenz verleiht, die sie zwar schon immer hatte, die aber noch nicht für sich allein ausgenützt war, ausgenommen in besonderen Fällen (wie z.B. den Posaunen in der Komtur-Szene des *Don Giovanni*). Hieraus ist die Vollkommenheit und Bedeutungsfülle seiner orchestralen Handschrift zu erklären: Es wäre ein endloses Beginnen, wollte man die Bedeutungstranszendenz aufzeigen, von der in Strawinskys Musik die kleinsten Details seiner erfühlbaren Bilder übervoll sind: ein *Legato*, ein *Staccato*, eine Klangfarbe, eine Kombination oder eine Beziehung von Klangfarben.

Diese besondere Gabe Strawinskys, *konkrete* musikalische Bilder zu erfinden, ist das, was Sartre die »materielle Imagination« nennen würde. Aber die Tatsache, daß er fähig ist, in diesen konkreten musikalischen Bildern eine bildhafte transzendente Bedeutung wahrzunehmen, zeugt von einer ungewöhnlichen Einbildungskraft, einer ganz spezifischen Genialität, und Strawinskys Genie besteht in der Fähigkeit, trotz seines Mangels an den eigentlichen musi-

kalischen Gaben, die bislang am Ursprung der musikalischen Schöpfung
standen, aus jener angeborenen Genialität »Musik« und Musikwerke zu gewinnen. Denn welchem anderen Musiker wäre es wohl zuzutrauen, in der
einfachen Kopplung zweier zerlegter Akkorde, die zwei verschiedenen tonalen
Bereichen zugehören und in einem bestimmten Rhythmus von den Klarinetten
oder vom Klavier gespielt werden,

die musikalische Kennzeichnung einer Person zu entdecken und die musikalische Entfaltung und die in Funktion gesetzte Gegebenheit dieser Kennzeichnung zu verfolgen, so daß sie jetzt von jedermann beim Ansehen des Balletts
oder beim bloßen Hören der Musik verstanden wird? Aber das bedeutet doch,
daß die Musik Strawinskys wesentlich eine Musik der *Bilder*, und zwar *repräsentativer* Bilder ist; denn dieses Motiv aus *Petruschka* ist Strawinskys Art,
sich durch ein am Klavier gefundenes musikalisches Bild eine Seinsweise vorzustellen, wie er sie in der Welt kennenlernt: hier die Seinsweise Petruschkas.
Und in seinen Werken ohne »Vorwurf« ist es nicht anders, so z. B. in folgendem Motiv des ersten Satzes der *Symphonie in C:*

Dieses Motiv muß für Strawinsky ein »repräsentatives« Bild einer bestimmten menschlichen Laune oder Verhaltensweise gewesen sein, ansonsten hätte
er es ganz anders entwickelt, als er es getan hat, und vor allem hätte er es
nicht unabhängig von seinem harmonischen Zusammenhang entwickelt.

Strawinsky ist also kein »Gehirnmensch«, wie man zuweilen geglaubt hat,
oder doch nicht in seinen guten Momenten. Sein Kopf arbeitet – aber er ist
von einer Intuition geleitet, die nicht intellektuell ist. Seine Musik ist *gelehrsame* Musik, weil sie von einer technisch bestimmten Gelehrsamkeit herrührt,
doch in der Art des Einsatzes dieser Gelehrsamkeit läßt er sich von einem
sicheren Instinkt leiten, der um die Bedingungen des musikalischen Ausdrucks
weiß und untrüglich erkennt, was notwendig oder was ausreichend ist, damit
die in einem musikalischen Bild gesehene Bedeutung zur Fülle ihres Sinns und
ihrer Substanz gelange. Bei einer Bühnenaufführung des *Sacre du Printemps*,
die ich dirigierte, erhob sich hinter mir im Publikum ein Murmeln, als eine
wachsende Anhäufung von Dissonanzen im Orchester die Stimmen der Vögel
nachahmte, die in der Natur die Morgenröte ankündigen und, sobald es hell
wird, verstummen. Im Augenblick, als ich fühlte, daß das Murmeln sich zum

Skandal verstärken würde, verstummten die Vogelstimmen im Orchester plötzlich, das Fagott stimmte wieder seinen einsamen Gesang an, und das Murmeln zog sich wieder in die Kehlen zurück. Strawinsky treibt seine Absichten stets bis zur äußersten Spannungsmöglichkeit; aber er hat einen angeborenen Sinn für die Form, der bei ihm ein *ästhetischer* Sinn ist. Weil Strawinsky aus seiner Musik ein erfühlbares Bild repräsentativen und expressiven Charakters macht, gelangt er ihr gegenüber tatsächlich zu einer Einstellung, die derjenigen des Malers vor seinem Bild gleichzusetzen ist. Und sein Kriterium ist ein ästhetisches Kriterium, das auf die Vollständigkeit und Angemessenheit der *Form* gerichtet ist.

VERÄNDERUNG DER BEWUSSTSEINSLAGE   Hier kommt man um die Feststellung nicht herum, daß Strawinsky, als er diese Ausgangsposition der Musik gegenüber einnahm, eine tiefgreifende Veränderung des Bewußtseinsphänomens, das den Ursprung des musikalischen Einbildungsakts birgt, durchmachen mußte. In der Paarung
  – thetisches Bewußtsein vom musikalischen Bild
  – nicht-reflexives Selbstbewußtsein als affektives Bewußtsein vom wahrgenommenen Bild
geht die *Initial*aktivität zur reflexiven Funktion des auf die Umwelt hin orientierten Bewußtsein über, und das Denken wird mitgehen. Immerhin ist es noch das affektive Bewußtsein, das dem Bild eine transzendente Bedeutung verleiht, aber nicht als *ethisches* Selbstbewußtsein (es sei denn als reines affektives Bewußtsein des Wahrgenommenen).

In dieser letzteren Verwandlung setzt sich die transzendente Aktivität fest, durch welche die Selbstaffektivität dem affektiven Sinn des Wahrgenommenen eine ontologische Bedeutung verleiht – eine ontologische Bedeutung, die das bildhafte Bewußtsein auf das Bild reflektiert und die nachträglich – ohne daß dies »notwendig« wäre – durch das Denken geklärt werden kann. Es folgt daraus, daß das Ichbewußtsein, wenn es auch sehr *aktiv* ist, nur noch ein *statisches* Dabeisein aufbringt angesichts des wahrgenommenen Bildes, der Entfaltung dieses Bildes in der Dauer und der weiteren Bilder, die es innerhalb des musikalischen Horizonts an das erste reiht, wobei diese Aneinanderreihung durch einen in der Bildfolge angestrebten Sinn motiviert wird. Anders gesagt: Es ist nicht mehr das Ichbewußtsein als solches, das auf Grund seines Dynamismus der Zeitlichkeit (V-G-Z = T-D-T) die Form hervorbringt. Wohlverstanden: Es kann das tun, aber dann ist die Aneinanderreihung der Bilder selbst – d.h. der Phrasen und Perioden – von außen her bestimmt durch ein Bedürfnis nach gegenseitiger Entsprechung, Kontrastierung oder Identifizierung der wahrgenommenen Bilder, d.h. durch die Notwendigkeiten der melodischen Dialektik. Deshalb bekundet das Selbstbewußtsein sein »Dabeisein«, seine auf das Bild gerichtete Aufmerksamkeit, durch einen *Baß* – meist einen fixen oder beweglichen Orgelpunkt, der sich von Periode zu Periode, von Stellung zu Stellung durchsetzt, ohne daß seine Bewegung im eigentlichen Sinne formbildend wäre; er tut nichts weiter, als deren Ablauf zu folgen und ihre Entfaltung in der Dauer abgrenzend zu umschreiben. Die gesamte expressive Substanz liegt im Bild – auch der *Grundton* der Harmonie, der im allgemeinen nur zu Anfang und am Schluß einer Periode oder eines Stückes mit dem Baß zusammenfällt; und wir werden tatsächlich sehen, daß das *Zentrum* der harmonischen Beziehungen meist eine polare Tonstellung innerhalb des Bildes ist.

Von daher rührt der im wesentlichen statische Charakter der Musik Strawinskys. Sie fasziniert, aber sie bewegt uns nicht; sie bewegt uns vielleicht durch die Bilder, die sie uns darbietet, sie fesselt uns, läßt uns vielleicht vor Spannung beben in der Erwartung eines Abschlusses, aber sie *trägt* uns nicht von einem Zustand in den andern. Sie beschränkt sich darauf, uns von einem Zustand in den anderen übergehen zu lassen oder, besser, vom Betrachten eines affektiven Bildes zum nächsten hinüberzuwechseln, und fordert nicht unsere Anteilnahme an einem Ereignis heraus, das doch stets ein äußerliches Ereignis bleibt, mit dem uns nichts als der Rhythmus verbindet.

Alles spielt sich dergestalt ab, als ob Strawinskys Musik nicht aus jener affektiven Aktivität hervorgehe, die latent im Herzen des Menschen in steter Bereitschaft vorhanden ist und immer der Ursprung der Musik war, sondern aus einer affektiven Aktivität, die erst in Aktion tritt, sobald sie durch das Erscheinen eines erfühlbaren Bildes, das ihr Verlangen nach Wesen und Dingen anregt, herausgefordert wird. Mit anderen Worten: Strawinsky ist – wie ein gewöhnlicher Sterblicher – von einer affektiven Aktivität beseelt, die nur Gestalt annimmt, sobald sie durch einen in seiner Umwelt oder in seiner Phantasie in Erscheinung tretenden Gegenstand in Aktion versetzt wird. Das heißt, daß er als psychisches Lebewesen in einer von Grund auf passiven Beziehung zur transzendenten Welt steht. Da aber andererseits der *Gegenstand* seiner affektiven Aktivität diese nur insoweit in Tätigkeit versetzt, als er seinem Geschmack an den Dingen entgegenkommt, heißt dies auch, daß Strawinsky sich selbst gegenüber nicht frei ist, daß er sich in seiner Affektivität von der eigenen Person nicht frei machen kann. Wenn er also aus seiner Musik keinen Akt des Selbstausdrucks gemacht und dies auch gar nicht versucht hat, unterblieb das nicht etwa aus freien Stücken, sondern aus einer Art Begrenztheit seines Naturells, aus Mangel an Autonomie seiner affektiven Aktivität (um nicht zu sagen aus Armut seines Herzens, das nur aufhört, arm zu sein, wenn es etwas hat, das es lieben kann).

Andererseits hat seine Bindung an das Sensible, das Erfühlbare, dazu geführt, daß er die Musik von außen her, d.h. vom *ästhetischen* Standpunkt – und zwar demjenigen einer *objektiven* Ästhetik – betrachtete. Bei ihm hört also die Musik auf, ästhetischer Ausdruck der menschlichen Ethik zu sein, um ein Ausdruck von Seinsweisen zu werden, auf die er in seiner Umwelt stößt; da aber diese *Seins*weisen menschlich sein können, die er sogar noch in Marionetten oder mythischen Gestalten sieht, kommt dieser Ausdrucksbereich *indirekt* seiner Absicht entgegen. Und da diese Grundhaltung die passive Beziehung Strawinskys zu dem in Erscheinung getretenen Bild einschließt, zeigt oder vielmehr verrät sie auch – allerdings nur uns, die wir die Ursachen untersuchen – seine ethische Einstellung. Was sie hingegen ganz unmittelbar erkennen läßt, ja was sie eigentlich bedeutet, ist Strawinskys eigenes Verlangen und seine Freude, die *individuelle* Züge sind – diese oder jene Art von Melodie, Harmonie oder Rhythmus, diese oder jene Verteilung der Klangfarben –, Züge, die sich hierin durch eine jeweils ganz bestimmte Manier der Faktur und des Satzes bekunden: durch bestimmte *Verfahrensweisen* des Stils, die uns in die Lage versetzen, seine Musik von jeder anderen zu unterscheiden, und die – durch seine unablässigen Stilwechsel hindurch – die einzige *Konstante* dieser Musik bleiben. Diese ostinate, rastlose Motorik, dieser *Monometrismus* (die Ordnung der rhythmischen Beziehungen auf der Grundlage der kleinsten Zeiteinheit), diese der jeweiligen Erwartung widersprechende, offenkundig willkürliche Melodieführung und vieles andere mehr tragen das Signum Strawinsky. Man hat angenommen, seine objektive Einstellung zur Musik sei eine Reaktion auf die Romantik; aber gerade das Engagement seiner »Individualität« als solcher (nicht seiner psychischen »Person«) in dieser Einstellung läßt ein weitaus betonteres »Ich« erkennen, als das romantische Ich je gewesen ist – das nämlich kein »Ich«, sondern ein nicht-reflexives »Selbst« war, d.h. ein Wesen in der dritten Person, beseelt von einem *allgemein menschlichen* Daseinsziel und in Selbstvergessenheit der Transzendenz des Ausdrucks hingegeben.

Seine objektiv-ästhetische Haltung veranlaßte Strawinsky zu der Behauptung, der Komponist müsse sich damit begnügen, ein guter *Handwerker* zu sein – ein Handwerker mit Erfindungsgabe, gewiß, aber eben doch ein einfacher Handwerker an musikalischen Gegenständen. Diese Doktrin, die in Maritains neothomistischer Ästhetik eine philosophische Stütze fand, mochte im Mittelalter eine Daseinsberechtigung gehabt haben, als der Handwerker in seinem Werk einem *kollektiven* Trachten Ausdruck verlieh und selbst *anonym* blieb (wie das in der Gregorianik der Fall war); in unseren Tagen jedoch ist sie unhaltbar, da die Kunst kraft der inzwischen errungenen Autonomie der Persönlichkeit zur individuellen Schöpfung geworden ist. Im Augenblick, da ein Künstler glaubt seine Person gleichsam ausgeklammert und sich auf einen Handwerker reduziert zu haben, wird sein Werk zwar nicht zum Verräter an seiner *Person*, die während seines ganzen Lebens in der Zeit ihre Verwirklichung findet, wohl aber an der Individualität seiner Person, die deren Konstante ist; und das Werk reflektiert die Manieren der Faktur und die wechselnden Geschmacksrichtungen des Handwerkers – ein von Lalique geschliffenes Fläschchen, eine Robe von Dior . . . So mußte es kommen, daß die Begriffe »Kunstwerk« und »Kunsthandwerk« durcheinandergeraten sind, daß künstlerisches Schaffen dazu übergegangen ist, *Moden* zu schaffen und ihnen zu gehorchen. Bei Strawinsky aber ist dieses Bedürfnis, die Mode zu wechseln, eine Naturnotwendigkeit, während es nach ihm zu einem *Glaubensartikel* geworden ist, daß die Kunst der Mode unterworfen sei und der Künstler es sich schulde, der Tagesmode zu entsprechen.

DIE TRANSZENDENZ IN DER IMMANENZ   Nach allem, was wir gesehen haben, liegt die spezifische Genialität Strawinskys in seiner Fähigkeit zur Transzendenz der *immanenten* Gegenwärtigkeit des musikalischen Bildes, das er sich vorstellt, in der Dauer. Nun wissen wir aber, daß die fundamentale Fähigkeit des Musikers beim Akt des Selbstausdrucks seine Fähigkeit zur Transzendenz *in der Dauer*, und zwar auf der *zweiten Ebene* der Dauer, ist, die die verschiedenen Episoden des Werkes, die elementaren Formen eines zusammengehörigen Ganzen, transzendiert, die die Form des Gesamtwerkes hervorbringt, und zwar von innen her, durch die Aktivität des subjektiven Bewußtseins und auf der Grundlage der Struktur T-D-T.

Es ist klar, daß nichts diese transzendentale Aktivität bei Strawinsky in Tätigkeit setzt, da er seine Musik nicht zum Selbstausdruck werden läßt und da das affektive Bewußtsein bei ihm reines statisches Betrachten des Bildes von Episode zu Episode ist. Daher ist die *Form* seiner Werke aus einer Anhäufung elementarer Formen gebildet, die aus den aufeinanderfolgenden Episoden entstehen, wie sie die Idee oder der Vorwurf des Werkes ihm vorschreiben. Diese aufeinanderfolgenden Episoden ergäben kein mit einheitlichem Sinn erfülltes Ganzes, wenn sie nicht einen zusammenhängenden Redefluß, eine dialektische Verkettung von Perioden ermöglichten und wenn sie sich nicht in einer modulierenden Tonperspektive ausprägten, in der sie sich integrieren. Aber die tonale Bindung, zu der noch die organische Einheit des Tempos hinzutreten müßte (und wir haben gesehen, daß sich z. B. eine Stelle im *Capriccio* ihr entzieht), bildet eine sinngemäße Einheit nur vom *tonalen Gesichtspunkt* und nur für das »Hörbewußtsein«, nicht aber für jenes Selbstbewußtsein, das das musikalische Bewußtsein ist. Für dieses kann mangels einer inneren tonalen Bewegung, die die Gesamtform erzeugt, die Sinneinheit des Erlebten nur von außen her klarwerden, und zwar durch die Kenntnis des Vorwurfs oder der Gegebenheiten des Werkes. Sein affektives Erlebnis ist somit aus einer Summe von Teilerlebnissen zusammengesetzt, die sich nicht in einem Fluß von Erlebnissen gleichen Sinnes integrieren, es sei denn, dieser lasse sich von außen her durch den »Vorwurf« erklären – wobei letzterer eine beliebige Entwicklung oder Handlung beinhaltet – oder aber durch die Logik der dialektischen Verkettung der Bilder. In diesem letzteren Falle jedoch ist es für den Zuhörer eine recht armselige Angelegenheit, einfach bei einer logischen dialektischen Aneinanderreihung musikalischer Bilder dabeigewesen zu sein; ein dialektisches Erlebnis ist nur substanziell, wenn es dasjenige eines in sich abgeschlossenen dialektischen *Aktes* ist, aus dem man als ein *anderer* hervorgeht, als man hineingeraten ist. Wir sind uns dieses Aspekts der Musik Strawinskys bewußt geworden, als wir in einer Anmerkung den ersten Satz der *Symphonie in C* untersuchten (s. Anhang, II).

DIE BEIDEN HAUPTSÄCHLICHEN NEUERUNGEN STRAWINSKYS Diese wesentlichen Züge der musikalischen Persönlichkeit Strawinskys – auf die wir in einer kurzen Darstellung persönlicher Erfahrungen und Beobachtungen noch zurückkommen werden* – weisen den Weg zum Verständnis aller ihrer Folgeerscheinungen.

Seine rein ästhetische Anschauung von der Musik verlangte vor allem, daß alles, was er schrieb, ihm völlig frisch erscheinen mußte und nichts mit jenen melodisch-harmonischen Wendungen gemein haben durfte, in denen er den affektiven Gehalt, aus dem die gesamte klassisch-romantische Musik gemacht war, wiedergefunden hätte. »Wenn man sich auf einen Stuhl setzt«, sagte er einmal zu mir, »ist nichts unangenehmer, als darauf die Wärme eines Hintern vorzufinden, der nicht der eigene war.« Seine Auffassung von der Musik verlangte ferner, daß er immer Neues finden, seine greifbaren Gegebenheiten, d. h. seinen Stil, unablässig erneuern mußte, woraus sich der ständige Wandel seiner Manier und die außergewöhnliche Mannigfaltigkeit seiner Werke erklären lassen. Andererseits sollte seine statische Haltung gegenüber der Musik zum Ursprung von Neuerungen werden, die auf die Musik unserer Epoche beträchtlichen Einfluß ausgeübt haben und die man unter zwei Hauptrubriken zusammenfassen kann.

1. Systematische Anwendung der Polytonalität

Die Tatsache, daß das Strawinskysche Selbstbewußtsein Betrachter der melodischen Bilder ist, die es sich vorstellt, und daß es andererseits – wie wir wissen – im musikalischen Einbildungsakt in der Dauer »beansprucht« wird, hat zur Folge, daß sich die *Gleichzeitigkeit* nicht zwangsläufig in einer elementaren Dauer einstellt, wie das im Akkord der Fall ist, sondern in einem ganzen *Motiv*, d. h. in einer ganzen Periode. Wenn nun die Musik polyphon gehalten ist, können sich daher die Stimmen der Polyphonie *in ihrer Gleichzeitigkeit* in verschiedenen Tonperspektiven ausprägen, die das Hörbewußtsein deutlich wahrnimmt. In der Schnecke des Ohres widersetzt sich nichts der Realität des Phänomens, und die einzige Frage ist, ob es Gegenstand eines klaren Bewußtseins in der auditiven Reflexion werden kann, wovon man sich durch die Erfahrung vergewissern mag. So ist das hohe *d* im Anfangsmotiv der *Symphonies d'instruments à vent* die Tonposition, auf die sich die Aufmerksamkeit in der Extraversion richtet, und es wird daher während der ersten drei Takte zu einer Art *Pol* der harmonischen Beziehungen.

---

* s. Exkurs über Strawinsky S. 499 ff.

Einerseits geht daraus die obere melodische Linie hervor, die sich in einem Ausschnitt der Tonperspektive von *G*-dur ausprägt – wobei das *g* gleichzeitig mit dem *d* erklungen ist. Andererseits aber ist im Baß ein *f* zu hören, das – vom *d* aus – den Weg zur Tonperspektive *d-f-b* dergestalt eröffnet, daß das *b* in der Luft liegt und die Trompete, die das *g* angestimmt hat, der Linie *g-b-g* folgen und diese Bewegung bekräftigend wiederholen kann, während jenes *b* zugleich mit dem *h* der Melodie ertönt, ohne daß das Hörbewußtsein aufgehört hätte, letztere in der ihr zugehörigen Tonperspektive wahrzunehmen.

Man könnte ein gleichartiges Beispiel am Anfang des langsamen Satzes der *Symphonie in drei Sätzen* finden, wo sich die Flötenmelodie in einer Tonperspektive, der Baß in einer anderen ausprägen, wobei die beiden Perspektiven die gemeinsame Ausgangsstellung *d* haben und die Mittelstimmen einmal in der Perspektive *d*, dann wieder in derjenigen einer anderen Baßstellung verlaufen.

Ein derartiges Verfahren ist tatsächlich der Beginn einer neuen Art Musik. Das beweist diese andere Stelle aus den *Symphonies d'instruments à vent.* Es handelt sich hier um das Ende eines langen pastoralen Duos zwischen Flöte und Klarinette, das wie ein Bächlein dahinfließt und in den traurigen Sang des Englischhorns der letzten Takte mündet:

Die Flötenstimme prägt sich in einer doppeldeutigen Tonperspektive aus – *E*-dur – *e*-moll –, und ihr letztes *e* wird vom Englischhorn aufgenommen; die Klarinette hat in der Perspektive *d* oder *g* und durch ihr Innehalten auf dem aufgelösten *f* (mit dem es die Perspektive von *G*-dur verläßt) den Eintritt des *g*-moll-Klangs vorzubereiten, worauf das Fagott, das das *g* intoniert hat, einer Linie folgt, die eigentlich *g-f-e-d-c-h* lautet, während sich das zweite Fagott einem anderen tonalen Bereich zuwendet. Zur Zeit, da Strawinsky uns dieses Werk schenkte, hatte man noch nie etwas Ähnliches gehört, und es bleibt auch, so scheint uns, eines von jenen Werken, die sein eigentümliches Genie besonders klar beleuchten. So ist das Hörbewußtsein sehr wohl fähig, mehrere gleichzeitig auftretende Tonperspektiven zugleich aufzunehmen, jedoch in bestimmten *Grenzen* und unter bestimmten *Voraussetzungen*, die Strawinsky instinktiv fühlte und die gewisse Komponisten, welche auf dieses Prinzip spekulieren, außer acht lassen.

Diese Möglichkeit, die einzige, die die Musik aus der tonalen Einheitlichkeit *in der Gleichzeitigkeit* herausführen kann, war durch Debussy wiederentdeckt und gelegentlich schon von den Klassikern – insbesondere Bach – angewandt worden:

J. S. Bach, Kantate No. 31, „*Der Himmel lacht, die Erde jubiliert*“ – Sonata, *17. Takt*

Wenn man versuchen wollte, das *f* im Baß zu erhöhen, ergäben sich Oktavparallelen, die schockierender wirken als die Bitonalität, die uns aus diesem Beispiel entgegentönt.

2. Systematische Anwendung der kadenziellen Variation und des Tempowechsels

Wer da glaubt, die Normen der klassischen Musik seien veraltete, zeitbedingte »Konventionen«, deren man hinfort entraten könne, sollte sich immerhin fragen, warum diese Musik im allgemeinen in jedem Stück eine *gleichmäßige kadenzielle Form* und ein *gleichmäßiges Tempo* hatte; und er käme dahinter, daß dem so ist, weil sie Ausdruck eines mit einem einheitlichen Sinn ausgestatteten, in sich abgeschlossenen Existenzaktes des affektiven Selbstbewußtseins war. In jedem seiner melodischen Wege *mußte* daher dieses Bewußtsein eine bestimmte *kadenzielle Form* und ein bestimmtes *Tempo* wählen, die seine existenzielle Energie kennzeichneten und dem affektiven Tenor seines Daseinsweges Einheitlichkeit verliehen. Es konnte im Verlauf des Weges Kadenz und Tempo verändern, aber nur gelegentlich oder für eine bestimmte Periode, innerhalb welcher Kadenz und Tempo wiederum gleichmäßig waren. Die Gleichmäßigkeit von Kadenz und Tempo ist eigentlich das, was einer musikalischen Phrase gestattet, ihre ganze affektive Bedeutung ausschließlich aus der Tonstruktur zu beziehen. Sobald aber das Selbstbewußtsein einem musikalischen Bild, das etwas anderes als jenes abbildet, nur rein betrachtend gegenübertritt, kann der durch dieses Bild hindurch sichtbar werdende Gegenstand die Kadenz oder das Tempo beliebig wechseln, und das Selbstbewußtsein, das diese Bewegung in der Dauer übernimmt und dessen eigenes Zeitmaß sich in der Baßlinie ausprägt, müßte seinerseits dem Fluktuieren der Kadenz und des Tempos folgen, es sei denn, die kadenziellen Schwankungen würden sich in den Grenzen seiner eigenen existenziellen Kadenz abspielen. Diese plötzlichen Wechsel in Kadenz und Tempo (die man im Beispiel auf S. 484 beobachten kann: zunächst Doppeldeutigkeit der $\frac{3}{4}$ [$\frac{6}{8}$], dann plötzlicher Eintritt eines Tempos [$\frac{3}{4}$], das sich mit dem vorhergegangenen in organischer Beziehung hält) kamen schon im Lyrismus vor, weil das lyrische Bewußtsein sprunghaften Stimmungswechseln unterworfen ist oder aber weil es eine Persönlichkeit ins Spiel bringt, die ihrerseits solchen Stimmungsschwankungen unterworfen ist, wie man im *Pelléas* sehen kann. Der häufige Übergang von zweiteiligem zu dreiteiligem Metrum im gregorianischen Gesang kommt daher, daß er sich dem metrischen Profil des Wortes anpaßt.

Aber diese Veränderungen sollten sich bei Strawinsky häufiger ereignen und zu einem Charakteristikum seines Stils werden, weil seine Musik kein Lyrismus, sondern im wesentlichen eine Musik der »Bilder« ist, die übrigens sehr wohl auch lyrische Bilder sein mögen, wenn der bildhafte Vorwurf lyrisch ist – wie bei *Petruschka*, wenn er der Ballerina seine Liebe gesteht, oder bei der *Nachtigall*, wenn sie die Schönheit des Friedhofs besingt. Immerhin kennen wir in Strawinskys Œuvre auch eine kurze Passage persönlichen Lyrismus': Das ist das Ende des Petruschka, nachdem ihm der Mohr wie einem Hasen das Genick umgedreht hat. Sobald Petruschka tot ist, singt nicht mehr er selbst, sondern Strawinsky; aber er singt als Schatten Petruschkas, und er macht das ganz einfach so, daß er – nur wie einen Hauch – das Motiv Petruschkas in der Gloriole eines Streichertremolos nachklingen läßt. Und dies ist ohne Zweifel einer der bewegendsten Momente in seiner ganzen Musik.

Was bei Strawinsky den häufigen Kadenzwechsel veranlaßt hat, ist der Gebrauch *unregelmäßiger* Kadenzen und die Notwendigkeit, in seinen Balletten körperlichen Bewegungen und Gesten im melodischen Bild bezeichnende Entsprechungen zu geben; denn unregelmäßige Kadenzen sind keine *psychischen*, sondern *körperliche* Kadenzen. (Der berühmte Fünfvierteltakt der *Pathétique* stellt zweifellos die Wellenbewegung eines Schlittschuhläufers dar, und die Melodie ist die Weise eines Mannes, der Schlittschuh läuft; das ist zwar sicherlich nicht Tschaikowskys Vorstellung gewesen, bei dem dieses Stück eine spontane Schöpfung war, doch scheint diese Auslegung seinem Charakter weitgehend zu entsprechen. In der *Pathétique* jedenfalls ist dieser Fünfvierteltakt am

Platze, weil der Mensch, der ihn singt, sich vergeblich – in »Dur« – bemüht, seine Seelenqual abzuschütteln, indem er den Blick nach außen, auf die Mitwelt, richtet, jedoch wieder in sein Pathos zurückfällt.)

So ist die variierende Kadenz zu allen Zeiten eine der Musik zu Gebote stehende Möglichkeit gewesen, und sie ist bei Strawinsky nur deshalb zu einer stilistischen Verfahrensweise geworden, weil sie der Natur seiner Musik entsprach; das ist aber kein Grund, sie bei jeder Gelegenheit anzuwenden, weil sie nur in ganz bestimmten musikalischen Vorhaben gerechtfertigt ist. Eine Musik ist vom ästhetischen Standpunkt aus nicht reicher an Substanz und nicht vollkommener, wenn die Kadenz dauernd wechselt, als wenn sie gleichmäßig bleibt – sie ist ganz einfach *anders*.

WEITERE NEUERUNGEN   Aber Strawinsky hat sich nicht auf die beiden soeben beschriebenen Kategorien von Neuerungen beschränkt. Er hatte in seinen ersten Balletten und seiner ersten Oper das zu unserer Zeit riesenhaft angewachsene klassische Orchester angewandt und es im *Sacre* auf fünffaches Holz, fünf Trompeten, acht Hörner, drei Posaunen und zwei Tuben erweitert, wozu noch ein großer Streichkörper und das Schlagzeug kamen. Und schon wieder fühlte er das Bedürfnis nach einem frischeren Klangmedium. So entschloß er sich 1914 – ziemlich genau bei Ausbruch des ersten Weltkriegs –, mit der Instrumentalmusik neu zu beginnen, und zwar ausgehend von besonderen Instrumenten sowie Gruppen besonderer Instrumente. Da unsere Instrumente, ihre Familien und das klassische Orchester den in unserer tonalen Naturveranlagung vorgegebenen Stufen klanglicher Entfaltung genau entsprechen, war er klug genug, nicht nach anderen zu suchen. Aber er verwendete sie in freien Zusammenstellungen, die ihn allmählich zum klassischen Orchester zurückführten. Das war ein wichtiger Schritt zur Erneuerung unserer Klangmittel, weil er den Instrumenten eine Art Jungfräulichkeit zurückgab, sie wie neu erklingen ließ und sich zwang, die Notwendigkeit seiner Orchesterzusammensetzungen aus sich heraus zu erkennen, anstatt sie fix und fertig aus der Tradition zu übernehmen.

Sein Erstlingswerk auf diesem neuen Weg waren die *Trois pièces* für Streichquartett, die er mir freundschaftlich gewidmet hat. Das klassische Streichquartett war im großen und ganzen das instrumentale Gegenstück zum vierstimmigen Chor, die intime Form der Instrumentalmusik, zu der das klassische Orchester dem breiten Publikum, dem *Demos*, Zugang verschafft hatte. Dieses Erstlingswerk auf diesem Gebiet hatte Strawinsky vor die Frage gestellt: »Was tun mit diesen vier einzelnen Instrumenten?« Das Ergebnis war etwas ganz anderes als ein »Streichquartett« im klassischen Sinn. Es wurden drei musikalische Bilder daraus, denen er sogar Namen gab, als er sie für Orchester umschrieb.

Es folgten die *Pribaútki*, die *Berceuses du Chat* für eine Singstimme und drei

Klarinetten, der *Renard,* wo ein ungarisches Cymbal in Aktion tritt, die Gruppe
von sieben Instrumentalisten, die das Orchester der »Geschichte vom Soldaten« bilden, die *Noces* für Chor, Solisten, vier Klaviere und Schlagzeug,
verschiedene Klavierstücke, später *Pulcinella, Apollon Musagète* für ein
Streichorchester mit einer ungewöhnlich vergrößerten Violoncellogruppe, die
Symphonies d'instruments à vent, das *Concerto* für Klavier und Blasinstrumente usw.

Der erste Weltkrieg und die unmittelbar folgende Nachkriegszeit waren
für Strawinsky eine Epoche der Entdeckungen, die eine ganze Werkserie auslösten – man kann wohl sagen eine Serie von Meisterwerken. Er befand sich
noch im Reich der Musik der »Bilder« und der Musik mit einem »Vorwurf«.
Sei es aber, daß er es leid geworden war, seiner Musik immer einen »Vorwurf«
geben zu müssen, oder sei es, daß er den Ehrgeiz hatte zu zeigen, daß er ein
Musiker sei wie die andern auch, die das machen, was man »absolute Musik«
nennt, jedenfalls faßte er den Entschluß, sich dem Bereich der *autonomen* Formen zuzuwenden: der Fuge, Sonate, Symphonie usw. *Pulcinella* hatte ihn
dahin geführt, und materielle Notwendigkeiten trieben ihn in diese Richtung;
denn das »Ballett«, wie Djagilew es sich anfänglich vorgestellt hatte, war tot,
und er war schrecklich allein, abgeschnitten von seinem Land und genötigt,
sich gleichsam in den Strom des »musikalischen Wirtschaftslebens« hineinzu-
stürzen. Das bedeutete nichts Geringeres, als daß er mit der Hinwendung zu
den autonomen Formen seine eigentliche Domäne verließ, da doch jene aus
dem Trachten nach Selbstausdruck hervorgehen und hieraus ihren Sinn und
ihre Voraussetzungen erhalten.

DIE FORM BEI STRAWINSKY   Die »Form« bei Strawinsky resultiert, so haben
wir gesehen, aus einer Anhäufung elementarer Formen, aus einer »Komposition« (im eigentlichen Sinn) von Formen eines einheitlichen Zusammenhangs;
sie hat also keine Bedeutung in sich selbst, und daraus folgt, daß die Tiefendimension, die ein *Gesamtwerk* durch die transzendente Bedeutung der Form
erhält (wenn diese Form von innen her auf dem Fundament der Struktur
T-D-T entstanden ist), Strawinskys Œuvre mangelt, ausgenommen in seinen
ersten Werken und einigen der folgenden, wo sie beabsichtigt ist. Aber sie
mangelt ihm nicht so sehr, wenn sie ein konkretes »Sujet« hat, das sie ihm *von
außen* gibt. Das ist hinsichtlich der Ballette evident: Wenn man das Sujet des
Balletts kennt, begreift man die Form jedes einzelnen Bildes und des ganzen
Werkes. Im Theater stellt sich dieses Verständnis sogar automatisch ein, da
das Sehen der choreographischen Handlung den Sinn des musikalischen Erlebnisses klärt. Dies trifft auch noch für gewisse autonome Werke zu, die einen
versteckten Vorwurf haben, wenn man diesen durch das Hörerlebnis selbst
entdeckt.

Das gleiche gilt für die *Symphonies d'instruments à vent,* den Beitrag zum

Tombeau de Debussy. Man kann sich vorstellen, daß Strawinsky sich dieses Grab am Meeresstrand und säulengeschmückt dachte, daß die Wogen gegen das Grabmal brandeten und Seevögel ihre Schreie darüber gellen ließen und so die Natur auf ihre Weise der erhabenen Erscheinung der Säulenhalle ihren Tribut zollte. Ohne diese Phantasievorstellung genügt es, wenn der Zuhörer dieser Musik in dem Bewußtsein lauscht, daß es sich um eine Totenehrung handelt. Er wird sodann den Sinn dieser wiederholten Schreie, dieser klagenden Phrasen, der verschiedenen ein- und zweistimmigen sanglichen Episoden begreifen, die gleichsam in eine Kolonnade von Harmonien oder auch, wenn man so will, in eine Art Choral münden.

Nehmen wir aber jetzt z.B. die *Symphonie in drei Sätzen.* Jeder dieser drei Sätze ist aus gegensätzlichen Episoden zusammengesetzt, zwischen denen allerdings ein tonaler Zusammenhang besteht; aber dieser Zusammenhang ist ihnen einzig und allein durch die Tonperspektive, in der sich ihre Aufeinanderfolge entfaltet, beigegeben. Jede dieser Episoden hat für sich einen klaren Sinn; die einen haben gewinnend affektive Bedeutung, wieder andere sind reine Übergänge ohne irgendeine affektive Substanz und halten die Aufmerksamkeit nur durch ein rhythmisches Spiel wach, das zu nichts führt (so die Stelle in wechselndem Takt, die das Klavier über einem liegenden Baß mit einzelnen Akkorden gliedert und die auf den Einsatz des Hornmotivs folgt – Ziffer 7). Für den Zuhörer aber stellt sich kein innerer Zusammenhang zwischen diesen Episoden her, weil er von der einen zur anderen nicht durch eine innere tonale Bewegung getragen wird, die geeignet wäre, die Form von innen her zu erzeugen, und noch mehr deshalb, weil zwischen diesen Episoden in Wahrheit jene Beziehung des *Komplementären* fehlt, die zwischen den einzelnen Themen einer Symphonie besteht: Es gibt nur Kontraste zwischen ihnen, und die Kontraste bleiben rein äußerliche Beziehungen, solange zwischen den kontrastierenden Dingen kein Zusammenhang von innen hergestellt wird. Im Verlauf des Finale erscheint *ex abrupto* ein gregorianisches Thema, das den Anfang einer Fuge vorbereitet, der besondere Bedeutung zukommt, weil sie von den am wenigsten erwarteten Instrumenten angestimmt wird und uns aus der kühlen Strenge des vom Klavier exponierten liturgischen Themas in die Innigkeit seiner Reprise in den Streichern geleitet; aber dieser Fugenanfang wird durch eine *Stretta* jäh unterbrochen, die in Jazzrhythmen mündet. Wenn man darüber nachdenkt, kann man sehr wohl eine innere Beziehung zwischen dem religiösen Moment und dem vitalen der synkopierten Rhythmen herstellen, jedoch nur im nachhinein und im Kopf, nicht aber im Hörerlebnis der Symphonie.

Bei diesem Hörerlebnis kann es zu einer sich über die ganze Dauer erstreckenden transzendentalen Aktivität des auditiven Selbstbewußtseins einfach nicht kommen, weil sie keinen inneren Halt finden kann; und man muß sich wohl Rechenschaft geben, was das bedeutet. Die Tiefendimension, die ein Werk in seiner Ganzheit von der Bedeutung der Form erhält, wird vom Zuhörer erst nachempfunden, wenn das Werk zu Ende ist; sie ist es, die den

Nachklang des Erlebnisses in ihm verlängert, die ein neues Licht auf die verschiedenen Phasen des Werkes wirft und sein neuerliches Hören fordert, weil sie nur in erneutem Erleben wiedergefunden werden kann. Wenn sich dieses Wunder nicht einstellt, bleibt in uns nichts übrig als die Erinnerung an die Momente, die uns bewegt, die »Effekte«, die uns frappiert haben; das ist es, weshalb wir in Strawinskys Werken »absoluter Musik« das nicht finden, was wir von »absoluter Musik« erwarten, und sie uns nicht die Befriedigung bringen wie seine Musik mit einem »Vorwurf«. Um zu befriedigen, genügt es, daß er ein Werk *Capriccio* betitelt, weil wir von einem »Capriccio« nicht mehr erwarten; aber seine *Symphonien* sind keine »Symphonien«: Sie sind Musik von Strawinsky – mit allen Vorzügen seiner Kunst ausgestattet – in Sonaten-, Rondo-, Variations- oder Liedform.

Es hat den Anschein, als ob Strawinsky, der es ablehnt, seine Person im musikalischen Ausdrucksakt zu engagieren, sich im Titel engagieren wollte: die Mehrzahl seiner Ballette – der *Feuervogel*, *Petruschka*, der *Kuß der Fee*, das *Kartenspiel* – sowie seine Oper *The Rake's Progress* haben eine »Moral«. Diese Moral verleiht dem Werk von außen her eine Bedeutungstranszendenz, die ihm von innen her das ethische Selbstbewußtsein verleiht, wenn dieses sich im musikalischen Ausdrucksakt *engagiert*. Diese im Titel angekündigte Bedeutungstranszendenz jedoch kann trügerisch sein, wie man im Falle der Symphonie gesehen hat und bei näherer Betrachtung der Werke religiösen Charakters sehen wird. Immerhin ist in diesem Falle die Unechtheit des Ausdrucksakts (weil das Ichbewußtsein darin nicht beteiligt ist) durch das Ansehen der Religiosität als solcher wettgemacht: Es genügt, daß die Musik religiösen Charakter hat, um ihr den Anschein zu geben, sie sei eine Äußerung von Gläubigkeit. Da nun aber Strawinsky ein für allemal und aus einer Art Naturnotwendigkeit keinen Akt des Selbstausdrucks aus seiner Musik gemacht hat, kann auch seine Musik religiösen Charakters, wie wir schon einmal erwähnten, nichts anderes sein als religiöse *Konfektion*.

Die Bedeutung der *Psalmensymphonie* ist die Religiosität der andern, die des imaginären Chores, zu dem der Chor, der singt, nur eine *Entsprechung* bildet; aber diese Religiosität, das muß man feststellen, ist authentisch bekundet: So groß sind die Kunst Strawinskys und sein Sinn für die Ausdruckskraft musikalischer Bilder, daß er fähig ist, Religiosität zu bekunden, ohne daß diese sein eigenes Empfinden ausdrückt (obgleich er selbst von einem religiösen Gefühl, jedoch nur im Angesichte Gottes, beseelt sein kann), ja daß er sogar imstande ist, neue und ergreifende Abbilder des religiösen Empfindens zu erschaffen, wie etwa jene *quintenlosen C-dur*-Klänge, die den zweiten und dritten Satz dieses Werkes abschließen und die religiöse Ekstase (durch die extravertierte, aktive Terz) so treffend ausdrücken. In diesem Werk wird das Gegensätzliche des Inhalts (z. B. das Hornmotiv à la Strauss, das im Finale zwischen einem russischen liturgischen Thema und einer italienisch anmutenden Gesangsweise auftaucht) rundweg transzendiert durch den bald verhaltenen, bald heftigen religiösen Charakter des Ganzen, so daß sich die Gegensätze integrieren und das Werk einen ausgeprägten Charakter der Einheitlichkeit hinterläßt wie alle Werke Strawinskys mit konkretem Vorwurf.

Allerdings wird man sich über das doch ein wenig Künstliche der religiösen Konfektion klarwerden, wenn man bedenkt, daß die meisten Motive dieser Symphonie von irgendwelchen Melodietypen entlehnt oder ihnen nachgebildet sind, und wenn man die übrigens so eindrucksvolle Koda des Finale untersucht. Sobald der Gedanke gefaßt war, diese Koda über dem Baß *b-f-b-f* . . . der Pauken, des Klaviers und der Harfe zu entwickeln, war sie, im Grunde genommen, schon fertig; die Ausarbeitung war nur noch eine Sache des Handwerks, der Kunst und des Geschmacks. Im Gegensatz zu dieser von außen, durch den ästhetischen Aspekt der Religiosität bestimmten Haltung erfordert der von innen bestimmte, authentische religiöse Ausdrucksakt eine schöpferische Aktivität, die erst am Ende des Werkes ihrerseits Vollendung findet, wie dies ein gregorianischer Gesang, ein protestantischer Choral, die religiösen Werke der polyphonen Ära oder ein beliebiges religiöses Werk eines Meisters der Klassik oder der Moderne bezeugen könnten, z. B. der *Roi David* von Honegger oder *Le Martyre de Saint Sébastien* von Debussy, um von Werken neueren Datums gar nicht erst zu sprechen.

STRAWINSKY UND DIE ABENDLÄNDISCHE MUSIK Zwischen Strawinskys Musik und der traditionellen abendländischen Musik besteht somit ein radikaler Wesensunterschied; sie gehorchen zwei voneinander gänzlich verschiedenen Wertordnungen, die dennoch beide in ihrer Grundkonzeption – nämlich: dem *ästhetischen* Ausdruck der menschlichen *Ethik* – enthalten waren. Die abendländische Christenheit hat aus der Musik einen *authentischen* Ausdruck des Menschen gemacht: Ihr *Wert* bestimmt sich nach der Ordnung des *Wahren*. Strawinsky hat von der abendländischen Musik nur den ästhetischen Aspekt übernommen, und unter diesem Aspekt bestimmt sich der Wert der Musik nach der Ordnung des *Schönen*. Aber in der Ordnung des *Wahren* ist die abendländische Musik, soweit sie ihren ethischen und stilistischen Voraussetzungen entspricht, *immer schön*, während nach der Ordnung des Schönen diejenige Strawinskys nicht *wahr* ist, d. h. nur in dem Ausmaß Wahrheiten offenbart, als sie für irgend etwas *repräsentativ* und dieses Repräsentieren der *Ausdruck* einer unmittelbar erfaßbaren Seinsweise ist, die seine *Substanz* bildet. Der Rest ist *Spiel*, und ein gut gespieltes Spiel, weil es den Stempel ästhetischer Perfektion trägt – aber auch ein formelhaftes Spiel, ähnlich wie man auf einem anderen Gebiet so weit kommt, zu sagen: »Alles übrige ist Literatur«, oder auch: »Worte, nichts als Worte!«

Der Unterschied zwischen dem Ausdruck der Musik abendländischer Tradition und dem Ausdruck der *repräsentativen* Musik Strawinskys ist derselbe wie zwischen dem *direkten* und dem durch ein Medium wirkenden *indirekten*

Ausdruck. Das musikalische *Bild* ist in der Musik, wie wir sie als Phänomen beschrieben haben, direkter Ausdruck von etwas *Innerlichem*, Ausdruck ohne Medium, ganz einfach durch Klänge *reflektiert*. Das *repräsentative* musikalische Bild ist der Klangreflex von etwas *Äußerlichem*, das stets *Ausdruck* von etwas *Innerlichem* ist, aber von etwas Innerlichem, das bedeutend oder unbedeutend sein kann, während das subjektiv Innerliche stets bedeutend ist. Was innen ist, ist auch außen, hat Goethe gesagt, aber was innen ist, kann uns im Falle des objektiv Inneren interessieren oder auch nicht interessieren – dann ist die Form in unseren Augen eine *leere* Form. Das *repräsentative* Vermögen der Musik war schon immer ein Hilfsmittel ihrer Sprache; aber noch nie zuvor hat es ein Musiker zum eigentlichen Wesen seiner Kunst gemacht.

In der *Psalmensymphonie* ist das ganze instrumentale Gewebe im Grunde nichts als *Dekoration* (ausgenommen die Klangsäulen, die den zweiten Satz abschließen und das Finale umrahmen, oder auch der Anfang der Fuge, mit der der zweite Satz beginnt, sowie die Orchesterpassagen, die das Chormotiv ankündigen oder wiederaufnehmen), und die Substanz des Werkes liegt im wesentlichen im Chor. Diese »Dekoration« hat hier eine Daseinsberechtigung, weil das reine Spiel der Formen, aus dem es besteht, dem chorischen Inhalt, ohne dessen Ausdruck zu verändern, einen wenn auch der inneren Beziehung ermangelnden, so doch angemessenen Rahmen gibt. Was aber geschähe, wenn sich die Musik auf die Rolle des Dekorativen oder eines reinen Formenspiels zurückzöge? Je mehr man sich mit Strawinskys Musik vertraut macht, desto mehr erscheint er einem nicht als Musiker schlechthin, sondern als ein *Künstler*, der sich der Musik als Ausdrucksmittel bedient; und der im Bereich des Erfühlbaren schaffende Künstler ist bestrebt, die Dinge im Lichte der Schönheit darzustellen.

So gesehen, bewegt sich Strawinsky auf der Linie unserer historischen Situation, in der, wie wir gesehen haben, die musikalische Sprache fertig war und der Komponist nicht viel mehr tun konnte, als diese Sprache im Hinblick auf *neue musikalische Vorhaben* einzusetzen. Seine rein ästhetische Einstellung ist es ohne Zweifel, die aus ihm – allerdings kraft seines besonderen Genies – den selbstsichersten und fruchtbarsten Neuerer unter allen Musikern seiner Generation gemacht hat, während alle anderen nur tastend nach neuen Wegen zum musikalischen *Ausdrucks*akt suchten. Das ist es auch, was ihm in einer Epoche Ruhm gebracht hat, in der die Musik in den Augen der meisten Leute eine Kunst des *Schönen* ist und in der überdies die einzigen objektiven Urteilskriterien ästhetische Kriterien sind. Und es ist eine Tatsache, daß der Musiker der gleichen Generation, der neben Strawinsky den reichsten Beitrag zur Musikgeschichte geleistet hat, und zwar im Trachten nach dem Akt des *Selbstausdrucks* (d.h. in einer anderen Wertordnung, so daß ein Vergleich zwischen den beiden gar nicht möglich wäre), nämlich Béla Bartók, in Armut gestorben ist und daß der Wert seines Schaffens im allgemeinen erst nach seinem Tod voll erkannt worden ist.

Der Formalismus   Die rein ästhetische Einstellung kann den Künstler dahin bringen, sich an die »Form« zu klammern, ohne auf die »Substanz« zu achten. (Wir sagen bewußt: die *rein* ästhetische Einstellung; denn Debussy z.B. hatte alle Äußerlichkeit und alles Geschmäcklerische eines raffinierten Künstlers; aber in seiner Musik strebte er, wie wir gesehen haben, nach der *Wahrheit* des Ausdrucks, und es ist Tatsache, daß sie stets reich an Substanz ist.) Das Unglück ist, daß sich Strawinsky mit den Jahren immer mehr in seiner »rein ästhetischen« Haltung versteift und daß sich diese Versteifung in einem fortschreitenden Verlust an expressiver Substanz in seiner Musik ausgewirkt hat. In mehreren Stücken des *Orpheus* und im ganzen *Agon* ist wahrhaftig nichts mehr enthalten außer einer hochgelahrten und subtilen kontrapunktischen Arbeit, deren Absichten jedoch dem Zuhörer weitgehend verborgen bleiben. In seiner *Messe* schreibt er überflüssige Bässe – rein zum Vergnügen, das es ihm anscheinend bereitet, wenn er die tieferen Lagen »verdunkeln« kann –, und das *Gloria* schließt mit einem *A*-dur-Akkord, in den sich die Quinte *g-d* einschiebt, was zu einer für das Ohr nicht erfaßbaren Anhäufung führt und buchstäblich eine Kakophonie bildet. Diese Quinte läßt sich auf dem Papier durch den Verlauf der Stimmen rechtfertigen, der sie in den Schlußakkord einführt. Erklingt sie aber dann wirklich innerhalb dieses Akkords, weiß man nicht mehr, was man hört. Vielleicht wollte er einen »Effekt« erzielen, aber ein »Effekt« in der Musik läßt sich – da ja die Musik eine Sprache ist – nicht rechtfertigen, wenn er nicht einen klaren Sinn für das Hörbewußtsein besitzt.

Strawinsky ist in seinem Formalismus und seiner theoretischen Einstellung, die – wie wir sehen werden – in Pedanterie ausarten kann, so weit gegangen, daß er seine frühen Werke nochmals vorgenommen hat, um sie mit seiner neuen Ästhetik in Übereinstimmung zu bringen. Indem er das tat, reduzierte er den *Feuervogel* auf sein Gerüst und mechanisierte den *Petruschka:* Die so bezeichnende Melodie des Ausrufers, die sich nach Ziffer 3 aus dem Orchester abhebt und ein so vollendeter Typ des freien, aber kadenzierten *Rubato* war ($\frac{7}{8}$ auf $\frac{3}{4}$, dann $\frac{5}{8}$ auf $\frac{2}{4}$ und dann $\frac{8}{8}$ auf $\frac{3}{4}$), hat in der neuen Fassung eine streng metrische Notation als Überbau des $\frac{3}{4}$ bzw. $\frac{2}{4}$ erhalten; anders ausgedrückt: Die Melodie ist nicht mehr *unabhängig* vom Grundrhythmus – ihre Freiheit ist in den Käfig gesteckt worden.

Das so bedeutsame *Legato* der Fagotte im *Tanz der Ammen* ist durch ein *Staccato* ersetzt worden, zu dem sich auch noch die Trompeten gesellen! Was hat dieses *Staccato* mit der Weichheit des Fleisches und der Bewegungen der Ammen zu tun – aber Strawinsky will ja nur mehr »absolute« Musik machen, d.h. hier Musik, die ihrer Bedeutungstranszendenz beraubt ist; er will vergessen machen, daß seine Musik – zumindest diese Musik – aus einem konkreten Vorwurf geboren wurde.

Er hat auch eine recht betrübliche Zweitfassung der *Symphonies d'instruments à vent* geschrieben, und man wird aus der Notation der Anfangstakte ersehen können, was wir vorhin seine Pedanterie genannt haben:

Diese Notation trägt der *kadenziellen* Struktur der Motive weniger Rechnung als die frühere, und sie ist dabei nicht einmal leichter auszuführen.

Man könnte kein Ende finden, wollte man die Missetaten aufzählen, die der alte Strawinsky am jungen begangen hat, und man kann nur wünschen, daß im Interesse seines künftigen Ruhmes und um seiner eigensten »Wahrheit« willen die Originalfassungen erhalten bleiben.

Es besteht kein Anlaß, daß wir uns mit seinen »seriellen« Werken aufhalten, obgleich er die Dodekaphonie »musikalischer« behandelt als die Dodekaphonisten; denn diese Werke erleiden schicksalsmäßig die gleiche Verurteilung, der wir bald die Dodekaphonie als System werden verfallen sehen. Aber um zu zeigen, zu welchen Absurditäten das Geschmäcklerische einer gelehrsamen und gesuchten Schreibweise führen kann, wollen wir seinen *Bransle Gay* aus dem *Agon* zitieren. Schon der Titel ist eine Ästhetik für sich, und zwar eine dandyhafte Ästhetik, ohne daß man erst in Betracht zieht, daß der *Bransle* ursprünglich im Zweiertakt steht und nur gelegentlich im Dreiertakt. Hier setzt er sich aus wechselnden Taktarten zusammen, die über einem Dreierschlag der Kastagnetten verlaufen, wobei letzterer nicht mit den musikalischen Schwerpunkten zusammenfällt:

Offensichtlich ist in diesem Stück die Dreizeitigkeit der Kastagnetten die »existenzielle« Kadenz; warum macht man sie dann nicht gleich zum durchgehenden Grundtakt? Man erhielte das folgende Resultat:

Es ist immerhin wahrscheinlich, daß Strawinsky die melodische Kadenz zur tänzerischen machen wollte; dann sind aber die Kastagnetten *überflüssig*, weil ihr Rhythmus gar nicht zu hören ist; er dient praktisch zu gar nichts und ist nur da, um auf dem Papier gut auszusehen. Noch dazu ist er so gut wie unausführbar, wenn man den Kastagnettenspieler nicht zum Roboter machen will. Das Hörbewußtsein kann zwei *gleichzeitige* Kadenzen nur aufnehmen, wenn zwischen ihnen eine auf dem Prinzip der Identität beruhende *kadenzielle* Beziehung besteht, wie z. B. $\frac{3}{4}$ zu $\frac{6}{8}$ oder $\frac{2}{4}$ zu $\frac{3}{4}$; aber es kann keine Beziehung zwischen zwei gleichzeitig auftretenden ungleichen Kadenzen herstellen wie $\frac{7}{16}$ und $\frac{3}{8}$ ($\mathbf{C} = \mathbf{C}$), es sei denn, die $\frac{7}{16}$ sind eine Septole, die sich auf die $\frac{3}{8}$ verteilt. Die Gleichzeitigkeit der beiden metrischen Strukturen in diesem Stück ist aus einer Berechnung hervorgegangen, die Strawinsky aufgestellt hat, und das Hörbewußtsein ist keine Rechenmaschine. Hier liegt der wunde Punkt der »gelehrsamen« schöpferischen Tätigkeit, die darin besteht, Strukturen auszuarbeiten, die nicht *notwendig* sind und der Substanz des Werkes nichts hinzufügen. In dem zitierten Ausschnitt ist die Substanz auf diese armselige Phrase *a-b-b-a* in den Flöten reduziert; aus purem Luxus kommt noch die harmonische Beziehung *c-f-b-es* hinzu, die sogar zu hören ist, aber die Armseligkeit des melodischen Vorwurfs in keiner Weise bereichert und sich darauf beschränkt, ihm eine Harmonie beizugeben, die seine Bedeutung weder erklärt noch erhöht. Dieser Mangel zeigt sich bei der Mehrzahl der Werke, die Strawinsky schrieb, seit er sich mit Haut und Haaren der »gelehrsamen« Musik ergeben hat, seit er von einer bereits gelehrten Musik, die aber immerhin noch seinem Sinn für strukturelle Möglichkeiten entsprach, zu einer rein gedanklichen Musik übergegangen ist, die entweder auf dem Papier oder am Klavier mit Hilfe subtiler, dem Bereich der Wahrscheinlichkeitsrechnung oder des Schachspiels zugehöriger Kombinationen »fabriziert« ist.

Wir hätten nicht so beharrlich auf die negativen Aspekte der Ästhetik

Strawinskys hingewiesen, wenn er sie nicht wie ein Dogma und wie die einzig mögliche Auffassung von der Musik, die deren wahrem Wesen Rechnung trägt, hingestellt hätte und wenn seine Doktrin nicht kraft seines Ansehens als Komponist in vielem und für viele zur musikalischen Ideologie unserer Epoche geworden wäre. Nun hat unsere Arbeit wohl gezeigt, wie weit von der Wahrheit entfernt diese Doktrin ist. Gewiß hat die Neuheit seiner Musik das Eintreten für sie gerechtfertigt, was mit dem Eintreten für die Musik der »Bilder« – und zwar *objektiver* Bilder – gleichbedeutend war, und das zu einer Zeit, da man in der Musik nur auf subjektiven Ausdruck und »Gefühlsüberschwang« Wert legte –, und der Verfasser dieser Zeilen hat seinerzeit zur Verteidigung jener Musik nach besten Kräften beigetragen. Aber von da bis zum Anschwärzen jeder anderen Musik oder doch derjenigen, die nicht dem eigenen Geschmack entspricht, ist ein Schritt, den Strawinsky zu tun nicht gezögert hat, wobei er kaum guten Glaubens gewesen sein kann. Wenn er in seiner *Musikalischen Poetik* – einer Sammlung von Vorlesungen, die er an der Harvard-Universität gehalten hat – sagt, »Gott hat Bellini die Gabe der Melodie gewährt, Beethoven hat er sie vorenthalten«, will er offensichtlich das Ansehen Beethovens in den Augen seiner jungen Hörer herabsetzen, und es ist kaum anzunehmen, daß er selbst so töricht wäre zu glauben, was er da redet; denn Beethoven hat den Beweis seiner melodischen Begabung durch seine Fähigkeit zum Improvisieren geliefert, für die uns zahlreiche Zeugnisse vorliegen, und wenn Beethovens *Melos* einen anderen Charakter hat als Bellinis Melodien, so deshalb, weil ersteres einem ganz anderen musikalischen Vorhaben mit ganz anderer Spannweite entspricht. Aber vielleicht hat Strawinsky, als er das sagte, insgeheim gedacht, er könnte sich so gegen einen künftigen Kritiker wappnen, der sich erlauben möchte zu sagen, zu Anfang dieses Jahrhunderts habe Gott die Gabe der Melodie Prokofjew gewährt, Strawinsky aber vorenthalten. Vielleicht wollte er also nur in guter Gesellschaft sein.

Seit der *Musikalischen Poetik* haben sich die Dinge verschlimmert. Seine *Gespräche** (bei denen die Fragen auf die Antworten zugeschnitten sind) wie seine sonstigen öffentlichen Äußerungen sind nur darauf angelegt, eine *Legende* um seine Person – um dieses »Ich«, von dem er nicht loskommt und aus dem ein Denkmal werden muß – und seine Umgebung entstehen zu lassen. Und wiederum sind seine Äußerungen nicht frei von perfiden Unterstellungen. Wie konnte er sich hinreißen lassen, in Erinnerung an den Skandal anläßlich der *Sacre*-Première zu schreiben *(Saturday Review*, 26. Dezember 1959*)*: »Debussy, der sehr wohl über *Le Sacre* außer sich gewesen sein mag, war es wahrlich noch mehr über den Erfolg das Jahr darauf.« (*»Debussy who might well have been upset by* Le Sacre *was, in fact, much more upset by the success of it a year later.«)* Nun war Debussy niemals über *Le Sacre* außer sich; er hat nur gesagt, daß ihn dieses Werk hinsichtlich der weiteren Richtung, die

---

* Igor Strawinsky, *Gespräche mit Robert Craft*, Zürich 1961

Strawinsky einzuschlagen scheine, beunruhigt habe, und weil ich es bin, zu dem er das gesagt hat, war ich es mir schuldig, die Wahrheit in diesem Punkt wiederherzustellen. Debussy brachte Strawinsky eine große Bewunderung entgegen, doch wie hätte er den großen Unterschied nicht empfinden sollen, der zwischen seinem Naturell und dem seines jungen Freundes, zwischen seiner Musik und derjenigen Strawinskys bestand? – Strawinsky aber hat es genügt, von Bemerkungen Kenntnis zu erhalten, die Debussy zu seinem Freund Godet (über den erwähnten Gegenstand sowie über Strawinskys Benehmen) gemacht hat, um sein Andenken anschwärzen zu wollen.

Eines der Hauptziele der *Gespräche* jedoch wird auf der ersten Seite des ersten Bandes deutlich, die ein Tschechow-Zitat enthält, das im wesentlichen besagt, der *Autor* allein könne wissen, was er in sein Werk hineingelegt hat. Strawinsky will uns auf diesem Weg begreiflich machen, daß er der einzige ist, der uns lehren kann, wie wir seine Musik hören müssen. Er hat noch nicht begriffen, daß man immer nur von den anderen beurteilt wird. Und er will uns auch glauben machen, er sei der einzige, der eine authentische Interpretation seiner Werke zu geben vermag. Nun gibt es aber zwei Strawinskys: den Komponisten, der in den besten Tagen seines Genies seine Rhythmen spontan erfunden hat, und den Ausführenden – Dirigenten oder Pianisten –, der von einer solchen Panik ergriffen wird, daß er sein Pult gegen das Podium preßt – aus Angst, er könnte hinunterstürzen –, der es nicht wagt, den Blick von der Partitur zu erheben, die er auswendig kann – ja, der die Schläge zählt! (Toscanini sagte mir einmal, er habe allen Glauben an Strawinskys Musikalität verloren, als Strawinsky beim Vorspielen aus der *Nachtigall* zu zählen begann.) Ich selbst habe ihn zu oft gesehen, wie er seine Rhythmen auf dem Klavier, der Trommel oder dem Cymbal zusammensuchte, um nicht zu wissen, daß er beim Komponieren seine helle Freude an der Musik hat, während ihn als Interpreten alle Freude verläßt – dann wird er ernst wie ein Zwölftöner. Seine ganze Musik ist kadenziell und von einer lebensvollen Kadenz beseelt, während alle seine Wiedergaben streng metrisch und mechanisch wirken. Hier zeigt sich ein radikaler Gegensatz zwischen dem Schöpfer und dem Interpreten. Es ist gefährlich, im Kopf zu zählen, da man leicht übersieht, daß der Kopf der Bewegung voraus ist, und irgendeine kleine technische Schwierigkeit genügt, um einen Schlag zu verlangsamen oder zu beschleunigen. Man höre eine Schallplatte von Strawinsky, und man wird feststellen, daß er seinen eigenen metronomischen Vorschriften durchaus nicht immer treu ist, was er von keinem anderen dulden würde. Wenn seine Musik Bestand haben soll, muß sie in Zukunft Interpreten finden, die fähig sind, ihr Leben einzuhauchen, und Leben ist nicht nur ein nach der Pendeluhr geregelter motorischer Furor.

Kurzum, die Wahrheit über Strawinsky liegt nicht in seinen Theorien und seinen Ausführungen darüber, sondern in seiner Musik, und sein Beitrag zur Geschichte ist sein musikalisches Œuvre mit all seinen Lichtern und Schatten. Unsere Epoche wurde von zwei Künstlern beherrscht, die zu ihrer Kunst eine »rein ästhetische Einstellung« hatten, weil weder der eine noch der andere sich einem *Stil* verpflichtet fühlte, der für alle seine Werke kennzeichnend gewesen wäre: Picasso und Strawinsky. Jener ist Atheist und Kommunist (oder richtiger: Anarchist), dieser gläubig und ein Anhänger von Ordnung und Autorität. Bei einer rein ästhetischen Einstellung sind die ethischen Seinsweisen auswechselbar; denn die Gesetze des Schönen bleiben unverändert, was immer auch Gegenstand des Schönen sei. Diese beiden Männer sind so grundverschieden, daß sie sich nur für eine kurze Zeit ihres Lebens brüderlich zusammenfinden konnten. Und doch haben sie einen Berührungspunkt: jenes Bedürfnis, ihr Material ständig zu erneuern. Es ist das Grundbedürfnis der rein ästhetischen Einstellung gegenüber dem Leben. Auch hat der eine wie der andere im Zuge seiner Laufbahn alle Möglichkeiten der in der Vergangenheit auf seinem Gebiet angewandten Stile ausgeschöpft und für seinen Gebrauch neue Stile erfunden – es ist das, was wir mit der Politik der »verbrannten Erde« vergleichen möchten. Sie können somit keine Nachfolger haben, weil ihre Nachfolger nur Nachahmer sein könnten – es sei denn, sie wären in der Nachahmung ihres Vorbilds zu einem Akt persönlichen Ausdrucks fähig, was den Schein verklären und aus der puren Ästhetik herausführen könnte. Anders ausgedrückt: Nach Picasso muß man mit der Malerei, nach Strawinsky mit der Musik von vorn beginnen. Die reine Ästhetik erschöpft sehr bald ihre Möglichkeiten, und der glückliche Ästhet liquidiert in einem Menschenleben die Glücksgüter, die frühere Generationen angesammelt haben. Die rein ästhetische Aktivität ist somit nicht geschichtsbildend, außer im ichbezogenen Dasein des Ästheten; sie beschränkt sich darauf, die Geschichte durch die Werke, die sie hervorgebracht, zu bereichern und neue stilistische Möglichkeiten, die sie zutage gefördert hat, beizutragen, sofern diese im Hinblick auf einen Akt authentischen Ausdrucks des Menschen wiederaufgegriffen werden.

EXKURS ÜBER STRAWINSKY   Die russischen Musiker haben sich die Technik unserer Musik mit verblüffender Schnelligkeit und Meisterschaft angeeignet. Wohlverstanden: Wenn sie sich sie angeeignet haben, geschah dies nicht ohne gleichzeitige Übernahme der Gesetze, die der Anwendung dieser Technik erst einen musikalischen Sinn verleihen; denn die Russen verfügen über ein ungemein hoch entwickeltes musikalisches Empfinden. Man könnte keinen russischen Musiker (außer Strawinsky) anführen, der z. B. der Versuchung der Dodekaphonie erlegen wäre, und das ist nicht etwa aus politischen Gründen so; denn es gab eine Zeit, da sie alle Freiheit hatten, zu tun und zu lassen, was sie wollten: Sie mochten sich zu anderen Narreteien hingezogen fühlen, die auf das Gebiet des Mystischen gehören – aber das ist eine ganz andere Sache.

Was ich sagen will, ist, daß sie sich unsere Kunst aneignen konnten, ohne notwendigerweise auch die geistige Tradition, die Geisteshaltung mit zu übernehmen, die sie vielleicht gar nicht erkannten; denn sie sahen darin ganz ein-

fach neue Möglichkeiten, Musik zu machen – eine differenziertere, an Hilfsmitteln reichere Musik als ihre alte chorische und instrumentale Kunst –, und
deshalb konnte es ihnen auch gelingen, mit unseren Kunstmitteln etwas anderes zu bekunden, als was vordem mit deren Hilfe bekundet werden konnte.
Und da sie unsere Kunst auf deren Technik und ihre Anwendung reduzierten,
beherrschten sie sie zugleich weit meisterhafter als unsere Musiker, für die
unsere Kunst eine *Ausdruckskunst* ist – und zwar in der Weise, daß die Sorge
um den Ausdruck ihnen die Technik verborgen hält. Für unsere Musiker war
die Technik niemals Ausgangs-, sondern stets Endpunkt ihres Wirkens; sie
war nie ihr Problem, sondern die Lösung ihrer Probleme. Für die Russen ist
sie ein Ausgangspunkt. Zumindest war sie es. Von ihr sind sie ausgegangen,
*um eine andere russische Musik machen zu können, als es die Russen von sich
aus vermochten.* Und dieses Fundament, auf dem sie weiterbauen konnten, ist
ihnen unentbehrlich geworden.

Das galt meines Erachtens nicht für Mussorgsky, *den einzigen, der nicht von
einem bereits fertigen, durch eine Technik repräsentierten Stil ausgegangen ist,*
der sich einen von seinem Ausdrucksbedürfnis diktierten Stil selbst erschaffen
wollte, d.h. *der auf eigene Gefahr – »auf russisch« sozusagen – das abendländische Beginnen neu anpacken wollte.* Natürlich ist er auch der einzige, der
schlecht schreibt. Alle anderen schreiben gut – fast wäre man versucht zu sagen: zu gut –, was ihrer Musik eine stetige ästhetische und sensible Qualität
sichert, ganz gleich, wie weit es mit ihrem Bedeutungsgehalt her ist.

Es ist für mich eine Erfahrungstatsache, daß die russischen Komponisten
»handwerklich« weit sicherer sind als die Mehrzahl der unsern. Ich kann mir
nicht vorstellen, welcher Träger des »Rompreises« in einem Alter, in dem
Strawinsky den *Feuervogel* komponierte, diese Partitur von 50 Minuten Dauer
mit nichts oder fast nichts außer zwei aufeinanderfolgenden Terzen als Grundstoff hätte schreiben können. Und wenn man sich unserer Musik zuwendet –
was hat man nicht alles über die *Schreibweise* unserer größten Meister gesagt,
über die von Brahms oder gar die von Beethoven? Ravel, der von Rimskys
Instrumentation beeinflußt war, behauptete, Debussy instrumentiere schlecht.
Daraus geht nur hervor, daß die russische Musik im Vergleich zu unserer im
allgemeinen harte, konkrete Züge und stark ausgeprägte Formen hat. Das
kommt daher, daß der russische Musiker wirklich bestrebt ist, in der Schreibweise und im Klang alles zu konkretisieren, was er ausdrücken will, während
nach der abendländischen Tradition die Niederschrift immer diesseits des
Auszudrückenden bleibt: Sie ist ein Mittel, dem Mitmenschen Bedeutungen
darzustellen, die über das Darstellbare hinausgehen. Das ist naturgemäß bei
den Russen nicht anders, nur geben sie sich darüber keine Rechenschaft.
Künstler von Geburt, betrachten sie die Kunst als Selbstzweck.

Während meiner langen Zusammenarbeit mit Strawinsky habe ich von ihm
gelernt, die konkreten Gegebenheiten der Musik – eine Klangfarbe, einen
Akkord, eine Tonart – anders zu empfinden, als ich sie aus meiner eigenen

Veranlagung empfunden hätte. Diese für mich mit Sinngehalten beladenen, durch den Brauch mit bestimmten Bedeutungen erfüllten Elemente waren für ihn wie aller Herkömmlichkeit beraubt und einem Zustand völlig jungfräulicher, sinnenhafter Gegebenheiten zurückgegeben. Ein Beispiel: Eine Melodie trägt für uns stets ihre Harmonie in sich, eine Harmonie, die man sich auf verschiedene Weise bilden kann, indem man sie mit einem mehr oder minder fernliegenden Baß in Verbindung bringt, wie Debussy das macht; aber für Strawinsky hat sie anscheinend keine – oder vielmehr sie genügt sich harmonisch in sich selbst, und zwar so, daß die ihr naturgegebene Harmonie das letzte wäre, was er ihr zuteilen wollte. Wenn wir an einer gerade gehörten Melodie Gefallen gefunden hatten und sie uns am Klavier ins Gedächtnis zurückriefen, fand er nie die richtige Harmonie und staffierte sie mit den am wenigsten erwarteten Akkorden aus.

Er hat übrigens kaum ein musikalisches Gedächtnis, und das ist eine seiner großen Stärken; denn dadurch ist immer alles für ihn neu, und er kann tagtäglich den Gefühlswert z.B. einer Terz oder einer Tonart neu entdecken. Er sagte einmal zu mir, daß er verschiedene Arten von C-dur unterscheide, die voneinander so verschieden seien wie die einzelnen Jahrgänge eines und desselben Wein-Gewächses. Diese Art Unschuld gegenüber den Dingen wäre weiter nichts Besonderes, wenn sie nicht für ihn den Zugang zu einem intuitiven Erfassen ihrer Gefühlswerte bedeutete, zu einem untrüglichen Flair, einem Sinn für die Dinge, der sich einerseits strikt an das hält, was sie wirklich sind, andererseits aber auch der Vorstellung dessen entspricht, was er aus ihnen machen, was er durch sie kundtun will – so das Seidige der Ballett-Röckchen der Tänzerinnen und die wiegende Grazie ihrer Bewegungen durch die Violinen in *Apollon Musagète*, oder das ekstatische *Alleluja* der *Psalmensymphonie* durch eine Art von C-dur-Säulenbau, der die ihn umrahmende Terz hervorhebt. Diese Einstellung zur Musik macht es auch erklärlich, daß er von Bach, Händel oder Monteverdi typische Strukturen übernehmen konnte, die er so für sich anwandte, daß sie mit den Stilnotwendigkeiten, in die sie ursprünglich eingespannt waren, nichts mehr zu tun hatten. Aber diese seine Einstellung erklärt auch den disparaten, von Werk zu Werk wechselnden Charakter dessen, was man seinen Stil nennen könnte. Es war stets der gleiche »Sinn« – sein Sinn für die Musik –, den er in seinen Werken bekundete, wobei er aber zu unterschiedlichen Stilmitteln griff, die von ihm zu anderen Zwecken entlehnt und benützt wurden, als sie ihnen im Sinne unserer Kultur anhafteten. Man kann somit zwar eine unbestreitbare Einheitlichkeit in der Arbeitsweise Strawinskys über die ganze Breite seines Schaffens feststellen, aber auch eine unglaubliche Mannigfaltigkeit der stilistischen Verfahrensweisen, die an Stillosigkeit grenzt.

Während mich seine Einfälle mit Staunen erfüllten und ich rückhaltlos bewunderte, was er daraus machen konnte, fühlte ich zugleich, daß seine Musik einem bestimmten Sinn für die Ziele und das eigentliche Wesen der Musik nicht entsprach, wie er mir aus den Werken unserer Musikgeschichte bis zu den uns nächstliegenden (Debussy und Ravel) geläufig war. Ich konnte mich des Gedankens nicht erwehren, daß die völlige Ehrlichkeit und die Meisterschaft, mit denen er etwas ganz anderes machen konnte, als was uns die Musik bisher bedeutet hatte, nicht etwa darauf zurückzuführen waren, daß er tatsächlich etwas anderes machen mußte, sondern daß ihm der Sinn dieser Musik gleichgültig oder gar verschlossen war. Als er Beethoven – nachdem er ihn anfänglich gehaßt hatte – zu lieben begann und sich seinen Klaviersatz, den er zunächst – wegen der extrem weiten Lage der Hände »mit nichts dazwischen« – als absurd bezeichnet hatte, dann gelegentlich zum Muster nahm; als er bei Brahms, den er zuerst als unbedeutend abtun wollte, die grauen und braunen Farbtöne des Orchesters zu bewundern und in seinen eigenen Werken zu benützen begann, da wurde mir klar, daß er sich wohl deshalb an solche Dinge hielt, *die wir nicht sonderlich bemerken* und die für einen abendländischen Musiker gewiß nicht das waren, was an Brahms oder Beethoven »bewundernswert« ist, weil ihm vielleicht die musikalischen und menschlichen Bedeutungen, die sich in diesen Techniken bekundeten, wenig galten. Diese Art, die Grundlagen der musikalischen Erscheinungen für selbstverständlich zu nehmen, sich mit ihnen nicht weiter aufzuhalten und sie nur in ihren Fakten zur Kenntnis zu nehmen, die fortan gerade gut waren, alles und jedes mit ihnen anzustellen, ging doch sehr weit.

Eines Abends, als wir – Ravel, Strawinsky und ich – über einen Gedanken Schönbergs diskutierten, den dieser – gerade am Anfang seiner Neuerungen – hinsichtlich der Anwendung von »Dur-Moll-Akkorden« geäußert hatte, bemerkte Ravel: »Aber das geht doch, wenn die kleine Terz oben und die große unten liegt«:

»Wenn diese Anordnung möglich ist«, entgegnete Strawinsky, »sehe ich nicht ein, warum es umgekehrt nicht auch gehen sollte; *und wenn ich es will, so kann ich es auch.*«

Ohne mich bei dem unerwarteten Einbruch dieses Wollens in eine Domäne weiter aufzuhalten, wo das Wollen stets »bedingt« bleibt (Strawinsky wußte das sehr wohl und hütete sich, diese kleine Terz auf beliebige Weise in der Unterstimme erscheinen zu lassen), verweise ich im Zusammenhang mit diesem Beispiel lediglich darauf, wie sehr Ravel auf den Sinn der Dinge bedacht blieb: Er billigte den Dur-Moll-Akkord nur in Verbindungen, in denen er in seinen Augen einen »musikalischen« Sinn hatte. Strawinsky hingegen kam es vor allem darauf an, aus den musikalischen Gegebenheiten für die Anwendung noch unerprobter Strukturen Nutzen zu ziehen. Aber man darf sich dadurch nicht täuschen lassen: Strawinsky verlor den Sinn der Musik nicht aus den Augen; er handelte nur so, als ob der Sinn der Musik etwas Selbstverständliches wäre, und war dabei überzeugt, daß sein musikalischer Instinkt nicht fehlgehen könne, wenn es darum ging, eine günstige Terzanordnung zu finden, und daß er schon irgendeinem ungeschriebenen Gesetz folgen werde, das Gottes Wegen entspräche, des Gottes, der der Musik einen Sinn verliehen hat. Ravel auf der anderen Seite war nicht minder als Strawinsky bestrebt, frische, unverbrauchte Strukturen zu produzieren, da er doch immerhin die Möglichkeit gleichzeitigen Erklingens der großen und der kleinen Terz in Betracht zog; aber er machte seine Entscheidung davon abhängig, ob ihm die Bedeutung dieser Gleichzeitigkeit zwingend genug erschien, um sie sich zu eigen zu machen: Von zwei möglichen Entscheidungen wies er die eine von sich, die ihn hätte reizen können, und traf die andere, weil sie seiner inneren Einstellung entsprach und er so die *Verantwortung* im Sinne dieser Einstellung auf sich nahm. Seine Sorge galt vor allem dem *Sittlichen*, diejenige Strawinskys dem *Ästhetischen*.

Jeder Handlungsimpuls des Menschen stellt ihn in Wahrheit vor eine zweifache Frage: »Was« oder »wozu« tun oder »warum« tun – und »wie« tun. Ist seine Haltung eine ethische, wird er die letztere den ersteren hintanstellen. Ist er dagegen rein ästhetisch orientiert, wird er sich überhaupt nur die letztere vorlegen, da ihm die ersten beiden als gelöst erscheinen. Ravels Haltung war die eines Musikers, den der ästhetische Akt ständig auf die ethische Frage zurückverweist.

In der geschilderten Debatte kam also mehr zum Ausdruck als der Gegensatz zweier Individualitäten: Zwei Arten von Beziehung zur Musik oder zwei typische Bewußtseinshaltungen gegenüber der Musik trafen aufeinander, d. h. zwei für verschiedene Gruppen repräsentative Einstellungen, die zweierlei Bewußtseinshaltungen gegenüber den Dingen und dem Leben im allgemeinen erkennen ließen. Und was mich betraf, der ich gleichwohl wie Ravel dachte, zweifelte ich doch nicht daran, daß der Mann, der *Le Sacre* geschrieben hatte, Mittel und Wege finden würde, sich die Dinge so zurechtzubiegen, wie er sie haben wollte, und sich dabei dennoch an das Gesetz zu halten (aber nicht wie Schönberg, der so tat, als hätten die Dinge ihre Gesetze nur von ihm, und der einfach entschied, daß kleine und große Terz beliebig zusammentreffen mochten, weil ihm das gerade Spaß machte).

So lehrte mich der freundschaftliche Verkehr mit Strawinsky ein »Verhalten zur Musik«, das anders geartet war als das mir aus unserer Kultur überkommene und das eine unmittelbare Beziehung zu ihren sinnenhaften, allen Beiwerks der Kultur entkleideten Gegebenheiten mit sich brachte. Diese neuartige Beziehung zur Musik bedeutete für mich eine wesentliche Bereicherung und versetzte mich in die Lage, seine Musik mit vollster Überzeugung zu interpretieren; denn ich interpretierte sie – so glaube ich – ganz von seinem Standpunkt aus; und er ist im Irrtum, wenn er meint, es genüge, um das zu tun, wenn man seine Notentexte buchstäblich und sklavisch ausführt. Diese Erfahrung ließ mich übrigens auch für andere, ähnliche Erfahrungen aufgeschlossen sein, da sie mich von meiner ursprünglichen Einstellung zur Musik befreite, ohne sie allerdings auszulöschen. Ich kann also gar nicht sagen, was ich ihm alles verdanke. Von seiner Musik ausgehend, sah ich nunmehr die gesamte Musik in einem neuen Licht, und ich ließ mich fürder weder durch deren scheinbare Einheit noch ihre scheinbare Disparität täuschen. Spricht man doch stets von der Musik, als ob es sich überall und für alle *um ein und dieselbe Sache* handelte. Wenn die Abendländer so sprechen, gehen sie stillschweigend von der Annahme aus, diese Sache sei die abendländische Musik, und auf diese Weise schließen sie jede Musik, die nicht die ihrige ist, aus – es sei denn, sie versuchen sie sich aus ihrer Tradition zu erklären, was das sicherste Mittel ist, überhaupt nichts von ihr zu verstehen. Strawinskys Musik ließ mich erkennen, daß mit ihr eine Disparität mitten in die abendländische Musik eingebrochen war, die viel tiefer reichte und von ganz anderer Art war als jene, die zuvor den Nationalcharakter gekennzeichnet hatte, eine Disparität, die zweifellos nur Vorbotin weiterer, ähnlicher Erscheinungen sein konnte. Aber sie erkannt zu haben gab mir die Möglichkeit, sie zu verstehen und ihre Rückführung auf den gemeinsamen Nenner aller Musik zu versuchen. Mit dem Ergebnis, daß es zwar nur eine Musik gibt, aber vielerlei Verhaltensweisen gegenüber der Musik, weil es vielerlei Verhaltensweisen des Menschen schlechthin gibt.

Im Falle Strawinskys kann man sagen, er sei uns in seiner Verhaltensweise offensichtlich sehr ähnlich und in mancherlei Hinsicht eminent »westlich« eingestellt; aber man darf überzeugt sein, daß seine ursprüngliche Bewußtseinshaltung, die eurasischer Art war, unverändert geblieben ist; denn wenn er auch die Verhaltensweise unserer Musik bis zu einem Grad angenommen hat, der es ihm ermöglicht, ihr Räderwerk besser zu kennen als wir, bedeutet doch seine innere Beziehung zur Musik für ihn nicht dasselbe, was – jedenfalls in besseren Zeiten – unseren Musikern ihre Beziehung zur Musik bedeutet hat. Für ihn bedeutet sie lediglich ein *ästhetisches* Engagiertsein, d.h. ein Interesse nicht so sehr daran, was sie bedeutet, als vielmehr an der Art, wie diese Bedeutungen organisiert sind, mit einem Wort: an dem »Wie«. Eine solche Beziehung, die nicht die Persönlichkeit des Musikers, sondern nur den Musiker als solchen engagiert, ist die eines Musik-»Arbeiters«. Die Beziehung unserer Musiker zu ihrer Musik schloß eine *ethische* Beteiligung an ihr ein, d.h. eine Beteiligung hinsichtlich dessen, was sie tun, sein oder bedeuten will, mit einem Wort, an ihrem »Was« oder »Wozu«; und diese Beziehung läßt »den Menschen, der sie als solcher gemacht hat«, an ihr beteiligt sein – wobei der Musiker in ihm nichts anderes ist als der »Arbeiter«, der diese Manifestation seiner selbst ermöglicht. Man errät, daß die ästhetische Beziehung zur Musik den Menschen, der sie gemacht hat, nicht minder erkennen läßt – aber im *Negativen;* es handelt sich in diesem Falle um eine mittelbare Bekundung durch das Medium der Kunst, während es sich andernfalls um eine unmittelbare Bekundung handelt, nämlich um einen *Ausdruck.*

Es erübrigt sich, zu betonen, daß Strawinskys Musik – zumindest in ihren ersten Manifestationen – nur ein Publikum entzücken konnte, das lediglich

auf dieses Beispiel gewartet hatte, um die Musik zu einem bloßen Kunster-
zeugnis zu reduzieren und sich endlich von allem Bekenntnishaften entbunden
zu fühlen, das bis dahin jeglicher Musik anhaftete – und sei sie noch so
artistisch in ihrer Haltung gewesen. Schwere Enttäuschungen erwarteten sie,
wenn von Zeit zu Zeit ein Geniestreich des großen Igor gelang; aber sie blieben dem Mißverständnis verfallen, wenngleich die Enttäuschungen letztlich
durch die Gewohnheit neutralisiert wurden. Sie erklärten sich Strawinskys
Schaffen nach den ungeschriebenen, aber gleichwohl unsere Kunst lenkenden
Gesetzen und sahen in der lokalen Färbung und dem Pittoresken des *Pe-
truschka* oder des *Feuervogels*, in der Brutalität des *Sacre du Printemps* den
Ausdruck des Russen, des Barbaren, des brutalen und zugleich raffinierten
Primitiven, des heimatentwurzelten Menschen, der – nach den Worten von
Louis Laloy – »die Orgel der Erde spielen ließ«. Als daher Strawinsky auf-
hörte, »auf russisch« zu machen und Dissonanzen aufzutürmen, als er auf
Üppigkeit des Orchesterapparates verzichtete und zu schlecht klingenden
Kombinationen isolierter Instrumentengruppen überging, als er begann, von
einem Stil zum andern zu wechseln, indem er seine Schaffenselemente von vergangenen Musiken entlehnte und schließlich auf einen Stil von archaischer Kargheit und völliger Ausdruckslosigkeit verfiel, waren sie mit ihrem Verständnis
am Ende: Sie wußten nicht mehr, *mit wem* sie es zu tun hatten, suchten vergeblich nach dem »Wozu« dieser Musik und kamen zu dem Ergebnis, der schaffens-
unfähig gewordene, ausgetrocknete Strawinsky arbeite nur noch mit dem Gehirn.
Ich für mein Teil sah die Dinge ganz anders: Nachdem ich Strawinskys rein
ästhetische Einstellung zum musikalischen Schaffen erkannt hatte, wurde mir
klar, daß sich seine sinnenhaften Gegebenheiten, seine Wahl der musikalischen Elemente, seine »Vorhaben« ständig erneuern mußten; denn der ästhetische Hunger verlangt nach stets frischem, neuem Wildbret – wie es Don
Juan unaufhörlich nach neuen Frauen verlangte. Es war also notwendig, daß
diese musikalischen Elemente (die trotz allem nichts anderes sein konnten
als die aller Musik gemeinsamen Elemente), um neu zu erscheinen, alles dessen
entkleidet werden mußten, was sie vor ihm bedeutet hatten, und daß er sie zu
neuartigen Zwecken einsetzte und in neuen Zusammenhängen anordnete und
daß er, sobald er sie einmal angewandt hatte, neue heranziehen mußte. Er
konnte diese Elemente auch nur *außerhalb seiner selbst* suchen, da die ästhetische Sicht auf die Dinge gerichtet ist. Das Zurückgreifen auf *bereits bestehende* musikalische Gegebenheiten ist also bei ihm nicht ein Hilfsmittel, auf
das er sich erst im Laufe seines Schaffens gestützt hätte; es ist ihm vielmehr
angeboren und auf seine passive Beziehung zur Transzendenz zurückzuführen; es ist bereits seit *Petruschka* und dem *Feuervogel* wirksam. Nie war eine
Melodie für Strawinsky, was sie für Chopin, Schumann oder Debussy gewesen: eine *Signatur;* aber seine Melodien sind so gut gemacht, daß sie den Zuhörer leicht hinters Licht führen, und den Leser, den diese Behauptung vielleicht überraschen mag, möchte ich daran erinnern, daß »nichts so sehr einem

von innen bestimmten Weg gleicht wie ein von außen bestimmter«. Was die Signatur Strawinskys trägt, ist die *Manier*, in der sich in seiner Musik eine *Berceuse*, ein *Largo* oder ein *Allegro* präsentiert – aber nicht das durch diese Gegebenheiten eigentlich zu bekundende *Empfinden*, das bei ihm unpersönlich bleibt. Wie könnte man sich darin täuschen lassen und *Le Sacre* und seine Werke im allgemeinen als Produkte des Ausdrucks seiner selbst ansehen? Strawinsky ist kraftvoll, aber nicht brutal; triebhaft, aber nicht barbarisch; er hat die gleiche unmittelbare, sinnenhafte Beziehung zu den Dingen, den gleichen Flair, den gleichen Instinkt und die gleiche Intuition für ihre Werte wie ein Primitiver – aber er ist kein Primitiver; er hat nicht den engen, stur auf seine Gegebenheiten beschränkten Horizont, der den Russen häufig kennzeichnet und der zum Beispiel in der Musik eines Prokofjew fühlbar wird; denn seine Intelligenz ist denkbar ungebunden; und schließlich ist er ein Mann von Welt und ein Charmeur, der zwar sehr streng gegen sich selbst, aber auch sehr auf seine persönlichen Annehmlichkeiten bedacht ist. Er hat somit gar nichts Mönchisches – nichts von asketischer Kargheit und gar nichts von einem derb-gemütlichen slawischen Bauern. Wenn sich also seine Musik gemessen und karg gebärdet oder wenn sie plötzlich die Füße auf den Tisch legt, kann man überzeugt sein, daß das alles nicht geschah, ohne daß er es genau so und nicht anders wollte.

Nun muß man allerdings auch feststellen, daß die Musik unserer Komponisten – während jene *tut, was sie will* – niemals etwas anderes tat, *als was sie konnte*, denn sie war von vornherein eingeengt in die durch die besondere Seinsweise des Komponisten festgelegten Möglichkeiten – und das ist es, was die Leute ärgert, die der Musik mit ästhetischer Neugier begegnen. Der »Dialogue du vent et de la mer« hat nicht die elementare Heftigkeit von *Le Sacre du Printemps*, weil Debussy das sich auf dem Meere abspielende Drama, dessen Zeuge er war, aus sich heraus nur wiedergeben konnte, indem er seine eigenen inneren Kämpfe darstellte, und zwar so, daß sein Gewittersturm eben Debussysche Maße angenommen hat. Die Folge ist nicht nur, daß dieses Meeresdrama für uns eine menschliche Bedeutung erhalten hat, sondern daß es *zu etwas führt;* denn indem sich Debussy innerlich daran beteiligt, bekundet er zugleich die Erlösung oder die Rettung, die eine Menschenseele durch alle Kämpfe hindurch stets vor Augen hat. So liegt bei Debussy eine Sinngebung vor, während die Episoden des *Sacre* ausweglose Fakten bekunden, die uns keinem rettenden Leuchtfeuer entgegenführen, weil Strawinsky sich das nicht vorgenommen hat. Er hat sie sich nicht zu eigen gemacht, um ihnen einen *Sinn*, sondern nur, um ihnen eine *Form* zu geben. Diese großen Natur-, Volksmassen- oder Märchenbilder, die seine ersten Werke darstellen und die ein für allemal Strawinskys Ruhm begründet haben, sind Schaustellungen, die er sich vorspielt, ohne darin selber mitzuspielen, es sei denn als Hexenmeister, der die Elemente entfesselt – und eine andere Beziehung zu seiner Musik wird er niemals haben.

Deshalb ist auch seine *Messe* nicht der *Ausdruck*, sondern das *Porträt* einer
Messe. Sie mag den Zuhörer anrühren, weil die Darstellung einer in der Kirche
betenden Menge und der Atmosphäre des Ortes mit seiner ländlich primitiven
Orgel allein schon etwas Rührendes hat; aber sie hätte ebensogut von einem
ungläubigen Musiker geschrieben werden können. Der Glaube tritt nicht in
Erscheinung; denn das wäre nur durch eine Chorbehandlung möglich gewesen, die den Chorpartien einen persönlichen Charakter verliehen und dadurch
die persönliche Anteilnahme des Komponisten an dem Ereignis kundgetan
hätte. Ein Komponist kann den Glauben nur dann in einer Messe darstellen,
wenn er die Aussage aus sich heraus bekräftigen kann, indem er dem Chor
einen persönlichen Ausdruck gibt – andernfalls leistet er nur Handwerker-
arbeit und gibt lediglich eine musikalische »Aufführung« der Messe, ohne den
affektiven Textgehalt darin umzusetzen. Was Strawinsky in diesem Werk
kundgetan hat, ist nicht der *Glaube*, sondern die *Haltung der Gläubigen;* und
darum hat er auf die ältesten und unpersönlichsten Ausdrucksformen zurückgegriffen (in der *Psalmensymphonie* hatte er noch die *Glaubensinbrunst* bekundet). Was zählt und dem Werk ein Ansehen verleiht, ist die Kunst, mit
welcher die Eintönigkeit des Chores, seine unerschütterliche Ruhe, dann wieder seine plötzlichen, unvermittelten Ausbrüche, mit einem Wort, *alles Äußerliche des Spektakels*, im musikalischen Bild bekundet ist.

Was die wachsende Kargheit und den Formalismus der Musik Strawinskys
anbelangt, waren auch sie eine der möglichen Folgen seiner Beziehung zur
Musik, doch war ihre Voraussetzung eine Art Wandlung oder Läuterung seines ästhetischen Vorhabens, die so unerwartet und in ihrer Art so einzigartig
war, daß man sie nur schwer begreifen kann. Das Geheimnis wäre zu ergründen, wollte man sich vergegenwärtigen, was von Anfang an in der Art
seiner Beziehung zur Musik beschlossen war. Ich habe ja weiter oben bemerkt, daß einer der Ausgangspunkte der Arbeitsweise Strawinskys ein blinder Glaube an das ungeschriebene Gesetz war, das der Musik durch die Disposition der Elemente und die Organisation ihres Ablaufs einen Sinn verleiht –
d.h. durch ihren »Stil« und ihre »Form«. Von dem Augenblick an, da sich
Strawinsky von der Musik, die *auf einem Vorwurf* beruht, abgewandt hatte –
dieser »Vorwurf« hatte ihm bis dahin die Wahl seiner Formelemente nahe-
gelegt –, blieb als einziger Vorwurf, der seinen schöpferischen Impuls auslösen konnte, eine beliebige konkrete Gegebenheit stilistischer oder formaler
Art – Sonate, Serenade, Concerto –, und die Art seines Vorgehens in diesem
Zusammenhang ist für seine Natur als Musiker charakteristisch. Wie im Falle
der Wahl seiner Elemente – Motive, Rhythmen usw. – sucht er seine Gegebenheiten *außen*, in dem unermeßlichen Repertoire der Musikgeschichte,
jedoch ohne Rücksicht auf ihre kulturellen Bindungen und indem er sie auf
thematische, kontrapunktische, harmonische oder andere *Macharten* sowie
Arten der Anordnung reduziert. Das »Was« in seinem Tun ist – wie man einsehen wird – wiederum ein »Wie«. So kann es nicht ausbleiben, daß er sich

nur jener musikalischen Elemente bedient, die am besten geeignet sind, diese formalen Möglichkeiten ins rechte Licht zu setzen, Elemente also von Gattungscharakter, deren Individualität die Aufmerksamkeit nicht besonders anzuziehen vermag. Sein musikalisches Vorhaben reduziert sich also darauf, *die Möglichkeiten der Musik unter dem einfachen Vorwand einer Machart* in Erscheinung treten zu lassen – als ein bestimmtes melodisches Vorgehen, ein melodischer Charakter, ein feierlicher oder leichter Ton und in einer Art, nach dem Schema der Sonate oder der Variation »Form anzunehmen« – *wobei von elementaren dialektischen Gegebenheiten des jeweils gewählten Stils ausgegangen wird.* Man kann sich nicht stärker entblößen. Er hat auf das Ansehen des Nationalcharakters, auf Farbigkeit und Bildhaftigkeit verzichtet und kann nur noch auf die Tugend der musikalischen Formgesetze zählen. Es handelt sich um einen Glaubensakt: Sein entschlossenes Streben nach dem rein musikalischen Akt hat religiösen Charakter; aber der Gott, an den er sich wendet, ist ein unbekannter Gott, den er zwar in sich ahnt, aber den er nur kennt, *weil er sich bereits geoffenbart hat* – in den Stil- und Formmodellen, die er sich gibt und die ihm sein Vorgehen diktieren. Dennoch bleibt unbestreitbar, daß sein schöpferischer Akt aus tätigem Glauben erwächst und daß der einzige stützende Halt für diesen Akt seine durch den Instinkt und den Flair für die Möglichkeiten der Musik angeregte Erfindungsgabe ist. Die schon bald einsetzende zweite Schaffensperiode Strawinskys ist also durch eine echte »Läuterung« seines ästhetischen Vorsatzes gekennzeichnet. Weit entfernt, ein Schwächerwerden seiner Persönlichkeit oder seiner Erfindungsgabe erkennen zu lassen, stellt sie diese im Gegenteil noch viel mehr in den Vordergrund, als handelte es sich darum, sie *um ihrer selbst willen* kundzutun.

Seine auf einem »Vorwurf« beruhenden Werke der ersten Periode zeigten zwar *eine ästhetische Einstellung zur Musik, nicht aber zum Vorwurf;* d.h. wenn er auch an seiner Musik unbeteiligt war, so war er doch stark an seinem Vorwurf beteiligt, an dem er seine Musik ihrerseits beteiligt sein ließ. Seine auf einem Vorwurf beruhenden Werke der zweiten Periode lassen eine ästhetische Einstellung zum Vorwurf selbst (*Orphée*, die *Messe*, die Oper) und den Vorsatz erkennen, ein Werk reiner Musik über einen auf die reine ästhetische Gegebenheit reduzierten Vorwurf zu schreiben: Im *Orphée* ist nichts mehr von der menschlichen Substanz des Orpheus enthalten als höchstens vereinzelte »Zeichen«, und – wie ich schon im Zusammenhang mit der *Messe* bemerkte – seine Oper *The Rake's Progress* ist das *Porträt* einer Oper und wie immer bei ihm ein meisterliches Porträt. Mit einiger Gewandtheit könnte man den Text auswechseln, ohne etwas zu verderben; denn die Musik hat ihren Sinn in sich selbst, und die dramatische Situation hat nur ihren allgemeinen Charakter, ihr Gebaren, ihren Typ bestimmt.

In den rein musikalischen Vorhaben der zweiten Schaffensperiode – der Gattungen Sonate, Symphonie und Concerto – bekundet sich seine ästhetische Einstellung *um ihrer selbst willen.* Präzisieren wir: Als er den *Petruschka* in Musik setzte, legte er musikalisch alles hinein, was hineinzulegen war, um diese Epopöe sinnreich zu gestalten: die Menge, die Örtlichkeit, die Personen, die Handlung. Seine Haltung dabei war die eines Künstlers, der nicht sein »Gefühl«, sondern seine »Sicht« des Mohren oder der Puppe wiederzugeben hatte – ganz wie ein Maler, während der Musiker im Falle der Oper *in jeder seiner Figuren selbst singen* und darin das ausdrücken muß, was die Figur in ihrem Gesang zu bekunden hat –, die einzige Möglichkeit, den Figuren eine *Persönlichkeit* beizugeben, wie es Mozart in seinem *Don Giovanni* getan hat, nicht aber Strawinsky in *The Rake's Progress*. Anders ausgedrückt, war Strawinskys musikalische Einstellung gegenüber *Petruschka* eine *de facto* ästhetische Einstellung, die nicht nur durch das Vorhaben gerechtfertigt war, sondern zugleich die visionäre Kraft der Musik und ihre Bildhaftigkeit betonte, dieses choreographische Musikwerk auf die Ebene eines autonomen, in sich bedeutungsvollen Musikwerks emporhob und dadurch die Musik auf einen zwar bekannten Weg verwies, auf dem sie jedoch zu einer neuen Spannweite gelangen konnte.

Indem er sich bei Eintritt seiner künstlerischen Reife vornimmt, eine *namenlose* Musik reiner musikalischer Bilder zu schreiben und sie in einer Form zu komponieren, die er »Sonate« oder »Concerto« nennt, greift er jene *de facto* ästhetische Haltung wieder auf, um seinen musikalischen Akt auf sie zu gründen und sie durch seine Musik zu bekunden, als ob sie allein genügte, der Musik einen Sinn zu verleihen. Es ist das nicht mit *l'art pour l'art* zu verwechseln – es ist vielmehr *l'art pour la musique;* und es ist immer *ein Etwas* in seinen Gegebenheiten – die ausgewählten Motive und Mittel, ihre Anwendungsweise, das beabsichtigte Bild, Arie, Ode usw. –, wodurch in das reine Vorhaben doch wieder die *Faktizität und die Individualität* hineingetragen werden, wobei man allerdings bedenken muß, daß die »reine Kunst« nur eine abstrakte Idee ist. Aber wenn man sich fragt, was für einen Sinn eine solche Musik für den Zuhörer haben soll, wird man zugeben müssen, daß es nur der eines *Spiels* sein kann – eines Spiels mit Motiven, Harmonien, Rhythmen und Klangfarben und die einzig *sichere* Erregung, die sie bringen kann, ist die Erregung des Spiels. Sie ist von zweierlei Art: Sie umfaßt diejenige über das Spiel als solches und jene, die auf den Endzweck gerichtet ist. Wenn man einem Fußballmatch beiwohnt, atmet, zittert und schwitzt man mit den Spielern. Das kommt daher, daß wir vom Endzweck des Spiels in Atem gehalten werden, der den Bewegungen der Spieler, den zwischen ihnen sich ergebenden Wechselbeziehungen und dem ganzen Durcheinanderlaufen erst einen Sinn gibt. In der reinen Musik Strawinskys spielen wir das Spiel der Elemente mit, durchleben noch einmal alle Schrecken der kombinatorischen Arbeit, der er sich unterziehen mußte, als er sie ausklügelte, und wir werden von der Erregung über eine *Ordnung* in Atem gehalten, die diese Musik offenkundig zu leiten scheint, die ihrem Ablauf einen Sinn gibt und diesem ein Endziel zuweist. Diese *Ordnung* ist die des Stils, der Form, des ungeschriebenen Gesetzes und taucht das Ereignis in das Licht der Schönheit, die Vorbedingung der Musik. Diese Erregung über das Schöne bliebe dennoch eine leere Gegebenheit, wenn sich nicht noch die *unmittelbare* Erregung über die musikalischen Elemente hinzugesellte, die das Formenspiel anwendet oder ans Licht bringt – Melodie, Harmonie, Rhythmus, Klangfarbe. Sie ist der *unverdiente Lohn* für Strawinskys Glauben an die Musik, die *Gnade*, die ihm zuteil wird, weil er sich ihren Gesetzen unterworfen hat. Durch sie gewinnen die Elemente Sinn und Umriß, die er vorsätzlich ausgewählt oder gebildet, die er bedenkenlos entlehnt oder mit kühler Berechnung in gelehrt-erfinderischer kombinatorischer Arbeit ersonnen hat. »Unverdienter« Lohn, sagte ich: In der Tat, diese Erregung ist es gerade, *die er nicht wollte* – selbst wenn er auf sie spekuliert haben sollte –, auf die seine schöpferische Arbeit zu gründen er ausdrücklich *ablehnte*, da er diese ja ausschließlich auf das Formenspiel gegründet wissen will; die er *verneinte*, indem er verneinte, daß die Musik Ausdruck ist, und indem er sie so zu einer Kunst reduziert, die dem Komponisten nur noch ein Problem stellt – das der Faktur. Nun entsteht aber diese *unmittelbare* Erregung über die musikalischen Elemente – Melodie, Harmonie, Rhythmus, Klangfarbe –, die der rein *geistigen* Erregung über die formale *Ordnung* und das Formenspiel erst *Konsistenz* und *Inhalt* verleiht, offenkundig aus dem expressiven Charakter dieser Elemente und erhält somit hier einen *zufälligen* Charakter, da sie nicht die musikalische Intention Strawinskys kundgibt, der ja diese Elemente nicht um ihrer selbst willen ins Auge faßt, sondern nur sieht, was er aus ihnen machen kann, so daß er sich nicht in ihnen engagiert – es sei denn, er findet Geschmack an ihnen –, sondern lediglich in ihrer Anwendungsweise. Diese unmittelbare Erregung an den Elementen der Musik ist, was diese Anwendungsweise *zusätzlich* erzeugt. Es folgt daraus, daß sie in gewissem Sinne der künstlerischen Absicht fremd ist, die sich im Stil und in der Form äußert. Anders ausgedrückt: Die durch Stil und Form realisierte Einheit des Werkes wird vom Zuhörer durch eine Reihe von Erregungen empfunden, *die nicht in einer Einheit aufgehen, sondern sich ordnen und addieren*. Die Form bleibt das Außen ihres Inhalts; sie komponiert dessen Gegebenheiten nach einer musikalischen Ordnung, entsteht jedoch nicht aus ihnen, da sie unabhängig von ihnen und gewissermaßen noch vor ihnen entworfen wurde. Das Werk *organisiert* sich in einer Form, ohne *organisch* zu sein.

Die Tatsache, daß die einzige *substanzielle* Erregung, die der Zuhörer durch diese Werke der »reinen« Musik erfahren kann, jene Zufallsemotion ist, die von der expressiven Eigenschaft der musikalischen Elemente herrührt, ist eine Widerlegung der ästhetischen Thesen Strawinskys, wie sie kategorischer kaum zu denken wäre; und er spielt sie uns selbst in die Hand. Diese Feststellung will sein Verhältnis zur Musik keineswegs verurteilen, sondern lediglich seinen Anspruch, es zum Dogma erhoben zu sehen, und sie hilft uns, die Ursachen dieses Anspruchs zu verstehen. Denn obgleich er sich dagegen verwahrte, durch seine Musik etwas ausdrücken zu wollen, wollte er doch, daß sie uns errege, was sie nur durch ihren Ausdruck vermag. Und das heißt doch nichts anderes, als daß dieser Ausdruck nicht Kundgabe seiner selbst – Strawinskys –, sondern der Macht der Musik ist. Und tatsächlich ist doch dieser Ausdruck der musikalischen Elemente eine Kundgebung *des geschichtlichen Wesens, das die Musik geschaffen hat,* d.h. des Menschen, der Strawinsky auch ist, den er aber von Anfang an aus dem Spiel heraushält, indem er es ihm verwehrt, sich in dieser Musik anders denn als *Artifex* zu engagieren. Diese ästhetische Einstellung hat überdies schwerwiegende Folgen für seine Musik in der Tatsache, daß die Einheitlichkeit eines aus ihr erwachsenden Musikwerks nur noch eine äußerliche ist. Es hört auf, eine organische Form zu sein, und ist nur noch eine »Komposition« im buchstäblichen Sinn des Wortes oder auch das, was man in der Filmsprache eine *Montage* nennt. Die Teile erklären sich nicht mehr aus dem Ganzen, vielmehr ist es ein Ganzes, das sich quer durch seine Teile aufbaut. Dieser Verlust der organischen Einheitlichkeit der Musik ist das Lösegeld für seine rein ästhetische Einstellung zu ihr. Die Folge ist eine Art Degradierung der Musik *als eines menschlichen Zeugnisses.*

Diese Züge der ästhetischen Einstellung Strawinskys sind wie eine lebendige Illustration der Theorien Maritains über die Kunst, und man kann begreifen, daß er in ihnen einen Rückhalt für seine eigenen Theorien gefunden hat: »Die Kunst, die das Machen und nicht das Handeln läutert, hält sich außerhalb der menschlichen Linie. Sie hat ein Ziel, hat Regeln und Werte, die nicht dem Menschen eignen, sondern dem hervorzubringenden Werk. Dieses Werk ist nur für die Kunst da. Ihr gilt nur ein Gesetz: die Erfordernisse und das Wohl des Werkes. Daher die tyrannische und verzehrende Macht der Kunst und auch ihre erstaunliche Fähigkeit der Beruhigung. Sie befreit vom Menschlichen; sie siedelt den *Artifex,* den Künstler oder Kunsthandwerker, in einer für sich abgesonderten, abgeschlossenen, begrenzten und absoluten Welt an, wo er seine Menschenkraft, seinen Menschenverstand und seine Menschenzeit in den Dienst einer Sache stellt, die er macht. Dies gilt für alle Kunst. Der Überdruß am Leben und Wollen macht vor jeder Ateliertüre halt.«

Es ist schwer, sich Bemerkungen über die Kunst einfallen zu lassen, die bei so viel scheinbarer Weisheit so verfänglich und so irreführend sind. Selbst wenn man achtläßt, daß man schließlich Maler, Dichter oder Musiker *sein* muß, um malen, dichten oder komponieren zu können, und daß daher das *Machen* in diesem Falle ein ontologisches Problem bedeutet, kann man doch nicht übersehen, daß jeder Entschluß, etwas zu »machen«, eine Entschlossenheit zum *Handeln* voraussetzt, die ein *ethisches* Problem darstellt. Aber die scheinbare Weisheit dieser Bemerkungen verbirgt eine dogmatische Voreingenommenheit, die unschwer zu erraten ist: Es handelt sich darum, das Eingreifen des *Übernatürlichen* in der Kunst als unvermeidlich hinzustellen. Es wird uns sodann tatsächlich dargetan, daß der *Artifex* – Künstler oder Kunsthandwerker –, der den Sinn »für bestimmte, klar umrissene Wege der Kunst« in sich trägt, durch seine persönliche Manier und durch die Form die *Schönheit* in Erscheinung treten läßt, die dem transzendentalen oder metaphysischen Bereich zugehört und über das Material des Künstlers so etwas wie einen Abglanz von »Gottes Angesicht« breitet. Ein Wunder hat sich ereignet: Dem Menschenwerk wird als Folge der Unterwerfung des Künstlers unter die Regeln der Kunst, die die Wege Dessen sind, der alles erschaffen hat, eine Art Antwort oder Gnade von Gott zuteil, jener Widerschein von seinem Licht, den wir Schönheit nennen.

Angesichts dieser Art, die Dinge zu erklären, ist unsere Studie an einem Punkt angelangt, wo wir einer andern entgegentreten müssen, wonach die »Form« als Bekundung des menschlichen Seinsvorsatzes tatsächlich ein Analogon zur göttlichen Seinsweise sein soll, so daß das »Transzendentale« nicht mehr aus einem Einbruch des Übernatürlichen in den natürlichen Gesichtskreis des Menschen hervorgeht, sondern aus der Notlage des natürlichen – ich möchte sagen: naturgegebenen – Bewußtseins, sich nicht anders als aus dem Verhältnis der Welt zum transzendenten Wesen kundgeben zu können. Das »Übernatürliche« ist etwas, das der Mensch in die Transzendenz der natürlichen Welt *hineingedacht* hat; sprachlich ist es dem »Transzendenten« gleichzusetzen. Somit widerruft unsere Betrachtungsweise alle traditionellen Gegebenheiten der religiösen Bindung des Menschen an die Welt, jedoch um aus ihnen *Entscheidungen des Menschen in seinem Verhältnis zur Welt zu machen:* die religiöse Natur dieses Verhältnisses, sein transzendentes Ziel (Gott), ja selbst die Gnade, die das Licht oder die Hilfe ist, die dem Bewußtsein von der Welt zufallen, indem es sich selbst entgeht und sich der Welt auf dem Weg zur Transzendenz erschließt. Weit entfernt, dem Menschen seine Größe zu offenbaren, wie Maritain behauptet, zeigt ihm eine solche Betrachtungsweise eher seine *Unzulänglichkeit,* da er nur im Hinblick auf ein transzendentes Wesen Entscheidungen treffen kann. Zugleich mit seiner Unzulänglichkeit zeigt sie ihm aber auch seine *Verantwortung* hinsichtlich seiner Entscheidungen, da es an ihm liegt, von Gott zu zeugen, wie Meister Eckart gesagt hat, und weil er nur so weit groß ist, als er seine Verantwortungen auf sich nimmt.

Diese beiden Anschauungen charakterisieren unseres Erachtens die beiden Arten des Christentums, die wir in Eurasien bzw. Europa sich abzeichnen sahen. Das christliche Erlebnis war für das eurasische Bewußtsein ein *religiöses* Erlebnis, worin es im Hinblick auf den durch Christus geoffenbarten Gott die *passive* Haltung wieder angenommen hat, die es ehedem gegenüber seinen Göttern eingenommen hatte; im Gegensatz hierzu war es für das abendländische Bewußtsein ein *ethisches* Erlebnis, das ihm in Christi Gottheit Denjenigen offenbarte, der sich im Herzen des Menschen verkündigt und dessen Gesetz aus jenem Bewußtsein selbst erwächst, so daß es ihm zugleich seine Entscheidungsfreiheit und die Grundlage der Entscheidung enthüllt und ihn so zu einer *aktiven* Beziehung zur Transzendenz erweckt. Das entspricht allerdings nicht der Lehre der Kirche, was sich daraus erklärt, daß diese Lehre von einem *reflexiven* Wiederaufgreifen des christlichen Erlebnisses nach der griechischen oder besser aristotelischen Einstellung ausgeht, die aus der göttlichen Offenbarung ein *Faktum* macht und das Bewußtsein in der Reflexion zu einer *passiven* Einstellung zu diesem Faktum zurückführt wie bei den Juden: Der Gott des römischen Katechismus ist nichts anderes als der alte Jehovah, verklärt in einem neuen Licht.

Auch hierin findet man die bereits erwähnte Verschiedenheit zwischen der römischen und der eurasischen christlichen Einstellung wieder: Letztere erwächst aus einer *präreflexiven,* erstere aus einer *reflexiven Entscheidung zur Passivität;* hieraus folgt, daß ihre äußeren Erscheinungsformen einander recht ähnlich sind, jedoch auf verschiedenen Bewußtseinsebenen ruhen, so daß auch ihre Tragweite nicht die gleiche ist. So kann man es sich auch erklären, daß die eurasische Passivität Unterwerfung unter eine *irdische und eine geistliche Autorität* voraussetzt, die römische Passivität lediglich eine unter eine *geistliche* Autorität. Allerdings stehen die Fakten, in denen sich die Aktivität des abendländischen Bewußtseins kundgibt, in absolutem Gegensatz zu der von der Kirche vorgeschriebenen Einstellung, was deren Schwierigkeiten, diesen Fakten zu folgen und sich ihnen anzupassen, hinlänglich beweist. Deshalb kann auch der Thomismus nicht jene *philosophia perennis* sein, die die Kirche aus ihm gern gemacht hätte und die Maritain wieder zu aktualisieren wünschte. Zu einem gegebenen geschichtlichen Zeitpunkt war der Thomismus eine Art, sich die Dinge vorzustellen, die jedoch der Seinsweise des durch die christliche Ethik zur Freiheit erweckten Bewußtseins nicht entsprach. Der Tag mußte kommen, da das abendländische Bewußtsein aufgrund ebendieser seiner Freiheit die Passivität, die

eine Voraussetzung der Zugehörigkeit zur römischen Kirche bildete, ablehnen würde. Jeglicher Dogmatismus ist für ein autonomes, aktives Bewußtsein unerträglich
– ausgenommen einer, den es sich selbst aufbaut und von dem es sich deshalb auch
jederzeit wieder frei machen kann. Und das bedeutet, daß seine Dogmatik ständig *in
der Schwebe* ist. Der Widerspruch zwischen dem abendländischen Bewußtsein, das
aus dem christlichen Erlebnis hervorgegangen ist, und der Lehre, die dieses Erlebnis
angeblich repräsentiert, zieht sich gleichsam seit der Renaissance und der Reformation durch das gesamte Dasein der Gesellschaft und des einzelnen. »Was euch das
Inn're stört, *dürft* ihr nicht leiden!« sagt Kant. Die bloße Ablehnung der kirchlichen
Lehre aber, die den Menschen jener völligen »Verlassenheit« im Absurden anheim-
gibt, die die heutigen Philosophen so betonen und die seine ursprüngliche Situation
in der Sekundärreflexion ist, verfälscht unseren Sinn für die Dinge nicht minder, als
es eine willfährige Hinnahme der Lehre tut, die stets zu jenem *Credo quia absurdum*
führt. Diese Alternativen, die beide im Absurden münden, zwängen den Menschen
von heute in ein unlösbares Dilemma. Indem unsere Studie uns die Verpflichtung
auferlegt hat, das *Fundament aller menschlichen Sinnbestimmungen* zu untersuchen,
hat sie uns die Möglichkeit einer anderen *Philosophia perennis* erschauen lassen, die
diesen modernen »Sehfehlern« nicht unterworfen ist, einer Philosophie, die aus der
Phänomenologie des psychischen Bewußtseins in seiner Autonomie und seiner aktiven Beziehung zur transzendentalen Welt erwächst.

Man muß nun erkennen, daß Strawinskys Unterfangen in seiner zweiten
Schaffensperiode eine unglaubliche Entfaltung seiner Erfindungskraft erforderte und daß das Erreichte und seine Spannweite nicht nur eine gleichgeblie-
bene Schaffenskraft beweist, sondern ihre Erneuerung und eine wachsende
Meisterschaft. Man könnte sie mit einer gewonnenen Wette vergleichen. Was
hatte er denn in Wahrheit vor sich, wenn er ein Werk anging? Einige typische
Elemente – einen zerlegten Dreiklang, ein Intervall oder eine Intervallkombi-
nation, einen Rhythmus mit seinem Tempo und stilistische und formale Gegebenheiten, *die er in Bewegung zu setzen und auszufüllen hatte* – wozu? –, »um
Musik zu machen« –, d. h. für nichts: für nichts Besonderes und nichts, was
die Inspiration anregen konnte. Und so ist er aufs *Erfinden* beschränkt, wie er
selbst sagt, aber indem er zu Unrecht die »Erfindung« zum Gesetz des musikalischen Schaffensaktes erhebt. Da aber die Erfindung trotz allem nur aus
einer Inspiration hervorgehen kann, kommt ihm diese aus einer bestimmten
musikalischen »Vorstellung«, d. h. einer bestimmten Art oder einem Verhalten
der Musik – also wiederum einem *Wie!* –, das er in seinen Gegebenheiten selbst
findet und das den Sinn und das Schema seines erfinderischen Tuns fixiert.
Dieses stellt ihn stets vor das Problem eines erreichbaren Maximums; denn es
handelt sich ja darum, möglichst viele Kunstgriffe mit einer möglichst geringen
Zahl an Gegebenheiten zu vollführen, und zwar jeweils im extensiven Rahmen
der vorgegebenen Form und in der dem Stil entsprechenden Ordnung. So
macht die Art der Inspiration die Erfindung gebieterisch notwendig, eine Erfindung, die – den Anforderungen der Ästhetik gemäß – immer wieder von
vorn anfangen muß, d. h. entweder mit neuen Gegebenheiten oder mit neuen
Verfahrensweisen. Man sieht: der gleiche Mechanismus, wie er die Mode
beherrscht. Wenn man sich aber den Kraftaufwand vergegenwärtigt, der

Strawinsky von der Notwendigkeit abverlangt wurde, bei jedem Werk mit dem Erfinden von *nichts* oder doch von zunächst nichtssagenden Gegebenheiten ausgehen zu müssen, wird man verstehen, daß seine schöpferische Tätigkeit ein unablässiges *sursum corda* bedeutet haben muß.

Hier erscheint es wichtig, zu ergänzen, daß er seine Persönlichkeit immer dann beteiligt sein läßt, wenn er seine ästhetische Haltung gegenüber seinen rein musikalischen Vorhaben aufs neue einnimmt, *um sie zu bekunden;* und daher kommt es auch, daß sich seine Persönlichkeit zwar nicht unmittelbar in seiner Musik, *jedoch unmittelbar im schöpferischen Tun offenbart, in welchem sich seine Einstellung zur Musik manifestiert.* In dieser Hinsicht stellt seine zweite Schaffensperiode, was immer man sonst von ihr halten mag, das unbestreitbare Faktum der *Vollendung seiner Persönlichkeit* dar. Sie enthüllt uns einen neuen Strawinsky, der sich in der Periode der Erstlingswerke seiner selbst noch nicht bewußt geworden war. Der anfängliche Strawinsky war ein *russischer* Musiker wie die andern – Rimsky-Korssakow nahestehend –, aber der geschichtlichen Entwicklung der abendländischen Musik weit aufgeschlossener als dieser. Anders gesagt: Wenngleich er von Natur in seinem tiefsten Wesen Russe war, war er doch kraft seiner Bildung noch mehr Abendländer als Russe, ohne daß allerdings diese Bildung, die sein reflexives Leben formte, eine Wandlung seiner Bewußtseinshaltung, die ihre Grundlagen im Präreflexiven hatte, nach sich gezogen hätte. Das *passive* musikalische Bewußtsein ist, wie man gesehen hat, dadurch gekennzeichnet, daß es sich auf bestimmte strukturelle Typen festlegt, die es sich nach und nach bildet und von denen es, sobald sie einmal ständiger Besitz geworden sind, nicht mehr loskommt. Ein Rimsky-Korssakow, ein Glasunow, selbst ein Tschaikowsky schreiben am Ende ihres Lebens nicht anders als zum Zeitpunkt ihrer künstlerischen Reife. Hier ist die Stelle, wo sich Strawinsky von ihnen trennt: Der Kulturmensch in ihm trägt ihn gleichsam über den Russen hinweg. Im Augenblick, da er beschließt, etwas anderes zu machen, als er bislang gemacht hatte, nimmt er das Verhalten des abendländischen musikalischen Bewußtseins an, das seine musikalischen Strukturen periodisch erneuert; er findet den Übergang *in eine neue Periode*, wie das auch bei Beethoven der Fall war: Nur war dieser Übergang bei Beethoven durch einen nicht-reflexiven inneren Antrieb verursacht und nur von den anderen bemerkt worden –, bei Strawinsky wurde er bewußt und vorsätzlich vollzogen. Doch wenn auch vorsätzlich, war er doch nicht minder von einem inneren Antrieb ausgelöst – einer *Selbsterneuerung* in seiner ästhetischen Beziehung zu seinem Gegenstand, die ihn veranlaßte, mit seiner Musik auf der Grundlage seiner bildungsmäßigen Gegebenheiten von vorn zu beginnen. Dieser Übergang entspricht bei ihm auch einer ähnlichen Selbsterneuerung in seinem Verhältnis zur Welt; sein Blick wendet sich von der Welt ab dem Himmel zu, d.h. er läßt sich hinfort von seiner neu gewonnenen Beziehung zur Transzendenz der Welt leiten: Deshalb geht er bei seinem neuen Beginnen in der Musik nicht von seinen »sinnenhaften« Gegebenheiten aus, sondern von den »transzendenten«, nämlich von der Form und vom Stil. Am Wendepunkt seiner ästhetischen Aktivität zeigt sich bei ihm eine tiefgreifende Umkehr, die religiöser Art ist, doch verharrt seine religiöse Einstellung – wie die der Russen – in der passiven Beziehung zur Transzendenz. Bei ihm ist die Bewußtwerdung seiner selbst somit ein Anerkenntnis seiner ursprünglichen Bewußtseinsentscheidung, die er nun bekunden will, so wie sie im Hinblick auf die Musik eine Anerkennung seiner ästhetischen Einstellung ist, die er nun gleichfalls bekunden will. Allerdings verlegt sich die Nutzanwendung dieser neuen Selbstbestimmung auf die kulturelle Ebene; und hier verhält sich Strawinsky, wie es seiner abendländischen Bildung gemäß ist: So zögert er auch nicht, sich in seiner religiösen Einstellung der ihm im Okzident nächstliegenden, der römischen, anzunähern. Das ästhetische Tun Strawinskys entspricht also im wesentlichen seinem russischen Naturell und bekundet inmitten der abendländischen Musik – der Hervorbringung eines von Grund auf aktiven Bewußtseins – ein in der Passivität verankertes Bewußtsein; aber sie entspricht in allen ihren Besonderheiten seiner kulturellen Bildung, die jene eines Abendländers ist: daher der einzigartige und unvergleichliche Charakter seiner Erscheinung.

Wenn man, zusammenfassend, Strawinsky nicht namens einer Vorstellung von der Musik beurteilt, die eine illusorische Einheitlichkeit der Ausprägungen des musikalischen Bewußtseins voraussetzt, sondern zu verstehen trachtet, *was er ist und was folglich seine Musik ist*, werden deren Erscheinungsformen allesamt klar, zusammenhängend und sinnvoll. Man kann sich zugleich ihre unverwechselbare Verschiedenheit im Vergleich mit der abendländischen Musik, wie sie vor ihm beschaffen war, und ihre Zugehörigkeit zu dieser erklären sowie ihre Mannigfaltigkeit und ihre Einheit, ihre unablässige Erneuerung des formalen und des sinnenhaften Elements, dem sie ihre unveränderliche Frische verdankt, und vor allem ihre Perfektion in der Schreibweise und ihr Behauptungsvermögen.

Dieses Behauptungsvermögen ist, wie man weiter oben gesehen hat, eine Besonderheit des passiven Bewußtseins *in seiner Ausrichtung auf das Dingliche;* aber bei Strawinsky hat es sich auf seine *Selbstbestimmung* gegenüber der Musik ausgedehnt. Daher auch die unwiderstehliche Kraft, mit der sich seine Musik aufdrängt. Man kann sie nur hinnehmen – auf die Gefahr hin, daß sich diese Bereitschaft nur auf die Dauer des Zuhörens beschränkt – oder sie bleiben lassen. Er hat die Sicherheit in Schreibweise und Technik, wie sie den Russen eigen ist. Aber das für ihn charakteristische ist, daß er sie gerade im *Neuen* anzuwenden weiß, und das ist es, was ihm im Bereich der abendländischen Musik so hohes Ansehen gebracht hat. In Gegenüberstellung mit Werken anderer Komponisten unserer Zeit – wie Bartók, Hindemith, Honegger – wird die Meisterschaft eines Werkes von Strawinsky stets am meisten überzeugen, mögen auch die Werke der anderen einnehmender sein; es entsteht sodann eine Art Scheidung der Geister nach *Perfektion* und *Wert* – ganz ähnlich, wie wenn mehrere Redner in einer Versammlung zu Wort kommen und einer von ihnen mit mehr Autorität spricht als die andern, wobei diese seine Autorität mit dem Inhalt seiner Rede durchaus nicht immer übereinstimmt. Hinsichtlich dieser Selbstbehauptung, die in jedem Musikwerk bekundet wird, erscheint die ethische Einstellung zur Musik, die bisher diejenige des abendländischen Musikers war, verglichen mit der rein ästhetischen Einstellung Strawinskys, als *Handicap*; sie belastet das schöpferische Tun mit Skrupeln, die sie erschweren und die sich in einem gewissen Zögern und einiger Zurückhaltung gegenüber Neuerungen auswirken. Es ist daher nicht verwunderlich, daß das Beispiel Strawinskys viele junge Komponisten verlockt hat, dem zu schaffenden Werk gegenüber eine rein ästhetische Haltung einzunehmen, die ihnen – als sie sie erst einmal ergründet hatten – weit lohnender erschien als die andere. Da jedoch diese Wahl ihrer Natur und Kultur nicht entspricht und sich bei ihnen in einer Art Bewußtseinsverwirrung auswirkt, ist sie weit davon entfernt, gleichwertige Ergebnisse zu zeitigen, und macht aus ihnen – in ihrer Eigenschaft als Musiker – Wesen, die weder Fisch noch Fleisch sind.

Ich komme nun auf die Beweggründe zurück, die mich zu diesen Anmerkungen veranlaßt haben. Meine Gemeinschaft mit Strawinsky durch sein Werk und meinen täglichen Kontakt mit seiner Person hatte mich in die Lage versetzt, seinen Standpunkt gegenüber der Musik zu verstehen und ihn zu teilen, ohne jedoch von meinem abzugehen, so daß ich durch diese Erfahrung alsbald in ein Problem verwickelt wurde: in das Problem des ethischen Gerichtetseins der Musik oder der musikalischen Ethik, das mir bereits aus Begegnungen mit der Volksmusik bekannt war, sich mir aber damals erst in seiner ganzen Schärfe aufdrängte, mich nicht mehr losließ und sich für mich erst durch die Begegnung mit der Phänomenologie Sartrescher Prägung klären sollte – was dem Leser den beschwerlichen Weg durch diese Arbeit eingetragen hat.

Nun konnte ich mir aber im Hinblick auf Strawinskys Musik das Problem ihrer ethischen Ausrichtung nicht stellen, ohne ihr gegenüber – *nolens volens* – eine kritische Haltung einzunehmen, die Strawinsky leider nie verstehen und noch weniger akzeptieren konnte. – Sagt er nicht in seiner *Musikalischen Poetik*: »Beurteilen Sie einen Baum nach seinen Früchten und kümmern Sie sich nicht um die Wurzeln«?

Wir rühren hier an eine Besonderheit des passiven Bewußtseins, die in seiner Unfähigkeit liegt, einen anderen Standpunkt als den eigenen zu verstehen. Dadurch daß sein gesamtes Behauptungsvermögen auf einer passiven Haltung gegenüber den Dingen beruht, die den Standpunkt bestimmt, den es zu ihnen hat, wird es sich niemals auf einen anderen Standpunkt einlassen können, ohne zugleich jenes Behauptungsvermögen schwinden zu fühlen; und jeder andere Standpunkt wird ihm zweifelhaft oder abwegig erscheinen. So erklärt es sich, daß Strawinsky unsere Musik von einem anderen Standpunkt sehen konnte als wir und sie anders beurteilen mußte, als wir sie beurteilen. Er empfängt sie gewiß nicht anders als wir, da es sich um ein und dasselbe Phänomen handelt, aber er erklärt es sich anders, wovon seine künstlerischen Absichten zeugen. Dieses Behauptungsvermögen jedoch tarnt eine extreme Schwäche der Selbstbestimmung, weil diese ganz von den Dingen oder einer transzendenten Gegebenheit abhängt. Wir haben gesehen, daß diese Selbstbestimmung bei ihm religiöser Art ist und aus einem Glauben an die Dinge und die transzendentale Bedeutung der Dinge erwächst, so sehr, daß bei dem geringsten Ereignis, das diesen Glauben erschüttert, seine ganze Selbstsicherheit in sich zusammenfällt. Die auf einer passiven Haltung gegenüber der Transzendenz beruhende religiöse Selbstbestimmung bedarf einer unaufhörlichen Bestätigung – ein passives religiöses Bewußtsein muß seine Beziehung zu Gott ständig durch das Gebet, den Ritus oder religiöse Symbole aufrechterhalten, andernfalls fühlt es sich von Ihm verlassen – und das erklärt uns die zähe, unablässige Bemühung Strawinskys im Erfinden. Seine Entschlossenheit zur Arbeit geht nicht auf die gleiche Notwendigkeit wie beim abendländischen Musiker zurück: Dieser arbeitet zum Zwecke der Selbstaussage, und es mag ein Moment kommen, da er fühlt, daß er gesagt hat, was er zu sagen hatte – wie Rossini, der inmitten seiner Reife zu komponieren aufhörte; oder aber er setzt eine Zeitlang aus – wie Wagner. Da sich die Entschlossenheit Strawinskys zur schöpferischen Tätigkeit mit einem »Zwang zu erfinden« gleichsetzen läßt, muß er ohne Unterlaß erfinden. Die geringste Unterbrechung seines erfinderischen Bemühens würde eine Leere in ihm erzeugen und ihn an seiner Erfindungskraft und der Kraft seines musikalischen Glaubens zweifeln lassen. Diese Notwendigkeit, sein Selbstvertrauen durch unaufhörliches erfinderisches Bemühen aufrechtzuerhalten, ist bei Strawinsky – wie beim abendländischen Musiker – eine *innere* Notwendigkeit, die jedoch bei ihm nicht einem *Ausdrucksbedürfnis*, sondern dem Bedürfnis, *sich zu betätigen*, entspringt, welch letzteres das einzige Mittel für ein passives Bewußtsein ist, sich selbst zu bestätigen. Wenn andererseits sein Betätigungsdrang sein Ventil in der Musik und nicht in irgendeiner anderen Kunst gefunden hat, so offenkundig deshalb, weil er eine angeborene Neigung zur Musik hatte, besonders empfänglich für sie war und in einem musikalischen Milieu lebte. Noch als Kind empfing er einen tiefen Eindruck vom Anblick Tschaikowskys, als dieser gerade aus der Aufführung eines seiner Ballette kam und von bedeutenden Persönlichkeiten des russischen Hofs umgeben war, die ihm ihre Ehrerbietung bezeugten. Vielleicht war dieser Kindheitseindruck nicht ohne Einfluß auf seinen Entschluß, Komponist zu werden. Es ist kein Zufall, daß das Ballett – vor allem das Ballett, wie es Djagilew anfänglich auffaßte und das dem Musiker ein *Thema* lieferte, das seine schöpferische Imagination in Gang bringen mochte – der Anlaß zu seinem ersten Höhenflug wurde; es war gerade das richtige, sein eigenartiges Genie anzuregen. Vielleicht hat ihm nur ein Ludwig XIV. gefehlt, der einen Lully aus ihm gemacht und ihn gehindert hätte, jenseits seines Bereichs und im Dickicht gelehrsam-ästhetischer Untersuchungen irrezugehen. Er war wie geschaffen, Hofmusiker wie so viele andere zu werden

und Bestellungen auszuführen – aber Bestellungen, die seinem Genie gemäß
gewesen wären und der Kraft seiner Imagination freien Lauf gelassen hätten.

Das Beharren des passiven Bewußtseins auf seinem Standpunkt bestimmt
die Art seiner Beziehung zum Mitmenschen und hilft uns gar manche Aspekte
des Verhaltens der Russen in diesem Bereich zu verstehen:

Entweder der Mitmensch teilt diesen Standpunkt, dann ist eine Gemeinschaft mit ihm möglich. Dies erklärt uns den russischen Brauch des sogenannten *Mir* (gemeinsames Zusammenleben einer Gruppe von Personen) und
die russische Vision von einer menschlichen Gemeinschaft im Zeichen eines
Panrussismus oder Panslawismus. Es gibt noch andere Beispiele ähnlicher
nationaler Egozentrik, doch geht z. B. der Pangermanismus von der reflexiven
Sicht einer abstrakten Gegebenheit – der Rasse – aus, d. h. von einer *Idee;* er
wurde zunächst *gedacht,* um sodann erst zur Leidenschaft zu werden. Der
Panrussismus hingegen ist nicht *Idee,* sondern *Gefühl;* er ist eine *erlebnishafte*
präreflexive Gegebenheit und sozusagen angeboren.

Oder aber der Mitmensch teilt den Standpunkt nicht; dann ist er schuldhaft
und böse, und die Beziehung zu ihm gestaltet sich defensiv oder aggressiv –
es sei denn, er nähme den Standpunkt stillschweigend hin und machte sich zu
seinem Sklaven.

Strawinsky hat seit langem den russischen Standpunkt zugunsten eines universellen überwunden. Geblieben ist ihm jedoch der von jenem Standpunkt
bestimmte Charakter, die unerschütterliche Sicherheit und die Intransigenz:
Hierin liegt seine Stärke, die Wurzel seiner so ausgeprägten Persönlichkeit
und die Einheit seines Werkes. Da unsere alte Freundschaft auf meiner Billi-
gung seines Standpunktes beruhte, weiß ich, daß ihn meine kritische Einstellung nur verletzen kann (was mich schmerzt) und er sie nicht anders denn als
einen Verrat ansehen wird. Ich selbst käme mir in der Tat wie ein Verräter
vor, wäre es nicht meine Hauptsorge gewesen, darzulegen, worin der eigentliche Wert seiner Musik liegt. Aber aufgrund der Untersuchungen, die wir
hierüber anstellen konnten, und im Rückblick auf die Art, wie wir den musikalischen Ausdrucksakt am Schluß des vierten Kapitels beschrieben haben,
wird man wohl feststellen müssen, daß der Schaffensprozeß bei Strawinsky
sowie seine Beziehung zur Musik ganz anders geartet sind und daß folglich
auch das Erlebnis des Zuhörers ein gänzlich anderes sein muß.

So wie wir den Einbildungsakt beschrieben haben, läßt er im Ausdrucksakt
die affektive Aktivität des Komponisten beteiligt sein. Er wird in diesem durch
freien affektiven Betätigungsdrang ausgelöst, durch eine Freigebigkeit und ein
Überströmen des Herzens, das Liebe und Großmut ist, weil es rein gefühlsbe-
dingte Selbsthingabe an die Welt und von vornherein spontan und rückhaltlos
ist. So wird der Ausdrucksakt zur Selbsthingabe, die von der Geschichte
durch den Nachruhm belohnt wird, den sie dem Musiker nach seinem Tode
darbringt. Je zahlreicher die Zeugnisse von diesem inneren Reichtum sind,
die der Musiker immer wieder ablegt, desto größer wird er in unseren Augen

als Mensch. Das Wachstum des Musikers entspricht somit der Spannweite seiner inneren Aktivität und der allmählichen Entwicklung seiner *Persönlichkeit*, und die schließliche Größe des Musikers entspricht dem Reichtum seiner Persönlichkeit und deren Wirksamkeit insgesamt, aus der hervorgeht, was er in seinem Dasein auf der Welt und unter den Menschen aus sich gemacht hat.

Nichts läßt in der schöpferischen Entwicklung Strawinskys ein solches Wachsen des Menschen erkennen. Andernfalls hätte seine Musik eine andere Wendung nehmen müssen und wäre nicht nach einer Serie von Werken, die reich an expressiver Substanz waren, zu weniger substanziellen und zuweilen auf rein dialektische Spiele reduzierten Werken übergegangen. Hieraus geht klar hervor, daß sich in seinem musikalischen Ausdrucksakt die menschliche Persönlichkeit als ethische Persönlichkeit *vor dem unmittelbaren Ausdruck verborgen hält.*

Soll damit gesagt sein, seine Musik habe kein Ethos? Nein, aber sie besitzt vom Autor her nur das Ethos des Kunsthandwerkers und des Künstlers, die sich in ihr durch die Freizügigkeit, das Persönliche in der »Machart« und durch deren Perfektion manifestieren: Der Vorsatz, nach dem Ebenbilde Gottes, des Wesens, das Ursache seiner selbst ist, zu sein, hat sich aus dem Herzen des Menschen auf die auszuführende Sache und von dieser auf ihre Bedeutung übertragen. Nun wissen wir aber, daß der eigentliche Wert der Musik nicht das affektive Erlebnis als solches, sondern seine Bedeutungstranszendenz ist. Somit liegt der Wert der Musik Strawinskys in der Bedeutungstranszendenz der musikalischen Bilder, die er verwendet, und in der Art, wie er das tut. Und hier kommt seine Intuition des Seins ins Spiel, wie dies bei den anderen Musikern der Fall zu sein pflegt – aber sie tritt als *sinnenhafte* Intuition eines Seins oder einer Seinsweise auf, die er außerhalb seiner selbst in der Welt und in den musikalischen Bildern sucht. In ein paar Griffen auf dem Klavier, die er auf der Suche nach einem *Konzertstück* machte, fand er die Seinsweise Petruschkas. Seine Musik mag also sehr wohl eine transzendente Bedeutung und ein *Ethos* haben, aber es ist das Ethos oder die Seinsweise des »Sujets«, das er ihr gibt: dasjenige Petruschkas oder des Chors und der Personen in den *Noces*, des imaginären Chores in der *Psalmensymphonie*, des *Renard* und seiner Kumpane usw. – Deshalb besteht für den Zuhörer ein solcher Unterschied zwischen dem Bedeutungsgehalt seiner Werke mit einem »Vorwurf« und dem seiner Werke »reiner« Musik; und innerhalb der beiden Kategorien ist ebenfalls ein großer Unterschied zwischen den einzelnen Werken, ja sogar von einer Passage zur nächsten (weil die in der reinen Musik verwendeten Motive gleichfalls eine mehr oder minder reichhaltige transzendente Bedeutung besitzen) – wobei selbstverständlich fast alle vom ästhetischen Standpunkt vollkommen sind.

So hängt die von seinen Werken ausgelöste Gemütsbewegung vom Sujet ab, das er ihnen gibt, und in den Werken »reiner« Musik vom »versteckten« Sujet und der musikalischen Substanz, die er ihm zuweist. Die emotionale Wirkung, die *Oedipus Rex* auf den Zuhörer ausübt, kommt daher, daß zwischen den Chören und solistischen Partien hindurch das Ethos des *Tragischen* fühlbar wird; und wenn es fühlbar wird, so deshalb, weil Strawinsky es aus den einzelnen angewandten melodischen Typen hervordringen fühlte. Aber weder *Persephone* – ein mythologischer Bericht, den Gide lyrisch wollte, dessen Lyrismus den Musiker jedoch reichlich kalt gelassen hat – noch *The Rake's Progress* – der eine Allegorie sein will – boten der Musik einen derartigen Stoff, weil sie, wie wir gesehen haben, nicht dazu da ist, Geschichtliches in der Zeit und noch weniger eine Allegorie darzustellen. Von dem Augenblick, da Strawinskys Musik keinen Anhaltspunkt für eine transzendente Bedeutung mehr bietet, reduziert sie sich auf das affektive Erlebnis, das sie auslöst, d. h. auf die nackte Gegebenheit des Zuhörens; und wenn dieses wiederum sich auf rhythmische Spiele und viel Kontrapunkt beschränkt, die nur noch »mental« interessieren (weil sie auch beim Autor aus einer lediglich mentalen Aktivität hervorgegangen sind), ist es auch mit der Emotion des Schönen mangels Substanz aus.

Noch andere Folgen ergeben sich aus seiner Einstellung als Schaffender.

Da sein *Melos* zunächst nicht unmittelbarer Ausdruck seiner affektiven Aktivität ist, sondern da umgekehrt Strawinsky seine affektiven Motivationen im Melos sucht, sind seine Gegebenheiten *schematisierte* und bereits *stilisierte* affektive Bedeutungen. Das verleiht dem Gefühlserlebnis in seiner Musik eine Art von *Askese* und *Unpersönlichkeit*, die sie zuweilen unmenschlich erscheinen läßt (es ist keine Spur von Sentimentalität und Sinnlichkeit in ihr, Dinge, die den Musiker von innen ankommen). Diese Merkmale stellen sich nicht ein, wenn er in der Transzendenz seines Vorwurfs dem Lebendigen zugewandt ist – so in der Mehrzahl seiner Ballette, wie im *Soldaten*, den *Noces*, *Le Rossignol* und *Mawra*.

Andererseits gibt der Vorrang der Bedeutung des Rhythmus und der Dialektik des Rhythmus Strawinskys Musik den Anschein strenger Metrik, die den Charakter des Unmenschlichen noch betont. Dieser Bedeutungsvorrang des Rhythmus kommt daher, daß in Strawinskys schöpferischer Tätigkeit zumindest die rhythmische Kadenz *interiorisiert* ist (der musikalische Rhythmus wäre nicht *notwendigerweise* kadenziell, wenn er nicht interiorisiert wäre). Auch ist der Rhythmus der persönlichste Bestandteil seines Stils, und das ist es auch, was aus seiner Musik eine Musik der Bilder – und repräsentativer Bilder – macht; denn es ist die rhythmische Struktur, die aus dem musikalischen Bild ein Bild des Gestus und der exteriorisierten motorischen Aktivität macht. Indessen erfordert die auf dem Rhythmus aufgebaute musikalische Dialektik, daß seine Kadenz einen streng metrischen Takt hat; und hieraus folgt, daß der Zuhörer sich nicht in dem *Klima der Freiheit* zu befinden wähnt, das ihm die auf der tonalen Struktur aufgebaute Musik bietet. Dieses Phänomen ist leicht erklärlich: Die kadenzielle Struktur ist eine *zentripetale* Zeitstruktur (die vitale Energie verdichtet sich in ihr in kadenziellen Knoten); die melodischtonale Struktur ist eine *zentrifugale* Zeitstruktur (die existenzielle Energie breitet sich von einem Mittelpunkt in ihr aus, und sooft sie ein tonales Zentrum erreicht, verflüchtigt sie sich). In einer streng metrischen und kadenziellen Musik existieren heißt gleichsam unter Zeitdruck existieren; in einer auf der tonalen Struktur aufgebauten Musik existieren heißt seine Existenz *im Zeitablauf* frei entfalten können. Soweit die Musik Tanz oder getanzter Gesang ist, kann man diesen kadenziellen Zwang noch als natürlich bezeichnen, vorausgesetzt, daß die Kadenz in der Ausführung lebensvollen Charakter behält (den sie in der Regel hatte, wenn Strawinsky sie entwarf, den sie aber nicht mehr hat, wenn er sie spielt); aber im lyrischen Gesang und in der »reinen« Musik, die beide auf der tonalen Struktur beruhen, ist diese metrische Strenge dem Wesen der Musik entgegengesetzt, es sei denn, sie wollte gerade das Motorische zum Ausdruck bringen.

Ich komme nun zu den Gesichtspunkten, aus denen das Erlebnis in der Musik Strawinskys besonders weitgehend von unseren gewohnten Erfahrungen abweicht. Seine Formen werden – mit Ausnahme der ersten Werke und der einfachen Formen – durch die melodische Dialektik entwickelt, d. h. sie sind von außen her bestimmt. Der Zuhörer geht nun von Episode zu Episode mit und wird dabei von der Dialektik der Motive und den in der Baßbewegung bekundeten Veränderungen der Tonperspektive geleitet. Am Ende des Stückes angelangt, empfindet er das Hörerlebnis nicht als einen *abgeschlossenen* Existenzakt, der *in sich* verdichtet und *aus sich* wieder gelöst würde, wie es der Fall ist, wenn die Form von innen heraus, durch eine innere, zusammenhängende Tonbewegung gebildet wurde; er empfindet vielmehr das Gehörte als Akt des Existierens *in der Musik*, der ganz einfach in der Musik und mit ihr *zu Ende gegangen ist*. Die transzendente Bedeutung der Form ist nicht im Innern vorausempfunden worden, und so konnte das Licht, das sie auf das Hörerlebnis werfen sollte, nicht aufgehen und die Musik erleuchten. Praktisch genommen, bedeutet das, daß eine Musik, die in ihrer Gesamtentfaltung gewissermaßen der inneren Einheit entbehrt, diese Einheit nur von einem »Vorwurf« beziehen kann, der ihr von außen her gegeben wird, ein Vorgang, welcher den Voraussetzungen der *autonomen musikalischen Formen* völlig entgegengesetzt ist. Diese Erscheinung ist auf den Umstand zurückzuführen, daß sich Strawinsky in der Musik nur auf statische Formen stützt sowie auf die Tatsache, daß er seine ganze Aussagekraft in seine melodischen Bilder und seine melodische Dialektik hineinlegt. Da sein schöpferisches Tun von einem melodischen Bild ausgeht, d. h. von einem außen gefundenen Halt, ist der *Baß* nur noch der Standpunkt, den der Zuhörer (als affektives Selbstbewußtsein) einnimmt, um das Bild betrachten zu können, und die *Baßbewegung* der Kurs, dem er – immer als Selbstbewußtsein – sich anschließt, um die Entfaltung der Form nachvollziehen zu können. Wenn die Form hingegen von innen, aus der durch die Kadenzen des Grundtons bestimmten harmonischen Bewegung erzeugt wurde, läßt der Zuhörer diese Tonbewegung »in sich« entstehen, wo sie sich in affektive Kräfte umsetzt, so daß er die Gemütsbewegung, die dem Komponisten seinen melodischen Ausdrucksakt diktiert hat, in sich selbst nachempfindet. Das ganze Phänomen ist sodann nach innen verlegt und wird dort als inneres und zugleich äußeres Geschehen erlebt. Wenn man beim Anhören der *Fünften* von Beethoven den Übergang vom *Scherzo* zum *Finale* erlebt, befindet man sich während der ganzen Dauer der Dominantkadenz, die der Explosion des *Finale* vorausgeht, in der Erwartung dieses Ereignisses, so daß man in dem Augenblick, da diese Spannung auf dem Höhepunkt angelangt ist, *von selbst* und aus sich selbst von der Dominantperspektive in die der Tonika gehoben wird, wo man dann den Gesang des *Allegro* als getreulichen Ausdruck des selbst empfundenen Gefühls der Befreiung von der vorausgegangenen Spannung empfindet. Wenn man dagegen den Übergang von dem Choral, der in der *Psalmensymphonie* dem abschließenden *Alleluja* vorausgeht, zu diesem *Alleluja* hört, wird man von der Baßbewegung von der ersten zur zweiten Tonperspektive getragen, weil die gesamte modulatorische Bewegung in den Singstimmen liegt, so daß man die Bedeutung gleichsam *empfängt*. Dazu kommt, daß der Baß stagniert, sobald die Tonperspektive des *Alleluja* erreicht ist; er tritt sodann nur noch in einer engen Bewegung auf der Stelle. Man befindet sich also beim Anhören dieses *Alleluja* in einem stagnierenden Gemütszustand, der auf diesen Pedaltönen des Basses ruht, während man die affektiven Bedeutungen aus den Singstimmen empfängt.

Für den Zuhörer besteht zwischen dem Erlebnisgeschehen einer von außen empfangenen affektiven Bedeutung und jenem einer in der eigenen psychischen Aktivität empfundenen affektiven Bedeutung ein radikaler Unterschied. Das »Bedeutete« ist das gleiche und kann uns in beiden Fällen gleichermaßen berühren, doch wird es im ersteren Falle *hingenommen*, während es im letzteren Falle auf uns einwirkt, indem es unsere eigene psychische Aktivität unmittelbar auslöst und uns zugleich offenbart, wie unsere psychische Aktivität beschaffen ist: die Aktivität der *menschlichen* Psyche, da für den Zuhörer Musik Mitteilung des Nächsten bedeutet. Nun ist aber dieses Erlebnis, das der Ursprung der Musik gewesen ist, der Leitgedanke ihrer Kultur, das *movens* ihrer Geschichte – dieses Erlebnis, das uns *einzig* die Musik erschließen kann, das sie uns aber nur erschließt, wenn sie selbst unmittelbarer Ausdruck einer affektiven Subjektivität ist.

Strawinskys Musik hat somit für den Zuhörer nicht den gleichen persönlichen Erlebnis-, Erprobungs- und Unterrichtungswert wie eine Musik, die aus einem Akt des Selbstausdrucks hervorgegangen ist. Deshalb vermag ich ihr auch nicht den gleichen Wert zuzubilligen, den jene ihr beimessen, die sie beweihräuchern, mit der Musik Bachs vergleichen und nicht zögern würden, sie über diejenige von Beethoven, Chopin oder Debussy zu stellen. Und dennoch hat sie einen hohen Wert, nämlich den, uns Erfahrungen erschlossen zu haben, die uns die »andere« Musik nicht erschließt und vor ihm niemals erschlossen hat. Auch hat meine kritische Haltung, die ich ihr gegenüber einnehmen mußte, um sie untersuchen zu können, weder an meiner Bewunderung für sie etwas geändert noch an der inneren Bewegung und dem Vergnügen, die ich stets in ihr finde, wenn sich Strawinskys ureigenstes Genie in ihr offenbart, das ich nicht mit seiner Geschicklichkeit in der Faktur verwechsle.

Ganz anders geartet wird das Ergebnis meiner kritischen Einstellung zu Schönbergs Musik sein, weil unsere Untersuchung uns darzutun gestattet, daß die Lehre, aus der diese Musik hervorgeht, die Grundvoraussetzungen der musikalischen Sprache und ihres Sinnes im Keim erstickt. Irren ist verzeihlich, und sogar das Beharren auf einem Irrtum mag in bestimmten Fällen entschuldbar sein. Nicht anders denn feindselig kann man aber einem Irrtum begegnen, der sich anmaßt, zur Norm erhoben zu werden, und erst recht, wenn er, tatsächlich zur Norm erhoben, von einer blinden Kritik anerkannt und für eine ganze Generation junger Musiker gutgeheißen wird, die buchstäblich nicht wissen, was sie tun. Denn die Musik auf einem Irrtum aufbauen kann nur zu einer falschen Musik führen, die falsche Musik kann nur Un-Sinn hervorbringen, und ich hasse den Un-Sinn, der bisher aus der Musik kraft ihrer Grundvoraussetzungen ausgeschlossen war und den nun Schönberg in sie hineingetragen hat. Der Un-Sinn erscheint mir sogar als das einzig Hassenswerte auf der Welt, und ich sehe in ihm eine Quelle des Bösen. Es ist richtig, daß es nun einmal Un-Sinn und Böses in der Welt gibt; aber der Mensch hat doch die Möglichkeit, ihm zu entgehen, indem er das Böse bös und den Un-Sinn unsinnig nennt.

Wenn demgegenüber Strawinskys Musik zwar nicht den gleichen Sinn besitzt wie jene, die unsere Kultur ausgebildet hat, ist sie doch nicht minder sinnerfüllt, und man könnte das, was ihre Einzigartigkeit ausmacht, wie folgt zusammenfassen:

Da die Musik eine Sprache ist – nicht eine gesprochene Sprache, deren Zeichen fertig vorgebildet sind, sondern eine *sprechende* Sprache, ein *Sprechen*, das sich in gleicher Weise in allen Menschen ausbildet –, hat dieses Sprechen in allen seinen Aussagen stets nur das eine »Subjekt«, den einen Gegenstand: den Menschen, der spricht. Aber da kommt ein Mensch, der sich darüber klarwird, daß diese Sprache spricht, und der sich vornimmt – ohne auch nur daran zu denken, sie von ihm selbst sprechen zu lassen –, dieses Sprechen zum Sprechen zu bringen und eine »Rede« daraus zu machen. Sofort wird deutlich, daß diese Rede einen »Gegenstand« haben muß, der nicht mehr der Mensch, der spricht, sein kann. Dieser Mensch ist Strawinsky. Er ist der erste Musiker, der sich frank und frei dazu verstanden hat, mit der Sprache der andern zu sprechen, um mit ihr etwas anderes zu sagen als die andern, und noch dazu, um sie nicht von ihm sprechen zu lassen – es sei denn durch die Art, *wie* sie spricht.

Das ihm eigene Genie prädestinierte ihn dazu, den »Gegenstand« seines musikalischen Sprechens *außerhalb seiner selbst* zu suchen, was ihn zu anderen musikalischen Vorhaben hinführen mußte als einen, den die Musik in seinem innersten Wesen ergriffen hat. Denn wenn Debussy über das Meer spricht, ist immer noch er es, der spricht, und er spricht über sich, über das Gefühl, das er in sich trägt und selber *ist*, wenn er an das Meer denkt. Wir würden also sagen, Strawinskys Schaffen stehe gewissermaßen am Rande der Geschichte, wenn seine Zeitgenossen und die, die nach ihm kamen, nicht Nutznießer der Neuerungen wären, die er in die musikalische Sprache eingeführt hat. Und doch – der ungeheure Widerhall seines Werkes darf uns die Tatsache nicht aus dem Auge verlieren lassen, daß im Bereich der Musik der Akt des Selbstausdrucks das *movens* der Geschichte bleibt; und wir dürfen nie den *Wert* vergessen, welcher der Musik als Zeugnis vom Menschen – und nicht nur vom Künstler oder Musiker – anhaftet, wenn dieser der Gegenstand seines musikalischen Sprechens bleibt und aus seinem Werk einen Akt des Selbstausdrucks in jenem Sinne macht, den wir am Ende unserer Untersuchung dargelegt haben.

Hierin liegt der ganze Unterschied zwischen Strawinsky und Bartók; denn in der Genialität der Sprache sind sie gleich. Nur hat sich Bartók – im Gegensatz zu Strawinsky – erst nach und nach durchgesetzt. Nachdem unsere geschichtliche Situation aus der musikalischen Sprache und ihrer Anwendungsweise ein Problem gemacht hatte, war Bartóks schöpferische Tätigkeit ein langes Suchen nach seinem Stil; und erst gegen Ende seines Lebens – als er das Problem der Sprache gemeistert hatte – schuf er seine vollendetsten und an Bedeutung reichsten Werke. Und deshalb kann man sich auch erst heute – nach seinem Tod und in Anbetracht seines Gesamtwerks – der Größe Bartóks voll bewußt werden, der Größe seiner schöpferischen Persönlichkeit und seiner menschlichen Persönlichkeit, die uns sein Werk erschlossen hat. Der Ruhm, der Bartók hiermit verheißen wird, vermag jenen nicht zu beschatten, den sich Strawinsky auf seinen Wegen erworben hat; aber er gehört in eine andere Wertordnung; denn sein Werk hat für uns – nur ganz allgemein angedeutet – den Wert eines gültigen Zeugnisses, wonach die Musik als unmittelbarer Ausdruck des Menschen nicht am Ende ihrer Geschichte angelangt ist.

3. Schönberg und seine Schüler

Um an das Problem Schönberg heranzukommen, muß man auf die Situation der deutschen Musik nach Wagner zurückgehen. Hatte sie wirklich ihre schöpferische Sendung erfüllt, wie Strauss zu Furtwängler gesagt hat? Konnte sie sich wirklich nur noch in neuen Vorhaben wiederholen? Denken wir an die gesprochene Sprache: Sie entsteht aus dem Bedürfnis nach Selbstausdruck, aber auch aus der Notwendigkeit, den Dingen einen Namen zu geben, und ermöglicht es sodann dem Menschen, von sich aus für sich über die Dinge zu reden. Letztere Fähigkeit bereichert den Wortschatz und entfaltet die Wege der Satzlehre; und man muß sie beherrschen, um eine vollkommene Sprache entwickeln und dadurch zum Selbstausdruck gelangen zu können. Die *harmonische* Sprache war auf dem Gebiet der Musik eine *neue* Sprache, in der die Wortform durch die Kadenzen des Grundtons der Harmonie erzeugt wird. Nichts war also natürlicher, als daß diese neue Sprache zunächst die Wege zum Akt des Selbstausdrucks erforschte, um zu entdecken, daß er geeignet ist, das menschliche Streben, Gott ebenbildlich zu sein, in besonderer Weise zu bekunden, und man kann sagen, daß der Akt des Selbstausdrucks seit den Anfängen der abendländischen Musik – ja selbst seit Anbeginn der Geschichte – das *movens* der Musik gewesen ist. Und es ist nicht verwunderlich, daß kraft der von Grund auf *introvertierten* und *aktiven* ethischen Seinsweise des Deutschen jener Zeit das deutsche Genie es war, das diese entscheidende Etappe der Geschichte geprägt hat, indem es – ausgehend von der auf der Simultanharmonie aufgebauten Sprache der Polyphonie – die symphonische Sprache, die Fugenform, die zweithemige Sonatenform und ganz allgemein die *autonomen* musikalischen Formen schuf. Gleichzeitig kam überdies im *Lied* und den verschiedenen Liedformen der *lyrische* Vorsatz ins Spiel – der Vorsatz des Ausdrucks des ethischen Selbstbewußtseins im Sinne eines spezifischen *affektiven*, und zwar im Hinblick *auf einen Gegenstand* affektiven Bewußtseins. Nachdem dies geschehen war, konnte die schicksalhafte Wendung nicht ausbleiben, daß die »harmonische« Musiksprache ihren geschichtlichen Weg nur durch die Dazwischenkunft einer anderen Bewußtseinsgrundhaltung als der deutschen fortzusetzen vermochte, nämlich durch das *extravertierte* oder durch das *passive* Bewußtsein. Das ist es, was sich bei den Nordrussen ereignete, als ihre Musik der *Bilder* aufkam. Den entscheidenden Schritt jedoch tat Debussy mit seinem *objektiven* Lyrismus, der das vollkommene Gleichgewicht zwischen *Extraversion* und *Introversion* herstellte, der aber ohne den Beitrag der Russen zur musikalischen Sprache gar nicht hätte entstehen können. Der direkte Fortsetzer des Wagner der *Tristan*- und *Parsifal*-Zeit ist Debussy in seinem *Pelléas*. Praktisch äußert sich das Phänomen durch ein Überwiegen der Bedeutung der *Baß*bewegung gegenüber der *Grundton*bewegung der Harmonie, durch das Abgehen von der Kadenz der *Dominante* als gleichsam ausschließliches *agens* der Formerzeugung, durch die Befreiung der *Melodie* vom Dur- oder Mollgeschlecht und durch die Errungenschaft der modalen Freiheiten, durch das Auftreten neuer harmonischer Strukturen (wie des geläufigen Gebrauchs der übermäßigen Quinte als Urheberin der Ganztonskala sowie der Nonen- und Undezimenklänge) und schließlich durch die Anwendung der Polytonalität.

Das musikalische Vorhaben Schönbergs wird somit klar: Es bestand darin, die deutsche Linie fortzuführen, das Ziel des der klassisch-romantischen deutschen Musik gemäßen unmittelbaren *Selbst*ausdrucks wieder ins Auge zu fassen, dabei aber nach einer Erneuerung der Sprache zu streben – was ihn vom Weg der Tonalität abbringen mußte, weil eine Erneuerung der Sprache *zunächst* der Einführung neuer Ausdrucksmittel bedurfte. Man hat häufig geäußert, Schönbergs Musik sei aus dem *Tristan* hervorgegangen. Das ist sie nicht, aber Schönberg glaubte, man könnte, da Wagner im *Tristan* die Mög-

lichkeiten der Chromatik angewandt hatte, die Tonstrukturen auf der chromatischen Leiter als solcher aufbauen, und zwar – was schlimmer ist – auf der
temperierten chromatischen Leiter, und das war sein Sündenfall. Denn die
heptatonische Leiter ist eine *Gestalt*, eine Gestalt, die jenen anderen Gestalten,
die die »Melodien« sind, zum Dasein verholfen hat; und der *Tristan* war keineswegs auf der chromatischen Leiter, sondern auf der *chromatisierten heptatonischen* Leiter aufgebaut, während die temperierte chromatische Leiter *keine*
»Gestalt« ist; sie ist amorph und kann nach unten wie nach oben, soweit man
will, fortgesetzt werden, wobei jegliche »Tonika«, jegliche »Dominante« und
»Subdominante« sowie jegliche »Tonalität« aus ihrer Struktur verschwinden.

Hier aber erhebt sich die Frage: Inwieweit war Schönberg Musiker? Er
besitzt offensichtlich sehr viel Empfinden für die Musik; denn er hat sich nicht
nur ihre Sprache angeeignet, sondern er schreibt sie auch mit absoluter Meisterschaft, und auch die Instrumentation birgt für ihn keinerlei Geheimnisse.
Gerade da liegt das Problem. Wie ist es unter solchen Voraussetzungen möglich, daß er den Verirrungen anheimgefallen ist, die wir alsbald schonungslos
aufdecken werden?

DER MUSIKER   Er hat die Gabe der Melodie; urteilt man aber nach seinen
Frühwerken, mangelt es ihm an Originalität. Und es ist in dieser Hinsicht
charakteristisch, daß seine Musik erst von dem Augenblick an eine Wendung
zum Persönlichen genommen hat, als er mit seinen atonalen Versuchen
begann. Im Gegensatz dazu ist er offensichtlich von einem tiefen Bedürfnis
nach Ausdruck, und zwar künstlerischem Ausdruck, beseelt; denn er hat sich
ebenso in der Malerei (und zwar gerade in der »expressionistischen« Malerei)
wie in der Musik versucht. Seine Ästhetik wird ihm von seinem Ausdrucksbedürfnis diktiert – er ist also das genaue Gegenteil von Strawinsky. Er fühlt
sich als Träger einer »Botschaft«, die er übermitteln will, spricht als Prophet
und zielt von Anbeginn auf große Werke: die *Gurre-Lieder*, ein Oratorium, die
Oper *Moses und Aaron*, die ihn viele Jahre seines Lebens beschäftigt hat. Es
ist typisch, daß das Ausdrucksbedürfnis mangels der Fähigkeit, sich in einer
kleinen Form zu manifestieren (und alle großen Komponisten haben auch
einfache Melodien geschrieben, doch kennt man keine solche von Schönberg),
stets zu dialektischen Entwicklungsmöglichkeiten Zuflucht nimmt . . . Und da
ist denn auch das *Quartett* opus 7, das kein Ende nimmt, die vier traditionellen
Sätze in einen einzigen Satz zusammenwirft und sich vor allem durch die
Tatsache auszeichnet, daß Schönberg darin *durchwegs zu viele Dinge auf einmal aussagen will.*

Daher kommt es, daß zahlreiche interne Strukturen, die Schönberg sicher
nur geschrieben hat, weil er sie für bedeutungsvoll und notwendig hält, dem
Zuhörer entgehen. Nun ist aber prinzipiell festzustellen, daß man in der
Musik der großen Meister alles hört – selbstverständlich in einem nur globa-

len, nicht analytischen Erfassen, das jedoch der Bedeutungsfülle ermangelte, wenn nur ein einziges Element fehlte. Diese Anhäufung musikalischer Fakten, wie sie bei Schönberg gang und gäbe ist, sollte bei seinen Schülern zum Kriterium des Bedeutungswertes und des Wertes der Musik schlechthin werden (vgl. hierzu die Analyse, die Berg vom *Quartett* opus 7 und der *Träumerei* von Schumann gemacht hat). Wenn dieses Kriterium das richtige wäre, müßte man Schubert einen recht dürftigen Komponisten nennen. Diese Anhäufung musikalischer »Fakten«, von denen viele nicht »über die Rampe gehen«, ist das sichere Anzeichen, daß Schönberg seine Musik in reflexiver Haltung und durch Gedankenarbeit komponiert. Nicht daß er sie etwa anders als durch eine einbildende Aktivität reiner Reflexion geistig empfangen hätte; aber er scheint jenes reflexiven Wiederaufgreifens zu bedürfen, damit sich das herausschält, was er empfindet und was ihm vorschwebt. Im musikalischen Einbildungsakt, der – wie wir gesehen haben – eine Aktivität reiner Reflexion ist, hat das Hörbewußtsein ein *begrenztes* relationelles Vermögen; und so kommt es auch, daß im unmittelbaren, authentischen musikalischen Ausdrucksakt die musikalischen Strukturen genau alles das bedeuten, was sie bedeuten sollen: Alles ist zugleich notwendig und ausreichend. In der Sekundärreflexion hingegen ist man stets versucht, den großen Linien nutzlose, überflüssige Linien beizufügen. Einer klassischen Partitur könnte man immer neue Kontrapunkte und neue innere Verbindungen hinzufügen, die nicht darin enthalten sind, weil sie dem Komponisten von seinem Bedeutungsvorhaben nicht diktiert wurden. Die reflexive Haltung – auch das haben wir gesehen – muß nicht unbedingt zu diesem Ergebnis führen, sie führt aber dazu, wenn sie aufhört, von innen geleitet zu sein durch die präreflexive imaginierende Aktivität und durch das ihr eigene intuitive Erfassen der Wege der Musik. In diesem Augenblick gewinnt das Denken »über« die Musik die Oberhand über das spontane Musikempfinden und tritt selbständig in Tätigkeit – wie bei den »Intellektuellen«. Und da sie von der theoretischen Vorstellung genährt wird, die sich der Musiker von seiner Musik gemacht hat, erscheint ihm alles gut und schön, was mit seiner Theorie übereinstimmt.

Deshalb hat Schönberg niemals auch nur die geringste Ahnung von der Polytonalität gehabt; denn für den »theoretischen« Musiker kann die Musik immer nur *tonal* oder *atonal* sein; und die Polytonalität ist ganz spontan aus dem tonalen Bewußtsein entstanden, weil sie nur eine Erweiterung von dessen relationellem Bereich darstellt – und sie ist tatsächlich in diesem Bereich entstanden, noch ehe man sie beim Namen genannt hatte. Aber Schönberg ist ein verstockter Rechthaber und Polemiker; seine *Harmonielehre* ist in Wahrheit eine *Kritik* an der akademischen Unterweisung, und in seiner schöpferischen Arbeit ist er ebensosehr »Professor« wie Künstler: Schon sehr früh will jedes seiner Werke eine »Demonstration« sein. Obgleich er trotzdem »seine« Theorie noch nicht gefunden hat und seinen Weg nur tastend in dem sucht, was er später dann die *freie Atonalität* nannte, behält doch seine Musik wenigstens stellenweise einen Sinn für den Zuhörer; und wenn dem so ist, dann deshalb, weil er, ohne es zu wissen, polytonal ist, wie man an einem den *Drei Klavierstücken* opus 11 entnommenen Beispiel sehen kann. Unter dem Original haben wir gezeigt, wie diese Stelle hätte notiert werden können, wenn man ihr einen *tonalen* Sinn geben wollte (wir haben uns sogar erlaubt, beim Zeichen *x* eine kleine Abweichung im Begleitungsmotiv vorzunehmen).

Um diese Klänge verstehen zu können, muß man wissen, daß die *verminderte* Oktave *(eis-e)* in Wahrheit vom Hörbewußtsein als unaufgelöster Vorhalt zur kleinen Septime aufgefaßt wird, in welchem Falle sie einen *tonalen* Sinn hat; darüber hinaus kann jeder Klang mit der kleinen Septime *(cis-eis-h)* als *Dominantklang* »empfunden« werden, den die Tonika *(fis* im Falle *cis-eis-h)* begleiten kann, ohne daß der tonale Sinn eine Trübung erführe – im Gegenteil, er wird dadurch eher noch verdeutlicht.

Nach dieser Feststellung betrachten wir noch einmal unser Beispiel: Das erste Motiv führt von *h* nach *e* über *gis*, *g*, *f*, und nun wollen wir uns daran erinnern, daß das Hörbewußtsein im Einbildungsakt das ganze Motiv gegenwärtig hat, dessen Abschluß es in der zu Anfang eröffneten Tonperspektive erwartet. Der Klang im zweiten Takt kann somit in bezug auf den Motivanfang gehört werden – trotz der Alteration des *gis* in *g*, die eine absteigende Richtung des Motivs anzeigt, dessen abschließendes *e* gewissermaßen durch Vorwegnahme bereits im »absteigenden« Horizont des anfänglichen *h* gegenwärtig ist; und dieses *e* ist die verminderte Oktave von *eis*, wobei *eis-h* genügt, um die Dominante von *Fis-dur* wachzurufen, von deren Weg die Melodie abgewichen ist. Das Ende des Motivs wird sodann durch das Auftreten des zweiten Akkords klar, der die Dominantfunktion von *h* (siebte Stufe) ist, während noch die verminderte Oktave (des Grundtons) hinzutritt: das *f*, das man als Vorhalt des *e* hört. Das zweite Motiv, das unter Veränderung seiner rhythmischen Struktur zweimal wiederholt wird, führt in den Tonbereich von *c*- oder *e-moll* ein (wobei das *b* ohne Zweifel als *ais* gehört wird, ausgenommen beim drittenmal – wegen des *des*); ein weiteres Motiv kündigt sich sodann im Baß an, und zwar in der Perspektive *gis-h-d-fis*, gestützt auf die verminderte Oktave *g*. Das letztere Motiv wird von einem unvollkommenen Dominantakkord von *h* begleitet, der das anfängliche *fis* bereits hat erkennen lassen und seiner Terz und Quinte freie Bahn verschafft, wodurch das Hörbewußtsein in die Lage versetzt wird, den freien Melodieverlauf leicht zu erfassen, obgleich dieser als Folge der nunmehr gegebenen harmonischen Lage das Erklingen eines *ais* erwarten läßt; inzwischen ist jedoch der unvollständige Dominantakkord von *c* erklungen, der den Eindruck von *ais* in *b* umdeutet, wovon *a* (die None des Akkords) ein Vorhalt von unten ist; dieses *b* wiederum wird als verminderte Oktave des *h* gehört oder auch als *Durchgang:* Jedenfalls führt es zu einem *h*, das zum Ausgangspunkt einer neuen Periode wird. Anders ausgedrückt: Wir sind mitten in der Polytonalität.

Offensichtlich hat Schönberg diese Phrase zur gleichen Zeit, als er sie durchdachte, um sie niederzuschreiben, auch »empfunden«. Andernfalls hätte sie nicht diese Logik. Hier ist auch nichts überladen: Alles ist notwendig und zugleich ausreichend. Nur im Niederschreiben seiner Musik hat er sie von außen her betrachtet, so wie sie unter seinen Fingern auf dem Klavier aussah; und er ist in die Grube des temperierten Systems gefallen – im Glauben, er bewege sich in der *Atonalität*. So schrieb er seine Harmonien in einer Weise nieder, die es unmöglich macht, sie zu verstehen, wenn man sie liest, nicht aber, wenn man sie hört.

DER THEORETISIERENDE GEIST   Immerhin kann man sich fragen, wodurch sich Schönberg gedrängt fühlt, nach affektiven Bedeutungen zu suchen, die trotz allem so schwer erfaßbar sind. Auf diese Frage kann sein *Pierrot lunaire* eine Antwort geben. Es ist das zwar ein lyrisches Werk, aber die Singstimme *singt nicht;* sie läßt eine gesungene Sprache erklingen, d. h. ein über einer melodischen Kontur moduliertes Sprechen, dessen Tonhöhe durch diese Kontur annähernd bestimmt wird, ohne daß sie klar in Erscheinung träte. Wenn die Stimme wirklich singt, verflüchtigt sich sogleich die ganze *Stimmung* des Werkes. Das könnte ein Anzeichen mangelnder melodischer Einfälle sein; da es aber gewollt ist, ist es vielmehr ein Anzeichen für das Streben, das *Unausdrückbare* auszudrücken, Realismus und Rationalität des *determinierten* tonalen Ausdrucks zu meiden, um die Irrationalität der Gemütsbewegungen dieses *Pierrot lunaire* ausdrücken zu können. Was Schönberg zur Atonalität geführt hat, ist daher nicht so sehr ein Suchen nach dem Neuen als eine besondere Veranlagung seines affektiven Wesens, das ihm selber obskur zu sein scheint, und dennoch auch sein Unvermögen, in der klaren Sprache der tonalen Musik den letzten Ausdruck dessen zu finden, was er ausdrücken wollte. So nur ist es erklärlich, daß er nach dem Übergang zur Dodekaphonie seine eigene Musik noch ertragen konnte; denn er war ja schließlich Musiker, und seine Zwölftonmusik, die für ein normales musikalisches Bewußtsein unverständlich ist – dieses ist ja gemäß seiner Hörveranlagung *tonal* –, mußte seinem eigenen musikalischen Sinn Gewalt antun. Ohne Zweifel aber fand er darin, untermischt in Komplexen von Strukturen, deren Verlauf sein *Denken* festgelegt hatte, Spiegelungen dessen wieder, was er hatte bekunden wollen; und hierin wird der Zwiespalt offenkundig, der sich in ihm zwischen Kopf und Herz auftat, wenn er komponierte.

Man kann in der Tat sagen, daß er von dem Augenblick an, in welchem er in der Sekundärreflexion arbeitet und gedanklich fixiert, was ihm sein musikalisches Empfinden eingibt, die Gegebenheiten seiner musikalischen Einbildung *dekomponiert,* um sie sodann auf dem Papier wieder neu zu *komponieren,* wobei er sich von seiner theoretischen Schau der musikalischen Strukturen leiten läßt und das, was eine spontane oder ergänzende Eingebung hätte sein können, in eine schon vorgezeichnete Bahn zwingt. Und da es in diesem Augenblick das Denken ist, das regiert, gerät er in die Konfusion »abstrakt-konkret« – in dieses Jüdisch-»Verquere«, das auch den »Intellektuellen« eigen ist. (Hieraus erklärt sich auch die Tatsache, daß so viele westliche »Intellektuelle« seine Doktrin gutheißen konnten.)

Das auf Tonstrukturen gerichtete *Denken* ist in Wahrheit ein Betrachten dieser Strukturen »im Abstrakten«, während sie aus einem konkreten Phänomen reiner Reflexion entstanden sind. Wenn Schönberg so über seine atonalen Versuche nachdachte, dachte er im Abstrakten, war aber dabei im Glauben, sich in der konkreten musikalischen Erfahrung zu bewegen (weshalb er auch ein *des* mit einem *cis* verwechseln konnte); und sobald er seine Tonstrukturen gedanklich fixiert hatte, schrieb er diese abstrakte Vision der Dinge nieder, die sodann die Gegebenheit für unser konkretes Erleben bilden sollte. So erklärt sich auch, daß er uns einer Musik »unterziehen« wollte, die nur in

Verbindung mit den Erklärungen, die er selbst darüber gab, einen Sinn haben konnte und für den Zuhörer jeglichen Sinnes entbehrte. Diese Gefahr lauert allen Musikern auf, die mit dem Kopf arbeiten, hat aber bei Schönberg nur deshalb so schwere Folgen nach sich gezogen, weil bei ihm jenes vollständige Zerwürfnis zwischen Herz und Hirn – d. h. zwischen seinem musikalischen Denken und dem *Sinn* der Musik, der rein affektiv ist – immer dann bestand, *wenn er theoretisierte.* Auch ist er nicht durch eine theoretische Spekulation auf die *Reihe* gekommen, wohl aber hat er sie durch eine theoretische Spekulation gerechtfertigt und zum *System* erhoben, dem er hinfort die Musik unterworfen hat.

DIE THEORIE   Damit die fortschreitende Verirrung, in die Schönberg durch seine geistige Arbeit geführt worden ist, klar in Erscheinung trete, brauchen wir nur seinen eigenen Bericht zu zitieren, den er in seinem Buch *Style and Idea* über seine Gedankengänge selbst gegeben hat (wir heben einige besonders extravagante Behauptungen hervor):

».. . In den letzten hundert Jahren hat der Harmoniebegriff durch die Entwicklung der Chromatik umwälzende Veränderungen erfahren. Die Vorstellung, daß ein Grundton . . . den Aufbau der Akkorde bestimmte und ihre Aufeinanderfolge regelte – der Begriff der ›Tonalität‹ also –, mußte sich zunächst zu dem Begriff ›Erweiterte Tonalität‹ fortentwickeln. Bald wurde es fraglich, ob ein derartiger Grundton nach wie vor das Zentrum bleibe, zu welchem Harmonie und Harmoniefolgen in Beziehung stehen müßten. Ferner wurde zweifelhaft, ob eine Tonika . . . *tatsächlich konstruktive Bedeutung habe.* Richard Wagners Harmonik hatte eine Änderung der logischen und konstruktiven Kräfte der Harmonie herbeigeführt. Eine der Folgen war der sog. ›impressionistische‹ Gebrauch von Harmonien, wie er besonders bei Debussy vorkommt. Seine Harmonien, *die ohne konstruktive Bedeutung sind,* dienten oft koloristischen Zwecken zur Darstellung von Stimmungen und Bildern. So wurden diese Stimmungen und Bilder, *obgleich außermusikalischer Herkunft,* zu konstruktiven, in die musikalischen Funktionen einbezogenen Elementen; sie brachten eine Art emotioneller Verständlichkeit mit sich. Auf diese Weise war die Tonalität – wenn nicht theoretisch, so doch praktisch – bereits entthront. Das allein hätte vielleicht noch keine radikale Änderung in der Technik des Komponierens herbeiführen müssen. Diese Änderung wurde jedoch notwendig, als gleichzeitig eine Entwicklung eintrat, deren Endphase ich ›Emanzipation der Dissonanz‹ nenne.

Das Ohr hatte sich nach und nach mit Dissonanzen in großer Zahl vertraut gemacht und dadurch die Angst vor ihrer ›sinnstörenden‹ Wirkung verloren. Man erwartete keine ›vorbereiteten‹ Wagnerschen und keine ›aufgelösten‹ Straussschen Dissonanzen mehr und ließ sich von Debussys nicht-funktionellen Harmonien oder dem harten Kontrapunkt späterer Komponisten nicht aus der Fassung bringen. Dieser Stand der Dinge führte zu einem freieren Gebrauch der Dissonanzen, vergleichbar der Behandlung des verminderten Septakkords durch die Komponisten der Klassik ...

Der Unterschied zwischen Dissonanz und Konsonanz liegt nicht in einem höheren oder geringeren Grad von Schönheit, sondern von *Verständlichkeit*. In meiner *Harmonielehre* habe ich die Theorie aufgestellt, daß dissonierende Töne in der Obertonreihe später auftreten als konsonierende, *weshalb das Ohr mit jenen minder vertraut ist* ... Eine nähere Vertrautheit mit den fernerliegenden Konsonanzen – den Dissonanzen nämlich – beseitigte allmählich die Schwierigkeiten, die ihrem Verständnis entgegenstanden, und mußte zuletzt nicht nur die Emanzipation der ... Septakkorde und übermäßigen Dreiklänge, sondern auch die der kühnsten Dissonanzen bei Wagner, Strauss, Mussorgsky, Debussy, Mahler, Puccini und Reger hinnehmen.

Der Ausdruck ›Emanzipation der Dissonanz‹ weist auf deren Verständlichkeit hin, die mit der Verständlichkeit der Konsonanz gleichgesetzt wird. Ein auf dieser Voraussetzung beruhender Stil behandelt Dissonanzen wie Konsonanzen und verzichtet auf ein tonales Zentrum. Indem er die Festsetzung einer Tonart vermeidet, schließt er die Modulation aus ...

Die ersten Kompositionen in diesem neuen Stil wurden von mir um 1908 und bald darauf von meinen Schülern Anton von Webern und Alban Berg geschrieben. Von Anfang an unterschieden sich diese Kompositionen von der gesamten bisherigen Musik nicht nur harmonisch, sondern auch melodisch, thematisch und motivisch. Aber die hervorstechendsten Merkmale dieser Stücke waren ihre ungewöhnliche Ausdruckskraft und Kürze. Dazumal war ich mir der Ursachen dieser Besonderheiten noch gar nicht bewußt. Ebensowenig meine Schüler. Später entdeckte ich, daß unser Formgefühl uns mit Recht zwang, äußerste Emotionalität durch äußerste Knappheit auszugleichen. Somit wurden im Unterbewußtsein Konsequenzen aus einer Neuerung gezogen, die – wie jede Neuerung – im Hervorbringen zugleich zerstört ...

Ehedem hatte die Harmonie ... *als Erkennungszeichen der formalen Merkmale gedient* ... Die Erfüllung dieser Funktion – sie ist der Wirkung der *Interpunktion* im Satzbau, der Gliederung in Abschnitte und Zusammenfassung in Kapitel vergleichbar – konnte mittels Akkorden, deren konstruktive Werte noch nicht erforscht waren, kaum gewährleistet werden. So erschien es zunächst unmöglich, Stücke von komplizierterem Aufbau oder größerem Umfang zu komponieren.

Erst etwas später entdeckte ich, wie man größere Formen bilden konnte, indem ich mich an einen Text oder ein Gedicht hielt. Die Form- und Größenunterschiede der einzelnen Textteile sowie deren Wandlungen in Charakter und Stimmung spiegelten sich im Umfang und in der Form der Komposition, in ihrer Dynamik, ihrem Tempo und allen ihren Elementen ...

... Die (frühere) Anwendungsweise (der Harmonik) hatte zu einem im Unterbewußtsein wirkenden Formgefühl geführt, das einem fähigen Komponisten ein beinahe schlafwandlerisches Gefühl der Sicherheit in seinem Schaffen gab und ihn befähigte, die feinsten Differenzierungen der Formelemente mit äußerster Genauigkeit zu treffen ... Ein (guter) Komponist – er mag sich konservativ oder revolutionär nennen – muß von der Unfehlbarkeit seiner Phantasie überzeugt sein und an seine Inspiration glauben. Trotzdem wird jeder Künstler den Wunsch haben, die neuen Mittel und Formen seiner Arbeit bewußt zu beherrschen, und er wird die Regeln und Gesetze, die über den von ihm ›wie im Traum‹ empfangenen Formen walten, *bewußt* befolgen wollen. So eindrucksvoll der Traum auch gewesen sein mag – das Befürfnis, sich zu überzeugen, daß diese neuen Klänge den Naturgesetzen und unserer Denkweise entsprechen, sowie die Überzeugung, daß es keine Ordnung, keine Verständlichkeit und keine Form ohne Befolgung dieser Gesetze geben könne, zwingen den Komponisten, sich auf Entdeckungsreisen zu begeben. Er muß, wenn nicht Gesetze oder Regeln, doch zumindest Mittel und Wege finden, den dissonanten Charakter dieser Harmonien und ihrer Aufeinanderfolgen zu rechtfertigen.

Nach vielen vergeblichen Versuchen, die sich über einen Zeitraum von annähernd 12 Jahren erstreckten, schuf ich die Grundlage zu einem neuen Verfahren des Komponierens, das geeignet schien, die bislang durch die tonale Harmonik gewährleistete Art der strukturellen Differenzierung ersetzen zu können. Ich nannte dieses Verfahren *Methode des Komponierens mit zwölf nur jeweils aufeinander bezogenen Tönen.*

Diese Methode besteht vor allem im ständigen und ausschließlichen Gebrauch einer Reihe von zwölf verschiedenen Tönen. Das bedeutet selbstverständlich, daß kein Ton innerhalb der Reihe wiederholt wird und alle zwölf Töne der chromatischen Leiter, wenn auch in veränderter Reihenfolge, angewandt werden. Es handelt sich also keineswegs um die chromatische Leiter als solche ..., obgleich die Reihe jeweils erfunden wird, um die vereinheitlichenden Kräfte und formbildenden Eigenschaften der Tonleiter und der Tonalität teilweise zu ersetzen. Die Leiter ist die Quelle zahlreicher melodischer und harmonischer Gebilde ... In annähernd gleicher Weise bringen die Töne der Grundreihe ähnliche Elemente hervor. Naturgemäß sind Kadenzen, wie sie sich durch den Unterschied zwischen Haupt- und Nebenharmonie ergeben, einer derartigen Grundreihe nicht abzugewinnen. Aber etwas anderes, weit Wichtigeres ist ihr abzugewinnen, und zwar mit einer Regelmäßigkeit, die mit dem Funktionieren der Logik der früheren Harmonik vergleichbar ist: Die Vereinigung von Tönen zu Harmonien und deren Aufeinanderfolgen wird ... durch die *Aufeinanderfolge dieser Töne geregelt.* Die Grundreihe fungiert als Motiv, weshalb für jedes Stück eine neue Reihe erfunden werden muß. *Die Reihe ist der schöpferische Grundgedanke.* Es verschlägt dabei nicht viel, ob die Reihe in dem jeweiligen Musikstück ... als Thema oder Melodie auftritt oder nicht ...

Warum die Reihe aus zwölf verschiedenen Tönen bestehen mußte; warum

keiner dieser zwölf Töne zu früh wiederholt werden durfte; und warum demgemäß nur eine Reihe in einer Komposition verwendet werden sollte – die
Antworten auf diese Fragen fand ich erst nach und nach.

Anläßlich der Erörterung derartiger Probleme empfahl ich in meiner *Harmonielehre* (1911) die Vermeidung von Oktav-Verdopplungen..., weil der
Grundton der Oktave als ... *Tonika* gedeutet werden könnte und die Folgen
einer derartigen Deutung vermieden werden müssen. Selbst ein leiser Anklang,
der an die frühere tonale Harmonik erinnert, wäre störend, weil er falsche Erwartungen hinsichtlich der harmonischen Weiterführung erwecken könnte.
Der Gebrauch einer Tonika ist irreführend, wenn er sich nicht auf die *gesamten*
tonalen Beziehungen innerhalb einer Tonalität stützt. Der Gebrauch von mehr
als einer Reihe ... könnte zu einer verfrühten Wiederholung einzelner Töne
führen und die Einheitlichkeit der Wirkung beeinträchtigen.

Die Zwölftontechnik, die bereits durch eine geschichtliche Entwicklung gerechtfertigt ist, entbehrt auch nicht einer ästhetischen und theoretischen Untermauerung. Im Gegenteil: Gerade diese Untermauerung hebt sie über ein
bloß technisches Mittel zum Rang und zur Bedeutung einer wissenschaftlichen
Theorie empor ...

... Von diesen Voraussetzungen ausgehend, kam ich zu nachstehenden
Schlußfolgerungen:

*Der zwei- oder mehrdimensionale Raum, in welchem musikalische Gedanken
dargestellt werden, ist eine Einheit.* Obgleich diese Gedanken *getrennt* und *voneinander unabhängig* vor dem Auge und dem Ohr in Erscheinung treten, offenbaren sie ihren wahren Sinn nur im Zusammenwirken ... Was immer sich an
irgendeinem Punkt dieses musikalischen Raums abspielt, hat mehr als ört-
liche Bedeutung. Es wirkt sich nicht nur in der eigenen Ebene aus, sondern
auch nach allen anderen Richtungen und in allen anderen Ebenen und übt
selbst noch an entlegensten Punkten seinen Einfluß aus ...

Ein musikalischer Gedanke, der aus Melodie, Rhythmus und Harmonie besteht, ist daher weder das eine noch das andere allein, sondern umfaßt die drei
erwähnten Elemente zusammengenommen. Die Bestandteile eines musikalischen Gedankens sind zum Teil in der horizontalen Ebene – als aufeinanderfolgende Klänge – und zum Teil in der vertikalen Ebene – als Simultanklänge
– enthalten ... Deshalb kann ... eine Grundreihe von zwölf Tönen in beiden
Dimensionen und sowohl ganz wie teilweise angewendet werden. Darüber hinaus kann man sie in ihren verschiedenen Spiegelformen (imitativen Formen)
anwenden.«

Krebs

Krebs der Umkehrung

Schönberg zeigt hier, daß man der *Imitation* überall in der musikalischen Sprache begegnet, obgleich ihre systematische Anwendung im Laufe des vorigen Jahrhunderts aufgegeben wurde. Er folgert, daß sie nicht als Denkverfahren, sondern als Erfindung des Genies zu betrachten sei. Da jedoch seine Überlegungen rein abstrakter Natur sind, verabsolutiert er die Imitation, indem er einerseits die tonalen Beziehungen, die ihr einen Sinn geben, abschafft und andererseits das Prinzip auf die Imitation durch *Umkehrung* ausdehnt, die in großen Dimensionen für das Ohr nicht immer erkennbar ist, sowie ferner auf die Imitation im *Krebs*, die es überhaupt nicht ist, wenn es sich um eine Struktur von einiger Ausdehnung handelt. Schönberg ist darob nicht minder überzeugt vom sinnhaften und konstruktiven Wert der Imitation als solcher, so daß er folgende verblüffenden Behauptungen aufstellt:

».. . *Die Einheit des musikalischen Raums erfordert ein absolutes und einheitliches Erfassen (perception).* In diesem Raum gibt es wie in Swedenborgs Himmel (vgl. die Beschreibung in Balzacs *Seraphita*) kein absolutes Abwärts, kein Rechts und Links, kein Vorwärts und Rückwärts. Jede musikalische Konstellation ist daher vor allem als Wechselbeziehung von Klängen, von flimmernden Schwingungen zu verstehen, die an verschiedenen Stellen und zu verschiedenen Zeiten auftreten. Für die imaginative und schöpferische Fähigkeit (des Musikers) sind Beziehungen in der materiellen Sphäre von Richtungen und Ebenen genauso unabhängig, wie materielle Gegenstände es in ihrer Sphäre für unsere Auffassungsgabe sind. *So wie unser Geist beispielsweise stets ein Messer, eine Flasche oder eine Uhr – gleichgültig in welcher Lage sich diese Gegenstände jeweils befinden – erkennen und in seiner Vorstellung in jeder möglichen Lage reproduzieren können wird, genauso kann der Geist eines Komponisten im Unterbewußtsein mit einer Reihe von Tönen operieren, und zwar ungeachtet ihrer Richtung und ungeachtet der Art, wie ein Spiegel ihre gegenseitigen Beziehungen zeigen würde, die eine quantitative Gegebenheit bleiben.*«

Daß die Musikwissenschaftler und Kritiker, die die Zwölftonmusik ernst nehmen, die Ungeheuerlichkeit dieses Irrglaubensbekenntnisses und dieses ganzen Textes nicht erkannt haben – es sei denn, sie hätten das alles überhaupt nicht gelesen – oder in ihrem Sinn für die Musik durch den Inhalt nicht schockiert waren, ist ein Zeichen der Urteilslosigkeit, die heute in der musikalischen Welt herrscht. Die Sache ist ganz einfach: Der Denker Schönberg – wo nicht der Musiker – hat den *Sinn* für die Musik total verloren; und weil bei ihm der Denker dominiert, muß der den Musiker in die Irre leiten: Nach der Untersuchung, die wir zu diesem Phänomen angestellt haben, kann hieran nicht der

Schatten eines Zweifels bestehen. Der *subjektive* Raum als Blickfeld des musikalischen Bewußtseins ist verschwunden und mit ihm das musikalische Bewußtsein selbst, das nur noch ein Hörbewußtsein, und zwar ein realisierendes Hörbewußtsein, ist: Der Einbildungsakt ist ausgeschaltet. Schönberg stellt uns einem *leeren* Raum gegenüber, solange nicht *wirkliche* Töne darin erklingen; und da dieser Raum in seinen Augen kein Rechts und Links, kein Vorwärts und kein Rückwärts kennt und die Richtungs- und Zeitgebundenheit darin nur durch die Aufeinanderfolge von Tönen und ihren Rhythmus in Erscheinung tritt, ist er eine reine *Abstraktion* wie Einsteins Raum-Zeit.

Es handelt sich nicht mehr um *Tonpositionen*, sondern um *Töne*; denn die Töne waren nur durch das System der Logarithmen des aufnehmenden Bewußtseins, die Grundlage des tonalen Systems, zu *Tonpositionen* geworden; und da diese Grundlage nunmehr aufgegeben worden war, bleiben dem aufnehmenden Bewußtsein nur noch *Töne*, die Schönberg – da er dem System, aus dem ihre Positionen hervorgegangen sind, entsagt hat – nun nach einem anderen, völlig willkürlichen System organisieren muß. Aber indem er dies tat, vernichtete er die einzig mögliche Grundlage des Sinns, den die musikalischen Bilder für uns haben; d.h. der Sinn, den er ihnen gibt oder die sie für ihn haben, ist *a priori nicht mitteilbar*. Gleichzeitig hat er aus den musikalischen Erfahrungen, die uns seine Musik erschließen soll, die *Schönheit* verbannt; denn wir kennen das Erlebnis der *Schönheit* nur aus einem Akt der Imagination angesichts eines Kunstwerks oder der Natur. Die Schönheit ist der Natur nicht einfach aufgeprägt; sie kann nur durch das in einem Akt der Imagination begnadete individuelle Bewußtsein entdeckt werden.

Diese beiden Folgen der Schönbergschen Auffassung von den Strukturen der *Töne* berühren die gesamte aus der strengen Zwölftonlehre hervorgegangene Musik – und es ist eine Tatsache, daß für jene, die wir sogleich als die »Jungen« bezeichnen werden, die Musik nur noch aus *Tönen* gemacht wird. Sie werden also die dodekaphonische *Reihe* aufgeben können und ihre Tonstrukturen nach beliebigen Formeln bilden, ja sogar die Schönbergsche Rhythmik beiseite lassen können, die – niemand weiß, warum – *kadenziell* geblieben ist, und sie werden zu Taktarten übergehen, die nur noch dauermessende Funktion haben: Sie werden aus der Skylla in die Charybdis gestürzt und den letztmöglichen Verirrungen musikalischer Abwege verfallen sein*.

Hat man es auch genau gelesen, daß für Schönberg die »expressiven« melodischen oder harmonischen »Bilder« in der Musik »außermusikalische, den musikalischen Funktionen aufgesetzte Dinge« sind? Ja, und was ist dann für Schönberg eigentlich die Musik? Seine Worte verraten es uns: Die »musikali-

---

* Im Verlauf einer Plauderei, die ich in Paris im Cercle philosophique veranstaltet habe, um von meinen ersten Schritten in der Phänomenologie der Musik zu berichten, warf Pierre Boulez mir vor, ich sei gerade erst soweit, die Organisation der Töne in der Aufeinanderfolge von derjenigen der Töne in der Gleichzeitigkeit zu unterscheiden, und fügte hinzu: »Unser einziges Problem ist die *Strukturierung* des Raumes . . .«

schen Funktionen« sind es, d.h. die melodische Funktion, die harmonische Funktion und die rhythmische Funktion. Hinsichtlich der letzteren verändert er nichts an den Gegebenheiten der tonalen Musik; das übernehmen dann schon seine Enkel und Urenkel. Aber die beiden anderen Funktionen bewirken die Organisation der Töne in der Aufeinanderfolge und in der Gleichzeitigkeit auf ganz bestimmte Weise, und darin besteht in seinen Augen die Musik. Wie in der tonalen Musik stehen diese beiden Funktionen bei Schönberg unter dem gleichen Gesetz; nur ist es nicht dasjenige, kraft dessen die Musik geworden ist, was sie ist, noch auch dasjenige, durch welches die Tonstrukturen für das Hörbewußtsein einen Sinn erhalten. Somit konnte ihnen ein solcher Sinn nur von Schönberg selbst gegeben werden, und zwar durch die Art und Weise, in der er unter Einwirkung der Inspiration die Töne der Reihe einerseits in ihrer Aufeinanderfolge, andererseits in der Gleichzeitigkeit organisieren würde, doch ist es durchaus nicht sicher, ob dieser Sinn dem Zuhörer zugänglich werden kann. Man sieht jedenfalls, worin sein schöpferischer Akt besteht: In reflexiver Einstellung zeichnet er melodische Linien auf das Papier, die aus einer dialektischen Aneinanderreihung von Motiven gemacht sind – denn diese Anlage der melodischen Funktion hat er nicht abgelehnt (das haben andere getan, von denen man schon nicht mehr spricht, wie Alois Haba oder Hauer) – sowie aus harmonischen Strukturen ohne tonale Beziehung (es sei denn eine zufällige) zur melodischen Linie und ohne tonale Beziehungen untereinander, so daß es keine »harmonische Bewegung« mehr gibt, die die Aneinanderreihung der Motive und Phrasen zusammenhielte.

Hier je ein Beispiel für diese beiden Kategorien von Strukturen:

etc.

Die einzige Bedingung, die diese beiden Kategorien von Strukturen zu erfüllen haben, ist, daß sie dem Gesetz der Reihe entsprechen. Es ist also nicht
die Reihe – die wir notiert haben und die sich in der Gesamtstruktur versteckt
wie der Hase in einem Vexierbild –, die den musikalischen Bildern und deren
Entfaltung in der Dauer einen *Sinn* verleiht, sondern die expressive oder, wie
Schönberg sagt, die emotionelle Bedeutung, die er in diesen Bildern unter dem
Einfluß der Inspiration oder der Phantasie, die sie ihm in die Feder diktiert
haben, erblicken mochte. Seine Musik *imitiert* also die tonale Musik, und durch
die dialektische Verkettung seiner melodischen Motive *mimt* sie die musikalische Sprache. Aber mangels einer ausreichenden Wortgrundlage (der harmonischen Kadenzbewegung) reduziert sich seine Sprache auf die Aneinanderreihung melodischer Bilder in Rhythmus und Tempo ohne dialektischen Sinn für
den Zuhörer, es sei denn in dem Ausmaß, in dem dieser eine auf dem Identitätsprinzip beruhende Beziehung zwischen den aufeinanderfolgenden Motiven
und eine sinnhafte Kontinuität in der Verkettung der Motive heraushören
könnte. Es folgt daraus, daß diese Musik nicht mehr Ausdruck des Menschen,
sondern Ausdruck von etwas ist, von irgendeinem *Werden*, das der Musiker
durch Aneinanderreihung seiner Motive bekundet hat. Oder sie kann doch
bestenfalls nur im Detail Ausdruck des Menschen sein, nicht im großen, weil
die *Form* keine Bedeutung mehr hat; sie ist nur noch der Rahmen, in den sich
die dialektische Motivverkettung eingeschlossen hat. Aber in diesem oder jenem Motiv hat sich der Mensch auch selbst kundtun können: Jene großen
melodischen Intervalle bei Webern sind Bekundungen seines verzweifelten
Strebens nach irgend etwas. Hat man auch recht beachtet, daß für Schönberg
die tonale Form nichts anderes war als eine Verdeutlichung der äußerlichen

Form – ähnlich der Interpunktion innerhalb eines Satzes? Wenn nun aber die Form nicht ebendiese Struktur der Kadenz-Interpunktion ist, was ist dann überhaupt die »Form« für Schönberg? Sie ist wohl jenes *Ganze*, das durch die Gesamtheit der Strukturen hindurchscheint wie die unsichtbare Kirche durch die sichtbare und das jüdische Volk durch die Diaspora. Er hat von der Form eine *idealistische* Vorstellung, und zwischen seiner idealistischen Vorstellung von den Dingen, die es nicht fertigbringt, sich im *Konkreten* kundzutun, und seiner *materialistischen* Vorstellung von der Musik und der *Reihe* (nebst ihrem strukturellen Gesetz) gibt es keine wie immer geartete Brücke, weil in ihm zwischen seinem spekulativen Denken und seiner affektiven Aktivität, die allein den tonalen Strukturen einen Sinn geben könnte, ein Abgrund klafft. Sein Inneres macht sich stoßweise bemerkbar, ist aber unfähig, eine Form zu erzeugen, er wird sie vielmehr gleichfalls stoßweise hervorbringen, es sei denn, er hätte sie vorweg geplant (als Variationsform, Rondo usw.) – in welchem Falle die Form ja nicht durch seine schöpferische Aktivität erzeugt, sondern lediglich gefüllt wird.

Aber wenn Schönbergs Jünger und wiederum deren Jünger sich daranmachen zu komponieren, wie er selbst komponiert hat, können sie auf die Inspiration, die Schönberg noch aus seinem musikalischen Empfinden behalten hat, verzichten; und wenn sie ein Motiv finden werden, das ihnen »bedeutend« erscheint, werden sie darin einen *glücklichen Zufall* erblicken, ja die Strukturen könnten sogar – wie bei Stockhausen – einer Wahrscheinlichkeitsrechnung entstammen. »Wir haben uns von der *Diktatur* des Einfalls befreit«, hat Ernst Křenek wiederholt geäußert. Wenn es erst so weit gekommen ist, ist die Musik nicht mehr Ausdruck des Menschen – nicht einmal mehr im Detail – und bedeutet überhaupt nichts mehr, es sei denn eine kombinatorische Tätigkeit des Musikers.

DIE DOKTRIN VON DER REIHE   Betrachten wir nun einmal näher, was sich aus der Lehre von der Reihe für die Sprache der Musik ergibt, was ihre Sprache ausmacht und was die serielle Musik dem Zuhörer bringt:

1. Indem Schönberg seine Reihe als eine Folge von Tönen aufstellt, die keine andere Beziehung zueinander haben als die von einem Ton zum nächsten, setzt er sich über das Gesetz des Hörbewußtseins hinweg, wonach die Töne in ihrer Aufeinanderfolge in der Ausdehnung eines Motivs oder einer Phrase auf die *anfängliche* Tonstellung bezogen werden. Das heißt, daß ein Hörbewußtsein die Reihe *nicht so auffassen kann*, wie Schönberg das wollte, und daß daher die *Reihe* nicht das *Motiv* eines Musikwerks werden kann, wie er sagt, es sei denn, sie hätte einen tonalen Sinn und würde als *Melodie*, als eventuelles *Thema* der schöpferischen Tätigkeit, ins Spiel gebracht, was uns zu den Bedingungen der tonalen Musik zurückführt. Die *Reihe* als solche stellt keineswegs, wie ihr Erfinder behauptet, die *Einheit* des Werkes sicher – welche Einheit denn? Die organische Einheit seiner Strukturen oder die *Sinneinheit*

des Werkes? Die erstere kann nur durch das tonale Gesetz gewährleistet werden, die letztere nur durch die transzendente Bedeutung der »Form« – und die serielle Lehre läßt die Frage der Form völlig offen.

2. In der tonalen Musik kann jeder Ton zwei bis drei tonale Bedeutungen haben – *gis-as; f-eis-geses.* In der Musik Schönbergs hat jeder Ton nur *eine*, nämlich jene (wechselnde), die ihm innerhalb des temperierten Systems zukommt. Hieraus folgt zunächst, daß eine »Imitation«, wie sie die Zwölftöner zu entwerfen vorgeben, in vielen Fällen eine falsche Imitation ist, d. h. eine, die es dem Hörbewußtsein nicht möglich macht, zwischen den beiden Strukturen eine auf dem *Identitätsprinzip* beruhende Beziehung herzustellen, die die Grundlage für die relationelle Aktivität bilden könnte. So ist auch in der von Schönberg aufgestellten Reihe (s. S. 535 oben) das Intervall *h-es* (die übermäßige absteigende Quinte) im zweiten System nicht die Imitation durch Umkehrung von *g-es* (kleine aufsteigende Sexte); diese wäre vielmehr *h-dis* (kleine absteigende Sexte). Man sieht, man kann dem tonalen Gesetz nicht entgehen, weil es dasjenige des *Ohres* ist.

Es ergibt sich ferner, daß der *Sinn* des Wahrgenommenen bereits für das *Hör*bewußtsein – bevor noch das musikalische Bewußtsein in Tätigkeit tritt – nicht immer klar ist: Sobald das Hörbewußtsein mit Strukturen konfrontiert wird, zwischen denen es keine *tonalen* Beziehungen wahrnehmen kann (z. B. eine Melodie und einen oder mehrere Akkorde als Begleitung), weiß es nicht mehr, was es hört, es sei denn, die betreffenden Strukturen bildeten eine polytonale Gesamtstruktur, was in der seriellen Musik nicht immer der Fall ist.

3. Aus der Musik die Modulation verbannen, ist rasch gesagt; aber das Hörbewußtsein moduliert; und daraus ergibt sich, daß das musikalische Selbstbewußtsein *nicht mehr weiß, wohin es geht*, wenn die Modulation ausbleibt. Es erfährt den Weg sodann nur durch die melodische Linie, aber die Aufeinanderfolge der Harmonien verleiht seinem *Mitgehen* auf dieser Linie keinen Sinn. Jeglicher Antrieb ist abhanden gekommen: Das auditive Selbstbewußtsein ist nur noch ein Dasein, das sich im Tempo der Musik verläuft und ihre Effekte über sich ergehen läßt – ihre Ausbrüche und Beruhigungen, ihre rhythmischen Stöße und ihren äußerlichen, den Stärkegraden des Klanges entsprechenden Dynamismus. Da die Modulation die eigentliche Mittlerin des formalen Aufbaus ist, erscheint die Sinneinheit, die die *Form* der gesamten melodischen Entwicklung verleiht, nicht mehr gesichert; die Musik hört einfach plötzlich auf.

4. Welche Notwendigkeit sollte es in der Musik geben, in jeden mehr oder minder großen Abschnitt die *ganze* Chromatik hineinzustopfen? Als ob das eine Bereicherung ihrer Bedeutungsfülle mit sich brächte! Als ob die Musik nicht erst recht bedeutungserfüllt wäre, wenn sie eine exklusive Auswahl ganz bestimmter Tonpositionen trifft! In der Zeit vor Schönberg lag diese Tendenz in der deutschen Musik wegen des Ausschöpfens der Chromatik in der Luft. Debussy aber hat die Musik von dieser Erscheinung befreit, indem er die Chromatik bestimmten melodischen Momenten vorbehielt, in denen sie eine Funk-

tion zu erfüllen hatte, nämlich das Hin- und Hergleiten innerhalb eines Intervallbereichs oder die einem chromatischen Halbton innewohnende Spannungsintensität zu bekunden. Die Zuhilfenahme der Chromatik als Ganzes war – das ist richtig – eines der möglichen Mittel, die einem in der heptatonischen *Dur-Moll-Tonalität* verankerten Musiker zur Verfügung standen, um sich von den traditionellen Formeln frei machen zu können, doch ist dies kein Grund, ein Kompositions*prinzip* daraus zu machen, noch viel weniger einen *Wertmesser.* Es ist auch falsch, wenn behauptet wird, die häufige Wiederkehr ein und desselben Tones müsse ihm den Sinn einer Tonika verleihen; in Wahrheit verleiht sie ihm nur den Sinn einer besonders bedeutungsvollen Tonposition.

5. Die schöpferische Arbeit auf eine systematische Anwendung der »Imitation« reduzieren bedeutet eine beträchtliche Schmälerung der Möglichkeiten der Erfindung; und man weiß sehr wohl, daß die Erschaffung einer fortlaufenden Melodie aus einem ganz anderen Prinzip hervorgeht – nämlich der ständigen »Veränderung« des Tonweges. Es ist daher kaum verwunderlich, daß die Zwölftonmusik noch keine einzige schöne, fortlaufende Melodie hervorgebracht hat; sie besteht immer nur aus nebeneinandergestellten Einzelteilen.

6. Zu glauben schließlich, man könne das gleiche Gesetz auf die Organisation der Töne in der Gleichzeitigkeit wie in der Aufeinanderfolge anwenden, ist der gröbste Fehler, den Schönberg gemacht hat. Um sich hierüber Rechenschaft zu geben, genügt die Frage, ob der Satz *Morituri te salutant,* den ein Regisseur von einem Sprechchor sprechen läßt, noch *verständlich* bliebe, wenn jeder der Sprecher *eine Silbe* dieses Satzes zu sprechen hätte und alle Sprecher gleichzeitig – auf ein Zeichen des Regisseurs – jeweils die ihnen zugeteilte Silbe sprechen müßten. Die Gesetze des Hörbewußtseins sind nicht diejenigen des Sehbewußtseins, und Schönbergs Anspielungen auf Swedenborgs Himmel, das Taschenmesser, die Uhr und die Flasche sind haltloses Gerede. Die Unverständlichkeit des tonalen Sinnes der aus der Reihe hervorgehenden harmonischen Strukturen sowie ihrer Beziehung zur Melodie haben für den Zuhörer schwere Folgen. Auf diese Unverständlichkeit ist es letztlich zurückzuführen, daß die expressiven Bedeutungen, die Schönberg in seine melodischen Strukturen hineinlegen wollte – und man darf dabei nicht vergessen, daß er die melodischen und die harmonischen Strukturen getrennt entwirft –, *nicht mitteilbar* sind. Der *affektive Zustand,* der – wie wir gesehen haben – durch die tonale Harmonie selbst noch im Falle der Dissonanzen vollkommen klar und bestimmt bekundet wird, hört somit auf, im »Erlebnis« des Zuhörers klar und bestimmt zu sein, und wird unklar und verworren; und wenn die gleichzeitig auftretenden Töne nicht die von der Melodie unterstellte Harmonie bilden, wenn sie ein Akkordbild am melodischen Horizont aufscheinen lassen, z.B. einen Akkord oder eine Akkordfolge, die in der Diskantlage des Klaviers angeschlagen werden, ist es der affektive Sinn dieser Akkorde, der unklar wird: Sie sind weiter nichts mehr als in der Zeit aufgetretene *Zeichen* – leere Gesten, die keine andere Bedeutung mehr haben als jene, die der Rhythmus ihnen verleiht.

Mit einem Wort: Die Zwölftontheorie (wohlgemerkt: nicht ihre Anwendung) hat alles zerstört, was aus der Musik eine klare Sprache macht. Die sich aus ihr ergebende Sprache könnte nur in dem Ausmaß wieder eine klare Sprache werden, in welchem der Musiker instinktmäßig und unter der Hand in sie wiedereinführte, was die Theorie ausgeschaltet hat: *das tonale Empfinden*. Das ist es, was dann zum Teil Alban Berg tun wird und was sich gelegentlich für kurze Augenblicke bei Schönberg abspielt. Was den Weg zu dieser Möglichkeit eröffnet, sind das Ungenügen und die Widersprüchlichkeit der Lehre, Eigenschaften, die ihre Schädlichkeit sowohl mildern wie verschärfen können.

EIN BEISPIEL   Wir haben also gesehen, daß die Reihe keineswegs der primäre schöpferische Gedanke, ja überhaupt kein schöpferischer Gedanke ist, wie Schönberg behauptet. Falls nämlich der Musiker aus seiner Reihe keine *Melodie* macht, von der ausgehend er seine Musik erarbeitet, muß er, wie wir soeben gezeigt haben, von einem von der Reihe in gewisser Weise unabhängigen *Motiv* ausgehen; dieses *Motiv* ist der primäre »schöpferische« Gedanke des Komponisten, und die ganze Bedeutung seiner Musik hängt davon ab, was er aus diesem und anderen Motiven macht. In diesem Punkt täuschen alle Theoretiker der Zwölftonlehre ihre Leser; denn sie stellen die Fülle und Mannigfaltigkeit der Fakten, die der Musiker *aus der Reihe* herausgeholt hat, die in seiner kombinatorischen Arbeit bewiesene Erfindungsgabe und die strenge Anwendung der seriellen Gegebenheiten als Wertmesser hin.

René Leibowitz analysiert das erste der *Klavierstücke* opus 23 von Schönberg wie folgt:

Er sagt: »Es stellt sich heraus, daß der Baß der *Krebs in der Umkehrung* der Mittelstimme ist« *(a–c–h, as–g–b)*. Nun spielt aber diese Tatsache in der Wahrnehmung der drei Takte aus dem guten Grund überhaupt keine Rolle, weil sie vom Hörbewußtsein gar nicht empfunden wird; denn dieses nimmt zwei melodische Linien wahr, die – jede für sich – in verschiedenen Tonperspektiven ausgeprägt sind und auch ihre eigenen Bedeutungen haben. Was sie voneinander unterscheidet, ist zunächst die Tonperspektive, die jede von ihnen eröffnet, und ferner die Tatsache, daß sie in gegenläufiger Bewegung stehen, nicht aber, daß sie eine Imitation im Krebs der Umkehrung darstellen. Denn das Hörbewußtsein erwartet nicht das Erklingen des *h*, um diese beiden Stimmen zu qualifizieren, und sobald dann das *h* erklingt, vervollständigt es lediglich den Sinn des Baßverlaufs von *a* über *c* nach *h*, um so mehr als die ersten drei Töne der Mittelstimme genügt haben, um ein Motiv zu bilden, das in sich einen Sinn hat *(b)*, und zwar unabhängig davon, was der Baß tut. Das primäre *Sinn*element für das *musikalische* Hörbewußtsein ist aber ein *Motiv*, das eine für die Bestimmung einer kadenziellen Modalität und eines Tempos hinreichende tonale Bewegung bildet. Im vorliegenden Falle wäre dieses primäre, in sich selbst sinnvolle Element *as-g-b*, wenn nicht gleichzeitig das dreitaktige Motiv in der Oberstimme aufträte mit dem Ergebnis, daß sich die Beziehungen der Stimmen im Bereich dieser drei Takte aufdrängen. Der expressive Gehalt der zweiten Stimme muß bewirken, daß das *fis* als *ges* empfunden wird, und im weiteren Verlauf muß das Hörbewußtsein den Abschnitt *b'* des Motivs *a* als imitative Reminiszenz von *b* empfinden, wodurch ein Sinnzusammenhang zwischen den beiden Oberstimmen entsteht, ohne das Hörbewußtsein zu hindern, daß es die drei ersten Takte der Oberstimme als ein Ganzes hört. Und wenn Leibowitz hinzufügt, der Abschluß *dis-e-g* der Oberstimme sei genau der Krebs ihrer ersten drei Töne *fis-es-d*, führt er uns an der Nase herum. Dies trifft zwar tatsächlich zu – vorausgesetzt, das *fis* wird als *ges* empfunden –, aber das ist es nicht, was diesem Motiv seinen Sinn verleiht.

Das Hörbewußtsein ist nicht analytisch, sondern synthetisch orientiert; es ist ihm völlig unmöglich, *es-d* von *es-d-f* (das für die Bildung der *Gestalt* ausschlaggebend ist) loszulösen; und was wichtig ist, um *dis-e-g* als Fortsetzung des Motivanfangs erscheinen zu lassen, ist viel eher die Imitation von *d-f* durch *e-g* (Identitätsbeziehung), und um mit dieser Fortsetzung des Weges zugleich zum ersten Haltepunkt zu gelangen, ist wiederum die Tatsache wichtig, daß der Abschnitt *b''* genügt hat, den drei Takten einen globalen Sinn zu verleihen, nämlich uns von *ges* (oder *fis*) nach *g* zu führen. Das Ende der zweiten Stimme muß die Fortsetzung des Stückes auslösen, und was die Baßstimme anbelangt, erhält sie einen dialektischen Sinn durch die zwischen den beiden in ihr verketteten Kadenzen wahrnehmbare Identitätsbeziehung:

$$\underset{\rule{1cm}{0pt}\rule{1cm}{0pt}}{a\ \text{-}\ c\ \text{-}\ h\ \text{-}\ d\ \text{-}\ cis}$$

Dieses dreitaktige Bruchstück ist einer jener »Momente«, in denen sich der tonale Sinn bei Schönberg bekundet; denn es besteht eine gewisse tonale Beziehung zwischen der ersten und der zweiten Stimme (wenn *fis* als *ges* empfunden wird) sowie zwischen der ersten und dritten; am Anfang des dritten Takts tritt sogar eine tonale Harmonie auf, ja es kommen dem tonalen Empfinden gemäße dialektische Beziehungen zwischen den Stimmen vor, so durch die Anspielung der ersten Stimme (in ihrem zweiten Takt) auf das Anfangsmotiv der zweiten und durch die Anspielung der zweiten Stimme (am Ende ihres dritten Takts) auf das Anfangsmotiv des Basses, so daß aus dem Ganzen eine beim Hören erfaßbare polytonale Struktur entsteht.

Um auf die Analyse Leibowitz' zurückzukommen, müssen wir zunächst feststellen, daß sein Mangel an Eignung für sein Vorhaben von jenem Geist der Abstraktion herrührt, der den Intellektuellen zur Verwechslung der Begriffe »abstrakt« und »konkret« verleitet und zugleich Ursprung der Schönbergschen Sicht der Dinge ist. Das zuletzt angeführte Beispiel ist eine »graphische Darstellung« des Phänomens. Wenn Leibowitz *fis* (oder *ges)-es-d* als ein Strukturelement betrachtet, das Gegenstand einer krebsgängigen Imitation geworden ist, »abstrahiert« er aus der Darstellung des Phänomens eine Struktur, die im konkreten Phänomen und im konkreten Erlebnis des Phänomens aus seinem kadenziellen Zusammenhang nicht herausgelöst werden kann, und zwar *ges-es-d-f (dis-e-g)*; er vermittelt eine falsche Vorstellung von der konkreten Beschaffenheit des Phänomens. Und wenn er das gleichzeitige Vorhandensein des zweiten und des dritten Systems im vorliegenden Beispiel mit dem »Krebs in der Umkehrung« erklärt, spricht er von einer Beziehung, die im konkreten Hörerlebnis nicht aufgefaßt werden konnte und die ihm selbst nur aus der abstrakten Darstellung des Phänomens aufgegangen ist, weil der Baß tatsächlich einen Weg beschrieben hat, der sich als der Krebs in der Umkehrung des ersten Motivs *herausstellt* – nicht anders, als man von jeder absteigenden großen Terz sagen kann, sie ist der Krebs in der Umkehrung einer beliebigen aufsteigenden großen Terz. Wenn man aber die gleiche graphische Darstellung betrachtet und sich dabei vorstellt, wie sie im Hörerlebnis aufgefaßt werden kann, findet man die richtige Auffassung von ihrer Beschaffenheit und den Beziehungen, die im konkreten Hörerlebnis wahrgenommen werden mußten, wieder. Daß die »konkrete« Wirklichkeit dem Betrachter dieser Gegebenheiten im Abstrakten stets und selbstverständlich gegenwärtig sei, ist die Voraussetzung für ein wahres »Verständnis der Dinge«, d.h. für das, was wir »Einverständnis« genannt haben, weil nämlich jene Wirklichkeit angesichts des reflektierten Bildes aus einer Rückwendung ersteht und mit dieser zur Wiederentdeckung der Bedeutungen und des Sinnes gelangt, den ihre Strukturen in der reinen Reflexion gehabt haben*.

* Alle Kommentare, die René Leibowitz zur »Musik mit zwölf Tönen« gibt, sind von der gleichen Sorte wie das Beispiel, das wir soeben zitiert haben: So viele Analysen, so viele Irreführungen. Das komische ist, daß er sich auf Husserls Phänomenologie und Sartres Existenzialismus beruft:
»Indem sich Schönberg vom tonalen System freimacht«, sagt er, »stellt er sich gewissermaßen außerhalb aller vorherbestimmten musikalischen Zusammenhänge.« (Wieso denn? Er nimmt *a priori*, als wäre sie vom Himmel gefallen, die chromatische Leiter ohne Oktave her!) »Nicht nur einzelne Sonderbegriffe (wie Tonart, Tonleiter, Konsonanz, Dissonanz usw.) sind für ihn nicht mehr existent, sondern sogar komplexere Vorstellungen (wie Thema, Motiv, Akkord usw.), selbst jene, die man für unabänderlich gehalten hatte, haben aufgehört, feste Gegebenheiten zu sein. Eine solche Haltung, die ›*die musikalische Welt ausklammert*‹, entspricht genau der ›phänomenologischen Reduktion‹, wie Husserl sie versteht; nicht anders als durch dieses Ausklammern unseres gesamten derzeitigen tönenden Universums kann man – im phänomenologischen Sinn – zur Errichtung dieses tönenden Universums gelangen. Dieser zweite Schritt läßt sich genau durch die Ausbildung der Zwölftontechnik verwirklichen.«
Nein, Herr Leibowitz, die phänomenologische Reduktion bestünde darin, *die ganze derzeitige Welt der musikalischen Töne* »auszuklammern« und dann das Hörbewußtsein zu fragen: »Wie würdest du eine Klangwelt so aufbauen, daß eine beliebige Struktur von Tönen ein *einheitliches Ganzes* und für das musikalische Bewußtsein eine ›sinnerfüllte Form‹ bildet?« Das Ergebnis wäre die Entdeckung des pythagoreischen Systems und mit ihm das tonale Gesetz, das durch Ihr System annulliert werden soll.

Die Anwesenheit von Elementen der »Tonalität« im vorerwähnten Beispiel ist beinahe schicksalhaft notwendig infolge der Tatsache, daß Schönberg die Töne des tonalen Systems verwendet. Wir rühren hier an eine erste Inkonsequenz oder Widersprüchlichkeit der Doktrin, und es handelt sich, wie wir sehen werden, um die Widersprüche zwischen der seriellen Praxis und der Lehre selbst, die der aus dieser Lehre entstandenen Musik den vollen Anschein einer musikalischen Sprache verliehen haben. Wenn Schönberg jeglichen Eindruck von Tonalität vermeiden wollte, hätte er seine Reihe aus anderen als den Tönen unseres Systems bilden müssen. Übrigens wird ja durch das Prinzip: zwölf Töne, »die keine anderen Beziehungen als die des einen zum anderen« haben, die Notwendigkeit eines tonalen »Systems« ohnedies ausgeschlossen. Das ist die Schlußfolgerung, die z. B. John Cage gezogen hat, der die Töne seines Klaviers in »Geräusche« verwandelt, indem er die Saiten mit Wäscheklammern abklemmt oder Gummistücke oder Schrauben zwischen sie legt, wobei er allerdings immer einige Saiten intakt läßt, um seinen Stücken immerhin noch eine vage musikalische Einfärbung zu geben. Die gleiche Schlußfolgerung haben auch diejenigen gezogen, die in der elektronischen Musik neue Intervalle gesucht haben. Nach allem, was wir in unserer Studie gesehen haben, ist es klar, daß diese Art Musik keine mitteilbare Sprache sein kann und daher außerhalb des musikalischen Bereichs liegt.

Der »musikalische« Zwölftonkomponist wird es hingegen nicht vermeiden, für das Ohr klar erfaßbare tonale Strukturen einfließen zu lassen, es sei denn, er arbeitete ausschließlich mit dem Kopf, oder er ließe sich, wie Webern, von der Reihe völlig unterjochen. Diese Tatsache des Vorhandenseins von Elementen der Tonalität – und wären es nur die Intervalle – in der seriellen und ganz allgemein in der atonalen Musik läßt es verständlich scheinen, daß manche Zuhörer, die auf »neue Sensationen« aus sind, hier authentische Musik und einen Weg in die Zukunft zu erkennen glaubten. Mag aber die serielle Musik auch noch so sehr mit tonalen Bedeutungen angefüllt sein, so behält sie, wenn sie streng seriell gehalten ist, dennoch einen erzwungenen, unnatürlichen Charakter, der von dem Zwang herrührt, den die Reihe auf die Freiheit des Komponisten ausübt. Der nicht seriell arbeitende Musiker sei nach Ansicht der Dodekaphonisten dem Gesetz der Tonalität unterworfen, von dem die Reihe sie befreit habe; aber das Gesetz der Tonalität ist – wie wir gesehen haben – das »natürliche« Gesetz des musikalischen Bewußtseins, und seine Freizügigkeit innerhalb der tonalen Wege ist durch nichts beschränkt, während sich der Dodekaphonist durch seine Unterwerfung unter die Reihe selbst in ein Korsett gezwängt hat. Das tonale Gesetz ist in Wahrheit ein Gesetz des *musikalischen Bewußtseins*; es ist sein *inneres Gesetz*, kraft dessen es durch das Tonsystem von außen her erwiesen hat, woher die Musik gekommen ist, und zu dem der abendländische Musiker steht, indem er *tonale* Musik schreibt, selbst wenn er dabei die vor ihm erforschten tonalen Wege verläßt. Das Gesetz der Reihe ist ein äußeres Gesetz, dessen Grundlage eine materielle

Gegebenheit ist: die zwölf Töne der Reihe, die sich in jeder einzelnen Reihe unter einem neuen Beziehungsaspekt zeigen. Der serielle Musiker befindet sich somit hinsichtlich seiner Freiheit in der gleichen Lage wie der Mensch schlechthin nach den Grundsätzen des Marxismus. Der Marxist ist der materialistischen Dialektik, der Zwölftonkomponist der seriellen Dialektik unterworfen, und die eine wie die andere Dialektik hat ihre Grundlage in der *gegenständlichen Welt*, nicht in der Transzendenz der Welt: In beiden Fällen ist das »Transzendente« *materialisiert*. Schönberg wie Marx konnten die Lage des Menschen nicht anders als unter dem Gesichtswinkel eines *passiven* Verhältnisses zur Transzendenz sehen; verglichen aber mit der alten jüdischen Vorstellung von der Transzendenz hat ihre Fähigkeit zur Transzendenz die Tiefendimension eingebüßt; sie geht nicht über die *Tatsachen* und die Dialektik um die Tatsachen in der Welt hinaus. Somit gibt es in ihrer Dialektik keine transzendente Grundlage mehr, es sei denn bei Marx die wirtschaftlichen Beziehungen zwischen den Menschen und bei Schönberg die Beziehungen zwischen den Tönen mit bestimmter Tonhöhe. Und aus diesem Grunde bewirkt Schönberg auch die gleiche »Revolution« wie Marx: Ihrer beider »Welt« wird von der Totalität der auf eine Stufe gestellten Einheiten, die sie bilden, beherrscht. Keine Tonika, keine Hierarchie unter den Tönen mehr, keine von innen erzeugte »Form«, sondern nur noch eine *von außen*, von der kommunistischen Parteileitung gerade verordnete oder durch die jeweilige »Reihe« bestimmte Existenz. In beiden Fällen ist alle Subjektivität zu einem bloß noch vegetativen Dasein verurteilt – ähnlich dem des musikalischen Bewußtseins der Chinesen innerhalb der pentatonischen Skala.

EIN ANDERES BEISPIEL   Ein anderer Widerspruch in der praktischen Anwendung der Lehre ist, daß die Reihe für das Ohr nicht erfaßbar ist, wenn sie nicht als Melodie exponiert wird; denn ihre Töne werden in den verschiedenen Stimmen nach verschiedenen Richtungen und nicht immer in ihrer Reihenfolge verteilt. Man konnte dies in den bereits gezeigten Beispielen von Schönberg sehen und kann es in dem folgenden, der Theorie noch gemäßeren Beispiel aus dem 2. Satz des Violinkonzerts von Alban Berg feststellen:

Hierin befindet sich die Praxis sogar mehrfach im Gegensatz zur Theorie.

Da der Zwölftonkomponist seine Musik auf ein frei gewähltes »Motiv« und eine dialektische Verkettung von »Motiven« aufbauen soll, ist er im Augenblick, in dem er seine Musik erschafft, in der gleichen Lage wie der tonale Komponist; seine Dialektik ist frei, aber durch die *Reihe* bedingt, so wie die Sprache der Marxisten durch ihre Ideologie bedingt ist. Folglich kommt es häufig, ja ständig vor, daß ein Ton der Reihe früher wiederkehrt, als er »an der Reihe« wäre, und sich wiederholt, ehe die elf anderen Töne aufgetreten sind. Darüberhinaus bewirkt die Anwendung der drei Reihen, die die Grundreihe imitieren, und sogar die Verwendung einer Transposition der vier Reihen, daß *ein und derselbe Ton* – je nach der Reihe, der er entnommen ist – verschiedene Ordnungsnummern tragen kann. Schließlich ist nach dem Prinzip der Reihe jeder Ton nach seiner Beziehung zum vorhergehenden, d. h. durch das ihm vorausgehende *Intervall* bestimmt; sobald er aber nach jedem beliebigen Ton der Reihe auftreten kann, verliert er seine Eignung zu einem *Reihenton*; er ist dann für den Hörer nur noch irgendein gleichsam vom Himmel gefallener Ton, der lediglich durch seine Beziehungen zu den Nachbartönen bestimmt und vielleicht nur deshalb ein *a* oder *as* ist, weil der Komponist zwecks Komplettierung der Reihe gezwungen war, diese jeweilige »Nummer« zu placieren.

Somit hat die »Reihe« keinerlei »konstruktiven Sinn« und dient letzten Endes zu nichts, es sei denn, daß sie dem Komponisten die Möglichkeit gibt, seine Tonstrukturen ohne Rücksicht auf die tonalen Gesetze zu bilden, was nicht mehr und nicht weniger bedeutet, als daß ein jeder Zwölftonmusik schreiben kann, auch wenn er kein Musikgehör hat. Schönberg war der Meinung, er habe in der Reihe ein »konstruktives« Element als Ersatz für das »tonale Zentrum« gefunden, das in unseren Tagen und in seinen Augen, wie wir aus seinen Ausführungen erfahren, keinen »konstruktiven Sinn« mehr habe. Man kann nur annehmen, daß er die Musik auf dem Papier beurteilt; denn wie könnte man beim Hören die konstruktive Wirkung der Bewegung des »Grundtons« der Harmonie nicht empfinden – selbst bei Debussy, dessen »Harmonik« er offensichtlich nicht begriffen hat?*

Die Zwölftonlehre hat also die Antwort auf die Fragen »Was soll ich tun?« und »Wie soll ich es tun?«, die sich der Komponist an der Schwelle unserer Epoche stellen mußte – nennen wir es sein ästhetisches Problem –, offengelassen. Ähnlich wie der Eisenbeton für den Architekten ein neues Baumaterial gebracht hat, das die Probleme des Stils und der Form völlig offenließ, so brachte auch sie dem Komponisten nicht mehr als ein problematisches Mittel des Zufalls für den Bau seiner Tonstrukturen; aber sie brachte ihm nichts, worauf er ein musikalisches Vorhaben, einen Stil und eine Form hätte gründen können.

---

* Ich habe ihn sagen hören, die »Durchführungen« bei Beethoven seien »Rhetorik«. Hat er denn nie empfunden, daß ihre modulatorischen Bewegungen jeder vorgegebenen Regel entraten, während man doch unter »Rhetorik« im abträglichen Sinne eine formelhafte Redeweise versteht, die bar jedes Inhalts sein kann?

Sehen wir jetzt, was sie dem Hörer bringen kann, indem wir uns ganz einfach über die erste Phrase des Klavierstücks ein Urteil bilden, dessen Anfangsmotiv wir bereits im Beispiel auf S. 542 gesehen haben:

Im Verlauf dieser Stelle findet man Anspielungen auf das Motiv *b*: Zunächst in der Baßstimme (vierter, fünfter Takt); ferner in der zweiten Stimme
(siebter, achter Takt: direkte Nachahmung und krebsgängige Nachahmung);
dann in der ersten Stimme (neunter, zehnter Takt). Aber diese Anspielungen
erfolgen inmitten zahlreicher anderer Ereignisse: Es sind dies die verschiedenen Motive, die nach den ersten Takten die zweite Stimme und den Baß
erzeugen und die zwar rhythmisch eine klare kontrapunktische Dialektik
bilden, jedoch melodisch und harmonisch in keiner Beziehung miteinander stehen. Nur im vorletzten Takt erinnert die Baßstimme an Motiv *b*.
Was die Oberstimme anbelangt, scheint sie vom vierten Takt an einen
Verlauf zu nehmen, der offenbar nichts mehr mit dem zu tun hat, was
sie sich in den ersten drei Takten »vorgenommen« hatte. Sie setzt lediglich *in den Tönen* die Linie fort, imitiert dann durch ihre Zweiunddreißigstelgruppe die weiter vorn in der zweiten Stimme aufgetretenen Zweiunddreißigstel und fährt mit der – im Hinblick auf ihren Anfang – gleichen
Inkonsequenz fort, um plötzlich – wie aus Überdruß – einfach aufzuhören.

Anders ausgedrückt, ist diese Phrase einer Erzählung vergleichbar, die von einem Gegenstand ausgeht und sodann um diesen Gegenstand kreist, jedoch ohne Beziehung zwischen »Antezedens« und »Konsequenzen« oder doch nur durch flüchtige, noch dazu mit »Zufälligkeiten« angefüllte Anspielungen, die von den Begleitstimmen vorgebracht werden. Wir wollen die Frage, ob der Zuhörer diese dreistimmige Wechselrede überhaupt klar erfassen kann, gar nicht erst aufwerfen; aber Tatsache ist, daß er, wenn er bis zum Schluß folgen kann, von diesem Schluß gar nichts hat; denn der *Beweggrund* zu dieser Wechselrede, die Notwendigkeit der Motivverkettung, alles, was der Phrase in ihrer Gesamtheit einen *Sinn* geben könnte, wird ihm auch am Schluß nicht aufgehen. Die Phrase ergibt wohl ein Ganzes, das Stück für Stück auch logisch ist und in der Oberstimme sogar Kontinuität besitzt, aber zu keinem Gesamtergebnis kommt; sie bildet eine Reihe und eine Summe von bedeutungshaften und in der Dauer wohl ausgeprägten Motiven, aus denen jedoch keine Gesamtbedeutung hervorgeht. Sie ist, mit einem Wort, wie ein Satz ohne Verbum oder ohne Verben, die zwischen den ausgesprochenen Dingen eine Sinnverbindung herstellten. Das Fehlen der tonalen harmonischen Bewegung als Zusammenhalt der gesamten melodischen Entfaltung *entspricht* in der musikalischen Ausdrucksweise dem Fehlen des Verbums in der Sprache.

Der weitere Verlauf des Stücks ändert nichts an diesem Stand der Dinge, ausgenommen, daß im letzten Takt erneut eine vage Anspielung auf die Motive des Anfangs erfolgt. Die *streng* serielle Musik ist unfähig, einem affektiven, sinnerfüllten Gesamterlebnis Raum zu geben; sie kann im äußersten Falle einer Reihe unzusammenhängender Impressionen Ausdruck verleihen, die sie im Zeitablauf verbindet. Sie ist, so könnte man sagen, aus existenziellen Bedeutungen zusammengesetzt; aber es fehlt ihr das Sein – und damit die *Schönheit* – nicht nur im Ganzen sondern *in jedem Augenblick*. Das ist die Folge der Heterogenität ihrer gleichzeitig angewandten Elemente. Auch kann sie eine *Bedeutungsfunktion* nur dann haben, wenn sie einen Text oder eine dramatische Aktion begleitet – nicht als ob sie ihre Bedeutung auf den Text projizieren könnte, aber in günstigen Fällen und momentweise kann der Text klären, was in dem affektiven Erlebnis, das aus dieser Musik entsteht, von Grund auf trübe und unklar ist. Aber als Musik hat sie zwei Aspekte, die ein normales musikalisches Naturell abstoßen und die erkennen lassen, was ihr an künstlichen und unmenschlichen Eigenschaften anhaftet. Infolge der Tatsache, daß die Dodekaphonie die Oktave abgeschafft hat, macht sie aus den Intervallen, die größer als eine Oktave sind und in der spontan geschaffenen Musik nur ausnahmsweise oder gar nicht auftreten, normal gebräuchliche Intervalle. Da sich der Zwölftonkomponist selbst der *Spannungen* beraubt hat, die die harmonischen Kadenzen einer melodischen Bewegung im Rahmen der Oktave verleihen, trachtet er sie durch Intervalle zu erzeugen, die größer sind als eine Oktave. Dabei übersieht er, daß unser tonaler Horizont naturgemäß in Energiezonen (Baß, Tenor, Alt, Sopran) eingeteilt ist und daß das, was sich in einer Oktave abspielt, einem anderen Energieregister zugehört als das, was in einer anderen Oktave vorgeht und im allgemeinen einer anderen Stimme anvertraut ist. Wenn also ein Dodekaphonist, sagen wir, ein tiefes *d* im Fagott erklingen und darauf ein hohes *c* in der Oboe folgen läßt und damit beabsichtigt, ein Intervall hören zu lassen, empfindet das der Zuhörer nicht eigentlich als *Intervall*, sondern als *zwei einzelne Töne in einem wahrnehmbaren Abstand voneinander, die sich nicht in einem gemeinsamen melodischen Weg verbinden.* Schönbergs Idee, eine Melodie durch eine Aufeinanderfolge von Tönen verschiedener Klangfarbe zu bilden *(Klangfarbenmelodie)*, verstößt gegen das natürliche Gesetz des Hörbewußtseins. Die Voraussetzung für das Aufscheinen eines melodischen Weges ist, wie wir gesehen haben, die *Homogenität* des Klanges. Ein fortlaufender melodischer Weg kann sehr wohl von einem Instrument zu einem anderen übergehen, jedoch von Motiv zu Motiv oder von Phrase zu Phrase und nicht von Note zu Note. So ist es z. B. zweifelhaft, ob die Baßlinie des siebten Taktes im vorstehenden Klavierstück vom Zuhörer als die chromatische Tonfolge *d-des-c* gehört wird, als die Bedeutung also, die ihr der Dodekaphonist zumißt. Sobald Intervalle, die größer als eine Oktave sind, in verschiedenen Klangfarben auftreten, verfehlen sie ihren Zweck, der darin besteht, das Intervall und die Beziehung zwischen den beiden jeweiligen Tönen *fühlbar* zu machen, und sobald sie vom gleichen Instrument zum Klingen gebracht werden, nehmen sie der Instrumentalstimme ihren *vokalen* Charakter und der gesungenen Stimme ihre *Natürlichkeit*; in beiden Fällen geht ein bestimmter menschlicher Charakter der Musik verloren.

Andererseits hält die Verpflichtung des Zwölftonkomponisten, ständig neue strukturelle Fakten zu erzeugen, den Zuhörer in Erwartung einer Lösung, die niemals eintritt, und folglich in einer ununterbrochenen Spannung. Nun besteht aber unser seelisches Dasein in einer Folge von Spannungen und Entspannungen, wie sie gerade durch die tonalen Kadenzen hervorgerufen werden, und so betrachtet, ist ein Dasein in der Dodekaphonie ein unmenschliches Dasein.

Durch alle diese Eigenschaften ist die serielle Musik in die Enge einer Alternative getrieben worden: Entweder ist sie infolge ihrer Gekünsteltheit, ihrer Unnatur und Unverständlichkeit unerträglich, oder aber sie ist infolge ihres Mangels an Zielstrebigkeit und – wenn sie nicht unruhig und ohne hervorstechende Ereignisse abläuft – wegen ihres Stagnierens tödlich langweilig. Und das ist wohl der Grund, weshalb sie trotz der ungeheuren Propaganda, die für sie gemacht wird, das »breite« Publikum und die Mehrheit der Musiker nicht für sich gewinnen konnte. Für die Musiker, die sie spielen müssen, ist sie eine Qual, weil sie sie zu Zählmaschinen erniedrigt, die Töne von sich geben müssen. Bei der Wiedergabe der tonalen Musik hat nicht nur das, was sie zu spielen haben, einen Sinn an sich, sondern der Musiker kann sich auch selbst über den Sinn Rechenschaft geben, den seine Stimme im Ensemble besitzt, und folglich auch über ihre Bedeutungsfunktion innerhalb des musikalischen Ablaufs. In der seriellen Musik ist er völlig allein und muß einen Part ausführen, der im allgemeinen für ihn keinerlei »musikalischen« Sinn hat. Die Posaunenstimme eines der Orchesterstücke Weberns beginnt mit *gis-b*. Dieses von jeglichem harmonischen Zusammenhang isolierte Intervall müßte für das musikalische Ohr und folglich auch für den Posaunisten entweder *gis-ais* oder *as-b* lauten. Kurzum, der Ausführende sieht sich vor Rätsel gestellt, ganz zu schweigen von den Schwierigkeiten eines Sängers, der eine atonale Melodie, die aus *temperierten* Tönen zusammengesetzt ist, zu singen hat, während doch die menschliche Stimme, die dem *Ohr* gehorcht, von Natur aus pythagoreisch und tonal orientiert ist.

SCHÖNBERG UND DIE KLASSISCHE MUSIK   Wie aber kommt es, daß die aus Schönbergs Lehre hervorgegangene Musik so weit von dem entfernt ist, was er sich von ihr erwartet hatte, da er doch überzeugt war, die *Reihe* würde der Ursprung einer *autonomen* und *allgemein verständlichen* Musik werden? Seine Art, Musik zu analysieren, die wir in einigen Beispielen aus *Style and Idea* kennenlernen werden und von der er behauptet, sie sei ihrem Zweck höchst angemessen, wird auf diese letztere Frage und überhaupt zum Problem Schönberg eine endgültige Antwort bringen.

Betrachten wir zunächst seine Analyse der ersten »Phrase« aus dem *Andante* des *Quartetts* opus 51 Nr. 2 von Brahms:

Diese Phrase ist nach Schönbergs Aussage ganz aus einem Sekundintervall abgeleitet sowie aus Intervallen, die durch Imitation oder Beifügung aus diesem entstehen. (Schönberg bezeichnet als »Phrase«, was zunächst nur ein *Motiv*, und zwar ein nicht zerlegbares Motiv, ist; da er die tonale und die rhythmische Struktur *getrennt* untersucht und erst *nachträglich* wieder zusammenfaßt, hat er niemals eine Ahnung davon haben können, was ein *Motiv* überhaupt ist.) Er nimmt also als erste Gegebenheit das Intervall *a* an und läßt *b* die Umkehrung von *a* sein – seit wann ist eine absteigende *große* Sekunde die Umkehrung einer aufsteigenden *kleinen* Sekunde? Hierauf macht er aus der Folge d-e-d ein Motiv *d*, das in seinen Augen die Wiederkehr von *b* zu Anfang der folgenden absteigenden Quart erklärt. Nun wissen wir aber, daß das Intervall d-e des zweiten Takts zwar erfaßt wird, im »affektiven« Erlebnis der musikalischen Wahrnehmung jedoch nicht »zählt«; es ist also nicht geeignet, die Wiederkehr des e zu erklären, das in Wahrheit nur da ist, um die Bewegung e-d im Hinblick auf die Erreichung der unteren Quart wieder aufzunehmen und durch diese das *e* unter neuem Aspekt wiederzufinden (nämlich als Quinte des Tonika-Dreiklangs, während das vorhergegangene die Oktave des Dominant-Dreiklangs war) und, von diesem e ausgehend, aufs neue die melodische Bewegung *d* herauszustellen, die diesmal auf den starken Taktteil fällt, während sie zuerst im schwachen Taktteil auftrat. Desgleichen hat die Wiederholung fis-e die Funktion, uns über die absteigende Quarte und hierauf Quinte zum vierten Motiv zu geleiten, wo das e zur *Tonika* wird (im *Dominant-Bereich* der Anfangstonalität); das fünfte Motiv ist eine variierte Imitation des vierten, was durch die begleitende Unterstimme unterstrichen wird. Das sechste Motiv ist dann absolut neu und bildet als direkte Fortführung und zugleich Vollendung des fünften den Abschluß der ganzen Phrase, deren Gesamtsinn es war, uns durch eine Gemütsbewegung, die durch ihren tonalen Weg, ihre rhythmische Besonderheit und ihr Tempo gekennzeichnet ist, aus dem anfänglichen tonalen Bereich in den Dominant-Bereich überzuführen, d.h. aus einer Gegenwart, die zur Vergangenheit wird, in eine Zukunft.

Schönberg aber sieht es so: $c = a + b$, $e = b + b$; und der Höhepunkt ist, daß er das Intervall *f* (h-e) als »abstraktes« Intervall von *e* durch Umkehrung behandelt; noch dazu entnimmt er dem zweiten Motiv – diesmal durch eine echte Abstraktion – ein *c'*, in dem er eine Imitation von *c* erblickt. Für ihn ist also das zweite Motiv aus $e + d$ entstanden, die durch die aus *e* abgeleitete, umgekehrte Quarte miteinander verbunden sind. Das dritte Motiv läßt er zweimal *e* sein, ohne auf die inneren strukturellen Unterschiede zwischen den beiden Quarten zu achten, noch auf die Tatsache, daß die zweite Quarte keinerlei Eigendasein besitzt, sondern lediglich einen Ausschnitt aus einem ganzen Quintschritt darstellt. Hierauf hängt er – durch *f* – das e des fünften Takts an das dritte Motiv an, ohne zu sehen, daß h-e »nicht zählt«, weil e Auftakt zum vierten Motiv ist. Er macht sodann aus diesem vierten Motiv eine »transformierte« *Transposition* (im Hinblick auf das alterierte d) von c, ohne zu beachten, daß dieses Motiv noch das tiefe h enthält; und auf gleiche Weise macht er aus dem fünften Motiv (ohne h) eine Variante des vierten. Bei der Beurteilung des Abschlußmotivs endlich sieht er von dessen Verbindung mit dem vorhergegangenen Motiv (durch das h) ab und läßt es $e + d + b$ sein, eingeleitet durch ein his, das in seinen Augen die einzige Note ist, deren Ableitung »umstritten sein könnte«, kurzum die einzige unerklärliche und fehlerhafte Note.

Wie man sieht, *atomisiert* er die Musik und bildet sich ein, sie entstehe Stück für Stück, Intervall für Intervall, als ob selbst der Begriff der »Form« – und der in der Dauer *von ihrem Endziel* her erzeugten Form im Hinblick auf ein Ganzes – seinem Verstand völlig fremd wäre. Dies ist der Grund, weshalb seine Reihe aus aneinandergereihten Intervallen gemacht ist. So erarbeitet er seine Musik, und zwar indem er vom *Motiv* ausgeht, ohne sich Rechenschaft zu geben, daß er bereits hierdurch im Widerspruch zu sich selbst handelt. Mit den rhythmischen Strukturen macht er es ebenso und erklärt diejenige der beschriebenen Phrase mit einem extravaganten Kalkül in *Viertelnoten*.

Aber seine Art, den Rhythmus zu analysieren, wird an folgendem Beispiel aus dem *Klavierquartett* K.V. 478 von Mozart noch besser illustriert:

Es ist klar, daß diese Phrase nicht aus drei, sondern aus zwei Motiven zusammengesetzt ist. Das erste endet mit dem zweiten (punktierten) Viertel des dritten Taktes. Das zweite erstreckt sich über einundeinhalb Takte und wird von einem Auftakt mit drei Achteln eingeleitet. Aber die im Auftakt zum ersten Motiv und auf dem vierten Viertel des zweiten Taktes vorgezeichneten *Sforzati* erscheinen Schönberg mit der kadenziellen Struktur dieser Phrase unvereinbar, und er wirft die Frage auf, ob nicht auch auf das *c* des dritten Takts – in seiner Eigenschaft als Synkope – ein Akzent zu setzen wäre. Auf diese Frage hätte die Stimme des Violoncellos (Beispiel *b*), die bei der Reprise der Melodie hörbar wird, eine Antwort geben können: Sie stellt die Grundtonkadenz ganz klar als *Alla-breve*-Rhythmus mit tonischem Akzent auf dem Auftakt der Kadenz hin, was der Melodie volle Betonungsfreiheit läßt und aus dem zweiten *Sforzato* den *rhythmischen* Akzent einer Synkope macht, der ausdrucksbetonter ist als der tonische Akzent; und damit wird mit einem Schlag jeder Gedanke einer Betonung des *c* ausgeschlossen. Aber Schönberg ist nicht überzeugt: Nachdem er mit Hilfe seiner üblichen Zeichen (′ = betont, ⌣ = unbetont) die Akzentuierung der Phrase notiert hat, wie sie geschrieben steht (Beispiel *c*), – woraus man erkennt, daß er zwischen den beiden *Sforzati* keinen Unterschied macht, daß er sich über die Nichtbetonung des ersten und zweiten Taktteils des *Alla breve* wundert und die eventuelle Betonung des *c* in Schwebe läßt –, bezeichnet er zwei Möglichkeiten, die Phrase zu notieren (Beispiele *d* und *e*), die ihm ihre rhythmische Struktur aufzuklären scheinen.

Wenn man diese Analysen betrachtet, glaubt man zu träumen und könnte versucht sein zu sagen, Schönberg habe ganz gewiß gar nichts von Musik verstanden oder doch nichts von ihrer Sprache, wenn es nicht klarwäre, daß derjenige, der in Schönberg nichts davon verstand, der Denker oder der Lehrer war und nicht eigentlich der Musiker. Nur weil der »Professor« in ihm – seit der Entdeckung der Reihe – sein musikalisches Denken fortspinnen sollte, mußte dieses für den Unverstand büßen, den jener dem eigentlichen *Sinn* der musikalischen Bilder entgegenbrachte.

»Der *dumme* Jude«, flüsterte mir eines Tages Ernest Bloch ins Ohr, als wir gemeinsam eine Erklärung von Schönberg lasen. Ein Jude mußte das zu mir sagen, damit ich auch meinerseits zu der Beobachtung fand, daß zwar der dumme Jude in der intellektuellen Schicht ein seltener Vogel, der intellektuelle Jude aber nicht minder in Gefahr ist, sich von jener spezifischen Dummheit überrumpeln zu lassen, die – wie wir gesehen haben – die fatale Begleiterscheinung jeder nicht-reflexiven ethischen Seinsweise eines Menschen bildet, der von seinem nicht-reflektierten »Ich« beherrscht wird, d.h. eines Menschen, der unfähig ist, sich von sich selbst zu lösen. Wenn in dieser Lage das reflexive Denken, d.h. das *cogito*, das *handelnde* Ich, auf dem ihm eigenen, es zur Welt hin führenden Weg in Tätigkeit tritt, fällt sein Blick auf grobe Fakten – wie Schönberg sagt, auf rein quantitative Gegebenheiten –, die des Sinnes, den sie in der reinen Reflexion besitzen, völlig entkleidet sind, und daher kommt jene *Kurzsichtigkeit*, die beim Menschen für die Dummheit so bezeichnend ist[*].

Aber in der Aktion – und in der schöpferischen Aktivität – tritt das psy-

---

[*] Von dieser Kurzsichtigkeit hat Schönberg ein trauriges Zeugnis abgelegt durch die Art seiner Reaktion auf Thomas Manns Roman *Doktor Faustus*, worin der Autor gewisse

chische »Selbst« wieder in seine Rechte; und deshalb darf man auch nicht den Musiker Schönberg nach dem »Professor« Schönberg beurteilen. Nur sind bei ihm die Wege des Musikers durch eine Musikauffassung bestimmt, die aus seinen verstandesmäßigen Spekulationen über die »groben« Fakten der musikalischen Bilder hervorgegangen ist, und man könnte diese spekulative Tätigkeit als *genial* bezeichnen, wenn sie ihn dazu gebracht hätte, in den Fakten zugleich ihren *Sinn* wiederzufinden und in dem Tongesetz, das seine spekulative Tätigkeit der Musik zuschreibt, das wahre Gesetz des Hörbewußtseins auf dem Gebiet der musikalischen Töne neu zu entdecken. Da dies nicht der Fall ist, muß man wohl feststellen, daß der geniale Anschein seiner Theorie ein falscher Schein ist, daß seine Theorie auf einen Irrweg führt und er – so betrachtet – ein falsches Genie ist. Während andererseits Strawinsky, ein anderer Menschentyp, der sich auch nicht vom eigenen Selbst loslösen kann, sein *psychisches* »Ich« in seiner Musik gar nicht engagiert, es sei denn in seiner affektiven Verbundenheit mit den Dingen, besteht kein Zweifel, daß Schönberg sich sehr wohl »engagiert« und bestrebt ist, aus der musikalischen Sprache seine eigene zu machen. Es ist ebensowenig zweifelhaft, daß er eine feurige Seele hatte und von transzendenten Visionen begeistert war, die zu musikalischem Ausdruck drängten. Sei es aber, daß er nicht das Genie des gemäßen Ausdrucks und der formalen Erfindung hatte, die den großen Musikern eigen ist, sei es, daß seine Vorhaben, mehr gedacht als empfunden, über die musikalischen Ausdrucksmöglichkeiten hinausgehen – seine expressiven Bestrebungen bleiben im Keime stecken, weil er sich einer Sprache bedient, die für den Zuhörer nicht jene *Bedeutungsklarheit* besitzt, die die Grundbedingung jeder mitteilbaren Ausdrucksform ist, eine Klarheit, die einzig der durch das »natürliche« tonale Gesetz des Hörbewußtseins bedingten Musik zu eigen ist. Hätte man es also bei Schönberg mit Genie zu tun, wäre es in seinen atonalen Werken, wo es sich nur in gelegentlichen Blitzen bemerkbar macht, ein totgeborenes Genie gewesen, das sich übrigens in seinen tonalen Werken kaum oder doch weniger bekundet. Denn das Genie bekundet sich in seinen Werken – das Genie Debussys oder Wagners ist das *Werk* Debussys und Wagners –, und ein *potentielles* Genie ist noch keines. Es ist »potentiell« in allen Individuen vorhanden; um sich aber in Werken bekunden zu können, bedarf es auch *formender* schöpferischer Kräfte, die noch vom *Verständnis* für die künstlerischen Möglichkeiten begleitet sein müssen, das hier kein kurzsichtiger Verstand, sondern ein *transzendentes* Verstehen sein muß. Nun entsteht auf

Schönbergsche Züge auf seinen Helden, Adrian Leverkühn, überträgt. Schönberg fühlte sich tödlich beleidigt, weil Thomas Mann Leverkühn die Erfindung eines neuen Tonsystems zugeschrieben hatte, das demjenigen Schönbergs reichlich ähnlich ist, wobei er aber dessen Namen gar nicht erwähnte; noch dazu hatte der Autor den Leverkühn mit einer Syphilis geschlagen, von der jedoch Schönberg, wie er versichert, niemals befallen war. Beim Lesen der Briefe Schönbergs an Thomas Mann, die in der *Saturday Review* veröffentlicht waren, dachte ich, Schönbergs Ansehen werde einen argen Rückschlag erleiden; aber nichts dergleichen trat ein – die »Meinung« zeigte sich ebenso wenig beeindruckt wie durch die weiter oben zitierten Ausführungen in *Style and Idea*.

556 Die geschichtliche Entstehung der Musik

künstlerischem Gebiet das Genie aus sinnen- und gemüthafter, nicht aus verstandesmäßiger Intuition, es sei denn, diese wäre der unmittelbare Reflex der beiden erstgenannten, in welchem Falle sie, wie wir gezeigt haben, nur als Begleiterscheinung der Aktivität des Genies auftritt, welch letzterer die Initiative des schöpferischen Tuns zukommt. Das ist der Grund, weshalb in der Kunst der entscheidende Akt dem *extravertierten* Tun zukommt, der Intuition der Ausdrucksfähigkeit der Dinge – und man könnte grob vereinfachend sagen, daß die fundamental extravertierten Rassen die *ästhetischen* und die fundamental introvertierten die *ethischen* Rassen sind. Erstere haben Sinn für die Form und bringen Formen hervor, letztere haben den Sinn für die *Gesetzmäßigkeiten* und entdecken Gesetze, auf denen die formalen Strukturen beruhen. Daraus folgt, daß letztere sich von den durch erstere erschaffenen »Formen« nähren, und es ist Tatsache, daß das abendländische musikalische Bewußtsein, das ursprünglich introvertiert war, seine formalen Elemente aus dem Orient bezogen und daß diesen sodann im Laufe des harmonischen Zeitalters das deutsche musikalische Bewußtsein ganz neue Züge und eine ganz andere Reichweite verliehen hat, indem es elementare Formen und formale Typenelemente anwandte, die es aus Italien, Frankreich, England und verschiedenen volkstümlichen Quellen herbeigeholt hatte. Aber es hat die Wege der harmonischen *Tonalität* entdeckt und seine melodische Dialektik auf die Grundkadenzen der Harmonie und auf die Grundintervalle aufgebaut und wahrlich der Welt die Wege der harmonischen Musik geoffenbart. Nach Erfüllung dieser Aufgabe konnte daher eine formale Erneuerung nur aus der Aktivität eines *extravertierten* Bewußtseins kommen. Man vergleiche die Modulationskunst Debussys mit derjenigen seines Zeitgenossen Mahler, und man wird feststellen, daß ersterer auf ganz andere Weise zum Neuerer wurde – zumal in seiner besonderen Spontaneität – als der letztere.

SCHÖNBERGS PERSÖNLICHKEIT   Schönbergs Musik bringt Neuerungen, gewiß – aber sie beraubt zugleich das Musikerlebnis der Erkennbarkeit seines Sinns und der Transzendenz seiner Bedeutungen, die doch erst seinen Wert ausmachen; deshalb kann man Schönberg – auch wenn man ihm eine Art von Genialität im Irren zubilligt – nicht in die Reihen der Genies eingliedern, die in der Rangordnung des Musikschaffens Geschichte gemacht haben; denn er hat ihren Lauf eher aufgehalten oder doch zumindest aus der Richtung gebracht. Dafür aber, daß er den gewählten Weg bis zum Ende gegangen ist, daß er auf ihm ausgeharrt hat gegen Stürme und Fluten, gegen die Gleichgültigkeit oder die Feindseligkeit des Publikums, macht er eher die Figur eines Helden als eines Genies – des Helden einer fixen Idee wie Don Quixote. Diese fixe Idee entsprang übrigens einer richtigen Intuition: daß nämlich die Sprache der Musik einem Gesetz gehorchen müsse; nur hat er ein äußeres Gesetz daraus gemacht, während sie doch – wie jede Sprache – einem inneren gehorcht. Dieses Ausharren auf seinem Weg und in einem Gesetz, das er zu dem seinen gemacht hatte, ist bei Schönberg das Zeichen einer *ethischen* Kraft und Haltung, die der wahre Grund seines Ansehens sind und auch seiner Musik eine Art von *Einheit des Stils* verleihen: Man erkennt sie im ersten Augenblick, man unterscheidet sie, ohne zu zögern, von der seiner Schüler oder anderer Dodekaphonisten. Er hatte also recht in der Annahme, die Reihe müsse seinen musikalischen Strukturen eine gewisse *Einheit* sichern, doch war es lediglich eine Einheit des *Stils*, vergleichbar derjenigen des Kunsthandwerks. Die Kraft des Ethos ist so beschaffen, daß sie einen gleich sicheren Halt im Wahren wie im Falschen bietet: Der Mensch, der an falsche Götter glaubt oder sich eine falsche Vorstellung von Gott macht, gewinnt aus seinem Glauben die gleiche innere Stärke wie einer, der sein Gesetz von Gott hat – von jenem Gott, der sich im Herzen des Menschen verkündigt.

In der Tat – was an Schönberg groß ist, ist nicht der Denker und nicht der Musiker, sondern in gewisser Weise der Mensch. Er ist groß in seinem inbrünstigen, fruchtlosen Trachten nach Verständigung mit dem Nächsten durch die musikalische Sprache, d.h. groß in der *Tragik* seines Ausdrucksbedürfnisses. *»O Wort, du Wort, das mir fehlt!«* In diesen Worten, die er – am Schluß des zweiten Akts von *Moses und Aaron* – Moses in den Mund legt, ist die Tragödie seines Daseins zusammengefaßt. Er strebte nach Unmöglichem; er wollte die musikalische Sprache dahin bringen, Dinge kundzutun, die entweder in ihm selbst nicht klar waren oder die – als bloße gedankliche oder Gefühlsregungen, die nicht den Formen des musikalischen Empfindens entsprachen – dem Ausdrucksvermögen der musikalischen Sprache unzugänglich blieben. Und um dies zu erreichen, vertrieb er die musikalische Sprache von den Wegen der Mitteilbarkeit. Somit ist seine Sprache nicht mehr *Ausdruck*, sondern *Zeichen* des Menschen – ein Zeichen seiner nach Ausdruck drängenden Anwandlungen, und mit Schönberg hat die abendländische Musik, wie wir später sehen werden, einen Weg beschritten, auf dem sie aufhört, unmittelbarer Ausdruck des Menschen zu sein, um ein Zeichen zu werden, das Zeichen seiner Suche nach einem Stil oder seiner ethischen oder sprachlichen Verwirrung. Bei Schönberg aber ist dieses Zeichen infolge der Künstlichkeit der Ausdrucksweise zwar deutlich von einem tragischen Bedürfnis nach Selbstausdruck geprägt, das sich aber dieser künstlichen Sprache nur mangels der Fähigkeit bedient, sich in der universellen Sprache der Musik kundzugeben. Das ist der Grund, weshalb trotz allem Werke wie *Moses und Aaron* oder *Der Überlebende von Warschau* den Zuhörer rühren können: Durch die Zusammenhanglosigkeit und Überschwenglichkeit der Sprache hindurch spürt er ein tragisches Bedürfnis nach Ausdruck, das nicht zum Ziele führt; und diese Tragik trifft in diesem besonderen Falle mit der Tragik des musikalischen Vorwurfs zusammen. Obgleich also Schönbergs Musik infolge ihres tiefliegenden Mangels an Mitteilbarkeit kaum eine Chance hat, unsere Epoche zu überdauern, wird doch sein Name zweifellos in der Geschichte fortleben, so wie auf

anderem Gebiet derjenige Sacher Masochs fortlebt – d. h. als ein Symbol, als
das Symbol eines teuflischen Beginnens und heroischen Scheiterns.

Es bleibt festzustellen, daß die vom Theoretiker Schönberg ausgeübte
Autonomie der Sekundärreflexion, von der Sartre behauptet, sie *vergifte* das
Reflektierte, die Musikauffassung einer ganzen Generation von Musikern,
Theoretikern und Kritikern, die an Schönberg »geglaubt« und in ihm ein
Genie gesehen haben, tatsächlich vergiftet und gröblich verfälscht hat. Aber
man muß sich fragen, wie es geschehen konnte, daß eine dem Sinn der Musik
so entgegengesetzte Technik, die Schönberg zunächst als *private Angelegenheit*
betrachtete, sich gleich einer Epidemie über die engere Umgebung Schönbergs
in Wien und Berlin und in Ländern verbreitet hat, die bis dahin eine echte
Musikalität gezeigt hatten. Der Grund dieser internationalen Verbreitung
liegt ohne Zweifel in der »Ernsthaftigkeit« der Ideologie Schönbergs sowie in
der Befriedigung, die sie dem Bedürfnis nach »Neuheit«, und den Erleich-
terungen, die sie in dieser Hinsicht der Arbeit des Komponisten verschaffte.
Gewiß war es ihr »Ernst«, der Schönbergs Lehre die Pforten von Paris geöffnet hat, wo sie die Leere und das ideologische Ungenügen des Unterrichts
am Conservatoire auffüllte und wo sich Schönbergs Musik eben durch ihren
»Ernst« und ihre »Neuheit« der allzu gefälligen oder doch ihrem äußeren Anschein nach allzu leichten Musik französischer Tradition entgegenstellte. Und
jene, die ihr ins Garn gegangen sind, haben nicht erkannt, daß der Ernst Schönbergs der eines Beckmesser war, jener Figur, in welcher Wagner den Menschen
verkörpert hat, der die Kunst willkürlichen Regeln unterwerfen möchte.

Aber noch etwas anderes mag den verblüffenden Einbruch der Lehre und der
Musik Schönbergs nach dem zweiten Weltkrieg in Frankreich erklärlich erscheinen lassen. Die Niederlage von 1870 hatte ein Erwachen der französischen
Seele hervorgerufen, das sich – neben anderen Auswirkungen – in der bekannten außergewöhnlichen musikalischen Wiedergeburt bekundet hat. Der
»Sieg« von 1918 tauchte Frankreich in eine Euphorie und eine Art ethischer
Erschlaffung, die es für alles Neue, das das Ausland ihm bringen mochte, in
besonderem Grad empfänglich sein ließ. Der Gang der Dinge war so, als
hätte die ethische Seinsweise des Franzosen – und insbesondere die des Pariser
Franzosen – nicht mehr genügend Kraft gehabt, um dem Einfluß des Auslan-
des widerstehen zu können. Denn es ist zweierlei, den Ausländer zu verstehen
und von seinem Beitrag anzunehmen, was er allgemein Menschliches enthält,
so wie es Debussy im Hinblick auf *Tristan*, *Parsifal* und das lyrische Element
bei Mussorgsky gehalten hat, oder aber blindlings zu glauben, ohne zu verstehen, und des Ausländers Art, zu sehen und zu handeln, passiv, ohne eigenen
Beitrag zu übernehmen. Was vordem aus der Lichterstadt gekommen war, das
war französischer Geist, doch die Lichterstadt war ein babylonischer Turm
geworden; und was hinfort aus ihr kam, war auf dem Gebiete der Kunst ein
Widerschein französischen Geistes *unter dem Einfluß* von Picasso, Strawinsky
und dem Dadaismus von Tristan Tzara. Jene Franzosen, die sich den fremden

Einflüssen widersetzten, galten bereits als Reaktionäre und Rückständige. Immerhin bedarf es aber stets einiger Zeit zwischen dem Augenblick, in dem sich die Lunte entzündet, und dem der durch ihn ausgelösten Explosion – zwischen dem Augenblick, in dem Gott im Herzen des Menschen tot ist, und dem Zeitpunkt, da dieser Tod sich in seinem Denken und Handeln *kundtut.* So ist Sartres *La mort dans l'âme,* das »Absterben der Seele«, recht bezeichnend für den Zustand, in den die französische Jugend nach dem letzten Krieg geriet und der eine Anzahl junger französischer Musiker – aus Verzweiflung an ihrer Sache – für Schönbergs Musik aufgeschlossen machte, die doch dem musikalischen Genie und Geschmack des Franzosen so konträr ist wie nur irgend etwas. Aber der cartesianische Geist, der sich frei gemacht hat von jener Gegenwärtigkeit Gottes, die ihm bei Descartes noch selbstverständlich war, gebärdet sich wie ein loses Rad in der Organik des Bewußtseins und tut dann genau das, was er bei Schönberg getan hat.

ANTON WEBERN Ganz anders liegt der Fall bei den Schönbergschülern Webern und Berg, die beide – jeder auf seine Weise – bei der Erschaffung der seriellen Musik mitgewirkt haben. Eine kürzlich erschienene Veröffentlichung von Vorträgen und Briefen Weberns wirft ein bewegendes, ja beinahe tragisches Licht auf die Geburt der »Reihe« und die unterschiedliche Einstellung Schönbergs und Weberns zur Reihentechnik*.

Es geschah nicht nur aus Verehrung für seinen Meister, wenn Webern sich dessen Lehre zu eigen machte; er wurde vielmehr mit unwiderstehlicher Gewalt dazu gedrängt und glaubte darin einen *Naturprozeß* erkennen zu müssen. Die Bindung an die Reihe (d.h. der Übergang von der freien Atonalität zur Reihentechnik) sei streng, oftmals mühevoll, bringe jedoch *die Erlösung.* Schönberg und er, so versichert er, haben nichts zur Auflösung der Tonalität beigetragen und das neue Gesetz nicht selbst geschaffen – es habe sich ihrer gebieterisch bemächtigt.

Von diesem neuen Gesetz spricht er wie von einer Geheimlehre, dem Zeugnis eines verborgenen Gottes, und wie von einem Gesetz, das er entdeckte, indem er in der Atonalität arbeitete. Nicht ohne starke Gemütsbewegung gelangt er zu der Erkenntnis, daß seine Versuche, ohne Rücksicht auf die tonalen Gesetze zu komponieren, ihn fast immer dazu treiben, sich elf der chromatischen Tonstufen vorzustellen, ehe ihm der Gedanke an die zwölfte kommt, so daß sich ihm die Reihe aufdrängt wie eine Art Notwendigkeit der absoluten schöpferischen Freiheit. Man hatte das neue Gesetz bereits befolgt, noch ehe man es erkannte, meint Webern. Die Qual seiner Freiheit findet fortan ihre Erlösung in seinem Glauben an dieses transzendente Gesetz.

Aber hier ist die Stelle, wo Meister und Jünger sich voneinander scheiden.

* Wir stützen uns hier auf einen Aufsatz von Andreas Briner in der *Schweizerischen Musikzeitung* (Jan./Feb. 1961).

Schönberg macht alsbald ein *geschriebenes* Gesetz daraus und glaubt in ihm den Weg in die *Zukunftsmusik* entdeckt zu haben, die ewig dauern soll – eine Art Land der Verheißung, wie es Moses den Juden angekündigt hat. Webern hingegen empfindet dieses Gesetz als das Auftreten einer Seinsweise in seiner Musik – einer *Weise*, vergleichbar dem *Nomos* der Griechen: »Eine Stimme gibt das Gesetz, in meinem *Oratorium* die des Soprans. Sie, die *Weise*, ist die Verkündigung des Gesetzes, und so ist es bei den Meistern stets gewesen. Ob ich noch auf dieses Gesetz stoßen werde, weiß Gott allein. Zumindest jedenfalls habe ich erkannt, wovon er sich abgewandt hat. In meinem Falle wird es künftig nichts mehr geben, was nicht durch diese *Weise* vorherbestimmt wäre. Sie ist der *Nomos*, jedoch vorausbestimmt auf der Grundlage einer kanonischen Polyphonie!« Man sieht, wo sein Irrtum liegt: Er sieht nichts mehr als den jeglichen harmonischen Fundamentes beraubten Kontrapunkt und tappt somit völlig im dunkeln, einzig von der *Weise* geleitet, wie die Hirten sich von den Sternen leiten lassen, und er macht aus dieser *Weise* ein objektiviertes *subjektives* Gesetz, weil es ihm von innen – *während des Komponierens* – zugekommen ist, während Schönberg aus der Reihentechnik ein *geschriebenes* Gesetz macht, das vom Komponisten vorsätzlich festgelegt wird.

Weberns Musik ist somit zweifellos ein Akt des Ausdrucks seiner affektiven Aktivität, der sich in den positionellen Beziehungen zwischen den Tönen bekundet – so wie er sie einen nach dem andern entweder innerhalb eines und desselben Motivs notiert oder zwischen dem letzten Ton eines Motivs und einem in hoher oder tiefer Lage. Nur ist er in seiner Anwendungsweise der »freien Atonalität« ohne Gesetz – d. h. er weiß nicht im voraus, wohin er geht. Daher kommt seine Unfähigkeit, eine Form hervorzubringen und im gleichen Abschnitt weiter als zu einigen wenigen Takten zu kommen. Er hasardiert mit der Inspiration, und der Zuhörer kann lediglich die Beziehungen der einzelnen Töne und Klangfarben in ihrem Nacheinander aufnehmen, ohne daß sich ein sinnvoll determinierter melodischer Weg erkennen ließe, sondern bestenfalls eine gewisse *Stimmung*, die von der kadenziellen Eigenart und dem Tempo erzeugt wird – den einzigen ausgeprägten inneren Grundlagen seiner Tonstrukturen. Demgegenüber gibt ihm die Reihe, sobald er sie gefunden hat, ein Weggesetz, wenngleich nicht das eines melodischen, in sich geschlossenen Weges. Man sieht also wieder nicht, wohin man geht, weil wiederum kadenzielle Eigenart und Tempo die einzigen Merkmale sind, die – vom Zuhörer aus betrachtet – die einander folgenden melodischen oder harmonischen Strukturen verbinden. Und Webern bleibt in seiner Zwölftontechnik streng seriell und streng atonal, päpstlicher also denn der »Papst«, sein Lehrmeister.

Die Folge war, daß seine schon zuvor nur schwächlich nach außen sickernde Sprache nunmehr vollends unter hermetischen Verschluß geriet. Denn er verstreut die Töne der Reihe dergestalt nach oben und unten über den Klangraum, daß die kontrapunktischen Stimmen, die er entwirft und die in seiner Vorstellung *Klangfarben-Melodien* (diese Illusion!) bilden sollen, sich ständig kreuzen und dabei wilde Sprünge ausführen. Nun ist aber das Hörbewußtsein bestrebt, den Zusammenhang der Töne in der *Horizontalen* zu suchen, wo es jedoch die seriellen Relationen, die Webern bekunden wollte, nicht finden kann: Es findet dort andere. Und in der Vertikalen sucht es nach tonalen Strukturen, findet aber nur solche gleichzeitig erklingender Töne ohne irgendwelchen tonalen Sinn. Es ist also außerstande zu »begreifen«. Nur diese großen Intervallsprünge und die tonalen Beziehungen in der Horizontalen, deren jede einzelne *affektiv* ist, bewirken, daß diese Musik, wenn man von den vertikalen Strukturen absieht, tatsächlich emotional »geladen« ist, wenngleich es sich um eine vage Emotionalität handelt, die zu nichts führt; denn die Strukturen der Musik Weberns sind zwar bedeutungsmäßig sehr dicht gemeint, jedoch nicht erfaßbar, und die Emotionalität seiner Musik wird durch die Art unterstrichen, wie er die Synkope anwendet, die den Ton oder das Motiv, das der Zuhörer erwartet, stets mit Verzögerung auftreten läßt, sowie durch seine bedeutungshafte Verwendung der *Pause*. Und das genügt gewissen Leuten, um von dieser Musik in Atem gehalten zu werden: Die Emotionalität hat stets – auch wenn sie vage und konfus, sinn- und ausweglos ist – eine gewisse Anziehungskraft auf sentimentale Gemüter. Nur einen *Sinn* sollte der Zuhörer in ihr nicht suchen: Sie hat nämlich keinen – aus dem einfachen Grunde, weil das affektive Erlebnis in keinem Augenblick einen in sich geschlossenen Sinn besitzt, wie das bei jeder tonalen Phrase der Fall ist, und weil der Sinn des melodischen Gesamtwegs nicht deutlich gemacht wird: Er könnte es nur durch eine harmonische Bewegung werden, die das gesamte musikalische Geschehen zusammenhielte, und der Mangel alles dessen ist es, was jeden von Weberns Werk fernhalten muß, der von der Musik eine klare Sprache und ein Erlebnis erwartet, das seinen Sinn unmittelbar aus der Musik bezieht.

ALBAN BERG   Seit dem *Wozzeck* ist Alban Berg der Zwölftontechnik ebenso treu ergeben wie Webern; läßt man aber das *Konzert für dreizehn Instrumente* außer acht, das ein Gelegenheitswerk und eine Art Demonstration der Lehre ist, wird man feststellen, daß in seinem Schaffen *seine Musikalität stärker ist* als der *Zwang, den die Reihe auf ihn ausübt*. Gelegenheit, sich hiervon zu überzeugen, bot das Beispiel auf S. 546, wo die Töne der Reihe so verteilt sind, daß sie zwei melodische Bewegungen (davon eine zweistimmige) entstehen lassen, die eine für das Ohr wahrnehmbare tonale *Kontinuität* besitzen, obgleich die beiden Oberstimmen nicht durchwegs klare tonale Beziehungen aufweisen; und in diesem Falle ist es nicht die *Reihe*, die diese Kontinuität hervorbringt, sondern das musikalische Empfinden des Komponisten. Die tonale Beziehung zwischen den Oberstimmen und dem Baß erzeugt beim Zuhörer ein Gefühl der Befremdung, das sich jedoch im zweiten Takt klärt.

Im folgenden Beispiel aus der *Lyrischen Suite*

scheut sich Berg nicht, die *tonale* Imitation zwischen den drei Oberstimmen des ersten und den drei unteren Stimmen des zweiten Taktes, zwischen dem Anfang des Violoncellmotivs des ersten und dem Anfang des Motivs in der zweiten Violine im zweiten Takt, ferner zwischen den drei Oberstimmen anzuwenden. So setzt er seine Stimmen in *dialektische* Beziehung zueinander, oder er gibt, wenn man so will, seiner Polyphonie einen für das Ohr dialektisch wahrnehmbaren Sinn.

Das folgende Beispiel aus der Arie *Der Wein* für Sopran und Orchester kann eine Vorstellung der allgemeinen Stilcharakteristika bei Alban Berg vermitteln:

Die drei oberen Stimmen bilden eine homophone modulierende Melodiebewegung, in deren Verlauf die Enharmonik eine große Rolle spielt. Was dieser Melodiebewegung einen Sinn verleiht, ist, daß sie aus einer Verkettung von Motiven hervorgeht, die auf dem Identitätsprinzip und der in der Identitätsbeziehung variierten Imitation beruht, *jedoch in einer tonal klaren Führung:* Man kann die tonale Linie jeder einzelnen Stimme und die tonale Beziehung von einer Homophonie zur andern verfolgen. Ferner ist das Motiv *b* die Fortsetzung des Motivs *a*, wobei es dessen Ablauf durch Umkehrung des *Klangs* imitiert – *c-cis-gis* ist die Umkehrung von *g-ges-ces*, und dasselbe gilt für die beiden oberen Stimmen; das *b* ist der verminderten Quinte hinzugefügt, um den Weg *g-ges-ces* zu verlängern. Das Motiv *a* wird sodann wiederaufgenommen, um einen neuen melodischen Anlauf einzuleiten. Die Baßlinie bildet eine gleichmäßige Bewegung, die unter dem ausgehaltenen *a* die Tonperspektive von *d*-moll eröffnet. Somit besteht keinerlei Beziehung zwischen der melodischen Zone und der harmonischen Zone, die sie zusammenhält. Hingegen besteht zwischen ihnen eine Beziehung dialektischer Art im Hinblick auf ihre *Funktion* innerhalb des musikalischen Bildes: Die Baßharmonie ist der *Hintergrund*, vor dem die melodische Homophonie abläuft, der Standort des Selbstbewußtseins, das seine Gemütsbewegung durch die melodisch-harmonische Bewegung der oberen Stimmen bekundet. – Es handelt sich bei Berg nicht eigentlich um *Polytonalität*, weil es bei ihm keine *gemeinsame* Tonposition zwischen den Zusammenklängen gibt (im letzten Beispiel zwischen den oberen und den unteren Stimmen) – kein *tonales Zentrum* wie bei Strawinsky oder Hindemith; und hierin liegt die Neuheit seiner Sprache, die somit im geschichtlichen Werden einen Schritt vorwärts tut und der Musik einen noch unerschlossenen Ausdrucksbereich eröffnet.

Die Tonsprache war eine *Prosa*, deren sämtliche Elemente untereinander durch das *Verbum* verbunden waren – d.h. durch das *tonale* Fundament der

der Strukturen. Die Sprache Bergs nun ist eine *poetische* Sprache. Die poetische Sprache kann gewissermaßen auf das Verbum verzichten und sich auf die Gegenüberstellung poetischer Wortbilder, d.h. solcher *Worte* beschränken, deren Sinngehalt in der Sprache ein *transzendenter* ist, weil sie vom Dichter ausgesprochen werden, um etwas anderes kundzutun als die rohe Wirklichkeit, die sie ursprünglich bezeichnen: jene »Goldene Sichel« im »Sternenzelt«*. In Wahrheit ist das Verbum stets vorhanden, nur kann es nicht *ausgesprochen* werden und muß im Herzen dessen, der sich ausdrückt, zurückbleiben. Und wenn ein *Verbum* vorkommt, kann es nur dasein, um eine *dialektische* Beziehung zwischen den einzelnen poetischen Bildern herzustellen, wobei die ganze Poesie der Sprache in dieser nicht mehr verbalen, sondern rein dialektischen Beziehung zwischen den poetischen Bildern liegt und das Verbum sich auf die Rolle des *Bindegliedes* zurückzieht oder nur noch zur Klarstellung der dialektischen Beziehung dient: »Eure Seele *ist* das gelobte Land, wo verzaubernd Masken und Bergamasken sich ergehen«**. Berg ist also ein *tonaler* Komponist, und es ist sein tonales Empfinden, das die melodischen und harmonischen Strukturen hervorbringt, aus denen seine Musik gemacht ist; aber die Musik ist für ihn eine Sprache, und es genügt, daß eine *dialektische* Beziehung zwischen den Elementen und Strukturen seiner Sprache besteht, um ihr die Fähigkeit zur Bekundung dessen zu geben, was er bekunden will. Dank dem Umstand, daß in ihm der Musiker gegenüber dem Handwerker den Vorrang hatte, konnte er aus seiner Reihentechnik alle Widersprüche der Lehre ausmerzen, ja sogar seiner Unterwerfung unter das temperierte System entrinnen, indem er sich der Modulation und der Enharmonik bediente; und so hat er die atonale und serielle Musik in die Bahnen der authentischen Musik zurück und in deren Zweiglinie geführt, wo Berg den Platz eines Nachfolgers der Romantiker einnimmt, der sich den Lyrismus Debussys anverwandelt hat, aber noch weiter gegangen ist bis an jene Grenze der Sprache, wo das *Verbum* aufgehört hat, notwendiger Mittler zwischen den dialektischen Beziehungen zu sein. So kann der Irrtum noch Umweg zur Wahrheit werden und der Kunstgriff zum Wegbereiter des Authentischen. So war die »isorhythmische« Stimme in den Motetten Philipp de Vitrys nur ein Zufallsmittel, um die Voraussetzungen für die »Form« zu finden. Sobald aber die freie Kantilene Guillaume de Machauts erreicht ist, bei dem die Form durch die von der isorhythmischen Motette aufgebrachte Dialektik der polyphonen Stimmen erzeugt wird, verschwindet die isorhythmische Motette. So wird auch die streng serielle Musik dereinst vom historischen Horizont der Musik verschwinden und nur noch dokumentarischen Wert besitzen.

Wohlverstanden, die musikalische Sprache war schon vor Berg »poetisch« – so z.B. bei Chopin, Schumann, Liszt oder Debussy. Sie ist es jedesmal, wenn das eingegrenzte musikalische Bild unabhängig von der Sprache, von der es

---

* Nach Victor Hugo, *Booz endormi*. Der Übers.

** Paul Verlaine, *Clair de lune*. Der Übers.

getragen wird, *in sich selbst* eine derartige Bedeutung, eine derartige Individualität besitzt, daß es zum Konzentrationsfeld der Aufmerksamkeit wird – und wir haben zuvor von hier aus den objektiven Lyrismus definiert. Ehe Berg sich der Reihentechnik zugewandt hatte, bewegte er sich – gemeinsam mit seinem Lehrmeister und seinem Freund – in der »freien Atonalität«; und hier schon – z.B. in den *Drei Orchesterstücken* – macht sich sein *tonaler Sinn* stärker bemerkbar als bei Webern oder bei dem Schönberg der *Fünf Orchesterstücke*. Während Weberns totale Unterwerfung unter das Reihengesetz den Ausdruck einer Musikalität, wie sie sich noch in der *Passacaglia* opus 2 bekundet oder auch noch in den ersten atonalen (Miniatur-)Stücken andeutungsweise bemerkbar gemacht hat, gänzlich verdunkelt, hat der Gebrauch der Reihe an der Ausdrucksfähigkeit der Musik von Berg nichts geändert oder sogar eher, wie wir gleich sehen werden, zur Klärung seines Stils beigetragen. Diese Musik, die sich unter dem Aspekt des »*streng polyphonen Satzes*« präsentiert, der ihr im Verlauf der harmonischen Ära erwachsen war, hat immer einen Sinn, *wenn man sie liest*. Das heißt, daß man sich bei der Lektüre den Sinn vorstellen kann, den sie im Hörerlebnis bekommen soll, was bei den meisten Werken Schönbergs und Weberns nicht der Fall ist. Ist dieser Sinn aber beim Hören wirklich stets erfaßbar? In diesem Punkt sind Zweifel gestattet wegen der Anhäufung von Fakten und dem Fehlen einer tonalen Verbindung zwischen ihnen. Oder vielleicht besser: Man erfaßt den Sinn im großen, aber nicht im einzelnen; so erfaßt man eine überstürzte Bewegung in Achteln oder Sechzehnteln, aus der da und dort bedeutungshafte Motive hervorgehen, wobei aber die inneren Beziehungen zwischen den ablaufenden Stimmen unkenntlich bleiben und die erwähnte »Bewegung« lediglich einen Block bildet, einen Block ganz bestimmten Charakters:

(Lyrische Suite)

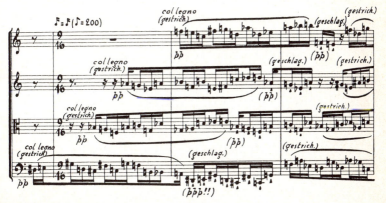

In diesem Beispiel bleibt der innere Gehalt vage oder wirr, weil er eben nur *en bloc* erfaßbar ist. Dieser Musik fehlt – und zwar absichtlich – die innere tonale Bewegung, die geeignet wäre, die Intervalle miteinander zu verbinden, dergestalt, daß das Hörerlebnis aus der *Summe* der wahrgenommenen Intervalle entstünde und die Gesamtbewegung im großen wie im einzelnen wahrnehmbar würde. Mit anderen Worten: Es fehlt die tonale Grundlage der »Form«, d.h. die Form entsteht hier nur durch die melodische Dialektik, zu der alle Stimmen der Polyphonie beitragen. Wenn man uns versichert, Bergs *Wozzeck* sei aus einer Aneinanderreihung autonomer musikalischer Formen – Gavotte, Gigue, Rondo, Fuge usw. – gebaut, ist das reine Literatur. Diese »Formen« hat noch kein Mensch jemals »empfunden«. Der Zuhörer hat lediglich eine Musik wahrgenommen, die sich die *Allüren* einer Gavotte, einer Gigue, eines Rondo oder einer Fuge gibt, was der Musik eine Einheit des *Charakters*, nicht aber eine »Form« verleiht, geeignet, ihr eine *Seinsfülle*, eine autonome Existenz in sich und für sich zu übertragen. Was der Entfaltung der Musik im Zeitlauf einen *Sinn* gegeben hat, ist die Kontinuität, die das musikalische Empfinden Bergs in die Verkettung der Motive hineinbringt im Hinblick auf einen Akt *einheitlichen Ausdrucks*, der einer so entstandenen Form, d.h. der gesamten melodischen Entfaltung, einen klar *bestimmten* Sinn verleiht, aber einen bloß vorübergehenden Sinn, der nicht in sich selbst zurück und zu einem Abschluß findet. Dieser Sinn kann also nicht anders als durch die Ausdrucksabsicht der Musik, d.h. durch ihr »Sujet«, klarwerden: Die eine oder die andere Szene aus *Wozzeck*, aus *Lulu* oder ein *Allegro misterioso*, ein *Trio estatico* oder ein *Presto delirando*. Dies ist der Grund, weshalb Bergs Musik in den lyrischen Werken mit literarischem Vorwurf zu ihrem vollen Wert gelangt und weshalb sie in den autonomen Werken nur geeignet ist, *Zustände* oder aber dramatische oder *lyrische* Aufschwünge darzustellen. Wenn Berg trotzdem autonome Musikwerke schaffen konnte, findet sich die Begründung in der Tatsache, daß er sich in ihnen des formalen Schemas der klassischen

Formen bedient hat, die infolge der Wiederkehr der Motive und der Symmetrie der Perioden in sich geschlossene dialektische Formen sind. Was aber Berg die Möglichkeit gegeben hat, sein *tonales* Empfinden in seinen seriellen Werken zu manifestieren, und was hierdurch zur Klärung seines Stils beigetragen hat, ist die Verwendung *tonaler* Reihen. Eine solche ist die Grundreihe, auf der die tonalen Strukturen seines *Violinkonzertes* aufgebaut sind:

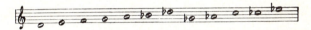

Diese Reihe besteht aus einer modulierenden Aneinanderreihung harmonischer Dreiklänge und endet mit dem Tritonus, der das Anfangsmotiv des Bach-Chorals bildet, mit welchem Berg sein Werk krönen wollte.

Die Grundreihe seiner lyrischen Arie *Der Wein* ist aus einer diatonischen Bewegung gebildet, auf die gleichfalls eine modulierende tonale Struktur folgt:

Diese Arbeitsweise ist ein Zeichen dafür, daß er seine Reihe *beim Komponieren* und im Hinblick auf die melodisch-harmonischen Strukturen festlegt, die ihm sein Vorwurf eingibt. Überdies verwendet er im allgemeinen zwei *tonale* Transpositionen seiner Grundreihe sowie deren vier Formen einschließlich der Transpositionen, was seinem schöpferischen Impuls weitgehende Freizügigkeit verleiht. So in den folgenden drei Reihen des *Violinkonzertes:*

In der *Lyrischen Suite* bedient er sich auch dreier Formen der Grundreihe und ihrer Imitationen, die die Eigentümlichkeit haben, daß sie ein viertöniges Motiv enthalten, das er daraus entnimmt, um das *Allegro misterioso* zu schreiben, während die acht übrigen Töne das Material für alles das liefern, was in diesem Stück von dem *Motiv* in seinen drei Urformen unabhängig ist:

Hier kann man sehen, wie sich Berg – wenn auch nur unbewußt – herzlich wenig um die Lehre kümmert, der er zwar im Geist treu bleibt, nicht aber dem Buchstaben nach. Das zweite und dritte Motiv sind weder die Umkehrung noch der Krebs des ersten – nur die beiden Außenintervalle sind »krebsgängig« –, und dennoch genügt es für den Zuhörer, daß in den drei Motiven die gleichen vier Töne in der gleichen rhythmischen Struktur auftreten, um zwischen ihnen eine Identitätsbeziehung »empfinden« zu können, aber die Beziehung einer *variierten* Identität, die den Ursprung einer dialektischen Beziehung bildet. Andererseits wird nach dem *Trio estatico* der erste Teil dieses *Allegro* im Krebs wiederaufgenommen, doch werden diese krebsgängigen Imitationen vom Zuhörer nicht als solche erfaßt; beim Erklingen des Motivs

gibt er sich nicht darüber Rechenschaft, daß es der Krebs ist von

(was es im übrigen gar nicht wirklich ist, weil das abschließende *f* zu einem anderen Motiv gehört); aber beim Hören dieses Teils nimmt er trotzdem wahr, daß alles, was er im ersten Teil des Werkes gehört hat, als Umkehrung und in umgekehrtem Sinne wiederkommt: Was aufsteigend war, wird absteigend, was absteigend, aufsteigend; was sich am Ende des ersten Teils ereignet hatte, spielt sich nun am Beginn des zweiten ab; und die drei Motive des Anfangs kommen am Schluß als Umkehrung und in umgekehrtem Sinne wieder. Anders ausgedrückt: Er erfaßt *im großen*, daß dieser Teil eine variierte Wiederkehr im umgekehrten Sinne der Hörerlebnisse des ersten Teiles ist, und das genügt ihm, um zwischen den beiden Teilen eine Identitätsbeziehung herzustellen, die bewirkt, daß eine in sich selbst zurückkehrende Kette von Ereignissen – Beispiel: die absteigende Oktave nach der aufsteigenden Oktave – in seinen Augen ihren Ring geschlossen und ihren Kreislauf beendet hat.

DER SURREALISMUS BEI BERG   Es bleibt noch festzustellen, was eine solche Musik dem Zuhörer gibt. Während am Anfang des *Wozzeck* jene gavotte- und gigueartigen Passagen auftreten, tauschen Wozzeck und der Hauptmann Reden aus, deren Banalität vollkommen wäre, ließen sie nicht die Seinsweise des Hauptmanns und die dumpfe Unruhe sowie die gequälte Unterwürfigkeit Wozzecks durchblicken. Hinter der Wirklichkeit der szenischen Handlung tritt noch eine andere Wirklichkeit in Erscheinung: die der Seelen und Gedanken, und diesem *Surrealismus* des Büchnerschen Textes entspricht der Surrealismus in der Musik von Berg, der aus dem Fehlen einer ausdrucksmäßigen und tonalen Beziehung zwischen dem, was die Personen singen, und der Musik im Orchester entsteht. Wenn Marie aus der Bibel liest – im *Sprechgesang* über einer *Fugato*-Passage des Orchesters –, drückt dieses atonale *Fugato* genau die inneren Konflikte aus, die in Marie durch die Regelwidrigkeit ihrer Lage und die Illegitimität ihres Kindes wachgerufen werden. Die Gemütsverfassungen Wozzecks und seiner Frau sind ein Strom widerspruchsvoller Empfindungen, aus denen es keinen Ausweg außer den der Verzweiflung gibt; sie befindet sich in einem Zustand ständigen Mißklangs, dem die Dissonanz der Musik passendes Echo ist. Während die Sprache der klassischen Musik das Irrationale rational werden ließ, bekundet die musikalische Sprache Bergs durch ihre Einordnung tonaler Strukturen in eine atonale Gesamtanlage die Irrationalität der Gemütszustände durch die Irrationalität der tonalen Beziehungen zwischen den Stimmen der Polyphonie. Die Tänze der Szene in der Schenke sind von grobem Realismus; aber die Harmonie, die ihnen unterlegt ist, hat mit der melodischen Linie nichts zu tun: Unter dem Realismus des Tanzes wird das Drama fühlbar, das in der tonalen Widersprüchlichkeit zwischen Harmonie und Melodie brütet. Die Walzer- oder Ländlermotive, die im *Violinkonzert* vorkommen, haben anderen Charakter, weil sie außerhalb des Zusammenhanges stehen. Ihr *tonales* Auftreten inmitten einer *atonalen* Umgebung macht sie zu regellos eingeblendeten Bildern, zu Walzergespenstern, flüchtig emportauchend aus der Erinnerung. An die Stelle der Transzendenz in der Dauer, die in der klassischen Musik aus der tonalen Form erwuchs, tritt hier eine Transzendenz in der immanenten Gegenwärtigkeit des musikalischen Bildes, die aus der tonalen Unstimmigkeit zwischen diesem Bild und der tonalen Perspektive, in der es sich darstellt, entsteht. Diese Unstimmigkeit gibt dem Realismus des Bildes eine »surrealistisch« transzendente Bedeutung. Der Zuhörer, der für diese *transzendente* Bedeutung nicht empfänglich ist, wird in der Szene in der Schenke nichts anderes als groben Realismus und in den Walzeranspielungen des *Violinkonzertes* nur unangebrachte Sentimentalitäten sehen.

Man sieht hier den Unterschied, der zwischen der Kunst Alban Bergs und derjenigen Strawinskys besteht:

Der *Walzer* aus der *Geschichte vom Soldaten* hat alle erforderlichen Eigenschaften eines Walzers à la Musette-Ball oder Erntefest, und beim Musette-Ball lösen die Spieler der Melodie-Instrumente – Violine, Klarinette, Piston – einander ab, sie spielen aus dem Gedächtnis und zuweilen nach Gutdünken, was ihnen gerade einfällt, wodurch die Begleitstimmen in Verlegenheit geraten und falsche Bässe oder falsche Harmonien spielen, nur noch darauf erpicht, um jeden Preis den Takt zu halten. Dieser Walzer ist eine *ästhetische* Vision des ländlichen Walzers, die die ganze, von außen her beobachtete Expressivität dieses Walzers wahrt, aber nicht die harmonische Gesetzmäßigkeit noch auch die formale Symmetrie des durch das musikalische Bewußtsein von innen heraus geborenen Walzers. Der *Choral* in der *Geschichte vom Soldaten* illu-

striert den Moment, in welchem der Soldat – am Ende seiner Abenteuer angelangt – sich auf sich selbst besinnt. Es handelt sich hier um einen »religiösen«
Augenblick, für den ein Choral der adäquate musikalische Ausdruck ist. Aber
dieser Choral muß der linkischen, einfältigen Art des Soldaten und seiner
völligen Harmlosigkeit Ausdruck geben. Hier einen wirklichen, nach den Regeln geschriebenen Choral einzuführen hätte eine extreme Plattheit bedeutet.
Es mußte ein ganz neuer, noch nie dagewesener Choral sein, ganz so, wie er
sich aus der Situation ergeben mochte; deshalb hat er das Wesen und die Expressivität eines Chorals, ohne aber die üblichen harmonischen Kadenzen zu
bringen. So erscheint er als Abbild einer ästhetischen Vision des Chorals. Die
Maler deformieren ihre Modelle, wenn sie ihnen gegenüber eine im wesentlichen ästhetische Haltung einnehmen, die auf den Ausdrucksgehalt des äußeren
Anscheins und nicht auf seine Realistik abzielt. Ganz anders geartet ist die
Kunst bei Berg, der den äußeren Anschein wahrt, ihn aber in ein Licht rückt,
das seine Bedeutung verwandelt. Nach dem »Militärmarsch« im *Wozzeck*
kann man marschieren, nicht aber nach dem »Marche royale« des *Soldaten*,
und was ersterem eine surrealistische Bedeutung verleiht, ist – trotz seiner
Vulgarität – der Nimbus, den der Tamburmajor in Mariens Augen von ihm
erhält. Hier liegt eine ästhetische Vision des »Militärmarsches« schlechthin
vor – denn es ist ja gar kein echter Militärmarsch –, dem in der szenischen
Handlung eine surrealistische Bedeutung zuwächst.

Real nennen wir das *Konkrete*, d.h. dasjenige, was für das Bewußtsein eine bekundete und wahrgenommene Gegebenheit war. Da wir in einer Welt der Relationalität leben, gründet sich diese Gegebenheit stets auf eine *Beziehung. Surrealistisch* wird
somit eine dialektische Beziehung sein, die das Bewußtsein zwischen Dingen hergestellt hat, die in unserer Welt keine Beziehung zueinander haben: die »Goldene Sichel« und der »Halbmond«. Diese dialektische Operation entspricht der arithmetischen Operation »minus mal minus gibt plus«: Die Verneinung der Verneinung ist
Bejahung. Die Tatsache, daß in der Welt keine Beziehung zwischen der »Goldenen
Sichel« und dem »Halbmond« besteht, wird durch die Herstellung einer poetischen
Beziehung zwischen diesen beiden Gegenständen *negiert.* Aber diese dialektische Beziehung ist nur möglich, weil das Bewußtsein anfänglich das Vorhandensein – das
Positive – und sodann das Nichtvorhandensein einer Beziehung – das *Negative* –
ansteuert, was dazu führt, daß es das Vorhandensein – das *Positive* – durch die Verneinung der Verneinung wiederentdeckt. Die letztere Operation ist also nichts anderes
als ein Umweg zum Vorhandensein, der auch die Bejahung der ersteren Frage nach
dem Vorhandensein und dem »Positiven« bedingt. Der *Surrealismus* kann also nur
auf dem Hintergrund des *Realismus* in Erscheinung treten, und zwar als ein besonderer Aspekt und ein besonderes Moment des Realismus. Es ist daher absurd, ein
Kunstwerk auf den Surrealismus allein gründen zu wollen, der ja selbst in sich
allein keine Grundlage hat.

   Unsere ganze Epoche ist auf diese Suche nach dem Sein durch die doppelte Verneinung ausgerichtet, und in diesem Lichte gesehen, ist Sartres Denken für unsere
Zeit sehr repräsentativ. Aber diese unsere Epoche wird aus ihrer Nacht nur empor-
steigen können, wenn sie den ursprünglichen Sitz ihrer relationellen Aktivität wiederfindet, nämlich – und auf allen Gebieten – die *positive* Gegebenheit, auf die sie sich
gründet.

Kehren wir jedoch zurück zum unmittelbar surrealistischen Ausdruck, den Bergs Musik durch ihre atonale Gesamtanlage erhält, und betrachten wir dieses Phänomen an einem einfachen Beispiel, das einem »rein musikalischen« Werk, *der Lyrischen Suite*, entnommen ist:

Die sehr langsamen Figuren in den Bratschen treten bereits aus dem tonalen Horizont des Basses heraus, was zusammen mit dem *col legno*, das einen herb flötenden, gleichsam gespenstischen Ton hervorbringt, diesem ganzen musikalischen Moment einen phantastischen Charakter gibt. Sobald sich die Bratsche auf dem *c* festsetzt, tritt ein flüchtiger Dominantklang von *g* auf, aus dem die Terz verschwindet und der den Zuhörer trotz allem in dem offenen tonalen Bereich *d-a-c* beläßt. Es erscheint sodann in der zweiten Violine das *b*, die Replik in der Extraversion der vorangehenden introvertierten Stimme (des *b* im Baß) – und von jenem *b* schwingt sich eine aller Wirklichkeit entrückte, süße Kantilene auf, die in hoher Lage angestimmt wird und dem vorgegebenen harmonischen Bereich völlig fremd ist. Man schäle diese Kantilene heraus, wie sie steht, oder auch in folgender Schreibweise: *ais-h-cis-ais-fisis* usw. – sie liegt stets außerhalb unseres *realen Horizonts*, außerhalb der unmittelbar transzendenten Welt: eine Erscheinung?, ein Traum? Was immer man will, doch in jedem Falle eine Stimme aus dem Jenseits, und daher kommt es, daß sie eine Bedeutung annimmt, die ihre eigentliche Bedeutung transzendiert, in der man sie erlebte, wenn sie innerhalb eines harmonischen Horizonts dargeboten würde, der mit ihrer eigentlichen Tonalität in tonaler Beziehung stünde (z.B. über dem Baß *es*).

Bergs Verdienst ist es, der Musik diese neue Ausdrucksmöglichkeit eröffnet zu haben. Er hat sie durch die Zwölftontechnik gefunden; wenn er aber eine derartige Passage geschrieben hat, geschah dies, weil er sie so wollte und die Töne seiner Reihe so geordnet hatte, daß sie seine spontan erfundenen musikalischen Bilder zum Klingen brachten, die in seinen Augen einen Gemütszustand zu bekunden hatten, der im Augenblick des Komponierens der seine war. In diesem Augenblick verläßt er tatsächlich die Reihe, und man kann sich einen Musiker vorstellen, der eine solche Stelle auch »ohne Reihe«, unter dem

Anhauch der Inspiration – wie Berg – und im Rahmen eines tonalen Werkes niederschriebe. Tatsächlich findet man solche Stellen auch bei anderen, nicht dodekaphon schreibenden Komponisten und beispielsweise bei Frank Martin in den Werken seiner Reife, die er nach einer langen Erfahrung auf den Wegen der Tonalität an der Schwelle des sechsten Lebensjahrzehnts erreicht hat. Seine Musik aus diesem Stadium bewegt sich nicht mehr in der »freien Atonalität«, sondern in der »freien Tonalität«, d.h. in einer Anwendungsweise des tonalen Empfindens, das sich von einem einzigen tonalen Bereich, der unverrückbar vorbestimmt wäre, befreit hat. Bergs Ästhetik ist an die äußerste Grenze der ästhetischen Möglichkeiten der Musik vorgestoßen – d.h. des Vorsatzes der Musik, die menschlichen Empfindungen im Lichte der Schönheit zu bekunden. Sie schließt die Schönheit nicht aus, wie das die streng serielle Musik tut; aber sie läßt uns das Erlebnis der Schönheit (das in der vollkommenen Annäherung zwischen Gefühlserlebnis und musikalischem Abbild liegt) nur in jedem einzelnen in sich zusammenhängenden Moment kennenlernen, da diese Momente ja untereinander keine innere Verbindung haben; und sie schenkt uns dieses Erlebnis der Schönheit nur in ihren »lichten« Momenten. Die Tatsache andererseits, daß sich Berg auf den Bereich der Atonalität beschränkt, selbst wenn er darin »tonal« bleibt, engt sein Ausdrucksfeld ein. Seine Musik ist die der gequälten oder kranken Seele, und noch in ihrem innersten Kern hat sie etwas Morbides, das ihre menschliche Bedeutung und Tragweite herabmindert, da doch das Morbide nur ein besonderer Aspekt der Gemütslage des Menschen und auch nicht gerade dasjenige ist, was den Menschen zur Musik hinzieht. Deshalb kann man auch die Atonalität nicht einmal unter dem Aspekt, den Berg ihr gegeben hat, als den Weg ansehen, den die Musik künftig beschreiten wird. Ich konnte am Schluß des *Violinkonzertes* den Bach-Choral »Es ist genug« in seiner originalen Harmonik nicht erklingen hören, ohne zu denken, daß er für Berg die Bedeutung »Genug mit der Zwölftonmusik!« gehabt haben muß. Einige Monate später starb Alban Berg an einer inneren Sepsis. Die unerhörte seelische und geistige Anspannung, die die Notwendigkeit, seine schöpferische Freiheit unter den Zwang der Reihentechnik zu beugen, in ihm erzeugt haben muß, mag nicht ohne Zusammenhang mit diesem verfrühten Ende gewesen sein.

Die junge Generation der Schönberg-Nachfolge   Während eine Anzahl von Komponisten die reine Reihentechnik auf ihre Weise anwendet, glaubte eine junge, nach dem letzten Krieg hervorgetretene Generation, der unter anderen Boulez, Stockhausen und Nono angehören, sogar noch weiter gehen zu sollen als die Schöpfer der Dodekaphonie; und diese jungen Musiker – diese Unglücklichen! – haben sich nicht Berg, sondern Webern zum Vorbild genommen. In Übereinstimmung mit der Lehre sind sie der Auffassung, daß die Musik durch beliebig in der Gleichzeitigkeit und in der Aufeinanderfolge verteilte Töne hervorgebracht wird, und sie sind zu der Ansicht gekommen, daß diese Töne nicht nur durch ihre *Höhe*, sondern ebensogut durch ihre *Klangfarbe* und *-stärke* qualifizierbar seien, womit drei Eigenschaften des Tones, die in der musikalischen Sprache sehr verschiedene Funktionen haben, auf eine Ebene gebracht werden. Darüber hinaus behandeln sie die rhythmische Struktur so, als ob sie von der Tonstruktur unabhängig wäre, als ob nicht ein und dasselbe »von innen« kommende Gesetz diese beiden Strukturen miteinander verbände und als ob die rhythmische Struktur durch ein ihr eigentümliches Taktsystem »von außen« bestimmbar wäre. Aber nicht genug an dem – sie haben auch noch eine rein *metrische* Auffassung vom Rhythmus (Boulez hat eine Analyse der Rhythmik im Schlußtanz des *Sacre du Printemps* veröffentlicht, wonach die ungleichen Takte Strawinskys durch jeweiliges *Hinzufügen* untereinander proportionaler Zeitwerte entstehen sollen, eine Auffassung, die der Rhythmik bei Strawinsky ebenso unangemessen ist wie jene, die Schönberg zur Mozartschen Rhythmik geäußert hat). So reduziert sich ihre »Musik« auf Klangstrukturen, die zwar in Raum und Zeit organisiert sind, für den Hörer aber rein äußerliche Phänomene bleiben, weil alle Voraussetzungen für ihre Verinnerlichung dahin sind. Äußerlich organisiert, werden diese Klangphänomene auch nur äußerlich wahrgenommen. Das innerliche Phänomen, das aus den klanglichen Phänomenen erst »Musik« macht – der Einbildungsakt und seine sinngebende Tätigkeit – kann nicht stattfinden: Die Musik ist *aus*.

Wenn sich nun der Zuhörer dennoch täuschen läßt und glaubt Musik zu hören, hat das seinen Grund darin, daß es sich um Töne bestimmter Höhe, Klangfarbe und -stärke handelt, die zudem in der Zeit metrisch organisiert sind, so daß es den Anschein hat, als wollte sie wirklich Musik machen. Und das genügt den Snobs, den Einfältigen und Naivlingen und sie glauben, sie hörten da eine neue Art Musik. Eine Dame hat einmal zu mir gesagt: »Wissen Sie – diese Musik hat mich mein Ohr zu üben gelehrt.« Wahrhaftig! Sie hat sich wohl noch nie darüber Rechenschaft gegeben, daß beim Musikhören die Aufmerksamkeit gänzlich auf das *Erlebnis* gerichtet ist und daß man dabei nicht mehr auf die Ohren achtet als beim Gehen auf die Beine. Selbige Dame aber behauptete keineswegs, etwas »verstanden« zu haben, und es ist ja auch tatsächlich unmöglich, daß diese Auch-Musik mehr als Anwandlungen eines Sinnes für den Zuhörer haben könnte; denn die Sinn-Voraussetzungen der Musik, die wir ja kennengelernt haben, sind hier ausgeschlossen. Zu diesem Punkt haben jene »Jungen« etwas zu erwidern, was auf Leute, die nicht weiter als ihre Nase sehen, Eindruck macht. Sie sind von der »Reihe« abgegangen, oder, besser, sie bedienen sich anstelle der Reihe mathematischer Formeln, die ihre Musik rechtfertigen und ihr einen Sinn verleihen sollen. Nun wissen wir aber, daß der Sinn der Musik durch ein nichtreflexives System von Logarithmen bedingt ist und daß willkürliche Berechnungen, die mit den tonalen Gesetzen nicht übereinstimmen, diese Logarithmen von außen her in keiner Weise beeinflussen können. Diese jungen Leute wenden also ihre mathematischen Kenntnisse am ungeeigneten Objekt an, aber sie blenden damit die Nichtswisser. Und aus ihren Formeln, ihren Berechnungen und ihrer Ästhetik machen sie *Auslegungen*, die ihnen das einzige Mittel liefern, das Nichts ihrer Musik zu verteidigen.

Ihre listigste Finte aber ist es, Dichtungen in Musik zu setzen, die sie eigens in der Absicht ausgewählt haben, ihrer Musik eine bedeutungsmäßige Transzendenz zu geben, die sie an sich nicht hat. Wenn Musik im Hinblick auf einen gesungenen oder gesprochenen Text geschrieben ist, fragt es sich einzig, ob diese Musik von affektiven Bedeutungen erfüllt ist, die auf die Dichtung abgestrahlt werden und deren Sinn erklären oder erhöhen oder aber, ob es die Dichtung ist, die den musikalischen Bildern einen Sinn verleiht. Im letzteren Fall mag das klingende Dekor der Dichtung sein, was immer – wenn es nur wenigstens vage mit dem übereinstimmt, was die Worte aussagen; denn eine metrische Struktur aus Tönen bestimmter Höhe hat stets einen gewissen affektiven Sinn, der den Anschein erwecken kann, als stimme er mit dem Sinn der Worte oder doch mit dem affektiven Milieu des Textes überein. Wenn Boulez einen Text von René Char in Musik setzt, wundert man sich nicht, weil das Gedicht von Char ebenso abstrus ist wie die Musik von Boulez; und wenn Nono Garcia Lorca komponiert, ist es klar, daß es der Text von Lorca ist, der diesen Klangstrukturen einen Anschein von Sinn gibt. Aber es ist nutzlos, sich auf eine Untersuchung dieser Werke einzulassen, weil es unmöglich ist, daß Musiker, die ausschließlich falsche Vorstellungen von der Musik haben, wirkliche »Musik« schreiben könnten*. Es müßte ein für allemal klargestellt werden, daß die Musik nicht aus der Erregbarkeit unseres Gemüts durch *Töne* oder *Tonstrukturen* hervorgeht, wie Boris de Schloezer oder Hans Keller meinen (Keller beschwört die Londoner, ihre Ohren zu üben) – sondern aus der Erregbarkeit unseres Gemüts durch *tonale* Strukturen im Rahmen eines Imaginationsaktes, der ihnen seelische Bedeutungen verleiht; und unsere Studie hat an den Tag gebracht, was einzig geeignet sein kann, den Tonstrukturen in der Gleichzeitigkeit oder in der zeitlichen Aufeinanderfolge einen Sinn zu geben. Außerhalb dessen gibt es keine Musik. Die Töne als solche lösen unsere Affektivität zwar aus, doch können sie außerhalb des Systems der unserem Ohre angepaßten Logarithmen lediglich affektiven »Assoziationen« Raum geben, die

---

* Arnold Schönberg selbst schreibt in seiner *Harmonielehre:* »Traurig ist nur, daß die Vorstellung: ›Heute darf man alles schreiben‹, so viele junge Leute davon abhält, erst etwas Anständiges zu lernen, die Werke der Klassiker zu verstehen, Kultur zu erwerben. Denn: alles durfte man auch früher schreiben, nur: gut war es nicht. Nur Meister dürfen niemals alles schreiben, sondern müssen das Notwendige tun: ihre Aufgabe erfüllen. Auf die sich vorzubereiten mit allem Fleiß, unter tausend Zweifeln, ob man ausreicht, mit tausend Skrupeln, ob man recht verstanden, was eine höhere Macht aufträgt: das ist denen vorbehalten, die den Mut und die Inbrunst haben, die Konsequenzen zu tragen, wie die Last, die ihnen gegen ihren Willen aufgebürdet wurde. Das ist weit entfernt von dem Mutwillen einer Richtung. Und – kühner« (A. Schönberg, Harmonielehre, Wien ³1922).

individuell verschieden und daher nicht mitteilbar sind. Reine Tonstrukturen, die aus mathematischen Formeln hervorgegangen sind und mit unserem logarithmischen System nicht übereinstimmen, können zu nichts führen – auch nicht dazu, was nach Stockhausen zwar nicht mehr Musik sei, aber immerhin noch transzendente Bedeutung für die Psyche und das Denken des Menschen habe. Die Klangstrukturen Stockhausens haben keinerlei »menschlichen« Sinn. Sie sind nichts anderes als das mechanische Produkt von Formeln, die ihrerseits nicht mehr menschlichen Sinn besitzen. Es sind lediglich tönende *Fakten* mit weniger menschlichem Sinn als dem einer vorüberfahrenden Straßenbahn.

Man versichert uns, daß Boulez genial veranlagt sei; aber wie wir schon in bezug auf Schönberg zu sagen Gelegenheit hatten: Das Genie bekundet sich in seinen Werken – und bis heute ist in der Musik von Boulez keine Spur von Genialität zu finden. Als ich Strawinsky, der gerade ein Werk von Boulez vom Tonband gehört hatte, die Frage stellte, was ihm daran gefallen habe, antwortete er (wörtlich), daß »eine Passage mit zwei Klarinetten vorkam, die gut geklungen hat«. Eine Schwalbe macht noch keinen Sommer. Es genügt nicht, daß einer fähig sei, Musik zu schreiben, eine Fuge zu Papier zu bringen oder zu improvisieren. Damit allein ist noch keine Talentprobe oder gar der Beweis für das Vorhandensein eines schöpferischen Genies erbracht, und es gibt zahllose Träger von Kompositionspreisen, die noch nie ein Werk zustande gebracht haben, das der Aufmerksamkeit wert wäre. Um eine »musikalische« Schöpfergabe zu beweisen, genügt es auch nicht, mit Tönen umgehen zu können, die elektronische Technik zu beherrschen und neue Strukturen zu erfinden; denn das alles ist noch nicht mehr als »ingeniöses Vermögen«. Boulez ist gewiß sehr »intelligent«, wie man sagt; aber im Falle der Musik hängt die schöpferische Fähigkeit nicht von der Intelligenz, sondern von der *Persönlichkeit* ab – und diese manifestiert sich beim Komponisten Boulez bis jetzt nur in seinem süffisanten und prätentiösen Wesen.

In Wahrheit ist diese junge Generation das Opfer eines historischen Prozesses, der zeigt, wie es zum Verfall einer Kultur kommt. Die Generation, die unmittelbar vor oder nach dem ersten Weltkrieg die musikalische Arena betrat, hatte das tonale *Fundament* der musikalischen Strukturen *in Frage gestellt*, ohne zu ahnen, daß sie damit zugleich das Fundament des *Sinnes* und *aller menschlichen Bedeutungen der Musik* in Frage stellte. Aber wenn sie das tat, hatte sie diese Fundamente immerhin noch im Auge. Die folgende, nach 1890 geborene Generation trat in eine musikalische Welt ein, in der sie Zeuge ist, daß man Musik machen kann, die sich dem tonalen Gesetz sowie dem Gesetz der kadenziellen Einheit entzieht oder doch zu entziehen scheint. Sie hat den Sinn für das tonale Gesetz noch nicht verloren, glaubt aber nicht mehr daran und folgt ihm auch nicht mehr; sie sucht nach anderen Gesetzen – dem Gesetz der Reihe z.B. oder dem »linearen« Kontrapunkt des jungen Hindemith. Für die nächstfolgende Generation gibt es schon kein *normatives* Gesetz mehr;

das tonale Gesetz erscheint nur noch als überwundene Konvention; es gibt
überhaupt kein Gesetz mehr – *alles ist erlaubt:* Gott ist tot. Die Musik dieser
jungen Leute ist ein Produkt des *Zerfalls*, der Auflösung der Gesetze und der
Vernichtung des Fundaments unserer Sinngegebenheiten. Und deshalb erfinden sie neue Gesetze – ganz nach Gutdünken. Sie sind »verlorene Söhne« in
doppeltem Sinn; denn sie haben keine Wurzel in der Geschichte, und sie
haben den Weg verloren. Wenn sie nach einem Ahnherrn Umschau halten,
wen finden sie? – Varèse, dessen Unwissenheit und völlige Verständnislosig-
keit auf musikalischem Gebiet ich sehr wohl zu kennen glaube, und er weiß
das auch. Und wenn sie vorgeben, sich an Debussy zu halten, mißbrauchen
sie unsere Leichtgläubigkeit. Wenn Debussy das wüßte, er bäumte sich auf
in seinem Grabe, um dagegen zu protestieren. Aber sie sind eher zu bedauern
als zu verurteilen, weil sie im Begriffe sind, ihr Leben zu verspielen; und die
wahren Schuldigen an ihrem erbärmlichen Abenteuer, die verbrecherisch
oder unbewußt Schuldigen, sind die sogenannten *Auguren*, die ihren Helden-
taten Beifall zollen und sie ermuntern weiterzumachen. Denn es war gewiß
nicht nötig, die Ergebnisse einer Phänomenologie der Musik abzuwarten,
um sich darüber klarzuwerden, daß sie in die Irre gingen und vom Weg der
Musik völlig abgekommen waren. Sie bilden sich ein, sie seien die Vorhut
der geschichtlichen Entwicklung, sie glauben *voranzukommen* – und irgendein
dahergelaufener Dummkopf wird bestätigen, daß sie »vorankommen«. In
Wahrheit gehen sie rückwärts, und rückwärts gehend, sind sie noch tiefer gefallen als auf die Stufe der Musik im Morgengrauen der Geschichte, da die
Töne für das menschliche Ohr noch keine musikalische Bedeutung hatten.
In jenem Morgengrauen aber hat der Mensch die Musik *mit einem Schlag*
entdeckt – und jene suchen sie, ohne sie zu finden.

4. Panorama der Epoche

Im Musikunterricht lernen die Schüler, durch die Stimmführung, durch die
Harmonik und die Klangfortschreitungen »die Musik sprechen zu lassen«;
und da die *tonale* Schreibweise, deren Wege zugleich klargelegt werden, die
Grundlage der »Form« bereits in sich trägt, sind die Schüler bei Abschluß
ihrer Lehrzeit imstande, eine voll abgerundete musikalische Form zu konstruie-
ren, die alle äußeren Merkmale eines persönlichen Musikwerkes aufweist.
Sie bedenken nicht, daß das musikalisch »Gesprochene«, wenn es zu einem
Werk von *allgemeinem Interesse* werden soll, auch etwas »aussagen« muß –
etwas, das nur von ihnen selbst kommen kann und mit der musikalischen
»Sprache« und »Form« an sich nichts zu tun hat, auch nicht mit der einfachen
Tatsache, daß sie ihrer musikalischen Ausdrucksweise eine besondere indivi-
duelle »Note« geben. Dies ist das *erste Mißverständnis*, dem die Musiker un-

serer Zeit zum Opfer gefallen sind. Das ist begreiflich, weil die jungen Komponisten sahen, daß es bei Bach genügte, wenn er Inventionen, Präludien oder Fugen schrieb, bei den Symphonikern, wenn sie Symphonien, Sonaten oder Quartette schufen: Es entstanden bedeutsame, persönliche Werke. Mangels Aufklärung über dieses Phänomen übersahen sie, daß sich die Komponisten der Vergangenheit nicht damit begnügten, »die Musik sprechen zu lassen«, vielmehr ließen sie die Musik etwas – wie man sagen darf – *Außermusikalisches* bekunden: den Vorsatz, »nach dem Ebenbilde Gottes zu sein«, das jeder Mensch im Herzen trägt. Aber dieses fundamentale Wollen, dieser »Grundvorsatz«, läßt sich nur bekunden, wenn er in eine bestimmte *Faktizität* eingekleidet ist: Symphonie in *G*-dur, in *D*-dur usw. – Diese Gegebenheit eines *Faktums*, dessen Sinn sich in der Analyse aufklärt, ist sodann der wahre *Vorwurf* der Musik. Es handelt sich jedesmal um eine bestimmte *affektive* und zugleich *ethische Seinsweise*, die durch das *Thema* des Stückes vorgegeben und in seiner tonalen, kadenziellen und rhythmischen Struktur einbegriffen ist. Unsere jungen Musiker haben also nicht erkannt, *daß das, was sie »reine« Musik nannten, stets einen Vorwurf, und zwar einen konkreten Vorwurf, hatte,* daß es jedoch verborgen und nichtreflexiv war in dem Sinne, daß sich der Musiker niemals klar bewußt wurde, was er tat. Unter *reiner* Musik ist also in diesem Zusammenhang eigentlich *autonome* Musik zu verstehen, da sie als Sprache, die an sich und durch sich einen *Sinn* hat, angelegt ist, so daß es genügt, die Musik so zum Sprechen zu bringen, daß sie auch etwas *aussagt*, aber etwas, das nicht mehr als der natürliche affektive Gehalt jeder gut geführten melodisch-harmonischen Struktur und folglich noch nichts Persönliches ist. Die vor unserer Zeit erarbeitete musikalische Sprache war noch unmittelbarer, persönlicher Ausdruck des Menschen, der sie gestaltet hatte; nun, da der Prozeß der Erarbeitung der musikalischen Sprache abgeschlossen ist, kann das Musikwerk nur dann noch persönlicher Ausdrucksakt und folglich der Mitteilung würdig sein, wenn der Musiker es etwas bekunden läßt, was die Selbstaussage der musikalischen Sprache *transzendiert* – was auch ihre eigene Dialektik und die Formen, die sie hervorbringt, transzendiert. Mit anderen Worten: Wenn der Musiker zu einem persönlichen Ausdrucksakt gelangen will, genügt es nicht mehr, jenes fundamentale Wollen, den Grundvorsatz des Daseins, durch ein *tonales* Werk in der *Faktizität* einer bestimmten Tonalität – wie *g*-moll oder *C*-dur – zu bekunden; es genügt auch nicht mehr, eine Symphonie, eine Fuge oder Passacaglia, ein Rondo oder Variationen nach allen Regeln der Kunst, ja sogar mit einer durchaus persönlichen Note zu schreiben; vielmehr muß die *Faktizität* des Werkes nunmehr ihre Quelle in etwas Außermusikalischem haben, das etwas anderes ist als der bloße fundamentale Seinsvorsatz oder die fundamentalen »Formen«, in denen sich dieser Seinsvorsatz bekunden kann – etwas, das dem musikalischen Ausdrucksbedürfnis des Musikers keine Ruhe läßt und zum eigentlichen »Vorwurf« seiner Musik wird. Dieser Vorwurf kann *verborgen* bleiben oder als *Titel* des Werkes eingestanden werden; in beiden Fällen aber muß er in der Musik Gestalt angenommen haben wie bei Schumann oder Debussy, soweit sie ihren Werken einen Vorwurf zugrunde gelegt haben. Was den Wert der *Symphonie pour cordes et trompette* von Honegger ausmacht und sie aus hundert Symphonien der gleichen Epoche heraushebt, ist die Tatsache, daß sie in ihrer Gesamtheit der vollkommene Ausdruck der Gemütsbewegung und der Hoffnung ist, die das französische Debakel von 1940 in ihm ausgelöst hatte. Daß die *Fresques de Piero della Francesca* von Bohuslav Martinů ein autonomes und höchst originelles Musikwerk sind, ist dem Umstand zu verdanken, daß der Komponist darin nicht die Bilder des Malers, sondern die Empfindungen dargestellt hat, die er selbst bei der Betrachtung dieser Bilder gehabt hat, als er die besondere Art und Weise auf sich wirken ließ, wie in dieser Folge bedeutungserfüllter, im Handlungsablauf miteinander verbundener Bilder eine Geschichte erzählt wird. In beiden Fällen *schafft sich der Ausdrucksakt selbst die rechte Form;* der zweite Satz der erwähnten Symphonie von Honegger z. B. ist nur deshalb eine Passacaglia, weil er darin die sich stets *wiederholenden* Klagen und Aufschwünge beschreiben wollte, die sich dazumal in Frankreich erhoben und ebensogut diejenigen des Komponisten selbst hätten sein können. In beiden Fällen wimmelt es – trotz aller Kühnheit der tonalen Führung – von vollkommenen Zusammenklängen, insbesondere bei Martinů, wenn auch in unerwarteten Verbindungen. Es ist somit falsch, zu glauben, die Herrschaft der tonalen Musik sei am Ende. Mit anderen Worten, die klassischen Formen können sehr wohl weiter verwendet werden, jedoch nur unter der Voraussetzung, daß man sie mit einer musikalischen Substanz erfüllt, die ihre Bedeutung aus einem außermusikalischen, vom Komponisten bewußt oder unbewußt verwendeten »Vorwurf« gewinnt. Womit wir allerdings am Ende sind, ist lediglich die Möglichkeit, ein bedeutsames Werk auf Grund des bloßen Vorhabens hervorbringen zu können, daß man »die tonale Musik sprechen lassen« und ein Werk von klar bestimmter Tonalität in einer gleichfalls klar bestimmten Form schreiben will.

Diese beiden Beispiele führen geradeswegs zur Aufdeckung des *zweiten Mißverständnisses*, dem die zeitgenössischen Musiker zum Opfer gefallen sind: der Vorstellung nämlich, daß sich die Musik nur durch eine Erneuerung ihrer *Strukturen* bzw. Strukturgesetze selbst erneuern könnte. Nachdem die jungen Komponisten gesehen hatten, daß Debussy Quintenparallelen und Sekundfolgen schrieb und man unvorbereitete und unaufgelöste Dissonanzen schreiben konnte, glaubten sie, alle Regeln der klassischen Unterweisung seien aufgehoben, alles sei fortan erlaubt und man müsse in jedem Falle von den »natürlichen« Wegen der Tonführung abgehen, wenn man neue Musik bringen wolle. In diesem Augenblick gewinnt das »Wollen« – und zwar ein rein »ästhetisches« Wollen – des Komponisten die Oberhand über sein musikalisches Empfinden und bringt ihn in Verwirrung; denn man kann seinem Empfinden immer Zwang antun. Ein solcher Zwang aber ist das untrügliche

Zeichen, daß der Künstler nicht frei aus sich heraus seinen Ausdruck schöpft – daß er mit schöpferischem Unvermögen geschlagen ist.

Zur Illustration des soeben Gesagten zitieren wir zwei kurze Beispiele, die wir mit Absicht aus dem Schaffen zweier maßgeblicher Komponisten ausgesucht haben:

Die melodische Linie dieses *Andante* ist zwar reichlich ausgeklügelt, aber immerhin klar; seine Harmonisierung aber ist ganz einfach unverständlich, so unverständlich, als ob es sich um atonale Musik handelte; denn die zweite Stimme hat weder eine klare tonale Richtung noch eine klare tonale Beziehung zur ersten – ausgenommen jeweils am Ende dieser beiden Phrasen (vierter und letzter Takt), wo man sich fragt, warum es so vieler nicht erfaßbarer harmonischer Beziehungen bedurfte, um zu den Gemeinplätzen dieses Quartsextakkords und später des Sextakkords zu gelangen. Hier kann man sehen, was wir unter »verfehlter Musik« verstanden wissen wollten, als wir feststellten, daß die Musik allein auf Grund der Voraussetzungen, die für sie gelten, »immer schön ist, es sei denn, sie wäre verfehlt«. Der musikalische Ausdrucksakt verfehlt sein Ziel, wenn sein *ästhetischer* Ausdruck nicht klar ist, d.h. wenn das »Außen« mit keinem dem Hörerlebnis klar erfaßbaren »Innen« übereinstimmt – und sodann gebricht es ihm auch sogleich an »Schönheit«.

Ein anderes Beispiel:

Hier handelt es sich offenkundig um ein Vorhaben »reiner« Musik, d.h. um ein Stück, in welchem der Komponist sich darauf beschränkt hat, die Musik im Stil der *Passacaglia* »sprechen lassen« zu wollen. Die Linie der Violinen stellt eine Verlängerung der Einleitung über den Einsatz des *Themas* dieser Passacaglia dar. Die natürliche melodische Dialektik hätte im neunten Takt (mit *c* oder *es*) das Ende des Themas herbeigeführt, und was dann noch folgt, hat keine weitere Daseinsberechtigung als den *Vorsatz* des Komponisten, zum *h* zurückzukehren. Die letzten drei Takte sind also *überflüssig*. Sie halten den thematischen Fortgang während zweier Takte auf, die überdies im Ablauf der Passacaglia tote Punkte bedeuten; nun beruhen aber die ganze Darstellungskraft und Bedeutung einer Passacaglia auf der Tatsache, daß sich das Thema – einer Schlange vergleichbar, die sich in den Schwanz beißt – aus sich selbst fortsetzt und erneuert, eine Grundbedingung jeglicher *Kontinuität* auch in der Rede, und eine durch tote Punkte unterbrochene Rede ist eine zusammenhanglose Rede (etwas ganz anderes ist die Paraphrase über einen Choral, wobei die *Paraphrase* selbst, d.h. die kontinuierliche Polyphonie, in die der Choral getaucht ist, den »Vorwurf« des Vorgetragenen bildet). Zum Überfluß weist das Thema dieser Passacaglia im vierten Takt einen gebrochenen Akkord auf, der sich in einem Passacaglia-Thema schlecht ausnimmt, und das Zusammentreffen des *fis* in den Violinen mit dem *fis* im Baß schwächt die harmonische Spannung zwischen den beiden Stimmen ab – wiederum ein toter Punkt: Es steht fest, daß bei einem wahrhaft schöpferischen Musiker das »Etwas-machen-Wollen« blind und einzig das Empfinden sich seiner selbst klar bewußt ist.

Da dieses »Etwas-machen-Wollen« in unseren Tagen die allgemeine Triebfeder der schöpferischen Tätigkeit geworden ist und den Musiker mit schicksalhafter Unausweichlichkeit dazu geführt hat, in der Haltung der Sekundärreflexion zu komponieren, indem er sein technisches Wissen anwendet, ist die Zahl der Musiker, die sich im Besitz der technischen Voraussetzungen fühlen und daher glauben schöpferisch arbeiten zu können, ins Maßlose angewachsen; aber ihrer Musik fehlt jene *Sicherheit* der ästhetischen Gestaltung, die einem Ausdrucksakt eignet, der *reine* Reflexion einer *spontanen* affektiven Aktivität ist. Die Folge dieser Situation ist, daß unsere Epoche eine ungeheure Menge an Musik hervorgebracht hat, aus der sich – kraft der Transzendenz ihrer Bedeutung und ihrer ästhetischen Vollkommenheit – nur so wenige Werke herausheben, daß man sie alljährlich an den Fingern einer Hand abzählen kann. Das ist schon sehr viel und zugleich der Beweis, daß die Autonomie der menschlichen Persönlichkeit – die Grundvoraussetzung jedes authentischen Akts des Selbstausdrucks – sich auch gegen die ungünstigsten Umstände durchsetzt; aber es folgt auch daraus, daß die ganze übrige zeitgenössische Produktion recht *überflüssig* erscheint.

Selbst wenn sich der Musiker nicht auf Irrwege leiten läßt wie die reinen Zwölftöner und wenn seine Musik alle äußeren Anzeichen einer tonalen Musik wahrt, eine logische Dialektik und wohlgeordnete Form beibehält, erscheint sein Werk noch nicht »notwendig«, sofern er sich darauf beschränkt hat, »die Musik sprechen zu lassen«, ohne daß sein »Etwas-machen-Wollen« in seinem gesamten Beginnen von einer gebieterischen Notwendigkeit des Ausdrucks diktiert wird, oder wenn seine Handschrift – sei sie auch von einem echten Ausdrucksbedürfnis geleitet – absichtsvoll und willkürlich ist. In diesem Falle bleibt das Werk zwar noch Musik, ja möglicherweise recht plausible Musik, aber sie läßt sich nur aus dem Willen des Komponisten erklären, seine Stimmen lieber auf die eine statt auf die andere Weise zu führen, die genauso plausibel gewesen wäre. Kurzum, das »Etwas-machen-Wollen« ist nicht nur ein blindes, sondern ein *fruchtloses* Beginnen; denn es genügt nicht, den Endzweck des ästhetischen Ausdrucksaktes zu gewährleisten, der die vollkommene Übereinstimmung der Aussage mit ihren Mitteln ist, jenes Merkmal, das dem Ausdruck die Qualität des Ausreichenden und zugleich des Notwendigen verleiht. In absolutem Sinne ist keinerlei Musik »notwendig«; als *Ausdruck* jedoch kann sie es *in unseren Augen* sein, wenn sie uns eine *unauswechselbare* affektive Bedeutung vermittelt, ohne die etwas, das sie uns offenbart, in unserem Erlebnisbereich fehlen würde. So etwa die *Träumerei* von Schumann oder – *Tea for two*, und nicht ohne Grund prägt sich *Tea for two* dem Gedächtnis ein. Es gibt unstreitig nur zwei Arten von Musik, die etwas wert sind: die *sublime* Musik – und sie ist in des Wortes strengem etymologischen Sinn sublim, sofern sie von *transzendenten* menschlichen Bedeutungen erfüllt ist – und die *leichte* Musik, die gleich jener transzendent ist, nur nicht in gleichem Grade, da sie uns nur die Ergötzung des *Gefühls*erlebnisses gewährt und lediglich unterhaltende Musik bleibt. Die Kunstmusik ist nicht immer sublim, doch ist sie es »potentiell« infolge ihrer Transzendenz, die es ihr ermöglicht, in ihren großen Momenten an das Sublime heranzureichen. Aber die *gelehrsame* Musik, diejenige, die nichts anderes als gelehrsam ist, ist Spreu, die der Wind der Geschichte verweht –

man vergißt sie. Denn in der Kunst befinden wir uns im Bereich des Absoluten, wo das Nichtnotwendige überflüssig ist.

Und noch von einem ganz anderen Gesichtspunkt aus war die zeitgenössische Musik nicht »notwendig« – für das Publikum nämlich. Während es sich vordem mit der Musik seiner Zeit und Umwelt zufriedengeben konnte, wurde es nunmehr der Musik der Vergangenheit und anderer Umwelten gegenübergestellt: Das war eine *Entdeckung*, die seine Aufmerksamkeit vollauf beanspruchte*.

Noch ein letzter, viel ernsterer Umstand hat der zeitgenössischen Musik – und zwar diesmal als Musik einer Epoche – das Merkmal der »Notwendigkeit« genommen. Unsere Epoche weiß nicht, wohin sie geht. Sie wird zwar kreuz und quer von religiösen und antireligiösen, von konservativen und revolutionären Strömungen durchlaufen, aber keinerlei Impuls ethischer oder affektiver Art bewirkt – zumindest im Okzident –, daß sich, wenn schon nicht die Gesamtheit, so doch wenigstens die Elite erhöbe wie zur Zeit der Romantik, der Französischen Revolution, der Renaissance und des Mittelalters. Nun waren aber die großen Musiker stets zugleich Wortführer der idealen Bestrebungen ihrer gesellschaftlichen Umwelt und ihrer Zeit. Der letzte in der Reihe der großen geschichtsbildenden Musiker, Debussy, wurde in seiner schöpferischen Aktivität von jenem Erwachen der französischen Seele nach 1870 getragen, das sich in anderen Bereichen des Ausdrucks im *Symbolismus* und *Impressionismus* manifestierte, dem französischen Lebensstil bis 1914 seine Note gab und sodann den Soldaten des ersten Weltkrieges noch ihren Heroismus einhauchte. Es kamen die Enttäuschungen des Sieges und die Euphorie der Jahre zwischen den Kriegen. 1939 war Frankreich müde, und nach dem Krieg wurden alle Energien *allenthalben* von wirtschaftlichen, sozialen und politischen Problemen absorbiert. Zur Zeit von Richard Strauss war Deutschland durchaus nicht mehr *das Volk der Dichter und Denker;* er aber vermochte die Geschichte dieses Volkes gleichsam zu verlängern. Mit anderen Worten: Das vom Christentum gebildete kollektive ethische Selbstbewußtsein, das bis dahin Quelle der abendländischen Musik und dessen Bannerträger die schöpferischen Musiker gewesen waren, erkrankte an der Schwelle unserer Epoche – man könnte genauer sagen: nach 1918 – an einer Art Hemmungsneurose und als Folgeerscheinung an schöpferischem Unvermögen – es ist das, was wir den Tod Gottes genannt haben. Unsere Epoche war somit verdammt, keinen Stil zu haben; und eine gänzlich dem Äußerlichen zugewandte, ausschließlich materiellen, wirtschaftlichen und sozialen Problemen ergebene Epoche »verdient« gar nicht, eine Musik zu haben, weil doch das musikalische Bewußtsein außerhalb aller Wechselfälle des wirtschaftlichen Lebens liegt; in einer vom Materialismus beherrschten Welt findet es keine Antriebe; seine Freiheit ist

---

* Jemand hat einmal Sir Thomas Beecham gefragt, ob er sich für die zeitgenössische Musik interessiere: »So weit bin ich noch gar nicht«, antwortete er, »ich bin mit dem Mozart-Studium noch nicht fertig!«

die des Gefühls und nicht die des praktischen Handelns, und die Freiheit des Gefühls erfordert die Loslösung vom Ich und von den äußeren Umständen. Bei diesem Stand der Dinge ist der Komponist ganz auf die eigenen Hilfsquellen angewiesen. Er fühlt sich allein und *ohne Auftrag* in einer Welt, die ihm auf ästhetischem Gebiet weder das *Wozu* noch das *Was*, noch das *Wie* seiner schöpferischen Tätigkeit schon *a priori* diktiert. So betrachtet, ist der zeitgenössische Komponist schlechthin das Opfer seiner Epoche.

Dieses Fehlen einer kollektiven schöpferischen Fähigkeit sollte sich in unheilvoller Weise auch auf das Gebiet der leichten Musik und ihrer Ausübung erstrecken, die ja ihrem Charakter nach noch kollektiver ist als die Kunstmusik. Während vor 1914 jede Saison einen berühmten Walzer oder ein bleibendes Chanson hervorbrachte – wie *Viens poupoule, A la Martinique* u. ä. –, verlischt diese Flamme mehr und mehr; nach Lehár in Wien gibt es nur noch Operettenfabrikanten, und selbst das neapolitanische Lied bringt nichts mehr, was mit *Oi Mari, Funiculi-funicula, O sole mio* oder *Ladra* vergleichbar wäre. Dieses Fehlen der volkstümlichen Ader in unserer Musik war es, das dem *Jazz* zugute kam.

DER JAZZ   Die Musik der amerikanischen Neger ist in der Tat der einzige – im Sinne eines Kollektivstils – stilbildende Akt unserer Epoche; und wenn das so ist, so deshalb, weil er eine neue Art von Folklore darstellt, die aus der melodisch-harmonischen Substanz der den Negern auf den Plantagen Mittelamerikas von den Missionaren gelehrten *kirchlichen Gesänge* entstanden ist. Wie jede Folklore hat er ein religiöses Genre – die *Spirituals* – und ein weltliches Genre – den *Blues* – hervorgebracht:

> Et toi, sors des étangs léthéens et ramasse
> En t'en venant la vase et les pâles roseaux,
> Cher Ennui, pour boucher d'une main jamais lasse
> Les grands trous bleus que font méchamment les oiseaux.
>
> (Stéphane Mallarmé, *L'Azur*)

> (Und du, mein trauter Kummer, bring aus deinem Lethe-Weiher,
> Dem du enttauchst, Schilfrohr und Algen mit,
> Und stopf mit nimmermüder Hand die großen blauen,
> Von Vögeln boshaft in das Grau gerissnen Löcher zu.)

Dem ist noch der *instrumentale Jazz* hinzuzufügen. Wie jede andere Folklore ist auch diese Musik durch eine starke stilistische Einheitlichkeit und eine äußerste Kargheit der Ausdrucksmittel gekennzeichnet: Sie verfügt über eine *einzige* – und zwar *binäre* – rhythmische Kadenz und ein einziges, allerdings bis zur äußersten Grenze der Möglichkeiten ausgenütztes rhythmisches Differenzierungsmittel: die *Synkope*. Hierzu sind noch die expressiven Möglichkeiten des *Hot* und des *Swing* zu ergänzen, die jeweils aus der Art der Klang-

mittel und der Beteiligung des ganzen Körpers an der rhythmischen Kadenz
entstehen. Diese drei letztgenannten Faktoren des Ausdrucks bilden den ganzen Reichtum des Jazz; aber dieser Reichtum ist unerschöpflich; denn der
Jazz beruht auf »mündlicher Überlieferung« und läßt dem Ausführenden – im
Rahmen einer gesungenen Gegebenheit – jegliche Freiheit der Improvisation.
So wie diese synkopierte Musik ursprünglich im Umkreis von New Orleans
war, ist sie eine kraft ihrer *ethischen* Bedeutung *noble* Musik. Bis ins Orgiasti-
sche wahrt sie ihren religiösen Charakter; aber der im *Hot* und *Swing* hervor-
gehobene sexuelle Charakter, der dem synkopierten binären Rhythmus eigen
ist, hat aus ihr die erträumte Musik einer westlichen Gesellschaft gemacht, die
außerhalb ihrer lukrativen Geschäftigkeit, der Politik und der gesellschaftlichen Riten in ihrem Leben nur noch das Vergnügen suchte. So hat sich die
westliche Musikwelt in zwei Teile geteilt: die Anhänger des Jazz und jene, die
der Kunstmusik verbunden blieben. Ausgebeutet durch die Weißen, ist der
Jazz zur universellen Unterhaltungsmusik geworden. Die Weißen haben eine
vulgäre Musik aus ihm gemacht, da sie hauptsächlich an jene *Lüsternheit*
appelliert, die der »gemeine« Hintergrund der Menschen als fleischlicher Wesen ist; der Jazz hat die alten Nationaltänze des Abendlandes, die nicht ohne
Noblesse waren, verdrängt und sich in Asien und Afrika ausgebreitet, wo er
an den Wurzeln der Traditionsmusik nagt. Da es keinen direkten Übergang
von der Folklore oder der leichten Musik zur Kunstmusik gibt, ist der Jazz
nicht geeignet, sich mit der geschichtlichen Strömung der abendländischen
Musik zu verbinden, und man darf daher auch keine historische Entwicklung
von ihm erwarten; die Versuche, seine melodischen Strukturen durch den Be-
bop oder andere, der »gelehrsamen« zeitgenössischen Musik entlehnte Verfahrensweisen zu erneuern, können an seinem Wesen nichts ändern. Mit anderen Worten: Der Jazz kann seine melodische Substanz nicht weiterentwickeln; er kann sie mehr oder minder glücklich erneuern, und er kann –
wie alle volkstümlichen Musikarten – unablässig weiter gepflegt werden, so
wie er ist. Aber seine Auswertung der Synkope hat neuartige stilistische Hilfsmittel zum Vorschein gebracht, aus denen die Kunstmusik bereits Nutzen
ziehen konnte.

DAS PUBLIKUM   Gegenüber dem Aufkommen einer Musik, die von den
traditionellen Bahnen (d. h. den klar bestimmten tonalen Perspektiven) ab-
wich, nahm das Publikum zunächst eine ablehnende Haltung ein. Das Auftauchen von Werken, die durch ihre Neuheit die Aufmerksamkeit erregten,
sowie das wachsende Ansehen der avantgardistischen Musiker brachten sodann einen *radikalen Umschwung*: Das Publikum zeigte sich – auch wenn es
mit dem Dargebotenen nicht mitkonnte – bereit, wahllos als »Musik« hinzunehmen, was immer aus musikalischen Klängen und Rhythmen zusammengesetzt war und dem Anschein nach eine Form besaß.

Diese Urteilslosigkeit kommt daher, daß sich das Publikum der Kunstmusik geändert hat. Die Symphonie und das öffentliche Konzert hatten – nicht mehr bloß im Prinzip, sondern in der Praxis – dem »Demos«, d. h. jedermann, den Weg zur »großen Musik« eröffnet; vor unserer Zeit aber bestand dieser »Demos« zum Großteil aus Leuten, die selbst Musik machten, die Klavier spielen oder ein anderes Instrument handhaben konnten, Quartett spielten oder sangen und häufig auch im Chorgesang tätig waren. Die Musikausübung ist das einzige oder doch das beste Mittel, *den musikalischen Einbildungsakt zu vollziehen und seine Bedeutungstranszendenz aus eigener Erfahrung kennenzulernen.* Die heutigen Lebensbedingungen gestatten diese Art der Musikausübung kaum noch, jedenfalls nicht regelmäßig, und der Großteil des Publikums unserer Tage kennt die Musik nur noch durch das *Hören* – sei es am Radio oder von der Schallplatte –, und dieses ausschließliche *Hören* macht den Hörenden *a priori* zum bloßen *Zuschauer* der Musik. Gewiß, der Zuhörer vollzieht unbewußt den Einbildungsakt – sonst könnte die Musik niemals einen Sinn für ihn bekommen; aber er läßt die Musik *über sich ergehen*, er *unterzieht* sich ihren Ereignissen und Wirkungen, und wenn er nicht innerlich an dem Ereignis *teilnimmt*, sich nicht von sich selbst loslöst, wenn nicht seine von der Musik angeregte, freigewordene und aktive Affektivität die Entfaltung der Form nachvollzieht, *verfehlt er die Transzendenz der Form, die Gesamtbedeutung, die sie dem gehörten Werk verleiht, und das Licht, das sie auf das erlebte Ereignis wirft.* Richard Strauss hat mit seinen *Vier letzten Liedern* am Ende seines Lebens noch einmal ein von der alle seine Opern erfüllenden Realistik gleichsam gereinigtes Zeugnis von seinem Genie der *Tonalität*, d. h. der musikalischen Sprache, abgelegt; aber seine Tonführung verläuft ständig über Quartsextakkorden, und der Quartsextakkord ist nun einmal die *statischste* aller tonalen Harmonien. Wenn sich nun der Zuhörer bei diesen Harmonien und den Kadenzen, die sie auslösen, aufhält – ganz gleich, ob er sich von ihnen angezogen oder abgestoßen fühlt –, verfehlt er die Transzendenz der Form und das affektive Erlebnis eines melodischen Atems, der ihn in einem Zug vom Anfang bis zum Schluß eines acht bis zehn Minuten dauernden Stückes getragen hätte.

Mangels einer praktischen Pflege des musikalischen Einbildungsakts und bar jeglicher objektiven Beurteilungsgrundlage, ist das heutige Publikum begreiflicherweise völlig fassungslos vor der Vielfalt der Musik, die den Bereich seiner Hörerlebnisse erfüllt: Auf dem Gebiet der leichten Musik der Jazz und alles, was sich um ihn gruppiert; auf dem Gebiet der Kunstmusik die tonale Musik von Strauss (die *Vier letzten Lieder* sind Nachkriegswerke), die noch moderne Musik von Debussy, Ravel, de Falla, Strawinsky, Bartók und der Generation der achtziger Jahre, jene der nach 1890 geborenen Generation, aus der sich die Namen Hindemith, Honegger, Frank Martin und einige andere herausheben lassen sowie jene der folgenden Generationen, wo sich zwischen einige Zeugnisse von Genie das Überflüssige und das Unverständliche mischen.

Es ist sehr bezeichnend für unsere Epoche, daß es eine Einheit des Stils nur auf dem Gebiet der Unterhaltungsmusik gibt, während im Bereich der Kunstmusik, soweit überhaupt von Stil gesprochen werden kann, nur persönliche Stile in Frage kommen. Das ist zwar in einer Zeit des absoluten Individualismus, da jedes Individuum zur Monade geworden ist, nicht überraschend; das Übel liegt vielmehr anderswo: in der Tatsache nämlich, daß das Publikum in Ermangelung jeglichen objektiven Wertmessers trotz dem Umstand, daß echte Werte sich durchsetzen, kein *Unterscheidungsvermögen* mehr besitzt. Und hierin sind es nicht die Kritiker, die Klarheit zu bringen vermöchten; denn auch sie nehmen ja gegenüber der Musik nur eine individuell kritische Haltung ein und können daher auch nur zu subjektiven Urteilen im Sinne einer »individuellen« Subjektivität gelangen, und diese Urteile treffen zuweilen ins Schwarze, in den meisten Fällen aber daneben. Wie viele »Kritiker« haben erkannt, daß die Nachkriegszeit unter so vielen Scheintalenten nur ein einziges Zeugnis absolut spontaner Genialität hervorgebracht hat, die sich bereits in ersten Jugendwerken äußert und aus der historischen Genealogie nicht erklärbar ist: das Schaffen von Benjamin Britten? Brittens Genie ist, was er selber ist; er hat seine Besonderheiten und seine Grenzen; aber seine Musik hat einen Stil, der aus keinem bestehenden System abgeleitet ist und den er selbst im Zuge des Schreibens spontan geschaffen hat. Nun haben aber die Kritiker von Menottis Opern, die reine Theaterstücke mit einer geschickten funktionellen Musik recht gewöhnlicher Substanz sind, weit mehr Aufhebens gemacht als von denen Brittens, die autonome musikalische Werke sind; und sie haben den ganz eigenartigen Charakter nicht erkannt, der Brittens Musik auszeichnet und von der Masse der zeitgenössischen Musik-Erzeugnisse unterscheidet.

Sehr bezeichnend ist es auch, daß die jungen Deutschen eher Schönberg folgen als Hindemith, dem einzigen offenkundig genialen Musiker, den Deutschland nach dem ersten Weltkrieg hervorgebracht hat (wenn man Berg ausnimmt, der Österreicher war). Hindemith hat dazumal seine Quellen in der vorklassischen deutschen Musik gesucht und in einer reinen polytonalen Polyphonie zu schreiben begonnen. Aber er hat nach einem neuen tonalen Fundament für seine musikalischen Strukturen Ausschau gehalten und es in den *akustischen* Gesetzen zu finden geglaubt, was ein Irrtum war, und noch dazu in *angreifbaren* akustischen Gesetzen, wie wir in einer Anmerkung ausführen. Das hat ihn aber nicht gehindert, Meisterwerke zu schreiben – und zwar immer dann, wenn er sich ein großes Thema und ein für den musikalischen Ausdruck geeignetes Thema gewählt hatte. Allerdings war die Folge, daß der Charakter seines Stils handwerklich anmutet (Hindemith beschränkt sich zuweilen darauf, »die Musik sprechen zu lassen«) und sehr individuell ist, was seine Isolierung erklärt*.

* Während diese Abhandlung geschrieben wurde, hat sich ein junger deutscher Komponist, Hans Werner Henze, von der dodekaphonischen Bahn, die er in seinen Anfängen eingeschlagen hatte, abgewandt und zahlreiche Zeugnisse einer authentischen schöpferischen Persönlichkeit abgelegt.

DAS BESTREBEN, »GROSSE MUSIK« ZU SCHREIBEN   Vor diesem nur angedeuteten Abbild des zeitgenössischen Horizonts mag eine weitere Bemerkung angebracht sein. Alle jungen Musiker haben das Bestreben, »große Musik« zu machen, und nehmen sich große Formen vor. Die Salonmusik und die kleinen Formen – jenes Mittelding zwischen der leichten Musik und der »großen« Musik – reizen sie nicht mehr, aus dem einfachen Grund, weil die Salonmusik nicht mehr gefragt ist. Ich saß einmal auf der Terrasse eines Cafés an einem Tisch mit einem jungen Komponisten, der mir ein Vorhaben »gelehrsamer« Musik, das ihm vorschwebte, auseinandersetzte. Da ließ sich von einem benachbarten Platz eine Schweizer Militärkapelle vernehmen, die so klägliche Stücke zum besten gab, daß ich mich nicht zurückhalten konnte, zu meinem Tischgenossen zu sagen: »Und wenn Sie anstelle Ihres Konzerts für Gott weiß was für eine ausgefallene instrumentale Kombination lieber einen guten Militärmarsch schrieben – glauben Sie nicht, daß das weit nützlicher wäre?« Selbstverständlich betrachtete er solch eine Arbeit als unter seiner Würde; vielleicht wäre er aber auch gar nicht fähig gewesen, sie zu einem guten Ende zu bringen. Ich kann nicht an die Fähigkeit eines Komponisten glauben, der nicht imstande ist, ein formal einfaches und typisches Stück auf originelle Weise zu schreiben. Beethoven hat originelle, sehr reizvolle *Ländler* geschrieben, Mozart und Weber prachtvolle *Märsche*, Chabrier *La Marche joyeuse*, Debussy seine *Marche écossaise* und *La plus que lent*. Die Neigung der jungen Komponisten, »gelehrsame« Musik zu schreiben, kommt zweifellos daher, daß sie sich zwar in ihren vorbereitenden Studien ein *Wissen* um die musikalische Schreibtechnik und durch ihre Vorübungen auch ein gewisses Schreiben*können* angeeignet haben, daß es ihnen aber an »persönlicher Bildung« gebricht. *Wissen* und *Können* sind stets nur Gestaltungs*mittel*; sie aber glauben, daß sie die bloße Fertigkeit im Gebrauch dieser Mittel schon befähige, ein schöpferisches Werk zustande zu bringen. Sie verlegen sich sodann auf Projekte, die zu vollenden sie weder die *Persönlichkeit* noch die *Genialität* besitzen, während sie doch – soweit sie einigermaßen melodiebegabt sind und weil es eine Salonmusik nicht mehr gibt – auf dem Gebiete der *funktionellen* Musik, deren Vorwurf *gegeben* ist, erfolgreich sein könnten – wie z. B. in der *Film*-Musik, die lediglich illustrative oder dekorative Funktion hat.

DER EINFLUSS DES GELDES AUF DAS MUSIKLEBEN   Wenn das Publikum trotz vielen Enttäuschungen und einem relativ allgemeinen Unbefriedigtsein von der zeitgenössischen Musik dennoch nach ihr verlangt, ist dies in Wahrheit auf die *Entdeckung* der Musik schlechthin zurückzuführen, die es aber der Musik der Vergangenheit verdankt, sowie auf den begreiflichen Wunsch, daß die Musik eine Weiterentwicklung erfahren möge; und das ist es, um dessentwillen das Publikum bereit ist, finanzielle Opfer zu bringen und von der Allgemeinheit oder vom Staat zu fordern. Denn der Komponist muß ja schließlich auch leben. Aber im 19. Jahrhundert erhielt der Komponist, nachdem die Zeit der fürstlichen oder geistlichen Hofhaltungen vorüber war, einen Lohn für seine Musik erst *nach* der Anerkennung ihres Wertes. Heutzutage geschieht das schon *im vorhinein*, auf die bloße Annahme hin, der Komponist sei talentiert, weil er sich fähig zeigt, eine Sonate, eine Fuge oder Kantate zu schreiben. Vielerlei *Preise* werden von Kompositionswettbewerben ausgesetzt und auch verliehen, ganz gleich, wie das Ergebnis ausfällt, falls es nicht geradezu beschämend ist; um einen Preis zu erhalten, genügt es bereits, daß das Werk »besser gemacht« ist als die andern, daß es nur von etwas mehr Talent zeugt. Von Mäzenen oder Institutionen werden Werke »in Auftrag gegeben«, ehe sie noch geschrieben sind und man beurteilen kann, ob sie etwas taugen. Diese Gepflogenheit, die früher nur ausnahmsweise und nur zugunsten bereits berühmter Komponisten Anwendung fand, erstreckt sich heute auf die Gesamtheit der »Berufs«-Komponisten. Die Aura des schöpferischen Musikers umgibt heute jeden, der sich fähig gezeigt hat, Musik zu »schreiben«, verschafft ihm die günstige Voreingenommenheit der öffentlichen Meinung und ermutigt ihn weiterzuschreiben. »Man darf die schönen Künste nicht fördern«, sagte Degas, und der alte Misanthrop wollte damit sagen, daß die schöpferische Tätigkeit ein Wagnis bleiben müsse wie jedes individuelle Unterfangen. Die Förderung aus Prinzip verzichtet auf diese Voraussetzung und stellt Untalente, Talente und Genies auf eine Stufe, indem sie den Ritterschlag als »Komponisten« erhalten, noch ehe sie vom Publikum anerkannt sind. So ist Boulez berühmt geworden, ohne daß die meisten Leute auch nur einen Ton von seiner Musik gehört hätten. Diese fördernde Ermunterung aus Prinzip hat auch jene ermuntert, für die Musik nur eine geschäftliche Angelegenheit bedeutet, und das trifft für zwei Berufsgruppen zu: die Verleger und die Konzertagenten, denen sich auch die Schallplattenfirmen zugesellt haben. Diese werten ihre »Ware« durch Reklame auf und haben auf diese Weise an die Stelle des rein musikalischen Wertes einen Reklame- und Verkaufswert treten lassen, der alles durcheinanderbringt. Der »Handel« mit Musik findet ein Ventil im Rundfunk, der sich dazu hergegeben hat, den ganzen Tag zu funktionieren, während er sich doch auf einige Stunden konzentrieren und während dieser Zeit das Beste aus seiner Produktion bringen könnte, so aber einen ungeheuren Musikbedarf hat – die Ursache einer erschreckenden Entwertung der Werte. Darüber hinaus haben sich die amtlichen Reiseagenturen und Werbedienste dazugeschlagen. Erstere füllen eine Jahreszeit, die den Ferien vorbehalten sein sollte, mit Festspielen an, die vor allem dazu bestimmt sind, die Fremden anzulocken und das Geschäft anzukurbeln. Letztere wollen den »einheimischen« Musikern ein Auskommen verschaffen – denn in einer Welt, in der »Produzierenkönnen« zum Wertmaßstab geworden ist, genügt es für einen Musiker, sich Schweizer, Franzose oder Deutscher zu nennen, um einen Anspruch auf staatliche Unterstützung geltend machen zu können, und für den Staat, ihn im Ausland im Interesse einer

»nationalen Propaganda« präsentieren zu müssen. Diese Kommerzialisierung findet einen Bundesgenossen in der Kritik; weil die Kritiker Stoff für ihre Artikel brauchen und weil sie nicht immer wieder über die gleichen Dinge reden können, legen sie Gewicht auf das »Neue«, was immer es sei. Sie urteilen, das ist wohl wahr – aber, wie Strawinsky einmal zu mir bemerkte: »Was man sagt, ist unwichtig – wenn man nur redet!«

So kann man sich erklären, warum so viel überflüssige Musik, ja sogar experimentelle und abwegige Musik im Radio gespielt und zuweilen gedruckt wird, ohne daß sie sich vor dem Publikum bewährt hat. Das ganze Aufhebens, das um die sogenannten »Jungen« gemacht wird, ist einzig und allein auf die gemeinsamen Interessen der Verleger, des Rundfunks und der Kritiker zurückzuführen sowie auf den Druck, den diese Interessen auf die Interessierten ausüben. Denn in Wahrheit sind weder die Verleger noch die Rundfunkleiter, noch die Kritiker überzeugt – sie können es nicht sein –, aber sie versuchen, sich selbst durch außerhalb der Musik liegende Gründe zu überzeugen, als da sind: die Notwendigkeit, Neues zu bringen, z. B. – oder der »Zug der Zeit«. Wenn diese Musik falscher Fortschrittlichkeit die Feuerprobe vor dem großen Publikum bestehen müßte, würde sie alsbald auf Ablehnung stoßen, weil das unbeeinflußte Publikum richtig reagiert, was nicht verwunderlich ist; denn es hat ja pythagoreisch orientierte Ohren und den angeborenen Sinn für Musik. Das Publikum, das die Musik der »Avantgarde« um sich zu sammeln vermochte, besteht aus Berufsmusikern oder solchen, die es werden wollen, aus Kritikern und Leuten aus der Welt des Müßiggangs, die auf neue Sensationen aus sind und sich einbilden, die neue Musik zu »fördern«, indem sie diese Konzerte unterstützen. So ist in der scheinbaren Sanktionierung dieser Musik alles künstlich und folglich unecht; und ein jeder spielt eine Rolle: Die Musiker, die das Spiel anführen, spielen Genie, die Kritiker spielen Propheten, die Rundfunkleiter und die Leute von Welt spielen Schirmherrn der Künste, die Verleger Förderer der Neuen Musik (auch wenn sie nur Geschäfte damit machen), und die jungen Musiker, die sich der Bewegung angeschlossen haben, spielen sich auf als Entwurzelte, die nicht Vater und Mutter haben – verlorene Söhne! –, die vorankommen wollen. Damit aber dies alles auch möglich werde, mußten sich Interpreten und insbesondere Dirigenten finden, die sich zu Knechten oder Komplicen der Mode machten, um die Rolle der Verfechter einer Musik der Zukunft spielen zu können. Die einzigen, die keine Rolle dabei spielen und sich keinen Illusionen hingeben, sind die von den Dirigenten verpflichteten Musiker und Sänger, die um eines Honorars willen mittun. Wir leben in einer Zeit, da der »fahrende Musikant« König ist und man auf kulturellem Gebiet eine »Rolle« spielen muß, um in der Gesellschaft zu Rang und Ansehen zu gelangen. Der Höhepunkt ist erreicht, wenn man sehen muß, wie die Musikabteilung der UNESCO gleichsam »vorspurt« und gerade für jenes Teilgebiet der zeitgenössischen Musik Propaganda macht, das nicht vertretbar ist. Völlig vergessend, daß die UNESCO eine zur Wahrung der kulturellen Werte *von universellem Interesse* gegründete Einrichtung ist, verwenden die Funktionäre dieser Abteilung ihre Geldmittel zur Verteidigung jener »Produkte der Zersetzung« der abendländischen Kultur, die, abgesehen von den Berufsmusikern, nur eine dünne gesellschaftliche Schicht interessieren, welche selbst »Produkt« der Macht des Geldes und der *Leere* ist, die es in einem auf Besitz gegründeten Dasein entstehen läßt.

So ist das Geld zum Nerv des Musiklebens geworden, und wenn es wahr ist, daß es die Möglichkeit geschaffen hat, die Musik einer Menschenmasse zu offenbaren, die von sich aus vielleicht nicht zur Kunstmusik gefunden hätte, muß man feststellen, daß es das Gute wie das Schlechte gleichermaßen gefördert hat und daher sowohl zu Recht wie zu Unrecht ausgegeben worden ist*.

SLOGANS UNSERER ZEIT   Die im Musikleben mitspielenden »Interessen« aber bleiben verschleiert, und man hat zur Verteidigung der zeitgenössischen Musik in ihrer Gesamtheit gewisse Slogans erfunden, deren Hinfälligkeit darzutun notwendig erscheint:

1. Der erste dieser Slogans und zugleich der für den »gesunden Menschenverstand« plausibelste entspringt der falschen Vorstellung von einem *kontinuierlichen* Verlauf der Geschichte sowie einer Verwechslung zwischen künstlerischer und handwerklicher oder industrieller Tätigkeit. Es besteht kein Grund, so sagt man, daß unsere Epoche nicht gleich den früheren neue Genies hervortreten sehen sollte und die Entwicklung daher nicht *weitergeht* – so erwartet man, daß die schöpferische Tätigkeit alljährlich neue Musikwerke hervorbringt wie die Automobilindustrie neue Modelle. Die Vorstellung von

---

* Der »Kongreß für die Freiheit der Kultur« hat kürzlich in Tokio eine Begegnung von Musikern aus Ost und West organisiert, die dem Vernehmen nach eine Million Dollar gekostet hat. Diese Million war ein reines Verlustgeschäft; denn die erwähnte Begegnung wird weder die Japaner über die Daseinsgründe der abendländischen Musik noch die Abgesandten des Westens über die Daseinsgründe der japanischen Musik aufgeklärt haben; und die Ursache dieses Fehlschlags war, daß es sich – unter dem Vorwand, zwei miteinander unvereinbare Arten musikalischer Aufnahmefähigkeit konfrontieren zu wollen – in Wahrheit darum gehandelt hat, die Japaner von der Überlegenheit der freien Welt über eine Welt zu überzeugen, in der die Freiheit dem sozialen Zwang unterworfen wird. Aber alle Beteiligten waren Opfer einer Täuschung.

Zweck der Zusammenkunft war – so schrieb Claude Rostand in *Le Monde* –, »eine Bilanz verschiedener Arten des Hörens zu ziehen«. Nachdem sich die Verfechter der Schönbergschen Musik klargeworden waren, daß es für das musikalische Ohr eine Unmöglichkeit ist, sie aufzunehmen, haben sie eine Erklärung für dieses Phänomen gefunden und zugleich ein neues Mittel, diese Musik zu verteidigen: Sie setzt, so sagen sie, *eine neue Art des Hörens* voraus. Nun – was meinen sie denn damit? Doch sicherlich nur eine von zwei Möglichkeiten: Entweder sie meinen den physiologischen Hörvorgang – und es gibt nur einen Hörvorgang. Oder aber sie meinen mit »Hören« jene Tätigkeit des Bewußtseins, *die den physiologischen Hörvorgang transzendiert, um dem Wahrgenommenen einen Sinn zu verleihen* – und in diesem Falle wären sie es selber, die sich eine neue Art des Hörens aneignen müßten: nämlich die allgemein verbreitete.

einem Vorwärtskommen in der geschichtlichen Entwicklung ist – wie die Idee des Fortschritts schlechthin – bei den positivistischen Geistern nicht auszurotten. Es ist richtig, daß das Genie im Menschen latent vorhanden ist, und wir haben gesehen, daß es sich auch in kritischen Situationen manifestieren kann. Aber die Geschichte kann sich irren, vom Wege abkommen und auf ein Nebengeleise geraten. Wenn man den Lauf der Geschichte bei Schönberg und seinen Jüngern verfolgt, findet man, daß er in eine Sackgasse führt. Nun wird aber die Geschichte vom Kollektivbewußtsein und nicht vom Individualbewußtsein bestimmt, welch letzteres durch Einwirkung auf seine nähere Umwelt nur auslösenden Einfluß nehmen kann; und wir haben gesehen, daß das ethische Kollektivbewußtsein auf der Schwelle unserer Epoche von Hemmungen befallen scheint; die Geschichte hält gleichsam den Atem an, und die Welt verharrt in einem Schwebezustand. Trotzdem ereignen sich Dinge – aber ungeordnete Dinge: ein Chaos. Unter diesen Dingen befinden sich solche, die zu nichts führen, andere wieder, die der Vorgeschichte zu einer Fortsetzung verhelfen, und noch andere, die einen Blick in die Zukunft ermöglichen. Erscheinungen wie Britten und Frank Martin mit ihrer spontanen Anwendung dessen, was wir die *freie Tonalität* genannt haben, sind *Vorboten* einer Sachlage, die wir in unseren Schlußfolgerungen erkennen werden. Kurzum, die Tatsache, daß das *Leben* weitergeht, ist kein Grund zu der Annahme, daß auch die *Geschichte* kontinuierlich weitergehe; denn sie bewegt sich sprungweise vorwärts.

2. Ein anderer Slogan, den ein von Denis de Rougemont auf einem »Kongreß für die Freiheit der Kultur« gehaltener Vortrag zum Thema hatte, ist die Forderung, die öffentlichen Konzerte müßten sich der zeitgenössischen Musik annehmen, weil diese der *Ausdruck des Menschen von heute* sei. Nun ist aber die zeitgenössische Musik in dem Ausmaß, in welchem sie sich auf Irrwegen oder doch auf unsicheren Wegen bewegt, ein *Zeichen* der Lage des Musikers, und dieses Zeichen hat nichts mit dem zu tun, was die Musik *ausdrückt* – es mag verständlich oder unverständlich, vollkommen oder unvollkommen sein. Man ist geneigt zu glauben, daß die Fülle von Dissonanzen in der heutigen Musik und ihre abgehackten rhythmischen Stöße die Qual und die Ruhelosigkeit der Zeitgenossen »ausdrücken«, daß die Vorliebe der Interpreten für schnelle Tempi übereinstimme mit der Zeit, in der alles schnell geht. Diese Vorliebe für das Schnelle ist vielmehr ein Zeichen, daß der Interpret das *Tempogefühl* verloren hat; und die Fülle von Dissonanzen ist ausschließlich auf den Umstand zurückzuführen, daß der Komponist neue Strukturtypen anwendet, in denen die Polytonalität, die Enharmonik, die kadenziellen Veränderungen eine weit größere Rolle spielen als ehedem. Jede strukturelle Neuerung hat den Komponisten die Bekundung neuer Aspekte der affektiven Seinsweisen des Menschen ermöglicht; aber man darf nicht das musikalische »Sujet« mit dem menschlichen »Subjekt« verwechseln, das sein Aussagevermögen im Hinblick auf einen Ausdrucksakt einsetzt. Solange der Komponist die Musik zu

einem Akt des *Selbst*ausdrucks werden ließ, war sein Werk Ausdruck seiner eigenen affektiven Seinsweise; sobald er sie jedoch Ausdruck *von etwas* sein läßt, kann sich seine Subjektivität nur noch durch den Stil und die Art, wie er sein »Sujet« bekundet, manifestieren. Solange es also Zeitstile und National-stile gab, war die Musik – ob mit, ob ohne Vorwurf – sehr wohl ein Ausdruck der ethischen Seinsweise ihrer Zeit, einer Nation oder eines Milieus; heutzu-tage aber, da es das alles nicht mehr gibt, sagt sie uns auch nichts mehr über den Menschen unserer Zeit – es sei denn, daß die Menschen uneinig sind und keine gemeinsame Ethik mehr haben, vorausgesetzt, sie hätten überhaupt eine.

Unter diesen Umständen ist der Urteilsspruch über die zeitgenössische Mu-sik ein Problem, das sich dem Interpreten stellt – dem Mittler zwischen Kom-ponist und Publikum –, und zwar stellt es sich ihm als ein *ethisches* Problem; denn er ist es sich schuldig, dem Publikum nur solche Werke darzubieten, von deren Wert er selbst überzeugt ist – und wie könnte er es sein, wenn er selbst sie mangelhaft findet, sie nicht begreift oder sie gar nicht als Musik anerkennt? Hat er sich sein Urteil einmal gebildet, muß er das Werk auch spielen, selbst wenn es dem Publikum beim ersten Hören nicht entspricht, oder aber es nicht spielen, auch wenn es verlangt wird. Daß es in diesem Zusammenhang für den Interpreten ein ethisches Problem gibt, ist heutzutage schwer begreiflich zu machen – aus Gründen, die wir später sehen werden. Besonders schwer aber dürfte es Journalisten begreiflich zu machen sein; denn die Freiheit der Presse ist absolut, d.h. letztere ist *a priori* von jeder ethischen Verpflichtung befreit. Der Musikkritiker mag es als seine Pflicht ansehen, das Publikum mit allem bekannt zu machen, was es auf dem »musikalischen Sektor«, wie man zu sagen pflegt, Neues gibt, und er glaubt das Publikum auf diese Weise zu »un-terrichten«; aber er verwechselt »Unterrichtung« mit »Benachrichtigung«; denn letztlich tut er doch nichts anderes als »benachrichtigen«, was es auf musikalischem Gebiet Neues gibt, und sagt seine persönliche Meinung dazu. Der einzig Berufene, das Publikum zu »unterrichten«, ist der Interpret, weil er ein »affektives Erlebnis« vermittelt, das im Zusammenhang mit Musik ge-naugenommen das einzige ist, was den Zuhörer »unterrichten« und zu seiner Bildung beitragen kann. Der Interpret ist daher für die musikalische Bildung mitverantwortlich, und der Anspruch mancher Kritiker von heute, die Mei-nung des Publikums lenken, ja sogar den Komponisten vorschreiben zu wol-len, was sie zu tun haben, geht offensichtlich zu weit. Aber das ungebildete Publikum läßt es sich gefallen; denn alles »Gedruckte« steht bei ihm hoch im Ansehen. Es ist also durchaus nicht verwunderlich, daß die avantgardistische Musik im Rundfunk ein Abzugsventil gefunden hat, der gleich den Kri-tikern die Aufgabe hat, die Öffentlichkeit mit Nachrichten zu versorgen, so-wie im Rahmen von Sonderdarbietungen wie den Darmstädter Musiktagen, die es sich zur Aufgabe gemacht haben, dem Publikum zu demonstrieren, wie weit die Narrheit der Menschen gehen kann.

3. Der unzutreffendste und zugleich verfänglichste der zugunsten der Musik, die das Publikum nicht versteht, vorgebrachten Slogans ist die Behauptung, man dürfe sich hierüber nicht wundern, weil doch alle neuartigen Werke zu ihrer Zeit nicht verstanden worden seien. Aber zur Stützung dieser These zitiert man die Kritiker, die in der Tat schon immer Dummheiten geschrieben haben, oder die jeweils in Opposition gewesenen Musiker, und man hütet sich wohl, andere Zeugnisse aus der Zeit zu erwähnen, die geeignet wären darzutun, daß im Gegenteil alle großen Werke von Anfang an ihre glühenden und verständnisvollen Bewunderer hatten – manchmal sogar unter den Kritikern; und aus diesen Gründen haben sie sich auch gehalten. Der dem Menschen innewohnende musikalische Sinn hat es ihm stets ermöglicht, die tonale Musik zu »verstehen« und sich ein Urteil über sie zu bilden; denn die Tonalität ist die Voraussetzung ihrer *Sinnfälligkeit*; und was kann man mehr verlangen als Sinnfälligkeit? – Allerdings hat es bisher – mangels der phänomenologischen Kenntnis des musikalischen *Erlebnisses* – an Beurteilungskriterien gefehlt, so daß es unmöglich war, die Fundiertheit und Objektivität eines Urteils über ein Musikwerk zu beweisen, mag es auch noch so richtig gewesen und von noch so vielen geteilt worden sein.

Obiger Slogan ist in unserer Zeit aufgebracht worden, um dem Urteil jener zuvorzukommen, die von der atonalen Musik nichts verstanden, und sie glauben zu machen, sie werde später verstanden werden: ein bequemes Ruhekissen für die Trägheit jener, die berufen wären, die Verantwortung zu tragen, die aber ihres Urteils selbst nicht sicher oder nicht mutig genug sind, sie auf sich zu nehmen!

4. Einen letzten und weit verbreiteten Slogan formuliert Leibowitz in seiner Schrift *L'Artiste et sa conscience (Der Künstler und sein Gewissen)*. Es besagt, daß die Musik, indem sie sich im Sinne einer *wachsenden Kompliziertheit* ihrer Strukturen entwickelt, zwangsläufig immer schwerer verständlich wird; und der Autor setzt noch hinzu, sie sei heute zu einer »spezialisierten« Tätigkeit geworden. Er behauptet sogar, daß schon die Polyphonie an sich eine solche spezialisierte Tätigkeit darstelle: »Der Mann von der Straße«, sagt er, »ist seinem Wesen nach unfähig, sich in der Polyphonie zurechtzufinden.« Der Mann von der Straße vielleicht – aber nicht der Mensch im allgemeinen; denn es sind zahlreiche Beispiele *spontaner* Chor-Polyphonie bekannt – so bei den Primitiven, in Sardinien, in Rußland und in den Schweizer und Tiroler Alpen. Und was die »wachsende Kompliziertheit« der Strukturen anbelangt – die existiert nur im Kopf des Herrn Leibowitz. Das Erfordernis des musikalischen Ausdrucks, zugleich *notwendig* und *ausreichend* zu sein, stellt tatsächlich die Alternative auf zwischen einem *Maximum* und einem *Minimum* struktureller Fakten, und diese Alternative zeigt sich – das hat unsere historische Übersicht erbracht – im geschichtlichen Ablauf in einem periodischen Wechsel von Tendenzen der *Komplizierung* und solchen der *Vereinfachung*, in denen jeweils neue Struktursynthesen wirksam werden: nach der Polyphonie eines Ocke-

ghem diejenige Josquins; nach der vierstimmigen Polyphonie die begleitete
Melodie; nach Bach Mozart; nach Wagner und Brahms *L'Après-midi d'un
Faune;* und bei Debussy selbst nach *Ibéria* oder *Jeux* die letzten *Sonaten.*
Heutzutage hat der Komponist die Wahl; und nach langem Suchen und Versuchen auf den Gebieten der Polytonalität, Atonalität und Polyrhythmik zei-
gen Bartók am Ende seines Lebens, Frank Martin in seinen letzten Werken
und Benjamin Britten Tendenzen zur Einfachheit, zur Durchsichtigkeit –
Frucht eines tonalen Empfindens, das auf die Probe gestellt wurde und seinen
Weg wiedergefunden hat. Überdies ist es nicht schwieriger, eine Musik von
komplizierter Struktur zu verstehen als eine von einfacher Struktur, wenn
erstere auch nur wirklich authentische Musik ist: Die großen Orgelfugen von
Bach sind für jedermann vollkommen klar – nicht nur für »Spezialisten«. Und
umgekehrt ist es zuweilen weit schwieriger, den ganzen Ausdruck einer Musik
von einfacher Struktur zu erfassen, als den einer Musik komplizierter Struktur: Es ist leichter, dem *Till Eulenspiegel* oder dem *Don Juan* von Strauss zu
folgen als einem der *Epigraphes antiques,* einem *Prélude* oder irgendeinem Lied
von Debussy. Es ist ein für allemal unzutreffend, daß die Kompliziertheit von
Strukturen und somit die Anhäufung struktureller Fakten an sich auch nur die
geringste Beziehung zum Bedeutungswert einer Musik haben solle: Die gesamte Ideologie der Zwölftöner ist falsch.

DIE DIALEKTIK DER GESCHICHTE   In jeder Etappe der Geschichte wird der
Mensch einer Lage der Dinge *ausgesetzt,* für die *niemand verantwortlich* ist,
weil diese Situation aus der Dialektik der »Umstände«, der äußeren Tatsachen,
entsteht. Weder die Musiker, die vor uns waren, noch diejenigen von heute
sind für die geschilderte Lage verantwortlich – auch nicht für die Tatsache,
daß die Musik mit klar bestimmter Tonalität ihre Möglichkeiten erschöpft hat
und der Komponist von heute daher nicht mehr wußte, was er tun sollte.
Unsere Komponisten konnten also gar nichts anderes tun, als auf Abenteuer
ausgehen, als sie sich dieser Sachlage gegenübergestellt sahen – ausgenommen
einige wenige, die sie kraft ihrer tieferen »Einsicht« in die Musik und ihrer
Persönlichkeit gemeistert haben. Der marxistische Determinismus regiert das
kulturelle wie das wirtschaftliche Leben. Aber die Marxisten sind kurzsichtig.
Sie sehen nur die Dialektik der Tatsachen, die den Menschen *leitet,* und sehen
nicht, daß sie *nur in den kleinen Dimensionen geschichtsbestimmend* ist – und
nicht in den großen. Es ist ein Gesetz in der Welt der Relationalität, daß die
konkreten Phänomene in ihr jeweils anderen Gesetzen gehorchen, ob sie in
den *kleinen* oder ob sie in den *großen* Dimensionen auftreten. Werner Heisenberg hat das in der Kernphysik festgestellt; wir konnten es in den Tonstrukturen feststellen, wo die kleinen Dimensionen – die der Intervalle – auf
der Quinte und Quarte (in der Funktion der Oktave) aufgebaut sind und die
großen Dimensionen – diejenigen der *Form* – auf der *Oktave* und wo ferner

eine *kleine* Tonperspektive auf der Struktur T-D-T beruht und eine *große* (modulierende) Tonperspektive auf der Struktur T_T-T_D-T_T (Tonart der Tonika, Tonart der Dominante, Tonart der Tonika)*.

Es ist unmöglich, die Etappen der Geschichte – den Übergang vom ersten zum zweiten Zeitalter, vom zweiten zum dritten und in das Mittelalter, vom Mittelalter zur Renaissance und weiter zu den folgenden Abschnitten – durch die Dialektik der Umstände, d. h. durch den materialistischen Determinismus, zu erklären. Ohne Zweifel wird jede neue Etappe durch einen äußeren Beweggrund ausgelöst – etwa durch die Erweiterung des menschlichen Gesichtskreises zu Anfang des zweiten Zeitalters oder durch das Auftreten Christi zu Anfang des dritten –, stets aber durch einen Beweggrund, der auf ein menschliches Bewußtsein einwirkte, das nur auf den jeweiligen äußeren Anstoß gewartet hatte, um eine neue Erfahrung seiner Selbständigkeit zu machen und in eine neue geschichtliche Etappe einzutreten, wo es wiederum der Dialektik der »Umstände« ausgesetzt wird.

Es ist immerhin möglich, zu sagen, die Botschaft Christi habe die Armen erreicht, weil sie ihnen neue Hoffnung brachte, und es seien folglich wirtschaftliche Erwägungen für die Ausbreitung des Christentums ausschlaggebend gewesen. Aber wenn Christus die Armen überzeugen konnte, so doch vor allem deshalb, weil er in ihnen das psychische Selbstbewußtsein geweckt und ihnen dadurch ihre Armut bewußt gemacht hat, eine Armut, die aus ihnen die Auserwählten Gottes machte. Dieser Stand der Dinge ermöglichte es den Reichen, die sich ihrerseits, wenn auch aus anderen Gründen als die Armen, vom Christentum angesprochen fühlten, die Armen in ihrer Armut zu halten oder doch in diesem Zustand zu lassen. Andererseits aber war die Tatsache, daß sich die Armen ihrer Armut bewußt wurden, der Ursprung der sozialen Forderungen, und in dem Ausmaß, in welchem ihnen Genüge getan wurde, anerkannten die Reichen – mag sein unter Druck – die Ungerechtigkeit der Lage der Armen, ähnlich wie bei der Proklamation der Menschenrechte, deren Veranlasser die Gleichheit der Menschenrechte anerkannten. Jede Manifestation der Selbständigkeit des ethischen Selbstbewußtseins bringt eine *Unterbrechung der Kontinuität in der Herrschaft der äußeren Umstände* mit sich – da jedoch die Dialektik der Umstände ein Kontinuum darstellt, schließen die Marxisten daraus, daß sie es sei, die die Geschichte beherrscht. Was ihnen gestattet, diese These aufrechtzuerhalten, ist die Tatsache, *daß es nicht die gleichen sind*, die die aufeinanderfolgenden Etappen der Geschichte auslösen, so daß die einzige Kontinuität, die ihnen in die Augen fällt, die der Umstände ist. Sie sehen nicht, daß die Geschichte gar nicht von einem Stand der Dinge zum nächsten fortschreiten könnte, wenn es nicht ein Bewußtsein gäbe, das den jeweiligen Zu-

---

* In Wahrheit ist das Gesetz im Abstrakten das gleiche, nicht aber im Konkreten – und zwar infolge der konkreten *Zufälligkeit (contingence)* des Phänomens: Die Oktave ist in das logarithmische System der kleinen Intervalle als sein Rahmen inbegriffen, und T_T-T_D-T_T ist – im Abstrakten – nach wie vor T-D-T; lediglich die Dimension ändert sich.

ständen einen Sinn beimißt. Wenn Schönbergs Lehre die Gesamtheit der Musiker überzeugt hätte und die Musiker von außen her entscheidend zu beeinflussen wären, wäre die Musik für alle Zeit dodekaphon geblieben. Aber die
Marxisten werden niemals leugnen können, daß das Bewußtsein, wenn es in
seiner Beziehung zur transzendenten Welt sowohl *passiv* wie *aktiv* sein kann,
sich aus sich selbst für die Aktivität oder Passivität entscheidet – zwar auf
Grund eines äußeren Beweggrundes, der jedoch nicht zwingend, d.h. keine
Ursache, ist. So erwächst die Geschichte aus dem zweifachen Druck der Umstände in ihrer dialektischen Verkettung einerseits und der eigenständigen
Selbstentscheidungen der Menschen andrerseits. Zwar ist der Mensch als
Individuum der kollektiven Situation sowie deren Veränderungen ausgesetzt;
aber in jedem Augenblick der Geschichte kann sich ein Individualbewußtsein
vom Druck der Umstände frei machen, sich gegen den bestehenden Zustand
auflehnen und ihn zu ändern trachten. Dennoch hat seine Initiative keine
historischen Auswirkungen, wenn sie nicht auf die Allgemeinheit übergreift.

    Da die Musik Ausdruck der menschlichen Ethik ist, kann man sie zugleich
als deren »Test« betrachten, ja sogar als einen Test, auf den man sich getrost
verlassen mag, weil die Musik nicht lügen kann. Der Ablauf ihrer Geschichte
ist somit das getreue Abbild des Ablaufs der Menschheitsgeschichte und zeigt,
wie wir gesehen haben, daß die *Richtung* dieses Ablaufs – weit entfernt, der
Dialektik der Umstände zu gehorchen – von der fortschreitenden, durch das
ethische Selbstbewußtsein in dessen Beziehung zur Umwelt vollzogenen Entdeckung seiner Autonomie und der Voraussetzungen für seine Autonomie bestimmt wird. Allerdings vollzieht sich diese Entdeckung in Etappen, deren
jede eine neue Bewußtseins*mutation* mit sich bringt – von der magischen zur
bewußten Beziehung zur Umwelt, von der »Passivität« zur »Aktivität«, von
der Autonomie des Denkens zur Autonomie der Seele und zu beider Synthese –, Mutationen, die die großen Wendepunkte der Geschichte kennzeichnen; und sobald das Bewußtsein in eine historische Etappe eingetreten ist,
wird es dem von ihm selbst geschaffenen Stand der Dinge untertan.

    In den Anfängen der abendländischen Ära hat das musikalische Bewußtsein
seine Autonomie errungen; deshalb bildet es die von den Griechen ererbte
heptatonische Leiter *auf seine Weise* (lies: Rom und die Kirche organisieren die
Welt). Aber es findet aus den Gegebenheiten seiner heptatonischen Leitern
nicht heraus. Immerhin kann es – als harmonisches Bewußtsein der Tonverhältnisse – mehrere Melodiestimmen in gleichzeitigem Erklingen koordinieren,
ohne die Gegebenheiten der heptatonischen Leiter zu verlassen (lies: das Römische Reich zerfällt; aber die Einheit der Kirche bleibt bestehen). Eine neue
Sachlage ergibt sich erst nach der großen kopernikanischen Umwälzung, durch
die sich »das Selbstbewußtsein als Bewußtsein von etwas« unterscheidet vom
»Bewußtsein von etwas als Selbstbewußtsein«: In der Betrachtungsweise des
letzteren dreht sich die Sonne um die Erde, in der des ersteren umgekehrt die
Erde um die Sonne. Das ist die Morgenröte der harmonischen Ära, da das

harmonische Bewußtsein sich vom melodischen Bewußtsein zu unterscheiden beginnt. Das cartesianische *cogito* erweist seine Autonomie, während die Reformation die Autonomie des ethischen Selbstbewußtseins offenbarwerden läßt. Aber nach Eintritt in die harmonische Ära kann das musikalische Bewußtsein aus den Gegebenheiten der tonalen Harmonie nicht mehr heraus. Es beginnt deren Wege zu erforschen, die – von Bach und Rameau geebnet – von verschiedenen Völkern auf verschiedene Weise begangen wurden: Die musikalischen Nationalitäten bekunden ihre Selbständigkeit, und inmitten der Nationalitäten bekundet sich die Individualität, d.h. die Selbständigkeit des einzelnen Musikers. Den tonalen Gegebenheiten des musikalischen Bewußtseins entsprechen die auf der wirtschaftlichen Organisation beruhenden Gegebenheiten des praktischen Lebens.

Wir leben in einer marxistischen Welt, und in diesem Sinne bleibt die marxistische Lehre in Geltung; allein, es ist nicht wahr, daß die materiellen Lebensbedingungen *das Leben der Völker und der Einzelnen bestimmen* – denn es sind die Völker und die Einzelnen, die über ihr materielles Schicksal entscheiden; inmitten ihrer Umweltbedingungen bewahren Völker und Einzelne ihre Selbständigkeit, und diese Selbständigkeit bekundet sich in unserer Epoche auf pragmatischem Gebiet in der wirtschaftlichen Freizügigkeit, d.h. in der Freiheit der Initiative des Einzelnen hinsichtlich der Handhabung und Nutzung der materiellen Voraussetzungen des Daseins. Am Anfang unserer Epoche jedoch wird alles in Frage gestellt – auf musikalischem Gebiet die Organisation der Töne, auf pragmatischem die Organisation der Wirtschaft; und da das einzig Bleibende die Abhängigkeit der Existenz des Einzelnen wie der Gesamtheit von den materiellen Gegebenheiten ist, sind wir derzeit den marxistischen Lebensbedingungen ausgeliefert, und das bedeutet, daß wir aus dieser Lage erst wieder durch eine neue »Mutation« des Kollektivbewußtseins herauskommen werden. Der einzige Unterschied zwischen der sogenannten freien Welt und der Welt des Kommunismus ist, daß die freie Welt die Lösung ablehnt, die die kommunistische Welt ihren wirtschaftlichen Problemen gegeben hat – so wie der tonale Musiker die Schönbergsche Lösung ablehnt. Warum aber zögert das Kollektivbewußtsein so lange mit einer Antwort auf die Fragen, die seine Lage selbst ihm stellt, oder – wenn man so will – warum zögert das Individualbewußtsein so lange, auf diese Fragen eine Antwort zu geben, die Allgemeingültigkeit besitzt? – Was hält es zurück, und was ist es, das die Geschichte auf der Stelle treten läßt?*

DER INTELLEKTUALISMUS UNSERER ZEIT   Die Antwort liegt in der inneren Gespaltenheit des abendländischen Menschen und in der ausschließlichen Pflege, die er der intellektuellen Tätigkeit angedeihen läßt – sei es im Hinblick

---

* Sie beginnt erst allmählich, sich in Richtung einer Beendigung des Kolonialismus frei zu machen.

auf eine spekulative Aktivität, sei es im Hinblick auf praktische Interessen, jedenfalls aber zum Nachteil einer Pflege der Gefühlswerte und folglich der Ethik. Selbst die kirchliche Religion wendet sich an den *Intellekt*, wenngleich sie sich auch an das Herz wendet – aber nur in den Zusammenhängen, die das Herz unmittelbar angehen. Diese absolute Selbständigkeit des Intellekts hat eine absolute Selbständigkeit der affektiven Aktivität zur Begleiterscheinung. Diese aber wirkt im Schatten, während der Mensch seinen ganzen Verstand der praktischen Tätigkeit widmet, und diese Kluft zwischen Kopf und Herz, die bewirkt, daß sich der Mensch unbewußt vom Herzen leiten läßt, schafft die Voraussetzungen für einen *sacro egoismo*, einen absoluten Individualismus, der aus dem Menschen einen Gott für ihn selber macht. Unter diesen Umständen ist der Mensch sein eigener Gefangener, ein Gefangener *jenes nichtreflexiven affektiven Selbstbewußtseins, das von seiner ausschließlich intellektuellen Tätigkeit völlig abgeschnitten ist.* Nun ist aber der Mensch in seiner Ganzheit darauf angelegt, sich selbst entrinnen zu können; seine Sinne und sein Körper haben sich entwickelt, damit er als freies Wesen der Welt aufgetan sei, und es ist kaum zu fassen, daß er gerade in dem Augenblick, da er vermeint, kraft der Freiheit seines Denkens über sich selbst hinauszugelangen, *sein eigener Gefangener* werden soll. So kann er über die Dinge nur noch subjektiv urteilen, es sei denn, er interessiere sich bloß für eine Sache *an sich*, so wie sie ihm unterkommt, und nicht hinsichtlich ihrer Bedeutung »für ihn« und andere. In seinem praktischen Leben mag sich solch ein Mensch noch eine Moral zurechtlegen; er übersieht aber dabei, daß sie nicht mit seinen Handlungen gleichzusetzen ist, die für seine Mitmenschen Folgen haben oder sich in Dingen auswirken können, für die er *ethisch* nicht verantwortlich ist. Denn die Ethik hat *Normen* – das Wahre, das Rechte, das Gute usw. –, die »absolute Größen« sind, zu denen der Mensch sein Verhalten spontan in Vergleich setzt und die – wie wir gesehen haben – die *natürlichen* Normen seines psychischen Anpassungsbedürfnisses im Hinblick auf die Umwelt sind, und zwar so, daß die Ethik das natürliche Gesetz seiner Freiheit ist, nicht anders als das tonale Gesetz das natürliche Gesetz der Freiheit des musikalischen Bewußtseins bildet. Das ethische Gesetz ruht in jedem Menschenherzen; aber es muß durch Erziehung und Pflege geweckt werden – wie das tonale Gesetz durch die Pflege des musikalischen Erlebnisses. Die »freie« Welt rühmt sich, ihren Bürgern *die Freiheit des Denkens* zuzubilligen. Aber das Denken *ist* frei und bedarf daher nicht der Befreiung! Es ist frei kraft seiner Einordnung in den Organismus des Bewußtseins, wo es die Rolle eines losen Rades spielt. Es ist sogar in der UdSSR frei – nur daß es dort nicht wagt, seine Freiheit offen zu bekunden. Das einzige *Recht*, aber auch die einzige *Pflicht*, die unsere Untersuchung des Bewußtseins dem Menschen aufgrund seines natürlichen Zustandes in der Welt zuerkennen ließ, ist seine Freiheit der Selbstbestimmung aus eigenem Antrieb. Diese Freiheit ist eine absolute Freiheit, doch ist der Mensch, um sich in seiner Umwelt wohl fühlen zu können, von selbst bestrebt, sich ihr seelisch anzupassen, und empfindet daher seine Normen als Vorbedingungen dieser Anpassung. Diese Dinge mußten ausgeführt werden, weil die heutigen Denker die Bezeichnung »Ethik« für die Gesamtheit der Sittengesetze anwenden, so daß es für sie keine absolute Ethik mehr gibt. Zwar diskutiert man in manchen Kreisen noch über die Ethik; aber gerade weil man über sie diskutiert, muß angenommen werden, daß sich die Ethik eben nicht mehr von selbst versteht, daß das ethische Bewußtsein – und das Bewußtsein von der Ethik – in der Allgemeinheit tot ist.

Eine andere Folge der ausschließlichen Pflege der verstandesmäßigen Tätigkeit ist, daß der *Sinn* und die *Sinnfälligkeit*, die den Dingen durch einen anfänglichen Akt reiner Reflexion ein für allemal zugewachsen waren, verlorengegangen sind, worauf in unseren Tagen ein katastrophales Absinken nicht des Verstandes, der ja gerade besonders gepflegt wird, sondern des *Verständnisses für die Dinge* erfolgt ist. »Der Mensch stellt sich nur die Probleme, die er lösen kann«, hat Marx gesagt. Das trifft zu, wenn man hinzufügt, daß sein Verstand meßbar ist an seiner Fähigkeit, die Probleme zu lösen, die er sich stellt (oder die ihm von der Umwelt bzw. seiner Situation in der Umwelt gestellt werden können), und er vermag sie tatsächlich zu lösen, vorausgesetzt, daß die *Frage*, die das Problem einschließt, richtig gestellt ist; denn ist sie das, erwächst die Antwort wie von selbst aus der Frage. Ein Beispiel: »Warum tragen Töne in Oktavabstand den gleichen Namen?« – Erste Zwischenfrage: »Wer gibt ihnen den gleichen Namen?« – Antwort auf diese Zwischenfrage: »Der Musiker.« – Antwort auf die Frage: »Man hole sich die Erklärung beim musikalischen Bewußtsein und suche sie nicht in den Tönen.« – Zur Lösung des Problems galt es also, sich über dasjenige des »Namens« klarzuwerden, worauf die Antwort in der Beziehung des gegebenen Namens zum Namensgeber liegt:

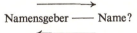

Namensgeber —— Name?

Nun wurde dieser Name in einem Akt reiner Reflexion gegeben, wie wir gesehen haben, und er wurde ein für allemal und für jedermann gültig gegeben; um aber auf die Frage eine befriedigende Antwort geben zu können, mußte der Befragte eine *gedankliche Rückwendung* zu der gestellten Frage vollziehen, die ihn den *Sinn* wiederfinden ließ, der den Tonpositionen zugleich mit der *Entstehung* des »Namens« verliehen wurde und die ihm eine befriedigende Antwort auf die gestellte Frage zu geben ermöglicht. Diese Antwort ist zugleich *objektiv*, weil die Subjektivität des Befragten durch seine gedankliche Rückwendung ausgeschaltet wird, die ihn in der Sekundärreflexion entdecken läßt, was zur Benennung der Töne in der reinen Reflexion geführt hat.

Man wird in dieser »Rückwendung« die Denkoperation erkannt haben, die dazu führt, was wir »Verständnis« genannt haben zum Unterschied vom Verstand, dem bloßen *Intellekt*, von dem die »Intellektuellen« leben und der sich auf die Dinge richtet, wie sie sich dem Blick oder dem Geist darbieten. Intelligenz im weiten Sinne schließt somit das »Verständnis« ein, das die deduktiven und induktiven Operationen des rein verstandesmäßigen Denkens transzendiert, um dem *objektiven* und allgemein menschlichen Sinn der Dinge beizukommen, andernfalls sie unfähig ist, *alle* Probleme, die sie sich stellt, auch zu lösen. Es bedarf noch des Hinweises, daß das rein intellektuelle Denken nur scheitert, wenn es seinen reflexiven Horizont überschreiten, ihn dadurch selbst in Frage stellen und sich die Frage vorlegen will nach dem genetischen (oder, wie Ortega gesagt hätte, dem etymologischen) Sinn der Dinge, nach allem, was bislang selbstverständlich war – kurzum nach aller *Axiomatik*, die das Dasein in einer bekannten Welt mit sich bringt. Nun sind es aber gerade diese Probleme, die unsere Epoche aufgeworfen hat: die soziale Ordnung, die Wirtschaft, die Rechtsprechung, die Sprache, die wissenschaftliche Erkenntnis – vermag die Wissenschaft die Probleme des Menschen zu lösen? –, die Künste usw.

Die reflexive Denktätigkeit genügt den Männern der Wissenschaft zur Erreichung ihrer Ziele, weil sie es auf die Erkenntnis des Phänomens *an sich* abgesehen haben und nicht nach dem *Wesen* des Phänomens fragen, noch den Horizont ihres reflexiven Denkens in Frage stellen. Das ist der Grund, weshalb sich die Physiker in den Phänomenen der Energie bewegen, ohne sich eine klare Vorstellung davon machen zu müssen, was Energie eigentlich sei, und die Biologen in den Phänomenen des Lebens, ohne es nötig zu haben, daß sie sich zunächst eine klare Vorstellung davon machten, was das Leben sei. Sie sind Mathematikern vergleichbar, die ein neues Maßsystem entdeckt hätten, ohne die Koordinatenachsen zu sehen, auf die sich dieses Maß bezieht, oder die die Formel nicht kennten, die das *Fundament* ihrer Formel bildet (wir haben hierauf im Zusammenhang mit den Einsteinschen Gleichungen hingewiesen, als wir uns mit dem absoluten Zeitmaßstab beschäftigten). Nun hat sich aber diese Geisteshaltung auf alle Disziplinen ausgedehnt – sogar auf die Psychologie. Alle Welt denkt heutzutage, wie die Wissenschaftler denken – und das hat den Horizont des menschlichen Verstandes eingeengt. So kommt es, daß die Musiktheoretiker die Abmessungen der Intervalle kennen, nicht aber die Basis ihres logarithmischen Systems, ja sie fragen gar nicht nach diesem Gegenstande und reden von Musik, ohne sich eine klare Vorstellung davon gemacht zu haben, was denn Musik eigentlich sei. Dennoch war es nicht erst nötig, die phänomenologische Untersuchung der Musik abzuwarten, um beobachten zu können, daß ein und dieselbe Tonstruktur im Hörerlebnis je nach der affektiven Verbindung, in der sie auftritt, verschiedene Bedeutungen haben kann, weil der Sinn, den sie für den *Menschen* hat, nicht in den Tönen als solchen, sondern in der menschlichen Affektivität begründet ist. Nun suchen aber alle »intelligenten« Menschen – auch wenn sie anerkennen, daß die Musik eine Angelegenheit des Gefühls ist – die Ursache dafür in den *Tönen* oder in den *Zahlen*. Im Falle der Oktavenbezeichnung oder des logarithmischen Systems der Intervalle konnte einzig die Phänomenologie das Problem klären; sie war jedoch nicht erforderlich, um zu einem vorläufigen Verständnis des Phänomens zu gelangen. Sie ist eine Methodologie, die die Unzulänglichkeiten der rein verstandesmäßigen Tätigkeit ergänzt und die Voraussetzungen zu tieferem Verständnis aufhellt.

Im ganzen gesehen, ist der *Intellektualismus*, der die gängige Münze unserer Epoche bildet, *nicht auf der Höhe der Probleme, die sie stellt*. Solange die Menschen eine Religion hatten, stellten sie sich gar nicht erst jene Grundprobleme, die den *Sinn* der Dinge fraglich erscheinen lassen; denn für sie kam noch alles von Gott, und es genügte ihnen, die Dinge *an sich* zu erkennen, sich ihrer bedienen und somit eine praktische Tätigkeit ausüben zu können, in der sich alles von selbst verstand. Erst die Infragestellung der Grundlagen unseres Tuns und Daseins hat die Situation geändert. Diese Infragestellung datiert nicht erst von gestern, doch war sie bisher eine Sache des Einzelnen. Nunmehr ist sie zu einer Sache der Allgemeinheit geworden – ausgenommen bei den Völkern, die noch den primitiven Glaubensregeln und den traditionellen Daseinsweisen verhaftet sind. Außerhalb dieser Völker und sogar in religiösen Kreisen ist die Autonomie des »Intellekts« ein *kollektiver Zug*, weil sie schon in der Schule herangezogen wird. Der Intellektualismus ist überall eingedrungen, und nur jene umschiffen seine Klippen, die beruflich zu sehr beschäftigt sind, um sich mit grundlegenden Problemen befassen zu können. Das Übel betrifft also nur jene, die neben ihrem gesellschaftlichen und beruflichen Leben Zeit finden, sich die Frage nach dem Sinn der Dinge vorzulegen. Die Zeit fordert von ihnen ein Verständnis für die Dinge, das die einfache Kenntnis der Phänomene, die vernünftelnde Vernunft, d.h. die Logik, nicht zu bringen vermag. Dies ist der Grund, weshalb unsere musikalische Situation vom schaffenden wie vom nachschaffenden Musiker ein Verständnis für die Musik verlangt, d.h. ein Verständnis für ihre Voraussetzungen, das zu vermitteln das musikalische Empfinden oder die Kenntnis und die Beherrschung der musikalischen Technik nicht ausreichen, was zuvor noch nie der Fall war. Der Musiker hatte stets Verständnis für *seine* Musik, aber nicht für die Musik *insgesamt* – heute die einzige Möglichkeit, den unermeßlichen musikalischen Horizont, den wir unser nennen, zu beherrschen und die Probleme zu meistern, die sich dem Komponisten unserer Tage stellen.

Sicherlich haben zahlreiche Intellektuelle das rechte Verständnis für den Sinn der Dinge; aber sie haben es nicht dahin gebracht, *die Lage zu ändern;* deshalb tritt die Geschichte auf der Stelle: Sie predigen in der Wüste. Der Intellektualismus »vergiftet« unser Leben, wie Sartre von der Sekundärreflexion sagte. Er ist die Eiterbeule unserer Zeit. Die Intellektuellen sind es, die die Revolution schüren und sie dann sabotieren. Sie sind es, die die falschen Ideologien in die Welt setzen. Und schließlich ist der »Intellektualismus« die Quelle des Atheismus und der Tod der Ethik. Wir können hier das Thema vom Tod

Gottes, dieses zwiespältigen Phänomens – um welchen Gott handelt es sich
denn? –, wohl verlassen und die Betonung auf den Tod der *Ethik* legen. Er ist
das wahre Übel der Epoche und die tiefere Ursache aller Übel, über die man
sich auf dem Gebiet der Sitten beklagt, aber auch die Ursache des Stillstands
unserer Geschichte.

DER UNTERGANG DES ABENDLANDES UND DER MÖGLICHE AUSWEG   Seit dem
Aufkommen des gregorianischen Gesanges war die Geschichte der abendländischen Musik in allen ihren Verzweigungen ein vollkommenes Kontinuum;
nun gerät sie erstmals ins Stocken: Seit der Zeit zwischen den beiden letzten
Kriegen ist das *westliche*, das kollektive musikalische Bewußtsein, in Verwirrung geraten, und wir können auch diese Tatsache als »Test« für unsere Epoche
betrachten. Kein Abschnitt der abendländischen Geschichte war *in seinem
äußeren Ansehen* so glanzvoll, und noch nie gab es ein so üppig gedeihendes
Musikleben – früher war das Leben nur an den Höfen glanzvoll, heute ist
es das für jeden, der es sich leisten kann –, aber noch keine Epoche war innerlich so arm an Sicherheit der Menschen. Die gesamte schöpferische Aktivität
der Epoche (nicht die der Einzelnen) spielt sich in der Wissenschaft, in Handel
und Industrie ab – d.h. überall dort, wo der Intellekt regiert. Aber das seelische Bewußtsein des Abendlandes, das selbständig und *aktiv* war, ist nun
passiv geworden, nachdem es sich den materiellen Lebensbedingungen und
der Dialektik der Umstände unterworfen hat; und als Kollektivbewußtsein
hat es aufgehört, schöpferisch zu sein – nichts regt sich im Stand der Dinge,
ausgenommen, daß man den Weltraum durchforscht. Wenn wir es dabei be-
wenden lassen wollten, hätte Oswald Spengler recht gehabt, der den Untergang des Abendlandes vorausgesagt und seine These damit begründet hat,
daß einmal der Tag komme, da die Zivilisationen und Kulturen ihren schönen
Tod sterben müssen, d.h. aufhören, schöpferisch zu sein, und ins Stagnieren
geraten, während das Leben weitergeht. Aber eines hat Spengler nicht gesehen. Seine These ist haltbar, solange es sich um eine Kultur handelt, die auf
einer klar bestimmten ethischen Seinsweise ruht und in sich unverändert
bleibt, so wie dies im zweiten Zeitalter der Fall war (während heute die Völker,
die noch im zweiten Zeitalter leben, aus ihrer Lethargie zu erwachen beginnen); aber sie ist es nicht, sobald es sich um Parallelkulturen handelt, um *unterschiedliche ethische Seinsweisen, die auf einer gemeinsamen Ethik aufgebaut
sind;* in diesem Falle nämlich – wenn eine Nation am Ende ihrer schöpferischen Kraft angelangt ist – löst eine andere sie ab, und wiederum kann die
erstere eine Neubelebung erfahren durch die Impulse, die ihr durch letztere
zugeführt werden; mit einem Wort: Die schöpferischen Kräfte verbinden sich,
ergänzen einander und bringen eine geschichtliche Entwicklung hervor, die
sich ins unendliche fortsetzen kann – wie es der Ablauf der abendländischen
Musikgeschichte bis zum Ende des zweiten Zeitalters gezeigt hat.

Die Rettung des Abendlandes wäre somit ein Wiedererwachen des ethischen Bewußtseins, das bis an die Schwelle unserer Epoche Lenker seiner Geschicke war. Auf dem Gebiet des pragmatischen Lebens würden sich die Dinge in allem und jedem ändern. Im Bereich des Musiklebens wäre es der Anfang einer dritten Etappe der abendländischen Musik, von der zweiten getrennt durch eine Phase des Übergangs: das zweite Drittel unseres Jahrhunderts. Diese Übergangszeit wäre übrigens nicht ohne Nutzen gewesen, auch wenn man die wertvollen Werke, die sie entstehen ließ, außer acht läßt: Sie würde die Rolle einer Versuchsepoche übernehmen, und selbst ihre Verirrungen hätten durch kontrastierende Hervorhebung des Guten ihre Verdienste; vor allem aber hätte sie den Fortgang des Musiklebens und dessen Ausbreitung in der Öffentlichkeit gesichert. Die Voraussetzungen und die Perspektive, die ein solcher neuer Anfang der Geschichte eröffnen könnte, werden Gegenstand unserer Schlußbetrachtungen sein.

Der menschliche Sinn der Geschichte: Es liegt eine bemerkenswerte dialektische Logik im Ablauf der Geschichte, wenn man ihn von innen betrachtet, d. h. in der Aktivität des Bewußtseins, die sein Ursprung ist.

Im ersten Zeitalter nimmt das musikalische Bewußtsein seine Tätigkeit auf; im zweiten *identifiziert* es seine Gegebenheiten, schafft sich seine Tonleitern und -systeme; im dritten Zeitalter tritt es als autonomes musikalisches Bewußtsein *in Aktion*. In der ersten Etappe des dritten Zeitalters nimmt es seine Wirksamkeit als autonomes Bewußtsein auf; in der zweiten Etappe erweist es sich als harmonisches Bewußtsein, was es schon seit Anbeginn war; in der dritten, künftigen Etappe wird es zur Anwendung der bereits erworbenen Ausdrucksmittel gelangen.

Im Bereich des realen Daseins: Im ersten Zeitalter nimmt das religiöse Bewußtsein seine Tätigkeit auf, indem es seinen Gott in der Welt sucht; im zweiten Zeitalter erkennt es seinen Gott als *transzendenten* Gott (Pantheismus, Gott des Guten und des Bösen, griechische Götter, Gott der Juden, Allah); im dritten Zeitalter tritt es als autonomes religiöses Bewußtsein in Aktion, indem es seinen von Christus geoffenbarten Gott aus sich selbst herleitet. Die Fortsetzung dieser Geschichte werden wir in unseren Schlußbetrachtungen sehen. Kein Bedarf nach Hegelscher Dialektik – These, Antithese, Synthese. Man kann zwar die Geschichte auch nach dieser Dialektik interpretieren; aber eine Synthese gibt es nur in der Gleichzeitigkeit; in der Zeit gibt es nur *Formen*, die durch ihre Tiefendimension synthetisch sein können. Ein Beispiel: These: Einheit der Kirche, die aus Europa eine einzige Nation macht; Antithese: Uneinigkeit der Nationen und selbst der christlichen Kirchen; Synthese: ökumenische Orientierung der christlichen Ethik, wodurch Völker und Einzelne zur dritten Etappe der christlichen Ära zusammengeführt werden. Wozu aber auf eine Dialektik zurückgreifen, die das Gesetz des geschichtlichen Werdens von einer *abstrakten* Gegebenheit aus – dem Geist nämlich – *im Abstrakten* betrachten will, während uns die phänomenologische Methode doch gestattet, uns das Werden der Geschichte im Abstrakten, aber aus einem *konkreten* Bewußtsein vorzustellen? Die Dialektik der Bewußtseinsexistenz, die durch die Phänomenologie ans Licht gebracht worden ist, gestattet uns – ganz gleich, ob es sich um das individuelle oder das Bewußtsein der Art (das Kollektivbewußtsein) handelt –, die Hegelsche und zugleich die aus ihr hervorgegangene marxistische Dialektik zu überwinden.

> Perfektion der Gedanken und Konfusion der Ziel-
> setzungen scheinen mir unsere Epoche zu charak-
> terisieren. Wenn wir die Sicherheit, das Wohl und die
> freie Entfaltung der Gaben aller Menschen ehrlich
> und leidenschaftlich wollen, dürfen wir um die Ge-
> danken nicht verlegen sein, die einen angemessenen
> Stand der Dinge herbeiführen könnten. Selbst wenn
> nur ein kleiner Teil der Menschheit für diese Ziele
> kämpfte – auf die Dauer müßte ihre Überlegenheit
> offenbar werden.
> Zu ethischen Axiomen führen Wege, die sich von
> denen zu wissenschaftlichen Axiomen nicht wesent-
> lich unterscheiden. Die Wahrheit ist, was sich durch
> das Zeugnis der Erfahrung als gültig erweist.
> Alfred Einstein *(Out of my Later Years)*

Das folgenschwerste Ergebnis unserer Untersuchung ist die Aufhellung des
Gotteserlebnisses. Das Mysterium Gottes hat sich gelichtet, und die Illusion
von der Existenz eines persönlichen Gottes in der Transzendenz der Welt hat
sich aufgeklärt. Die Tatsache aber, daß im Herzen des Menschen eine psychische Kraft gegenwärtig ist, deren zeitliche Struktur die Grundlage all unserer Sinnbestimmungen, den göttlichen Logos, bildet, der über die Geschicke
der Einzelnen wie über das Schicksal der Spezies gebietet, ist uns als das entscheidende Phänomen in der menschlichen Wirklichkeit erschienen.

Eine neue »Weltanschauung« Da unser *System der Bezüge*, das wir bei
der Untersuchung der Bewußtseinsphänomene angewandt haben, zugleich
dasjenige des Bewußtseins bei der Bildung seiner *Vorstellung* von der Welt und
folglich auch das am Ursprung all unserer Ideen vorgegebene ist, muß die
Vorstellung vom Universum und von den menschlichen Gegebenheiten, die
unsere Studie – so summarisch sie auch sein mag – herausgearbeitet hat, die
Wahrheit von der Vorstellung sein, die sich der Mensch von der Welt und seiner
eigenen Existenz machen kann – eine ausschließlich menschliche Wahrheit,
aber auch die einzig mögliche, wenn der Mensch alle vorurteilsbedingten Ideen
abstreift. Wenn dem so ist, kann diese Vorstellung, diese Weltanschauung zur
Grundlage einer allen Menschen gemeinsamen Ideologie werden.

Wir haben es in der Anmerkung über die Strukturen der Reflexion dargelegt: Der Mensch ist stets Träger einer Vorstellung von der Welt, die er sich
aus seiner Umwelt gebildet hat, einer Vorstellung, die sich – je nach der Enge
oder Weite seines Horizonts – verändern, präzisieren oder bereichern kann
durch das Wissen, das er sich aneignet, die Erfahrungen, die er macht, und den
Grad der Fortschrittlichkeit, die seine Persönlichkeit auszeichnet. Aus dieser

Vorstellung von den Dingen gehen seine Ideen und Verhaltensweisen hervor, und sie bildet somit die Grundlage einer Ideologie, die er *ist*, noch ehe sie zur Grundlage einer Ideologie wird, die er *hat* (oder die er sich in der Sekundärreflexion geben kann, aber nicht geben muß, damit sie wirksam werde).

Wenn also die Vorstellung von der Welt und den menschlichen Gegebenheiten, wie sie die Phänomenologie an den Tag bringt, zunächst die des westlichen Menschen werden soll, ist es unerläßlich, daß sie dem Kind schon von dem Augenblick an eingeimpft wird, in dem es beginnt, sich seiner selbst bewußt zu werden. Den auf den Kosmos bezogenen Teil dieser Vorstellung muß sich das Kind gleichzeitig mit dem in der Schule erworbenen Wissen aneignen. Den die menschlichen Gegebenheiten – d. h. den als ethisches Wesen im Leben stehenden Menschen – betreffenden Teil dieser Vorstellung kann nur eine von Kindheit an betriebene Kultivierung der Affektivität erwerben helfen.

D IE NATÜRLICHEN ETHISCHEN NORMEN   Man darf wahrlich nicht vergessen, daß die Normen der menschlichen Ethik *natürliche* Gesetze sind, die dem Kind nicht erst *beigebracht*, sondern kraft erlebter Erfahrung von ihm *erkannt* werden müssen. Das Kind wird ebenso spontan erkennen, was gut und was böse, was wahr oder falsch, recht oder unrecht ist, wie man spontan erkennt, ob ein Akkord richtig oder falsch ist. Es gilt sodann, dem Kind begreiflich zu machen, daß es nicht nur von den anderen Gutes erwarten darf, sondern daß auch sie das Gute von ihm erwarten. Es wird das unschwer verstehen lernen, indem es feststellt, daß es dem Bruder weh tut, wenn es ihm einen Stoß versetzt; und später, wenn es sich schlecht benimmt, wird es wissen, daß es damit der Mutter Kummer bereitet. Es handelt sich also im großen und ganzen um eine Lehrzeit, die das Kind durch die tägliche Lebenserfahrung im Hinblick auf jene *seelische Angleichung* an die Umwelt durchmachen muß, die die Aufstellung der Normen der menschlichen Ethik veranlaßt hat.

Bedarf es des Hinweises, daß diese Lehrzeit das Kind daran gewöhnt, sich vom eigenen Ich loszulösen und zu den »Werten« hinzuwenden, daß sie in ihm den Trieb zum Einswerden mit der Umwelt weckt, d. h. eine liebevolle Einstellung zu allem Lebendigen in dieser Welt, und daß dies der einzige Weg ist, auf dem es später zu einem *sozialen* Wesen werden kann?

Diese Kultivierung der Ethik durch die Kultivierung der Affektivität muß während der ganzen Ausformung des Menschen fortgesetzt werden und die gesamte Unterweisung in der Schule durchdringen; denn die Probleme der Ethik tauchen bei der *praktischen Anwendung und Ausübung* des erworbenen Wissens und in der Berufstätigkeit von Mann und Frau wieder auf, und durch die bloße Fragestellung nach dem Gebrauch von Kenntnissen und Fähigkeiten wird das ethische Verantwortungsgefühl des Individuums wachgerufen. Selbstverständlich wird das zum Erwachsenen herangereifte Kind trotz dieser Erziehung ständig versucht sein, aus den geforderten Normen auszubrechen;

aber es ist etwas ganz anderes, diese zum *Habitus* gewordene Erziehung angenommen, als nur das gelernt zu haben, was auf den äußeren *Schein* und den *Profit* gerichtet ist, den man kraft seines Wissens und Könnens der Umwelt abgewinnen kann. Denn im ersteren Fall genügt ein Mißerfolg oder der Hinweis eines Mitmenschen zur Rückbesinnung auf die Selbstverantwortlichkeit, während der junge Mensch im zweiten Falle versucht sein wird, die andern oder die Umstände für seinen Mißerfolg oder seinen eigenen Fehler verantwortlich zu machen. Im Zuge dieser Erziehung ist das Studium der Bibel unerläßlich; denn während die Kultivierung der Affektivität Herzensbildung vermittelt, bildet das Lesen der Bibel das reflexive Denken und das ethische Verständnis. Das Alte Testament bereitet auf das Neue Testament vor, und dieses ist der *Hort*, die Sammelstätte der Offenbarung von der menschlichen Ethik, die Christus den Menschen gebracht hat. Aber es gilt heute, die Bibel *wieder und neu lesen* zu lernen, um die *ethische* Lehre Christi aus ihr zu empfangen.

Die Gottesidee wird sich dem jungen Menschen um so tiefer erschließen, je mehr er sich seiner selbst bewußt wird. Aber diese neue Erziehung muß – das wird man einsehen lernen – von der Kirche losgelöst werden; denn die kirchlich gebundene Unterweisung stützt sich auf Dogmen, die der junge Mensch angesichts der Vision des Universums, die uns die Phänomenologie vermittelt, nicht mehr glauben kann und die er bereits aufgrund der wissenschaftlichen Gegebenheiten nicht mehr glaubt, wodurch alle moralische Erziehung, die er von der Kirche erhält, zunichte wird. Es sei denn, die Kirche entschlösse sich, im Zuge einer zweiten Reform (als ihrer dritten Etappe) sich die neue Ideologie zu eigen zu machen: In diesem Falle könnte sie der Ort werden, an dem diese neue Auslegung der Evangelien kommentiert und Studien zu den Problemen angestellt werden könnten, vor die sich der Mensch durch seine körperlichen, wirtschaftlichen und sozialen Bedingnisse gestellt sieht. So würde sie zur Fortsetzerin der in der Familie und Schule erworbenen Erziehung*.

Alles hier Dargelegte hat zur Voraussetzung, daß die sich aus der Phänomenologie ergebende Schau der Dinge allgemeine Verbreitung finde, d.h. daß sich die phänomenologische Methode auf alle Gebiete menschlicher Kenntnis

---

* Michel de Saint-Pierre läßt seinen Roman *Les nouveaux aristocrates* in einem von Jesuiten geführten Knabeninternat spielen. Der Held des Buches ist der Sohn eines berühmten Chirurgen, der durch seine persönlichen Angelegenheiten völlig ausgefüllt ist, und einer Mutter, die ihrerseits durch ihre Pflichten als Gattin und Dame der großen Welt so sehr in Anspruch genommen wird, daß der Knabe in seinem Elternhaus keinerlei moralische Erziehung erhalten konnte. Man überläßt sie daher besser den Jesuiten. Es trifft sich, daß der Jesuitenpater, der sich der religiösen Unterweisung des Jungen annimmt, ein großzügiger Mann von aufgeschlossenem Geist ist. Er läßt es zu, daß sein Zögling in der Schulzeitung eine atheistische Proklamation erscheinen läßt, da er hofft auf diese Weise sein Vertrauen zu gewinnen, um sodann einen desto stärkeren Einfluß auf ihn ausüben zu können. Er scheitert vollständig, weil das Schauspiel, das die Welt dem jungen Menschen darbietet, jene Weltanschauung, die der Jesuitenpater ihm zu vermitteln trachtet, in allem und jedem Lügen straft.

erstrecke und daß ihre *Ergebnisse* den Stoff des Unterrichts durchdringen. Nun ist aber das wesentliche Ergebnis der Phänomenologie – wenn sie bis an ihre äußerste Grenze vorgetrieben wird, wo sie als genetische Phänomenologie und als jene *strenge* Wissenschaft erscheint, die Husserl anstrebte –, daß sie mit den *Axiomen* fertigwird, mit jener Mauer, an der sich jedes rein verstandesmäßige Tun stößt, und den Menschen in die Lage versetzt, *alles zu verstehen*. Im strengen Sinn des Wortes wird er allerdings niemals *alles* »verstehen«, weil ja »verstehen« nichts anderes bedeuten kann als das Erfassen des Sinns, den die Dinge *für den Menschen* haben; sobald sich aber die Axiomatik erst gelichtet hat und obgleich seine *Kenntnis* der Phänomene (der Gegenstand der Wissenschaft) begrenzt ist, kann er doch alles verstehen, was innerhalb seines Welthorizonts für sein Dasein bedeutsam ist; d. h. selbst wenn seine wissenschaftliche Kenntnis der Phänomene begrenzt, ja vielleicht überhaupt nicht vorhanden ist, weiß er doch, welche Rolle sie in seinem Leben spielen, und kann auch den Sinn erfassen, den das betreffende Phänomen *an sich* für ihn hat – z. B. die Quinte in der Musik, das Gelbe in der Malerei, das Geld im täglichen Leben (»Geld allein macht nicht glücklich«) oder Gott. Aber wenn doch der Mensch alle für sein Dasein bedeutsamen Probleme versteht, mag man uns entgegenhalten, hat er, was ihn betrifft, ja keinerlei Probleme mehr! – In der Tat – es bleibt nur ein Problem, aber auch das Kernproblem: das *Leben* selbst, und es ist genauso schwer zu leben, wenn man alles, wie wenn man gar nichts verstanden hat. Es ist sogar schwerer, weil ein klareres Bewußtsein vom Sinn der Dinge und Werte »für den Menschen« uns, sobald es sich ums »Handeln« handelt, vor Probleme stellt, die der Unwissende oder auch ein Mensch, der nach von außen übernommenen Direktiven handelt, gar nicht kennt. Die Erkenntnis des Phänomens der Musik aus ihrer Phänomenologie hat an den Problemen des Komponisten oder des Interpreten nichts geändert; aber immerhin wird er künftig wissen, was er tut, und daher höhere Ansprüche an sich selber stellen.

DIE ÜBERWINDUNG DES INTELLEKTUALISMUS   Unsere geschichtliche Situation hat, wie wir gesehen haben, dem Menschen für die Bewältigung seiner eigenen Probleme einen Intelligenzaufwand, ein verstärktes Bemühen um Einsichten abgefordert, dem die Husserlsche Phänomenologie helfend und lenkend beizuspringen gerade recht gekommen ist. Man könnte diese Bemühung denen überlassen, die sich die Probleme gestellt haben, um die Ergebnisse den anderen mitzuteilen. Ist dies aber erst geschehen und haben – gesetzt den Fall – alle die phänomenologische Betrachtungsweise angenommen, dann fordert das Leben von jedem und in jedem Augenblick sein *Verständnis* für diese Probleme und eine selbständig zu treffende Entscheidung, zu handeln und etwas zu unternehmen. Es ist schwerer, ein Mensch des dritten Zeitalters – und insbesondere der dritten Etappe des dritten Zeitalters – zu sein als einer des zweiten Zeitalters. Es ist schwerer, zu handeln, wenn man ein autonomes seelisches Bewußtsein in sich trägt, das *aktiv*, als mit einem, das *passiv* einge-stellt ist. Es ist viel über die Angst vor der Freiheit geredet worden; aber nicht die Freiheit ist eine schwere Belastung, sondern die Freiheit der seelischen Selbstentscheidung aus eigener Kraft und im Sinne der »natürlichen« Normen, die sie mit sich bringt und die alle jene nicht kennen, die ethisch tot sind, d. h. die nur eine nicht vom Denken und Wollen bedingte Freiheit kennen. Die ethi-schen Notwendigkeiten lasten schwerer als die wirtschaftlichen auf dem Da-sein des Menschen; denn wenn letztere nicht erfüllt werden, *stirbt man;* wenn aber die ersteren nicht erfüllt sind, *lebt man* mit einer Last auf dem Herzen bis ans Ende, das der Hunger herbeiführen mag. Und deshalb *muß* das soziale Dasein von der Ethik und nicht vom ökonomischen Imperativ regiert werden. Die ein leichtes Leben haben, sind jene, die aller Ethik bar sind; denn mit wirtschaftlichen Finten kann man sich in einer wirtschaftlich prosperierenden Welt immer durchschlagen. Die das tun, sind aber keine »sozialen Wesen« mehr.

Die Ethik – Grundbedingung für die Einheitlichkeit einer individuellen Existenz – ist in Wahrheit das einzig mögliche innere Band, das aus einer Masse autonomer Individuen, deren wirtschaftliche Interessen vielfach aus-einandergehen, ein Ganzes, eine menschliche Gemeinschaft, machen kann. Aber wie kommt es, daß in einer Epoche des absoluten Individualismus und der wirtschaftlichen Klassenkämpfe sich im Herzen des Staates noch ein So-zialkörper erhalten hat? Was ist das »Soziale« auf dem Gebiet des öffentlichen Lebens?

DAS »SOZIALE«   In einem nachgelassenen Werk, *El hombre y la gente* (Der Mensch und die Leute), stellt Ortega y Gasset eine phänomenologische Unter-suchung des »Sozialen« an. (Nebenbei sei erwähnt, daß er erklärt, bei den So-ziologen nirgends eine befriedigende Definition des »Sozialen« gefunden zu haben; sie kennen das Soziale nur aus der Sicht sozialer Fakten, wie die Psychologen die Psyche nur aus psychischen Phänomenen und die Physiker die Energie nur aus Phänomenen der Energie kennen.) Ortega zeigt sodann an einem einfachen Beispiel, was das »Soziale« sei: Man will eine Straße an einem bestimmten Punkt überqueren. Da kommt ein Verkehrspolizist und verbietet es. An diesem Verbot trägt niemand eine Schuld: weder der Polizist noch jene, die sich entschließen mußten, den Verkehr zu regeln; das Verbot ist vielmehr aus der Notwendigkeit entstanden, im Großstadtverkehr miteinander auszu-kommen und zu leben. Aus diesem Blickwinkel ist das »Soziale« – die Sitten und Gebräuche – ein Zustand wie die materiellen Gegebenheiten, die wirt-schaftlichen Daseinsbedingungen, überhaupt die gesamte Umwelt; es ist ein Tatbestand, dem sich das Individuum *unterwerfen* muß, ist »übergangenes«, versachlichtes, mechanisiertes, also *unmenschlich* gewordenes Menschliches.

So blieb dem westlichen Bewußtsein unserer Zeit nur eine Möglichkeit, autonom und aktiv zu bleiben oder aber es wieder zu werden, nämlich unter Wahrung der individuellen Autonomie aus freiem Entschluß und als zusätzliche ethische Norm die Verpflichtung zum Leben in der Gesellschaft auf sich zu nehmen und zu einem *sozialen* Ichbewußtsein oder, wenn man so will, zum Bewußtsein eines *sozialen Ich* zu gelangen: *autonom*, aber – kraft einer neuen und freien Entscheidung – *sozial*. Mit anderen Worten: Die Gesetze der christlichen Ethik blieben nun nicht mehr *auf die Beziehungen des Einzelnen zu seinem Nächsten* beschränkt, sondern wurden erweitert auf die affektiven Beziehungen des Individuums zu der ihn umgebenden Menschenwelt *als Ganzes;* und das bedeutet, daß zu dem Bedürfnis nach einer seelischen Anpassung an die Umwelt und als Voraussetzung einer freudigen Hinnahme der Verpflichtung zum Zusammenleben mit den anderen auf dem Gebiet des öffentlichen Lebens noch die Notwendigkeit hinzukommt, eine psychische Anpassung an die *menschliche Welt* vorzunehmen, die den gleichen Regeln gehorcht wie die Beziehungen zum *Nächsten*.

Hieraus folgt, daß die am Eingang des Kapitels über die Phänomenologie Gottes nach Sartre zitierte Formel heute so ausgedrückt werden muß: »Das erste Phänomen des In-der-Welt-Seins ist die ursprüngliche Beziehung zwischen der Gesamtheit *des An-sich* und meiner eigenen aufgesplitterten Gesamtheit« – und in der Tat war das innerhalb der menschlich begrenzten Horizonte immer so; aber die Erweiterung und die Vielschichtigkeit des sozialen Horizonts, der *sacro egoismo* der Einzelnen und der Nationen sowie der zunehmende Materialismus und Pragmatismus hatten diese Erkenntnis aus dem Blickfeld verlorengehen lassen. Nunmehr, da der Mensch von der Erde Besitz ergriffen hat und da die Welt für ihn kein Schrecknis mehr ist, stellt sich ihm das Problem der psychischen Anpassung *zunächst auf der sozialen Ebene*, und zwar auf einer *weltweiten* sozialen Ebene. Diese »Mutation« des Individualbewußtseins zu einem Sozialbewußtsein sowie die Erweiterung des Sozialbewußtseins zu einem *weltumspannenden menschlichen Horizont* sind heute durch die Erkenntnis motiviert, daß bei der Nutzung aller Hilfsquellen der Erde und auf allen Gebieten des praktischen Lebens alle Länder und alle Individuen voneinander abhängig geworden sind.

Die »Gesamtheit des *An-Sich*«, d.h. die menschliche Welt, als Ganzes gesehen, ist das »Transzendente«, worauf sich das affektive Selbstbewußtsein in der »Immanenz« seines singulären Verhältnisses zum Nächsten bezieht. Es ist dies das Phänomen, das allein die von Christus verkündeten affektiven Normen – die Nächstenliebe und die Barmherzigkeit – verständlich machen kann; denn wie anders sollte man die Verpflichtung, seinen Nächsten zu lieben wie sich selbst, begreifen können, wo doch dieser Nächste einem fremd, ja feindlich und hassenswert erscheinen mag, wenn man nicht in ihm eine individuelle Erscheinung der menschlichen Spezies als solcher, der Gesamtheit des An-Sich, erblicken wollte (ganz so, wie das musikalische Bewußtsein in einem

»Intervall« eine Erscheinung der tonalen Welt erkennt)? Und nur in dem Maße, in dem der Mensch affektives Selbstbewußtsein ist und in dem dieses Bewußtsein kraft seiner Kultiviertheit in ihm wachgerufen wird, kann er in jener individuellen Erscheinung der menschlichen Spezies *ein anderes Selbst* erkennen. Diese Ausdehnung der affektiven Beziehung, die man zu seinen Nächsten »natürlicherweise« hat, auf alle Menschen ist in der ethischen Lehre Christi eingeschlossen. Denen, die ihn fragten, ob die Frau und die Männer, die um ihn waren, seine Mutter und seine Brüder seien, antwortete er: »Wer ist meine Mutter – wer sind meine Brüder?« Und auf seine Jünger weisend, fügte er hinzu: »Dies ist meine Mutter, und diese sind meine Brüder. Wer immer nach dem Willen meines Vaters, der im Himmel ist, handelt, der ist mein Bruder, meine Schwester, meine Mutter.«

Man sieht, daß Christus immerhin eine Einschränkung gemacht hat, die besagt, daß eine auf der Affektivität und ihren Gesetzen gegründete *ethische Beziehung zum Nächsten* nur verwirklicht werden und echt sein kann, wenn der Nächste den gleichen Gott, d.h. die gleiche Grundlage seiner ethischen Entscheidungen und somit seiner Sinngebungen hat. Daraus folgt, daß eine künftige soziale Welt zunächst nur im Westen verwirklicht werden kann, und auch hier nur, wenn der Westen auf die von Christus geoffenbarte Ethik zurückgreift, und nur in dem Maße, in dem alle Bewohner des Westens sich diese Ethik zu eigen machen. Aber diese neue soziale Welt kann sich auch auf jene Länder Europas ausdehnen, die heute unter dem Joch der UdSSR leben, der letzten der kolonialistischen Mächte. Sie kann sich sogar auf alle jene Länder der Welt ausdehnen, die nach Autonomie streben, soweit sie ihr soziales Regime auf diese Ethik gründen. Es ist jedoch ein vergebliches Bemühen, friedliche Beziehungen zwischen Ost und West auf politischen Übereinkünften, »kulturellen« oder wirtschaftlichen Verbindungen herstellen oder gar zu einem echten »Gespräch« kommen zu wollen, solange Ost und West nicht durch eine gemeinsame Ethik von innen her verbunden sind. Die friedliche Koexistenz auf der politischen Ebene ist eine Finte des russischen Bären oder Fuchses wie in der Fabel vom Rotkäppchen: »Ich lasse dich Samtpfoten fühlen, mein Kind – damit ich dich besser fressen kann.«

Die »Internationale« und die »klassenlose Gesellschaft« sind Utopien, weil das menschliche Bewußtsein in seiner Weltsicht zentral orientiert ist und jedes Individualbewußtsein daher die Welt aus der Perspektive seines Berufes, seiner Klasse, seines Landes, seiner Nation sieht. Eine Internationale und eine klassenlose Gesellschaft kann es also nicht geben; was es aber sehr wohl geben kann, sind Berufe, Klassen, Länder und Völker, deren sämtliche Wechselbeziehungen auf einer gemeinsamen Ethik beruhen. Eine so geartete soziale Welt könnte sich über die ganze Erde erstrecken. Zunächst könnte Westeuropa ihre Wiege sein, worauf sie sich sogleich über den ganzen amerikanischen Kontinent ausbreiten könnte, falls dessen verschiedene Länder von der neuen Ideologie durchdrungen würden.

Die Bestrebungen zur Förderung einer europäischen Einigung oder Föderation haben bisher ihr Ziel nicht erreicht – sei es, weil die historische Gelegenheit versäumt wurde (in Algeciras und dann nach Beendigung des ersten Weltkriegs, als es Zeit gewesen wäre, der alten deutsch-französischen Uneinigkeit ein Ende zu setzen, deren Ursachen die schroffe Gegensätzlichkeit der ethischen Einstellung beider Völker sowie auch die insulare Haltung Englands waren), sei es, weil das Problem falsch gestellt worden war. Nach dem zweiten Weltkrieg war das Problem der politischen Einigung Europas bereits von einem sozialen und wirtschaftlichen Problem weltweiten Ausmaßes überholt worden, und im gleichen Maße, in dem die Befürworter einer europäischen Einigung danach trachteten, das Leben der Menschen den wirtschaftlichen Gegebenheiten unterzuordnen, indem sie diese einer intensiveren Integration zuführten, arbeiteten sie dem Lauf der Geschichte entgegen. Auf kultureller Ebene wurde das Problem ebenfalls falsch gestellt. »Kultur« ist bis heute ein vager Begriff geblieben. Weder das »Centre européen de la Culture« noch die »Société européenne de Culture« haben jemals klar definiert, worin die Grundlagen der kulturellen Einheit Europas bestehen sollen. Daher ist es ihren Bemühungen auch nicht gelungen, die Lage zu klären. Aber wie es unmöglich war, die Einheit Europas zu verwirklichen, solange man das einzige, worauf sie sich gründen konnte, nicht erkannt hatte, so ist es heute möglich geworden, sie auf der Grundlage der Ethik zu verwirklichen, und zwar *unter Erhaltung der Autonomie der bereits bestehenden Nationen* (was die Nordamerikaner nicht recht begreifen können).

Nach der ersten Erdumkreisung Gagarins schrieb eine große deutsche Zeitung in ihrem Leitartikel: »Es ist kein Zufall, daß die Weltraumkapsel Gagarins WOSTOK (Osten) heißt. Das Maß an Herausforderung, das damit dem Westen entgegengeschleudert wird, ist offenkundig.« Wenn es eine Herausforderung ist, hat der Westen Besseres zu tun, als mit einer gleichen Heldentat zu antworten, die zwar die Kinder und die Menge in Atem hält, aber zugleich von den großen Problemen der Stunde ablenkt – dem Hunger z. B. oder der beängstigenden Übervölkerung der Erde. Die rechte Antwort des Westens wäre vielmehr, wenn er mit einer Lösung des Problems des »Menschen in der Gesellschaft« antwortete, die der Kommunismus verfehlt hat, und das wäre für das *menschliche Dasein* weit wichtiger als Weltraumfahrten: Denn unsere Wohnstätte ist die Erde. Der Weltraum ist für den Erdenbewohner – die wissenschaftliche Sphäre ausgenommen – nur ein Gegenstand seiner Neugier.

EINE NEUE SOZIALE WELT   Die auf die Ethik gegründete soziale Welt bewahrt die individuelle Autonomie, die das Ziel und die Errungenschaft der Evolution der Spezies war. Eine derartige soziale Welt beschränkt sich darauf, die Menschheit neuen Gegebenheiten unterzuordnen, die eintreten müßten, um diese Evolution zu vollenden, da die Menschen nun einmal in der Lage sind, sich miteinander zu verständigen, um nebeneinander auf der Erde leben und gemeinsam ihre Hilfsquellen nützen zu können. Das einzige Mittel zu einer Verständigung jedoch ist zunächst ein gemeinsames Ideal. Diese soziale Welt wäre somit die letzte Etappe der Menschheitsgeschichte (sofern die Menschheit nicht in eine frühere Etappe zurückfallen sollte); aber sie eröffnet zugleich eine historische Perspektive ohne Ende im Sinne einer ständigen Veränderung der Umstände und Ereignisse, jedoch bei Wahrung der Möglichkeit einer sozialen Stabilität und eines dauerhaften Friedens.

Die Aufrechterhaltung der individuellen Autonomie und Initiative schützt die soziale Welt vor der Diktatur der Massen. Das von den Marxisten in die Welt gesetzte Märchen von der Vernunft und Klugheit der Massen und ihren Führungsfähigkeiten wird sich überlebt haben.

Es kann keine andere als eine persönliche Initiative geben. Selbst wenn die Initiative aus einer »Gruppe« hervorgeht, hat sie doch ein Individuum aus dieser Gruppe ergriffen, und die andern haben sich ihm angeschlossen. Die »Gruppe« ist dem »Akkord« zu vergleichen, der einen *Grundton* hat. Hieraus erklärt sich das Phänomen, daß menschliches Tun auf allen Gebieten aus einer persönlichen Initiative hervorgeht, die augenblicklich *Autorität* schafft und zugleich Anhaltspunkt und Wegweiser des gemeinsamen Handelns ist (wie in den tonalen Strukturen die Tonika oder der Grundton). »Autorität« ist das *Vertrauen*, das eine Gemeinschaft einer Person hinsichtlich einer bestimmten Aktion schenkt und auch wieder entzieht, wenn die Handlungsweise dieser Person oder ihre Einstellung zu den Dingen den Erwartungen nicht entspricht oder zu Mißerfolgen führt. Die Autorität kommt von unten, nicht von oben, und sie gehört der Person, nicht deren Funktion. Die Organisation dieser sozialen Welt wäre also auf allen Gebieten und Ebenen des praktischen Lebens auf dem Autoritätsprinzip aufzubauen, wobei jedoch die jeweilige persönliche Autorität von den Beteiligten anerkannt sein müßte. Da alle praktischen Tätigkeiten nach ihrem sozialen Wert zu beurteilen und im Hinblick auf das Gemeinwohl organisiert wären, gäbe es keine Politik oder doch keine politischen Parteien mehr; denn es gäbe ja im Grunde keine ideologischen Konflikte, und die Aktivität der Gemeinschaft wäre auf die Zielsetzung eines individuellen und allgemeinen Wohlstands ohne Ende ausgerichtet. Die Regierung wäre daher aus Vertretern der verschiedenen *Tätigkeitsbereiche* zusammengesetzt, die nicht als *Technokraten*, sondern als Menschen ausgewählt würden, denen die betroffene Klasse einen klaren Blick für die praktischen und wirtschaftlichen Gegebenheiten sowie ihre soziale Rolle zutraut. Das wäre das Ende der Herrschaft der Advokaten in den Regierungen – es sei denn, sie machten sich zu Advokaten der Ethik. Alle die Nation betreffenden Initiativen gingen somit aufgrund von Vorschlägen aus dem Kreise der Regierungsmitglieder oder solcher, die diesen von einzelnen oder Gruppen einzelner zugetragen wurden, ausschließlich von der Regierung aus, und Interessenkonflikte zwischen Berufsgruppen würden im Kreise der Regierung beurteilt und geschlichtet. Die letzte Entscheidung läge beim Regierungschef, der kraft des Vertrauens der gesamten Bevölkerung für dieses Amt auserkoren wäre; denn ein Konflikt zwischen zwei Parteien kann nur durch eine dritte Person gerecht entschieden werden, die unparteiisch außerhalb des Streitfalles steht. Der aus den »Funktionären« bestehende Staatskörper wäre ausschließlich ein Organ der Exekutive und Kontrolle. Die Funktionäre aber wären Menschen wie alle anderen, und ein ausreichendes Verständnis für die soziale Aufgabe ihrer Funktion müßte bei ihnen ebenso vorausgesetzt werden können wie eine Fähigkeit zu eigener Initiative, die sie ihren Vorgesetzten unterbreiten können, und schließlich die Eigenschaft, den bei ihnen vorsprechenden Mitbürger auch als Mitmenschen zu behandeln. So würde der Anteil des »Unmenschlichen«, den die Notwendigkeit, das soziale Zusammenleben zu reglementieren, mit sich bringt, auf ein zumutbares Maß beschränkt und gewissermaßen »vermenschlicht«. Der Regierungschef selbst, den man nicht als allwissend betrachten kann, müßte sich mit Ministern und Beratern umgeben, die aufgrund ihrer Fähigkeiten ausgewählt, aus ihrer persönlichen Tätigkeit anerkannt und mit den Gegebenheiten sowie den sozialen Zielsetzungen der praktischen Tätigkeit auf dem jeweiligen Gebiet des öffentlichen Lebens – Finanzwesen, Rechtspflege, öffentliche Arbeiten, Hygiene, Erziehung, schöne Künste – vertraut sein müßten. Es wäre eine Rückwendung zur alten Herrschaft der »Weisen« – in einer technisierten Welt jedoch müssen auch die Weisen eine gewisse Kenntnis von den technischen Dingen haben.

DIE WIRTSCHAFT IM ZEICHEN DER SOZIALEN ETHIK   Es ist schwieriger, sich eine allgemeine Vorstellung von den Veränderungen zu bilden, die eine auf der Ethik aufgebaute soziale Ordnung auf wirtschaftlichem Gebiet nach sich ziehen würde, weil eine Phänomenologie der ethischen Voraussetzungen der Wirtschaft unter der Herrschaft des Kapitals nicht geschaffen worden ist.

Aber es ist klar, daß diese neue soziale Ordnung das Ende dessen bedeuten würde, was man den *wirtschaftlichen Liberalismus* nennt. Nicht daß die individuelle Initiative abgeschafft werden sollte; da sie aber durch ihre soziale Notwendigkeit und ihren sozialen Wert bedingt wäre, könnte sie nicht mehr *alles und jedes* unternehmen noch aus ihren Unternehmungen unter allen Umständen *ein Maximum an Nutzen ziehen.* Die gerechte Entlohnung der Arbeit wäre von einer für zuständig anerkannten Autorität zu beurteilen und nicht durch eine einfache Diskussion zwischen den interessierten Parteien, es sei denn, es handle sich bloß um eine Angelegenheit ohne soziale Folgerungen, um ein Übereinkommen zwischen zwei Individuen, das nur sie selber angeht. Ein Gleiches hätte hinsichtlich der Unternehmergewinne zu gelten. Die Tatsache, daß ein Grundstück im Wert gestiegen ist, rechtfertigt z. B. nicht die Möglichkeit, daß der Besitzer alles bei einem Verkauf Erzielbare selbst einstreicht; denn die Wertsteigerung ist nicht sein Verdienst, sondern durch all-

gemeine Umstände bedingt; und was an Wert gestiegen ist, ist nicht der
Grund und Boden des »Besitzers«, sondern der Grund und Boden »des Landes« an einem bestimmten Platz. Es ist also gerecht, wenn der Besitzer ein
Äquivalent für das seinerzeit festgelegte Kapital einschließlich einer von der
zuständigen Behörde für angemessen gehaltenen Verzinsung erhält; der »Überschuß« jedoch, der sich aus dem Kaufpreis ergibt, den der Käufer im Hinblick
auf den Nutzen, den er aus dem Grundstück ziehen will, und auf den Wert,
den es als Teilstück des betreffenden *Landes* erlangt hat, zu zahlen bereit ist –
dieser Überschuß müßte der Allgemeinheit zugute kommen. Dieser Grundsatz
wäre auf alle Tätigkeiten anzuwenden, die darauf abzielen, aus Geld wiederum
Geld zu machen, mit anderen Worten: mit Geld zu spekulieren. Die Spekulation mit dem Geld bringt nur dem Spekulanten Profit und gestattet es ihm, als
Parasit der Notwendigkeiten des Geldumlaufs zu leben. Die Spekulation mit
dem Geld wäre somit grundsätzlich abzuschaffen und der Geldumlauf ausschließlich den Banken anzuvertrauen, deren Arbeit ihrem Wert entsprechend
(nach der Einschätzung durch die zuständige Behörde) zu entlohnen wäre.
Die *Gewinnüberschüsse* aber, die aus den automatischen Wertveränderungen
der Waren oder des Geldes entstehen, fielen der Allgemeinheit anheim. Kurzum, das Kapital befände sich nicht in den Händen des Staates, sondern würde
als in die Hände des Einzelnen *verteiltes Gemeingut* betrachtet. Die Banken
wären nicht verstaatlicht, auch nicht die Industrien, die autonom geführt wären; aber Geldumlauf und Geldmarkt wären Normen unterworfen, die eine
als zuständig anerkannte Regierungsbehörde aufzustellen hätte.

Und weiter: In einer Epoche, in der jeder fühlen müßte, daß seine wirtschaftliche Lage von ihm selbst abhängt und ausschließlich durch den sozialen
Wert seiner Existenz gerechtfertigt ist, wären alle Chancen, die auf Glücks-
zufällen beruhen, abzuschaffen (ausgenommen einzig der Zufall der Herkunft).
Privateigentum und Erbrecht wären nicht abzuschaffen, jedoch gewissen Bedingungen bezüglich der Verwendungsart zu unterwerfen. Die Vorliebe der
Leute für Tombola, Lotto, Fußballtoto und Glücksspiele würde bereits durch
die ethische Erziehung gedämpft, weil mit diesen Dingen ein Geist des Aberglaubens verbunden ist, den eine solche Erziehung allmählich zum Verschwinden bringen dürfte. Zugleich würde der Sport eine neue, veredelte Form erhalten, und die Leute würden sich anderen Spielen, anderen Interessen zuwenden.

Bei einem derartigen Stand der Dinge blieben die individuellen wirtschaftlichen Verhältnisse zwar sehr unterschiedlich, doch hielten sie sich in einem
wesentlich begrenzteren Gesamtrahmen als heute. Die christliche Ethik fordert nirgends gleiche wirtschaftliche Verhältnisse für alle Menschen, und wenn
Jesus sagt (es gibt verschiedene Versionen): »Machet euch Freunde mit dem
ungerechten Mammon, auf daß, wenn ihr nun darbet, sie euch aufnehmen
in die ewigen Hütten« (Lukas 16,9) – will er damit nicht ausdrücken: Nehmt
es mit Gleichmut hin, daß es Leute gibt, die der Glückszufall ihrer Geburt,

der Umstände, eine günstige Gelegenheit oder ihre eigene Fähigkeit in eine bevorzugte Lage gebracht haben, und ihr werdet in die ewige Ordnung der Dinge eingehen? Dieses *Anerkennen* der Ungleichheit der natürlichen Gegebenheiten des Menschen und der Ungleichheit der wirtschaftlichen Verhältnisse, die sich aus der Ungleichheit des Wertes der Leistungen für die Gesellschaft ergibt, ist das einzig mögliche Heilmittel gegen den *Neid* und gegen das, was Max Scheler das *Ressentiment*, die Quelle der sozialen Unzufriedenheit, genannt hat. Jedwede ethische Haltung des sozialen Bewußtseins bedingt im übrigen einen gewissen *Edelmut* in ihrem Verhältnis zum Nächsten und zur Gesellschaft. Um begreiflich zu machen, daß dieser Edelmut möglich ist, bedarf es des Hinweises, daß er ein *natürliches* Phänomen aller Beziehungen zwischen zwei Kraftquellen ist, das auf der Tatsache beruht, daß sich im Augenblick, in welchem die erste Kraftquelle auf die zweite einwirkt, *zusätzlich* zu der Wirkung, die die erste auf die zweite ausübt, eine Wirkung bemerkbar macht, die auf der Eigenenergie der zweiten beruht. Die Reibung eines Bogens auf einer gespannten Saite bewirkt ihr Schwingen in einer bestimmten Frequenz: *Zusätzlich* erzeugt die Saite einen Ton, der die Auswirkung ihrer eigenen Spannung ist. Die Schwingung der Saite bringt in der Luft einen Ton von einer ganz bestimmten Schwingungs*frequenz* und *zusätzlich* einer bestimmten *Intensität* hervor, und diese Intensität hängt grundlegend von der Beschaffenheit des schwingenden Körpers ab. Das im Herzen des Menschen latente Daseinsgefühl ist eine Kraftquelle, die *a priori* im Zustand der Stabilität verharrt. Durch eine von außen einwirkende Triebkraft in Tätigkeit versetzt, *gibt* sie stets *mehr*, als die Wirkung jener Triebkraft unmittelbar auslöst. Der Arbeiter, der Steine klopft, um seinen Lebensunterhalt zu verdienen, wird das immer *gut* machen, es sei denn, daß er der Trägheit nachgibt oder sich *von einer anderen Absicht leiten läßt*, etwa der, die Arbeit zu sabotieren. Der Mensch ist also *von Natur ein edelmütiges Wesen*, und sein Edelmut versagt sich nur unter dem Einfluß irgendeines Ressentiments, eines Neides, eines auftrumpfenden Hochmuts, irgendeines Egoismus. Es liegt somit nichts Paradoxes in der Annahme, daß die Gesellschaft an den *Edelmut* des Menschen appellieren, daß der Reiche zugunsten der sozialen Gerechtigkeit auf Profite verzichten könnte, die ihm aufgrund seiner Lage zufließen, und daß der vergleichsweise Arme in seiner Arbeit sein Bestes gibt, obgleich sein Lohn verhältnismäßig gering ist, und daß die wohlhabenden Nationen den unterentwickelten Völkern zu Hilfe kommen. Es ist nichts *Utopisches* in den Voraussetzungen des künftigen Sozialstaates. Um den Edelmut im Herzen des Menschen zu wecken oder wiederzuerwecken, bedarf es nur der Heranbildung eines ethischen Geistes im Kinde. (Der *Romancero gitan* läßt den hl. Martin im Augenblick, als er den Mantel mit dem Armen teilt, sagen: »*Y si es sobres, que te sobre!*« – Und wenn es zuviel ist, laß es zuviel sein!)

Aber eine Gesellschaftsordnung, in der sich der Mensch nicht unter polizeilichem Zwang der Ethik seiner Umwelt unterwirft und in der er in seinen

Entschließungen frei ist, kann nur verwirklicht werden, wenn er durch seine
Erziehung zu einem anderen Ideal als dem Streben nach Reichtum und Profit
hingeführt wird und wenn er sich hinsichtlich seiner Daseinsbedingungen nicht
mehr vordringlich die Anhäufung materieller Glücksgüter, sondern schlicht
das *Glück* zum Ziel setzt, während seine wirtschaftliche Lage in den Rang einer
Nebenerscheinung seines Wirkens in der Gesellschaft zurücktritt. Das Glück
ist das einzige legitime »Interesse« des Menschen in der Welt, weil es eine
Lebensnotwendigkeit ist. Und es gibt Glück zu kleinen Preisen. Das Streben
nach Glück ist übrigens nichts anderes als die natürliche Begleiterscheinung
des ethischen Bedürfnisses nach seelischer Adäquation an die Umwelt auf dem
Gebiet des täglichen Lebens. Und für das »Glück« gelten die gleichen Gesetze
wie für alles Vollkommene und daher auch für jedes Kunstwerk: das *Notwendige* und das *Ausreichende*. (Nebenbei sei bemerkt, daß das einzige Mittel
gegen die schwindelerregende Zunahme der Erdbevölkerung wäre, sich dieser
Gesetze klar bewußt zu werden.) Aber das »Notwendige« schließt hier alles
ein, was die lebenswichtigen Bedürfnisse des Menschen betrifft: eine anstän-
dige Ernährung, gesundes und angenehmes Wohnen, die Erhaltung der Gesundheit sowie Mußestunden, die für sein Ausruhen, seine Selbstbesinnung,
Bildung und Unterhaltung – dieses Ventil des Lebensgefühls – notwendig
sind. Und soweit der Mensch nicht selbst in der Lage oder imstande ist, für
diese Dinge zu sorgen, macht es die soziale Ethik oder in deren Namen die
von ihr aufgestellte Obrigkeit der Gesellschaft zur Pflicht, diese Sorge zu übernehmen.

Der Anbruch der dritten Etappe des dritten Zeitalters der Menschheitsgeschichte   Dieser kurze Blick auf eine von der menschlichen Ethik
normativ bestimmte soziale Welt läßt sie *in ihren sozialen und wirtschaftlichen
Strukturen* jener Welt, die wir kennen, sehr ähnlich scheinen, jedoch nur so
weit, wie ein aus innerem Antrieb beschrittener Weg einem gleicht, der von
außen her gewiesen wird. Um die gegenwärtige Welt zu reformieren, ist es
nicht erforderlich, ihre Strukturen zu ändern, die das Ergebnis einer langen
natürlichen Entwicklung der abendländischen Gesellschaft sind; aber man
muß sie sanieren, indem in das gesamte Räderwerk der menschlichen Beziehungen das heilsame Öl jener ursprünglich christlichen Ethik geträufelt wird,
die durch die Herrschaft des Geldes außer Kraft gesetzt ist. Und damit ein
Anfang sei, muß diese Ethik dem Menschen schon von Kindheit an eingeimpft
werden. Die Welt, die wir zu beschreiben versucht haben, ist übrigens nichts
anderes als der Sozialismus, wie ihn die englischen Begründer der sozialistischen Bewegung (die keine Proletarier waren) erstrebt haben. Und er ist die
einzige Möglichkeit für eine Zukunft ohne den Kommunismus, der die westliche Welt von innen und außen bedroht. Aber dieser Sozialismus ist tatsächlich eine *sozial* gewordene *Demokratie*, weil ein soziales Selbstbewußtsein

seine Grundlage bildet, und er ist tief in der Vergangenheit verwurzelt, ähnlich wie auch das harmonische Zeitalter im melodischen Zeitalter verwurzelt war. Er ist nichts anderes als die *aktive* Zukunft der abendländischen Gesellschaft, für die der Kommunismus eine *passive* Zukunft bedeuten würde. Und der Mensch einer solchen Gesellschaft wäre eben dieser *ganze* Mensch, den möglich zu machen der Marxismus sich vorgenommen hatte – d. h. ein nicht gespaltener Mensch, dessen nach außen gerichtete Tätigkeit aus einer freien inneren Entscheidung erwächst.

In der abendländischen Geschichte allerdings hat der Marxismus dem Sozialismus den Rang abgelaufen, ihn jeglicher präzisen Ideologie beraubt und somit selbst zu einer Verhärtung der besitzenden Klasse in deren angstbedingter Abwehrstellung gegen den Marxismus beigetragen. Angst war übrigens auch durch die Tatsache begründet, daß der Marxismus in den Händen der Russen ein leninistischer Marxismus geworden war und daß jene, die sich – man darf das hier ruhig sagen – der Macht bemächtigt hatten (und zwar nicht gegen den Zaren, sondern gegen die Menschewiken), *Bolschewiken*, d. h. *Extremisten*, waren. Und hier liegt der wunde Punkt, der Grundirrtum der Bolschewiken; auf die einfachste Formel gebracht: Sie haben als *Norm* ihrer gesellschaftlichen Organisation ein *Absolutum* gesetzt (die totalitäre Gesellschaft), während doch der Mensch stets in der *Relativierung* lebt und seine Normen sich immer im Relativen bewegen. Er nimmt sie nur als etwas *Absolutes* und macht sie zur *Grundlage* seines Verhaltens und seiner Sinnbestimmungen. Diese Vision des Absoluten hat den Kommunisten das Gefühl gegeben, sie hätten die Wahrheit gepachtet, und hat aus ihnen – wie ja auch aus den Reden Nikita Chruschtschows bewiesen werden könnte – die Pharisäer der neuen Sozialreligion gemacht. An jenem Tage aber, an dem, gemäß den Gesetzen der Geschichte in ihren großen Abläufen, das bis dahin individualistische abendländische *Allgemeinbewußtsein* als *soziales* Bewußtsein *erwachen* wird – wie auch das zuvor melodische und polyphone musikalische Bewußtsein des Abendlandes eines Tages als *harmonisches* Bewußtsein erwacht ist –, werden die Kommunisten als *Bremsklötze* und *Verirrte* dastehen – ganz so wie auf musikalischem Gebiet die Zwölftöner. Diese zweifache Abirrung ist eine Sünde von »Intellektuellen«, und angesichts einer solchen Abirrung kann man nicht *neutral* bleiben. Da aber die einzige Stärke des Kommunismus seine Ideologie ist, kann ihn die abendländische Welt nur auf dem ideologischen Schlachtfeld bekämpfen: durch das Beispiel der Aktivierung der Ethik, aus der sie hervorgegangen ist, auf sozialer Ebene.

Die hier entwickelten Gedanken liegen in der Luft, haben sich aber bisher weder in einer Lehre kristallisiert, noch sind sie in einer Gruppe von Männern verkörpert, die entschlossen wären, sie in die Tat umzusetzen.

In einem Roman von Morris West, *Des Teufels Advokat*, verteidigt eine kalabresische Analphabetin ihren Sohn gegen die Versuche eines englischen Malers von recht zweifelhaften Absichten, der ihn ihr wegnehmen will unter dem Vorwand, einen kultivierten Menschen aus ihm machen zu wollen. Sie lehnt ab: Ihr Vater sei ein gebildeter Mann gewesen und habe immer gesagt: »Erst das Herz, dann der Kopf.« In demselben Roman wird der Held, Giacomo Nerone, ein fahnenflüchtiger englischer Offizier, der einen landesüblichen Namen angenommen hat und sich nicht scheut, mit den Deutschen wegen der Lebensmittelversorgung des kalabresischen Landstrichs, in den er sich geflüchtet hat, zu verhandeln, von einer kommunistischen Partisanengruppe unter dem Vorwand der Kollaboration zum Tode verurteilt, in Wahrheit jedoch weil er sich ihrer Bewegung nicht anschließen will. Der kommunistische Anführer versucht ihn zu überzeugen: »Unser Werk wird fortgesetzt«, beteuert er, »in Rußland und vielfach in Asien ist es bereits am Ziel: Europa wird folgen müssen. Ich werde vielleicht nicht mehr da sein, um es mitzuerleben; aber ich – ich bin ganz unwichtig.« – »Das ist der Unterschied zwischen uns«, antwortet Nerone. »Sie sagen, Sie sind unwichtig, ich aber behaupte, wichtig zu sein. Alles, was mit mir geschieht, ist in Ewigkeit wichtig, weil ich von Ewigkeit im Sinnen Gottes war – ich, der Blinde, der Nichtige, der Versager, der im dunkeln tappt!«

Das Bedürfnis nach Autonomie ist im Herzen des Menschen verankert.

Der deutsche Philosoph und Wissenschaftler Walter Pons versucht in seinem Buch *Steht uns der Himmel offen?* aus der Kenntnis der belebten und unbelebten Welt eine Philosophie zu entwickeln, die auf dem Phänomen der *Entropie* (der Erhaltung der Energie) beruht. Er stellt fest, daß das Leben der einzige Energieprozeß sei, der sich den Gesetzen der Entropie entzieht, da die Phänomene des Lebens – im Gegensatz zur unbelebten Natur, in der das Gesetz der *größten Wahrscheinlichkeit* herrscht – von einem Gesetz der *geringsten Wahrscheinlichkeit* bestimmt zu werden scheinen, so daß das Leben im Hinblick auf seine energetischen Gegebenheiten eine gewisse Freiheit erkennen läßt, eine Freiheit, die der engen Vorbestimmtheit der Phänomene in der unbelebten Natur mangelt. Diese Freiheit zeigt sich beim Menschen in der Freiheit seiner Verhaltensweisen. Ihr werden durch »Moral« und »Recht« Grenzen gesetzt, indem ihm ein »Du sollst nicht« entgegengehalten wird; aber diesem negativen Prinzip muß sich ein positives hinzugesellen, das nur aus dem »ethischen« Sinn des Menschen hervorgehen kann. »Leider«, fügt Walter Pons hinzu, »gibt es auf ethischem Gebiet keine alle Menschen einigenden Normen; die Zahl ethischer Systeme ist unübersehbar . . .«

Im Gegensatz zu dieser Auffassung hat die vorliegende Untersuchung gezeigt, daß die menschliche Ethik zu allgemeingültigen Normen tendiert.

Ein Experte des Marxismus, der deutschstämmige Amerikaner Fritz Sternberg, hat ein Buch herausgebracht: *Wer beherrscht die zweite Hälfte des 20. Jahrhunderts?*, worin er verkündet, daß die Weltgeschichte *soeben begonnen habe*, und zwar mit dem Ende der Kolonialherrschaft und dem Entstehen neuer selbständiger Staaten in Asien und Afrika. Diese Entwicklung bringt – in Verbindung mit der sozialistischen Planwirtschaft, die die UdSSR überall unter dem Anschein der Demokratie einzuführen trachtet – die Gefahr mit sich, daß Europa künftig zum »Objekt« der Geschichte wird. Wenn Europa »Subjekt« seiner eigenen Geschichte bleiben will, sagt Sternberg, muß es gemeinsam mit den Vereinigten Staaten, ohne die es verloren ist, in der Hilfeleistung für die unterentwickelten Länder in Führung gehen. Diese Hilfeleistung jedoch unter gleichzeitiger Anerkennung der Selbständigkeit der neuen Staaten – insbesondere seitens Frankreichs im Hinblick auf seine alten afrikanischen Kolonien – ist nun keineswegs aus der marxistischen Ideologie hervorgegangen, sondern gerade aus derjenigen, die wir dargelegt haben. Sie ist weder die der Leute von links noch die der Leute von rechts, ja sie ist auch nicht die Mitte zwischen ihnen. Aus einem neuen Verständnis der ethischen Veranlagung des Menschen hervorgehend und auf die Zukunft, nicht auf die Aufrechterhaltung des Vergangenen ausgerichtet, steht sie eher links, geht über die Ideologie der Rechten wie der Linken hinaus und berichtigt die Einstellung der Leute der Linken. Wenn sie aber in Europa Gestalt annimmt, kann sie sehr wohl den Anfang der Weltgeschichte bedeuten, d. h. der Einheit der Welt. So betrachtet, hat der genannte Vertreter des Marxismus recht*.

Überdies sind mehrere Nationen, die sich im Schwarzen Erdteil zu bilden im Begriffe sind, bereits auf dem Wege zu dieser neuen Sozialität, woraus klar hervorgeht, daß sich das soziale Selbstbewußtsein, sobald es einmal erwacht und in Aktion tritt (und soweit es nicht durch eine falsche Ideologie irregeleitet wird), ganz spontan zu einem ethischen Selbstbewußtsein entwickelt, das die Bereitschaft in sich trägt, in einer sozialen Gemeinschaft mitzuarbeiten. Und es ist nicht uninteressant, festzustellen, daß die Schwarzen in Afrika Men-

* Diese Arbeit war abgeschlossen, als uns eine Erklärung unter die Augen kam, die Sartre in einem Interview mit dem *Observer* abgegeben hat: »Worauf ich hoffe, ist etwas Ähnliches wie die Gegenreformation, die auf die Anfänge des Protestantismus gefolgt war ... So wie der Katholizismus seine besondere Art von Protestantismus entwickelt hat, so warte ich auf den Tag, an dem der Westen sozialistisch wird, ohne erst durch den Kommunismus hindurchgegangen zu sein.«

Wenn die Phänomenologen aus der Schule Sartres, die die Phänomenologie seit dem Erscheinen von *L'Etre et le Néant* nicht einen Schritt weitergebracht haben, sich wieder der Phänomenologie zuwenden wollten, würden sie bemerken, daß der einzige Weg des Sozialismus, der nicht über den Kommunismus führt, derjenige ist, den wir in großen Zügen beschrieben haben. Er führt dazu, auf die Beziehungen zwischen den Menschen, den Klassen und Völkern die gleichen Gesetze anzuwenden, unter deren Gesichtspunkt wir die sittlichen Beziehungen zwischen Einzelindividuen in der christlichen Welt zu beurteilen pflegen. Die Politik und ihre Sprache würde auf diesem Weg eine völlige Veränderung erfahren; denn die politische Sprache von heute ist die der *Gewalt* und des *Rechtsanspruchs;* und was hier mit »Recht« oder Rechtsanspruch bezeichnet wird, rechtfertigt die Errungenschaften und Eroberungen der Gewalt. Es wird sich also darum handeln, das *Recht* neu zu durchdenken, wie wir in dieser Arbeit das tonale Gesetz neu durchdacht haben. Das dauerhafte Fundament des Rechts ist das Gerechtigkeitsgefühl; aber das Gerechtigkeitsgefühl erhellt aus dem Ablauf der Geschichte, wie aus ihr auch das Harmoniegefühl fortschreitend erhellt, und die Wege des Rechts verändern sich im Ablauf der Geschichte, wie sich in diesem Ablauf auch die tonalen Wege verändert haben: aus der melodischen Struktur zur polyphonen, dann zur harmonischen und endlich zur polytonalen. Das gleiche harmonische Prinzip regiert die kompliziertesten tonalen Strukturen, wie es auch die Beziehungen zwischen den einzelnen tonalen Positionen bestimmt.

schen des ersten Zeitalters sind, die nach ihrer Befreiung von der Kolonialherrschaft unmittelbar in die dritte Etappe des dritten Zeitalters eintreten,
ohne erst durch das zweite Zeitalter hindurchzumüssen, das man im Einzeldasein nicht umsonst die »Flegeljahre« nennt.

So glimmt das Feuer unter der Asche, aber es muß erst noch »zünden«; und
es wird nicht zünden, ehe die geistige Elite des Abendlandes nicht aus ihrem
»Intellektualismus« herausfindet und sich einer Weltschau und einer Betrachtungsweise der Lage des Menschen öffnet, wie sie uns die Phänomenologie des
Bewußtseins offenbart hat.

DIE SITUATION DER MUSIK IM ANBRUCH EINER NEUEN ÄRA   Dieser lange Umweg war nötig, um einen Begriff von der historischen Ausgangsstellung
zu geben, aus der die abendländische Musik den Weg ihrer Entwicklungsgeschichte fortsetzen könnte.

Um aus dem Chaos unserer Epoche herauszukommen, war eine Phänomenologie der Musik notwendig geworden; aber diese Phänomenologie kann auf
einem Gebiet, in welchem das ethische Selbstbewußtsein eine solche Rolle
spielt, nur Früchte tragen, wenn die abendländische Ethik wieder zur Tat
wird: In unserer Welt bedingt eins das andere.

Die zeitgenössische Musik kann nur im Rahmen der ethischen Bedingtheit
ihrer geschichtlichen Umwelt wieder zur *Musik* einer Epoche und zum Ausdruck des ethischen Bewußtseins der Epoche werden. Die Musik ist stets ein
Produkt und ein Symbol der ethischen Bedingtheit ihres Milieus gewesen, und
zwar nicht nur bei einigen Komponisten, sondern bei *allen* – und das war sie
jetzt nicht mehr. Welche Veränderungen also würden die Wiedergeburt einer
alle verbindenden Ethik und der von uns ins Auge gefaßte Zustand der Gesellschaft für das Musikleben mit sich bringen? Sie sind so zahlreich, daß es die
Geduld des Lesers überfordern hieße, wollte man sie alle aufzählen, und so
wollen wir uns lieber auf zwei Aspekte beschränken. Der eine betrifft die musikalische Situation im gesellschaftlichen Leben, der andere die Musik selber.

Das abendländische Gemeinschaftsbewußtsein wird – sobald es sich (wieder)
zu einem sozialen Bewußtsein entwickelt hat – der Musik eine gesellschaftliche Funktion zuerkennen, die sie in alten Zeiten stets und in manchen Fällen
auch im Abendland gehabt hat. (Das 19. Jahrhundert jedoch hat einen Luxus
aus ihr gemacht, einen Zeitvertreib, die Zerstreuung einer erlesenen Gesellschaft, und sie war im großen und ganzen nur noch für die Klasse des Bürgertums das, was man eine »Kultur« nennen kann.) Diese Funktion wird eine
rein erzieherische sein, eine Ergänzung der affektiven und ethischen Erziehung
des Menschen, was dem Studium der Musik den Rang eines Bestandteils
der humanistischen Bildung verleihen wird. Dieses »Ernstnehmen« der
Musik soll nicht verhindern, daß man sie *a priori* wie ein Kunstwerk betrachtet, das – frei von allen Hintergedanken der »Nützlichkeit« – erfüllt ist von

jener freigebigen Gnade, jener reinen Ergötzlichkeit, die jedem Kunstwerk eigen sind, und dieses Ernstnehmen wird wohlgemerkt auch das Fortbestehen der Unterhaltungsmusik, der »leichten« Musik, keineswegs ausschließen. Gemeint ist vielmehr, daß die musikalischen Einrichtungen von kulturellem Rang in den Staatshaushalt aufgenommen werden, was nicht überall der Fall ist, daß die Einführung der kulturell wertvollen Musik in die Lehrpläne der Schulen aufgenommen wird (wenn auch nicht als Pflichtfach) und daß Konzertveranstaltungen jedermann zugänglich gemacht werden, was eine gewisse Umorganisation des Konzertlebens nach sich ziehen wird, in welcher der Rundfunk eine bedeutende Rolle übernehmen und sich selbst gegenüber dem Fernsehen neuen Auftrieb geben könnte.

Was die Musik selber anbelangt, hat die Ausleuchtung des Phänomens sie zu einer klaren Sprache werden lassen, so klar wie die literarische Sprache, und im Lichte der Phänomenologie ist es heute möglich, jedes beliebige Musikwerk erschöpfend zu analysieren. Darüber hinaus hat uns die Phänomenologie objektive Kriterien für die Beurteilung geliefert, die den entsprechend unterwiesenen Zuhörer in die Lage versetzen, entsprechende Wertunterschiede zu machen. Und letztlich wird ein großer Schritt in Richtung unserer neuen Epoche getan sein: Die Irrwege der »Avantgarde« unter den Zeitgenossen werden endgültig verdammt, und vor allem wird das Schlagwort von der »avantgardistischen Musik« verschwunden sein. Man wird sich nicht mehr fragen, ob ein Werk »fortschrittlich« oder »rückschrittlich« sei; man wird sich nur noch dafür interessieren, ob es originell, persönlich und substanziell, d. h. mehr oder weniger reich an Aussage ist. Wenn es diese Voraussetzungen erfüllt, ist es automatisch ein *neuer* Beitrag zur Musikgeschichte und als solcher *neue* Musik. Kraft der Tatsache, daß die Musik ihre Sprachschöpfung vollendet hat, kann diese »Sprache« keinen »Fortschritt« mehr machen. Da es eine ausgebildete französische Sprache nun einmal gibt, kann man – »auf französisch« – eben nur noch französisch sprechen.

Nach dieser Feststellung können wir das Problem des Komponisten ins Auge fassen. Erinnern wir uns zunächst, daß – solange die Sprache der Musik noch auf dem Wege der Erarbeitung war – jede Epoche einen bestimmten Aspekt der Sprache gepflegt hat: in der Bachschen Epoche die harmonische Polyphonie, im 19. Jahrhundert den symphonischen Stil und die Tonartgebundenheit; die polytonalen Werke Hindemiths und Strawinskys sind durchwegs polytonal, die atonalen oder seriellen Werke durchweg atonal oder seriell. Aber bei einem freien Musiker wie Debussy kann man die Anwendung aller dieser Stilkategorien – außer der atonalen – feststellen. Man findet im *Pelléas* (und anderwärts) Takte, die auf Bach zurückgehen, dann wieder gregorianische, Mozartsche oder Wagnersche Momente, ja sogar bestimmte Homophonien, die an den javanischen Gamelan erinnern. Das heißt, daß nun, da alle stilistischen Möglichkeiten zutage gefördert sind, der Komponist sich auch frei ihrer bedienen kann, ohne sich *über die ganze Länge eines Musik-*

stücks an einen bestimmten Stil binden zu müssen, vorausgesetzt, daß sie in
einen einheitlichen sprachlichen Gesamtausdruck eingeschmolzen werden. Jedoch verlangt eine derartige Integration verschiedener Stile in einen persönlichen Stil eine Persönlichkeit und ein Genie des Ausdrucks. Die strengste
Lektion, die uns die Geschichte erteilt, ist die Erfahrung, daß einzig jene Werke
bleibenden Wert haben, die von *Persönlichkeit* und *genialer Erfindung* zeugen.
Die Kenntnisnahme dieser Tatsache durch die Musiker selbst wird ohne
Zweifel eine zahlenmäßige Abnahme der musikalischen Produktion nach sich
ziehen, jedenfalls jenes Teils dieser Produktion, die für eine öffentliche Dar-
bietung in Aussicht genommen wird. Die geistige Eigenschaft der Musik setzt
in der Tat eine gewisse Selbsterkenntnis der eigenen Fähigkeiten beim Musiker
voraus. Fehlt sie ihm, werden andere ihn zu ihr hinführen müssen, und sei es
nur durch ihre Haltung ihm gegenüber. Der talentierte Musiker, d.h. einer,
der sich lediglich im Besitz einer melodischen Begabung fühlt, wird sich der
Unterhaltungs- und der Gebrauchsmusik widmen können. Im übrigen kann
jeder für sich und für seine Familie und seine Freunde komponieren, und
solche Kompositionen mögen sehr wohl Interesse finden, ohne daß sie Zeugnisse einer echten Berufung sein müßten. Aus unserer Untersuchung geht somit
hervor, daß die schöpferische Gabe des Komponisten von einer vielfältigen
Konstellation verschiedener Elemente und Umstände abhängt, die sich nur selten in ein und derselben Musikerpersönlichkeit vereinigt finden, und daß es keineswegs genügt, wenn eine affektive und sensible Persönlichkeit sich zur Musik hingezogen fühlt. Alle Studien, die sie sich auferlegen mag, vermögen an
dieser Grundtatsache nichts zu ändern. Dies ist auch der Grund, aus dem die
»Förderung« musikalischen Schaffens ihr Ziel verfehlt; man muß sich wohl
damit abfinden, daß wahrhaft schöpferische Persönlichkeiten selten sind; aber
man muß verstehen, sie zu erkennen, und sie dann, wenn sie wirklich auftauchen, entsprechend ermutigen und fördern.

Auf der anderen Seite werden die öffentlichen Konzerte und die Opernhäu-
ser, die zur Erziehung des Publikums beitragen sollen, der vor unserer Zeit
entstandenen Musik noch mehr Raum geben, als sie ihn der zeitgenössischen
Musik wegen ihres Überflusses ohnehin schon gewähren; denn wenn die ältere
Musik ihren Platz in der Geschichte behaupten konnte und wegen ihres »Wertes« für würdig erachtet wird, gehört zu werden, ist sie auch *immer aktuell*.
Dessenungeachtet wird in einer Welt, in der die Affektivität Gegenstand einer
besonderen Pflege und der Sinn der Musik dem Zuhörer wie dem Musiker
ausreichend klarsein wird, das Bedürfnis nach neuer Musik wieder in seine
Rechte getreten sein, und der Begriff der »zeitgenössischen« Musik wird wieder einen präzisen Sinn erhalten haben: Er wird auf jede Musikschöpfung an-
wendbar sein, die für die Geschichte und den Kreis der Werke von bleibendem
Wert einen echten Zuwachs bedeutet. So wird sich auch der Musiker nicht
mehr die Frage stellen müssen: »Wozu und für wen soll ich schreiben?« Wenn
er funktionelle Musik schreibt, gibt die Funktion, die seine Musik zu erfüllen

hat, die Antwort. Schreibt er autonome Werke, tritt die Frage gar nicht erst auf; denn man erwartet von ihm, daß er nur schreiben wird, wenn er sich zu einer Aussage gedrängt fühlt, und er wird nur schreiben, um dem Publikum das übermitteln zu können, was sein Werk ausdrückt. Diese schöne Freiheit macht sich bezahlt. Sie hat zur Voraussetzung, daß der Musiker seinen Lebensunterhalt durch eine lukrative anderweitige Beschäftigung gesichert hat, bis sich seine Werke beim Publikum durchgesetzt haben und er mit den Einnahmen, die sie ihm bringen können, fest rechnen kann. Hindernisse, gleich welcher Art, erhöhen die schöpferischen Fähigkeiten des Menschen. Sind die Hindernisse einmal überwunden, hat die Schöpferkraft freie Bahn. Das übrige hängt von den Ansprüchen ab, die der Musiker an sich selber stellt – sich nicht zu wiederholen, den Bereich des eigenen Ausdrucksvermögens stetig zu erweitern.

Nach der Erklärung des Phänomens selbst gibt das »Was« in der Musik keine Probleme mehr auf. Sie ist erlebtes Empfinden und – als Sprache – Ausdruck von Empfindungen. Die Dur- und Molltonarten sind die affektiven Gegebenheiten, die jeder Mensch in sich trägt; die harmonischen Kadenzen drücken – auf dem Weg über das musikalische Empfinden – denkbar allgemeine menschliche Gefühlsregungen aus. Hat man diese klassischen Grundtatsachen festgestellt, wird man bemerken, daß sich das musikalische Empfinden je nach der Art, wie jene wirksam werden, individualisiert, d.h. daß sich durch das musikalische Empfinden *differenzierte* menschliche Empfindungen ausdrücken, und zwar immer differenziertere – bis zu den seltenen Empfindungen, in dem Maße, wie sich der Stil durch die Abwandlungen der kadenziellen Möglichkeiten, die Art des Tempos, die tonale Behandlung, durch Chromatik, Enharmonik, Dissonanzen usw. differenziert –, jedoch stets auf der Grundlage der schlechthin allgemeinen menschlichen Gefühlsregungen. In der Musik mit konkretem Vorwurf nimmt der Akt der musikalischen Erfindung in einer nicht mehr abstrakten, sondern konkreten Gefühlslage Gestalt an. Damit wird einer neuen Kategorie musikalischer Empfindungen Raum gegeben, die sich genau auf konkrete Situationen des affektiven Bewußtseins beziehen, Situationen, die durch den »Vorwurf« gekennzeichnet werden und stets in allgemein menschlichen Gemütsbewegungen wurzeln. Somit sagt die Musik immer dasselbe, wie mir eines Tages Jean Binet erklärte. Sie sagt immer dasselbe, weil sie *nur einen Vorwurf* hat: den Menschen in seinem affektiven Verhältnis zur Welt; weil sie nur *einen fundamentalen Zweck* hat: nach dem Ebenbild Gottes zu sein; und weil sie nur *ein einziges dialektisches Mittel besitzt:* die tonale Sprache. Aber sie sagt es aus unendlich verschiedenen Anlässen, in unendlich variablen Gefühlslagen und durch die Temperamente der menschlichen Einzelwesen. Deshalb kann ihr schöpferisches Tun ohne Ende sein, ohne Ende jedoch nur innerhalb ihrer tonalen und rhythmischen Bedingtheit.

In diesem Zusammenhang müssen wir hinsichtlich der in den tonalen Strukturen zuletzt aufgetretenen Neuerung bemerken, daß – wenn Berg im Gebrauch der Reihentechnik zu musikalischen Momenten gelangt ist, die für jedermann so bedeutsam und klar sein müssen wie unser Beispiel auf Seite 573 – diese stilistische Möglichkeit, die man als *Extra-Tonalität* bezeichnen könnte, einmal zutage getreten, auch ohne Zuhilfenahme der Reihentechnik angewandt werden kann, wie wir bereits gesehen haben. Und es ist wohl mit Sicherheit anzunehmen, daß Berg, als er jene Takte schrieb, nicht mehr an seine Reihe dachte und lediglich ein Entgleiten seines melodischen Empfindens aus seinem harmonischen Umkreis andeuten wollte. (In dieser Absicht hat er zwar die Töne, die ihm passend erschienen, seiner Reihe entnommen, doch hätte ihm sein extra-tonales Motiv auch ohne Zuhilfenahme der Reihe, aus der freien Imagination, einfallen können.) Die Polytonalität war bereits ein expressives Faktum gleicher Art, doch weniger spezifiziert in der Ausdrucksmöglichkeit. Von nun an kann der Komponist diese stilistische Möglichkeit im Sinne einer *extra-tonalen Passage* in jedem beliebigen tonalen Werk anwenden.

Die große Lehre, die wir aus der Musikgeschichte ziehen müssen, ist die Erkenntnis, daß ein »echter Akt musikalischen Ausdrucks« niemals die Frucht eines technischen Arbeitsvorgangs sein kann, sondern »von innen heraus« erzeugt und dem Komponisten durch einen nach musikalischem Ausdruck verlangenden Antrieb eingegeben wird. Technische Meisterschaft ist lediglich eine *conditio sine qua non* für die *Vollkommenheit* des fertigen Werkes, nicht für das Werk als solches. In einer Welt, die dem Menschen die Autonomie seiner Persönlichkeit sichert, gibt es keinen epochalen Stil mehr, doch kann es noch *nationale* und *persönliche* Stile geben. Folglich kann der Komponist alle Möglichkeiten der Tonsprache zur Anwendung bringen. Immerhin wird ein streng tonales Werk nach klassischer oder romantischer Manier nicht mehr die *Frische* haben, die das ästhetische Verlangen erwartet, es sei denn, der Komponist ließe in seinem melodischen Stil eine besonders profilierte Persönlichkeit erkennen. Aus dem gleichen Grunde ist es nicht mehr möglich, auf den Entwurf der tonalen klassischen Symphonie und ihr Formschema zurückzugreifen, weil sie nur so lange eine Existenzberechtigung hatte, als sich der Musiker das Ziel, etwas nach dem Ebenbilde Gottes zu schaffen, in der tonalen Modulationsstruktur T-D-T versinnbildlichen konnte. Daher würde die Anwendung dieser Tonstruktur heute eine Musik hervorbringen, die dem Zuhörer *verblaßt* vorkäme. Wenn die ersten Tragödiendichter Frankreichs ihre Werke unter das Gesetz der Einheit der Zeit, des Ortes und der Handlung gestellt haben, heißt das noch lange nicht, daß eine auf denselben drei Einheiten aufgebaute moderne Tragödie auch die Qualität einer klassischen Tragödie haben müsse. Das Prinzip der drei Einheiten ist ein sehr dehnbares Prinzip, dessen Gehalt vielfach abgewandelt werden kann. Ein Gleiches gilt für das kadenzielle Prinzip, die dreiteilige Sonatenform und die Einheit des Tempos. Der Entwurf der klassischen Symphonie hat somit heute keine Chance, ein Werk von einiger Frische hervorzubringen. Eine Symphonie kann es heute nur noch geben, wenn man ein zyklisches Werk so bezeichnet, das für ein symphonisches Ensemble geschrieben ist und von einem Werkplan ausgeht, der sich in einem originellen Werk manifestiert, und zwar sowohl durch seine *formale Struktur* als auch durch seinen *melodischen Stil* und seinen *expressiven Gehalt.* Die Frische der Sprache ist eine *ästhetische* Notwendigkeit, die – im Falle des Kunstwerks – zu der Notwendigkeit seiner *Substanzialität* noch hinzutritt; und das wunderbare ist, daß diese Frische als etwas *Absolutes* unverlierbar bleibt, vorausgesetzt, daß die Wiedergabe dem geschriebenen Werk, das auf dem Papier tot ist, seine ursprüngliche Frische zurückgibt. Dieses Zeiterfordernis mußte klargestellt werden, weil hervorragende Musiker, wie Furtwängler glaubten, der Typ der klassischen Symphonie könne bis ins unendliche immer wieder hervorgeholt werden. Das originelle Werk schafft sich seine Form, und wenn auch diese Form stets einem der Formschemata entsprechen soll, die in der melodischen Dialektik vorgegeben scheinen, können doch der individuelle Formaufbau, die Tonführung und der Stil sehr verschiedenartig sein.

Die Möglichkeiten der Tonstruktur, die im Verlauf eines *autonomen* musikalischen Kunstwerks angewendet werden können, sind rasch aufgezählt: reine Melodik, reine Polyphonie, Homophonie und jene melodisch-harmonische Synthese der symphonischen Struktur. Der Stil ist die freie Anwendung dieser Strukturen; und der Stil ist es – nicht die Tonsprache als solche –, der die Frage des »Wie« aufwirft. Dieser Frage – es ist die ästhetische – kann man nicht ausweichen, um so weniger, als in der Musik Dargestelltes und Darstellendes identisch sind. Vor unserer Zeit jedoch war diese Frage wenigstens zur Hälfte gelöst, weil sich der Musiker ganz von ungefähr in den Stil seiner Epoche hineinstellte, während sie heutzutage als völlig der freien Entscheidung des Musikers ausgeliefert erscheint.

Auf diese letzte Frage können wir nun, am Ende unserer Studie angelangt, eine kategorische Antwort geben: Die Musik der Zukunft kann nichts anderes sein als eine freie, in einem persönlichen Stil gehandhabte Anwendung der bisher gefundenen stilistischen Möglichkeiten: Diatonik, Chromatik, Enharmonik, tonale Harmonik, Polytonalität, zeitweilige Extra-Tonalität, kadenzielle Rhythmik im melodischen Ablauf. Andere Möglichkeiten gibt es nicht.

Anhang

I. Randbemerkungen

1. Die Idee des Logarithmus*

Mit dem Beginn unserer Untersuchung stehen wir vor dem Begriff des Logarithmus, und das könnte manchem Leser die weitere Lektüre vielleicht erschweren. Da sich jedoch die auditiven Phänomene, die dem musikalischen Hören zugrunde liegen, nicht ohne das Verständnis der logarithmischen Rechenmethode begreifen lassen, werde ich mir erlauben, die nötigen Grundbegriffe und die Fachausdrücke, die sie bedingen, zu erläutern.

Logarithmus heißt »Gesetz der Zahlen«. Dieses Gesetz gründet sich auf der Beziehung, die sich zwischen einer sogenannten geometrischen und einer sogenannten arithmetischen Zahlenfolge herstellen läßt. Eine geometrische Folge sieht z. B. wie folgt aus:

$$1 \quad 10 \quad 100 \quad 1000 \quad 10000 \quad \ldots$$

eine arithmetische so:

$$0 \quad 1 \quad 2 \quad 3 \quad 4 \quad \ldots$$

oder:

$$0 \quad n \quad 2n \quad 3n \quad 4n \quad \ldots$$

Man sieht, die erste Folge entsteht dadurch, daß sich jedes Glied aus dem vorhergehenden durch die Multiplikation mit 10 entwickelt, 10 ist für diese Folge der *Quotient* oder die *Basis* der Logarithmen. In der Mathematik bezeichnet man 100 (10×10) als *zweite Potenz* von 10, als *zehn hoch zwei*, was man so schreibt: 10^2 (2 ist der Exponent der Potenz). 1000 ($10 \times 10 \times 10$) ist gleich 10^3 usw. Jedes Glied der arithmetischen Folge ist also der Logarithmus des entsprechenden Gliedes der geometrischen Folge; es zeigt sich sogleich, worin das »Zahlengesetz« besteht, welches die Beziehungen zwischen den beiden Folgen offenbart: Dem Produkt zweier oder mehrerer Glieder der geometrischen Folge entspricht die Summe ihrer Logarithmen. Der Logarithmus des Produkts ist die Summe der Logarithmen der einzelnen Glieder.
Zum Beispiel:

Zahl: $\quad 10 \times 1000 \, (= 10^1 \times 10^3) \; = 10000 \, (= 10^4)$
log: $\quad\quad 1 + 3 \quad\quad\quad\quad\quad = 4$

Der Logarithmus eines Quotienten ist gleich der Differenz der Logarithmen der beiden Glieder der Division. Daher stellt also das logarithmische Verhält-

* Diese Anmerkung dient zur Erläuterung des Haupttextes auf S. 33 ff.

nis nicht nur eine Beziehung zwischen einem Glied der ersten und einem Glied der zweiten Folge her, sondern zwischen einer ganzen Gruppe von Gliedern der ersten Folge und einer ganzen Gruppe von Gliedern der zweiten Folge (diese Eigenschaft der logarithmischen Beziehung spielt beim musikalischen Hören eine wesentliche Rolle). Der Logarithmus ist stets gegeben durch den Exponenten der als »Potenz« betrachteten korrespondierenden Zahl. Ein Produkt der »Potenzen« ist eine neue Potenz, deren Exponent die Summe der Exponenten der Glieder des Produkts ist ($10^{2+3} = 10^5$).

$100 = 10^2$, $1000 = 10^3$. 10 wird als Quadratwurzel von 100 bezeichnet und als Kubikwurzel von 1000, was man schriftlich so ausdrückt: $\sqrt{100}$ oder $100^{\frac{1}{2}}$ bzw. $\sqrt{1000}$ oder $1000^{\frac{1}{3}}$, weil man $\frac{1}{2}$ mit 2 und $\frac{1}{3}$ mit 3 multiplizieren muß, d.h. 10 in die zweite Potenz erheben muß, um wieder auf 100, und in die dritte Potenz, um wieder auf 1000 zu kommen.

Man kann natürlich die geometrischen Folgen auch nach links hin durch Glieder fortsetzen, die sich mittels Division durch 10 auseinander entwickeln:

Zahl:	1	$\frac{1}{10}$ oder 10^{-1}	$\frac{1}{100}$ oder 10^{-2}	$\frac{1}{1000}$ oder 10^{-3}	usw.
log:	0	-1	-2	-3	usw.

Ein ähnliches Logarithmensystem ergibt sich, wenn man als Basis der geometrischen Folge eine andere, beliebige ganze oder Bruchzahl nimmt, z.B. 2:

1	2	2^2	2^3	$\ldots$
0	1	2	3	$\ldots$

Man kann die Basis und sogar den Logarithmus der Basis (hier 1) mit einem Buchstaben bezeichnen (algebraische Notation), der eine beliebige Zahl vorstellt:

	1	n	n^2	n^3	$\ldots$
	0	1	2	3	$\ldots$
oder:	0	n	$2n$	$3n$	$\ldots$

Dem Mathematiker John Napier schreibt man die Entdeckung eines Systems zu, das als Ausgang aller numerischen Systeme gilt und dessen Basis ist:

$$e = 1 + \frac{1}{1} + \frac{1}{1 \times 2} + \frac{1}{1 \times 2 \times 3} + \frac{1}{1 \times 2 \times 3 \times 4} \quad \text{usw.}$$

also annähernd 2,718281828459045 . . .

Dieses System gilt als die *natürliche* Basis aller numerischen Systeme, weil seine Basis die Weise anzeigt, in der die Zahlen durch eine Bruchteilung *ad infinitum* entwickelt werden können. Von daher ist es gewissermaßen die transzendente Basis aller Systeme, die als Grundzahl eine ganze Zahl haben. Da es zahlreiche Logarithmensysteme gibt, muß man grundsätzlich angeben, aus welchem System ein Logarithmus genommen worden ist. $\log_{10} 27$ bedeutet Logarithmus von 27 aus einem System mit der Basis 10. $\log_e 27$ bedeutet Logarithmus von 27 aus dem Napierschen System (Basis e). Man kann von einem System ins andere überwechseln, wenn man nur den Wechsel des *Moduls* angibt; diese Operation soll in unserer Untersuchung ausführlich behandelt werden.

Die Algebra bezeichnet die Größen bekanntlich mit Buchstaben, um die Beziehungen zwischen ihnen verallgemeinern zu können, da die Buchstaben jede beliebige Zahl vorzustellen vermögen. Aus Konvention schreibt man nicht $a \times b$, sondern $a \cdot b$ oder einfach ab. ab bezeichnet also ein Produkt, so wie $\frac{a}{b}$ oder a/b einen Quotienten bezeichnet, ein *Verhältnis* zwischen zwei Größen. Jede arithmetische oder algebraische Formel läßt sich – auch das ist bekannt – geometrisch darstellen; so können wir also Wahrnehmungsgegebenheiten in einer geometrischen Figur darstellen. In geometrischen Figuren lassen sich die *Winkel trigonometrisch* messen. Ein Winkel kann nach Graden gemessen werden, indem man den Vollkreis in 360 Grad einteilt. Man kann ihn aber auch durch das Verhältnis der Strecken bezeichnen. Errichtet man nämlich in irgendeinem Punkt eines Schenkels eines Winkels eine Senkrechte, ergibt sich ein rechtwinkliges Dreieck. Bei allen rechtwinkligen Dreiecken ist das Verhältnis zwischen den Seiten oder zwischen einer Seite und der Hypotenuse (das ist die dem rechten Winkel gegenüberliegende Seite) stets das gleiche. Das Verhältnis zwischen den Seiten kann also den Winkel zwischen zwei Seiten bestimmen. Das Verhältnis zwischen einer Seite und der Hypotenuse bezeichnet den Sinus oder Cosinus der Winkel; das Verhältnis zwischen einer der beiden Seiten des rechten Winkels und der anderen bestimmt den Tangens oder Cotangens der Winkel.

Kehren wir jedoch zu den Logarithmen zurück. Die logarithmische Beziehung ist nicht bloß ein Berechnungsmittel für die Mathematiker; sie kommt auch in Natur- und Bewußtseinsphänomenen vor, und zwar häufiger, als man denken sollte. Sie bestimmt z. B. die Beziehung zwischen der Zahl als *Quantität* und der Zahl als *Größe*. Die Zahl n als Quantität bedeutet $1 \times n$; als Größe ist sie bloß n oder $0 + n$. Diese Ausdrücke genügen, um eine mögliche logarithmische Struktur zu beginnen:

$$1 \quad n \quad \ldots$$
$$0 \quad n \quad \ldots$$

Bei der Beziehung zwischen Quantität und Größe bleibt die logarithmische Struktur hier stehen. Diese Gegebenheit ist jedoch nichtsdestoweniger der Ausgangspunkt zweier ähnlicher Zahlenfolgen: $2n$, $3n$ usw., von denen die eine *Quantitäten*, die andere *Größen* bezeichnet.

Wir gehen deshalb von der Vorstellung aus, daß man in einem Phänomen bloß zu entdecken braucht, was Basis und Quotient einer logarithmischen »Struktur« werden könnte, um eine logarithmische Beziehung aufzudecken. Die logarithmische Struktur gewinnt aber nur dann Gestalt, wenn das Phänomen eine geometrische und eine arithmetische Folge in ihrer Wechselbeziehung zueinander kontinuierlich entstehen läßt. Sie ist der – zweifellos wohl einfachste – Sonderfall einer sich in den Phänomenen ständig ergebenden Beziehung zwischen einer relationellen dynamischen Struktur und einer statischen Struktur, durch die sich erstere äußert.

Das Gesetz der geometrischen Folge besteht darin, daß jedes ihrer Glieder Produkt ist aus dem vorhergehenden Glied, multipliziert mit dem Quotienten der Folge. Betrachten wir jedoch die Reihe nicht Glied für Glied, sondern als Ganzes, so entsteht sie für uns durch ein *inneres Gesetz*, das sich aus der Beziehung zwischen zwei Nachbargliedern ergibt. Daher sind in einer Folge vom Quotienten n (siehe weiter oben) die Beziehungen zwischen zwei Nachbargliedern nur Metamorphosen der Beziehung $\frac{n}{1}$, die zu Anfang der Folge gesetzt wird:

$$\frac{n^2}{n} = \frac{n^3}{n^2} = \frac{n^4}{n^3} = \frac{n}{1}$$

Der eigentliche Quotient der Folge ist daher nicht n, sondern $\frac{n}{1}$. Die *Relation* kann die Bezüglichkeit entstehen lassen, die ihrerseits ein Phänomen (die ganze Folge) zum Entstehen bringt. Dieses Hervorbringungsvermögen der wirkenden Relationalität, das auf einem die erzeugende Beziehung bestimmenden Gesetz beruht, nennen wir *Dynamik*.

DIE RHYTHMISCHE KADENZ   Jede rhythmische Kadenz (Anziehen – Fallenlassen, Zusammenziehen – Entspannen, Systole – Diastole, Einatmen – Ausatmen, Aufheben – Niedersetzen, Hin- und Herschwingen) ist die Erscheinung einer relationellen Dynamik in den Phänomenen. Da das kadenzielle Phänomen nur eine einzige Veränderliche hat – die Dauer seiner Kadenz, die durch die innere Zeitlichkeitskadenz bestimmt wird – und da sich die Kadenzen multiplizieren, während sich ihre Dauern summieren, muß sich in ihnen die logarithmische »Beziehung« ergeben.

Die zweizeitige Kadenz der Herzkammern im Herzrhythmus z. B. läßt diesen *Quotienten* einer möglichen logarithmischen Struktur deutlich erkennen:

$$\left(\tfrac{2}{1}\right)^0 \quad \left(\tfrac{2}{1}\right) \quad \dots$$
$$0 \qquad\quad 1 \qquad \dots$$

1 bezeichnet hier die Dauer einer als Zeiteinheit gewählten Kadenz. Die Herzkammerkadenz ist tatsächlich eine Zeit-»Länge«, die in Wechselbeziehung steht zu einer gewissen relationellen Kraft, die wir uns nur als einen bestimmten, im Herzrhythmus wirkenden quantitativen Energiewert vorstellen können. Als Dauerstruktur ist $\frac{2}{1}$ daher ursprünglich ein Logarithmus, dessen »Zahl« wir nicht formulieren können und den wir vorläufig mit e oder $e^{\frac{2}{1}}$ (log $e^{\frac{2}{1}} = \frac{2}{1}$) bezeichnen. Einmal erschienen, bildet dieser Logarithmus jedoch den Anfang einer neuen logarithmischen Struktur:

$$(\tfrac{2}{1})^0 \qquad (\tfrac{2}{1}) \qquad (\tfrac{2}{1})^2 \quad \ldots$$
$$0 \qquad\quad 1 \qquad\quad 2$$

in der er als »Zahl« und »Basis« der Logarithmen genommen wird. Wir können diese Formel dennoch nicht als Ausdruck des Phänomens betrachten; denn das hieße annehmen, daß die die erste Kadenz bestimmende Energie zugleich auch alle folgenden Kadenzen bestimme, so wie eine Uhr durch die Entspannung ihrer Feder für vierundzwanzig Stunden in Gang gesetzt wird. Wir wissen, daß das Herz nur durch eine ständige Aufladung unserer Lebensenergie und durch die Atmung und Nahrungsaufnahme unseres Körpers arbeiten kann. Unsere logarithmische Struktur bleibt also bei diesem Anfang, und die erste Kadenz wird bloß wiederholt. Dennoch läßt diese Wiederholung – wie im weiter oben untersuchten Fall – eine zweifache Zahlenreihe entstehen, deren eine die *Zahl* der sukzessiv erzeugten Kadenzen und deren andere die Zeit-»Länge« anzeigt, die sie bestimmen und die in Kadenz-»Dauern« gewertet wird.

So ist die rhythmische Kadenz ein neuerliches Beispiel für die Phänomene, die eine logarithmische Beziehung entstehen lassen zwischen der Grundlage des Phänomens – der Energiekadenz (*quantitative* Gegebenheit) – und seiner äußeren Manifestation – der Dauer der Kadenz –, die eine reine Größe ist; diese logarithmische Beziehung bestimmt aber bloß den Anfang einer logarithmischen Struktur.

So entstehen in uns die Zeit und unser Zeitsinn. Wäre unsere Existenz nicht auf einer Zeitlichkeitsstruktur gegründet, die ein Dauermaß besäße, so könnten wir die Zeit in der Welt nicht entdecken.

DIE ZEITLICHKEIT   Die Erscheinung der Zeitlichkeit in uns ist also die äußerliche Manifestierung eines Energiephänomens; ihr Maß ist die *Dauer* einer Kadenz, und diese Dauer läßt sich durch einen Logarithmus ausdrücken: durch den Logarithmus eines konkreten, aber unbekannten Energiewertes. Wenn sich die Energie, wie die Physiker behaupten, in *Quanten* offenbart, so sind diese Quanten in unserem Fall *Kadenzen*. Der Grund dafür liegt im labilen Gleichgewichtszustand, in dem sich unsere Körperorgane in ihrer inneren Struktur und auch unser Körper selbst befinden. Die sich durch eine Zeitlichkeitsstruktur äußernden Phänomene sind Änderungen dieses Gleichgewichtszustandes, die nach einem Ausgleich, einer Wiederherstellung dieses Gleichgewichtszustandes, verlangen. Dieses zweiteilige Phänomen nennen wir Kadenz und müssen es daher als etwas einheitlich Ganzes betrachten. Die Erscheinung der Zeitlichkeit in der Welt entsteht aus analogen Phänomenen: Die Drehung der Erde um sich selbst und um die Sonne ist ein zyklisches Phänomen, bedingt durch die kinetische Energie, die den Erdball belebt und die sich in kadenziellen Dauern äußert: In unseren Augen ist der Wechsel von Tag und Nacht eine Kadenz. Das *metrische* Zeitmaß ist daher eine Konsequenz aus der phänomenalen Entstehung, die kadenziell oder zyklisch ist. Es wird dadurch bedingt, daß es in uns und in der Welt zyklische oder kadenzielle Phänomene gibt, die sich in gleichartigen Dauern offenbaren und die dadurch zu Determinanten unserer Zeitmessung werden. Die Maßeinheit ist also entweder die Dauer eines Zyklus oder einer Kadenz oder aber eine Dauereinheit, die durch die innere Struktur der Kadenz, d.h. gewöhnlich eine Unterteilung einer kadenziellen oder zyklischen Gegebenheit, zutage tritt. Auf dem Hintergrund dieser kadenziellen oder metrischen Zeitlichkeit wird uns die *kontinuierliche* Zeitlichkeit, der *Ablauf* der Dauer, bewußt, und durch sie messen wir diese Kontinuität. Der Begriff der Geschwindigkeit erscheint nur durch das Phänomen, in welchem sich die *Kontinuität* der Zeitlichkeit konkretisiert, nämlich durch die *Bewegung;* und strenggenommen kann er sich nur auf diese beziehen.

DER MUSIKALISCHE RHYTHMUS   Der Vorteil dieser logarithmischen Bestimmung der Dauer wird offenbar, wenn wir einen Blick auf den musikalischen Rhythmus werfen. In der Musik ist nämlich eine rhythmische Kadenz – ein »Takt« – meist eine Überstruktur aus zwei- oder dreiteiligen Grundkadenzen.

Außerdem ist das *erste* Element der Musik, ihre einfachste »Form«: das *Motiv,* selten auf die Begrenzung eines Taktes beschränkt und umfaßt oft eine ganze Gruppe von »Takten«. Mit anderen Worten: In der Musik bescheidet sich die rhythmische Energie nicht damit, eine Kadenz zu bestimmen, sondern sie bestimmt mit einem Schlage eine ganze Struktur.

Beschränken wir uns auf ein einfaches Beispiel, einen zweizeitigen Takt, der als Überstruktur von zweizeitigen Grundkadenzen erscheint: | ♩ ♩ | .

Bezeichnen wir mit e die kadenzielle Energie, die sich durch eine Grundkadenz in der Unterstruktur des Phänomens offenbart, so läßt sich die *Dauer* dieser Kadenz durch log e ausdrücken; folglich muß sich in der »Melodie« durch die zu $\frac{2}{1}$ log e korrelative zweizeitige Überstruktur mit einem Schlage manifestierende Energie als e^2 formulieren lassen. Ihre Kadenz muß relativ zur

Kadenz log $\frac{2}{1}$ der Unterstruktur als log $(\frac{2}{1})^2$ notiert werden. Wäre die Unter-

struktur dreiteilig | ♩ ♩ ♩ | , so wäre die Kadenz log $(\frac{2}{1})^3$.

Anders ausgedrückt: Die rhythmischen Überstrukturen – wenn man nicht von Kadenzfolgen sprechen will, die einer »Melodie« zugrunde liegen – lassen die Glieder oder doch wenigstens einige Glieder der geometrischen Folge und der von der zweiteiligen Kadenz begonnenen logarithmischen Struktur erscheinen:

$$\frac{2}{1} \qquad (\tfrac{2}{1})^2 \qquad (\tfrac{2}{1})^3 \quad \cdots$$
$$1 \qquad\quad 2 \qquad\quad 3$$

DIE MUSIKALISCHE ZEIT   Ähnlich wie der Herzrhythmus stellt uns auch die Erfahrung mit dem musikalischen Rhythmus wiederum vor eine *Entstehung der Zeit*, einer der Musik und jedem besonderen musikalischen Erlebnis eigentümlichen Zeit; einer Zeit also, die nichts mit der Zeit der Welt zu tun hat und auch nichts mit derjenigen, die unser Puls schlägt (wenn sie sich auch, *hinterher*, zur *Minute* der Zeit in der Welt oder zum Maß unseres Pulsschlages in Beziehung setzen läßt). Das *Maß* dieser Zeit wird, wie wir sehen, durch eine Grundkadenz bestimmt, die in der Unterstruktur des Rhythmus erscheint und die den Basislogarithmus einer Logarithmenreihe bestimmt. Die Kadenz, die in dem erscheint, was man einen »Takt« nennt, und die meist die der Melodie ist, kann also nur durch die Beziehung auf die *Dauer* der Grundkadenz bestimmt werden, d.h. in Funktion der Grundkadenz und durch einen Logarithmus von derselben Basis $\frac{2}{1}$, wenn die kadenzielle Unterstruktur zweiteilig ist, und $\frac{3}{1}$, wenn sie dreiteilig ist. Daraus folgt, daß ein »Takt« nur Überstruktur von Grundkadenzen sein kann, die ihrerseits Dauer*einheiten* sind, so daß ein Takt bloß aus einer *ganzen* Zahl von zwei- oder dreizeitigen Dauern bestehen kann. Und weil sich unsere kadenzielle Energie in Dauern äußert, die Logarithmen und stets nur *ganze* Logarithmen sind, können wir die Zeit messen: Unsere Dauermaße sind stets auf Beziehungen ganzer Zahlen gegründet.

Eine Kadenz steht aber niemals für sich allein. Sie bietet sich von vornherein dar als Anfangsglied einer Kadenz*folge*. Damit die musikalische Zeit einen zu dem Rahmen, den die Zeit in der Welt unserer täglichen Existenz verleiht, analogen Zeitlichkeitsrahmen bilde, genügt es, daß die in der Unterstruktur des Taktes erschienene Grundkadenz sich ständig gleichförmig wiederholt. In diesem Augenblick *objektiviert* sich die *musikalische Zeit*, aber ihr wirkliches Maß bleibt das einer Kadenz, denn deren Wiederholung erzeugt die musikalische Zeit. Und so entsteht ein weiteres Phänomen: die *Bewegung*. Die Wiederholung ein und derselben Grundkadenz schafft tatsächlich die Basis der Zeitlichkeitsstruktur einer *gleichförmigen regelmäßigen oder unregelmäßigen* Bewegung. Sie ist regelmäßig, wenn die kadenzielle Unterstruktur einfach ist, d.h. wenn sie aus der Wiederholung ein und derselben zwei- oder dreizeitigen

Grundkadenz besteht:

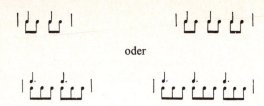

oder

Sie ist gleichförmig, aber unregelmäßig, wenn die kadenzielle Unterstruktur komplex ist, d.h. wenn sie bereits Überstruktur und regelmäßige Abwechslung von zwei- und dreizeitigen Grundkadenzen ist:

In diesem Takt haben wir zwei Basislogarithmen, die dennoch zueinander in Beziehung gesetzt werden können, weil ihre Dauern in einem ganzzahligen Verhältnis stehen. Die kadenzielle Bewegung kann strenggenommen ungleichförmig und unregelmäßig sein, in dem Grenzfall nämlich, wenn sich die kadenzielle Unterstruktur von Takt zu Takt ändert. Wie wir weiter oben sehen konnten, wird aber auch dieser Grenzfall durch die Notwendigkeit bestimmt, daß alle Zeitmaße sich auf dasselbe Logarithmensystem beziehen müssen, d.h. daß die wechselnden Takte aus Grundkadenzen zu bestehen haben, deren innere Dauereinheit (hier das Achtel) sich gleich bleibt; sonst wäre die Maßeinheit aufgegeben.

Da die Kadenz eine Energiesignifikation ist, nimmt die kadenzielle Bewegung den Sinn einer Entfaltung von Energie, von *kinetischer* Energie, an; diese kinetische Energie wird ebensosehr *von der Kadenzmodalität qualifiziert* wie von den Zeitmaßen, die die Wiederholung ihrer kadenziellen Dauern ergibt. Diese *energetische Qualität* der Bewegung erzeugt die kadenzielle Entfaltung der musikalischen Zeit, die man das *Tempo* der Musik nennt; und wir sehen, *daß eine Grundkadenz und ihre Wiederholung zur Bestimmung des Tempos ausreichen.*

Das *Tempo* ist also keine Geschwindigkeit, sondern eine Bewegungsqualität, und deshalb ist die Unterscheidung zwischen *Schnell* und *Langsam* nicht eine Frage der Geschwindigkeit, sondern der Kadenzierung unserer Lebensenergie. Entweder entfaltet sich unsere kadenzielle Energie in kurzen, vergleichsweise zahlreichen Kadenzen innerhalb einer gegebenen Zeitspanne; oder aber sie entfaltet sich in weiten und folglich weniger zahlreichen Kadenzen im selben Zeitraum. Im ersten Fall ist die Bewegung schnell, im zweiten langsam. Das Maß der Dauer ist beim musikalischen Rhythmus daher eine Folge seiner Beschaffenheit und seiner Kadenzmodalität.

Hier berühren wir die »Natur« der im musikalischen Phänomen wirkenden Energie, und diese »Natur« wird uns verständlich machen, daß die Struktur der musikalischen Zeit eine Logarithmenfolge zur Entstehung brachte, wogegen sich bei der Herzkadenz nur ein einziger Logarithmus ergab. Wir werden nämlich sehen, daß die in der Musik wirkende Energie eine *psychische* ist und daß die musikalischen »Dauern« *psychische* Dauern sind.

Unsere seelische Existenz transzendiert unsere körperliche, sie gewinnt aber *in unserem Körper* Gestalt, und zwar in der Dauer auf der Grundlage unserer Herzkadenz oder auf der Grund*zeit* unseres Pulsschlages, der sich aus der Herzkadenz ergibt. Die Musik ist das einzige menschliche Phänomen, das diesen Umstand beleuchtet, daß nämlich unsere psychische Existenz sich nicht nur nach der Struktur Vergangenheit-Gegenwart-Zukunft aufgliedert, sondern daß sie Gestalt annimmt *in der Dauer* auf der Grundlage unserer körperlichen Zeitlichkeit, so daß sie folglich ein *Maß*, ein *Tempo*, hat. Wohlgemerkt, ihre »Dauern« sind die eines Übergangs von einer Vergangenheit gewordenen Gegenwart zu einer anderen »Gegenwart«, aber als reine »Dauern«. Ein *Maß* können sie aus unserer körperlichen Zeitlichkeit erhalten, die unsere seelische Zeitlichkeit bedingt und an die diese eng gebunden ist, wie groß die Autonomie des Seelischen auch sein mag. In der körperlichen Ruhe, also in dem Zustand, in welchem gewöhnlich die Musik im Musiker entsteht, ist die einzige sinnlich wahrnehmbare Manifestierung einer Verzeitlichung unserer Dauer die Atemkadenz – und die Verbindung zwischen Seele und Atem braucht hier nicht erst aufgedeckt zu werden. Wir haben also allen Grund, in der kadenziellen Struktur eine Weise der Musik zu sehen, im »Gesang« unsere Atemkadenz und im »Tanz« eine körperliche Kadenz zu signifizieren. Aber unsere seelische Aktivität transzendiert gerade unsere körperlichen Kadenzen und verzeitlicht sich frei. Deshalb signifiziert sie sich durch den *Rhythmus*, und die *Autonomie der Seele* gegenüber dem Körper signifiziert sich durch die *Autonomie des Rhythmus* gegenüber dem kadenziellen Gerüst. Diese Freiheit der seelischen Aktivität kann sich dennoch musikalisch nur dann signifizieren, wenn die rhythmischen Dauern in einem *rationalen* Verhältnis zu den kadenziellen Dauern stehen, d.h. wenn es sich dabei um *ganzzahlige Verhältnisse* handelt. Folglich können wir im Rhythmus diese von der Kadenz bestimmten Unterteilungen der Dauerwerte und auch diese elementaren gemischtzahligen Gegebenheiten wie $1\frac{1}{2}$, $1\frac{1}{3}$, $1\frac{1}{4}$ usw. wiederfinden, *die sich in die kadenzielle Unterstruktur nicht einordnen lassen*.

Eine letzte Bemerkung bleibt noch zu machen: Unsere seelische Dauer ist eine *kontinuierliche*, so daß sie auch die *rhythmische* Struktur transzendiert. Was das Tempo also im eigentlichen qualifiziert, ist diese *kontinuierliche* Existenzbewegung, zu der uns die Musik Zugang verschafft und die in der musikalischen Zeit Gestalt annimmt (wobei die Kadenz, auf der sich die gesamte rhythmische Struktur aufbaut, eine schematische und imaginäre Darstellung der Atem- oder Körperkadenz bleibt, die dieser Bewegung zugrunde liegt). Die

»musikalische« Zeit selbst ist jedoch nicht imaginär; sie ist eine in der Musik seelisch erlebte Zeit. Wenn sie wirklich in Wechselbeziehung zu der Zeit steht, die die Aufeinanderfolge der Töne in der Zeit der Welt schafft, so deshalb, weil diese Aufeinanderfolge in ihrer Verzeitlichung in dem Augenblick durch die »Musik« selbst bestimmt worden ist, wo sie in der Einbildungskraft des Musikers Gestalt annahm. Die musikalische Zeit kann also keine berechnete Zeit sein; sie ist nur eine vom Musiker oder vom Zuhörer spontan in der Musik erlebte Zeit. Denn in deren Augen gewinnt die »Melodie« erst durch die Bewegung einen Sinn, die sie in der Dauer vollzieht, und diese Bewegung charakterisiert sich durch ihre räumliche Struktur und *zugleich* durch ihre Zeitlichkeitsstruktur. Ganz gerüstet, wie Minerva, wird die Melodie geboren, ihre einzige Rüstung jedoch sind ihre Strukturen.

SCHLUSSFOLGERUNG   Es zeigt sich, daß die Struktur der musikalischen Zeit keine abstrakte, sondern eine *schematische* oder *stilisierte* Darstellung unserer seelischen Zeitlichkeitsdauer *in ihrer körperlichen Situation* ist. Sie ist übrigens nur deshalb schematisch, weil alle ihre Dauern *meßbar* sind und ein rationales Maßsystem bilden. Das gilt auch für die Tonstruktur, und hier wird bereits der Parallelismus zwischen der *seelischen* Aktivität in der Musik und der *geistigen* Aktivität in der Mathematik bemerkbar. Wenn wir begriffen haben, daß es sich in beiden Fällen um eine *spekulative* Bewußtseinsaktivität handelt, bei der das Bewußtsein sich seine Gegenstände schafft, anstatt sie aus der Welt zu beziehen, dann wird uns auch klar, daß dieser Schematismus unausweichlich war.

Der Psychologe berücksichtigt die Zeitlichkeit unserer seelischen Existenz nur durch die Elemente der Verbzeiten – Vergangenheit, Gegenwart, Zukunft –, weil unsere seelischen Dauern sich in der täglichen Existenz bloß auf Ereignisse beziehen, die diese in der Welt motiviert haben und die meist ein irrationales Maß haben. Sie müssen aber nichtsdestoweniger in logarithmischer Beziehung zu dem Energiemoment bleiben, das sie manifestieren, aber diese Beziehung ist nicht formulierbar. Sie läßt sich nur formulieren, wenn diese kontinuierliche Dauer auf dem Hintergrund einer regelmäßigen Dauermessung Gestalt annimmt, wie es in der Musik der Fall ist. Die Mathematik lehrt uns, daß eine kontinuierliche logarithmische Beziehung, die auf der »Basis« einer numerischen logarithmischen Struktur Gestalt gewinnt, durch eine *Kurve* dargestellt werden kann, die man nach ihrer Entstehung eine »logarithmische« Kurve nennt. Ebenso ist es auch bei der kontinuierlichen seelischen Dauer, die auf der Grundlage der ständigen Wiederholung ein und derselben Grundkadenz Gestalt annimmt. Wenn dem so ist, muß unsere seelische Dauer – wenigstens in den Grenzen eines bestimmten Existenzschwunges – ein *logarithmischer Bogen* sein, d.h. eine *gekrümmte Dauer*, obwohl ihre Projektion auf die Zeitachse – das Zeitintervall – eine Gerade ist.

Diese letzte Feststellung wird ein Phänomen erklären, dessen musikalische Erfahrung uns wohlvertraut ist: die *melodische Krümmung*, die Tatsache also, daß eine melodische Phrase für uns wellenförmig verläuft.

2. Das Bewußtsein*

»Das ›Für-sich-Seiende‹, d. h. das menschliche Subjekt, muß gänzlich ›Körper‹ sein«, schreibt Sartre, »und es muß gänzlich ›Bewußtsein‹ sein; es kann nicht mit einem Körper ›verbunden‹ sein ... es gibt nichts *hinter* dem Körper ... der Körper ist ganz und gar *seelisch*.«

Wir könnten zunächst feststellen, daß er gänzlich *affektiv* ist, und damit kommen wir schon von der körperlichen Existenz zur Bewußtseinsexistenz. Denn die körperliche Affektivität ist (nach Sartre) bereits »rückstrahlender Widerschein« physiologischer Phänomene. Sie ist nicht das physiologische Phänomen als solches, wie ja auch der Ton nicht das *Schwingungs*phänomen des klingenden Körpers ist. Und in seiner Eigenschaft als »rückstrahlender Widerschein« ist es bereits die Erscheinung der *Seinsweise*, die das Bewußtsein bestimmt: »*Selbstgegenwart als Dinggegenwart*«. Wenn ein Zahn erkrankt, wird er sich selbst gegenwärtig, bevor noch die Reflexivtätigkeit des Bewußtseins diesen Zahn oder seine Krankheit zum Gegenstand nimmt, und diese »Gegenwart« ist nichts anderes als eine *reflektierte* Aktivität, die körperliche Beschwerden reflektiert. Das Bewußtsein ist also nicht vom Körper zu trennen, *es ist aber nicht der Körper;* anhand unseres Beispiels für die körperliche Affektivität müssen wir im Bewußtsein eine reflektierende Reflexion unserer inneren Körpervorgänge und damit unserer körperlich-organischen Aktivität erblicken. Die Bewußtseinsexistenz *transzendiert* also die körperliche Existenz, und für den Beobachter, der durch die körperliche Existenz das menschliche Subjekt erfassen will, ist die Bewußtseinsexistenz *transphänomenal*: Deshalb kann man das Bewußtsein auch nicht mit Händen greifen.

Wenn Ortega y Gasset in einem nachgelassenen Werk erklärt, *es gebe kein »Phänomen«, das als »Bewußtsein von ...«* anzusprechen sei, so hat er damit nicht unrecht: Das Bewußtsein ist tatsächlich ein *Epiphänomen*, das sich schrittweise im Verlauf der Entwicklung des animalischen Lebens phänomenalisiert hat. Wenn man sich verbrennt, so nicht an der Flamme, sondern an der Hitze. Und ebenso ist eine Bewußtseinsenergie stets nur der rückstrahlende Widerschein einer Lebensenergie, denn nur der lebende Körper ist ein Feld physischer Energie. Umgekehrt aber: Wenn der lebende Körper ein Feld physischer Energie ist, muß die Bewußtseinsexistenz ihrerseits rückstrahlender Widerschein dieses Energiefeldes sein. Um zu verstehen, daß das Epiphänomen sich phänomenalisieren konnte und daß die Bewußtseinsexistenz ihrerseits zu

* Diese Anmerkung dient zur Erläuterung der Ausführungen auf S. 44.

einem Energiefeld, und zwar zu einem autonomen Energiefeld, geworden ist, muß man sich darüber klarwerden, daß das, was sich in unserem körperlichen Organismus spiegelt, wesentlich eine *relationelle* Energie ist, die im motorischen und vegetativen Nervensystem entsteht und durch die sich unsere Lebensenergie äußert. Mit anderen Worten:»Was sich spiegelt«, ist niemals bloß ein physiologisches »Faktum«, sondern ein *Energiemoment*; und selbst wenn sich dieses Energiemoment in einem Faktum objektiviert, wie Zahnschmerzen, so gewinnt dieses Faktum in der reflektierenden Reflexion der physiologischen Existenz, die die Bewußtseinsexistenz darstellt, nur Sinn in bezug auf ein anderes Faktum: dieser Zahnschmerz in bezug auf einen Gemütszustand, in dem der Zahn sein Vorhandensein eben nicht bemerkbar macht. Das Bewußtsein ist eine Existenz, die Bezüge zwischen physiologischen Fakten oder physiologischen Bezügen reflektiert.

Nur aus dieser Sicht ist ihr Phänomen verständlich, denn die Reflexion eines Faktums ist ebenso untätig wie das Faktum selbst. Ist dieses Phänomen aber Reflexion eines Bezuges, so ist es auf der zweiten Transzendierungsstufe der physiologischen Existenz Reflexion eines *Bezugs von Bezügen*, der hinwiederum den Anfang einer Zeitlichkeitsdynamik darstellt: Übergang von einer Vergangenheit werdenden Gegenwart (1. Bezug) zu einer Zukunft (2. Bezug) durch eine nicht signifizierte Gegenwart (die bloß in der reflexiven Existenz existierende *innere Verbindung* zwischen dem 1. und dem 2. zur Existenz gebrachten Bezug). Daher ist das Bewußtsein reine Existenz einer autonomen Zeitlichkeitsdynamik, die als die zweite Transzendierungsstufe der Reflexion-in-der-Zeit (in unserem Körper) unserer körperlichen Affektivitätsphänomene Gestalt annimmt. Unter dieser Form macht sich das menschliche Individuum klar, *daß es sich in der Zeit verzeitlicht, ohne daß sich sein Körper verändert und ohne daß es sich bewegt;* unter dieser Form wird der Mensch Selbstbewußtsein, und wir sehen, daß er nur insofern Selbstbewußtsein ist, als er Bewußtsein seines Körpers ist, daß er aber als Bewußtsein *nicht* sein Körper ist. Er ist eine autonome Selbstexistenz für sich in seinem Körper.

VOM KÖRPER ZUM BEWUSSTSEIN   Der kritische Augenblick bei der Erscheinung des Bewußtseins im Laufe der Entwicklung des Lebens ist der Übergang von der rein *phänomenalen* zur *bewußten Motorik*. Dieser Übergang konnte sich erst vollziehen, nachdem sich im lebenden Organismus ein Geflecht motorischer Nerven gebildet hatte, die von einem Zentrum aus gelenkt werden. Das motorische Bewußtsein ist also rückstrahlender Widerschein der von einem Zentrum gelenkten motorischen Bestimmungen. Und insofern es sich phänomenalisiert, d.h. insofern es Selbstgegenwart als motorische Affektivität wird, lenkt es die Motorik oder scheint sie doch zu lenken, und das bedeutet, daß es in seiner Eigenschaft als rückstrahlender Widerschein der *körperlichen* motorischen Affektivität die motorischen Impulse lenkt. Dazu genügt es, daß dieser rückstrahlende Widerschein ein »Fühlen«, ein erlebtes, wenn auch nicht gedachtes Fühlen sei, wie ja auch das Fühlen des Hörnerven-zentrums im Gehirn durch das Denken unreflektiert bleiben kann. Wir sehen zwei Bewußtseinszonen oder -ebenen sich abzeichnen: Die eine Zone oder Ebene ist reflexive Existenz der Tätigkeit der motorischen und sensorischen Gehirnnervenzentren; als erste Transzendierungsstufe der Verzeitlichung der Nerventätigkeit in der Zeit ist dieses Bewußtsein reines *Fakten*bewußtsein, wenn diese Fakten auch stets relationelle sind. Auf der zweiten Transzendie-rungsstufe wird es zum Bewußtsein der Fakten*verbindung*; es bildet sich auf diese Weise im zerebralen Raum ein autonomes Bewußtsein, unser *mentales* Bewußtsein, das jedoch bloß ein Gebiet des weiter oben beschriebenen Be-wußtseins ist. Jenes ist aber reflexive Existenz unseres gesamten körperlichen Lebens, also unserer motorischen, vegetativen, bluthaften Existenz. Sein Le-bensraum ist unser körperlicher Raum, aber mittels der Sinne erstreckt er sich bis hin zu unserem Welthorizont. Als Selbstbewußtsein ist das, was wir *Psyche* nennen, unser seelisches Bewußtsein.

Die Erscheinung des Bewußtseins beruht daher wesentlich darauf, daß das kleinste Ereignis, das kleinste physiologische *Faktum* im körperlichen Orga-nismus eine Veränderung des relationellen Zustandes bewirkt und daß in der Kontingenz des somatischen Nerven- oder Muskelgewebes die *Veränderungen* der relationellen Aktivität oder der organischen Relationen *sinnlich wahrnehm-bar* sind. Diese sinnliche Wahrnehmbarkeit läßt zwei Klassen von psychischen Phänomenen entstehen, die man trennen muß: Entweder ist das »Empfun-dene« eine Veränderung der leiblichen Kontingenz, seiner somatischen Textur, ein Bruch, eine übergroße Spannung usw.; es handelt sich also um eine *körper-liche* Affektivität; oder aber das »Empfundene« ist die Nervenenergie und ihre Veränderungen in Zeitlichkeit oder Stärke, die sich im Normalzustand der Lebewesen ohne *somatische* Veränderungen ergeben können: Das »Fühlen« ist dann reine reflektierende Reflexion der Lebensenergie und ihrer »Verände-rungen« in ihrer körperlichen Kontingenz, *so als ob das Fleisch durchsichtig geworden wäre*. In dieser Sicht wird unsere innere körperliche Aktivität, die in der Reflexion durch das Bewußtsein zur Existenz gebracht ist, zur *psychischen Existenz*, unser Körper verwandelt sich in einen psychischen Körper, der kör-perliche Raum in einen seelischen Raum und das »Fühlen« in psychische Affektivität. Das seelische Bewußtsein ist daher wesentlich affektiv; seine Er-eignisse sind reines »Erlebtes« ohne Denken und signifizieren sich durch das *Gefühl*.

Es versteht sich von selbst, daß es neben diesen beiden Klassen affektiver Ereignisse, die wir unterscheiden, also der eigentlich körperlichen Affektivität und der gewissermaßen körperlosen seelischen Affektivität, beim Menschen noch eine Klasse affektiver Ereignisse gibt, die auch nicht die Regungen des Fleisches spiegelt, sondern die Bedürfnisse des Körpers, seine *Triebe*, die eben-so »erlebt« sind wie die Bewußtseinstriebe. So rein, d. h. so körperlos das

Gefühl auch sein mag, es bleibt ihm dennoch stets eine Spur körperhafter Affektivität, was den unermeßlich großen Bereich des Seelischen erklärt.

DAS MENTALE BEWUSSTSEIN   Das mentale Bewußtsein ist eine Lokalisierung – und zwar eine zentralisierende Lokalisierung – des seelischen Bewußtseins. In seiner Urgestalt ist es eine Existenz in der *Reflexion* der Gehirntätigkeit, d.h. der Aktivität des motorischen Nervenzentrums und der sensorischen Nervenzentren. Unter dem zweiten Aspekt, auf den wir uns beschränken wollen, ist es also reiner rückstrahlender Widerschein einer körperlichen Affektivität. Alles sieht aber so aus wie bei der Erscheinung des Seelischen: »Was sich reflektiert«, ist bloß die sensorielle Information, die ihrerseits vom zuständigen Gehirnzentrum reflektiert worden ist, so als ob die Gehirnsubstanz durchsichtig sei. Daraus erklärt sich die sofortige Verwandlung des zerebralen Raums in einen *mentalen*. Die auditive Gegebenheit des Tones ist daher eine mentale Gegebenheit; und das reflexive Hörbewußtsein – obwohl reiner rückstrahlender Widerschein einer körperlichen Affektivität – ist nicht selbst eine »Affektivität«; es ist reines *Fakten*bewußtsein – die körperliche Affektivität, die es reflektiert, offenbart sich durch Fakten. So entsteht das Phänomen der *Intentionalität.* Das reflexive Wahrnehmungsbewußtsein als reiner rückstrahlender Widerschein seiner sensoriellen Informationen ist der Welt gegenwärtig durch Gesicht und Gehör, wenn nicht durch Tast-, Geruchs- und Geschmackssinn, und *spiegelt seine sensoriellen Informationen auf die Welt.* Diese sensoriellen Informationen sind niemals Bestimmungen des in der Welt erschienenen Dinges, sondern sinnlich wahrnehmbare Determinationen des physischen Phänomens, durch das sich das *Ding* unseren Sinnen kundtut – so die Luftwelle beim Ton, der Lichtstrahl bei sichtbaren Dingen. Diese sensoriellen Informationen gewinnen erst dann einen Sinn, wenn sie auf das *erschienene Ding* rückgestrahlt werden, so daß das Bewußtsein – der Welt gegenwärtig – über das Ding selbst auf diese Informationen abzielt. Deshalb sind unsere Wahrnehmungsgegebenheiten niemals exakte Determinationen des erschienenen Dinges, wie sie z.B. die Wissenschaft sucht, sondern *sinnlich wahrnehmbare Bilder*, die Husserl Noemata nennt. In ihrer Eigenschaft als Bild dieses Dinges gibt das Wahrnehmungsbewußtsein sie sich entsprechend dem physischen Phänomen, durch das sich das Ding kundgetan hat, und diese Wahrnehmungsgegebenheiten spiegelt das perzeptive Bewußtsein – reine Reflexion des »Wahrgenommenen« – auf das Ding zurück. Solcherart ist das Phänomen, das Husserl mit dem Begriff der »Intentionalität« bezeichnet und das er zur Eigentümlichkeit des Bewußtseins erklärt hat.

DIE OBJEKTIVE UND SUBJEKTIVE INTENTIONALITÄT DES BEWUSSTSEINS   Wir verstehen jetzt, weshalb das mentale Bewußtsein wesentlich »Blick« ist und daß es einen Bewußtseinsblick gibt, der nicht der Blick des Auges ist, und eine visuelle Funktion des Bewußtseins, die nicht Funktion des wahrnehmenden Gesichtssinns ist. Das Bewußtsein ist einfach deshalb »Blick«, weil es auf die Welt gerichtet, d. h. *extravertiert* ist; und weil es extravertiert und wie das Auge gerichtet ist, ist es wesenhaft *visuell* und *objektivierend* (auf die Objektivität gerichtet). Deshalb haben wir eine Anschauung von den Tönen, und deshalb ist der Tastsinn eine Weise des Sehens. Und auch weil es extravertiert ist, ist es ein helles, klares Bewußtsein, denn die Welt ist *licht*, und es hat sich ein für allemal zum rückstrahlenden Widerschein der Welthelligkeit gemacht. Das Bewußtsein des Blinden sieht auch, aber in der Nacht.

Das Gehör dagegen ist nicht auf die Welt gerichtet, empfängt jedoch aus ihr die Bedeutungen in der Gestalt des Klanglichen. Und selbst wenn es zur Wahrnehmung sich auf die Welt richtet – wenn man das Ohr spitzt –, so doch nur, um sofort zu sich selbst zurückzukehren, zur eigenen Tonaffektivität, und um sich vom Ton eine *subjektive* Determination zu geben. Die Determinationen des Gesichtssinnes sind relativ übereinstimmend mit dem wahrgenommenen Ding – man kann sie mit dem Tastsinn und durch Messen nachprüfen; aber es ist unmöglich, die Maße, die das Ohr dem Ton gibt, die Tonhöhe etwa, in der Welt wiederzufinden. Das Ohr hat eine *introvertierte* Wahrnehmungsfunktion.

Extraversion und Introversion sind also die beiden möglichen Richtungen für jedes Bewußtsein; sie sind nichts anderes als die Art und Weise, wie sich die Urbedingung des lebenden Organismus in der Bewußtseinsexistenz wiederfindet: Bezug zur Welt und Rückwendung auf sich selbst, Adduktion und Abduktion.

DAS DENKEN Die eben beschriebene Bewußtseinsexistenz ist, wie wir feststellten, »Seelisches«, rein »Erlebtes« ohne Denken. Sie besteht aus reflektierten »Wahrnehmungen«, enthält aber in sich den Keim des Denkens; denn einfach weil das Wahrgenommene Objektivität ist, weckt diese Objektivität die *Ideation*. Die Wahrnehmung einer Quinte ist nur eine erlebte Perzeption, ein Faktum; aber die Wahrnehmung mehrerer »Quinten« bewirkt die »Idee« der Quinte, die durch die Identität der Quinten entsteht – also eine rein mentale Objektivierung, nur erlebt und nicht reflektiert.

Um sich dieses ideative Erlebnis signifizieren zu können, muß das mentale Bewußtsein es selbst reflektieren; das kann es aber nur, indem es sich verzeitlicht, da ja die Ideation nur durch die Verbindung der Fakten entstehen kann. Die mentale Existenz ist dann also nicht länger eine Abfolge von »Fakten«, sondern wird zu einer zeitlichkeitsgebundenen Existenz; als solche ist sie eine *Dauer*existenz. Diese reflexive Existenz wird im mentalen Raum als Denken »spürbar«. Das Denken entsteht also von vornherein in der Dauer; und da es als geistiges Bewußtsein der Welt gegenwärtig ist, überfliegt es die Zeit der Welt. Es verzeitlicht sich jedoch »für sich«, und da diese Verzeitlichung aus dem Bedürfnis entsteht, die ideativen Gegebenheiten zu verknüpfen, muß es seine eigene Struktur haben und seine eigene Zeitlichkeitsdynamik, die eine *verbale* ist und so der Zeitlichkeit des Körpers, des Seelischen und überhaupt der Zeit*messung* entgeht. Dieses ganze Phänomen setzt aber voraus, *daß der Mensch es durch die Sprache objektiviert hat.* Undenkbar überhaupt, daß der Mensch hätte »denken« können, ehe er eine »Sprache« besaß. Vor der Sprache konnte es nur mentales »Erlebnis« geben, das sich durch körperliche Akte signifizierte, ohne sich als solches zu objektivieren. Das Denken muß gleichzeitig mit der Sprache entstanden sein, ebenso wie auch das musikalische Gefühl im selben Augenblick entstand, da der Mensch die Musik in den Tönen entdeckte. Er hat aber seine Musikalität und die Musik entdeckt, weil er in sich eine seelische Aktivität besaß, die für sich auszudrücken er das Bedürfnis empfand. Und sein Denken entstand durch die Objektivierung mittels der Sprache, weil im Menschen eine rein erlebte geistige Aktivität vorhanden war, die auszudrücken er ebenfalls Verlangen trug, wobei allein die Sprache die *ideative Verbindung* auszudrücken imstande war.

Der Übergang vom tierischen zum menschlichen Bewußtsein mußte folglich ein Übergang sein vom *Indistinkten* des Mentalen und Seelischen zu deren *Differenzierung*. Hier stehen wir vor einem Fundamentalgesetz der Bewußtseinsexistenz, das überall anzutreffen ist. Als rein reflexive Existenz kann sich das Bewußtsein nichts signifizieren, ohne es zuvor *in facto* erworben zu haben; ist das Faktum aber einmal erworben, historialisiert sich das Bewußtsein, um es zu signifizieren, und braucht oft lange Zeit dazu, um dessen Signifikation durch neue Fakten zu manifestieren. Deshalb ist der Mensch eine *Geschichte*, nicht nur als Individuum, sondern auch als Gattung. Der historische Rhythmus der Gattung ist viel langsamer als der des Einzelwesens. Ersterer zählt nach Jahrhunderten, letzterer nach Jahren.

DER HUSSERLSCHE BEWUSSTSEINSBEGRIFF   In großen Zügen haben wir zu umreißen versucht, wie das Bewußtsein entstanden sein muß, und in den folgenden Anmerkungen werden wir besser verstehen lernen, wie sich sein Aufbau gliedert. Wir haben aber noch nicht deutlich genug herausgestellt, was am Husserlschen Bewußtseinsbegriff neu ist. Wir gingen von der Feststellung aus, daß es stets sich selbst und zugleich seinem Körper gegenwärtig ist, was also grundsätzlich bedeutet, daß es stets Selbstbewußtsein in seiner Eigenschaft als Bewußtsein von etwas anderem als sich selbst ist oder genauer: als Bewußtsein seines Körpers. Da aber sein Körper in lebendiger Beziehung zur Welt steht, ist es folglich stets Selbstbewußtsein als Bewußtsein eines Dinges außerhalb seiner selbst, eines Dinges *in der Welt*, was wir zwar vom wahrnehmenden Bewußtsein gesagt hatten, aber nicht vom seelischen Bewußtsein. Die einfache Hinstellung dieses Begriffes genügt nicht, alle Konsequenzen daraus anzudeuten, sie zeigt aber bereits deutlich, daß damit die bisherige Vorstellung vom

Bewußtsein einschneidend geändert wird. Denn bis Husserl hatte man das Bewußtsein als eine in sich geschlossene Innenwelt verstanden, zeitlos und unumschränkt autonom. Das Husserlsche Bewußtsein ist zwar ebenfalls autonom, aber es wird *bedingt* durch seine Beziehung zur Welt.

Um jedem Mißverständnis vorzubeugen, müssen wir noch eine Bemerkung anschließen. Wir haben gesagt, die psychische Existenz sei reines »Erlebnis« ohne Denken. Um Objekt eines Denkens zu werden, muß sich ihm eine geistige Reflexion zuwenden. Diese geistige Reflexion aber, wenn sie die psychische Existenz nicht in ihrer Verzeitlichung faßt, kann rückblickend nur *Fakten* oder *Ereignisse* reflektieren, soweit diese bereits für es konstituiert und reflektiert sind. Deshalb also kann es über das »Psychische« nicht besser Aufschluß geben, als wir uns über eine melodische Struktur klarwerden können, bevor *wir ihre Entstehung untersucht haben.* Diese »Fakten« oder diese »reflektierten« psychischen Ereignisse sind sogenannte »*psychologische*« Gegebenheiten und bilden den Gegenstand für die psychologischen Untersuchungen und Analysen.

Da diese also nicht das psychische Bewußtsein »objektivieren« – das übrigens gar nicht objektiviert werden kann, da es reine Subjektivität ist –, sondern dessen *von außen* betrachtete Phänomene, verfehlt die Psychologie ihr Ziel, wenn sie das Psychische zu erklären versucht.

Die Psychologie kann uns also, mit anderen Worten, keinen Aufschluß geben über die seelische Existenz (in ihrer Eigenschaft als Bewußtsein), und zwar aus dem einfachen Grunde, weil sie nur ein Bewußtsein kennt – das, was wir mentales Bewußtsein genannt haben – und weil sie die psychischen *Fakten* durch die Denkgegebenheiten hindurch untersucht. Deshalb kann sie das musikalische Phänomen nicht erklären. Und deshalb besteht kein Grund, ein Unterbewußtsein zu erfinden, da jede psychische Gegebenheit eine reflektierte, unreflektierte oder präreflektierte Bewußtseinsgegebenheit ist. Im menschlichen Körper gibt es nur körperliche Energiefelder und Bewußtseinsfelder.

Das Scheitern der Psychologie vor der Aufgabe, uns eine richtige Vorstellung vom Menschen zu geben, ist besonders bestürzend bei einem großen Psychologen wie C. G. Jung, der der Wahrheit oft so nahe gekommen ist, dessen Anschauungen aber zur Bildung von Phantasmen, wie den Archetypen, geführt haben, die er »materialisiert« und aus denen er Niederschläge menschlicher Erfahrungen, im Unbewußten eingeprägte und durch Vererbung überlieferte »Spuren« gemacht hat. Im Verlauf unserer Untersuchung werden wir auf Signifikationen stoßen, die man für Archetypen halten könnte: Zahlen oder Figuren, durch die sich die relationellen Gesetze des Bewußtseins signifizieren; in der Bewußtseinsexistenz haben sie aber keine Stofflichkeit und sind auch nicht erblich: Sie entstehen spontan in jedem sich bildenden Bewußtsein. Der Nachteil der psychologischen Betrachtungsweise ist der, daß sie den Glauben an die psychische Irrationalität verewigt. Die Musik zeigt uns aber, daß im psychischen und im geistigen Bewußtsein derselbe Grund wirkt, und mit ihrer Hilfe vermögen wir in der psychischen Affektivität den Urgrund des Menschen zu erblicken.

3. Sein und Energie*

Wir konnten uns nicht mit dem Bewußtseinsphänomen beschäftigen, ohne dem philosophischen und metaphysischen Begriff des »Seins« gegenüberzustehen. Und auch der Existenzakt, durch den wir die Musik erkennen, nimmt einen Sinn an, der uns auf diesen Begriff zurückführt. Deshalb müssen wir versuchen, eine klare Vorstellung von diesem Begriff zu gewinnen und von der Notwendigkeit, auf ihn zurückzugreifen, sobald Bewußtseinsphänomene berührt werden.

Die Philosophen stellten sich das Seinsproblem nicht, wenn nicht das Bewußtsein in seiner Urbeziehung zur Welt mittels der Sinne das Sein in den Phänomenen, d.h. in den Erscheinungen, entdecken würde. Wie wir gesehen haben, entdeckt das Bewußtsein das Sein nur mit Hilfe eines doppelten Transzendierungsaktes: Das Phänomen wird zum Sein des Phänomens transzendiert – zur Energie –, damit sich das Klangphänomen signifiziert; und das Phänomen wird transzendiert, damit das durch es sich kundtuende Sein sich signifiziert – der Ton. Bevor es dem Denken als *Idee* erscheint, ist das Sein also Gegenstand einer konkreten Bewußtseinserfahrung. »Die Ideen«, schreibt Einstein, »beziehen sich auf Sinneserfahrungen, sie können aber niemals aus diesen logisch abgeleitet werden. Deshalb habe ich die Frage des *a priori* im Kantschen Sinne niemals begreifen können.« Tatsächlich wären die Transzendentalien – Raum, Zeit –, die Kant als *apriorische* Formen mit jeder sinnlich wahrnehmbaren Gegebenheit für verknüpft hielt, keine *apodiktischen* Bewußtseinsgegebenheiten, d.h. vor jeder logischen Untersuchung liegende und folglich der Logik nicht unterworfene *Evidenzen*, wenn sie ihren Ursprung nicht in den Sinneserfahrungen hätten. Trotzdem können wir uns über sie *logische* Rechtfertigung ablegen, wenn wir begreifen, daß diese Transzendentalien nichts anderes sind als die transzendentalen Gegebenheiten, zu denen das Wahrnehmungsbewußtsein das »Wahrgenommene« in Beziehung setzt, die es in seiner reinen Reflexion des »Wahrgenommenen« auf dieses projiziert, um ihm einen Sinn zu geben, und die dadurch von selbst für die Sekundärreflexion, die das Denken ist, *apodiktische* Gegebenheiten werden: *apriorische* Formen jedes wahrgenommenen Dinges.

SCHALL UND LICHT   Das Hörbewußtsein würde dem Ton keine *Höhe* beilegen, wenn es nicht *Raum*bewußtsein wäre; und die Untersuchung des Be-

* Diese Anmerkung dient der Erläuterung des Haupttextes auf S. 46.

wußtseinsphänomens wird uns verständlich machen, daß es sich als solches determiniert. Wenn sich die Welt in den Augen des Menschen auf Phänomene reduzierte, würde das *Sein* in ihr nicht erscheinen. Und weil Einstein nur *Phänomene* und *Ideen* anerkennen will, ist er blind vor dem *Sein*, macht er die Transzendentalien zu Ideen neben anderen und sieht die logische Verbindung zwischen Ideen und Phänomenen nicht. In einer rein phänomenalen Welt könnte man bloß Beziehungen von Ursache und Wirkung zwischen den Phänomenen entdecken. Besonders Schall und Licht wären nur zweitrangige Phänomene, die sich als Wirkungen von Schwingungsphänomenen erklären ließen. Wenn es also kein Bewußtsein gäbe, für das Schall und Licht Seinskonsistenz besitzen und sinnlich wahrnehmbare Manifestationen des Seins in der Welt sind, so kämen Schall und Licht keine besondere Bedeutung zu. Der Schall gehörte bloß zur Kontingenz der materiellen Welt und das Licht zur Kontingenz einer anscheinend immateriellen physischen Wirklichkeit, zum Äther, den wir nach dem Stande der heutigen Wissenschaft als ein Energiefeld betrachten müssen. Das soll heißen, daß der Schall uns nur innerhalb unserer Welt im eingeschränkten Sinn – innerhalb der irdischen Welt – Zugang zum Sein verschafft, während das Licht, und nur es allein, uns Zugang zum Weltall ermöglicht. Dadurch ist es mit unserer Grunderfahrung vom Sein verbunden, der Erscheinung der Welt als ein Ganzes – Sternen- und Weltraum inbegriffen –, und die Erscheinung der Welt als ein Ganzes läßt uns von einer besonderen und individuellen Erfahrung des Seins übergehen zur Erfahrung des Seins in seiner Allgemeinheit und Allgemeingültigkeit.

Andererseits kommt uns das Licht nicht vom Äther, sondern von Sternen oder von einem leuchtenden Körper, und im Unterschied zur Luft ist der Äther nicht phänomenal, wenn man unter Phänomen versteht, »was den Sinnen erscheint«. Daher sagt auch die Wissenschaft nichts über den Äther. Sie beschränkt sich darauf, auf ihre Weise die Phänomene zu formulieren, die ihn durchdringen, und alles wirkt so, als ob der Äther für die heutigen Physiker ein *Leeres* wäre. Aber die Vorstellung, daß sich das Licht im Leeren fortpflanzen könnte, ist für den Geist bestürzend, der nicht voraussetzen kann, daß sich das Feld der irdischen Schwerkraft bis zu den entferntesten Sternen erstreckt. Wenn das Licht die Ausstrahlung einer molekularen Schwingung ist, erklärt sich seine Fortpflanzung im Raum nur, wenn uns das zugrundeliegende Schwingungsphänomen durch ein Energiefeld übertragen wird wie die Tonschwingung durch das atmosphärische Energiefeld. Die Art, wie die Physiker die Fortpflanzung des Lichts formulieren, erinnert an die Epoche, wo sie das Schallphänomen durch die algebraische Formel oder die geometrische Darstellung eines Schwingungsphänomens zu fassen suchten, ohne den atmosphärischen Bereich zu berücksichtigen. Der Umstand, daß nach ihrer Meinung die Lichtgeschwindigkeit im Äther *konstant* ist wie die Schallgeschwindigkeit in der Luft, sollte uns die Augen öffnen. Diese Konstante soll doch besagen, daß die Übertragung des Lichts durch den Äther das Phänomen nicht verändert. Das bedeutet aber zugleich, daß uns das Phänomen durch ein anderes Energiefeld übertragen wird als das, das es zur Entstehung bringt. Überdies bedeutet es weiter, daß das Licht im Äther einen Widerstand findet, wenn seine Übertragung nicht ohne Zeitverlust vor sich geht. Aber selbst wenn das Lichtphänomen auf der Ausstrahlung von Photonen beruht – was trägt dann diese Photonen bis zu uns, und warum zerstreuen sie sich nicht, sobald sie aus ihrem Energiefeld herausgetreten sind, im Leeren, wie sich der Schall in ihm verliert? Die nicht augenblickliche Fortpflanzungsgeschwindigkeit des Lichts bedeutet also das Vorhandensein eines Energiefeldes, das das Universum umfängt und dank dessen wir durch das Licht von der Existenz der Sterne unterrichtet werden. Dieses Energiefeld nennen wir – da wir ihm keinen »stofflichen« Gehalt zuerkennen können (wir sagen nicht »physikalischen«!) – Äther. Von hier aus den Äther als ein Energiefeld anzusehen, in dem die phänomenale Welt Gestalt gewann und unaufhörlich noch gewinnt, ist nur ein Schritt. Unter diesem Blickwinkel nennen wir ihn *präphänomenal* in dem Sinn, in dem wir vom Aktivitätsbereich des inneren Ohres sagen, er sei *präreflexiv*. Unter diesem Blickwinkel ist es auch nur *eine Vorstellung* oder *eine Hypothese*, aber die einzige Hypothese, die es uns ermöglicht, die Entstehung des Weltalls zu begreifen, ohne einen *Deus ex machina* zu bemühen, der mit der Feststellung unvereinbar ist, daß das Wahrnehmungsbewußtsein, unsere einzige unbezweifelbare Informationsquelle, in seinem Wahrnehmungsbereich nur »die Welt ... und nichts« antrifft, wie Heidegger sagt. Wenn alles, was »ist«, seinen Ursprung im Äther hat, wenn ferner Schall und Licht, als *Sein*, Energiesignifikationen sind, wenn die Materie selbst, wie wir gelernt haben, eine Energie *in potentia* ist, dann müssen wir die Energie zum transphänomenalen Sein der sinnlich wahrnehmbaren Welt und damit zugleich der intelligiblen Welt machen. Diese Vorstellung wird ihre Berechtigung erweisen, wenn wir uns mit ihrer Hilfe über alle Arten des Seins bewußt werden können, die uns in der Welt durch die Sinne erfahrbar sind.

Die Energie   Was verstehen wir aber unter Energie, wenn wir dem Wort einen ontologischen Sinn geben? Als transphänomenaler oder nicht phänomenaler Begriff ist das Wort in sich ungreifbar; wir können uns nur durch die allen seinen phänomenalen Manifestationen *gemeinsame Seinsweise* eine Vorstellung von ihm machen. Diese Seinsweise ist die *wirkende Relationalität*, also die Erscheinung einer Relation oder eines relationellen Gesetzes, wie sie das ganze Phänomen entstehen lassen oder in der Dauer unterhalten in der Kontingenz einer gewissen physischen Realität. Daher sind alle Elemente des Phänomens innerlich miteinander verknüpft durch die Relation oder das relationelle Gesetz, die bzw. das sich durch das Phänomen äußert und folglich als seine *Grundlage* – sein *Seinsgrund* – betrachtet werden muß.

Abstrakt gesehen, d.h. losgelöst von seiner physischen Kontingenz, ist die wirkende Relationalität das, was man eine *Dynamik* nennen könnte: Sie erzeugt Phänomene, äußert sich aber nur in der Kontingenz einer physischen Realität, und ihr *Hervorbringungsvermögen* (die wirkende Relationalität kann die Relationalität erzeugen, sich verwandeln und neue Relationen zur Erscheinung bringen) ist dann, was man eine *Kraft* nennt. Unter diesem Aspekt betrachtet die Wissenschaft die Energie, aber diese Vorstellung von der *Kraft* erschiene uns unverständlich, wenn sie nicht den Begriff der Relation enthielte: Nur dort kann es Kraft geben, *wo es in der Kontingenz einer physischen Realität irgendeine wirkende relationelle Gegebenheit gibt.* Selbst wenn man die Kraft einer kontingenten physischen Wirklichkeit zuschreibt, so setzt das in dieser physischen Wirklichkeit eine gewisse relationelle Aktivität voraus, die sich eben als »Kraft« äußert. So ist z. B. der *Druck*, den die Luftwellen auf das Trommelfell ausüben, die Äußerung der intermolekularen Relationalität der Luft in dem Augenblick, wo die Luftmasse unter dem Einfluß der Schwingung eines Körpers die Form einer Welle annimmt. Die Behauptung, die unsere Definition stillschweigend enthält, daß die wirkende Relationalität nur in der Kontingenz einer bestimmten physischen Wirklichkeit erscheint, bedeutet, daß diese Kontingenz als Kontingenz ein *notwendiger* Teil des *Seins* der Energie als *phänomales Sein* ist. In ihrer Eigenschaft als »physische Realität« aber äußert diese Kontingenz nur die wirkende Relationalität oder ihren Gleichgewichtszustand. Deshalb kann sich dieselbe Energiesignifikation von einer physischen Realität in eine andere übertragen, wie wir das beim Schallphänomen sehen konnten. Die wirkende Relationalität kann nur durch die Verzeitlichung Gestalt gewinnen; indem sie sich verzeitlicht, *verräumlicht* sie sich – d. h. *sie breitet sich aus* – und schafft also gleichzeitig ihre Dauer. Ihr Aspekt kann sich ganz und gar ändern, je nach der kontingenten physischen Realität. Die Vorstellung, die wir uns vom Äther – als Energiefeld – machen könnten, wäre also die eines notwendig in sich geschlossenen Relationalitätsfeldes (da wir nichts annehmen können, was ihm von außen zukommt); und dieses Feld muß zu gleicher Zeit eine Zeitlichkeits- und eine Räumlichkeitsstruktur in der Kontingenz einer bestimmten physischen Realität, einer bestimmten *Substanz* sein. Auf diese Weise könnten wir den kühnen Gedanken Einsteins deuten, daß der Weltraum endlich und zugleich unendlich sei, endlich in seiner Eigenschaft als *inneres* Relationalitätsfeld und unendlich als *ausgedehntes* Feld, d. h. ohne vorstellbare Grenze und ohne ein vorstellbares Außen. Und höchstens in der Abstraktion unterscheiden wir zwischen diesem Feld und der es tragenden Substanz. Denn wir sehen nicht, wie sich die Materie im Äther bilden konnte, wenn dieser nicht substanziell wäre. Nur muß sich diese Substanz, die vor jeder Materie liegt, von aller Materie dadurch unterscheiden, daß sie – unwägbarer und durchsichtiger als ein Gas – unzerlegbar und unteilbar sein muß, d. h. vollkommen homogen und zusammenhängend.

DER ÄTHER   Wenn das stimmt – und da ja nichts von außen auf ihn einwirken kann, so wäre es fruchtlos, außerhalb des Äthers nach dem Ursprung der
Dinge zu suchen –, dann muß der Äther in aller Ewigkeit dagewesen sein und
wird noch in alle Ewigkeit da sein, wenn die Erde untergegangen ist. Man
braucht nicht einmal anzunehmen, daß er *vor* den Phänomenen dagewesen
sei: Er muß stets im Begriff gewesen sein, phänomenale Gestalt anzunehmen,
wodurch sich jede Frage über die Motivierung oder die *causa prima* der Phänomene erübrigt. Aber für den Menschen hängt die Erschaffung der Welt mit
der Erscheinung der Sonne und ihres Trabanten, der Erde, zusammen, und
diesem Ereignis muß eine *Ewigkeit* vorangegangen sein. Für ihn zählt die *Zeit*
von diesem Ereignis an. Der Äther ist unendliche Räumlichkeit und zugleich
Dauer; die Zeit erscheint in der Welt in dem Augenblick, wo Phänomene entstehen, die die *Diskontinuität* in die Dauer einführen. Der Raum entsteht aus
der Räumlichkeit der Phänomene. Das ist der Grund, weshalb es *Löcher* im
Raum gibt – die Leeren zwischen den Welten und die Leeren um die Welten;
aber diese Leeren sind immer noch Äther – und keine Löcher in der Dauer.
Die Unterscheidung zwischen Raum und Dauer entsteht aus dem doppelten
Aspekt, unter dem der Mensch die Gesamtheit des Weltalls erfassen kann:
entweder als *Ganzes* einer Dauer, die sich durch die Diskontinuität der Phänomene innerlich verzeitlicht, oder aber als Gesamt aus Teilen, das die endliche
Räumlichkeit der Phänomene ist. Und wenn der Mensch sich diese Unterscheidung signifiziert, so *sieht* er die Räumlichkeit, indem er sie zum Raum
hin transzendiert und indem er die Dauer zur Existenz bringt, d. h. indem er
sich selbst verzeitlicht. Der ontologische Vorrang gebührt also der *Dauer* (insoweit sie sich innerlich verzeitlicht), und zwar deshalb, weil die Energie *wirkende* Relationalität (also *Dauer*) ist. Die Räumlichkeit bildet sich in der Dauer,
sie ist eine existenzielle Manifestation der Energie, die durch ihre physische
Kontingenz phänomenalisiert wird.

BEZUG ZUR MUSIK   Wir hätten diese Abschweifung nicht gewagt, wenn sie
nicht in einem weiter unten deutlich erkennbaren Bezug zur Musik stünde und
wenn wir mit ihrer Hilfe nicht Vorstellungen erläutern könnten, die wir im
weiteren Verlauf der Untersuchung noch brauchen werden. Wir werden sehen,
wie sich im Klangraum eine raum-zeitliche Welt aus Tonstrukturen bildet und
Gestalt gewinnt, deren Entstehung im cochlearen Bereich nicht ohne Analogie zur Entstehung der Materie und der phänomenalen Welt im Äther ist.
Beispiele beweisen nichts, aber die Analogie, die der Leser im folgenden nachprüfen kann, ist immer nützlich für die Erklärung der Dinge.
    Wir sehen, daß sich höchstwahrscheinlich korrelativ zur Tonwahrnehmung
elektrische Wellen in der Dauer auf der Basilarmembran bilden. Beim Hören
gleichzeitig erklingender Töne bilden sich hier andere Wellen. Folglich vollziehen in der Reflexion des Phänomens und im Blick des Wahrnehmungsbe-

wußtseins die Tonpositionen eine Bewegung in Raum und Zeit, wogegen sie in der Gleichzeitigkeit harmonische Zusammenklänge bilden, so, als ob sich im cochlearen Bereich ein doppelter Wellenzug gebildet hätte, dessen eine Welle longitudinal in der Zeit verläuft, während die andere transversal und augenblicklich ist.

Wir wissen, daß sich im cochlearen Bereich in Wirklichkeit beim Hören eines Tones bestimmter Tonhöhe oder eines *Akkordes* nur augenblickliche Wellen bilden. Diese Wellen sind *Ausstrahlungen*, die zweifellos die Basilarmembran entlanglaufen; als »Strahlungen« sind sie Zeitlichkeitsstrukturen, die, wenn sie auch anscheinend augenblicklich sind, dennoch eine Geschwindigkeit haben müssen. Während des Verlaufs im Schneckengang verwandeln sich diese Zeitlichkeitsstrukturen in räumliche Strukturen. Überdies entsteht dabei eine Relation zwischen verschiedenen *Punkten* der Membran, die zum Beispiel den Tönen d_0 d_1 a_1 entsprechen. Aber nicht etwa, daß eine zuvor bestehende Beziehung zwischen diesen Punkten bestünde oder daß die Welle die »Ursache« dieser Beziehung wäre: Die wahre »Ursache« des Phänomens ist die, daß die *Energie* eine relationelle Aktivität ist, die sich zugleich verzeitlicht und verräumlicht und die gleichzeitig bestimmte Punkte ihrer physischen Kontingenz zueinander in Beziehung setzt. Man könnte sich vorstellen, daß sich bei der biologischen Entstehung des Organs im Augenblick der Wahrnehmung einer Frequenz im zusammenhängenden Gewebe der Basilarmembran eine Art Verdichtung der somatischen Substanz in den Punkten der Membran ereignet habe, die die Periodizität der Welle anzeigen; die somatische Substanz habe sich dort gewissermaßen »gekörnt«. Weil die Energie eine *relationelle* Aktivität in der Kontingenz einer physischen Kontingenz ist, mußten die Physiker eines Tages entdecken, daß sie sich in Quanten äußert. Wellen und Korpuskeln sind also bloß komplementäre Phänomene, sie sind nur zwei komplementäre Aspekte ein und desselben *Relationalitätsphänomens*, und sie erscheinen den Physikern erst heute als komplementäre Phänomene, weil sie bisher immer die Energie als aus ihrer wesentlichen physischen Kontingenz gelöst betrachtet haben, um ihr Phänomen zu formulieren. Ein Beta-Strahl ist ein Strom von Korpuskeln, aber als solcher erscheint er erst dann, wenn er auf einen anderen Strahl trifft, ebenso wie auch im »granulierten« Gewebe der Basilarmembran eine »Verdichtung« erst dann sinnlich wahrnehmbar wird, wenn die Energie, die die Membran entlangläuft, auf eine andere Strahlung trifft, die von außen dazukommt. Das Atom selbst ist ein geschlossenes Feld innerer Relationalität, das eines Tages im Äther Gestalt annehmen mußte und dessen Kern wie auch die Teilchen, die ihn umkreisen, Verdichtung der im Atom vorhandenen Äthersubstanz sein müssen; sie erscheinen aber nur als Korpuskel, wenn eine andere Energie das Gleichgewicht des Atoms stört. Man braucht sich das Atominnere nicht nach der Beschreibung vorzustellen, die man im Zustand der befreiten Energie davon gibt: Die Atomteilchen sind *noch nicht* Materie.

Gralsmotiv aus *Parsifal*

Stellen wir uns jetzt das obige Tonbild als eine rein räumliche Struktur vor. In der cochlearen Entstehung dieser Struktur hat die augenblickliche Welle, die beim Hören der gleichzeitig erklingenden Töne entsteht und die in einem einzigen Wahrnehmungsakt die verschiedenen cochlearen Positionen miteinander verknüpft, aus der Harmonie der Töne eine Synthese von Tonpositionen gemacht, so wie ein Molekül eine Synthese aus Atomen ist. Diese Synthese dauert, solange die Harmonie *andauert*, und nichts in der Synthese läßt die Energie erkennen, die jeder einzelnen der in der erschienenen Welle miteinander verbundenen cochlearen Positionen innewohnt. Ein besonderer Zug der Energie ist es, daß sie niemals nur augenblicklich ist; sie verzeitlicht sich und verbindet dabei die harmonischen Synthesen miteinander in der Dauer, ebenso wie sich die Moleküle zusammenschließen, wenn sie einen Körper bilden. Mit anderen Worten: Sowie die genetische Energie der Materie auftritt, beschränkt sie sich nicht darauf, ein Molekül zu bilden, sondern sie bildet einen Molekülhaufen – eine molekulare Materie (ein Molekül steht nie für sich allein, ebenso wie in einer musikalischen Struktur kein Klang für sich steht).

DER LOGARITHMISCHE BEZUG   Kehren wir zu unserem Tonbild zurück, und nehmen wir an, das Hörbewußtsein sei in *b* situiert, der Ausgangssituation der oberen Melodiestimme. Wäre das Bewußtsein geometrisch, so könnte es die seinem Blick sich darbietende räumliche Struktur zu Ebenen räumlicher Koordinaten in Beziehung setzen – denn *a priori* sagt uns nichts, daß diese räumliche Linie *eben* sei; und wenn es diesen melodischen Verlauf in Rhythmus und Tempo nimmt, könnte es sich seine Situation im Raum in jeder seiner sukzessiven Positionen durch seine zu einem bei seiner Ausgangsposition festen System relativer räumlicher Koordinaten und durch eine Zeitkoordinate signifizieren. In der cochlearen Entstehung dieser Struktur aber (da der Schneckengang spiralförmig verläuft) müssen anscheinend die Strecken, die sich in unserer Figur auf die Vertikale projizieren, ebenso wie die longitudinalen Strecken *gekrümmt* sein. Und man könnte glauben, daß diese globale Struktur sich auf ein System mit gekrümmten Koordinaten, auf ein Gaußsches System, beziehe. Unsere Untersuchung wird aber zeigen, daß es so scheint, als ob das Hörbewußtsein sich bei der Reflexion des Phänomens dessen Strukturen durch cartesianische Koordinaten und ein euklidisches Maßsystem signifiziert. Selbst wenn also, anders ausgedrückt, die raum-zeitliche Welt eine nichteuklidische Struktur besäße, wie die Einsteinsche Theorie behauptet, so bietet sie sich doch, einmal konstituiert und reflektiert, unserem Blick als eine euklidische Welt dar.

Wichtig ist aber dies: Wir sehen, daß jedes wahrgenommene Intervall sich in seiner präreflexiven Entstehung durch einen Logarithmus signifiziert, der Anfangsglied oder Keim sozusagen einer logarithmischen Struktur ist. Dieses Anfangsglied kann auch durchaus nach dem ersten Glied stehen, also neues Anfangsglied einer Struktur gleicher Basis sein, und mit diesem eine Intervallstruktur bilden:

die nur dem reflexiven Blick des Hörbewußtseins als solche erscheint und die in dem Augenblick *in eine andere logarithmische Struktur eintritt als die,* *der es in seiner präreflexiven Genese entstammt.* Mit anderen Worten: Das relationelle Gesetz, das die Tonstrukturen beherrscht, ist für das reflexive Bewußtsein *nicht dasjenige,* das die präreflexive Entstehung der Intervalle lenkt: Die *Basis* des Logarithmensystems der reflektierten Strukturen ist nicht die »Basis« des Systems, aus dem jedes Intervall in seiner präreflexiven Genese hervorgeht. Um es noch einmal anders auszudrücken: Wenn wir die Intervalle nur so kennten, wie sie sich dem reflexiven Bewußtsein darbieten, könnten wir uns ihre Genese nicht erklären.

Im Verlauf unserer Untersuchung erleben wir daher die Entstehung der raum-zeitlichen Tonwelt und zugleich ihre Erscheinung im reflexiven Blick des Bewußtseins. Es sieht so aus, als ob unser Bewußtseinsbereich – kraft seiner reflexiven Strukturen – der Schauplatz wäre, auf dem sich die wahrgenommene Welt konstituiert, und zugleich der Blickpunkt, von dem aus sie gesehen wird, sobald sie einmal konstituiert und reflektiert ist. Zwischen der präreflexiven Konstitution der Tonstrukturen und ihrer Erscheinung im Blick des Bewußtseins einerseits und der Konstitution der phänomenalen Welt im Äther und ihrer Erscheinung im menschlichen Auge andererseits besteht ein uneingeschränkter Parallelismus – mit der Ausnahme allerdings, daß sich das erste Ereignis im Bereich ein und desselben Bewußtseins abspielt, so daß die beiden Phänomene miteinander in Verbindung stehen, wogegen der Mensch einer Welt gegenwärtig ist, deren präphänomenale Entstehung er objektiv nicht begreifen kann.

Aus dieser Analogie können wir die Lehre ziehen, daß keine ausschließlich auf der Berechnung und der Beobachtung der konstituierten *phänomenalen* Welt gegründete physikalische Theorie deren Entstehung im Äther erklären kann: Deshalb klammern die Physiker den Äther auch aus. Besonders die Untersuchung des inneren Atomaufbaus – sobald das Atom dabei aus dem Molekularverband herausgelöst worden ist – kann nichts über die Entstehung des Atoms lehren; denn ohne Zweifel geht die außerordentliche Anhäufung einer sonst im Äther unverdichteten Energie im Atom auf die Molekülsynthese zurück. Die Entstehung der phänomenalen Welt muß also anscheinend ein Geheimnis bleiben. Man braucht aber etwas nicht zu kennen, um es zu begreifen, und uns genügt der Gedanke, daß dieses Energiefeld, der Äther, die Erscheinung dieses Energiekerns, des Atoms, annehmbar macht, um unseren Geist zu befriedigen, d. h. damit er nirgends anders als im Äther den Ursprung der Erscheinung der Welt sucht.

ÄUSSERE UND INNERE BESTIMMUNG   Diese Bemerkung dient übrigens nur der Schlußfolgerung, daß die einmal konstituierte Materie und die einmal konstituierten Welten autonom sind und nur ihrem eigenen Gesetz gehorchen; zwischen ihnen bestehen bloß äußerliche Beziehungen. Einstein war von der Hoffnung besessen, ein Kausalgesetz zu finden, das alles, was sich im Weltall abspielt, erklären könnte und das auch Ereignisse vorherzubestimmen vermöchte. Diese Hoffnung entsprang seiner »deterministischen« Einstellung; widerspricht sie aber nicht seiner Vorstellung von der »allgemeinen Relativität«? Wenn die Gleichzeitigkeit zweier Ereignisse im Äther, nach seinen eigenen Worten, »keinen physikalischen Sinn« hat, soll das nicht sagen, daß es sich dabei nicht um eine *innere* Verbindung zwischen ihnen handelt, sondern nur um ein zufälliges Zusammentreffen in der universellen Zeit und daß folglich das, was sich irgendwo abspielt, nicht notwendig impliziert, daß sich ein bestimmtes Ereignis woanders abspielt? Und wenn keine *innere* Beziehung zwischen den *physikalischen* Ereignissen im Weltall besteht, dann müßte die Vorstellung eines uneingeschränkten Determinismus, d. h. eines von vornherein das Schicksal der Welten bestimmenden Kausalgesetzes der Vorstellung eines Wahrscheinlichkeitsgesetzes Platz machen, das diesem Schicksal einen Bereich von »Möglichkeiten« öffnet. Das hindert das Bewußtsein nicht daran, sich die Welt als ein Ganzes vorzustellen; dieses *a priori* wird definitiv motiviert durch die Beständigkeit des Raumes, und diese rein affektive Überzeugung läßt sich heute durch den Gedanken erklären, daß der Äther tatsächlich ein von einem Gesetz beherrschtes Energiefeld sein muß, daß die Einheit des Weltalls folglich eine *Grundlage* haben muß, was auch immer in seinen verschiedenen, autonom gewordenen Bereichen geschehen mag.

DAS LEBEN   Die Erscheinung des Lebens auf der Erde ist eine Zufälligkeit unter anderen Ereignissen. Sie war sicherlich eine von aller Ewigkeit an im Schicksal der phänomenalen Welt liegende Möglichkeit, da ja das transphänomenale Sein der Welt Energie ist und das Leben selbst eine relativ autonom gewordene Energie; diese Möglichkeit jedoch hätte sich auch ebensogut nicht verwirklichen können. Sie hat sich aber auf der Erde verwirklicht, ohne Zweifel wohl durch die geologische und chemische Struktur der Erde, durch ihre Atmosphäre und ihr Verhältnis zur Sonne. Ohne Gelehrter sein zu müssen, kann man sich vorstellen, daß Teilchen des Sonnenfeuers, d. h. auf dem Planeten vorhandene phänomenale Energie *in statu nascendi* auf der Erdoberfläche sich verbunden haben muß, so die organische Materie entstehen ließ und damit das Pflanzen- und das Tierreich. Grob gesprochen, kann man anscheinend die im lebendigen Zustand befindliche organische Materie im Gegensatz zur anorganischen als eine im *labilen Gleichgewichtszustand befindliche Energiestruktur* definieren, die nur in einem bestimmten Organismus im stabilen Gleichgewicht gehalten wird, wogegen die anorganische Materie eine *stabile* Energiestruktur ist – was nicht bedeutet, daß die anorganische *Materie* selbst stabil sei; es kann ihr aber nur von außen etwas zustoßen, solange die in der Materie im stabilen Gleichgewicht gehaltene Energiestruktur – die Atomstruktur – nicht zerfällt (Strahlung).

Auch der organischen Materie kann nur von außen etwas geschehen, aber dieses Außen ist der Organismus, in dem sie sich befindet; löst sich der Organismus auf, löst sie sich ebenfalls auf und geht zugrunde. Der lebende Organismus wäre folglich ein *geschlossener Energiekreis, der durch seine innere Beziehung zu einer umgebenden bestimmten Welt, die sein Lebensraum ist, unaufhörlich aufrechterhalten wird* (das *materielle* Ding steht nur in *äußerlicher* Beziehung zu seiner Umgebung). Dieser geschlossene Energiekreis ist in einem labilen Gleichgewichtszustand; nur durch die Beziehung zu seinem Lebensraum wird er in der Stabilität erhalten, was die unbedingte Notwendigkeit dieser Beziehung erklärt. *Der grundlegende Unterschied zwischen Anorganischem und Organischem ist der, daß das Anorganische eine Gesamtheit von Teilen ist, wogegen das Organische ein innerlich gegliedertes Ganzes darstellt* (das ist der Ausgangspunkt für unsere Betrachtungen über die »Form« in der Musik). Das gilt bereits für das *Molekül* der anorganischen Materie: die Atomsynthese, und für die anorganische Materie: die Molekülballung, und andererseits für das Makromolekül: die lebende *Zelle*, in der an die Stelle der Atomsynthese deren *Zusammenschluß zu einem Ganzen* getreten ist – statt der Diskontinuität die Kontinuität einer Substanz oder eines Gewebes. Das gilt ferner ebenso für den materiellen Körper, den mechanischen Organismus und für den lebenden Organismus. Der grundlegende Unterschied zwischen einem lebenden Organismus und einem mechanischen, und sei es der vollkommenste Roboter, liegt darin, daß im lebenden Organismus die innere Relationalität, als die wir die Energie definiert haben, *ohne jeden äußeren Einfluß wirkt. Die Beziehung des »Lebendigen« zu seinem Lebensraum besteht nur darin, seine Aktivität zu erhalten; sie bestimmt jedoch nicht seine Existenz* – wogegen beim mechanischen Organismus die Einwirkung von außen die *Existenz des Mechanismus determiniert.*

So hat die im Weltall unverdichtete Materie auf der Erde Gestalt angenommen in Form von Organismen in organischer Substanz; denn »Leben« besteht nur dann, wenn sich die organische Substanz zu einem Körper gliedert, wie es auch nur dann Materie gibt, wenn sich die molekulare Struktur konstituiert. In diesem Licht ist der materielle Körper eine Struktur *statischer* Energie und der lebende Körper eine Struktur *dynamischer* Energie, d. h. eine Struktur *wirkender Relationalität.*

DER ORGANISMUS   Unter diesem Gesichtspunkt gehorcht das Leben nur
einem einzigen Gesetz: dem seiner *Bedingtheit*. Das ist ursprünglich ein kau-
sales Gesetz, denn von seiner inneren und äußeren Bedingtheit hängt seine
Existenz und seine Existenzweise ab. Dieses kausale Gesetz wird jedoch von
einem anderen Gesetz überlagert, das sich daraus ableitet, daß ein geschlossener Energiekreis *autonom* ist, wenn seine Bedingtheit von außen gewährleistet
ist, und daß ein solcher autonomer Kreis folglich nur mehr seinem eigenen
Gesetz gehorcht. In einem lebenden Organismus ist die Relationalität, da sie
nicht ein für allemal in einem stabilen Gleichgewicht fixiert ist, nicht nur *wir-
kend*, sondern in *Aktivität*, einer Aktivität, die die innere Beziehung des Organismus zur Natur unterhält und intensivieren kann, und in einer Aktivität,
durch die das Hervorbringungsvermögen der aktiven Relationalität Gestalt
gewinnt. Dieses *a priori* extensive Vermögen der aktiven Relationalität wird
überdies im Falle eines geschlossenen Energiekreises *intensiv;* in diesem Licht
äußert es sich beim lebenden Individuum durch das *Wachstum* – das durch die
innere und äußere Bedingtheit des Organismus beschränkt wird – und in der
lebenden Gattung durch eine *zunehmende Differenzierung der inneren Strukturen* (und folglich auch der äußeren Strukturen) des Organismus, die sich in
der Vielfalt der Formen und der Entwicklung der Gattung überträgt.

Ferner befestigt der Organismus seine Autonomie um so mehr, je stärker
sich der Bereich innerer Relationalität auf sich selbst schließt. Die innere
Relationalität der Pflanze zur Natur wird durch eine äußere gewährleistet; sie
ist mit ihrem Lebensraum *verbunden*. Da sich das Tier von selbst bewegt,
würde diese notwendige Beziehung zum Lebensraum unterbrochen, wenn es
nur eine Möglichkeit besäße, sie sich zu signifizieren. Und es kann sie sich nur
signifizieren, wenn seine Vitalbeziehung zu seiner Umwelt sich irgendwie *in*
seinem Organismus *reflektiert*. Auf der ersten Stufe der tierischen Autonomie
ist diese Reflexion die erste Erscheinung des Seelischen; je mehr die Motorik
des Tieres willensmäßig wird, um so mehr setzt diese Reflexion ein Organ voraus, das seine Beziehung zur Welt mittels der Sinne reflektiert und zugleich
seine Motorik lenkt. Dieses Organ ist das Gehirn. Der relationelle Bereich verdoppelt sich: Ein neuer Relationalitätsbereich erscheint im Organismus, ein
reflexiver Bereich, der den notwendig sehr komplex gewordenen relationellen
Bereich des körperlichen Organismus transzendiert.

DAS BEWUSSTSEIN   Diesen reflexiven Bereich, der sich nicht aufs Gehirn beschränkt, dessen Mittelpunkt jedoch das Gehirn ist, nennt man Bewußtsein;
und weil es sein körperliches Leben und zugleich seine Beziehung zur Welt
mittels der Sinne reflektiert, ist es gleichzeitig Selbstbewußtsein und Weltbe-
wußtsein. Sowie das lebende Individuum Bewußtsein ist, signifiziert es sich
seine Beziehung zur Welt *auf der Ebene des Bewußtseins* oder, wenn man will:
auf der Ebene der *Reflexion*. Der Bewußtseinsbereich ist ein Energiefeld, weil

er der Bereich einer wirkenden Relationalität ist, die sich in der Kontingenz unserer Nervenkreise bildet und allein durch den Zustand und die Vitalität des Körpers bedingt wird. Insoweit die körperlichen Funktionen gesichert sind, ist also der Bewußtseinsbereich ein *autonomer* Relationalitätsbereich. Nur ein Schritt kann in der Entwicklung der Tiergattung noch vollzogen werden: die innere Differenzierung des reflexiven Bereichs; und die einzig mögliche innere Differenzierung dieses reflexiven Bereichs ist die, daß sich in der relationellen Aktivität des tierischen Bewußtseins (das nur als Bewußtsein seines Körpers und seines Welthorizonts Selbstbewußtsein ist) *das Selbstbewußtsein vom Körperbewußtsein und vom Dingbewußtsein abhebt.* Diese Differenzierung – gewiß Folge einer Differenzierung der relationellen Strukturen der Gehirntätigkeit – hat sich in der Verdopplung der Bewußtseinsebene geäußert, durch die Erscheinung der Sekundärreflexion, die sich durch das »Denken« signifiziert und in der das Bewußtsein seine eigene reflexive Tätigkeit reflektiert, sich selbst entdeckt. Auf dieser neuen reflexiven Ebene ist das Bewußtsein dann *unumschränkt autonom:* Es hat sich von seiner unmittelbaren Beziehung zur Welt durch die Sinne und das Tun losgelöst und ebenso auch vom Einfluß seines Körpers. Es überfliegt die Welt und seine eigene Existenz und kann seinen Blick nach Belieben auf seine eigene Person oder auf die Welt richten.

Solcherart ist das menschliche Bewußtsein. Auf der reflexiven Ebene ist die relationelle Aktivität des Bewußtseins keinem Kausalgesetz mehr unterworfen, wenn man die Bedingtheit seiner körperlichen Existenz als gesichert annimmt; und sogar das Problem dieser Bedingtheit erscheint ihm nur noch auf dieser Ebene. Dennoch ist diese reflexive Tätigkeit dadurch bedingt, daß es Bewußtsein nur als Bewußtsein von etwas gibt. Das reflexive Bewußtsein muß sich daher seine Beziehung zur Welt signifizieren, und diese Beziehung bietet sich wesentlich unter zwei Aspekten dar: durch seine Beziehung zur *kosmischen* Welt und seine Beziehung zur *menschlichen* Welt; denn in Gesellschaft mit anderen ist der Mensch in Beziehung zur Welt. In seiner natürlichen reflexiven Situation ist der Mensch aber vor der Welt und den Menschen und auch vor der Situation, in die er geboren wird, frei, die Haltung einzunehmen, die ihm gefällt. Autonomie heißt nämlich *Freiheit zur Selbstbestimmung.* Präzisieren wir also, daß wir, wenn wir von seiner Freiheit sprechen, stets nur seine *Freiheit zur Selbstbestimmung vor Menschen und Dingen* meinen, die einzige unumschränkte Freiheit, die uns die phänomenale Bedingung des menschlichen Bewußtseins offenbart. Die Marxisten, die von der Vorstellung eines Bewußtseins ausgegangen sind, das nur ein *passiver Widerschein der Dinge* ist, klammern sich verzweifelt an den wissenschaftlichen Determinismus, in der Hoffnung, ihn auf die Bestimmung des Selbstbewußtseins ausdehnen zu können.

DIE FREIHEIT Wenn das tierische Bewußtsein eine autonome reflexive Aktivität ist, die sich ihre Autonomie nicht selbst signifiziert, so reflektiert das menschliche Bewußtsein durch die Sekundärreflexion sich selbst als Bewußtsein, d. h. in seiner Eigenschaft als *autonomes Sein*, dessen eigene Aktivität von außen zwar *bedingt*, aber nicht *bestimmt* wird. Daher bleibt, ungeachtet der Vorstellung, die uns die Wissenschaft von der Welt vermittelt (ob deterministisch oder probabilistisch), das Problem, das dem Menschen seine Freiheit zur Selbstbestimmung stellt, unberührt: Als Bewußtsein ist der Mensch in der Welt ein *absoluter Anfang*.

Da diese Freiheit zu Beginn nur eine Freiheit *de facto* ist und die menschliche Person als Selbstbewußtsein nur diese Freiheit ist, hat sich der Mensch diese Freiheit zu signifizieren, indem er in ihr einen Sinn, ein Gebot, ein Gesetz erkennt; und dieses Gesetz kann nur ein Finalitätsgesetz sein. Wenn das Universum ohne Ursache und Zielgerichtetheit erscheint, so muß sich dem Bewußtsein ein Finalitätsgesetz wenigstens in Form der Frage aufdrängen: Was sollen wir aus uns machen? Welchen Sinn sollen wir unserer Existenz geben? Hat unser Dasein einen Sinn? Die folgenden Anmerkungen, die unsere Untersuchungen im Haupttext begleiten, werden auf diese Fragen einige kategorische Antworten geben.

DAS SEIN   Zusammengefaßt also bieten sich die Dinge so dar, als ob sich – nachdem die phänomenale Welt aus diesem Feld präphänomenaler Energie, das der Äther darstellt, entstanden ist – neue Felder einer (diesmal: phänomenalen) Energie in der Welt gebildet hätten, wo jedes Phänomen eine Energiemanifestation auf mehr oder weniger höherer Strukturationsebene und mit stabilem oder labilem Gleichgewichtszustand wäre. Wenn dem so ist, dann wäre jedes Seinsphänomen, jede individuelle Erscheinung des Seins die Manifestation einer *wirkenden Relationalität*, die in der Dauer fixiert ist oder sich in der Dauer verzeitlicht. Das Sein wäre stets an sich relationell, die Spaltung in *für-sich* und *an-sich*, die Sartre in die Vorstellung vom »Sein« eingeführt hat, verschwände; denn das relationelle Sein ist ein Sein *in der Zerstreuung*, eine *Selbstheit*, die sich aber als solche nur vor einer anderen *Selbstheit* – dem menschlichen Bewußtsein – offenbart, weil das menschliche Bewußtsein in seiner Eigenschaft als Sein bloß ein *reflexives* Sein ist, das widerspiegelt, was nicht in ihm ist, und sich dabei für sich selbst spiegelt, was es spiegelt, indem es sich dieses Was durch die Wahrnehmung, durch die Affektivität oder durch das Denken signifiziert.

Diese Anmerkung verlangt nach einer Ergänzung, denn ihr Autor, der sich vor Einstein und allen Gelehrten als Ignorant fühlt, schuldet eine Erklärung dafür, wie er es sich erlauben konnte, eine Vorstellung von der Welt, von der Energie und vom Äther vorzubringen, die nicht mit derjenigen übereinstimmt, die uns die Wissenschaft, d. h. das *Wissen* gibt. Die Ergänzung liefert die folgende Anmerkung, die in ihrem ersten Teil von der Basis der noetischen Logarithmen handelt.

4. Phänomenologie gegenüber Wissenschaft*

Verdeutlichen wir der Klarheit halber den Unterschied zwischen unserer Situation und der der Mathematiker. Die noetische Aktivität des Ohres läßt uns gewissermaßen der Entstehung der Logarithmen beiwohnen, aber die noetischen Logarithmen liefern uns bloß die »Zahlen« – z.B. $\log \varepsilon^{\frac{2}{1}} = \frac{2}{1}$ –, die in der *reflexiven* Hörtätigkeit *zu möglichen Basen von Logarithmensystemen* werden: $\frac{2}{1}$, $(\frac{2}{1})^2$, $(\frac{2}{1})^3$ ... Unsere noetischen Logarithmen hören dort auf, wo die Logarithmen der Mathematiker beginnen; denn diese geben sich die Zahlen als *vorhanden* und errichten auf ihnen vollkommene Logarithmensysteme, während die unseren nicht vollkommen sind; wir müssen konkreten Bewußtseinsphänomenen Rechnung tragen, die Mathematiker leben dagegen im Abstrakten. (Die gleichseitige Hyperbel, auf die wir im Haupttext zu sprechen kommen, ist für sie eine Denkfolgerung, für uns dagegen eine phänomenologische Gegebenheit aus einem konkreten Gesetz.)

DIE ZAHLEN   Die »Zahlen« sind aus einer zu unserer untersuchten Wahrnehmungstätigkeit analogen Wahrnehmungstätigkeit entstanden und motiviert durch die Erscheinung einer Ding*anhäufung*. Diese Wahrnehmung führte zu noetischen Logarithmen – $\log \varepsilon^{\frac{2}{1}}$, $\log \varepsilon^{\frac{3}{1}}$ –, aus denen noematische Logarithmen entstehen würden – $\log \varepsilon^{\frac{2}{1}} \frac{2}{1}$, $\log \varepsilon^{\frac{3}{1}} \frac{3}{1}$ –, wobei die Grundzahlen zutage treten. Für das »Zahlen«-Bewußtsein beginnen diese mit 2; 1 ist stets aus einem Bezug abstrahiert – deshalb erscheint sie nicht in unseren Folgen; wir müssen sie dazusetzen. Sind 2 und 3 aber erst einmal vorhanden, folgen alle anderen Zahlen durch Addition oder Multiplikation, denn 2 und 3 sind Basislogarithmen, und ebenso ist es auch bei unseren Intervallen.

Die eigentlichen Grundzahlen, die *Normen* der numerischen Dialektik, sind also 2 und 3; und das nimmt nicht wunder, wenn man bedenkt, daß sie den zwei Formen der Grundlage unserer Zeitlichkeitsexistenz entsprechen – unmittelbarer Übergang von einer Vergangenheit werdenden *Gegenwart* zu einer *Zukunft* und Übergang von einer sogleich Vergangenheit werdenden Gegenwart zu einer Zukunft *durch eine schon signifizierte Gegenwart hindurch*. Die Entstehung der Zahlen bei der Apperzeption einer Dinganhäufung *vollzieht sich tatsächlich in der Zeit* und folglich auf der Grundlage unserer existenziellen Zeitlichkeit.

Zwischen der reflexiven und der präreflexiven Wahrnehmungstätigkeit besteht aber ein grundsätzlicher Unterschied: *letztere stützt sich auf die Transzendenz, um das Immanente zu determinieren* (z.B. wird das präreflexive Hörbewußtsein zum *Raum*bewußtsein, um den Ton als eine »Höhe« wahrzuneh-

---

* Diese Anmerkung dient der Erläuterung der Ausführungen auf S. 52.

men); *erstere stützt sich auf ihre unmittelbare Gegebenheit* (die wahrgenommene Höhe) *und signifiziert sich diese durch Bezug auf die transzendente Gegebenheit, aus welcher sie ihre präreflexive Qualifikation ableitet* – den »Klang«-Raum in diesem besonderen Fall, der daher bloß im reflexiven Hörbewußtsein erscheint.

Da die Struktur der »Zahlen« ein Phänomen der Diskontinuität ist und die Zahlenfolge eine ganze Diskontinuität von Mittelgliedern voraussetzt, war es unausweichlich, daß das reflexive mathematische Bewußtsein als transzendente Basis des Phänomens eine diskontinuierliche Gegebenheit finden mußte, nämlich die Napiersche Reihe, deren Summe e gleich 2,718... ist. Sie transzendiert zwar die Diskontinuität der Zahlen zur kontinuierlichen logarithmischen Funktion $y = \log x$, aber selbst diese Funktion signifiziert sich für den Mathematiker durch eine Summe unendlich kleiner Werte – das Integral $\int \dfrac{dx}{x}$ –, und er nähert seine darstellende Kurve einem Vieleck aus unendlich vielen unendlich kleinen Seiten an.

Handelt es sich dagegen um den kontinuierlichen Ton oder das *Klangkontinuum*, das aus der stetigen Veränderung der Frequenz entsteht, so wird das Phänomen vom Ohr als eine nichtreduzierbare Kontinuität aufgefaßt; denn solcherart ist der perzeptive Nervenstrom, bevor er bei der Erscheinung einzelner Töne diskontinuierliche Gestalt annimmt. Deshalb ist die Exponentialfunktion, auf die sich die noetischen Logarithmen beziehen, nicht die Funktion mit einem Exponent der Mathematiker, und deshalb hat unser ε nicht den Wert des Napierschen e.

Unsere Exponentialfunktion mit doppeltem Exponenten ist die transzendente Basis einer *kontinuierlichen* logarithmischen Funktion, und ihr Exponent bestimmt, wie wir sehen konnten, die Gleichung der gleichseitigen Hyperbel, die Urform jeder logarithmischen Kurve.

Anhand dieses Beispiels können wir mit einem Blick die Beziehung überschauen, die sich überhaupt zwischen unserer präreflexiven und unserer reflexiven Aktivität ergibt. Es zeigt unter anderem, daß alle transzendenten Gegebenheiten des reflexiven Bewußtseins ihren Ursprung in der präreflexiven Tätigkeit des Bewußtseins und in der sinnlichen Erfahrung haben; wäre das nicht so, wären sie unverbindlich und unzuverlässig. Umgekehrt sind alle Gegebenheiten der präreflexiven Bewußtseinstätigkeit, immanente und transzendente, im Blick des reflexiven Bewußtseins transzendente Signifikationen auf verschiedenen Stufen seines Objekts – wie wir das in der Musik sehen werden.

Zeit und Raum   Durch diesen Vorgang kann das reflexive Bewußtsein eine Beziehung zwischen dem *Kontinuierlichen* und dem *Diskontinuierlichen* herstellen, denn zwischen beiden gibt es keinen unmittelbaren Übergang; das Kontinuierliche ist dem Diskontinuierlichen stets transzendent; und man kann

sagen, daß für das Bewußtsein das Kontinuierliche stets dem Diskontinuierlichen transzendental ist. Deshalb ist im Blick des Wahrnehmungsbewußtseins der *Raum* nicht innerer Körperraum, sondern der die Körper und die diskontinuierliche *räumliche* Welt umfangende Raum, und deshalb erscheint dem
reflexiven Bewußtsein die Zeit erst durch die Diskontinuität der Phänomene,
die in der Dauer entstehen und die es zur Ewigkeit transzendiert. (Das ist
der Grund, weshalb wir Gott auch als den Ewigen bezeichnen.) Der Raum
ist der Räumlichkeit der Welt transzendental und ebenso das Ewige seiner
Dauer.

»Räumlichkeit« und »Dauer« entstammen aber beide dem Bewußtsein des
»Ausgedehnten«, und zwar einfach deshalb, weil das Bewußtsein schon Bewußtsein seines dauernden und räumlichen Körpers ist, ehe es Weltbewußt-
sein wird. Und die Unterscheidung *in der Welt* zwischen Raum und Dauer
erklärt sich daraus, daß die *Räumlichkeit* – die Urgegebenheit des Wahrnehmungsbewußtseins – als Welt in der Diskontinuierlichkeit erscheint und daß
die *Dauer* – die Urgegebenheit des Selbstbewußtseins – als Transzendenz aller
Diskontinuierlichkeit erscheint und folglich als die *Kontinuität* selbst.

Alle unsere Raummaße entstehen aus einer als Einheit angenommenen
räumlichen Gegebenheit, die sich im Raum *vervielfacht;* alle unsere Dauermaße entstehen aus einer *Unterteilung* der Dauer, die sich in immer kleinere
Dauern unterteilt. Wir sehen also, daß Dauer und Zeitlichkeit wie Räumlichkeit und Raum nicht getrennte, sondern zusammenhängende Bewußtseinsgegebenheiten sind, und auch Dauer und Räumlichkeit sind miteinander ver-
knüpfte Bewußtseinsgegebenheiten.

DAS ABSOLUTE MASS DER ZEIT   Wir sind auf dieses Thema zurückgekommen,
weil unsere Formulierung der kontinuierlichen Dauer uns unvermutet die
phänomenologische Formel für das absolute Zeitmaß an die Hand gegeben
hat, wodurch uns verständlich wird, weshalb der Mensch in sich das Gefühl
besitzt, die universale Zeit habe ein *absolutes* Maß; oder, wenn man will, es
gebe eine Zeit, die in der Transzendenz der Welt pulsiert und die ihrer Dauer
ein *absolutes* Maß verleihe – ein Gefühl, das ihm kein Wissenschaftler ausreden
kann. Dieses absolute Maß kann nur aus einem inneren Zeitmaß entstanden
sein, d.h. einem Maß der Verzeitlichung der Dauer durch sich selbst. (Wir
sehen gleicherweise – und haben es ja schon geahnt –, daß der Mensch das
Gefühl für das auf demselben Gesetz beruhende absolute Maß seiner eigenen
Dauer hat, so daß er diese Erfahrung kennt, und daß dieses Gefühl für die
Absolutheit der Zeit bei ihm Folge seiner Adäquatheit seiner inneren und
äußeren Zeiterfahrung ist.)

Die unmittelbare Erfahrung dieser absoluten Zeit – das braucht eigentlich
nicht erst gesagt zu werden – ist dem Menschen durch den Wechsel von Tag
und Nacht gegeben und durch den täglichen Sonnenlauf vom Morgen zum

Abend durch den Zenith, der ihm als Anhaltspunkt dient. Aber wie bereits
dieses Beispiel zeigt, kennen wir die Zeit aus zwei Erfahrungen: die *Phänomene
der Zeitlichkeit*, bei denen die Zeit ihrem eigenen Ablauf in der Dauer ein
Dauer*maß* gibt; und die *Bewegung*, bei der sie ihrem Ablauf ein *räumliches*
Maß gibt.

Wir haben ein Beispiel für die erste Erfahrung beim Phänomen des kontinuierlichen Tons gehabt: Das Gesetz seiner Kontinuität war, daß sein Dauermaß – 1, 2, 3 Frequenzen, also eine beliebige *Periode* in der Dauer – im *umgekehrten* Verhältnis zu seinem Zeitlichkeitsmaß steht, also der *Frequenz* dieser
Periode, die den Ablauf der *Zeit* tatsächlich mißt oder, wenn man will: den
Ablauf der *Dauer*, was auf dasselbe herauskommt:

$$P \times F = 1 \quad \text{oder} \quad P = \frac{1}{F} \quad \text{und} \quad F = \frac{1}{P}$$

Wenn man unsere Sonnenzeit mit dem Dauerabschnitt der Minute und der
Sekunde als Zeiteinheit mißt, so ist das zeitliche Maß unseres Dauerabschnittes
60 Sekunden, und das der *Dauer* unserer Zeiteinheit $\frac{1}{60}$ Minute. Unsere Sonnenzeit gehorcht dem Kontinuitätsgesetz: $n \times \frac{1}{n} = 1$, dem Gesetz unserer
kontinuierlichen Dauer und dem der Dauer, die – in unseren Augen – die Welt
transzendiert, indem *n* erst in den beobachtbaren Phänomenen einen konkreten Wert annimmt.

Wird die Zeit durch eine Bewegung veranschaulicht, durch eine *Bahn*, so
bleibt das Gesetz ihrer Kontinuität das gleiche, aber ihre Dauer nimmt ein
Raummaß an: Das räumliche Maß der Zeiteinheit, das ihren Ablauf in der
Dauer qualifiziert, steht im umgekehrten Verhältnis zum Zeitmaß der gewähl-
ten Raumeinheit. Wir wissen, daß das Licht 300 000 Kilometer in der Sekunde
zurücklegt, wenn wir den Kilometer als Raumeinheit für die Dauer seiner
Bewegung nehmen. Folglich hat der durchlaufene Kilometer als Zeitmaß
$\frac{1}{300\,000}$ Sekunde, und $300\,000 \times \frac{1}{300\,000} = 1$.

Betrachten wir die beiden Faktoren der allgemeinen Gleichung der kontinuierlichen Dauer als unabhängige Veränderliche *x* und *y*, so haben wir
$xy = 1$. Diese Gleichung liefert uns die Formel für die *Kontinuität der Bewegung*, gleich, ob diese nun regelmäßig oder unregelmäßig, sich beschleunigend
oder verlangsamend verläuft. Denn wenn *x* sich im Verhältnis zu *y* ändert, d. h.
wenn der sich bewegende Körper in derselben Zeiteinheit eine längere oder kürzere Strecke zurücklegt als die, die zuvor den Ablauf der Zeit maß, so verändert
sich damit auch *y*. Das bedeutet, daß der sich bewegende Körper ein neues
Zeitmaß für seine räumlich gemessene Dauer angenommen hat; es bedeutet
aber nicht, daß die Zeiteinheit nicht mehr die gleiche Dauer habe. Wenn z. B.
ein sich bewegender Körper sechs Kilometer in der Stunde zurücklegt anstatt
drei, so heißt das, daß das *räumliche Maß* seiner Dauer, wenn man mit der
Stunde mißt, sich verdoppelt hat, daß folglich das zeitliche Maß seines Dauer-
kilometers um die Hälfte geringer geworden ist (von $\frac{1}{3}$ Stunde zu $\frac{1}{6}$ Stunde),

es heißt aber nicht, daß sich seine *Existenzstunde* verändert habe. Und eben das behaupten die Physiker der Einsteinschen Richtung. Sie verwechseln die Zeit mit ihrem Maß und verlieren aus den Augen, daß die Zeit stets durch etwas anderes als sie selbst gemessen wird (durch eine in Zeiteinheit gewertete Dauer oder durch ein räumliches Maß ihrer Dauer), und machen so aus der Veränderung des Zeit*maßes* eine Veränderung der Zeit selbst; und damit leugnen sie die Absolutheit der Zeit. Sicherlich verläuft die Zeit für den langsamer, der sechs Kilometer in der Stunde zurücklegt, als für den, der nur drei Kilometer in der gleichen Zeit sich bewegt; denn die Stunde des ersteren erstreckt sich über sechs Kilometer und nicht bloß über drei. Aber die Dauer der Stunde ist seine Zeiteinheit geblieben: $6 \times \frac{1}{6} = 1$. Mit anderen Worten: Geändert hat sich der Ablauf der Bewegung im *Raum*, nicht aber das *Maß* der Dauer (die Stunde), das sich gleich bleibt, ob es nun von innen oder von außen bestimmt wird.

DIE EINSTEINSCHE RELATIVITÄT An diesem Beispiel zeigt sich sogleich, wo Einsteins Irrtum bei der Formulierung der Vorstellungen liegt, die er aus seinen Formeln ableitet. Einstein und mit ihm die Physiker seiner Richtung machen aus der Veränderung des *räumlichen Maßes* der Dauer in einem sich bewegenden System ein Ding, und aus der Veränderung des zeitlichen Maßes der gewählten räumlichen Einheit ein anderes; in ihrer Phänomenformulierung trennen sie, was im Phänomen nicht getrennt werden kann. Den Beweis dafür liefern ihre Formeln: Die *Längeneinheit* in einem beliebigen, sich im Vergleich zu einem anderen System in Bewegung befindlichen System ist, wie die Physiker uns erklären, gleich $\sqrt{1 - \frac{V^2}{C^2}}$ (Lorentzsche Formel); die Zeiteinheit – die Sekunde z. B. – im selben System ist gleich $\dfrac{1}{\sqrt{1 - \frac{V^2}{C^2}}}$ (2. Lorentzsche Formel), wobei C die Lichtgeschwindigkeit bedeutet.

Ändert sich die Geschwindigkeit V, so ändert sich, wie man sieht, die räumliche Maßeinheit und ebenso auch die Zeiteinheit. Man sieht aber auch deutlich, daß sie sich gemeinsam und nach unserer Formel verändern:

$$\sqrt{1 - \frac{V^2}{C^2}} \times \frac{1}{\sqrt{1 - \frac{V^2}{C^2}}} = 1$$

Als Einstein also die absolute *Relativität der Zeit* (die Aufhebung der absoluten Zeit) postulieren zu können glaubte und die absolute Relativität der räumlichen Maße (und folglich auch die Relativität der Dimensionen der Körper und ihrer Massen), hatte er mit einem Wort nur die gleichzeitige und umgekehrt proportionale Veränderung des räumlichen *Maßes* der Dauer und des zeitlichen Maßes der Dauer entdeckt, wenn der Körper seine Geschwindigkeit ändert. Indem er aber diese beiden Gegebenheiten jede für sich allein betrachtete, machte er aus ihnen zwei Absoluta, die er zudem vom »Maß« auf die gemeinsame Sache übertrug, und er verlor die einzige *absolute* Gegebenheit des Phänomens aus den Augen: die Beziehung zwischen den beiden Maßen.

Zwar beschäftigen sich die Vorstellungen der Physiker mit dem in Bewegung befindlichen Körper und nicht mit der Bewegung selbst; wenn jedoch der Körper das *agens* der Bewegung ist, kommt das auf dasselbe hinaus; denn die »Bewegung«, also die Verzeitlichung der Dauer, ist sein Sein selbst. Das gilt besonders für das Licht, den Schall, das Bewußtsein und sein körperliches Sein. Daraus erklärt sich auch die Konstanz der Schallgeschwindigkeit in einem gegebenen Medium: Die Formel für den kontinuierlichen Ton an der Schallquelle war $F \times P = 1$, und die Formel zieht *ipso facto* die Konstanz der Schallausbreitungsgeschwindigkeit in einem homogenen Medium nach sich, das das Phänomen nicht beeinflußt. Was aber überträgt denn die Luft in Wirklichkeit? Die Schwingung der Schallquelle? – Nein, sie überträgt dasselbe Zittern ihres Molekularzustands in einer Sekunde z. B. wie dasjenige, das in einer Sekunde an der Schallquelle entsteht. Mit anderen Worten: Die *Sekunde* des schwingenden Phänomens ($F \times P$) wird *in der Luft* von der dadurch erregten Luftwelle zu einer durchlaufenen *Strecke*, die für jede beliebige Tonfrequenz 340 Meter beträgt; denn diese Welle überträgt weder F noch P, sondern $F \times P = 1$.

Wenn die Vorstellungen der Physiker stimmten, so änderte sich die *Sekunde* des Tones mit seiner Frequenz, und man könnte die Frequenz der hohen Töne nicht mit demselben Instrument messen wie die der tiefen. Auf diesen Einfall ist aber noch kein Physiker gekommen, was beweist, daß ihre Vorstellungen nur für die bevorzugten raum-zeitlichen Phänomene einen Anflug von Wahrscheinlichkeit haben, bei denen die Lichtgeschwindigkeit in Erscheinung tritt. Trieben sie die Verallgemeinerung über die Phänomene hinaus, die ihren Denkhorizont begrenzen, so würden sie merken, daß ihre Vorstellungen nicht nur absurd, sondern widersprüchlich sind; sie müßten dazu allerdings ihre Denkweise ändern, und zwar besonders die Vorstellung, die sie sich von der Energie und der Erhaltung der Energie machen. Sie müßten sich darüber klarwerden, daß die Energie, ehe sie eine Kraft ist, das Phänomen schlechthin der Relationalität ist und daß die Erhaltung der Energie das Phänomen der Erhaltung einer bestimmten Relationalität ist.

DIE ZEIT DES MENSCHEN Betrachten wir jedoch die Anwendung dieser Vorstellungen auf die Zeit des Menschen. Nehmen wir an, ich verbringe eine Stunde, ohne an etwas zu denken. Das Dauermaß des kontinuierlichen Ablaufs meiner Existenz ist 1, wenn ich als Dauereinheit die Stunde nehme, da ja diese Stunde mir im ganzen gegeben ist. Das *zeitliche* Maß des Ablaufs meiner Existenz im Verhältnis zu dieser Dauereinheit ist $\frac{1}{1} =$

$\dfrac{\text{eine Stunde Dauer}}{\text{eine Stunde Zeitlichkeit}}$; meine Existenz läuft ab mit der Geschwindigkeit einer Existenzeinheit pro Stunde. Nehmen wir jetzt an, mein Denken habe im Verlauf dieser Stunde einen ungeheuer weiten Weg zurückgelegt, bis zum Himalaja auf allen möglichen Umwegen. Das Maß für seine Dauer, dividiert durch den zurückgelegten Weg, wäre ein bestimmtes x, und das *zeitliche* Maß seines kontinuierlichen Ablaufs (seine Ablaufsgeschwindigkeit) – vorausgesetzt, es würde nach Stunden gemessen – wäre $\frac{1}{x}$, wobei 1 die Dauer einer Stunde bedeutet und x sich von einer Stunde zur anderen ändern kann (das ist die Formel $v = \frac{e}{t}$; e ist der Raum, also die Dauer einer Stunde, und t dieselbe Dauer, aber durch den zurückgelegten Raum gemessen). Folglich ist meine Existenz ein kontinuierliches und in der Dauer gleichmäßiges Fließen, dessen Ablauf ein *absolutes Zeit*maß hat: das Produkt aus seinem Dauermaß mal seinem Zeitlichkeitsmaß (letzteres steht zu ersterem im umgekehrten Verhältnis) – und zwar unabhängig von Art und Weise meiner Existenz und unabhängig von dem gewählten Maßsystem. Deshalb kann die Musik ein *Tempo* haben, und deshalb wird das *Tempo giusto* der Musik bestimmt durch ein Produkt, das einer dreizeitigen Musik z.B. durch $3 \times \frac{1}{3}$. Und wenn sich das Tempo im Verlauf verändert, so verändert sich sein absolutes Maß nicht.

Stellen wir jetzt die Formel für die Lichtgeschwindigkeit und die Formel für den Ablauf unserer inneren Existenz, die wir nach den Herzschlägen messen – sagen wir: 70 Schläge pro Minute, also $\frac{7}{6}$ pro Sekunde –, einander gegenüber:

$$300\,000 \times \tfrac{1}{300\,000} = 1$$

$$\tfrac{7}{6} \times \tfrac{6}{7} = 1$$

Nehmen wir jetzt an, ein Mensch durchrase an Bord eines Raumschiffes mit annähernder Lichtgeschwindigkeit den Weltraum. Entweder befindet er sich in einer Druckluftkabine mit Klimaanlage, die ihm dieselben Bedingungen liefert wie auf der Erde, dann ändert sich das absolute Maß seiner Zeitlichkeit nicht; oder aber – und das behaupten die Physiker der Einsteinschen Schule – seine innere Existenz nimmt an der Bewegung des Flugkörpers teil, dann ist er der Gleichung der Lorentzschen Transformation unterworfen:

$$\tfrac{7}{6} \sqrt{1 - \frac{V^2}{C^2}} \times \frac{\frac{6}{7}}{\sqrt{1 - \frac{V^2}{C^2}}} = 1$$

Trifft das zu, so muß sich der Pulsschlag verändern, sowie sich der Körper in Bewegung setzt; die *Zahl* seiner Herzschläge nimmt in der Zeitlichkeit ab, die sich wiederum vergrößert, so daß er nichts davon merkt, obwohl sich sein Herzschlag verlangsamt hat. Er würde das aber sogleich bemerken, wenn er in einem Flugkörper mit einer Geschwindigkeit v von beträchtlicher Größe säße; denn er würde in einen Marasmus verfallen und erkranken; seine Verdauungs-, Atmungs- und Drüsenfunktionen und sein Denken, alles würde sich ebenso wie die Herztätigkeit verlangsamen, ungeachtet, daß ja auch seine körperlichen Ausmaße immer kleiner würden. Am Grenzwert, d.h. wenn *v* die Lichtgeschwindigkeit erreicht, wäre er wohlgemerkt tot, denn der Lorentzsche Faktor wäre gleich *null*, der Mensch wäre auf die Dimension eines *Photons* reduziert mit null Herzschlägen pro einer Zeiteinheit von unendlicher Dauer. Es ist also vernünftiger, zu denken, daß der Lorentzsche Faktor nicht in Erscheinung tritt und daß eine Weltraumfahrt unter der Bedingung möglich ist, daß das Raumschiff mit einer inneren, uns zuträglichen Atmosphäre ausgerüstet ist und daß wir nicht allzu lange mit dem Kopf nach unten hängend reisen müssen. Die Überlegung läuft also auf die Feststellung hinaus, daß der Lorentzsche Faktor, der im ersten Glied unserer Gleichung als Zähler und Nenner zugleich auftritt, gestrichen werden darf, ohne die Gleichung zu verändern:

$$\frac{7\sqrt{1-\frac{V^2}{C^2}}}{6} \times \frac{6}{7\sqrt{1-\frac{V^2}{C^2}}} = 1$$

EIN WEITERER FEHLER DER PHYSIKER   Die Art, wie die Physiker dieses Phänomen formulieren, läßt noch eine andere Quelle des Irrtums entstehen, wie das letzte Beispiel zeigt. Sie lassen nämlich das Medium außer acht, in dem die kinetische Energie Gestalt annimmt, d.h. die physische Kontingenz, und sie wenden auf den *Körper* in Bewegung an, was eigentlich nur für die Bewegungsgleichungen zutrifft. Dadurch kommt Einstein zu der Behauptung: »Nach der Relativitätstheorie gibt es kein besonderes Koordinatensystem, aufgrund dessen man den Äther einführen könnte.« Nachdem er die »Bewegung« und auch den »Körper« in Bewegung auf ein raum-zeitliches Koordinatensystem reduziert hat, reduziert er den umfangenden Raum auf den »abstrakten« Raum der Mathematiker, d.h. auf ein Leeres, so daß das Koordinatensystem das gleiche bleibt, ob die Bewegung in der Luft oder im Äther erfolgt und ob der Körper ein Photon, ein Flugkörper oder ein Mensch ist. Daher muß es für die Physiker ein *Körper* sein, der sich bewegt, und daher auch die Erfindung des »Photons« und der nichtmateriellen »Partikel«: Das aber heißt die Welle mit der kontingenten Wellensubstanz verwechseln.

Für Einstein ist der Raum das, was in einem Kasten *von außen* durch die Wände begrenzt wird. Er setzt, in einem Wort, an die Stelle des Raums, der Urgegebenheit unserer sinnlich wahrnehmenden Intuition, die »Räumlichkeit« – die Urgegebenheit der Anschauung von den Körpern –, und deshalb müssen die Einsteinschen Vorstellungen dem *Sinn*, den wir von ihnen haben, widersprechen: So kann die *Räumlichkeit* gekrümmt sein, nicht aber der Raum.

Aus dieser Verwechslung von Bewegung – Welle – und ihrer physischen Kontingenz ist das Problem entstanden, das von den Physikern bis heute nicht gelöst worden ist: die Dualität Welle = Korpuskel. Und beim Licht die Dualität von Undulations- und Emissionstheorie. Denn 300000 Kilometer pro Sekunde ist ein Proprium des Äthers, der Licht übermittelt, und nicht des Lichtes, ebenso wie 340 Meter pro Sekunde ein Proprium der Luft ist und nicht des Schalls. Weshalb also sollte man nicht annehmen, daß die Lichtwelle auf ihrem Weg die Wellenbewegung *erleuchtet*, die die Schwingung der leuchtenden Moleküle im *Äther* determiniert, ebenso wie die Schallwelle die Molekülbewegung *beschallt*, die die Schwingung des klingenden Körpers in der Luft determiniert, so daß das Photon – die Wellenbewegung des erleuchteten Äthers – genauso wenig ein von der Lichtquelle emittiertes »Partikel« wäre, wie das »Phon«, die Klanglichkeit einer Elementarwelle, ein von der Schallquelle ausgestoßenes Partikel ist? Und wenn der Atomkern als eine infinitesimale Quantität Äther nichts anderes wäre als ein *Knotenpunkt* determinierter Strahlungen, könnten die den Kern umkreisenden »Partikel« nichts anderes sein als die infinitesimalen Äthermassen, die die Strahlung in ihrem Lauf berühren, so daß Wellen und Partikel bloß zwei verschiedene Aspekte ein und desselben Phänomens wären, *das die strahlende Relationalität hervorhebt, die in der Kontingenz der homogenen, zusammenhängenden Äthersubstanz wirkt* – einer Substanz, deren unmittelbare Wahrnehmung unseren Sinnen entzogen ist. Diese Anschauung ist zumindest ebenso einleuchtend wie die abstrakte, trennende Vorstellung der Physiker.

Einsteins Vorstellungen sind nun allerdings Mode geworden, und die Physiker »interpretieren« heute ihre Experimente meistens im Lichte dieser Theorie. Einer der weitestschauenden unserer heutigen großen Physiker, Werner Heisenberg, hat jedoch in einer Untersuchung, die 1959 im Januar-Februar-Heft der *Nouvelle Revue Française* erschienen ist, die Situation umrissen. Er zeigt im wesentlichen, daß für die Physiker die Natur ein Bild ist, das ihnen die Gesetze der phänomenalen Welt geben, und mit Hilfe dieser Gesetze entdecken sie in den Phänomenen ihr Bezugssystem und ihre Untersuchungsmethode. Daraus folgt, so schließt Heisenberg, daß das »Bild vom Weltall nach den Naturwissenschaften eigentlich aufhört, das Bild vom Weltall nach den Naturwissenschaften zu sein«. Es ist, so möchten wir hinzufügen, das Bild vom Weltall nach den *Schemata*, die die Naturwissenschaften davon geben, was bedeuten soll, daß die Physiker noch keine zu den betrachteten Phänomenen adäquate Phänomenformulierung gefunden haben. Sie begnügen sich mit der Adäquatheit ihrer Formeln, mit der Signifikation, die diese Formeln für sie selbst haben, und weiter mit der Adäquatheit ihrer Formeln mit den durch die Brille dieser Formeln gesehenen Phänomenen.

DAS MÄRCHEN VON DER EINSTEINSCHEN ZEIT Um auf die Zeitgleichung zurückzukommen: Es ist doch einleuchtend, daß die Gleichung für die Zeit eines Menschen an Bord eines Flugkörpers unabhängig ist von der Gleichung für

die Geschwindigkeit des Flugkörpers, solange der Mensch in diesem Flugkörper seine Existenzbedingungen aufrechterhalten kann. Denn der Mensch
bleibt unbeweglich in dem Flugkörper, wogegen die vorgebliche Zeit des
Flugkörpers eine »Geschwindigkeit« ist, die sich ändern kann, ohne daß sich
der Flugkörper selbst oder der darin befindliche menschliche Körper ändert.
Die Zeit verändert sich nur in den Berechnungen, nicht in den Dingen selbst.
Die von Longevin in Umlauf gesetzte Erzählung vom Reisenden, der in einer
mit nur um $\frac{1}{20\,000}$ geringeren Geschwindigkeit als der des Lichts fliegenden
Kugel um zwei Jahre altert, während für die Menschheit auf der Erde zweihun-
dert Jahre vergehen, und der hundert Stunden an einer Zigarre raucht, für die
er auf der Erde nur eine Stunde braucht, fällt also in sich zusammen wie ein
Ammenmärchen, um nicht zu sagen: wie ein Schwindel. Und die ganze popu-
lärwissenschaftliche Literatur, die die Einsteinschen Vorstellungen ausschlach-
tet, müßte in Verruf geraten, den nicht Einsteins Ideen, wohl aber die Ver-
allgemeinerungen verdienen, die er daraus zieht. Denn der Zigarrenraucher
raucht vielleicht 100 Stunden nach dem Einsteinschen Zeitmaß, nicht aber
nach dem Maß der menschlichen Zeit.

Unsere Zeitgleichung besagt also tatsächlich, daß alle »Bewegungen« in der
Welt eine ihnen eigene und auf *absolute* Weise determinierbare Geschwindigkeit haben. Für den ruhenden Beobachter aber sind diese absoluten Geschwindigkeiten nur relative, und zwar zueinander relative Geschwindigkeiten.
Wenn es aber stimmt, daß wir aus der Bewegung *in den Phänomenen* das Zeit-
gefühl ableiten (und zwar das Gefühl einer gänzlich relativen Zeit), so stimmt
ebensosehr, daß wir in uns das Gefühl für eine *absolute* Zeit tragen, die aus der
Verzeitlichung unserer Dauer entsteht und die wir in der Zeit des Tages sich
spiegeln sehen. Auf diesem Gefühl für eine *absolute* Zeit beruht unser Zeit-
gefühl, mit dem verglichen alle anderen »Zeiten« relative Zeiten oder Geschwindigkeiten und eben keine Zeiten sind. Das stimmt so sehr, daß Einstein
für seine allgemeine Relativität der Zeit eine *absolute* Norm finden mußte, die
ihm die Hypothese von der *Isotropie der Lichtgeschwindigkeit* lieferte. Er hat
mit soviel Aufwand und ohne entscheidende experimentelle Beweise das Prinzip von der *Konstanz* der Lichtgeschwindigkeit postuliert, weil er in sich das
Gefühl für die absolute Zeit begründen mußte. Damit aber verschob er den
Sitz unseres Zeitgefühls von unserer sinnlich wahrnehmbaren Intuition in
sein Physikerhirn. Es versteht sich von selbst, daß das Gefühl für Gleichzeitigkeit relativ ist, aber relativ für den Beobachter und nicht relativ *an sich*. Für
den Beobachter ist die wahrgenommene Gleichzeitigkeit *absolut*. Das soll
nicht heißen, daß zwei gleichzeitig wahrgenommene Ereignisse in der Welt
notwendig gleichzeitig entstanden sein müssen, da ja Licht oder Schall, durch
die sie sich uns kundtun, je nachdem verschieden viel Zeit zur Übermittlung
brauchen. Es soll auch nicht heißen, daß sich etwas Gleichzeitiges in der Welt
uns stets als gleichzeitig kundtut, denn die Ereignisse in der Welt tun sich uns
in unserer Zeit und nicht unbedingt in ihrer eigenen Zeit kund, und man muß

stets die Zeit berücksichtigen, die Licht oder Schall benötigen, um sie uns kundzutun. Das hindert aber nicht, daß wir über die Gleichzeitigkeit von Ereignissen nur nach unserem absoluten Gefühl für Gleichzeitigkeit urteilen können.

DAS MÄRCHEN VOM VIERDIMENSIONALEN RAUM   Ein anderes Märchen ist das vom *vierdimensionalen Raum*, das aus dem Bestreben der Physiker entstanden ist, das Theorem des Pythagoras nicht nur auf die drei räumlichen Koordinaten auszudehnen, sondern auch auf die Dimension der »Zeit«, um so die »Geschwindigkeit« als eine raum-zeitliche Dimension ausdrücken zu können. Die *in der Zeit durchlaufene Strecke* zwischen zwei sehr nahe beieinander liegenden Punkten läßt sich dann mit der Formel ausdrücken: $ds^2 = dx^2 + dy^2 + dz^3 + dt^2$, wobei x, y, z die drei Raumkoordinaten sind und t die Zeit in Funktion der Lichtgeschwindigkeit. Nun ist aber das absolute Maß der Zeit nach unserer Formel das Produkt der beiden Exponenten von ε, der kinetischen Energie, also $1 \times \frac{1}{1}$, was man auch schreiben kann: $1 \times (-1)$ $= -1$ (denn 1 ist ein Logarithmus und -1 der Logarithmus von 1^{-1}). Dieses -1 ist also ein Quadrat, t^2; es ist das Produkt aus einer bestimmten Maßeinheit der Zeit mal *demselben Maß* mit verändertem Vorzeichen, so daß folglich $t = \sqrt{-1} = i$ ist, die Einheit der imaginären Größen in der Mathematik. Die vierte Dimension ist also imaginär, d. h. sie ist eine reine Abstraktion, und die Einführung der vierten Dimension ist ein Rechenkunststück.

Unser Raumgefühl verleiht dem Raum also *drei Dimensionen*, zu denen aber jeweils noch eine Zeitdimension tritt; denn man kann sich in allen drei Raumdimensionen bewegen. Setzt sich dieses System in Bewegung, kommt noch eine Zeitdimension hinzu, die übrigens eine *äußere*, eine *wirkliche* Zeit ist und die sich durch die Bewegungsgleichung ausdrückt. Mit anderen Worten: Die Minkowskische Gleichung, die Einstein auf die physische Welt anwendet, berücksichtigt unsere Dinganschauung nicht; wir sehen die Körper sich in Raum und Zeit bewegen, wir verwechseln aber nicht den durchmessenen Raum mit der dazu benötigten Zeit.

Daß zu diesen drei Raumkoordinaten eine Zeitdimension tritt, zeigt an, daß die *Dauer* in der Welt und in uns dreidimensional ist. Der Tiefendimension des Raums entspricht eine Tiefendimension in der Dauer, die für uns in der Musik des harmonischen Zeitalters wirksam wird.

DER VORRANG DER INTUITION   Mit dieser Anmerkung wollen wir weder Einstein noch die moderne Physik verunglimpfen, der wir große Entdeckungen verdanken; wir wollen nur wie Heisenberg darauf hinweisen, daß das Weltbild, das uns die heutige Physik gibt, nicht dem Bild entspricht und entsprechen kann, das sich der *gesunde Menschenverstand* macht, weil es aus den Formeln der Physiker abgeleitet ist und nicht aus unserer Intuition und unserem Dinggefühl. Es ist bloß das Bild, von dem die Physiker untereinander sprechen, wenn sie von der Welt reden. Man muß zur Erkenntnis kommen, daß sie sich über die Phänomene nur dann Rechenschaft geben können, wenn sie sie schematisieren, und nur aufgrund dieser Schematisierung kann die Wissenschaft das Bild erhellen, das sie uns vom Universum gibt. In dieser Hinsicht sind ihre Theorien gerechtfertigt. Unser Weltbild entstammt aber unserer sinnlichen Intuition, die vor jeder wissenschaftlichen Schematisierung liegt, und das physikalische Weltbild ist nur insoweit erhellend, als die Weltvorstellung, die es uns vermittelt, sich mit der verträgt, die wir aus unserer Erfahrung gewinnen.

II. Der Begriff der Konsonanz*

Erster Überblick über die musikalischen Strukturen

1. Die griechische Musik

»Die musikalische Leiter ist Konsonanz«, sagt Platon**. Die griechischen Philosophen und Theoretiker waren der Auffassung, daß die Eigentümlichkeit einer musikalischen Leiter, das, was sie zu einem einheitlichen *Ganzen* werden läßt – zu einer konkreten Form, einer *Gestalt*, wie wir heute sagen würden –, von der Relation einer jeden ihrer Tonpositionen zur ersten Tonposition bestimmt wird, und diese Relation bezeichneten sie mit *dynamis*. Nach ihrer Ansicht wurde jede Tonposition einerseits durch ihre *Stellung* innerhalb der Leiter und andererseits durch diese Relation bestimmt, die der ganzen Entfaltung der Leiter in Raum und Zeit innerlich zugrunde liegt. In der *e*-Leiter z.B.

werden *c* und *f* einerseits durch ihre Stellung in den Tetrachorden bestimmt, in die die Leiter sich gliedert, und andererseits durch ihre Relation zum ersten Ton des Tetrachords und zum ersten Ton der Leiter. Würde *c* zu *cis* und *f* zu *fis*, weil an die Stelle der *e*-Leiter eine transponierte *d*-Leiter tritt, so bliebe ihre *Stellung* die gleiche, die *dynamis* der Leiter würde aber eine Veränderung erfahren und damit auch die *dynamis* aller auf dieser Leiter aufgebauten Melodien. Für die griechischen »Philosophen« bestimmt also diese *dynamis* die Melodien, indem sie ihnen ein gewisses Ethos, ein bestimmtes *Ausdrucksgepräge* – männlich, lüstern, fromm usw. – verleiht. Die Veränderung der *dynamis* zieht also die Veränderung der Audrucksart der Melodie nach sich.

DIE DYNAMIS   Diese *dynamis* ist daher eine unmittelbare Folge der Weise, wie das Bewußtsein die Töne wahrnimmt; durch sie offenbart sich im musikalischen Hörakt das Wahrnehmungsgesetz, nach dem das Bewußtsein die Töne

---

* Diese Anmerkung dient der Erläuterung des Haupttextes auf S. 76.
** Es handelt sich um *Symposion* Nr. 187b: »Die Harmonia ist Symphonia.« Ernest Ansermet stützt sich hier auf die Interpretation, die der bekannte französische Musikforscher und Komponist Maurice Emmanuel (1862–1938) in seinem *Traité de la musique grecque* (1912) von dieser Stelle gibt. Der Übers.

und die Beziehungen zwischen den Tönen nur aufgrund einer erworbenen
Ausgangsposition bestimmen kann, in die es sich selbst situiert wie in einen
Blickpunkt, von dem aus es den Klangraum überschaut. Der Begriff »Konsonanz« setzt aber auch die Hypothese von einer im Leiteraufbau vorhandenen
prästabilierten Harmonie zwischen den Tönen voraus, die in den Melodien
zutage tritt, und zwar deshalb, weil diese »positionellen« Töne nicht vom Himmel fallen, sondern weil sie ausgewählt worden sind, um aus dem zum musikalischen Raum gewordenen Klangraum ein Feld wirkender Relationalität
zu machen. Was wir also »Klangraum« (und mit noch größerer Berechtigung
»musikalischen Raum«) nennen, ist ein *Bewußtseinsfeld*, ein Wahrnehmungsbereich, aus dem das Hörbewußtsein bei der Entstehung der Tonstrukturen
sein eigenes Relationalitätsfeld gemacht hat. Deshalb erscheinen in diesem
Feld auch nur Tonstrukturen, die *im Blick des Bewußtseins* räumliche Strukturen aus untereinander in Beziehung stehenden Tonpositionen sind. Da sie
aber in Hinblick auf das Bewußtsein zueinander in Beziehung stehen, sind
Grund und Weise ihrer Relationalität nicht in den Tönen zu suchen: Diese
liegen vielmehr im Bewußtsein. Es versteht sich von selbst, daß das Hörbewußtsein diese »Relationalität« zwischen den Tönen nicht herstellen könnte,
wenn diese sich nicht dazu eigneten; sie ist aber nicht *von Natur* gegeben: Sie
wird *der Natur* vom Bewußtsein gegeben, und wir werden sehen, daß *für das
Bewußtsein* die »Tonrelationalität« auf einer Relationalität beruht, die es zwischen den von der Natur gegebenen *Relationen* herstellt.

Konsonanz bezeichnet daher die Tatsache, daß für das Hörbewußtsein
die Welt der musikalischen Töne eine Welt der Relationalität ist. In dieser
Relationalität manifestiert das Bewußtsein eine prästabilierte Harmonie, die
es zwischen den von ihm ausgewählten Tönen selbst geschaffen hat. Folglich
ist für das Hörbewußtsein die Welt der musikalischen Töne *a priori* eine Welt
der *Konsonanzen:* Die Melodie besteht aus einer Struktur positioneller Töne,
die in der Dauer miteinander konsonieren, und der Akkord besteht aus einer
Struktur positioneller Töne, die *in der Gleichzeitigkeit* miteinander konsonieren.

Harmonie und harmonische Obertöne   Das Hörbewußtsein würde keine
»Harmonie« zwischen den Tönen entdecken, wenn es nicht eine verborgene
Harmonie zwischen den in der Natur erscheinenden Tönen aufgrund ihrer
Seinsgemeinschaft gäbe; es entdeckt diese Harmonie aber nur, insoweit es sie
signifizieren kann, was nur bei Tönen mit einer bestimmten Frequenz geschieht.
Die physikalische Analyse beweist das Vorhandensein von Teiltönen in jedem
natürlichen Ton, die das Ohr aber nicht zu unterscheiden vermag. Jeder Ton
ist daher bereits *de facto* eine *Konsonanz*, von der das Ohr nichts weiß und die
nichts mit der Konsonanz zu tun hat, die das Bewußtsein durch sich und für
sich *zwischen* den Tönen herstellt. Im Gegensatz zu den immer wieder vor-

gebrachten Behauptungen besteht daher nur eine zufällige und übrigens sehr begrenzte Koinzidenz zwischen dem *Resonanz*phänomen (der Teiltonhaltigkeit eines gegebenen Tones) und den Relationen, auf deren Grundlage das musikalische Bewußtsein die Tonstrukturen sukzessiv und simultan bestimmt. Die Koinzidenz ergibt sich daraus, daß das Bewußtsein seine eigenen relationellen Gesetze nur auf der Grundlage der physikalischen Frequenzgesetze aufstellen kann. Wir haben aber weiter oben festgestellt, daß seine eigentliche Tätigkeit darin besteht, »Relationen« zwischen den *Frequenzrelationen* herzustellen.

Weshalb sprechen wir aber noch von »Harmonie«, wenn die musikalischen Töne nicht schlechthin eine Harmonie der Natur sind? Mit »harmonisch« bezeichnet man in der Mathematik bestimmte Relationen zwischen »räumlichen Größen« oder »Quantitäten«, die stets Relationen von Relationen sind und die sich durch die Besonderheit auszeichnen, daß sie sich nur im Äußeren manifestieren. Mit anderen Worten: Es sind *innere* Relationen innerhalb einer *erschienenen Ganzheit*, die die äußere Struktur oder Gegebenheit dieser Ganzheit bestimmen. Z.B. läßt die Zahlen*gruppe* 6, 3, 2 äußerlich die inneren Relationen erscheinen $\frac{6-3}{3-2} = \frac{6}{2} = \left(\frac{3}{1}\right)$. Die Tatsache, die die relationelle Gegebenheit $\frac{a-b}{b-c} = \frac{a}{c}$ bei den Zahlen die Gruppe 6, 3, 2, aber auch die Gruppe 6, 4, 3 und noch andere entstehen läßt, ist ein Beispiel für das, was wir die »wirkende Relationalität« genannt haben. Die Mathematiker haben das Wort »harmonisch«, kurz gesagt, auf die *äußere Relationalität* bei arithmetischen oder geometrischen Größen angewendet, weil ihre Gesetzmäßigkeit nicht unmittelbar äußerlich erscheint, sich z.B. nicht auf die einfache arithmetische Proportionalität reduziert und sich nur durch eine *innere* Gesetzmäßigkeit erklärt. Man spricht in der Welt von »Harmonie«, wenn ein Naturschauspiel dem Blick als ein verbundenes Ganzes erscheint, in dem die Proportion der Teile einem verborgenen Gesetz zu gehorchen scheint.

DIE ZWEI WEGE DES MUSIKBEWUSSTSEINS Das »musikalische« Bewußtsein nimmt die »Relationalität« in der klanglichen Welt aber nicht als konstituiert wahr, wie sie das Hörbewußtsein in seiner natürlichen Situation in der Welt perzipiert; das Musikbewußtsein muß eine Welt aus positionellen Tönen erst schaffen, und wenn es eine *konsonante* Welt werden soll, kann sie nur auf *Konsonanzen* beruhen. Es stellt sich heraus, daß die drei Intervalle, die wir als unmittelbar qualifizierbare Konsonanzen erkannt haben, gerade diejenigen sind, die das Gerüst der griechischen Leitern bilden. Man kann daraus ableiten, daß das Musikbewußtsein von Anbeginn seiner Geschichte die Quarte, Quinte und Oktave suchen mußte, daß seine ersten melodischen Wege skizzenhafte Quart- oder Quintwege sein mußten und daß, nachdem ein Intervall oder das andere oder alle drei erst einmal gefunden waren, seine schöpferische Tätigkeit auf die *innere* Gestaltung seiner Melodiewege abzielen mußte.

D̄ER ĒRSTE W̄EG, »V̄ON ĀUSSEN«   Dazu standen zwei Verfahrensweisen offen: Der Musiker unterteilt mit Hilfe seines Instruments große Intervalle (Quarte, Quinte, Oktave) in eine bestimmte Zahl gleichmäßig oder ungleichmäßig großer Stufen. Die Hindus z.B. teilten die Oktave in 23 *Shrutis*. Die Griechen teilten sie in 22 *Diësen*, und von hier aus bildeten sie Intervalle, die die Quarte, Quinte oder Oktave ausfüllen. Der Musiker benutzte bei seinen Melodien wohlgemerkt nur die Intervalle, die ihm gefielen; dennoch konstituierte er seine Quart-Quint-Wege aus einer Summe willkürlich ausgewählter Intervalle. Zufällig hatte er die Grundintervalle gefunden, sie aber (ohne andere Maße) als unmittelbar qualifizierbare erkannt und übernommen. Für ihn ging es darum, für die »kleinen« Intervalle ein »anderes Maß« zu finden. Ob er nun schließlich einen gemeinsamen Nenner für alle Intervalle (wie die *Diësen* oder *Shrutis*) fand oder nicht, für den Musiker stellte sich die Oktavleiter als eine Struktur aus Tonpositionen dar, zwischen denen er nur *äußere*, durch die Intervalle gemessene Relationen herstellte; und *die Leiter entstand aus der Summe der Intervalle*.

Mit anderen Worten: Als schematischer Vorsatz der Melodiewege war die musikalische Leiter *bei ihrer Entstehung* keine Struktur aus Tonpositionen, die innerhalb des Ganzen in innerer Beziehung zueinander standen, obwohl sie es für den Musiker gewiß sein mußte, sobald er eine Tonstruktur als »Melodie« zur Existenz brachte.

Machen wir bei dieser Vorstellung halt. Warum war das so? Weil nach unserer Meinung das Hörbewußtsein sich von außen bestimmte. Es hatte sich »von außen« die Grundintervalle gegeben, es gab sich »von außen« durch zuvor bestehende Maße die Zwischenpositionen, es bestimmte diese nicht durch Beziehung zum ganzen zu durchlaufenden Tonwege, sondern durch deren Bezug auf die vorhergehende Position und über diese zur Ausgangsposition. Mit anderen Worten: Es bestimmte seine »Positionalität« nicht durch Bezug auf die zu erreichende Quarte, Quinte oder Oktave, es führte einfach zu ihr hin. Und nochmals anders ausgedrückt: Das Bewußtsein bestimmte seinen Lauf nicht von Anfang an durch das Ziel oder das Ganze; es führte zu einer zuvor gegebenen Quarte, Quinte oder Oktave, und zwar aufgrund von Eindrücken, die ihm die Etappen seines Verlaufs eingaben. Dieser Verlauf bestand also aus einer Summe von *Intervallen*, denen das Hörbewußtsein unterworfen war, weil sie von außen bestimmt waren, und denen es, um uns zu wiederholen, nur deshalb unterworfen war, weil es sich darin gefiel. Und weil es sich darin gefiel, gewöhnte es sich daran. Sein melodischer Verlauf erschien ihm jedoch zum Schluß als ein Ganzes, als ein in sich geschlossenes Ganzes, weil es ihn auf seine Ausgangsposition zurückführte. Die einzigen im Verlauf »signifizierten« Konsonanzen waren also die Quarte und die Quinte, vor allem aber der Einklang – die Rückkehr zur Ausgangsposition –, alles andere war *irrational*.

Allerdings nicht gänzlich. Ohne es zu wissen, hatten die griechischen Musiker nämlich schon durch die Quint-Quart-Stimmung der Lyra den Weg zum

Anbruch einer Welt von Tonpositionen vorbereitet, die auf einer Quinten-und-Quarten-Beziehung beruhen, d. h. einer Welt aus in innerer Beziehung zu-

einander stehenden Tonpositionen (*h* steht in innerer Beziehung zu *a* durch das Mittelglied *e*; die Relation der aufsteigenden Quarte und der absteigenden Quinte ist der innere, genetische Grund der äußeren Relation *h-a*). Die solcherart bestimmte heptatonische Leiter blieb dennoch für die griechischen Musiker eine äußere Gegebenheit, der sie sich nur widerstrebend unterwarfen. Denn sie hielten diese Tonpositionen für vom Ohr leicht erkennbare, bevorzugte Positionen aus der Oktavteilung in Diësen und bezogen sich auf diese Diësen, diese äußeren Gegebenheiten, um das chromatische und das enharmonische Geschlecht zu pflegen, das sie und auch das Volk so außerordentlich liebten.

Die Weisen empfahlen den ausschließlichen Gebrauch der siebentönigen Leiter, weil sie in dieser Struktur die Manifestierung einer inneren Relationalität erkannten, die die *dynamis* bestimmte und zugleich der äußeren Relationalität eine *rationale Grundlage* gab (um vom *g* zum *fis* zu kommen, mußte man durch eine ganze Quinten- und Quartenreihe gehen, was die Veränderung der *dynamis* erklärt). Pythagoras hat die Rationalität dieser Struktur sanktioniert, indem er ihr eine metaphysische Bedeutung zuerkannte, die sich auf seine Zahlenmystik stützt. Aber auch Pythagoras sah nicht weiter als bis zur Quinte oder Quarte; weder die Quinten- noch die Quartenreihe führte ihn zur Oktave. Für die Griechen fiel die Oktave vom Himmel – das stimmt so sehr, daß sie den Tönen im Oktavabstand nicht denselben Namen gaben; d. h. sie machten aus der Oktave nicht eine positionelle Relation, sondern bloß einen von außen gegebenen Rahmen, eine faktische Gegebenheit. Pythagoras konstituierte die Oktave aus zwei im Quintverhältnis zueinander stehenden Tetrachorden: Er schuf das Ganze aus seinen Teilen.

Diese beiden Bewußtseinsfakten: »Bestimmung von außen« (ob diese nun aus dem theoretischen Denken wie bei Pythagoras oder den Chinesen oder aus dem praktischen Denken wie bei den griechischen Musikern entsteht) und »Bestimmung eines Ganzen durch seine Teile« kommen auf das gleiche hinaus: Das eine zieht das andere nach sich. Solange der Mensch sich »vom Außen« her bestimmt, d. h. solange er nur Dingbewußtsein ist, trifft er nur das »Verschiedenartige« an und kann sich das *Ganze* nur als Ganzheit aus Verschiedenem vorstellen. Nur »im Innen« – d. h. als unreflektiertes Selbstbewußtsein – gibt er sich die Welt als ein Ganzes, bezieht jede Seinserscheinung auf das Sein der Erscheinung und bezieht jede teilweise Erscheinung der Tonleiter auf die als Ganzes betrachtete Tonleiter.

Zwischen diesen beiden Anschauungen, die sich aus den beiden Determina-

tionsweisen der Dinge ergeben, klafft ein ebenso unüberbrückbarer Abgrund
wie zwischen der animalischen und der menschlichen Weltanschauung; und
obwohl beide Anschauungen beim Menschen gleichermaßen möglich sind,
sind sie für das in der Musik wirkende Bewußtsein Stufen seiner Geschichte.

DER ZWEITE WEG, »VON INNEN«   Auf unser Thema, den Aufbau der Leiter,
zurückkommend, stellen wir also fest:

Entweder hat der Musiker die Tonpositionen durch eine bestimmte Unterteilung der Quinte, Quarte oder Oktave bestimmt, und die Tonleiter bietet
sich dem Musikbewußtsein als eine Summe von Intervallen, eine Struktur von
Tonpositionen in äußerer Relation dar, wobei jede Tonposition durch ein
Intervall oder eine Intervallsumme bestimmt wird.

Oder aber das Musikbewußtsein gibt sich im Erlebnis, d. h., wenn es die Leiter von einer Position zur anderen durchläuft, jede seiner »Positionen« durch
deren Beziehung zu den beiden Endpunkten der Leiter – was voraussetzt, daß
jede Tonposition durch die Beziehung zweier Intervalle bestimmt wird: Die
Oktave als Struktur aus Tonpositionen erscheint dann als ein Ganzes, dessen
Teile sich vom Ganzen her qualifizieren.

Das kann nur geschehen, wenn die Tonleiter für das Musikbewußtsein
nicht mehr eine Reihe von Tönen in der Welt, sondern sein eigener Existenzweg geworden ist; und wenn sich das Musikbewußtsein für sich und durch
sich die Oktave als Endglied seines Verlaufs gegeben hat, d. h. wenn die Oktave für es nicht mehr eine äußere, im Raum erschienene, gleichsam vom Himmel gefallene Gegebenheit ist, sondern eine *Selbstposition*, die es in der Zukunft wieder erreichen muß; also wiederum *d*-Bewußtsein, wenn es zu Anfang
d-Bewußtsein gewesen ist.

Die Oktavauffassung und die Bestimmungsweise der Tonpositionen wird
in unserer Untersuchung beleuchtet und erklärt als dasjenige, zu dem ein
autonomes Musikbewußtsein hinführen mußte, das sich durch sich und für
sich eine Welt aus positionellen Tönen für die Musik gibt, d. h. um den Tönen
und dem Klangraum einen Sinn zu verleihen. Da diese Bestimmungsweise die
Strukturen der abendländischen Musik zutage fördert, schließen wir daraus,
daß der Übergang von der, wie wir sie nannten, »Bestimmung von außen« zur
»Bestimmung von innen« in der Geschichte des Musikbewußtseins der *Anbruch seines abendländischen Zeitalters* ist. Gleichzeitig präzisiert sich auch
seine einseitige Ausdrucksweise: Solange das Musikbewußtsein sich durch das
»Außen« bestimmt, steht es in *passiver* Beziehung zur Transzendenz, da es der
doppelten Oktave als dem transzendenten schematischen Weg unterworfen
ist, zu dem es sich in seinem freien Verlauf in Beziehung setzen mußte; sobald
es aber »von innen her« bestimmt wird, steht es in *aktiver* Beziehung zur Transzendenz, in dem Sinn, als es sich die Oktavleiter als transzendentes und gewissermaßen ideales Schema gibt, auf das sich seine Positionalität im Raum

während seines melodischen Verlaufs bezieht. Der Anbruch des abendländischen Zeitalters erscheint deshalb wie ein Drehpunkt der Geschichte – und nicht bloß der Geschichte der Musik.

DER WEG DES ABENDLÄNDISCHEN MUSIKBEWUSSTSEINS   Es ist deutlich, daß eine solche Determinationsweise nur möglich ist, wenn die Töne bereits vorhanden sind. Das Musikbewußtsein konnte die Oktave und seine Positionalität in der Oktave erst dann qualifizieren, als eine bestimmte Oktavleiter schon gefunden und als Typus eines möglichen Melodieweges gesetzt war. Die abendländische Musik ist keinesfalls vom Nichts ausgegangen, und ihre erste Manifestation – der christliche Psalmengesang – entstand aus einer schöpferischen Tätigkeit, die sich auf Übernommenes stützte. Dieses übernommene Gut waren Beispiele konkreter Musik aus Griechenland und dem Nahen Osten – Melodiestrukturen, in denen meistens die siebentönige Leiter der Griechen durchschimmerte. Daß die Katakombensänger die siebentönige Leiter übernahmen und nicht die chromatischen und anderen Geschlechter, die ihnen in den Straßen Roms in die Ohren gellten, ist bereits ein Zeichen. Sie wandelten aber um, was sie übernahmen, und ihre originalen Schöpfungen sind etwas ganz anderes als die griechischen oder hebräischen Melodiemuster. Der Beweis dafür, daß es sich hier um eine spontane Schöpfung und einen Neubeginn der Musik handelt, um eine »Neugeburt« des in den musikalischen Tönen wirkenden Bewußtseins, liegt darin, daß man im frühen Mittelalter die christliche Psalmodie auf griechische Weise erklären wollte, indem man versuchte, die Melodie auf die Modi, auf die antiken Oktavleitern, zurückzuführen, und dabei ein ganz anderes Modussystem fand und Modi, die völlig anders aufgebaut sind als die griechischen.

Das entscheidende Zeugnis des neuen Zeitalters aber ist, daß die Melodien vor den Modi vorhanden waren, auf die das theoretische Denken sie *a posteriori* zurückführen wollte. Der griechische Musiker suchte seine Tonarten auf der Lyra; er konnte nicht anders verfahren, denn seine historische Situation verlangte, daß er zuerst seine Tonarten finden mußte, ehe er Melodien daraus machte. Und sobald die Tonarten einmal gefunden und organisiert waren, unterlag seine melodische Erfindung dem gewählten Modus. Das im christlichen Psalmengesang wirkende Musikbewußtsein gehorcht nur seinen eigenen Gesetzen, die durch die Modustheorie nie zur Genüge geklärt worden sind. Und seine freie Entscheidung drückt sich aus in der neuen Form, die es dem antiken Melos überwirft. Diese Freiheit war nur möglich in dieser historischen Situation, da die heptatonische Leiter bereits ausgebildet war. Das alles hätte sich jedoch nicht ergeben können und hätte sich auch nicht begeben, wenn das christliche Bewußtsein nicht unter dem Eindruck eines Ereignisses gestanden hätte, das die Ordnung der Dinge in ihrer Beziehung zum Außen umgekehrt hatte.

2. Die Umkehrung der Bewußtseinsschau im Mittelalter

Es besteht daher ein geschichtlicher Bruch zwischen der griechischen Musik und der abendländischen, und zwar nicht auf der Ebene des Tonmaterials, sondern auf der Ebene des Bewußtseins. Die Musikhistoriker, die alles unbedingt durch ein Kausalitätsgesetz erklären wollen, haben das nicht gesehen. Sie sahen nur die Analogie zwischen den griechischen Modi und den abendländischen und glaubten auf einen Einfluß der griechischen Musik auf die christliche schließen zu können. Sie verkannten den fundamentalen Bruch zwischen beiden Musikkulturen und die grundlegende Originalität der christlichen Musik, für die die *genetische Richtung* der Leiter und die innere Umwandlung ihres Aufbaus sprechen. Man kann sie andererseits wieder verstehen, denn *nichts ähnelt mehr einem »von innen« bestimmten Weg als ein von »außen«* bestimmter. Sie erscheinen beide als eine *Intervallsumme*, solange man die Entstehung nicht rekonstruiert. Der Unterschied wird uns dennoch durch eine der Konsequenzen offenbar werden.

DIE ERSCHEINUNG DER DISSONANZ   Nehmen wir einen Augenblick an, der christliche Psalmengesang sei ganz unbewußt aus der *d*-Leiter hervorgegangen

und das Musikbewußtsein bestimme seine Positionalität im Verlauf eines Melodieweges durch seinen Bezug zu den beiden Oktavendpunkten. Wir sehen, daß es seinen Weg durch die bestehenden Beziehungen zu den folgenden Intervallen schaffen muß: *große Sekunde* – kleine Septime, *kleine Terz* – große Sexte, *Quarte* – Quinte, *große Sexte* – kleine Terz, *kleine Septime* – große Sekunde.

Der christliche Psalmengesang war jedoch eine spontane Schöpfung, so haben wir behauptet; er entstand nicht aus einer modalen Leiter, wenn er auch die von der heptatonischen Leiter der Griechen festgelegten Tonpositionen benutzt. Und bei der Erschaffung von Melodien mußte das abendländische Musikbewußtsein oft von anderen Tonpositionen als *d* ausgehen und folglich auf andere Intervalle stoßen als auf die oben in Kursivdruck gesetzten – z. B. auf die große Terz, den Halbton und die übermäßige Quarte.

Wenn es auch, hypothetisch angenommen, »von innen«, d. h. durch sich und für sich, seine Intervalle bestimmte, so mußte es sich dennoch auf diejenigen beschränken, *die in Reichweite seines relationellen Vermögens lagen.* Trifft es nun tatsächlich in seinen Melodien auf große Terzen und Halbtöne, so doch niemals auf eine übermäßige Quarte. Es wirkt so, als ob das nur mit seinem relationellen Vermögen ausgerüstete Melodiebewußtsein nicht in der

Lage wäre, sich die »Konsonanz« zwischen *f* und *h* in der siebentönigen Leiter zu signifizieren, und als ob folglich für dieses affektive Bewußtsein, das das Musikbewußtsein ist, *f* und *h* nur innerhalb des Ganzen konsonant wären, aber nicht, wenn sie unmittelbar hintereinander erschienen. Da sie ihm also nicht als »konsonant« erschienen, mußten sie für sein Gefühl für Tonrelationen *dissonant* sein. Wenn das für das Bewußtsein stimmt, das die Melodien erschafft, mußte es auch so für das hörende Bewußtsein, das Bewußtsein des Hörers, sein, d.h. für das Musikbewußtsein, das diese wahrnimmt, und zwar insoweit, als das Hörbewußtsein wie das Melodiebewußtsein ein *autonomes* und in seiner Beziehung zur Welt *aktives* Bewußtsein ist.

Das griechische Bewußtsein scheute die übermäßige Quarte nicht; denn da es sich darauf beschränkte, die durch eine bestimmte Art, die Lyra zu stimmen, von vornherein festgelegten Beziehungen zwischen den Tönen zu *dulden*, übersteigt der unmittelbare Bezug *f-h*, wenn er zufällig auf der nach Quint- und Quartsprüngen gestimmten Lyra erscheint, augenscheinlich das Relationsvermögen des Hörbewußtseins und spielt daher keine Rolle. Solange das Musikbewußtsein sich bescheidet zu *dulden*, weil es vielleicht an dem Gefallen findet, was sich an zufälligem Zusammentreffen von Tönen ergibt, die durch ein Maßsystem von vornherein bestimmt sind, so lange kann es *alles* ertragen: So erklärt sich, daß man sich im Orient an Intervallstrukturen erfreut, die für uns keinen Sinn haben. Sobald aber das Musikbewußtsein seine melodischen Strukturen durch sich und für sich bestimmte, waren diese notwendig durch die Grenzen seines Relationsvermögens bedingt; es konnte nur insoweit einen Sinn verleihen, d.h. »Konsonanz«-Bezüge herstellen, als sein Relationsvermögen reichte; und deshalb mußte es sich, wie wir sehen werden, zunächst auf die siebentönige Leiter beschränken, die einer völlig neuen Bedingtheit unterworfen wurde.

Die griechische heptatonische Leiter war eine Struktur aus in äußerer Relation zueinander stehenden Tonpositionen. Sie war entstanden aus einem inneren relationellen Gesetz – einer bestimmten Quart-Quint-Beziehung – und war folglich ein *Ganzes*, dessen Teile – und auch das Ganze selbst – *äußere* Manifestierung dieses inneren relationellen Gesetzes waren. Damit das Musikbewußtsein *sich diese Struktur als äußere Erscheinung einer inneren Relationalität signifizieren konnte*, bedurfte es einer Umkehrung der Bewußtseinsschau, einer Umkehrung seiner Bestimmungsweise vor der Welt; das in der Musik wirkende Bewußtsein mußte sich das Ganze vor den Teilen geben, natürlich nicht *explizit*, aber implizit, durch eine Art idealer und transzendenter Zielsetzung, durch die es seine Positionalität im Verlauf einer Melodie als eine bestimmte Etappe auf einem Oktavweg qualifizieren konnte. Quinte und Quarte waren für das Hörbewußtsein *absolute Konsonanzen* (weil sie ohne Bezug auf eine andere »Konsonanz« unmittelbar qualifizierbar sind – wobei natürlich die Oktave selbst als absolute Konsonanz *a priori* gesetzt war), alle anderen melodischen Intervalle, sobald sie als durch den Quart-und-Quint-Bezug geschaffen betrachtet werden, werden zu *relativen* Konsonanzen, Konsonanzen zweiter, dritter und vierter Ordnung, je nach der Anzahl von Quart- und von Quintbezügen, die zu ihrer Bestimmung nötig sind. Und die Tonleiter wie auch jeder konkrete, individualisierte Melodieweg, soweit er durch diese absoluten oder relativen Konsonanzen geschaffen wird, bieten sich dem Bewußtseinsbereich als ein »konsonantes« Ganzes dar.

So wurde der Begriff der Konsonanz, der bei den Griechen bloß eine Idee des »spekulativen Denkens« war, zur *Norm* des »in der Musik wirkenden Bewußtseins« selbst, und zwar in dem Augenblick, da die Geschichte oder da vielmehr dieses Bewußtsein endgültig seine Autonomie erlangt hatte, d. h. in seiner Beziehung zur Welt *aktiv* geworden war. Wir sehen aber, daß durch die *Dissonanz* der im Raum verteilten Töne das Bewußtsein sich ihre *Konsonanz* signifizierte, und deshalb ist das Gefühl für Dissonanz eng mit dem Konsonanzgefühl verknüpft: Das eine impliziert das andere. Überdies war es fast unausweichlich, daß bestimmte in der Leiter enthaltene Töne seinem Relationsvermögen entgehen und ihm folglich verboten sind, da die Konsonanz der musikalischen Töne nur durch die Entstehung der Leiter prästabiliert ist und weil das abendländische Bewußtsein bei der spontanen Erschaffung von Melodien nicht von der Leiter ausgeht: Für das Musikbewußtsein sind die Töne, zwischen denen diese Intervalle erscheinen, »dissonant«.

Wenn also für das Bewußtsein, von dem wir sprechen, jede »Konsonanz« »dissonant« ist, die sein Relationsvermögen überschreitet, so ist ihm alles Dissonante *irrational*. Und wenn es sich die »Dissonanz« als solche nicht signifizieren kann, kann es sie auch nicht hervorbringen, d. h. sie in die Welt setzen, nämlich in den Tönen signifizieren: Der Weg der Dissonanz ist für es *a priori* ein verbotener Weg, dem zu folgen es sich weigert, weil er ihm sinnlos erscheint. Da es aber in der Welt Tonbeziehungen gibt, die ihm entgehen, und da sich zwischen den »musikalischen« Tönen Konsonanzen ergeben können, die für es Dissonanzen bleiben, muß es sich diese signifizieren können. Wir werden gleich sehen, wie das abendländische Musikbewußtsein diese Schwierigkeiten umgeht; wir werden sehen, daß es sich die Dissonanz durch Bezug auf eine Konsonanz signifiziert und daß es sie in ein konkretes »Ganzes« integriert. Denn sobald es vor einer Tonstruktur dessen Teile vom Ganzen her qualifiziert, muß es imstande sein, sogar eine »Dissonanz« zu qualifizieren, wenn es sie auf ein konsonantes Ganzes beziehen kann – das bedeutet aber zugleich, daß es sich nur die Dissonanzen signifizieren kann, die es auf die eine oder andere Weise zu Konsonanzen in Beziehung zu setzen vermag. Folglich gibt es im Wahrnehmungsbereich des abendländischen Musikbewußtseins nichts Irrationales – da es das Irrationale durch Bezugsetzung zum Rationalen rationalisiert oder indem es sich es von einer rationalen ganzheitlichen Gegebenheit her signifiziert.

DIE RATIONALISIERUNG DES IRRATIONALEN   Es folgt aber noch eine andere Konsequenz: Da das Musikbewußtsein durch den eben angedeuteten Umweg sich Dissonanzen als »Dissonanzen« signifizieren kann, wird die »Dissonanz« für es zum Gegenstand einer funktionellen Intentionalität, die auf das »Irrationale« gerichtet ist. Sie wird zu dem, wodurch dieses Musikbewußtsein sich als Affektivbewußtsein der Tonstrukturen, d. h. in seiner Eigenschaft als Gefühl für Konsonanz und Dissonanz, seine eigene Irrationalität signifiziert. Und da es das Irrationale rationalisiert, wird alles ganz licht: Rationalität wie Irrationalität des in der Musik wirkenden Gefühls können sich eindeutig signifizieren, das eine durch die Konsonanz, das andere durch die Dissonanz, solange der musikalische Akt auf der Konsonanz beruht und das Dissonanzgefühl stets durch ein Konsonanzgefühl transzendiert wird, wie das Irrationalitätsgefühl durch das Rationalitätsgefühl transzendiert wird. Wenn dem so ist, wenn die grundlegende Irrationalität des Gefühls für das Denken (Konsonanz und Dissonanz können im musikalischen Erlebnis nur Gegenstand eines »Gefühls« sein) mit Hilfe der absoluten Konsonanzen, der relativen Konsonanzen und der Dissonanzen rationalisiert wird, so muß die abendländische Musik eine deutliche und ebenso entschiedene Sprache sprechen wie die Sprache der Vernunft. Die Weise, wie sich die in der Musik wirkende Vernunft äußert (durch die Unterscheidung des Rationalen und Irrationalen und die Spezifizierung des Rationalen), ist die gleiche, wie sich die Logik und die Mathematik äußert; mit anderen Worten: Es ist dieselbe »Vernunft« als »Vernunft« (ein und dieselbe Relationalitätsweise), die in der Logik, in der Mathematik und in der Musik wirkt; in der Logik und Mathematik gewinnt sie Gestalt als »Gedanke«, in der Musik als »Gefühl«. Was wir Vernunft nennen, ist die jeder seiner Tätigkeiten eigentümliche relationelle Tätigkeit des Bewußtseins.

Die Musik erscheint also als ein bevorzugtes Erlebnis, durch das sich der Mensch selbst offenbart, daß das Gefühl, das ihn angesichts der Dinge bewegt, an sich eine vollkommene, in sich klare und ausreichende Vernunft ist und daß es wahrscheinlich sogar seine Ur-Vernunft ist, wenn sie auch nur erlebt ist und vom Denken nicht reflektiert wird.

BEISPIELE   Kommen wir jetzt zu Tatsachen. Hätte sich zu Beginn des abendländischen Zeitalters ein Pythagoras gefunden – ein phänomenologischer Pythagoras –, um durch den Verstand zu bestimmen, auf welche Leiter sich die Musik des neuen Bewußtseins beziehen soll, die sich im Abendland durch den christlichen Psalmengesang zu signifizieren begann – er hätte sicherlich nicht die große absteigende *a*-Leiter der Griechen gewählt, sondern eine große auf- und absteigende Leiter auf *d*. Wenn nämlich für das Hörbewußtsein die Tonleiter im Sinn der Wahrnehmungszeitlichkeit Gestalt annimmt, also in aufsteigender Richtung, und wenn das Hörbewußtsein seine Tonleiter nach seinen eigenen Gesetzen aufbaut, so konstituiert es die absteigende Leiter auf dieselbe

Weise wie die ansteigende und gibt ihr den Sinn einer »Reflexion für sich« der aufsteigenden. Damit diese Reflexion genau mit dem übereinstimmt, was sie reflektiert, muß die Leiter in absteigender wie in aufsteigender Richtung denselben inneren Aufbau haben. Auf heptatonischem Gebiet entspricht aber nur die *d*-Leiter dieser Bedingung. Da aber – immer nach unserer Hypothese – das abendländische Bewußtsein nicht von der Leiter ausgeht und spontan individualisierte Melodiewege schafft, tritt der Fall ein, daß es eine Melodie auf einer anderen Tonposition beginnt als auf *d*; und wir werden gleich sehen, daß ihm der Beginn auf *f* verboten ist, denn sonst müßte es sich das Intervall *f-h* signifizieren, wenn es nicht das *h* vermeidet oder umgeht.

Betrachten wir dieses Beispiel:

Offensichtlich will die melodische Linie das *h* hervorheben und das schaffende Bewußtsein sich »für sich« den Bezug *f-h* signifizieren. Zu diesem Zweck bereitet es sich von außen vor, setzt *f* als einen bestimmten Punkt der Quinte *f-g-a-c*, und von *f* signifiziert es sich das *h* durch den Bezug auf *c*. Danach steigt es nach Berührung des *g* von *h* zu *c*, um sich *f* durch seinen Bezug zu *c* durch *a* und *g* zu signifizieren. So wird das Intervall *f-h* durchaus signifiziert, aber nur indirekt. Und indirekt sind wir in eine *f*-Leiter geraten. Mit einem Wort: *Das Intervall f-h ist nicht erlaubt, aber das Musikbewußtsein kann es sich trotzdem erlauben*, d.h. es kann es sich signifizieren, indem es diese »Dissonanz« auf die Quint-»Konsonanz« und auf die umfassende Quintstruktur bezieht, in der sie eine Zwischenstation darstellt.

Wenn das Musikbewußtsein *den Sinn der Tonrelationen in der Gleichzeitigkeit* erworben hat, wird das Verbot der übermäßigen Quarte aufgehoben, denn das Bewußtsein bezieht seine melodischen Positionen auf den »Grundton« des Klanges, der der melodischen Entfaltung zugrunde liegt:

Das *h* signifiziert sich hier gleichzeitig durch seinen Bezug auf *g* wie durch seinen Bezug auf *f*, der ihm durch den Klang *g-d-f* gegeben ist. Anders ausgedrückt: Der melodische Tritonus wird dadurch möglich, daß er implizit in einem Klang enthalten ist, den das Musikbewußtsein durch seinen Bezug zu anderen Klängen determiniert. (Ein berühmter Choral von Bach beginnt mit einem Tritonus*.)

---

* Nr. 5, Choral *Es ist genug* aus der Kirchenkantate Nr. 60 *O Ewigkeit, du Donnerwort.* Alban Berg benutzt diesen Choral im 2. Satz seines Violinkonzerts. Der Übers.

3. Die Entstehung der Polyphonie und der Harmonie

Sowie das Musikbewußtsein im Abendland die Tonstrukturen nach seinen eigenen Gesetzen ordnet, steht ihm die Möglichkeit offen, sich die Konsonanz der Töne in der Gleichzeitigkeit ebenso wie in der melodischen Aufeinanderfolge zu signifizieren; die Konsonanzrelation in der Gleichzeitigkeit beruht dann auf den gleichen absoluten Gegebenheiten wie bei der Aufeinanderfolge, nämlich auf dem Quart-, Quint- und Oktavbezug. Da der Fundamentalvorsatz des Musikbewußtseins der eines melodischen Verlaufs bleibt, mußte die erste Manifestation der Konsonanz gleichzeitig erklingender Töne sich natürlich in Gestalt der Mehrstimmigkeit darbieten.

Nicht zufällig besteht diese frühe Form der Mehrstimmigkeit aus einem gegebenen Gesang, der von einer zweiten Stimme begleitet wird. Diese begleitende Stimme beginnt und endet im Einklang mit der darüber liegenden Hauptstimme, bildet mit dieser aber im Verlauf Intervalle bis zur Quinte.

Oder die hinzugefügte Stimme begleitet noch einfacher nur im Quintabstand.

Diese »Diaphonie«, bei der eine Stimme sich auf eine vorgegebene stützt, war der erste Versuch zur Konsonanzbildung nicht zwischen zwei Tönen, sondern zwischen zwei gleichzeitig erklingenden Melodien. Diese Anfänge öffneten den Weg zur Mehrstimmigkeit, d. h. zur Kunst, autonome Melodien in der Gleichzeitigkeit konsonieren zu lassen: Zur Forderung der *Konsonanz* trat die der Autonomie, und aus diesem doppelten Anspruch entstand die Kunst des *Kontrapunkts*.

Die Autonomie gleichzeitig erklingender Stimmen mußte notwendig auch »Dissonanzen« zwischen simultanen Tonpositionen entstehen lassen:

Die verminderte Quinte *(f-h)* oder in anderen Fällen die übermäßige Quarte
wurde hier »möglich«, weil sie nur zufälliges Stimmführungsereignis ist auf
dem natürlichen diatonischen Weg von *a* nach *d* in der einen Stimme und von *e*
nach *d* über *f, g, f* in der anderen. Das Musikbewußtsein braucht sich dieses
Intervall nicht »an sich« zu signifizieren, das *a priori* sein Relationsvermögen
überschreitet: Es duldet es bloß im Vorübergehen als Bestandteil der ganzen
melodischen Kadenz, die die beiden Oberstimmen von der Quintkonsonanz
zur Konsonanz des Einklangs führt.

Gleichzeitig bemerken wir, daß das Musikbewußtsein hier (im Gegensatz
zum Geschehen in der frühen Diaphonie) die parallelen Quinten vermeidet:
Die Quinte *c-g* nach der Quinte *a-e* wird als Dissonanz »empfunden« und sofort durch die Weiterführung von *g* nach *f* korrigiert: *g* wird so als Vorhalt
zu *f* gedeutet, so daß die drei Stimmen in einer Folge von positionellen Relationen konsonieren, in der vollkommene Konsonanzen *verschiedener Arten* –
Quinten, Quarten, Oktaven – mit einer »Dissonanz« und einer »unvollkommenen Konsonanz« (der Sexte) abwechseln.

PARALLELE QUINTEN UND OKTAVEN   Sobald nämlich das Musikbewußtsein
auf die Autonomie der Stimmen abzielt, werden Oktav-, Quint- und Quartparallelen, auch überhaupt Parallelen aus der Wiederholung ein und desselben
Intervalls zu einem grundsätzlichen Fehler; denn Parallelen bedeuten, daß
ihre »Konsonanz« gleichsam automatisch geworden ist, weil die Bewegung
der einen Stimme von selbst die der anderen nach sich zieht und auf die Weise
deren Autonomie beeinträchtigt. Dieses Autonomiebedürfnis verdeckt in
Wirklichkeit jedoch ein anderes Gesetz, das sich daraus ableitet, daß nämlich
die Autonomie der polyphonen Stimmen bloß die verschiedenen simultanen
Bewegungen ein und desselben Bewußtseins bedeutet oder, wenn man will:
ein und derselben Seele. Ebenso wie wir beim Gehen unsere Schritte abwechseln und in Gebärden eine Geste durch die andere ausgleichen, ebenso wie es
in der christlichen Einstimmigkeit nie mehr als zwei Ganztöne und niemals
zwei Halbtöne hintereinander in gleicher Richtung gibt, ebenso können die
Positionsspannungen, die die simultanen melodischen Intervalle darstellen
und die ein und dasselbe Musikbewußtsein zugleich »für sich« zur Existenz
bringt, nur dann nebeneinander bestehen, wenn sie sich irgendwie im Gleichgewicht halten, weil sie entweder in gegensätzliche Richtung streben oder –

bei gleicher Richtung – von verschiedener Art sind. Es wirkt so, als ob zwei Töne, die das Musikbewußtsein mit Leichtigkeit nacheinander realisiert, für dieses eine unerträgliche Spannung bedeuten, wenn sie jeweils Töne eines Quintintervalls sind; oder als ob das gleichzeitige Erklingen von Tönen im Oktavabstand für es ohne Bedeutung wäre, als ob für die Gesamtbedeutung der Stimmbewegung eine Stimme zuviel da sei. Da die Stimmen in der Polyphonie bei der Signifikation des Ganzen verschiedene Funktionen haben, ist es überflüssig und auch schwerfällig, wenn sie dasselbe zugleich signifizieren – und das tun Oktavparallelen. Das ist der Grund, weshalb die Stimmen, die doch nur durch simultane Oktav-, Quint- und Quartbeziehungen miteinander konsonieren können, im Verlauf ihrer Gleichzeitigkeit zwischen den wichtigsten Tonpositionen die absoluten Konsonanzen abwechseln lassen, und dieser Wechsel vollzieht sich durch »relative« oder »unvollkommene« Konsonanzen (darunter auch die Sekunde und Septime), also auch durch die »Dissonanzen« der übermäßigen Quarte und der verminderten Quinte.

Wir sehen also, daß die Bestimmung Konsonanz oder Dissonanz, obgleich sie stets die gleichen absoluten Gegebenheiten in der Welt berücksichtigt, je nach der Weise *wechselt*, wie diese Gegebenheiten in den musikalischen Strukturen zueinander in Beziehung gesetzt werden, d.h. je nachdem, was das Musikbewußtsein in den Strukturen, die es verwendet, *intentioniert*.

DIE ENTDECKUNG DES AKKORDS   Durch den Konsonanzzustand in der Gleichzeitigkeit, d.h. durch die Erscheinung in der Gleichzeitigkeit einer so stabilen Tonstruktur, wie sie in der Zeit die Tonleiter ist (folglich hat diese Tonstruktur unabhängig von jeder Melodie eine Existenz), wurde das Musikbewußtsein mit Notwendigkeit zur Entdeckung des *Akkords* geführt, also einer nicht mehr auf Quinte und *Quarte* in der Oktave beruhenden Dreiheit:

sondern eines Dreiklangs aus *Terz* und *Quinte*; und dieser Dreiklang konnte in den Tonpositionen der frühen siebentönigen Leiter zwei wesentliche Gestalten annehmen, je nach seiner Gerichtetheit im Raum:

Wie unsere Untersuchung zeigen wird, eröffnet dieser Akkord in der Wahrnehmung eine ganze Hörperspektive, in die sich – ohne dabei deren wesentliche Bedeutung für das Musikbewußtsein zu berühren – nach oben und unten

in so vielen Oktavwiederholungen, wie man will, den Dreiklang bildende Tonpositionen einordnen.

Mit der Erscheinung des »Akkords« transzendiert daher das Musikbewußtsein die erschienene Tonstruktur zur Apperzeption eines konsonanten Ganzen
(eines *Klanges*, der im ersten Fall *dur* und im zweiten *moll* ist), d. h. zur Wahrnehmung einer *gerichteten Tonsynthese*, die über den Akkord hinaus zu einer
Oktavperspektive schreitet, die zu signifizieren bleibt, aber von gleicher Struktur ist. Es handelt sich um eine Synthese, weil bei der gleichzeitigen Wahrnehmung der vier Tonpositionen ein Gesamteindruck entsteht, der sofort in den
Eindruck einer bestimmten Oktavrichtung und einer ganzen Hörperspektive
übergeht, wobei die wahrgenommenen Intervalle in der Erfassung ihrer Ge-
samtkonsonanz, d. h. ihrer Harmonie, zurücktreten. (Die Tonleiter – oder eine
»Melodie« – ist nicht, wie man oft behauptet, eine Synthese, sondern eine Gestalt, die Erscheinung eines Ganzen, das durch das Vorhandensein und die
Gliederung in der Dauer seiner Teile bestimmt, aber auch nur in der Ausdehnung begrenzt wird.) Es kann daher eine Tonsynthese nur in der Gleichzeitigkeit geben, und wir sagen, der Dur- oder Mollakkord ist die Erscheinung einer
Synthese, weil diese Erscheinung über die ihrer Teile hinausgeht zur Oktavrichtung, die zugleich eine ganze Tonperspektive eröffnet.

Wenn dem so ist, dann deshalb, weil im inneren Aufbau der Oktave die
Terz das *Richtungsintervall* ist. Man muß also bloß zu der die Oktave bildenden Quinte und Quarte die Terz hinzufügen, um damit die Grundstruktur und
zugleich die Richtung der Oktave im Raum zu schematisieren und so, schematisch und vor der Gestaltwerdung in der Zeit, den Vorsatz des Melodieweges
zu signifizieren. Der Durklang ist die synthetische Signifikation einer aufsteigenden Oktavleiter, ganz unabhängig von den Zwischentonpositionen, die
ein auf diesem Klang beruhender Melodieweg zur Erscheinung bringen mag.
Der Mollklang dagegen ist die synthetische Signifikation einer *absteigenden*,
plagalen Oktavleiter, d. h. einer Leiter, in deren Mittelpunkt der Mittelpunkt
der Hörperspektive liegt:

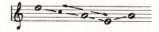

a ist hier der *Grundton* (der Stütz- und Zielpunkt) des Mollklangs, den wir
gesetzt haben, und deshalb eröffnet dieser Klang in absteigender Richtung eine
Oktavperspektive auf *a*:

In diesem Klang aber bezieht das »*a*-Bewußtsein« vermittels der kleinen Terz
seine Quinte und seine Oktave auf sich (die positionelle Relation vollzieht
sich in der Wahrnehmung von oben nach unten). Im Durklang bezieht sich

das *c*-Bewußtsein vermittels der großen Terz auf seine Quinte und seine Oktave (in der Wahrnehmung vollzieht sich die positionelle Beziehung von unten nach oben).

Sobald daher die *Positionalität* des Bewußtseins sich nicht mehr nur durch eine Tonposition, sondern durch einen »Klang« signifiziert, bestimmt diese Positionalität in Wirklichkeit einen *Bewußtseinszustand:* Wir dürfen also nicht mehr von einem *c*-Bewußtsein oder einem *a*-Bewußtsein sprechen, sondern müssen von einem auf *c* ruhenden Bewußtsein sprechen, das – im Durklang – im *Extraversions*zustand vor der Welt seiner Töne ist; und von einem *a*-Bewußtsein (oder einem *c*-Bewußtsein im Akkord *c-es-g-c*), das sich, im Mollklang, im *Introversions*zustand vor dieser selben Welt befindet.

Diese Begriffe und die vorhergehenden Erörterungen können erst im Verlauf unserer Untersuchungen völlig klarwerden, und wir wollen sie hier bloß erwähnen, um die Gegebenheiten unserer Erfahrung ein wenig zu beleuchten.

DAS NEUE DER HARMONIK   Es war sehr wichtig, zu zeigen, daß die Erscheinung des simultanen Klanges nicht nur eine neue Weise darstellt, die Tonrelationen zu gliedern oder musikalische Strukturen zu schaffen, sondern daß sie den Anbruch einer neuen Anschauung vom Klangraum bedeutet und zugleich den Anbruch eines neuen Zeitalters des abendländischen Musikbewußtseins. Damit wird ein Zeitalter abgeschlossen, in das dieses Bewußtsein nicht wieder zurückkehren kann, da sich die Geschichte nicht umkehren läßt.

Solange es nur *melodisches* Bewußtsein war, war das Musikbewußtsein, in seiner Existenz eines Melodieweges und zugleich in jedem Augenblick der Dauer, als Hörbewußtsein Bewußtsein seiner Tonposition; und in seiner Eigenschaft als *Selbstbewußtsein* war es Bewußtsein der inneren Relation seiner Positionalität zu seiner Ausgangs- und seiner zukünftigen Zielposition, ebenso wie wir im Verlauf eines gesprochenen Satzes an seinen Beginn und an seinen Abschluß gebunden bleiben (so daß wir beim vollständigen Satz in der Dauer gegenwärtig sind).

In der Mehrstimmigkeit fixierte es seine Positionalität in eine der Stimmen – auf die Möglichkeit hin, diese Stimme im musikalischen Verlauf wechseln zu müssen –, und von dort aus signifizierte es sich die Bewegung der anderen Stimmen. Im Verlauf des musikalischen Aktes unterschied sich das Hörbewußtsein als Positionsbewußtsein der wichtigsten Stimmen vom Bewußtsein der positionellen Relationen in der Gleichzeitigkeit, durch welche es sich die Bewegung der anderen Stimmen signifizierte.

Sowie einmal das Gefühl für gleichzeitige Klänge erworben war, bevorzugte die Bewußtseinstätigkeit eine neue Struktur, die nichts mehr mit der zu tun hatte, die sich aus der Mehrstimmigkeit ergibt, und die es, allerdings durch Bewußtseinsverdopplung, zu dem zurückführt, was es in der reinen Melodie war. Da sich seine Positionalität von nun an durch einen grundlegenden Dur- oder Mollklang signifiziert und diese Positionalität einen Bewußtseins*zustand* bedeutet, wird der Melodieweg jetzt durch die harmonische Entwicklung geschaffen, durch den Übergang von einem harmonischen Zustand zu einem anderen, durch eine Folge harmonischer Positionalitäten, die zur Ausgangspositionalität zurückstreben. Und diese harmonische Entwicklung signifiziert sich äußerlich – wir sagen: in der Extraversion – durch eine *Melodie* und innerlich durch die melodische Linie, die die Grundtöne der Akkorde bilden.

Daher wird dieses Ereignis in der Geschichte durch das plötzliche Verschwinden der Mehrstimmigkeit gekennzeichnet und durch das Auftauchen einer neuen musikalischen Struktur, bestehend aus einer »Melodie« und einer fortlaufenden Baßlinie, dem »Generalbaß«, der die harmonische Entwicklung anzeigt. Das Gefühl für die inneren Tonrelationen, d.h. die *dynamis*, das bis dahin die melodische Gestaltung im verborgenen bestimmte und nur eine *de-facto*-Existenz führte, fand in der Harmonik und in der harmonischen Bewegung *das Organ seiner Signifikation: Es entstand daraus eine ganz neue Formbarkeit des musikalischen Bildes.* In der reinen Melodie besaß seine Positionalität, wie wir sagten, bereits eine doppelte Signifikation: *introvertiert*, insoweit das Hörbewußtsein eine Selbstposition daraus machte, und *extravertiert*, insoweit es diese zu einer Tonposition in der Welt in Beziehung setzte. Von jetzt an trennen sich diese beiden Signifikationen: Letztere fixiert sich in der Melodie, erstere in der harmonischen Entwicklung, die sich selbst im kontinuierlichen Baß signifiziert, in der Baßführung – ein Ausdruck, der ihre führende Funktion sehr gut bezeichnet.

In jedem Augenblick seiner Dauer steht dieses Bewußtsein sich selbst gegenüber, da es nämlich »für sich« Bewußtsein der Klangfortschreitungen ist, die der Baß bestimmt, und zugleich Bewußtsein der Melodie, die diese Klangfortschreitungen nach außen umreißt. Was es *ist*, als Bewußtsein der Harmonik, unterscheidet sich von dem, was es tut oder sieht – die Melodie –, obwohl es sich, was es ist, signifiziert durch das, was es sieht, und das, was es sieht, durch das, was es ist.

Diese Differenzierung in der Bewußtseinstätigkeit läßt sich mit der Entdeckung der Erddrehung durch Kopernikus und Galilei vergleichen und mit der Entdeckung der Perspektive in der Malerei, wo auf der ebenen Fläche plötzlich die Tiefendimension des Raumes spürbar wird. Dieser Schritt, den das Musikbewußtsein damit vollzog, lag also in der Linie der geschichtlichen Entwicklung des abendländischen Bewußtseins; diese Entwicklung war aber nur einem Bewußtsein möglich, das als Selbstbewußtsein bereits seine Autonomie erworben hatte. Das Musikbewußtsein ist zwar stets ein autonomes Bewußtsein gewesen; solange es jedoch in *passiver* Beziehung zum Außen (Bestimmung von außen) stand, konnte es sich diese Autonomie nicht signifizieren. Der

Anbruch der abendländischen Musik ist wohl der Augenblick in der Geschichte der Musik, da das Musikbewußtsein durch seine *aktive* Beziehung zur transzendenten Welt (Bestimmung von innen) seine Autonomie tatsächlich erlebt. Diese tatsächliche Autonomie hatte es aber noch durch eine adäquate musikalische Struktur zu signifizieren, und diese Struktur gewinnt Gestalt in der harmonischen Musik. Das harmonische Zeitalter der abendländischen Musik bezeichnet daher eine Art Vollendung – die aber noch nicht abgeschlossen ist – des Vorsatzes der Selbstsignifikation, den das abendländische Bewußtsein durch die Musik zu vollenden suchte. In der abendländischen Geschichte bezeichnet es den Übergang von der Jugend zur Reife, und diese Zeit der Reife ist eine neue, beginnende Geschichte.

DER SEXTAKKORD   Wir müssen hier bei der Harmonie dieselbe Bemerkung einfügen wie vorhin bei der heptatonischen Leiter: Das Musikbewußtsein konnte sich die simultane Harmonie nicht signifizieren, ehe diese in der Welt erschienen war. Das ist für uns eine Gelegenheit, auf ein Hauptgesetz des Bewußtseins hinzuweisen, das auf alle Bereiche seiner Existenz Anwendung findet.

Bei der Verfolgung irgendeines »Vorsatzes« – z. B. des musikalischen – befördert, ja beschwört es in der Welt intuitiv, ohne es zu wissen, den Dingzustand, durch den sich dieser Vorsatz signifizieren kann. Und sowie dieser Zustand in der Welt erschienen ist, »erkennt« es ihn, indem es sich ihn signifiziert. In ihrem spontanen mehrstimmigen Singen gefielen sich die Angelsachsen in Folgen von – verbotenen! – Quartparallelen:

Diese noch durch Sexten gestützten Quartparallelen empfanden sie als ihrem harmonischen Gefühl durchaus entsprechend. Damit war der harmonische Dreiklang gefunden! Diese »Fauxbourdon« genannte Praxis griff auf den Kontinent über und brachte dort, zunächst in Italien, das Gefühl für die gleichzeitige Harmonie zur Entwicklung, um so natürlicher übrigens, als es allmählich in der Mehrstimmigkeit sich ausbildete, wo die Terz in der Quinte zufällig als Durchgangsintervall vorkam.

Mit dem Anbruch des Zeitalters der simultanen Harmonie sind die beiden Terzen in den Rang absoluter *Konsonanzen* erhoben worden, aber einzig, soweit sie innerhalb eines harmonischen *Dreiklangs* stehen. Und nicht etwa auf Kosten der *Quarte*, wie behauptet wurde, denn die Quarte bleibt ja im Dur- und Mollakkord enthalten. Außerdem behauptet sie ihren Konsonanzvorrang auf dem Weg, durch den das Musikbewußtsein das melodisch-harmonische Geschehen von seinem Anfang zu seinem Ziel führt und den es sich durch die Linie der Grundtöne (in Moll wie in Dur) signifiziert:

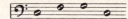

Dieses Schema kann verschiedene Formen annehmen, da es nur abgekürzt dargestellt ist:

Es bleibt das Grundschema jedes Weges oder jedes in sich geschlossenen Melodieaktes: So ist es die Grundlage jeder musikalischen Form. In der Abkürzung, die diese Baßführung gibt, kann die eine oder andere Zwischenposition fehlen, solange Quarte und Quinte signifiziert bleiben; ferner haben Quarte und Quinte, die zu Grundtönen einer harmonischen Position geworden sind, neue Namen angenommen: Subdominante (S) und Dominante (D), und die Ausgangsposition trägt jetzt endgültig die Bezeichnung, die sie in der Melodie schon hatte: *Tonika*.

4. Die Tonalität und ihre frühen Formen

So stellt sich daher mit dem Auftreten der simultanen Harmonie das Konsonanzproblem auf *harmonischer* Ebene, da der melodische Verlauf von jetzt an vom harmonischen Gefühl bedingt wird. Wie wir gesehen haben, ist die Harmonie aber eine *Tonsynthese*, die sich das Musikbewußtsein als Selbstbewußtsein, als einen im Klangraum, der zu seinem Lebensraum geworden ist, befindlichen Positionszustand im stabilen Gleichgewicht (mit *statischer* Struktur) signifiziert; und für das Musikbewußtsein gibt es nur zwei *vollkommene* Tonsynthesen: den *Durklang* und den *Mollklang*, die nach unserer Behauptung den *Extraversions*- bzw. den *Introversions*zustand signifizieren.

Eine unvollkommene, d.h. unvollendete Synthese, die gar nicht mehr Synthese ist, ein Klang, der weder dur noch moll ist, muß für das Musikbewußtsein eine Dissonanz sein, d.h. ein labiler Positionszustand. Diese Labilität erklärt sich aus übergroßer Positionsspannung, die einer Entspannung bedarf, welche nur durch Rückkehr zu einem Dur- oder Mollakkord erreicht werden kann; oder aus ungenügender Positionsspannung, in welchem Fall er eine Wiederherstellung des Gleichgewichtszustandes verlangt, die sich wiederum nur durch Rückführung in einen Dur- oder Mollklang vollziehen kann. Da aber die auf der gleichzeitigen Harmonie beruhende Musik nicht aus nebeneinandergestellten Klängen, sondern aus Klang*fortschreitungen* besteht, läßt sich allein dadurch der Gleichgewichtszustand wiederherstellen, daß der Baß die Klänge von der Tonika zur Tonika durch eine Reihe von Zwischenpositionen führt (die labil sein können, unter denen aber stabile Zustände der Subdominante und Dominante vorkommen müssen). Daher besteht der harmonische Verlauf nicht unbedingt aus »Konsonanzen«. Da das Schema dieses

Weges nur bei einer gewissen Ausdehnung erfüllt werden kann, begreifen wir jetzt, daß er im Grenzfall, beim *Tristan*-Vorspiel etwa, fast ausschließlich aus Dissonanzen bestehen kann. Er besteht jedenfalls aus dauernden Zustandsänderungen, aus dem Wechsel von extravertierter Haltung zu introvertierter (von Dur zu Moll) und umgekehrt oder durch Wechsel zwischen stabilem und labilem Gleichgewichtszustand und umgekehrt.

Wodurch aber wird die Erscheinung der Dissonanzen motiviert?

DIE AUFLÖSUNG DER DISSONANZEN   Um das zu verstehen, müssen wir uns vorstellen, daß die »harmonisierten« Tonpositionen durch die Akkordfortschreitungen melodische Linien bilden, die sich im Verlauf verdoppeln können, so daß die Anzahl der klangbildenden Tonpositionen nicht unbedingt konstant sein muß. Deshalb müssen bei unregelmäßigen Akkorden die beteiligten melodischen Linien untereinander »konsonieren«, d.h. den Gesetzen des Kontrapunkts gehorchen. Denn nichts kann sich in der Tonstruktur ereignen, was nicht *intentionell* ist, d.h. was für das Musikbewußtsein keinen Sinn hat. Die Konsonanz gleichzeitig erklingender Stimmen wird für das Musikbewußtsein aber nur aufgrund der Kontrapunktgesetze sinnhaltig.

So unterdrückt die Harmonie die Polyphonie keineswegs, sondern verwandelt sie durch Unterordnung unter die Forderungen der *Stabilität in der Gleichzeitigkeit.* Folglich müssen die Tonstrukturen, die das Musikbewußtsein konstituiert, unweigerlich einem doppelten Gesetz gehorchen, dem der Gleichzeitigkeit und dem, das die Organisation der Töne im *Nacheinander* bestimmt, also der Melodie und der Gleichzeitigkeit verschiedener Melodien. Diese beiden Gesetze sind nicht die gleichen – das scheint man heutzutage vergessen zu haben. Durch diese Doppelgesetzlichkeit und die beiden Terzen, auf denen die simultane Harmonie sich gründet, gewinnen die *Intervalle* für das harmonische Bewußtsein eine neue Bedeutung: Die Quarte wird als Einzelintervall und als Baßintervall in einem Akkord zur Dissonanz, aber nicht, wenn sie in einem Dur- oder Mollakkord oder in einem Sextakkord oben liegt. Auch die großen und kleinen Sekunden und Septimen und ebenso die übermäßige Quarte und die verminderte Quinte sind Dissonanzen geworden, die nach einer »Auflösung« verlangen, d.h. nach ihrer Weiterführung in eine stabile Struktur, die allerdings erst nach einer ganzen Reihe von Dissonanzen zu erscheinen braucht.

Diese Beispiele genügen zum neuerlichen Beweis, daß das Konsonanz- und Dissonanzgefühl von den Strukturen abhängt, in denen ein Intervall erscheint, d.h. von dem, was das Musikbewußtsein in diesen Strukturen *intentioniert* und signifizieren will; es ist aber trotzdem *konstant* und *objektiv* in jeder Strukturkategorie gegründet.

Die Durharmonie ist das Schema einer Tonleiter, die im heptatonischen System so verläuft:

Die Mollharmonie entspricht dieser Leiter:

In beiden Schemata haben die Unterquarte und die Oberquarte dieselbe Struktur und, in ihrer Leiter, auch dieselbe Richtung. Aus der Reduzierung der antiken Modi auf nur zwei Leitern – Dur und Moll – hat man auf eine Verarmung der Melodik geschlossen. Das ist eine theoretische Ansicht, die keinesfalls der Wirklichkeit gerecht wird. Zunächst einmal kann die auf harmonischer Grundlage beruhende Melodie auf jeder beliebigen Position der Leiter beginnen; ihr Verlauf ist viel freier als unter der Herrschaft eines bestimmten Modus. Ferner beeinträchtigt das Oktavschema der Dur- und Mollharmonie, wie wir bemerkt haben, keinesfalls die anderen Positionen, die in der Perspektive dieser Oktave erscheinen können. Deshalb konnte das abendländische Bewußtsein seine Moll-Leiter auch wie folgt enden lassen:

Und deshalb auch konnte Bartók in einen harmonischen Tonbereich diese Melodie einsetzen:

Vor allem aber: Die tonale Harmonik ist im wesentlichen *modulierend*, und Beweis dafür ist, daß das harmonische Bewußtsein mit der Modulation begonnen hat: Erst hinterher, empirisch, als es seine Möglichkeiten in Erfahrung brachte, indem es spontan Musik schuf, hat das harmonische Bewußtsein die

Dur- und Moll-Leitern auf allen möglichen Tonpositionen aufgebaut. Da diese Leitern neue Tonpositionen erscheinen lassen, die die Zahl der musikalischen Töne auf zwölf festsetzen, erstreckte sich der Tonhorizont, aus dem die heptatonische Leiter entstanden war:

f   c   g   d   a   e   h

auf einen Kreis, in dem sich das Musikbewußtsein durch das Phänomen der *Enharmonik* unendlich bewegen konnte:

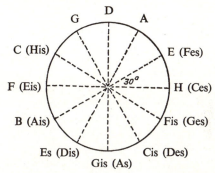

DIE MODULATION   Wenn das melodische Bewußtsein seinen Melodieweg abwandelte, indem es aus *h* ein *b* und aus *f* ein *fis* machte, wenn es transponierte, indem es eine in den Modus auf *d* gehörige Melodie in *f* sang, dann »modulierte« es dennoch nicht. Es hatte gar keine Möglichkeit, sich den Übergang von einem Modus in einen anderen zu signifizieren, und wenn es das tat, so doch, ohne es zu ahnen, weil es nicht einmal »wußte«, daß es »modal« war, und weil bloß die Theoretiker, hinterher, versuchten, seine Melodien auf einen bestimmten Modus zu beziehen.

Das harmonische Bewußtsein fügte also den Vermögen, die immer schon dem melodischen Bewußtsein zur Verfügung standen, ein neues hinzu: das, zu modulieren. Und tatsächlich gibt es in der gesamten klassischen Musik nur sehr wenige Beispiele – und diese sind dafür um so bezeichnender – für Melodien, die nicht modulieren. Vergegenwärtigen wir uns zudem, daß das Schema eines harmonischen Tonweges (in beliebiger Form) *stets dasselbe bleibt, ob er nun moduliert oder nicht.*

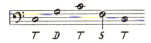

Die Dominante und die Subdominante können beliebig die Dominante oder Subdominante des Tones oder dominantische oder subdominantische Tonarten bezeichnen, in welch letzterem Fall sich jedoch jede neue »Tonart« in der Dauer bestätigen muß. Dadurch dehnt sich der Weg in der Dauer, was das zunehmende Ausmaß der Form in der geschichtlichen Entwicklung der

Musik erklärt. Um das zu verstehen, gehen wir schnell einmal die verschiedenen Strukturen durch, die die klassische Musik angenommen hat. Die erste war die der italienischen *Aria*, eine Melodie, die vom *Basso continuo* begleitet wird, der die Harmoniefortschreitungen angibt und ausführt. Hier hat die Melodie nur eine beschränkte Autonomie; sie ist eine *harmonische* Melodie, deren Sinn erst mit der begleitenden harmonischen Bewegung deutlich wird. Frei ist sie allerdings in ihrem Rhythmus und in ihrer Linienführung, was ihr ein individuelles und autonomes Gepräge als Melodie gibt, aber sie erscheint daher als ein melodisches Sein, dem die harmonische Bewegung einen Sinn verleiht.

Auch das Umgekehrte kommt vor: Die Melodie kann auch bloß als äußere Linienführung der harmonischen Bewegung erscheinen, der das Signifikationsprimat zukommt. Die *Melodie* scheint dann nur Gestalt anzunehmen, um hervorzuheben, was die harmonische Bewegung schon durch sich selbst signifiziert, und um diese innere Bewegung durch eine äußere Gestalt auszudrücken. Solcherart ist von seinem Beginn an der *protestantische Choral* in Deutschland. Diese Strukturgattung ist überhaupt typisch für die germanische Musik schlechthin. Musikalischer Ausdruck des religiösen Gefühls des neuen Zeitalters ist nicht mehr die Kunst Palestrinas, der die alte Mehrstimmigkeit verfeinert fortsetzt, sondern der Choral und die Musik der protestantischen Kirche: Der protestantische Choral ist in der Renaissance das Gegenstück zur *Antiphon* des ersten Zeitalters der Kirche. Allerdings war der Gregorianische Choral dem Troubadourgesang vorausgegangen, während in der Renaissance vor dem protestantischen Choral das weltliche Lied liegt, was nicht ohne Bedeutsamkeit ist.

Wie wir gesehen haben, läßt die Akkordverbindung die Gesetze eines Kontrapunkts deutlich werden, der von nun an den Anforderungen der Harmonik gerecht werden muß. Es entsteht eine *neue* Polyphonie, die mit den *Triosonaten* und *Concerti grossi* der Italiener beginnt und ihren Höhepunkt in Johann Sebastian Bach findet. Bach ist also keineswegs hinter seiner Zeit zurück, wie man gern und immer wieder behauptet; denn jeder schafft Neues, der in der Musik schöpferisch ist (allerdings schafft nicht jeder Wertvolles, der es bloß auf Neuerungen abgesehen hat). Um aber das Neuartige an Bachs Werken zu begreifen, muß man sich fragen, was es von dem, was nach ihm kam, vor ihm noch nicht gegeben hat.

DIE ZEIT DER INSTRUMENTALMUSIK   Die Sache blendet derartig, daß man sie nicht recht sieht, nämlich die *Autonomie* der Instrumentalmusik (und infolgedessen der Instrumental- und Vokalmusik). Diese Autonomie beruht darauf, daß die formschaffende Tonbewegung der Harmonik dieser Tonbewegung einen Sinn verleiht, so daß die formale Gestaltung keines Textes mehr als Anhaltspunkt bedarf, wie es in der Vokalpolyphonie der Fall war. In diesem geschichtlichen Augenblick gewinnt die Musik ihre völlige Autonomie in dem Sinn, daß sie an keine praktische Funktion mehr gebunden ist oder aus dieser ihre Berechtigung bezieht.

Wir sind so sehr daran gewöhnt, die Musik unter diesem Blickwinkel zu sehen, daß uns die Vorstellung, sie einer »Funktion« unterzuordnen, fremd erscheint und daß wir uns nicht mehr klarmachen, daß vieles dazu beitragen mußte, ehe die Musik in einem bestimmten Augenblick ihrer Geschichte ihren Sinn in sich selbst finden konnte.

Um das Geschehene zu begreifen, müssen wir auf unsere schon öfter vorgebrachte Feststellung zurückkommen, daß es nicht genügt, daß eine Sache *de facto* existiert, um signifiziert zu werden, und daß sie umgekehrt signifiziert werden kann, wenn sie *de facto* existiert.

DIE AUTONOMIE DER MUSIK DURCH DIE FORM   Die abendländische Musik hätte sich durch die »Form« ihre Autonomie nicht signifizieren können, wenn sie nicht vom Beginn ihrer Geschichte an eine autonome Kunst gewesen wäre. In der abendländischen Musik ist die Form stets von innen her durch ein tonales Schema bestimmt worden, das wir kennen und das in der folgenden Sequenz deutlich zutage tritt:

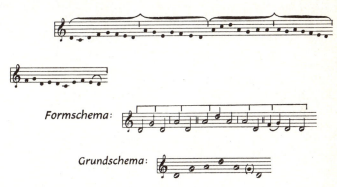

Dieses Schema schafft wohlgemerkt die Form nicht, bedingt sie aber insofern, als es dem gesamten Tonweg einen *Sinn* gibt; was man die Form eines musikalischen Werkes nennt, ist die besondere Struktur, die dieses Schema jeweils im einzelnen Werk – Lied, Fuge, Sonate usw. – annimmt.

Daher ist ein musikalisches Werk stets die Hervorhebung einer Form, aber diese Form, die den *Sinn* des Werkes nur bedingt, ist nicht immer sein bezeichnendes Element. Nehmen wir z. B. die klassischen *Menuette:* Sie haben alle die gleiche Form und fast dasselbe Ausmaß, alle führen sie uns in der Reihenfolge der harmonischen Tonarten von der Tonika zur Dominante und zurück, und dieser Weg erfolgt mit zwei Wiederholungen, zwischen denen ein

Trio in die Tonalität der Subdominante oder in eine der Haupttonart verwandte Tonalität versetzt, manchmal auch in die Haupttonart selbst. Was folglich die Eigenart eines Werkes ausmacht und dessen Sinn bestimmt, ist nicht die »Form«, sondern die melodische, harmonische und rhythmische *Substanz*, die selbst durch »Formen« signifiziert wird. Wenn Beethoven aber das »Scherzo« der *Dritten, Siebenten* und *Neunten Symphonie* schreibt, erfährt die »Form« des Menuetts eine solche Erweiterung und Substanzbereicherung, daß das Werk als »Ganzes« nur dann erfaßt werden kann, wenn diese »Form« deutlich hervortritt. *Hier signifiziert sich der Sinn des Werks durch die Form,* und der Substanzreichtum gibt der Form ihre Seinsfülle. Die »Form« wird also nur dann an sich signifizierend – und das musikalische Werk signifiziert seine Form nur unter der Bedingung –, wenn diese einen gewissen Substanzreichtum aufweist. Und die Musik kann die Form nur durch eine gewisse *Ausdehnung* der Substanz in der Zeit signifizieren.

Bach schuf eine neue Polyphonie, die wie die alte die Autonomie der Stimmen anstrebt, aber auf der Harmonie sich gründet, und damit förderte er die Gesetze der harmonischen Baßführung ans Licht; nur durch *etwas anderes* als die Akkordverbindung konnte er die Organisation der harmonischen Tonalität entdecken und signifizieren, ebenso wie auch die Musiker der Renaissance die Akkorde durch die Mehrstimmigkeit entdeckt hatten. Der imitierende Stil, den er verwendet, ist daher die Weise, auf die er sich in der Mehrstimmigkeit die Fortschreitung der Tonikaharmonie zu der der Dominante oder Subdominante signifiziert. Das *Wohltemperierte Klavier* ist hinsichtlich der »harmonischen« Tonführung sein *Discours de la méthode* – und bezeichnenderweise ist sein Diskurs nicht eine theoretische Abhandlung, sondern eine praktische Illustration seiner Methode durch Fakten – ebenso wie ein späterer *discours,* der bis heute noch nicht begriffen worden ist: derjenige von Debussy.

Aber hier sind wir an unserem Ziel: Bach schreibt seine Polyphonie in *Formen,* die schon bei seinen Vorgängern in Gebrauch waren und mittels deren diese ihre Melodiewege zu gliedern vermochten. Bach benutzt diese »Formen« aber anscheinend nur, um die »Form« deutlich werden zu lassen, d.h. um durch die »Form« den Sinn des Werkes und den Sinn des musikalischen Aktes in seinen einzelnen Vorsätzen – Präludium, Fuge, Sonate, Choralvorspiel, Aria, Tanzsatz usw. – zu *signifizieren;* und er erreicht sein Ziel durch einen Substanzreichtum seiner Musik aus der Verbindung von harmonischer Kadenz und polyphoner Entfaltung, ein Reichtum, der sich in der Ausdehnung der Formen in der Zeit und in einem langen Atem ausdrückt, wie ihn die Musik bis dahin noch nicht gekannt hatte.

Insbesondere ist es seine *tonale* Fuge, durch die er in der größten Fülle und zugleich mit der größten Ökonomie den Grundvorsatz des Musikbewußtseins signifiziert und in der sich dieses selbst signifiziert. Das »Für-sich«, d.h. das Bewußtsein, ist nach Sartre ewige und unaufhaltsame Flucht vor sich selbst. Es flieht sich aber nur, um zu »sein«, und diesen *Sinn* der Selbstflucht signifiziert die »tonale« Fuge, in der das Musikbewußtsein – das Thema fliehend und sich immer wieder in ihm findend – die Seinserfülltheit, die Ruhe in sich findet durch die *harmonische Kadenz, die die Fuge erzeugt und die sich auf sich selbst schließt.* Durch die Einzigartigkeit und Begrenztheit des Themas und die Vielfalt seiner Erscheinungsformen und Rückbezüge auf sich selbst scheint sie die Goethesche Definition der menschlichen Person zu signifizieren: *äußerlich begrenzt, innerlich unbegrenzt.* Durch die Anwendung der tonalen Harmonik, deren Möglichkeiten Bach aufgezeigt hatte, auf die zweithemige Sonate, auf Lied, Variation, Rondo usw. haben die Musiker nach Bach aus diesen »Formen« das gemacht, was sie in der klassischen und sogenannten romantischen Musik geworden sind.

Nachdem einmal die tonale Harmonik durch den »imitierenden« Stil entdeckt und erprobt worden war, konnte man diesen Stil aufgeben, um so eher, da Bach nicht zu übertreffen war. Der Musiker konnte sich der *systematischen* Imitation entledigen. Deshalb bedienten sich seine Nachfolger einer vereinfachten Polyphonie, bei der die Melodie sich deutlich von den harmonischen Stimmen abhebt: Sie scheinen sich von Bach abzuwenden, sie scheinen von »weltlicheren« musikalischen Vorsätzen als den seinen beseelt zu sein und folgen doch nur Wegen, die sich schon zu seiner Zeit abzeichneten. Aber durch seine Erfahrungen gereift, verfolgten sie diesen Weg geradlinig bis zur Symphonie.

DER SYMPHONISCHE STIL   Die Struktur der Symphonie ist ein Gewebe von polyphonen Stimmen, die von einer rhythmischen Kadenz zur nächsten in einer konsonanten oder dissonanten Harmonie untereinander verbunden sind, deren »Grundton« die Entwicklung oder, wenn man will, die positionelle Bewegung lenkt. An symphonischen Strukturen wird deutlich, daß der Mittelpunkt der harmonischen Perspektive der Akkord*grundton* und nicht der *Baßton* ist; deshalb wird die tonale Bewegung, der Wechsel von Spannung und Entspannung in den Klangfortschreitungen, von den Akkordgrundtönen bestimmt. Diese tonale Bewegung signifiziert sich äußerlich, in der Extraversion, durch die *Melodie*; und das Musikbewußtsein signifiziert sich diese tonale Bewegung »für sich«, in der Introversion, durch die Führung der *Baßtöne.* (Einige Beispiele werden wir zur Erläuterung im Verlauf unserer Untersuchung analysieren.)

Weil die *Akkordgrundtöne* nicht stets in derselben Stimme erscheinen, werden sie nicht explizit signifiziert, und ihr Verlauf ist deshalb gewissermaßen eine virtuelle Gegebenheit, die mehr »empfunden« als gesehen wird, so wie man die inneren Tonbeziehungen, die *dynamis* in der reinen Melodie, »empfindet«. Die *Melodie* selbst ist im symphonischen Stil ebenfalls eine virtuelle Gegebenheit, die der Blick schafft, indem er die bedeutendsten melodischen Bewegungen der verschiedenen Stimmen zu einer kontinuierlichen Linie zusammenfaßt. Diese Linie (die oft durch Nebenstimmen, welche jedoch glei-

cherweise bedeutsam sind, verdoppelt wird) und die Baßlinie bilden zusammen
das, was man das symphonische *Melos* nennen könnte. So macht die Konsonanz der melodischen Stimmen in der Dauer, durch die harmonischen Konsonanzen und Dissonanzen hindurch, die sie empfinden lassen, in dem Maße, in
dem sich die Spannungen und Entspannungen einer Harmoniefortschreitung
ausgleichen (was die Kadenz der Akkordgrundtöne bedingt), aus dieser symphonischen Bewegung ein konsonantes Ganzes.

Die sich im Verlauf dieser symphonischen Bewegung ergebenden Dissonanzen, die durch ihren Bezug auf die Konsonanzen und durch ihre Integration in
ein konsonantes Ganzes signifiziert werden können, sind »rationalisiertes Irrationales«, sie sind, mit anderen Worten, zu relativen, temporären Konsonanzen
geworden. Es bleiben noch die absoluten Dissonanzen, also das Zusammen-
klingen von Tonpositionen, die nicht signifiziert werden können und die das
Musikbewußtsein vermeidet oder verbietet, z. B. Quint- oder Oktavparallelen
zwischen Hauptstimmen. Verdeckte Quintparallelen können vorkommen,
sogar – Ausnahmen bestätigen die Regel – als »Nachlässigkeiten« bei guten
Komponisten. Manchmal sind sie sogar gewollt und dann bedeutungsvoll:
so in den *Pezzi sacri*, wo Verdi eine archaische Wirkung beabsichtigt. Hier ist
die unerlaubte Fortschreitung durch den Übergang von einem Mollklang zu
einem Durklang gerechtfertigt (von einer introvertierten zu einer extravertierten Positionalität):

Ebenso erweisen sich auch Oktavparallelen, die zwischen Hauptstimmen
verboten sind, als möglich und sogar notwendig, wenn es darum geht, eine
melodische Bewegung in der Oktave oder Doppeloktave zu verdoppeln, um
so ihre Bedeutung oder ihren Wert klanglich hervorzuheben.

Zu diesen Verboten, die sich das Musikbewußtsein aus Dissonanzgründen
auferlegt, tritt noch ein weiteres: Es versagt sich, was nicht konsonieren kann,
z. B. eine allzugroße Zahl von gleichzeitig erklingenden selbständigen melodischen Bewegungen, eine allzugroße Zahl von gleichzeitigen Hauptstimmen.
Ohne Zweifel ist im *Meistersinger*-Vorspiel, wenn auf den Triangelschlag in
Sopran, Baß und Mittellage drei melodische Hauptstimmen zugleich erklingen, das Maximum des Vermögens erreicht, das dem Bewußtsein zur Verfügung steht, um selbständige Melodiewege gleichzeitig zu erfassen.

DIE CHROMATIK   Das Modulationsbestreben des harmonischen Bewußtseins
führt dazu, daß der Tonweg eines symphonischen Stückes, offen oder verdeckt,
alle ihm möglichen Tonperspektiven ausnützen möchte, was sich in der Melodie durch die Chromatik ausdrückt und durch die Ersetzung der diatonischen
Tonleiter durch die chromatische. Das ist allerdings nur eine Illusion, denn die

chromatische Leiter, wenn sie auch Quarte und Quinte enthält, »löst« ihre Grundstruktur in die Gleichförmigkeit eines durchweg halbtönigen Aufbaus auf; führt man sie weiter, löst sie sogar die Oktave auf. Deshalb erscheint sie dem Bewußtseinsblick nicht als »Gestalt«; denn im Gegensatz zur diatonischen Leiter läßt sie keine formbildende Grundstruktur evident werden. Es ist selbstverständlich möglich, daß eine melodische Oktave chromatisch ist, aber nur auf Grundlage einer Harmonie, wie z. B. im *Tristan*. Denn da ein melodischer Weg stets eine Wahl, und zwar eine freie Wahl, bedeutet, so bezieht sich eine reine Melodie fast immer auf eine *partielle*, organisierte Struktur aus der Oktavleiter. Eine der spontansten und (in Rhythmus und Linie) freiesten Melodien, die die moderne Musik hervorgebracht hat – die Melodie des Debussyschen *Faune* –, bezieht sich auf folgende Leiter:

Wie man sieht, ist diese Leiter eine Auseinanderfaltung des harmonischen Dreiklangs, denn das *a* in der Melodie ist nur Durchgangston.

In der reinen Melodie kann das Musikbewußtsein seinen Melodieweg entweder auf dem Grunddreischritt der Melodik – Quinte-Quarte – oder auf dem Grunddreiklang der Harmonik – Terz-Quinte – gründen; meistens stützt es sich sogar auf beide, wie wir gleich an einem Beispiel sehen werden. Um die Entstehung der *Faune*-Melodie zu begreifen, brauchen wir nicht die zugrunde liegende Leiter zu suchen, wenn wir die Ansicht vertreten, daß das abendländische Musikbewußtsein seine Melodien spontan schafft, ohne sich »von außen«, wie wir sagten, durch eine zuvor festgelegte modale Leiter bestimmen zu lassen. In dem Augenblick, als Debussys Bewußtsein sich die *Faune*-Melodie einbildete und von *cis* aus einen Melodieweg ins Auge faßte, war es – als rein »melodisches« Bewußtsein und aufgrund seines Fundamentalvorsatzes – sozusagen angeregt durch den Verlauf *cis-fis-gis* nach oben und *cis-gis-fis* nach unten:

Es ist frei und faunisch, es inkarniert sich in der Flöte, unentschieden läßt es sich nach unten gleiten, verweilt auf einer mehrdeutigen Position – *g* (mehrdeutig, weil *g* sich auf *gis* oder auf *fis* beziehen kann); und ohne sich zu entscheiden, steigt es wieder auf zum *cis*, das ihm den Weg der Tonperspektive *cis* öffnet, in der *cis-dis-gis* ein für eine »absteigende« Leiter typischer Melodiedreischritt ist, d. h. für die Moll-Leiter auf *cis* über *e; dis* verweist also auf *e*, das nach *gis* erreicht wird, und dort signifiziert es sich – harmonisches Bewußtsein! – elegant den harmonischen Dreiklang auf *e*. Über *cis* erreicht es sodann *ais*, auf dem es unentschieden in der Schwebe bleibt.

Sein Verlauf nach *g* war der einer – wenn auch durch die Chromatik gemilderten – *übermäßigen* (dissonanten) Positionsspannung, die nach Entspannung verlangt. Mit erreichtem *cis* bezieht es sich auf *gis*, das diese Entspannung herbeiführen könnte und das auch sogleich erscheint, und damit ist die Wahl getroffen. *gis* sowohl wie das Durchgangs-*dis* eröffnen ihm die harmonische Perspektive von *e*.

Nach einem Anfang, der wie die Bewegung eines Erwachenden wirkt, der sich dehnt und reckt und endlich sein Gleichgewicht wiederfindet, ist es zu guter Letzt von *cis* zu *ais* gelangt, indem es sich – ohne sie sich zu signifizieren – auf die *e*-Tonperspektive bezog, d. h. es gab seiner Ausgangsposition nicht den Sinn einer Tonika, sondern bloß den einer beliebigen Position; wenn es auf *ais* anhält – außerhalb der *e*-Perspektive –, dann nur vorläufig; diese Perspektive läßt es nicht mehr los, es muß dorthin zurückkehren, um in ihr seinen »Nachmittag« in seiner *Seins*erfülltheit zu finden.

ÜBERGANG ZUR POLYTONALITÄT   Als Bach sein Lebenswerk schuf, bemühte sich Rameau, eine Theorie der tonalen Harmonik aufzustellen. Sein Ausgangspunkt war falsch; denn er stützte sich auf die Akustik, und wir wissen jetzt, daß die tonalen Gesetze vom Hörbewußtsein und nicht von der Akustik bestimmt werden. Da aber die ersten Obertöne mit unseren fundamentalen Tonpositionen übereinstimmen und die Naturtonterz und die »große Terz« einander ähnlich sind, sind seine Schlußfolgerungen nicht verfehlt. Ihre Bedeutung ist allerdings begrenzt; denn der Bereich der »Möglichkeiten«, den seine Bestimmungsfreiheit dem autonomen Bewußtsein eröffnet, ist weit größer, als ihn Rameaus theoretisches Denken annehmen konnte, so scharfsinnig es auch war; denn es konnte sich ja bloß auf die vorhandenen Erfahrungen stützen. Rameaus Theorie berücksichtigt genau die Bildung und Verbindung von Akkorden in einer festen harmonischen Dur- oder Mollperspektive, wie auch den Übergang von einer Perspektive zu einer anderen. Sie ist, mit einem mathematischen Ausdruck, eine Theorie der begrenzten Tonrelationalität, die auf die Schau eines Tonbereichs in einer harmonischen Perspektive begrenzt ist, auf das, was man heute eine determinierte Tonalität nennen würde: C-dur, a-moll usw.

Natürlich mußte das Musikbewußtsein von dem Augenblick an, da es unaufhörlich modulierte und die Chromatik verwendete, von seinem Tonbereich eine gänzlich andere Vorstellung bekommen, die wir uns vorzustellen versuchen wollen. Das harmonische Bewußtsein signifiziert sich die Tonbewegung nicht durch den Akkordgrundton (der den »Vorsatz« des Melodieweges umreißt), sondern durch den *Baßton* der Akkorde. Angenommen, dieser Baßton sei *fis* und das Musikbewußtsein *kenne aus Erfahrung* (d.h. es sei in der Lage, sich zu signifizieren) die Akkorde, die sich in einer bestimmten Tonperspektive ergeben können, also nicht bloß die »vollkommenen« Klänge, sondern auch die Sept-, Non- und darüber hinausgehenden Akkorde wie auch deren »Umkehrungen« und mögliche »Alterationen«; dann könnte dieses *fis* – die Parallelen unberücksichtigt – Tonikaperspektive sein *(d, h* oder *fis)*, aber auch Dominantperspektive der Tonikaperspektive von *g, h* und *e;* Subdominantperspektive von *cis, a, fis* oder – mit enharmonischer Verwechslung – von *ges* und *des.* Kurz, wenn das Musikbewußtsein sich in der Position *fis* situiert und sie zum Mittelpunkt der Hörperspektive macht, kann es sich Tonstrukturen fast aller Tonarten signifizieren. Es kann sogar zwei Tonstrukturen, die zu verschiedenen Tonarten gehören, nicht nur sukzessiv (das tut es ja bereits in der Modulation), sondern auch simultan zueinander in Beziehung setzen; denn die *Gleichzeitigkeit hat in der Musik stets die Mindestdauer einer rhythmischen Kadenz*, die ein ganzes Motiv oder eine ganze melodische Phrase umfaßt. (Die Bewegungsgleichzeitigkeit marschierender Soldaten wird von der Kadenz ihrer Schritte bestimmt, nicht durch das gleichzeitige Aufsetzen des linken Fußes allein; zur Kadenz eines Marsches gehören immer zwei Schritte!) Das Musikbewußtsein ist also polytonal geworden, und das bedeutet, daß es in seiner Ausgangsposition vor dem weiter oben beschriebenen kreisförmigen Tonhorizont *dem gesamten Horizont gegenwärtig ist und nicht nur einer besonderen Tonperspektive.* Das ist der Grund, weshalb die Musik auf die Tonartvorzeichnung verzichten kann.

5. Die kopernikanische Wendung: Erster Aspekt

Jetzt können wir uns ein Bild von der Veränderung machen, die sich im Laufe seiner Geschichte in der Schau des in der abendländischen Musik implizierten Tonhorizonts vollzogen hat:

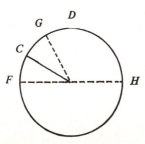

Zur Zeit der reinen Melodie hat sich das Musikbewußtsein nur die Hälfte seines ihm möglichen Tonhorizonts entschleiert, den oberen Halbkreis, der ihm sichtbar geworden wäre, hätte es im Mittelpunkt des Kreises gestanden. *Als bloß melodisches Bewußtsein steht es aber eben nicht im Kreismittelpunkt:* Es distanziert sich nicht von seinem Tonhorizont. Dieser Horizont ist sein *Weg*, jede der ihn ausmachenden Positionen ist eine Ton- und zugleich eine Bewußtseinsposition; wenn es den Halbkreis von *f* bis *h* durchlief, so sah es den »Mittelpunkt« sich bewegen und einen Kreisbogen von rechts nach links beschreiben, ebenso wie der Mensch zu jener Zeit nach dem Augenschein glaubte, die Sonne bewege sich am Himmel von Osten nach Westen.

Erst als harmonisches Bewußtsein wurde ihm deutlich, daß es selbst Mittelpunkt der Perspektive ist und also Kreismittelpunkt. Und erst jetzt signifizierte es sich seine eigene Positionalität durch die *Tonposition* im Zenith und distanzierte sich von der Melodie, aber solcherart, daß es sich die Melodie, die der Ton von dieser Position aus umreißt, als Ausdruck seiner eigenen positionellen Bewegung im Raum gibt, d.h. der Bewegung des Kreismittelpunktes, die vom Akkordgrundton beschrieben wird – so daß sich der Kreis zugleich bewegt, indem er sich dreht. Ebenso war die Bewegung der Sonne für die Augen der Menschen jener Zeit nicht nur Ausdruck der Erdrotation, sondern auch der Erdbewegung um die Sonne. (Eigenartigerweise war Galilei der Sohn eines der ersten Musiker, die den Sinn für die Harmonie besaßen.)

Zur Zeit der reinen Polyphonie aber war das Musikbewußtsein als Selbstbewußtsein tatsächlich bereits im Kreismittelpunkt situiert; denn es paßte sich dem Melodieweg der Tenorstimme (als einer Art von Schwerkraftzentrum) an und signifizierte sich von hier aus die Bewegung der anderen Stimmen. Die mittelalterliche Mehrstimmigkeit ist das Gegenstück zu der Raumvorstellung, wie sie die Bildteppiche des Mittelalters aufweisen, auf denen die Gestalten im Raum zu schweben scheinen, ohne den Boden zu berühren. Vom Gefühl für den »Boden« und für die Schwerkraft hat in der Malerei ein Gefühl für Raum und Raumperspektive seinen Ausgang genommen; und nur vom Gefühl für das, was der *Baß* signifiziert, gewinnt in der Musik das harmonische Gefühl Gestalt, nämlich das Gefühl für die räumliche Positionalität und für die Tonperspektive im Raum.

Das harmonische Bewußtsein kann sich seine Positionalität im Raum jedoch nur unter Bezugnahme auf eine gegebene Tonperspektive signifizieren; ist es *c*-Bewußtsein (z.B. in *C*-dur), so ist ihm diese Perspektive durch die Oktav*leiter* gegeben, die vom Mittelpunkt *c* zur *c*-Position auf dem Kreisumfang verläuft, und diese Leiter, die sich im Raum von *c* zu *g* abzeichnet und durch *f* verläuft, um in *c* neben *d* anzuhalten, enthält alle Tonpositionen der heptatonischen Leiter, die auf dem Kreisabschnitt zwischen *f* und *g* liegen. Daher umfaßt seine Tonperspektive mit einem Schlage das Raumsegment zwischen dem Halbmesser Mittelpunkt-*f* und dem Halbmesser Mittelpunkt-*g*, und *f* und *g* sind die Akkordgrundtöne der Harmonie.

Als »modulierendes« Bewußtsein kann sich das harmonische Bewußtsein nach und nach alle anderen Tonperspektiven signifizieren und zueinander in Beziehung setzen. Damit sich der Tonartenkreis aber in sich schließen kann, mußte sich das Musikbewußtsein sein ursprünglich pythagoreisches Tonsystem durch das temperierte signifizieren, wodurch das Wahrnehmungsphänomen der Enharmonik seine volle Berechtigung findet, wie wir im folgenden sehen werden.

Die Tonperspektiven stehen in Quintbeziehung zueinander, wenn man die Grundtonpositionen auf dem Kreis im Uhrzeigersinn liest und als Projektion einer aufsteigenden Spirale auf eine Ebene annimmt; sie stehen im Quartverhältnis untereinander, wenn man sie als Projektion einer absteigenden Spirale auffaßt. Die harmonischen Tonarten stehen also in derselben Beziehung zueinander wie die Tonpositionen in der melodischen Leiter, und diese Beziehung signifiziert sich durch diejenige ihrer Akkordgrundtöne.

Deshalb konnte sich das harmonische Bewußtsein durch die Bewegung des Akkordgrundtones in den Grenzen einer Tonperspektive oder mittels der Modulation von der Grundtonart zu den beiden benachbarten Tonarten denselben »Vorsatz« des Tonwegs signifizieren wie das melodische Bewußtsein:

Vorsätze				
melodisch	Einklang	Quarte	Quinte	Einklang
harmonisch	Tonika	Subdominante	Dominante	Tonika

Es ist höchst bemerkenswert, daß es (bei Monteverdi) schon »modulierend« war, ehe seine tonale Organisation in einer *festen harmonischen Perspektive* durch Rameau und in einer *modulierenden Perspektive* durch Bach signifiziert wurde – ebenso wie das Musikbewußtsein in der menschlichen Geschichte bereits melodisch war, bevor sich sein melodischer Vorsatz durch die modale Leiter signifizierte.

Der einzige Unterschied zwischen dem »modulierenden« und dem streng »tonalen« Vorsatz ist der, daß ersterer systematisch den Vorsatz der auf- und absteigenden melodischen Leiter reproduziert:

(modulierender Vorsatz: Grundtonart – Dominanttonart – Grundtonart – subdominantische Tonart – Grundtonart), wogegen letzterer auf seine Weise nur den Vorsatz der aufsteigenden Leiter reproduziert; aber das sind lediglich verschiedene Modalitäten ein und derselben Struktur. Das harmonische Bewußtsein war jedenfalls »modulierend«, und so müssen wir daraus den Schluß ziehen, daß es sich, sowie es harmonische Position im Raum bezieht, *ipso*

facto einen Horizont aus drei harmonischen Perspektiven gibt, die untereinander paarweise eine gemeinsame Zone besitzen:

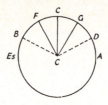

Solcherart war, kurz zusammengefaßt, die erste Positionsnahme des harmonischen Bewußtseins zur Zeit Bachs und Rameaus. Wie man sieht, ist für
das im Kreismittelpunkt situierte Musikbewußtsein der Durdreiklang mit dem
Grundton *c* ein Tonikadreiklang, wenn sich – als *c*-Bewußtsein – sein Blick
auf das Horizontsegment richtet, das ihm die harmonische *c*-Perspektive öffnet. Er ist *Subdominante* – das Bewußtsein wird dadurch zum *g*-Bewußtsein –,
wenn sich sein Blick nach rechts zu dem Horizontsegment richtet, der ihm die
harmonische *g*-Perspektive öffnet; und der *c*-Dreiklang wird zum *Dominant-*
klang – das Bewußtsein wird jetzt *f*-Bewußtsein –, wenn es sich nach links zur
harmonischen *f*-Perspektive wendet. Jeder Durdreiklang kann also Tonika-,
Dominant- oder Subdominantfunktion annehmen, je nach der harmonischen
Tonperspektive, in der er betrachtet wird, und das gleiche gilt auch für den
*Moll*klang. Ein Durklang kann in einer Molltonart dominantische oder subdominantische Funktion haben; allein der *Tonika*klang entscheidet über das
harmonische Tongeschlecht – und sogar hier kann ein Tonweg in Moll mit
einem Durklang abschließen*.

DIE TONALEN FUNKTIONEN   Aus dem Vorhergehenden folgt, daß der Tonweg gänzlich durch die Funktionen der Dominante, Subdominante und Tonika bestimmt wird. Die Zwischenstufen innerhalb einer festen Tonperspektive oder innerhalb einer modulierenden Perspektive sind *Parallelen*, d.h. im
jeweils anderen Tongeschlecht stehende, mit der Subdominante, Dominante
bzw. Tonika verwandte Akkorde (ebenso wie die Zwischenstufen der Oktavleiter Parallelen zu den Quart-, Quint- oder Oktavwegen waren).
So ist die tonale Harmonik in der Praxis als eine *funktionelle* erschienen,
d.h. für das im Mittelpunkt befindliche Hörbewußtsein ist der Tonhorizont

---

* Er *muß* aber mit einem Dur- oder Mollklang abschließen, sonst sind wir nicht länger
in der Welt der festen harmonischen Perspektiven, in der der »Sinn« der Klänge signifiziert
werden muß. Hier stoßen wir auf eine der Mehrdeutigkeiten, die zu Hindemiths späterer
Musik die Theorie lieferte. Indem Hindemith aber die harmonische Tonalität einzig und
allein durch die Tonika und ihre Quinte definiert, setzt er sich zwischen zwei Stühle, zwischen die tonale Anschauung, von der wir eben sprechen, und diejenige, die wir gleich
behandeln werden.

ein Feld organischer Relationalität, und diese Relationalität gründet sich auf die dominantische und subdominantische Beziehung, auf die sich alle übrigen Beziehungen zurückführen lassen; zum Beispiel ist in der Tonperspektive *C*-dur die Beziehung des *d*-Klangs zum *g*-Klang diejenige der Subdominantparallele zur Dominante; der *e*-Klang ist die Dominantparallele usw. Wenn man die Grundfunktionen unterdrückt und damit die Beziehungen, die sie schaffen, so kann die relationelle Tätigkeit des Bewußtseins *nicht mehr funktionieren*, sein ganzer Horizont bietet ihm dann nur noch Tonpositionen oder Akkorde, die untereinander in einer äußerlichen Beziehung stehen, und diese äußerlichen Beziehungen beruhen auf nichts. Es kann sie sich nicht mehr durch eine *Sinn*gebung signifizieren, da dieser Sinn eben die Beziehung einer Tonika zu einer Dominante ist, eine, wie wir sagen: innere Beziehung, weil sie »von innen«, von dieser zentralen Position aus, bestimmt wird. Solcherart wäre der Tonhorizont eines *atonalen* Bewußtseins, nämlich taub (nicht als Ohr, aber als Bewußtsein!) für die Beziehungen der Töne untereinander*.

Untersuchen wir jetzt die Situation, zu der dieser Sachverhalt das Musikbewußtsein mit der Zeit geführt hat. In der Tonperspektive *c* z.B. kann es sich jeden beliebigen Klang signifizieren – und jede beliebige zu diesem Klang in Beziehung stehende Melodie; der *des*-Klang ist die Subdominante der Mollsubdominantparallele von *c*, der *e*-Klang die Dominante der Tonikaparallele von *c*. Der kreisförmige Horizont ist nämlich nicht länger *diatonisch* innerhalb der Grenzen einer Quinte; er ist gänzlich *chromatisch* geworden. Trotzdem verändert sich seine chromatische Gestalt je nach der Tonperspektive, in der sie erscheint, so daß dieser chromatische Horizont seine eigentliche Bedeutung erst in einer bestimmten Tonperspektive gewinnt. Umgekehrt kann das Musikbewußtsein jede Tonstruktur – ganz gleich ob harmonisch oder melodisch, solange sie nur »tonal« ist (d.h. zu einer bestimmten Perspektive gehört) –, die in seinem Hörbereich erscheint (oder in der Einbildung, wenn es sich um ein schöpferisches Bewußtsein handelt), zu jeder beliebigen harmonischen Perspektive in Beziehung setzen; es muß sich bloß im Mittelpunkt des Kreises zum Bewußtsein dieser Perspektive machen, z.B. vor einem *des*-Klang zum *c*-Bewußtsein. Das *c* braucht nicht mehr als »Baßton« zu erscheinen, es kann auch in den Mittel- oder Oberstimmen vorkommen, und doch erscheint es ihm als ein *Pol*, zu dem es vorübergehend die Tonstrukturen in Beziehung setzt. In diesem Falle wäre das Musikbewußtsein als Selbstbewußtsein ein *c*-Bewußtsein, das sich durch eine Akkordbrechung, einen Akkord oder irgendein Motiv eine zur harmonischen *des*-Perspektive gehörige Tonstruktur als mit seiner Mollsubdominante verwandt signifiziert.

---

* Die Funktionstheorie stammt von Hugo Riemann, der sie zu einer Harmonielehre entwickelt hat, die der Situation seiner Zeit vollauf gerecht wird.

DAS POLYTONALE BEWUSSTSEIN   Was anderes aber läßt sich sagen, als daß das harmonische Bewußtsein sich nicht mehr *a priori* eine bestimmte Tonperspektive zu geben braucht? Sein Tonhorizont ist eine *tabula rasa* geworden, wie er es zu Beginn der Geschichte für das primitive Musikbewußtsein gewesen ist; allerdings ist dieser Tonhorizont jetzt organisiert, und das Bewußtsein hat sich selbst signifiziert, daß es harmonisches Bewußtsein ist (was es tatsächlich immer war), indem es den Tonhorizont in der Welt signifizierte. Es kann also in seinem Hörbereich eine zu einer beliebigen harmonischen Perspektive gehörende Tonstruktur setzen und »für sich« eine andere übernehmen; folglich kann es, sobald es eine Wahrnehmungsposition angenommen hat, Strukturen aus verschiedenen harmonischen Perspektiven zueinander in Beziehung setzen und seinerseits den Perspektivmittelpunkt verlegen. Es ist also zu einem *polytonalen* Bewußtsein geworden, und sein Tonbereich ist zu einem Bereich *allgemeiner Relationalität* geworden, in dem Sinn, daß es keine *bevorzugte Perspektive* mehr gibt und daß das Musikbewußtsein nur noch Beziehungen zwischen Tonstrukturen signifiziert, die zu verschiedenen harmonischen Perspektiven gehören können, zwischen denen es konsonante Bezüge herzustellen vermag.

Die neue Anschauung vom Tonhorizont als Bereich »allgemeiner Relationalität« entspricht, wie man sieht, der Anschauung, die die Mathematiker heute unter dem Begriff der *allgemeinen Relativität* vom kosmischen Raum und den in ihm auftretenden Phänomenen vertreten; und ebenso, wie es eines Mathematikers bedarf, um sich diese zu signifizieren, muß sich das Musikbewußtsein, um die Tonbeziehungen in ihrer Allgemeinheit zu signifizieren, als Selbstbewußtsein in den Kreismittelpunkt stellen und eine Wahrnehmungsposition beziehen.

Im Grunde hat sich nichts geändert, denn der Tonhorizont ist immer noch in Tonperspektiven gegliedert, wie er es schon bei seiner Entstehung war und wie er auch nur als Perspektive geschaut werden kann, weil das zur Bedingung des Bewußtseins gehört. Überdies muß sich das Musikbewußtsein in dieser neuen Situation seinen Melodieweg-Vorsatz, der stets derselbe bleibt, signifizieren, sonst hätte das Werk weder Form noch Sinn. Daher muß eine Tonperspektive auf die eine oder andere Weise in Erscheinung treten, und Grenzfall bleibt es, wenn sie nicht durch eine bestimmte »Tonart« explizit signifiziert wird. Die eben beschriebene Situation ist jedoch die eines *freien* Bewußtseins, das das geschichtliche Stadium überwunden hat, in dem das Musikbewußtsein durch determinierte Tonarten und Modalitäten bedingt war; es ist also frei, nach seiner Wahl seine tonale Führung zu bestimmen, seine Modalität, seine Strukturart und seine Form. Und diese *absolute Freiheit*, die das Musikbewußtsein zur Bestimmung der Tonstrukturen unter all ihren Aspekten gewonnen hat, tritt zutage im Werk Debussys. Sie verleiht Debussys Schaffen seine geschichtliche Bedeutung und macht es zu einem Wendepunkt der Geschichte. Daher finden sich bei Debussy die ersten bedeutsamen Äußerungen der modernen Polytonalität, die für Strawinsky im Bereich der Tonstrukturen zu einer Quelle von Neuerungen werden sollte. Hindemiths »linearer Kontrapunkt« und Honeggers »akkordischer Kontrapunkt« sind nichts anderes als andere Experimente mit der Polytonalität. Die Geschichte des harmonischen Bewußtseins führt nicht zur Atonalität, wie manche glauben, sondern zur Polytonalität. Die Polytonalität hebt die Tonalität nicht auf, sondern setzt sie im Gegenteil voraus – das Musikbewußtsein könnte nicht »polytonal« sein, wenn es nicht »tonal« wäre.

DIE TONALE FREIHEIT   Beachten wir aber wohl, daß diese Polytonalität für das schöpferische Musikbewußtsein keine unumgängliche Notwendigkeit bedeutete, sondern lediglich eine Möglichkeit, einen aufgrund der erworbenen Erfahrungen möglichen Weg. Die Freiheit der Tonstrukturen, durch die sich die Einbildungsfreiheit Debussys signifizierte (seine Gefühlsautonomie), ist ein Zeichen dafür, daß das abendländische Musikbewußtsein im Verlauf seiner eineinhalbtausendjährigen Geschichte alle Strukturmöglichkeiten erforscht hat – da ja der Horizont geschlossen und bis zum letzten erfüllt ist und von jedem denkbaren Standpunkt aus betrachtet werden kann: von der reinen Melodik, der simultanen Melodik (Mehrstimmigkeit), der simultanen Synthese (Homophonie und Harmonik) und der melodischen Entfaltung der Harmonik (Symphonie); andere Strukturmöglichkeiten kann es nicht geben. Den Komponisten stehen heute alle diese Möglichkeiten zur Verfügung. An Strukturen oder »Formen« gibt es für ihn nichts mehr zu »erfinden«, und ihre Grundlage bleibt unveränderlich. Er kann sich deshalb nur noch in der besonderen Verwendung dieser Strukturen ausdrücken, und diese Freiheit ist eben die große Kalamität für die modernen Musiker. Was sollen sie mit ihrer Freiheit angesichts dieser verwirrenden Vielzahl von Möglichkeiten anfangen?

Man hat des öfteren vorgebracht, daß die Musiker früher in einem Zeitstil schreiben konnten, der heute leider Gottes fehle – aus gutem Grund gibt es ihn nicht mehr, kann man nur sagen; denn heutzutage stehen alle möglichen Stile zur Verfügung. Nicht aus Geschmacksgründen oder wegen einer gewissen Begabungsenge hat man früher einen Zeitstil gepflogen, sondern weil man sich in einer historischen Situation befand, die den Stil vorschrieb. (Unter Stil verstehen wir hier vorläufig einen Strukturtyp; weiter unten werden wir dem Begriff einen anderen Sinn geben.) Im ersten Zeitalter unserer Geschichte wurde die Melodie »aufgebaut« (so wie man im Sprachgebrauch gewisser Länder heute vom »Aufbau« des Sozialismus spricht), und anderes ließ sich kaum tun, da die abendländische Musik ein Neubeginn der Musik war. Sobald die Mehrstimmigkeit erschienen war, wurden deren Möglichkeiten ausprobiert, und als die »Harmonie« in der Polyphonie auftauchte, erforschte man die Möglichkeiten der tonalen Harmonik. Diese historischen Aufgaben sind nun erfüllt und alle möglichen Strukturtypen entwickelt, das Musikbewußtsein ist, wie wir sagen, polytonal geworden, nicht um polytonale Musik hervorzubringen, sondern um weiterhin tonale Musik schaffen zu können; denn nur so läßt sich den »Tönen« ein Sinn verleihen. Allein dank seines Vermögens, melodische oder harmonische Tonperspektiven transzendieren zu können, kann es von neuem den Vorsatz einer reinen Melodie, einer reinen Mehrstimmigkeit oder einer harmonisch gelenkten Tonführung in Angriff nehmen und überdies die Tonrelationen in der *Polytonalität* signifizieren: das allein ist die Neuerung. Die alten Vorsätze – der »modale« oder derjenige einer »tonalen« harmonischen Bewegung – sind nicht in Vergessenheit geraten und können in einer neuen Strukturanschauung wiederaufgenommen werden.

Wenn die Melodie z.B. im ersten Zeitalter der Harmonie ihren Sinn vom *Basso continuo* und der *begleitenden Harmonie* bezog, so müssen wir feststellen, daß auch das harmonische Bewußtsein um nichts weniger imstande war, selbständige reine Melodien hervorzubringen, ohne deren harmonischen Sinn durch einen Baß oder durch Akkorde zu signifizieren. So z.B. die *Marseillaise* oder Beethovens *Lied an die Freude*. Beethovens Hymnus ist so sehr autonome Melodie, daß es fast schwerfällt, die Harmonisierung genau festlegen zu wollen; daher läßt Beethoven eine Gegenstimme eintreten, deren »Konsonanz« mit der vorgegebenen Melodie durch die beiden zugrunde liegende Harmonie hergestellt werden muß. Dennoch überschreitet diese Melodie nicht die Grenzen der Tonperspektive von *D-dur*. Aber schon im Zeitalter der wesentlich harmonischen Tonalität konnte das Musikbewußtsein reine Melodien schaffen, die in ihrem Verlauf modulieren, ohne daß diese Modulation durch eine Akkordfortschreitung signifiziert zu werden brauchte; vgl. etwa die Englischhornmelodie zu Beginn des III. Aktes von *Tristan und Isolde*.

DIE AUTONOME MELODIE   Jetzt als Beispiel eine »autonome« Melodie aus Debussys *Pelléas und Mélisande*, an der sich zeigt, worin die Befreiung des Melodiebewußtseins liegt, die das neue Zeitalter der Musik ausmacht. Dieses Bewußtsein bleibt harmonisch, kann aber in der Melodie wieder zum *modalen* Bewußtsein werden, d.h. sich von jeglicher Bezugnahme auf eine bestimmte harmonische Tonalität befreien, ohne doch in die modale Bedingtheit weder der antiken noch der Dur- oder Mollmodalität zurückzufallen; es ist also selbst in seiner Modalität frei.

Die Melodie – ein Lied Mélisandes – gliedert sich in zwei Teile, zwischen denen eine kurze Orchestermodulation steht, die die eigentliche, zwischen A und B stattfindende Modulation zur Subdominante verschleiern soll. Die eigentliche »Form« der Melodie tritt hervor, wenn wir B um eine Quinte nach oben transponieren. Um sie aber zur frühen heptatonischen Leiter in Beziehung setzen zu können, transponieren wir außerdem die ganze Melodie.

Wie man sieht, nähert sich die Melodie »indirekt« der *f*-Leiter, wie das eine weiter oben angeführte gregorianische Melodie ebenfalls tat, hier aber geschieht es von der Tonperspektive von *a* aus. Im zweiten Glied, das sich implizit auf die absteigende *a*-Leiter bezieht, wird das *f* erhöht, und dieses *fis* entspricht augenscheinlich der Absicht des Melodiebewußtseins, dieselbe Quintstruktur auf- und absteigend, d.h. also dieselbe *dynamis*, zu signifizieren. Genauso ist das Verhältnis der absteigenden zur aufsteigenden Moll-Leiter für das harmonische Bewußtsein. Es ist also der Geist, wenn man so sagen darf, eines »harmonischen« Bewußtseins, der sich hier in einem »modalen« Weg ausdrückt und der sich noch deutlicher in den zwei harmonische Dreiklänge bildenden Terzsprüngen zu Ende der Melodie *(h-g-e-c-a)* offenbart. Das Geheimnis dieser Melodie klärt sich etwas mehr, wenn man beachtet, daß sie das musikalische Bild Mélisandes vorstellt. Wir haben nur den »Kopf« zitiert, der bezeichnenderweise das *fis* enthält. Dieses Bild – dessen harmonische Tonalität unbestimmt bleibt – konnte dem Dichter-Musiker nur eine Melodie ohne feste »harmonische« Tonart eingeben.

Noch zwei Beispiele für »reine Melodien« – das erste von Bartók, das zweite von Frank Martin – von deutlich ausgeprägter Harmonik diesmal, die aber einen sehr viel »polytonaleren« Tonalitätsbereich durchlaufen als die Englischhornmelodie aus dem *Tristan*.

Bartók hat diese Melodie (aus dem *Orchesterkonzert*) zwar »harmonisiert«, aber durch ihre eigene Struktur ist die Modulation so ausreichend signifiziert, daß sie sich selbst genügt, d.h. daß sie auch ohne Begleitung sinnvoll ist. Die Grunddreischritte der Melodik – Quinte-Quarte – bauen gemeinsam mit dem Grunddreiklang der Harmonik – Terz-Quinte – die Form auf. Zunächst tritt die Melodie durch den Dreischritt *g-c-d* in die aufsteigende harmonische Perspektive von *c*-moll ein, von *c* (als Drehpunkt) gelangt sie durch den Dreischritt *c-b-f* in die harmonische Perspektive von *F*-dur; von *f* aus übernimmt sie die aufsteigende harmonische Perspektive von *b*-moll, und mittels des harmonischen Dreiklangs *des-f-as* gewinnt sie die – stets harmonische! – Perspektive von *as*-moll. Hier vollzieht sich für das Musikbewußtsein praktisch eine *enharmonische Verwechslung*, die das Ohr in unserem Sinn sofort gewahr wird, sobald die Melodie von *ces* aus sich nach *fes* wendet (und sich somit auf den Dreiklang *as-ces-fes* bezieht); mit anderen Worten: Nach unserer Meinung ergibt sich auf *ces*, das zu *h* wird, eine enharmonische Verwechslung, und so erscheint das *fes* als *e*, und das vorhergehende *as* wird rückblickend als *gis* empfunden. Durch den Dreiklang *gis-h-e* oder, noch einfacher: durch die Quarte *h-e* tritt die Melodie in die absteigende harmonische Perspektive von *c* (die Ausgangsposition), allerdings von *C*-dur diesmal, mit einer Anspielung auf die neapolitanische Sexte. Diese Wendung war aber nur möglich dank dem Kurzschluß des Tonhorizonts, der uns von *fes* in die harmonische Perspektive von *deses* gelangen läßt, also in den Bereich der doppelt erniedrigten Tonarten.

Hier das Beispiel von Frank Martin:

Diese choralartige Melodie aus den *Etüden für Streichorchester* liegt über einem polyphonen Hintergrund, der die Harmonik der Melodie nicht signifiziert. Da sie als Tonbewegung in sich sinnvoll ist, signifiziert sie sich durch ihren melodischen Aufbau, so daß sich dieser »Choral«, anders ausgedrückt, als eine autonome Melodie darbietet und ein »Ganzes« bildet, obwohl die einzelnen Abschnitte durch recht lange Pausen voneinander getrennt sind. Durch die chromatische Bewegung *des-d-es* geht es von der harmonischen Perspektive von *Ges*-dur zu derjenigen von *Es*-dur, dann vom »wiederholten« *g* – als ob die tonale Richtung geändert würde – zu derjenigen von *e* (als von *h* aus gesehene Dominantperspektive von *a*-moll). Im Zeitalter der begrenzten Tonalität wäre dieser dritte Abschnitt zweifellos als der in Klammern gesetzte betrachtet worden. Nach der Rückwendung zu *g* gewinnt der Choral die absteigende Perspektive von *c*-moll (betrachtet als Dominantperspektive von *f*-moll in absteigender Richtung), dann die verwandte Perspektive von *g*-moll (ebenfalls als *Dominante* der absteigenden Perspektive von *c*-moll gesehen), um schließlich auf dem »Leitton« von *g*-moll zu enden, d. h. um durch die Andeutung eines dominantischen *g*-Weges, der uns durch Enharmonik zur Ausgangsposition zurückführt, Schlußcharakter zu gewinnen. Wir führen dieses Beispiel an, um zu zeigen, daß das »polytonale« Bewußtsein bei seiner Melodiebildung vorwärts schreiten kann, ohne zu sich selbst zurückzukehren, solange seine Endposition irgendwie Schlußcharakter hat (hier, wie im vorigen Beispiel, durch Enharmonik). Es hat sich von der Notwendigkeit befreit, mit dem Anfang schließen zu müssen, eine Freiheit, die das Musikbewußtsein in Wirklichkeit von je besessen hat, die es aber mit neuen Mitteln signifizieren kann und die ihm, wohlgemerkt, nicht die Willensfreiheit nimmt, mit seiner Anfangsposition zu enden.

Von »Polytonalität« spricht man doch wegen ihrer simultanen Erscheinungsform. Wir zitieren ein sehr schönes Beispiel aus der *Ibéria* von Debussy, um zu zeigen, daß Polytonalität sich innerhalb einer Tonbewegung ereignen kann, die durch den *Akkordgrundton* der Harmonie gelenkt wird, also im Rahmen der »klassischen« Harmoniebewegung. Sie bringt eine tonale Spannung in die bis zum äußersten geweitete Simultaneität.

Mittelpunkt der Hörperspektive ist hier der Akkordgrundton; das bedeutet, daß das Musikbewußtsein als Selbstbewußtsein sich im tiefen *cis* situiert und selbst die Bewegung *cis-fis-h* ausführt, um die Oboenstimme zu perzipieren und ihr einen Sinn zu geben wie auch gleichzeitig den einrahmenden homophonen Klängen. Der dritte Takt moduliert aber, und von hier aus führt uns die harmonische Bewegung zur Dominante von *E*-dur (um so mehr, als das *c* der vierten Melodielinie als *his* aufgefaßt werden kann). Die Oberstimme A (in Oktaven) scheint diese Bewegung zu bestätigen, denn anscheinend bewegt sie sich von *a* über *gis* und *eis* nach *fis*; sie bleibt aber auf *eis* in der Schwebe, das im letzten Takt enharmonisch mit dem *f* der melodischen Hauptstimme (Oboe) konsoniert. Die Hauptstimme (Oboe) tritt mit dem vierten Takt deutlich in die Dominantperspektive von *g* und dann von *c* ein, was die tonale Bedeutung des Baßtons *h* verändert; diese tonale Bewegung wird unterstrichen durch die Melodiestimme B. So wirkt alles, als ob das Melodiebewußtsein, das – als Selbstbewußtsein – in der Tonperspektive von *E*-dur (Dominante) sich befindet, die Melodiestimme und ihren Schatten (B) in der Perspektive von *g* und dann *c* erlebte. (Und Schönberg stellte die Behauptung auf, Debussys Harmonik sei nicht funktionell!)

Im folgenden Beispiel aus *Petruschka* von Strawinsky

hat ein *fis*, das der zweistimmigen Klarinettenmelodie vorausgeht, die Wahrnehmungsposition – den Blickpunkt – des Musikbewußtseins festgelegt, und es wirkt daher so, als ob sich das Musikbewußtsein von diesem *fis* aus (und zugleich von der Tonperspektive *fis* aus, die zur Dominantperspektive geworden ist) zur *C*-dur-Perspektive öffnet:

So »konsonieren« für dieses *fis*-Bewußtsein diese beiden Stimmen, die zu verschiedenen Perspektiven gehören; das Fagott-Motiv erscheint ihm also in seiner eigenen Tonperspektive, und im neunten Takt wird es durch dieses Motiv von *gis* über die Dominante zu *cis* geführt; in der Tonperspektive dieses *cis* ist *as* ein *gis*, das aber zum *g = fisis* führt und in der *g*-Perspektive wieder *as* ist; das Musikbewußtsein ist von da an in einer harmonischen Positionalität, aber in einer *mehrdeutigen*:

Mehrdeutig deshalb, weil es auf verschiedene Tonperspektiven zugleich blickt, und zwar in einem solchen Maße, daß wir eine der Stimmen die Oktave von *g* als harmonischen Weg von *g* in der einen Richtung und von *c* in der anderen Richtung nehmen sehen, während die Stützstimme in *Fis*-dur arpeggiert und uns so in die vorherige »Konsonanz« zurückführt.

Dieses Verfahren, »konsonante«, obwohl zu verschiedenartigen Tonperspektiven gehörende melodische Bewegungen *auf dem Hintergrund einer mehrdeutigen harmonischen Positionalität* sich entfalten zu lassen, ist typisch für Strawinsky; hier ein Beispiel aus *Le Sacre du Printemps:*

Der harmonische »Hintergrund« öffnet dem Musiker die Tonperspektive:

die mehrdeutig oder unbestimmt ist, weil sie weder Quinte noch Quarte enthält. Die melodische Bewegung geht von *a* aus und kehrt zum *a* zurück, und
bekanntlich sind ausgeterzte Melodiegänge in einer gegebenen Tonperspektive »konsonant«. Die oben signifizierte und in der unteren Oktave verdoppelte
Hauptstimme entfaltet sich in der Dominant-Perspektive von *c*. Die zweite
Stimme im zweiten System paßt sich der Hauptstimme als Terzparallele an –
sie ist in *h*, der Terz von *d* –, steht aber in der Tonperspektive von *D*-dur oder
h-moll (keine dieser Perspektiven wird als solche signifiziert; die Melodie hätte
aber einfach keinen Sinn, wenn sie nicht von irgendeiner Tonperspektive aus
aufgefaßt würde, da die tönende Welt perspektivisch aufgebaut ist). Die erste
Stimme des dritten Systems folgt ebendiesem Weg der Hauptstimme, aber in
der Perspektive *his-dis-fis-a* (aufgefaßt als Dominante von *cis*-moll), und die
zweite Stimme desselben Systems verdoppelt diese in der Unterterz.

Deshalb »konsoniert« alles für das Musikbewußtsein; denn diese melodischen Bewegungen entfalten sich alle in jeweils einer Perspektive, die ihnen
ihre harmonische Positionalität öffnet; wir können beobachten, daß sie niemals mehr als zwei auf einmal zusammenfaßt: zwei von *a* aus und zwei von
der Terz aus, welch letztere als *f* oder *fis* genommen werden können. Die von
fis ausgehende Bewegung wird ihrerseits im dritten System durch eine Stimme
verdoppelt, die zwar ebenfalls auf *fis* beginnt, aber einer anderen Perspektive
zugehört. Der Parallellauf der beiden *fis*-Stimmen zwingt anscheinend die untere Stimme (beim Abstieg), durch *d* anstatt *dis* zu gehen; denn das relationelle
Vermögen des Bewußtseins bleibt stets *begrenzt* und durch seine Grenzen
streng bedingt; und in dieser unglaublichen Dissonanzhäufung erklingen niemals mehr als zwei verschiedene Terzen gleichzeitig, die immer eine Position
gemeinsam haben. Mit einer Ausnahme allerdings, wo die Unterterz – *his-dis* –
gerade durch *his* (= *c*) auf den harmonischen Bereich des Bewußtseins stößt,
so daß wiederum die beiden gleichzeitig erklingenden Intervalle – Terz und
Sexte – eine gemeinsame Position haben:

Zusammengefaßt: Die Möglichkeit dieser Gleichzeitigkeit verschiedener
Perspektiven erklärt sich einzig und allein dadurch, daß zwei Stimmen im
Terzabstand nur *eine* Homophonie bilden; folglich haben wir hier drei Stimmen, die von *a* ausgehen und denselben Weg in zwei verschiedenen harmonischen Perspektiven durchlaufen, nur daß diese Stimmen, jede auf eine andere
Art, von Unterterzen begleitet werden, aber so, daß nur drei Tonperspektiven
im Spiel sind, die zu Beginn und zu Ende und auch während des Verlaufs durch
eine *gemeinsame Position* aufeinander abgestimmt sind.

Durch dieses Verfahren hat Strawinsky, ohne sich dessen bewußt zu sein
und indem er sie rationalisierte, die frühe *Heterophonie* wieder in die abendländische Musik eingeführt. Bei den frühen Völkern geschah es oft, daß im

kollektiven Musizieren je nach den Möglichkeiten des Einzelnen Stimmen und Instrumente auf verschiedene Weise dieselbe melodische *Intention* »realisierten«. Das Ergebnis war weder eine Polyphonie noch eine Harmonie, weil die Beziehungen zwischen den Stimmen nicht beabsichtigt waren, sondern eine Gleichzeitigkeit von Melodiewegen in gleicher Richtung vorstellten, die entsprechend dem Umfang und Charakter der einzelnen Stimmen und Instrumente verschiedenartige Verläufe nahmen. So trennen sich im »Marsch«, der Strawinskys *Renard* als Vorspiel dient, die bis dahin einstimmig verlaufenden Instrumente auf ihrem Weg zum Schluß-*a* aufgrund ihrer Stimmlage; die einen wählen den oberen, die anderen den unteren Verlauf:

Es besteht keinerlei Absicht zu einer harmonischen Kadenzierung, vielmehr handelt es sich um eine absichtliche Manifestierung der möglichen Konsonanz zwischen verschiedenen Stimmen in der Heterophonie; denn die eine verläuft über *f*, die andere über *fis*, die eine über *b* und die andere über *h*.

6. Die kopernikanische Wendung: Zweiter Aspekt

Mit dem Übergang von der »begrenzten« Tonrelationalität, wie sie für das klassische Zeitalter der abendländischen Musik charakteristisch ist, zur »allgemeinen« Relationalität, die den polytonalen Bereich offenbart, ist eine Strukturveränderung im Hörakt verbunden, die wir nicht mit Stillschweigen übergehen können. Denn jede Strukturveränderung in der Bewußtseinstätigkeit muß ihren Anlaß haben. In diesem Fall kann sie nur durch einen neuen musikalischen »Vorsatz« veranlaßt worden sein, der den Tonstrukturen eine neue Bedeutung verleiht.

Schon beim Übergang von der reinen Polyphonie zur Harmonie sahen wir eine Veränderung in der Struktur des Musikbewußtseins vor sich gehen. Indem es eine »harmonische« Position bezog, distanzierte sich das Musikbewußtsein, wie wir weiter oben sagten, von sich selbst, in dem Sinn, daß es sich im Akkordgrundton situierte, um nach außen, *durch die Melodie*, die Bewegung dieser Grundtonposition und der harmonischen Veränderungen zu signifizieren. Solange die Melodie solcherart eine äußere Signifizierung der harmonischen Bewegung ist und solange sich der Akkordgrundton und die Harmonie bewegen und verändern, während sich die Melodie entfaltet, ist die Melodie eine Signifikation des Bewußtseins als Selbstbewußtsein. Dieses Selbstbewußtsein in seiner Eigenschaft als Melodiebewußtsein distanziert sich von sich selbst als harmonisches Bewußtsein, allerdings ohne jede Distanz, weil ja die

Melodie, die es nachzeichnet, nur eine Signifikation ist, die es nach außen gibt (man denke zum Beispiel an das *Adagio* der *Vierten Symphonie* von Beethoven). Der Akkordgrundton ist nicht immer zugleich der Baßton, und es kann vorkommen, daß die Harmonie unverändert bleibt, während allein der Baßton sich bewegt, wie in dieser Stelle aus *l'Après-midi d'un Faune:*

Unter einem Orgelpunkt auf *E*-dur vollzieht der Baß eine anscheinend von der Harmonik unabhängige Kadenz, während sich die Melodie entfaltet*.

Es kann aber auch vorkommen, daß der Baß selbst liegen bleibt und als Orgelpunkt wirkt, auf dem harmonische und melodische Bewegungen stattfinden (ein Beispiel dafür weiter unten). Im ersten Fall signifiziert sich das Musikbewußtsein den Melodieverlauf für sich eigentlich nicht durch die Bewegung der Harmonie, sondern vielmehr allein durch die des Basses; im zweiten Fall spielt dieser »Orgelpunkt« die Rolle eines vom harmonischen Horizont entfernter stehenden Basses oder Akkordgrundtones. Beide Male aber ist der Akkordgrundton nicht länger »signifizierend«, weil er sich im zweiten Fall nicht bewegt und im ersten nicht so bedeutsam ist wie der Baß.

SELBSTÄNDIGKEIT DES BASSTONES UND DES AKKORDGRUNDTONES   Zwischen der Signifikation, die sich das Bewußtsein aus seiner Positionalität durch den *Baß* und aus der durch den *Akkordgrundton* gibt, besteht keine Gemeinsam-

* Nach der »Harmonielehre« wäre der »Baß« im dritten und vierten Takt als Grundton der Harmonien aufzufassen. Dabei sind wir vier Takte lang in der harmonischen Perspektive von *E*-dur, aus der wir in die von *c* übergehen – nur wird diese Perspektive von *g* und dann von *c* aus betrachtet, wo sie den Sinn einer Subdominante der Dominante von *h* gewinnt. Darauf geht der Baß, der die Melodie zur Dominante zu führen scheint, statt nach *h* zur Tonika *e*, um sich aber sofort zur harmonischen Perspektive von *c* zu wenden. So wird der Wechsel der harmonischen Perspektive einzig und allein durch die *Baß*bewegung angezeigt, ohne daß sich die harmonischen Kadenzierungen ergeben, wie sie die Bewegung nach sich gezogen hätte, wenn sie vom Akkordgrundton ausgeführt worden wäre. Hier haben wir den historischen Augenblick vor uns, in dem sich das Musikbewußtsein seine harmonische Position nicht länger durch den Akkordgrundton signifiziert, sondern allein durch die Bewegung des Baßtons oder einer polaren Position, ob sie nun den Akkordgrundton darstellt oder nicht. Diese Art von »Bässen« verwendete Debussy schon während seiner Studienzeit am Conservatoire, weshalb seine Lehrer ihm das sagten, er schriebe »falsche« Bässe. Es wird aber deutlich, in welchem Ausmaß diese Art, die Tonperspektiven zu signifizieren, die Melodie von harmonischen Füllseln befreit. Sie ist charakteristisch für ein französisches Musikbewußtsein und bezeichnet den Zeitpunkt, von dem an das germanische Musikbewußtsein nicht mehr die historische Entwicklung bestimmt.

keit. Die Unabhängigkeit zwischen Baß- und Melodiebewegung bei unverändert liegenbleibendem Akkordgrundton deutet auf einen ganz neuen Bezug hin zwischen dem Musikbewußtsein als Selbstbewußtsein und dem, was es sich durch die Melodie signifiziert. Es besteht kein Bruch zwischen der Baß- und der Melodieposition, die ja in der Harmonie verbunden bleiben, wohl aber in der bisher festgestellten Abhängigkeit zwischen positioneller Baß- und Melodiebewegung. Wenn diese Abhängigkeit bedeutete, daß Melodie und Baß für das Musikbewußtsein zwei verschiedene Signifikationen seines harmonischen Verlaufs waren – in der Extraversion und in der Introversion –, so scheint dieser erfolgte Bruch darauf hinzuweisen, daß es sich durch die Melodie *etwas anderes* signifiziert als durch den Baß. Die Melodie ist nicht länger *äußeres* Zutagetreten der harmonischen Bewegung, sie ist nicht mehr ein »Gesang«, sondern sie ist zu einer »Melodie«, zu einem autonomen Bild im Raum geworden.

Um dieses Phänomen zu begreifen, müßten wir wissen, was das Musikbewußtsein ist und was es sich durch die Melodie signifiziert, also das, was in unserer Untersuchung herausgearbeitet werden soll. Nehmen wir aber einmal an, sie überzeuge uns, daß das Musikbewußtsein »Gefühl« sei, was man heute kaum auszusprechen wagt*.

Gefühl ist stets Gefühl von etwas, andererseits aber ist es eine Seinsweise der menschlichen Person, die unabhängig vom Objekt ihre eigenen Modi und Normen hat (denn diese selben Modi und Normen werden bei den verschiedensten Objekten angewendet). Wir dürfen also annehmen, daß sich das Gefühl als solches, aber als wirkendes Gefühl, durch seine eigene Struktur und durch seine Modi und Normen in den Tonstrukturen signifiziert. Sobald wir jedoch sehen, daß sich die Signifikation, die es sich von seinem Verlauf gibt, absetzt von der, die es sich von sich gibt, dem es in diesem Verlauf gegenwärtig ist, müssen wir vermeinen, daß dieser neue Strukturzustand dem »Vorsatz« entspricht, sich als Gefühl »von etwas« zu signifizieren. Dieser neue »musikalische« Vorsatz ist der *Lyrismus*.

Folgerung: die Musik als Darstellung   Auch die Erscheinung des Lyrismus und der Melodie als »Bild« ist lediglich eine erst in einem bestimmten geschichtlichen Zeitpunkt erreichte Möglichkeit, sich durch eine geeignete Struktur einen bereits vorhandenen Sachverhalt zu signifizieren. Die in der Zeit entfaltete Tonstruktur war stets ein Gesang oder eine Melodie; sie war ursprünglich Gesang, wenn sie vokal, und »Melodie«, wenn sie instrumental war; sie war Gefühlssignifikation im »Gesang« und »Bild« im »Tanz« – Bild der *Bewegung*, so daß im Tanz die rhythmische und nicht die Tonstruktur

* Für Debussy war das selbstverständlich. In einem erst kürzlich aufgefundenen Brief aus seiner Jugendzeit schreibt er an einen Freund: »Sapristi! Musik, das ist Traum, der seine Segel spannt; das ist nicht Ausdruck eines Gefühls, sondern das Gefühl selbst.«

Signifikationsprimat besitzt. Ebenso war der Lyrismus auch stets einer der dem Musikbewußtsein möglichen »Vorsätze«: Die Troubadours besangen die Herrin, den Gegenstand ihrer Liebe, oder die Lerche usw., also immer »etwas«. Dagegen besangen die Sänger der christlichen Psalmodie ihren *Glauben*, also das, was ihr Gefühl *war*, und damit das, was sie als Gläubige *waren*. Dieser selbe *ontologische* Charakter verbindet sich auch mit aller tonal bestimmten Musik: Bei Bach ist ebenfalls das Religiöse des Menschen wesentliche Quelle seiner Musik. Bei Beethoven das menschliche Sein in seiner ganzen Humanität – aktiv, pathetisch, handelnd, betrachtend; Beethovens Musik signifiziert das »Sein« des Menschen vor dem Leben, vor der Natur, vor Gott und, zum ersten Male, vor den *anderen (Neunte Symphonie)*. Im Lyrismus gewinnt die Musik ein *existenzielleres* Gepräge in dem Sinn, als sie deutlich macht, daß das Bewußtsein nur als *Ding*bewußtsein existiert. Im Lyrismus ist das Musikbewußtsein daher stets auf die Welt gerichtet. »Meine Musik soll sich mit Dingen und Menschen guten Willens verbinden«, sagt Debussy.

Im Zeitalter der Polytonalität sehen wir die Verbindung zwischen dem Musikbewußtsein und seinem Gegenstand sich noch weiter lockern – die Melodie wird zum darstellenden Bild von etwas, das nicht mehr Gegenstand des Gefühls ist, sondern ein Gegenstand, den sich das Gefühl »vergegenwärtigt«, indem es ihn durch ein Bild »darstellt«. Wir sind nicht mehr im Lyrismus, sondern in einer Musik von »Bildern« und »darstellenden« Bildern zumal (was eigentlich Tanzmusik ist; denn den Tanz führt der Körper aus, und Tanzmusik ist ein darstellendes Bild des »Tanzes«). Das Musikbewußtsein sieht deshalb die Melodie sich in einer harmonischen Perspektive entfalten, die nicht die seine ist oder die seine Positionsnahme (im Mittelpunkt des Tonhorizonts und im *Baß* der musikalischen Struktur) zumindest nicht impliziert, weil es in ihr etwas meint, *was es nicht selbst ist*, einen Existenzweg, der nicht der seine ist; wenn es sich nicht seinen eigenen Existenzweg »aus der Entfernung«, von außen gesehen, signifiziert, als ob er der Weg eines anderen sei, der auf Umwegen zum Vorsatz der Selbstsignifikation zurückkehrt, was auch noch möglich ist.

DIE DREI STADIEN DES HEUTIGEN MUSIKVORSATZES   Diese Differenzierung der Strukturen und des Musik-»Vorsatzes« vollzieht sich also in drei Stadien:

1. Solange das Musikbewußtsein seinen Verlauf vom Akkordgrundton aus *lenkt* (Grundton des »Akkords« in einer festen Tonperspektive, Grundton einer tonalen Funktion in einer modulierenden Perspektive), sind Harmonie und Melodie nur eins. Das Musikbewußtsein signifiziert sich den Weg, den es durch den Akkordgrundton umreißt, »außen« durch die Melodie und »innen« (in der Introversion) durch den *kontinuierlichen Baß* (das *Schema* des Akkordgrundton-Verlaufs fällt gewöhnlich mit dem Schema des Baßweges zusammen). Ungeachtet ihrer Komplexität sind solche Tonstrukturen gänzlich Signifika-

tionen des *Bewußtseins als Selbstbewußtsein;* und wenn diese Signifikationen solche eines Gefühls sind, Signifikationen, die vom Gefühl des Hörers aufgefangen werden, so sind sie Signifikationen des menschlichen Gefühls als solchem unter einer seiner Modalitäten. Der musikalische Vorsatz besteht darin, das Sein des Menschen durch seine Modalitäten und seine Bewegungen zu signifizieren.

2. Sobald das Musikbewußtsein sich seinen Weg durch den *Baßton* der Klänge signifiziert und solange es als Selbstbewußtsein »harmonisches« Bewußtsein und Bewußtsein einer bestimmten Perspektive bleibt, ist die Tonstruktur eine Signifikation des Musikbewußtseins als *Dingbewußtsein*; dieses Ding, sein Gegenstand, der durch das melodische Element signifiziert wird, ist vergleichsweise autonom, er führt ein Eigenleben: Die Melodie ist frei, sie wird nicht länger durch die umgebende Harmonik bedingt und besonders nicht in ihrer Modalität, die dem Zwang des Dur und Moll entgeht und sogar dem der Tonart; die Polytonalität wird möglich. Diese relative Autonomie des Gefühlsgegenstandes, diese neue Weise, seine »Objektivität« zu signifizieren, macht den neuen Lyrismus zu etwas, was man *objektiven* Lyrismus nennen könnte.

3. Wenn das Musikbewußtsein bei weiterer Differenzierung der Strukturen sich aus seinem Baßweg (oder aus einem beliebigen harmonischen »Pol«) ein melodisch und harmonisch vollständig konstituiertes musikalisches Bild signifiziert mit einer Tonperspektive, die aber in sein Blickfeld fällt, so ist es nur *einbildendes* Bewußtsein, ein Bewußtsein, das sich durch dieses musikalische Bild »etwas« signifiziert, das nicht mehr »sein« Objekt ist, sondern »ein« beliebiges Objekt, das es sich »vergegenwärtigt«. Es ist dann strenggenommen nicht mehr »harmonisches Bewußtsein«, sondern »Harmonie«-Bewußtsein, Bewußtsein von harmonischen und melodischen Strukturen oder Bewegungen, die in verschiedenartigen Tonperspektiven stehen können und es so zu einem »polytonalen« Bewußtsein machen. Damit hat das Musikbewußtsein das letzte Stadium seiner Geschichte erreicht. Ein Beispiel dafür findet sich im Schlußtanz des *Sacre du Printemps* von Strawinsky, dessen Baßbewegung wir schematisch vereinfacht hier wiedergeben:

Weder die Position *d* noch die Kadenz *d-f-d*, die übrigens auf *f* offenbleibt, deuten auf die harmonischen Bewegungen hin, die sich im Tonhorizont im Verlauf der Periode A B abspielen. Der Baß hat also seine eigene Bewegung:

die Bewegung des Bewußtseins vor erschienenen Strukturen, die gleichzeitig polytonal sind und melodische Strukturen umreißen, welche zwei verschiedenen Tonperspektiven zugehören, aber zu Beginn durch die gemeinsame Position *es* miteinander verbunden sind:

Andererseits betont der Baß die Stützpunkte der rhythmischen Kadenzen, in denen sich die melodische Bewegung vollzieht, so daß die Form dieses ersten Abschnitts aus dem Tanz tatsächlich durch die zeitliche Gliederung ihrer rhythmischen Struktur entsteht, durch eine Dialektik des Rhythmus, die – bei fehlender tonaler Kadenz – aus dem »Ganzen« eine *statische* Bewegungsstruktur macht, auch wenn sie aus explosiven, gestoßenen Rhythmen besteht. Ebensoviel läßt sich, was den Baß angeht, von der folgenden langen Periode sagen, die zwischen »Exposition« und Wiederholung des Tanzes, diesmal im Tonhorizont *cis*, eingeschoben ist. Diese Periode ist von gleichmäßigerer Bewegung als die erste, aber durch den ständigen Wechsel der »Kadenz« ruckhaft; sie hätte keine »Melodie«, wenn nicht ein blitzartig aufleuchtendes Motiv in einer jeweils vom Baß her bestimmbaren, aber nicht von ihm bestimmten Tonperspektive immer wieder dazwischenführe.

Nachdem die schematisierte Baßbewegung – die diesmal gewissermaßen eine tonale Kadenz signifiziert – nach A′ geführt hat und nachdem die »Exposition« abgeschlossen ist, erscheint ein neuer Abschnitt, der sich in einer dauernd wiederholten rhythmischen Formel (mit einer leichten Variante) abspielt und von der notierten Tonbewegung geformt wird. Über diesem Baß vollzieht sich eine melodische Bewegung, die von *d* aus zur absteigenden Perspektive von *Es*-dur gehören könnte und sogleich wiederholt wird, diesmal in der Perspektive von *as*-moll harmonisiert, während das *d* in der Oberstimme als Orgelpunkt liegen bleibt. So wird durch die Melodie eine Verkürzung (a), genauer: eine Anspielung auf die »Exposition« herbeigeführt; die Episode C nimmt C′ wieder auf in einem Höhepunkt an gleichzeitigen Spannungen, die die melodische Bewegung von *d* aus erzeugt, deren kanonische Imitation in der *as*-moll-Perspektive, und eine dritte Akkordbewegung, die die beiden melodischen Bewegungen zusammenzukoppeln scheint.

Es folgt sodann eine Wiederholung (A″) und zugleich Zunahme an Umfang und Intensität des Tanzes selbst; denn die doppelte Akkordbewegung, aus der sie besteht, signifiziert sich durch dichte Strukturen in zwei divergenten Tonperspektiven, und die rhythmische Bewegung verengt sich, bis ihr Schwung erlahmt. Der Schluß wird im wesentlichen von dieser rhythmischen Zusammenziehung signifiziert; jetzt hat die tonale Spannung in der Gleichzeitigkeit ihre äußerste Grenze erreicht, und das Folgende hat Strawinsky früher einmal so beschrieben: Es klinge, als ob eine große Korbflasche unter dem Wasserhahn gefüllt wird: ein jäher, kurzer Tonanstieg, der einen letzten Orchestereinwurf abschneidet.

Als Signifikation eines Opfertanzes, in dem sich ein junges Mädchen der Erde weiht, kann man sich nichts Durchdringenderes und Echteres und zugleich Mächtigeres vorstellen als diesen Tanz. Die Tonstrukturen, die im Rhythmus miteinander verschmelzen, scheinen der Ausdruck selbst der inneren Bewegungsspannungen zu sein, die den Körper des Opfers schütteln und zuletzt zerreißen. Aber alle Spannung liegt in der Sache selbst, im Tonbild, das zittert und den Rhythmus zerbricht. Sie ist es so sehr, daß es von Anfang an kaum Spannungssteigerungen, Temperaturerhöhung im Tonbild selbst gibt, sondern nur ein sich etwas überstürzendes Keuchen des Rhythmus und eine Häufung simultaner Spannungen bis zum Überdruß. Und für das Musikbewußtsein als Selbstbewußtsein gibt es überhaupt keine Spannung, keine *Gerichtetheit* in der Tonbewegung, die die letzte Wiederholung des Tanzes von ihrem Anfang bis zur Vollendung *führt* und die es sich durch die dauernd wiederholte Terzkadenz *a-c-a* signifiziert. Aufgrund der Autonomie dieser Baßbewegung und der »Distanz«, in der sich diese Baßbewegung von dem im Raum signifizierten Ereignis hält, stagniert das Musikbewußtsein als Selbstbewußtsein gewissermaßen. Es nimmt nicht am Ereignis teil, es ist bloß Zuschauer, abgesehen vom Rhythmus, mit dem es der Entfaltung in der Zeit folgt, ohne doch dadurch irgendwo anders hin »geführt« zu werden als zur Auflösung, die es sich durch die subdominantische Kadenz *a-d* signifiziert. So ist dieser Schlußteil des *Opfertanzes*, ebenso wie die Exposition, für das Musikbewußtsein eine statische Bewegungsstruktur, ein darstellendes »Bild« nicht des Tanzes selbst, sondern des Ereignisses, das sich auf der Bühne durch den Tanz signifiziert; denn es erfaßt dieses Ereignis in seinem eigentlichen Wesen.

Wir stehen hier nicht mehr im Lyrismus, sondern vor einem polytonal ausgeführten musikalischen Vorsatz, der aus den über einem *kontinuierlichen* Baß sich entfaltenden Tonstrukturen ein »darstellendes« Bild macht, in dem Sinn, daß sie etwas »darstellen« – hier die Erwählte, dort Petruschka – durch ein »Bild«, das sich in der Zeit entfaltet und das Dargestellte dabei *sinnlich wahrnehmbar* werden läßt. Zwischen der Existenz des Musikbewußtseins als Selbstbewußtsein und dem Bild, in dem es gegenwärtig ist, besteht mit Ausnahme dieser Bedingungen, daß nämlich die erschienenen Tonperspektiven ins Blickfeld der Bewußtseinsposition eintreten müssen, nur eine *Koinzidenz* in der musikalischen Zeit. Dieser neue musikalische Vorsatz ist nicht mehr derjenige einer Selbstsignifikation oder einer Gefühlssignifikation durch ein Objekt, sondern derjenige einer Signifikation »von etwas« durch sich und für sich, wenn auch dieser »Gegenstand« Objekt des Gefühls bleibt. Aber das »Selbst« – die menschliche Subjektivität in der Erscheinungsform des »Gefühls« – ist im Signifikationsakt nicht mehr »engagiert«; indem es in die musikalische Zeit eintritt, ist es nur noch *objektive Gegenwart* vor diesem Gegenstand, der im Einzelfall vielleicht an dessen Kadenz und Rhythmus teilhat, aber auch gänzlich kalt und vom Gegenstand unberührt bleiben kann. Da diese Gegenwart jedoch die einer menschlichen Subjektivität ist, gibt sie dem Gegenstand einen menschlichen Sinn – und so verleiht die *Petruschka*-Musik dieser Puppe eine Seele und dem »Mohren« das Animalische. Man kann darauf hinweisen, daß dieser neuen Beziehung des Musikbewußtseins zu seinem Gegenstand die des Betrachters – und des Künstlers – zu einem Werk der bildenden Kunst, einem Gemälde z.B., entspricht*.

Strawinsky reduziert das Musikbewußtsein darauf, das Bild, das es malt, zu betrachten, und drängt es dadurch in die Rolle eines Betrachters vor einem Bild, in dem Sinn, daß seine einzige Bedingung die ist, in die Zeit der Musik einzutreten und der Entfaltung des Bildes von dem Standpunkt aus zuzuschauen, der der seine war – wie es auch die Bedingtheit des Bildbetrachters ist, im selben Raum wie das Bild zu stehen und es vom selben Standpunkt aus zu betrachten wie der Maler; wenn es aber dem Tempo der Musik und oftmals auch ihrem Rhythmus sich anschließt, so kennt das Bewußtsein eine Teilhaftigkeit am musikalischen Bild, die ein Gemälde nie bewirken kann; dadurch bleibt Strawinsky »Musiker«, obwohl sein musikalischer »Vorsatz« nicht von der Art des bisherigen Grundvorsatzes des abendländischen Musikbewußtseins ist.

Dieser neue musikalische Vorsatz äußert sich bereits in der Musik des Barock in der »Darstellung der Leidenschaften«, aber da diese Darstellung tonal war, war auch das »Gefühl« des Musikers in ihr engagiert. Der Musiker war in den dargestellten »Leidenschaften« gegenwärtig, während es sich bei Strawinsky, wenn Gefühl vorkommt, stets um eine »Darstellung« dessen handelt, was er sich unter einem Gefühl vorstellt, das nicht das seine ist. Die Empfindungen beim Tode seines Lehrers Rimsky-Korssakow führten ihn dazu, einen *Chant funèbre* zu dessen Gedächtnis zu schreiben. Nach seinen eigenen Worten ist dieser *Chant* »ein Aufzug aller Soloinstrumente des Orchesters, die eins nach dem anderen ihre Melodie wie einen Kranz auf das Grab des Meisters legen; im Hintergrund ein tiefes Gemurmel im *Tremolo* wie das Geräusch tiefer Stimmen im Chor.« Man sieht deutlich: eine »Allegorie«. Die »Gefühls«-Signifikationen, die sich in seiner Musik finden lassen, die voll von anderen »Bildern« ist, haben fast stets ein »Sujet«, das nicht er selber ist. (Die wunderbare Fagottmelodie, mit der der *Sacre* beginnt, ist eine »Darstellung«, die er sich von einer bestimmten »Stimme der Natur« gibt.) Da sie kein genaues »Sujet« haben, ist der Charakter dieser Darstellungen unpersönlich.

---

* Zum Unterschied ist das Musikbewußtsein sowohl der Blick des Malers als auch die Linie oder Farbe, die seine Hand auf die Leinwand bringt, so daß es seinen Standpunkt im Bild zur gleichen Zeit signifiziert, als es das von diesem Standpunkt aus gesehene Bild abbildet. So ist das »Selbst« stets in der Musik enthalten, wogegen es in der Malerei nicht oder doch nur mittelbar enthalten ist (»distanziert« und von außen gesehen im Falle eines Selbstporträts).

Der Vorsatz einer »darstellenden« Musik ist nicht neu; er scheint aber bei Strawinsky einer persönlichen Eigenart zu entsprechen, da er ihn schon anwandte, ehe er die Möglichkeiten der Polytonalität entdeckt hatte, mit deren Hilfe er ihn nun durch besonders geeignete Tonstrukturen zu »realisieren« vermag.

7. Objektivität und Subjektivität in der musikalischen Sprache

Das Erscheinen von solchen »objektiven« Bildern in einer Kunst, die der Subjektivität geweiht schien, bedeutete für die Musiker sogleich ein Problem: nämlich zu wissen, ob die Musik einen *objektiven* oder *subjektiven* Charakter habe oder haben müsse.

Dieses Problem bot sich überall: In Deutschland verkündigte sich die – übrigens ganz eigenständige – Anwendung der Polytonalität durch Hindemith als *Neue Sachlichkeit* der Einstellung zur Musik. In Wirklichkeit handelte es sich bei diesem Problem, dem unendliche Diskussionen und sogar ein Kongreß in Florenz gewidmet wurden, um nichts anderes als das Engagement des Musikers in seinem Werk; aber die Vorstellungen hierüber sind verworren geblieben.

Man macht sich keine Gedanken darüber, daß sich Beethoven, Chopin, Schumann oder Debussy selbst in ihrem Werk engagierten, nicht um ihr »Ich« ins Licht zu rücken, wie die romantische Literatur behauptet, sondern deshalb, weil für sie Komponieren einem Ausdrucksbedürfnis entsprang, d.h. einer gewissen *Notwendigkeit* und nicht lediglich einem bloß *ästhetischen Wollen*. Ihr Werk konnte nur dann dem Zweck der Musik, wie sie ihn vor Augen hatten, entsprechen, wenn sie in ihm den Teil ihrer selbst engagierten, der sich in der Musik ausdrückt, also das Gefühl. Nach dem Vorhergesagten wird das gestellte Problem deutlich: Da jeder Ton in der reinen Melodie eine Tonposition und gleichzeitig eine Position des Musikbewußtseins als Selbstbewußtsein ist, hat jede melodische Struktur einen subjektiven und zugleich objektiven Charakter; sie ist Signifikation der *Subjektivität*, die *objektive* Form im musikalischen Raum angenommen hat. In der fortschreitenden Differenzierung der musikalischen Strukturen und Vorsätze tritt ihr objektiver oder subjektiver Charakter mehr oder weniger deutlich zutage.

Die Objektivität tritt im allgemeinen stärker hervor, wenn die formalen Strukturgesetze nicht nur in tonaler, sondern auch in rhythmischer Sicht strenger berücksichtigt sind; die Subjektivität dagegen, wenn die Formgesetze freier gehandhabt werden. Ferner erscheint der polyphone Stil objektiver als der harmonische, und zwar aus dem einfachen Grunde, weil die die Melodie begleitende Harmonie eine viel vollständigere Signifikation der konkreten Realität der Subjektivität darstellt als die Melodie allein oder die nicht der simultanen Harmonie unterworfene Polyphonie; denn die Subjektivität ist (psychischer) »Körper«.

Die Objektivität, die man heute an Bach bewundert, erklärt sich allein aus dem Formalismus des vorherrschenden *imitierenden* und streng tonalen Stils;

Wenn es aber eine Musik gibt, die man »subjektiv« nennen kann, so ist es die
seine. Seine Freiheit, die man nicht sieht und die man für Unterordnung unter
die Regeln hält, liegt in den imitierenden Formen, die er schafft – Kanons, Variationen usw.; denn er schafft sie neu, indem er sie in der »harmonischen« Tonordnung anwendet. Die »Imitation« entsteht bei den Polyphonikern aus der
Absicht, in allen Stimmen »dasselbe« zu signifizieren, d. h. mit Hilfe einer geeigneten objektiven Struktur dieselbe subjektive Signifikation in Aufstellung
und wiederholende Imitation der anderen Stimmen zu legen. Aus diesem
Grunde verwendet Bach die Imitation; er will aber dazu »*harmonische*« *Beziehungen* innerhalb einer oder innerhalb verschiedener Tonperspektiven signifizieren. Er *erfindet* deshalb den imitierenden Stil *neu* und schafft damit zugleich seine »Regeln« in der »harmonischen« Tonordnung: Nach ihm bleibt
nur noch, ihm zu folgen.

Haydns Symphonien haben einen ausgesprochen subjektiven Charakter,
und zwar eben deswegen, weil Haydn den endgültigen *Kanon* der symphonischen Form aufstellt. Beethovens Symphonien sind noch viel subjektiver wegen
der großen Freiheit, mit der der Komponist hier mit der Tonalität und der Form
schaltet. Außerdem tritt hier ein neuer Faktor hinzu: die *Originalität*, d. h. die
Individualität in Harmonik oder Melodik. Aber Individualität ist recht eigentlich Subjektivität schlechthin, und so entwickelt sich die Differenzierung der
musikalischen Strukturen und Vorsätze unaufhaltsam in Richtung auf eine
immer vollständigere Signifizierung der *menschlichen Subjektivität in ihrer
konkreten Realität und in ihrer Beziehung zur Welt;* es ist also müßig, von
Romantik zu sprechen. Die Tonstrukturen gewinnen hier und da und je nach
dem Blickwinkel, unter dem man sie betrachtet, ein objektiveres, will sagen:
formaleres, oder subjektiveres, d. h. individuelleres Gepräge, und zwar innerhalb derselben Werkgattung und oft auch innerhalb der verschiedenen Werke
desselben Komponisten.

Bei Strawinskys Werken dagegen stehen die Musiker einer Musik gegenüber, die nicht nur wegen ihres absolut objektiven Charakters Aufmerksamkeit verlangt, sondern wegen ihres Mangels an jeglichem unmittelbaren Ausdruck von sich selbst, also an jeglicher »subjektiven« Signifikation außer in
ihrer Komposition und, wohlgemerkt, was ihr außerordentliches Vermögen
an »objektiver« Signifikation angeht, in ihrer Neuartigkeit und ihrem Erfin-
dungsreichtum. So müssen wir jetzt die Folgerungen näher untersuchen, die
sich aus Strawinskys höchst eigenartiger Beziehung zur Musik für das Wesen
und die Signifikation seiner Formen ergeben.

8. Die tonale Form

Die Musik ist mit dem Anbruch des harmonischen Zeitalters dadurch zu einer
autonomen Kunst geworden (d. h. sie ist aus ihrer Unterordnung unter den
Worttext befreit, wie wir sehen konnten), daß die ihr zugrunde liegende har-

monische Bewegung das Schema T-D-T zutage treten läßt, das der Entfaltung der Musik in der Zeit einen Sinn verleiht. Setzen wir in folgendem Schema, wie es für die Sonatenform gilt:

$$
\begin{array}{ccc}
\text{I} & \text{II} & \text{III} \\
\text{T--D} & \longrightarrow & \text{T--T}
\end{array}
$$

unter T ein erstes Thema, unter D ein zweites – wobei vorausgesetzt sei, daß die Harmonik uns durch die Akkordgrundtöne von der Ausgangs-Tonperspektive, nachdem sie diese durch die ganze Exposition signifiziert hat, zur Perspektive der Dominanttonart »führt«. Setzen wir nun unter II einen harmonischen Verlauf, der von der Dominantperspektive durch einen ganzen Tonartenkreis zur Ausgangsperspektive »zurückführt« *(Durchführung)*. Wir werden dabei feststellen, daß dieser zur T zurückführende Abschnitt uns in Wirklichkeit zur *Subdominante seiner* Ausgangsperspektive leitet (die eine zuvor erreichte Dominantperspektive war). Jetzt wird uns klar, daß sich mit der Rückgewinnung der Tonikaperspektive und mit der Rückführung des gesamten im ersten der drei »Momente« dieses Gesamtverlaufs vorkommenden thematischen Geschehens das Musikbewußtsein keineswegs signifiziert, es sei zum ersten »Moment« zurückgekehrt, sondern vielmehr, es habe seine Vergangenheit im Licht einer neuen »Gegenwart« erblickt – der vorherige Konflikt T-D hat sich friedlich in T-T gelöst; es hat seine »Zukunft« gewonnen, und sein Existenzakt hat sich in sich selbst geschlossen, indem es sich in ein und derselben Tonperspektive die »Konsonanz« der »Dissonanz« oder des Widerspruchs oder der Gegensätzlichkeit zweier Selbstsignifikationen (oder von sonst etwas) signifiziert, die das »Thema« dieses musikalischen Aktes ausmachen. Der dritte Moment ist daher keine Wiederholung, sondern eine neue, *reflexive* Schau des ersten; es handelt sich hier sehr genau um das, was sich das melodische Bewußtsein nach der aufsteigenden Leiter durch die absteigende Leiter signifizierte. Das Schema des musikalischen Grundvorsatzes hat sich nur erweitert, weil sich das Bewußtsein, nachdem es in die Dominante des »Tons« geraten ist, den »Sinn« dieser Dominante durch die Dominanttonart signifiziert hat:

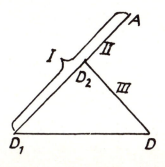

Stellen wir uns nun vor, daß sich dieser Existenzweg veräußerlicht, indem er rhythmische Gestalt annimmt, eine Form, deren Gliederung und deren Proportion in der Zeit einzig von der Weite der melodischen Bewegungen und der notwendigen Dauer zur Erreichung eines Gleichgewichts zwischen der inneren Spannung zur Dominante abhängt und sodann von der Dominantebene zur neuen Tonikaebene und zur Entspannung, die sich während des Beharrens auf dieser wiedergewonnenen Ebene ergibt, wie auch zur Erreichung des Gleichgewichts von Spannung und Entspannung innerhalb der einzelnen drei »Momente« – so haben wir vor unseren Augen eine »autonome musikalische Form«.

Wir können uns vorstellen, daß dieser Prozeß von Spannung und Entspannung je nach den verschiedenen Vorsätzen sehr verschieden sein kann: Es kann Spannung *bis zum Ende* geben; denn auch von der wiedererreichten Grundtonart aus kann uns die Tonbewegung in eine Perspektive führen, von der aus erst die Grundtonart wie eine neue »Dominante« erreicht werden muß; und es kann zunehmende Beruhigung und beschauliches Beharren geben.

Wie dem auch sei, was man eine musikalische »Form« nennt, nämlich das Schema der Entfaltung eines melodischen Verlaufs in der Zeit, ist in Wirklichkeit die Projektion der Bewegung in die Dauer; einer Bewegung, die das Musikbewußtsein von seiner Ausgangsposition zu seiner Schlußposition durch eine Reihe von Zwischenpositionen trägt, die die bedeutsamen Etappen oder Stationen des Verlaufs bezeichnen. Der Grundtypus ist zweiteilig oder dreiteilig (denn er kann sich auf T-D-T reduzieren, da die »Form« kein Symbol und auch kein Bild, sondern die *Signifikation* eines einheitlichen, Geschichte werdenden Existenzaktes durch das Musikbewußtsein als Selbstbewußtsein ist). Unser Existenzakt ist seinem Wesen nach nämlich eine Kadenz: Systole – Diastole, Einatmen – Ausatmen, vielleicht mit einem Anhalten zwischen beiden Bewegungen. Die bedeutsamen Etappen können jedoch zahlreich sein (z. B. beim *Rondo* oder bei *Variationen*); dann schafft der Existenzakt, indem er geschichtlich wird, eine »Geschichte«.

Es muß allerdings eine gewisse Proportion zwischen den Dauern der einzelnen Glieder der zeitlichen Form herrschen, sonst verliert das Bewußtsein die »Signifikationen«, die es speichert und mit sich trägt, aus den Augen; die Beziehungen, die es sich in der Dauer zwischen den melodischen Bildern zweier oder dreier Formmomente signifizieren muß, gingen über sein relationelles Vermögen hinaus. Eine der Bedingungen des Schönen nämlich ist die, daß die verschiedenen Werkteile in der Dauer proportioniert sein müssen. Ferner muß es in dem Maße, in dem die »Form« Gliederungen ein und desselben Existenzaktes des Selbstbewußtseins signifizieren muß, eine *organische Tempoeinheit* geben. Und da das Tempo nicht durch die Wiederholung eines bestimmten Zeitwertes, sondern durch die Stetigkeit einer *zwei- oder dreizeitigen Grundkadenz* bestimmt wird – oder einer Überstruktur aus diesen beiden Grundformen, einer fünfzeitigen z. B. –, so muß, wenn dieselbe Kadenz nicht kontinuierlich beibehalten wird, eine sinnlich wahrnehmbare Beziehung zwi-

schen den rhythmischen Grundkadenzen der einzelnen Abschnitte bestehen
(wie in der *Dritten Symphonie* von Brahms zwischen der zweizeitigen Kadenz
des ersten Themas und der dreizeitigen des zweiten) – oder aber, wenn die
Kadenz dieselbe bleibt, zwischen dem Tempo der verschiedenen Abschnitte
(z. B. zwischen dem *Menuett* und seinem *Trio*).

So wird die organische Einheit der »Form« durch die *Stetigkeit der tonalen
Bewegung* bedingt, die sich durch diejenige der Grundtöne der Akkorde oder
tonalen Funktionen und durch die *organische Einheit des Tempos* signifiziert;
und das Werk ist insoweit *autonom*, als die Glieder der Form die Grundkadenz
des Melodieverlaufs unter einer beliebigen Modalität hervortreten lassen. Mit
einem Wort: Die *Tonalität* bedingt *ipso facto* die räumliche »Form« in dem
Sinn, daß ihre Grundkadenz das Schema des Melodieverlaufs liefert, der nur
noch *zeitliche* Form annehmen muß durch den Rhythmus und ein spezifisches
Tempo, das von der rhythmischen Kadenz bestimmt wird. So liegen die
Dinge, die die abendländische Musik bis in unsere Tage hinein »realisierte«.

Dieser Sachverhalt besteht noch weiter im Lyrismus, d. h. in der Musik mit
konkretem Inhalt, selbst wenn die Musik neuen Modulationswegen folgt und
die Sonatenthematik aufgibt. In diesem Fall gibt die *Form* weiterhin der Entfaltung der musikalischen Substanz einen Sinn, der Signifikationsprimat ist
jedoch von der Form auf die Substanz übergegangen. Die Form ist nur mehr
der Gesamtumriß der Substanz des Werkes, wie sie sich in der Zeit entfaltet.

Denken wir z. B. an den ersten Satz von Debussys *La Mer*, wo die Musik
vor sich hinfließt, ohne zu sich selbst zurückzukehren, in einem steten Fließen
begriffen, das sich in drei Stufen oder Bewegungen gliedert, denen eine Einleitung vorangeht. Was die einzelnen Momente dieser Musik »uns sagen«, hat
nur insofern eine Beziehung miteinander, als diese Momente durch die stetige
harmonische Bewegung und durch ihre Anordnung aufeinander bezogen sind.
Es sind aber nicht bloß drei in der Harmonik und im kontinuierlichen Tempo-
fluß verbundene Bewegungsbilder; es sind drei Momente ein und desselben
Ereignisses, dessen Sinn – »von Morgen bis Mittag auf dem Meer« – durch die
dreiteilige Form zur Erscheinung kommt, die selbst wieder jedem Moment,
ihrem Bezug und ihrer Aufeinanderfolge, einen Sinn verleiht, während zugleich diese Beziehungen und die Aufeinanderfolge der Form einen Sinn verleihen, *der mehr den Titel des Stückes erläutert, als der Titel den Sinn der Musik
erklärt.*

So etwas nenne ich organische Form: Alles ist hier notwendig und ausreichend; alles ist wesentlich, und jeder »Augenblick« der Musik erhält seinen
Sinn aus seiner Stellung innerhalb des Ganzen. Mit anderen Worten: In jedem
Augenblick der Musik wird die Signifikation des erschienenen Bildes durch
eine Signifikation transzendiert, die sich aus seiner Stellung in der Entwicklung des Gesamtbildes ergibt. Und die Aufeinanderfolge der Bilder, die
Summe der empfangenen Eindrücke, wird durch eine Signifikation transzendiert, die aus der erschienenen »Form« stammt – drei »Momente« des Meeres

am Morgen; wogegen diese letzte Signifikation der Form selbst einen Sinn
verleiht, indem sie aus den drei Momenten ein Ganzes macht. Das Werden
wird ganzheitlich *in der Dauer* erfaßt.

9. *Der Rhythmus und die musikalische Form*

Aus Strawinskys Werken und theoretischen Schriften geht deutlich hervor,
daß der Rhythmus für ihn der gestaltende Faktor der Musik ist. Um das zu
verstehen, müssen wir uns darüber klarwerden, daß die »Sprache« der Musik
eine Dialektik melodischer Bilder ist, die auf das Identitätsprinzip gegründet
sind. *Die Identität zweier melodischer Bilder beruht im wesentlichen auf der
Identität ihrer kadenziellen Strukturen.* Das erste Sinnelement, das Molekül
oder die musikalische Zelle, das kleinste »Elementarbild«, ist die Adäquatheit
einer *tonalen* (harmonischen oder melodischen) Kadenz und einer *rhythmischen*
Kadenz, welch letztere ihrerseits bereits eine Überstruktur aus Grundkadenzen
sein kann:

Beethoven, *Coriolan-Ouvertüre*

Ein *Motiv* erscheint (Takt 1); es kündigt eine melodische Entfaltung, eine
Entwicklung an; vielleicht hat es noch nicht alles gesagt und setzt seinen Weg
fort; vielleicht aber will es auch etwas ihm ganz Eigenes signifizieren. Wiederholt es sich, so wird dieses Motiv als solches (in seiner singulären Bedeutung)
erkannt, *identifiziert*. Wiederholt es sich ein zweites Mal, so kann diese dritte
Erscheinung dem bereits Signifizierten nichts Neues hinzufügen; sie kann also
nur die Aktivierung des Ausdrucksaktes bezeichnen, der mit dem Erscheinen
des Motivs begann, das nun thematische Bedeutung gewinnt. Es muß aber
erkennbar bleiben, und dazu genügt, daß seine *rhythmische Kadenz* beibehalten wird. Das Motiv wird sodann als Wiederholung oder Variante des Vorhergehenden empfunden.

Bei einer dritten Wiederholung hätte die bei der vorigen Wiederholung ein-
gesetzte Signifikationsaktivität weiterhin in der Dauer den Identifikationsakt
als endgültige, widerspruchslose Bestätigung dessen, was das Motiv bedeutet,
fortgesetzt. Danach kann die Melodie nur mehr etwas anderes signifizieren;
wollte sie wiederum das Motiv aufnehmen, dann nur auf einer anderen Stufe
oder in anderer Weise, und um einen neuen Signifikationsakt zu beginnen.

Im ersten Satz der *Fünften Symphonie* zeigt sich, wie das berühmte Motiv, nachdem es aufgestellt und durch seine »variierte« Wiederholung identifiziert worden ist, aktiv wird, indem es seine eigene Signifikation übersteigt zu derjenigen einer neuen melodischen Bewegung, in der die zweite Wiederholung des Motivs dadurch »aktiv« wird, daß sie der ganzen Phrase eine Schlußwirkung gibt. Mit der variierten Wiederholung dieser Phrase ist seine melodische Bewegung in ihrer Bedeutung identifiziert und dynamisch erhöht. Mit dem Eintritt des Motivs in einer dritten Phrase sind wir zum Schluß der ganzen Bewegung gelangt: Die neue Erscheinung des Motivs ist wiederum zweimal wiederholt worden, um uns zum Schluß zu führen.

Am Ziel stellt sich der zurückgelegte Weg als melodische Dialektik dieses Schemas heraus:

Es sei noch nebenbei angemerkt, daß diese Dialektik solcher Art ist, daß das Musikbewußtsein die Bedeutung der Tonstrukturen nicht erkennen muß, um sie zu verstehen. Unsere Untersuchung wird zeigen, daß das Bewußtsein, obwohl klares Bewußtsein des Sinnes, den diese Dialektik den Strukturen verleiht, als nichtreflektiertes Selbstbewußtsein Bewußtsein ihrer seelischen (rein affektiven) Bedeutung ist; deshalb sind diese Signifikationen tatsächlich erlebt, bleiben aber inexplizit. Der Irrtum gewisser »moderner« Theoretiker und Kritiker, so z.B. Hans Kellers in London, besteht in der Meinung, die Musik erhalte ihren Sinn durch den psychischen Widerhall in uns, d.h. infolge einer Sekundärreflexion des Erlebten, weshalb es möglich sei, diesen Sinn mit Hilfe der Psychologie zu erläutern. Das heißt aber vom rechten Weg abkommen. Die Bedeutung der Musik ist unmittelbar und bedarf keines Mediums; sie sagt nichts anderes aus, als was in ihren Strukturen erlebt wird.

KRITIK AN STRAWINSKY Wir sehen, daß sich die tonale Dialektik tatsächlich durch den Rhythmus objektiviert, d.h. indem sie in der Zeit Gestalt durch eine Dialektik des Rhythmus annimmt, die ihre eigenen Gesetze hat. Man kann also begreifen, daß Strawinsky glauben konnte, die rhythmische Dialektik gebe der Musik ihren Sinn, und es sei Aufgabe der Musik, »Ordnung in den Dingen und vor allem zwischen Mensch und Zeit zu schaffen«.

Ein einfaches Schema wird uns aber zeigen, wohin diese Ideologie führt. Setzen wir auf eine horizontale Achse die tonale Gliederung eines zweithemigen Sonatensatzes und bezeichnen wir durch Vertikalstriche die Form, die der tonale Verlauf in die Zeit projiziert:

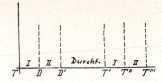

Die tonale Struktur auf der Horizontalachse wird in der Zeit durch eine rhythmische Kadenz gemessen, die das *Tempo* des Verlaufs bestimmt. Indem sie rhythmische Gestalt annimmt, so haben wir gesehen, bietet sich der melodische Verlauf als eine Dialektik von Motiven oder Themen dar, und diese Dialektik führt zur Erscheinung der »Form«. Anders ausgedrückt: Diese Form ist nichts anderes als eine transzendente Signifikation der Motiv-Dialektik, und sie selbst ist eine transzendente dialektische Gegebenheit, die sich wie folgt interpretieren läßt:

Ist das erste Thema aufgestellt, so erscheint das zweite, das mit dem ersten in der tonalen Bewegung und im Tempo verbunden ist, als *nicht* mit diesem *identisch*, also als *Antithese* zur These des ersten Themas. Zugleich schließen sich diese beiden Formglieder zum *transzendenten Thema* dieses musikalischen Signifikationsaktes zusammen. Im zweiten Formglied (genauer: im zweiten Glied des Ausdrucksaktes) identifiziert sich der Vorsatz in dem Sinn, daß dieser neue Abschnitt die ganze Problematik dieses transzendenten Themas, der These oder der Antithese oder ihrer Gegensätzlichkeit, ins Licht rückt. Mit der Rückkehr der beiden Themen auf dieselbe tonale Ebene, dem dritten Glied der Form, vollendet der musikalische Akt seinen Vorsatz: die *Versöhnung* von These und Antithese auf höherer Ebene.

Es gibt aber keine Dialektik ohne inneren *Antrieb*, und dieser Antrieb kommt aus der tonalen *dynamis* und nicht etwa aus dem *Tempo*, das dem tonalen Verlauf nur eine bestimmte energetische und kinetische Qualität verleiht. Der Antrieb der tonalen Dialektik in der reinen Melodie (vgl. das Beispiel aus *Coriolan*) ist die innere tonale Beziehung, die hinter der melodischen Entfaltung und der Motivverknüpfung liegt (die alte *dynamis* der alten Griechen!). In der harmonischen Musik (vgl. das Beispiel aus der *Fünften Symphonie*) kommt der Antrieb aus der harmonischen Kadenz, die unter der melodischen Bewegung verläuft, und bei dieser transzendenten dialektischen »Form« aus der Tonarten-Kadenz. Daher ist diese »Form« die Form eines Signifikationsaktes, der uns von der Aufstellung zur Vollendung eines Vorsatzes führt. Die vierfache Bestätigung der Tonart (»die vierfache Wurzel des Prinzips vom ausreichenden Grund«, hätte Schopenhauer gesagt) hat aus diesem *tonalen* Verlauf eine *statische* Form in Raum und Zeit werden lassen; mit anderen Worten: Die musikalische Form ist die Form einer *relationellen Dynamik* – einer tonalen Dynamik –, die durch ihre Entfaltung in der Zeit eine *statische* Form schafft, nämlich eine Form im stabilen Gleichgewicht wie ein Regenbogen. Entsprechend hat uns der Signifikationsakt, die melodische Dialektik, ihren letzten Sinn in der Transzendenz ihres Gesamtverlaufs gegeben.

Setzen wir jetzt die Tonartenbezeichnungen in Klammern, und schreiben wir auf die horizontale Achse ein rein zeitliches und *metrisches* Maß der Form:

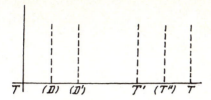

und schon gehen wir über von der klassischen (oder abendländischen, wie wir sagen dürfen) Anschauung zu derjenigen, die Strawinskys Ästhetik vermittelt. Zweifellos sind die Formglieder in seiner Musik durch tonale Positionen bezeichnet (im *Opfertanz* des *Sacre* z.B. durch das tonale Schema des Basses); aber er geht stillschweigend an diesem Umstand vorbei oder weist ihm nur sekundäre Bedeutung zu. Er verleugnet die formbildende Rolle der tonalen Bewegung nicht; aber seine *Form* besitzt überhaupt kein formbildendes *agens*, sie kennt nur ein *ordnendes*: das Metrum. Sie ist als »Form« bloß Ordnung der Dinge in der Zeit.

Wir sehen, daß diese Betrachtungsweise seiner Musik im ganzen nicht gerecht wird; es ist aber die Betrachtungsweise, wie sie seine Thesen propagieren, und deshalb müssen wir bei ihr verweilen.

RANDBEMERKUNGEN ÜBER DIE ROLLE DES RHYTHMUS IN DER FORM   Um hier klarzusehen, müssen wir unser Thema für einen Augenblick verlassen und das Problem des *Rhythmus* und seine formale Rolle untersuchen. Strawinskys erster Irrtum ist der, zu glauben, die rhythmische »Bewegung« werde durch das Metrum bestimmt, wo sie doch von der *Kadenz, die sich innerlich durch das Metrum verzeitlicht*, bestimmt wird, wie alle unsere Bewegungen auch, angefangen mit der des Herzens und der unserer Atmung, deren Kadenz in der Tätigkeit zwei- und in Ruhe oder Schlaf dreizeitig ist. Wenn dem nicht so wäre, so könnte die musikalische Zeit nicht die Subjektivität oder überhaupt das *Lebendige* signifizieren, sondern bloß einen Roboter oder einen Automaten. Und das Musikbewußtsein verleiht sogar der Natur oder den Dingen der Natur Leben, natürlich auch den Robotern, z.B. den Puppen in *Petruschka*. Aus diesem Grundirrtum entspringt die falsche Theorie der »ontologischen Zeit«. Pierre Souvtchinsky, der sie aufgestellt hat und der aus der Lektüre Heideggers hätte wissen müssen, daß die menschliche Zeit ein »Existenzial« ist, hat die innere und äußere Zeitlichkeit miteinander verwechselt, d.h. die Zeitlichkeitsstruktur, durch die sich unsere *innere* Zeitlichkeit in der Zeit der Welt offenbart, mit der Struktur der musikalischen Zeit, in der unsere innere Zeit Gestalt annimmt. Es stimmt zwar, daß in der Wirklichkeit (aber nicht in der Musik) diese sich nach Sekunden und Minuten bemißt, die rein mechanisch zu sein *scheinen*. Unsere innere Zeitlichkeit aber signifiziert sich in der *Tonleiter durch die Tonpositionen*. *e* ist die Zukunft von *d* und die Vergangenheit von *f*, das Plusquamperfekt von *g* und, von *d* aus betrachtet, die vorzeitige Zukunft von *f*. Die musikalische Leiter – und überhaupt jede melodische Tonstruktur – ist eine Wortkonjugation, was nicht überrascht, da sie ja die Grundlage einer Sprache, also eines »Wortes« ist.

So signifiziert sich unsere *existenzielle Zeitlichkeit* in der Musik durch die *Ton*- und nicht durch die *rhythmische* Struktur; und wie wir nur durch die Verzeitlichung *sind*, so könnte »ontologische« Zeit, wenn es so etwas gäbe, genaugenommen nur unsere existenzielle Zeitlichkeit sein, die sich also durch die Aufeinanderfolge von Tonpositionen signifiziert, nicht aber die imaginäre Zeit, in die uns die Musik führt und die, vom Metrum gemessen, in ihr die universale Zeit zu signifizieren scheint.

DER PULS   Diese metrische Zeit ist nämlich bloß eine Fiktion der universalen Zeit; denn unsere existenzielle Zeitlichkeit, die im besonderen Fall diejenige unserer psychischen Aktivität ist, gewinnt in unserem Körper auf dem Hintergrund unseres *Pulsschlages* Gestalt. *Unser Puls ist die Uhr, die den Takt schlägt, nach dem sich unser Innenleben verzeitlicht.* Er schlägt eine *äußere* Zeit, und er scheint ein Metrum zu schlagen. Zunächst einmal aber schlägt dieses Metrum einen qualitativen und keinen quantitativen Takt. Die Ärzte wissen, daß er sehr veränderlich ist, und bestimmen ihn mit qualitativen Bezeichnungen, wie stark, schwach, rasch, langsam, hart, weich, regelmäßig, unregelmäßig usw. Hier und in noch anderen Qualifikationen finden wir alle Charakteristika des musikalischen Taktes wieder. Vor allem aber ist der Takt, den der Puls schlägt, in den Arterien das Echo, die Überstruktur von zwei nicht gleichzeitigen Herzkadenzen, die durch ein gemeinsames Moment miteinander verzahnt sind; deshalb ist der Herzschlag im ganzen *fünfzeitig*. Dagegen ergeben – wegen einer leichten Verschiebung der Herzkammerkadenz gegen die Vorhofkadenz – die durch den Ablauf des Mechanismus erzeugten Herzgeräusche eine dreizeitige Kadenz. Wenn man die Herzkadenzen ungefähr nach der Zeit in der Welt mißt, wie folgt:

Vorhofkadenz	$\frac{3}{10}$ sec	$\frac{9}{10}$ sec	
Herzkammerkadenz	$\frac{6}{10}$ sec	$\frac{6}{10}$ sec	
Herzkadenz	$\frac{9}{10}$ sec	$\frac{6}{10}$ sec	
Herzgeräusche	$\frac{4}{10}$ sec	$\frac{8}{10}$ sec	

so lassen sie sich in folgendem Diagramm darstellen:

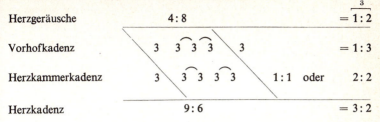

Herzgeräusche	4 : 8	$= 1 : 2^{3}$
Vorhofkadenz	3 3 3 3 3	$= 1 : 3$
Herzkammerkadenz	3 3 3 3 3 1 : 1 oder 2 : 2	
Herzkadenz	9 : 6	$= 3 : 2$

Wir sehen, daß diese rhythmische Kadenz die Form des Herzens bestimmt (der Rhombus schließt ungefähr das Herzoval ein), und durch diese Form verzahnen sich die Kadenzen von $\frac{12}{10}$ sec dergestalt, daß sie eine kontinuierliche Energiestruktur *durch die Kopplung zweier diskontinuierlicher Strukturen* bilden. Wir haben hier Keim und Prinzip der Mehrstimmigkeit vor uns, die Gleichzeitigkeit innerhalb unserer Existenz von Energiestrukturen, die in der Dauer zusammenfallen, ohne daß ihre eigenen Zeitlichkeiten koinzidierten; des Dualismus endlich, der sich in allen menschlichen Phänomenen antreffen läßt, und besonders des Gesetzes unserer existenziellen Zeitlichkeit, die Quelle ihrer relationellen Dynamik und die Quelle des »Wortes«.

	Systole	*Diastole*	*Systole*	*Diastole*
Vorhofkadenz	Gegenwart	Zukunft	Gegenwart	Zukunft
Kammerkadenz		Gegenwart	Zukunft	Gegenwart
		Systole	*Diastole*	

ANMERKUNG   Die Untersuchung von Herzrhythmen am Kardiogramm zeigt, daß das Phänomen sehr viel komplizierter als unser Schema ist, vor allem wegen des Unterschieds an Energiepotential zwischen den Wänden des Vorhofs und denen der Herzkammern. Nach den heutigen Kardiologen scheint die Vorhofkadenz wie auch die Kammerkadenz zweizeitig zu sein, und die Systole der Herzkammer beginnt, ehe die Systole des Vorhofs beendet ist. Sieht man aber von den chronologischen Maßen ab, die veränderlich sind, so entspricht das Phänomen im ganzen sehr wohl unserem Schema: Die beiden gekoppelten Kadenzen verlaufen *kanonisch*, könnte man sagen, und der gesamte Herzrhythmus ist von ungefähr fünfzeitiger Struktur, und es gibt einen Augenblick, in dem beide Organe sich gemeinsam in einer Diastole befinden.

Im Augenblick, da der Herzrhythmus von seinem ersten »Moment« zu einem »zukünftigen« Moment übergeht, wird der erste zur Vergangenheit, und die »Zukunft« signifiziert sich als neue »Gegenwart« (neue Systole), die ihrerseits in eine neue Zukunft übergeht, in der sich eine neue Gegenwart ankündigt usf. Der Hinweis ist wichtig, daß diese Beziehung in der Zeitlichkeit, wenn sie sich auch von »Zeitabschnitt« zu »Zeitabschnitt« vollzieht, doch nur von zeitlicher Stasis zu zeitlicher Stasis, d. h. von einer zweizeitigen Kadenz zur anderen Gestalt gewinnt und ihren Rhythmus aufstellt. *Es bedarf zweier vollständiger Kadenzen, um ein Tempo festzulegen.*

Ferner besteht bei der Signifikation einer jeden neuen Position eine leichte Verschiebung, eben die Zeit, in der sich die neue Positionalität signifiziert: Diese geringe Spanne ist das »Gelenk« der Kadenz. In unserem Fall zeigt sich diese Verschiebung bereits in dem Augenblick, in dem beide Organe zusammen in der Diastole sind; es ergibt sich eine *Pause*, innerhalb deren die Muskelfasern keinen Reiz beantworten. Die Pause ist also wesentlicher Bestandteil der energetischen Struktur und signifiziert diese genauso wie das Geräusch. Wer Ohren hat, der höre! (Man könnte sogar noch anfügen, daß die Pause von ungefähr $\frac{4}{10}$ sec im Herzrhythmus annähernd dem Zeitraum proportional ist, den wir innerhalb eines Tages dem Schlaf widmen.) Der Rhythmus muß also atmen, mit einem Wort.

Diese »Pause«, die Zeichen einer »Ruhe« sein kann oder einer Zäsur, ist andererseits die Zeit, die zwischen dem Moment verstreicht, da eine Energie ausgelöst wird, und dem, da sie sich entlädt. Das hat seinen Grund darin, daß die Energie sich stets nur in der Kontingenz einer Substanz offenbart, und die Substanz ist »an sich« träge. Deshalb können Soldaten ein Minenfeld so schnell überqueren, daß sie unverletzt bleiben, und deshalb kann man mit der Hand rasch über eine Flamme fahren, ohne sich zu verbrennen. Es ist die Pause zwischen Furtwänglers Geste und dem Einsatz des Orchesters, der immer später kam; und zwar ebendeshalb, weil Furtwängler nicht taktierte, sondern Energien auslöste, was alle die nicht begreifen, die Rhythmus mit Buchführung verwechseln.

Die Zählzeit des Pulses ist also eine Überstruktur aus Herzkadenzen. Zur Bestimmung des Puls*tempos* brauchen wir mindestens drei Schläge: zwei Intervalle. Auf ähnliche Weise entsteht die musikalische Zählzeit. Die Dauereinheit, die den Ablauf mißt, ist stets eine Überstruktur aus zwei- oder dreizeitigen Grundkadenzen, die ihrerseits wieder Kadenzen bildet, welche das *Tempo* der Musik bestimmen. Die Dauereinheit ist stets Überstruktur aus Grundkadenzen, weil die *erlebte* Zeit immer Dauer*stasis* ist, der Übergang von einer Gegenwart zu einer Zukunft: Die zweizeitige Kadenz (Dauer 2) scheint den unmittelbaren Übergang von einer Gegenwart zu einer Zukunft zu signifizieren, die dreizeitige dagegen macht das Vorhandensein des Dauerablaufs »prägnanter«, und zwar durch die Verlängerung der ersten Zählzeit oder durch den Einschub einer mittleren Zählzeit zwischen erster und dritter Zählzeit (erste Erscheinung der Struktur »Vergangenheit – Gegenwart – Zukunft«). Zwei und Drei sind übrigens, wie wir sehen konnten, die ersten Grundzahlen, mit deren Hilfe sich alle anderen Zahlen bestimmen lassen.

Nicht immer ließe sich jedoch die Kadenzstruktur einer längeren Melodie erfassen, wenn sie nicht innerliches, psychisches Erlebnis wäre. Sie ist es für denjenigen gewesen, der die Melodie in sich entstehen spürte, und sie ist es wiederum für den Hörer.

Wenn dieses erste Motiv aus der *Träumerei* von Schumann bloß eine in der Welt erschienene Tonstruktur wäre, so wüßte man nicht, wo man den Taktstrich ziehen sollte. Da das Stück aber in der musikalischen Erfahrung ein inneres Erlebnis ist, besteht dieses Problem nicht. Die einfache Tatsache, daß das *f* nach *c* länger ist, vermittelt bereits den Eindruck, daß *c* nur Sprungbrett für die Bewegung nach *f* war. Außerdem folgt auf *f* ein Akkord, der mit *f* zusammen eine zweizeitige Kadenz bildet. Das Bewußtsein perzipiert spontan die Zählzeit durch die Kadenzen, und sobald es sich in einer Kadenz befindet, hat es die Neigung, in ihr zu verbleiben: Nun sind aber die auf *f* folgenden drei Achtel ebenfalls in zweizeitiger Kadenz, wodurch das folgende *c* als erste Zählzeit einer neuen Kadenz empfunden wird und die halbe Note *f* als deren zweite Zeit – um so mehr, als diese zweite Zeit durch einen Akkord unterstrichen wird wie auf der zweiten Zeit in der ersten Kadenz. In diesem Augenblick erscheint die wahre Kadenzstruktur der Melodie, denn deutlich bestand der melodische Verlauf in der Bewegung von *f* zu *c*, um, auf *c* gestützt, neuerlich ein *f* zu erreichen. Diese Melodie entfaltet sich also auf einer vierzeitigen Kadenz von Vierteln, die die zuvor wahrgenommenen zweizeitigen Kadenzen übergreift, und dadurch gewinnt das *c* des Anfangs, retrospektiv und endgültig, den Sinn eines *Auftakts*. Es besteht eine enge Verbindung zwischen der Offenbarung der Kadenzstruktur durch den melodischen Verlauf und der Offenbarung des melodischen Verlaufs durch den Kadenzrhythmus, und deshalb erfaßt der Hörer beide zugleich, ohne einen Taktstrich oder die Geste eines Dirigenten nötig zu haben. Der melodische Schwung, den wir hier sich entfalten sehen, hält allerdings nicht auf *f* an, er vollendet sich erst, oder doch zunächst einmal, nach zwei weiteren Takten auf *g*. Zugleich wiederholt sich die vierzeitige Viertelkadenz und bestimmt durch ihre Wiederholung das *Tempo* der Melodie. Die so erschienene melodische Phrase ist, was wir ein *Motiv* nennen wollen, also *eine melodische* (oder melodisch-harmonische) *Struktur mit eigenem Sinn, der zur Festlegung einer Kadenzmodalität und eines Tempos ausreicht.* Im Verlauf ihrer Bewegung stützt sich die Melodie dauernd auf die Achtel und zeigt uns damit an, daß die Dauer des *c* zu Beginn Überstruktur einer zweizeitigen Achtelkadenz war, so daß dieses *c* ein Viertel und nicht etwa ein punktiertes Viertel war. Diese zweizeitige Achtelkadenz, die das Viertel als Maßeinheit der musikalischen Zählzeit bestimmt und im Hintergrund des gesamten melodischen Verlaufs pocht, ist der eigentliche *Puls* unserer Existenz in dieser Melodie. Sie ist der Pulsschlag unseres Musikbewußtseins als Selbstbewußtsein in dem Augenblick, da es die wirkliche Welt aus den Augen verliert und in die imaginäre Welt der Musik eintritt. Mit dieser Kadenz bestimmt es das Tempo, in dem es seine Träumerei zur Existenz bringt, wogegen die vierzeitige Viertelkadenz das Tempo bestimmt, in dem diese Träumerei Seinskonsistenz gewinnt. Da in unserem Beispiel dasselbe Bewußtsein träumt und seinen Traum erschafft, bestimmt die zweizeitige Achtelkadenz in diesem melodischen Akt das, was wir das *existenzielle* Tempo nennen wollen, und die vierzeitige Viertelkadenz bestimmt das, was wir das *melodische* Tempo nennen werden, d. h. das Tempo der *Träumerei*. Wir kommen auf diesen Gegenstand noch einmal zurück, wollen zunächst aber das Wesen der musikalischen Zeit noch etwas näher untersuchen.

DIE MUSIKALISCHE ZEIT   Jede musikalische Dauer ist, wie wir sehen konnten, ein innerliches Erlebnis, d. h. in Wahrheit eine psychische Dauer. Die hier auftauchende Frage lautet: Wie mißt sich in unserer inneren Existenz eine seelische Dauer? Sie kann nicht mehr mit der Zeit der Welt gemessen werden, die die Seele ignoriert. Ebenso wie das Ohr die Frequenz des Tons durch ein Maß seiner eigenen Energie mißt, d. h. einer körperlichen Energie, so muß auch die seelische Dauer in uns durch ein körperliches Maß der Zeit gemessen werden. Unsere seelische Existenz gewinnt Form nicht unmittelbar auf Grundlage unseres arteriellen Pulsschlages, sondern unserer Atemkadenz, die sich frei auf dem nicht signifizierten Hintergrund des Pulsschlages entfaltet. Deshalb hat der musikalische Rhythmus Kadenzstruktur, und deshalb, so kann man sagen, ist die melodische Kadenz die Weise, in der unsere Atemkadenz sich in der musikalischen Existenz signifiziert. Die melodische Struktur stellt uns also einer doppelten Zeitlichkeitsstruktur gegenüber, deren eine sich durch die Aufeinanderfolge von Tonpositionen *im Raum* erstreckt und somit eine innerliche Dauer darstellt, welche sich durch den wiederholten Übergang von einer Gegenwart zu einer Zukunft verzeitlicht, während die andere sich *in der Zeit* erstreckt und eine gemessene und kadenzielle Zeitlichkeitsstruktur darstellt, welche die Dauer in der Äußerlichkeit erscheinen läßt und diese durch die Wiederholung ihrer Kadenz schafft. Die erste dieser Dauern kann sich daher »außen« nur dadurch signifizieren, daß sie in der zweiten Gestalt gewinnt, und dieses Phänomen gibt uns den Schlüssel zum Problem der Zeit überhaupt in die Hand.

Um sich Klarheit über dieses Problem zu verschaffen, muß man anstelle des mehrdeutigen Terminus »Zeit« den Begriff »Dauer« setzen, diesem Wort jedoch den Sinn einer Dauer geben, die, wie man sagt, abläuft, oder genauer: die sich innerlich verzeitlicht. Die Welt ist Dauer, und so wie der Mensch im Raume steht, steht er nicht in der Zeit, sondern in der Dauer, er gibt sich selbst wie eine Verheißung und eine Forderung der Dauer. Die Dauer hätte aber kein Maß, wenn es nicht in der Welt und in uns Phänomene gäbe, die die Diskontinuität in die Dauer einführten und somit die *Zeit* als mögliches Maß der Dauer erscheinen lassen, und diese Zeit ist stets kadenziell – man braucht mindestens zwei Stunden, um das Tempo der Stunden bestimmen zu können.

Folglich ist jede Erscheinung der Zeit die einer partiellen Dauer und kann zwei verschiedene Bedeutungen annehmen: Entweder ist diese Zeit die einer Existenz, eines Phänomens, das in der Verzeitlichung Dauer schafft, oder aber diese Zeit ist ein »Moment« einer Dauer, d. h. einer Existenz, eines Phänomens, das bereits in der Dauer fixiert ist und sich gerade verzeitlicht. Mit anderen Worten: Der Terminus »Zeit« will an sich nichts besagen, wenn man darunter nicht den »Moment« einer Zeitlichkeitsstruktur versteht, die für unsere Augen stets kadenziell ist und die stets entweder äußerliche Erscheinung eines Phänomens ist, das sich in seiner Verzeitlichung seine Dauer schafft – das trifft z. B. für jede *Bewegung* zu –, oder aber äußerliche Erscheinung einer sich innerlich verzeitlichenden Dauer – so z. B. bei jedem Ding, das »dauert«, auch wenn es in Ewigkeit ohne jede Änderung dauerte. Wenn wir von etwas sagen, es »dauere«, so bedeutet das, daß es für das Bewußtsein sich ohne jede Veränderung in der Dauer der Welt verzeitlicht, wobei vorausgesetzt ist, daß diese faktische Zeitlichkeit sich nur durch die inneren oder äußeren Veränderungen signifiziert, die dieses Ding affizieren können – z. B. die *Patina* der Zeit.

Der Mensch hätte sich jedoch diesen Doppelbegriff von Zeit und Dauer nicht schaffen können, wenn nicht seine eigene Existenz selbst, als *Bewußtseins*existenz, eine Dauer wäre, die sich verzeitlicht, indem sie ständig von einer Vergangenheit werdenden Gegenwart zu einer Zukunft übergeht, und wenn er nicht als *körperliche* Existenz eine kadenzielle Struktur gemessener Zeitlichkeit wäre, die seine Dauer erzeugt, und wenn sich diese beiden parallelen, aber nicht zusammenfallenden Zeitlichkeitsstrukturen, die transphänomenale und die phänomenale, nicht gegenseitig signifizieren könnten, was die Autonomie jeglicher individueller Existenz erklärt. Diese doppelte Zeitlichkeitsstruktur signifiziert jede melodische Struktur einerseits durch ihre Tonstruktur und andererseits durch ihre rhythmische Struktur. Der Mensch verknüpft seine Existenz buchstäblich mit der Zeitlichkeit unter diesen beiden Aspekten, und diese beiden Strukturen signifizieren sich nur gegenseitig – sie ergänzen sich. Denn die in der tonalen Linie enthaltene ist eine *zentrifugale* Zeitlichkeitsstruktur mit einem einzigen, nicht umkehrbaren Sinn, und diejenige, die im Rhythmus kadenzielle Gestalt gewinnt, ist eine *zentripetale* Struktur, so daß die Adäquatheit dieser beiden Strukturen in jedem Moment der Musik einen geschlossenen Zeitlichkeitskreis bildet, also eine »Form« – so z. B. im ersten Takt der *Coriolan*-Ouvertüre. Dieses Phänomen bringt uns die Kontingenz unserer Bewußtseinsexistenz und unserer Körperexistenz vor Augen und bildet somit einen frappierenden Beweis dafür, daß die Musik eine totale Signifikation der menschlichen Subjektivität in sich trägt, Körper und Seele. Was den Grund der Adäquatheit beider Strukturen betrifft, so ist er deutlich:

Im musikalischen Erleben perzipiert man niemals die absolute Dauer eines Tones; zunächst deshalb nicht, weil diese Dauer hier in ihrem Verhältnis zur Dauer der Kadenz, in der sie steht, Wert annimmt, und dann, weil diese Dauer vom Intervall überspannt wird, das diesen Ton vom nächsten trennt, oder besser: diese Tonposition von der nächsten. Und dieses Intervall nehmen wir wahr als zeitliches Intervall. Wir wissen, daß das räumliche Intervall ein Logarithmus ist, der im Erlebnis die Bedeutung einer psychischen Span-

nung zwischen zwei Existenzpositionen hat. Und wir wissen weiter, daß die
Dauer einer Kadenz ein Logarithmus der *Bewegungsenergie* ist und daß folglich jedes Zeitintervall ebenfalls ein Logarithmus ist, ein Vielfaches oder ein
Teiler von *eins*. Unter seinen beiden Aspekten, dem räumlichen und dem zeitlichen, ist das Intervall daher ein Logarithmus, d.h. eine reine »Größe«, deshalb besteht vollkommene Adäquatheit zwischen beiden, und deshalb läßt
sich die Adäquatheit der Ton- und der Rhythmusstruktur wie auch die doppelte – seelische und energetische – Bedeutung der raum-zeitlichen Melodie-
struktur erklären. Das Schumannsche Beispiel hat uns aber gezeigt, daß die
Bestimmung der musikalischen Zeit aus dem Verhältnis zweier verschiedener
Zeitlichkeitsstrukturen entsteht, und jetzt ist der Augenblick, in dem wir begreifen, wie sich aus diesem Verhältnis das *Tempo* der Musik ergibt.

DAS TEMPO Nehmen wir die erste Phrase aus dem *Adagio* der *Neunten*
Symphonie:

Diese wunderbare Melodie, die zweiundzwanzig Takt lang zwar nicht ohne
Wiederholung, aber doch ohne eine Rückkehr dahinläuft (und Strawinsky behauptet, Beethoven fehle es an melodischer Begabung!), wird durch zwei
Takte vorbereitet, in denen eine zweizeitige Achtelkadenz dreimal wiederholt
wird:

Vergessen wir nicht, daß das Musikbewußtsein stets Selbstbewußtsein als
Bewußtsein des musikalischen Bildes ist und zugleich Bewußtsein des musikalischen Bildes als Selbstbewußtsein, wie es auch vor Tonstrukturen als Selbstbewußtsein Bewußtsein seiner harmonischen Position ist und, als harmonisches Bewußtsein, Bewußtsein der Melodie, die sich in den Kadenzen der Harmonik entfaltet. Es ist vom Rhythmus her und als Selbstbewußtsein reine
Existenz dieser Grundkadenz, in die es die ersten Takte einführt und die im
Hintergrund während des ganzen Stückes pulsiert, weshalb auch die melodische Entfaltung in Achteln vor sich geht. Diese Kadenz setzt das Viertel als
Maßeinheit der musikalischen Zeit, in welcher das *Adagio* verläuft. Darüber

gewinnt die Melodie Gestalt auf einer sich wiederholenden zweizeitigen Kadenz in *Halben*. Es ist aber eine kontinuierliche Melodie, und obwohl sich eine Identitätsbeziehung zwischen der Quarte des ersten Taktes und der des zweiten herstellt – eine Beziehung, die die Bedeutung der Quarte in diesem melodischen Vorsatz unterstreicht –, führt uns doch der melodische Verlauf in Wahrheit von *d* zu *b* über *a* und dann von *b* über *f* zu dem, was folgt. Auf diese Weise wird die zweizeitige Kadenz in Halben übergriffen von der Kadenz in *Ganzen*, welch letztere als wesentliche Maßeinheit des melodischen Geschehens erscheint. Wir haben also:

(Die Wiederholung der melodischen Schlußwendung der ganzen Phrase ist kein Anhängsel, sondern integrierender Bestandteil der Melodie und unterstreicht die Bedeutung dieser Schlußwendung.)

Untersuchen wir jetzt die erste Phrase aus der *Figaro*-Ouvertüre:

Das dreifache *d* bestimmt eine vierzeitige *Viertel*kadenz, die das Tempo der melodischen Bewegung bestimmt, aber das Anhalten des ersten Motivs auf dem dritten *d* wie auch die Gliederung der Melodie in Gruppen zu je vier Achteln führt uns in eine zweizeitige Halbekadenz, in der die *ganze Note* als Maßeinheit unserer existenziellen Zeitlichkeit wirkt (denn wir leben in der Kadenz und nicht in den Zählzeiten, die sie ausmachen). Wir haben also:

Im Beispiel des *Adagio* ist das melodische Tempo eine *Überstruktur* des existenziellen Tempos, und seine Zeiteinheit ist viermal so groß wie die des existenziellen Tempos: Diese Melodie ist außerordentlich *langsam*. Im Beispiel des *Presto* ist das melodische Tempo eine *Unterstruktur* des existenziellen Tempos, ihre Zeiteinheit ist viermal so klein wie die des existenziellen Tempos: Diese Melodie ist außerordentlich schnell.

Wir sehen also, der Unterschied zwischen »schnell« und »langsam« hängt grundsätzlich von der Weise ab, wie sich unser existenzielles Tempo und das melodische Tempo zueinander verhalten. Es wirkt so, als ob die *langsame* Bewegung die *Dauer* im Licht der *Motorik* (unserer inneren Motorik, die im Hintergrund bleibt) zur Geltung bringen wollte und die *schnelle* Bewegung die Motorik im Licht der Dauer (unserer inneren Dauer) zur Geltung bringen wollte. Diese Erfahrung kennen wir aus dem Leben: denn wir erleben bald Ereignisse, deren Ablauf unsere Existenzstunden überschreitet, und bald Ereignisse, die sich im Verlauf einer einzigen Existenzstunde überstürzen. Es besteht also zwischen langsam und schnell nicht nur ein Bewegungsunterschied, sondern ein Wesensunterschied: derselbe Wesensunterschied wie zwischen *Gesang* und *Tanz*. (Begreiflicherweise kann es in einer »metrischen« Musik wie bei Strawinsky – einer Musik, die stets die Motorik betont – genaugenommen gar kein *Adagio* geben: Seine *Adagios* sind eigentlich langsame *Allegros*.)

Unsere Beispiele machen deutlich, daß das Gefühl für schnell und langsam zunächst ein gänzlich relatives ist, das nichts mit dem Metronom zu tun hat. Deshalb kann ein Stück durchaus langsamen Charakter haben, während seine Kadenz recht lebhaft ist (Beispiel: das *Larghetto* aus Beethovens *Zweiter Symphonie*) und umgekehrt (Beispiel: das *Allegro-Finale* aus der *Fünften*). Alles hängt von den inneren Strukturen des Rhythmus ab. Was aber letzten Endes in uns das Gefühl für langsam und schnell bestimmt, ist das existenzielle Tempo, in das uns die musikalische Zeit einführt, und dieses Tempo verändert sich in sehr viel engeren Grenzen als das melodische Tempo. Zwischen dem *Viertel* in unserem *Adagio* und der *Ganzen* in unserem *Presto* ist der Unterschied unbeträchtlich. Schätzen wir das Viertel im *Adagio* auf 48 pro Minute und die Ganze im *Presto* auf 72 ($\mathtt{J} = 144$), so stehen die beiden Werte bloß im Verhältnis 2 zu 3, und wir bleiben in der Nähe des menschlichen Pulsschlages. Obwohl uns die Musik in eine imaginäre Welt einführt, erleben wir doch das *Tempo* in unserem eigenen Körper. Es muß also eine bestimmte Beziehung zwischen dem existenziellen Tempo unseres musikalischen Erlebens und diesem anderen Lebenstempo bestehen, das der Pulsschlag in uns angibt. Ebenso wie unsere naturgegebene Wahrnehmungssituation dahin führt, eine mittlere Tonzone um das eingestrichene *a* herum anzusetzen, so muß unsere naturgegebene Situation in der Zeit, sei sie nun bestimmt durch unseren Herzrhythmus oder durch unsere Atemkadenz in der Ruhe, eine gewisse Norm unserer existenziellen Zeitlichkeit festlegen – 60 bis 72 Einheiten pro Minute etwa –, die unser normatives Tempo wäre. Alle *Tempi giusti* sind absolute Tempi in dem Sinn, daß sie aus sich selbst ihr Maß haben (durch das Verhältnis der existenziellen Zeit zur melodischen), durch ihr Verhältnis zu unserem normativen Tempo aber sind sie *relative* Tempi: relativ schnell oder relativ langsam.

Wichtig an unserer Analyse ist die Feststellung, daß die Qualifikationen des Rhythmus und des Tempos nichts mit der Zeit der Welt zu tun haben und daß somit die Thesen von Souvtchinsky und Strawinsky über die »ontologische« Zeit in sich zusammenfallen wie ein Kartenhaus. Denn ihre »ontologische« Zeit ist nichts anderes als die *metrische* Zeit, die sich aus unseren Kadenzen abhebt, und indem sie aus der musikalischen Zeit eine metrische machen, verwechseln sie diese mit der äußeren Zeit, wie Uhr und Metronom sie schlagen, und ordnen sie schließlich dem Metronom unter, was ihre psychische Natur völlig mißverstehen heißt. Die Musik stellt keine Übereinstimmung zwischen uns und der Zeit her, wie Strawinsky behauptet (und wenn er »Zeit« sagt, meint er offensichtlich die Zeit der Welt), sondern sie schafft eine Übereinstimmung zwischen unserer psychischen Zeitlichkeit und unserer körperlichen Zeitlichkeit. Sie braucht sie übrigens gar nicht erst zu schaffen, denn diese stellt sich von selbst ein und die Musik beschränkt sich darauf, die Übereinstimmung durch ihre rhythmischen Strukturen zu signifizieren. Die Aufgabe, die Strawinsky der Musik zuweist, ist also gänzlich irrig: Wir müssen eine andere entdecken.

UNSICHERHEIT DES METRONOMS   Kommen wir aber zum Tempo zurück. Aus dem Vorhergehenden folgt, daß ich kein Metronom brauche, wenn ich musiziere oder Musik höre, um die Richtigkeit des Tempos zu empfinden. In unserem Beethoven-Beispiel genügt es, daß die dreimal wiederholte Achtelkadenz so langsam ist, daß sie mich in ein *Adagio molto* versetzt. Ist sie allzu langsam, so dehnt sich die erste Phrase der Melodie derart, daß ich den Zusammenhang verliere, ich kann ihrer Gesamtentfaltung nicht »gegenwärtig« bleiben. Ist sie dagegen allzu schnell, so wird die Phrase in ihrer Ganzheit zwar erfaßbar, der Pulsschlag aber, auf dem sie sich entfaltet, wird für die Gemessenheit, die sie signifizieren will, zu leicht. Das *Tempo giusto* wird daher dann erreicht, wenn ich spüre, daß die nicht signifizierten zweizeitigen Kadenzen, auf denen sich die Melodie entfaltet, den Puls eines *Adagio molto* schlagen, und wenn andererseits die Melodie die richtige Kadenz von halben Noten hat, die ihr ganzes Gewicht dieser ernsthaften Aussage verleihen und die es mir erlaubt, die melodische Phrase in ihrer ganzen Entwicklung zu erfassen.

Danach nehme ich das Metronom zur Hand und stelle fest, daß mein Viertel 48 entspricht, während Beethoven 60 vorschreibt. 60 ist allerdings etwas zu schnell für ein *Adagio molto*. Mir wird klar, daß der Beethoven, der die Metronomangabe festlegt, ein anderer ist als der, der diese Melodie schafft. Mit der Bezeichnung *Adagio molto e cantabile* hat er so viel, wie die geheiligten Begriffe auszusagen vermögen, über das musikalische Tempo signifiziert, so, wie es ihm im Augenblick erschien, als er selbst in der Melodie existierte. Um ♩ = 60 zu schreiben, mußte er aus dieser Existenz heraustreten und seine Melodie *von außen* angehen, um diese Viertel abzuschätzen. Dabei ist er zunächst einmal nicht mehr in der Kadenz und sieht nur noch eine Melodie, die sich in der Zeit der Welt (die nicht die ihre ist) entfaltet; zwar bemüht er sich, das Ruhige dieses Ablaufs wiederzugeben; aber er kennt deren Endziel und vergißt darüber die Kadenz der Achtel, die sich nur im Erlebnis empfinden läßt. Da ihm zudem der Sinn der Melodie bekannt ist, genügt es ihm, sobald er zählt und die Aufmerksamkeit auf die »Zählzeit« richtet, sich im Denken den Tonverlauf ins Gedächtnis zurückzurufen – und der Gedanke verliert das Gewicht der klingenden Substanz. Bei der Aufführung dagegen sind Hörer und Interpret in der Tonstruktur, in der zeitlichen Struktur und zugleich in der konkreten Klanglichkeit. Der Hörer kennt sozusagen den Sinn der Melodie noch nicht. Es ist also Aufgabe des Interpreten, sie überzeugend und in ihrer ganzen Sinnfülle erscheinen zu lassen. Er muß daher die Situation wiederfinden, in der Beethoven komponierte, und nicht diejenige, in der der Komponist kühl den Text zur Hand nahm, um den Zeitablauf mit dem Metronom festzulegen. Und nichts ist schwieriger.

Mit anderen Worten: Die Metronomangabe ist nicht sicher, schon allein deshalb, weil sie von dem »Moment« des Werks abhängig ist, der als Maß genommen wird. Denn die lebendige Kadenz ist nicht konstant und verändert sich während des Verlaufs leicht; sie ist vor allem nicht sicher, weil äußere und innere Zeit miteinander völlig unvereinbar sind: mechanische und lebendige Zeit, organische Zeitlichkeit, die nach Kadenzen, und mechanische Zeitlichkeit, die nach »Zählzeiten« mißt. Der Interpret ist, kurz gesagt, im Augenblick des Musizierens nicht mehr im Text, sondern in der Musik, und hier hat er die Musik nachzuschaffen, wie sie der Komponist *in der Einbildung* konzipiert hat. Er darf sich also nicht darauf beschränken, allein den Text zum Erklingen zu bringen, aus dem einfachen Grunde, weil ihm der Text nicht das *Wesentliche* anzeigt, vor allem jedoch weil die Musik nicht in »Zeiten«, sondern in »Kadenzen« Gestalt gewinnt.

NOTWENDIGKEIT DER INTERPRETATION   Diese für den Interpreten bestehende Notwendigkeit, den *Sinn* dessen wiederzufinden, was der Komponist im Text signifizieren wollte, leugnet Strawinsky, ohne sich darüber klarzuwerden, daß sie auch für seine eigene Musik besteht. Die *Glorification de l'Elue* im *Sacre* beginnt mit einem zweimal wiederholten Fünfachteltakt; das dritte Achtel des Taktes wird durch einen Paukenschlag betont, der wie eine Markierung der zweiten Taktzählzeit wirkt, so daß der Fünfachteltakt in $2+3$ aufgeteilt sein würde. Eine aufmerksame Untersuchung des Text*sinnes* ergibt aber, daß dieser Paukenschlag in Wirklichkeit Auftakt zur vierten Zählzeit ist, wodurch der Sinn der Kadenz vollkommen verändert wird, nämlich in $3+2$. Man muß also den Text »interpretieren«, d. h. *über ihn hinaus* nach dem schauen, was er signifizieren will. Wenn dem so ist, dann deshalb, weil der Text *nicht* die Musik ist. Wie Sartre das sehr gut gesehen hat, ist die Musik ein reines Bild, das uns *auf* den Tönen im musikalischen Erlebnis erscheint und deren Töne bloß ein Analogon sind, eine analoge Darstellung, so wie die bemalte Leinwand im Verhältnis zum »Bild«, wie die Worte für den Gedanken.

REGELMÄSSIGKEIT UND UNREGELMÄSSIGKEIT DES TEMPOS   Da der Rhythmus die Form ist, die in der Musik und in der Zeit eine gewisse Gefühlsaktivität gewinnt, so ist es klar, daß diese Aktivität sich innerhalb eines melodischen Verlaufs verlangsamen oder beleben kann, was eine gewisse Unregelmäßigkeit der Zeitwerte nach sich zieht. Die Straußschen Walzer liefern uns Beispiele für diese Möglichkeit. Bei der Aufführung Wiener Walzer ist es Tradition, die schwachen Zählzeiten in der Melodie leicht zu synkopieren, und oft wird die bewegungserzeugende dreizeitige Kadenz in bestimmten Abschnitten verlangsamt oder belebt. Die musikalische Sprache impliziert also *a priori* keineswegs die Gleichmäßigkeit der Zählzeiten innerhalb der Kadenz, ja nicht einmal die Gleichheit der Kadenzen, sondern lediglich die Ähnlichkeit ihrer Strukturen als Bedingung der Identitätsbeziehungen, die Grundlage der musikalischen Dialektik sind.

Was motiviert nun aber im allgemeinen die Gleichheit der Zählzeiten und läßt sie uns als schätzenswert erscheinen? Es gibt zunächst einmal Fälle, wo sie notwendig ist. Soweit das musikalische *Bild* Signifikationsprimat besitzt oder diese Signifikation unter anderem von der rhythmischen Struktur abhängt, muß diese vollkommen sein, was sich nur durch die Gleichheit der Zeiten erreichen läßt – man kann sich nicht vorstellen, daß die drei Achtel des ersten Motivs der *Fünften Symphonie* nicht streng gleichmäßig wären. Im allgemeinen aber ist die Gleichheit der Zeiten ein Erfordernis der Schönheit, denn die Schönheit setzt Vollkommenheit der Formen voraus. Diese Formen sind jedoch diejenigen einer Gefühlsaktivität, und die musikalische Schönheit verlangt auch die *Wahrheit* des Gefühls, was das *Rubato* möglich macht. Alles hängt doch im Grunde davon ab, was die Musik bedeuten will: Soweit sie eine Signifikation der Subjektivität ist, wird die rhythmische Freiheit spürbar; soweit sie »darstellend« ist, tritt das Metrum deutlicher zutage und ist strenger. Betrachten wir anstelle eines Wiener Walzers einen russischen (von Tschaikowsky oder Glasunow), so werden wir sehen, daß bei letzterem alle Zählzeiten streng gleichmäßig sind. Bei den Wienern hat die Seele des Walzers, bei den Russen seine Motorik Bedeutungsvorrang.

In der *Szene am Bach (Pastorale)* wacht der Träumer plötzlich auf und hört die Nachtigall, die Wachtel und den Kuckuck; diese Vogelrufe sind streng metrisch, weil »darstellend«. Vorher klangen sie in rein musikalischer Beleuchtung und waren von geschmeidiger Kadenz: Sie waren Träume. Jetzt erscheinen sie, da der Bach verstummt, ganz »echt«.

Nur etwas ist also ausgeschlossen, nämlich daß die musikalische Zeit *wesenhaft* metrisch sei; darunter verstehe ich, daß sie von gleicher Essenz sei wie die Zeit, die Uhr oder Metronom zählen. Letztere ist Wirkung einer Kausalität und wird von außen bestimmt. Das musikalische Metrum ist aber Ergebnis einer Spontaneität, es wird von innen bestimmt, so daß es zwar ähnlich aussehen kann, wesensmäßig aber verschieden ist – die metrische Zeit hat ein mechanisches Gepräge, die musikalische ein lebendiges. Und selbst wenn die musikalischen Zählzeiten streng gleichmäßig sind, so werden sie doch im musikalischen Erleben nicht gleichartig nacherlebt: Die eine ist Auftakt, die andere Abtakt, die eine ist leicht betont, die andere nicht, die eine ist von aktiver Bewegung, die andere von passiver. In einem Wort: Der musikalische Rhythmus besteht nur dann in seiner Wahrheit, wenn er von innen in seiner Kadenz erlebt wird und wenn sein Metrum nur Konsequenz des kadenziellen Gleichgewichts ist.

10. Der Rhythmus in der abendländischen Musik

DER GREGORIANISCHE CHORAL   In bezug auf den Rhythmus mehr noch als in bezug auf die Tonstruktur hat das abendländische Bewußtsein die Musik wieder von vorn begonnen. Wir wollen damit sagen, daß es vom Punkt Null ausgegangen ist und daß die rhythmischen Strukturen, die es zutage förderte, spontan zu gleicher Zeit wie die Tonstrukturen entstanden sind, deren zeitlichen Faden erstere darstellen. Sein erster »Vorsatz« war der (geistliche) Gesang und damit zunächst die Einstimmigkeit. Seine Kadenz war zwar motorisch, hatte aber nicht den Sinn einer »Bewegungskadenz«: Sie gab der Entfaltung des Gesanges eine zeitliche Form. Das bedeutet, daß ihm die Kontinuität ein und derselben zwei- oder dreizeitigen existenziellen Kadenz nicht auferlegt war. So besteht daher die kadenzielle Struktur aus einer Reihe von zwei- oder dreizeitigen Grundkadenzen, und es genügt, daß die »Grundzeit« dieser Kadenzen konstant bleibt, damit der Gesang regelmäßig pulsiert. Dieser regelmäßige Puls wird hier bedingt durch die Notwendigkeit, Identitätsbeziehungen zwischen den aufeinander folgenden Motiven setzen zu können, d. h. durch die Notwendigkeiten der melodischen Dialektik.

Die drei folgenden Beispiele zitieren wir in der Notation von Dom Mocquereau von Solesmes:

vgl. Beispiel S. 248

Die rhythmische Struktur der reinen Melodie ist im gregorianischen Gesang eine einfache Struktur existenzieller Zeitlichkeit; denn der Verlauf ist nicht, wie in den harmonischen Strukturen, der einer sich vergegenwärtigenden Melodie, sondern der einer Melodie, deren Umriß sie sich angleicht und den sie als Selbstbewußtsein zu ihrem Existenzweg macht. Wie wir weiter unten sehen werden, ist dieses Selbstbewußtsein im Zeitalter der reinen Melodie ein kontemplatives Bewußtsein: Seine Kadenzierung hat nicht motorischen Charakter, sondern ist schlechthin Verzeitlichung seines Existenzweges. Dieses melodische Bewußtsein erzeugt also spontan und frei seine Melodie durch eine Aneinanderreihung von Grundkadenzen, die je nach dem Ausdrucksbedürfnis bald zwei-, bald dreizeitig sind. Denn wenn auch seine rhythmische Struktur nicht vom Wortrhythmus bestimmt ist, so bezweckt dennoch sein melodischer Verlauf den musikalischen Ausdruck des gesungenen Wortes. So entsteht die jubilierende Phrase in Beispiel *a*: Die ersten beiden Silben bestim-

men eine zweizeitige Achtelkadenz, die wiederholt wird und eine zweizeitige
Viertelkadenz folgen läßt, mit der verglichen die beiden ersten Achtel »auftak-
tig« wirken. Der melodische Schwung setzt sich in einer doppelten dreizeitigen
Kadenz fort, nämlich in einer neuen zweizeitigen Kadenz aus punktierten
Vierteln, und schließt in einer dreizeitigen Kadenz ⌐♩· ♩ ♩⌐. In Beispiel *b*
bestimmt die erste Silbe die »Grundzeit« einer kadenziellen Bewegung, die
in Form einer wiederholten dreizeitigen Kadenz ⌐♩ ♩ ♩·⌐ Gestalt gewinnt.

In Beispiel *c* macht der auf die Silbe *-to-* von *Sanctorum* gesetzte Akzent
diese Silbe zum Schwerpunkt einer Grundkadenz und aus der vorhergehenden
Silbe einen einfachen Auftakt. Wie wir sehen, gliedert sich die Melodie in die
vierzeitige Viertelkadenz, die viermal wiederholt wird, bis auf den Schluß
dieses zweiten Inzisum, wo der Ruhepunkt auf der Silbe *-tur* eine dreizeitige
Grundkadenz entstehen läßt. Die vier vierzeitigen Achtelkadenzen bilden ein
zusammenhängendes Ganzes, weil jede sich mit ihrem Auftakt an die vorhergehende knüpft.

In dieser gregorianischen Psalmodie erkennt man dasselbe rhythmische System,
das Constantin Brailoiu in großen Teilen der ursprünglichen Volkslieder entdecken
konnte und das er den *giusto syllabique bichrone* nannte:

♪♪, ♩♪

In den Volksliedern wird jedoch – wie bei den Griechen – die kadenzielle Struktur
vom Wortrhythmus bestimmt, die musikalische Kadenz beruht auf der syllabischen
Kadenz. Im gregorianischen Choral aber ist die Kadenz eine spontane Bestimmung des
Musikbewußtseins vor dem Text, um einem Text oder einer Vokalise einen *musikalischen* Rhythmus zu geben. Es besteht also, vom strukturellen Gesichtspunkt aus
betrachtet, kein Gegensatz, wie Brailoiu behauptet, zwischen dem volksliedhaften
bichronen *giusto* und dem gregorianischen Rhythmus und auch nicht zwischen dem
giusto und dem System, das im Abendland in der polyphonen und harmonischen
Musik Gestalt annimmt. Es geht immer um das gleiche Prinzip: um die zwei- und
dreizeitigen Grundkadenzen und die aus ihnen gebildeten Überstrukturen. Die
Gesetze des Rhythmus sind ebenso universal wie die der Hörwahrnehmung.

Die Polyphonie bringt eine völlige Umkehrung des Sachverhaltes mit sich,
ohne daß allerdings dieser erste Strukturmodus verlorenginge, den wir in der
Geschichte wieder auftauchen sehen werden.

Mit den ersten Schritten der Mehrstimmigkeit – oder den zweiten jedenfalls
– bei Leonin und Perotin forderte der »Vorsatz«, mehrere *autonome* Stimmen
konsonieren zu lassen, so daß ihre verschiedenen Kadenzen auf dem Hintergrund ein und derselben existenziellen Kadenz Gestalt gewinnen. Von da an
vollzieht sich die formale Kadenzierung des Gesamtverlaufs nicht mehr äußerlich, d.h. durch eine Aneinanderreihung von verschiedenen Grundkadenzen,
sondern *innerlich* durch eine Differenzierung des *Rhythmus* innerhalb der
Kadenzen auf dem Hintergrund seiner existenziellen Kadenz:

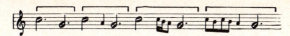

Die ganze schöpferische Aktivität, die sich im *Conductus* und *Motetus* offenbart, ist unter anderem eine fortschreitende Erfahrung der inneren Differenzierungsmöglichkeiten der Kadenz durch den Rhythmus. In diesem Abschnitt der Geschichte ist die *Beibehaltung* der existenziellen Kadenz erforderlich, denn sie allein erlaubt es, in der Melodie zwischen den aufeinanderfolgenden Motiven Identitätsbeziehungen zu setzen. So entsteht der »Takt«, und diese Beibehaltung der existenziellen Kadenz ermöglicht den Stimmen ihre Unabhängigkeit und ihre selbständigen Kadenzierungen, wie die folgenden Beispiele zeigen:

Erstes Beispiel

Exist. Kad.:

Grundtempo:

Zweites Beispiel

Ockeghem

Grundtempo:

Exist. Kad.:

Drittes Beispiel

Orlando di Lasso

Nos qui su—mus in —— hoc mun-do

Die Koordinierung der Stimmen nach dem Prinzip der *Imitation* ist die Weise, in der sich in der polyphonen Dialektik die Identitätsbeziehungen signifizieren; in diesem Stil berühren sie allein dieselbe Kadenz, die auf dem Hintergrund der existenziellen Kadenz Gestalt gewinnt. Die Grundzeiteinheit – der *tactus* – ist das gemeinsame Maß dieser existenziellen Kadenz und der melodischen Kadenz. Diese existenzielle Kadenz und ihr Tempo, die anfangs stets mehrdeutig sind, klären sich für den Hörer bei der Erscheinung des melodischen Rhythmus, wie wir graphisch anzudeuten versuchten.

In dem Beispiel von Ockeghem sehen wir, wie sich zweimal in die dreizeitige Halbekadenz eine zweizeitige Kadenz aus punktierten Halben einschiebt (6. und 8. Takt): Auf diese Weise taucht die Kadenzierungsfreiheit wieder auf.

Im Beispiel von Lasso haben wir punktiert die Taktstriche wiedergegeben, wie sie Vincent d'Indy notiert, bei dem wir diese Stelle gefunden haben: Mit Klammern haben wir die dreizeitige Halbekadenz angedeutet, auf der sich nach unserer Meinung die Stimmen organisieren. D'Indys Notation arbeitet mit sich überschneidenden Taktstrichen; es erscheint uns angemessener, anzunehmen, daß der melodische Schwung in jeder Stimme, wenn er auch auf dieser dreizeitigen Kadenz Gestalt gewinnt, vom Takt unabhängig ist und daß die dreizeitige Kadenz eben die ist, auf der sich für das Musikbewußtsein als Selbstbewußtsein die Koordinierung der Stimmen vollzieht.

DIE HARMONIK   Der Anbruch des harmonischen Zeitalters hat dem Rhythmus den motorischen Charakter verliehen, den wir ihm heute zuerkennen; denn das harmonische Bewußtsein ist Körperbewußtsein, und seine existenzielle Kadenz ist eine körperhaft gewordene Kadenz. Zugleich hat die Harmonik dem im Abendland im Verlauf des Mittelalters wiedergeborenen Tanz einen Körper gegeben, und erst das harmonische Zeitalter gliedert den Tanz endgültig in das Reich der musikalischen Kunst ein. Ferner hat die in der Tonstruktur vollzogene Differenzierung der harmonischen Struktur und der melodischen Strukturen die komplexen rhythmischen Strukturen zutage gefördert, die wir weiter oben untersucht haben, in denen die melodische Zählzeit nicht unmittelbar durch die existenzielle Kadenz bestimmt wird, wie dies in der reinen Mehrstimmigkeit der Fall ist (vgl. die vorhergehenden Beispiele), sondern wo sie ihre eigene, sich von der existenziellen Kadenz absetzende Kadenz hat. Schließlich stellt sich eigentlich erst im harmonischen Zeitalter das Problem des *Tempos*.

Im gregorianischen Choral ist das Tempo kein Problem: Vom Atem des Sängers abhängig, entsteht es von selbst durch die Aneinanderreihung der Kadenzen. In der Vokalpolyphonie wird es automatisch bestimmt durch die jeweilige Gattung, durch Funktion und Text des betreffenden Musikstückes. Wenn jedoch in einer wesentlich instrumental gewordenen Musik die Harmonik die Autonomie der Form unterstreicht, so muß das Tempo schon durch die Strukturen des Rhythmus impliziert sein, was sich, wie wir sehen konnten, durch die Differenzierung von schnell und langsam ergibt. Durch die von der Melodie errungene Freiheit allein können beide Typen sich innerhalb ein und desselben Stückes annähern: Bald ist die melodische Kadenz eine Überstruktur, bald ist sie Unterstruktur der existenziellen Kadenz. Das wesenhaft Gesangliche und das wesenhaft Tänzerische sind von nun an innig miteinander verquickt. Der zweite und dritte Satz einer Symphonie sind deutlich langsam bzw. schnell, aber das Tempo des ersten und zuweilen des letzten Satzes ist mehrdeutig. Das Tempo des ersten Satzes der *Neunten Symphonie* hat eher die Struktur des Langsamen, und wenn es als *Allegro* bezeichnet ist – allerdings *Allegro ma non troppo e un poco maestoso* –, so wegen der Prägnanz seiner Motorik. Wegen dieses mehrdeutigen Charakters des Tempos qualifiziert es sich, vom rein kinetischen Standpunkt aus betrachtet, durch den Wert der Grundzeit, des gemeinsamen Maßes des existenziellen und melodischen Tempos.

Die von den Russen eingeführten ungleichartigen Kadenzen ändern an den Bedingungen des Rhythmus nichts; sie bereichern zwar das Gebiet der rhythmischen Signifikationen, man kann aber nicht sagen, daß der Rhythmus darum reicher geworden sei, weil er auf ungleichartigen Kadenzen (Fünfer- und Siebenerkadenzen) anstatt auf gleichmäßigen Kadenzen aufgebaut sei. Man könnte sogar eher das Gegenteil behaupten: Im Schlußtanz des *Sacre du Printemps* (den wir gleich zitieren werden) ist die rhythmische Struktur solcher Art, daß ihr keine andere Kadenzstruktur übergeordnet werden kann. Vergleichen wir dagegen den Mittelteil der *Rondes de Printemps* von Debussy:

Auf dem Hintergrund einer dreizeitigen Kadenz ($\frac{3}{4}$), deren Schwerpunkt nicht betont ist, denn der Baß hebt ihn nicht hervor:

erscheinen in den Stimmen alle möglichen frei sich entfaltenden Rhythmen: *Nur auf der Grundlage einer kontinuierlichen Kadenz kann es Polyrhythmik geben* – so auch übrigens bei Strawinsky. Die Gleichartigkeit einer Kadenz und folglich eines Grundtempos ist im Rhythmischen das Pendant zur Tonalität oder Tonperspektive im Tonalen.

NEBENBEMERKUNG ÜBER DIE »JUNGEN«   In diesem Punkt sind die Vorstellungen der sogenannten »avantgardistischen« Musiker falsch. Nach dem Kriege gerieten die jungen Musiker auf den Einfall, die Klassiker hätten die Quellen des Rhythmus gänzlich vernachlässigt. Zudem bildeten sie sich ein, Rhythmus entstünde aus der Addition von Zeitwerten. So meinten sie, je extravaganter eine Dauerstruktur sei, um so bedeutungshaltiger müßte sie auch sein. Die Tatsache, daß der Rhythmus sich niemals auf dem kleinsten Wert aufbaut, sondern auf einem großen, der seinerseits Überstruktur einer zwei- oder dreizeitigen Grundkadenz ist, so daß dieser große Wert seinerseits Gelenk einer zwei- oder dreizeitigen Kadenz aus gleichen oder ungleichen Zeiten wird – diese Grundtatsache ist ihnen völlig entgangen.

Wenn man dieses Prinzip einmal begriffen hat, so leuchtet unmittelbar ein, daß Messiaens *point d'ajout* – die Verlängerung der Grundzeit einer zwei- oder dreizeitigen Grundkadenz um die Hälfte ihres Wertes – antimusikalisch ist, wenigstens für ein abendländisches Bewußtsein, d.h. für ein Bewußtsein, das sich nicht damit begnügt, seine Wahrnehmungen passiv hinzunehmen. Noch antimusikalischer ist die Idee, das in den Tonstrukturen verwendete Imitationsprinzip auf die rhythmische Struktur zu übertragen. Wenn die krebsgängige

Imitation schon in der Tonstruktur mit Vorsicht zu gebrauchen ist, wie kann man dann auf die Idee kommen, sie auf eine Zeitlichkeitsstruktur anwenden zu wollen, die ja schon *per definitionem* nicht umkehrbar ist? Würde man denn das Wort »Zeit« erkennen, wenn man »tieZ« schriebe?

Aber das Prinzip, auf die rhythmische Struktur eine der dialektischen Möglichkeiten der Tonstrukturen anzuwenden, ist falsch; denn das heißt eine Struktur nach den Regeln einer anderen, *wesensmäßig* verschiedenen Struktur behandeln. Es heißt nicht sehen, daß die Zählzeiten und die Kadenzen sich vervielfältigen, während sich die melodischen Intervalle aneinanderreihen; und zwar deswegen, weil die rhythmische Kadenz die Zahl eines Logarithmus ist, wohingegen das melodische Intervall der Logarithmus einer Zahl ist.

Mit anderen Worten: Die jungen Musiker haben den Sinn für den Rhythmus verloren, und diese Krankheit hat auch bei vielen jungen Interpreten um sich gegriffen. Ihr Grundirrtum ist die Meinung, Kadenzen entstünden aus der Aneinanderreihung von Zählzeiten, während doch in der Bewußtseinsexistenz die Grundgegebenheit eine Kadenz ist, die sich innerlich verzeitlicht und die grundsätzlich zwei- oder dreizeitig ist, d.h. eine Dauer 2 oder eine Dauer 3, niemals aber z.B. in der Unterstruktur eine Dauer $3\frac{1}{2}$.

FREIHEIT UND RHYTHMUS Wodurch werden nun in unseren Augen die reichen Möglichkeiten des Rhythmus, oder, wenn man will, wodurch wird der Bedeutungsreichtum der musikalischen *Substanz* in rhythmischer Hinsicht bewirkt? Durch die *Freiheit*, ließe sich sagen, die sich in der Verwendung dieser Strukturen offenbart; denn durch diese Freiheit signifiziert sich die Subjektivität. Merken wir uns diese Feststellung, die uns im Verlauf unserer Untersuchung weit führen wird: *Die menschliche Subjektivität kann sich nur durch die Verwendung signifizieren, die sie von der Determinationsfreiheit macht;* denn im Einzelfall – der übrigens immer gleich ist, da die rhythmischen Strukturen für jedermann dieselben sind – ist das einzige Signifikationsmittel der Subjektivität im Rhythmus die Wahl einer bestimmten Kadenz und die Freiheit in der Anwendung und rhythmischen Gestaltung dieser gewählten Kadenz. Wie wir bereits gesagt haben, ist die Freiheit zur Beibehaltung oder zur Änderung gleich groß. Wenn das Musikbewußtsein bei derselben Kadenz bleibt, so offenbart sich seine Freiheit in der Vielfalt des Rhythmus in der Kadenz und in der Autonomie und Vielfalt der melodischen Kadenz, die auf der existenziellen Kadenz Gestalt annimmt. Ändert es die Kadenz, so äußert sich seine Freiheit in der Kontinuität oder Diskontinuität des Tempos, die es im Wechsel der Kadenz durch die Gleichheit oder Ungleichheit der melodischen Überstrukturen erscheinen läßt. In allen Fällen äußert sich also die Freiheit in der Weise, wie das Bewußtsein einerseits ein es bedingendes Gesetz und andererseits ein Gesetz, das es sich selbst gibt, anwendet – in der Wahl eines bestimmten Kadenzmodus. Und dann darin, diese Gesetze auf seine

Weise anzuwenden, d.h. ohne sich ihnen zu unterwerfen; indem es sich auf
sie bezieht, ohne ihnen zu folgen und indem es sie hervorhebt und zugleich
unterstreicht, daß es von ihnen nicht »determiniert« wird.

Wenn z.B. Beethovens Bewußtsein in der *Eroica* im ersten Satz den Dreivierteltakt setzt und in der Melodie zweimal eine dreifache zweizeitige Kadenz
einschiebt, so signifiziert es damit die Determinationsfreiheit seiner melodi-

schen Kadenz der selbst gesetzten Kadenz gegenüber, indem es sich aber auf
diese bezieht; denn die zweizeitige Kadenz wird eingeschoben, d.h. sie signifiziert sich gegenüber dem, von dem sie frei ist – hier also von sich selbst, denn
die dreizeitige Kadenz ist ihre existenzielle Kadenz. Diese Subjektivität signifiziert sich also als frei einem von der Natur gegebenen Gesetz gegenüber, frei
von sich selbst, von ihrer eigenen Selbstexistenz in den Gesetzen der Natur.

Die menschliche Subjektivität ist das Wesen, das in jedem Moment seiner
Existenz sich auf ein doppeltes Gesetz bezieht: Dieses Gesetz ist *von außen*
gegeben (durch die Natur oder seine körperliche Natur) und *von innen*, von
sich selbst, ohne deswegen die Subjektivität ganz unterwerfen zu können. Sie
kann ihm allerdings unterworfen bleiben: Wir nennen sie *autonom* und *aktiv*,
insoweit sie ihre Freiheit gegenüber dem sie bedingenden Gesetz äußert; wir
nennen sie *autonom*, aber *passiv*, insoweit sie ihm unterworfen bleibt. Beiden
Einstellungen liegt nämlich eine Wahl der Willensfreiheit zugrunde, so daß,
wenn das Bewußtsein seine Passivität signifiziert (in der Wahl des Mollgeschlechts z.B.), diese Signifikation eine aktive Wiederholung seiner Passivität
ist. Weiter unten werden wir sehen, daß dieser Sachverhalt sich über die gesamte Bewußtseinsexistenz erstreckt, im Leben wie in der Kunst.

STRAWINSKY UND DER RHYTHMUS   Wir wissen jetzt genügend über den
Rhythmus, um die Rolle beurteilen zu können, die er in der Bestimmung der
Form bei Strawinsky spielt. Betrachten wir noch einmal den ersten Teil der
Danse sacrale, deren rhythmischen und melodischen Verlauf wir hier schema-
tisch angedeutet haben:

Hier ist es ohne Zweifel der Rhythmus, der der Tonbewegung einen Sinn und dem melodischen Schwung eine Form verleiht. Die Tonbewegung läßt sich wie folgt zusammenfassen:

$$
\begin{array}{lll}
d\ldots e\text{-}cis\text{-}c & \text{(zweimal)} & -\;\; d\ldots f\text{-}a\text{-}f \\
d\ldots e\text{-}cis\text{-}c & & -\;\; f\text{-}f\text{-}f\text{-}a\text{-}f\text{-}d \\
d\ldots e\text{-}cis\text{-}c & & -\;\; d \\
d\ldots e\text{-}cis\text{-}c & \text{(dreimal)} & -\;\; f\text{-}a\text{-}a;\; f\text{-}a\text{-}b\text{-}a
\end{array}
$$

Das erste Motiv besteht aus zwei dreizeitigen Kadenzen aus ungleichen Zeitwerten, die ineinander verknüpft sind, was bedeutet, daß diese beiden Kadenzen bereits Überstrukturen von Grundkadenzen sind:

Die beiden ersten Takte könnte man als fünfzeitige Kadenz interpretieren; aber die Wiederholung des zweiten Taktes faßt die drei ersten zusammen, und die dritte Erscheinung des *d* unterstreicht, wohin es führen soll, wobei dieses dritte *d* seinerseits mit dem vierten Takt eine Einheit bildet. Durch die Verknüpfung dieser beiden Kadenzen wird das erste Motiv erst eigentlich »Motiv«, d. h. es bildet ein Ganzes mit eigenem Sinn. Dieses Motiv identifiziert sich durch die Wiederholung. Sodann entwickelt sich allmählich die Melodie durch ein neues Motiv, dessen Kadenzstruktur eine erkennbare Verkürzung der Struktur des ersten Motivs ist:

Der erste melodische Schwung wiederholt sich in identischer Tonstruktur, aber varriierter Kadenzstruktur (a''):

Es folgt sogleich ein Motiv (b), in dem sich die melodische Absicht bestätigt: Es besteht aus einer fünfzeitigen Kadenz, die sich als solche durch ihre Wiederholung identifiziert. Jetzt wird Motiv (a'') wiederholt, um diese Wiederholung abzuschließen. (a'') genügt aber nicht, um dieser ersten Periode einen Abschluß zu geben: (c) folgt, isoliert, ohne Schwerpunkt im Baß; es ist die »Pause«, die notwendigerweise auf eine motorische Umwälzung folgt.

Dann beginnt der Tanz von neuem, aber »verändert« – die Gesamtform ist also zweiteilig. Das erste Motiv ist auch in seinen Variationen erkennbar: Bei der dritten Erscheinung lenkt es uns zum abschließenden Signifikationsakt: ein Aufschwung in die Höhe, der zurückfällt und seinen Sinn bestätigt, indem er sich bei der Wiederholung noch überbietet. Die Struktur dieses zweiten Formgliedes wird dennoch durch den Rhythmus des Basses bestimmt, der die folgende Kadenzstruktur hervorhebt:

Verschiebung

a a'

Diese ganze Bewegung gründet sich offensichtlich auf eine bald drei-, bald zweizeitige existenzielle Kadenz, die in Sechzehnteln verläuft. Man könnte also sagen, daß das einzige allen Kadenzen gemeinsame Maß das Sechzehntel ist. In Wahrheit hat dieses Sechzehntel gar keine eigene Existenz, es ist bloß Grundzeit einer existenziellen Kadenz, die eine veränderliche Zählzeit schlägt, die bald Achtel, bald punktiertes Achtel ist. Es ist das rhythmische System des gregorianischen Chorals, das hier in der Motorik angewandt wird. Strawinsky hat es unbeabsichtigt wiedergefunden; denn diese Strukturart ist eine permanente Möglichkeit des Bewußtseins, seinen Rhythmus zu konstituieren. Man findet es übrigens in den spontanen Schöpfungen der Folklore, bei den Bulgaren und Türken, die es mit dem Namen *aksak* (»hinkend«) bezeichnen. Dort ist es aber erstarrt, bei Strawinsky dagegen frei angewendet.

11. Die Form bei Strawinsky

Betrachten wir dieses Beispiel jetzt unter dem Blickwinkel der Form. Die aufeinanderfolgenden Motive verknüpfen sich dialektisch, und diese Dialektik spricht zu uns, weil wir in der Aufeinanderfolge in der Dauer in einer Bewegung existieren, deren Verlauf wir uns anpassen und deren Tempo durch ein beständiges Aneinanderreihen von bald zwei-, bald dreizeitigen Kadenzen bestimmt wird. Die Kontinuität dieses Tempos wird durch die Beharrlichkeit des Grundzeitwertes dieser Kadenzen gesichert, des Sechzehntels, so daß das Tempo unregelmäßig, dennoch aber kontinuierlich ist. Diese Kontinuität des Tempos bindet die Motive zusammen und macht aus dem Tonbild eine einzige Tonbewegung, die unaufhörlich, ohne Unterbrechung, zwar nicht ohne Keuchen, aber doch in einem einzigen Atem zu ihrem Höhepunkt auf *b* führt.

Diese ganze Bewegung verläuft auf dem Hintergrund eines beweglichen Orgelpunktes *d-f*. Es gibt tonale Dynamik im melodisch-harmonischen Bild, aber kaum tonale Dynamik in der Baßlinie, die lange unbeweglich bleibt und dann, auf *f* stagnierend, aus der Form dieses Basses eine offene Form macht, d. h. eine Tonbewegung, die nach einer Fortsetzung verlangt oder die uns in der Schwebe hält.

So ist der eigentliche Motor der melodischen Dialektik das *Tempo*, obwohl das bestimmte *agens* der »Form« nicht die Bewegung des Basses, sondern die melodische Dialektik ist. Es bleibt es auch, insofern diese musikalische Struktur im ganzen eine organische Form von Tonbewegungen bildet durch die Kontinuität des Tempos und die Einheit des Sinnes der melodischen Dialektik. Folglich gewinnt die Musik die Signifikationstranszendenz, welche die Gesamtform der musikalischen Substanz verleiht: Zur eigenen Signifikation eines jeden Motivs tritt eine Tiefendimension der Signifikation, die sie aus ihrem Platz in der dialektischen Syntax erhält; und zur dialektischen Aneinanderreihung der Motive tritt der Sinn, den ihr die Gesamtform verleiht: der Kampf eines aufgewühlten Wesens – die polytonale Spannung der harmonischen Textur des melodischen Bildes –, das von unten angezogen wird (das Moll-Arpeggio hat seinen Schwerpunkt in der Tiefe) und unaufhörlich versucht, sich selbst zu entfliehen und dieser Anziehung zu entgehen, und das unaufhörlich zurückfällt bis zur letzten Anstrengung, in der es zu zerbrechen scheint. Im Rahmen des Balletts wird dieser Sinn durch die Bewegungen der Tänzerin deutlich, er erläutert aber mehr noch den Ausdruck des Tanzes – hierin gewann das von Djagilew und seiner Truppe und von einem Musiker wie Strawinsky angeregte und geschaffene moderne Ballett eine im Ballett bislang ungekannte Signifikationstranszendenz, die sich allerdings nicht fortgesetzt hat.

Die Bedeutung, die das Thema des Balletts dieser musikalischen »Form« verleiht – ein Kunstwerk muß stets ein *Thema* haben, wie Paul Claudel sagt –, steht deshalb seinem rein musikalischen Sinn nicht fremd gegenüber. Und es ist zu bezweifeln, ob Strawinsky diese Musik hätte schreiben können, wenn sie nicht durch dieses Thema motiviert gewesen wäre. Andererseits aber erläuterte diese musikalische »Form« mit ihrem Sinn nicht das Thema des Tanzes – das Opfer der Erwählten –, wenn sie nicht *in sich*, als reine musikalische Form, einen Sinn besäße, wenn sie nicht das wäre, was man eine autonome Form nennt. Sie bleibt jedoch offen, wie wir gesagt haben, und verlangt nach Vollendung.

Betrachten wir jetzt ein Schema der gesamten *Danse sacrale:*

Der Tanz verläuft in einem kontinuierlichen Tempo, wenn auch der Tempocharakter von Abschnitt zu Abschnitt wechselt; denn zwischen diesen Abschnitten besteht eine Verbindung der existenziellen Kadenzen (in B ♪ = ♪, in C ♪ = ♩). Außerdem entfaltet er vor unseren Augen eine Dialektik melodischer Bilder, die einen Sinn in sich hat und ihren Zweck erfüllt, da erst in der dritten Wiederholung dieser Sinn signifiziert wird und die Zwischenabschnitte untereinander kein thematisches Band haben. Hier also erklärt sich der Sinn dieser Gesamtform nur durch die szenische Handlung oder mittels eines diese ersetzenden Programms.

Mit anderen Worten: Die organische Einheit des Tempos und die Sinneinheit eines jeden Teils des Werks genügen nicht, ihrer Aufeinanderfolge in der Zeit einen Sinn zu verleihen; dieser Sinn wird jeweils von außen gegeben. Die Zwischenepisoden könnten anders oder auch kürzer sein, die zweite Episode C brauchte nicht in C′ wiederholt zu werden, und das Werk hätte deshalb doch um nichts weniger eine Form. Diese Form ist aber nicht »organisch«, obwohl sie eine organische Einheit des Tempos hat, weil nicht alles in ihr wesentlich und notwendig ist und weil die Zwischenteile ihren Sinn nicht aus ihrer Funktion in der Gesamtform beziehen. Die Episode C z. B. erhält keinerlei Licht aus der Gesamtform, die ausschließlich auf der periodischen Rückkehr des Hauptteils beruht. Es gibt wohl eine organische Einheit der Form in jedem Teil des Werks, wenn man sie einzeln betrachtet; aber die Gesamtform ist eine Summe, eine »Komposition« oder, um einen Ausdruck aus der Filmtechnik zu gebrauchen, eine »Montage« von »Formen«, die (wie die Episode C) in der organischen Einheit des Tempos heterogen sein können. Dem ist so, weil die Gesamtform nicht durch eine innere Tondynamik erzeugt wird, die nur durch die Tonalitätskadenz signifiziert wird, welche die Dialektik der melodischen oder thematischen Episoden von Anfang bis Ende des Werks unterspannt. Zwar zeichnet der »Baß« eine Tonbewegung, er übersetzt sie aber nicht in harmonische Kadenzen. Die ganze Harmonik liegt im Bild. Die Baßbewegung verknüpft nur die verschiedenen melodischen Episoden und leitet uns, ohne uns zu führen – denn sie inkarniert sich nicht in einer harmonischen Kadenz –, von einer Tonperspektive zur anderen. Die dialektische Struktur der Form:

$$a \; b \; a' \; c \; (a) \; c' \; a''$$

ist zwar bestimmt, aber ihr fehlt der innere Antrieb, und die so geschaffene Form ist eine rein *statische* Form. Nichts ist gerechtfertigter in diesem Ballett, dessen Musik durch melodisch-harmonische Bilder und durch ihren Rhythmus das Bühnengeschehen und mehr noch, das Wesen dieses Geschehens, signifizieren will, indem es dem choreographischen Ausdruck noch eine Tiefendimension zufügt. Aber die bloße Anordnung in der Zeit der formalen Dialektik und diese statische Form reichen nicht aus, um das Geschehen nachzuschaffen, das uns das *Allegro* einer Symphonie vermittelt, d. h. ein Stück Musik, das keine darstellende Funktion hat und seinen Sinn nur aus sich selbst erhält.

DAS ALLEGRO IN DER SYMPHONIE   Was es einem Allegrosatz in einer Symphonie ermöglicht, ohne »Sujet« auszukommen, ist der Umstand, daß ihm eine harmonische Bewegung (die auf der Struktur T-D-T oder einer daraus abgeleiteten beruht) zugrunde liegt, die seinem ganzen Verlauf einen Sinn gibt. Diese innere Formdynamik fehlt dem ersten Satz der *Symphonie in C* von Strawinsky, um ihn zu einem echten Symphonie-*Allegro* zu machen. Dennoch hat er ganz den Zuschnitt eines *Allegro* und ist selbst in einem geradezu beethovenschen Sinn behandelt, denn er kreist um einen sehr einfachen Gedanken:

Dieses Motiv entwickelt sich aber nicht oder doch kaum, und was es an Neuem zubringt, fügt seiner eigenen Signifikation nichts hinzu, weil Strawinsky bei der Entwicklung des Motivs im wesentlichen die Dialektik des Rhythmus zur Anwendung bringt.

Es gibt nämlich eine Dialektik des Rhythmus. Das Beispiel aus der *Coriolan*-Ouvertüre hat uns gezeigt, daß die Identitätsrelation, auf der die melodische Dialektik beruht, durch die Ähnlichkeit der kadenziellen Struktur der im Rhythmus verknüpften Motive bedingt wird. Es kann aber auch den umgekehrten Fall geben: Die rhythmische Kadenz kann sich ändern, ohne daß sich ihr Inhalt ändert (wie wir im *Sacre* sehen konnten). Dieses Verfahren wird in der Fuge verwendet, wenn das Thema sich in der Vergrößerung oder Verkleinerung darbietet: Beachten wir aber wohl, daß das, worauf es hier ankommt, nicht die Vergrößerung oder Beschleunigung der Kadenz ist, sondern die durch die Kadenz bewirkte Vergrößerung oder Beschleunigung des Themas. Denn die rhythmische Struktur ist eine *leere* Form, und die Dialektik des Rhythmus ist unfruchtbar, wenn sie nicht eine bestimmte melodische Dialektik mit sich führt. Wenn sich der Leser das Bild des Tanzes aus dem *Sacre* vor Augen hält, so wird er sehen, daß die kadenzielle Veränderung der letzten Takte keinen Abschluß bewirken würde, wenn die melodische Bewegung uns von *f (a)* zu *f-a---b (a)* geführt hätte. Hier ist der Ariadnefaden der melodischen Bewegung einer bestimmten Stelle aus dem *Allegro* von Strawinsky:

Der Zusammenhang enthält nichts, was dieser melodischen Entwicklung irgendeine Dynamik aufprägte: Wir bleiben auf der Stelle stehen. Die Dialektik des Rhythmus erzeugt entschieden nur eine statische Form. Dieses *Allegro* öffnet uns zu einem mit Tatsachen, aber nicht mit Sinn geladenen Ereignis. Zu letzterem fehlt ihm die innere tonale Dynamik, dieser *Sauerteig* der Form – der im klassischen *Allegro* aus dem Erlebnis einen mit Sinn geladenen Existenzakt macht, der in sich selbst geschlossen und vollendet ist. Wenn am Ende des ersten Satzes der *Fünften Symphonie* das Anfangsmotiv wiedererscheint, dann ist es wie erhellt von allem Licht, das das Erlebnis auf es ausgegossen hat. Wenn am Schluß des *Allegro* von Strawinsky das Anfangsmotiv wiederkehrt, dann erscheint es uns so, wie es zuerst erschienen war: Es kommt nur, um sich zu verabschieden. Das Wunder der Form schränkt sich hier ein auf das des Jonas, der nach drei Tagen im Walfischbauch unversehrt wieder ans Licht des Tages tritt. Strawinskys Kunst ist sehr groß, aber hier sehen wir ihre Grenzen.

Diese Bemerkungen hatten unter anderem den Zweck, das Vorurteil von der reinen Musik zu zerstreuen, und Strawinsky behauptet ja, in seinen Werken ohne außermusikalischen Vorwurf reine Musik zu schreiben.

Die Musik ist rein, oder sie ist keine, ebenso wie ein Kaffee nur dann Kaffee ist, wenn er aus Kaffeemehl zubereitet ist. Das ontologische oder ethische Problem der Musik berührt nicht ihre Reinheit, sondern ihre Signifikationsautonomie, und diese Autonomie ist zweistufig: Es ist die Autonomie der *Sprache* und jene der *Form*.

Die »Ton«-Sprache ist eine autonome Sprache, weil sie ihre Bedeutung aus sich selbst hat. Und weil die *Ton*sprache eben aus der Musik eine Sprache macht, so ist das einzige, was dieser Sprache eine Form geben kann, die *tonale*

Form, d.h. ein *tonaler* Verlauf, der dem Geschehen zugrunde liegt, und diese Form verleiht dem, was die Sprache sagt, einen Sinn. Wenn dem so ist, so ist das musikalische Werk autonom: Es bezieht alle seine Bedeutungen, im einzelnen wie im ganzen, aus sich selbst.

Es macht kaum etwas aus, ob nun ein Werk einen Titel hat oder nicht. Dieser Titel – *Eroica*, *Pastorale*, *La mer* oder *Till Eulenspiegel* – lenkt den Geist auf die Ausdrucksabsicht des Komponisten und ändert nichts daran, daß die Musik in sich ihren Sinn trägt, der auch bei fehlendem Titel erlebt werden kann.

Aber die musikalische Form, die die einer Bewegung ist, äußert sich in der Dauer als eine statische Form, die hinwiederum durch ihre rhythmische Form bestimmt wird, und diese statische Form ist der ästhetische Aspekt der Musik. Man sieht, daß diese Form nicht dem Erlebnis Rechnung trägt. Wir haben aber gerade sehen können, daß die Musik, so präzis sie auch vom Rhythmus geschaffen wird, eine statische Form annehmen kann, ohne daß diese Äußerung einer inneren Dynamik wäre. Es besteht daher die Gefahr, daß diese Form leer ist oder daß ihr Inhalt – denn einen Inhalt hat sie stets – armselig ist, während sie selbst vom Ästhetischen her vollkommen sein kann. Das ist der Bankrott der reinen Ästhetik, die sich um das Erscheinungsbild der Form kümmert, aber das Wesen selbst außer acht läßt. Die Ästhetik, die solche Musik beherrscht, nennen wir *Formalismus*.

Im musikalischen Erlebnis ist der Rhythmus ein lebensnotwendiges Element, aber es ist eine Illusion, zu glauben, der Rhythmus bringe uns voran; denn die Musik ist ein inneres Geschehnis, und was in ihr vorankommt und uns vorankommen läßt, steht in den Tonstrukturen und nicht in den rhythmischen Strukturen. Zwar erzeugt die Kadenz des Rhythmus eine Bewegung, aber die Bewegung als solche will nichts besagen, wenn es in ihr nichts gibt, was sich bewegt.

DIE ERWEITERUNG DER KONSONANZ   Wir mußten erst eine Untersuchung der Form anstellen, um zum Ziel unserer Betrachtungen über die »Konsonanz« zu kommen, denn gerade die »Form« ist es, die aus einer Gesamtstruktur, in der Konsonanzen und Dissonanzen sich vermischen, ein *konsonantes* Ganzes macht. Es ist aus dem einfachen Grund konsonant, weil sich hier die Konsonanzen mit den Konsonanzen, die Dissonanzen mit den Dissonanzen und endlich die Dissonanzen mit den Konsonanzen vertragen. Im geschichtlichen Augenblick unserer Situation hat sich durch die Erweiterung des tonalen Feldes zum polytonalen das Problem der Konsonanz mit Notwendigkeit in seinem Aspekt ändern müssen.

Von Anfang dieser Anmerkung an haben wir darauf hingewiesen, daß Konsonanz und Dissonanz nicht Qualitäten dieser oder jener Tonstruktur, sondern Qualifikationen sind, die das Musikbewußtsein diesen Strukturen je nach der Situation, in der es sich befindet, und je nach dem musikalischen Vorsatz zuerkennt. Die melodische übermäßige Quarte war im Zeitalter der reinen Melodik verboten, sie ist es aber nicht mehr im harmonischen Zeitalter. Parallele Quinten waren im Organum möglich, aber nicht mehr in der klassischen Harmonik, weil es hier der Vorsatz des Musikbewußtseins ist, autonome Stimmen untereinander in Einklang zu bringen. So werden wir also sehen, daß neue Strukturen der Musik und viele Tonbildungen, die früher als Dissonanzen gegolten hätten und somit verboten gewesen wären, heute möglich geworden sind.

BEISPIELE   So sind im *objektiven Lyrismus* Debussys parallele Quinten und Oktaven wieder möglich geworden, weil sie musikalische Bilder konstituieren:

Debussy, *Le faune*

Die ersten Quinten bilden je ein *Timbre*: Die Melodie ist hier nicht mehr eine rein lineare Gegebenheit, sondern sie besteht aus parallelen Homophonien, die für das Selbstbewußtsein, das in der Baßquinte *g-d* situiert ist, vollkommen deutlich sind. Aus dieser Wahrnehmungssituation folgt das Musikbewußtsein mit dem Blick den Quintenreihen, die auf einem übermäßigen Quintakkord anhalten, von dem aus die eigentliche Melodie ihren Lauf nimmt, begleitet von aufsteigenden, chromatischen Terzparallelen. Diese parallelen Homophonien enden auf einem *d*-moll-Akkord mit *g* im Baß.

Während in der traditionellen Harmonielehre die alterierten Akkorde und die Sept- und Nonakkorde auflösungsbedürftig sind, brauchen sie, sobald sie als *musikalische Bilder* benutzt werden, nicht mehr aufgelöst zu werden. Eine Folge von parallelen Sept- oder Nonakkorden wird möglich. Wir haben aber dann die musikalische Welt verändert: Wir sind in einer Musik von Bildern, und diese Situation setzt einen ruhenden oder beweglichen Orgelpunkt im Baß voraus, in dem sich das Musikbewußtsein situieren kann, um diese Homophonieparallelen vor seinem Blick vorbeiziehen zu lassen.

Debussy, *Et la lune descend sur le temple qui fut*

Im obigen Beispiel, das ebenfalls von Debussy stammt, ist das Musikbewußtsein bloß im Melodieverlauf gegenwärtig, wie ihn die Quart- und Quintakkorde im Raum zeichnen. Er führt zu *h*. Das Selbstbewußtsein signifiziert sich seine fundamentale Wahrnehmungsposition *e-h*, die aufgegeben und wiedererreicht wird durch die Akkordbrechung im Baß im letzten Takt unseres Beispiels. Diese Art Struktur führt geradeswegs zur Polytonalität, wie das vorhergehende Beispiel zeigte.

Es ist leicht, in die Polytonalität einzutreten, aber es ist sehr viel schwieriger, wieder aus ihr herauszukommen, d.h. aus einem polytonalen Ganzen ein konsonantes Ganzes zu machen. Denn die Polytonalität ist trotz allem eine *mehrdeutige* tonale Situation, und das Bedürfnis nach Konsonanz wie auch der Vorsatz zur Konsonanz in der Welt der Wahrnehmung fordert, daß man, wenn man in die Mehrdeutigkeit eintritt, sie auch wieder verläßt. Im Duett zwischen der chinesischen Tasse und der Teekanne in *L'Enfant et les Sortilèges* von Maurice Ravel entfaltet sich eine Melodie in *F*-dur über einer Begleitung in *as*-moll. Die Lösung dieser tonalen Mehrdeutigkeit wird durch eine Modulation in der Begleitung herbeigeführt, die beide Linien in der Tonperspektive von *F*-dur sich vereinen läßt.

Das erste Motiv in der *Danse de l'Elue* macht uns das allgemeine Prinzip einer polytonalen Führung begreiflich:

In der Perspektive des tiefen *d* – dem Mittelpunkt der Hörwahrnehmung – entsteht in der höheren Lage ein Septakkord auf *d*, zu dem auf *es* der Akkord *es-b-des-es* tritt. Es entfaltet sich sodann eine doppelte melodische Bewegung, einerseits mit dem *d*-Septakkord, der nach einigen parallelen Septklängen zur Ausgangsposition zurückkehrt, und andererseits vom harmonischen Intervall *des-es* aus, das in parallelen Sekunden ebenfalls zu seiner Ausgangsposition zurückkehrt (mit einem zusätzlichen *c*, das augenscheinlich zum *d*-Septakkord gehört).

Wir bleiben hier also in der tonalen Mehrdeutigkeit, die sich erst beim Eintritt der zweiten Episode entspannt, sich aber endgültig erst in der Baßkadenz beim Schluß des Tanzes auflöst.

Ein Beispiel von Hindemith *(Symphonie in Es)* zeigt die Anwendung der Polytonalität als Fortsetzung der klassischen Tradition und der wesenhaft expressiven Musik:

Hier handelt es sich um das Zusammenspannen von zwei, dann drei melodischen Verläufen, die ihren eigenen Wegen folgen, aber zu Beginn und zu Ende durch die gemeinsame Position *fis* miteinander koordiniert sind: ein melodisch-harmonischer Weg, der auf der Tonperspektive von *fis* (ohne vorherige Andeutung der Terz) beruht, eine lineare Melodie, ein »Gesang«. Man kann beobachten, daß im Verlauf des Geschehens trotz der tonalen Selbständigkeit der Stimmen dennoch eine beständige tonale Beziehung zwischen ihnen von Motiv zu Motiv herrscht – zum Beispiel steht das *b* der Melodiestimme auf dem harmonischen Intervall *dis-gis*, was *es-as* gleichkommt.

Hier ein noch komplexeres Beispiel aus Bartóks *Musik für Streichinstrumente:*

Die dritte Linie setzt die kompakte harmonische Struktur *a-g-f-dis*; dieses undurchsichtige Klangband, das allerdings das Intervall *a-es* oder *a-dis* durchschimmern läßt und das durch die Triller in Oszillation gerät, bildet eine Art Orgelpunkt, über dem die beiden anderen Bewegungen Gestalt gewinnen: Die erste (im zweiten System) gründet sich auf dem *d*, das den Abstieg *a-g-f-es* im dritten System vollendet. Es folgt eine ständige Wellenbewegung in großen Septimen. Mit dem vierten Takt werden die melodischen Intervalle im Tremolo zu harmonischen. Schließlich kommt im ersten System die Melodie, die sich anfangs auf das *a* des dritten Systems bezieht, dann aber einen gänzlich autonomen Weg einschlägt, der allerdings in tonaler Beziehung zur Oberstimme der Septintervalle bleibt. Danach treffen sich erstes und zweites System auf dem Intervall *gis-d*, während der Orgelpunkt im dritten System verschwindet.

Diese wenigen Beispiele haben zur Genüge gezeigt, daß das relationelle Vermögen des polytonalen Bewußtseins sich anscheinend auf die Koordinierung

von drei verschiedenen Tonperspektiven beschränkt, ebenso wie der Grund-
akkord drei Tonpositionen koordiniert. Der Klang, der den *Cortège du Sage*
im *Sacre du Printemps* beschließt – der ekstatische Augenblick, der die *Danse
de la terre* auslöst –, erklärt sich wie folgt:

Damit diese polytonale Struktur wahrgenommen werden kann, müssen sich
die drei tonalen Teilstrukturen durch eine gemeinsame Position miteinander
verbinden lassen: Und der so aufgebaute Akkord stellt ohne Zweifel das
Höchstmaß an harmonischer Spannung dar, das sich das Musikbewußtsein
signifizieren kann. Halten wir nebenbei noch fest, daß der Tredezimakkord
der Dominante, der zugleich auch der größte Akkord ist, der sich mit verschiedenen Tonpositionen nur einer bestimmten Tonperspektive bilden läßt,
gleicherweise aus der Verbindung der drei Akkorde einer Tonart mit gemeinsamen Tönen entsteht:

So hat sich das Feld der Konsonanzen beträchtlich erweitert, aber es fehlt
noch viel, daß alles möglich geworden wäre, wie diese Beispiele zeigen. Konsonant sind nur die Tonstrukturen, denen unser Tonalitätsgefühl einen Sinn beimessen kann und die die Grenzen unseres bezugsetzenden Vermögens nicht
überschreiten.

Es würde genügen, das erste System in unserem Bartók-Beispiel um einen
Halbton höher zu transponieren, um den Zusammenklang mit dem Kontext
unfaßbar zu machen: Er würde *dissonieren*.

Die außerordentliche Freiheit, die in der Bildung von Tonstrukturen erworben worden ist, hat manche modernen Komponisten zu dem Glauben ver-
führt, es könne überhaupt nichts mehr dissonieren. Der erste, der aus dieser
Vorstellung eine radikale Stellungnahme machte, war Schönberg. Er verkündete seine »Emanzipation« der Dissonanz, die nach ihm bedeutet, daß
die Dissonanz ebenso leicht verständlich sei wie die Konsonanz.

Mit anderen Worten: Es gibt kein objektives Kriterium mehr für Möglich
und Unmöglich, für Falsch und Richtig in den Tonstrukturen, und *alles ist er-*

laubt. Nach Schönbergs Thesen (vor der Zwölftontechnik jedenfalls) ist tatsächlich alles erlaubt, außer einem einzigen Ding: der harmonischen Oktavkonsonanz, also der natürlichen, unleugbarsten Konsonanz, die für das Musikbewußtsein die grundlegende Identitätsbeziehung und die Grundlage der Tonbeziehungen ist. Diese Verleugnung des Fundaments aller Tonbeziehungen, verbunden mit der Negation jedes Gesetzes, das die Freiheit des Komponisten bedingt, umschriebe eine eigentlich diabolische Einstellung, sprächen nicht alle Anzeichen dafür, daß der Musiker Schönberg von seinem theoretischen und spekulativen Denken beherrscht wird. Das theoretische Denken in uns ist aber nicht das schöpferische Organ der Musik, die einzig und allein aus diesem Gefühl *sui generis* entsteht, das man Musikalität nennt. Das *reflexive* Denken ist, wie wir sehen werden, eine Sekundärreflexion, die sich auf bereits konstituierte und reflektierte Bewußtseinsgegebenheiten bezieht. Wenn in unserem Bewußtseinsorganismus das reflexive Denken nicht mehr seinen präreflexiven Gegebenheiten gehorcht und seiner eigenen Logik folgt, so handelt es, wie wir auch noch sehen werden, wie ein loses Rad im Getriebe einer Maschine. Die Anekdote, die die Logik der Narrheit so trefflich beleuchtet, ist ja bekannt: Ein Narr begießt seine Beete mit einer leeren Gießkanne. Ein Passant macht ihn darauf aufmerksam, worauf der Narr erwidert: »Das tue ich mit Absicht, denn ich habe ja künstliche Blumen gepflanzt.« Das schlimme an der Narrheit ist, daß ihre Logik unangreifbar ist: Die Verirrung liegt am Anfang, an der Wurzel, und die Folge unserer Untersuchung wird uns zeigen, daß das auch bei der Kompositionstechnik der Fall ist, die aus Schönbergs Ideen entwickelt worden ist.

III. Die Strukturen der Reflexion*

A. ANATOMIE DES BEWUSSTSEINS

1. Die reflexive Tätigkeit des Bewußtseins

Sobald die Höhe eines Tones oder die Größe eines Intervalles vom Ohr bestimmt und vom Gehirn reflektiert sind, ist der Wahrnehmungsakt zwar *de facto* vollendet, er ist jedoch in unserer Bewußtseinsexistenz noch nicht signifiziert. Um in ihr signifiziert zu werden, muß er noch durch eine Tätigkeit des *reflexiven* Bewußtseins reflektiert werden, die entweder rein *mental* oder rein *psychisch* ist oder aber auch beides zugleich sein kann.

Die mentale reflexive Tätigkeit offenbart sich in uns durch das Denken und läßt aus dem Wahrgenommenen eine Idee werden – die Idee eines bestimmten Tones oder Intervalles. Diese ideative Tätigkeit »abstrahiert sich« also vom Wahrgenommenen als solchem, um zu einer rein mentalen Gegebenheit, einer »Abstraktion«, zu werden.

Die psychische reflexive Tätigkeit offenbart sich in uns durch eine Gefühlstätigkeit, die das Wahrgenommene in uns motiviert, die aber ihrerseits das Wahrgenommene *qualifiziert*, indem sie ihm eine *affektive* Bedeutung verleiht. Die psychische Reflexion abstrahiert sich daher nicht vom Wahrgenommenen, um diesem eine Bedeutung zu geben; sie ist ein konkretes Bewußtseinserlebnis, bezogen auf das Wahrgenommene in seiner Konkretheit selbst.

Diese zwei reflexiven Tätigkeiten setzen übrigens voraus, daß die mentale Reflexionstätigkeit zunächst aus dem Wahrgenommenen nicht nur eine physiologische Gegebenheit, sondern eine Bewußtseinsgegebenheit gemacht hat. Eben weil die Hörtätigkeit eine *Bewußtseins*tätigkeit ist, also eine reflexive Aktivität, ist die mentale Tätigkeit nicht bloß zerebrale Aktivität, sondern Reflexion der zerebralen Aktivität; und als Reflexivtätigkeit projiziert sie auf das in der Welt wahrgenommene Phänomen das vom Gehirn reflektierte Bild des vom Ohr Aufgefaßten, und dieses Bild erscheint so in der Welt im Lichte des Bewußtseins. In einem Wort: Diese erste, der Ideation vorausgehende Phase der mentalen Reflexivtätigkeit strahlt auf das wahrgenommene Klangphänomen das reflektierte Bild des auditiv Wahrgenommenen zurück – so wie der Spiegel mein Bild auf mich zurückstrahlt, das er reflektiert hat. Daher ist die psychische Reflexion des Wahrgenommenen stets an die mentale Reflexion gebunden, selbst wenn diese nicht bis zur ideativen Tätigkeit fortschreitet.

Beachten wir aber, daß bei der auditiven Wahrnehmung das Objekt der reflexiven Bewußtseinstätigkeit das *vom Ohr Wahrgenommene* ist. Das Ohr

---

* Diese Anmerkung gehört zu S. 126 des Hauptteils.

macht aus musikalischen Tönen *positionelle* Töne, *Tonpositionen*, die durch ihre Höhe im Tonraum qualifiziert sind; und es macht aus der Aufeinanderfolge der Töne in der Melodie einen *Tonweg* im Raum. Weiterhin wird im musikalischen Erlebnis dieser Tonweg als *Tonbewegung* im Raum wahrgenommen, in deren Verlauf der Übergang von einer Tonposition zur anderen einem Verwandtschaftsgesetz zwischen den Tönen zu gehorchen scheint, so daß wir ihn als eine bestimmte *Spannung* zwischen den Tonpositionen empfinden (so z. B. als Spannung zwischen Leitton und Tonika). Da in der Welt die Töne durch nichts zueinander angezogen werden, ist diese Spannungsempfindung das sichere Anzeichen dafür, daß beim musikalischen Hören unsere Gefühlsaktivität (und nicht unsere ideative Tätigkeit) dem Wahrgenommenen seine Bedeutung verleiht. Zum Unterschied aber zu der reflexiven psychischen Aktivität, von der wir weiter oben gesprochen haben, wird diese Gefühlstätigkeit nicht vom Wahrgenommenen ausgelöst, sie gibt vielmehr dem wahrgenommenen Tonbild eine affektive Bedeutung, sie wird zu diesem Zweck sogar *einbildend*, indem sie uns den Weg der Töne durch die raum-zeitlichen Positionen als eine Tonbewegung mit affektiver Bedeutung wahrnehmen läßt. Die Sache ist um so deutlicher, als die Melodien ja nicht vom Himmel fallen, sondern im Bewußtsein eines Musikers entstehen, in dem die Gefühlstätigkeit dem Tonbild vorangeht: Diese Gefühltätigkeit konnte durch ihn im Tonbild ein Mittel zur Signifikation finden. Das musikalische Tonbild bietet sich dem *Hörer* folglich als mit affektiven Bedeutungen erfüllt dar, die dem Komponisten jenes Tonbild eingegeben haben, und deshalb gewinnt es beim Hörer nur durch seine reflexive psychische Tätigkeit einen Sinn. Der Einbildungsaspekt dieser reflexiven Tätigkeit wird der Untersuchungsgegenstand unseres nächsten Kapitels werden; hier wollen wir diese psychische Tätigkeit nur in ihrer Eigenschaft als reflexive Tätigkeit betrachten.

Charakterisiert wird diese reflexive Tätigkeit durch die vollkommene Adäquatheit in ihr zwischen *Reflektiertem* und *Reflexivem*, zwischen dem in der Welt entstandenen, vom Ohr wahrgenommenen und vom Gehirn reflektierten Klangbild und dem Bild, das sich unsere eigene affektive Tätigkeit durch ihren Einbildungsakt davon macht, und wir wissen, weshalb das so ist: weil nämlich diese beiden Bilder dieselbe *Grundlage* haben, das Logarithmensystem, das einerseits die musikalischen Tonstrukturen in der Welt bestimmt und das andererseits unsere eigene Hörtätigkeit im musikalischen Akt beherrscht. Weiter sind diese beiden Bilder – das wahrgenommene Bild und das in uns durch unsere Gefühlstätigkeit erlebte Bild – in derselben Zeitlichkeitsstruktur verbunden. Diese reflexive Situation nennt man *reine Reflexion:* Die psychische Reflexion hat das von der Hörwahrnehmung objektivierte Bild in nichts verändert, sie hat ihm nur eine menschliche Bedeutung gegeben. Daher sind die Gegebenheiten der reinen Reflexion unwiderleglich, d.h. sie sind im Licht der Evidenz erlebt und dulden keinen Zweifel. Kein Mensch hat je die Bedeutungsgleichheit der Tonpositionen im Oktavabstand in Zweifel gezogen oder die Konsonanzgleichheit der Quarte und der Quinte, die Anziehungskraft zwischen Leitton und Tonika oder überhaupt die Wirklichkeit erlebter Gefühle beim Hören von Musik. Deshalb hat der Mensch im gesamten Verlauf seiner Geschichte Musik machen können, ohne die Gegebenheiten seines musikalischen Gefühls in Frage zu stellen. Der einzige Irrtum (wenn man das so nennen darf), den das reflexive Bewußtsein in der reinen Reflexion begeht, ist, daß es in unserem Fall seinem Gegenstand eine affektive Bedeutung zuerteilt, die es aus sich selbst bezieht, und, in umgekehrtem Sinne, daß es seinen eigenen affektiven Erlebnissen eine Bestimmung verleiht, die jeweils aus deren Gegenstand stammt. Unmöglich, rückschauend in der Analyse entwirren zu wollen, was im Erlebnis objektiver oder subjektiver Natur ist, wenn man nicht das Phänomen von seiner Entstehung an rekonstituieren will, wie wir es in unserer Untersuchung tun. Das mindert für den Menschen aber nicht die *Wahrhaftigkeit* der reinen Reflexion, weil sich in ihr die objektiven und subjektiven Gegebenheiten gemeinsam ergeben und sich gegenseitig signifizieren.

DER GEWINN UNSERER WELTBEZIEHUNG   Das eben angeführte Beispiel der reinen Reflexion zeigt, daß – ohne daß unsere ideative Tätigkeit Gestalt annehmen müßte – unsere Beziehung zur Welt in uns vor wahrgenommenen Dingen eine deutlich determinierte psychische Tätigkeit motivieren kann. Wie die körperliche Affektivität ist die psychische Affektivität eine *Selbstbestimmung durch sich:* Die Haut wird nicht von der Sonne gebräunt, sie bräunt *sich* unter den Strahlen der Sonne; das innere Ohr wird nicht von der Tonfrequenz affektiv berührt, es affiziert *sich* an einer bestimmten Wahrnehmungsenergie, um die Frequenz wahrzunehmen; die Positionsspannung der übermäßigen Quarte wird nicht von der Wahrnehmung der übermäßigen Quarte bestimmt, sondern sie ist eine psychische Spannung, die *sich* an einer bestimmten Größenordnung bei der Wahrnehmung der übermäßigen Quarte affiziert. Diese Selbstbestimmung durch sich – hier Gefühl, in anderen Fällen Denken oder körperliche Tätigkeit –, diese Dingbestimmung durch sich und für sich ist daher ein »Gewinn« aus den Dingen, der »Profit«, den das Selbstbewußtsein – die Subjektivität – aus seiner Beziehung zur Welt zieht, und durch diesen »Profit« *kultiviert* sich der Mensch.

So gehört der berühmte Marxsche »Mehrwert« bereits zur Bedingung des Bewußtseins, weil jede Bestimmung, die es Wesen und Dingen *durch sich* und *für sich* gibt, eine *Selbstbestimmung durch sich* impliziert, die der ersteren einen Sinn verleiht und ohne die keine Bestimmung der Dinge in der Welt möglich wäre. So elend auch die Bedingung des Sklaven in der Beziehung Sklave–Herr oder die des Ausgebeuteten in der Beziehung Ausbeuter–Ausgebeuteter sein mag, beide ziehen sie doch aus ihrer wechselseitigen Beziehung – abgesehen vom unmittelbaren Zweck, nämlich dem, sich zu ernähren – einen Gewinn: die Lebenserhaltung. Denn der Mensch hat allein durch seine Geburt Recht auf nichts, nicht einmal auf die Lebenserhaltung, welch letztere er sich nur dadurch verschafft, daß er sich Lebensmittel besorgt. »Rechte« kann er sich nur durch seine Beziehung zu Wesen und Dingen verschaffen. Das unmittelbare Objekt seiner Beziehung ist ein »Haben«; dieses stets unsichere »Haben« bildet aber nicht das echte Wohl des Menschen. Das echte Wohl ist der »Gewinn«, den er aus dieser Beziehung zieht, d.h. das, was er durch diese Beziehung *aus sich selbst* macht, aus sich als menschlichem Subjekt, und durch das, was er aus sich selbst macht, kultiviert er sich. Mit anderen Worten: Was das Wesen des Menschen und seinen Wert als menschliches Wesen schafft, ist nicht sein *Haben*, das sich stets durch einen materiellen Besitz, ein Wissen oder Können überträgt, sondern das, was er mit Hilfe seines Habens aus sich selbst macht.

Der Mensch ist ein Produkt der Kultur, ein Kulturprodukt mit der Besonderheit, daß es sich selbst kultiviert und auch selbst kultivieren muß, weil es *a priori* kein Anrecht darauf hat, von anderen erwarten zu dürfen, daß sie es kultivieren. Natürlich trifft die familiäre Umwelt zunächst alle Vorsorge für die Kultivierung; sobald der Mensch aber der Kindheit und ersten Jugend entwachsen ist, ist er wesentlich auf sich selbst gestellt. Die Feststellung ist überflüssig, daß er dank der inneren Verbindung seines Organismus zur organischen Energie der Welt um sich herum Nährsubstanzen findet, die er seinem Organismus einverleiben kann und aus denen er – abgesehen vom unmittelbaren Zweck der Ernährung: der Hungerstillung – diesen Profit zieht: die für seine Tätigkeit und seine Lebenserhaltung nötige Energie. Wir sehen aber, wohin der »Gewinn« führt, den er aus seiner Beziehung zur Welt zieht: Er dient ihm zur Unterhaltung einer *körperlichen, einer mentalen und einer affektiven* Aktivität, die stets verfügbar und gewissermaßen spontan sind und die zu ihrer Äußerung nicht des Anrufs der Dinge bedürfen, sondern die bei deren Erscheinung zur Wirkung bereit sind. Der Gedanke oder das Gefühl, ausgelöst durch ein beliebiges Ding, ist ein Gedanke oder Gefühl, den bzw. das man *hat*: Die im Menschen verfügbaren Gedanken oder Gefühle sind, was er als Selbstbewußtsein, als menschliche Subjektivität, *ist*. Beide entstammen sie diesem Adäquatheitsbedürfnis in der reinen Reflexion des »Wahrgenommenen« zwischen dem Bild, das das ideative oder das affektive Bewußtsein sich *durch sich* vom wahrgenommenen Ding gibt, und dem Bild, das sie sich *für sich* geben – d.h. aus einem *Streben nach Einheit*, der das Selbstbewußtsein in seiner Beziehung zur Welt mittels der Sinne beseelt.

DER ÜBERFLUSS DES HERZENS   Nach dem Vorhergehenden wird kein Zweifel bestehen, daß die Musik aus dieser latent im Herzen vorhandenen affektiven Aktivität stammt; denn *a priori* gibt es keinen Grund, daß die Höhenunterschiede zwischen Tönen die psychische Affektivität berühren sollten.

Und dem melodischen Bild an sich mangelt jeder affektive Sinn und jede Nützlichkeit für den Menschen – was heißen soll, daß es kein »interessiertes« Gefühl bewirken könnte, wenn nicht das freie und verfügbare Gefühl, das in ihm wohnt. Wenn die Musik also bei dem, der sie erschafft, aus dem *Überfluß des Herzens* entsteht, so appelliert sie beim Hörer an die Verfügbarkeit des Herzens und kann dadurch zu seiner Selbstkultur beitragen. Was aber kann die spontane affektive Aktivität des Menschen signifizieren, indem sie an sein Wesen rührt? Denn zwischen Denken und Fühlen besteht ein Wesensunterschied: Das Denken bewegt sich im Abstrakten, und das Gefühl, d. h. die psychische Affektivität, ist eine Selbstbestimmung durch sich, die sich spontan in unmittelbarer Beziehung (ohne Medium) durch die Sinne und in der Tätigkeit zwischen dem Bewußtsein und den Wesen oder Dingen vollzieht, die innerhalb seines Existenzhorizontes und in der konkreten Gegenwart dieses Horizonts selbst in Fleisch und Blut vorhanden sind.

Eine solche Selbstbestimmung nennt man *ethisch*.

2. Das Ethos

Mit dem Terminus »Ethos« – aus dem wir »Ethik« abgeleitet haben – bezeichneten die Griechen etwas, das sich in ihren Augen durch den Charakter der Sitten signifizierte, durch die Gebräuche und Gewohnheiten einer Gegend. Die Gesamtheit des Betragens impliziert also eine gewisse *Seins*weise, die allen Individuen der Gemeinschaft gemeinsam ist, einen Modus, der ursprünglich nichtreflektiert und spontan übernommen sein mußte; denn wenn er auch dem von draußen kommenden Beobachter bewußt werden konnte, so war er doch offenbar nicht Gegenstand eines klaren Bewußtseins bei denen, die ihn pflegten. Was wir sehen konnten, zeigt uns, daß es sich um eine affektive und rein psychische Selbstbestimmung handelt, die aus einem Bewußtsein stammt, das in seiner Beziehung zur Welt mittels der Sinne und in der Tätigkeit nichtreflektiertes Selbstbewußtsein ist. Wir benutzen deshalb den Terminus »Ethik« nicht im üblichen Sinn einer auf die Moral gerichteten retrospektiven Reflexion oder im Sinn einer Morallehre, sondern wir verstehen darunter das Gesetz der spontanen menschlichen Verhaltensweise, die ihren Ursprung in einer affektiven und nichtreflektierten Selbstbestimmung durch sich vor der umgebenden Welt hat und die ihrerseits das Verhalten des Einzelnen in der Welt bestimmt.

Die Grundbestimmung des Menschen durch sich selbst vor der Welt, vor jeder Bewußtseinswerdung seiner Bedingung durch das Denken, ist eine ethische Bestimmung: Der Mensch ist durch seine Bedingtheit in der Welt ein *ethisches* Wesen. Das bedeutet eine Wiederholung dessen, was wir weiter oben gesagt haben, nämlich, daß er selbst sein Wesen und seine Seinsweise bestimmen muß, daß er sich zu dem machen muß, was er ist.

Ethisches Selbstbewußtsein und *affektives Selbstbewußtsein* sind daher ein und dasselbe: die menschliche Psyche, deren Seinsweise bzw. Existenzweise diese Gegebenheiten bezeichnen. Ehe sie sich im Verhalten des Menschen äußert, signifiziert sich seine ethische Determination in einer affektiven Modalität, die sich in seinem Verhalten inkarniert.

ETHIK UND ÄSTHETIK   Wenn das zutrifft, so wird Musik dadurch »ernste« Musik, daß sie als Ausdruckskunst eine Offenbarung der Normen und Modi der menschlichen Ethik ist. Die Wahl der aufsteigenden oder absteigenden Richtung, die der Quinte oder Quarte als Grundintervall, des Dorischen oder Lydischen bei den Griechen, von Dur oder Moll im Abendland, vom melodischen »Vorsatz« gar nicht erst zu sprechen, sind *ethische* Wahlen. Man sieht hierin, daß jede *ethische* Determination ihr Gegenstück in einer ästhetischen hat; Ethik und Ästhetik entstammen derselben Wurzel – der menschlichen Psyche. Die Ästhetik ist die äußere Manifestation der Ethik; die Seinsweise offenbart sich äußerlich durch eine bestimmte Daseinsweise.

Diese Feststellungen erlauben eine Antwort auf die Frage, die Malraux sich in seinem Buch *Les noyers de l'Altenburg (Die Nußbäume von Altenburg)* stellt: »Hat der Begriff Mensch einen Sinn?« Anders ausgedrückt: »Kann man unter den Glaubensmöglichkeiten, den Mythen und vor allem unter der Vielfalt mentaler Strukturen eine permanente Gegebenheit isolieren, die über Ort und Geschichte hinweg gültig bleibt und auf der sich der Begriff Mensch fundieren läßt?« – Die Antwort lautet: Der Mensch ist ein ethisches Wesen. Wenn Malraux daran nicht gedacht hat, dann sicherlich deshalb, weil er, sein Augenmerk vor allem auf den ästhetischen Aspekt der Dinge richtend, d.h. auf die Mannigfaltigkeit ethischer Modalitäten, nicht gesehen hat, daß die Ästhetik auf der Ethik beruht.

DIE MENSCHLICHE NATUR   Diese Antwort widerlegt auch alle heutigen Philosophen, die wie Sartre und Heidegger behaupten, es gebe keine menschliche *Natur*. Beide sind sie Opfer der Abstraktion, die zum Proprium des Denkens gehört. »Bewußtsein« und »Dasein« sind zwei abstrakte Definitionen des transphänomenalen *Seins* des Menschen für den einen, der »menschlichen Wirklichkeit« für den anderen. Das konkrete Bewußtsein und das »Sein des Daseins« sind entweder eine »Motorik *in potentia*« oder ein »Gefühl *in potentia*« oder ein Denken *in potentia* in der Kontingenz eines Körpers. Diese drei konkreten Bewußtseinsarten sind durch das Wahrnehmungsbewußtsein geformt, das im Vergleich zu ihnen präreflexiv ist und durch das sie auf verschiedene Weise der Welt verbunden sind. Alle drei sind autonom; d.h. sie entstammen in ihrer Aktivität einer Selbstbestimmung durch sich, einer »ethischen« Bestimmung. Man kann also sagen, daß die Natur des Menschen, die ja nur auf der Ebene des Bewußtseins erscheinen kann, darin besteht, ein ethisches Wesen zu sein. Und es bleibt wahr, was diese Philosophen gesagt haben, daß folglich das »Wie« dieses Wesens aus dieser Natur stammt und daß das menschliche Subjekt sein Sein bestimmt (was »das Wesen« dieses Seins angeht und was es letztlich im Existieren »gewesen sein wird«). Indem wir aber dem Menschen eine Natur zuerkennen, retten wir uns sowohl vor Sartres Nihilismus als auch vor Heideggers Esoterik; und indem wir in dieser Natur ein *Ethos* erkennen, d.h. eine Selbstbestimmung durch sich, führen wir nichts in den Menschen ein, was ihm fremd wäre, außer eben seiner ethischen Bedingung, die darin besteht, seine Freiheit auszuüben.

Untersuchen wir jetzt aber die psychische Affektivität als Phänomen.

3. Affektivität und Zeitlichkeit

Die Wissenschaft lehrt uns, daß unsere psychische Affektivität – ob sie nun durch die Erscheinung eines beliebigen Ereignisses in der Welt bedingt wird oder durch unsere Gedanken, die uns heiter oder traurig stimmen – in dem nervlichen Synergiefeld, das unser Organismus darstellt, sich durch Funktionsänderungen äußert, die man als koenästhetische Phänomene bezeichnet hat. (Ein erregendes Geschehnis kann unser Herz klopfen lassen und uns den Atem verschlagen; es beeinflußt die Tätigkeit der inneren Drüsensekretion, den Blutkreislauf usw.) Hier geht es uns nicht darum, diese Phänomene zu erforschen, sondern darum, erkennen zu lernen, daß jede affektive Stellungnahme in der Dauer vor der Welt in Wechselwirkung zu einem bestimmten Zustand unserer koenästhetischen Phänomene steht und daß jede neue Stellungnahme, d.h. jede neue Bestimmung des Bewußtseins als Dingbewußtsein (wenn diese neue Bestimmung oder wenn der Übergang von der ersten zur zweiten affektive Bedeutung erlangt), in Wechselwirkung zu einer Änderung des koenästhetischen Zustands steht. Denn das Bewußtsein ist, wie wir sehen konnten, rein transzendente Existenz der Reflexion (in uns, in der psychischen Dauer) von Beziehungen zwischen einem organischen Zustand und einem anderen. Daraus folgt zunächst, daß das psychische Bewußtsein reine *Zeitlichkeitsexistenz* ist, d.h. daß die Veränderung des koenästhetischen Zustands sich in der Reflexion des Phänomens *in positionellen Spannungen der Zeitlichkeit in der Dauer* äußert. Diese Zeitlichkeitsstruktur bestünde nämlich aus einer Folge von »Gegenwarten«, wenn es sich nicht stets um *positionelle Spannungen in der Dauer eines bestimmten Existenzaktes handelte;* der Übergang von einer Position zur anderen signifiziert sich folglich als der von einer Vergangenheit werdenden Gegenwart zu einer Zukunft durch eine nichtsignifizierte Gegenwart hindurch, und der Übergang, in dem die Bewußtseinsexistenz Gestalt gewinnt, umfaßt auf einem höheren Transzendenzniveau drei aufeinanderfolgende Positionen, die folgenden Aufbau bilden:

Gegenwart   Zukunft
Vergangenheit   Gegenwart   Zukunft
                Vergangenheit   Gegenwart   Zukunft
                                Vergangenheit   Gegenwart Zukunft

Hier verknüpfen sich die Zeitlichkeitsbeziehungen (die Bezüge von Bezügen sind), und hier setzt die Beziehung von einer Vergangenheit zu einer Zukunft durch die Gegenwart hindurch die Grundlage einer Zeitlichkeits*dynamik*, die sich durch Logarithmen signifiziert (denn ihre Strukturen multiplizieren sich, während sich die Dauern addieren). Aber diese positionellen Spannungen hätten kein Zeit-»Maß« (im Sinne einer »gemessenen Dauer«), wenn unsere psychische Zeitlichkeitsexistenz nicht Gestalt annähme auf der nichtsignifizierten, aber vorhandenen Grundlage unserer Atemkadenz oder des Pulsschlages. Insoweit die Atemkadenz im Verlauf eines kontinuierlichen Existenzaktes regelmäßig ist – grundsätzlich ist sie in der Tätigkeit zweizeitig und in Ruhe oder Schlaf dreizeitig –, begründet sie eine Struktur aus gemessenen Dauern, auf deren Grundlage sich unsere psychische Existenz verzeitlicht. Diese respiratorische Zeitlichkeit verleiht durch ihr Tempo den psychischen positionellen Spannungen einen gewissen Dauerwert und gibt zugleich der psychischen Zeitlichkeit eine gewisse motorische Qualität; die in der Kontingenz der Atemenergie zur Existenz gebrachte Dynamik psychischer Zeitlichkeit wird zur Dynamik psychischer Energie und zu *motorischer* Dynamik. Deshalb können wir *bewegt* und zum Handeln angeregt werden durch die psychische Affektivität, durch das wirkende Gefühl.

DIE KADENZ – GRUNDLAGE DER EXISTENZ   Unsere psychische Existenz ist also organisch mit unserer Atmung verbunden; sie gewinnt in der Kontingenz des Atems Gestalt – des *pneuma*, wie die Griechen sagten, die damit die *Seele des Körpers* bezeichneten.

Wir müssen allerdings darauf hinweisen, daß *der Atem nicht kontinuierlich ist, sondern kadenziell;* er besteht aus einer Anspannung und einer Entspannung, die zusammen eine unauflösbare Einheit bilden, *so daß er diese Kadenzstruktur der psychischen Zeitlichkeit aufprägt, wo sie der Struktur Vergangenheit-(Gegenwart)-Zukunft vollkommen adäquat ist* – die nichtsignifizierte Gegenwart bildet das Gelenk der Kadenz. Die »Kadenz« ist entschieden als Grundform aller Lebensenergie in der Bewußtseinsexistenz das Urprinzip, die Grundlage aller Grundlagen. Die Energie äußert sich in uns in *Quanten* wie im Weltall, aber unsere Quanten sind Kadenzen, wie wir bereits gesagt haben. Die Kadenzierung der psychischen Zeitlichkeit hindert das psychische Bewußtsein übrigens nicht daran, mit einem einzigen Atemzug eine ganze Struktur von Kadenzen zu transzendieren, wie es der melodische Atem der großen Meister der Musik tut, wie bei Bach und bei Beethoven in seinen *Adagios*.

Solange die psychische Zeitlichkeit ihr Maß nur aus der Atemkadenz bezieht, bewahrt das Erlebnis einen rein seelischen und, so könnte man sagen, *geistigen* Charakter: Es wird allein in der Kontingenz des Atems zur Existenz gebracht. Insoweit sich aber der motorische Charakter der psychischen Kadenz bemerkbar macht, in welchem Fall auch die kadenziellen Dauern bemerkbar werden, gewinnt das Erlebnis den Charakter eines *im Fleisch erlebten* Gefühls, das in der Kontingenz eines Körpers und unserer motorischen Energie zur Existenz gebracht wird. Als gemeinsamer Ansatzpunkt unserer psychischen Existenz und der Herzbewegung (als Grundlage der motorischen Zeitlichkeit) verknüpft die Atemkadenz gewissermaßen unsere psychische Existenz mit unserer motorischen Existenz: Sie ist die *Verankerung* unserer psychischen Existenz in unserer körperlichen Existenz. Es kommt daher, was die psychische Zeitlichkeit angeht, auf dasselbe hinaus, ob der motorische Anstoß *mit dem Körper* zur Existenz gebracht oder bloß psychisch erlebt wird; deshalb kann die Musik einen Schwung, eine Gebärde oder einen Tanz signifizieren, ohne daß dieser Tanz getanzt oder die Bewegung mit dem Körper vollzogen wird. Deshalb kann uns auch das Herz Handlungsanwandlungen eingeben, ohne daß wir zur Handlung schreiten. Daraus folgt, daß das rein seelische Gefühl, das »geistige« Gefühl, in sich keinen *motorischen* Charakter besitzt; es verzeitlicht sich ganz einfach auf der Grundlage der Atemkadenz, es ist im Wesen ein *kontemplatives* Gefühl. Es wird nur insoweit motorisch, als es sich inkarniert, als es sich im *Fleisch* durch eine »motorische« Kadenz verankert. Deshalb ist der »Trieb zur Einheit«, der seine Norm ausmacht und den Christus *Liebe* nannte, nur inkarniert wirksam, wenn er Caritas geworden ist, und diese Nächstenliebe taugt nur, wenn sie sich im Handeln ausdrückt. Die ethische Norm, die daher die Verfügbarkeit und Spontaneität des Gefühls erfordert (selbst wenn es inkarniert und latent im Herzen ist), d. h. der Überfluß des Herzens, ist die Freiheit des Gefühls, das Absehen von »sich«, d. h. das Sich-selbst-Vergessen und die Großzügigkeit, letztlich das Sichgeben in der affektiven Beziehung zu lebendigen Wesen und Dingen.

DIE VIER MODALITÄTEN DES BEWUSSTSEINS   Es bleibt uns noch, zu sehen, was diese positionellen Zeitlichkeitsspannungen in der psychischen Existenz qualifiziert; denn sie sind es, die strenggenommen die eigentliche Substanz des Gefühls ausmachen. Es ist ein einfaches, aber heikles Problem, zu dessen Lösung wir genötigt sind, oft verwendete Begriffe zu klären, deren Definition allerdings ein wenig mehrdeutig geblieben ist.

Es kommt darauf an, festzustellen, ob die Bestimmung einer Erscheinung in der Welt durch das affektive Selbstbewußtsein der erschienenen Sache entstammt oder dem Bewußtsein selbst, d. h. wir müssen den eigentlichen Sinn der Bestimmungen *durch sich* und *für sich* klären, die sich dauernd in der reinen Reflexion überschneiden.

Wenn die affektive Bestimmung der *sinnlich wahrnehmbaren Gegebenheit* dem erschienenen Ding entstammt, d.h. dem Wahrgenommenen, wie es das reflexive Bewußtsein von selbst qualifiziert, so ist die Beziehung zwischen dem Bewußtsein und seinem Objekt, wie wir es nennen, *extravertiert* – sie geht von innen nach außen. Die affektive Bestimmung des erschienenen Dinges ist zudem nach unserem Sprachgebrauch *aktiv*, weil dem Gegenstand eine affektive Qualifikation *durch sich zuerteilt* wird.

Entstammt die affektive Determination dagegen dem Bewußtsein, d.h. ist sie gänzlich subjektiv, so ist sie eine Bestimmung, die das Bewußtsein sich *für sich* von seinem Gegenstand gibt; die Beziehung zwischen Bewußtsein und seinem Objekt ist *introvertiert* – sie geht von außen nach innen. Die affektive Bestimmung des erschienenen Dinges ist zudem *passiv*, weil das Selbstbewußtsein, indem es seiner sinnlich wahrnehmbaren Gegebenheit den affektiven Sinn gibt, den es für es hat, auf seinen Gegenstand bloß die affektive Determination projiziert, die es bei dessen Erscheinung *erlitten* hat.

Was also die affektive Beziehung des Bewußtseins zu seinem Objekt angeht, so ist die existenzielle Richtung des *aktiven* Bewußtseins die *Extraversion*, die des *passiven* Bewußtseins die *Introversion*.

Diese beiden Qualifikationen sind jedoch nicht immer miteinander verbunden, wie wir sehen konnten. Wenn in der extravertierten Richtung die erschienene Sache neu ist, so erfordert sie eine aktive Bestimmung; ist sie aber bereits bekannt und braucht sie nur wiedererkannt zu werden, so veranlaßt sie lediglich eine *passive* Bestimmung, diejenige, die bereits weiter oben in bezug auf eine aktive Determination gegeben worden ist. Wenn in introvertierter Richtung die erschienene Sache neu ist, so erfordert sie rundheraus, auch in der passiven Richtung der Objektbeziehung, eine *aktive Selbst*bestimmung (nicht eine *Objekt*bestimmung!) von seiten des Bewußtseins; wenn die sinnlich wahrnehmbare Gegebenheit des Gegenstandes bloß *erlitten* ist – sie kann bereits erlitten oder aktiv qualifiziert worden sein –, so ist die affektive Selbstbestimmung *passiv*.

Wie man sieht, berührt die *Differenzierung* dieser bipolaren Qualifikationen nur die Selbstbestimmungen des affektiven Bewußtseins durch sich in seiner *Beziehung zum Objekt*. Dadurch sind diese differenzierten Qualifikationen dasjenige, wodurch sich die affektiven Bewußtseinsspannungen signifizieren. Denn im Vergleich zu einer gegebenen zeitlichen Position ist die folgende korrelativ zu einer neuen Erscheinung in der Welt oder zu einem neuen Dingaspekt. Und die Beziehung zwischen der augenblicklichen Bewußtseinsposition und seiner folgenden Position qualifiziert sich durch seine affektive Beziehung zur neuen Erscheinung oder zum neuen Aspekt der Dinge, und zwar als:

aktiv extravertiert

aktiv introvertiert

passiv extravertiert

passiv introvertiert

und als eine mehr oder weniger hohe oder verschiedenartig qualifizierte Spannung in jeder dieser Kategorien. Es folgt daraus, daß das affektive Selbstbewußtsein – das, wie wir nicht vergessen dürfen, sich verzeitlichendes Dauerbewußtsein ist, welches in der Dauer im Verlauf eines Existenzaktes seine ganze Zeitlichkeitsstruktur transzendiert – von einer gegebenen Position aus Beziehungen zwischen seiner Zukunft und seiner Vergangenheit herstellt. Seine Zukunft kündet sich von der *Extraversion* her – sie ist zu entdecken oder wiederzuerkennen. Seine Vergangenheit kündet sich von der *Introversion* her – sie ist bereits erworben, bereits erlitten, wenn auch das Bewußtsein den vergangenen Determinationen einen neuen (aktiven) Sinn verleihen kann: z.B. wenn man sagt, ein erlittenes Übel sei, im ganzen genommen, doch eine Wohltat gewesen. In seiner Existenzposition hat dieses Bewußtsein also in seinem unmittelbaren Horizont zwei *Zukunften* und zwei *Vergangenheiten:* eine *aktive* Zukunft, die zu entdecken, und zwar in der Welt zu entdecken ist; eine *passive* Zukunft, die bloß wiedererschienene, wiedererkannte Vergangenheit ist; eine *aktive* Vergangenheit, die eine vergangene, im Lichte der Gegenwart neubewertete Vergangenheit ist; und eine *passive* Vergangenheit, die das Selbstbewußtsein mit sich in die Zukunft trägt (sein »Passiv«, in einem Wort, und vom affektiven Standpunkt gesehen: sein *Pathos*).

Wir haben also tatsächlich zwei *Kategorien* bipolarer Qualifikationen, die sich überschneiden und parallel verlaufen: Die erste (aktiv-passiv) ist *ontologischer* Art, in dem Sinn, daß sie die eigentlichen Selbstbestimmungen vor der Welt und in ihrer zeitlichen Historialisierung berührt; die zweite Kategorie (Extraversion-Introversion) ist *existenzieller* Art, denn sie gehört zur Existenzbedingung des Selbstbewußtseins, das einerseits sich in der Welt zu determinieren hat und andererseits nur durch die Verzeitlichung zum Sein kommt.

Diese Kategorien treffen wir in allen Modalitäten des Bewußtseins und seinen Aktivitäten wieder. Alle Bewußtseinsdeterminationen haben einen ontologischen Aspekt und einen existenziellen; und in allen Bewußtseinsdeterminationen, ob sie ontologischer oder existenzieller Ordnung sind (und beide sind nur verschiedene Aspekte ein und derselben Sache), finden wir die beiden bipolaren Kategorien, die wir definiert haben und die so die wesentlichen Kategorien unserer ethischen und affektiven Determinationen werden. Wenn sie sich auch in unserer Zeitlichkeitsexistenz differenzieren und vermischen, so verbinden sie sich doch in unserer Grundeinstellung vor der transzendenten Welt.

Das *aktive* Bewußtsein steht in *aktiver* Beziehung zur transzendenten Welt und folglich in *extravertierter* Beziehung zur Transzendenz: Es bestimmt von sich aus das *Transzendente*.

Das *passive* Bewußtsein steht in passiver Beziehung zur transzendenten Welt und folglich in *introvertierter* Beziehung zum Transzendenten: Es bestimmt sich *ausgehend* von einer erschienenen oder offenbarten transzendenten Gegebenheit, deren Erscheinung es *erleidet*.

Somit signifiziert sich das *aktive* Bewußtsein *in der Introversion* von sich aus das Transzendente; das Transzendente, auf das es sich in seiner Rückwendung auf sich selbst bezieht, ist ein Transzendentes, das es sich durch sich gegeben hat.

Das passive Bewußtsein bleibt *in der Extraversion* in passiver Beziehung zum Transzendenten, d.h. es bestimmt sich wegen seiner grundlegend passiven Disposition (sogar in seiner relationellen und extravertierten Aktivität) ausgehend von einer transzendenten Gegebenheit, die es *in der Welt* gefunden hat – Gesetz, Macht, Haben, Geld, Autorität oder Gott.

Das Bewußtsein ist als Seinsweise des Menschen stets autonom und folglich frei in seinen Selbstbestimmungen durch sich; in seiner Autonomie und Freiheit jedoch kann es passiv und somit einer transzendenten Gegebenheit unterworfen sein; oder aber es kann aktiv sein, d.h. selbst Subjekt und durch sich selbst, innen und außen, das Gesetz oder die transzendente Gegebenheit, auf die es sich bezieht, bestimmend.

4. Das Gefühl

Wir sehen jetzt, warum eine zeitliche Aufeinanderfolge melodischer Intervalle für den sie hervorbringenden wie auch für den hörend gegenwärtigen Menschen deren seelische Aktivität signifizieren kann: *Sie konkretisiert in der sinnlich wahrnehmbaren Welt die essentiellen Strukturen* der seelischen Aktivität. Die *conditio sine qua non* des Phänomens war die, daß diese Intervallstruktur zugleich eine kadenzielle Struktur in der Zeit ist, welche dem Ablauf der Zeit in der Dauer eine gewisse Maßeinheit und den positionellen *Zeitlichkeitsspannungen* (d.h. dem jeweiligen Übergang von einer erworbenen Position zur zukünftigen) ein gewisses Dauermaß verleiht. Diese *conditio sine qua non* impliziert also die *Verinnerlichung der musikalischen Zeit*, deren Kadenz sich das Hörbewußtsein als Selbstbewußtsein anpaßt. Dadurch ist das Hörereignis in uns *verankert*. Es schlägt Wurzeln in unserer reflexiven psychologischen Aktivität, und der Klangraum ist zur Projektion unseres psychischen Raums nach außen geworden. Dieser reflektierte psychische Raum bliebe jedoch leer, gäben ihm nicht die Positionsspannungen der Zeitlichkeit, die von jetzt an die verinnerlichten tonalen Positionsspannungen signifizieren, einen *Inhalt*. Dann, und nur dann, gewinnt das Hörereignis die Bedeutung eines seelischen Ereignisses, das Hörbild verwandelt sich in ein melodisches Bild und das Hörbewußtsein in Musikbewußtsein.

DIE KOENÄSTHESIE Hier wird uns der Wesensunterschied zwischen dem Gefühlsereignis, das uns das musikalische Erlebnis erkennen läßt, und jenen Gefühlsereignissen deutlich, die wir vor der wirklichen Welt erfahren: *das Hör-*

bild (im musikalischen Erlebnis) *bewirkt in uns kein koenästhetisches Phäno-men*, abgesehen von einem, das wir weiter unten untersuchen werden und jetzt schon als *körperliche Euphorie* bezeichnen können. (Das reflektierte »Wahrgenommene« sorgt dafür und steht an dessen Stelle, denn das Musik-bewußtsein hat aus der melodischen Struktur seinen Existenzweg in der Zeit gemacht und aus jedem Intervall eine positionelle Spannung zwischen einer erworbenen und einer zukünftigen Position.) Aus diesem Fehlen koenästheti-scher Phänomene darf man aber nicht wie ein Großteil der Philosophen und Ästhetiker schließen, daß die melodischen Bilder gefühls*leer* seien, Bilder, auf die hin nach Sartre das Bewußtsein sich transzendiert, aber ins *Leere* hinein transzendiert und denen die konkrete Kontingenz des Gefühls mangelt. Denn die positionellen Spannungen des melodischen Bewußtseins sind wirklich in uns erlebt, sobald die musikalische Zeit verinnerlicht ist. Sobald nämlich die musikalische Zeit verinnerlicht ist, sind die positionellen Tonspannungen *ipso facto* verinnerlicht, verwandeln sich in Positionsspannungen unserer eigenen Zeitlichkeit und können nun die Bedeutung aktiver oder passiver, extravertier-ter oder introvertierter affektiver Spannungen annehmen, die tatsächlich in unserer innerlichen Zeitlichkeit erlebt worden sind.

DAS BEISPIEL HANSLICK   Das hat Hanslick nicht gesehen, was bei ihm weni-ger entschuldbar ist als bei Sartre, der in der oben angeführten Behauptung die Künste im allgemeinen im Auge hat, wodurch ihm die Besonderheit des musikalischen Phänomens entging. Nachdem er ein für allemal die Tonstruk-turen als leere Formen aufgestellt hatte, die allein von rein ästhetischen Ge-setzen gelenkt werden, gab es für Hanslick nur mehr den Rhythmus, der aus einem musikalischen Ereignis ein Gefühlsereignis machen konnte. Der Rhyth-mus bestimmt aber lediglich den *Modus*, in dem sich das Gefühl äußert: unge-stüm oder ruhig, gleichmäßig oder ungleichmäßig im Ablauf, kontinuierlich oder diskontinuierlich usw. – und dieses Gefühl bleibt ohne Inhalt, weil ohne Objekt und Subjekt. Der Rhythmus schafft übrigens bloß eine reine Bewegung und Bewegungsveränderung. Was aber ist es, das sich in dieser Bewegung bewegt?

Hanslicks Grundirrtum hat sich bis auf den heutigen Tag fortgeschleppt, da sein Name als Aushängeschild für schlimmere ästhetische Verirrungen dient. Bereits er aber verwechselte Töne und Tonpositionen und übersah, daß im musikalischen Erlebnis erlebte Tonpositionen Positionen des Hörbewußt-seins als Selbstbewußtsein sind.

MELODIE UND GEFÜHL   Daß die raum-zeitliche Struktur der Melodie sehr genau die Struktur unserer seelischen Gefühlsexistenz schematisiert, d. h. deren wesentliche Strukturen signifiziert, beweist ein Beispiel zur Genüge.

An einem freien Tag stehe ich vor einer sonnigen Landschaft, die mir einen schönen Tag verspricht, mein Herz hüpft vor Freude. Da spüre ich mit einem Schlag das Fehlen eines geliebten Menschen an meiner Seite, mit dem ich sonst alle meine Freuden zu teilen pflegte. Meine Freude verlischt und mit ihr mein Lebensschwung. Ich gehe nicht mit der gleichen Zeitlichkeitsenergie an meine Zukunft. Indem ich mir dieses Fehlen oder vielmehr diese »fehlende Gegenwart«, diesen »Mangel« in der Welt signifiziere, hat die Zukunft, die mir die Welt verkündet, ihr Aussehen verändert, und mein Schwung auf die Zukunft zu ist von einem *Allegro* zu einem *Andante mesto* geworden.

Wir können also sagen, daß unsere seelische Affektivität es ist, wodurch sich in uns die Weise signifiziert, auf die sich in der Zeit unsere Existenzspannung auf die Zukunft vor dem affektiven Aspekt der Dinge verzeitlicht. Diese Formel impliziert jedoch eine gewisse affektive Qualifikation jeder existenziellen Spannung in der Zeitlichkeit. Diese affektive Qualifikation hat stets eine *äußere* Motivierung – das immanente Vorhandensein eines wahrgenommenen Dinges – und eine *innere* Motivierung – hier die durch den Anblick der Welt wachgerufene Erinnerung. Und in unserem Beispiel hat diese »innere«, introvertierte und passive, weil erlittene Motivierung den Sieg davongetragen über die äußere extravertierte und aktive Bestimmung, die der antizipierte Ausblick auf einen schönen Tag gerade ausgelöst hatte. Wenn es also, wie wir sehen, stimmt, daß unsere seelische Existenz sich durch eine bestimmte Struktur existenzieller Zeitlichkeit signifiziert, die in der Zeit Gestalt gewinnt (denn mein wirkendes Gefühl verzeitlicht sich in der Zeit, und wie auch mein seelischer Zustand anfänglich beschaffen sein mag – er wird im Lauf eines Tages oder eines Spazierganges aus einer kontinuierlichen Struktur von Positionsspannungen von einem affektiven Zustand zu einem anderen bestehen), dann ist diese Struktur bloß der Rahmen, der Faden, die reine Existenzstruktur, in die sich die verschiedenen affektiven Spannungen eintragen, welche die ganze Substanz unserer Gefühlsexistenz ausmachen. Hier also, in den *Beziehungen zwischen aufeinanderfolgenden Tonpositionen*, muß man suchen, was für das Musikbewußtsein den in Rhythmus und Tempo innerhalb eines musikalischen Erlebnisses zur Existenz gebrachten Tonstrukturen einen Sinn verleiht.

GEFÜHL UND TONSTRUKTUR   Was nun das musikalische Ereignis charakterisiert, ist, daß der affektive Sinn des »Wahrgenommenen«, streng betrachtet, bloß eine *innere Motivierung* hat; denn selbst der Logarithmus des Halbtons erklärt nicht die besondere Eigenschaft des Übergangs vom Leitton zur Tonika, so daß es sich hier nur um eine affektive Signifikation handeln kann, die das Musikbewußtsein auf das Intervall *projiziert*. Es wirkt daher so, als ob vor den musikalischen Tönen das im Herzen des Menschen *latente Gefühl* wirksam wird, um sich selbst durch Intervallbilder zu *signifizieren*. Es kann tatsächlich nur eine *spekulative* Existenz in einer imaginären Welt erkennen, da ja das Objekt des Gefühls gänzlich frei ist. Und wenn es zufällig Freude oder Traurigkeit darin signifiziert, so ist diese Freude oder diese Traurigkeit (die nicht durch das Objekt motiviert sein können) eine Freude oder eine Traurigkeit, die in einer bestimmten Tonbewegung lediglich das Mittel, sich zu signifizieren, gefunden haben. Diese Freude oder Traurigkeit hat in unserem Körper aber nicht dieselbe Motivierung und dieselbe Resonanz wie diejenige, die wir in der wirklichen Welt kennenlernen können, und doch ist ihre seelische Bedeutung um nichts weniger echt erlebt: Es läuft also auf die Feststellung hinaus, daß sie, als »Gefühl«, *seelisch* erlebt sind.

DIE ERSCHEINUNG DES MUSIKALISCHEN BILDES   Wenn der Sinn der Musik aus den Signifikationen hervorgeht, die das Musikbewußtsein den Intervallen und Intervallstrukturen verleiht, so sind die musikalischen Töne nur da, um diese Signifikationen sinnlich wahrnehmbar zu machen. Sie müssen auf solche Weise bedingt sein, daß sie die Signifikationen deutlich werden lassen, die die Tonstrukturen für das Musikbewußtsein haben. Ist diese Bedingung erfüllt, dann ist die Rolle der Töne erfüllt, was die Sprache der Musik angeht, ebenso wie die Rolle der gesprochenen Laute vorbei ist, sobald die Wörter und Sätze artikuliert sind, so daß der Sinn der Sprache deutlich geworden ist.

Aber das »Gefühl« als solches trägt in seiner ontologischen Struktur das »Objekt«, dessen Gefühl es ist – da jedes Bewußtsein ja Dingbewußtsein ist –, und das in der Musik wirkende Gefühl kann so weit gehen, daß es diese gesamte Selbststruktur signifizieren will, d.h. daß es sich als *Gefühl von etwas* (von der Flüssigkeit des Wassers, den perlmuttfarbenen Tiefen des Meeres, dem Sturm, einer Gebärde oder eines Tanzes) signifizieren will. Dann wird die Musik *Bild*, und der Ton beansprucht seine Rechte wieder; denn er muß dieses Bild sinnlich wahrnehmbar machen. Die Zeitlichkeitsstruktur nimmt sodann eine andere Signifikation an als die, die wir bisher haben sehen können. Der Rhythmus ist dann nicht mehr nur die jeder sich verzeitlichenden Existenz eigene Zeitlichkeitsstruktur, sondern gewinnt eine Bedeutung *an sich*, als *rhythmisches Bild*. Und zur sinnlich wahrnehmbaren Qualifikation des musikalischen Bildes treten dann die von »Intensität« (die bereits in der Sprache eine Rolle spielt) und »Farbe« bedingten sinnlich wahrnehmbaren Qualitäten hinzu. Die sinnlich wahrnehmbaren Qualitäten, die die Tonfarbe, wie wir sehen konnten, dem musikalischen Bild verleiht, sind ungefähr alles, was man sich vorstellen kann, mit Ausnahme auditiver Qualitäten, da ja das Hörbare sie trägt. Das Musikbewußtsein, das also durch die Töne auf ein Bild abzielt, das die Tonstruktur transzendiert, wird darin keine auditiven Qualitäten suchen, die sich von selbst verstehen, sondern es wird den sinnlich wahrnehmbaren Qualitäten des Tones – gebunden, abgerissen, hart, undurchsichtig, durchdringend, nebelhaft, hell und so weiter – einen Sinn geben. Ferner sind die Positionsspannungen Zeitlichkeitsspannungen zwischen einem bestimmten psychischen Zustand und einem anderen, und die Positionalität des Musikbewußtseins ist nur dann diejenige eines »Positionszustandes«, wenn sie eine *harmonische* ist, die, wie wir sehen konnten, von vornherein extravertiert oder introvertiert, stabil oder labil ist.

Durch die Verwendung seiner verschiedenen Strukturmöglichkeiten und von Hilfsquellen, die aus den sinnlich wahrnehmbaren Qualitäten der musikalischen Klangfarben stammen, kann daher das Musikbewußtsein unter allen seinen Aspekten, Modalitäten und in seiner Vollständigkeit die im Herzen des Menschen latente Gefühlsaktivität signifizieren. Seine Geschichte im Abendland ist, wenn man so sagen darf, nichts anderes als die fortschreitende Eroberung einer stets realistischeren Signifikation – wenn sie auch schematisch oder geistig bleibt – und letztlich eine Wesenssignifikation des menschlichen Gefühls.

5. Reine Reflexion und Sekundärreflexion

Wir haben sehen können, daß das musikalische Erlebnis ein Akt reiner Reflexion ist (beim Musizierenden wie beim Hörer). Ich bin jedesmal in der reinen Reflexion, wenn ich durch das Tun mit der Welt verknüpft bin, denn meine Existenz verzeitlicht sich zugleich mit ihrem Abdruck in der Welt. Und der Sinn, den ich diesem Abdruck in der Welt gebe, ist genau derselbe, den mein sinnlich erlebtes Tun besitzt.

Aus reiner Reflexion, allerdings diesmal mentaler Reflexion, mußte die Sprache entstehen, durch eine zum einbildenden musikalischen Akt gänzlich analoge Einbildungskraft. Setzen wir den Fall, ich sei bei meiner Geburt auf einer einsamen Insel ausgesetzt worden und hätte das überlebt. Aufgewachsen, ohne eine Muttersprache kennenzulernen, würde ich, um das Gesehene, die begehrte Frucht und den vorbeifliegenden Vogel, zu signifizieren, mit der Stimme Phoneme hervorbringen, in die ich die Signifikation lege, die ich dem reflektierten und objektivierten Wahrgenommenen gebe. Ich fände ein jeweils anderes Phonem für jedes wahrgenommene Objekt, ebenso wie das primitive musikalische Bewußtsein umgekehrt den verschiedenen Tonstrukturen, die es z.B. durch die Stimme entdeckt, eine besondere psychische Bedeutung geben mußte.

Und mehr noch: Da meine ideative mentale Aktivität ebenso wie meine psychische Aktivität eine relationelle ist, die sich in der Dauer verzeitlicht, so muß die Rede zugleich mit den Worten Gestalt gewinnen: Die Worte müssen sich in der entstehenden Rede bilden, wie sich die Intervalle innerhalb der mehr oder minder rhythmisierten melodischen Strukturen gebildet haben. Die Sprache muß also ursprünglich aus einer mentalen reflexiven Aktivität entstanden sein, die reine Reflexion der Wahrnehmungstätigkeit und zugleich der seelischen Aktivität war, welch letztere einerseits von dieser Wahrnehmungstätigkeit und andererseits von der inneren und äußeren Körpertätigkeit motiviert worden ist. Sie muß durch den Einbildungsakt einer mentalen Tätigkeit entstanden sein, die sich durch sich ihr eigenes, durch das gesprochene Wort reflektiertes Bild signifizierte.

Aber alle diese Aktivitäten der reinen Reflexion sind das, was bei den Tieren die Bewußtseinstätigkeit ausmacht, mit Ausnahme dessen, daß sie sich bei den Tieren nur durch das körperliche Verhalten äußert, die Gebärde, den Schrei, den Gesang bei den Vögeln; das Tier hat keine andere Sprache, was nicht bedeutet, daß es keine mentale Aktivität besitzt.

Halten wir übrigens noch fest, daß sich dadurch, daß im musikalischen Akt die mentale reflexive Aktivität dennoch eine Rolle spielt (nämlich als reine Reflexion des Wahrgenommenen), der Ausdruck melodische *Idee* und musikalischer *Gedanke* rechtfertigt. Wenn sich der Musiker eine Melodie einbildet, so bringt er mental keine *Noten* hervor, sondern er stellt sich mental ein melodisches oder harmonisches Bild vor, und weil es sich um eine mentale Vorstellung handelt, spricht er mit vollem *Recht* von einer *Idee*.

DIE SEKUNDÄRREFLEXION   Hätte der Mensch das Stadium der reinen Reflexion nie überwunden, so hätte seine Existenz aus einer Abfolge in sich geschlossener Akte bestanden, die durch Schlafpausen voneinander getrennt gewesen wären (was die Möglichkeit eines Gedächtnisses nicht ausschließt, wohl aber die einer von der Geburt bis zum Tod einheitlichen Existenz). Er wäre stets nichtreflektiertes Selbstbewußtsein geblieben (wie es ein Tier ist).

Hier tritt die Sekundärreflexion ein, die in der Entwicklung des Lebens den Übergang vom Tier zum Menschen bezeichnet. Diese Sekundärreflexion ist eine neue mentale reflexive Tätigkeit, die sich durch Denken und Sprache signifiziert – was eine durch spontane mentale Aktivität bereits konstituierte Sprache voraussetzt – und die die Aktivitäten der reinen Reflexion reflektiert, welche also in der Dauer die bloße Wahrnehmungstätigkeit transzendiert und die motorische Aktivität wie auch das in der Welt wirkende Denken und die eigentliche psychische Aktivität. Sie erfaßt, überfliegt und gibt sich Rechenschaft über alles; sie ist ein Denken, das bereits Gedachtes durchdenkt und das sich sogar selbst denken kann; denn die reflexive Tätigkeit ist in ihrem Sinn unendlich und hat niemals aufgehört, über *etwas* nachzudenken.

Daraus folgt, daß diese Sekundärreflexion der Zeitlichkeitsexistenz entgeht, die das Proprium der reinen Reflexion ist, und wenn sie sich auch durch das Denken verzeitlicht, so situiert sie sich doch von vornherein *in der Dauer:* Als *reflexives* Bewußtsein und folglich *Selbst*bewußtsein (letztlich *thetisches* Selbstbewußtsein) ist sie, wie Sartre sagt, nichtthetisches Bewußtsein des Ablaufs und thetisches Bewußtsein der Dauer. Deshalb wird die Bewußtseinstätigkeit, die bisher die eines sich verzeitlichenden *Selbst* ist – eines Wesens in der dritten Person, in ständigem Bezug zu dieser in seiner existenziellen Verzeitlichung –, zur Bewußtseinstätigkeit eines Wesens in der ersten Person, eines

Ichs (des *cogito*). In der Sekundärreflexion reflektiert die Bewußtseinstätigkeit einerseits ihre spontane mentale (ideative) Aktivität und andererseits ihre seelische Aktivität, die dadurch objektiviert wird. So macht sie aus dem psychischen Selbstbewußtsein in der Reflexion ein *reflektiertes ego*.

In der reinen Reflexion war das Reflexive dem Reflektierten vollkommen adäquat; diese Adäquatheit wird gebrochen beim Übergang zur Sekundärreflexion: Das Denken *objektiviert* tatsächlich *alles*, unbelebte wie belebte Dinge; es *verdinglicht* seine Objekte: Als Dauerbewußtsein kennt es nur mentale Dauern und psychische Dauern, so daß es von der psychischen Aktivität (die eine sich verzeitlichende Dauerexistenz ist) nur psychische Fakten und psychische Dauern reflektiert.

Ich schreibe diese Anmerkung. Obwohl ich bei dem gerade entstehenden Satz bin, werde ich durch meinen Vorsatz zum Ende der Anmerkung getragen, der sich von fern abzeichnet. Indem ich aber mein Exposé entfalte, bleibe ich dem schon Geschriebenen gegenwärtig, um die Folgerungen daraus zu ziehen, um es nicht zu wiederholen oder um es besser zu erhellen. Mit anderen Worten: Ich bin in der *reinen* Reflexion und verzeitliche mich zugleich mit meinem Geschriebenen – dennoch transzendiere ich in der Dauer meine Zeitlichkeitsexistenz. Plötzlich ruft mir jemand zu: »Was tust du?« – Ich unterbreche und antworte: »Ich schreibe«, und damit trete ich aus der reinen Reflexion und gehe für einen kurzen Augenblick in die Sekundärreflexion, von wo aus ich mein Tun und meine Dauer *überfliege*.

Dieses Überfliegen ist jedoch nicht die Transzendenz, die ich im Schreiben kennenlerne. Es ist die Überschau über den Sinn meiner Tätigkeit in der reinen Reflexion, und dieser Standpunkt läßt mich sogleich auch den Kontakt verlieren mit dem, was ich eben zu tun im Begriffe war. Während ich in der reinen Reflexion war, stand mein Denken in bezug zu sich selbst in der Zeitlichkeit, und in jeder Stasis der Dauer, wie Husserl sagt, in der Retention zur Vergangenheit und Protention zur Zukunft. Man hat also unrecht, wenn man glaubt, das Gedächtnis spiele beim musikalischen Erleben eine Rolle. Das Gedächtnis wird nur dann wirksam, wenn eine Beziehung zwischen zwei verschiedenen Stücken hergestellt werden soll, aber nicht innerhalb eines Stückes. Während das Musikbewußtsein als Hörbewußtsein sich zur gleichen Zeit wie das Wahrgenommene verzeitlicht, ist es als unreflektiertes Selbstbewußtsein der Dauer und transzendiert seine Zeitlichkeitsexistenz, die in der Dauer seinem ganzen Verlauf gegenwärtig ist. Seine Retention der Vergangenheit zeigt sich darin, daß es ein bereits gehörtes Motiv wiedererkennt, auch wenn es verändert oder in eine andere Tonperspektive versetzt worden ist, und darin, daß es für diese Veränderung und Perspektivversetzung empfänglich ist. Nicht weil das Motiv im Gedächtnis war, sondern weil es gegenwärtig ist, im Schatten einer stets gegenwärtigen Vergangenheit, eingeprägt in den Verlauf eines einheitlichen Existenzaktes; so bleibt es auch seiner Ausgangsposition durch die harmonische Bewegung verbunden, die unter dem melodischen Verlauf liegt und die aus ihm den Gegenstand einer *kontinuierlichen* affektiven Spannung macht. Zugleich ist es auf eine unbekannte Zukunft gerichtet, von der es erwartet, daß sie den Sinn eines Endes oder Abschlusses annehme. Wenn das eintrifft, dann schließt sich der Kreis der Zeitlichkeit: Rückblickend erscheint das Erlebte als ein Ganzes. Beim Schlußakkord genügt ein Blick zurück, um den Anfang zu fassen. Träfe das nicht zu, so erführen wir nie das Erlebnis einer musikalischen »Form«, eines in sich geschlossenen musikalischen Aktes mit einheitlichem Sinn.

Während des Zuhörens können uns kurze Unterbrechungen der Aufmerksamkeit in die Sekundärreflexion führen, aus der das Denken eine retrospektive Reflexion über das Gehörte anstellen kann; aber dann ist der Faden unterbrochen. Er ist nicht unbedingt unterbrochen, denn eine reflexive Verdopplung ist nicht unmöglich (das ist oft die Einstellung des Kritikers), aber das Musikbewußtsein folgt dem Faden der Musik nur halb gegenwärtig und ohne etwas zurückzubehalten, weil die Aufmerksamkeit vom Denken beansprucht wird. Es ist auf jeden Fall unmöglich, bei der Musik zu sein und gleichzeitig die mentale Reflexion auf das Erlebte zu richten: Das einzige vollkommene musikalische Erlebnis ist eine gänzliche seelische Verinnerlichung des Ereignisses, und die Sekundärreflexion in uns steht dieser Innerlichkeit äußerlich gegenüber.

ÄUSSERLICHKEIT DES REFLEXIVEN UND DES PSYCHISCHEN   Wichtig ist, festzustellen, daß im Vergleich zur eigentlich psychischen Aktivität die Tätigkeit des reflexiven Denkens eine äußerliche ist; von dorther erklärt sich die Spaltung in der Bewußtseinsexistenz zwischen Herz und Kopf. Das Gefühl ist ebensooft auch motiviert durch ein »Denken« wie durch das Vorhandensein eines Dinges in der Welt, und da das Denken nur eine mittelbare Weise ist, dem Herzen »etwas« gegenwärtig zu machen, so treten dieselben Kategorien affektiver Bestimmung – aktiv, passiv, extravertiert, introvertiert – beim Auftauchen eines Gedankens auf wie bei der reflektierten Erscheinung eines Wahrgenommenen. Mit anderen Worten: Das Denken ist, in Beziehung zum Herzen, etwas »Äußerliches« wie die Welt auch. Und das Herz ist in der Selbstbestimmung durch sich vor den Gedanken ebenso frei wie vor der Welt. Daher Kants Ausspruch: »Was euch das Innere stört, dürft ihr nicht leiden.«

Da die Mehrzahl der menschlichen, religiösen, ideologischen, also politischen Konflikte mehr aus diesem einfachen Satz zu erklären sind als aus ökonomischen Problemen, müssen wir hier etwas verweilen. Solange die Bewußtseinsstrukturen nicht deutlich erkannt waren, blieben Ausdrücke wie Kopf, Herz, das Innere, Wille, Freiheit unbestimmt. Was ist denn »freier Wille«? Ist es der des Herzens oder der des Denkens? Und um den Begriff der »Freiheit« herrscht heute ein wildes Durcheinander.

DIE FREIHEIT   Nach dem Vorhergesagten ist die einzige Freiheit, die wir dem Menschen zuerkannt haben, seine Selbstbestimmung durch sich vor der umgebenden Welt. Diese Freiheit ist sogar anfänglich eine Notwendigkeit, und die »Notwendigkeit« bleibt stets die Rechtfertigung der Freiheit: Der Mensch muß sich von sich aus bestimmen bei Strafe, nichts zu sein, d.h. dahinzuvegetieren und zu sterben. Seine Freiheit zur Selbstbestimmung durch sich ist daher ein *kategorischer Imperativ;* und in diesem Licht ist sie das ontologische *Gesetz* des Menschen. Es folgt daraus, daß sie, selbst Gesetz, sich durch ein Gesetz signifiziert. Und es wäre ein Widerspruch, zu behaupten, die Gesetzlosigkeit sei eine Weise der Gesetzlichkeit – in diesem Punkte wird uns die Musik die Augen öffnen. Diese Freiheit aber offenbart sich in den zwei Grundsituationen des Bewußtseins – der *reinen* Reflexion und der *Sekundärreflexion*, und hier müssen wir die Bedingtheit beider untersuchen.

DIE FREIHEIT IN DER REINEN REFLEXION   Die reine Reflexion ist die eigentliche Situation des psychischen Bewußtseins und andererseits die einzige reflexive Situation, die das Bewußtsein wirklich vor die Welt stellt und in unmittelbare Beziehung zur Welt; die einzige also, welche die Bedingtheit der Freiheit ins Licht stellt. Auch haben wir im psychischen Bewußtsein das *ethische* Bewußtsein des Menschen erkennen können. Seine Freiheit zur Selbstbestimmung ist absolut: Das menschliche Herz kann alle möglichen Gefühlsmodalitäten erkennen. Das einzige, was aus der Beziehung der Psyche zur Welt resultiert, d.h. aus seiner Bedingtheit, ist dies, daß die verschiedenen Modalitäten des Gefühls allesamt aus einer aktiven oder passiven, extravertierten oder introvertierten Beziehung zur transzendenten Welt wie auch zu dem, was die phänomenale Welt transzendiert, zum »Transzendentalen«, entstammen. Dagegen setzen die Bedingungen der *reinen Reflexion* die *Normen* unserer ethischen Determinationen vor der Welt und folglich die normativen Gesetze unserer ethischen Bestimmungsfreiheit, da sie die einer vollkommenen Adäquatheit sind, die das Bewußtsein sich *durch sich* von der Welt gibt, und der Signifikation, die es sich *für sich* gibt. Das soll heißen, daß das menschliche Subjekt als affektives Wesen sich nur insoweit in Adäquatheit mit der Welt empfindet, als diese Normen verwirklicht werden. (Wenn wir sie also *ipso facto* im musikalischen Erlebnis verwirklicht sehen, so bestehen doch alle Aussichten, daß sie nicht im psychischen Bewußtsein der Welt verwirklicht werden – deshalb erkennt das Herz vor der wirklichen Welt alle möglichen Modalitäten des Gefühls, während es vor der Musik, wie wir gleich sehen werden, nur *einen* Gefühlszustand kennt, das Entzücken, im Verlaufe dessen es sich, ohne sie zu benennen, alle anderen signifiziert.) Die Normen, von denen wir sprechen, sind also in der nicht mehr *spekulativen*, sondern *pragmatischen* Existenz des psychischen Subjekts, d.h. in seiner Existenz *unter den Dingen in der wirklichen Welt*, folglich nur die idealen normativen Gesetze – *transzen-*

dente Gesetze –, auf die sich »impliziert« alle affektiven und ethischen Determinationen des psychischen Subjekts beziehen; »impliziert« deshalb, weil das psychische Subjekt *nichtreflektiertes* Selbstbewußtsein ist. Wenn sich daher seine *Freiheit* zur Selbstbestimmung durch ein *Gesetz* signifiziert, so wird dieses Gesetz heißen, sich auf die transzendenten idealen Normen zu beziehen, die die Bedingung der reinen Reflexion setzen. Diese Freiheit besteht in ihrer Selbstdetermination durch sich darin, sich in Beziehung zu diesen Normen zu setzen, ohne sich ihnen zu unterwerfen, wobei diese Normen jeweils für es ideale *Gesetze* sind, die es zu befolgen hat.

Diese Normen haben wir sehen können; zum Teil springen sie auch in die Augen. So das »Streben nach Vereinigung« in der Nichterstarrung des psychischen Selbstbewußtseins in seinem Objekt und in seiner Nichterstarrung in sich (denn in der reinen Reflexion bleibt das Reflexive getrennt vom Reflektierten, und andererseits erstarrt es nicht im *In-sich*, sondern *wird* durch die Verzeitlichung und durch die Aufgabe seiner Vergangenheit, also im Absehen von sich, in der »Liebe«, im affektiven Schwung zum Sein in der Welt). (Zufällig definiert auch der hl. Thomas die Liebe als das »Streben nach Einheit«.)

So die *Wahrheit*, also die Adäquatheit zwischen dem, was im Blick des Selbstbewußtseins das Objekt *an sich* ist, und der Signifikation, die es sich davon *für sich* gibt. So die *Gerechtigkeit*, also die ethische Notwendigkeit, die notwendige Forderung des ethischen Selbstbewußtseins. So die *Hoffnung*, denn das psychische Selbstbewußtsein erwartet seine Vollendung, zur Zukunft zu gehören, usw.

Hier findet man beinahe die ganze Bergpredigt wieder. Insoweit der Mensch durch sein Herz bewegt wird, bezieht sich sein *Wollen* auf diese Normen, was auf die Feststellung hinausläuft, daß es sich nach diesen Normen richtet: Sie sind aber nur Fingerzeige in die jeweilige Richtung, nicht mehr. (Die dem Stern folgenden Hirten wollten nicht den Stern treffen. Von seinem transzendenten Lauf geleitet, fanden sie aber das Kind.)

Die Freiheit in der Sekundärreflexion   Gehen wir jetzt von der reinen Reflexion zur Sekundärreflexion, so stellen wir sofort fest, daß man sich diese Sekundärreflexion nicht als ein ganz anderes Gebiet des Bewußtseins als die reine *mentale* Reflexion vorzustellen hat, sondern als eine gewisse Weise, in dieser Bewußtseinstätigkeit zu stehen. In der rein mentalen Reflexion bleibt das denkende Selbst nichtreflektiert; es ist ein Denken, das nur seinem Objekt gegenwärtig ist. In der Sekundärreflexion ist das denkende Selbst sich selbst gegenwärtig in dem Sinn, daß es seiner Denktätigkeit wie seiner psychischen Tätigkeit gegenwärtig ist. Folglich transzendiert es beide. Die denkende mentale Tätigkeit macht sich daher in der Sekundärreflexion sich selbst gegenwärtig, *so als ob sie eine andere Bewußtseinsstruktur wäre*, die sich selbst transzendiert und sich denken und fühlen sieht.

Dieses reflexive Denken, das nur durch die Tätigkeiten der reinen Reflexion in Beziehung zur Welt steht und unsere psychische Existenz wie unsere unmittelbare Beziehung zur Welt in der Tätigkeit überfliegt, kennt für seine Freiheit keine anderen Gesetze als die: daß es nur reflektieren kann, was sich in seinem eigenen Reflexionsfeld zur Reflexion anbietet. Diese Begrenzung kennt es aber nicht, da sie seine eigene Bedingung ist. Folglich ist im Blick des denkenden Subjekts seine Denkfreiheit unumschränkt, und tatsächlich bleibt sie bestehen trotz aller Verbote. Es folgt aber auch, daß das vom Denken bewegte Subjekt in seiner Handlungsfreiheit keinerlei Gesetz kennt. Sein Wille ist eine Willkür, d.h. es hat eine Handlungsfreiheit, deren Selbstbestimmung durch sich aus einem Beschluß, den es mit sich selbst trifft, hervorgeht. Es ist nicht mehr *a priori* in der von der ethischen Determination geforderten Bedingung, weil es sich von der Dinggegenwart abstrahiert hat. Das ist aber eine Illusion, nicht nur weil diese Determination stets vor den Dingen gefaßt wird, auch wenn das denkende Subjekt sich davon abstrahiert, um mit sich allein zu entscheiden, sondern weil sein freier Wille, sogleich ausgeführt, sich am *Widerstand der Dinge stößt.* Dieser Dingwiderstand also lehrt das wollende Subjekt seine Verantwortlichkeit, sei es, weil dieser Widerstand es verletzt, sei es, daß er das Scheitern des freien Willens spüren läßt, oder sei es, daß er ganz einfach empfinden läßt, daß seine in die Tat umgesetzten Willensentscheidungen stets eine Konsequenz in der Welt nach sich ziehen. Er führt es vom Denken zum Gefühl zurück – denn die »Verantwortlichkeit« ist Gefühl und kann unreflektiertes, rein erlebtes Gefühl bleiben. Er führt es von der Abstraktion zur Wirklichkeit und somit zu den Bedingungen der menschlichen Ethik, die will, daß die Selbstbestimmung durch sich von unserer Beziehung zur Welt abhängig sei. In diesem Augenblick wird das wollende Subjekt zum moralischen, d.h. es erkennt, daß sein Wollen nur dann mit der Welt in Einklang steht, wenn es ein *moralisches* Wollen ist, ein *für sich selbst verantwortliches* Wollen, das sich auf die normativen Gesetze der Ethik beziehen muß, die von jetzt an aber vom Denken reflektiert werden.

Die *Moral* ist der Name, den man auf der Ebene der Sekundärreflexion, d.h. in der pragmatischen Situation des Menschen, den Selbstbestimmungen durch sich, also der Ethik, gibt. Sie unterscheidet sich von der Ethik darin, daß sie wie eine reine Selbstbestimmung durch sich erscheint, die nicht bedingt ist durch die Gegenwart der Welt, wenn sie sich auch stets vor ihr entscheidet: Das erklärt ihre Unsicherheit, ihre Problematik, während es in der Ethik keine Problematik gibt.

Der kategorische Imperativ, von dem Kant spricht, schreibt den Menschen daher keine besondere Moral vor, er schreibt ihnen aber die Pflicht vor, sich nach bestimmten *Normen* zu verhalten, die uns die Grundlagen der menschlichen Ethik in der reinen Reflexion der psychischen Beziehung zur Welt offenbaren – und tatsächlich durchdringen diese Normen alle Moral. Mit anderen Worten: Die »Moral« ist stets *relativ*, aber sogar in ihrer Relativität bezieht sie sich auf bestimmte ethische Normen, die ihrerseits absolut sind.

D<small>IE</small> V<small>ERSUCHUNG DER</small> S<small>EKUNDÄRREFLEXION</small>   Dennoch bleibt der Mensch frei in der Wahl seines Verhaltens und seiner Normen. Er kann aber stets in den freien Willen, in die gesetzlose Freiheit, zurückfallen, und das ist, kurz gesagt, das Verlangen des Menschen von heute, der nur noch äußere Gesetze anerkennen will und diese Freiheit als »politisches Recht« fordert. An diesem Sachverhalt erkennen wir, wohin uns die Bewußtwerdung der Freiheit des Einzelnen und die »Autonomie des Einzelnen« im völligen Vergessen der ethischen Bedingung geführt hat. Denn dieser freie Wille ist der Satan im Menschen – *der Geist, der stets verneint.* Um sich den Satan und seine Herkunft vorzustellen, braucht man nicht auf die Phantasmen der Psychologen zurückzugreifen; man braucht gar nicht weit zu suchen, denn er ist da, im Denken des Menschen, in der menschlichen Autonomie, wie ein ständiger Versucher. Er ergreift das psychische Subjekt, wenn es sich, vom Herzen bewegt, jeglicher ethischen Norm entblößt, wenn das Herz kein Gesetz mehr anerkennen will. Wenn es kein Gesetz kennt, dann eben deshalb, weil es unfrei ist, weil es von seinem Gefühl gefangen ist, das es beherrscht und das von ihm Besitz ergriffen hat.

Es ist aber bemerkenswert, daß das psychische Subjekt zur Handlung nur durch eine *Willensentscheidung* schreitet, die aus der Sekundärreflexion stammt, auch wenn sie nicht reflektiertes Selbstbewußtsein bleibt, so daß man im *cogito* selbst, in der *reflexiven* mentalen Tätigkeit, den Satan suchen muß. Die natürliche Situation des menschlichen Bewußtseins ist die Sekundärreflexion, und so wird die Motorik des Körpers zunächst stets von ihr gelenkt, d.h. durch das Denken oder durch ein reflektiertes Gefühl; sie ist also stets *willenshaft.* Es gibt zwar in uns motorische Phänomene, die nicht nur vom Willen unabhängig sind, sondern die sich sogar jeder Willensbestimmung entziehen. Sie ergeben sich aber ausschließlich *in* unserem Körper. Unsere intentionelle motorische Aktivität *in der Welt* ist stets *willentlich*, sie wird stets durch einen Gedanken oder durch ein reflektiertes Gefühl bestimmt, was heißen soll, daß die Psyche unsere Motorik in der Welt nicht unmittelbar, aber doch mittelbar beherrscht, dank der Sekundärreflexion, die rein motorisch sein kann, aber auf jeden Fall willentlich ist. Deshalb haben unsere willentlichen Verhaltensweisen in der Welt stets eine moralische Bedeutung, während unsere unwillentlichen eine ethische haben, die sich wesentlich in den unwillentlichen Modalitäten unseres willentlichen Verhaltens äußern: Wir sind in all unserem Tun für alles voll verantwortlich.

D<small>IE VON DER</small> S<small>EKUNDÄRREFLEXION EINGEFÜHRTE</small> D<small>UALITÄT</small>   Die Sekundärreflexion wird dadurch charakterisiert, daß das Bewußtsein, dessen Sitz es ist – das *cogito* –, im Abstand zu seinem Objekt steht und daß seine Zeitlichkeitsexistenz gänzlich von der Zeitlichkeit innerer oder äußerer Phänomene unabhängig ist, die es reflektiert. In diesem Licht definiert es sehr gut die »natürliche« Situation des Menschen, des Lebewesens, das sich auf der Erde aufgerichtet hat und so seine Gebärden und Bewegungen in der Welt frei beherrscht, seine eigene innere Existenz überfliegt und die Welt mit einem Blick umfängt und Dinge in der Welt sehen kann, die von ihm entfernt sind. Es folgt daraus aber, daß die Signifikationen, die sich die Sekundärreflexion vom »Reflektierten« gibt, *nicht das Reflektierte sind* oder vielmehr dem »Reflektierten« nicht *adäquat* sind – das versteht sich von selbst, da es sie ja durch das Denken signifiziert und da das »Reflektierte« nicht »Gedachtes« ist, sondern »Empfundenes« oder »Wahrgenommenes«, mit Ausnahme der ideativen Tätigkeit vor den Dingen in der *reinen* Reflexion. Das hat Sartre dazu gebracht, von der »Unwahrhaftigkeit« im reflexiven Bewußtsein zu sprechen und letzteres als ein Bewußtsein zu bezeichnen, *das an diese Unwahrhaftigkeit glaubt.* Die Reflexion »vergiftet« alles, sagt er in einer seiner ersten philosophischen Schriften in Anspielung auf bestimmte Insekten, die ihre Beute vergiften, um sich ihrer zu bemächtigen. Dieser ganze Prozeß des reflexiven Bewußtseins läuft auf die Feststellung hinaus, daß das Bewußtsein niemals bloß Widerspiegelnd-Spiegelndes der Dinge ist, d.h. daß eine »reflektierende Reflexion« die Dinge stets nur *auf ihre Weise* reflektieren kann. Von seiner ersten Tätigkeit an, also der Wahrnehmung, kann man tatsächlich sagen, daß es das »Reflektierte« »vergifte«, um es für sich zu reflektieren. Es signifiziert sich die »Frequenz« des Tones durch seine »Höhe«, die Frequenzverhältnisse durch eine Höhendifferenz, die Zahlen und Zahlenverhältnisse durch deren Logarithmen und die Strukturen relationeller Dynamik durch *statische* Logarithmenstrukturen. Sartres Behauptungen wären also wortwörtlich zu nehmen, wenn das *Reflexive,* also das Bewußtsein, vorgäbe, das Reflektierte zu sein. Die Reflexion als solche behauptet aber nichts. Sie reflektiert, wie sie kann, und wenn wir allein der reinen Reflexion vertrauen, so deshalb, weil sie nicht die Identität von Reflektiertem und Reflexivem setzt, sondern deren vollkommene Adäquatheit. Diese Adäquatheit ist die einzige Art der Wahrheit, die das Bewußtsein kennen kann, und die Adäquatheit wird in der Sekundärreflexion durch die Verwandlung des »Konkreten« ins »Abstrakte« problematisch. Die konstitutive, aber unschuldige »Unwahrhaftigkeit« der Sekundärreflexion soll uns nur achtsam werden lassen gegenüber den Behauptungen des reflexiven Denkens, uns von den Dingen Rechenschaft zu geben, und folglich auch gegenüber den Behauptungen der *Intelligenz,* die Dinge absolut zu kennen. Wobei Intelligenz das Vermögen ist, das dem Denken seine eigene relationelle Aktivität in der Bestimmung seines Gegenstandes verleiht. Deshalb stellen wir der Intelligenz das Verstehen gegenüber, das wesentlich eine Rückwendung der Intelligenz auf sich und bestrebt ist, den Sinn der Denkvorgänge zu beleuchten.

Die Bewußtwerdung der Autonomie seines reflexiven Denkens führte beim Menschen zu seiner Vergöttlichung, d.h. zu seinem intellektuellen Stolz – einer anderen Gestalt des Satans –, und folglich zur Vergötterung der Wissenschaft, die dem entstammt und von der der moderne Mensch buchstäblich alles erwartet.

DIE INTELLIGENZ   Wenn es also zutrifft, daß wir uns Rechenschaft über die Phänomene in der Außenwelt nur mittels unserer Intelligenz geben können, dann müssen wir annehmen, daß sich unsere Intelligenz auf normative Ideen wie die von Raum und Zeit stützt und auf eine umfassende Schau der Welt, die alle ihre Quelle in der reinen Reflexion unserer Beziehung zur Welt mittels der Sinne haben. Mit anderen Worten: Die Intelligenz ist eine dialektische Tätigkeit des Denkens, die – uns unbewußt – auf dem Hintergrund einer ganzheitlichen Weltschau Gestalt annimmt, deren Quelle nicht in der Sekundärreflexion liegt, sondern in der reinen Reflexion, also in unserer ethischen Stellungnahme vor der Welt. Die Weltschau, die *Weltanschauung*, ist keine Erfindung und kein Phantasma der Philosophen: Ehe sie durch das Denken in der Sekundärreflexion wiederaufgenommen wird, war sie der erste Akt des psychischen und unreflektierten Selbstbewußtseins beim Anblick der Welt, und unsere Intelligenz ist *Funktion* dieser Weltanschauung, so daß man ihre Manifestationen nur begreifen kann, wenn man sich auf die Weltanschauung bezieht, aus der sie hervorgehen.

Diese Relativität zu einer bestimmten Weltanschauung, einer transzendenten und metaphysischen Schau, kennzeichnet die verschiedene Modalität des Denkens und der Intelligenz, deren Struktur bei allen Menschen die gleiche ist. Wenn Descartes das *cogito* beleuchtete, so ließ er es abhängig sein von Wahrheiten, die von Gott kommen. Indem sie Descartes' Voraussetzungen über Bord warfen, haben die Cartesianer von heute aus ihrer intellektuellen Aktivität ein loses Rad im Organismus des Bewußtseins werden lassen. Ihre Denktätigkeit hat sich entschieden von ihrer psychischen Aktivität losgesagt, wenn sie auch, ihnen unbewußt, an eine bestimmte Weltanschauung geknüpft bleiben, aus der Gott verschwunden ist, sofern er nicht aus freiem Willen wiedereingeführt wird – *credo quia absurdum*. Ihre Denktätigkeit hat sich eine absolute Freiheit angemaßt.

Im Verlauf unserer Untersuchung werden wir den Finger auf die Konsequenzen aus dieser Trennung von Kopf und Herz legen, die für die rein intellektuelle Haltung vor den Dingen charakteristisch ist, und auf die Konsequenzen aus dieser Blindheit und, um es beim Namen zu nennen, Verdummung der Intelligenz, wenn sie in der Verblendung sich allein genügen will.

DIE BENENNUNG DURCH DIE INTELLIGENZ   Wenn es ferner zutrifft, daß wir unsere Gefühle nur durch die Sekundärreflexion »kennen« (die Sekundärreflexion ist *thethisches* Bewußtsein des reflexiven psychischen Erlebnisses in der Dauer und signifiziert dieses Erlebnis durch das Denken, während das psychische Bewußtsein *nichtreflektiertes* Selbstbewußtsein ist), so springt in die Augen, daß dieses »Kennen« noch viel täuschender sein muß als das, was die äußere Welt betrifft. Aber die Sekundärreflexion *benennt* unsere Gefühle; in der reinen Reflexion unserer psychischen Existenz sind sie rein »erlebt«, wie wir gesehen haben, in Gestalt von extravertierten, introvertierten, aktiven oder passiven psychischen Spannungen.

Weil die Musik ein Phänomen der reinen Reflexion ist, ist es unmöglich, das Gefühl, das uns in der Musik »existieren« läßt, anders als »musikalisches« Gefühl zu nennen. Das will nicht heißen, daß dieses »musikalische« Gefühl uns nicht auf seine Weise unsere Gefühle offenbare; es offenbart uns tatsächlich die »Modalitäten« des menschlichen Gefühls, aber doch *in statu nascendi*, und hinterher ist es unmöglich, dem im musikalischen Erlebnis erlebten Gefühl den einen oder anderen Namen zu geben, den die Sekundärreflexion unseren erlebten Gefühlen verleiht, es sei denn auf umfassende und individuelle Art; und zwar aus dem einfachen Grunde, weil sie alle sporadisch in jedem musikalischen Erlebnis von bestimmter Strukturreichhaltigkeit vorkommen.

Von dorther erklären sich die endlosen Diskussionen, zu denen das musikalische Gefühl Anlaß gibt. Nehmen wir an, ein Hörer fragt sich beim Hören von Musik plötzlich, was er gerade empfindet. Er geht also von der reinen Reflexion über in die Sekundärreflexion, von der reinen Existenz in der Musik zum Denken über das Empfundene. Er antwortet sich vielleicht, daß er bewegt oder gelangweilt worden sei, aber er wird zugeben müssen, daß er wenigstens einen Augenblick lang von der Musik gefesselt war. Und wenn er untersucht, was er nun in diesem Augenblick empfunden habe, so wird er nur eine gewisse schwebende affektive Spannung von einem Ton zum andern, von einem Klang zum anderen finden.

Bemerken wir zunächst, daß die Sekundärreflexion, wenn sie sich über unsere Bewußtseinserlebnisse hermacht, stets *rückblickend* ist. Sie tritt dazu, wenn das Spiel aus ist, so daß ihr in Wahrheit alles entgeht, was das Spiel ausmacht. Und die rückschauende Untersuchung rekonstruiert nicht genau die Fakten, und zwar eben deshalb nicht, weil diese Fakten auf die Zukunft gerichtet sind und die Sekundärreflexion sie aus der Vergangenheit wiedererstehen läßt. Da das reflexive Denken eine retrospektive Reflexion des reflektierten Ereignisses ist, setzt sie anstelle der *Motivierung*, die unsere ganze psychische Existenz beherrscht und sie von der Zukunft her bestimmt, die *Kausalität*, die sie von der Vergangenheit her determiniert. Mit anderen Worten: Sie wendet auf unsere psychische Existenz das Gesetz an, das ihm die Ereignisse in der Welt zu beherrschen scheint – daher Hegels Dialektik –, und dieses verallgemeinerte Gesetz ist vielleicht im zweiten Fall nicht besser gerechtfertigt als im ersten.

Das Denken des Hörers sucht also für sein »musikalisches« Gefühl eine *Ursache* und findet sie in den Tönen oder den Rhythmen. Da es aus Gründen, die in unserer Untersuchung mit genügender Deutlichkeit herausgearbeitet werden, unmöglich ist, in den Klangphänomenen *an sich* die »Ursache« des musikalischen Gefühls zu finden, zieht das reflexive Denken das affektive Wesen des musikalischen Erlebnisses *in Zweifel* – ein Zweifel, der dem musikalischen Bewußtsein unbekannt ist und der ein eigentümliches Vermögen des reflexiven Denkens ist. Man weiß das seit Descartes – und schließt wie so mancher Theoretiker unserer Zeit, daß das Gefühl ein äußerliches Element der Musik sei, das sich nur zufällig einstellt. Man bewertet von jetzt an alle Musik, die nach Gefühl riecht, als »romantisch«, und es entstehen extravagante Ästhetiken einer »reinen« Musik, d.h. einer Musik, die von diesen Gefühlen gereinigt sein soll, aus denen sie trotzdem besteht.

Sobald die Sekundärreflexion, also das reflexive Denken, auf das reflektierte Gefühl gerichtet ist – und solcherart ist das psychologische Denken, wenn es Wegen der Wissenschaft folgt –, ist sie nicht imstande, von unserer psychischen Aktivität Rechenschaft zu geben, die eben die konstituierende Tätigkeit des Gefühls ist. Deshalb bietet auch die heutige Psychologie, also die Psychoanalyse der Psychologen, keinerlei Hilfe für die Erhellung des musikalischen Phänomens. In den Augen des Psychologen ist das reflektierte *ego* ein *passives* Subjekt, das von außen oder von in ihm wohnenden Kräften bestimmt wird, von der *Libido* oder dem Geltungsstreben. Deshalb – und das interessiert uns hier – scheitert der Psychologe daran, im psychischen Subjekt die eigene Aktivität wiederzufinden, diese Selbstbestimmung durch sich, die aus dem Menschen ein ethisches Wesen und aus seinem Willen einen moralischen, selbstverantwortlichen Willen macht.

DER ANSPRUCH DER INTELLIGENZ   Zusammengefaßt also ist das denkende Subjekt – das *cogito* – ein Subjekt, das sich für etwas hält, was es nicht ist; es hält sich für autonom – und das ist es auch in seiner eigentlichen Tätigkeit –, aber es ist »an sich« nur ein Reflex, der einerseits das *wahrnehmende* Subjekt und andererseits das *psychische* Subjekt widerspiegelt, die beide Selbstbewußtsein sind, das sich in der Welt verzeitlicht. Es hält sich für das *Sein* des Menschen, weil die Willensbestimmungen des Menschen für es gehalten werden, wo doch das *Sein* des Menschen – also die Person – nie aufhört zu *werden* und dieses Werden erst mit dem Tode abschließt. (Wir müssen darauf hinweisen, daß ihm dieser letztere Anspruch des *cogito*, durch den es sich mit seinem »Willen« verwechselt, erst mit der Zeit gekommen ist. Wenn Descartes sagt: »Ich denke, also bin ich«, so leitet er von seinem »ich denke« in sich die Existenz eines »ich bin« ab, die nichts anderes als das reflektierte *ego* ist, also das im stetigen Prozeß der Historialisierung begriffene psychische Selbstbewußtsein.)

Die entscheidende Bedeutung des »denkenden Subjekts« und das, was alle seine Illusionen rechtfertigt, liegt darin, daß es »Blick« auf die Welt ist und damit *klares* Bewußtsein und daß weiter durch das Denken das menschliche Subjekt sich Rechenschaft über sich selbst und über die Dinge ablegt. So muß also das denkende Subjekt die Adäquation unseres ethischen Seins zu unserem pragmatischen und praktischen Leben vollziehen. Und man muß sagen: Das ganze Problem des Menschen liegt *hier*, man muß es nur in seinen rechten Gegebenheiten sehen, die Praxis und Willen einer ethischen Forderung unterwerfen.

DIE STRUKTUR DER BEWUSSTSEINSEXISTENZ Die Inadäquatheit zwischen Reflexivem und Reflektiertem in der Sekundärreflexion kommt daher, daß die innere Beziehung zwischen Bewußtsein und Welt in der reinen Reflexion unterbrochen ist und daß das reflexive Bewußtsein, das *Distanz* zu seinem Objekt hält, zu diesem bloß noch in *äußerer* Beziehung steht: Diese Kluft, die keimhaft schon innerhalb des Bewußtseins vorhanden ist, weil es zugleich sich selbst gegenwärtig und weltgegenwärtig ist, vergrößert sich von der präreflexiven Wahrnehmungstätigkeit bis zur reinen mentalen und psychischen Reflexion und bis zur Sekundärreflexion.

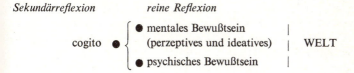

Schon die präreflexive Hörtätigkeit hat uns diese doppelte Bestimmung des Bewußtseins durch die Trennung zwischen noetischem und noematischem Logarithmus feststellen lassen, aber beide werden gemeinsam in der Schnecke bestimmt, und durch den letzteren signifiziert sich im mentalen Bewußtsein die noetische Wahrnehmungstätigkeit. Die reine Reflexion des Höraktes ist mental und psychisch zugleich; mental, weil das Wahrgenommene eine mentale Gegebenheit ist, selbst wenn es nicht durch das Denken signifiziert ist, und psychisch, weil jede Wahrnehmung eine psychische Resonanz findet. In der reinen Reflexion ist das Bewußtsein in innerer Beziehung zur Welt mittels der Sinne, und sein Feld *erstreckt sich bis zu seinem Existenzhorizont;* anders ausgedrückt: Es gibt keine Lücke zwischen ihm und der Außenwelt – und das erklärt die Erscheinung des subjektiven und imaginären Klangraums im musikalischen Hörbewußtsein. Unsere Beziehung zur Welt läßt daher in der reinen Reflexion eine *ideative* reflexive Tätigkeit und eine reflexive psychische Tätigkeit entstehen, die nicht voneinander trennbar sind und die sich dennoch voneinander differenzieren. Ich bin jedesmal in der *ideativen* reinen Reflexion, wenn ich bei meinem Handeln in der Welt vom *Denken* geleitet werde. Ich bin um nichts weniger seelisch meinem Tun gegenwärtig, und meine seelische Tätigkeit kann sich sogar durch die Leidenschaft äußern, die ich in meine Beschäftigung hineintrage – aber durch das Denken *signifiziere* ich mir meine Tätigkeit und das, was mich beschäftigt. Ich bin jedesmal in der reinen *psychischen* Reflexion, wenn ich bei meinem Tun in der Welt von meinem *Gefühl* geleitet und erleuchtet werde; mein Denken ist zwar um nichts weniger meinem Tun gegenwärtig, es zielt aber in den Dingen auf deren psychische Bedeutung ab, die diese aus meiner Gefühlstätigkeit beziehen. Der musikalische Akt ist ein besonderer und zweifellos einzigartiger Akt der reinen Reflexion, bei dem die ideative Tätigkeit keine Rolle spielt und wo sich die mentale Tätigkeit auf die reine Reflexion des auditiv Wahrgenommenen beschränkt, d. h. auf die reine *Schau* des musikalischen Bildes, und diese Schau tritt gewissermaßen an die Stelle des Denkens beim Hören von Musik und wird fast zum »Denken«, beim Hören einer Fuge z. B.

Ich bin jedesmal in der Sekundärreflexion, wenn ich versuche, mir über das klarzuwerden, was ich tue und was ich getan habe, daß ich denke und was ich denke, daß ich fühle und was ich fühle. In diesem Augenblick ist meine ganze Reflexivtätigkeit Denktätigkeit, die sich durch die in der ideativen Tätigkeit der reinen Reflexion entstandene Sprache signifiziert (woher diese Sprache ihre Etymologie erhält). Diese Sekundärreflexion jedoch hat das denkende Subjekt seiner selbst bewußt gemacht, sich selbst gegenwärtig, wenn es auch durch Augen und Ohren der Welt gegenwärtig bleibt. Es befindet sich somit in Gegenwart zweier Welten: seiner *Innenwelt* und der Außenwelt, und die Kluft, von der wir weiter oben sprachen, ist eine faktische Realität geworden. In dieser Situation steht der Mensch, sobald er bewußt eine reflexive Haltung einnimmt. Deshalb ist diese Sekundärreflexion in Wirklichkeit die erste reflexive Haltung des Menschen; sekundär ist sie nur in der Strukturordnung, weil die *Denktätigkeit* in dieser reflexiven Haltung die Gegebenheiten der reinen Reflexion als vorhanden voraussetzt.

Da der Gegenstand der Sekundärreflexion und des reflexiven Denkens eine nichttrennbare Mischung objektiver und subjektiver Gegebenheiten ist, kann man niemals wissen, in welchem Ausmaß das reflexive Denken subjektiv bzw. objektiv ist, und das erklärt den diesem Denken innewohnenden »Zweifel«. Und da sich überdies das denkende Subjekt in der Sekundärreflexion aus der unmittelbaren Weltbeziehung gelöst hat, lebt es im Abstrakten, in der abstrakten Welt der Ideen. Daraus folgt die größere Gefahr, die ein Denken laufen kann: die Verwechslung von Abstraktem und Konkretem, daß nämlich das Wort, das ein Ding bezeichnet, für das Ding selbst genommen wird und daß in Abstraktion geurteilt wird, während die konkrete Bedingtheit der behandelten Dinge außer Sicht gerät. Um den Gefahren der Abstraktion und den Unsicherheiten des reflexiven Denkens zu entgehen, muß daher der Mensch in sich, mit beginnender Sekundärreflexion (weil diese seine natürliche reflexive Haltung ist) die Bedingungen und die Gegebenheiten der reinen Reflexion wiederfinden.

DIE INSULARITÄT DES SUBJEKTS IN DER SEKUNDÄRREFLEXION   Die Sekundärreflexion macht also aus dem menschlichen Subjekt ein *einsames* Subjekt in
der Welt; im reflexiven Subjekt findet man nichts, was ihm seinen »Nächsten«
anders als den »anderen« darbietet, solange jedenfalls sein Gefühl nicht dazutritt. Und nichts zeigt ihm seine Zugehörigkeit zur Welt und die innere Verbundenheit mit ihr an; schließlich erfährt er auch nichts darüber, daß es, bevor es reflexives Subjekt ist, psychisches Subjekt ist, das es zu dem Individuum macht, das es ist, da es ja aus seinem Gefühl ein Ding macht, das in
ihm wohnt.

Aus dieser Bewußtseinssituation greifen wir jetzt zwei Punkte heraus, die
unsere Untersuchung unmittelbar berühren.

DIE AUFRICHTIGKEIT   Der erste betrifft die *Aufrichtigkeit* des reflexiven Subjekts, d. h. das, was Sartre den Glauben an seine Unwahrhaftigkeit nennt. Da
das reflexive psychische Subjekt Bewußtsein »reflektierter« Gefühle ist, ist es
z. B. Bewußtsein des Glaubens. Das bedeutet: Wenn es glaubt, glaubt es, daß
es glaubt.

Das Glauben ist reines Glauben nur in der mentalen und psychischen Wahrnehmungstätigkeit der reinen Reflexion. So ist das Glauben in der Sekundärreflexion ein Glaube zweiter Hand, da das reflexive Subjekt es ja in Zweifel
ziehen kann, so wie es die Wirklichkeit der äußeren Welt, wenigstens so, wie
es sie sich vorstellt, in Zweifel ziehen kann.

Mit anderen Worten: Die Aufrichtigkeit des reflexiven Subjekts ist nicht
ganz echt. Zu der Zeit, als die Musiker glaubten, die Musik sei ein »Ausdrucksmittel« ihrer Gefühle, beteuerten sie gern ihre »Aufrichtigkeit«. Darüber machten sie sich Illusionen; denn hätten sie sie gewollt, so hätten sie nicht die Ge-
fühlsabenteuer in ihrer Musik ausdrücken können, aus dem einfachen Grunde,
weil sie mit dem Eintritt in die Musik in ein musikalisches Gefühl eintreten,
das ein Gefühl *sui generis* ist, ohne unmittelbare Beziehung zu den besonderen
Gefühlen, die wir aus dem täglichen Leben kennen. Vom Standpunkt der Sekundärreflexion und einer rückschauenden Reflexion aus erscheint uns die
Musik als ein Ausdruck menschlicher Gefühle. Sie ist zwar erlebtes Gefühl,
das einfach von den Tonstrukturen widergespiegelt wird, aber doch Gefühl,
das uns auf seine Weise die affektiven Modalitäten des Menschen offenbart;
sie ist deshalb Ausdruck des *Menschen* durch seine von den Notwendigkeiten
des praktischen Lebens losgelöste Gefühltätigkeit. Und wenn die Musik den
Musiker in eine imaginäre Existenz versetzt, wenn er seine gesamte psychische
Aktivität in den Mitteln des musikalischen Gefühls einsetzt, so werden Ge-
fühlsbewegungen zutage treten, die er ohne Zweifel in dieser Reichhaltigkeit
und Vielfalt in seinem Leben nie kennengelernt hat. Hier in der Musik handelt es sich eben nicht um die Aufrichtigkeit des Musikers, sondern um die
verborgenen Reichtümer seiner seelischen Aktivität. Das gilt um so mehr, als

das im musikalischen Schaffen engagierte Bewußtsein *Musikbewußtsein* und *nichtreflektiertes* Selbstbewußtsein ist.

Wenn wir dennoch zuweilen im musikalischen Gefühl eine unmittelbare Offenbarung unserer bekannten Gefühle wiederfinden können – Heiterkeit, Melancholie usw. –, dann deshalb, weil alle unsere Gefühle aus demselben Stoff bestehen, wie uns die ersten Kapitel dieser Anmerkung gelehrt haben. Sie bestehen alle aus verschiedenartigen affektiven Grundspannungen. Freude, Traurigkeit, Zorn usw. sind nicht verschiedene *Essenzen* des Gefühls; sie sind verschiedene Strukturen dieser elementaren affektiven Spannungen, *die durch die affektive Situation des Menschen motiviert werden*. Über den Umweg der affektiven Situation kann daher das musikalische Gefühl unsere besonderen Gefühle erreichen. Das ist schlagend in der Oper, wo der Gesang der handelnden Personen ihre wirklichen Gefühle ausdrücken soll. Um seine Musik zu komponieren, muß sich der Opernkomponist in seine Gestalten und deren affektive Situationen versetzen. In den musikalischen Strukturen ist die affektive Situation der rhythmische und kadenzielle Rahmen, das Tempo, die Tonart, die melodische Modalität, kurz, alle Formgegebenheiten der Musik. Wenn der Komponist die musikalische Situation gut empfunden hat, durch die die affektive Situation Gestalt gewinnt, so muß der Gesang, der in diesem Rahmen entsteht, durch das musikalische Gefühl die Gefühle der handelnden Personen ausdrücken können. Deshalb vergessen wir bei Opernmusik den Komponisten: Wir empfinden uns vor Personen aus Fleisch und Blut, deren Seele sich, wie wir spüren, in ihrem Gesang signifiziert.

DIE INTUITION   Der zweite Punkt betrifft die Natur und das Vermögen des Bewußtseins in der Sekundärreflexion. Das reflexive Denken objektiviert alles, was in sein Blickfeld fällt, und objektiviert auch, indem es sie formuliert, die *Gesetze*, durch die es sich Rechenschaft über die Phänomene gibt, und es gibt sich die Gesetze als sichere Gesetze, die es objektiviert, obwohl es sie hinterher in Zweifel ziehen kann. Es ist daher von Natur aus ein *dogmatisches* Bewußtsein. In seiner dialektischen Aktivität hat es ein analytisches Vermögen, denn die Dialektik beleuchtet die Verknüpfung von Tatsachen. Als transzendentes Bewußtsein hat es ein synthetisches Vermögen, und durch die Nutzung der zwei Richtungen seiner relationellen Tätigkeit (Extraversion – Deduktion, Introversion – Induktion) ist es in der Lage, den Phänomenen oder Gesetzen, die es objektiviert, eine Ursache oder »Grundlage« zu geben und daraus *Folgerungen* zu ziehen.

Stets aber kommt ein Augenblick, in dem das dialektische Denken an eine Mauer stößt. Diese Mauer sind die unwiderleglichen Gegebenheiten, die es aus der reinen Reflexion zieht, und vor allem auch das Gesetz, das es für jeden Einzelfall formuliert. Es kann aus diesem Gesetz alle möglichen Folgerungen ziehen, aber doch bloß diejenigen, die impliziert sind durch seine Weise, das Gesetz zu formulieren, solange es nicht ein neues Gesetz entdeckt, welches anders ist als das erste und diesem entgegensteht. Mit anderen Worten: Sein gesamtes analytisches und synthetisches, deduzierendes und induzierendes Vermögen ist durch die Formulierung des selbst geschaffenen Gesetzes begrenzt.

Ganz anders ist das Vermögen des Bewußtseins in der reinen Reflexion; denn hier ist es *nichtreflektiertes* Selbstbewußtsein. Folglich ist das seine Tätigkeit beherrschende Gesetz nicht *objektiviert*, und das Bewußtsein ist nichtreflektierte Existenz dieses Gesetzes. So wissen wir jetzt, daß das Musikbewußtsein in seiner schöpferischen Tätigkeit unbewußt (d.h. ohne davon *klares* Bewußtsein zu besitzen) einem Logarithmengesetz gehorcht, das das Gesetz der Organisation der Töne, das *Tongesetz*, bestimmt. Das schöpferische Musikbewußtsein ist somit reine nichtreflektierte Existenz des Tongesetzes, und deshalb hat es, nachdem es unzählige Beispiele einfacher (rein melodischer) Tonstrukturen geschaffen hat, neue Strukturtypen (Mehrstimmigkeit, Harmonik) entdecken können, die ebensosehr neue Anwendungen des Tongesetzes sind. Dieses Vermögen des Bewußtseins, das verborgene Gesetz eines Phänomens wahrzunehmen (denn das abendländische Musikbewußtsein hat das Tongesetz in den aus den griechischen siebentönigen Tonleitern hervorgegangenen Melodien wahrgenommen) und ohne Berechnung und das Dazwischentreten der Vernunft darin neue Strukturtypen zu entdecken, ist, was man *Intuition* nennt. Die Intuition allein ist im Menschen *schöpferisch*, weil nur sie es ermöglicht, aus dem Erworbenen oder aus einer einfachen logischen Fortführung des Erworbenen herauszukommen, um Neues zu schaffen. Und wie Croce gesagt hat, ist die Intuition das menschliche *Genie* – das also nicht vom Himmel gefallen ist, sondern *potentiell* in jedem menschlichen Bewußtsein wohnt als eine Gabe der Natur. Die historische Entwicklung der abendländischen Musik ist das Werk der schöpferischen Intuition, d.h. des Genies, weil sie sich gänzlich vollzogen hat, ohne daß man das Logarithmengesetz gekannt hätte, das die Grundlage der Musikstrukturen bildet (die Intuition ist nicht ein Wissen, sondern ein Fühlen).

Eine intuitive Tätigkeit, eine intellektuelle Intuition, kann sich auch im Denken ergeben, aber hier erscheint ganz deutlich der Situationsunterschied, in dem das Denken sich befindet, je nachdem nämlich, ob es in der reinen Reflexion ist oder in der Sekundärreflexion. Denn in der Sekundärreflexion bezieht sich das Denken auf bereits erworbene Ideen oder auf bereits objektivierte Gesetze, und so ist nicht sicher, ob die neuen Gedanken, die dem denkenden Subjekt kommen, dem Ding entsprechen, auf das sich die Idee oder das Gesetz, die in Frage gestellt sind, bezieht. Vor dem Blick der Sekundärreflexion gehorchte die Musik der letzten Jahrhunderte einem harmonischen Tongesetz, wogegen sie zuvor einem modalen Gesetz gehorchte. (Man sieht nicht, daß das modale Gesetz nichts anderes ist als die Weise, wie sich das

Tongesetz in der reinen Melodie offenbart.) In den außereuropäischen Gebieten gehorcht die Musik anderen Gesetzen, und so kann der Gedanke auftauchen, daß die Tonstrukturen künftig auch von neuen Gesetzen bestimmt werden könnten, so z.B. von dem seriellen Gesetz, wie man es nennt. Es kann auch der Gedanke auftreten, daß die Musik, die von der Diatonik zur Chromatik fortgeschritten ist, bis zum Viertel- und Drittelton gelangen könnte. Wir wissen jetzt, daß die Ideen zur Phänomenbedingtheit konträr stehen, weil sie nicht aus der Intuition stammen (die unfehlbar ist), sondern aus der intellektuellen Spekulation. Es gibt mit Sicherheit nur in der reinen Reflexion Intuition, weil sich die reine Reflexion vor dem konkreten Ding vollzieht: Sie ist die *konstituierende* Tätigkeit der Bewußtseinsgegebenheiten; Denken und gedachtes Ding fallen hier zusammen. Die Intuition hat Pythagoras seinen berühmten Lehrsatz finden lassen. Angesichts des rechtwinkligen Dreiecks hatte er die Intuition, daß die Proportionen dieser Figur einem Gesetz gehorchen müßten, und weil er die Intuition eines Gesetzes hatte, hat er es gesucht und gefunden. So bewahrheitet sich, was wir in der Einleitung gesagt haben: In der Musik ist das theoretische Denken nicht schöpferisch; allein das in der Musik wirkende Bewußtsein ist schöpferisch, denn es ist intuitives Bewußtsein des Tongesetzes.

6. Unsere innere Welt

Franz Brentano, der Vater der Husserlschen Phänomenologie (denn er hat den scholastischen Begriff der *Intentionalität* wieder ans Licht gehoben), bezeichnete die psychischen Fakten als »innere Wahrnehmungen«. Man sieht, daß das einzige, was man, mit ihm übereinstimmend, innere Wahrnehmung nennen könnte, einerseits die Reflexion durch das Gehirn der präreflexiven Wahrnehmungstätigkeit ist, d.h. die mentale Gegebenheit des Wahrgenommenen, ehe sie Gegenstand einer ideativen Aktivität wird, und andererseits die koenästhetischen Phänomene, von denen wir weiter oben gesprochen haben und die entweder von unserer Wahrnehmungstätigkeit oder unserer inneren körperlichen und psychischen Aktivität motiviert werden. Aber diese inneren Wahrnehmungen signifizieren sich in uns, d.h. sie werden im eigentlichen Sinn nur dann zu »psychischen« Fakten, wenn sie durch die erste reflexive Aktivität reflektiert sind, die wir reine Reflexion genannt haben, die zugleich mental und psychisch ist und die sich selbst durch die Ideation (das Denken) oder durch das Gefühl (was Brentano deutlich gemacht hat) signifiziert.

DAS PHÄNOMEN GEIST   In diesem Augenblick kann man eine innere Wahrnehmung nicht mehr isolieren, da die reflexive Aktivität (ob nun mental oder psychisch) reine relationelle Aktivität ist, die sich verzeitlicht und die nur Beziehungen oder Verhältnisse reflektiert. Jede innere Wahrnehmung ist, sobald einmal reflektiert, bloß Zeitlichkeitsstasis innerhalb eines Aktes reiner Reflexion, die Gestalt gewinnt in der inneren Reflexion der relationellen zerebralen Aktivität oder der Verhältnisse zwischen einzelnen mentalen wahrgenommenen Phänomenen oder aber Veränderungen unseres koenästhetischen Zustands. Man kann also unsere innere Existenz in der reinen Reflexion, sei sie ideativ oder affektiv, nicht innere »Wahrnehmung« nennen: Sie ist reine »Geistigkeit«, Existenzreflex unserer inneren körperlichen Aktivität. Was wir »Geist« nennen, ist also nichts anderes als das Bewußtsein, *insofern es nicht Körper ist,* sondern bloß eine Existenz in der Reflexion unseres körperlichen Lebens. Und da es nicht stagniert, da es sich für sich verzeitlicht und ein autonomes Leben innerhalb unseres Körpers führt, so können wir anfügen, *daß der Geist das Bewußtsein in der Ausübung seiner Freiheit ist.*

GEDANKE UND GEFÜHL   In diesem Licht besteht zwischen Gedanke und Gefühl ein grundlegender Unterschied, und deshalb verwechseln wir auch beide nicht miteinander. Die zerebrale Sensibilität registriert bloß Fakten oder Faktenverbindungen; sie liefert der Reflexion nur objektive Gegebenheiten, Strukturfakten und Strukturen, und verlischt als Sensibilität. Dagegen wird unsere körperliche Sensibilität in ihrer Eigenschaft als Sensibilität durch das affektive Selbstbewußtsein und als Gefühl reflektiert. Deshalb erscheint uns unsere mentale Aktivität im Denken von jeder materiellen Kontingenz entblößt und als reine spirituelle Aktivität. Und wenn wir mentale Spannungen erkennen, dann deshalb, weil in diesem Augenblick unsere ideative Aktivität unsere nervösen Gehirnspannungen widerspiegelt, die ihrerseits durch unsere ideative Aktivität motiviert sein können.

Das Gefühl dagegen bewahrt von seiner fleischlichen Kontingenz zumindest auf der ersten Stufe eine Substantialität, die das Denken nicht besitzt. Aber um es zu wiederholen: Es verzeitlicht sich und spiegelt folglich in seiner Verzeitlichung wesentlich diejenige unserer Lebensenergien, die – von der Herzbewegung unterhalten – von außen gespeist wird. Das erklärt den Grundcharakter des Gefühls als *a priori* Mangel an . . ., Trieb zu . . ., Begierde nach . . . usw.

DAS GEFÜHL ZU EXISTIEREN   Aber beachten wir: Was wir hier entdecken, ist reines Existenzgefühl. Es gibt also in uns ein Gefühl des Existierens, das vor jedem Dinggefühl besteht, ohne das wir überhaupt niemals Dinggefühl sein könnten und auf das sich dieses Dinggefühl gründet. Wogegen es kein *Denken* vor einem Dingbewußtsein gibt, und sei es nur unser reines Existenzgefühl. Das Gefühl geht also dem Denken voraus, wie es ihm auch in der animalischen Entwicklungsreihe vorausgeht, und es ist das ursprüngliche *Selbst*bewußtsein.

Das ist auch der Grund dafür, daß das Gefühl, eher noch als das Denken, sich seinen Gegenstand schaffen kann, und das ist auch der Grund für die Musik, für diese reine Signifikation unseres Existenzgefühls im Spiegel der Töne. In diesem Existenzgefühl, der reinen Reflexion unserer Lebensenergien, haben wir die Schwelle des Selbstbewußtseins erreicht.

Nun können wir zwei Bereiche in unserer Lebensenergie unterscheiden: Ein Teil wird von der Reflexion bestimmt und folglich vom Willen; das ist die motorische Energie oder sind zumindest bestimmte motorische Energien. Der andere Teil entzieht sich der Reflexion und somit dem Willen, und hierin ist die sexuelle Energie enthalten, die man heute Libido nennt. Dieser Teil nicht-reflektierter Energie, die wir in uns tragen, gibt uns ein ursprüngliches Gefühl, das wir besitzen, eine bestimmte Lebenskraft, eine Kraft, die nicht erst »kultiviert« zu werden braucht, da sie latent in uns wohnt. Denn die Lebensenergien schreiben wir dem Willen zu, weil er sie beherrscht, und wir unterscheiden sehr wohl zwischen unserer Willenskraft und unserer Lebenskraft. *Aber die einzige unserer vom Willen unabhängigen Energien, die unter bestimmten Umständen bis zur Bewußtseinswerdung gelangt und die uns zum Handeln antreibt, ist die sexuelle Energie.* Macht sich in uns das Herzklopfen bemerkbar, so treibt es uns nicht zum Handeln an, sondern eher zur Ruhe. Und wenn unser vegetatives Leben spürbar wird, so bleibt dieses Ereignis doch örtlich begrenzt und zufällig. Aber das *geoffenbarte* Gefühl unserer Sexualität begleitet unser gesamtes Leben als ein Gesundheits- und nicht als ein Krankheitszustand. Deshalb verwechselt der Mensch seine Geschlechtskraft mit seiner Lebenskraft, von der sie doch nur ein Zeichen ist. Und deshalb scheint unser Vitaltonus in solchem Ausmaß von unserer sexuellen Kraft abhängig zu sein, daß die Lösung sexueller Probleme für das menschliche Wesen zu einer Frage von Leben und Tod werden kann. Das übrige nämlich, abgesehen von Hunger und Durst, Atmung und Temperatur, ist eine Frage des Bewußtseins und des Willens und nicht der Vitalität.

DIE SEXUALITÄT   Wieso aber treibt uns unsere geoffenbarte Sexualität zum Handeln? Weil das menschliche Individuum vom Geschlechtlichen her unvollständig ist; weil es als Mann oder Frau geboren wird, d. h. sexuell extravertiert oder introvertiert, und weil es, sowie in ihm der Geschlechtstrieb erwacht, in der Welt seine Seinsergänzung sucht, so daß von jetzt an das vollständige menschliche Wesen das *Paar* ist.

Dieser Geschlechtstrieb hat deshalb *a priori* nicht die Fortpflanzung der menschlichen Gattung zum Zweck. Diese Zweckgerichtetheit ist nur im Bewußtsein der Besten und kann auch andere Formen annehmen; die Fortpflanzung kann beabsichtigt oder auch unbeabsichtigt sein, und man kann beinahe sagen, daß – im ganzen gesehen – die menschliche Gattung sich unabsichtlich fortpflanzt. Die Geschlechtlichkeit enthält aber eine Intentionalität, die der

Trieb zur körperlichen Vereinigung mit »einem anderen« in einem Akt ist, in dem sich die vollkommene Adäquatheit von Extraversion und Introversion vollendet, die völlige Verschmelzung von Aktivität und Passivität; denn im vollzogenen Akt sind beide Partner zugleich passiv und aktiv.

DAS GESCHLECHT ALS PRÄDETERMINIERTE ETHISCHE MODALITÄT   Daraus folgt, daß dieses männliche oder weibliche Geschlecht, das es seiner Geschlechtlichkeit verdankt, die einzige vorgeburtliche Vorbestimmtheit des menschlichen Individuums ist, die bereits eine *ethische* Modalität ist und folglich eine psychische Modalität dieses menschlichen Individuums; denn das sexuelle Geschlecht entstammt einer unvorhersehbaren Anordnung, die die Chromosomenkette in der weiblichen Mutterzelle von selbst trifft.

Die anderen Komponenten der pränatalen Vorherbestimmtheit – die Ordnung der Gesichtszüge, die Hautfarbe, der Gesundheitszustand, die latenten Fähigkeiten – sind nur deren Bedingungen, und wir werden weiter unten sehen, in welchem Ausmaß die familiäre Umwelt das Ihre dazu beiträgt. Alle seine ethischen Bestimmungen sind nachgeburtlich, mit Ausnahme des Geschlechts, an dem er nichts ändern kann. Solcherart ist aber die Freiheit seiner ethischen Bestimmung, daß das Individuum – bei beiden Geschlechtern – das Gegenteil seiner vorgeburtlichen Geschlechtsbestimmung ergreifen und aus sich einen psychisch Invertierten machen kann. Halten wir aber nebenbei noch fest, daß das Individuum auch in der Invertiertheit bei beiden Geschlechtern nach seiner Wahl aktiv oder passiv sein kann. Es ist also falsch, von vornherein den Mann als aktiv und die Frau als passiv anzusehen; durch seine sexuelle Determination ist der Mann eher gehalten, sich von außen, und die Frau eher, sich von innen her zu bestimmen; diese Grunddispositionen können sich aber aufgrund der ethischen Freiheit umkehren.

Die sexuelle Gattung ist also, wie wir sehen, ein bestimmendes Element seines psychischen Seins, und nicht die Sexualität als solche. Diese ist bloß die greifbarste Manifestierung unserer latenten Vitalität, die wir besitzen. Es ist also absurd, unsere psychische Energie auf die Libido zurückführen zu wollen, wie Freud und Jung das tun. Und es ist nicht weniger absurd, wie Adler daraus einen Geltungstrieb machen zu wollen: Man kann nicht, weil unsere psychische Energie reine Reflexion unserer Lebensenergie, d. h. unserer Lebenskraft ist, aus ihr *ipso facto* einen Geltungstrieb machen. Jung täuscht sich, wenn er sagt: »Obwohl kein Zweifel bestehen kann über den sexuellen Ursprung der Musik . . .« Und Freud begeht einen noch schwereren Irrtum, wenn er schreibt: »Es erscheint mir als unbestreitbar, daß die Idee des ›Schönen‹ ihre Wurzeln in der geschlechtlichen Erregung hat und daß das Schöne ursprünglich nichts anderes bedeutete, als was geschlechtlich erregt.« Wenn die Musik und das Gefühl für das »Schöne« sexuellen Ursprungs sind, wie konnten sie sich dann in der Folge von der Sexualität befreien? Eben deshalb, weil wahrscheinlich an ihrem Ursprung etwas anderes stand als die Sexualität, etwas, das bestehen bleibt, wenn die geschlechtliche Erregung verschwunden ist.

LIBIDO UND MUSIK   Nach dem Vorausgehenden ist es selbstverständlich, daß wegen unseres Bedürfnisses nach einem geliebten Wesen, worin im wesentlichen das erotische Bedürfnis beruht und das in uns unsere sexuelle Unvollständigkeit motiviert, die Libido in unserem Existenzgefühl und folglich in der Musik eine große Rolle spielt. Kierkegaard hat recht gesehen, wenn er die »erotische Sinnlichkeit« als das bezeichnet, was die Musik *am eigentlichsten* ausdrücke, unter der Bedingung natürlich, daß die Musik zwar die adäquate Sprache dafür sei, daß aber die erotische Sinnlichkeit nicht die einzige Materie und auch nicht die ursprüngliche Materie der Musik sei. Mit anderen Worten: Es gibt im Existenzgefühl noch anderes als die Libido. Zunächst ist sie, wie wir sehen konnten, nur ein Teil unserer latenten Lebensenergie, wenn auch der greifbarste; zudem ist sie ein Teil, der als Trieb seine Befriedigung und Sättigung erfordert. Aber wenn die Libido die einzige Wurzel unserer psychischen Energie wäre, so führte sie uns bloß zum unendlich wiederholten Geschlechtsakt. Und wenn der Trieb zur Vereinigung, der das seelische Selbstbewußtsein in seiner Beziehung zur Welt beseelt, gänzlich Libido wäre, so kennten wir die Freundschaft nicht, in der jede sexuelle Voreingenommenheit fehlt, und die Nächstenliebe wäre ein Traumgespinst.

Man muß also annehmen, daß die Libido selbst nur eine besondere Manifestierung des Strebens nach Vereinigung ist, das das psychische Selbstbewußtsein durch sein Verlangen nach Adäquatheit zur Welt motiviert. Von diesem Trieb zur Vereinigung, den wir »Liebe« nennen und der alles andere ist als die erotische Liebe, weil er keinerlei sexueller Herkunft ist, ist die Libido die unmittelbarste Manifestierung, diejenige, in welcher er seine völlige Befriedigung fände, wenn nicht jeder körperliche Trieb eine Sättigung bewirkte. Es ist daher natürlich, daß der Mensch im ersten Lebensabschnitt von der Libido beherrscht wird. Was er aber in seinen erotischen Abenteuern sucht und findet, ist dieser Trieb zur Vereinigung, der am Ursprung seines Existenzgefühls steht, sobald dieser zum »Gefühl von etwas« wird, der bewirkt, daß dieses »Gefühl von etwas« Liebe oder Abneigung ist und unser Existenzgefühl Freude oder Schmerz, und der schließlich andere Wege findet als die erotische Liebe. Denn was der Mensch erhofft, ist nichts anderes als das, was seine Existenz motiviert, so daß diese Motivierung sich nur in der Transzendenz dieser Existenz offenbart: Das, was die Musik zuerst erstrebt und was sie folglich motiviert, entschleiert sich erst, wie wir sehen werden, sobald sie ihre Zwecke erreicht. Und was der Mensch mit der Morgendämmerung seiner Geschichte erhoffte, hat sich erst durch die Stadien dieser Geschichte entschleiert und sobald sich eine Finalität darin abzeichnet. (Deshalb ist der Mensch eine

Geschichte, als Einzelner sowohl wie als Gattung; und deshalb ist es falsch, ein höheres Stadium der historischen Entwicklung nach einem tieferen beurteilen zu wollen: Auf dieses höhere Stadium zielte das historische Wesen im niedrigeren Stadium ab, sofern es seinen Weg nicht verfehlte.)

Kehren wir aber, um das besser betrachten zu können, zu unserem Existenzgefühl zurück.

RÜCKKEHR ZUM EXISTENZGEFÜHL   Es ist zunächst reine Reflexion unserer Lebensenergien, und als solche nicht nur reine Reflexion unserer sexuellen Energie, sondern auch anderer Felder nervöser Energien, so besonders unserer motorischen Energie, die die Musik im Tanz signifiziert, der nicht immer erotischen Charakter hat. Insofern es aber reines psychisches Existenzgefühl wird, *vergeistigt* es sich; und leicht kann man den Augenblick absehen, in dem sich das Phänomen ergibt: dann nämlich, wenn bloß noch ein mentales Wahrgenommenes eintritt, wenn das Gefühl nur noch eine affektive Selbstbestimmung durch sich vor dem Wahrgenommenen ist, wenn selbst die koenästhetischen Phänomene, die die Wahrnehmung motiviert, nicht mehr zählen, da die ganze Intentionalität des Bewußtseins auf das Wahrgenommene gerichtet ist. In diesem Augenblick ist das Existenzgefühl zum Existenzgefühl vor der Welt geworden – die postnatale Grundformung unseres Existenzgefühls.

Und wenn es Liebe zu den gesehenen Dingen ist, sogar erotische Liebe vor der weiblichen oder männlichen Schönheit, kann es keine Spur von der fleischlichen Kontingenz tragen, von der umgebenden Wärme abgesehen, wie sie die Gesänge der Troubadours spüren lassen. Die vergeistigte Liebe ist also nicht, wie Jung sagen würde, sublimierte Libido. Sie ist unter einer ihrer Modalitäten unser Existenzgefühl, das vom körperlichen Zugriff befreit ist. Die Sublimierung, von der Jung spricht, ist eine Idee, aber kein psychisches Phänomen: Die Liebe, von der wir sprechen, braucht sich in uns nicht abzuklären, um rein geistiges, rein psychisches Erlebnis zu werden – erinnern wir uns doch, daß es stets in der Kontingenz des Atems und der Atemkadenz erlebt wird. Es gewinnt Gestalt in uns, wie es ist, wie auch andere von der Sinnlichkeit geprägte Gefühle in uns Gestalt gewinnen.

Wir haben uns mit diesem Punkt so lange aufgehalten, um die Möglichkeit des musikalischen Phänomens zu zeigen, das nur aus erlebten Zeitlichkeitsspannungen entsteht, deren einzig sinnlich wahrnehmbarer Tenor die mentale, nicht gedachte Reflexion der Höraktivität ist (aber nur dank der Verinnerlichung des Tempos).

DIE GEISTIGKEIT DES GEFÜHLS   Wenn sich das Gefühl so vergeistigen kann, daß es seine körperliche Kontingenz vergessen läßt, so bleibt es doch um nichts weniger an sein Objekt gebunden, d.h. an eine sinnlich wahrnehmbare

Gegebenheit, so daß stets eine sinnlich wahrnehmbare Kontingenz bleibt. Selbst die Betrachtung Gottes in der Natur sieht nicht von der sinnlich wahrnehmbaren Gegenwart der Natur ab, und der Mystiker, der sich in die Nacht und das Schweigen versenkt, ist noch für die unergründliche Tiefe des Schweigens und der Nacht empfänglich. So behält man den Begriff Geist im allgemeinen unserer mentalen Aktivität vor, genauer: unserer mentalen Aktivität in der Sekundärreflexion. Dieses reflexive Denken, das unsere Aktivität der reinen Reflexion transzendiert, ohne unter deren Bedingtheit zu leiden (so daß es vollkommen autonom und frei in seinen Bewegungen ist), das die Welt und unsere eigene Existenz überfliegt, das in der Dauer wohnt, das befiehlt, das einordnet und formuliert, kann mit keinem anderen Namen bezeichnet werden. Unsere Untersuchung des Bewußtseins hat uns also ermöglicht, den Geist definieren zu können, ohne ihm eine übernatürliche Herkunft zuerkennen zu müssen. Diese Feststellung läßt uns zugleich aber auch begreifen, daß der Mensch – da das Bewußtsein sich über die Dinge nur gemäß seiner eigenen Natur Rechenschaft geben kann – den Geist in der Welt zu sehen glaubte, in oder unter den Dingen, und daß das Bewußtsein aus dem Schöpfergott einen Geist machen konnte, der alle Attribute des Geistes besaß: unumschränkte Autonomie, Freiheit, Allgegenwart, schöpferische Kraft, das Wort usw.

7. Zusammenfassung

Wir können jetzt unsere Ergebnisse zusammenfassen und uns eine schematische Vorstellung von unserem Bewußtseinsorganismus machen. Die Sekundärreflexion – das *cogito* – sitzt in unserem Kopf und transzendiert in der Dauer während unserer Existenz die Verzeitlichung unserer inneren Existenz. Als dauernde Unterstruktur hat sie die Tätigkeit der rein mentalen und psychischen Reflexion, die auf die Gegebenheiten der Wahrnehmung einwirken und die sich in dem Sinn differenzieren können, daß das in der reinen Reflexion wirkende Selbstbewußtsein entweder mental ist – in welchem Fall es Denken ist – oder psychisch – in welchem Fall es Gefühl ist. Das Gefühl ist aber stets Gefühl einer gedachten oder wahrgenommenen mentalen Gegebenheit, sofern es sich nicht auf das reine Existenzgefühl reduziert. Und das Denken in der reinen Reflexion ist stets mit der durch den Gegenstand des Denkens motivierten psychischen Aktivität verbunden.

Die Tätigkeiten der reinen Reflexion gehen bei der Entstehung der Bewußtseins*gegebenheiten* der Sekundärreflexion voraus; aber das in der Sekundärreflexion wirkende Selbstbewußtsein ist darum nicht weniger autonom und in seiner eigenen Aktivität von den Tätigkeiten der reinen Reflexion völlig unabhängig, denn es lenkt unmittelbar unsere Willensbewegung und unser Tun in der Welt. Es hätte allerdings nichts zu lenken, wenn es nicht von einem reflektierten Gefühl oder von einer mentalen Gegebenheit bewegt würde, die sich auf ein reines, nicht benanntes »Wahrgenommenes« reduzieren kann. Das in der reinen Reflexion wirkende Selbstbewußtsein ist zur Welt hin durch die Sinne offen und signifiziert sich die Welt durch das Bild, das ihm das Wahrnehmungsbewußtsein gibt – selbst reine Reflexion der präreflexiven sensoriellen Tätigkeit. Dieses Selbstbewußtsein in der reinen Reflexion findet sich daher in der inneren Beziehung zu dem Phänomen in der Welt, denn es steht in innerer Beziehung zu dem Bild, das ihm das Wahrnehmungsbewußtsein gibt; und dieses Bild steht durch die Sinne in innerer Beziehung zu dem von den Sinnen reflektierten Phänomen. Dieses Bild ist nicht das Phänomen, sondern das für das Bewußtsein genaue Abbild. Das Wahrnehmungsbewußtsein ist daher auch reine Reflexion – deshalb können seine Gegebenheiten in das Blickfeld der Sekundärreflexion fallen –, aber es ist nur eine Aktivität *de facto*, die sich im Licht des Bewußtseins erst dann reflektiert, sobald sie durch Denken und Gefühl reflektiert worden ist.

Wie man sieht, sind diese verschiedenen Bewußtseinsarten oder, genauer: »Bewußtseinstätigkeiten« nichts anderes als Existenzstrukturen, die auf verschiedenen Transzendenzebenen in der Reflexion in unserer körperlichen und perzeptiven Aktivität Gestalt gewinnen:

Motorisches und
perzeptives Zentrum

existenzielle Zeitlichkeit

Sekundärreflexion
rein mentale Reflexion
rein psychische Reflexion

Die Trennung zwischen Denktätigkeit in der reinen Reflexion und Denktätigkeit in der Sekundärreflexion ist heikel, denn sie unterscheiden sich nur durch ihre *Situation*. Die erste vollzieht sich im Tun und unmittelbar vor den Dingen, mit denen das Bewußtsein durch die Sinne verknüpft ist. Die zweite schwebt über unserer inneren Aktivität im Abstand zu den Dingen, ohne am Tun in der Welt teilzuhaben. Man könnte sie ungefähr so vergleichen: Die erste ist ein Eisenbahnzug, der auf jeder Station hält und sich den Bodenverhältnissen anpassen muß. Die zweite ist ein Flugzeug, das dieselbe Strecke fliegt und von Zeit zu Zeit an derselben Station ist wie der Zug. Vom Flugzeug aus aber kann man die gesamte Strecke der Bahnlinie übersehen.

Die beiden parallelen Geraden bilden ein und dieselbe Zeitlichkeitsstruktur mit nichtumkehrbarer Richtung in die Zukunft, aber diese Struktur ist ein widerspiegelnder Doppelspiegel – in dem Sinn, daß sich sein Licht einerseits in den mentalen Raum, andererseits in den psychischen Raum richtet. Nur der psychische Raum hat sein eigenes Licht aus dem Existenzgefühl und den Modalitäten, die er korrelativ zur Aktivität unserer Sinne affiziert.

Andererseits reflektiert der mentale Raum, ohne andere mentale Aktivität, unser Existenzgefühl. Der doppelte Spiegel ist also nur einer: Er ist einem empfindlichen, durchscheinenden Film vergleichbar, der einerseits sein Licht von der wahrnehmenden und von der psychischen Aktivität erhält, das er weitergibt in den mentalen Raum, in dem es sich durch das Denken signifiziert, und der andererseits sein Licht aus der Psyche in ihrer eigenen Tätigkeit und aus der zerebralen Tätigkeit der Wahrnehmung und des Denkens bezieht. Aus diesen letzten Quellen wird dieses Licht ebenso in den psychischen Raum reflektiert, wo es sich durch die verschiedenen Modalitäten unseres Existenzgefühls vor den Dingen signifiziert.

Nehmen wir jetzt diesem Film alles Materielle, so haben wir eine richtige Vorstellung vom Geist: Wir finden in uns nur noch ein mentales Strahlen, das sich durch das Denken signifiziert, das aus der psychischen und der zerebralen Aktivität stammt und unsere Motorik anregen kann und das sich wie diese Tätigkeiten verzeitlicht. Und ein psychisches Strahlen, das sich durch das Gefühl signifiziert, das aus unserer körperlichen Existenz, aus unserer perzeptiven und unserer mentalen ideativen Tätigkeit stammt und das sich wie diese Tätigkeiten verzeitlicht.

Nehmen wir jetzt an, daß sich das Ereignis auf das rein psychische Strahlen in unserem Existenzgefühl unserer zerebralen Aktivität reduziere, das wahrgenommene Tonstrukturen spiegelt – die ideative Tätigkeit schlummert –, aber daß es sich zu einem Existenzgefühl reduziere, das dem Tempo der Aufeinanderfolge der Töne folge und so Form angenommen habe, und wir haben die Bedingung des musikalischen Bewußtseins und unseres musikalischen Erlebnisses.

Ersetzen wir endlich das musikalische Tempo (das kadenziell ist) durch die bloße Atemkadenz oder durch eine körperliche motorische Kadenz, die sich unserem Existenzgefühl anpaßt, und wir haben die in uns bestehende Bedingung eines jeden Gefühlsflusses.

Das Bewußtsein ist also, zusammengefaßt, der zentrale Brennpunkt unserer körperlichen Kontingenz mit Öffnungen zur Welt und zu seiner psychischen Ausdehnung. Und wir sehen, woher die Unzulänglichkeit der heutigen Psychologie stammt: Sie befragt nur das »Bewußte« – die Sekundärreflexion – und das »Unbewußte«, wo sich das nichtreflektierte und das präreflexive psychische und mentale Selbst vermischen. Dadurch verfehlt sie die *reine Reflexion*, die der Schlüssel zu allem ist.

B. DIE HISTORISCHE ENTWICKLUNG DES BEWUSSTSEINS

l. Das erste Zeitalter

Diese globale Struktur, deren »Anatomie« wir eben skizziert haben, muß bei der Erscheinung des Menschen auf der Erde schon vorhanden gewesen sein, sonst hätte er noch nicht »Mensch« sein können.

Aber die fortschreitende Bewußtwerdung seiner verschiedenen Bewußtseinstätigkeiten, d. h. also das Erwachen ihrer Autonomie in ihm und die Erscheinung ihrer eigenen Aktivität im Lichte seines transzendentalen Reflexivbewußtseins hat sich erst im Verlauf einer langen Geschichte vollzogen und ist auch jetzt noch nicht beendet. Man könnte sogar sagen, daß sie die Geschichte in ihren großen Umrissen geschaffen habe, und hier erkennen wir den Menschen, der als ethisches Wesen seine eigene Geschichte hervorbringt, und wir erkennen, daß diese Geschichte darin besteht, daß die Gattung Mensch sich fortschreitend ihrer Selbstbestimmung durch sich bewußt wird. Um es noch anders zu formulieren: Mit der Erscheinung des Menschen in der animalischen Entwicklungsreihe ist die *Evolution* noch nicht beendet, sie verläuft weiter, aber auf der Ebene des Selbstbewußtseins, und erzeugt hier *Mutationen*, die, wenn auch weniger augenfällig (da sie ja nur unsere inneren Bewußtseinsstrukturen berühren), zu denen analog sind, die sich in der Entwicklung des Lebens vor der Erscheinung des Menschen ergeben haben. Diese Mutationen kennzeichnen die großen Stadien der Geschichte; die historischen Zeitalter des Menschen wie auch die historischen Zeitalter des Menschen als individuelle Existenz – Kindheit, Jugend, Reife, Alter – entsprechen den Etappen seines inneren Lebens und seiner mehr oder weniger differenzierten, mehr oder weniger fruchtbaren Selbstkultur, in der sich seine *Person* konstituiert. Die historischen Zeitalter des Menschen als Gattung werden sehr genau in der Geschichte des musikalischen Bewußtseins gespiegelt – wir kommen darauf zurück. Jetzt wollen wir zuerst versuchen, die wesentlichen Modifikationen des Funktionierens unseres Bewußtseinsorganismus zu beleuchten, die die Erscheinung der Geschichte in ihren großen Dimensionen bestimmt haben.

Im Morgendämmer der Geschichte erwacht der Mensch im Naturzustand, wie man so sagt, zur Sekundärreflexion. Er trägt in sich alle ethischen Bedürfnisse, die wir später sich präzisieren sehen, unter ihnen das religiöse Bedürfnis, aus dem das Bedürfnis nach gemeinschaftlichem Leben mit den anderen hervorgeht, das ästhetische Bedürfnis, das Bedürfnis nach Gott – aber er hat kein klares Bewußtsein davon, weil diese Bedürfnisse einem psychischen Selbstbewußtsein entstammen, das ihm noch nicht klar ist.

Die Ethnologen sprechen gern von der Enge des Bewußtseins beim primitiven Menschen – es ist nicht enger als jedes andere; aber sein *Horizont* ist eng, er überschreitet nicht die Perspektive, die ihm seine Augen zur Welt öffnen.

Im Tun handelt und schläft er unablässig wie die Tiere, mit dem Unterschied allerdings, daß er in der Kontemplation *denkt*. Im Tun, seinem Erfahrungsfeld, ist er in der reinen Reflexion. In der reinen Reflexion verleiht er den Dingen eine affektive und, da sie aus ihm selbst stammt, unerklärliche Signifikation, so daß in seinen Augen die lebenden und die toten Dinge eine magische Bedeutung haben, die in der Beziehung des Menschen zu Dingen und Lebewesen zur magischen Kraft wird. Durch die innere Beziehung, die sich in der reinen Reflexion zwischen unserer Bewußtseinstätigkeit und der Welt einstellt, hat der Primitive beim Tun teil an der Magie der Dinge: Es ist das Zeitalter, für das nach den Ethnologen die Teilhaftigkeit des Menschen an seinem Gott, am *Totem*, charakteristisch ist. Der Weise der Gemeinschaft, der Zauberer, ist derjenige, der im höchsten Grad »Bewußtsein« dieser Magie ist, der sie die anderen lehrt und sie ausübt. Damit das so sein kann, müssen alle schöpferischen Individuen in der Gemeinschaft in aktiver und extravertierter Beziehung zur transzendenten Welt stehen, da sie von selbst die mit Magie behafteten Dinge und auch die magische Bedeutung, die sie haben, bezeichnet haben.

Die Bewußtseinsaktivität ist aber Faktum eines nichtreflektierten Selbstbewußtseins gewesen; und in der Sekundärreflexion, der einzigen klaren Bewußtseinssituation, steht der primitive Mensch, extravertiert und introvertiert, in *passiver* Beziehung zur transzendenten Welt wie zu sich selbst: Er unterwirft sich und ist unterworfen. Solange diese Bewußtseinssituation anhält – begrenzter Welthorizont, Zugehörigkeit zu einem Stamm mit kollektivem *Ethos* –, hält auch dieser Sachverhalt an.

Es kommt aber ein Augenblick, wo der Mensch über seinen Gegenstand nachdenkt und ihn in Frage stellt. Das bedeutet, daß von da an das reflexive Bewußtsein als mentales oder psychisches Dingbewußtsein sich vom Denken oder vom Gefühl, das es von diesem Gegenstand hat, unterscheidet. Dieses Ereignis, das sich tatsächlich zunächst bei den primitiven Völkern abgespielt hat, ohne doch Gegenstand eines klaren Bewußtseins zu sein, charakterisiert die Tätigkeiten des Elitebewußtseins in den großen antiken, besonders den asiatischen, arabischen und griechischen Kulturen, die zur abendländischen Kultur geführt haben. Im Herzen der großen Kulturen gibt es eine Elite, die reflektiert, theoretisiert, die die Grundlagen für die objektive und subjektive Erkenntnis der Dinge schafft und so die *Autonomie* des reflexiven Denkens praktiziert.

2. Das zweite Zeitalter

Was also den Anbruch des zweiten historischen Zeitalters des Menschen kennzeichnet, ist das Unabhängigwerden der Sekundärreflexion von der reinen Reflexion: Das Bewußtsein ist nicht mehr ein Ganzes, das magische Band ist zerrissen, aber nur das Band, d.h. die *Teilhaftigkeit*, und nicht unbedingt die magische Bedeutung der Dinge. Aber die Sekundärreflexion bezieht alle ihre Gegebenheiten aus der reinen Reflexion und aus den Bezügen zur Welt; und die mentalen Gegebenheiten der reinen Reflexion stammen entweder aus der perzeptiven oder der psychischen Quelle, denn das ideative Bewußtsein in der reinen Reflexion ist zugleich reine Reflexion der perzeptiven Tätigkeit wie auch reine Reflexion der psychischen Tätigkeit. Daraus folgt, daß das reflexive Denken im zweiten historischen Zeitalter für sich in seiner dialektischen Tätigkeit und in Gestalt von reflektierten Gegebenheiten alle Bewußtseinsgegebenheiten wiederaufnimmt, die zum Proprium der reinen Reflexion gehören.

So besonders die Vorstellung von dem die Welt umfangenden Raum, die Vorstellung von der Zeit und der Ewigkeit, d.h. von der Dauer; die Idee der Welt – das große Ganze oder der *Kosmos* –, was heißt, daß die Schau, die sich das Bewußtsein von der Welt gibt, nicht mehr auf seinen unmittelbaren Horizont beschränkt ist und sogar die phänomenale Welt transzendiert, um zur *metaphysischen* Schau der Welt zu werden.

Es nimmt auch bei den Griechen die Idee des Ethos und der Ethik an, die Idee der Moral, des Verhaltens oder Benehmens. Das mentale Bewußtsein in der reinen Reflexion als reine Reflexion des ethischen Bewußtseins ist *Moral*bewußtsein, und die Sekundärreflexion ist *Moralitäts*bewußtsein. (Deshalb ergibt sich in der Sekundärreflexion eine Umwendung: Die Ethik wird zur Reflexion über die Moral, während sie doch am Ursprung der Moral steht.)

Es nimmt auch schließlich die Gottesidee wieder auf, in der Form des Pantheismus oder Polytheismus (wir sehen bei den Griechen eine monotheistische Gottesvorstellung sich abzeichnen, die sich aber nur bei den Juden objektiviert). In seiner reflexiven Tätigkeit und durch die Kraft der Einbildung schafft also das Denken des zweiten Zeitalters Götter, so daß seine Götter Mythen sind; aber aufgrund der inneren Beziehung, die sich in der reinen Reflexion zwischen dem Bewußtsein und seinem Gegenstand herstellt, empfindet sich der Mensch des zweiten Zeitalters im Tun wie in der Kontemplation als *religiös* mit der Welt verbunden. Und seine Mythen geben ihm nur Rechenschaft über dieses echte religiöse oder auch ethische oder (was auf dasselbe hinausläuft) einfach »affektive« Band.

Die Passivität   Aber alle diese Gegebenheiten der Sekundärreflexion entstammen Weltgegebenheiten, die durch die reine Reflexion vermittelt sind, so daß das reflexive Bewußtsein, von dem wir sprachen, sich von außen bestimmt oder sich jedenfalls von außen zu bestimmen glaubt, was bedeutet, daß es in der Praxis seine Gegebenheiten im Außen sucht. Im zweiten historischen Zeitalter des Menschen ist die Grunddisposition des mentalen und psychischen Selbstbewußtseins in der Introversion seine passive Beziehung zur transzendenten Welt. Für den Perser kommt das Gute oder Böse von einem guten bzw. bösen

Geist; die Liebe kommt für den Griechen aus einem Pfeilschuß des Eros; wenn
Antigone gegen das Gebot des Königs ihren Bruder bestattet, so glaubt sie
damit einem Gebot der Götter zu gehorchen, das in ihren Augen gebieteri-
scher ist als das Verbot des Königs, und diese Bestimmungen von außen ergeben sich auch im Denken und in der Objektivität. Ein Mensch dieser Epoche
hätte die Welt nicht mit den Augen eines Kopernikus betrachten können, und
wenn er sich Kopernikus' Schau eingebildet hätte, so hätte ihm niemand geglaubt. Für die Augen aller drehte sich die Sonne um die Erde. Es ist sehr bezeichnend, daß anscheinend der erste Mensch, der diese »neuzeitliche« Intuition hatte, ein Grieche war, Aristarchos von Samos, und daß er von seiner
Umwelt kaum verstanden wurde.

Die einzige Weise, wie sich der Mensch des zweiten Zeitalters über die
aktiven Kräfte seiner Psyche und die mysteriösen Signifikationen seiner objektiven Gegebenheiten klarwerden konnte, war der Mystizismus und die
Mystik, die sich durch das Symbol, die Allegorie, die Esoterik ausdrücken. Da
wir hier versuchen, uns eine klare und keine undurchsichtige Vorstellung vom
Bewußtsein zu machen und das in der Klarheit und nicht in der Nacht zu
erreichen, können wir diese Seite der Dinge beiseite lassen, wenn wir auch nicht
verkennen wollen, daß im Zustand der Bewußtseinsstruktur zu diesem Zeitabschnitt der Rückgriff auf die Mystik, vor bestimmten Phänomenen jedenfalls, unvermeidlich war.

Aber zwei Ereignisse ergeben sich im letzten Abschnitt des zweiten Zeitalters, die Ausgangspunkt für ein neues historisches Zeitalter des Menschen
als ethisches Wesens werden sollten: das eine in Griechenland in der Person
des *Sokrates*, das andere in Palästina in der Person *Christi*.

SOKRATES   Untersucht man die von Platon übermittelten sokratischen Dialoge, so stellt man fest, daß seine Methode darin bestand, seinen Gesprächspartner in Widerspruch zu sich selbst zu bringen, ihn von einer Idee zu einer
anderen zu leiten und ihn schließlich um bestimmte normative Ideen, wie das
Rechte und das Unrechte, das Gute und das Böse, die Schönheit, den Mut,
die Pflicht, kreisen zu lassen, die er ihn als nicht weiter reduzierbar erkennen
ließ und die ihre Quelle in uns selbst haben. »Halten wir für unedler als den
Körper diesen Teil unserer selbst, welcher es auch sein mag, in dem Gerechtigkeit und Ungerechtigkeit wohnen?« fragt er Kriton. Damit führte er seine
Gesprächspartner von der Sekundärreflexion zur reinen Reflexion, denn die
normativen Ideen sind nichts anderes als das mentale Abbild der ethischen
Normen des psychischen Selbstbewußtseins in der reinen Reflexion. Er ließ
also im Licht der Sekundärreflexion die Unwiderlegbarkeit der reinen Reflexion und ihrer Determinationsautonomie erscheinen. Er ließ sie, ohne es zu
sagen, ihres ethischen Seins bewußt werden, aber auf der Ebene des Denkens;
er weckte in ihnen schließlich die Aktivität ihres Denkens in der reinen Re-

flexion – so wie man auch die motorische Autonomie der Finger durch geeignete Übungen wecken kann –, denn er führte sie ständig vor die Dinge.

Das sokratische Experiment wäre übrigens nicht möglich gewesen, wenn diese Unterstruktur des Bewußtseins bei den Griechen nicht bereits wach gewesen wäre. Sicherlich wegen der Schönheit ihres Landes, seines Klimas, seines Bodenreichtums und seiner gesellschaftlichen Organisation, die den Sklaven den Hauptanteil an der manuellen Arbeit überließ, gab es bei den Griechen eine Elite, die Muße besaß, das Denken zu kultivieren, oder die sich auf Kosten anderer Dinge diese Muße nahm. Von Thales an ist die Intuition, das Proprium der reinen Reflexion, bei den Philosophen in ihrer Denktätigkeit vor der Welt offenbar. Daher war der Grieche, als reflexives Subjekt, ein *cogito;* und dieses *cogito* war sowohl in der Extraversion wie in der Introversion in aktiver Beziehung zur transzendenten Welt. Als psychisches Subjekt, in seiner Eigenschaft als reflektiertes *ego*, war er in *passiver* Beziehung zur transzendenten Welt geblieben, wie seine Mythologie, seine ganze ethische Einstellung und seine Musik bezeugen, die, was die Tonstrukturen angeht, sich von außen bestimmt und die in ihrer rhythmischen Formung Sklave der Poesie war. Dagegen hat das verbale Denken bei den Griechen spontan die verbalen Kadenzen geschaffen – Spondäus, Daktylos, Iambus usw. –, Formen, die aus zwei normativen Atemkadenzen, einer zwei- und einer dreizeitigen, entstanden sind. Diese Klarheit des Denkens aber, die der Grieche aus seiner Anwendung der reinen Reflexion bezog, lief Gefahr, in der reflexiven Dialektik, d.h. in der Sekundärreflexion, sich zu verwirren – und das geschah bei den *Sophisten*, die den »Intellektuellen« von heute entsprechen. Aber Sokrates, der Sohn eines Bildhauers, lebte in der reinen Reflexion. Er verachtete das Wissen, das sich in der Sekundärreflexion anhäufte und das nur in der reinen Reflexion authentisch ist, und zielte bloß auf die Sauberkeit des Denkens ab, in dem er das Heil erblickte. Und was ist das Heil? Es ist die ethische Gesundheit, der volle Selbstbesitz, die Selbstautonomie. Zunächst für einen Sophisten gehalten, war er der geschworene Feind der Sophisten, und er setzte sein Leben daran, seine Umwelt von den Sophismen zu befreien und in seinen Gesprächspartnern die Tätigkeit ihres Denkens in der reinen Reflexion vor den Fakten zu wecken, in der sie die Autonomie ihrer Selbstbestimmung durch sich entdeckten, d.h. also ihrer ethischen Bestimmungen. Wenn die Tugend nicht gelehrt werden kann, wie Sokrates es zeigte, dann deshalb nicht, weil der Mensch sich selbst zu bestimmen hat, auf seinem Gebiet tugendsam zu sein. Sokrates ist der erste Mensch, der ein klares Bewußtsein seines ethischen Seins besaß und, ohne es jemals zu sagen, durch seine Worte und Taten so dafür gezeugt hat, daß für alle, die Ohren haben, zu hören, diese Offenbarung der menschlichen Natur durch den Bericht seines Lebens und die von Platon übermittelten Dialoge sichtbar wird. Nach Sokrates wird die Ethik eine der Hauptbeschäftigungen der griechischen Philosophen; aber als Begriff in der Sekundärreflexion wiederaufgenommen, wird sie in ihren Augen eine *passive* Bestimmung des

Menschen, oder sie wird mit der Geburt erworben. Dagegen wird die Aktualisierung der reinen Reflexion innerhalb der Bewußtseinstätigkeit z. B. bei Euklid
manifest, von der Plastik und der Architektur ganz zu schweigen. Die euklidische Geometrie ist nicht, wie manche behaupten, eine Geometrie unter
anderen; sie ist vielmehr die Beleuchtung der Normen unserer Rauman-
schauung. Unsere Schau ist euklidisch wegen unserer räumlichen Körperhal-
tung auf der Erde. Die Gelehrten von heute halten sich für sehr stark, wenn
sie behaupten, es gäbe keine Gerade in der Natur. Damit täuschen sie sich;
denn es gibt die Gerade, aber nur in der »menschlichen Natur«: Es ist die
Lotrechte, d. h. die ideale Vertikale, dank der wir uns in unserer natürlichen
Position auf einer horizontalen und senkrechten Ebene fühlen, und es ist der
Blick, der von unserem Auge zu den Dingen geht. Durch unsere aufrechte
Stellung und unser Körpervolumen setzen wir unsere räumliche Anschauung
zu einem System von cartesianischen Raumkoordinaten in Beziehung, das dem
Raum drei Dimensionen verleiht und nicht vier, wie unsere Sophisten be-
haupten; und nur weil es so ist, können wir feststellen, daß es in der »physi-
schen« Natur keine »Gerade« gibt.

CHRISTUS   Zum Unterschied von Sokrates erweckte Christus in seinen Zeugen die Autonomie zur Selbstbestimmung durch sich vor den Dingen und
Lebewesen, indem er ihr Herz anrief, d. h. den Sitz ihrer ethischen Bestimmungen. Wie Sokrates führte er sie von der Sekundärreflexion zur reinen Reflexion, aber auf der Ebene der *Affektivität*. Wenn er vor der Ehebrecherin ihr
moralisches Urteil nach dem Gesetz ihres Gefühls vor dieser Frau anrief, indem er sie fragte, ob sie ohne Sünde seien, und indem er sie fühlen ließ, daß
die Sünde dieser Frau ebensowenig konsistent sei wie eine Fingerspur im
Sande, so führte er sie zur Nächstenliebe, d. h. zum Gefühl einer Demut, die
mit der der Frau vergleichbar war. Und er änderte ihre Herzen. Dasselbe tat
er, wenn er eine gute Tat am Sabbat gegen die Vorschriften des Gesetzes voll-
brachte, indem er sie »verstehen« ließ, daß das Gesetz Gottes nicht nach dem
Buchstaben zu erfüllen sei, sondern nach dem Geist. Und daß dieser »Geist«
nicht in ihren Köpfen wohnte, wo er sich durch den Buchstaben signifiziert,
sondern in ihren Herzen, wo er sich durch die Liebe und die Nächstenliebe
signifiziert.

Zudem war eine solche Erfahrung nur bei den Juden möglich; denn ihre
Kriege gegen die Nachbarn, die Verschiedenartigkeit ihrer Stämme, die Ver-
schleppung nach Ägypten und ihr Widerstand gegen die Pharaonen hatten in
ihnen das Bewußtsein ihrer einheitlichen Rasse verstärkt, d. h. ihr *ethisches* Bewußtsein, Juden zu sein. Das Selbstbewußtsein der Juden war, auf der reflexiven Ebene, ein reflektiertes *ego*, und das *cogito* bei den Juden war der Sprecher
dieses *ego*, dieses psychischen Subjektes. Daher waren diejenigen unter ihnen,
bei denen dieses ethische Bewußtsein am »aktivsten« war, die Patriarchen und

die Propheten, die ersten, die nicht nur die Intuition, es gebe einen einzigen Gott, hatten, wie Sokrates, sondern die ihn auch in ihren Herzen erfuhren, um seine Existenz und sein Gesetz zu verkünden. Unsere weitere Untersuchung wird uns den Zusammenhang dieser beiden Ereignisse erklären: die Autonomie des ethischen Selbstbewußtseins und die Erscheinung des Gefühls von Gott und seinem Gesetz, d. h. dessen, was wir weiter oben die ethischen Normen des Menschen genannt haben, im Herzen des Menschen.

Der Umstand, daß das Selbstbewußtsein bei den Juden ohne Zweifel das psychische Selbstbewußtsein war und in der Vielzahl der Fälle auch noch ist, erklärt die Möglichkeit der *Diaspora*, also der Tatsache, daß der Jude in seinem Herzen Jude bleibt auf fremder Erde, durch alle Wechselfälle hindurch und in allen ungeheuren Entfernungen zu seinem Ursprungsland. Und seine Rasse pflanzt sich fort, nicht weil die Juden gewöhnlich untereinander heiraten, sondern weil sie Juden bleiben, haben sie das Bestreben, untereinander zu heiraten. Denn auf psychischer Ebene impliziert die Suche nach einer Seinsergänzung eine bestimmte psychische Verwandtschaft, d. h. eine bestimmte ethische Verwandtschaft, die die Grenzen einer Rasse überschreiten kann, die aber in der Einheit der Rasse eine sichere Bedingung der Einheit in der Komplementarität findet. (Auf der Ebene der bloßen Libido kann jeder jeden heiraten.) Nicht zufällig war Bergson, einer der abendländischsten und christianisiertesten aller Juden, nach seinem Werk *Les deux sources de la Morale et de la Religion* zu urteilen, der Philosoph des Anti-Intellektualismus, der Intuition und der psychischen Dauer.

Wenn aber die Juden zum klaren Bewußtsein ihres psychischen Seins gelangt waren, d. h. wenn der Jude als reflektiertes psychisches Subjekt in aktiver Beziehung zur transzendenten Welt stand, auf dieser selben Ebene der Sekundärreflexion, so blieb er als denkendes Subjekt in passiver Beziehung zu der in der Welt gemeinten Transzendenz: Gott hatte sich den Juden durch Tatsachen offenbart, und sie *verharrten* in seinem Gesetz wie in seinen Verheißungen, die sich an sie als *Juden* richteten – deshalb, weil er in ihren Augen ein Gott der Juden war. Christi Handeln bestand darin, sie vor den Dingen von der Sekundärreflexion zur reinen Reflexion zurückzuführen und in ihnen, im psychischen reflektierten Subjekt selbst, dieses nichtreflektierte Selbstbewußtsein zu wecken, das das präreflexive psychische Subjekt ist, das nichtreflektiert bleibt, aber sich dann durch seine eigene Aktivität und seine Normen signifiziert: die Nächstenliebe, die Liebe, die Wahrheit, die Gerechtigkeit, das wahre Gute usw. Mit anderen Worten: Christus weckte durch seine Worte und Taten bei seinen Zeugen die Autonomie ihrer psychischen Aktivität in der reinen Reflexion und die Autonomie ihrer affektiven Beziehung zur Welt; er rief ihr Herz an, sich selbst zu erleuchten, ohne daß es deshalb klares Bewußtsein seiner selbst werde, aber damit es klares Bewußtsein seiner Bedingtheit und der Normen seiner Bedingtheit werde. Damit weckte er ein für allemal im menschlichen Bewußtsein (und ohne daß dieses die Sekundärreflexion, seine natürliche Situation, aufzugeben hatte) die Autonomie der Bestimmungen dieser grundlegenden Unterstruktur seines Bewußtseinsorganismus, das das ethische Selbstbewußtsein darstellt. Denn durch das Neue Testament hindurch wird diese Erfahrung, zu der Christus seine Zeugen führte, mitgeteilt und geoffenbart für alle Menschen und kann seitdem von allen je für sich wiederholt werden. Wenn der Mensch, wie wir sehen konnten, im wesentlichen ein ethisches Wesen ist und wenn folglich alle seine Selbstbestimmungen aus seiner Ethik stammen, so war Christi Offenbarung der Autonomie seines ethischen Wesens, die den Menschen als ethisches Wesen von der Passivität zur Aktivität schreiten ließ, die letzte Erfahrung, die der Mensch von der Autonomie seiner Person machen konnte. Sie ist dadurch die entscheidende Erfahrung des historischen Menschen und Präludium, wie man gesagt hat, zur »Neugeburt« des Menschen. Deshalb ist Christus der Wendepunkt der Geschichte. Damit ein derartiges Ereignis sich vollziehen konnte, mußte im zweiten Zeitalter der menschlichen Geschichte (d. h. in einer Epoche der menschlichen Geschichte, in der sein religiöses Band zur Welt die Grundlage seiner Ethik war, und in einem Volk dieses Zeitalters, in dem das Gottesbewußtsein durch den Monotheismus das klarste und aktivste war) ein Mensch geboren werden, der die Intuition hatte, daß dieses Gottesbewußtsein dem Menschen nicht von außen kommt (wie es vor ihm gelehrt wurde), sondern von innen, und der sein Leben und Sterben daransetzte, um für diesen geoffenbarten Gott Zeugnis abzulegen – ein ethisches Genie, ein Heiliger und zugleich ein Held.

DER ABENDLÄNDISCHE MENSCH   Aber die christliche Erfahrung konnte nur insoweit alle ihre Früchte tragen, als beim Menschen die Autonomie seiner mentalen Aktivität in der reinen Reflexion und die Autonomie seiner psychischen Aktivität wirksam wurden, wobei die eine die andere spiegelt; d. h. in dem Maß, in dem der Mensch als denkendes wie als psychisches Subjekt fundamental in aktiver Beziehung zur transzendenten Welt in der reinen Reflexion seiner Beziehung zur Welt mittels der Sinne und durch das Tun stand. Deshalb beginnt das dritte Zeitalter der Geschichte, das diesen neuen Abschnitt des historischen Menschen kennzeichnet, nur im Abendland, da der abendländische Mensch sich durch die christliche Erfahrung begünstigt findet, die ihm durch die Kirche übermittelt wurde (oder unmittelbar durch die Erfahrungen der Juden, die zu Jüngern Christi geworden waren und die wir Evangelisten nennen), und durch die griechische Erfahrung, die ihm durch die Denker übermittelt wurde. Daraus folgt, daß der abendländische Mensch in seiner geistigen Aktivität bereits ein Kulturprodukt ist, dessen eigentliche Natur aus einer vom Menschen erworbenen Kultur stammte, die aber unter zwei Aspekten und zwei verschiedenen Umwelten beim Ausgang des zweiten Zeitalters erworben war. Die griechische und die christliche Erfahrung waren aber des weiteren für den abendländischen Menschen faktische Gegebenhei-

ten, die er nehmen oder lassen konnte, die zwar beim Aufdämmern der abendländischen Ära erworben waren, aber die der Mensch des Abendlandes sich
zu signifizieren hatte. Und er brauchte lange Zeit zu dieser Signifizierung. Mit
anderen Worten: Der Mensch des dritten Zeitalters trug wegen seiner doppelten geistigen Bildung, der griechischen und der christlichen, die Möglichkeit
einer totalen Disponibilität seiner Bewußtseinsstrukturen in ihrer eigenen,
autonomen Aktivität in sich. Aber noch mußte er sie anwenden, wie er in seiner Kindheit die Selbständigkeit der Bewegung seiner Beine, Arme und Finger
üben mußte, um im vollen Besitz seiner körperlichen Motorik zu sein. Wenn
das in der Musik wirkende Bewußtsein einerseits unter dem Einfluß der christlichen Erfahrung seine Autonomie von vornherein offenbart, solcherart, daß
der christliche Psalmengesang der Ausgangspunkt für eine Neugeburt und
für eine neue historische Entwicklung der Musik ist (so wie die Kunst im
Abendland eine Neugeburt der Künste bezeichnet, wenn sie auch weniger
grundlegend als die der Musik ist), und wenn die Autonomie des Denkens
andererseits sich sehr bald in der Philosophie und der Wissenschaft offenbart,
dann muß man auf die Renaissance warten, um im Abendland die Früchte
dieser doppelten Erfahrung sich offenbaren zu sehen, aus denen seine Kultur
entstammt: Das ist die Epoche, in der Descartes das *cogito* als das beleuchtet,
durch das sich der Mensch seine Autonomie signifiziert, worauf Spinoza im
cogito ein der Ethik unterworfenes Wesen erkennt; es ist die Epoche, in der
Kopernikus und Galilei sich die Autonomie ihrer Raumvision signifizieren,
indem sie bestätigen, daß im Gegensatz zum Augenschein die Sonne sich
nicht um die Erde dreht; es ist die Epoche, in der sich die Maler die eigene
Modalität unserer Raumvision und ihrer Autonomie durch die Perspektive
signifizieren; in der die Musiker sich durch die Harmonik das heimliche *agens*
signifizieren, das die Melodie seit dem Beginn ihrer Geschichte lenkt; in der
die Mathematiker die logarithmische Beziehung entdecken, die, ohne daß
wir es wissen, unsere Wahrnehmungsschau von der Welt beherrscht und in der
Luther und dann Calvin sich die Autonomie ihres moralischen Bewußtseins
vor der Autorität der Kirche signifizieren. Kurz, auf allen Gebieten und seit
dem Beginn der Bildung der abendländischen Nationen und ihrer Sprachen
sieht man, wie der abendländische Mensch danach strebt, sich seiner Determinationsautonomie und seiner individuellen Autonomie bewußt zu werden.
Es ist, wie man sieht, derselbe Zeitabschnitt, in dem das abendländische Bewußtsein sich automatisch auf der Ebene der Universalität, d. h. des allgemein
Menschlichen situiert, so daß die abendländische Kultur eine einzige ist trotz
aller Verschiedenheiten der Rassen und Sprachen. Von der Renaissance bis
zu unseren Tagen, so kann man sagen, besteht die abendländische Geschichte
auf allen Gebieten aus der fortschreitenden Erfahrung der individuellen Autonomie; und diese Erfahrung hat sich, wie vorher, etappenweise vollzogen –
aber die volle Bewußtwerdung des ethischen Selbstbewußtseins hält hier nicht
an, wie wir sehen werden.

3. Das dritte Zeitalter

Stellen wir jetzt fest, daß die christliche wie auch die sokratische Erfahrung ein Anruf nicht an die Intelligenz, sondern an den Verstand ist.

Wenn ich irgendein Urteil höre und mich frage, was mein Gesprächspartner sagen wollte, so erinnere ich mich rückblickend der gehörten Worte, um mir über deren Sinn klarzuwerden, d.h. der Natur und Modalität ihrer Beziehung zu der gemeinten Sache. Ich merke dann, daß dieser Satz nur eine »Feststellung«, ein »Tatbestand« war oder daß er eine Sinnzuerteilung an eine gemeinte Sache war, die in meinen Augen objektiv oder subjektiv in sich ist, befriedigend oder unbefriedigend, mehr oder weniger anfechtbar usw. Der Verstand ist also grundsätzlich eine Rückwendung des reflexiven Bewußtseins auf sich selbst, um den Sinn seiner eigenen reflexiven Aktivität neu zu erfassen. Worauf wir achten müssen, ist, daß das Bewußtsein ihn nicht im Denken entdeckt, sondern im Gegenstand des Denkens: Der Gegenstand selbst erweist sich als adäquat oder inadäquat. So tritt der Maler von der Leinwand zurück, um die ganze Perspektive besser übersehen zu können, d.h. um die Verhältnisse, die er zwischen den Dingen in der Perspektive geschaffen hat, wiedererfassen zu können. Die Wirkung dieser reflexiven Rückwendung, die in der Folge ihre Motivierung wird, ist wesentlich die, das reflexive Subjekt auszuschalten, es aus der reflexiven Aktivität auszuschließen, in der es als individuelles Subjekt engagiert ist, um es in die Gegenwart seiner eigenen reflexiven Aktivität als ein *beliebiges* Subjekt treten zu lassen; mit anderen Worten: es aus der Mehrdeutigkeit der Sekundärreflexion heraustreten zu lassen, in der man nie weiß, inwieweit es individuell subjektiv oder objektiv ist und inwieweit das Denken darin nur eine *Meinung* oder ein für jedermann gültiges Denken ist, um es in eine Situation zu führen, die die eines jeden beliebigen sein könnte. Indem es sich von seiner eigenen Denktätigkeit zurückwendet – die der Reflex eines von ihm selbst oder von einem anderen geäußerten Gedankens sein kann –, stellt es sich tatsächlich in die Gegenwart seiner eigenen Subjektivität und findet sich in der Lage, die Sinnbeziehung seines Denkens zu seinem Objekt zu erfassen. Zu einer vergleichbaren Erfahrung ruft Christus seine Zeugen durch seine Gleichnisse auf: Indem er vom Salz der Erde spricht, vom Senfkorn, vom Sauerteig, läßt er sie durch die Analogie »verstehen«, daß die Kraft, die ihre Geschichte und die Geschichte der Menschen schafft, in ihnen wohnt und nicht außerhalb von ihnen. Und ihr »Verstand« war die Adäquatheit, wie sie vor ihren Augen erschien, des übertragenen Sinns der Worte Christi und der subjektiven Signifikation, die sie ihm beilegten, einer subjektiven Signifikation allerdings, die von aller Welt geteilt werden kann: Christus hatte sie zu Zeugen ihrer selbst gemacht.

Aber diese erste Verstandesoperation erleuchtet nur das reflexive Denken und geht nicht über den Horizont der Sekundärreflexion hinaus. Die Fragen des Sokrates dagegen führten seine Gesprächspartner von der Sekundärreflexion zur reinen *mentalen* Reflexion; die sokratische Erfahrung ist eine neue Operation, von größerer Bedeutung als die erste, die aus der Rückwendung des reflexiven Subjekts auf sein eigenes Denken entsteht und die es ihm erlaubt, von seinem Standpunkt aus und in seiner Perspektive, im Lichte der Sekundärreflexion die unwiderleglichen Gegebenheiten der reinen Reflexion wiederzufinden oder, wenn man will: die ersten und nichtreduzierbaren Gegebenheiten, auf die sich das menschliche Denken jeweils, ohne es zu wissen, bezieht und in denen es seine Grundlage findet – die »Tugend« z.B. als Grundlage aller Tugenden. Und wiederum sind diese Grundgegebenheiten dieselben für alle Menschen: Die Individualität des reflexiven Subjekts ist ausgeschaltet.

Gehen wir jetzt von Christi Worten zu seinem Verhalten über, so appelliert dieses an eine Verstandesoperation von tieferer Bedeutung als die des Sokrates, denn die nichtreflektierte psychische Aktivität liegt vor der mentalen Aktivität bei der Entstehung der Bewußtseinsphänomene: Durch sein Verhalten am Sabbat oder vor der Ehebrecherin, der Samariterin oder dem Hauptmann führte Christus seine Zeugen zu einer Rückwendung auf sich selbst, zu einer Befreiung ihrer reflexiven Haltung, die sie in sich das Licht des Herzens wiederfinden ließ, da die Normen des Herzens für alle die gleichen sind. Daher beleuchtet dieses Licht wiederum nur die *Gegebenheiten* des Gefühls und des ethischen Selbstbewußtseins.

DIE UNWIDERLEGLICHKEIT DER GEGEBENHEITEN DER REINEN REFLEXION Die Gegebenheiten der reinen Reflexion sind unwiderleglich, wie wir sehen konnten, denn sie entstammen einem nichtreflektierten Selbstbewußtsein und dessen unmittelbarer Beziehung zur Welt mittels der Sinne; und diese Unwiderleglichkeit, diese Nichtreduzierbarkeit der Gegebenheiten der reinen Reflexion ist die Grundmotivierung der Philosophie und der Wissenschaft. Beide sind Wiederaufnahmen von Gegebenheiten der reinen Reflexion auf der Ebene der Sekundärreflexion. Es ist aber deutlich, daß weder die eine noch die andere jemals die Mauer dieser nichtreduzierbaren Gegebenheiten der reinen Reflexion durchbrechen werden, da sie sie ja nehmen, wie sie sind. Warum muß die menschliche *Wahrheit* für den Menschen immer nur die Adäquatheit zwischen zwei Bewußtseinsgegebenheiten sein, deren eine sich auf die Dinge, deren andere sich auf ihn bezieht, und warum niemals diejenige einer einzigen Bewußtseinsgegebenheit? Ist es nicht eben deshalb so, weil eine Bewußtseinsgegebenheit nicht selbst genügt, so daß wir ihr »Verstehen« hinzufügen müssen, und weil die Intelligenz sich nur durch das Verstehen der Gegebenheiten der Intelligenz und der Intelligenz selbst vollendet?

WERT UND SINN DER PHÄNOMENOLOGIE   Hier tritt die Phänomenologie dazwischen und nimmt auf ganz anderen Wegen als Philosophie und Wissenschaft die Untersuchung unserer Probleme wieder auf. Husserls Phänomenologie, oder doch wenigstens die, die er erträumte, deren Prinzipien er begründete und deren Wege er aufgezeigt hat, ist nichts anderes als die methodische und verallgemeinerte Anwendung des *Verstehens* und zielt darauf ab, unser Verständnis nicht der rohen Gegebenheiten der Reflexion, sondern der ihnen zugrunde liegenden Bewußtseinsphänomene zu klären. Das kann sie nur tun, indem sie diese Phänomene von ihrer Entstehung in uns an und von ihrer Quelle in der Welt an rekonstituiert. Deshalb zielt sie nicht ab auf die »Erkenntnis«, sondern auf das Verständnis. Denn wenn wir die Bewußtseinsphänomene verstehen, die in die Gegebenheiten der Reflexion münden, so »verstehen« wir mit einem Schlage die Gegebenheiten, deren Erklärung sie sind. Und wenn wir von *Verstehen* sprechen, so klärt sich unser Verstehen des Phänomens nur durch das Erfassen des *Verhältnisses* zwischen dem Phänomen und seiner Motivierung in uns und in der Welt. Wie unsere Untersuchung der Hörwahrnehmung zeigte, können wir die Beziehung zwischen Hörtätigkeit und Klangphänomen auf der einen Seite und Hörtätigkeit und rein mentaler und psychischer Reflexion auf der anderen Seite nur erfassen, wenn wir unsere Höraktivität von außen her angehen, d.h. indem wir uns auf unsere eigene Erfahrung zurückwenden. Diese Rekonstitution des Phänomens führt uns zum Verständnis der Signifikation des musikalischen Bildes durch das Erfassen des Verhältnisses zwischen der Tätigkeit des musikalischen Bewußtseins und seiner auditiven Motivation.

Die phänomenologische Reflexion ist eine *reinigende*, wie Sartre sie nennt, und zwar in dem Sinn, daß sie unsere reflexiven Gegebenheiten von ihrer Mehrdeutigkeit reinigt und ihr Mysterium entschleiert. Was sie aber zu einer »reinigenden« Reflexion macht, ist, daß sie den Phänomenologen in eine Situation vollkommener *Objektivität* vor seinen eigenen Bewußtseinsphänomenen stellt. Die Frage, die gestellt werden könnte, ist die ihrer Gültigkeit und ihrer Gewißheit. Es ist nämlich deutlich, daß die Rekonstitution des Bewußtseinsphänomens nur aus unserer vom Wissen unterstützten *Intuition* erfolgen kann, da ja das Bewußtsein etwas ist, auf das man nicht den Finger legen kann und das sich nicht der unmittelbaren Beobachtung bequemt. Das einzige Kriterium der Gewißheit ist also, daß sie mit unserer Erfahrung übereinstimmt, diese erklärt und uns sogar neue Klarheit über sie verschafft, die unser Wissen bestätigt. Warum aber sind die Gewißheiten der *Wissenschaft* relativ? Weil sie stets von einem Bezugssystem abhängig sind, das von einem anderen übertroffen werden kann, welches dem Phänomen gerechter wird. Im Fall der Phänomenologie aber sind die *Bewußtseinsstrukturen selbst* das Bezugssystem; sie vermischen sich mit den Phänomenen. Es ist daher auf jeden Fall sicher, daß der Beobachter, der Phänomenologe, *ausgeschaltet* ist, wenn seine Phänomenbeschreibung genau ist.

So hat es neunzehn Jahrhunderte abendländischer Geschichte bedurft, bis ein Philosoph vor diesem Hauptproblem des Menschen, das die »Kenntnis seiner selbst« darstellt, und vor der Ohnmacht der Wissenschaft (und zu einem gewissen Grade der Philosophie), uns Rechenschaft zu geben vom »Bewußtsein«, auf das Ideal der *Erkenntnis* verzichtet, das Philosophie und Wissenschaft beseelt, um, wie Sokrates, zum Verstehen zurückzukehren. Und das Verstehen ist eine geistige Schau, die uns nicht ein Wissen, wohl aber eine klare Vorstellung der Dinge gibt. Wenn dem so ist, dann deshalb, weil die »Erkenntnis« stets auf eine determinierte Sache abzielt, während das Verstehen sich darauf beschränkt, die Verhältnisse zwischen den Dingen (besonders die Verhältnisse zwischen dem Bewußtsein und seinem Gegenstand) und den *Sinn* dieser Verhältnisse zu erfassen. Und da alles in der Welt und in uns *relationell* ist, hat das Verstehen die größere Aussicht, die Wahrheit zu erfassen – das heißt die Adäquatheit zwischen der Dingbestimmung *durch sich* und ihrer Bestimmung *für sich* –, als die Erkenntnis.

DAS VERSTÄNDNIS ALS FRUCHT DER INTUITION   Man darf deshalb das Verstehen nicht mit dem reflexiven Denken verwechseln, d.h. mit der Sekundärreflexion, da ersteres darin besteht, aus ihm herauszutreten, um über es hinauszugehen. Das reflexive Denken ist wesentlich objektivierend, und aus diesem Grunde zielt es wesentlich auf *statische* Gegebenheiten ab. Das Verstehen ist wesentlich Sinnerfassung und folglich Erfassen der relationellen Dynamik. Deshalb ist es *mentale Vision*, ehe es *Idee* ist. Da sich diese Sinnerfassung stets durch die Erfassung des Sinnverhältnisses vollzieht, das nicht mehr durch unsere Sinne, sondern durch die Reflexion »wahrgenommen« wird, ist das Verstehen wesentlich *intuitiv*; es ist die Anwendung der Intuition in der reflexiven *Einstellung* vor den Gegebenheiten der Sekundärreflexion oder der reinen Reflexion. Da es endlich die Individualität des reflexiven Subjekts ausschaltet, können wir mit seiner Hilfe zu einem allen Dingen *gemeinsamen* Sinn kommen. Durch das Verstehen kommunizieren wir uns den *Sinn* der Dinge, und insofern dieser Sinn ein gemeinsamer Sinn werden kann, erscheint er uns als *gesunder Menschenverstand*.

Nach Kopernikus' und Galileis Entdeckung »sah« jedermann sehr bald die Sonne im Mittelpunkt der Welt (unserer Welt wenigstens, denn die Wahrheit ist stets eine mögliche Interpretation des Anscheins), nur die Kirche nicht. Das darf man niemals vergessen: *Der dogmatische Geist weicht nicht der Evidenz der Fakten.* Deshalb zeigen einfache Leute oft ein offeneres Verständnis für den gesunden Menschenverstand als die Intellektuellen, die *per definitionem* dogmatisch und aller Dinge sicher sind, sofern sie nicht durch eine systematische Bezweiflung aller Dinge *agnostisch*, d.h. ungewiß über alles sind.

GRENZEN DER WISSENSCHAFT   Im allgemeinen aber spielt das Verstehen seine Rolle nur im begrenzten Horizont einer besonderen Aktivität oder Situation. Bei den Wissenschaftlern öffnet es sich dem Universum der Dinge, wird aber durch das Bezugssystem und durch den Blickwinkel der Weltanschauung bedingt, die sie aus ihrer Wissenschaft ableiten. Viele Intellektuelle haben geglaubt, das Prinzip der *Indetermination* in der Mikrophysik besage, daß die Subjektivität des Beobachters bei der Beobachtung der Phänomene dazwischentrete; denn sie versetzten die Indetermination in das »Subjekt«. Aber nein! Was dazwischentritt, ist ihr Bezugssystem, das sich damit verquickt. Und – wie Heisenberg gesagt hat – die heute in der Mikrophysik auftretenden Bezugssysteme erklären, was sich in den großen Dimensionen abspielt, aber nicht alles. Im Mikrokosmos liegt das Prinzip der Indetermination, weil er das Phänomen einer globalen *lokalisierten* Relationalität ist: So können im Verlauf einer melodischen Phrase (trotz der Forderungen der Form) einige Töne hinzugefügt oder verändert werden, ohne daß der Sinn der Phrase sich verändert.

In all seinen Operationen ist der Wissenschaftler von einer Dingschau beseelt, die aus seiner Wissenschaft stammt und auf die er die beobachteten Phänomene bezieht. Deshalb kann er die Phänomene erkennen, ohne eine klare Vorstellung vom *Sein* der Phänomene und noch weniger über das *Sein* des Menschen zu haben, das er nur unter dem phänomenalen Blickwinkel sieht. Der große Biologe Jean Rostand sagte, er wisse nicht, was das Leben oder was ein Tier sei; und die Physiker kennen die Elektronen, gehen mit Elektrizität um und messen sie, ohne zu wissen, was sie ist. Folglich ist die Anschauung, die die Wissenschaftler uns von der Welt und vom Menschen geben, für das Verständnis der menschlichen Bedingung unzureichend, wenn wir dieses Verstehen nicht anderswoher beziehen. Bei den *Rencontres Internationales de Genève* erklärte Erwin Schrödinger: »Der Wert der Wissenschaft für die Gemeinschaft beginnt für mich nicht dann, wenn sie zu Resultaten gekommen ist, sondern erst dann, wenn sie imstande ist, diese Resultate auf eine Weise zu formulieren, daß die anderen Menschen, die Nichtwissenschaftler, sie *verstehen* können, und zwar nicht verstehen, wie der Hund seinen Dresseur versteht, sondern so, daß er sich ein persönliches Urteil über die Dinge bilden kann. Das ist in der Physik überhaupt nicht der Fall, *weil wir die Physik und die wichtigsten Dinge der Physik nicht verstehen.* Wir können sie noch nicht auf die eben angedeutete Weise erklären« (Hervorhebungen von mir).

Man muß die kleine Schrift von Rostand *Ce que je crois* lesen, um zu sehen, zu welcher Armseligkeit des Verständnisses die wissenschaftliche Dinganschauung führt, sobald sie aus ihrem Bezugssystem heraustritt. Jean Rostand sucht das Bewußtsein in den körperlichen biologischen Systemen und findet es wohlgemerkt nicht. Er konstatiert, daß es eine Evolution der Arten gibt, die sich durch sukzessive Mutationen offenbart, aber er kann nicht sagen, ob die Mutation die Evolution bedingt oder umgekehrt, so daß er in den Phänomenen kein Finalitätsgesetz erkennt, wo es doch in die Augen springt, daß die Mutationen in den großen Dimensionen der Lebensentwicklung immer autonomere Wesen erzeugt haben und daß sich diese Finalität der kreatürlichen Autonomie im Innern des Menschen fortsetzt. Die Energie strebt nach Befreiung, d. h. nach der Befreiung von ihrer materiellen Kontingenz, weil diese Kontingenz ein »Widerstand« ist. Hier berühren wir vielleicht den Grund der ganzen biologischen Evolution.

Andererseits hat ein großer Gelehrter, Pierre Auger, in einem Aufsatz* ein Bild des Menschen gezeichnet, das aus ihm eine Struktur verknüpfter Mechanismen macht, die in globalen Strukturen aufgehen, zwischen denen sich Verbindungen herstellen und Botschaften austauschen. Er sieht diesen Prozeß auf gesellschaftlicher Ebene sich wiederholen, wo er die gesellschaftlichen Verhältnisse und von Integration zu Integration in immer größeren Strukturen den Gang der Geschichte bestimmt, in deren Verlauf er dem Menschen nur einen kleinen Spielraum am Rande für eigene Initiative zuerkennt. Mit anderen Worten: Er sieht den Menschen als einen Roboter. Und wenn man die Anschauungen von Jean Rostand und von Pierre Auger zusammenfaßt, so erscheint uns der Mensch als ein höheres Tier (»Zwischen uns und dem Tier besteht nur ein Unterschied von mehr zu weniger, ein Unterschied der Quantität und nicht der Qualität«, sagt Jean Rostand), das durch die Techniken zu einem Robotertier geworden ist, der blindlings zu einer unvorhersehbaren gesellschaftlichen Zukunft geschleift wird. Das wäre trostlos, wenn es nicht albern wäre.

Man muß zwei Dinge in der Wissenschaft unterscheiden: ihre praktischen Resultate, die die Bedingungen unseres Lebens verwandelt haben, und ihren Erkenntniswert. In letzterem erleuchtet sie unser Phänomenverständnis, aber das ist auch alles. Dieser Erkenntniswert erhellt uns nicht über das Sein der Phänomene, noch über uns selbst. Der Wissenschaftler ist gewöhnlich sehr bescheiden in seiner Wissenschaft, aber um so anmaßender in dem, was die Macht der Wissenschaft angeht, von der er alles erwartet und von der alles zu erhoffen er die anderen hat überreden können.

DER ETHISCHE MENSCH   Wir müssen noch präzisieren (da ja die Sekundärreflexion auch die natürliche Situation des Menschen ist), was dieses Sein ist, das in ihm wohnt und das wir weiter oben als ein *ethisches* Sein angesprochen haben. Schopenhauer hat sich dieses Problem gestellt unter dem Titel: *Von dem, was einer ist.*

Man hat lange Zeit im Menschen ein *Ich* gesehen, das *in der Geschichte* geboren wird, wächst und altert. Dann ist man sich darüber klargeworden –

---

* *Servitude et grandeur du garçon de courses*, Les Temps modernes, Paris, Dezember 1959.

Dilthey, Ortega y Gasset –, daß dieses *Ich* es ist, das »Geschichte« ist, das sich historialisiert, das seine Geschichte schafft und durch die seinige hindurch diejenige der Gattung. Wenn man aber die heutigen Philosophen hört, so ist dieses Ich *a priori* niemand; es ist ein Leeres, ein Nichts, eine Null, so daß man die absurde Vorstellung konzipieren muß, daß ein durchscheinendes Leeres sich derartig historialisiert. Wir haben aber die Intuition, daß es durch unsere Geschichte hindurch die Permanenz eines gewissen Ich gegeben hat. Wenn wir uns an die Definition halten, die wir vom Ethos gegeben haben, dann ist dieses Ich eine bestimmte Modalität der menschlichen Bedingung im globalen Funktionieren seiner Bewußtseinsstrukturen. Diese Modalität konstituiert keinen Charakter, kein Temperament und nichts, was die Weise prädeterminiert, in der das ethische Individuum seine ethische Modalität inkarnieren wird, aber sie setzt die Grundlage seiner Seinsweise.

Beim Auftauchen in der Welt ist der Mensch mit nur einer prädeterminierten ethischen Modalität ausgestattet: mit seinem sexuellen Geschlecht. Aber je nach den Bedingungen der Entstehung der Rassen und denen seiner Umgebung – Klima, Luft, Nahrung usw. – hat er eine schwarze, rote, gelbe oder weiße Haut und einen besonderen Körperbau: Das ist die körperliche Seite der Rassen. Überdies hat er noch einen individuellen Körperbau, der von seinen Eltern stammt, und in den gemeinsamen Zügen der individuellen Strukturen verrät sich die Rasse. Dieses Körperliche der Rasse beeinflußt nicht im geringsten die ethische Modalität des männlichen oder weiblichen Menschen, da die ethischen Bedingungen des Menschen ein für allemal von der Bewußtseinsstruktur gesetzt sind, die ihn in seiner Eigenschaft als Mensch und durch seine Beziehung zur Welt spezifizieren. Ist er geboren, so bekommt er von einer familiären Umwelt eine Muttersprache, die bereits in sich eine Weise des Sehens ist und zugleich eine bestimmte Weise des Verhaltens, Denkens und Fühlens. Von dem Augenblick an zählt die Körperlichkeit des Rassischen nicht mehr, die »Rasse« wird zu einer inneren, psychischen und geistigen Gegebenheit, und zwar deshalb, weil diese innere Gegebenheit von Anfang an parallel zur Körperlichkeit des Rassischen ist. Da er stets in einem bestimmten Milieu geboren wird, gewinnt der Mensch Gestalt als eine bestimmte individuelle Modalität einer kollektiven Modalität, einer bestimmten Rasse im ethischen Sinn. (Und wir müssen wohl beachten, daß es sich hier nicht um eine Erbgegebenheit handelt – die erblichen Züge prägen sich nur im Körper aus –, sondern um eine Gegebenheit, die sich aus dem Kontakt mit der Umgebung in der Jugendzeit ergibt.) Sind Vater und Mutter intelligent, so ist die Wahrscheinlichkeit groß, daß das Gehirn des Kindes gut veranlagt ist und daß es aus dem familiären Umgang Gewinn zieht. Im übrigen ist jedes menschliche Gehirn genügend gut veranlagt, daß seine Intelligenz kultiviert werden kann. Deshalb also historialisiert sich das ethische Subjekt auf der Grundlage dieser ersten ethischen Modalität, und deshalb kann es sich im Laufe seiner Geschichte in Metamorphosen verändern und durch neue Geburten hindurchgehen. Am Ende aber bleiben die Verwandlungen des ethischen Subjekts Transfigurationen dieser Grundmodalität – was die Permanenz dieses Vorhandenseins in uns erklärt.

Was das angeht, was in uns diese ethische Modalität konstituiert, so ist es, wie wir sehen konnten, im ersten Zeitalter der Geschichte der Umstand, daß die Bewußtseinsstrukturen noch nicht durch die Kultur differenziert sind. Und in diesem Bewußtseins-»Block« unterschieden sich die verschiedenen Rassen (und innerhalb der Rassen die Individuen) durch den nur erlebten und nichtreflektierten Vorrang der einen oder der anderen partiellen Struktur wie auch in der stets nichtreflektierten Wahl der aktiven oder passiven, extravertierten oder introvertierten Einstellung in der Beziehung zur transzendenten Welt.

Im zweiten Zeitalter macht das ethische Subjekt die Erfahrung der Autonomie seiner Sekundärreflexion. Diese kann es aber als denkendes Subjekt machen oder als reflektiertes psychisches Subjekt, als moralisches oder als Willenssubjekt, als Krieger z. B. oder als Landmann, Jäger, Fischer oder als Handwerker, Nomade oder Seßhafter in der Ebene, in den Bergen oder am Meer, in der Kälte oder in der Hitze, in aktiver oder passiver, extravertierter oder introvertierter Beziehung zur transzendenten Welt, in der oder jener Bewußtseinstätigkeit. Durch diese Differenzierungen gibt es wegen der Dunkelheit, in der sein psychisches Sein noch verharrt, im zweiten Zeitalter der Geschichte (wie auch im ersten) zwischen den Rassen wasserdichte Scheidewände und eine gewisse Unmöglichkeit, unmittelbar miteinander zu verkehren.

Im dritten Zeitalter der Geschichte ist das ethische Subjekt soweit, eine völlige Verfügbarkeit über seine Bewußtseinsstrukturen zu besitzen, die durch die griechische und die christliche Bildung zur Autonomie geweckt worden sind. Sobald also diese doppelte Bildung verbreitet ist und sobald die verschiedenen europäischen Rassen Gestalt gewonnen haben (die mehr als je »geistige« Rassen sind), gibt es die europäischen Sprachen und die verschiedenen »Nationen« und die Möglichkeit einer unmittelbaren Kommunikation zwischen den Menschen dieses dritten Zeitalters. Die Hürde dieser Sprachen und Rassen wird zwischen den Menschen des dritten Zeitalters sehr viel leichter übersprungen, als das im zweiten Zeitalter möglich war, durch die Möglichkeit des Interpreten und die Assimilation der Sprachen wie auch durch die persönliche Berührung, auch etwa durch Bücher. Und die Hürde der Sprachen wird sehr viel leichter genommen als der Graben, der, in der Kommunikation der Menschen, das dritte Zeitalter vom zweiten trennt – d. h. der das grundsätzlich aktive Bewußtsein vom fundamental passiven scheidet und der noch diese beiden Bewußtseinsarten vom magischen Bewußtsein des ersten Zeitalters trennt. Wenn er sich Mühe gibt, kann ein kultivierter Mensch des dritten Zeitalters einen Menschen des zweiten Zeitalters verstehen; aber ein im zweiten Zeitalter stehengebliebener Mensch kann das innere Wesen eines Menschen des dritten Zeitalters nicht mehr verstehen, ebensowenig wie ein Blinder verstehen kann, was man ihm von Farben erzählt. Unsere Kommunikation mit den Menschen von heute, die im ersten oder zweiten Zeitalter des historischen Menschen erstarrt sind, hängt von der individuellen Qualität desjenigen ab, mit dem man es zu tun hat, und von der ethischen Evolution, die er auf anderen Wegen als durch die historische Filiation erreichen konnte. Unnötig zu sagen, daß wir, wenn wir uns großen Menschen des zweiten Zeitalters sehr verbunden fühlen, einem Gandhi z.B., ganz zu schweigen von denjenigen, denen wir unsere Kultur verdanken, in ihnen große Persönlichkeiten erkennen, die durch ihre individuelle Qualität und durch ihre Selbstkultur die ethischen Bedingungen ihrer Rasse und ihrer Zeit hinter sich gelassen haben. Im dritten Zeitalter differenzieren sich innerhalb der einzelnen Epochen und Kulturwelten (denn die verschiedenen geistigen Rassen bilden ebenso viele verschiedene Kulturwelten) die ethischen Modalitäten durch die Funktion oder Struktur des Bewußtseins, des Gegenstands einer vorzugsweisen Kultur: Gesicht oder Gehör, Intellekt oder Psyche, Sensibilität oder Affektivität, d.h. Extraversion oder Introversion, Priorität der Fakten oder des Sinnes der Fakten; und jede dieser Bewußtseinsmodalitäten äußert sich durch die individuellen Modalitäten hindurch, die manchmal in Widerspruch zur kollektiven Modalität zu stehen scheinen. Die Grundzüge dieser rassischen Modalitäten erscheinen in ihrer Musik; und wir mußten dieses sehr komplexe, wenn auch nicht undurchdringliche Thema zumindest angehen, damit sich der Leser eine Vorstellung machen kann von dem, was die verschiedenen Strömungen der abendländischen Musik differenziert.

FREIHEIT UND BEDINGTHEIT   Kehren wir jetzt zu der Tatsache zurück, daß das ethische Subjekt nicht in der in der Kindheit im Umkreis der Familie und der Gemeinschaft erworbenen Modalität stehenbleibt. Es bleibt frei, und seine Historialisierung ist die einer Freiheit, aber einer Freiheit, die Funktion ihrer ersten Modalität ist und die *bedingt* wird durch die allgemein menschliche Bedingtheit des Bewußtseins.

Nehmen wir an, wir könnten schematisch die ethische Grundbedingtheit des Bewußtseins formulieren, d.h. die Möglichkeit, die es besitzt, in fundamental aktiver oder passiver Beziehung zur Welt zu stehen, sich in der Extraversion oder Introversion durch diese oder jene seiner Funktionen, Vermögen oder Kräfte zu bestimmen, in sich passiv oder aktiv zu sein usw. Und bezeichnen wir mit G das Gesetz dieser allgemein menschlichen Bedingtheit. Die psychische Grundmodalität ist eine besondere Form derjenigen seines Milieus, die eine Sondermodalität der ethischen Bedingtheit des Menschen ist, die wir mit g bezeichnen. Das würde heißen, daß zwischen g und G eine innere Beziehung besteht, da beide Gesetze dieselben Elemente enthalten, wenn auch in g verschieden relationiert und mit besonderen konkreten Faktoren beladen. Die Freiheit des psychischen Selbst in seiner Geschichte mußte sich, wie wir gesehen haben, auch durch ein Gesetz signifizieren, das wir mit *gs* bezeichnen und das aus eben denselben Gründen in innerer Beziehung stehen muß zu g und G.

Das Problem dieser Freiheit ist also analog zu dem, das man in der Wissenschaft das *Problem der drei Körper* nennt, die jeder eine autonome Bewegung haben und in relativer Bewegung zueinander begriffen sind. Die klassische Mechanik lehrt uns, daß dieses Problem durch den Verstand unlösbar ist und daß die Bewegung des dritten Körpers nur durch ein Wahrscheinlichkeitsgesetz ausgedrückt werden kann. Von außen gesehen, kann diese Bewegung nur annähernd vorausgesagt werden. Man kann aber mögliche Positionen oder Bahnen aufgrund ihrer inneren Beziehung zu den beiden anderen Bewegungen voraussehen. Durch seine Freiheit und eben genau deshalb, weil diese Freiheit keine *ratio* ist, sondern eine nichtreflektierte Spontaneität, kann das psychische Selbstbewußtsein als innerlich bestimmte und zeitlich gebundene Existenz dieses Problem lösen; denn es kann entweder in seiner ersten Modalität durch die fließenden Übergänge des Alters verharren oder durch andere mögliche Formen seiner rassischen Modalität wechseln oder aber sich noch eine andere mögliche Modalität der menschlichen Bedingtheit geben.

Man kann also zusammenfassend unsere ethische Situation auf zweierlei Art ausdrücken: Man kann sagen, daß die Freiheit das ist, wodurch das menschliche Subjekt das Problem seiner Bedingtheit löst, die diejenige seiner Selbstbestimmung durch sich ist; denn es ist bedingt durch seine Grundmodalität und durch das Feld der menschlichen Möglichkeiten; und man kann auch sagen, daß wegen der menschlichen Bedingtheit das psychische Selbst eine Freiheit sein muß, da ja nichts es bestimmt, außer seiner erworbenen Modalität, die es aufgeben kann, so daß ihm die anderen ethischen Modalitäten im Prinzip jedenfalls offenbleiben. Die Freiheit der Selbstbestimmung ist in dieser Hinsicht eine Verpflichtung, aber eine übernommene und frei im Feld der menschlichen Möglichkeiten durchgeführte Verpflichtung. Unnötig zu sagen, daß ein Leben stets nur eine sehr begrenzte Erforschung dieser Freiheit ist und immer nur eine gewisse mögliche historische Expansion der fundamentalen individuellen Modalität.

Es bleibt noch zu sehen, was diese historische Expansion *motiviert* – das ist ein anderes Thema, auf das unser Haupttext bald eingehen wird.

Register

Personen- und Werkregister

Sachregister

Das Sachregister beschränkt sich auf die Angabe der wichtigsten Begriffe und Stellen

Musikliteratur bei Piper (Auswahl)

Kurt Blaukopf · Musik im Wandel der Gesellschaft
Grundzüge der Musiksoziologie. 1982. 383 Seiten und 4 Farbtafeln. Geb.

Alfred Brendel · Nachdenken über Musik
Mit einem Interview von Jeremy Siepmann. 8. Aufl., 39. Tsd. 1984. 228 Seiten und 61 Notenbeispiele. Serie Piper 265

Carl Dahlhaus · Musikalischer Realismus
Zur Musikgeschichte des 19. Jahrhunderts. 2. Aufl., 5. Tsd. 1984. 166 Seiten. Serie Piper 239

Ulrich Dibelius · Moderne Musik I
1945–1965. 3. Aufl., 20. Tsd. 1984. 392 Seiten mit 31 Abbildungen und 45 Notenbeispielen. Serie Piper 363

Hans Heinrich Eggebrecht · Bachs Kunst der Fuge
Erscheinung und Deutung. 1984. Ca. 128 Seiten mit zahlreichen Notenbeispielen. Serie Piper 367

Hans Heinrich Eggebrecht · Die Musik Gustav Mahlers
1982. 305 Seiten mit 73 Notenbeispielen. Leinen

Martin Gregor-Dellin · Heinrich Schütz
Sein Leben, sein Werk, seine Zeit. 1984. 494 Seiten mit 25 Abbildungen auf Tafeln und 4 Farbtafeln. Leinen

Martin Gregor-Dellin · Richard Wagner
Sein Leben – Sein Werk – Sein Jahrhundert. 1980. 930 Seiten. Leinen

Joachim Kaiser · Große Pianisten in unserer Zeit
5., erweiterte Aufl., 25. Tsd. 1982. 292 Seiten mit 25 Notenbeispielen und 27 Fotos. Kt.

Joachim Kaiser · Mein Name ist Sarastro
Die Gestalten in Mozarts Meisteropern von Alfonso bis Zerlina. 1984. 299 Seiten mit 25 Abbildungen. Leinen

Lust an der Musik
Ein Lesebuch. Herausgegeben von Klaus Stadler. 1984. 436 Seiten. Serie Piper 350

Yehudi Menuhin · Unvollendete Reise
Lebenserinnerungen. Aus dem Englischen von Isabella Nadolny und Albrecht Roeseler. 6. Aufl., 79. Tsd. 1980. 462 Seiten und 63 Abbildungen auf Tafeln. Geb.

Romain Rolland · Georg Friedrich Händel
Mit einem Vorwort von Carl Dahlhaus. Aus dem Franz. von L. Langnese-Hug. 1984. 288 Seiten mit Abbildungen und Notenbeispielen. Serie Piper 359

Sigfried Schibli · Alexander Skrjabin und seine Musik
Grenzüberschreitungen eines prometheischen Geistes. 1983. 421 Seiten mit 56 Notenbeispielen und 20 Abbildungen auf Tafeln. Geb.

Cosima Wagner · Die Tagebücher
Herausgegeben von der Stadt Bayreuth. Ediert und kommentiert von Martin Gregor-Dellin und Dietrich Mack.
2., neu durchgesehene und im Anhang revidierte Auflage
Band I: 1869–1872. 1982. 624 Seiten. Serie Piper 251
Band II: 1873–1877. 1982. 688 Seiten. Serie Piper 252
Band III: 1878–1880. 1982. 656 Seiten. Serie Piper 253
Band IV: 1881–1883. 1982. 688 Seiten. Serie Piper 254

Richard Wagner · Briefe
Ausgewählt, eingeleitet und kommentiert von Hanjo Kesting. 1983. 679 Seiten. Leinen

PIPER